大力税手

资本个税

第三只眼领衔打造　　郝龙航　王骏　陈正　王蓓＼主编

（全方位｜深度解析）

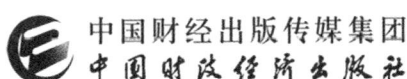
中国财经出版传媒集团
中国财政经济出版社

图书在版编目（CIP）数据

资本个税 / 郝龙航等主编． -- 北京：中国财政经济出版社，2020.9
ISBN 978 - 7 - 5223 - 0017 - 7

Ⅰ.①资… Ⅱ.①郝… Ⅲ.①个人所得税－研究－中国 Ⅳ.①F812.424

中国版本图书馆 CIP 数据核字（2020）第 170214 号

责任编辑：苏小珺　潘　飞　　　　　　　　责任印制：史大鹏
封面设计：卜建辰

资本个税
ZIBEN GESHUI
中国财政经济出版社 出版
URL：http://www.cfeph.cn
E-mail：cfeph@cfemg.cn
（版权所有　翻印必究）
社址：北京市海淀区阜成路甲28号　邮政编码：100142
营销中心电话：010-88191537
北京时捷印刷有限公司印刷　各地新华书店经销
787×1092毫米　16开　51印张　945 000字
2020年9月第1版　2021年11月北京第3次印刷
定价：158.00元
ISBN 978 - 7 - 5223 - 0017 - 7
（图书出现印装问题，本社负责调换）
本社质量投诉电话：010-88190744
打击盗版举报热线：010-88191661　　QQ：2242791300

编委会

主　编：

　　郝龙航　　大力税手创始人　中翰税务合伙人
　　王　骏　　大力税手联合创始人　中翰税务合伙人
　　陈　正　　航天神舟投资管理有限公司
　　王　蓓　　上海中翰海阳税务师事务所

副主编：

　　张　研　　大力税手联合创始人　北京德和衡律师事务所
　　　　　　　润吉研究院
　　姜瀚钧　　山东德衡（北京）律师事务所
　　田小皖　　北京德和衡律师事务所　润吉研究院
　　蔡　嘉　　快与财经科技（北京）集团有限公司
　　王　宁　　山东中翰税务师事务所（聊城）
　　刘　剑　　国家税务总局泗洪县税务局
　　张丽丽　　建信金融租赁有限公司
　　刘嘉怡　　中国税务杂志社
　　张玲玲　　中兴华会计师事务所(特殊普通合伙)
　　于　江　　渤海税校
　　诸成刚　　宁波君联会计师事务所
　　杨国涛　　广州中翰锦源税务师事务所
　　包玖珍　　中国人寿保险股份有限公司浙江省分公司
　　温海琴　　张家口银行股份有限公司

编委成员：

　　胡　锋　　温州中翰德嘉税务师事务所
　　刘晓忠　　北京中翰税务师事务所集团
　　张恒国　　北京中翰税务师事务所集团
　　王　战　　河南中翰盛胜税务师事务所
　　吴鸿雁　　河北中翰钧正税务师事务所
　　刘越旦　　律师

李存周	天津中翰英特税务师事务所
秦　燕	国家税务总局泗洪县税务局
王书红	海南中翰红日诚税务师事务所
骆恩新	山东天永信税务师事务所（济宁）
郝顺利	内蒙古中翰泽众税务师事务所
徐　进	南通中翰国源税务师事务所
庄元红	四川华西税务师事务所
张　湄	问晓税务师事务所（上海）有限公司
徐心悟	浙江金瑞税务师事务所
朱志春	湖南中翰益商税务师事务所
王秀娟	山东中翰税务师事务所（临沂）
赵述强	中山市中翰中正税务师事务所
李　智	佛山市南峰税务师事务所
李文贤	北京大力税手信息技术有限公司
石　雨	山东中翰税务师事务所（威海）
王艳华	河北中翰天道税务师事务所
薛行生	南京中翰通华税务师事务所
王　琼	岳阳多加财税咨询有限公司
裴　华	重庆中翰九略税务师事务所
陈　仁	福州中翰鑫金税务师事务所
王殿梅	河北中翰中瑞税务师事务所
刘　嘉	中翰联合（北京）咨询服务有限公司
靳黎娜	北京华韬瑞杰会计师事务所
王丽艳	山东中翰税务师事务所（日照）
王　佩	湖北中翰裕众税务师事务有限公司
周凤玲	山东中翰税务师事务所（淄博）
王　伟	山东中翰税务师事务所（济南）
董金勇	山东中翰税务师事务所（烟台）
孙松林	焦作市信永合伙税务师事务所（普通合伙）

序一
努力期待重生

本书深得来自财税部门与专业领域的数位权威专家审阅、指导,点石成金,让专业认识得到升华,在此深表感谢。

2020年开年不期而遇的新冠疫情,让我们感受到了生命的珍贵、自由的价值,还有逆境中的抵御与成长。疫情之下,很多企业经营困难,压力面前,企业家只有改变自己、适应环境,才有可能"挺"过去。这本书筹备已久,疫情期间,笔者得以有了安静思考、梳理与总结的时间,对多年来积累的、与个人在资本投资与管理中所发生业务相关联的涉税问题进行了系统梳理与思考,希望以书会友,助力价值,幸得数位权威专家指导,对于多年来自己的理论学习、执业困惑,恰有顿开茅塞之感,更有欣喜之悦。原计划全书字数控制在40万字,结果一不小心写了近80万字,想想一来可以作为学习笔记使用,二来希望与大家分享更完整、更详细的内容,便不作删减了,只是让伙伴们久等了。其中,穿插了一些有趣的案例、判例,不但能拓展理解与应用,而且是很好的知识储备,故一并提供出来,让大家原汁原味地"欣赏"一下。

本书名为《资本个税》,意在聚焦分析个人在资本领域业务中的法律风险,以个人所得税为主,以涉及个人的其他诸税为辅,兼有法律合规性延伸思考,从一点到多点,从单一到融合,是为本书名称之意。

2018年底至2019年初,我写了《老板与税》《个人所得税、社保新政详解与实务操作指南》《增值税100个涉税高难问题精解》三本书,说实话,有那么一点"偷工减料"。在这之后,屡有动笔的念头,却感觉到一些创作上的困惑,加之惰性使然,迟迟未动笔。屡有朋友问起:"最近出书了吗?"也表现得泰然自若,似乎不思进取。人是需要反思,更需要突破的,于是便不断买入同行老师的作品进行学习研究,以期吸收新的创作灵感。我想,一本书,特别是一本好书,是要有思想、有感性的。首先要对得起自己的初心、良心与诚心,对得起自己的专业追求,除了有信息、有法规,还要有整理、有思考，让读者找到可以应用的价值，而不是理论的复制。一本书也是一件艺术品，把它的设计、装帧、版式及用纸等每个细节做好了，真是一种享受。笔者想把每一本书都打造成艺术品，但之前的书出版之后，总有些许遗憾。曾有多人向我提出批评意见，建议写作的语言要更专业、更正式些，不要口语化，出版社的编辑老师也颇为头疼，改得"昏天黑地"，甚至差点儿将我的书稿打入"冷宫"。这可能跟个人的写作习惯有关，笔者原来的工作场景，习惯将复杂的问题通俗化表达，利于信息理解与传递。于此，我也会尽力去调整，以不断改善存在的问题。总之，一本呕心沥血之作，让众人受益之书，是心里的一道风景，恰如沐春风，似万物有了力量。

希望这是一部让自己重新开始的作品，就特定事项、特定人群的涉税事项所写的一本兼具实用与深度的思考与梳理之作。

之所以要写资本个税这个主题，主要有如下三方面的想法：

第一，2019年起，新修改后的《中华人民共和国个人所得税法》（以下称新个税法或新个人所得税法）正式实施，新理念、新规则伴着新风险，将原来个人所得以代扣代缴为主的征税方式，调整为以代扣代缴与纳税人自主申报义务相结合的新规则。特别是个人综合所得的年度汇算清缴，其影响是全面性的，给个人纳税人戴上了税收法律责任的"紧箍咒"。虽然与资本有关的个税仍以扣缴为主，但新个税法明确了在未扣缴之时纳税人需要在次年6月30日前自行申报的义务，较过往有了很大改变。高收入者，特别是涉及资本交易所得的个人，需要对自己的财产进行全面谨慎的掌握与计缴，以规避涉税风险。掌控新机会，避免新风险，是为技能起步。

第二，由于个税税负成本与个人利益紧密相关，纳税人的规避意识也格外地强，反观企业所得税的纳税人是企业本身，股东如果是个人，其间接的利益敏感度并没有这么强。近年来，笔者屡有接触与处理了一些资本交易个税纳税人的涉税业务，很遗憾的是，部分纳税人对于税的规则缺乏尊重，用做生意的角度来思考，或者是简单粗暴地逃避与筹划，后患时有爆发，甚至酿成刑责"大祸"的情形也并不少见。如何正本溯源，洞悉繁杂的规则，远离部分中介机构野蛮式"筹划节税"诱导，是为风险防范。

第三，个人所得税的计缴主体可以有多种形式体现，所得的实现时间、缴纳税款的方式、享受的优惠政策是不同的，尚存在一些不明确事项，无论是基于有利的合法选择，还是基于承担一定风险下采取的一些看似激进的方法，无不代表了在税法刚性规定的框架中，纳税人可以有相应的空间作一位"舞者"。本书将结合实践案例与大家分享存在的选择权及其风险。

回归价值，让专业体现其价值，顺应国家产业政策与财税激励政策，是较为健康的财税价值创造路径。近几年来，以核定为避税手段的操作大行其道，夹杂着虚开发票与洗钱的风险，商业机构的生意经，对于税收规则的挑战愈演愈烈。据了解，各地对于核定的收口隐约中多了一份紧张的气氛，基于价值的合理配置、交易的真实支持，是未来老板们决策时需要三思的。

本书所要聚焦的阅读者，主要是一些创业者、企业家们，俗称老板。他们中，有人或风华正茂、意气风发，阅此书，将会增加对税的尊重、敬畏，更会重新审视法的边界所在；有人或正在"磨刀霍霍"，准备随时投入到创业大潮中，阅此书，希望对于第一桶金的获取值得借鉴；亦或是即将"功成身退"，需进行规划财产分配与重新配置；或者创业未成功，面临离场之时，被要求履行或补缴大额税款。现实当中，上述各种情形有相当多教训惨痛的案例，这些足以证明，在不设防的情形下，一旦遇到，就可能是自己无法承受之痛，这不仅涉及税款的经济利益影响，更可能触发事关个人人身自由的刑责风险。税与人人有关，更何况是从事经营的老板们，它不是发生在别人身上的故事，是自己身上利益与风险共存的事。

对于在财务、税务与法律领域工作的人士，此书更多地是一种观点的阐述与分享。尽管在日常工作中，或者在彼此交流时，大家对于相关问题的提出、探讨与意见表达已非常多，但是由于缺乏体系化的理解，更因一些知识碎片过于分散，查找、使用成本非常高，也难顾及全面。本书是笔者平时所关注、学习的知识与案例小结，系统地整理出来，与朋友们交流，相信收获的将不仅仅是自我的成长，而是价值真实地创造。

在学习税收政策、提供涉税服务之时，笔者平时也喜欢关注一些税务稽查的案例、涉税的法院判例，里面的对与错，双方（或多方）的观点碰撞，更有故事情节性。笔者也发现，相类似的案情，结论却可能相距甚远。另外，各地税务机关对于某些同样问题的不同理解与执行口径的差异，很大程度地影响了税收法制化过程中的刚性原则、普遍性原则，甚至有些地方的观点竟然被某些人或某个人的观点所左右。笔者并不否定个人意见的表达，而是对于这种持续化的现状深表担忧，在此基础之上更寄予一种希望，对于同类、发生频率较高的事项，快速地明确并找到共识是多么重要。财税部门在减税降费、推进税制改革的过程中，行动快速、有效，方式简化、效率优化、有利政策解释的高效推出，已然体现出了税收支持、引导经济发展的功能。现在来看，差异化的政策理解，并不代表就是不好的事情，当下正值税制改革的快速发展期，这会促使税收政策的制定过程更加严谨、严肃，减少误解导向。大家也可以发现，对于涉税诉讼的案例，复议与审判、一审与二审之间，有完全不同的结果是很正常的，这就更加说明了税收政策与经济交易本身在衔接时，理解层级上的复杂性与多样性，越辩越清、越辩越明，有一个不断完善、成长的过程，这是当前中国税收法制化建设过程中所需要经历的。我们的经济体如此之大，又处于技术、商业模式快速变革的大时代，政策的应用自然有滞后的一面，我们也可以理解。

荣幸的是，笔者与众多有专业追求的伙伴一起探讨、一起成长，不断地吸取大家的知识与经验，不断思考，增加知识广度与高度，让追求能远离苟且的生活。比如，当你在网络上看到一个自己正在找的话题时，会感到惊喜，希望里面有一些肯定的答案，但是如果发表者描述得不尽明确，或者意见很模糊，回答上轻描淡写，只是提出这个有风险、那个有风险，此时就会失望，也会感慨在网上找点儿有价值的资料，是如此艰难；或者某人对自己的见解非常自信，一不小心言及某税务机关的操作不对，其个人的理解才是对的，甚至其本人才是权威，笔者认为，言论可以说，观点可以表达，但对于企业家们，不要轻易被忽悠，兼听则明；或者某些人认为税务机关的政策跟国外相比不够成熟，不符合国际化的主流逻辑，笔者认为，这时我们要有平常心与耐心，更多地了解别人的想法，吸收好的地方，同时也要有自己的立场与心理预期，更要有自信，中国税法有其适合自己的认识与发展过程，有中国经济发展的需要，有中国的国情，我们要尊重、适应并推进改善它为宜，这不仅是财税部门的职责，也是同业人士共同的职责所在。因此，在对于政策的分析过程中，首先梳理实践中的操作，通过分析将困惑提出来，并记录相应的调查、分析与请教等事项，减少过多个人观点的表达，毕竟自己的理解有时确实是"一孔之见"，大家其实还是想知道困惑与相关观点分析的来源、背景，而不是理论的"一面之词"，在参照使用过程中也知晓风险所在。在此，必须诚挚地感谢第三只眼的伙伴、同行及来自税务部门的权威专家，他们的不吝赐教，才让本书得以成行。在本书中，笔者先表达自己的疑惑，记录观察或经历的案例，给出初步分析，再结合专家的观点，校验与纠正自己的理解，梳理出更清晰的判断方向。这样大家理解起来会更为顺畅。近年来，中国税务机关通过自己的努力，在国际上建立起中国规则。有一些专家可能比较容易迷信西方的理论体系，并奉为经典；但是大多数老板们是活在当下，而不是未来的比较空间里，理论工作者可以多多分析引入国外的理解，也是好事，老板们就不必这样了。

在笔者来看，对于当前经济业务中涉及的税收问题，税务干部或企业人士不应封闭在自己经历的税务领域中独自探讨，而是要与法律治理、审判体系相融合，对与不对，并不是税务人员或专家的自行判断，而是要从法的全体系当中进行考虑、衔接与评估，因此本书特别引用了一些法院判例，从中，笔者对很多问题有了新的认识，提升了解决问题的能力。我们不应"迷信"个别判例，每个判例的背景、诉求并不完全相同，但这些判例肯定都有助于提升自己的思考与理解，更会促进税收法制的持续完善与健全。本人仍是法律领域的一名新兵，有些理解比较初级，请大家多指导。

本书在写作过程中，不可避免地融入了一些个人观点，部分可能比较片面，也可能存在错误，请读者不吝赐教并批评指正。书中也有一些虚拟案例，这些案例来源于笔者真实遇到或听闻，只是进行了一些虚拟加工，切莫对号入座。另外，由于税收政策的不断变化，在阅读本书时请一并考虑后续存在的政策变化及其影响，以与时俱进。

中国税收制度的建设与税收法制化的推进正处于快速变革的时期，建议我们的专业人士与投资人伙伴积极参与到这一过程当中，建言献策。当前，对于某一特定事项或某行业适用的税收政策，有其独立的合理性为基础；确实过于零碎，在融入经济业务的大环境，与其他税种、税收政策相衔接时，容易产生一些空隙或漏洞，由此引起的一些纳税人与征管机关之间的涉税矛盾，会不断促使其完善。同时，税收政策调节经济、引导与推进经济发展的功能，也在不断地体现出来。随着国际形势的不断变化，中国税收主权的行使也正在不断成熟，所以我们要从更大的视角来考虑税收问题。

特别说明，本书中所引用的资料、判例，除特别说明外，均属合法来源于相关公告或政府网站、媒体公开报道等，部分情形作了加工处理，相关事项仅供探讨学习之用。

最后，感谢大力税手法税团队的合伙人们，他们在为企业家、创业者服务的过程中，集法律、税务、保险、信托、资管、移民政策研究、方案实施于一体，形成了完整的知识体系，产品相融合的服务链条，专业为本，不负所托；感谢一直支持大力税手原创写作的伙伴、老师们，我会记得大家的帮助与支持，满怀感恩之心地成长，满怀热情地迎接每一天，哪怕是充满挑战的一天。

如果您有何疑问，非常欢迎添加笔者的微信（微信号：18601122942），互相探讨，共同成长，让分享成为一种快乐、一种价值。大力税手成立以来，始终以"让伙伴增值，不让伙伴吃亏"为本，希望我们共同发掘新价值！

郝龙航

北京大力税手信息技术有限公司

2020 年 7 月 30 日

序二
资本个税，盛夏的果实

进入21世纪以来，资本税务（或者是资本税收）逐渐成为中国税收实务中的"显学"，英才辈出，作品云集，观者甚众，案例累累，势如破竹！这其间，中国经济社会的腾飞是最好的背景，资本市场的风云际会是最好的舞台，资本工具的迭代更新是最好的机遇，而税收法治的压力则是最好的催化剂。广大税务专业服务机构（税务师事务所、律师事务所、会计师事务所等）和专业人士也充分认识到，资本税务是一座埋在群山中的富矿，里边有着丰厚的资源和宝藏。如果能够发挥愚公移山的精神，充分挖掘，必然会有广阔的市场。

资本税务包含的内容非常庞杂，包罗万象。股权转让、公司并购、金融工具、资产重组、基金合伙、信托资管、资本运作、债务重组、财富管理、资产证券化、供应链金融等涉及的税务问题、税务风险都可以囊括其中。资本税务涉及的税种也非常全面，增值税、企业所得税、个人所得税、契税、土地增值税、印花税都与之关系密切。当然，我们与别的同仁不一样的地方在于，我们将个税放在最主要的层面来进行分析和研讨。

资本税务的丰富性和复杂性催生了税务当局和立法者的热忱。如果仔细浏览2008年以来的财税规范性文件的脉络，我们会发现税务部门对资本税务的关注力度逐渐得到强化，特别是在个人所得税方面越发重视，立法规则越来越紧密，征管手段也越来越强化，比如我们看如下的重要规定的时间节点：

● 2009年4月30日——财政部 国家税务总局关于企业重组业务企业所得税处理若干问题的通知（财税〔2009〕59号）

● 2011年7月25日——国家税务总局关于个人终止投资经营收回款项征收个人所得税问题的公告（国家税务总局公告2011年第41号）

- 2014年12月7日——国家税务总局关于发布《股权转让所得个人所得税管理办法（试行）》的公告（国家税务总局公告2014年第67号）

- 2015年3月30日——财政部 国家税务总局关于个人非货币性资产投资有关个人所得税政策的通知（财税〔2015〕41号）

- 2015年4月8日——国家税务总局关于个人非货币性资产投资有关个人所得税征管问题的公告（国家税务总局公告2015年第20号）

- 2015年11月16日——国家税务总局关于股权奖励和转增股本个人所得税征管问题的公告（国家税务总局公告2015年第80号）

- 2016年9月28日——国家税务总局关于股权激励和技术入股所得税征管问题的公告（国家税务总局公告2016年第62号）

……

繁花似锦，淡云流水，不一而足。层出不穷的规范性文件既解决了不少突出关键的矛盾问题，也留下了更多的空白需要填充。政策供给的有限性和实践需求的扩张性充满了矛盾，也带来了极大的争议。

多年以来，我和第三只眼——郝龙航先生携手作战，历经多起案例，百炼成钢，资本税收的磨砺使得我们和团队都快速成长。一篇又一篇的文件，一个又一个的新挑战；一份又一份的文书，一场又一场的辩论。几度风雨、几度春秋；放马逐浪，击楫中流；吹角连营，挑灯看剑；壮志成年、从不言愁。

多年的辛苦鏖战，使得我们对资本税务情有独钟。但是资本税务是全方位的，点、线、面、体都比较复杂，如果笼统而言，恐怕只能是蜻蜓点水、浅尝辄止，很难恰到好处。如何从一个大家都比较熟悉的通道切入，不求大，只求精，是我们一直在思考的问题。

2018年以来，随着全国人大常委会第七次修改个人所得税法，新税制的引入，也带来全民对个人所得税的深度关注。于是乎，我们决定以个人所得税和资本市场的契合为突破口，以企业家和资本市场从业人员关注的现实利益为立足点，以实际业务、公开案例和法税融合为中心线，写出这样一本《资本个税》的新书。

千淘万漉虽辛苦，吹尽狂沙始到金。

是以为序！

中国财税浪子　王骏
2020 年 7 月 30 日

序三
第三只眼，从不一样的视角看问题

接到大名鼎鼎的"第三只眼"——郝龙航老师的任务，让我给他的新作《资本个税》写点什么，我受宠若惊，不仅是因为这是我第一次给别人写，更是因为在郝老师面前，我自己也是个学生。一直以来，郝老师深入的研究、缜密的思维、独到的视角总是令人钦佩。

2019年以来，我就想写一本关于资本个税方面的书，但只写了不到两章就因为懒惰等原因搁置了，突然看见郝老师推出的约80万字的鸿篇巨著，好吧，我索性学习罢了。

资本个税，虽然面不是很广，但会直接影响到企业家的切身利益，需要关注的问题很多。如在企业重组中，目前的政策规定对自然人股东没有特殊性税务处理的税收待遇，合并、分立中自然人股东需不需要视同销售缴纳个人所得税？一些地方在执行中可能有不同的处理口径。那您遇到此类问题该怎么办？本书中也许就有可供参考的案例。

资本个税中的疑难问题也比较多。近年还曾发生过一些企业家因为对税收政策的理解出现偏差而多交税的案例。如某自然人股东以自己持有的股权参与了上市公司定向增发，定向增发获得的股票在解禁后减持，减持的股价比定增时的股价高很多。本来定向增发获取的股票不属于应税限售股，减持所得不用缴纳个人所得税，但他却缴纳了好几千万元的个人所得税。此时，如果在法定的有效期间内，是可以申请退税的。

资本个税在实务中的争议也很多，可以说是在资本交易税收领域中存在的争议最多。比如，仅股改过程中资本公积转增股本的个税处理，郝老师就总结过一个上市公司整体变更、改制折股个税分类汇总的资料，达266页之多。从上市公司披露的情况看，各种处理五花八门，一些案例很有意思，值得研究。

资本个税中还有一些税收政策空白的问题。税收政策滞后其实是必然的，因为现实经济生活中总是先出现新的经济行为，其后是会计处理的跟进，最后才是税收政策的完善。如近几年大家关心的对赌协议失败后，若涉及自然人的，其已经缴纳的个人所得税能否退还的问题，目前并没有明确可以退税的规定，但这样的案例其实一直在发生。本书中，郝老师也提供了一些可供参考的处理思路。

郝老师非常执着，有时候一个小小的问题也能研究好几天，非得钻研透彻不可。他和我交流过一个问题，技术入股递延纳税政策能否适用于上市公司？从文件及填表说明看，并没有什么限制，但结合上市公司实践及相关规定后发现，该政策并不适用于上市公司。正是像这样来自于多年的潜心研究，丰厚的积累现在终于汇集成书，我知道这既有郝老师团队对经手过的无数实践案例的总结，也有对上市公司经典案例的分析，都是精华。感谢郝老师的倾情奉献，使得本书具有极强的现实参考意义。

在税务系统更加注重"放管服"的当下，纳税人一方面要合理利用税收政策，充分享受国家的各种税收优惠，另一方面也要注重自身的税务风险防范。目前市场上充满了各种各样的税收筹划方案，但很多所谓的"合理避税"是经不起推敲的，存在滥用筹划、过度筹划甚至违法不交少交的情形，有可能为自己、为企业留下一些税收隐患，应当引起纳税人的注意。在税务部门越来越善于利用大数据管税的今天，任何税务违法行为都可能会导致给自己的诚信记录抹黑，为自己的行为买单。作为资本个税的纳税人，多数是企业老板们，增强对法的敬畏，识别某些服务机构所提供的富有诱惑的筹划之术的可靠度，到时候了。

第三只眼，总能从不一样的视角看税收问题，给您启示！

姜新录

2020 年 7 月 20 日

CONTENTS 目录

1 如何看资本交易的涉税问题 / 1

　1.1 资本个税的聚焦范围 / 4
　1.2 资本个税的重大影响 / 5
　1.3 资本个税计缴违规的法律责任 / 13
　1.4 如何做好资本个税的管理与筹划 / 17
　　1.4.1 关注当前的环境、发生的事情与当前的财税政策 / 17
　　1.4.2 资本交易实施完成的路径存在多种方式 / 18
　　1.4.3 税务影响的分析与规划要跟商业因素融合考虑 / 19
　1.5 税收政策法制化的进程与实践 / 20
　1.6 本章小结 / 24

2 股东个人与其所投资企业之间的利益结算关系 / 27

　2.1 股东个人与其所投资企业的法律关系介绍 / 29
　　2.1.1 股东个人的个人所得税身份 / 29
　　　（1）居民个人与非居民个人 / 30
　　　（2）股东个人纳税身份对计税的影响 / 32
　　2.1.2 个人与所投资企业的关系及计税规则 / 34
　　2.1.3 部分企业保留的集体企业或全民企业的身份问题 / 36
　　2.1.4 股东个人与所投资公司的法定代表人的关系 / 39
　2.2 工资薪金等综合所得的取得 / 42
　　2.2.1 资本达人的薪资取得 / 43
　　2.2.2 劳务报酬取得 / 46
　　　（1）拆分收入式的"筹划"却遭到员工举报的案例 / 47
　　　（2）股东或高管成立合伙企业为企业提供服务的方式 / 50
　　　（3）劳务报酬与经营所得的区别 / 52
　　　（4）劳务报酬、经营所得与增值税的应税关系、会计报销所需要的凭据关系 / 56

2.2.3 稿酬所得 / 59
2.2.4 特许权使用费所得 / 63
2.2.5 综合所得的纳税申报政策及案例 / 72
（1）综合所得汇算清缴的政策规定。/ 72
（2）综合所得计缴个税与汇算清缴申报举例 / 76
（3）综合所得不申报与未充分申报的法律责任 / 79

2.3 个人与所投资公司之间的资产有偿或无偿服务、买卖与使用问题 / 87
2.3.1 个人投资人为投资企业提供的服务 / 88
2.3.2 个人无偿或有偿借款给企业使用 / 90
2.3.3 个人设备工具无偿或有偿提供给企业使用的问题 / 110
2.3.4 股东借企业的钱用于个人之用 / 117

2.4 个人利用虚假发票向企业报销的情形 / 129

2.5 来源于所投资企业的利润分配 / 142
2.5.1 公司的利润不作分配税收政策有无限制 / 143
2.5.2 个人投资面临的利润分配税负水平问题 / 145
2.5.3 利润分配的筹划手段并不是绝对的标准而是相对的 / 146
2.5.4 个人取得利润分配的是什么 / 148
（1）分配利润的载体体现 / 148
（2）分配时点问题 / 153
（3）恰当理解税后利润 / 156
（4）未实际实现的利润是不是可以分配 / 156

2.6 本章小结 / 158

3 企业的组织架构搭建与适用规则 / 162

3.1 组织架构搭建的主体及相关问题 / 162
3.1.1 自然人与其组织架构的地域管理 / 163
（1）自然人与其成立经营机构地并不强求一致 / 163
（2）各地招商财政奖励政策的合法有效性 / 164
（3）不能履行招商扶持承诺情形下的法律判例参照与风险 / 167
（4）注册地与经营地协调一致与分离的情形 / 172
（5）设立什么样的组织机构、达到什么样的纳税条件要因需安排 / 175
3.1.2 组织架构搭建的纵向与横向的方式与利益实现方式 / 177
3.1.3 出资方式与控制权的把握问题 / 181
（1）不同的主体出资要求不尽相同 / 182
（2）出资多与少及控股权 / 184

（3）关于表决权的法定比例 / 190
　　　（4）引入战略投资者面临的风险 / 194
　　　（5）股东对外转让股权受《公司法》的限制及变通思路 / 199
　　　（6）有限合伙架构的妙用 / 201
　3.1.4　不要轻易做小股东，有时会进退两难 / 204
　3.1.5　税收政策对于企业运营安全的影响 / 207
　3.1.6　投资人利益的取得与退出问题 / 209
　　　（1）企业运营利润的多少直接影响到投资人利益的多少 / 209
　　　（2）利润价值向资本价值的转化 / 210
　　　（3）转让与退出 / 211
3.2　个体工商户、个人独资企业、合伙企业可以享受的减税降费优惠政策 / 212
　3.2.1　小规模纳税人增值税免税优惠 / 212
　3.2.2　其他税费的减免事项 / 220
　3.2.3　如何平衡增值税与企业所得税税收优惠政策的销售额 / 222
　　　（1）小微企业（限于小规模纳税人）的增值税优惠平衡点 / 222
　　　（2）小型微利企业所得税优惠平衡点 / 224
　　　（3）小微企业的纳税人与小型微利企业的纳税人的关系 / 226
　3.2.4　增值税税率的屡次调低与降税效果的关系 / 227
　　　（1）小规模纳税人受到的影响 / 227
　　　（2）一般纳税人受到的影响 / 229
　　　（3）税率调整对于地区财政的影响 / 239
　　　（4）按季纳税的小规模纳税人登记为一般纳税人到底如何
　　　　　掌握500万元的标准 / 240
　3.2.5　个人所得税中低收入者的税负降低带来的影响 / 241
　　　（1）新个人所得税法的九大类应税所得项目 / 241
　　　（2）税负降低的影响 / 245
　3.2.6　社保与住房公积金政策调整与征管机关调整带来的影响 / 246
　　　（1）员工社保成了上市公司重要的成本支出 / 247
　　　（2）住房公积金的缴纳政策调整 / 253
　　　（3）残疾人就业保障金与工会经费的缴纳政策调整 / 258
3.3　个人设立个体工商户 / 259
　3.3.1　个体工商户的出资形式及要求 / 260
　3.3.2　个体工商户的建账核算要求 / 262
　3.3.3　个体工商户的应税义务及征管现状 / 265
3.4　个人设立个人独资企业 / 269

3.4.1　个人独资企业的出资形式及要求 / 270
3.4.2　个人独资企业的建账核算要求 / 275
3.4.3　个人独资企业的应税义务及征管现状 / 275

3.5　设立合伙企业 / 278
3.5.1　合伙企业的出资形式及要求 / 279
（1）有限合伙人与普通合伙人在税收制度上的差异 / 280
（2）执行事务合伙人取得的报酬如何确定所得类型 / 282
（3）合伙企业的组织形式与纳税主体、项目界定方式 / 286
（4）合伙人出资的涉税处理 / 293
3.5.2　合伙企业的税收主体界定 / 301
（1）合伙企业与个人的纳税主体划分 / 301
（2）从合伙企业穿透到个人计缴所得税，税法上对于个人享受的税收优惠是否可以适用合伙企业的所得 / 310
（3）在股权转让时个人与合伙企业之间的征管措施异同点 / 312
3.5.3　合伙企业取得股息、红利、利息计税的纳税地分析 / 313
3.5.4　对合伙企业个人合伙人适用的股息、红利、利息个税政策的错误理解 / 316
3.5.5　合伙企业经营所得的纳税地分析 / 319
3.5.6　合伙企业的经营所得与股息、红利、利息所得是应收所得，却不一定是实际所得 / 321
（1）股息红利与利息所得和经营所得分别计税却一体计损益 / 322
（2）合伙人的计税所得是"先分后税"的所得，是"可分的应纳税所得额" / 323
（3）合伙企业"先可分计税"与"实际分配利润"的差异管理 / 326
（4）特定合伙企业经营所得选择使用股息红利计税方式的适用情形 / 332
（5）理论上的"先分后税"在实际业务当中的使用偏差与错误 / 336
3.5.7　合伙企业作为所得税的穿透体计税方式引致的税负不公平问题 / 337
3.5.8　合伙企业各种不同的分配方案对税收规则的影响与调整 / 339
3.5.9　通过合伙企业平台持股能否适用个人股权激励计税政策 / 340
（1）通过资金入资合伙企业后增资有限公司资本的情形 / 342
（2）股权激励费用能否在企业税前扣除的问题 / 344
（3）通过持股平台间接持有股权的个人是否可以按直接持股方式计缴个税 / 348
3.5.10　合伙企业的应税义务及征管现状 / 350
3.5.11　转让合伙企业份额与经营所得不同计税方式的"脱节"与协调 / 354

3.5.12　合伙企业计税规则的协调与改善思考 / 356
　　（1）法人合伙人与个人合伙人在适用规则上的不同与适用规则错位 / 356
　　（2）合伙企业作为所得税的"透明体"的理解，其实是"半透明体" / 357
　　（3）合伙企业计算应纳税所得额与会计利润的关系 / 358
　　（4）合伙人所得的"分摊计税"与"真分"之间的时间差与金额差 / 360
　　（5）未到年度结束时发生的清算、入伙与退伙的计税衔接问题 / 361
　　（6）合伙人的投资成本、会计成本与计税成本 / 365
　　（7）多项目下分配与超额分配的问题 / 367
　　（8）"先分后税"合伙企业的适用范围 / 368
3.6　设立有限责任公司 / 368
　3.6.1　有限责任公司的出资形式及要求 / 368
　　（1）个人不同出资形式下的计税规则 / 370
　　（2）个人非货币性资产投资允许选择最长五年分期纳税 / 371
　　（3）个人特定技术成果出资允许递延合并为"股权转让"纳税 / 383
　　（4）技术所有权出资与使用权出资的情形 / 399
　　（5）不同出资情形下的利润分配权限 / 400
　　（6）非货币性资产出资未作评估所涉的法律责任与纠纷争议 / 403
　　（7）没有产权的房产能否出资 / 411
　　（8）能否在年度内预分配利润 / 414
　3.6.2　债权人能否要求出资人补足出资、履行偿债义务 / 415
　3.6.3　不同的股东身份需要履行的纳税义务 / 416
　3.6.4　债转股 / 419
　3.6.5　留存收益与资本公积转增资本个税计量 / 430
　　（1）有限责任公司的留存收益转增股本 / 431
　　（2）资本公积转增资本个税政策的征管现状、理解口径及征与
　　　　不征的逻辑 / 433
　　（3）财税〔2015〕116号及国家税务总局2015年第80号公告的"误导" / 445
　　（4）留存收益转入股本与资本公积计税时所得判断标准 / 447
　　（5）为何纠结资本公积转增股本计算个税的问题 / 447
　　（6）个人独资或合伙企业中个人投资人是不是适用转增计税的情形 / 448
　　（7）以留存收益、资本公积转增资本征税不是非货币性资产出资 / 451
3.7　有限责任公司改制为股份有限公司 / 452
　3.7.1　整体变更、改制、股改称呼 / 452
　3.7.2　有限责任公司整体变更为股份有限公司的会计与税务处理 / 455
　　（1）净资产折股的适用范围及折股的方式 / 455

　　　　（2）整体变更涉及的个人股东的税收问题 / 456
　　　　（3）整体变更的会计处理 / 458
　　　　（4）整体变更涉及的其他税种的影响 / 459
　　　　（5）IPO等披露的上市公司整体变更涉税处理案例 / 462
　　3.7.3 改制后工商登记与税务处理的变化 / 484
3.8 本章小结 / 485

4 个人投资资本市场的涉税处理 / 487

4.1 当前主要的资本交易类型与市场 / 487
　　4.1.1 个人投资境内股票市场 / 488
　　　　（1）个人转让上市公司股票所得的计税规定 / 491
　　　　（2）个人转让新三板挂牌企业股份所得的计税规定 / 492
　　　　（3）取得上市公司股息红利的计税规定 / 493
　　　　（4）取得新三板挂牌企业股息红利的计税规定 / 503
　　4.1.2 个人投资香港或海外股票市场 / 504
　　4.1.3 经历上市或挂牌前后的计税规则 / 506
　　　　（1）上市后转让股票（限售股）的计税规定 / 506
　　　　（2）上市公司限售股的避税手段之高送转与价格因素 / 510
　　　　（3）限售股征税之前"避税"操作并非是完美的，仍有计征税款的手段 / 516
　　　　（4）对上市公司限售股计征个税中的防范避税的限制性措施 / 517
　　　　（5）新三板挂牌企业原股东转让股份的计税规定 / 522
　　　　（6）定向增发个人投资者有限售期情形的但并不适用个税的限售股政策 / 523
　　　　（7）上市公司限售股的持有个人如何享受股息红利差别化计税政策 / 524
　　　　（8）新三板挂牌企业的发起人个人股东如何享受股息红利差别化
　　　　　　 计税政策 / 524
　　4.1.4 个人投资境内债券市场 / 525
　　4.1.5 优先股 / 528
4.2 中国信托业的现状、困境及信托投资的计税规定 / 538
　　4.2.1 20年的信托法发展历程 / 539
　　4.2.2 信托传统本业受制于税收法规所受的影响及突破 / 540
　　4.2.3 投资信托融资所得的个人所得税计税规定 / 542
　　4.2.4 信托融资的发票开具 / 544
4.3 个人投资基金的个税计税规定 / 545
　　4.3.1 我国基金的种类 / 545
　　4.3.2 基金投资方面的个税政策 / 547

4.4　P2P 等金融活动、非法集资中的风险及计税情形 / 549

4.5　本章小结 / 556

5　资本交易中的个税规划与风险案例 / 558

5.1　非上市公司股权（票）转让的税收征管认定标准及实践案例 / 558

5.1.1　个人转让股权计缴个人所得税的政策规定 / 559

(1) 国家税务总局对于个人股权转让征管方式不同时期的变化情形。/ 559

(2) 67号公告中个人股权转让涉税征管的适用主体、范围与规则 / 561

(3) 转让价格需要核定的情形与操作路径 / 570

(4) 交易方签订的股权转让合同与工商登记变更时的格式股权转让合同的不同 / 587

(5) 隐性资产与显性资产的关联与价值评估 / 588

5.1.2　增、减资被认定为"股权"转让的创新之举还是不当之举 / 589

(1) 各地税务机关对于增、减资的意见样本参照 / 589

(2) 法院对不公允增资中所涉争议的判决观点 / 594

(3) 增资扩股中原股东名义份额下降但实际价值并未降低的理解 / 594

(4) 结合案例来看另外一种处理的可能性与可参照性 / 596

5.1.3　股权转让中涉及出资未实缴时转让收入及法律义务的问题 / 600

(1) 一篇文章所表述的行权观点是不是可以借鉴 / 600

(2) 股东未出资情形下转让份额是不是将认缴权也一并转让了 / 603

(3) 认缴但未实际出资情形下如何计量未出资的净资产额 / 607

5.1.4　被转让企业的留存收益（分配权）的保留与转让 / 608

(1) 股东转让股权之时留存收益的分配权及其计税规定 / 611

(2) 案例分析到底是"财产转让所得"还是"股息红利"所得 / 613

(3) 国家税务总局对于收购股权后以留存收益转增股权不需计税的特殊规定 / 618

(4) 约定被转让企业的债权债务由原个人股东承担时的所得如何计税 / 620

(5) 将应分配给个人的股息红利转化为分配给有限公司的操作空间与风险 / 622

5.1.5　股权转让与转让退回的退税条件应用 / 624

(1) 国家税务总局文件对于收回转让股权适用情形的规定 / 625

(2) 未办理变更登记不必然导致股权转让关系的解除 / 627

(3) 未支付完款项不必然导致股权转让关系的解除 / 630

(4) 纳税人收回股权情形下对于之前已纳税的退回请求权 / 631

(5) 基于交易未完成情形下的退税案例 / 636

5.1.6　对赌形成的纳税"困局"与突破 / 637
　　　5.1.7　合并、分立中是否存在个人所得税递延纳税的特殊性税务处理或不征税处理 / 643
　　　5.1.8　以技术成果出资选择递延纳税情形下"虚增估值"是不是会带来国家税收利益的损失 / 650
5.2　合伙企业在实践中的计价与纳税地、筹划可能性 / 655
　　　5.2.1　合伙企业份额转让的纳税地与定价 / 655
　　　5.2.2　新个人所得税法对合伙企业带来的计税税率的分割影响 / 656
5.3　"包税"业务交易中的"陷阱"与风险防范 / 657
　　　5.3.1　包税是包的交易过程当中的税还是纳税人所有的税 / 658
　　　5.3.2　包税人缴完税后申请退税难获得支持但不全尽然 / 669
　　　5.3.3　包税模式计税下是不是要反算计税法院判例有说法 / 672
　　　5.3.4　切莫配合卖家做"阴阳合同"来"避税" / 674
　　　5.3.5　因转让价格中未约定清楚谁承担个税额发生诉讼争议结果转让人败诉 / 676
　　　5.3.6　法拍房产要求"包二次交易税"的案例情形 / 679
　　　5.3.7　各地法院协调机制与法院判例的参照 / 679
5.4　商业模式与财税价值 / 684
　　　5.4.1　当前税收筹划的误区及可能点燃的风险 / 684
　　　5.4.2　企业架构如何选择没有最好只有更好 / 685
　　　5.4.3　企业的商业流程与财税价值 / 686
　　　5.4.4　财税、法律人理解的风险与老板理解的风险不应一致化 / 690
5.5　老板进行股权激励的方式与涉税处理 / 692
　　　5.5.1　老板直接发钱、送股票视为员工的工薪所得处理 / 692
　　　5.5.2　关于股份支付企业所得税纳税调整的特殊之处及空间 / 695
　　　5.5.3　股权激励、股权奖励等计税方式明确了一致化的处理 / 696
5.6　海外上市搭建及拆除VIE架构中的个税问题及检查风险 / 697
　　　5.6.1　新个税法实施前各地对于源于国内所得征税的尝试 / 697
　　　5.6.2　新个税法反避税条款对于家族财富安排的影响 / 704
　　　5.6.3　被宣传为很神秘的"离境清税"知道了就不会被误导 / 705
5.7　无偿赠送征纳双方的涉税规定与处理 / 707
　　　5.7.1　税法明确的属于个税应税的事项 / 707
　　　5.7.2　个人赠送资产在个税上没有视同销售的概念 / 710
　　　5.7.3　区别日常无偿和有偿的赠送 / 713
5.8　基金会在财产配置中的作用与涉及问题 / 715

5.8.1 关于个人基金会的成立与捐赠政策的变化 / 715
5.8.2 基金会的税收政策 / 720
5.8.3 慈善信托计划 / 723
5.9 企业注销清算中的涉税风险与安排 / 725
　　5.9.1 因注销困难就一直不进行打理的"僵尸企业" / 726
　　5.9.2 注销中的资产处理及技术调整事项 / 731
　　　　（1）清算后归属于个人的所得如何考虑公允价及债权债务的影响 / 731
　　　　（2）有一种无法支付的款项不属于"不需要支付的所得" / 733
　　　　（3）注销前作为一般纳税人留抵税额的处理 / 735
　　　　（4）注销过程当中是不是存在个税的扣缴义务人 / 735
　　　　（5）注销中的流程管理 / 737
　　5.9.3 注销后的恢复及案例分析 / 738
　　　　（1）企业注销后能否再恢复登记 / 738
　　　　（2）税务稽查规范中对于已注销企业的处理规定 / 741
　　　　（3）涉及注销企业法院判例的处理参照 / 741
　　5.9.4 有限责任公司变更为合伙企业的处理 / 750
5.10 个人创业投资加计抵扣优惠政策的适用 / 752
5.11 本章小结 / 753

6 资本个税处理中的法律风险 / 755

6.1 偷税认定被驳回的判例让我们进一步理解未申报与虚假申报的差异 / 755
6.2 涉税筹划中可能发生的"非法倒卖土地罪" / 759
6.3 公司实际控制人犯虚开增值税专用发票罪 / 762
6.4 股东矛盾所引发的税务举报问题 / 763
6.5 股东个人作为税款的法定扣缴义务人情形下的法律责任 / 766
6.6 个人股东减持股票税务机关进行追税的案例提供了税务机关追税的路径 / 767
6.7 故意销毁会计凭证、会计账簿、财务会计报告 / 771
6.8 本章小结 / 774

附 件 / 776

1. 工资薪金个人所得税预扣预缴与综合所得年度汇算清缴税率表 / 776
2. 经营所得税率表 / 777
3. 中华人民共和国个人所得税法 / 777
4. 中华人民共和国个人所得税法实施条例 / 782

1 如何看资本交易的涉税问题

近几年来,税制改革快速推进,"营改增"试点几乎影响到了所有的企业,个税改革更是涉及每个人的切身利益,同时政府积极推动"减税降费"激励企业发展、投资活动,税成了人们日常经营、生活中的一个重要组成部分,"税事"屡屡成为朋友圈的热点话题,甚至个人不经意发的一条信息也会成为税务机关检查的引火索。另外,作为与税紧密相连的发票问题,公安机关、税务部门持续强力的"打虚打骗"专项行动,深刻地影响着经济交易相关主体的业务关系,企业管理者的法律风险更是防不胜防。在此大背景下,为应对情况越来越复杂、大数据联合监控越来越完善的税制环境与征管手段,企业家对于涉税事项越来越重视,愿意找专业人士对其业务进行风险防范和参与日常管理,对涉税争议事项也更有意愿委托律师进行代理沟通与救济处理。

时代在变化,环境在变化,意识也需要变化,专业知识的保障就必不可少。对于从事资本交易的企业家来讲,笔者认为有三个方面税务问题需要想明白,一是远离法律违规"红线",二是平衡处理税务风险,三是税收筹划利益取之有道。

或许有的人会问:"我老老实实做生意,货真价实,难道还有税务风险吗?"我们需要这样理解,税务风险有确定性的风险,也有不确定性的风险,即使学习税收条文非常用功,甚至请了专家打理相关税务事项,也并不能保证没有税务问题。虽然业务是真实的,但是相关业务如何匹配税收政策却是复杂的,比如收入时点、税率适用、优惠享受、发票开具等如何适用,因为政策在持续变化与完善过程中,且在我们国家的成文法体系下,政策的制订难免滞后于业务的创新,对于同一件事,不同的人会有不同的理解,即使同为一个税务部门,征管部门的政策理解与稽查部门的政策理解有时也会存在差异。有的时候,纳税人的税务处理,体现有主观故意与非主观故意的安排,这种行为性的表现有时也成为了补税与涉税入刑的判断因素。税务问题其实是在融合了很多外部因素、理解与判断的情形下产生的,要想处理好,需要各个方面的专业融合，需要综合性的评估，需要律师、会计专家、税务专家等专业人士的有效融合，单一地依赖某一领域的专家顾问，难免有漏洞出现，甚至"一失足成千古恨"。

先与大家分享两个笔者听说过的涉税小故事：

第一个案例是数年前，南方某地有一个运营规模比较大的网上商城，主要销售女士用品、运动用品，广告做得很多，销量非常好；客户主要是消费者个人，结算款项多由快递人员代收，不直接入在公司账上，多数个人也不要求开具发票。老板安排会计将部分收回来的钱存在个人卡中，形成账外收入，未全额纳税。该企业"安稳"运行数年，忽一日，因为受到某位被辞退员工的举报，税务机关立案进行稽查。起始，企业并不是很重视，认为通过找关系协调就能解决，同时将会计数据进行销毁，服务器也不在公司存放，但是却忽略了代收款快递公司的结算交接数据。作为正规的快递公司，其代收款项非常清楚，该网上商城的收入额基本上是无法隐藏的。在此情形下，企业的某些人做出了威胁税务干部的行为。最后的税务处理结果是：需补税2 000万元及加收滞纳金，罚款2倍，企业根本无力承担此税款，最后直接移交公安机关，定偷税判刑，企业的会计人员也受到牵连入刑。其实，随着交易支付方式向电子货币化转变，账外经营越来越难以掩盖，即使是个人微信、支付宝收款，清单也是无法删除掉的，因此随着时代的发展，这种粗暴式的逃税手段，根本无法再逃避，结果往往是"赔了夫人又折兵"。这个案例源于举报事由，可能老板自认倒霉，我们不能将这种风险的发生归因于举报人，这只是一个触发因素而已。当风险不可控时，还谈何发展，安全都是个问题。

在这里，电商业需要明白，千万不宜在收入上打主意。最近某些地方的税务风控部门，通过调取电商平台（比如京东、天猫）的流水数据，与企业的收入申报数据进行校验比对，数据效果立竿见影，这必须要引起警示了。账外截留的部分，涉及增值税、企业所得税与个人所得税等税费，一补真是不得了。还有一点，作为一些小规模电商企业的代理记账机构，明知道存在账外资金问题，却认为很正常，并不重视，笔者首先建议莫要参与做假，不值得，正正当当地取得客户提供的资料，也没有必要去寻根问底，同时建议代理记账机构们，要多想想，在电商企业真实记录收入的情形下，能不能提出有价值的优化方式。比如成本费用的入账问题、一般纳税人的税率较高但进项税额较少的问题，就很有价值。补充一点，对于某些平台存在"潜规则"的刷单行为，如果你是一名税务检查人员，会不会将其视为正常的销售收入，还是认为收入并没有发生，认可企业不需作为收入计税呢？或者能不能认为这是一种退货的情形；还比如认为收入发生了，不能冲减，但如果给刷单人返现，可以视作成本扣除。你看，这些意见中，如何选择有依据的、有利的处理方式呢，比较现实。好在这些刷单的情形,一般不开具发票,从而减少了选择有利处理方式的一些障碍。

另一个案例是某企业家蛮有想法的"技术创新"。在一次与境外企业合作成立中外合资经营企业的时候,该人士想到一个"好办法",恰逢自己投资的另一家公司有一项专利技术,于是经过筹划评估作价5 000万元,跟外商洽谈要求对方出资6 000万元。据笔者了解,该技术评估可能存在水分,似乎有"空手套白狼"之嫌。但是,双方最终达成了合营协议,成立企业进行运营。没想到次年5月31日,税务机关通过风险排查找上门来,要求提供企业对该专利出资的资料以及收入确认和成本结转情形。后来经过了解,这项专利技术在原企业的账面价值为零(已费用化处理),评估作价5 000万元,企业并没有在当年度企业所得税汇算清缴中确认所得。企业认为筹划有依据,于是提交了一份说明,认为依据财税〔2016〕101号①文件享受递延纳税的政策,不需要在投资的当年度纳税;而且认为,没有取得所得,也没有纳税资金支持,本来就是虚拟投资,又不可能将外国企业投资的6 000万元挪用到本企业纳税。但是该企业的筹划中有一个"致命"的错误,在登记时仅仅注明了单一使用权出资形式,并没有转让所有权。一下子被税务机关抓住"把柄",补25%的企业所得税估计该企业承受不了。但是,这种情形下,在暂不确认所得得不到认可之时,还是有"解救之路"的,比如我们可以依据财税〔2014〕116号②文件,将企业非货币性资产投资所得,在不超过5年内分期均匀计入相应年度的纳税所得,延缓一次性纳税的压力。此时,纳税企业需要解决上年度没有按规定填报申报表的瑕疵问题,税务机关可能会认为这属于企业的自我放弃,这个可以解释。同时这个案例还涉及增值税的问题,企业当时也没有缴纳。最终,在相关专家的辅助下,依据可以选择的政策适用条件,该企业得以较"完美"地解决了被税务机关一次性追缴税款的问题,而且还享受到了增值税的免税及部分享受技术转让企业所得税的免税待遇,用另外一条路径挽救了纳税人原本不当的经营筹划安排导致的涉税问题。不过,我们还是提倡善念经营,如果这个技术本身确实没什么价值,这家公司也难以好好地经营起来。

---

① 财税〔2016〕101号,即《财政部 国家税务总局关于完善股权激励和技术入股有关所得税政策的通知》,其规定:
三、对技术成果投资入股实施选择性税收优惠政策
(一)企业或个人以技术成果投资入股到境内居民企业,被投资企业支付的对价全部为股票(权)的,企业或个人可选择继续按现行有关政策执行,也可选择适用递延纳税优惠政策。
选择技术成果投资入股递延纳税政策的,经向主管税务机关备案,投资入股当期可暂不纳税,允许递延至转让股权时,按股权转让收入减去技术成果原值和合理税费后的差额计算缴纳所得税。
(二)企业或个人选择适用上述任一项政策,均允许被投资企业按技术成果投资入股时的评估值入账并在企业所得税前摊销扣除。
(三)技术成果是指专利技术(含国防专利)、计算机软件著作权、集成电路布图设计专有权、植物新品种权、生物医药新品种,以及科技部、财政部、国家税务总局确定的其他技术成果。
(四)技术成果投资入股,是指纳税人将技术成果所有权让渡给被投资企业、取得该企业股票(权)的行为。
② 财税〔2014〕116号,即《财政部 国家税务总局关于非货币性资产投资企业所得税政策问题的通知》。

从上面的两个案例，我们可以发现，如果"野蛮"地逃避税收义务，人生将可能不再由自己控制；就算经营上屡屡得意，但是可能"算计"了别人，自己付出了"税"的代价。税务问题的发生，如果处在不可控的环境下，企业家将不会像平时洽谈业务那般自信。一旦作为纳税主体，基本上就是一个"数据"透明体，随时可能被查出或被牵扯出难以控制的税务风险及潜在带来的利益、人身自由的影响。凡事多考虑，懂点资本之税，定有益处。当然，这种情形下，如同企业经营一样，商业风险与税务风险都是很难避掉的，如果为了100%避免风险，就要在不确定时尽量多交税，恐怕在当前的市场经济与创新经济的大潮中，难以乘风破浪。底线的保守与专业的选择、创新，在税收上是很重要的，我们需要在合规性、规划性方面做得更为平衡、更为严谨，风险的接受度也因人而异，需因人施策。

可以说，税将伴随着企业家一生，它能载舟，也能覆舟，相信这本书会给你带来不一样的价值。

1.1　资本个税的聚焦范围

笔者希望结合自己的学习、观察与经历，以资本交易中的个税为主线，来剖析在新个人所得税法下，从个税应税主体判断、应税义务判定、计税规则适用、优惠取得、存在的争议问题等方面进行阐述，并结合相关案例分析，以加深理解。同时，基于完整性的考虑，一并将同时存在的其他税种的处理予以列示，方便读者有一个全面性的认识。

第一，对于资本的范围，我们并不想给予限制，它并不仅仅是上市（挂牌）、并购重组中发生的事项，任何一个创业者，都将面临着如何投资、运营、对外合作的事项，哪怕是微小的投入，也属于该个人需要面对的决策事项。对于后续的转让、退出、清算等，一样需要谨慎对待。所以，对于资本，笔者希望从广义的角度来探讨，不能因事小而不为，对于某些细节问题，希望探究得更深入一些，更实务一些，没有在法理上过多地研判，也没有进行中外的对比和新旧的差异比较，就是基于国内的税法政策现状与征管方式现状进行探究，在这方面，本书跟市场上已有的资本类税收图书是有所区别的。

第二，除了个人直接进行的业务活动之外，还有个人通过第三方平台或机构进行的投融资活动，或者个人通过自己设立或者与其他单位或个人共同设立的企业进行的产业合作、经营活动安排，虽然是间接的，但是一样会与个人产生利益关联，产生或多或少的法律关系、纳税义务的影响。个人取得回报的方式，并不一定体现在自己的银行账户资金上才算实现了所得。另外，其持有的股权、其他非货币性资产等可变现物，在如何计量上与税也有着千丝万缕的联系。

第三，对于企业家来讲，在特定情形下，比如退休、移民等，其资产在家庭、合作伙伴之间继承或转移安排时，在境内外之间转移时，看似不是一种交易行为，但是税的规则中，却分情形设置了应税与非应税的规定，对于办理程序、凭据也有相应的要求，这也属于资本项下需要关注的事项。

对于个人主体的理解，我们主要聚焦于个人所得税的纳税主体，依据我国税法的规定，它并不一定必须体现为个人直接发生的交易事项，比如我们对于合伙企业的个人合伙人、个人独资企业的出资人、个体户等运营主体所发生的业务，在计量所得后，是以分配或归属于个人名下的部分来计算个人所得税，透过这些主体发生的经营、投资、转让事项，均将以个人为纳税人，这也是资本个税的主要研究事项。此外，我们还要考虑中国居民与非居民个人在应税义务及计缴方法中存在的差异，尽管多数情形下是中国居民个人的个税适用规则，但是在国人不断走出国门，或者移居他国以及境外人士长住中国的情形下，依据新个税法的判断规则，需要与时俱进地进行一系列的适用分析，而不能再延用旧法下缺乏上位法明确时存在的一些征管"漏洞"的处理方式。

本书所讨论的适用情形与内容，主要是站在中国有住所的个人的角度进行的，对于在中国没有住所的个人，对其不作更多细致地分析，即在没有特别说明的情形下，是指前者的适用主体范围。

1.2 资本个税的重大影响

一般来讲，大家聊到资本个税，可能主要想到的是能不能有办法少缴点税，这是因为对于自然人来讲，对于个税的税负敏感度变化是非常强烈的，甚至对于股息红利的20%个税，政策规定得很清楚，也时不时会有老板问："有没有节税的空间啊，你给想个办法。"税收的无偿性，必然带来规避的冲动。但是这仅仅是一小方面，想想老板们每天的工作关注点与重视程度便可知晓。财税问题基本上由会计或代理机构进行处理，可以这么说，涉税事项有时幸运得像遇到一个"宝藏"，有时也好比踩到一颗"地雷"，有其适用的偶发性与阶段性。若以"听天由命"的想法，以自己运气好或自己倒霉的心情，被动地面对涉税问题时，那么很多事项在发生了问题之后再来"包装"，为时往往已晚。资本个税的魅力在于，在不同的业务场景里，需要考虑各方都能接受的情形下,规划有效且合法的实施路径,达到共同的目的。但若过重于研究税的价值,生产经营的价值都无法实现了,税岂不是成"镜中花"了。在经营过程中,在老板看来,有很多事项比税还重要,比如企业的控制权、未来资本市场的溢价价值、家族财富的传承等,是第一位要保护与实施的,税在这里仅是锦上添花的功能。

重大涉税事项有时虽是"偶遇",却可能隐含巨大的利益,也可能遭遇"滑铁卢",在商业步步维艰之时,如果真能创造税的价值,同时减少不必要的"滑铁卢"引起的损失,相信其对商业领域竞争力的助力作用不言而喻。可惜的是,由于绝大多数老板对于税收政策的关注力不够,也不大明白这些复杂的规则,在国家给了这么多优惠的政策面前,机械地套用自己企业的条件,当然每个政策不可能为单一个体量身订做,需要调整自己的经营方式,以变化来迎接变化才行。同时国家也越来越强化收紧政策的灰色地带与漏洞,忽视这些税收政策的变化,吃亏的也将是自己。有的老板会问:"出事了我们就真地没有办法了吗,我们跑了不行吗?"即使在爆雷的情形下,纳税义务发生的同时,权利也要保护的,而且税务部门的处理结论是不是非常准确、合理,也是需要进行确定的。所以,在不利的情形之下,找到有利的解决方案,也是一种价值。

本书将结合这些事项,与读者朋友进行分享。下面两个小案例,对于笔者的工作想法有较大影响,我们一起看一下。

第一个案例发生在某知名投资人身上,其在南方某市参与投资了某合伙型私募基金,该私募基金投资了A公司,在A公司成功上市之后,过了限售期该基金欲退出,此时有大额的所得将分配给合伙人,该投资人粗略预计,其从合伙企业取得的经营所得,依照规定,若按最高适用35%的税率,将产生约5 000万元的个人所得税,需由其向合伙企业所在地税务机关申报缴纳。在此期间,曾有多家从事筹划的机构欲帮其节税,各种手段均有考虑,路径也有专业与非专业的,但是经过评估,该投资人认为,过于敏感的筹划不值得冒险,因此宁愿选择在当地全额计缴税款,也不想走"灰色地带"的筹划,这就是在个人声誉与节税之间的选择。如果换成另外一个人,只有一次交易,可能很"在意"税款,就极可能会选择有风险的筹划服务。其实从笔者了解的筹划方式看,比如直接转移到所谓的"洼地",明显有避税的嫌疑,转出地税务机关如果在后期风险排查管理中,信息一串联就很容易发现风险点,这需要视处理的方法来谨慎操作。市场上一些商业性筹划机构,用过于明显、直接的方式提供筹划方案,税务机关也并非看不到,一旦在某个时点采取行动,估计很有可能伤及一片。从笔者当前的观察来看,多地对于股权转让核定的检查,日益重视,不乏有补税的情形发生,即对于原来"认可"的核定无论是10%还是5%的所得率,要求予以纠正,按照5%—35%查账计缴经营所得的个税,或者有的地方灵活处理参照单一投资基金20%的折中方式，似乎更利于彼此接受，这或许与当前的税源紧张有关联。不得不承认的是，对于如此高溢价的所得，给予如此之低的核定，确实扰乱了正常的征管秩序，给市场带来了很大的困惑，也不利于平衡高收入者的税负问题。如果从税法本身的遵从来看，核定本身的认可是基于征管的判断，对于纳税人来讲，并不是偷税的故意行为，可以理解为这是处于征管的灰色地带。如果有的企业已注销，虽然合伙企业的个人合伙人与个人独资企业的投资者，是个人所得税纳税人，承担相应的个人责任，但是作为计税的主体已不存在了，这种情形下，能否再否定过去的核定呢，笔者认为在法律层面上还是存在障碍的。

另外一个案例涉及个人转让财产所得的偷漏税，在税务机关决定进行 3 倍罚款之时，当事人认为这是法定刚性不可改变了，也不愿意找专业律师进行对接，可能考虑到要有服务费用发生，而维护自身权利的机会是有时限的，过了时限之后，神仙也没有办法。

上面我们分析，资本个税除影响利益外，还影响个人声誉、未来发展；这里既有可以量化的影响，也有定性的影响。比如若定为偷税，声誉肯定受到极大影响。或许有人提出，税收政策是国家制定的，规定得很确定，还讨论什么筹划呢？这是不是违法的行为。其实这是一个误解，比如我们开车行驶在马路上，前方有红绿灯，遇到红灯却硬闯，这是违规的。当有摄像时，后面还要进行扣分或罚款处理；即使没有摄像，逃过了，也是违规行为。但是，当我们选择没有红绿灯的高架桥，就可以避免违规的发生。规定是固化的，一定程度上是确定的，但是我们的行为是可以调整与组合的，这重在提前预判与操作。比如作为老板，是取得分红还是平时发放工资，方式不同，税负也不同；比如退出时是卖股权还是卖资产，又会涉及不同增值税、土地增值税、契税等税项的差异；还有并购重组、投资时，可以选择适用当前一次性计税、分期纳税、递延纳税等政策，这些选择本身也是一种筹划。当不同的路径、不同的资产交易组合时，配置的税费计缴出现差异，就产生利益空间了。这些配置所带来的商务、法律风险也不同，自然就会产生重大的影响。

资本个税的重大影响，还在于其对交易对手带来的影响，比如当下经常发生的网上拍卖不动产的事项，拍卖公告往往都会说明，所有涉及过户发生的税费，甚至之前欠缴的税费，都由拍得方承担，类似的情形，还有股权收购的时候，有些个人老板在转让股权时，往往要求取得的收入是税后收入，包括应计缴的个税，这就是所谓的"包税"合同。但是这种情形在现实当中，发生了很多争议、诉讼，我们在后续的章节中会进行案例分析并总结可能存在的商务风险与税务风险。所以，在关系到交易对方时，对于约定的涉税条款要清晰、明确，避免留下争议，比如"包税费"与"包费用",在法律上有不同的定义与范围。交易对手是不是按约定履行义务,也将决定着自己的目标能不能达到,因此这个重大影响其实也涉及交易对方的义务履行,想要达到预期的共赢,我们在制订项目实施计划时,就需要考虑交易对方在履行涉税义务与承担税款义务上的合规性、便捷的实施路径、可以控制的手段及违规责任的界定,如果双方能在涉税筹划上共赢,岂不是更好。

曾经发生过上市公司收购个人股权,因为其税负过重导致交易失败的情形,下面摘录媒体曾报道过的两个案例,我们一起来看一下:

【案例】　　　　　巨额税单"搅黄"北纬通信并购方案[①]

一封深交所问询函的答复,揭开北纬通信并购重组告吹的诸多细节。

获得证监会审核通过后,北纬通信却在2015年1月16日"意外"终止了对杭州掌盟软件3.62亿元的并购方案。深交所近日向上市公司发送《问询函》,了解终止原因及过程。而上市公司的回复则详细解释了此次重组意外夭折的原因——交易对方无法履行现金支付7 000万元的个税,导致资产过户不能继续。

按照北纬通信2014年6月公布的并购预案,公司拟购买蔡红兵等6名自然人股东和汇成众邦合计持有的杭州掌盟软件82.97%的股权,交易价格为3.62亿元。根据方案,该项交易以现金支付14 996.08万元,剩余部分发行股份841.3万股。

在上述交易方案中,6名自然人股东共需缴纳个人所得税约7 000至7 200万元,最终缴纳数额由税务机关核定。不过,由于上市公司分期支付现金对价的原因,6名自然人首次获得现金仅为5 649.27万元,还差1 300万元以上的缺口。

"各地税务机关在税收缴纳时点和金额等方面判断不一致。之前预计个税也可以分期缴纳,杭州当地地税部门要求7 000多万元个税需要一次性缴清。"北纬通信透露,巨额个税是这次重组失败的直接原因。

苏南一位从事上市公司审计的注册会计师告诉《金证券》记者,以前拟上市公司以盈余公积转增资本、股东转让股权等也会涉及巨额个税,但当地税务部门大多都会通融,允许延期支付或者上市之后再"算账"。不过,这一局面却发生了改变。

2014年年底,国税总局发布的《股权转让所得个人所得税管理办法(试行)》(即国税"67号文"),自2015年1月1日起施行,对公司回购股权、重组并购活动中的发行股份收购等七类情形,明确了需缴纳个税的期限和计算方式。

按照"67号文"规定,受让方已支付或部分支付股权转让价款的,股权转让协议已签订生效等6种情况下,纳税人应当依法在次月15日内向主管税务机关申报纳税。"67号文"强制规定了个税缴税的时间和金额,这也意味着,股权转让产生的个人所

[①] 文/《金证券》记者 陈岩 2015年1月23日。

得税延时支付的可能性越来越小。

《金证券》记者注意到，北纬通信是"67号文"实施以来，首个因为股权转让巨额个税问题而重组告吹的上市公司。根据此前并购双方的协议，蔡红兵等6名自然人股东因为单方面违约，需在一个月内向上市公司支付违约赔偿金500万元。

【案例】　　　　　　　国投中鲁终止收购个人股东股权

国投中鲁于2015年4月3日发布《国投中鲁果汁股份有限公司拟终止重大资产重组及股票停牌的进展情况公告》，对于其中的内容摘录如下：

国投中鲁果汁股份有限公司（以下简称"公司"或"本公司"）于2015年2月13日、2月27日、3月6日、3月20日、3月27日分别接到重大资产重组交易对方张惊涛先生的书面告知，存在可能因为无力缴纳个人所得税税款资金问题导致公司重大资产重组方案调整或终止的重大事项，使本次重大资产重组具有重大不确定性。

本公司已分别于2015年2月14日、2月28日、3月7日、3月14日、3月21日、3月27日分别发布《国投中鲁重大事项停牌公告》及《国投中鲁重大事项进展情况及继续停牌公告》，公司股票自2015年2月16日起停牌。在公司股票停牌期间，本公司多次通过多种方式通知、催促张惊涛先生尽快解决个人所得税税款资金来源问题。

为尽快敦促重组方落实解决相关问题，本公司已分别于2015年3月12日、3月27日、4月1日向张惊涛先生及配偶徐放女士发送了催促函、律师函及问询函，要求张惊涛先生立即向国投中鲁做出书面确定，确认其个人所得税税款资金问题是否已经解决、是否还存在影响本次重组的其他因素、是否需要调整或终止本次重组方案。

2015年4月2日，公司收到交易对方张惊涛发来的《关于拟终止国投中鲁果汁股份有限公司发行股份购买资产交易的函》，张惊涛先生拟与公司协商终止本次重组及相关协议。

在另一份2015年4月8日发布的《国投中鲁果汁股份有限公司关于终止本次重大资产重组的说明》中提到了更为具体的信息，摘录如下：

二、本次重大资产重组终止的原因

交易对方张惊涛在签署《发行股份购买资产协议》（签署日期2014年11月18日）后，国家税务总局发布了《股权转让所得个人所得税管理办法（试行）》（自2015年1月1日起施行）。根据该规定，张惊涛及配偶徐放将江苏环亚61.55%的股权转让给国投中鲁，张惊涛、徐放应在《发行股份购买资产协议》签订并生效次月15日内向主管税务机关申报缴纳个人所得税，涉及金额约为2.5亿元人民币。

2015年3月30日，财政部、国家税务总局发布了《关于个人非货币性资产投资有关个人所得税政策的通知》（财税〔2015〕41号），允许纳税人一次性缴税有困难的，可合理确定分期缴纳计划并报主管税务机关备案后，自发生上述应税行为之日起不超过5个公历年度内（含）分期缴纳个人所得税。

张惊涛认为,根据最新政策,其纳税期限有所延长,但由于个人所得税涉及金额较大,在限定5个公历年度内(含)全额缴纳仍较为困难。在无其他资金来源的情况下,为合法纳税,其只能在重组成功后五年内减持部分上市公司股份,以筹措个人所得税资金。但考虑到作为重组成功后上市公司第一大股东,张惊涛拟长期持有公司股份,专注于上市公司的长期发展,短期内减持股份的行为不符合其此次重组上市公司的初衷及战略考虑;同时重组成功后,张惊涛及徐放合计持有的上市公司股份仅为33.06%,其计划未来通过增发、换股并购等方式做大做强上市公司,张惊涛及徐放持有的上市公司股份将在33.06%的基础上逐渐稀释,而减持股份将进一步降低张惊涛及徐放持股上市公司的比例,严重影响对上市公司的控制权,不利于上市公司的长期发展和中小股东的利益。因此,张惊涛于2015年4月2日签署并向上市公司函告《关于拟终止国投中鲁果汁股份有限公司发行股份购买资产交易的函》,拟与公司协商终止本次重组及相关协议。

三、从交易一方提出终止重大资产重组动议到董事会审议终止本次重大资产重组事项的具体过程

2015年2月13日,公司接到重大资产重组交易对方张惊涛的传真告知,存在可能导致公司重大资产重组方案调整或终止的重大事项,使本次重大资产重组具有重大不确定性。为保证公平信息披露,维护投资者利益,避免造成公司股价异常波动,经公司申请,本公司股票自2015年2月16日起停牌。

2015年2月25日,公司收到上海证券交易所《关于对国投中鲁果汁股份有限公司重大资产重组事项进展情况的问询函》(上证公函〔2015〕0152号),公司及时就交易所问询事项作了回复。2015年2月27日,公司接到本次重大资产重组交易对方张惊涛的书面确认,根据国家税务总局发布的《股权转让所得个人所得税管理办法(试行)》(自2015年1月1日起施行),张惊涛及其配偶徐放需在《发行股份购买资产协议》签订并生效次月15日内向主管税务机关申报纳税。由于涉及个人所得税金额较大,关于税款的资金来源,相关各方尚未形成具体解决方案。该事项仍将可能导致重组方案的调整或终止,公司股票继续停牌。

公司积极与张惊涛沟通,并于2015年3月12日、2015年3月27日、2015年4月1日向张惊涛先生及其配偶徐放女士分别发送了催促函、律师函及问询函,并敦促其尽快解决个人所得税税款资金来源问题。

2015年4月2日,公司收到了张惊涛发来的拟终止本次重大资产重组的书面确认函,鉴于重组方明确提出终止重组,为保护投资者利益,在及时向监管部门汇报沟通后,公司决定终止本次重大资产重组。

2015年4月8日,国投中鲁召开第五届董事会第十四次会议,审议通过了《关于终止重大资产重组的议案》等议案,决定终止本次重大资产重组事项。

第 1 个案例中，当时国家还没有发布非货币性资产出资所得的个税在存在困难时可在不超过 5 个公历年度内分期缴税的优惠政策，依据当时有效的国家税务总局公告 2014 年第 67 号①文件，即使在购买方分期付款的情形下，也需要一次性计缴税款，因此第 1 个案例中，纳税的资金缺口是重大的障碍，如果以第 2 个案例的适用规定来判断，其发生时国家已经出台了支持分期纳税的优惠政策，可以给出时间来筹措纳税资金，第 1 个案例中的交易可能就好接受与实施，这说明政策对于交易有决定性的因素影响。而第 2 个案例虽然有分期纳税的优惠，但是由于交易对方在国投中鲁收购之后，置入资产变为实控人，如果要完成缴税的分期兑现，要以得到对价的股份进行减持等方式解决资金缺口，这样其实控人身份恐有变化的风险，因此被收购方宁愿放弃被收购以实现借壳上市的目标。从报道来看，这是两例因税而终止的重大交易，虽然不排除税只是其中的一个借口，但至少它真真切切地影响到了交易的达成或实施。

资本个税除了对当事人与交易对方有重大影响外，其对于税务机关也至关重要。国家税务总局经常会发布加强对高收入群体个税征管力度的通知，并提示关注的重点行业与事项，同时对上市公司减持公告、收购公告等进行数据取得、系统内发送排查信息跟踪确认等方式，已取得了非常好的效果。高收入者纳应纳之税，这里面既有彰显公平的考虑，也有保障国家税收收入应收尽收的需要。同时针对不同的经济发展阶段，国家的政策也在相应地调整，有明确的、有激励的，因此对于税收政策的及时掌握与对应应用，就显得非常重要了，甚至签订合同的日期都非常重要。

比如在 2018 年，《21 世纪经济报道》曾刊文《税总专项核查新三板资本利得 500 万以上交易成重点》，其中提到：

根据记者了解的情况，近期税务总局下发文件，表示将以网络抓取"全国股转系统"2016 年 10 月至 2017 年 9 月公布的交易数据为准，通过卖方个人名称与被投资公司所属主管税务机关进行关联，与系统中申报数据进行比对，初步筛选了"单笔金额 500 万及以上应申报未申报"的交易，并要求各地根据数据开展相对应的工作。

原先税务机关取得第三方的信息存在不关联、不共享的情况，现在这种情况正在发生改变，"金税三期"建设被寄予厚望，希望关联个人财产、资金、股票账户、个人出入境数据等信息，但这需要一个集合与协商的过程。比如涉及资金安全的问题，当

---

① 国家税务总局公告 2014 年第 67 号，即《国家税务总局关于发布〈股权转让所得个人所得税管理办法（试行）〉的公告》。

前如果税务机关要检查纳税人的个人银行账户，必须依据征管法取得授权才可以查询。当然，对于全国股转系统股票转让的缴税问题，此后财政部、税务总局发文进行了适当放宽①。做得最好的是工商登记②变化的信息，即当某个人转让个人股权时，相关信息会传递给税务机关，税务机关据此进行后续查验个人计税是不是存在问题。从2019年1月1日开始，修改后的新个税法，直接规定了登记部门要求查验个税完税凭证的程序，新个人所得税法规定：

个人转让不动产的，税务机关应当根据不动产登记等相关信息核验应缴的个人所得税，登记机构办理转移登记时，应当查验与该不动产转让相关的个人所得税的完税凭证。个人转让股权办理变更登记的，市场主体登记机关应当查验与该股权交易相关的个人所得税的完税凭证。

有关部门依法将纳税人、扣缴义务人遵守本法的情况纳入信用信息系统，并实施联合激励或者惩戒。

据笔者了解，各地目前对于个人转让股权变更登记时对完税凭证的要求不尽相同，凭据样式也并不统一，有的地方还有扩大化的处理。比如对于个人出资的合伙企业，如果合伙企业有股权转让的情形，也要求个人提供完税凭证，其实税法仅规定了个人股权变更登记的事项，并没有规定只要缴个税的主体就要提供完税凭证。由于合伙企业需要按年度计算利润，财产转让收益可以弥补正常经营亏损，这样要求其实是突破了规定。这种情形笔者遇到过两三次，某合伙企业转让某公司股权，在办理变更登记时，税务机关要求提供合伙企业的个人合伙人的完税凭证，这是无法准确提供的。除了上面将主体进行扩大外，有的地方还将个人转让股权的范围进行了扩大，比如某地发布的《自然人纳税人股权转让办事指南》要求：

自然人纳税人办理股权转让、独资合伙企业办理财产份额转让及减资、退伙等情形，需先到税务部门办理纳税申报，领取《纳税人股权转让纳税证明联系单》至市场主体登记机关办理变更。市场主体登记办理变更后，纳税人将《变更证明》至税务机关窗口办理税务变更。

---

① 参见财政部、税务总局、证监会《关于个人转让全国中小股份转让系统挂牌公司股票有关个人所得税政策的通知》（财税〔2018〕137号）。

② 依据国务院机构改革方案，将国家工商行政管理总局的职责、国家质量监督检验检疫总局的职责、国家食品药品监督管理总局的职责、国家发展和改革委员会的价格监督检查与反垄断执法职责、商务部的经营者集中反垄断执法以及国务院反垄断委员会办公室等职责整合，组建国家市场监督管理总局，作为国务院直属机构。为了习惯性的理解与表达，在后面的文章中我们部分地方仍以工商名称称呼，其相应的机构归属已调整为市场监督管理部门。

税务机关如此重视信息关联或设立相关管理程序，就是为了减少征管漏洞，尽管很多纳税人是合规真实地计缴了税款，但是加入该程序后，可能就会存在交易时间拉长，甚至出现对交易价格与评估价格的争议。之所以考虑加入这种程序，显然税务机关可能认为这里面存在因征管不到位带来的税款流失问题，在法的层面之上明确加入此环节，即使有人就此提出改善营商环境的要求，也不足以影响个税法所设置的管理程序的实施。

1.3 资本个税计缴违规的法律责任

从法律风险的角度，需要考虑两个方面：一是经济责任，即如果涉嫌违规，需要补缴税款，还有滞纳金、罚款的风险；二是刑事责任，即如果涉及偷逃税款，很有可能承担涉及入刑的法律责任。一般来讲，如果只是补缴税款，通常还是可以接受的，因为本来就应缴纳这么多税款，但是滞纳金却可能是难以承受之重，再加上罚款（0.5倍至5倍之间），更加难以承受。相信大家了解媒体报道的某知名演员所涉的税务处理案例，会有一个直观的认识。如果再进一步涉及刑事责任，相信在一定的情形下，个人宁愿承担经济责任而减少刑事责任；如果没有足够的钱来缴纳时，就只能承担刑事责任了。严重的情形下，经济责任与刑事责任可能会同步发生，具体要结合刑法与征管法的规定来判断。

但是有的时候，涉及资本个税的政策时，有些人士可能并不了解，加上监管上可能有不完善之处，很容易发生政策理解上的偏差，造成少缴税款的情形，此时如果不是故意偷税行为，超过5年后，理论上讲税务机关就失去了追征税款的权利，对于纳税人来讲，也不需要承担法律责任了。但在这种情形下，是否认定为偷税，税务检查部门的认知是很关键的，对于"故意"的认定也有主观上的不同理解，因此，不建议纳税人冒此高风险以达到少缴税的目的。有些法院的判例确实支持了纳税人的类似诉求，最终没有缴纳应缴税款，也没有任何处罚与刑责，这种个案的不确定性，可以认为是偶然发生的，不能作为必然的结果推断。但是对于行政罚款，如果超过5年，无论是否认定为偷逃税款，都不再处罚，所以在有法律责任的情形下，还是要知道如何有效地保护自身权利。在此需要说明，新个人所得税法明确规定，个人取得应税所得，扣缴义务人未扣缴税款的，纳税人应于次年6月30日前自行申报纳税，这一规定将彻底打消之前代扣代缴情形下"拖5年不缴税免责"的念头。

个人有应税所得的情形下，相应就有了个人所得税义务的发生，上面我们分析了纳税人个人面临的法律责任问题，但同时我们也必须关注所得支付方的法律责任。支付方包括个人，也包括单位，需要面临同样的法定扣缴义务，未履行法定扣缴义务的责任承担是行政罚款的处罚。尽管国家税务总局曾行文认为扣缴义务人有协助追缴税款的要求，但由于征管法的相关条款规定由税务机关向纳税人追缴税款，从协助的角度，由于个人纳税人较分散，税务机关追缴困难，现实当中甚至有扣缴义务人直接补缴税款的情形。既然扣缴义务人存在未扣缴情形下罚款的责任，那么也一样按上述5年的处罚期限来理解。现实当中，对于单位的扣缴义务，往往容易对接且较为配合，对于作为扣缴义务人的个人，缺乏有效的手段来进行跟踪与处罚，此时往往只对发现问题的纳税人的纳税义务与违规责任进行处理，对于扣缴义务人并不一定能发现并进行处罚。还有一种情形，虽有征管法规定的法定扣缴义务，在一些具体的业务中，比如对于个人非货币性资产出资，无论是一次性计缴税款还是分期缴纳税款，国家税务总局的意见是纳税人需要向主管税务机关进行申报纳税，并不强制要求扣缴义务人履行职责。我们知道，对于财产转让所得的个税扣缴，有时扣缴义务人并不掌握相关个人的成本数据，凭据难以取得，由于商业保密信息的存在，转让个人也并不愿意提供给扣缴义务人，这是商业上带来的实施障碍。

对于扣缴义务人"包税"的情形，如何计缴税款？一般理解需要反算税前所得再计算个人纳税人的应纳税额，但这并不改变法定的纳税人身份，即使约定"包税"，也只是商业上的约定，不能否定税收规则。现实当中，关于"包税"涉及税务争议的案子很多，花样也很多，有交易方之间的争议，也有"包税"人与税务机关之间的争议。下面我们结合一个现实的案例，看看自己在工作当中有没有这方面的疏忽，当因为处理不充分而损失真实地发生时，就需要用法的规则来解决，不再是洽谈业务时交易方之间所表现出来的"和蔼可亲"的样子了。

下面是摘自找法网中的一个案例，涉及"包税"与"不包税"的商业纠纷事项。

**【案例】　　因财产转让所得而应缴纳的个人所得税——
沈阳中院判决王元军诉张万洁股权转让纠纷案**

裁判要旨

所得税属于不可转嫁税种。在财产转让合同中约定"一切费用由受让方承担"，不应包含个人所得税，否则，构成税收规避，属于私法权利滥用的无效行为。

案情

沈阳广利河出租汽车有限公司成立于1998年5月11日，该公司股东为沈阳广利河出租汽车合作公司和王元军等20多名个人。2004年12月22日，原告王元军与被告张万洁签订股权转让协议一份，协议约定：王元军将持有的沈阳广利河出租汽车有限公司的股权转让给张万洁，转让过程中发生的一切费用由张万洁承担。协议签订后，张万洁将转让费给付原告。2005年，沈阳市地方税务局东陵分局以沈地东税处字（2005）第1501121665号税务处理决定书，要求王元军按"财产转让所得"补缴个人所得税。原告以被告对协议约定的一切费用由被告承担的事项，被告尚未履行为由，诉至法院，要求被告履行股权转让协议，为其交纳个人所得税及滞纳金，并要求被告承担本案诉讼费。

裁判

一审法院认为，原告与被告签订的股权转让合同合法有效，双方已经实际履行。双方在合同中约定的"一切费用"中并没有其他费用，即合同中所称的费用就是应该由原告缴纳的个人所得税。因此，原告王元军与被告张万洁于2004年12月22日签订的合同是双方真实意思表示，对合同双方均具有约束力，被告应该根据诚实信用原则完全履行，即被告应该承担原告因转让股权所产生的个人所得税。

一审法院依据《中华人民共和国民法通则》第五十五条及《中华人民共和国合同法》第六十条之规定，判决：被告张万洁履行转让合同义务，承担原告王元军因转让股权产生的个人所得税。

宣判后，张万洁不服，以股权转让协议中所提到的一切费用并不包括个人所得税为由向二审法院提出上诉。请求撤销原判，依法改判。

二审法院认为，本案争议的主要问题是股权转让过程中所发生的个人所得税应当由谁承担。根据《中华人民共和国个人所得税法》的规定，股权转让人是纳税义务人，受让人是代扣代缴义务人，纳税人应当按照财产转让所得的20%缴纳个人所得税。本案中，财产转让人即王元军是纳税义务人，张万洁是个人所得税扣缴义务人，应当履行代扣代缴义务。王元军主张双方在协议中已明确个人所得税应当由张万洁缴纳，即双方在协议中约定转让过程中发生的一切费用由受让人承担。王元军及其委托代理人向法院提供了多份其他转让人的证言，称双方在协商过程中主要争议的问题是转让价格是否包括个人所得税。因此可以认定双方在协商转让过程中已经明知该问题的存在，但在合同中未明确约定。税、费是不同的概念，由于双方约定不明，应当根据税法的规定，由财产转让人承担缴纳义务，原判由受让人承担转让人因转让股权产生的个人所得税不当，应予纠正。

综上所述，二审法院依法判决：撤销一审判决；驳回王元军的诉讼请求。

[本案案号为〔2006〕沈中民（3）权终字第42号]

案例编写人：辽宁省沈阳市中级人民法院　张东波　高戬

上述案例虽然距离现在比较久远，但是其中对于"包税"或"包费"的理解很有代表性，在这个案例中，认为个人所得税是不可转嫁税种，如果转嫁属于私法滥用。其实这一点，大家知道，当前"包税"是比较普遍的情形，比如支付境外特许权使用费时，有时对方往往就要求给付税后的金额，即企业所得税或个人所得税，在相关的财税文件中，认可"包税"并明确了这种情形下的一些计税方式。上述案例中，一审认为是双方真实的意思表示，应予以认可；二审中重点在于约定表述的"突破"，从文字表述上发现了不予认可的理由，约定的是费用，个人所得税并不是费用，税与费是不同的概念，约定不明，因此应依税法规定由纳税人即财产转让方缴纳，由此撤销一审判决。当交易双方发生争议时，税务机关往往按照税法规定确定税款承担人。但是如果在合同当中有约定清楚的包税费条款，一般法院认为这是交易价格的约定范围，对该约定在经济纠纷中给予支持，但是涉及纳税人的身份、计缴金额是多少、纳税申报的时间等适用规定，这是法定且不能更改的，复杂的计缴只能通过纳税人本身的条件与资料来判断。

收录在《中华人民共和国最高人民法院公报》中的"山西嘉和泰房地产开发有限公司与太原重型机械（集团）有限公司土地使用权转让合同纠纷案"中有如下描述，我们摘录如下：

（三）太重公司的税金请求是否成立问题。
根据《补充协议》的约定，除流转税按76%和24%的比例由太重公司和嘉和泰公司分别承担外，其余所有税费均由嘉和泰公司承担。如前所述，《补充协议》关于税费负担的约定并不违反税收管理法律法规的规定，是合法有效协议，双方当事人应按约定履行自己的义务。关于太重公司在没有缴纳税金的情况下是否有权请求嘉和泰公司支付其所承担的税金的问题。本院认为：《补充协议》约定转让土地使用权税费的承担，只是明确了转让土地使用权过程中所发生的相关税费由谁负担的问题。而对于何时缴纳何种税费及缴纳多少税费，《补充协议》没有约定，也无法约定。只有在相关主管部门确定税费种类及额度，太重公司缴纳后，嘉和泰公司才能支付。太重公司在未缴纳税金，也没有相关部门确定纳税数额的情况下，请求嘉和泰公司支付转让土地税金，没有事实依据。一审判决对于太重公司要求嘉和泰公司支付其尚未缴纳的税费的请求不予支持，但提示其在实际缴纳税费后可以向嘉和泰公司另行主张权利的处理，并无不当，应予维持。对太重公司已缴纳的营业税和契税，一审判决只支持太重公司的契税请求而没有支持其关于营业税的请求不当，应予纠正。对于太重公司已缴纳的242.526万元营业税，嘉和泰公司应按24%比例负担58.20624万元。

我们可以看到，对于纳税人的身份是无法由商法约定的，而必须是税法规定的，纳多少税也是要依据税法规定进行计算，但是关于如何承担税费，并不违背税收管理法律法规的规定，是合法有效的协议。尽管《中华人民共和国税收征收管理法实施细则》有相关的规定：

第三条　任何部门、单位和个人作出的与税收法律、行政法规相抵触的决定一律无效，税务机关不得执行，并应当向上级税务机关报告。

纳税人应当依照税收法律、行政法规的规定履行纳税义务；其签订的合同、协议等与税收法律、行政法规相抵触的，一律无效。

在理解时，有的人士认为据此条款应认为交易方之间约定的"包税"条款无效，这其实要看约定的是法定纳税职责与义务，还是经济利益的承担问题。在"包税"约定中，申报的纳税人的名字仍是法定的纳税人，比如上面的财产转让的个人，其实并不矛盾。

在现实当中，特别是买卖房屋的交易中，虽有"包税"约定，但是有时买方为了少付出税费，让转让方配合出具虚假的"阴阳合同"，特别是签字的时候转让人还签上了自己的名字，并不是买方伪造的签名，此时"配合"签字的转让方就有偷逃税款的法律责任风险了。而且笔者曾遇到过这样的案例，因为发生结算的争议，配合签字的转让方最后还被对方举报，所以切莫从帮忙的角度来处理税法上的事。

总结一下，资本个税涉及违规的法律责任并不是只涉及纳税人、交易对方，而是多方面的，比如我们上面提到房产交易的业务，有时税务机关内部人员配合交易方造假，虚假认定免税或审核"放水"，有发生过刑事审判的案例，因此相关方都要评估自身的风险，通过直接或间接的方式来促使合规纳税的完成。至于各方通过交易方式的变化来达到递延纳税或减免税的筹划，在真实的前提下，仍存在较多的合法空间。由于资本交易涉及个税税额往往较大，税务机关越来越重视大数据风控功能的发掘，未来大概率情形下偷逃税款是很容易被发现的。

1.4　如何做好资本个税的管理与筹划

当下，关于资本个税，已有较多的书籍、培训课程，还有频繁的专家或税务干部所发布的文章。相关筹划业务的宣传广告，大致是招商避税无风险，税负超过想象得低，是真是假，恐怕都让我们的老板们有所动心，当然税务机关也同时关注起来。关于资本方面的税收，从笔者所学、所关注与所服务经历的角度，主要想从如下三个方面，跟大家分享一下在处理与服务资本项下的业务时，如何有效地进行思考。

1.4.1　关注当前的环境、发生的事情与当前的财税政策

中国最大的资本市场，当然是主板与中小板、创业板、新三板，还有新近推出的

科创板股票市场。股市背后的参与者，包括公募或私募基金、金融机构、证券公司，以及这些上市公司的"主人"，即企业家或股东们。上市公司所发生的事，都是资本市场的故事，都是鲜活的案例，无论是直接借鉴也好，还是作为总结经验教训的"反面教材"也罢，无疑是可以最直接获取的公开信息。

但是关注上市公司的相关涉税公告，并不宜直接"拿来主义"，有差异、有背景、有地区特色自不必说，即使是上市公司曾发布的招股说明书，还是律师回复的询函，抑或是会计师审计的报告或提交的说明，我们也无法保证每一个都是没有问题的，都是正确无误的。作为发审机构的中国证券监督管理委员会（以下简称"证监会"），很多专家其本身并不是涉税规则方面的专家，在审核委员的组成中，专家中较多出现的是会计师、律师，多数对于税收政策的规定也并不是很熟悉。比如对于有限公司变更为股份有限公司时，留存收益转股如何计税的处理，处理意见"五花八门"，甚至相差甚远，此时如果直接拿来应用，以为找到有利的样本来与税务机关据理力争，并不见得有效，仍需要结合专业及当地的理解口径来处理。所以，发生的不代表就是没有问题的，就是"放之四海皆准"的依据。但是每个发生的事项，至少代表了一种现象，透过这些现象，我们可以了解更多的信息，来支持自己做出有利的选择与作为相应的参考使用，这也是笔者非常关注上市公司发布的涉税公告的原因。

除了关注事情之外，我们还需要结合财税法规的变化发展，及时丰富自己的专业知识，并在了解前述案例的基础之上，保持最为可行且准确的判断。比如现在对于全国中小企业股份转让系统（简称"新三板"）挂牌公司的股票买卖，相关适用的个人所得税免税政策出台，对于投资新三板的个人就会产生影响，而在政策出台之前是不明确的，投资需要及时注意税负成本的影响。

以笔者为例，如果在著书或提供服务时，仍参照以前的模板或稿子，很有可能写的还是旧政策，在政策发展日新月异的今天，最稳妥的做法是以全新的方式进行书写，不能偷懒，不能是简单的"拿来主义"。

1.4.2 资本交易实施完成的路径存在多种方式

我们可以先看一下这个案例：

某企业属于电子产品检测公司，为进一步巩固其行业领导地位，不断地并购同类的小型公司。有一天，企业负责人与财务负责人沟通此事，企业负责人直言："我们找到了合适的收购目标，直接现金收购对方股东股权即可，这样控制权就完全取得了。"而财务总监却提出了不同的观点："我们直接增资到收购目标，稀释其股权，只要我们取得控股权即可，这样我们的资金又保留在了集团内，还可以调配使用。"大家可以发现，财务负责人的这个说法还是很有想象力的，因为增资不涉及对方的股权转让，不涉及产生的个税成本，同时只要取得控制权，原来的股东还可以一起发挥地区拓展业务的优势并保持原来团队的稳定，或许理念不同，但是至少给企业负责人提供了一个非常具有价值的参考意见。据笔者了解，其方案最终也是这样实施的。

这说明要达到一个目标，可以采取不同的路径来实施。目前较多的风投基金通过增资的方式投资一些创业企业，当然他们的目标不在于收购，而是占有一定的股份，以期达到一定的财务投资价值，后期会选择退出。对于上述案例，也可以这样规划：增资完成后，原来的股东减资退出，这也是一种间接的转让方式；不过现实当中未必要这么做，但至少提供了可以操作的又一种选项。

进一步延伸假设，如果被收购的公司，其原来累计的利润比较大，收购方收购时，并不在意其资金而是其业务时，为了减少资本投入，可以由被收购企业先行分配，是个人的按 20% 股息红利计算个税并由分配单位代扣代缴，如果是缴纳企业所得税的境内居民企业股东，则可以享受直接投资取得股息红利的免所得税优惠，减少其转让环节溢价部分计算的企业所得税，相当于把收购方将来可以享受的股息红利分配免税政策自己先行享受了。尽管我们理解相关优惠的利益可能会在双方的交易价格中得到平衡，但是企业高管人员未必关注且对其进行量化分析。在并购重组中需要有效地考虑这类因素的影响。比如还有这样的交易情形，某企业欲购买另一个企业的资产及其相应的业务，该企业可以直接出售该资产，并将原来的客户资源也按无形资产进行销售定价；但是也可以有另外一种方式，该企业先设立一个分公司，将相应的资产及业务模块装入，再将分公司整体出售。看似差异不大，在税种的适用上如增值税就有不同的计税判断标准，我们需要灵活应用，更主要的是，还需要结合其他税种一并来考虑，而不是只锁定一个税种进行方案设计，否则容易顾此失彼。

1.4.3 税务影响的分析与规划要跟商业因素融合考虑

在现实当中，笔者作为服务机构的人员，有时会陷入税务最优方案的纠结，有时税务最优的并不一定符合客户的商业目的。比如某个人想直接变卖股权，不再从事商业经营，转行去做公益或者想退休享受生活，结果我们的服务人员给出一个非货币性资产投资的方案，继续延续作购买方企业的股东，继续取得股息红利，这就不符合其商业目的的安排。有时候商业目的并不一定符合逻辑，比如某境外企业欲收购某个人境内企业的股权，但由于某些不见得曝光的原因，该个人在境外取得了一部分外币支付补偿，如果从税务风险角度考虑，估计会考虑其对价的组成及纳税的完整性问题，这种情形下，商业上是行得通的，但是我们不能顺着这个商业方式给出有风险的方案，即认为国内税务机关对该情报掌握不一定完整,从而给出可以暂不管的意见,此时很可能给自己引来风险,也给客户埋下隐患。一些内资服务机构,往往存在过于主观的轻视问题的判断,这一点还需要跟国际服务机构学习,至少所表达的书面内容,一定要基于合规保障,而不是有问题的推测风险并给出上面的"节税"建议。税务方面与商业目标的融合不一定要求完美,但需要结合交易事实,给出有效的商业价值,不要让风险落在虚假的形式表述上,这才是合法的融合。目前,鉴于海外避税地风险因素增多的考虑,海外上市的VIE架构,不一定存在合理的商业交易流程,单纯是为了上市及风险管理、利润的安排;但据笔者观察,随着全球对双重不征税的合作打击,为了安全有效地享受税收协定或不致引起规则上的违背,一些境外红筹上市企业的空壳持股主体,正对其业务实体化进行调整与补充完善。

笔者近期观察到,上市公司的财务数据造假,正引发越来越严格的监管。比如在美国上市的某中概股销售数据造假,此时就不会考虑税的成本了,虚增的销售数据,即使有交税的成本支出,但换来的却是其资本市场的表现及原始股东退出所能获得的超额利益,税款成了买单的开支。但我们竟然也看到,国内某上市公司因财务数据造假被发现,将之前年度依据虚假数据多交的税,向税务机关办理了退税,这倒可以视为一种补救式的安排了。

1.5　税收政策法制化的进程与实践

对于重大的涉税事项,合规肯定是首要保障的。当下,税收法制化进程不断提速。《中华人民共和国立法法》明确:"税种的设立、税率的确定和税收征收管理等税收基本制度"只能由法律规定。早在2015年,全国人大常委会法工委负责人就《贯彻落实税收法定原则的实施意见》中有这样的问答:

问:实施意见对贯彻落实税收法定原则提出了哪些要求?

答:根据党的十八大和十八届三中、四中全会精神,为"落实税收法定原则",实施意见根据相关改革任务的进展情况,对2020年前完成相关立法工作作出了安排:

1. 不再出台新的税收条例;拟新开征的税种,将根据相关工作的进展情况,同步起草相关法律草案,并适时提请全国人大常委会审议。

2. 与税制改革相关的税种,将配合税制改革进程,适时将相关税收条例上升为法律,并相应废止有关税收条例。在具体工作中,有一些税种的改革涉及面广、情况复杂,需要进行试点,可以在总结试点经验的基础上先对相关税收条例进行修改,再将条例上升为法律。

3. 其他不涉及税制改革的税种，可根据相关工作进展情况和实际需要，按照积极、稳妥、有序、先易后难的原则，将相关税收条例逐步上升为法律。

4. 待全部税收条例上升为法律或废止后，提请全国人民代表大会废止《全国人民代表大会关于授权国务院在经济体制改革和对外开放方面可以制定暂行的规定或者条例的决定》。

5. 全国人大常委会将根据上述安排，在每年的立法工作计划中安排相应的税收立法项目。

问：全国人大常委会在下一步立法工作中，对落实实施意见有哪些具体安排？

答：下一步，全国人大常委会将按照新修改的立法法"税种的设立、税率的确定和税收征收管理等税收基本制度"应由法律规定的要求进行相关税收立法，并根据实施意见要求，在调整立法规划工作中，将本届全国人大常委会计划完成的有关税收立法项目在规划中作出安排。在具体工作中，深入推进科学立法、民主立法，加强立法公开，充分听取各方面意见，通过立法反映人民诉求，体现人民意志。

税收法定是宪法确立的基本原则。落实税收法定原则，是党中央明确提出的重要改革任务，也是刚刚闭幕的十二届全国人大三次会议新修改的立法法进一步明确规定的重要制度。按照实施意见的要求，落实税收法定原则的改革任务，将力争在2020年前完成，将税收暂行条例上升为法律或者废止，并相应废止《全国人民代表大会关于授权国务院在经济体制改革和对外开放方面可以制定暂行的规定或者条例的决定》，这是一项艰巨的任务。在此期间，全国人大的授权决定仍然有效；国务院可以根据客观情况变化和税制改革需要，依据授权决定和相关税收条例的规定，对相关税收政策进行必要的调整和完善。

对于2020年的立法目标，2019年2月《中国税务报》在《全国人大法工委：税收法定进程明显加快》报道中提到：

近日，全国人大常委会法工委经济法室主任王瑞贺在接受媒体记者集体采访时表示，2018年，落实税收法定原则的进程明显加快。

王瑞贺介绍说，十三届全国人大常委会在2018年制定了耕地占用税法、车辆购置税法，修改了个人所得税法，同时对资源税法草案进行了初次审议，在贯彻落实税收法定原则方面取得了新进展。

记者了解到，"落实税收法定原则"是党的十八届三中全会决定提出的重要改革任务。经党中央审议通过的《贯彻落实税收法定原则的实施意见》明确，落实税收法定原则的改革任务，将力争在2020年前完成。十二届全国人大常委会任期内，制定了环境保护税法、烟叶税法、船舶吨税法，修改了企业所得税法。十三届全国人大常委会将个人所得税法（修改）、增值税法、消费税法、资源税法、房地产税法、关税法、城市维护建设税法、耕地占用税法、车辆购置税法、契税法、印花税法、税收征收管理法（修改）列入立法规划。

来自财政部官网的《2019年财政部立法工作安排》（2019年3月20日，来源：条法司）提出：

2019年财政部立法工作的指导思想是：以习近平新时代中国特色社会主义思想为指导，全面贯彻党的十九大和十九届二中、三中全会精神，牢固树立"四个意识"，坚定"四个自信"，坚决做到"两个维护"，以加快建立现代财政制度为目标，增强财政立法的系统性、及时性和有效性，坚持科学立法、民主立法、依法立法，不断完善与国家治理体系和治理能力现代化相适应的财政法律制度体系。
一、力争年内完成增值税法、消费税法、印花税法、城市维护建设税法、土地增值税法、关税法、彩票管理条例（修订）的部内起草工作，及时上报国务院；力争年内修订事业单位国有资产管理暂行办法、注册会计师注册办法等部门规章。
二、积极开展会计法、注册会计师法、国有资产评估管理办法、财政违法行为处罚处分条例的修订以及行政事业性国有资产条例、国有金融资本管理条例的制定工作，适时上报国务院；开展财政票据管理办法的修订工作，适时发布实施。
三、对政府采购法（修订）、国家金库条例（修订）、政府非税收入管理条例、企业国有资产基础管理条例等法律行政法规，以及企业财务通则（修订）、财政预算绩效管理办法等部门规章进行立法研究，争取尽早形成立法成果。

2020年税收立法将集中体现出来立法的成果，税收暂行条例上升为法律，将普遍具有了最高的法律层级，体现出其权利、义务的刚性，违规的法律责任也将更严肃，我们要对此充满敬畏，关注对自己的利益影响、权利与义务的享有与履行。受疫情影响，目前已经明确落实的是城市维护建设税法和契税法两项。

由于我国的税收制度属于大陆法系，又称成文法系，人们对于法律法规的遵从是依律行事，我们希望税收规则能够清晰确定，包罗万象，但其实这是很难的。一直以来，纳税人对于税的认识，当知道不同的地方对于同一类事项存在不同的解释时，估计很快就产生了对于税法的刚性与严肃性的疑惑，当跟税务机关产生争议之时，更是多有抱怨，潜意识当中可能认为就不应交，或者交了就是自己吃亏的心理，税务人员说得也不一定对。当前来看，我们仍需要从发展的过程来看待这个问题，一是，中国近年来，创新式的业务发展非常迅速，新事物不断涌现，商业模式、交易方式日新月异，让税收规则的制订同步跟进根本无法企及；二是，有了规则，就要对规则进行解释和应用，各地区的经济发展水平、税务工作人员的水平不尽相同，是机械地套用政策的"文字"规定,还是理解式地执行,各地的理解差异确实容易给跨地区经营的纳税人带来苦恼,其实这也是税法执行中经常发生争议的原因。此时如果政策的解释不到位,很容易引起复议与诉讼,从而将税企矛盾激化、公开化。由于国家财税部门的核心人员相对缺乏,常有阶段性的工作任务安排等先后的问题,加上税收政策的体系化还有待完善,当前更多的是为解决特定问题制订"补丁"式公告。作为一个非专业人士,要想理解清楚一个涉税事项,难以轻松地获取,而是要结合基本规定、补丁解释进行分析,理解政策的成本是很高的,可以这么说,如果没有五年以上实际经验的人士,很难成为这个行业的专家。那么,在这种情形下,如果涉及资本类的重大交易,道听途说的说法,甚至是咨询过税务机关某位人员的意见,都难以保证是准确的,更不用说找到对自己有利的政策。

当存在意见判断不确定性的情形下,如何找到专业保障呢?某些经常进行投资的老板,会找一两位聊得来的法律、税务专家,作为其私人顾问,相当于细水长流,以"较低"的费用维持日常的业务咨询需求。笔者认识的一位律师,其基本的业务重心就是为一两位老板做智囊顾问,无论是涉及经济法、诉讼执行,还是涉及出国、婚姻都要懂,在对外投资时,还要帮助架构搭建、税务合规与优化,真不是一般的专业人士所能承受的。每位老板,都是聪明人,需要协助时,肯定是有挑战性的事项,压力也非常大,这非一般的公司法务律师所能办理的,一般律师也不一定愿意去做这种节奏紧张的业务,但确实很磨炼人。笔者曾作为打工的财务人员,要定期算税,通常掌握的底线是不要多缴了;但当作为中介机构的服务人员时,需要做的工作是给出不犯错的意见,缴得多或少并没有利益关联,这也是很多时候,服务人员没有站在对方的角度思考问题,而仅仅是自己的数字认识,就算有专业也并不一定得到价值认可,所以,为企业家们提供的服务,要设身处地去想,并且要将自己的原则与底线清楚地告诉对方,还有相应的创新思路与价值;而当自己从事经营时,想问题的思路会更为广泛,而不仅仅只是税的问题。

只是作为服务人士要守住底线,比如有一位律师之前是某企业的法律顾问,相关企业与人员因涉及案件受到查处,该律师也受到牵连,除专业之外,还要考虑值不值得做。那些平时无力顾及涉税问题的老板们,往往只有在发生了确定性的争议时,才会想到要不要找位律师或税务师,而且心里要掂量很久,起初可能想"找关系"沟通解决,当前的大环境下,有时真可能"赔了夫人又折兵",这种事又很难反悔,也难以一定有量化的结果,所以对专业知识进行适当学习、借鉴,必要时借助专家进行专业保障,可能就会较好地找到折中的路径,和解的可能性比较大,避免走上漫长的复议与诉讼之路,老板担心的"得罪"税务机关的事也未必会发生。当然,有时必要的复议与诉讼也是双方共同需要的解决方式,毕竟执法有职责,在难以达到可以让步的空间时，也不用担心复议与诉讼一定带来多少不利的影响。比如某企业数年前发生一笔投资业务，后来对方回购股权，投资方想让对方承担税款，对方认为自己不应承担，一言不和就举报至税务局立案稽查了。企业很快找到了一家声称两三天搞定此事的专业机构，该机构不谈政策，只说自己是税务的特聘专家，可以进行沟通，结果付费后若干天过去了，依然没有下文，此时企业就会陷入"困境"。

当前，各地税务机关普遍提供相应的咨询服务，比如通过12366电话、官网答问、访谈等方式对纳税人的问题进行回复。请注意，我们经常发现，不同地方的12366对于相关问题也常有不同意见的答复，有些地方的回复是模棱两可或只引用法规，甚至说建议咨询主管税务机关。比如重大的问题，你可能会直接在国家税务总局的官网中进行反映，可能会得到相应的回复，但这种文字形式的传递，有时难以解释清楚，更难以得到一个非常肯定的回复。鉴于国地税合并之后，税务机关的公职人员爱学习的多起来，比如他们通过发布一些微信公号的文章所表达的观点，多数得到了肯定与认可。但是有的税务机关的专家，在个人的文章中有时会发表对于某问题的看法，既然是文章，就难免会夹杂着个人的理解，特别是在没有税法明确规定的情形下，直接作出征或不征的结论，或者对某种情形定性为偷税的意见，这可能就会造成误导；至少在这种情形下，笔者认为作为公职人员的言论要有所保留，不宜将自己的理论观点当作税收法定的判断结论出现，这对自己也是一种保护，不然如果相关的有利意见被纳税人利用，也不好。对于纳税人来讲，即使已得到了税务反馈的意见，笔者也建议广开视野，进一步拓展了解的范围与途径，让自己的权利得到充分评估进而得到保障，不然等来的很可能是更坏的结果，鲜有税务机关主动让步于税务检查的争议问题。

1.6 本章小结

笔者刚毕业没几年的时候，曾经认识一个台湾企业的会计，让笔者帮其代理做账，当时这个企业是小规模纳税人，每个月大约交增值税5000元。结果过了两三个月，某天，该企业的台湾老板来检查工作，看到交这么多的税，很是不开心，说："为什么我认识的某某老板，每个月只交几百块的税？"相信这种情形，代理记账公司和专业的咨询服务机构经常遇到，老板说："某老板为什么交税少，我为什么交这么多。"从极致的角度来看，也可以做到1分钱不交，也看到有人说过，上千万的收入，可以做到税款交纳为0元。缴纳的税款少，一定是对自己负责吗？我们可以思考一下这个问题，缴纳税款的多与少，其背后承载的法律责任会一样吗？

1 如何看资本交易的涉税问题

类似问题估计很多人也同样遇到过,本书结合这种疑惑,进行分析和案例应用,与大家一起探讨这些日常发生的故事。

税务问题并不是空中楼阁,不是"无中生有"的算计,它需要以发生的行为为载体。本书所说的资本税务,是基于某种形式的商业活动或业务活动所引起的,在实现目标的路径上,因不同的计税规则与其配比适用,路径的选择极可能会导致税种与税额的不同。正因为如此,税收规划才有了选择。资本税务中个人所得税是一个主要的税种,影响也比较大,但是不同的交易方式会伴随着如企业所得税、增值税、土地增值税、契税等税项的联动发生,需要一并关注,本书希望能够给读者一个系统的整理与分析。

另外,资本税务本身又是一个法律问题,商业活动中,需要同步合规遵循《中华人民共和国公司法》《中华人民共和国刑法》《中华人民共和国合同法》① 等法律法规。税务问题是法律问题中的一个分支领域,它不是一个独立的领域,只是由于税法的复杂性、税务问题的特殊性,律师们很少能花时间长期聚焦于这一细分领域,法官对于税法的理解也不够完整充分,结果形成了自己比较有特色的规则,一些争议对与错的判断标准、处理方法,没有在法的视角下得到审视,以致长期以来,把税法当成了一个独立的经济学领域来考虑,其实它属于法律框架内的事项。当前,律师对于涉税规则的理解与服务增多,法官们对于税务争议案件的处理也可以借鉴更多的判例经验。当从更大的视角来考虑税务问题时,笔者相信,这是税法的春天,它将更加健全,更因有法的检验而更加完善,同样也会给税务从业者带来春天的希望。但有一点还是要说明一下,由于税法作为细分领域,其法规政策非常复杂,我们不宜认为,只要是位律师,就可以轻松地处理税务争议或规划,笔者认识的律师,大多不愿意碰税务领域的实体性业务,只有涉及程序法争议、复议与诉讼,或者涉及虚开增值税发票的案件时,还算感兴趣。还有的律师同行就纳税人发生的争议,上来就是跟税务机关进行政策的合法性审查,认为部门或省级文件没有上位法支持,笔者认为这样做并不是不对,只是有时我们其实可以找到更多、更好的路径来解决,而不一定以尖锐的方式来解决,况且这样做有时也未必行得通。

除合规性之外,对于业界经常看到的所谓税务筹划,笔者认为其并不是"变戏法",对于已发生的事实,应有其最为合规与合理的税收规则,而不是对于一个事实筹划一下计税就变了结果。笔者认为与其说是税务筹划,不如称为业务规划,基于某个目标,根据预期发生的事实来适用设定的有效、有利的计税政策、规则,才是根本。

---

① 将于 2021 年 1 月 1 日生效的《中华人民共和国民法典》,将废止《中华人民共和国合同法》等法律,需要注意过渡期的衔接处理。

任何一个从后向前回溯进行的筹划,往往在某个环节上会发生无法自圆的"谎言",很可能就是偷税行为。可能有人会问,本来是销售资产,最后却是转让公司的股权,这不是有违"初心",是不是税务上不认可啊?其实我们应放弃这样的想法,之前的想法并不是行为,行为在"未发生时"的计划并不是征税的事实,也不足以形成纳税义务。至于现实当中确实有税务机关依据实质性原则处理了一些征税的案例,比如股权转让中就土地要求补缴土地增值税的问题,这也并不是对之前想法的征税,是对于征税规则的争议问题。

当下,投融资活动频繁,中国资本市场方兴未艾,又恰遇新个税法修改并于2019年生效实施,个人与资本的碰撞,一定将给我们带来很多火花。让我们一起投入其中,来领略资本税务那波澜壮阔的一面吧。

2 股东个人与其所投资企业之间的利益结算关系

首先说明一下，本书中所谓的资本并不是特指超过多少金额标准，只要与个人利益相关的投资、业务或安排，我们都可以定义为资本范围，因为微小的资本有可能做起来非常成功的商业版图。近几年来，轻资产的互联网产业的出现及发展，成就了不少年轻人的梦想，比如阿里、字节跳动、美团等，无不是白手起家的创业，当前的新经济模式与传统制造业的时代发生了很大变化，并不需要很多投资，也不需要重资产运营，好的资本助力会让创业有如插上翅膀一样。当然我们身边更多的可能是未成功甚至失败的案例，但它至少是一种伟大的可能。

本章中，我们将结合纳税人自己手中所掌握的资源，无论是货币、有形资产或无形资产（如客户渠道也算是一种无形资产），甚至是自己的专业技能，以其为资源布局自己的商业规划为起始，来对应说明其中的涉税影响以及是否存在规划的空间，税务机关又会如何关注其中的风险点，并进行相应的案例分析。

通常一个人手中的资源，大家第一印象是想到钱，即投资所需的资金，资金当然是有来源的，比如来自家族财产，王爸爸给王儿子的钱，先尝试挣一个"小目标"，也有可能是来自于说不出经历的"第一桶金"，凡此种种，我们不作特别的探究。但是有一些小案例，可以帮助大家先了解一点财产传承方面的涉税问题。

有的国家，如果子女使用了父母赞助的钱购买住房，将其视为受赠所得，计缴赠与税；或者父母买了住房后赠与子女，也一样需要计缴赠与税，这种征税政策跟中国是完全不同的。在中国的税收制度中，没有赠与税，也没有遗产税，中国特定近亲属之间的财产转移，包括不动产、股权、股票等，取得人不视为是一种个税应税所得。除个人所得税法规定的特定情形外，非近亲属之间的财产赠与转移，如房屋赠送，对受赠人有相应计税的特别规定，除此之外的其他受赠不视为应税所得。另外，依据新个税法，个人与其关联方之间的业务往来不符合独立交易原则而减少本人或者其关联方应纳税额，且无正当理由的，税务机关可以进行调整收入，我国个人所得税法的这一规定，所使用的实际上是一项反避税措施。要注意的是，上述的赠与情形并不等同于反避税条款的调整情形，后者主要是基于业务往来发生的交易，其中不排除有对赠送的情形调整，但赠送不代表一定要进行反避税调整。

日本是征收遗产税和赠与税的国家之一。有一位取得了日本工作签证的中国籍个人，长期在日本工作，属于在日本有纳税义务的居民纳税人，由于长期居住之需，决定在日本购买一套住房。但因在日本并没有多少收入，于是国内的父母、亲戚采取分别汇款的方式，汇入到该个人在日本账户内，并顺利地购买了住房。结果没过多久，税务机关就找上门来，发了一个正式的税务通知，要求其说明在银行大额收入的性质。如果真要征赠与税，其税负最高将达到50%，遇到这种情形，你会如何办？如果你说能不能算作借款，此时税务局可能就会提到有合同吗，有付利息吗，以当前的收入多少年能还完，一系列的问题就会产生，很难圆了这个说法。又比如，如果解释成是向国内提供服务或者是出租中国境内房产的收入，一个月10万到20万元人民币，这也不正常，就算当地的税务机关认可了，作为日本的居民纳税人，这些收入在中国有没有缴过税，如果缴过，可以在日本计算综合个税时抵免，但是如果没有，则要按日本的税法规定征税，这更逃不掉。要知道，日本税务机关对于个人征税的征管力度不像中国，如果存在税务问题，可能会影响在日本的长期居留。当时听说这个案例的时候，笔者也曾就此类事项咨询过日本会计师事务所的税务专家，认为规避的空间不大，但是这个时候，有相关的人士的话，引起了笔者的兴趣。他说："在我们国家，如果税务服务人员发现纳税人存在违规问题，有义务向税务机关举报！"想想，如果一个纳税人自己掌握不好咨询问题的严重性，可不能无保留地咨询问题并且还表现出来不想交、虚假规避的委托。反之，我们国内的委托业务关系，良莠不齐，有的委托可能确实是没有合法依据的支持。对于我们国内的专业服务机构、专家来讲，在接到一些问题的咨询后，如果确定是存在问题的，恐怕举报的可能性并不大。

所以，对于投资者个人所掌握的投资资源来讲，其合法性如何，税务机关往往不会再向前倒查是不是完整地纳过税，一时半会儿也查不清楚，即使查出来，追税的成本也可想而知；但作为个人主体，仍需要关注其资产来源的合法性，并且了解我国或相关国家的政策规定及差异。比如中国加入的《多边税收征管互助公约》，非居民的金融账户信息交换，据了解，虽然我们也取得了很多中国居民在境外的金融账户信息，但是如何查、何时查，仍未确定与落实。很多在境外有金融资产的中国居民非常关注，更是担心，不过这要是查起来，也是会产生五花八门的情形与解释的。

2 股东个人与其所投资企业之间的利益结算关系

回到本章所要讨论的问题上来,股东与其所投资企业之间的利益关系,是最为频繁发生的事项,比如股东个人如何从所投资企业取得利益,如何合规合法地履行纳税义务,如何根据规定提供合规的票据给企业入账列支,企业如何确定扣缴个税的义务等。下面我们就从股东个人与其所投资企业之间的利益结算关系来展开讨论,暂不考虑股东个人出资设立企业过程中涉及的个人涉税事项。

2.1 股东个人与其所投资企业的法律关系介绍

在本书中,我们特指的个人仅包括自然人,但是出现在一些税收政策中的个人,有时代表的意思与此不同,这跟一般人的理解常识不同。比如在个税法中,个人就是指自然人,但是在增值税的政策或营改增的试点文件中,个人包括个体工商户和其他个人,这里的其他个人才是指自然人。

对于股东身份的认定条件,有时非法律人士不会计较得那么清楚,关于股东的身份,我们首先看看《中华人民共和国公司法》("《公司法》")的规定,股东是公司的出资人,并有权参与公司的决策事项,也有义务履行出资的义务,享受投资的公司利益分配的权利与清算后剩余财产分配的权利。多数的民营企业家们,其身份是双重的,既是公司的投资人,也是公司主要运营者。很多创业者在引入战略投资者或上市发行股票后,其股东包括多数人,但在人们的认识中,所控制的企业往往跟主要股东的关联度较强,小股东的利益有时会得不到保障。在法律关系上,股东个人与其投资的公司之间是主体独立的,一旦将资产投资于公司,包括认缴方法,在法律上就有兑现出资的义务,而且不能再自由地由其占据使用,是属于公司主体的财产,个人如果再占有公司财产,就可能涉及侵占公司财产罪,甚至抽逃出资罪,会涉及法律责任问题,看似一家人,但在法律上要明算账。

我们在这里更多是探讨股东个人与所投资企业直接的利益关系,如果个人通过设立持股主体再投资于别的企业,此内容我们后面章节将结合案例说明相关的涉税影响。

2.1.1 股东个人的个人所得税身份

虽然都是自然人,因身份不同,其面临的个人所得税的纳税义务与计缴税款的方式也不尽相同。比如有中国人,也有外国人来境内投资,还存在多重国籍的人,这种情形下,计税规则是不同的,作为股东,首先要明白自己在税收上的身份,再来看如何计缴税款。

我国对于个税应税所得的义务判断是"属人"加"属地"原则，是中国的税收居民个人还是非居民个人，是不是来源于中国境内所得，这些都要综合考虑。当前大多数创业企业家仍属于中国居民个人且所得来源也主要是中国境内，另有部分高净值人士或企业家及其后代，有的持有国外的绿卡或护照，但仍保留着中国的国籍及户籍，也有的保留国籍但注销了户籍，情形较为复杂。

（1）居民个人与非居民个人。

《中华人民共和国个人所得税法》规定：

第一条　在中国境内有住所，或者无住所而一个纳税年度内在中国境内居住累计满一百八十三天的个人，为居民个人。居民个人从中国境内和境外取得的所得，依照本法规定缴纳个人所得税。

在中国境内无住所又不居住，或者无住所而一个纳税年度内在中国境内居住累计不满一百八十三天的个人，为非居民个人。非居民个人从中国境内取得的所得，依照本法规定缴纳个人所得税。

纳税年度，自公历一月一日起至十二月三十一日止。

《中华人民共和国个人所得税法实施条例》进一步细化明确如下：

第二条　个人所得税法所称在中国境内有住所，是指因户籍、家庭、经济利益关系而在中国境内习惯性居住；所称从中国境内和境外取得的所得，分别是指来源于中国境内的所得和来源于中国境外的所得。

第四条　在中国境内无住所的个人，在中国境内居住累计满183天的年度连续不满六年的，经向主管税务机关备案，其来源于中国境外且由境外单位或者个人支付的所得，免予缴纳个人所得税；在中国境内居住累计满183天的任一年度中有一次离境超过30天的，其在中国境内居住累计满183天的年度的连续年限重新起算。

第五条　在中国境内无住所的个人，在一个纳税年度内在中国境内居住累计不超过90天的，其来源于中国境内的所得，由境外雇主支付并且不由该雇主在中国境内的机构、场所负担的部分，免予缴纳个人所得税。

中国改革开放以来，人员跨境流动比较大，个人的身份也多样起来，有时遇到一个老板，可能手里有好几个护照或外国绿卡，这些身份的概念我们先了解一下，如表2-1所示：

表 2-1

事项	说 明	依据
国籍	国籍是个人主要身份的确定，中国不承认中国公民具有双重国籍，拥有中国国籍的人员具有选举权与被选举权①。 拥有中国国籍不代表就一定是中国个人所得税的居民个人，而且大家可以发现，规定中以"习惯性居住"②作为居民的判断标准，而不是以国籍国来判断。在国际规则中，如果某个人拥有多籍身份或者是其他因素影响，通常以永久性居住地、重要利益中心地、习惯性住所地、国籍国、协商的关系来解决居民个人的身份界定问题。中国税法明确以在中国境内习惯性居住为核心判断标准，并结合户籍、家庭、经济利益关系等来判断。	《中华人民共和国国籍法》 中国与境外国家、地区签订的税收协定或安排等
户籍	是行政登记管理规定，拥有中国国籍不代表有户籍，但有户籍多应具有中国国籍；而中国也有存在未进行登记户籍的人，即"黑户"，没有了户籍，也就没有了身份证（比如有的人注销了户籍，身份证到期后一般无法续办了③）。	《中华人民共和国户口登记条例》
身份证	居住在中华人民共和国境内年满十六周岁的中国公民，应当依照本法的规定申请领取居民身份证；未满十六周岁的中国公民，可以依照本法的规定申请领取居民身份证。 只有加入中国国籍的人才有居民身份证。	《中华人民共和国居民身份证法》
公民	公民是指具有中华人民共和国国籍的人。	《中华人民共和国宪法》
华侨	华侨是指定居在国外的中国公民。 （一）"定居"是指中国公民已取得住在国长期或永久居留权，并已在住在国连续居留两年，两年内累计居留不少于 18 个月。 （二）中国公民未取得住在国长期或者永久居留权，但已取得住在国连续 5 年以上（含 5 年）合法居留资格，5 年内在住在国累计居留不少于 30 个月，视为华侨。 （三）中国公民出国留学（包括公派和自费）在外学习期间，或因公务出国（包括外派劳务人员）在外工作期间，均不视为华侨。 从习惯性居住的角度，华侨虽具有中国国籍，多数有户籍，但依个税法及相关协定或安排的规定，多认为已不属于我国个税的居民个人。	《关于界定华侨外籍华人归侨侨眷身份的规定》（国侨发〔2009〕5号）

---

① 《中华人民共和国宪法》规定：第三十四条 中华人民共和国年满十八周岁的公民，不分民族、种族、性别、职业、家庭出身、宗教信仰、教育程度、财产状况、居住期限，都有选举权和被选举权；但是依照法律被剥夺政治权利的人除外。

② 《国家税务总局关于印发〈征收个人所得税若干问题的规定〉的通知》（国税发〔1994〕89号）规定：所谓习惯性居住，是判定纳税义务人是居民或非居民的一个法律意义上的标准，不是指实际居住或在某一个特定时期内的居住地。如因学习、工作、探亲、旅游等而在中国境外居住的，在其原因消除之后，必须回到中国境内居住的个人，则中国即为该纳税人习惯性居住地。

③ 《中华人民共和国居民身份证法》：第十条 申请领取居民身份证，应当填写《居民身份证申领登记表》，交验居民户口簿。

续表

事项	说 明	依据
外籍华人	外籍华人是指已加入外国国籍的原中国公民及其外国籍后裔；中国公民的外国籍后裔。 拥有外籍身份不代表不会成为中国的税收居民个人，特别是当前多重国籍的人成为中国税收居民也是存在的。	同上
拥有国外绿卡如美国绿卡①的人	如果达到华侨的标准，则可以认为不属于中国的税收居民个人，如果未达到，则可以认为仍属于中国的税收居民个人。	结合华侨的标准进行分析

除了了解上面不同身份称谓的含义及彼此的区别外，我们还应了解相对应的个税居民个人身份与非居民个人身份纳税义务的判断。对于非居民个人，在政策适用上，应首先看中国与相关的国家或地区有没有协定或安排，当国内税法的规定优于协定或安排时，可以选择使用中国税法的政策。本书侧重分析的内容主要适用于中国的税收居民个人，即主要是国内的创业者与企业家们。

（2）股东个人纳税身份对计税的影响。

在股东个人取得个税法所列举的九类所得时，需要考虑居民身份的差异，有的所得计税规定是相同的，有的则不同。笔者平时也接触一些创业者伙伴，有时会问诸如希腊买房移民靠谱吗、移民后要不要放弃中国国籍、要不要注销户籍等问题，对此不大清楚有哪些影响，也不知会带来哪些不利影响。只是感觉去欧洲，未来甚至中转去美国会更为方便。如果放弃了中国国籍必然会或多或少地影响在国内投资的便利之处，将来再申请中国国籍也并不是很简单的事。本次受新冠肺炎疫情的影响，大家可以发现，国内的防控措施及安全度远超过一些西方国家，海外华人纷纷回国"防疫"。国内的市场机会更多，多有创业成功的人士，是有着在海外学习求职的经历，利用技术的差异与市场的差异，在国内取得了国外无法企及的成绩，所以我们要综合考虑这些因素。

---

① 美国绿卡一般指美国永久居民卡。美国永久居民卡（United States Permanent Resident Card），亦称作绿卡（Green Card），是用于证明外国人在美国境内拥有永久居民身份的一种身份证件。"获得绿卡"则用于指称成为永久居民的移民过程。绿卡持有者的合法永久居留权是由官方授予的移民福利，其中包括有条件地在美国居留与获取工作的许可。持有者必须保持他的永久居民身份，如果该身份所需的某个条件不再满足时，持有者将可能失掉该身份。

根据美国国籍与移民法，绿卡持有者属于没有美国国籍，也不具美国公民身份的外国人。但其在美国境内基本享有和本国国民一样的待遇，不过没有选举权和被选举权。

比如海底捞的创始人在公司上市之时已是新加坡国籍，2019 年 8 月 29 日《福布斯亚洲》发布了新加坡 50 大富豪榜，原来是四川人的海底捞集团创始人张勇首次入榜，并以 138 亿美元（约 192 亿新加坡元）身家，成为新加坡首富。有一点可以肯定，海底捞在中国设立的公司当然必须依照中国的税法规定纳税。若向境外分红，中国将扣缴预提所得税，税后利润将间接上溯回归到主要股东个人名下或某避税地的信托名下，也可以不作分红，将利润就暂时保留在国内持续投资。如果其因在国内打理业务之需，在国内居住时间达到居民纳税人的时间要求，需就其境内外全部所得征税条件之时，如何办呢？新个税法给予了较为宽松的"破解"方式，这样在国内从事商业活动的安排就较为方便。个人移民海外存在多种原因，有个人生活、家庭规划的考虑，有企业海外上市的需要，也确有避税的考虑，在前几年，中国进入经合组织全球金融账户涉税信息交换的国家或地区名单中时，引起高净值人士不小的震动，部分在海外有金融资产的高净值人士，欲通过移民来避免后续因信息交换带来的潜在的责任影响，这个影响主要来源于税务事项的影响。不过背后也可能会检查出洗钱、资金来源不正当等问题。

当国内税收规则越来越健全，征管手段越来越提升，国际信息交换与对避税的打击合作越来越多时，因税所触发的人的流动、资产的流动，将越发明显，纳税合规的要求及违规的风险也将更多。

上面提到的个人所对应的身份，并不是固定不变的，居民个人可以转变为非居民个人，非居民个人也可以转变为居民个人。有时依据两国（地区）的判断规则，都形成居民个人的时候，需要进行磋商解决。笔者也发现，有的个人经过筹划，可能会实现两个国家或地区都达不到就某项资本所得征税的条件，之前曾听闻某移居澳洲的华人，通过中国香港作为临时落脚地，实现了某项资本所得在中国与澳洲都没有达到征税条件的案例，这就是节税的安排了。

下面列示居民个人与非居民个人来源于境内的九项所得的计税方式比较，如表 2-2 所示：

表 2-2

九类所得项目	居民个人	非居民个人	比较
工资、薪金所得	合并为综合所得，按年度计算缴纳个人所得税，年度中间预扣预缴，年度汇算清缴后多退少补	单独计税	不一致，如果非居民个人在开始是按非居民个人身份计税的，当年度达到了居民个人身份条件的，需要进行汇算清缴，对之前的计税进行调整
劳务报酬所得		单独计税	
稿酬所得		单独计税	
特许权使用费所得		单独计税，通常依协定或安排税率是 10%	

续表

九类所得项目	居民个人	非居民个人	比较
经营所得	按5%—35%经营所得计税	同左	一致，协定或安排有规定的从其规定
利息、股息、红利所得	20%	依据协定规定，通常为10%，但外籍个人从境内外商投资企业取得的利润，可以享受免税待遇，可以直接享受免税，不需申请协定待遇	不完全一致，注意属于居民个人身份的外籍个人依然可以享受免税待遇
财产租赁所得	20%	20%，有依协定或安排使征收权的例外情形	计税方式一致
财产转让所得	20%	20%，同上	计税方式一致
偶然所得	20%	20%	计税方式一致

注意，表2-2中的描述，存在因中国与某个国家或地区的协定或安排的规定不同，是否应税或如何计税有所差异。同时，外籍个人如果成为中国税收居民个人的，有特殊规定的从其规定，需要结合实际情形再具体确定。

2.1.2 个人与所投资企业的关系及计税规则

下面的内容，我们暂且只关注中国籍个人可以进行的投资活动，因为对于特定领域或行业，有的外籍个人或外国企业投资是受限的。如上所述，中国籍个人并不一定是中国的税收居民个人，而外籍个人也并不一定不是中国税收居民个人，这几个身份仍需要掌握。

个人与所投资企业的关系及计税规则如表2-3所示：

表2-3

所投资主体	说明	投资主体是否有企业所得税	是否缴纳增值税及附加	涉及个税税目	备注
有限责任公司	依《公司法》规定设立，这是最多见的一种投资组织形式	有	是，可根据条件享受小微企业等政策优惠	①缴纳企业所得税后分配股息红利，税率20% ②转让股权按财产转让所得，税率20% ③清算有所得，按财产转让所得，税率20%	部分老板因缴纳完企业所得税，分配时还要缴纳个税，这个衔接上可能会认为税负过重

续表

所投资主体	说明	投资主体是否有企业所得税	是否缴纳增值税及附加	涉及个税税目	备注
一人有限责任公司（有限公司的一种）	对于一人有限责任公司，如果股东是个人，则适用的政策与上面的有限责任公司一样	有	同上	同上	一人有限责任公司，是指只有一个自然人股东或者一个法人股东的有限责任公司。但一个自然人只能投资设立一个一人有限责任公司。该一人有限责任公司不能投资设立新的一人有限责任公司
股份有限公司	有未上市的股份有限公司与挂牌、上市的股份有限公司	有	同上	未上市的股份有限公司适用规则参照有限责任公司 上市或挂牌的股份有限公司有特殊优惠政策	在后面的投资持有章节我们分析特殊优惠政策
个体工商户	有经营能力的公民，依照《个体工商户条例》规定经工商行政管理部门登记，从事工商业经营的，为个体工商户 个体工商户可以个人经营，也可以家庭经营 《民法总则》规定个体工商户的债务，个人经营的，以个人财产承担；家庭经营的，以家庭财产承担；无法区分的，以家庭财产承担	无	同上	按经营所得计税，年度汇算清缴	与个人独资企业、合伙企业中的个人合伙人计税规则相类同，没有股息红利分配计税所得的概念，设立个体工商户的个人的工资薪金也不得税前扣除，但个人当年没有综合所得的，可以减除费用6万元、专项扣除、专项附加扣除以及依法确定的其他扣除
合伙企业	无论是无限个人合伙人，还是有限个人合伙人，合伙企业本身不计所得税，分配个人直接计算经营所得或利息、股息、红利的个税	无	同上	按照"先分后税"的方式计缴经营所得税，年度汇算清缴 如合伙企业有取得股息、红利、利息所得的，则直接按分配到个人名下方式计算20%之税，不作为经营所得计税	合伙企业的个人合伙人有创业投资基金，而且采取单一核算方法的，可以选择按20%计算个税，此为例外规定
个人独资企业	与合伙企业的个人出资人一样计税，只是只有一个个人出资人，与个体户类同	无	同上	按经营所得计税，年度汇算清缴 如有取得股息、红利、利息所得的，则直接按分配到个人名下方式计算20%个税，不作为经营所得计税	个人独资企业，是指在中国境内设立，由一个自然人投资，财产为投资人个人所有，投资人以其个人财产对企业债务承担无限责任的经营实体

通常个人通过设立商事机构开展经营业务，相较于由个人直接对外接单的有利之处是有了经营牌照，工商与税务都有相应的管理与支持规则，可以方便享受国家的优惠政策，还方便给对方开具发票。同时，对于经营者的保护也有法律的规定，比如有限责任公司，对于投资人有相应的责任"有限"保护，以其认缴出资额来承担相应的有限法律责任，这同样适用于股份有限公司、一人有限责任公司，而对于个人独资企业、个体工商户及承担无限责任的合伙企业的个人合伙人，都是无限责任，这就带来很多有风险的因素，也可能会基于保守原则放弃一些高风险的投资项目。

上面的这些组织形式，也是我们后面主要进行分析的对象，其在运营过程当中的税收政策、利益关系、风险点与优惠空间，在不同的阶段，可以选择有利方式进行经营活动。

当下电商平台的直播带货比较多，但是他们多数只是一个代理销售人，并不是以从事贸易销售的身份进行经营。也有一些公司的销售人员进行的直播带货，这是员工从事的销售活动。通过查询公开信息可知，李佳琦有相应的传媒工作室，属于个人独资企业。有一些经营主体，需要采取有限责任公司形式，需搭配使用，比如李佳琦也有电子商务公司、管理咨询公司的安排。我们可以借鉴已有的经验，作为自己的参照。

2.1.3 部分企业保留的集体企业或全民企业的身份问题

这里要提一个很严肃的问题：个人是名义上拥有企业（主要是公司形式）还是实际上拥有企业，即对于企业的所有权是不是存在理解与法定的偏差问题。笔者曾接触到几位企业家，他们的企业在很多年前是通过集体企业或全民所有制企业的名义来设立的，直到现在也没有变更为私营企业，存在重大产权不清晰的风险，更存在侵占集体财产的法律风险，很有必要厘清利益权属与产权关系。

《城镇集体所有制企业、单位清产核资产权界定暂行办法》（国经贸企〔1996〕895号）提出：

第二条 集体企业清产核资工作中的产权界定是指对集体企业的财产依法确认其所有权归属的法律行为。

第三条 所有在国家各级工商行政管理机关登记注册为集体所有制性质的各类城镇集体企业、单位，包括各类联合经济组织、劳动就业服务企业、有关事业单位，由集体企业改制为各类联营、国内合资、股份制的企业，以及以各种形式占用、代管集体资产的部门或企业、单位，在清产核资中须按照本暂行办法界定产权。

第四条 集体企业清产核资中的产权界定工作要有利于促进集体经济的改革与发

展，维护集体企业资产的完整，保障各类投资者和劳动群众的合法权益。

第五条 集体企业清产核资中的产权界定工作要本着"依法确认、尊重历史、宽严适度、有利监管"的原则，既要体现"谁投资、谁所有、谁受益"，又要保证集体企业的合作经济性质。

第六条 国家对集体企业的投资及其收益形成的所有者权益，其产权归国家所有。

第七条 集体企业联合经济组织、社区经济组织对集体企业的投资及其收益形成的所有者权益，其产权归该联合经济组织、社区经济组织范围内的劳动者集体所有。

第八条 各类企业、单位或法人、自然人对集体企业的投资及其收益形成的所有者权益，其产权归投资的企业、单位或法人、自然人所有。

第九条 职工个人在集体企业中的股金及其收益形成的所有者权益，其产权归职工个人所有；难以明确投资主体的，其产权暂归集体企业劳动者集体所有。

《最高人民法院关于贯彻执行〈中华人民共和国民法通则〉若干问题的意见（试行）》中提到：

个人合伙或者个体工商户，虽经工商行政管理部门错误地登记为集体所有制的企业，但实际为个人合伙或者个体工商户的，应当按个人合伙或者个体工商户对待。

曾经有一篇报道《"红帽子"姓啥？7年官司扯不清》（来源于http：//www.sina.com.cn，2003年10月08日，四川在线－华西都市报），我们可以了解其中存在的经营风险（摘录）：

肖安宁曾是德阳呼风唤雨的人物。7年前，因其任法定代表人的公司姓"公"还是姓"私"问题而获罪入狱，公司也被政府强制"接管"。7年来，肖安宁为了追回该公司，与德阳市有关政府部门展开了漫长的官司之旅。记者昨日获悉，四川省高院日前下达再审判决，认定一、二审对企业所有制性质进行审理违法，因此撤销了一、二审认定肖安宁的公司系"集体企业"的判决。但是，公司到底姓"公"还是姓"私"的问题，似乎又回到了7年前的状态。

行政命令公司"变性"

肖安宁原系德阳市市中区文化馆停薪留职职工。1988年，他与人合作开办了纸张公司，因当时办公司需要主管部门，德阳市文化局为其出具了"出资12万元"的虚假证明向工商局登记注册，当时登记企业性质为集体所有制。肖于1993年在纸张公司的基础上成立了政通置业总公司。1994年，根据国家有关转制、脱钩的政策，肖安宁与文化局签订解除挂靠协议。协议载明，"文化局没有投入资金，已投入资金系肖个人自筹，虽挂名集体，实际系个人合伙经营，因此双方解除挂靠关系。"文化局同时发函给工商行政机关，同意政通总公司由集体企业变更为民营企业，成立新的政通置业有限公司。

1996年3月，德阳市公安局、检察院以涉嫌擅自发行债券罪为由，对肖安宁予以逮捕。当年5月，体改委、集经办、国资局、文化局联合发文称政通公司为集体企业。

本人获罪公司破产

2000年，四川省高级人民法院以肖安宁利用职务便利占用集体财产53.8万余元离婚等为由，判决其构成职务侵占罪，加上其他罪名，法院终审判处肖安宁有期徒刑13年。在肖安宁被捕和4部门联合发文认定政通公司为集体企业后，文化局任命他人为公司法定代表人。1996年5月，新的法定代表人书面申请政通公司破产，有关部门对政通公司审计，其资产为13 400万元，所有债务还清后还剩下2 000多万元上交财政。

为此，肖安宁提起行政诉讼，状告国资局、体改委、集经办、文化局4部门。德阳市中级人民法院审理后认定，肖安宁等人并未对政通公司进行投资，文化局也未直接投资。该法院最终认定：政通公司性质应属集体企业。1999年，省高院作出维持原判的终审裁定。

一再申诉终获再审

终审裁定下达后，肖安宁及家人一再申诉。去年11月，省高院对此案进行再审后认定，确认企业性质是工商行政机关的权力，法院不能代行，因此撤销了一、二审法院认定政通公司系集体企业的判决。对于肖安宁提出恢复政通公司合法地位及提出行政赔偿问题，再审判决中认为，公司变更登记是另一具体行政行为，涉及该行政行为的主体——工商局并不是本案当事人，因此不属于审理范围；而行政赔偿是肖安宁在上诉和申诉时提出的，原一、二审并未对此进行审理，因此也不予审理。

一名长期关注此案的人士表示，虽然看起来肖安宁是赢了这场官司，但再审判决更多是从"程序上"作出的判决，并未涉及实质内容，官司打了7年，实际又回到了当年的起点，公司仍是被有关部门强制变更后的"集体企业"；肖安宁要将政通公司要回来，看来还有一段漫长的诉讼之路要走。（记者 马天帅）

现实当中，有的投资人可能认为，我们很清楚，所有人都知道公司是我投资的，是我的公司，但是证据充分吗？即使企业运行良好，一旦涉及利益纠纷，集体中有人举报，有可能就很难解释清楚。在当下混合所有制改革不断推进，或者是地方国资入股的情形下，民营企业家原来自由"花钱"的习惯与行为，也要改一改了，因为一旦涉及国有资产流失等问题，影响会比较大。

在这里，集体企业并不属于表2-3中所列举的情形，如笔者所接触的案例，实际的出资人并不是法律上的股东关系，只是作为一个负责人（经理）登记而已，集体企业经营所获得的利润，老板如何取出来呢？比如常见的有工资薪金、借款、发票报销，要么税负高,要么有风险,可能有人提出来发放股息红利不行吗?这真不行,因为都不是法律意义上的股东,没有办法认定20%股息红利个税。不解开集体企业定性的这个"结",就无法转变为个体工商户或个人独资企业等确认税务关系操作,更无法直接转变为有限责任公司。

上面的案例属于有外部风险因素的情形,还有一种是涉及创业者夫妻共有财产与共同持股的情形下,作为单方在行使股东权利上,会不会受到影响?比如最近媒体报道的某知名互联网电商平台创始人夫妻发生的争夺公司管理权的事件,这涉及《中华人民共和国婚姻法》与《公司法》下共有财产与拥有股东权利的协调问题。我们也关注到有上市公司发生了创始人因离婚分割股权的情形,如2020年2月5日《浙江XX电子股份有限公司关于控股股东、实际控制人权益变动完成过户登记的公告》披露:本次权益变动前,沈某某先生持有公司51 606 135股有限售条件流通股份,占公司总股本的24.10%。根据沈某某先生与张某女士签订的《离婚协议书》,沈某某先生将其持有的12 901 533股股份转至张某女士名下。笔者也曾听一位律师提到,常有去美国上市的中概股创始人,因公或因私考虑会提前将家庭共有财产做事前安排,避免出现一些争议,以预防一些不利事件的发生。

曾听朋友说起,其亲属在北京市郊区要注销一家企业,结果一查,还是全民所有制性质,无形之中增加了一些不必要的解释与举证因素。还有这样的情形:某国有企业的部分负责人,通过个人渠道投资一些边远地区的小煤矿,通常以合伙企业、个体户等方式体现,出于身份敏感等因素考虑,有的通过代持进行处理。于是,就将款项打给代持人,代持人再将款项分别打给不同的近亲属。这个问题看似普通,但是如果代持人不认同,或者因利益没有分配好,很容易发生争议,需要提前做好利益回归的路径、相关的协议与财产归属的确认等事项,以确认相应的所得是不是合法化的税后所得,这样才会安心。

2.1.4 股东个人与所投资公司的法定代表人的关系

通常,股东出资人中,多由占股比例最多的个人出任公司的董事长,并作为公司的法定代表人。但是现实当中,并不是绝对由出资最多的个人或投资主体授权的个人登记为公司的法定代表人,即使是没有出资的人,也可以成为公司的法定代表人,此时的要求条件及法律责任如何理解呢?

《公司法》规定:第十三条 公司法定代表人依照公司章程的规定,由董事长、执行董事或者经理担任,并依法登记。公司法定代表人变更,应当办理变更登记。

法定代表人并不一定是公司股东担任，但是一般的职员行不行呢？依照《公司法》，应不行；而职业经理人是可以作为公司的法定代表人的。下面我们看一篇《北京青年报》的报道。

揭秘：担任京东系400多家公司法人的刘强东女助理是谁
2019年1月31日　北京青年报

北京头条客户端1月31日消息，日前，京东系又新增一家公司"天津京东达业贸易有限公司"，该公司的法定代表人为张雱。据悉，张雱自2016年起，陆续已担任京东旗下400多家子公司的法定代表人。那么张雱到底是何来头？

"张雱是老刘的助理"，一位知情人士对北青报记者表示，"她目前担任集团副总裁，也算是公司高管"。

……

为何是张雱担任京东多家公司的法定代表人？知情人士透露称，"为了简化行政流程，好多事务性的签字需要法定代表人去完成"，另一名知情人士则表示，"老刘经常不在国内，法人有很多要签的文件，如果是他当法人会影响很多事情，所以就换成了一个他信赖的人。"

"信赖是最关键的"，上述知情人士表示，在许多公司，子公司的法定代表人都不是创始人自己，一些公司的高管，一些公司的行政方面的老员工，不论选谁，关键都是老板信任的人，要在公司长期稳定工作。

不过也有律师表示，仅有"信任"或许还不够，刘强东和张雱很有可能签署过相关约定文件，不过这些文件无须公开。

签字流程需先经法务审核

那么公司业务会不会对法定代表人有影响？京东一位知情人士表示，在内部，需要张雱签字的文件都会先由法务审核，确认合格后再给张雱签字。

知名IT律师、北京志霖律师事务所副主任赵占领对北青报记者表示，除非企业涉及单位犯罪，或者不执行生效裁决，才会影响到法定代表人；而企业中也并非所有的高级文件都需要法定代表人签字，只有一些合同中约定要求法定代表人签字的合同，或者有些法律文书比如起诉状可能需要法定代表人签名。

目前任京东系400多家企业法定代表人

2016年，京东旗下的40家子公司陆续变更法定代表人，从刘强东变更为张雱，当时就引起关注。京东当时也表示，"为提高公司运营效率，公司对非核心的实体的法定代表人进行了变更。这些变更符合公司法及相关章程的规定，且对公司运营没有影响。"此后，京东在不断开设子公司的同时，也将更多的法定代表人职务变更为张雱。

北青报记者从启信宝中查询到，目前张雱担任430家企业的法定代表人和高管职位。包括：北京京东世纪信息技术有限公司、网银在线商务服务有限公司、上海邦汇商业保理有限公司、北京联茂方泰房地产开发有限公司等等。她还担任18家公司的股东，包括北京京东叁佰陆拾度电子商务有限公司、京东云计算有限公司、宿迁翼好信息技术有限公司等。

不过，京东的几个主要实体依旧由刘强东担任法定代表人，包括：北京京东叁佰陆拾度电子商务有限公司、北京京东世纪贸易有限公司、京东数字科技控股有限公司等。（据公开信息，上述个别公司的法定代表人已有变化。）

法定代表人，如果是由一个职业经理人担当，并非出资人，则其从公司取得的所得是工资薪金性质，不宜认为属于劳务关系，这跟独立董事还不大相同，更不是经营所得。作为法定代表人，当然会承担相应的法律责任，也是有风险的。

《中华人民共和国民法总则》规定：

第六十一条　依照法律或者法人章程的规定，代表法人从事民事活动的负责人，为法人的法定代表人。

法定代表人以法人名义从事的民事活动，其法律后果由法人承受。

法人章程或者法人权力机构对法定代表人代表权的限制，不得对抗善意相对人。

第六十二条　法定代表人因执行职务造成他人损害的，由法人承担民事责任。

法人承担民事责任后，依照法律或者法人章程的规定，可以向有过错的法定代表人追偿。

《民法通则》进一步规定：

第四十九条　企业法人有下列情形之一的，除法人承担责任外，对法定代表人可以给予行政处分、罚款，构成犯罪的，依法追究刑事责任：

（一）超出登记机关核准登记的经营范围从事非法经营的；

（二）向登记机关、税务机关隐瞒真实情况、弄虚作假的；

（三）抽逃资金、隐匿财产逃避债务的；

（四）解散、被撤销、被宣告破产后，擅自处理财产的；

（五）变更、终止时不及时申请办理登记和公告，使利害关系人遭受重大损失的；

（六）从事法律禁止的其他活动，损害国家利益或者社会公共利益的。

我们略微补充介绍一下大家经常说的法人、法人代表与法定代表人三个名词的含义。《民法总则》提出：法人是具有民事权利能力和民事行为能力，依法独立享有民事权利和承担民事义务的组织，比如有限责任公司、股份有限公司都是法人，法人的财产权是独立的；而合伙企业、个人独资企业、个体工商户因为承担相应的无限责任，不具有法人资格。法人代表不是一种法律用语，是现实当中的一种习惯表述用语，法律人士对此的解释是基于某一委托事项，去代为办理事项的代表，是授权情形下的一种委托关系，也可以随时更换，但是不得对抗善意的第三人，这是法律的常识理解。

法定代表人也不是那么好当的，曾有一位税务同行，因业务需要，"受聘"担当一个地区服务公司的法定代表人，笔者当时建议签订一份界定责任的协议，对于在自己不知情的时候发生的经营事项或代为签字、盖章的时候，相应责任与利益如何确认进行明确，尽管并不一定完全可以对抗第三人，至少给合作的相关方带来一定的限制，相应也是对于自身的保护。在现实中，有的股东设立公司不愿意自己"抛头露面"，出资人的身份是代持的，如果有意让你代当法定代表人，你是否会"帮忙"？笔者建议，轻易之下不宜帮这个忙，因为这种情形下，你不是具体的运营人，只是盖章的人。比如某财务总监是老板信任的人，于是决定让其当法定代表人，此时真是难为我们的财税负责人了。但无论如何，建议签订一个协议，明确相应的法律责任与经济责任的承担义务，曾有数位财务总监与笔者交流，公司在成立新的公司时，老板让其当法定代表人，不敢不当，因为这个工作他还不想放弃，站在这样的角度思考问题，就要想清楚上面提到的事儿。

2.2　工资薪金等综合所得的取得

我们在这里并不是讨论普遍性的工资薪金的个税，而是讨论作为投资主体的个人。如果其投资公司，报酬取得的形式主要是单位发放的工资薪金，而尽量不要股息红利，在这种情形下，工资薪金的最高税负将达到45%，而股息红利的税率是20%，此时哪种方式的利益回报对于个人投资者最为有利呢？

其实不能绝对地说哪种方式在税负成本上更有利，之前笔者刚考虑这个问题时，没思考就认为股息红利有利，而工资薪金的方式不利，其实这不完全对，我们要考虑企业的所得税税率及金额的大小，比如下面的案例，其结果就存在股息红利与工资薪金各为有利的方式。

【案例】郭某投资了一家一人有限责任公司，2019年开始经营，当年度利润总额80万元，当年度可以享受小型微利企业优惠[①]，没有纳税调整的事项，计算的企业所

---

① 《财政部 税务总局关于实施小微企业普惠性税收减免政策的通知》（财税〔2019〕13号）规定：对小型微利企业年应纳税所得额不超过100万元的部分，减按25%计入应纳税所得额，按20%的税率缴纳企业所得税；对年应纳税所得额超过100万元但不超过300万元的部分，减按50%计入应纳税所得额，按20%的税率缴纳企业所得税。

得税是 4 万元（80×25%×20%），此时可分红 76 万元，若不想交企业所得税，80 万元全部给郭某发放了工资奖金（未适用个人单独计算的年终一次性奖金的个税处理）。简化起见，我们假设没有社保等专项扣除，没有专项附加扣除，也没有劳务报酬、稿酬及特许权使用费等其他综合所得。

分析：依照新个税法综合所得的计税方式，年度可以扣减费用 6 万元，应纳税所得额是 74（80－6）万元，依综合所得的税率表计算出来个税为 17.308（74×35%－8.592）万元，税后所得为 62.692（80－17.308）万元。

若没有发放工资薪金，郭某取得的是股息红利，个税是 15.2（76×20%）万元，较工资薪金的个税略低。但税后所得为 76－15.2＝60.8 万元，较取得工资的税后所得低。

我们再调整一下数据，若这家公司的利润是 100 万元，此时企业所得税为 5 万元，余下 95 万元分红，个税为 19（95×20%）万元，税后所得为 76 万元。若 100 万元全用于发放工资薪金，个税为 24.308（94×35%－8.592）万元，税后所得为 75.692 万元，此时较分红所得低。

从笔者的实践接触来看，除了上市公司的高管们有比较高的薪酬，多数的公司老板是不大计较在公司拿多少工资的。但是如果公司经营得很好，若发放工资将最高按 45% 适用税率时，税负就很可能较股息红利高。新个税法实施后，低税率区间加大，刚创业时，以发放工资的方式可能较为有利，因为税率区间低，也可以在税前列支扣除，但规模做大后，就需要体系化、系统化地考虑了，而不是笔者上面简单地计算比较。

2.2.1 资本达人的薪资取得

据媒体报道，刘强东称其 10 年内只要 1 元年薪，而马云在接受采访时提到就没有领过 1 分钱，还有扎克伯格，也是只领取 1 美元的年薪，且不要任何形式的奖金。这说明，拿薪资取得报酬的方式并不是资本达人实现投资回报的价值实现手段。资本达人毕竟是少数，对工薪阶层的人士来讲，其所得是其生活的保障。自 2019 年 1 月 1 日起，新个税法实施，实施综合所得按年度计缴个税的方式，即一个人的工资薪金、劳务报酬、稿酬所得、特许使用费所得四项所得合并为综合所得并按年计税，综合所得实行年度内预扣预缴，年度结束后汇算清缴多退少补的方式计缴个税。

创业企业家不靠年薪等所得作为收入来源，其所得的实现路径是多样的。比如消费支出中公私很难区分，在实现路径方面，比如通过将持有的股票变现、股息红利分配等来实现；普遍存在的方式，即采取不分红、也不退出分配财产，而是直接在企业层面进行消费，公私不分，在这一点上，税务机关提出了一些应对之策，但效果不太明显。比如汽车、住房、电子用品、外出旅游等，均可以在公司层面购买，既用于公司，也用于个人，而我国对于个人无偿使用单位资产也并没有有效的规定来认定这是属于个人所得的范畴，这是一个世界性难题。多年来，对于高收入者的个税征管屡有文件要求严格实施，实际上只是对于某些特定应税事项的判断，或者取得了但没有计缴个税的情形进行检查，这也造成了多年来个人所得税的主要贡献者是取得工薪的一族，不能不说个税设立之初"进行财产财富的调剂功能"的立意失灵。资本达人财产的公私界限划分不明，是当下资本个税中的"灰色地带"，并没有十分有效的管控手段，税务机关也没有必要对说不清的事项过多纠结，毕竟还有很多可以检查的涉税问题点。

对于很多的青年创业者，创业初期资金短缺，往往自己是创业企业中最操心、最繁忙及付出最多的个人，这种付出多是无偿付出，没有支付回报。曾经有一位私人企业老板咨询："我有两个企业，一个账上有领取工资，另一个也是法定代表人，但没有领取工资，我们的审计师事务所建议另一个单位也要领取工资，有没有这样的规定啊？"于是，笔者就想到了很多老板设立的公司，还没有业务，也没有员工，只有自己一个法定代表人存在，平时在个税明细申报时，由于确实没有人申报，于是就在扣缴单位的个税明细申报中报上老板自己的名字，收入是0，持续进行0申报。老板无偿付出了，就是不要对价，税法上对此有没有限制或要求呢，税务机关会不会认为此举造成了少交个税的问题？目前来看，还没有发现有税务机关强制要求个人所投资的企业必须给从事工作的股东个人支付对价，因为目前还没有这样的规定。或许有人转到另一个角度提及，在企业所得税政策中有关联交易调整的规则，新个税法也规定了反避税的条款，老板若只是投资，不从事经营管理，没有问题，但是老板为其投资的企业提供服务，不取得收入，可不可以按照独立交易原则进行调整？其实这个问题在很多人看来有点多余，或者认为比较"低级"，不过既然有的老板或会计师提出这个事项，那么我们就有必要给企业家们提出意见。首先企业不支付，有利于其企业所得税的缴纳，作为支付方，不是收入方，还多缴了企业所得税，这个基于反避税发起挑战的前提是不充分的。新个税法规定：

第八条 有下列情形之一的，税务机关有权按照合理方法进行纳税调整：

（一）个人与其关联方之间的业务往来不符合独立交易原则而减少本人或者其关联方应纳税额，且无正当理由；

（二）居民个人控制的，或者居民个人和居民企业共同控制的设立在实际税负明显偏低的国家（地区）的企业，无合理经营需要，对应当归属于居民个人的利润不作分配或者减少分配；

（三）个人实施其他不具有合理商业目的的安排而获取不当税收利益。

税务机关依照前款规定作出纳税调整，需要补征税款的，应当补征税款，并依法加收利息。

从规定中来看，似乎依照第一条有需要进行调整的意思，由于企业所得税法定税率是25%，个人取得的收入是多少，计算出来的税负跟企业所得税相比，是不是会多出税额？这里存在不确定性，而且规定中提到的是业务往来，老板做的工作应是雇佣式的工作，是一种取得所得与支付的关系，并不是一种业务交易。个人取得所得就要计算个税，没有取得，也不强制单位一定要支付；而不实际支付，企业所得税上也不予认可税前扣除，而个税应税所得的基本前提是实际取得所得，从这些方面考虑，老板为其投资的企业工作但不要工资的情形下，并不必然导致税务机关要求必须以公允计量方式确认以应取得所得来计缴个税的结果。比如上面提到的只要1元薪酬的老板，其为海外上市公司与境内的集团企业"疯狂工作"，按照上面的假设条件其应缴纳比较大额的个税，但分析下来，税务机关并不需要去质疑其1元年薪不公允的问题。

同时我们关注到，某些大型金融上市公司披露的高管年薪，其实作为国有企业，他们与本书中讨论的从事资本运营的企业家属于不同的情形，他们取得的所得就是明确的工作付出所得，尽管有的达到年薪数千万元之多，但是如果大家想想我们的个税税负，税后所得有接近"腰斩"的影响。由于所有的数据都需要公告，他们缺乏其他一些可以灵活操作的路径及可以运用的调剂手段，大家可想到的筹划手段并不适用这种情形。曾经有一位地方国资委下属企业的财务总监提到："在A股上市的企业需要披露的信息太细了，高管的工资都需要清楚地列示出来，而在香港上市的民营企业，他们所披露的信息并不像内地这么多，自己的管理信息与经营信息很容易被对方掌握，不利于企业间的竞争！"或许真有这种影响，但核心还在于对企业经营的品质用心，打铁还须自身硬。笔者观察到，前几年在香港上市，与其竞争上占优势的民企，在最近几年有一些衰落了，反而这位财务总监所在的公司，成了行业的龙头老大。

另外，由于当前个税政策中，对于个人发放的全年一次性奖金，是可以不并入综合所得选择单独计算个税，选择与否，计算的个税税额会有差异。于是有的专家提出，老板可以考虑通过工资与一次性奖金分别计税的方式进行筹划，这当然可以，如果对老板发放的工资也在适当有利的水平，是可以选择一次性奖金单独计税进行筹划的，不过其影响额并不大，进行适当地关注或让企业的会计进行评估即可。这不是本书重点要去探讨的内容，我们要跳出对员工筹划的一些小方法，站在老板的角度，需要从未来的角度、更大一些的格局来谋划可能性。

所以，薪资并非资本价值创造的核心实现手段，也不是资本积累的完成路径，一是由于其税负承担过重，二是目前情形下，并没有要求必须用薪酬来体现股东对其所投资企业的付出对价。对于那些想通过拿工资实现经营价值的个人来讲，是不够魄力的，需要站在更高的角度来发掘创业的价值。大家可能在日常与朋友交流中，关注到有的朋友从事股票投资，金额也不大，时不时发个朋友圈，涨了就开心，跌了就伤心，多是工薪族们进行的投资，当前阶段股市仍难以成为普通人士的有效理财投资的一种优先选择。

2.2.2 劳务报酬取得

作为股东的个人，并不必然是其所投资企业的雇佣员工，更不是其投资企业再对外所投资企业的雇佣员工，即其可以不作为职工身份工作取得雇佣所得，只履行股东的权利与义务取得投资回报，比如通过买卖股票成为上市公司股东的个人，何曾参与过公司的日常管理，上市公司也不会发工资给持有股票的个人。但如果股东个人为所投资的企业做一些事情，在不参与企业经营管理时，可以以劳务报酬的方式体现。

2019年以来，劳务报酬所得并入个人综合所得计税，但在预扣预缴时适用的计算方法与工资薪金的预扣预缴的计算方法不同，本质上讲，是劳务报酬还是工资薪金，最终个税是合并在一起计算出来的。劳务报酬属于提供的增值税服务活动，雇佣关系则不视为是一种服务关系，不是增值税的应税交易。劳务报酬相关个人如果达到增值税的起征点或超过免征额，是需要按3%计算增值税及其附加税费的（个人不会成为一般纳税人适用正常税率计缴增值税），有时还需要提供发票给支付报酬的单位，作为其税前扣除的凭据，若不能税前扣除，会给企业的税收利益带来不利影响，工资薪金取得的关系由于不属于增值税的服务，不需要发票，仅需要企业自制的凭证及支付证明就可以。从笔者接触的案例来看，鲜有股东个人是通过个人劳务取得报酬，在多个单位取得雇佣薪酬所得倒是常见，在这种情形下，每个单位均独立地进行预扣预缴，次年进行汇算清缴时，合并进行计缴综合所得的个人所得税，进行补退税处理。

但是有人提出这样的筹划思路，即让老板及员工通过工资薪金列支一部分，适用低档的个税税率级距，同时找人力平台公司开一部分发票报销，人力平台公司再通过代发工资形式或积分形式将钱转移到个人名下，以达到为员工"节税"或少缴社保的目的。这种方式是"赤裸裸"地挑战税法的权威，是违背税法行为。从情理上看，一个人既为公司提供雇佣工作，又为公司提供劳务，除非是真的在约定的工作之外进行的劳务服务，一般情形下是很难分清其工作界限的，多认为仍是工资薪金属性，因为该劳务服务关系是虚假的，取得的发票是虚开。据了解，有的省市税务局已关注到这一问题，对于同一个人在同一家公司既领工资又有劳务报酬收入的，将列入税收疑点进行排查。更有甚者，为了抵扣进项税额，还由劳务公司开具了增值税专用发票用于抵扣，一旦列为刑事责任就很难挽回。如果是为员工这样操作，担责的并不是员工，而是单位，其法定扣缴义务的履行也不到位，帮员工做了"好事"，还可能被员工举报。至于直接通过虚拟劳务"买票"或"代开发票"的形式来报销，小额的可能不会引起关注，大额的很有可能引起全国联查。

【案例】笔者曾接到某税务好友咨询，称其单位人力部门联系了某平台公司，将员工的工资拆分出来一部分，由对方开具增值税普通发票，入账在福利费项下，不抵扣进项税额，不涉及专用发票的虚开，这种情形下，有没有风险。笔者认为，真的假不了，假的真不了。员工都不知道，自己的工资就由另外一个单位发放了（积分形式包装），与事实明显不符，个税也没避掉，因为发放给员工的福利费也属于员工所得的类型，至于是否能避掉社保，拿到劳动合同，或被员工举报，很容易"露馅"！形式主义的筹划，逃避一时，逃不掉一世啊！笔者建议其谨慎发表支持性的意见，同时说明风险。

未来一段时间，笔者认为，随着对这种方式的了解及关注，对于因劳务报酬下扣缴义务的规避，通过转化为平台提供技术服务的方式，很可能由当前的热闹状态转为慢慢的"安分守己"。

（1）拆分收入式的"筹划"却遭到员工举报的案例。

下面是笔者遇到的一个案例，企业老板的想法并不是为自己做收入拆分发放，而是因为职工社保开始全面转由税务部门征收之后，害怕税务机关根据企业申报的个税收入来反查社保缴纳基数不实的问题，因为他们是按照当地最低基数缴纳员工社保，明显存在问题。于是老板就让某咨询公司筹划，筹划方案如下：

以A公司的某员工为例，正常工资8 000元，拆分为两个4 000元，其中一个4 000元继续以工资方式发放，另一个由在异地设立的人力资源服务公司开具技术使用费专用发票，税率是6%，按4 000元的标准计算缴纳社保，另外4 000元不列入"应付职工薪酬"进行会计核算，直接在技术服务费成本中列支，如图2-1所示。

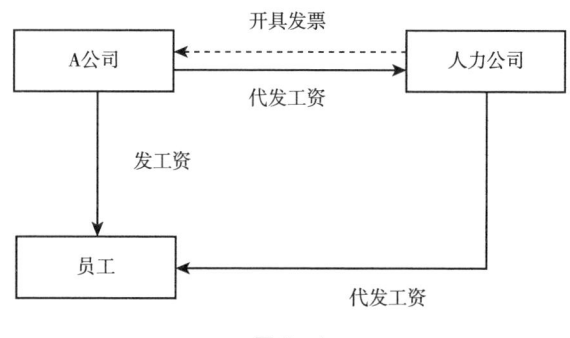

图2-1

在一个月当中，该员工收到两份雇佣工资，A公司本身会扣缴个税，当前的政策按月扣基本费用的标准为5 000元，不够扣减不存在扣缴税额；代发工资的人力公司也要按独立的工资扣缴个税，同样扣5 000元不产生扣缴税款。年度结束后，该员工有义务根据适用的条件进行年度汇算清缴。由于该企业的操作是在新个税法实施之前就开始了，当时的扣除标准是每个月3 500元，同时规定从两地以上取得工资，需要每个月由个人合并到一地的主管税务机关进行汇总计缴个税。如果该人力公司建议员工在代发工资的机构所在地完成合并计税，可以进一步取得当地的财政奖励。在新个税法下，员工取得两处以上的工资，年度汇算清缴时进行合并计算，由于各地均未产生预扣预缴的税额，因此年度汇算清缴很有可能带来补税。如果这家企业想让员工在人力公司所在地完成，估计相应的财政奖励仍会有或多或少的利益存在，但又不好强迫员工这么操作。由于这样做对个人的税额没有带来减少，却是A公司为了少承担社保所出的筹划方案，同步员工自己承担的也会少，基于未来的利益，或许有的员工开心，有的员工不开心，难以平衡，时不时有可能发生一些矛盾。

在上面的案例中，大家明显可以发现的事实是，这个所谓的技术服务是不存在的，员工并没有以独立的个体身份向人力公司提供服务，也没有受雇于人力公司，只是"借"了个名字过来开具发票。而且人力公司按理讲应提供"代发工资"的名单给A公司，如果税务机关发现，该个人在A公司工作，还通过另一人力公司提供服务，根本经不起推敲。有的税务机关真发现了，要求人力公司提供人员明细，人力公司可能就再提供出来另一批人的名字，解释是这些人提供服务，其信息就可能产生了隐瞒性的造假。于是，这份增值税专用发票就是虚开，另外有的服务机构可能会用增值税普通发票的差额功能来开具服务费，这个差额开具的方式没有正规的依据，只是为了少计税额，笔者观察到，一些人力公司竟然做得规模还挺大。

前面在探讨这个问题时，笔者提出与其将风险变得这么不可控，不如在公司所在地设立一个子公司，给员工发两份工资，岂不是更靠谱。此时需要在劳动合同中明确约定，员工的工作范围是服务于两家公司。但是子公司要有相应的收入，作为支出的资金保障。比如做研发之类的工作，登记相应的权利证书，也有真实的业务支持，关联方收费也可行。依据社保政策，个人在全国范围内只能办理一份养老保险，多缴纳的也享受不到，在合并时也会被要求退回一份。据了解，如果员工在一个地方缴纳了社保，有相应的凭证，在另一个地方经过沟通确认就不需缴纳了。

上面的案例有一种变形，为了在形式上制造发票入账与发放工资的单位不在同一个主体上，发生让人力公司开具发票给A公司的母公司或其子公司，显示出来是另外主体的事，这也是让另外的公司承担了不应承担的费用，除非"偷偷"地进行列支。

从上面的情形来看，公司可能是站在减少社保费缴纳的角度来规划的工资发放方案，员工同时也"受益"了！本来是皆大欢喜的事，却因为某些人事争议的事项发生，员工向税务机关进行举报，说单位少扣缴个税。这个问题，我们要综合来考虑，站在汇总计缴的角度，在2018年及之前是按月合并纳税，现在汇算清缴的要求下，个人应没有产生少缴税款的结果，一处取得工资薪金与多处取得工资薪金，计缴结果是一致的。当然，如果在一个地方，其社保扣得多，可能会产生对于税额的影响，地方税收收入是受影响的。但是由于这些情形多是从事劳动密集型的员工，本身并不愿意多缴社保，也促使了其与企业做分拆"筹划"时的配合。在笔者接触的一个举报案例中，最后的举报并没有给企业带来很大的影响，这是因为人力公司所开具的发票，并不是入在了A公司，而是入在了A公司的关联公司，企业解释是因为集团公司的考核发放的奖励，并不是存在工资人为调整，说的不是实际情形，估计举报人也不是专业人士，看到税务机关回复经查验没有发现违规事项也就算了，因为举报的个税，确实在A公司的账上就是支付的4 000元，另4 000元没有从A公司的账上支出，自然不能扣缴。而母公司在异地，至于异地的税务机关能否发现这个问题，及认为能否税前扣除，是不是要由其代扣代缴个税而不是人力公司来扣缴个税，还是有很大的潜在风险的。多有企业认为税务机关只要不查，我们就这样操作，是可行的"好方案"，笔者认为，这些问题随着矛盾的累积，很容易在某个环节爆发出问题，还是要走正规的优化方案。

上面提到，当前税务机关对于个人在同一单位既领取工资又领取劳务报酬的情形已进行了关注，至于会如何处理，是进行风险提示，还是由管理部门进行检查调整，抑或是发布新的规范文件，这种情形应引起经营者的重要关注。

下面我们看一个跨区缴纳个税的案例。某稽查局在对某市A区的企业检查时发现，其员工的工资薪金个税未扣缴缴纳在本区的主管税务机关，而是通过代发工资的人力公司扣缴在B区的主管税务机关。稽查人员的意见是要求企业扣缴税款并在本区缴纳，结果双方有了意见分歧，企业肯定是不愿意再扣缴一遍个税，后来所在市局给出的意见，认可了这种跨区缴纳的方式，毕竟"肥水不流外人田"。从我们扣缴的政策来看，实际支付工资薪金的一方才是真正的扣缴义务人，代发工资虽是最后经手人，但毕竟是代发，又不是工资薪金的承担方，因此，由企业扣缴个税才更为合规合理。现实中对此事项，估计仍存在对"支付方"理解不清、归属不清的认识。

这个案例虽然是涉及员工利益与公司利益的问题，但这种事情的操作，通常都是基于老板的需求与决策才会办理，所以，有可能为了节约所投资主体的税费，或者节约员工的税负，现在要想明白不要冒不必要的风险。从笔者的经验来看，虽不是说条条大路通罗马，但是合规的与和谐的处理方式，肯定是有的，只是要有耐心与付出看似多点的成本。

（2）股东或高管成立合伙企业为企业提供服务的方式。

在这里要解释一下，作为出资设立企业的个人，《公司法》一般称为股东，而如果是合伙企业或个人独资企业，多称为出资人。而合伙企业（不含其中的有限合伙人）、个人独资企业，也包括个体户，都是承担无限法律责任的。一个个人出资或投资，要么其作为股东的身份不参与公司的运营，只需期待取得相应的投资收益，参与重大事项的决策，并不是公司运营的负责人；要么直接作为所投资企业的核心管理人员存在，比如担任董事长、总经理等职位。

承上面的分析，少有公司股东或高管从公司取得劳务报酬，由于综合所得在高收入级距时适用的税率较高，而因为日常之需又需要从公司取得一定的报酬回报，有人去找一些说不清来路的发票报销，这也不是长久之计，所以有的时候，他们也会采用一些变通的方式处理。比如下面的这个案例，就是一个筹划的体现，大家看看是不是可行，如图2-2所示。

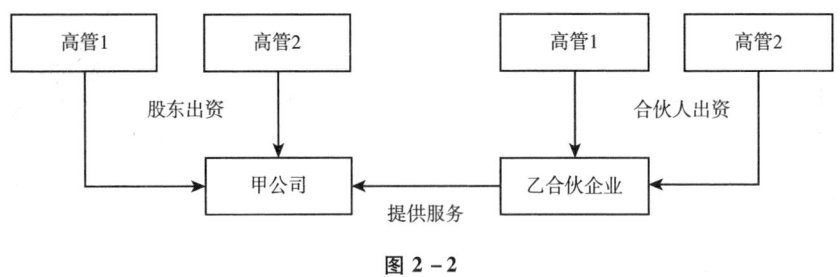

图 2-2

在这个架构中，高管1与高管2共同出资设立甲公司，两人既从公司取得股息红利，也取得工资薪金，前面我们讲过，这两个人再筹划以劳务报酬的方式从公司取得收入在2019年之后因新个税法的影响，需将其并入综合所得，意义不大，尽管劳务报酬有20%的扣除费用可扣减，但其也有增值税的计缴义务，是比较麻烦的事项。于是，在公司财税部门的支持与规划下，两位高管又单独设立了一家合伙企业，主要是向甲公司提供管理服务，收取费用比如每个月100万元，同时合伙企业实施的核定征收个税的方法，每个月开具增值税专用发票给甲公司结算，甲公司抵扣计缴的增值税。按当前的标准，乙合伙企业在达到年收入500万元时，将强制转为一般纳税人身份，将从3%的征收率转为6%的税率计缴增值税。在这个案例中，我们要考虑如下方面的问题：

这种架构与交易体现符合税法规定吗？我们先来看，这种情形合不合法，这里并不特指税法，因为一个交易的本身，要看是不是符合《公司法》《民法》等相关法律，如果不涉及利益损害、侵占财产之类，且有真实的业务工作交付，至于定价多少，则是公允交易的问题，并不涉及定性问题的对与错。

税法上并不能限制这两个人设立的有限公司与合伙企业之间，不能彼此发生业务交易，基于并不违背其他法律法规的情形下，税法上就强调真实，且能够说明定价公允。至于有的人担心会被质疑应是工薪劳动所得，却改为其他企业的服务收入，那就看是不是虚假的拆分，只要明确工作报酬的规则，合伙企业的职责要求，比如合伙企业可以雇佣几个职工，也必须要保持一定的业务真实性表现。同时我们要谨慎地了解，在该案例中，甲公司和乙合伙企业尽量要有真正的业务往来，否则，先不说税务机关是否以关联方交易来进行纳税调整，如果业务不真实，这种交易可以直接认定为"以避税为目的"的安排，还有虚开发票的嫌疑。

在上面的模式中，这是平等主体间支付费用的架构，我们可以延伸考虑另外一种架构展示，如图2-3所示。

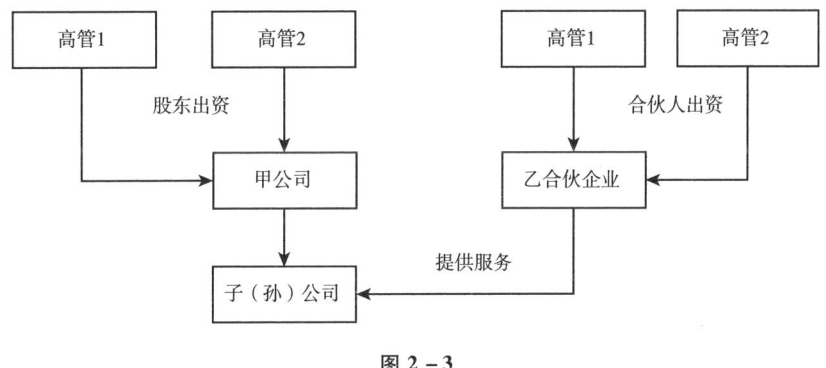

图2-3

为了减少支付主体的重合，这两位高管设立的乙合伙企业向甲公司下属集团内的企业提供服务，承前面的分析，有相应的业务真实性表现，笔者所接触过的，也有类似案例发生。而这样做的结果其实就是减少了企业层面的所得税、股东个人层面的股息红利个税，从而间接实现了较低税负下的"公转私"的目的。很多人知道，在核定的一个环节，是当下很多筹划方式的一个重要出口与功能载体。

正是因为个人的劳务报酬与工资薪金在新个税法实施后的汇总计税，通过一个载体组织提供的劳务或服务，从而实现个税征管当中的税负利益，并不是不可行。核心在于其真实性、合理性，同时还要结合提供服务的交付、验收，有无技术价值等。并且还要考虑有没有股东之间转移利润、侵占公司财产的嫌疑，这些要一并落实到位。

某稽查人员曾经在检查某企业时，发现股东个人所投资的企业，又成立另一家企业提供服务给上面这家公司，稽查人员的意见是，明明可以直接分红或取得工资，还要通过其他企业给自己开具发票税前扣除，表示不理解。从质疑的角度，有人也许会想，会不会有啥见不得人的地方。但是，如果该业务是真实的，那么只是价格合理与否的问题，属于技术方面的问题，而不是性质方面的问题。而那些虚开发票的空壳公司，往往没有人，没有正常的办公地址，是一种不正常的体现。

（3）劳务报酬与经营所得的区别。

这个问题，专家们有着不同的意见。有的站在理论的角度，有的站在对自己有利的角度，但说归说，其实商业上的目的比较明确，就是想尽量将劳务报酬的认定转化为经营所得的认定，从而实现税负的优化降低。

2018年以来发生的影视业补税事项，发生过通过"阴阳合同"偷逃税款的行为，但是关于是个人提供劳务报酬还是机构提供经营业务服务，却存在比较特殊的理解。我们来看一篇报道（部分地方进行了隐名处理）：

税务部门依法查处范某某"阴阳合同"等偷逃税问题
2018年10月3日　来源：新华网

新华社北京10月3日电　记者从国家税务总局以及江苏省税务局获悉，今年6月初，群众举报范某某"阴阳合同"涉税问题后，国家税务总局高度重视，即责成江苏等地税务机关依法开展调查核实，目前案件事实已经查清。

从调查核实情况看，范某某在电影《大轰炸》剧组拍摄过程中实际取得片酬3 000万元，其中1 000万元已经申报纳税，其余2 000万元以拆分合同方式偷逃个人所得税618万元，少缴营业税及附加112万元，合计730万元。此外，还查出范某某及其担任法定代表人的企业少缴税款2.48亿元，其中偷逃税款1.34亿元。

对于上述违法行为，根据国家税务总局指定管辖，江苏省税务局依据《中华人民共和国税收征管法》第三十二、五十二条的规定，对范某某及其担任法定代表人的企业追缴税款2.55亿元，加收滞纳金0.33亿元；依据《中华人民共和国税收征管法》第六十三条的规定，对范某某采取拆分合同手段隐瞒真实收入偷逃税款处4倍罚款计2.4亿元，对其利用工作室账户隐匿个人报酬的真实性质偷逃税款处3倍罚款计2.39亿元；对其担任法定代表人的企业少计收入偷逃税款处1倍罚款计94.6万元；依据《中华人民共和国税收征管法》第六十九条和《中华人民共和国税收征管法实施细则》第九十三条的规定，对其担任法定代表人的两户企业未代扣代缴个人所得税和非法提供便利协助少缴税款各处0.5倍罚款，分别计0.51亿元、0.65亿元。

依据《中华人民共和国行政处罚法》第四十二条以及《江苏省行政处罚听证程序规则》相关规定，9月26日，江苏省税务局依法先向范某某下达《税务行政处罚事项告知书》，对此范某某未提出听证申请。9月30日，江苏省税务局依法已向范某某正式下达《税务处理决定书》和《税务行政处罚决定书》，要求其将追缴的税款、滞纳金、罚款在收到上述处理处罚决定后在规定期限内缴清。

依据《中华人民共和国刑法》第二百零一条的规定，由于范某某属于首次被税务机关按偷税予以行政处罚且此前未因逃避缴纳税款受过刑事处罚，上述定性为偷税的税款、滞纳金、罚款在税务机关下达追缴通知后在规定期限内缴纳的，依法不予追究刑事责任。超过规定期限不缴纳税款和滞纳金、不接受行政处罚的，税务机关将依法移送公安机关处理。

经查，2018年6月，在税务机关对范某某及其经纪人牟某广所控制的相关公司展开调查期间，牟某广指使公司员工隐匿、故意销毁涉案公司会计凭证、会计账簿，阻挠税务机关依法调查，涉嫌犯罪。现牟某广等人已被公安机关依法采取强制措施，案件正在进一步侦查中。

同时，国家税务总局已部署开展规范影视行业税收秩序工作。对在2018年12月31日前自查自纠并到主管税务机关补缴税款的影视企业及相关从业人员，免予行政处罚，不予罚款；对个别拒不纠正的依法严肃处理；对出现严重偷逃税行为且未依法履职的地区税务机关负责人及相关人员，将根据不同情形依法依规严肃问责或追究法律责任。

大家所听闻的可能还有否定工作室经营所得的处理，如何理解呢，工作室不是基本上全按核定征收个人所得税吗？我们进一步了解一下国家税务总局官网对此的解读：

依法依规开展工作　促进行业健康发展
——规范影视行业税收秩序工作取得积极进展
2018年12月6日　来源：新华网

相关部门负责人指出，国家支持影视行业健康发展的方向不会变，税收促进影视行业健康发展的政策不会变，而且将在规范管理的同时，进一步服务和支持影视行业加快发展。

国家税务总局、国家广电总局、国家电影局有关负责人重申，根据税收征管法及其实施细则相关规定，对自查自纠并到主管税务机关补缴税款的影视企业及相关从业人员，免予行政处罚，不予罚款。希望广大影视企业及从业者能以本次影视行业规范为契机，主动对照税收法规，认真开展自查自纠，并以此规范企业及从业者涉税业务，努力做守法诚信的纳税人。据记者了解，在自查自纠阶段不存在约谈程序及相关事宜，税务部门对影视从业人员开展了政策辅导和沟通解释工作，以帮助影视企业和从业人员更好自查自纠。

按照税法规定，个人从事影视、演出、广告等方面的收入应当按劳务报酬等所得项目申报缴纳个人所得税。对于过去部分工作室将影视人员个人劳务报酬等收入混入工作室经营收入的，三部门有关负责人表示，应当实事求是加以区分。其中属于工作室提供辅助服务的经营收入，过去已按核定征收方式征税的不予调整；其他影视人员个人劳务报酬等收入，由影视人员个人据实申报，自查自纠。同时，三部门再次明确强调，各地工作中要严格依法依规，精准把握和执行政策，维护影视企业及从业人员合法权益。

在上面对于违规行为的分析中，大家可以发现，这与我们上面的案例有相近之处，如果个人本可以自己提供的服务，却通过工作室这种形式的个体户作为经营收入，并核定征税的话，是可以被认为有问题的。所以，以个体户或合伙企业、个人独资企业形式提供服务的，要特别注意如果是空壳形式，应清楚地区分，在多数情形下可能并不予以探究，但风险还是要防范在前。以这三者为载体提供服务、发生销售业务，并不代表一定要有雇佣人员，只有出资人也不是不可以，只是演员这个表演身份一定是个人提供，而通过工作室作载体收款并作为工作室的经营收入，这种主体否定的理解，笔者认为还是有探讨的空间。

有的人士可能提出，为何个人的劳务报酬不能核定，我们也有成本支出的。这是因为，依据新个税法的规定，劳务报酬属于综合所得年度申报纳税的一项，比如工资薪金，一样没有核定纳税的概念，允许扣除20%的费用额，劳务报酬是没有核定收入的规定，综合所得也没有核定收入的规定。也就是说，尽管提供劳务报酬也有成本发生，比如购买图书、参加培训、购买提供劳务所需的工具等，政策并不允许冲减收入额，只是给予了20%的固定扣除率，由此产生了与经营所得计算逻辑的差异，后者是允许发生成本扣减的，引致不平衡的问题。前几年，原北京市朝阳区地方税务局曾经检查某直播平台涉及网红补缴个人所得税案例，就是按劳务报酬计算的，所以网红或工作室的涉税问题，有可能在某一天爆发出来涉税检查的案例。

铺垫完上面的案例与内容，我们来看看，劳务报酬与经营所得有何差异。比如个人的服务活动，如果用一个注册的经营主体的形式来进行提供，就可以独立地核算为经营所得，其工商登记管理与税务计缴方式都有相应的规定，发生的成本支出、人员成本支出都可以体现在一个主体上，在当前的税收征管体系中，有查账征收与核定征收的方式，核定征收适用的条件及认定越来越收紧了口径，查账征收是未来的一个主要方向，特别是收入较大的情形，或者对于特定经营业务的机构，有限制与适用条件。在个税法中，个人也可以从事经营活动适用经营所得计算个人所得税，目前在税务机关或其委托代征机构的操作中，涉及个人代开发票时，如果认为属于经营所得，就可以核定征收率计算个税，劳务报酬就享受不到这个"待遇"，这也是代征平台为什么要强调灵活用工是属于经营活动，而不是劳务报酬的缘由所在。比如他们会说，某餐馆的工作人员，他们都在提供经营活动，不是劳务报酬，甚至说，某某餐馆的工作人员，他们是几十、几百个个体工商户在为餐馆工作，这种"理论"的创新，无非就是一个利益的博弈。有一个组织形式体现为提供服务的主体，是一种经营活动，这属于有"经营牌照"的经营所得，基本上没有与劳务报酬混淆的情形；而对于没有"经营牌照"之下的个人从事经营活动，与个人提供的劳务报酬到底如何区分，笔者发现，这还真是当前个税政策当中很大的一个困惑，也存在较大的征管认定漏洞与税负不公平的问题。若个人从事工作特定业务活动，也可以直接办理临时税务登记。

在当前的税收规则中，个人劳务报酬所得与个人经营所得的差异，并没有一个非常明确的界限，其实也难以有边界，所以操作中存在认定模糊甚至有差错的地方。下面我们比较一下可以关注到的不同，如表 2-4 所示。

表 2-4

比较事项	个人劳务报酬	个人经营活动	比较
个税法描述	劳务报酬所得，是指个人从事劳务取得的所得，包括从事设计、装潢、安装、制图、化验、测试、医疗、法律、会计、咨询、讲学、翻译、审稿、书画、雕刻、影视、录音、录像、演出、表演、广告、展览、技术服务、介绍服务、经纪服务、代办服务以及其他劳务取得的所得	经营所得，是指：①个体工商户从事生产、经营活动取得的所得，个人独资企业投资人、合伙企业的个人合伙人来源于境内注册的个人独资企业、合伙企业生产、经营的所得②个人依法从事办学、医疗、咨询以及其他有偿服务活动取得的所得③个人对企业、事业单位承包经营、承租经营以及转包、转租取得的所得④个人从事其他生产、经营活动取得的所得①	劳务报酬重在个人的纯劳务，经营活动除了有劳务，还有相应的成本支出，比如雇佣了其他人员、有一个相对稳定的机构或者场所，发生了配套的活动成本，但这只是一种解释，没有规定明确②

---

① 这是当前劳务报酬所得与经营所得的主要争议点，此处的经营所得，也需要有一定的机构和经营场所，只是尚未办理相关登记手续。对于完全属于个人的劳务报酬，即使从事咨询、服务等与经营所得交叉的项目，税务机关也会看其实际活动是否有"经营"特征，不是简单地"判定性质"。当前，有的地方出于"招商引资"考虑，对这一情况可能有所放松。

② 国家税务总局个税改革组的培训中提到：经营所得与企业所得税的法人经营活动类似，经营所得与其他各项所得相比，有以下特点：①机构的稳定性；②经营的持续性；③不是单一个人活动，可能存在雇佣关系。这是与劳务报酬所得的一个区别。关于工资、薪金所得与劳务报酬所得的区分问题，《国家税务总局征收个人所得税若干问题的规定》（国税发〔1994〕89号）规定：工资、薪金所得是属于非独立个人劳务活动，即在机关、团体、学校、部队、企事业单位及其他组织中任职、受雇而得到的报酬；劳务报酬所得则是个人独立从事各种技艺、提供各项劳务取得的报酬。两者的主要区别在于，前者存在雇佣与被雇佣关系，后者则不存在这种关系。

续表

比较事项	个人劳务报酬	个人经营活动	比较
发票	可以代开增值税发票，征收率3%，起征点以下免税	可以代开增值税发票，征收率3%，起征点以下免税	一致，增值税上对于劳务报酬与经营所得没有区分的考虑，做同样的事项，开具的发票内容一致
个税计缴	并入综合所得年度计税适用3%-45%级距税率，日常预扣预缴，年度汇算清缴	按经营所得计税适用5%—35%级距税率，日常预缴，年度汇算清缴（单一核定所得额，或者核定征收率的不作汇算清缴）	不一致

在这一节中所描述的内容，主要是让企业家们理解现实中存在的一些筹划手段及面临的风险分析，并简要理解税法对此的规定。在后面的内容中，我们将重点对于经营所得进行阐述，因为很多合伙企业形式的投资主体的计税，是按个人的经营所得计算的，它们没有与劳务报酬划分不清的争议，但却面临着复杂的计算方式、纳税地、法律责任及利益分配方式的问题，有待仔细分析。

某机构曾提出过关于经营所得的认定规则建议，比如自我雇佣，业务工作可选择，不具有强制性；比如收入不稳定，交易有随机性；比如有相应的经营成本等，这些说法固然是没有问题的，但是形式背后的事实是不是与此不符，这倒是要看看的。从个人与企业之间的关系看，站在国家的角度，是不是允许去规避相应的企业义务，这是一个关键。对于网红、保洁阿姨、代驾等，基本上并不是雇佣关系，但按劳务还是经营所得计税却争议很大。如果硬把有雇佣之实的说成灵活用工，逃避国家社保的基础，逃避真实的纳税义务，甚至发生虚开发票、洗钱的行为，则可能需要自我诊断清楚了。

（4）劳务报酬、经营所得与增值税的应税关系、会计报销所需要的凭据关系。

鉴于劳务报酬与经营所得存在个税计税混淆，我们也需要在发票与会计核算上对此有所了解。劳务报酬是自然人个人进行的一种服务活动；经营所得则可能是个人的行为，更多是个人通过一个商事主体提供的服务活动。但无论是通过个人还是商事主体实现的服务交付，相应增值税的纳税人或者是个人，或者是单位。在现有的增值税管理体系中，自然人只能是以小规模纳税人适用的简易计税方法来计缴增值税，而单位则可能是小规模纳税人，在未达到年收入500万元时可以自己选择成为一般纳税人或者在年收入达到500万元时自然转为一般纳税人。笔者经常接到有的会计人员咨询："对外支付给个人的费用，要不到发票如何办，税前扣除能不能扣？"很多财务人员都有这个苦恼，不给吧，老板同意支付，又不好强制要发票，个人去代开发票也确实麻烦，虚假发票也不敢要。有时财务人员为了给老板帮忙，自己"偷偷地"找些发票来抵平入账。有的则在账上列支，认为真实发生也不要紧，出现这个现象也是因为劳务报酬是增值税的应税行为，但因个人代开发票不便利，造成了支付方的"苦恼"，与因虚假发票带来的可能补税的风险，可能存在违规事项发生。

现在个人提供劳务报酬项下的服务，笔者发现很多地方的税务机关采取了这样的方式进行征税处理，即如果未达到起征点，适用免税标准，如果频繁代开，存在"不情愿"给予代开发票的情形，甚至要求进行登记处理。如果达到起征点，也是只征增值税及附加税费，个人所得税在上面的两种情形下，都不予预征或征收，由支付劳务报酬的单位进行个人所得税的预扣预缴，年度结束后次年由该个人根据汇算清缴的相关要求完成综合所得税的汇算清缴，多退少补。笔者认为，这样处理主要是强化扣缴义务人的扣缴责任，之前有的扣缴义务人看到税务机关代开的发票或完税证明上有个人所得税（预征的部分），尽管没有征够，容易产生误解，也有借此逃避扣缴责任的事项发生。

对于经营所得，如果是个人取得的，也可以代开发票，由于有成本发生，因此通常是核定征收个税，个税法规定经营所得不需要代扣代缴个人所得税，这是九类所得中唯一一类不由支付单位或支付个人进行法定代扣代缴个税的所得类型。其增值税的处理跟劳务报酬适用的规则是一样的，因为增值税是简易计税，仅需考虑收入，不需考虑抵扣之类的情形。如果是有商事主体的经营所得，可以代开发票，达到条件或基于自愿原则也可以自开发票。但一旦成为一般纳税人，则只能自开发票，包括普通发票与专用发票，在目前的征管要求中，不再给予代开。此时在经营所得计税方面，是查账还是核定，有两种方法可以使用，需要由主管税务机关来确定。

如果是单位向企业提供服务，此时通常需要发票入账，这样企业就减少了因得不到发票影响税前扣除，从而带来所得税缴纳损失的忧虑。但是个人向单位提供服务，是有变通之处的。《国家税务总局关于发布〈企业所得税税前扣除凭证管理办法〉的公告》（国家税务总局公告2018年第28号）规定：

第九条 企业在境内发生的支出项目属于增值税应税项目（以下简称"应税项目"）的，对方为已办理税务登记的增值税纳税人，其支出以发票（包括按照规定由税务机关代开的发票）作为税前扣除凭证；对方为依法无须办理税务登记的单位或者从事小额零星经营业务的个人，其支出以税务机关代开的发票或者收款凭证及内部凭证作为税前扣除凭证，收款凭证应载明收款单位名称、个人姓名及身份证号、支出项目、收款金额等相关信息。

小额零星经营业务的判断标准是个人从事应税项目经营业务的销售额不超过增值

税相关政策规定的起征点。

税务总局对应税项目开具发票另有规定的，以规定的发票或者票据作为税前扣除凭证。

注意，目前上面规定中的"起征点"，征管当中的理解不够清晰，《中华人民共和国增值税暂行条例实施细则》与财税〔2016〕36号①文件中规定按期纳税的以最高20 000元/月的标准，也有按次（日）最高500元的标准，国家税务总局曾有解释认为28号公告的起征点是原来增值税小微企业所适用的免税上限月销售额30 000元标准，后来增值税小微企业免税额提高到按月10万元，按次的没有提及改变。但是据笔者进一步调查，结合国家税务总局的解释，按期纳税的通常认为属于办理税务登记的情形，特别给予个人出租不动产、保险代理人等适用月销售额的计量标准，其余的多认为就是按次。于是，大多数个人提供劳务服务因为适用按日或次，起征点金额过小，很难适用到上面的小额零星经营业务的标准，从而难以达到豁免提供发票的条件。

国家税务总局在《2019年减税降费政策答复汇编》提出：

3. 按次纳税与按期纳税的划分标准是什么？

答：按次纳税和按期纳税的划分标准问题，现行规定没有明确，此次为了便于基层执行，同时最大限度释放政策红利，总局明确了执行标准，以是否办理税务登记或者临时税务登记，作为划分标准。凡办理了税务登记或临时税务登记的纳税人，均可享受月销售额10万元以下免税政策。未办理税务登记或临时税务登记的纳税人，除其他个人出租不动产等特殊规定外，则执行按次500元以下免税的政策。对于经常代开发票的自然人，我们建议主管税务机关做好辅导，引导自然人主动办理税务登记或临时税务登记，以充分享受小规模纳税人免税政策。

《个人所得税法实施条例》规定：劳务报酬所得、稿酬所得、特许权使用费所得，属于一次性收入的，以取得该项收入为一次；属于同一项目连续性收入的，以一个月内取得的收入为一次。如果按月取得的劳务报酬，那么个税计缴上就按一个月的收入额进行计算，这跟上面的增值税不同，增值税上除了特例外，并不认可个人以月提供劳务服务从而享受月起征点或小微企业的优惠标准。

笔者曾咨询某地税务机关干部，其提出，由于无法很好地掌握个人是按月提供业务活动，通常个人来代开增值税发票时，除上面说的特例外，按照"次"的标准掌握

---

① 财税〔2016〕36号，即《财政部 国家税务总局关于全面推开营业税改征增值税试点的通知》。

增值税的计缴。从这一点看，增值税的规则还需要向个人所得税的规则学习，应认可纳税人的行为说明或举证。

2.2.3 稿酬所得

近年来，古文字画市场非常红火，央视等各地电视台的鉴宝节目热映。企业家们也有对此比较爱好的，时常请人作画、题字，有的企业家自己也很喜欢写写画画，有的喜欢拍照，比如在北京比较知名的好利来连锁蛋糕店的老板罗红先生，其旅行所拍的照片曾在地铁站中展示。

作为个税法中的一项计税所得项目，稿酬所得，是指个人因其作品以图书、报刊等形式出版、发表而取得的所得。在计税上享受一定的"折扣"优惠，即稿酬所得的收入额减按百分之七十计算，其实这也省不了多少，除非金额特别大。

《中华人民共和国著作权法》对于作品是这样定义的：

第三条　本法所称的作品，包括以下列形式创作的文学、艺术和自然科学、社会科学、工程技术等作品：
（一）文字作品；
（二）口述作品；
（三）音乐、戏剧、曲艺、舞蹈、杂技艺术作品；
（四）美术、建筑作品；
（五）摄影作品；
（六）电影作品和以类似摄制电影的方法创作的作品；
（七）工程设计图、产品设计图、地图、示意图等图形作品和模型作品；
（八）计算机软件；
（九）法律、行政法规规定的其他作品。

企业老板如果确有此方面的作品因为发表而有所得，可以按相关优惠折扣计算收入额。当下各单位多有微信公众号或官方网站，有的老板可能会想，能否将作品"卖"给单位呢，这当然可以，但是如何适用税法规定计税可能存在差异。

某知名书法家，社会认知度非常高，经常受一些单位或公司等应邀作画或写字，收入丰厚。有的单位履行了代扣代缴个税义务，有的没有履行，结果多年过去了，现在被举报偷逃税款，而且增值税也没有缴纳。税务机关初步的意见是定性为偷税，而且将其收入来源一一查证，包括其收款账户的明细、手机记录等，确认收入额，并据此确认其所得并要求补税。对于增值税，税务机关认为是个人销售货物，按3%征收率计缴增值税及其附加税费。

我们分析一下这一案例，对于个税，没有问题，除了扣缴的之外需要征收；对于增值税，也需要征收。那么个人所得税是依据什么税目来计税呢？在旧个税法下，有国家财税部门发布的关于书画征收个人所得税的若干意见，不过后来多数都废止了，目前有效且可以参照的是《国家税务总局关于加强和规范个人取得拍卖收入征收个人所得税有关问题的通知》（国税发〔2007〕38号），其规定：

据部分地区反映，对于个人通过拍卖市场拍卖各种财产（包括字画、瓷器、玉器、珠宝、邮品、钱币、古籍、古董等物品）的所得征收个人所得税有关规定不够细化，为增强可操作性，需进一步完善规范。为此，根据《中华人民共和国个人所得税法》及其实施条例和《中华人民共和国税收征收管理法》及其实施细则规定，现通知如下：

一、个人通过拍卖市场拍卖个人财产，对其取得所得按以下规定征税：

（一）根据《国家税务总局关于印发征收个人所得税若干问题的规定的通知》（国税发〔1994〕089号），作者将自己的文字作品手稿原件或复印件拍卖取得的所得，应以其转让收入额减除800元（转让收入额4 000元以下）或者20%（转让收入额4 000元以上）后的余额为应纳税所得额，按照"特许权使用费"所得项目适用20%税率缴纳个人所得税。

（二）个人拍卖除文字作品原稿及复印件外的其他财产，应以其转让收入额减除财产原值和合理费用后的余额为应纳税所得额，按照"财产转让所得"项目适用20%税率缴纳个人所得税。

二、对个人财产拍卖所得征收个人所得税时，以该项财产最终拍卖成交价格为其转让收入额。

三、个人财产拍卖所得适用"财产转让所得"项目计算应纳税所得额时，纳税人凭合法有效凭证（税务机关监制的正式发票、相关境外交易单据或海关报关单据、完税证明等），从其转让收入额中减除相应的财产原值、拍卖财产过程中缴纳的税金及有关合理费用。

（一）财产原值，是指售出方个人取得该拍卖品的价格（以合法有效凭证为准）。具体为：

1. 通过商店、画廊等途径购买的，为购买该拍卖品时实际支付的价款；
2. 通过拍卖行拍得的，为拍得该拍卖品实际支付的价款及交纳的相关税费；
3. 通过祖传收藏的，为其收藏该拍卖品而发生的费用；
4. 通过赠送取得的，为其受赠该拍卖品时发生的相关税费；
5. 通过其他形式取得的，参照以上原则确定财产原值。

（二）拍卖财产过程中缴纳的税金，是指在拍卖财产时纳税人实际缴纳的相关税金及附加。

（三）有关合理费用，是指拍卖财产时纳税人按照规定实际支付的拍卖费（佣金）、鉴定费、评估费、图录费、证书费等费用。

四、纳税人如不能提供合法、完整、准确的财产原值凭证，不能正确计算财产原值的，按转让收入额的3%征收率计算缴纳个人所得税；拍卖品为经文物部门认定是海外回流文物的，按转让收入额的2%征收率计算缴纳个人所得税。

五、纳税人的财产原值凭证内容填写不规范，或者一份财产原值凭证包括多件拍卖品且无法确认每件拍卖品一一对应的原值的，不得将其作为扣除财产原值的计算依据，应视为不能提供合法、完整、准确的财产原值凭证，并按上述规定的征收率计算缴纳个人所得税。

六、纳税人能够提供合法、完整、准确的财产原值凭证，但不能提供有关税费凭证的，不得按征收率计算纳税，应当就财产原值凭证上注明的金额据实扣除，并按照税法规定计算缴纳个人所得税。

七、个人财产拍卖所得应纳的个人所得税税款，由拍卖单位负责代扣代缴，并按规定向拍卖单位所在地主管税务机关办理纳税申报。

八、拍卖单位代扣代缴个人财产拍卖所得应纳的个人所得税税款时，应给纳税人填开完税凭证，并详细标明每件拍卖品的名称、拍卖成交价格、扣缴税款额。

在该文件的意思表述中，文字作品手稿原件或复印件拍卖被认为属于特许权使用费性质所得，而除此之外皆认为属于财产转让所得，虽然此认定标准是对于拍卖行为作出的，而拍卖也是一种转让行为。《中华人民共和国著作权法》同时规定：美术等作品原件所有权的转移，不视为作品著作权的转移。由此在上述案例中，税务机关认为是货物的转让，应按照财产转让所得来计缴个税。但是这里有一个现实的问题，既然是财产转让所得，必然发生相应的成本支出，比如用的笔墨纸张，有贵的与便宜之分，而画家本身的智力付出并不予认可为一种成本来计量或核定一定比例的成本。字画的载体决定了成本的同时发生，而此时如果税务机关简单地以转让收入来作为财产转让所得计税的基数（剔除增值税及扣除附加税费），明显是存在执法漏洞的。国税发〔2007〕38号[①]文件提出：

纳税人如不能提供合法、完整、准确的财产原值凭证，不能正确计算财产原值的，按转让收入额的3%征收率计算缴纳个人所得税；拍卖品为经文物部门认定是海外回流文物的，按转让收入额的2%征收率计算缴纳个人所得税。

---

① 国税发〔2007〕38号，即《国家税务总局关于加强和规范个人取得拍卖收入征收个人所得税有关问题的通知》。

我们再来看看增值税的相关规定，有的专家在网络上发表文章，认为字画转让行为是著作权的转让，依照营改增相关文件，对于个人著作权转让属于免增值税的优惠政策，不存在计缴增值税及附加的情形。但是循着上述分析的个人所得税政策，如果按财产转让处理，即其为货物，这时就需要按3%征收率计缴增值税及其附加税费，个人也没有进项抵扣，直接按不含增值税的收入简易计缴。对于很多私人银行的高净值客户来讲，写写画画的生意真的有风险了，而绝非仅仅是文雅之谈。这其中有一个增值税和个人所得税的协调问题，特定情形下，是不是增值税按著作权进行了处理，个税就不能按"财产转让所得"？笔者认为，增值税和个人所得税是两部不同的税法，对同一问题有可能做出不同的理解，这在税法原理上不算矛盾。就个人所得税而言，对于个人通过购买方式收藏的，其收购价值可能很高，这更像一个财产，如按特许权使用费所得征税，只能扣除收入的20%费用，就会存在"扣不完"的问题，这也是个人所得税选择按"财产转让所得"征税的一个原因。

对于企业家来讲可能影响并不大的稿酬所得，是指个人因其作品以图书、报刊等形式出版、发表而取得的所得。这里有一个形式上的前提条件，即以图书、报刊形式出版，才能享受到这一税目的优惠政策。同时我们也关注到，劳务报酬项下有"书画"一项，首先它并不是以图书、报刊形式出版的，其次如果是按客户要求来完成的书画作品，或者是从事一般的建筑美术设计等业务，相当于是劳务报酬所得。字画成为一种财产，通常是以得到一定的艺术价值认可为基础的，才有了资产的属性。因为写书、写文章确实很辛苦，给予一定的优惠也是当初的立法之意。

在日常的商业交往中，我们经常看到企业的办公场所内有的摆放着奇石异木，有的是花鸟虫鱼，有的是名人字画，这些购买的物品，多是老板的个人喜好所致，且布置于公司场所内，这些支出多数可能是从公司账上出钱购买的，且发票也开具给公司并入账，甚至南方有的地方企业家在公司内部还置备了关帝庙，企业支出税前扣除有没有问题呢？一定程度上讲，这些物品的所有权属于公司，但是使用权却可能就是老板在用，但不能据此认定老板有侵占公司财产之类的"罪名"。只不过，这些费用在企业所得税前能不能扣除，就存在风险了。比如将购买的宝石费用化处理，有的税务机关认为，这不是费用，是公司的一项投资性资产，将来说不定还能卖出，就如同存货一样。但是税务机关可能会进一步关注，如果是从个人手中购买的，有没有代扣代缴个人所得税，现实当中没有计算扣缴的情形很多。有的企业财务总监咨询，请外面的书画家给公司题词写个名字，如何扣缴个税，类似情形时有发生。有的专家建议企业让外部个人通过个体工商户等形式来提供劳务，对于采购古董之类的情形，则建议通过拍卖行过一道环节，以减少企业的法定扣缴风险及发票入账的便利，这倒也是一个可以考虑的办法。

2.2.4 特许权使用费所得

特许权使用费所得，是指个人提供专利权、商标权、著作权、非专利技术以及其他特许权的使用权取得的所得；提供著作权的使用权取得的所得，不包括稿酬所得。

大家此时可能会有疑问，上文提到工资薪金与劳务报酬不建议在同一个单位存在，特许权使用费是不是也不宜跟工资薪金同时存在一个所得来源？请注意，这里是不同的，特许权使用费不是一种劳务性的所得，而是一种权利，这种权利属于个人，即使是股东个人，也是可以向所投资的公司收费的。据笔者了解，部分税务人士认为老板向自己的企业收取技术使用费等情形通常是有"猫腻"的，需要进行风险排查之类的安排与管理。新个税法实施后，特许权使用费所得并入综合所得计税，相当于跟工资薪金一样计税了，避税意义并不大。

笔者曾遇到过一个案例：这是一个家族企业，有一个儿子在海外求学读书，老两口一个负责经营企业，一个从事教育工作，经营效益还不错，账面有数千万元的利润，苦于"税负过高"不想分配缴纳20%的股息红利个税。笔者了解到，这个企业为何运营得如此好，是因为从事教育工作的老人家手中有几项专利技术，所有权人属于个人，平时无偿提供给企业使用。这看似很正常的事项，本来就是家族企业，不分彼此，是放在哪个"锅里"的问题！如果真如此理解，那是真的错了，即使是自己家人投资的公司，或者是一人有限责任公司，因其财产权属不同，除非清算了收回来，财产属于自己控制和拥有。比如一人有限责任公司仍是有限责任公司，公司以所拥有的资产来履行义务、承担责任，包括经营主体对外的债务承担等义务，股东个人与其所投资公司之间的财产权属是彼此独立的，而不是因为股东是一个人或数位股东是近亲属关系就产生混淆。就这个问题，比如有的公司涉嫌账外收入偷逃税款时，并不仅仅是税收上的违法责任，还有相应的职务侵占问题，即使是与自己家人一并成立的公司。下面我们看一个中国裁判文书网公布的判例，就知道这其中的风险有多高了，摘要如下。

张某职务侵占再审刑事判决书

发布日期：2017-12-18

湖北省高级人民法院刑事判决书

（2017）鄂刑再4号

原公诉机关仙桃市人民检察院。

申诉人（一审被告人、二审上诉人）张某，男，19××年1月11日出生，汉族，河南省正阳县人，大学文化程度，仙桃市鸿威农副食品有限公司法定代表人，住湖北省潜江市。因涉嫌犯职务侵占罪于2008年12月17日被刑事拘留，同年12月31日被监视居住，2009年10月15日被逮捕。

辩护人黎某，湖北浩泽律师事务所律师。

仙桃市人民检察院指控被告人张某犯职务侵占罪一案，仙桃市人民法院于2010年5月25日作出（2010）仙刑初字第120号刑事判决：一、被告人张某犯职务侵占罪，判处有期徒刑七年，并处没收财产5万元；二、责令被告人张某退赔违法所得346 992元。张某不服，提出上诉。湖北省汉江中级人民法院于2010年11月9日作出（2010）汉刑终字第80号刑事裁定：撤销仙桃市人民法院（2010）仙刑初字第120号刑事判决，发回仙桃市人民法院重新审判。仙桃市人民法院于2011年4月15日作出（2011）仙刑初字第1号刑事判决：一、被告人张某犯职务侵占罪，判处有期徒刑六年，并处没收财产5万元；二、责令被告人张某退赔违法所得347 000元。张某不服，提出上诉。湖北省汉江中级人民法院于2011年8月26日作出（2011）汉刑终字第45号刑事判决：一、维持仙桃市人民法院（2011）仙刑初字第1号刑事判决中对张某的定罪部分，撤销该判决中对张某的量刑部分和责令其退赔违法所得。二、上诉人张某犯职务侵占罪，免予刑事处罚。张某不服，向湖北省汉江中级人民法院提出申诉。该院于2015年9月25日作出（2015）鄂汉江中刑申字第00007号驳回申诉通知。张某仍不服，向本院提出申诉。本院于2016年9月7日作出（2016）鄂刑申81号再审决定，提审本案。本院依法组成合议庭，于2017年6月29日公开开庭审理了本案，湖北省人民检察院指派检察员刘勇、何静出庭履行职务。申诉人张某及其辩护人黎某到庭参加诉讼。本案现已审理终结。

仙桃市人民法院一审认定，2008年7月，被告人张某利用担任仙桃市鸿威农副食品有限公司（以下简称鸿威公司）法定代表人的职务之便，采取将销售收入不上账的手段，侵吞本公司资金347 000元。

仙桃市人民法院一审认为，被告人张某系依法登记成立的有限责任公司的法定代表人，其利用职务之便，隐瞒公司销售收入347 000元，采取将公司经营收入不计入公司财务账目的手段，非法占有并支配使用，数额巨大，其行为已构成职务侵占罪。判决：一、被告人张某犯职务侵占罪，判处有期徒刑六年，并处没收财产50 000元。二、责令被告人张某退赔违法所得347 000元。

张某上诉提出：鸿威公司是其与妻子苟某以夫妻共同财产投资设立的，公司实际由其一人具体经营和管理，关某1和永顺公司不是鸿威公司的股东，其侵占的347 000元货款是自己家庭的财产，且用于偿还了公司所欠债务，其行为不构成犯罪。

湖北省人民检察院汉江分院出庭意见：1. 没有证据证实关某1和永顺公司为鸿威公司股东；2. 鸿威公司是张某、苟某夫妻二人设立的有限责任公司，张某将公司的销售收入不上账的行为不构成犯罪。

湖北省汉江中级人民法院二审查明，2005年12月15日，上诉人张某与其妻苟某注册设立了仙桃市鸿威农副食品有限公司，注册资本为100万元，其中，张某出资额为80万元，苟某出资额为20万元，公司股东登记为张某、苟某，张某为公司的法定代表人。该公司经营范围为水产品、农副产品的加工、销售等。2008年7月，鸿威公司向洪湖市经销商周某销售了一批农副产品，其中销售2007年存货虾仁2 741箱，计重32.892吨，销售2008年新货257箱，计重3.084吨，销售2007年存货整肢虾135箱。另有张某2007年4月5日与关某1、永顺公司签订增资扩股股份合作协议之前，属于张某个人所有的次品虾、鱼片、鱼杂等132箱，计价为12 000元，销售总金额为1 514 800元。周某先后两次向鸿威公司支付货款1 155 800元。尔后，张某同任某、郝某前往洪湖市向周某催讨剩余货款，周某在洪湖市分两次向张某支付现金共计359 000元，扣减张某个人所有的货款12 000元，张某瞒报销售收入347 000元并将该货款占为己有。此后，张某将该货款用于偿还其个人为筹建设立鸿威公司所欠钱某、关某2等人的债务248 000元。

另查明，2007年4月5日，张某代表鸿威公司与关某1、永顺公司签订了一份增资扩股股份合作协议书，约定增资扩股后的企业名称仍然为鸿威公司，增资扩股协议签订后，鸿威公司未在工商部门办理相关的变更登记。

以上事实，有下列经一、二审庭审质证、认证的证据予以证实：

1. 证人任某的证言证实，其帮助张某向周某销售一批虾仁、鱼片等产品，货款为150余万元；且其与张某等人一同前往洪湖市收取余下货款30余万元。

2. 证人周某的证言证实，其向鸿威公司购买虾仁、鱼片、鱼杂等产品并支付货款150余万元。

3. 证人苟某的证言证实，鸿威公司成立时其占有20%的股份，但公司实际由张某负责经营、管理。

4. 证人丁某的证言证实，2008年7月鸿威公司向周某等人销售一批虾仁、鱼片、鱼杂等产品，公司财务账载明销售总金额为1 168 308元。其中，销售给周某的货款收入载明为1 150 808元，销售给另一客户为12 500元。

5. 证人郝某的证言证实，2008年7月的一天，其开车同张某、任某到洪湖市向周某收取货款30余万元。

6. 中国农业银行湖北省分行进账单证实，2008年7月16日，周某通过银行向鸿威公司支付货款900 000元。

7. 鸿威公司2008年货物出库单、销售情况汇总、生产日报汇记账凭证、情况说明等书证证实，2008年7月16日鸿威公司财务账载明销售给周某的产品收入为1 150 808元。

8. 鸿威公司营业执照、公司章程、税务登记等证实，鸿威公司系2005年12月15日依法成立的有限责任公司。

9. 增资扩股股份合作协议书、董事会会议纪要、见证书，证人关某1、钟某的证言证实，鸿威公司与关某1、永顺公司于2007年4月5日签订了一份增资扩股股份合作协议，但鸿威公司未办理变更登记。关某1的证言还证实张某销售给周某的产品中，有张某在签订增资扩股协议前的存货，价值12 000元。

10. 证人钱某、关某2、况某、黄某的证言证实，张某为办虾厂（鸿威公司）分别向四人借款及还款248 000元的经过。

11. 湖北省汉江中级人民法院（2010）汉民再终字第2号民事裁定书及仙桃市人民法院（2010）仙民二初字第132号民事裁定书证实，关某1、永顺公司要求确认其为鸿威公司股东的事实未得到法律确认。

12. 张某的供述与辩解。

湖北省汉江中级人民法院二审认为，职务侵占罪是指公司、企业或者其他单位的人员，利用职务上的便利，将本单位的财物非法占为己有，数额较大的行为。鸿威公司是依法登记设立的有限责任公司，张某作为公司的法定代表人，其在公司经营活动中，利用职务上的便利，将本公司的销售收入不计入公司财务账，非法予以占有并任意支配使用，其行为符合职务侵占罪的犯罪构成要件，依法应以职务侵占罪论处。关于张某及其辩护人提出，关某1和永顺公司不是鸿威公司的股东，张某的行为不构成犯罪的上诉理由及辩解意见，经查，现有证据无法证明关某1和永顺公司是鸿威公司的股东，但根据职务侵占罪的构成要件，该事实并不影响对张某的定罪。鉴于鸿威公司的股东为张某夫妻二人，且张某将所侵占的货款大部分用于偿还了其为设立公司时所欠债务，其侵占行为的社会危害性较小，犯罪情节轻微，故依法对其免予刑事处罚。判决：一、维持仙桃市人民法院（2011）仙刑初字第1号刑事判决中对张某的定罪部分，撤销该判决中对张某的量刑部分和责令其退赔违法所得。二、上诉人张某犯职务侵占罪，免予刑事处罚。

张某申诉提出：本案从头到尾是一个人为制造的冤案。关某1及永顺公司不是鸿威公司的股东，鸿威公司的股东只有其夫妻二人，鸿威公司的财产就是其夫妻二人的财产。苟某对其将从周某处收回的30余万元货款用于偿还筹建设立鸿威公司所欠的债务是知情的，也是同意的，苟某对此事从未提出异议。其行为不构成职务侵占罪。

张某的辩护人提出以下辩护意见：

（一）职务侵占的客体是单位及股东的财产权。本案中鸿威公司工商登记的股东只有张某及其妻子苟某，即鸿威公司属于张某夫妇的夫妻共同财产。报案人关某1并非鸿威公司股东。鸿威公司是张某与其妻子苟某设立的名为有限公司，实际为夫妻共同财产，其公司资产与夫妻共同资产混同。张某与苟某之间的财产互为共同共有，其公司收入来源也是用于家庭生活。其公司财产与股东财产是混同的，企业法人人格与股东人格是混同的，故张某不存在侵占公司财产的问题。报案人关某1并非鸿威公司股东，其对鸿威公司不享有股东权，张某也不可能损害其权益，关某1举报张某涉嫌职务侵占罪没有法律依据。

（二）二审出庭检察员认为张某不构成犯罪，说明作为公诉人的检察机关已经认为举报人关某1和永顺公司不是鸿威公司的股东,张某没有侵害其他股东的权益,张某的行为不构成犯罪,也就是对起诉书指控张某犯职务侵占罪予以了否定。

(三)关某1、永顺公司与张某签订了《增资扩股协议书》,该协议书第六条约定:各方所认缴的出资额缴纳的期限必须于2007年4月10日前缴清,但关某1与永顺公司都未按照协议之约定向鸿威公司注册,也未办理变更工商登记,因此关某1、永顺公司都不是鸿威公司股东。

(四)张某将公司财产34.7万元用于偿还公司设立时对外的债务。对此,二审判决已予以确认。

综上,张某的行为不构成职务侵占罪,应依法改判无罪。

湖北省人民检察院出庭履行职务,提出如下出庭意见:

(一)原审判决适用法律不当。鸿威公司系法人治理结构不完善,公司财产和夫妻共同财产相混同,不能证明公司财产独立于夫妻共同财产的夫妻公司,原审被告人张某不宜以职务侵占罪论处。1.现有证据无法证明关某1和永顺公司是鸿威公司的股东。2.鸿威公司是张某夫妻共同投资设立的有限责任公司,股东只有夫妻二人,从公司成立后的运作情况看,公司财产与夫妻共同财产混同,张某侵占的公司财产实质上是夫妻共同财产。3.张某利用职务之便将公司销售收入359 000元不上公司账户后,主要用于偿还其设立和建设公司时的部分借款,且其妻苟某明确认可张某的处置行为,这种行为并不违反公序良俗,无运用公权力进行处理的现实必要性与可行性。对于当前法律缺位造成的夫妻公司管理混乱,不应由行为人以负刑事责任的方式承担这不利后果。

(二)原审判决结论矛盾。原审判决认定张某身为公司的法定代表人,利用职务之便将公司销售收入347 000不上账而非法占有,故构成职务侵占罪。但在认定事实时却将鸿威公司所谓增资扩股协议之前,张某与其妻子苟某合资经营期间的产品12 000元作为个人所有的货款从侵占数额中扣减。这一简单的逻辑运算表明,原审判决的思维方式是张某侵占与其妻合资经营时的销售收入不入账,不能认定为职务侵占罪。故判决结论存在矛盾。

综上,原审判决认定事实错误,适用法律不当,张某的行为不宜以职务侵占罪论处,建议依法改判张某无罪。

本院再审查明的事实和证据与原一、二审认定的事实和证据一致。本院再审期间,控辩双方均未提供新的证据。

针对申诉人张某的申诉理由及其辩护人提出的辩护意见,根据本案的事实和证据,本院对本案争议焦点综合分析评判如下:

(一)关于鸿威公司的股东问题

本院审查认为,首先,本案一、二审判决均已确认鸿威公司是申诉人张某与其妻苟某于2005年12月15日共同出资设立的,张某出资额为80万元,苟某出资额为20万元,公司股东登记为张某、苟某,张某为公司的法定代表人。

其次，2007年4月5日，关某1、永顺公司虽然与张某代表的鸿威公司签订了一份增资扩股股份合作协议书，但该协议签订后，鸿威公司未在工商部门办理相关的变更登记。2009年7月8日，仙桃市人民法院（2009）仙民二初字第258号民事判决，确认了关某1和永顺公司为鸿威公司的股东地位，但该判决于2010年2月3日被汉江中院撤销并发回仙桃市人民法院重审。2011年5月3日，仙桃市人民法院作出（2010）仙民二初字第132号民事裁定：准许关某1和永顺公司就股权确认纠纷一案撤诉，即关某1、永顺公司要求确认其为鸿威公司股东的事实未得到法律确认。

再次，仙桃市人民法院委托中勤万信会计师事务所对关某1与永顺公司向鸿威公司缴纳股本金的具体数额问题进行了司法鉴定。该会计师事务所审核了鸿威公司提供的2007年4月15日-7月31日的相关会计凭证、会计账簿、相关原始单据、发票或收据；查阅了鸿威公司增资扩股股份合作协议、合同章程。对鸿威公司提供的2007年4月10日收取关某1缴纳投资款120万元收据一张（收据编号00042228，经手人：关某1，会计：丁某，出纳：肖某），因鸿威公司未能提交该项资金的验资报告和银行资本金入账证明资料，也未能提供公司现金日记账、银行日记账和银行对账记录，收据上亦未见鸿威公司法人代表张某签字。同时，未能取得永顺公司资金、资产投入鸿威公司的证明材料，并验证了鸿威公司工商登记资料，鸿威公司自2005年成立以来，股本为100万元，此后未发生变更事项等实际情况，遂于2010年12月18日作出勤信鉴字〔2010〕2011号司法会计鉴定报告，认为无法认定关某1与永顺公司向鸿威公司缴纳股本金的具体数额。

综上，现有证据证明鸿威公司的股东只有张某和苟某二人，没有法律依据能认定关某1和永顺公司为鸿威公司的股东。

（二）关于347 000元货款的去向问题

本院审查认为，证人钱某、关某2、况某、黄某的证言证实张某将该款用于偿还其个人为筹建设立鸿威公司所欠钱某、关某2等人的债务248 000元。原审判决亦予确认。

（三）关于申诉人张某的行为是否构成职务侵占罪的问题

本院审查认为，刑法第二百七十一条第一款规定：公司、企业或者其他单位的人员，利用职务上的便利，将本单位财物非法占为己有，数额较大的，处五年以下有期徒刑或者拘役；数额巨大的，处五年以上有期徒刑，可以并处没收财产。鸿威公司是由张某和其妻苟某以夫妻共同财产出资设立的，张某任公司法定代表人并由其实际经营和管理，股东只有张某和苟某夫妻二人，虽然关某1与永顺公司曾与鸿威公司及张某之间有来往，但现有证据不能证实关某1和永顺公司系鸿威公司股东。基于张某与苟某的特殊关系，张某在鸿威公司的生产经营活动中，利用职务上的便利将公司的货款收回后未上账而予以支配，从形式上看其行为侵占了鸿威公司的财产，但张某是公司的法定代表人，有权对鸿威公司的财产进行处置，且张某将该款用于偿还成立鸿威公司时所借的欠款，亦经苟某认可，故此行为本质上并没有损害鸿威公司的利益。

综上，本院再审认为，原判认定申诉人张某采取收入不上账的手段支配鸿威公司货款 347 000 元的事实清楚，证据充分，但张某的行为没有损害鸿威公司的根本利益，亦未损害其他股东的利益，张某的行为不应认定为犯罪行为。原判适用法律错误，本院予以纠正。经本院审判委员会讨论决定，依照《中华人民共和国刑事诉讼法》第二百四十五条，《最高人民法院关于适用〈中华人民共和国刑事诉讼法〉若干问题的解释》第三百八十四条第二款、第三百八十九条第一款第（三）项之规定，判决如下：

一、撤销湖北省汉江中级人民法院（2011）汉刑终字第45号刑事判决及仙桃市人民法院（2011）仙刑初字第1号刑事判决。

二、申诉人张某无罪。

本判决为终审判决。

审判长　徐翠华

审判员　邓泽民

审判员　刘　宇

二〇一七年十二月五日

法官助理　谭凤平

书记员　王小沐

如果没有争议，这个案件也不至于诉至湖北省高院，尽管最后撤销了汉江中院的判决，其实也是建立在举证了没有侵占公司利益据为己有的证据才作出这样的判决，如果这些资金用于个人使用，结果会如何呢？相信大家会得出相应的风险识别。当然，我们也不排除有的法院可能会作出没有侵害公司利益的判决结论，不过从湖北高院的法院层级来看，此案还是很有权威性参考价值的。

上述案例说明，如果将资产投资到一个公司，该公司所接受投资的资产，以及其在运营过程中形成的资产，对于股东来讲，不是说拿就可以随便拿的，相关法律责任一定要考虑到。而我们在开始所描述的案例则正相反，是股东无偿向所投资的公司提供技术使用权，用于公司经营发展，而且还没有直接支付报酬，最终可能会间接地从分配的股息红利中得利，无偿提供难道没有问题吗？这时我们发现，它影响的是个人的利益，并没有侵害其他人或主体的利益，所以在法律责任方面并没有问题。大家可能会疑惑，税收上有没有问题，不按公允交易会不会有问题？新个税法确实提到了反避税方面的调整，比如规定：个人与其关联方之间的业务往来不符合独立交易原则而减少本人或者其关联方应纳税额，且无正当理由，此时税务机关可以进行合理调整，计缴其个人所得税，与此同时，企业税前扣除就会相应增加，减少企业所得税的缴纳。就算不收使用费，未来个人分配股息红利时，也要征个人所得税，在税收上还是会体现出来缴纳义务的，理论上有调整的可能，但是应不会据此发起调整。

如果个人向企业提供了特许权给予使用，且是免费提供，其应支付的部分相当于形成了企业的所得，需要缴纳企业所得税，余下的税后利润在分配时按20%计算股息红利个税。如果个人收取特许权使用费，由于依照新个税法规定，需要并入综合所得按年度计个税，最高适用税率达到45%，税负也是很重的。此时，就很有必要以一定的企业为载体来运营这些无形资产，可能会达到意想不到的效果。

个人向公司提供技术使用，除了以无偿或有偿方式外，还有一种方式是个人可以作价以出资的方式进行，出资的行为在工商与税务方面都有很多细节需要考虑与对应分析，本章开篇，我们有过举例，将在后面的章节中继续进行阐述。但是技术出资也不能胡来，主要是对于技术出资的定价上，如果按照评估，有的技术可能定价100万元，也可能定价1 000万元，技术的出资评估价值非常具有弹性，这就决定了出资过程中个人利益的充分规划与安排。下面是一个真实的案例，且还因此发生了诉讼判决，2015年6月27日《北京晨报》报道：

增资9万亿遭拒　起诉工商局
原告称手中两项专利价值极大　被告认为对方无能力认缴出资承诺

陈先生是昌平一家能源技术公司的法定代表人，因认为自己手中的两项专利可以"产生极高的社会价值"，为此向昌平区工商分局提出申请，要求将公司的注册资本增资至9万亿余元。工商分局审核后拒绝了其申请，为此陈先生代表公司将其起诉至法院。昨天上午，昌平法院公开审理了这起行政诉讼案件，而昌平区工商分局局长也亲自出庭应诉。

案件起因：申请增资9万亿遭拒

昨天上午，陈先生作为昌平一家能源技术公司的法定代表人出庭参加了诉讼。

据陈先生说，今年3月26日，陈先生代表其公司向昌平工商分局提出申请，要求对方将其公司的注册资本增资至987 654 321万元，而其未通过他的申请。为此，陈先生起诉昌平工商分局，请求法院撤销其的驳回通知书。

陈先生表示，根据新《公司法》的规定，对公司注册资本的要求是上不封顶，下不设限。据此，他召开了公司的股东大会，决定将公司注册资本由原来的148万元增加至987 654 321万元。

原告说法：自称专利有极高价值

"我是经过谨慎研究和考虑的，我的专利技术经过我38年超前研究，能够解决雾霾问题，这是我知识产权的见证，可以为国家减少石油等能源的消耗。我申请增资是为国家做出贡献，同时也是为了扩大经营，创造更大的利润服务社会。"陈先生说。

北京晨报记者了解到，陈先生手中的两项专利技术分别是"雾霾沙尘过滤清新空气气流发电机"和"高速地下铁路网"，"第一个是利用空气进行发电，第二种专利没有危害、没有污染，一年四季都能使用。"陈先生如此介绍自己的专利。

对于为什么申请987 654 321万元，他说，"考虑到这个数字比较全，是全世界第一个，且代表我的知识产权的价值。"记者了解到，他还在辽宁省申请注册一家123 456 789万元注册资本的公司，目前仍在办理中。

工商局回应：非理性认缴或扰乱市场

昨天上午，昌平区工商分局局长作为行政机关负责人亲自出庭应诉，并和单位法制科及登记科的工作人员一起坐在被告席上。

面对起诉，工商分局方面称，3月18日，陈某来到工商分局表示要将注册资本增至987 654 321万元，此巨额增资引起了局登记部门的高度重视，因此对其进行了详细询问并审查了其提交的相关材料。为证明自己的能力，陈某还向工作人员出示了手机微博，该微博曾向国家领导人建议实施其专利发明，但微博已被封号。陈某表示他已走投无路，前些天还因透支多张信用卡差点被警方带走。

面对工作人员的询问，陈某表示自己其实"一毛钱都没有"。在了解情况后，对此巨额出资，工商分局认为陈某并未具备理性的认缴出资承诺，存在可能危害交易安全及扰乱市场秩序的风险，才做出了驳回其申请的决定。

"认缴不是不缴，而是应当与公司的资本能力相匹配，原告应对公司认缴出资负责，我局负有审慎审查的职责。"工商分局的工作人员表示，"原告陈述的专利的价值并没第三方评估，且原告说这是原告的梦想，但这也要考虑是否能够实现，我局经过审慎审查后，决定对原告申请不予变更登记符合法律规定。"（北京晨报记者 何欣）

该事项，我们从《北京金电兴旺能源技术有限公司与北京市工商行政管理局昌平分局其他二审行政判决书》[北京市第一中级人民法院（2015）一中行终字第2022号]摘录如下内容：

原法院认为：

根据《公司法》第二十七条和二十八条的相关规定，股东应当按期足额缴纳公司章程中规定的各自所认缴的出资额，对作为出资的非货币财产应当评估作价，核实财产，不得高估或者低估作价。陈某表示其认缴的出资主要以其知识产权出资，而其提交的两项实用新型专利并未经有权机关评估作价，现有证据无法证明该两项实用新型专利的价值可能达到987 654 321万元人民币，也不能证明陈凯可以以其认缴的出资额对公司承担责任。昌平工商分局在受理金电兴旺公司变更注册资本登记的申请后，经审查决定对金电兴旺公司的变更申请不予登记，是依法履行职责的行为。

金电兴旺公司向原审法院提交了下列证据：①"一种雾霾沙尘过滤清新空气气流发电机"《实用新型专利证书》（证书号第3089381号），②"高速地下铁路网"《实用新型专利证书》（证书号第3235448号），③《一种雾霾沙尘过滤清新空气气流发电机项目可行性研究报告》，上述证据证明金电兴旺公司知识产权的价值。

本案中，陈凯主张以两项实用新型专利作为其认缴的 987 654 321 万元人民币出资额，但其并未按照《公司法》第二十七条的规定对前述专利予以评估作价。因此，昌平工商分局认为陈凯未作出理性的认缴承诺，并决定对金电兴旺公司变更注册资本的申请不予登记，未违反《公司法》及《注册资本登记制度改革方案》的规定和要求。一审判决驳回金电兴旺公司的诉讼请求正确，本院应予维持。金电兴旺公司关于两项实用新型专利无价的上诉理由，缺乏事实和法律依据，其要求撤销原判、判令昌平工商分局给金电兴旺公司进行注册资本变更登记的上诉请求，本院不予支持。

在审判书中作出的不予支持的结论，其前置条件是因为没有评估作价，其实大家可能认为此事是一个"笑话"，但是对于大家利用手中的技术进行资本化运作的方法，肯定有所启发与帮助，至于如何用，关键看从获利角度还是企业未来成长等资本运作、控制权等角度来考虑这个问题。

2.2.5 综合所得的纳税申报政策及案例

尽管在企业家的日常所得中，工资薪金、劳务报酬、稿酬所得及特许权使用费四项所形成的综合所得金额一般不大，很多人也并不重视。但是现在，新个税法刚开始实施，个人的所得信息在税务机关的系统中可以查询全国的数据，纳税信用管理越来越被重视，在这种环境中，如果有合规要求的，有法律规定的，我们千万不能忽视，不大值得在出现问题之后，再去想办法解决。

比如某集团公司的老总，在几个公司挂职经理与董事长，在个税改革之前，个人在两个以上单位挂职工作且取得工资薪金所得的，需要按月汇总进行自行申报。但是，如果这个集团的财务负责人平时没有掌握这些信息，在之前还施行的个税年 12 万元所得申报时并没有申报，很可能给该老总的声誉带来影响。虽然这应是老总个人处理的事项，但作为企业的财税人员，除了公司的事之外，也很有必要协助老板做好纳税上的事，不能认为这是自己受雇佣单位之外的事，不去关注与管理。毕竟从老板的角度，可能并不清楚如何操作。新个税法实施之后，这种两处以上取得工资薪金的不再要求按月度汇总申报了，而是改为统一进行年度汇算清缴，此时财务负责人有必要提示与协助老板办理好年度申报。自行纳税申报的软件虽然支持大多数的数据取得与自动计算，但可能存在未在年度中进行预扣预缴的所得事项，这些数据在税务机关的系统中也就不存在，要关注并处理好这部分事项。

（1）综合所得汇算清缴的政策规定。

本书开篇讲过，若某企业负责人一年只象征性地拿 1 元工资，同时又没有其他三种类型的综合所得，依当前的申报规定，不需要进行汇算清缴。

综合所得是如何计算出来的呢？

首先应明确，汇算清缴仅仅是四项个税综合所得的汇总计算，不是所有个税所得项目的所得一起申报，不同于过去的个税年所得12万元的申报。依据新个税法的规定，个人有如下九类应税所得事项：

（一）工资、薪金所得；
（二）劳务报酬所得；
（三）稿酬所得；
（四）特许权使用费所得；
（五）经营所得；
（六）利息、股息、红利所得；
（七）财产租赁所得；
（八）财产转让所得；
（九）偶然所得。

涉及综合所得汇算清缴的仅仅是前四项所得，其他所得是各自考虑各自的，不参与汇总。在计算前四项所得时，税务机关的自然人个税申报系统中会自动取得之前预扣预缴税款的数据，有的数据可以自动带出来，有的可能需要在软件中进行查询、确认，比如以手机登录国家税务总局开发的"个人所得税"APP，或者当地税务机关官网的"自然人税收管理系统"进行处理。

在计算所得时，按照表2-5所示的方式进行计算。

表2-5

所得类型	计算比例		扣除事项	汇算清缴说明
工资薪金	100%	综合所得	❶减：60 000元 ❷减：专项扣除 居民个人按照国家规定的范围和标准缴纳的基本养老保险、基本医疗保险、失业保险等社会保险费和住房公积金等 ❸减：专项附加扣除 包括子女教育、继续教育、大病医疗、住房贷款利息或者住房租金、赡养老人等支出 ❹减：其他扣除 包括个人缴付符合国家规定的企业年金、职业年金，个人购买符合国家规定的商业健康保险、税收递延型商业养老保险的支出，以及国务院规定可以扣除的其他项目	计算出"应纳税所得额"与"应纳税额"及应补退税款，根据税务机关规定的适用情形确定是否进行汇算清缴
劳务报酬	80%			
稿酬	56%			
特许权使用费	80%			

其实对于非财务人员来讲，这是一个挺复杂的判断与计算过程，但是相关数据在发放所得的单位会有记录，最终个人所得税软件也会提供查询，即使平时计算得不对、不完整，年度也要统一计算应纳税所得额，进而计算出最终应补或退税额。至于需不需要汇算清缴申报，需结合国家政策的要求，由纳税人选择处理。

表2-6是年度综合所得汇算清缴的个人所得税税率表（综合所得适用）。

表2-6

级数	全年应纳税所得额	税率（%）	速算扣除数
1	不超过36 000元的	3	0
2	超过36 000元至144 000元的部分	10	2 520
3	超过144 000元至300 000元的部分	20	16 920
4	超过300 000元至420 000元的部分	25	31 920
5	超过420 000元至660 000元的部分	30	52 920
6	超过660 000元至960 000元的部分	35	85 920
7	超过960 000元的部分	45	181 920

（注：本表所称全年应纳税所得额是指依照《个人所得税法》第六条的规定，居民个人取得综合所得以每一纳税年度收入额减除费用六万元以及专项扣除、专项附加扣除和依法确定的其他扣除后的余额。）

下面我们再看看哪些情形下需要进行年度综合所得的汇算清缴。

《个人所得税法实施条例》规定：

第二十五条　取得综合所得需要办理汇算清缴的情形包括：

（一）从两处以上取得综合所得，且综合所得年收入额减除专项扣除的余额超过6万元；

（二）取得劳务报酬所得、稿酬所得、特许权使用费所得中一项或者多项所得，且综合所得年收入额减除专项扣除的余额超过6万元；

（三）纳税年度内预缴税额低于应纳税额；

（四）纳税人申请退税。

纳税人申请退税，应当提供其在中国境内开设的银行账户，并在汇算清缴地就地办理税款退库。

汇算清缴的具体办法由国务院税务主管部门制定。

2 股东个人与其所投资企业之间的利益结算关系

从政策导向来看，个税还是以预扣预缴为主要手段，一方面解决财政入库的保障与时效问题，另一方面，以工资薪金居多的个人，平时采用累计预扣预缴扣缴个税的方式，也多是接近于汇算清缴的数据，减少大量的人员进行汇算清缴，减少年度集中进行汇算清缴的实施成本与社会成本。另外，在设计上也宜尽可能地不产生很多的退税情形，而是以补税或小量补税为导向。但是现在劳务报酬的预扣预缴计税方式还是极可能产生平时多缴而汇算清缴退税的情形，建议财税部门未来对此进行改善。笔者看到微信朋友圈有的伙伴发的退税截图，多是因为在外面提供培训等服务，支付单位按劳务报酬预扣预缴，年度汇算清缴时因整体适用的税率计算出来的结果低于劳务报酬预扣预缴的税额所产生的退税。

虽有《个人所得税法实施条例》对于需要进行综合所得汇算清缴的要求，但是考虑到汇算清缴刚刚开始，为了减少一些不必要的影响，财政部、国家税务总局特别给出了新的"豁免"政策，《财政部 税务总局关于个人所得税综合所得汇算清缴涉及有关政策问题的公告》（财政部 税务总局公告 2019 年第 94 号）规定：

一、2019 年 1 月 1 日至 2020 年 12 月 31 日居民个人取得的综合所得，年度综合所得收入不超过 12 万元且需要汇算清缴补税的，或者年度汇算清缴补税金额不超过 400 元的，居民个人可免于办理个人所得税综合所得汇算清缴。居民个人取得综合所得时存在扣缴义务人未依法预扣预缴税款的情形除外。

这相当于在前两个年度的汇算清缴中，豁免了两类需要补税的情形，其适用的前提是履行了预扣预缴的处理，如果有某项或某一笔收入未预扣预缴，就不能适用，从这个角度来看，豁免的空间并不大。另外，如果涉及退税的，国家并不是强制要求纳税人进行退税，而是要进行申请，如果没有申请，国家没有义务为纳税人办理退税，因为系统中的数据也并不一定就是纳税人的全部收入，自然不会由系统自动计算进行退税。但是我们不能以原来的思维来考虑现在综合所得的汇算清缴，因为时代不同了，法律环境不同了，对于高收入者来说，金额应不是主要的，法律责任风险才是最重要的。可以这样理解，可能你并不一定去申请退税，但是一定不要产生违背法定纳税申报义务的风险。要注意，上面的豁免规定是"可"，即如果你需要补税 100 元，仍然可以选择进行补税的，并不受制于不得为之的限制。

对于工资薪金类所得，笔者认为企业家们并不需要担心，因为当前的扣缴制度与体系，以及财税人员办理熟悉程度上，少有犯错误的，因此只要做了相应的预扣预缴，即使家里如有小朋友的学前教育费用没有按月 1 000 元的额度进行扣除，也并不一定非要计算得那么精准。笔者经常接触到一些大型企业的知名人士或网红企业家，他们经常外出参加活动或讲课，所获得的劳务报酬就是企业的财务人员难以掌握到的信息，有时支付单位也可能通过其他费用报销的方式进行处理，也没有预扣预缴个人所得税，个人在个人所得税软件中也查不到相应的扣缴信息，这是一个主要的风险点。建议企业家们要特别关注这一事项。如果对方单位有数据可以查询到，则建议提示企业的财务人员协助统计以确定是否进行汇算清缴申报、办理补退税。

（2）综合所得计缴个税与汇算清缴申报举例。

对于企业家来讲，前面提到过，单独靠工资薪金或劳务报酬来达到"发家致富"的目标比较少，而对于职业经理人或高级管理人员，往往是以高收入为实现所得的路径，比如媒体报道恒大集团聘任任泽平先生的月薪是125万元，其汇算清缴就要重视了，当然税负还是比较高的，但是并不宜因税负高就放弃高薪，税后所得的增长是关键。报道中未提及这是税后工资，如果是税前工资，我们可以假设一个类似案例：

若某知名职业经理人2019年1月开始受聘于某大型集团企业，月薪125万元，当月发放，平时专项扣除（社保支出与住房公积金）支出每个月是3万元，专项附加扣除每个月0.5万元，年度未发生大病医疗与其他可扣除项，也没有其他三类综合所得的收入，试计算这种情形下年度综合所得的个税税额。

分析：年度收入额是125万元×12＝1500万元，年度费用扣除额是6万元，年度专项扣除额是36万元，年度专项附加扣除是0.5万元×12＝6万元。

2019年度综合所得个税＝（综合所得收入额－60000元－"三险一金"等专项扣除－子女教育等专项附加扣除－依法确定的其他扣除）×适用税率－速算扣除数＝（15000000－60000－360000－60000－0）×45%－181920＝6352080（元），相当于收入中的42%交纳了个税。

如果平时单位已预扣预缴了6352000元，年度汇算清缴需要补税80元，此时依据政策规定，由于属于小于400元的补税额，就不必进行汇算清缴了。

下面我们再看一个综合所得计税的案例，方便大家有针对性地借鉴。

若某民营企业家张某下属有5家企业，张某有的任董事长，有的任董事，从事管理工作，其中在三家领取工资薪金，并按工资薪金扣税，社保在其中一家缴纳，另外两家只有挂职没有领取工资。收入明细如表2-7所示（只需要统计三家公司的综合所得）：

表 2-7　　　　　　　　　　　　　　　　　　　　　　　　　　　单位：元

月份	A公司	B公司	C公司	合计
1月	20 000	5 000	8 000	33 000
2月	20 000	5 000	8 000	33 000
3月	20 000	5 000	8 000	33 000
4月	20 000	5 000	8 000	33 000
5月	20 000	5 000	8 000	33 000
6月	20 000	5 000	8 000	33 000
7月	20 000	5 000	8 000	33 000
8月	20 000	5 000	8 000	33 000
9月	20 000	5 000	8 000	33 000
10月	20 000	5 000	8 000	33 000
11月	20 000	5 000	8 000	33 000
12月	20 000	5 000	8 000	33 000
合计	240 000	60 000	96 000	396 000
预扣时专项扣除	36 000	0	0	36 000
预扣时专项附加扣除	24 000	0	0	24 000

上面的收入所得中，张某相当于从两处以上取得工资薪金，依据新个税法的规定，三个地方都需要进行独立的预扣预缴，我们就不按单个月来计算列示了，直接以12月份的累计预扣预缴计算出来相应的结果：

A公司：全年240 000元收入额，专项扣除与专项附加扣除在平时已充分扣除完，没有年度需要补充扣除的，年度未发生可以扣除的大病医疗，也没有其他可以扣除的事项。

累计预扣预缴的税额 = (240 000 - 60 000 - 36 000 - 24 000) × 适用税率 - 速算扣除数 = 120 000 × 10% - 2 520 = 9 480（元）。

B公司：由于每个月5 000元工资，B公司仍可以在预扣预缴时扣5 000元，此时正好相等，预扣预缴税额为0元。

C公司：月工资8 000元，全年96 000元，按预扣预缴每个月5 000元计算扣60 000元，预扣预缴的税额为：

累计预扣预缴的税额 = 36 000 × 3% = 1 080（元）。

上面是张某的工资薪金所得情形，张某在2019年还有劳务报酬所得，参加一次某论坛大会，取得劳务报酬 50 000 元，对方预扣预缴个税 10 000 元①，取得净所得 40 000 元，此处未考虑增值税及附加的计缴情形。取得一次稿酬所得 5 000 元，支付单位预扣预缴个税为 560 元。取得一次特许权使用费所得为 80 000 元，支付单位预扣预缴个税为 12 800 元。

该个人 2019 年度的收入额情形总结如表 2-9 所示：

表 2-9   单位：元

项目	工资薪金	劳务报酬	稿酬所得	特许权使用费所得
收入	396 000	50 000	5 000	80 000
减：费用扣除②	0	10 000	1 000	16 000
减：优惠	0	0	4 000×30%=1 200	0
收入额	396 000	40 000	2 800	64 000
	汇算清缴收入额合计 502 800			
年度汇缴费用扣除额	60 000			
专项扣除	36 000			
专项附加扣除	24 000			
应纳税所得额	382 800			
应纳个税	382 800×25%-31 920=63 780			
已预扣预缴个税	9 480+1 080+10 000+560+12 800=33 920			
汇算清缴补退税	63 780-33 920=29 860			

---

① 扣缴义务人向居民个人支付劳务报酬所得、稿酬所得和特许权使用费所得的，按以下方法按次或者按月预扣预缴个人所得税：劳务报酬所得、稿酬所得、特许权使用费所得以每次收入减除费用后的余额为收入额；其中，稿酬所得的收入额减按百分之七十计算。

预扣预缴税款时，劳务报酬所得、稿酬所得、特许权使用费所得每次收入不超过四千元的，减除费用按八百元计算；每次收入四千元以上的，减除费用按收入的百分之二十计算。

劳务报酬所得、稿酬所得、特许权使用费所得，以每次收入额为预扣预缴应纳税所得额，计算应预扣预缴税额。劳务报酬所得适用个人所得税预扣率表二（见表 2-8），稿酬所得、特许权使用费所得适用百分之二十的比例预扣率。

表 2-8　　个人所得税预扣率表二（居民个人劳务报酬所得预扣预缴适用）

级数	预扣预缴应纳税所得额	预扣率（%）	速算扣除数
1	不超过 20 000 元的	20	0
2	超过 20 000 元至 50 000 元的部分	30	2 000
3	超过 50 000 元的部分	40	7 000

② 劳务报酬所得、稿酬所得、特许权使用费所得以收入减除百分之二十的费用后的余额为收入额。稿酬所得的收入额减按百分之七十计算。

张某年收入达到了12万元，补税额也大于400元，且在多地取得工资薪金，涉及补税情形，因此需要进行汇算清缴，在2020年3月1日至6月30日间进行汇算清缴补缴上述税款，此时并不存在滞纳金，如果是汇算清缴截止日后再补税，就会产生滞纳金甚至罚款了。

（3）综合所得不申报与未充分申报的法律责任。

或许有人仍习惯性地认为，原来的12万元申报，我就没有申报，也未见税务机关找我，也没有影响我做生意，综合所得汇算清缴是不是"换汤不换药"？在前面的章节中，我们多次提到要认真对待2019年及以后年度的汇算清缴，因为这跟原来个税年所得12万元申报有本质不同。严格地讲，原来的年所得12万元申报，只是个人年度综合所得的一个预演版本，从设计的初衷来看，是将全年已纳过税的所得统计申报一次，并不是在此时点产生纳税义务，如果有相应的所得未计税，也并不是在12万元这个时点确认纳税，而是要追溯到相应的所得期计缴并在12万元申报时一并补缴税款，同时计算可能产生的滞纳金（据笔者了解，一般是在次年申报结束后才开始计算滞纳金）。补缴过去应缴的税款，尽管12万元申报在各地税务机关之前的宣传资料中提到了"纳税申报"的字样，但在法律规定上并不是汇算清缴，其实是重申报，非重纳税，只是给予了补税的机会，且给予了不征滞纳金的一个优惠条件。

综合所得的汇算清缴，是真正地计算出个人年度应缴的税款，平时预扣预缴只是暂时计缴，并不是最终的税额数据，即使只有工资薪金情形下累计预扣预缴的税额与最终汇算清缴数据一样，也只是一种计量上的巧合，即汇算清缴才会产生真正的税款及纳税义务的确定。至于在相应条件下规定不予申报或豁免的情形，也须有规定支持。

由于个人综合所得汇算清缴刚刚启动实施，笔者推测前两三年不会采取过于强烈的征管手段来管理，需要有一个引导的过程。纳税人权利、义务与法律责任同样适用于税收征管法及其实施细则的规定，我们进一步分析一下在汇算清缴中可能面临的风险。

第一，滞纳金的风险。

除了国家豁免不需要补缴税款的情形外，如果在次年6月30日后，纳税人再行补缴上一年度综合所得的个人所得税，应会产生滞纳金，这跟企业所得税的汇算清缴类似，即滞纳金的计缴日期是在7月1日及以后产生的，当前征管法规定的滞纳金按日万分之五计算，且上不封顶。尽管有的法院判例，比如广东省某地法院判决书中提到依据《行政强制法》的规定①，滞纳金不能超过本金，最多是1倍的意见，且一些地方税务机关也有认可这种处理意见的，但是如果从税收征管法的角度来看，由于其属于特别法，且没有上限限制，笔者倾向认为应没有上限。如果当地税务机关或法院从有利于纳税人的角度做出最高1倍封顶的理解，也是好事，笔者曾遇到有的省份的意见就是1倍封顶，且在系统当中也能操作；而多数省份并不予以认可，在一些法院诉讼中，可能出现法院作出1倍封顶的判决，此时税务机关据此执行，本身也非自己行政执法的责任。

依据征管法的规定，每天万分之五的滞纳金，中间不得扣除法定节假日之类的天数，相当于年利18%的水平，5年就接近于1倍。通常如果纳税人有偷逃税款行为，税务机关有无限追征期，而如果非此原因的，税务机关一般最多有5年的追征期。因此在偷逃税款的情形下，产生的滞纳金可能会多于税款。但是对于偷逃税款的定性，非常复杂，后面我们会专门进行分析，这对于企业家们是非常重要的法律风险，往往身不由己，而且并不是企业家们所熟悉的领域，会相当的被动。

现在，我们知道了综合所得应纳税额的计算及汇算清缴的相关要求，以及未及时按照政策规定进行补缴税款的法律责任问题。那么年度当中，对于综合所得中四种类型的所得，支付单位扣缴少了，或者根本没有扣缴，平时作为纳税人，是不是需要把应预扣预缴的税款自行缴纳了呢？作为纳税人大家不需要担心此事，在新个税法下，依据自行纳税申报的要求，即使扣缴义务人未扣缴税款，纳税人也不需要平时去申报纳税，待到年度结束后进行汇算清缴计算缴纳。比如王某2019年11月、12月刚毕业开始工作，工资收入5万元，依据预扣预缴的政策，平时是按每个月5 000元费用扣除额计算扣缴税款，但是在年度汇算清清缴时，却是按年度给予每个人6万元的费用扣除额，此时根本没有产生年度应税所得，不够扣减的，所以平时有预扣预缴的，需要考虑办理退税，没有预扣预缴的，由于未产生需要补缴的税额，个人不需要办理汇算清缴申报，政策上税务机关并不会对此追缴平时预扣预缴的税款，再折腾办理退税处理。对于这点，国家税务总局公告2020年第13号规定从7月1日起首次取得工资薪金的可以按当年累计月份计算扣除费用额。

有人曾提到新个税法下的一个新问题，比如单位应预扣预缴税款1 000元，但是由于财务人员的疏忽没有扣缴也未进行扣缴个税的明细申报，而最终个人进行年度汇算清缴计算时，并不需要计缴税款，即个人不产生年度应纳税额，此时我们如何

---

① 《行政强制法》规定：第四十五条　行政机关依法作出金钱给付义务的行政决定，当事人逾期不履行的，行政机关可以依法加处罚款或者滞纳金。加处罚款或者滞纳金的标准应当告知当事人。加处罚款或者滞纳金的数额不得超出金钱给付义务的数额。

来看待单位扣缴的法律责任问题？可能有人理解，纳税人年度所得未产生应纳税款，平时扣缴也是"白扣缴"，年度要退给纳税人，从结果导向看，国家没有税款流失，不应对于单位的扣缴责任进行处罚。不过依据征管法，这种理解是错误的，首先这是两个主体的法律责任问题，补退税款是纳税人的事，扣缴是单位的事，主体不统一，各负各的法律责任。依照征管法的规定，单位未代扣代缴的法律责任是对于未扣缴税款处以50%至3倍的罚款，并规定由税务机关向纳税人追缴税款。笔者在网络上看到，有的财税人士与律师专家对于新个税法下综合所得事项的预扣预缴法律责任的探讨，认为征管法中规定的是代扣代缴，并没有提到预扣预缴，认为预扣预缴是一个新的规定，由于征管法未规定，就不应适用代扣代缴的罚款条款。笔者认为，从法律严谨的角度，这么说没有问题，毕竟我们的法律法规是成文法的体系，单独看文字，是不同。但是我们要"预防"一个解释，即预扣预缴是一种预先的代扣代缴。如果这个理解明确当前扣缴义务人对于支付综合所得是没有扣缴罚责的话，真就会形成一个征管真空，因为扣缴方式是国家个税收缴的主要方式与实施手段，如果没有处罚之责，只能由税务机关再行向个人纳税人追缴税款，税务机关面临的实施成本可想而知，个人的纳税意愿也会有抵触之处，更何况，个人是在年度结束后进行汇算清缴，并没有预缴的义务，在这个问题上，笔者认为应谨慎处理，还是合规扣缴为宜。对于扣缴个税，国家税务总局在其发布的文件中提出，税务机关可以要求扣缴义务人去追缴税款，要知道，新个税法之前每个月或每次的扣缴税款是明确的、确定的，而新个税法后进行汇算清缴计税，这一要求显然失去了要求扣缴义务人协助追缴税款的意义。如果现在税务稽查部门在稽查个税扣缴时，可能就存在这方面的认识与理解不到位的情形，作为企业的管理人员要提前预知一下这方面的变化。但是如果税务机关从罚款的角度来说这个问题，扣缴单位也可以根据上面的分析作一些解释与可能应对的处理。

如果单位在平时扣缴税款1 000元，在个人综合所得汇算清缴时，计算出来不需要缴纳税款，此时应申报办理汇算清缴退税处理，但是该个人最后因为自己的原因，没去办理汇算清缴退税，一是可能不知道如何操作，二是可能不在意这点钱，也没有时间办理，三是想着明年一起办理。那么，涉及退税的，即使只有1分钱的退税，国家也是应该予以退还的，但纳税人要办理申报后，国家才知道应退多少。而如果一直不去申报，依据规定，国家并没有义务非要去给个人办理退税。所以在整个预扣预缴与汇算清缴的衔接中，从征管成本上考虑，还是要尽量减少退税的产生，如果退税发生情形比较多时，纳税人还是会去办理，哪怕只是几百元。当前对于有预扣预缴的情形下，年综合所得的收入不超过12万元且需要补缴税款的，或者汇算清缴补税不超过400元的，可免于办理汇算清缴，这就相当于省却了很大一部分人的工作与负担。纳税人可以在多长时间上申报退预扣预缴的税款呢？依据征管法的规定：

第五十一条 纳税人超过应纳税额缴纳的税款，税务机关发现后应当立即退还；纳税人自结算缴纳税款之日起三年内发现的，可以向税务机关要求退还多缴的税款并加算银行同期存款利息，税务机关及时查实后应当立即退还；涉及从国库中退库的，依照法律、行政法规有关国库管理的规定退还。

结合本条款规定，尽管是通过预扣预缴的方式缴纳的税款，理解上也属于个人预缴的税款，有据可依的就是在三年内发现可以要求退还税款，至于银行同期存款利息，结合企业所得税的退税案例，笔者还没有发现比较普遍的加退利息的情形。上面我们提到，平时综合所得的预缴税款，是通过预扣预缴的方式实现的，即使没有预扣预缴，税务机关也不接受个人自愿去完成综合所得的预缴，只能等到汇算清缴时处理。也就是说，平时的法律责任，与个人无关，个人只要按照规定完成汇算清缴的数据确定及依据条件看是不是要进行申报，平时的法律责任是由预扣预缴方承担的。

现实当中，有时单位支付外部个人的劳务报酬，纳税人并不知道对方有没有扣缴个税，因为多数情形下，个人取得的是"包税"所得，除非个人强烈要求取得税单或明细申报的凭据，所以一些知名企业家、教授、专家等，建议一定要在合同当中约定清楚，而且要在年度的个人所得税软件当中查询是不是有相应的数据。有时候可能并没有数据，这是因为对方通过账外的资金，或者是想办法通过取得不相关的发票报销出来的钱支付的，此时如果个人不计算并入综合所得，可能一时半会也查不出来，但个人的法律责任是明确的，即对方是不是预扣预缴承担的是罚款的责任，而取得所得不计缴税款，却是纳税人的法律责任。如果达到汇算清缴的条件，而没有填报这种对方未对个税进行预扣预缴的劳务报酬所得，有可能涉及偷逃税款的责任。或许有人会问，既然约定了对方"包税"，为何不直接申报，且直接填报对方应预扣预缴的税款，此时对方有可能并没有真实或正好一致地填报预扣预缴税款，这在法律上算不算虚报，税务机关给予退税吗？在新个税法实施条例中规定：

第三十一条 纳税人申请退税时提供的汇算清缴信息有错误的，税务机关应当告知其更正；纳税人更正的，税务机关应当及时办理退税。

扣缴义务人未将扣缴的税款解缴入库的，不影响纳税人按照规定申请退税，税务机关应当凭纳税人提供的有关资料办理退税。

虽然有道理可讲，但是谁愿意冒这样的风险呢？我们最好还是"友好"地解决这种彼此对接问题。笔者担心的是，税务机关在复核过程中，也会查看之前的预扣预缴信息，也会进一步向纳税人确认哪家单位需要进行预扣预缴，并督促其预扣预缴后才能办理后续退税，这个漏洞应很容易堵上。也有人提出，综合所得汇算清缴时，税务机关并不知道我的大病医疗是多少钱，捐赠额是多少钱，虚填一个数据，取得退税的"馅饼"，这是明目张胆地虚假申报骗税了，千万不要以商业欺骗的心理来打税的主意。

在2018年度及之前的个税法下，国家税务总局曾答复过因单位未代扣代缴个人所得税时，如何适用征管法中的追缴税款及滞纳金的问题。依据征管法的规定：

第三十二条　纳税人未按照规定期限缴纳税款的，扣缴义务人未按照规定期限解缴税款的，税务机关除责令限期缴纳外，从滞纳税款之日起，按日加收滞纳税款万分之五的滞纳金。

第六十九条　扣缴义务人应扣未扣、应收而不收税款的，由税务机关向纳税人追缴税款，对扣缴义务人处应扣未扣、应收未收税款百分之五十以上三倍以下的罚款。

《国家税务总局关于行政机关应扣未扣个人所得税问题的批复》（国税函〔2004〕1199号）答复广西壮族自治区地方税务局的请示时回复：

你局《关于行政机关应扣未扣个人所得税法律责任问题的请示》（桂地税报〔2004〕45号）收悉，经研究，现批复如下：

一、关于个人所得税扣缴义务人的认定问题

根据《中华人民共和国个人所得税法》（以下简称《个人所得税法》）第八条规定，行政机关是个人所得税的扣缴义务人，其向职工支付工资、奖金、补贴及其他工资薪金性质的收入，应依法代扣代缴个人所得税。

二、关于扣缴义务人应扣未扣税款的法律责任问题

2001年5月1日前，对扣缴义务人应扣未扣税款，适用修订前的《中华人民共和国税收征收管理法》（以下简称《征管法》），由扣缴义务人缴纳应扣未扣税款；2001年5月1日后，对扣缴义务人应扣未扣税款，适用修订后的《征管法》和《国家税务总局关于贯彻中华人民共和国税收征收管理法及其实施细则若干具体问题的通知》（国税发〔2003〕47号），由税务机关责成扣缴义务人向纳税人追缴税款，对扣缴义务人处应扣未扣税款百分之五十以上三倍以下的罚款。

三、关于应扣未扣税款是否加收滞纳金的问题

按照《征管法》规定的原则，扣缴义务人应扣未扣税款，无论适用修订前还是修订后的《征管法》，均不得向纳税人或扣缴义务人加收滞纳金。

因为在2004年的个人所得税法下，自行纳税申报的情形不包括有扣缴义务人但应扣未扣这种情形。依据国税函〔2004〕1199号文件的理解，此时向纳税人追缴税款，

因为本身并非纳税人的错,又没有规定需要自行纳税申报,按照对纳税人"法无规定对其处理从轻",保护纳税人合法权益的考虑,所以提出不产生滞纳金。基于这个文件的适用情形,即使申报系统自动带出来滞纳金,也可以进行授权修改删除滞纳金。但是从2006年起,因个税法发生修订,自行纳税申报中增加了年所得达到12万元的情形,需要进行自行纳税申报。对于未达到年所得12万元所得的,还是没有自行纳税申报的义务,此时延续国税函〔2004〕1199号文件的处理是可行的,但对于达到年所得12万元的情形下,鉴于修订后的个税法要求纳税人主动发起申报,于是,部分税务机关人士认为需要依照征管法第三十二条的规定,有补缴税款的情形下,要从次年的12万元年所得申报结束后的4月1日开始计算滞纳金。但也有部分税务机关人士认为并不受年所得12万元自行申报的影响,应扣未扣缴个税税款的情形下,并不认定需要征收滞纳金,在2019年之前,存在这样两种理解及处理的方式。从笔者的理解看,自从个税法中增加了年所得12万元以上需要自行申报的义务后,再来套用国税函〔2004〕1199号文件,似乎并不是很充分,有"理亏"之处。但是这个文件并未明确废止,纳税人或扣缴义务人仍可以据此沟通,也是给了空间的。

国税函〔2004〕1199号文件不仅涉及工资薪金的事项,还包括其他的所得事项。2019年新个税法实施后,这个问题基本上得到了解决,年所得12万元以上的申报规定没有了,对于综合所得的事项,平时是预扣预缴,不是纳税义务的终结,纳税人在次年汇算清缴才是法定的计税确定与申报时间义务的终止,之后的补税就存在滞纳金了。对于其他所得,上面我们分析过,尽管仍是延续扣缴义务,但是自行纳税申报中特别明确了扣缴义务人应扣未扣,须在次年6月30日前或根据税务机关的通知要求完成自行申报定。

【案例】比如对于电商的自查补税,有时其员工工资,并没有正式的记录在账上,是老板私下结算的,也没有预扣预缴个税。现在自查补税,收入调整上来了,那么工资薪金就需要进行申报以取得税前扣除的列支了。对于2019年已发生的,企业也并不是通知离职的或在职的员工去办理自行申报汇算清缴,而是先行要按预扣预缴的方式按月进行补充明细申报,并且还要缴纳滞纳金,此时我们就要考虑,让员工尽快办理汇算清缴或更正汇算清缴,因为可能涉及退税额增多了,毕竟有员工平时的月收入也就5 000元多点,再稍扣一点专项附加扣除,就可以退一些税回来,相当于给员工再"加薪"了。企业可能会担心社保未缴纳,是不是会被追缴的问题,这种情形多是发生在员工举报时会有,税务机关风控要求的自查,并不对社保过多的关注。对于2018年及之前的个税,那是确定按月计税,即使有年所得12万元的自行申报,也不存在以汇算清缴的方式补税或退税,所以按月补充申报,缴纳滞纳金,是确定的。此时企业相当于就承担了员工的个税,而且企业也不能向税务机关说你们罚我款可以,税款向纳税人追缴,这就太理论化了。总之,补税的情形下,是基于企业所得税税前扣除的"买单",作为电商企业的创业者们,遇到这样的问题,也要择其有利之处进行处理。

第二,涉及偷税的认定问题。

如果个人在年度汇算清缴之时,隐瞒所得,少计缴税款,很可能定性为偷逃税款。好在综合所得的金额应不会太大,相较于之前年所得12万元的统计范围,是所有的个人所得,金额与发生问题的概率都相对有利于纳税人了。之前笔者发现,法院在审判个人财产转让所得时,如果此人没有进行过纳税申报,往往不给予定性为偷税,因为无法验证其主观故意性。而如果填报了虚假的数据,反而可能定性为偷逃税款。对于一些比较大的案件,之前的年所得12万元申报就是一个"抓手",比如纳税人没有填写某项未计税的应税所得,这算不算虚假申报?笔者认为,有难度但未尝没有空间,但建议税务机关轻易不宜据此下结论,在法律证据上还是值得探讨。据笔者观察,从法院判例及公开报道来看,全国尚没有看到基于12万元未填报某类所得而判决或稽查定性偷逃税款行为的案例,法院判例中对于年所得12万元的探讨也并不多见,大家还是偏传统地来起诉或应诉个税的偷逃定性问题。但实践当中,对于某些个案的处理,或许有的地方稽查机关就用了这个条款进行追缴。因此遇到这方面的争议之时,纳税人要有合理的解释来依法维护自身权利。有人提出,新个税法实施了,再谈12万元虚假申报是不是没有必要了?还真不是这么回事儿,因为涉及偷税定性的,从征管法的规定来看,是无限追征期;如果当前来看2007年有虚假申报行为,只要定性为偷税,一样可以向纳税人追征并加收滞纳金,可以这么说,年所得12万元申报是高净值人士、企业家头上的一颗"隐性炸弹"。

再来看当前综合所得的汇算清缴,虽然金额可能不一定大,但偷税的认定是一样存在的,即企业家的违规风险明显加大了,不能再采取过去那种"甩锅"的方式了,当前属于自行汇算清缴申报的法定事项,谨慎处理好汇算清缴事项。比如想想一年有哪些收入,在外面挂了董事职务的,加入某些黑马营之类的导师活动有所得的,勿以事小而掉以轻心。有的人可能会问,涉及偷税定性的,有没有税额大小的轻重之分,下面我们简要分析一下。

《税收征管法》规定:

第六十三条 纳税人伪造、变造、隐匿、擅自销毁账簿、记账凭证,或者在账簿上多列支出或者不列、少列收入,或者经税务机关通知申报而拒不申报或者进行虚假的纳税申报,不缴或者少缴应纳税款的,是偷税。对纳税人偷税的,由税务机关追缴其不缴或者少缴的税款、滞纳金，并处不缴或者少缴的税款百分之五十以上五倍以下的罚款；构成犯罪的，依法追究刑事责任。

扣缴义务人采取前款所列手段，不缴或者少缴已扣、已收税款，由税务机关追缴其不缴或者少缴的税款、滞纳金，并处不缴或者少缴的税款百分之五十以上五倍以下的罚款；构成犯罪的，依法追究刑事责任。

《刑法》规定：

第二百零一条　[逃税罪]　纳税人采取欺骗、隐瞒手段进行虚假纳税申报或者不申报，逃避缴纳税款数额较大并且占应纳税额百分之十以上的，处三年以下有期徒刑或者拘役，并处罚金；数额巨大并且占应纳税额百分之三十以上的，处三年以上七年以下有期徒刑，并处罚金。

扣缴义务人采取前款所列手段，不缴或者少缴已扣、已收税款，数额较大的，依照前款的规定处罚。

对多次实施前两款行为，未经处理的，按照累计数额计算。

有第一款行为，经税务机关依法下达追缴通知后，补缴应纳税款，缴纳滞纳金，已受行政处罚的，不予追究刑事责任；但是，五年内因逃避缴纳税款受过刑事处罚或者被税务机关给予二次以上行政处罚的除外。

征管法当中仍延续之前使用的"偷税"的名称，刑法已作出调整，改为逃避缴纳税款了，这是一种认识的进步，下一步征管法的修订，也将与刑法中的称呼相统一，目前，从整体上看，有一些理解上的偏差存在。征管法当中的偷税定性，并不代表一定有刑事责任，比如我们知道的影视明星补税事件，明确是偷税，但由于是第一次被发现定性为偷税，且给予了行政处罚，相当于是经济利益的处罚。不过，对于一家企业来讲，五年内发生两次以上行政处罚，却可能是常有的事，比如因为开具发票不合规被罚款100元，这也算是一项行政处罚。对于刑法中提到的数额较大与数额巨大，我们也要有所了解，2010年《最高人民检察院　公安部关于公安机关管辖的刑事案件立案追诉标准的规定（二）》提出：

第五十七条　[逃税案（刑法第二百零一条）]　逃避缴纳税款，涉嫌下列情形之一的，应予立案追诉：

（一）纳税人采取欺骗、隐瞒手段进行虚假纳税申报或者不申报，逃避缴纳税款，数额在五万元以上并且占各税种应纳税总额百分之十以上，经税务机关依法下达追缴通知后，不补缴应纳税款、不缴纳滞纳金或者不接受行政处罚的；

（二）纳税人五年内因逃避缴纳税款受过刑事处罚或者被税务机关给予二次以上行

政处罚,又逃避缴纳税款,数额在五万元以上并且占各税种应纳税总额百分之十以上的;

(三)扣缴义务人采取欺骗、隐瞒手段,不缴或者少缴已扣、已收税款,数额在五万元以上的。

纳税人在公安机关立案后再补缴应纳税款、缴纳滞纳金或者接受行政处罚的,不影响刑事责任的追究。

对于数额巨大,没有特别明确的标准,比如有的地方认为五万元的三倍按十五万元,有的认为五倍按二十五万元考虑。这样的立案追诉标准,无疑企业家的税事就是其软肋所在,特别是核算不健全、纳税意识不强的企业老板,在触及刑事责任后,企业也极有可能无法继续有效经营,甚至破产倒闭。所以,对于企业家来讲,综合所得虽然并不在其收入所得中占主要的比重,但其法律责任是非常明确的。除非像某些老板只拿1元工资,依据综合所得的计税方法,不产生应纳税额,也没有纳税申报的义务,那就可以"远离"综合所得的计税及申报义务,以及由此产生的法律责任。如果一个老板真地被定性为偷税,或许可以用金钱来应对行政处罚,但名声对于企业家来讲更为重要。比如在上市招股书中披露的作为实际控制人的遵纪守法情形时,有可能就要被关注。

还有一种情形,有的企业家在年度中间如有发生移民①情形而注销中国户籍的,也需要就当年度已有的综合所得进行清算,或者对于未完成的上年度的综合所得进行税款清算。对于每一个有综合所得的居民个人来讲,都有必要进行年度综合所得的测算,以确定是不是达到汇算清缴申报的条件,有没有要补税的情形,有没有要退税的情形,对于那些达到豁免汇算清缴申报的纳税人来讲,并不代表什么事也不需要做,利益、义务与相应的权利和法律责任,需要考虑充分一些。曾有某位服务机构的伙伴提出,当前此项政策在操作当中不明确,相应的理解不统一,由于此项政策的实施并没有完全与办理户籍等政策挂钩,实质上已持有别国或地区护照但仍保留中国户籍与国籍的人不作此项操作的情形居多。

2.3 个人与所投资公司之间的资产有偿或无偿服务、买卖与使用问题

作为老板,有时个人财产与所投资企业的财产真的是难以划分,比如自己"掏腰

---

① 根据个人所得税法规定,个人注销中国户籍(即通常认为国籍一并注销)需要办理离境清税。实践中需注意,并不是取得如国外绿卡就离境清税,只要保留中国国籍,理解上不需要离境清算纳税申报税款。

包"办公司，特别是那些刚开始创业的人士，花自己的钱办公司事儿的情形非常多。有些创业企业可能发展得并不太好，最终所有的"买单"由个人承担了。但是有小部分企业可能发展得不错，最终有投资人进行增资，此时如果能够提供相应的发票，或者支出凭据，还是可以重新入账并得到认可的，这其中还有一些并不一定是费用，而是交由企业在使用的资产，比如无偿提供给企业使用的资产，无偿提供给企业的办公场所，或者自己的车辆交给企业使用，此时就要明确权属关系，明确有偿或无偿使用的关系，还原交易的本质，从而合理、有效、合规地解决创业人与其创业企业之间的利益关系。反之，也有一些创业者占用公司的资产，甚至用个人账户收取公司的经营收入且没有纳税，可能涉嫌偷逃税款，是非常严重的行为。比如某上市公司的法律意见书中提到，实控人收取的经营款项，有用于经营支出的，也有未用于经营支出的，后来将此数据追溯调整计入对应年度的会计报表中并自愿进行补税，为了上市或挂牌，重新梳理且主动补缴的情形下，不大会仍被认定为偷税，这也是"不规范"企业的"自救"之路。当然，律师也会说很多理由，类似金额不大，仍用于业务支出之类的原因，且认为改了还是"好企业"！

2.3.1 个人投资人为投资企业提供的服务

在上面的劳务报酬内容中，我们提到股东为企业提供的服务是否作为交易的问题。如果股东不在公司工作，也不担任董事等职务，同时也不与企业发生交易关系，此时股东就是取得投资收益。对于投资进去的资产，承担公司运营的有限责任，公司亏本了，也只是亏所投资的金额。部分情形下，如果有外部债务等情形的，对于认缴出资但未出资的部分，仍需要履行相应的出资责任来承担公司应履行的义务。

如果该个人在公司任董事，但是不从事具体的管理职务等工作关系，依据个税法规定，按劳务报酬认定所得类型，由支付单位预扣预缴个税。如果该个人在公司任职，比如总经理，同时也是董事，则此时就其两项所得全部按工资薪金所得认定，相当于劳务的部分也归属于雇佣工作的关系，属于工资薪金所得，并按此预扣预缴个税。年度汇算清缴一并作为个人综合所得的组成部分，进行年度个税的计算与汇算清缴的安排。

还有一种情形是该个人为公司工作，分文未取，这种情形也非常多见，我们上面分析过，此时并不认为这是违背政策规定的情形。比如有的税务机关人士可能认为，本来个人取得所得，要计缴最高45%税率的个税，但是在企业计缴所得税时，因为没有税前扣除，最多缴25%的企业所得税，他们认为这是一个征管漏洞，有这种想法的人，笔者遇到不止一两位。下面我们举一个例子来分析一下。

李先生投资了一家企业，负责全面工作，平时不从单位取得工资薪金所得；结合市场可比信息，李先生也可以选择获得每年100万元的工资，此时我们比较一下在李先生取得所得与未取得所得的情形下，对于税收的影响（如表2-10所示）。假设李先生没有专项扣除和专项附加扣除等扣除事项，也没有劳务报酬、稿酬与特许权使用费所得，在计缴综合所得时，只有法定的可以税前扣除费用6万元。

表2-10

事项	取得100万元所得	不取得100万元所得
企业所得税（假设税率为25%）	公司税前扣除100万元，少交企业所得税25万元	未税前扣除，缴纳企业所得税25万元
个人所得税	94（100-6）万元为应税所得，按公式计算综合所得个税为243 080（940 000×35%-85 920）元	750 000（1 000 000-250 000）元为企业税后利润，分配股息红利计个税150 000（750 000×20%）元（企业也可以不作分配）
整体结果	在取得100万元所得收入中，单位列支成本少交所得税250 000元，个人纳税为243 080元，整体来看，还节约了税负，因为整体上个税税负低于25%所致	缴纳企业所得税250 000元，缴纳个人所得税150 000元，合计400 000元

有的企业可能处于亏损状态，没有企业所得税应纳税所得，也没有分配的利润，此时是否列支上述这笔支出并不是很重要。但是在现实当中，部分企业老板对于20%的税负（股息红利）有较大的抵触心理，认为税负过重，如果是一个企业高管，特别是上市公司的企业高管，由于涉及信息披露的问题，就少有认为税负过重而不要高薪的，其实这是一个增量成本，即税负终究只是收入的一部分，从净所得增加的角度来考虑这个问题，估计心里就会舒服多了。至于部分人士认为中国税负过重的问题，一方面，新个税法改革确实大大减轻了中低收入者的税负成本，另一方面，对于运营企业的老板来讲，国家对于中小企业持续的减税降费，老板也是间接获益的，企业的税负下降，相当于个人的潜在所得增加，尽管股息红利的法定税率20%不变，前面的基数大了，余下的80%自然增多，这一点，我们要从增量与边际效益的角度来考量。

有时会与一些刚创业的老板交流，他们的商业模式很好，虽然前期的运营看似有点乱，但方向却把握得很好，并不急于节税，而是把收入做充分、做合理，利润看起来有投资价值。反观其成本支出却不一定合规，有的有发票、有的没有发票，但硬性的开支还是要支出的，这时股东的当下利益就不是考虑的重点了。

那么个人无偿向其投资的企业提供服务，会不会有增值税的视同计税问题？这一点很明确，没有！这里要普及一个知识点，在我们国家的增值税税收政策中，从1994年货物与劳务开始征增值税，这里的劳务包括"加工与修理、修配劳务"，而在2012

年开始分地区营改增试点之后，为了区别传统的增值税政策，以服务来称呼试点的服务业。在增值税立法征求意见稿中，不再区分劳务与服务，统称为服务。当前的增值税政策中，个人无偿提供劳务，增值税政策中没有提到视同销售计税的规定，而在营改增的政策中，对于个人（特别指自然人）也没有规定无偿提供服务需要视同销售计缴增值税。在这里，对于视同销售的理解，其一是增值税是链条税，一环扣一环的设计理念，其二是所谓的纳税平衡问题，即减少个别纳税人利用政策漏洞做出规避税收义务的行为，这种治税理念正越来越少，因为假设纳税人有故意行为而设置的增加纳税人负担的行为，是脱离市场经济现状的。营改增的政策规划中，李克强总理明确提出以不增加纳税人负担为前提，所以财税部门逐渐把之前营业税设计中存在的个别"脱离实际"的征税规定未再延续到增值税的规定中来，比如营业税下"甲供材料"并入建筑服务额计税的问题。未来我们有信心，在减税降费的大环境中，这种现象也将会越来越少。

【案例】 曾有一位创业者，其公司从事与餐饮相关的业务，即给与美团合作的餐馆提供集采服务，因为是规模采购，价格较为优惠，在资金上也有相应的账期，但交易过程中没有发票，因为餐馆多是核定征收，并不要发票。在这种情形下，该平台的无票货物收入，仍需要计税，这样他们的竞争优势就不大了。笔者认为，如果该公司以货物销售为主业，又想脱离增值税的应税范围，这个需求是以违规假设作为前提。现实中，存在以"税"为竞争优势的商业模式，比如委托代征的平台，但这些平台多以服务为主。对于货物销售，从业务流程的控制来看，其风险度更为明确可查，因此，基于相关需求，该公司商业模式的前提就需要作出改变。

还有一个互联网平台企业，业务发展得也很好，但其广告与业务宣传费很高，远超过销售收入的15%的税前扣除限额，因此纳税调增数额非常大，一直在想办法进行规避。再如大家熟悉的滴滴专车服务，其给司机提供的补贴是作为宣传费用还是运营成本，是不是需要发票作为税前扣除的凭据，也是需要进行一些专业创新，而不是依传统的观点来处理新兴产业的问题。

2.3.2 个人无偿或有偿借款给企业使用

个人股东向单位提供资金支持，这种情形是非常多见的，比如有的公司没有钱发工资了，老板借钱给单位发工资，此时切记一定要在账上记录钱的来源及未来需要进行归还的凭据。一般来讲，老板个人借款给单位用是不收企业利息的，此时企业通常的会计处理如下：

借：银行存款或现金
　　贷：其他应付款——股东名字

附件一般记录下企业的签收收据、打款记录等内容，老板切莫自己"偷偷摸摸"就用现金付给员工了，还比如直接从微信或支付宝付款给个人的款项，也没有注明用途，对方也没有给收据证明是什么性质的款项，如何举证属于代公司支付的款项，存在需要再次解释的问题。当然，这其中也有发生了"故事"的。比如某企业为了把报表利润做得好看，员工的部分奖金就是通过老板个人或出纳私人卡转账的方式私下处理，结果在上市后券商进行尽职调查时发现了还要再恢复过来。这个方法不足取，毕竟不知道这会不会对未来的融资等资本合作产生影响，比如虚假的利润指标、虚报的估值等，都可能是问题。

《公司法》规定：

第一百四十八条　董事、高级管理人员不得有下列行为：
……
（二）将公司资金以其个人名义或者以其他个人名义开立账户存储；
……
第一百七十一条　公司除法定的会计账簿外，不得另立会计账簿。
对公司资产，不得以任何个人名义开立账户存储。

如果是一家准备上市的企业，在当前造假多发之时，券商有时会要求提供企业老板及其亲属或高管的银行账户流水，以确定是不是存在体外循环的资金，对收入与费用核算的完整性进行检查，这也属于其尽职调查的一个主要事项。在市场上最为知名的案例之一是乐视网的贾老板在其股票高位套现之后，再通过借款给企业使用的方式，确是一个"经典操作"。如此操作，在市场价格的高位找到"买单者"，真正实现股票价格的"变现"，而个人借款给企业，又充实了企业的资金流，并且由于是债权，对于个人财富的保障比投资款更为实际。

承上面我们已有的分析，个人无偿借款给企业使用，不涉及增值税视同销售计税，至于是不是涉及个税的应税所得视同计缴，上面我们也有分析，应不存在"强制"要求计收利息作为个税应税所得的判定。

对于个人股东明确要收取利息的情形，也是正当之举，个人财产与公司财产本身就是独立的，因为收取了利息，个人按20%计算利息的所得税，除有特别要求的条件，如同期同类的利率水平，关联方的债资比限制等，企业所得税税前一般可以抵减如25%税率的扣除。

【案例】 王某是某房地产企业的股东，由于房地产开发企业一般需要大的资金流转，但是其投资资本又不是太高，此时多需要进行融资的安排。前几年通过银行贷款的比较多，后来银行融资难度加大，个人老板利用自己的资金，或自己去融资的资金，借给企业使用。这个案例当中的王某是将自己的资金借给企业使用，而且还动员了其他股东、高管向企业借款，提供10%的利息回报。于是这家房地产企业有了资金基础，得以发展。但是企业的财务负责人遇到了一个难题，在2018年12月31日前支付给个人数百万的利息支出，未扣缴个税，也未取得发票。在2019年5月31日临近之时，财务人员着急了，没有发票，税前扣除就存在调增的问题，于是找到税务服务机构想办法。最终如何解决的呢？也是一个"笨"办法，这些个人到当地的主管税务机关申报代开了发票，缴纳了20%的个人所得税与增值税及其附加税费，这才解决了财务负责人的苦恼。在这个案例中，利息支出是真实地发生在2018年，而且实际支出了，只是最终个人再回来补缴了相应的税款，从而解决了房地产企业税前扣除的难题。此时，可能有的老板会问，我们一下子在当地缴纳了这么多税，当地政府没有给奖励吗？在一些边远的地区，听说会有奖励。这个案例中，财务负责人确实到相应的财政部门进行了沟通，但并没有资金奖励政策，所以只能承担相应的税费成本。但由于个税税率是20%，而房地产企业的税率是25%，用20%换25%，至少在这个环节上是有利的。

曾经有一个企业的财务负责人也为此苦恼，想找到一个解决的路径，降低老板们的税负成本。比如能不能成立一个主体，在有财政优惠的地方成立，再借款给企业，是不是可行？这当然没有限制，也可以实施。至于现在能不能将原来的借款注入到成立的个体户或个人独资企业中，笔者也查阅了相关资料，目前个人在出资行为中，比如成立公司，在出资的类型中以债权出资还是不明确的，也多有不予认可的情形，因为债权本身虽然有数额列示，但不足以形成将来确定的可回收的资产价值。在现实当中，企业的债转股是相当多见的，但是对于以对第三人的债权出资到新设立或增资到已设立的公司中，还是存在操作实践困难的，尽管公司法上并未明确禁止此出资方式，笔者查阅到一些专家的意见，多持相对谨慎的态度。那么，对于承担无限责任的个体户与个人独资企业来讲，债权出资是不是可以呢？笔者认为需谨慎评估，综合安排，要将原来个人借款给企业，改为由个体户或个人独资企业借款给企业，在法律债权与债务关系上，都要充分考虑存在的风险及认可度。除了出资以外，也有人提到可否进行债权转让等。如果在开始借款之前，就通过独立的组织主体进行业务处理，就不存在这样的纠结问题了。

在有偿提供借款给企业使用的情形下，或许有的人士会关注，我们是不是可以参照民间"高利贷"的一些收取利息的标准，从而多从公司得点儿利益呢？其实当前的利率确实比较宽松，我们且不提民间的"地下"融资是如何收利息的，从合规且得到国家保护的角度，我们来看看可以收取的利率标准。《最高人民法院关于审理民间借贷案件适用法律若干问题的规定》[法释（2015）18号]规定：

第一条 本规定所称的民间借贷，是指自然人、法人、其他组织之间及其相互之间进行资金融通的行为。

经金融监管部门批准设立的从事贷款业务的金融机构及其分支机构，因发放贷款等相关金融业务引发的纠纷，不适用本规定。

第二十六条 借贷双方约定的利率未超过年利率24%，出借人请求借款人按照约定的利率支付利息的，人民法院应予支持。

借贷双方约定的利率超过年利率36%，超过部分的利息约定无效。借款人请求出借人返还已支付的超过年利率36%部分的利息的，人民法院应予支持。

第二十八条 借贷双方对前期借款本息结算后将利息计入后期借款本金并重新出具债权凭证，如果前期利率没有超过年利率24%，重新出具的债权凭证载明的金额可认定为后期借款本金；超过部分的利息不能计入后期借款本金。约定的利率超过年利率24%，当事人主张超过部分的利息不能计入后期借款本金的，人民法院应予支持。

按前款计算，借款人在借款期间届满后应当支付的本息之和，不能超过最初借款本金与以最初借款本金为基数，以年利率24%计算的整个借款期间的利息之和。出借人请求借款人支付超过部分的，人民法院不予支持。

第三十一条 没有约定利息但借款人自愿支付，或者超过约定的利率自愿支付利息或违约金，且没有损害国家、集体和第三人利益，借款人又以不当得利为由要求出借人返还的，人民法院不予支持，但借款人要求返还超过年利率36%部分的利息除外。

在上面的规定中，我们可以看到"两线三区"的民间借款利率的法律保护分区，"两线"是指年利率24%和年利率36%两条"红线"，"三区"指的是由上述"两线"所切割划分产生的合法债权、自然之债、不当得利三个区间。特别是对于24%－36%之间的部分，文件并没有明确的规定用意，是在推理及司法实践中形成的理解。所以，如果股东是以借款人的身份出现的话，需要考虑上述借款利率的限制。当前，特别需要谨慎处理的是对于企业，切莫通过非特定性的目标来集资，以免陷入非法集资的争议与法律风险当中。法发〔2020〕25号开始大幅降低民间借贷利率的保护上限，为15.4%。

个人投资者借款给企业使用，个人取得了相应的利息，但是在上面的国家政策中，有相应的限制性条款，个人投资者可以对照并与企业约定相应的利率。但是企业本身支付的利息，即使在取得发票的情形下，也有一些相应的限制性税前扣除要求。《国家税务总局关于企业向自然人借款的利息支出企业所得税税前扣除问题的通知》（国税函〔2009〕777号）就企业向自然人借款的利息支出企业所得税税前扣除问题规定：

一、企业向股东或其他与企业有关联关系的自然人借款的利息支出，应根据《中华人民共和国企业所得税法》（以下简称税法）第四十六条及《财政部 国家税务总局关于企业关联方利息支出税前扣除标准有关税收政策问题的通知》（财税〔2008〕121号）规定的条件，计算企业所得税扣除额。

二、企业向除第一条规定以外的内部职工或其他人员借款的利息支出，其借款情况同时符合以下条件的，其利息支出在不超过按照金融企业同期同类贷款利率计算的数额的部分，根据税法第八条和税法实施条例第二十七条规定，准予扣除。

（一）企业与个人之间的借贷是真实、合法、有效的，并且不具有非法集资目的或其他违反法律、法规的行为；

（二）企业与个人之间签订了借款合同。

有的民间借款特别是采取了预扣利息的方式，比如借款200万元，先扣下利息10万元，余下的190万元给借款人。《合同法》规定：第二百条 借款的利息不得预先在本金中扣除。利息预先在本金中扣除的，应当按照实际借款数额返还借款并计算利息。这相当于是认定借款金额发生了变化。

另外对于股东借款来讲，我们建议通过银行转账的方式，这样有痕迹可查询，避免现金交接说不清的问题。同时双方签订正式的合同，约定利率、还息与还款日期等，充分保护彼此之间的利益。从笔者最近接触的案例来看，有的个人对外借款，对方未代扣代缴个税，而个人也未进行申报缴纳，结果被判定偷税，带来很严重的影响。下面我们来看一个摘自中国裁判文书网的案例，经历一审、二审的涉税判决书：

楼某甲犯逃税罪二审刑事判决书

日期：2015-07-06

法院：浙江省金华市中级人民法院

案号：（2015）浙金刑二终字第117号

原公诉机关义乌市人民检察院。

上诉人（原审被告人）楼某甲，经商。

因涉嫌犯逃税罪于2014年3月11日被义乌市公安局刑事拘留，同年4月11日被依法逮捕。

现羁押于义乌市看守所。

义乌市人民法院审理义乌市人民检察院指控原审被告人楼某甲犯逃税罪一案，于2015年2月27日作出（2014）金义刑初字第2911号刑事判决。

原审被告人楼某甲不服，提出上诉。

本院依法组成合议庭，公开开庭审理了本案。

浙江省金华市人民检察院指派代理检察员谢静文、厉静出庭履行职务,原审被告人楼某甲到庭参加诉讼。

现已审理终结。

原判认定:2008年6月开始,被告人楼某甲与王某约定以7分、8分、9分等不同的月利率借款给王某,共计借款1 500余万元,王某不定期不定额归还借款并支付利息给被告人楼某甲。

截止2012年8月,被告人楼某甲从王某处收到利息收入共计637.7万元。

根据《中华人民共和国税收征收管理法》等相关税收法律规定,被告人楼某甲应缴营业税31.885万元,应缴个人所得税120.5253万元,应缴城建税2.23195万元,合计154.64225万元。

被告人楼某甲经税务机关通知申报拒不申报逃避缴纳税款。

原判认为,被告人楼某甲作为纳税人,经通知仍不申报税款,逃避缴纳税款数额巨大,且占应纳税额百分之三十以上,其行为已构成逃税罪。

依照《中华人民共和国刑法》第二百零一条第一款、第五十二条、第五十三条之规定,判决:被告人楼某甲犯逃税罪,判处有期徒刑三年零六个月,并处罚金人民币四十万元。

原审被告人楼某甲上诉称不存在经税务机关书面告知仍不主动申报的情况,原审依据违法具体行政行为追究其刑事责任不当,请求改判无罪。

出庭检察人员认为,本案事实清楚,证据确实充分,适用法律正确,量刑适当,程序合法,建议驳回上诉,维持原判。

经审理查明:2008年6月开始,浙江义乌佛兰克针织有限公司的法定代表人王某因经营所需资产紧张,承诺高息回报向原审被告人楼某甲借款,至2010年楼某甲通过银行汇款方式先后共借给王某人民币1 500余万元。

期间,王某在浙江义乌佛兰克针织有限公司的工业用地上建造了二幢楼房,用于对外出租。

2010年底,王某与原审被告人楼某甲经协商,楼某甲开始为王某出租所建楼房以收回所借资金。

至2011年2月止,原审被告人楼某甲先后从王某及其经营的浙江义乌佛兰克针织有限公司以利息形式收取回报共计人民币219.2万元。

2014年1月27日原审被告人楼某甲之妻楼某乙收到义乌市地方税务局所发税务事项通知书后,将通知内容电话告知了楼某甲,楼某甲拒不按通知要求申报纳税。

经义乌市地方税务局认定,原审被告人楼某甲从浙江义乌佛兰克针织有限公司及其法定代理人王某处共获得应税收入219.2万元,应缴营业税、个人所得税、教育费附加、城建税等,合计53.4848万元,逃避缴纳税款比例为100%。

证明上述事实的证据有:

1. 证人王某的证言证明，其于 2003 年注册成立了浙江义乌佛兰克针织有限公司，当时没有厂房，而在 2007 年购得了工业园内一块面积 50 亩的土地想建厂房。

2008 年认识了原审被告人楼某甲后，需要资金就以 8 分、9 分的利息向他借款。

考虑到公司资金比较紧张，2010 年三通一平工程完成后，就先建两座房子用于出租，一次性租五十年，建房前跟楼某甲讲过，他认为这想法可以，并说会帮助把房子租出去。

2010 年 12 月份，其和楼某甲商量后，将出租房屋事宜委托给楼某甲，楼某甲同客户签租房合同需加盖公司合同章。

楼某甲先后共收取租金 1 800 余万元。

2. 原审被告人楼某甲的供述，证明 2008 年 6 月份其经人介绍认识王某后，开始将钱借给王某从他那里赚取一些利息，第一笔借款是 6 分利，先后其借给王某 3 000 余万元，王某向其支付利息情况在王某提供的账目上是比较齐全的，其在账目上签字的及汇到其妻账户的钱其都承认的。

王某经营的浙江义乌佛兰克针织有限公司一共建了 2 幢房子，其是 2011 年 1 月左右开始帮王某收公司的房租的，收的第 1 幢房子的房租全部交给了王某；收款后用于抵扣王某欠其的钱，是从收第 2 幢房子的租金开始的，王某与其商量同意的，一共代收了 1 800 余万元。

2014 年 1 月 29 日其妻打电话告知义乌市地方税务局有税务事项通知书给其，其没有去申报缴纳。

其没有去缴纳税款是抱着侥幸心理，在河南做生意很忙，也没有空，过年都没有回义乌过，就一直没有管过税款的事情，直至被抓。

其与王某之间还有部分资金往来需进一步协商。

对义乌市地方税务局稽查发现的至 2011 年 2 月其共获利息 219.2 万余元，应纳税 53.4848 万元，其没有异议。

3. 原审被告人楼某甲签字确认的借款利息清单、王某及浙江义乌佛兰克针织有限公司提供的明细分类账、借据、收条、银行凭证及相关票据，证明从 2008 年 6 月开始，楼某甲向王某高息出借资金，通过银行汇款方式陆续出借给王某人民币 1 500 万余元，楼某甲先后 27 次以利息形式从王某及其经营的公司收取人民币共计 219.2 万元。

4. 浙江义乌佛兰克针织有限公司出具并经原审被告人楼某甲签字确认的偿付确认书，证明王某及浙江义乌佛兰克针织有限公司的债务，楼某甲代为偿还的，浙江义乌佛兰克针织有限公司同意楼某甲从其代收的该公司的租房款及保证金中扣回的事实。

5. （义）地税通（2014）0113 号税务事项通知书及 EMS 快递签收情况查询单，证明义乌市地方税务局向原审被告人楼某甲以 EMS 快递方式邮寄送达的税务事项通知书，由楼某甲的妻子楼某乙于 2014 年 1 月 27 日签收，通知要求楼某甲于 2014 年 1 月 30 日前往税务机关申报纳税，逾期不缴纳将追究法律责任。

6. 证人楼某乙的证言，证明其于2014年1月27日收到义乌市地方税务局（义）地税通（2014）0113号税务事项通知书，并在二天后将通知书的内容电话告诉了其丈夫原审被告人楼某甲。

7. 义乌市地方税务局出具的调查报告、原审被告人楼某甲偷税数额计算表、偷税数额及偷税比例认定书，证明义乌市地方税务局根据楼某甲的供述及王某的账目，经调查，认定楼某甲应缴营业税、个人所得税、教育费附加、城建税等合计为人民币53.4848万元，逃避缴纳税款比例为100%。

8. 公安机关出具的抓获经过材料，证明原审被告人楼某甲于2014年3月11日在鲁山县交通局被抓获归案。

上述证据经庭审质证，形式合法，内容关联、客观，原审被告人楼某甲所供与前述证据能相互印证，本院予以确认。

本院认为，原审被告人楼某甲经税务机关通知申报而拒不申报，逃避缴纳税款数额巨大，并且占纳税款100%，其行为已构成逃税罪。

原判认定原审被告人楼某甲所逃避的应缴纳税款数额的依据有误，本院予以纠正。

针对原审被告人楼某甲所提上诉理由，经查，楼某甲在以高息借款的形式向王某提供资金用于经营的过程中，已实际参与了王某及浙江义乌佛兰克针织有限公司的经营活动，在具体经营活动中收回本金并获取高额回报，义乌市地方税务局对楼某甲的经营活动及其收入依法通知申报纳税，并将税务事项通知书送至与楼某甲同居的成年家属签收，符合国家税收管理法规的规定。

原审被告人楼某甲在收到税务机关通知后拒不申报纳税，依法应以逃税罪论处。

原审被告人楼某甲所提请求改判无罪的上诉理由不能成立，本院不予采纳。

依照《中华人民共和国刑事诉讼法》第二百二十五条第一款第（三）项和《中华人民共和国刑法》第二百零一条第一款、第五十二条、第五十三条之规定，判决如下：

一、撤销义乌市人民法院（2014）金义刑初字第2911号刑事判决。

二、原审被告人楼某甲犯逃税罪，判处有期徒刑三年，并处罚金人民币四十万元（刑期从判决执行之日起计算。判决执行以前先行羁押的，羁押一日折抵刑期一日，即自2014年3月11日起至2017年3月10日止。罚金限判决生效后一个月内缴纳）。

本判决为终审判决。

审判长　于　江
审判员　唐　骥
代理审判员　江菊敏
二〇一五年七月六日
代书记员　徐　照

楼某甲逃税罪一审刑事判决书

发布日期：2015-04-14

浙江省义乌市人民法院刑事判决书（2014）金义刑初字第2911号

公诉机关义乌市人民检察院。

被告人楼某甲，经商。因涉嫌犯逃税罪于2014年3月11日被义乌市公安局刑事拘留，同年4月11日被依法逮捕。现押于义乌市看守所。

辩护人沈财勇。

义乌市人民检察院以义检刑诉（2014）第3543号起诉书指控被告人楼某甲犯逃税罪，于2014年11月26日向本院提起公诉。本院依法组成合议庭，公开开庭审理了本案。义乌市人民检察院指派代理检察员范国潮出庭支持公诉，被告人楼某甲及辩护人沈财勇到庭参加诉讼。现已审理终结。

义乌市人民检察院指控：2008年6月开始，被告人楼某甲与王某约定以7分、8分、9分等不同利率的月利息借款给王某，共计借款1 500余万元，王某不定期不定额归还借款并支付利息给被告人楼某甲。截止2012年8月，被告人楼某甲从王某处收到利息收入共计637.7万元。

根据《中华人民共和国税收征收管理法》等相关税收法律规定，被告人楼某甲应缴营业税31.885万元，应缴个人所得税120.5253万元，应缴城建税2.23195万元，合计154.64225万元。经税务机关通知要求被告人楼某甲申报缴税，被告人楼某甲拒不申报逃避缴纳税款，经义乌市地方税务局稽查局认定，被告人楼某甲逃避缴纳税款比例为100%。

指控认为，被告人楼某甲的行为已构成逃税罪，应依照《中华人民共和国刑法》第二百零一条之规定予以惩处。

被告人楼某甲提出其收到三十几万的利息，都有写过收条，其借给王某3 000多万，没有收到税务机关交税通知，不构成逃税罪。

辩护人沈财勇提出税务机关追缴税款的程序不足；王某、谢某单方面提供的凭证，不具有客观性；超过利率四倍部分不应该公诉；税务机关程序违法，也没有告知被告人相关权利，税务机关对应缴税额做出三次认定，楼某甲收到起诉书的时候才知道偷税154余万元，因此起诉书中经通知仍不申报税款是不成立的，被告人不构成逃税罪。

经审理查明：2008年6月开始，被告人楼某甲与王某约定以7分、8分、9分等不同利率的月利息借款给王某，共计借款1 500余万元，王某不定期不定额归还借款并支付利息给被告人楼某甲。截止2012年8月，被告人楼某甲从王某处收到利息收入共计637.7万元。

根据《中华人民共和国税收征收管理法》等相关税收法律规定，被告人楼某甲应缴营业税31.885万元，应缴个人所得税120.5253万元，应缴城建税2.23195万元，合计 154.64225 万元。经税务机关通知要求被告人楼某甲申报缴税，被告人楼某甲拒不申报逃避缴纳税款，经义乌市地方税务局稽查局认定，被告人楼某甲逃避缴纳税款比例为 100%。

证实上述事实的证据有：

1. 被告人楼某甲的供述，证实其于 2008 年 6 月开始借钱给王某，第一笔借了 300 万，利息为 9 分，"王总借款利息清单"和"楼某甲借款情况"这两张单子手写部分是其写的，2009 年 8 月 6 日其和王某算过账，王某欠其 1 000 多万，因当时王某没有钱还了就砍了一些利息，王某写了一张欠 715 万元的借条（借条落款时间是 2009 年 8 月 1 日），后来 2009 年 11 月 1 日王某还了 280 万，剩余 435 万元从租房款抵掉，715 万元都还清了，2014 年春节前后其妻子告诉其税务机关快递给其催缴税款通知书要其交税的事实；

2. 证人楼某乙的证言，证实其系被告人楼某甲妻子，其已收到义乌市地方税务局的（义）地税通（2014）0113 号通知书并将通知书的内容在收到二天后告诉被告人楼某甲的事实；

3. 证人谢某的证言，证实其丈夫王某向被告人楼某甲借了 1 500 万左右，利息八九分左右，"王总借款利息清单"和"楼某甲借款情况"这两张单子是其提供的，两张单子下面手写部分是被告人楼某甲和王某在算账的时候被告人楼某甲写的，"楼某甲借款情况"这个表格是财务统计出来，账目里有一些不是汇给被告人楼某甲夫妇的款项，是还给被告人楼某甲的本金或利息，是根据被告人楼某甲的要求汇给第三方的事实；

4. 证人王某的证言，证实 2008 年其通过朋友介绍认识被告人楼某甲，后需要资金就向被告人楼某甲借过钱，月利息是八九分，借的本金全部还清了的事实；

5. 证人虞某的证言，证实 2008 年 10 月 19 日中国银行汇款 9 万元这笔汇款是被告人楼某甲通过王某的账户打给其的，是被告人楼某甲欠其的利息，那时候其不认识王某，和王某也没有经济往来的事实；

6. 证人楼某丙的证言，证实 2009 年 7 月 10 日浙江义乌农村合作银行稠江支行汇款 50 万元这笔汇款是被告人楼某甲还给其的钱，当时被告人楼某甲通知其汇了这笔钱到其账户，其也没有注意对方账户情况，不知道是通过王某账户，和王某没有经济往来的事实；

7. 证人吴某的证言，证实 2008 年 7 月 21 日浙江省农村信用社汇款 17 万元这笔汇款是被告人楼某甲欠其的利息，其当时不知道是王某打给其的，和王某没有经济往来的事实；

8. 证人杨某的证言，证实被告人楼某甲老婆楼某乙通过其在中国人保投了车辆保险，2009 年 9 月 3 日 53 258 元这笔钱是作为保单的钱打给其的，其没有注意对方的账户，和王某无任何经济往来的事实；

9. 证人陆某的证言，证实2009年4月24日中国建设银行汇款51 000元这笔汇款是被告人楼某甲还给其的一笔本金，其不知道通过谁的账户，和王某无任何经济往来的事实；

10. 证人傅某的证言，证实2009年4月3日义乌市农村信用合作社6万元这笔汇款是被告人楼某甲还给其的一笔本金，钱是打给其老婆的账号的，其和王某有经济上的往来是2012年以后的事实；

11. 楼某甲偷税数额及偷税比例认定书、楼某甲偷税数额计算表，证实经义乌市地方税务局稽查局认定，被告人楼某甲应缴营业税31.885万元，应缴个人所得税120.5253万元，应缴城建税2.23195万元，合计154.64225万元，逃避缴纳税款比例为100%的事实；

12. 税务稽查签证、义乌市地方税务局关于楼某甲涉嫌逃税移送书、调查报告、邮政快递单、税务事项通知书，证实义乌市地方税务局于2014年1月26日将税务事项通知书快递至义乌市某街道某村某幢某单元某室，于2014年1月27日妥投；义乌市地方税务局稽查局因多次通过手机短信和电话无法通知到被告人楼某甲，后邮政送达由楼某签收，2014年1月27日决定对被告人楼某甲移送公安机关追究刑事责任的事实；

13. 王总借款利息清单、楼某甲借款情况、借据、收条、银行凭证、明细分类账及相关票据，证实2008年6月20日至2008年11月7日，王某从被告人楼某甲处借款共计人民币1 440万元，归还本金450万元，支付利息258.5万元；2008年11月8日至2009年8月6日，根据被告人楼某甲和王某算账得出王某欠被告人楼某甲本金加利息为922.4万元，被告人楼某甲免去207.4万的利息，王某欠被告人楼某甲715万元，王某已支付被告人楼某甲利息571.6万元，其中364.2万元是利息，207.4万元冲抵本金归还；2009年8月6日之后因被告人楼某甲与王某的租房款及其他三角债，王某本人无法联系、大量资金往来在账目中无法体现，无法查清具体支付利息情况，根据有利于被告人的原则，按账目中标注为利息的15万元计算；综上，从2008年6月20日至2012年8月止，被告人楼某甲从王某处收到利息收入共计637.7万元的事实；

14. 抓获经过，证实2014年3月11日，鲁山县公安局经侦大队办案民警接线报，在鲁山县交通局将被告人楼某甲抓获归案的事实；

15. 身份证明，证实被告人楼某甲、证人王某、谢某、楼某乙、杨某、楼某丙、吴某、陆某、虞某、傅某的身份情况的事实。

上述证据均经当庭质证，各证据能相互印证，确实充分，本院予以确认。被告人楼某甲通过其妻子于2014年1月底得知税务机关书面告知其缴纳税款，但直至2014年3月11日仍不主动申报税款，采取逃避的行为，且数额达154.64225万元，故被告人楼某甲及其辩护人沈财勇的辩解和辩护意见与本院查明的事实不符，本院不予采纳。

本院认为，被告人楼某甲作为纳税人，经通知仍不申报税款，逃避缴纳税款数额巨大，并且占应纳税额百分之三十以上，其行为已构成逃税罪。公诉机关指控成立，应予支持。依照《中华人民共和国刑法》第二百零一条第一款、第五十二条、第五十三条之规定，判决如下：

被告人楼某甲犯逃税罪，判处有期徒刑三年零六个月，并处罚金人民币四十万元（刑期从判决执行之日起计算。判决执行以前先行羁押的，羁押一日折抵刑期一日，即自2014年3月11日起至2017年9月10日止。罚金限判决生效后一个月内缴纳）。

如不服本判决，可在接到判决书的第二日起十日内，通过本院或者直接向浙江省金华市中级人民法院提出上诉。书面上诉的，应当提交上诉状正本一份，副本二份。

审　判　长　　陈珊珊
人民陪审员　　杜志贵
人民陪审员　　吴廷生
二〇一五年二月二十七日
代书记员　　方　媛

这个案例中，涉税当事人是在税务机关通知申报的情形之下仍拒不申报，因此得以入刑，这一点，各位老板要特别注意，不能一味地认为税务机关处理不对或不合理，更要有对法的敬畏与对风险的充分评估。比如笔者就曾接触到有些税务稽查人员，可能也是很有经验，"动不动"就对纳税人讲，我们要移交公安部门，这对于只作经营的纳税人确实是一种"不祥之感"，一下子就被吓到了。其实真正移送的程序是复杂的，当前对于虚开发票的案子，移交的情形比较多。而且公安机关现在也有执法程序，是不是接收也是一个方面，但不得不说，这是税务机关掌握主动的一个"杀手锏"。从纳税人主动应对与风险把握的角度，用法律的手段来保护自己的权益，并且对于滥用政策的一些人员来讲，也需要采取一些自我权利的保护手段。

上面我们看到的是有利息收入未纳税的判决案例，对于双方约定的应收利息，企业最终可能并未偿还，甚至形成坏账的情形下，向外进行借款的个人是不是要纳税呢？这个问题很有必要探讨一下，以免大家的理解产生偏差，而误从人之常情的角度来思考。对于本金部分是不是收回，国家税收政策并没有对此进行关注，这涉及投资损失，是民事关系的问题，需要结合合同法来解决处理。比如贷款100万元，约定年利息10万元，结果分笔收回了利息10万元，本金最终未收回来，这是个人经营的风险，此时10万元需要计为收入算税。可能有的人士认为，这10万元是收回的本金，并不是收回的利息，没有取得利息所得，这就需要根据合同约定的条款、双方的约定证据来解释。

下面我们分析一下在收不到利息的情形下,税收政策如何应用的问题。

对于增值税,本身是依"应收"或"收到"为前提的征税纳税义务时点,即是否收到利息,国家无权干涉,当然计税的前提也不承担私人之债的未收到风险,而是看如果发生了该笔交易,相应的收入就属于增值税的应税行为,应就应收或实收的利息进行计税。国家仅对于特定范围内的如金融机构给予了超过一定期限可以不计增值税应税收入的例外,除此之外,以未收到利息为理由不计缴增值税,在税收政策上没有依据支持。

但是对于个人所得税,是从所得的角度来理解应税的前提,比如别人答应给你一笔劳务报酬,但是只是约定,未实际取得所得。通常,所谓的取得是"落袋为安",如果未取得所得,比如有的单位拖欠工资,此时就不应认为个人取得所得,应取得不等于实际取得了所得,相应的债权不代表是一种个税上的实现,不应预扣预缴个税,也不需要个人进行综合所得的汇算清缴,后面发放时也不需要追溯计税产生滞纳金。

下面来看一个案例。

张某2018年5月曾在某公司工作,当时涉及劳动争议未结算报酬,后在劳动部门介入下达成共识,公司在2019年12月支付了张某1万元工资,这属于张某于2019年12月取得的所得,该单位应按此时的政策预扣预缴个税,张某在计算2019年个税综合所得时,也应将1万元工资并入计算,不需要追溯到2018年进行计算补缴税款,也不存在缴纳滞纳金的问题。有的人士可能质疑,此时张某都不属于该公司的员工了,还能按工资薪金算个税吗?这是没有问题的,对于工资薪金的所得定性,是要看取得的原由,而不是指取得时必须保留员工的身份才可行,主要以所得的定性为前提。

有时可能会存在所得计税与发放的时间差,比如某单位约定支付利息的日期是2019年8月29日,但是借款人是在9月5日提供的个人账户进行转账结算的,此时单位扣缴个税属于8月份所得认定期,由支付方代扣代缴,个人不需要进行申报。这如何理解呢?因为该单位并不是不支付,而是该个人未及时提供收款账号无法支付,这是支付的滞后,不是没有支付。

这个案例中,如果支付方未代扣代缴,个人如何进行个税申报?《国家税务总局关于个人所得税自行纳税申报有关问题的公告》(国家税务总局公告2018年第62号)规定:

三、取得应税所得，扣缴义务人未扣缴税款的纳税申报

纳税人取得应税所得，扣缴义务人未扣缴税款的，应当区别以下情形办理纳税申报：

（一）居民个人取得综合所得的，按照本公告第一条办理。

（二）非居民个人取得工资、薪金所得，劳务报酬所得，稿酬所得，特许权使用费所得的，应当在取得所得的次年6月30日前，向扣缴义务人所在地主管税务机关办理纳税申报，并报送"个人所得税自行纳税申报表（A表）"。有两个以上扣缴义务人均未扣缴税款的，选择向其中一处扣缴义务人所在地主管税务机关办理纳税申报。

非居民个人在次年6月30日前离境（临时离境除外）的，应当在离境前办理纳税申报。

（三）纳税人取得利息、股息、红利所得，财产租赁所得，财产转让所得和偶然所得的，应当在取得所得的次年6月30日前，按相关规定向主管税务机关办理纳税申报，并报送"个人所得税自行纳税申报表（A表）"。

税务机关通知限期缴纳的，纳税人应当按照期限缴纳税款。

如果扣缴义务人没有扣缴个税，此时允许自行纳税申报的期限延长到次年6月30日前，但是如果税务机关通知限期申报的，则应依其通知期限缴纳税款。

对于利息所得，是按每次支付计为一次所得，在次年6月30日前申报，不是要求届时汇集在一起算，再扣除已扣缴的个税，而是将之前取得的利息所得，没有纳税的进行补充缴纳。其实在年度中间就应扣缴完成，但由于未扣缴，个人自行纳税申报义务给予延长到次年6月30日前完成。虽然延迟入库了，但也未规定要求缴纳滞纳金。由于这个利息收入的法定税率是20%且不作任何扣除，是单独还是汇总计算也没有实质性的差异，不过从法定角度，是为按次计税。

还有一点需要补充解释一下，有的人士向笔者提到，他们通过向第三方借款后再提供给企业使用，是有成本的，在计算个税时，能不能扣除支付第三方的成本？显然，这种情形明确是不允许扣除的，政策规定只就利息收入计税，仅可以剔除增值税换算为不含税收入及扣减附加税费等。

【案例】张某借款2 000万元给企业使用，约定利率是20%（年息），借款使用期限为半年，从2019年7月1日至12月31日，利息共计200万元，到期还本付息。

12月31日，该个人去税务机关代开了增值税普通发票，由于个人是小规模纳税人适用标准，征收率是3%，不含税收入是194.17［200/（1＋3%）］万元，税额是5.83万元，附加税费为增值税的12%，即12%为0.7万元，个人所得为193.47（194.17－

0.7）万元，20%的个税为 38.69 万元。

注意，如果涉及增值税的，需要将总额折算为不含税收入，同时扣除附加税费后，才是个人的计税所得。此时不应直接以 200 万元的 20% 来计算个税额。但由于增值税属于个人缴纳情形，不属于法定扣缴或委托代征的义务与情形，企业在支付利息时，个人如果无法提供发票，这时支付单位多是按全额计算扣缴个税。

最后我们来看一个来自中国裁判文书网的案例，该案例是法院二审，笔者曾看了二审的庭审直播，是涉及因个人借款利息未缴纳营业税受到税务机关处罚的诉讼案例。

王华、国家税务总局哈尔滨市税务局稽查局
税务行政管理（税务）二审行政判决书

发布日期：2019-11-14

黑龙江省哈尔滨市中级人民法院行政判决书（2019）黑 01 行终 478 号

上诉人（一审原告）王华，男，1962 年 10 月 3 日出生，汉族，无业，住哈尔滨市南岗区。

委托代理人宋立海，哈尔滨市松北区松北法律服务所法律工作者。

被上诉人（一审被告）国家税务总局哈尔滨市税务局稽查局，住所地哈尔滨市道里区副**。

法定代表人王堃，局长。

出庭负责人贾维利，副局长。

委托代理人王越锴，该局稽查局科长。

委托代理人焦铁烨，北京天驰君泰律师事务所律师。

上诉人王华因行政处罚一案，不服哈尔滨市道里区人民法院（2019）黑 0102 行初 32 号行政判决，向本院提起上诉。本院受理后，依法组成合议庭，于 2019 年 10 月 24 日公开开庭审理了本案。上诉人王华及委托代理人宋立海，被上诉人国家税务总局哈尔滨市税务局稽查局（以下简称税务稽查局）行政负责人贾维利及其委托代理人王越锴、焦铁烨到庭参加诉讼。本案现已审理终结。

一审法院审理查明，2012 年至 2013 年期间，王华存在放贷收息行为，但未向税务部门进行纳税申报，亦未缴纳过税款。税务稽查局于 2018 年 7 月 31 日作出哈税稽罚告（2018）4 号税务行政处罚事项告知书，于 2018 年 8 月 1 日向王华送达。当日王华申请听证。2018 年 8 月 14 日，税务稽查局举行听证，听取了王华的陈述、申辩。2018 年 9 月 17 日，税务稽查局向王华送达税务处理决定书及税务行政处罚决定书。

一审法院认为，根据《中华人民共和国税收征收管理法》第六十四条第二款"纳税人不进行纳税申报，不缴或者少缴应纳税款的，由税务机关追缴其不缴或者少缴的

税款、滞纳金，并处不缴或者少缴的税款百分之五十以上五倍以下的罚款"之规定，税务稽查局有权对不进行纳税申报，不缴或者少缴应纳税款的纳税人作出行政处罚。关于王华称根据《营业税改增值税试点有关事项的规定》财税（2016）36号文件，王华应缴纳增值税而不是营业税，未收到本金及利息的情况下不应缴税的主张。根据该文件第十三条第三款的规定，"试点纳税人纳入营改增试点之日前发生的应税行为，因税收检查等原因需要补缴税款的，应按照营业税政策规定补缴营业税"，王华在2012年至2013年期间存在借贷行为，即发生应税行为，故应按照营业税政策规定补缴营业税。本案争议焦点为，王华纳税义务的产生是否以收到收益为前提。根据《中华人民共和国营业税暂行条例》第十二条规定"营业税纳税义务发生时间为纳税人提供应税劳务、转让无形资产或者销售不动产并收讫营业收入款项或者取得索取营业收入款项凭据的当天"及《中华人民共和国城市维护建设税暂行条例》第二条、第三条的规定，凡缴纳产品税、增值税、营业税的单位和个人，都是城市维护建设税的纳税义务人，城市维护建设税与产品税、增值税、营业税同时缴纳。本案中，王华营业税纳税义务应自取得索取营业收入款项凭据即生效判决书之日产生，城建税应与营业税一同缴纳。鉴于王华已取得生效判决书，且已进入执行程序，又从未向税务部门进行纳税申报，亦未缴纳过税款，税务稽查局对王华作出处罚决定并无不当。综上，税务稽查局作出的税务行政处罚决定书认定事实清楚，适用法律正确，程序合法，王华的诉讼请求无事实和法律依据，依法应予驳回。依据《中华人民共和国行政诉讼法》第六十九条之规定，判决驳回王华的诉讼请求。

上诉人王华上诉称，一审判决认定事实不清，适用法律错误。上诉人虽有法院的胜诉判决确定上诉人可以取得利息，但在判决生效至今上诉人一直未能实际获得收益，甚至连本金也未能收回。在未取得收益情况下，上诉人尚不属于应纳税人，因此被上诉人做出的处罚决定是错误的。请求二审法院查明事实后，依法作出判决，并支持上诉人的诉讼请求。

被上诉人税务稽查局辩称，上诉人王华认为其只是个人所得税的纳税义务人，不是营业税的纳税义务人，这种认识是不对的。根据国家税务总局《关于印发〈营业税税目注释（试行稿）〉的通知》规定，个人自有资金贷与他人使用也属于本税目的征收范围。个人是营业税、城市维护建设税的征收主体。上诉人王华与董万金、刘恒喜等签订《借款合同》，发生借贷行为，其放贷收息行为应当缴纳营业税、城市维护建设税，而其未缴纳。我局依据《中华人民共和国税收征收管理法》第六十四条规定，对其作出哈税稽罚〔2018〕9号税务行政处罚决定。我局作出的行政处罚决定事实清楚，适用法律正确，程序合法，请求二审法院驳回上诉，维持原判。

本院经审理查明的事实与一审判决认定事实基本一致。

本院认为，《中华人民共和国税收征收管理法》第五条规定："国务院税务主管部门主管全国税收征收管理工作。各地国家税务局和地方税务局应当按照国务院规定的税收征收管理范围分别进行征收管理。"第六十四条第二款规定："纳税人不进行纳税申报，不缴或者少缴应纳税款的，由税务机关追缴其不缴或者少缴的税款、滞纳金，并处不缴或者少缴的税款百分之五十以上五倍以下的罚款"。根据上述规定，税务稽查局有权对不进行纳税申报，不缴或者少缴应纳税款的纳税人作出行政处罚的法定职权。根据《中华人民共和国营业税暂行条例》第十二条规定"营业税纳税义务发生时间为纳税人提供应税劳务、转让无形资产或者销售不动产并收讫营业收入款项或者取得索取营业收入款项凭据的当天"及《中华人民共和国城市维护建设税暂行条例》第二条、第三条的规定，凡缴纳产品税、增值税、营业税的单位和个人，都是城市维护建设税的纳税义务人，城市维护建设税与产品税、增值税、营业税同时缴纳。本案中，王华在2012年至2013年期间与董万金、刘恒喜等签订《借款合同》，存在借贷行为，即发生应税行为，故应按照营业税政策规定缴纳营业税、城市维护建设税。王华在已取得生效判决书，且已进入执行程序后，仍未向税务部门进行纳税申报，亦未缴纳过税款，稽查局依据《中华人民共和国税收征收管理法》第六十四条的相关规定对王华作出行政处罚决定并无不当。关于王华上诉主张其缴税的前提条件应是其在取得利息之后再缴纳税款的问题。《中华人民共和国营业税暂行条例》第十二条规定，营业税、城市维护建设税的缴纳并不以其是否实际取得收益为前提，而是从应税行为发生的当天起就应履行纳税义务，故王华的上诉理由不成立。税务稽查局作出的税务行政处罚事实清楚，适用法律正确，程序合法。一审法院判决驳回王华的诉讼请求，并无不当，本院应予维持。上诉人的上诉请求无事实和法律依据，本院不予支持。依照《中华人民共和国行政诉讼法》第八十九条第一款第（一）项的规定，判决如下：

驳回上诉，维持原判。

二审案件受理费50.00元，由上诉人王华负担。

本判决为终审判决。

审判长　邓德广

审判员　仲　治

审判员　吕国庆

二〇一九年十一月四日

法官助理　朝之悦

书记员　姜心雨

这个案例中，上诉人提到，涉及未收到款项不应计缴营业税税款，但既然规定了利息在未收到之时，仍要按应收的收入额计算营业税，营改增之后，增值税仍是同样的纳税义务计缴原则。如果我们从自我保护的角度来看，笔者认为，在合同到期之前，能不能考虑与债务人达成共识，就无法到期支付的利息重新约定一个支付日期，延长纳税义务发生时点。但这种操作，笔者理解，不应在事后再去补充调整日期的协议，因为这相当于有错在前了，不好事后调整；或者直接约定，先进行偿还本金，将利息支付放在最后处理。涉税事项一旦形成记录轨迹，往往难以再去调整规划，从这一点看，投资人与其企业之间的借款利息约定，需要关注这些风险点。笔者在该庭审直播中看到了双方律师的观点碰撞，因为当事人的律师对税并不是很专业，更多是讲情理上的事，自然无法取得有利的效果，更无法影响法官的判断，以事实为依据，以法律为准绳，做出充分的准备才能够保护好自己的权利。

在当前涉及民间借款的法院执行案中，税务机关也越来越关注执行中涉及利息部分的税收征管问题，有的地方税务机关与法院也建立起了一些协调机制。比如下面浙江法院与浙江省税务局的协作意见：

浙江省高级人民法院、国家税务总局浙江省税务局印发《关于对职业放贷人征收税费的会议纪要》的通知

浙高法〔2019〕100号

各市、县、区人民法院，国家税务总局浙江省各市、县、区税务局（不含宁波）：

为贯彻落实浙江省高级人民法院、浙江省人民检察院、浙江省公安厅、浙江省司法厅、国家税务总局浙江省税务局、浙江省地方金融监督管理局等六部门联合出台的《关于依法严厉打击与民间借贷相关的刑事犯罪强化民间借贷协同治理的会议纪要》，从严规制职业放贷人的诉讼行为，落实税收征管，维护金融秩序和社会稳定，浙江省高级人民法院、国家税务总局浙江省税务局共同研究制定了《关于对职业放贷人征收税费的会议纪要》。现予印发，请遵照执行。执行中遇有问题，请及时报告主管机关。

浙江省高级人民法院 国家税务总局浙江省税务局
2019年6月20日

关于对职业放贷人征收税费的会议纪要

为贯彻落实省法院、省检察院、省公安厅、省司法厅、省税务局、省地方金融监督管理局等六部门联合出台的《关于依法严厉打击与民间借贷相关的刑事犯罪强化民间借贷协同治理的会议纪要》，从严规制职业放贷人的诉讼行为，落实税收征管，维护金融秩序和社会稳定，经过会议讨论，浙江省高级人民法院、国家税务总局浙江省税务局现就对职业放贷人征收税费问题达成纪要如下：

第一条 对涉及职业放贷人名录人员为申请执行人的民间借贷案件，本金与利息已经执行到位的，人民法院执行部门应当向税务机关通报，由税务机关依法征税。

第二条 征收税费的范围为职业放贷人通过执行程序获得给付的利息收入。

第三条 案件办理过程中，人民法院执行部门认为案件符合协助征收税费的类型和范围的，及时出具《涉职业放贷人案件信息告知书》，将职业放贷人名单、身份和本

金、利息收入等情况通报给当地税务机关，由税务机关对其依法征税。

根据在案证据，尚难以明确利息收入等情况的，可以先行将裁判结果及执行到位款项等基本事实和征税线索向税务机关通报。

第四条　税务机关接到通报后，应对征税事宜进行核实，认为应当征收税费的，在收到《涉职业放贷人案件信息告知书》等之日起三个工作日内计算纳税人应缴税费金额，并出具《关于协助征收税费的函》交付人民法院。

第五条　人民法院依据函件通知当事人欠税事宜，并在发放执行款前，依法划转相应款项至税务机关指定账户。

税费划转后，纳税人可以到税务机关开具完税凭证。

第六条　全省各级法院执行部门与税务机关政策法规（法制）部门要确定专门人员负责信息交换、案件跟踪、税费入库、数据统计等有关工作。

各地可以结合实际，积极探索协助税务机关征收税费的实施细则，建立并完善协作机制。

第七条　全省各级法院和税务机关要加强对本办法的政策宣传和解释工作，提高纳税人的纳税意识，促使纳税人积极配合完成税费征收。

第八条　本办法自下发之日起执行。

在税收政策中，如投资者借款给企业使用，在企业所得税上有一个限制性税前扣除的规定，这仅仅是企业所得税的政策，并不影响个人所得税的处理。当时主要是基于个人投资给企业与企业发生向外部融资时，如果因为股东的出资时限滞后，企业支付的相应的借款利息，不得在税前扣除，这当中也包括了向股东的借款利息支出。

国家税务总局关于企业投资者投资未到位而发生的
利息支出企业所得税前扣除问题的批复

国税函〔2009〕312号

大连市国家税务局：

你局《关于企业贷款中相当于投资者投资未到位部分的利息支出能否税前列支的请示》（大国税发〔2009〕68号）收悉。经研究，批复如下：

关于企业由于投资者投资未到位而发生的利息支出扣除问题，根据《中华人民共和国企业所得税法实施条例》第二十七条规定，凡企业投资者在规定期限内未缴足其应缴资本额的，该企业对外借款所发生的利息，相当于投资者实缴资本额与在规定期限内应缴资本额的差额应计付的利息，其不属于企业合理的支出，应由企业投资者负担，不得在计算企业应纳税所得额时扣除。

具体计算不得扣除的利息，应以企业一个年度内每一账面实收资本与借款余额保持不变的期间作为一个计算期，每一计算期内不得扣除的借款利息按该期间借款利息发生额乘以该期间企业未缴足的注册资本占借款总额的比例计算，公式为：

企业每一计算期不得扣除的借款利息＝该期间借款利息额×该期间未缴足注册资本额÷该期间借款额

企业一个年度内不得扣除的借款利息总额为该年度内每一计算期不得扣除的借款利息额之和。

国家税务总局
二〇〇九年六月四日

但是由于工商出资制度的改革，投资者在规定的时限内出资，这其中规定的时限已由投资人自行约定，《公司法》对此不再强制规定诸如两年的出资时限要求，相当于这个文件的效力已大打折扣了。比如对于那些约定20年、30年后实缴出资的情形，只要没有到达约定的期限，就不受上面文件的约束。

另外，个人投资者借款给企业使用，有时并不是采取直接的方式，而是如银行委托贷款等间接的方式，这样操作比较正规，但要支付给银行一定的手续费，这种情形下，对于股东结构比较复杂或考虑到有外资投资合规要求比较严格的，可以考虑。

笔者曾遇到这样的案例，某房地产企业老板，想借款给企业周转之用，但是因为个人借款的利息，在房地产企业进行土地增值税清算时，不予认可税前扣除，此时依照土地增值税的政策，只认可金融机构的借款，这时企业也可以放弃据实扣除支出借款利息，直接以土地增值税计算中给予的一定比例扣除，比较来看，该老板倾向于据实让企业扣除更有利。上面我们提到的银行委托贷款方式，并不是银行自己的贷款，银行只是提供了一个通道业务，相当于还是个人借款给企业使用，而通过银行委托贷款也不予认可。于是就想到能否通过信托公司来操作，据了解，目前信托公司设立特定用途的单一信托有多种政策限制，一些大型的信托公司多不愿参与，而一些激进型的信托公司则认为可以做，但要收取较高的服务费用。据笔者咨询，对于一些有额度资源的信托公司，还是可以操作的，但是对于资源有限的，由于房地产信托风险高，且对于单一通道的个人款项有没有"洗钱"的可能，这些是他们所顾虑的，多数机构对于这种信托业务并不是特别感兴趣。如果资金来源清楚，可以考虑通过信托公司来操作，转化为信托产品之后，依据《财政部 国家税务总局关于资管产品增值税有关问题的通知》（财税〔2017〕56号），信托公司按照简易计税3%开具增值税发票给地产公司，地产公司避开了扣缴个税的风险，通过委托银行贷款的方式，地产公司也有扣缴个税的义务，个人也有代开发票的要求，银行受托贷款并不给予开具业务发票。当前最为有利的是，信托公司支付利息，目前的操作实践是不扣缴个税，业界认为是一个"避税地"，笔者认为只是未明确，不代表就是不征税，但由于涉及金融领域的税收政策比较敏感，财税部门也未作出统一的规定，后续我们再作详细分析。

2.3.3 个人设备工具无偿或有偿提供给企业使用的问题

较早以前，我们都习惯给公司装上座机，那时候手机比较少，有的老板用的手机，也多是单位购买的，其发生的费用也自然是单位"买单"。现在，由于很多APP都需要个人认证信息，因此越来越少的老板由其公司办理手机卡（手机卡实名制后也受影响），而手机由单位购买的比较多。另外经常用到的小客车，也存在个人购买与单位购买两种方式，至于其他一些诸如电子产品也面临这样的情形。

通常，作为个人来讲，要特别考虑好资产的权属保护问题，比如所投资的公司是跟朋友、伙伴一起出资设立的，此时为了保护自己的财产所有权，多是个人自己的名义购买，并约定由单位报销一些费用的方式处理，比如每个月报电话费、汽油费等。曾经有一个民营企业的会计主管咨询，我们公司账上没有手机，没有汽车，但是老板直接让出纳报销了通讯费、汽油费，入账有没有问题啊？笔者认为，如果这些费用确实是为单位工作所发生的，尽管相应的票据上不是写的单位抬头的名称，并不影响会计上的列账处理。只是在这里有一点税收上的争议之处，比如有的地方明确给个人报销的手机费，有一个可以不计为个人所得税应税所得的额度，超过标准的计入报销人的个人所得计税，各地标准差异比较大，有的地方还没有标准。另外，有的地方税务机关对于个人抬头的手机费不允许税前扣除。对于老板来讲，其实这点费用不需要过多地计较，对于从事财务工作的人，可能对此比较敏感，而且争议来争议去，耗费了大量的精力，为了减少风险，总想求得一个准确的答案，还不如想点有效的方法，不必去计较有争议的事项，否则未来一旦有的税务人员特别较真地不予认可，沟通的成本还比较大，做好放弃的准备也未尝不可。因此会计上报销可以，但在计算企业所得税与个人所得税上，建议谨慎处理，不为这点小费用产生过多的税务瑕疵。

下面我们来解释一下如果资产由公司购买并交给个人使用的情形，但不得不非常遗憾地说，相较于政府机关对于车辆使用的有效监管，民营企业家在使用公司资产上，分不清是用于单位还是用于个人，即使全用于个人，在当前的征管技术及手段上，都难以确定这是使用人需要计量的无偿使用的一种所得。这种情形下，可以顺利地在企业所得税前列支相应的费用。还有的单位购入的住宅房产，也是个人在使用，这种情形也是比较多见的，税收政策的规则中，还没有对此进行有力的规定与监管要求。

《个人所得税法实施条例》第八条规定：个人所得的形式，包括现金、实物、有价证券和其他形式的经济利益；所得为实物的，应当按照取得的凭证上所注明的价格计算应纳税所得额，无凭证的实物或者凭证上所注明的价格明显偏低的，参照市场价格核定应纳税所得额；所得为有价证券的，根据票面价格和市场价格核定应纳税所得额；所得为其他形式的经济利益的，参照市场价格核定应纳税所得额。

目前对于经济利益的认定，更多是在法律上体现为登记在个人名下的房产、汽车及发放的电子用品等情形，对于使用权并不确定，下面的批复供参考：

国家税务总局关于用使用权作奖项征收个人所得税问题的批复
国税函〔1999〕549号

福建省地方税务局：

你局《福建省地方税务局关于用使用权作奖项是否征收个人所得税问题的请示》（闽地税政二〔1999〕33号）收悉，经研究，现批复如下：

你省外商投资企业福州元洪城举办购物有奖活动，规定特等奖为一套住房的10年免费使用权（10年内可以由中奖者自住，也可出租，10年后归还房子），一等奖为一部桑塔纳轿车的10年免费使用权。从以上情况可以看出，消费者取得了实物的使用权，可以运用该使用权获取收入或节省费用，使用权实质上是实物形态所得的表现形式。根据个人所得税法立法精神，个人取得的实物所得含取得所有权和使用权的所得。因此，可以认定消费者取得上述住房、汽车的免费使用权，不管是自用或出租，已经取得了实物形式的所得，应按照"偶然所得"应税项目缴纳个人所得税，税款由提供住房、汽车的企业代扣代缴。主管税务机关可根据个人所得税法实施条例第10条规定的原则，结合当地实际情况和所获奖品合理确定应纳税所得额。

下面我们看一个简单的案例，分析一下公司购买资产个人使用的情形下对税的影响。

【案例】 陆某是一家有限公司的股东，从事具体管理事务，另外一位股东是其妻子，不具体从事管理事务。两人共投资1 000万元，各投入500万元，在法律上各占50%份额。2018年，公司盈利200万元。2019年，夫妻两人决定购买一辆汽车用于商务交往，价值120万元，此时有四个选择，一是自己购入，二是通过公司分红取钱购买，三是通过发放奖励取钱购买，四是由公司直接购买。在这几种方式下，如何选择，我们简要作一个分析（如表2-11所示），给企业家们一个大致参照。

在上面的案例中，我们假设以一位从事管理工作的股东的工资薪金来比较，该股东平时年工资收入36万元，年专项扣除中"三险一金"及住房公积金扣除额是3万元，年专项附加扣除额是2万元，无其他扣除事项。

表 2-11

事项	自己购买	取得单位奖金后购买	通过分红购买	单位直接购买
企业所得税（25%）	不能税前扣除	税前扣除120万元，少交所得税30（120×25%）万元	*	税前扣120万元少交税30万元
个人所得税	不涉及	综合所得145（120+36-6-3-2），计算个税为47.058万元（145×45%-18.192）① 较25万元（36-6-3-2）个税3.308万元多43.75万元	分红150万元，个税30万元，净取120万元	不涉及个税
综合税收的测算	不涉及	相抵后13.75万元	30万元	-30万元

粗略来看，如果用公司的名义购买，存在增值税抵扣利益，可以全额税前扣除，以后还可以继续将修理费、油费等支出入账支付。但是如果将车落在个人名下，仍让会计计入公司账上，这就明显不属实，在这种情形下，可以直接认定为个人视同取得股息红利处理，另外，取得资金下完税后还不够120万元净所得，需要多发资金。

《国家税务总局关于企业为股东个人购买汽车征收个人所得税的批复》（国税函〔2005〕364号）提出：

辽宁省地方税务局：

你局《关于企业利用资金为股东个人购买汽车征收个人所得税问题的请示》（辽地税发〔2005〕19号）收悉。经研究，批复如下：

一、依据《中华人民共和国个人所得税法》以及有关规定，企业购买车辆并将车辆所有权办到股东个人名下，其实质为企业对股东进行了红利性质的实物分配，应按照"利息、股息、红利所得"项目征收个人所得税。考虑到该股东个人名下的车辆同时也为企业经营使用的实际情况，允许合理减除部分所得；减除的具体数额由主管税务机关根据车辆的实际使用情况合理确定。

二、依据《中华人民共和国企业所得税暂行条例》以及有关规定，上述企业为个人股东购买的车辆，不属于企业的资产，不得在企业所得税前扣除折旧。

《财政部 国家税务总局关于规范个人投资者个人所得税征收管理的通知》（财税〔2003〕158号）规定：

为规范个人投资者个人所得税管理，确保依法足额征收个人所得税，现对个人投资者征收个人所得税的有关问题明确如下：

---

① 本案例未考虑全年一次性奖金单独计税的情形，有兴趣的朋友可以进一步测算一下。

2 股东个人与其所投资企业之间的利益结算关系

一、关于个人投资者以企业（包括个人独资企业、合伙企业和其他企业）资金为本人、家庭成员及其相关人员支付消费性支出及购买家庭财产的处理问题

个人独资企业、合伙企业的个人投资者以企业资金为本人、家庭成员及其相关人员支付与企业生产经营无关的消费性支出及购买汽车、住房等财产性支出，视为企业对个人投资者的利润分配，并入投资者个人的生产经营所得，依照"个体工商户的生产经营所得"项目计征个人所得税。

除个人独资企业、合伙企业以外的其他企业的个人投资者，以企业资金为本人、家庭成员及其相关人员支付与企业生产经营无关的消费性支出及购买汽车、住房等财产性支出，视为企业对个人投资者的红利分配，依照"利息、股息、红利所得"项目计征个人所得税。

企业的上述支出不允许在所得税前扣除。

从上面的规定来看，如果企业为个人投资者购买的列举项目，直接认定为属于股息红利性质所得。注意，如果是个人独资企业、合伙企业的个人投资者，由于两者不缴纳企业所得税，不属于公司性质的股息红利分配，而是属于经营所得的事项，此时要求作为经营所得[①]计税处理。上面的文件中，个税中的"个体工商户的生产经营所得"的称呼已改为"经营所得"，同时企业所得税的政策在2008年已启用新企业所得税法，但这种原则仍是延续的。

或许有人会问，如果个人投资的公司，本身并没有利润，出现上面的情形，是不是还要以股息红利征税，要不要以工资薪金计税？这个并没有前提条件，并不是一定要有利润才能按照股息红利界定所得性质计税，上面的政策并没有说如果有工作管理职责的，要定性为工薪所得，不管个人投资者是什么情形，一律按照股息红利计税，会计上是不是有利润并不是前置条件。笔者遇到有专家持这样的观点，从逻辑上看是对的，从真实取得所得的角度按股息红利征税是一个基于此事实的计税方式而已。

我们还要补充一个企业所得税的政策，就是购入固定资产税前一次性扣除的优惠政策，这是支持中小企业发展的有力措施，其适用范围不限于中小企业，尽管只是一个时间性的差异，但由于在所得税的计缴上是延迟了支付税款的时间，有利于减少企业当前的税负成本。

《国家税务总局关于设备器具扣除有关企业所得税政策执行问题的公告》（国家税务总局公告2018年第46号）规定：

---

① 参见《财政部 国家税务总局关于企业为个人购买房屋或其他财产征收个人所得税问题的批复》（财税〔2008〕83号）第三条规定。

根据《中华人民共和国企业所得税法》及其实施条例（以下简称企业所得税法及其实施条例）、《财政部 税务总局关于设备 器具扣除有关企业所得税政策的通知》（财税〔2018〕54号）规定，现就设备、器具扣除有关企业所得税政策执行问题公告如下：

一、企业在2018年1月1日至2020年12月31日期间新购进的设备、器具，单位价值不超过500万元的，允许一次性计入当期成本费用在计算应纳税所得额时扣除，不再分年度计算折旧（以下简称一次性税前扣除政策）。

（一）所称设备、器具，是指除房屋、建筑物以外的固定资产（以下简称固定资产）；所称购进，包括以货币形式购进或自行建造，其中以货币形式购进的固定资产包括购进的使用过的固定资产；以货币形式购进的固定资产，以购买价款和支付的相关税费以及直接归属于使该资产达到预定用途发生的其他支出确定单位价值，自行建造的固定资产，以竣工结算前发生的支出确定单位价值。

（二）固定资产购进时点按以下原则确认：以货币形式购进的固定资产，除采取分期付款或赊销方式购进外，按发票开具时间确认；以分期付款或赊销方式购进的固定资产，按固定资产到货时间确认；自行建造的固定资产，按竣工结算时间确认。

二、固定资产在投入使用月份的次月所属年度一次性税前扣除。

三、企业选择享受一次性税前扣除政策的，其资产的税务处理可与会计处理不一致。

四、企业根据自身生产经营核算需要，可自行选择享受一次性税前扣除政策。未选择享受一次性税前扣除政策的，以后年度不得再变更。

五、企业按照《国家税务总局关于发布修订后的〈企业所得税优惠政策事项办理办法〉的公告》（国家税务总局公告2018年第23号）的规定办理享受政策的相关手续，主要留存备查资料如下：

（一）有关固定资产购进时点的资料（如以货币形式购进固定资产的发票，以分期付款或赊销方式购进固定资产的到货时间说明，自行建造固定资产的竣工决算情况说明等）；

（二）固定资产记账凭证；

（三）核算有关资产税务处理与会计处理差异的台账。

六、单位价值超过500万元的固定资产，仍按照企业所得税法及其实施条例、《财政部 国家税务总局关于完善固定资产加速折旧企业所得税政策的通知》（财税〔2014〕75号）、《财政部 国家税务总局关于进一步完善固定资产加速折旧企业所得税政策的通知》（财税〔2015〕106号）、《国家税务总局关于固定资产加速折旧税收政策有关问题的公告》（国家税务总局公告2014年第64号）、《国家税务总局关于进一步完善固定资产加速折旧企业所得税政策有关问题的公告》（国家税务总局公告2015年第68号）等相关规定执行。

这相当于给予企业一个更有利的时间性价值,允许一次性扣除,而不是按折旧期分年度扣除的政策,很有可能刺激制造业的发展。笔者曾接触到如下一个案例:

【案例】胡某是安徽一家企业的老板,有一次,企业的财务人员咨询,胡某自己名下有几套设备,想卖给所投资的企业,如何开具发票,如何结算及如何扣缴个税。这些设备的来源不明,也没有原始票据可以佐证采购价格。老板拟作价300万元卖给企业。

我们分析一下,个人销售货物给单位,是一种销售行为,也是一种财产转让行为,就增值税来看,如果个人销售的是使用过的物品,是免增值税的,但是在上面的情形中,似乎作为个人使用的物品来理解有些牵强,因为无法确认是不是使用过,如果使用过有没有账外收入之类的问题,这跟个人销售自己使用过的电子产品或把玩过的古董有一些不同之处。最后,会计去税务机关代开增值税普通发票,按3%征收率计缴增值税及其附加税费。从个人所得税的角度,对于财产转让,可以扣除原值及附加税费后计算所得,按20%计算个税,由购买单位代扣代缴。由于没有原始的单据证明有可以扣除的原值,有的税务机关轻易不予认可,在核定上,有时也不大情愿。但是无论如何,是不能视作没有原值的。甘肃省税务局对于使用过的物品曾有一个答复意见,认为享受免税条件的只限于生活用品,不适用于生产资料,这是一个缩小口径的解读。

在上面的案例中,如果单位确实需要该设备,有其经济价值,相当于个人投资者用20%的个税去给企业"创造"了一个税前扣除的机会。至于是不是有利,需要比较企业所得税的税负成本与个人所得税的税负成本。有的老板可能想到,我自己手中的汽车,能不能高价转让给企业,我自己再置换一辆新车呢?如果有其合理性,这当然是可行的,但需要提醒的是,比如在北京,购买人需要有相应的牌照才能买车,原来车辆的牌照是不能随着销售而一并转让的,不受限的城市操作就相对简单了。

笔者也接触过企业为高管想到的"节税方式",比如某位高管应取得年奖励50万元,此时公司开了一个内部会,给高管们一个选择,要么以公司的名义买一辆汽车供个人使用(可能亦公亦私,不作限制),要么按工资薪金将款项提走交税。如果汽车购入后,选择一次性税前扣除了,在两三年后,个人可以象征性地将车买走,比如1 000元买走,对于这样的事项,我们该如何评价?

首先,要看这个"筹划"是不是违规,笔者认为要结合事实判断,从事实发生的角度,确有"包装"之嫌,将工资换为发放汽车使用,但由于未发放工资,相当于置换了发放条件,在这点上,如果单位做账能展现出来,恐怕税务机关要据此进行调整,但如果看不出来,有可能也就遗漏了。其次,如果高管与单位的关系还算融洽,这样做有可行之处,如果关系时有变化,建议还是拿钱走人,毕竟新个税法下税负还是大幅下降了,是可以承受的。如果50万元按照全年一次性奖金计算个税,下面是依据及计算过程:

《财政部 税务总局关于个人所得税法修改后有关优惠政策衔接问题的通知》(财税〔2018〕164号)规定:

一、关于全年一次性奖金、中央企业负责人年度绩效薪金延期兑现收入和任期奖励的政策

(一)居民个人取得全年一次性奖金,符合《国家税务总局关于调整个人取得全年一次性奖金等计算征收个人所得税方法问题的通知》(国税发〔2005〕9号)规定的,在2021年12月31日前,不并入当年综合所得,以全年一次性奖金收入除以12个月得到的数额,按照本通知所附按月换算后的综合所得税率表(以下简称月度税率表),确定适用税率和速算扣除数,单独计算纳税。计算公式为:

应纳税额=全年一次性奖金收入×适用税率-速算扣除数

居民个人取得全年一次性奖金,也可以选择并入当年综合所得计算纳税。

自2022年1月1日起,居民个人取得全年一次性奖金,应并入当年综合所得计算缴纳个人所得税。

500 000÷12=41 666.67(元),适用按月换算30%的税率及4 410元的速算扣除数,计算出来个税为145 590(500 000×30%-4 410)元。从单位支付50万元奖金和购入50万元的汽车来看,税前扣除的效果是一样的,均在当年度可以一次性税前扣除。不过从法律责任的角度来看,企业要承担员工个人比如交通事故的赔偿等法律风险。

有的投资人进一步提出,个人名下没有设备之类的货物,但是有几家公司,其财务负责人提出了这样的筹划方案,下面我们看看效果会如何。

某老板投资了两家企业,都是其主要的控股股东,其中一家有亏损,需要弥补的亏损是300万元左右,而另一家盈利,大致当年可以盈利500万元左右。此时财务负责人看到了财税部门对于500万元设备一次性税前扣除的政策,向老板提出一个方案:

将亏损企业的设备出售给盈利单位,设备原值200万元,计提折旧后净值为10万元,拟定价180万元(假设有其合理性,此处为举例数据),双方单位均为增值税一般纳税人,开具13%税率的增值税专用发票,上家计销项,下家计进项。转让后亏损企业实现所得为170万元。通过自己的内部交易,实现了税收价值的平衡。

转让设备之后,亏损企业再通过租赁的方式租回设备使用。这个方案相当于暂时性地解决了亏损企业与盈利企业当前税负不平衡的问题,达到了一定的时间性节税空间,如果因为有可弥补亏损即将过期的情形,那就是绝对的节税。对于大型集团,这个方法的效果可能更为显著,不过建议做好合理性的解释。

租赁之后还可以进一步规划，因为租赁收入可以按照合同约定应付租金的日期确认收入的实现，比如亏损企业支付租金约定在次年的 5 月 30 日，此时出租方确认收入的时间可以在次年度，但是支付方发生在当年度的租赁支出，在次年度汇算清缴前支付租金并取得发票，是可以当年度税前扣除的，这相当于两者之间打了时间差。如果约定在汇算清缴之后，就会带来当年度税前扣除的障碍，未取得合规的票据，不利于风险规避。企业所得税的收入确认并不必然绑定支付方的成本费用在同一期间列支，这个技术点我们可以了解一下。

2.3.4 股东借企业的钱用于个人之用

这部分内容需要特别说明一下，关于此内容的争议颇多，但现状之下，还是尽量规避风险为宜。

财税〔2003〕158 号①规定："纳税年度内个人投资者从其投资企业（个人独资企业、合伙企业除外）借款，在该纳税年度终了后既不归还，又未用于企业生产经营的，其未归还的借款可视为企业对个人投资者的红利分配，依照'利息、股息、红利所得'项目计征个人所得税。"

国税发〔2005〕120 号②文件强调"超过一年"的概念。国税发〔2005〕120 号第三十五条第四款规定："加强个人投资者从其投资企业借款的管理，对期限超过一年又未用于企业生产经营的借款，严格按照有关规定征税。"按照 120 号文该条款规定，借款期限超过一年又未用于企业生产经营的借款，严格按照有关规定征税，这与 158 号文件规定的不一致。120 号文指的是借款时间超过一年，158 号文指的是借款年度终了未归还，只是到当年度结束即止，甚至 12 月 31 日当天借用也是当天到期限，所以有一些不大合理。实践中多是认可一年期的掌握标准。

财税〔2008〕83 号③文件：
江苏省地税局《关于以企业资金为个人购房是否征收个人所得税问题的请示》（苏地税发〔2007〕11 号）收悉。经研究，批复如下：
一、根据《中华人民共和国个人所得税法》和《财政部 国家税务总局关于规范个人投资者个人所得税征收管理的通知》（财税〔2003〕158 号）的有关规定，符合以下情形的房屋或其他财产，不论所有权人是否将财产无偿或有偿交付企业使用，其实质

---

① 财税〔2003〕158 号，即《财政部 国家税务总局关于规范个人投资者个人所得税征收管理的通知》。
② 国税发〔2005〕120 号，即《国家税务总局关于印发〈个人所得税管理办法〉的通知》。
③ 财税〔2008〕83 号，即《财政部 国家税务总局关于企业为个人购买房屋或其他财产征收个人所得税问题的批复》。

均为企业对个人进行了实物性质的分配，应依法计征个人所得税。

（一）企业出资购买房屋及其他财产，将所有权登记为投资者个人、投资者家庭成员或企业其他人员的；

（二）企业投资者个人、投资者家庭成员或企业其他人员向企业借款用于购买房屋及其他财产，将所有权登记为投资者、投资者家庭成员或企业其他人员，且借款年度终了后未归还借款的。

二、对个人独资企业、合伙企业的个人投资者或其家庭成员取得的上述所得，视为企业对个人投资者的利润分配，按照"个体工商户的生产、经营所得"项目计征个人所得税；对除个人独资企业、合伙企业以外其他企业的个人投资者或其家庭成员取得的上述所得，视为企业对个人投资者的红利分配，按照"利息、股息、红利所得"项目计征个人所得税；对企业其他人员取得的上述所得，按照"工资、薪金所得"项目计征个人所得税。

这个问题，与上面我们提到的由企业为个人购买汽车、房屋等问题类似，但还是有差异的，因为所谓借款，名义上还是借的。当前我们经常看到上市公司的募集资金被大股东挪用的消息，相当于名义上还是往来款进行处理的，也有一些是通过关联交易方式输送利益，这种情形下是关联企业之间的往来。如果股东是企业，那么企业借款当前并没有规定需要视为股息红利计税，最多是认为需要有偿计收利息，或者是融资成本不让扣除，前者是反避税的方式，后者是不得税前扣除的方式，实践当中，这两种方式都有案例发生。

借款还要被征税，看起来有点"冤枉"，实则也是征管上"被逼"的一种手段，这是一个反避税的规定。据了解，有些民营企业的投资者同时兴办多个公司，为规避股息红利的个人所得税，长期不进行分配，而是采取从公司借钱的方式"抽逃"资金使用，当该公司无钱可借时，也不宣告破产清算，再从另一家公司中借钱，用这种方式长期逃避缴纳个人所得税。

如果对于借款不还，征税可能也就认了，但是对于借款后若超过上述一年的期限，还了款还被要求视为所得纳税，一般老板可能想不明白，认为税务机关这样处理不对，规定有违上位法，法院应不会认可这样的处理结果。现实当中，较为知名的是安徽省黄山市地方税务局处理的一个案例，还因此诉讼到了安徽省高级人民法院，对于个人投资人来讲，必须引起警惕。因为在没有所得的情形下被征了所得税，尽管在法律上是要归还的债务，这种情形，最好的应对之策还是规避。下面是裁定的案例：

黄山市博皓投资咨询有限公司、黄山市地方税务局稽查局
税务行政管理（税务）再审审查与审判监督行政裁定书

再审申请人（一审原告、二审上诉人）黄山市博皓投资咨询有限公司，住所地安徽省黄山市屯溪区跃进路1幢39-4号，组织机构代码证号66141191-5。

法定代表人陈国成，董事长。

被申请人（一审被告、二审被上诉人）黄山市地方税务局稽查局，住所地安徽省黄山市屯溪区黄山东路109号，组织机构代码证号77738183-4。

负责人曹子政，局长。

再审申请人黄山市博皓投资咨询有限公司（以下简称博皓公司）因与被申请人黄山市地方税务局稽查局税务处理决定一案，不服黄山市中级人民法院（2015）黄中法行终字第00007号行政判决，向本院申请再审。本院依法组成合议庭对本案进行了审查，现已审查终结。

博皓公司申请再审称，一、黄山市地方税务局稽查局没有税务行政处理决定权，对外不能作为补扣补缴税务处理决定主体。二、本案的三个股东虽向其投资的企业借款，但在税务机关税务检查前就已经归还了借款，投资人将其借款归还后已没有所得，不产生个人所得税。黄山市地方税务局稽查局依据《财政部 国家税务总局关于规范个人投资者个人所得税征收管理的通知》第二条的规定对申请人作出的税务处理决定，系适用法律错误。故请求撤销一、二审判决，撤销黄山市人民政府黄政复决字〔2014〕41号行政复议决定和黄山市地方税务局稽查局黄地税稽处〔2014〕5号税务处理决定。

本院认为，《中华人民共和国税收征收管理法》第十四条规定，本法所称税务机关是指各级税务局、税务分局、税务所和按照国务院规定设立的并向社会公告的税务机构。《中华人民共和国税收征收管理法实施细则》第九条第一款规定，税收征管法第十四条所称按照国务院规定设立的并向社会公告的税务机构，是指省以下税务局的稽查局。稽查局专司偷税、逃避追缴欠税、骗税、抗税案件的查处。从以上法律法规的规定来看，黄山市地方税务局稽查局具有查处税收违法行为，作出处理决定的权力。《财政部 国家税务总局关于规范个人投资者个人所得税征收管理的通知》第二条规定，纳税年度内个人投资者从其投资企业（个人独资企业、合伙企业除外）借款，在该纳税年度终了后既不归还，又未用于企业生产经营的，其未归还的借款可视为企业对个人投资者的红利分配，依照"利息、股息、红利所得"项目计征个人所得税。该规定的目的是防止个人投资者以借款的形式掩盖红利分配，其征税对象是纳税年度终了后未归还且未用于企业生产经营的借款。从本案的情形来看，2010年初，博皓公司分别借款给其股东苏忠和300万元、洪作南265万元、倪宏亮305万元，以上借款未用于博皓公司的生产经营。

虽然该三人于2012年5月归还了借款，但该借款显然超过了一个纳税年度未归还，

符合上述通知规定的征税情形，博皓公司应当履行代扣代缴税款义务。黄山市地方税务局稽查局责令博皓公司补扣补缴174万元个人所得税的处理决定并无不当，二审法院维持黄山市地方税务局稽查局黄地税稽处〔2014〕5号税务处理决定中责令博皓公司补扣补缴174万元个人所得税的决定正确。

综上，博皓公司再审申请理由不能成立，其再审申请不符合《中华人民共和国行政诉讼法》第九十一条规定的情形。依照《最高人民法院关于适用〈中华人民共和国行政诉讼法〉的解释》第一百一十六条第二款的规定，裁定如下：

驳回黄山市博皓投资咨询有限公司的再审申请。

审判长　汪结平

审判员　陈　默

审判员　姜　明

二〇一八年七月二十四日

书记员　刘菊芳

这个案例可能大家感觉更为"惊奇"，难道已还了的款就因为超过一年期非要补征一道税款？至少判决的结果是这样的。曾经有原河北省地方税务局批复下级地方税务局的意见，认为个人归还借款后，应予以办理退税的理解，这说明了一些政策在地方执行当中的差异，而且这种差异是比较普遍的，如黄山的案例，未来真正分红时，是否可以扣除此借款对应部分计税？从理论上税不重征的角度应认可，但征管上的处理，有时难全找到法律上的所谓"公平"。

曾经有一位朋友问道："你们为企业提供税务服务，难道税务机关说得会错吗？"我们不必讲别的，法院的判决书中就多有上诉案例涉及税务机关败诉的，有因部分税务机关的人士缺少对于法律的理解，仍以征管思路来定性纳税的，也有因程序不合规而最终败诉的。一方面，给我们的税务干部提个醒，执法程序要完备，随着系统流程与功能的完善，一般出现低级错误的情形越来越少；另一方面，纳税人对于自我权利的维护，也是要通过不断地积累经验，而不仅仅是死记硬背法规政策。近年来，税务系统的专业法律人士越来越受到重视，在稽查审理的环节上，不断加大律师背景的专家力量，这也说明了税收法制化不仅仅体现在政策的制订、更新与升级上，还体现在税务机关的征管理念与管理方式完善上。既有信息化工具，也要有法津征税边界。

在这里，笔者也尝试探讨几种方式，供大家参考。如果一个企业有富裕的资金，当然是可以进行理财投资的。比如个人投资者从企业以年息10%的利率借出款项，在超过一年的情形下，是不是仍要被认为属于个人的所得呢？有专家提出，建议个人每快到一年的时点，就先还款，再借款，就是不让达到超过一年期的时限，此时税务机关会不会联系起来看这个问题呢？比如有两个个人股东，某一个股东借款50万元，快到12个月期限了，此时由另一个股东再借50万元，帮之前借款的股东还了款项，如此滚动，虽然都是有点"过家家"的套路，但也算是一种应对技巧。上面我们提到的借款，都是以个人使用而不是公司业务之用为前提的，如果本来就是借款去采购货物，没有证据证明是个人使用，就不需要套用上述政策计税。但一般而言，凡是用于企业生产经营活动，不会频繁地发生对个人借款的行为，大多数对个人借款都是私用。

【案例】 现在一些企业在发生业务收款时，收到的是银行承兑汇票，但是由于急于用钱，就拿到别的单位进行私下"贴现"，钱直接汇入老板的个人账户使用。尽管企业的会计核算仍记录在应收票据的项下，这种"借用资金"隐藏的风险也是可能爆发的。

个人投资者从企业的借款，有时也会有抽逃出资的风险。笔者曾遇到两个案例，有的企业前期让一些代理公司帮忙融资出钱设立企业，其中一家涉及实收资本3.5亿元之多，在设立完成之后，代理公司就将资金转走了；挂在其他应收款项下，还有一家涉及1亿元挂账。这两家企业只有一个诉求，就是因经营不景气，需要注销。试问，如果你是税务机关的注销审核人员，会如何看待这个借款呢，会不会想到个人借款需要计征20%个税呢？因为基本上是超过了一年的期限。因此，这就需要一定的曲线解决方法，来还原业务的本质，或者以一定的代价来解释，比如通过减资老老实实地别搞这么大的注册资本。这是明显的抽逃出资行为，对于投资出资的工商认缴制改革之后，是不是仍存在抽逃出资的违法责任呢？答案是肯定的，下面我们分析一下。

《公司法》规定：

第二十七条 股东可以用货币出资，也可以用实物、知识产权、土地使用权等可以用货币估价并可以依法转让的非货币财产作价出资；但是，法律、行政法规规定不得作为出资的财产除外。

对作为出资的非货币财产应当评估作价，核实财产，不得高估或者低估作价。法律、行政法规对评估作价有规定的，从其规定。

第二十八条 股东应当按期足额缴纳公司章程中规定的各自所认缴的出资额。股东以货币出资的，应当将货币出资足额存入有限责任公司在银行开设的账户；以非货币财产出资的，应当依法办理其财产权的转移手续。

股东不按照前款规定缴纳出资的，除应当向公司足额缴纳外，还应当向已按期足额缴纳出资的股东承担违约责任。

2014年国务院发布《注册资本登记制度改革方案》，特别明确了成立公司的一些改革变化之处：

二、放松市场主体准入管制，切实优化营商环境

（一）实行注册资本认缴登记制。公司股东认缴的出资总额或者发起人认购的股本总额（即公司注册资本）应当在工商行政管理机关登记。公司股东（发起人）应当对其认缴出资额、出资方式、出资期限等自主约定，并记载于公司章程。有限责任公司的股东以其认缴的出资额为限对公司承担责任，股份有限公司的股东以其认购的股份为限对公司承担责任。公司应当将股东认缴出资额或者发起人认购股份、出资方式、出资期限、缴纳情况通过市场主体信用信息公示系统向社会公示。公司股东（发起人）对缴纳出资情况的真实性、合法性负责。

放宽注册资本登记条件。除法律、行政法规以及国务院决定对特定行业注册资本最低限额另有规定的外，取消有限责任公司最低注册资本3万元、一人有限责任公司最低注册资本10万元、股份有限公司最低注册资本500万元的限制。不再限制公司设立时全体股东（发起人）的首次出资比例，不再限制公司全体股东（发起人）的货币出资金额占注册资本的比例，不再规定公司股东（发起人）缴足出资的期限。

公司实收资本不再作为工商登记事项。公司登记时，无须提交验资报告。

现行法律、行政法规以及国务院决定明确规定实行注册资本实缴登记制的银行业金融机构、证券公司、期货公司、基金管理公司、保险公司、保险专业代理机构和保险经纪人、直销企业、对外劳务合作企业、融资性担保公司、募集设立的股份有限公司，以及劳务派遣企业、典当行、保险资产管理公司、小额贷款公司实行注册资本认缴登记制问题，另行研究决定。在法律、行政法规以及国务院决定未修改前，暂按现行规定执行。

已经实行申报（认缴）出资登记的个人独资企业、合伙企业、农民专业合作社仍按现行规定执行。

鼓励、引导、支持国有企业、集体企业等非公司制企业法人实施规范的公司制改革，实行注册资本认缴登记制。

积极研究探索新型市场主体的工商登记。

所以，现在成立公司非常简单，不需要最低注册资本额，也没有首次出资的比例与时限要求，对现金也没有比例要求，只要在章程当中约定清楚认缴出资额即可。比如有的企业将认缴出资期限直接与经营期限一样，这也没有问题，除非发生了一些经营争议，需要企业承担相应法律责任，此时就要原来约定认缴的出资人真正履行其出资的法律责任了。此举大大降低了成立企业的门槛，前几年开始的"大众创业、万众创新"的局面，都是得益于工商制度的改革，这也是政府简政放权，激发市场活力的

有效手段，给了很多年轻人以新的梦想，尽管创业很难，但是至少在营商环境的完善与支持上，政府不断优化与改革，这是非常重要的举措。

我们所探讨的抽逃出资的情形，其实与认缴还是实缴并没有多大关系。所谓抽逃出资，是指真正地出资后，又通过一些方式将资金抽回的情形。那么，如何区别法律政策规定的抽逃与上面我们提到的个人投资者借款呢？如何避免陷入抽逃出资的风险当中呢？

《公司法》规定：

第二百条 公司的发起人、股东在公司成立后，抽逃其出资的，由公司登记机关责令改正，处以所抽逃出资金额百分之五以上百分之十五以下的罚款。

《刑法》规定：

第一百五十九条 ［虚假出资、抽逃出资罪］公司发起人、股东违反公司法的规定未交付货币、实物或者未转移财产权，虚假出资，或者在公司成立后又抽逃其出资，数额巨大、后果严重或者有其他严重情节的，处五年以下有期徒刑或者拘役，并处或者单处虚假出资金额或者抽逃出资金额百分之二以上百分之十以下罚金。

单位犯前款罪的，对单位判处罚金，并对其直接负责的主管人员和其他直接责任人员，处五年以下有期徒刑或者拘役。

《最高人民法院关于修改关于适用〈中华人民共和国公司法〉若干问题的规定的决定》（法释〔2014〕2号）规定：

公司成立后，公司、股东或者公司债权人以相关股东的行为符合下列情形之一且损害公司权益为由，请求认定该股东抽逃出资的，人民法院应予支持：（一）制作虚假财务会计报表虚增利润进行分配；（二）通过虚构债权债务关系将其出资转出；（三）利用关联交易将出资转出；（四）其他未经法定程序将出资抽回的行为。

在之前的解释中，确有认为出资款转入公司账户后又转出的属于抽逃出资的一种类型，后来在2014年修改的时候进行了删除，不再将其作为抽逃出资的类型，因为本身也确实比较模糊。在已废止的《国家工商行政管理总局关于股东借款是否属于抽逃出资行为问题的答复》（工商企字〔2002〕第180号）中曾提到抽逃出资与借款的区别，至少我们可以借鉴一下当时政策部门的理解逻辑：

江苏省工商行政管理局：

你局《关于公司股东以借款形式部分抽回注册资本是否属于抽逃出资行为的请示》（苏工商〔2002〕91号）收悉。经研究，答复如下：

依照《公司法》的有关规定，公司享有由股东投资形成的全部法人财产权。股东以出资方式将有关财产投入到公司后，该财产的所有权发生转移，成为公司的财产，公司依法对其财产享有占有、使用、收益和处分的权利。公司借款给股东，是公司依法享有其财产所有权的体现，股东与公司之间的这种关系属于借贷关系，合法的借贷关系受法律保护，公司对合法借出的资金依法享有相应的债权，借款的股东依法承担相应的债务。因此，在没有充分证据的情况下，仅凭股东向公司借款就认定为股东抽逃出资缺乏法律依据。如果在借款活动中违反了有关金融管理，财务制度等规定，应由有关部门予以查处。

此前有关答复意见与本意见不一致的，按本意见执行。

二〇〇二年七月二十五日

在企业日常运营中，除了股东个人借款比较常见以外，还有一些高管人员、行政或采购人员的借款，属于备用金的借款，这种情形下会不会发生跟个人股东一样借款超过一年视为薪资所得的认定呢？通常是没有的，毕竟他们多是业务借款，如果挪作他用了，可能就不是按工资薪金计税进行认定这么简单了，而可能是犯罪行为了。笔者曾接触过一个央企的客户，有两名员工挪用公款数百万元，企业直接报案，结果一个认定有罪，一个未认定有罪，看来需要有效应对。由司法机关进行追讨，很有可能有刑事责任，有可能被判刑入狱。最近大家可能关注到一些大型互联网企业的反腐行动，经常有高管经不起金钱的诱惑，侵吞公司财产或利用职权收受贿赂，这就是违法犯罪的行为。

有的大型企业为了鼓励员工安心工作，向员工提供无息借款用于购置房产，比如提供三年或五年期的无息借款，这种情形下，税务上有没有要关注的应税事项呢？依目前的政策判断，单位借款时增值税的视同销售是存在的，可以要求按照同期的利率估列收入进行计缴增值税及附加。对于企业所得税，当前并没有确定的需要视同销售的规定，笔者曾向某省税务局所得税处的老师请教，认为单位无息借款在当前的政策下不建议作视同销售。如果这个企业的资金是银行融资来的，其利息支出可以要求不得税前扣除。不过大型集团的资金来源如何能分得这么清呢？有人提出，财税〔2008〕83号文件中不是提到企业其他人员借款用于购置房产并登记在个人名下视为分配所得吗？笔者认为这两者还是有点儿差别的，这有点儿像员工的福利计划，但明确约定是借款，不是约定不清楚以借款形式掩盖取得所得的情形。对于财税〔2008〕83号文件中规定的其他人员，笔者也曾请教专家，可能是相关的案例中，其他人员代理投资者办理借款购房事宜，当时的文件有其适用背景，不宜作普遍性的解释。

【案例】张某与李某共同成立了一家公司，张某是大股东，占股95%，李某占股5%，双方共实际出资100万元，张某95万元，李某5万元。张某基本上是主要的管理人，李某只是做一些技术方面的管理。后资金运行紧张，张某从自家的账户中向公司注入资金200万元。这个案例中，因为会计处理不到位，差点儿出现争议。这源于某战略投资人在委托事务所做尽职调查时，对于该款项到底是张某的借款，还是出资，出现了说法与会计处理相矛盾的地方。张某认为是借款性质，但会计在账务处理中将200万元记入了"资本公积"项下，认为是老板的出资行为，一个是要归还的，一个是作为公司资产存在的，尽管看似张某是无偿"赠送"支持公司的行为，但一个是资本投入，一个是借款，会计做账真能做出争议来，老板还是要懂点知识，才不至于被动地陷入风险之中。

下面我们主要来分析一下，相应的政策是如何规定的，如何处理上面的问题。

一般股东通过认缴出资成立公司，或者直接实际出资成立公司，相应的资产投入到公司中，所有权属于公司，这种情形下一般是通过相应的章程或登记记载，保障股东的权利。还有一种是属于个人股东投资入公司的，但是却并不在公司的资本份额中体现，比如"无偿"投入到公司使用，未来如果公司运营好了，会通过分配得到相应的投资收益，会计处理时记入"资本公积"科目，不记入利润表的收入中。之前还有争议认为这是不是企业收到的捐赠，要计缴企业所得税，在国家税务总局公告2014年第29号①文件中规定：

二、企业接收股东划入资产的企业所得税处理
（一）企业接收股东划入资产（包括股东赠与资产、上市公司在股权分置改革过程中接收原非流通股股东和新非流通股股东赠与的资产、股东放弃本企业的股权，下同），凡合同、协议约定作为资本金（包括资本公积）且在会计上已做实际处理的，不计入企业的收入总额，企业应按公允价值确定该项资产的计税基础。
（二）企业接收股东划入资产，凡作为收入处理的，应按公允价值计入收入总额，计算缴纳企业所得税，同时按公允价值确定该项资产的计税基础。

从上面的规定可以看出，如果股东间的合同或协议未约定作为资本金，要么是属

---

① 国家税务总局公告2014年第29号，即《国家税务总局关于企业所得税应纳税所得额若干问题的公告》。

于企业的收入或无偿投入，要么是属于企业的借款，上面的会计人员在操作中，直接记入资本公积，据了解，当时也没有签订相应的文字资料说明这属于投入的资本金（全额计入资本公积的资本金），那么股东个人是可以向公司主张权利的，认为此款项属于借款的性质，是个人的资产。其实这就是一个开始没有说明白，加上会计做账未反映真实情况造成的"乌龙"事件。有的专家在这个过程中提出让此股东减资处理，这是错上加错，因为资本公积是一种附属性的注入资本，并不能单独减资资本公积，专家给的该意见不具有政策支持与可实施性，也更增加了实施的困难与争议。大家可以参照一下最高人民法院在《江门市江建建筑有限公司与江门市金华物业投资管理有限公司、江门市金华投资有限公司执行异议之诉再审民事判决书》（（2013）民提字第226号）中的意见（摘录）：

金华物业公司系通过与金华投资公司签订《购买房屋协议书》而受让本案物业，其主张购买房屋的对价就是林金培对金华投资公司额外出资形成的借款债权。因此，林金培对金华投资公司是否因额外出资而享有借款债权，即成为本案审理的关键。对此，本院认为：

（一）林金培对金华投资公司的额外出资不是借款，而属于资本公积金，林金培对金华投资公司所谓的借款债权并不成立。首先，金华投资公司1995年设立时，公司章程规定首期投资总额1.46亿元，而公司注册资本只有100万元，故包括林金培在内的各股东还需额外出资，公司章程第十一条也因此规定各股东"应按工程进度及各方相应的出资额按期投入资金"。但对于股东在注册资本之外的出资属于什么性质，章程并未明确规定。1993年1月7日财政部发布的《房地产开发企业会计制度》第311号科目"资本公积"部分规定："一、本科目核算企业取得的资本公积，包括接受捐赠、资本溢价、法定资产重估增值、资本汇率折算差额等……。"对于资本溢价的范围，第二款明确规定"投资人交付的出资额大于注册资本而产生的差额，作为资本溢价。"《中华人民共和国公司法》（1994年7月1日起施行）第一百七十八条规定，国务院财政主管部门规定列入资本公积金的其他收入，应当列入公司资本公积金。据此可知，股东对公司的实际出资大于应缴注册资本部分的，应属于公司的资本公积金。金华物业公司主张林金培对金华投资公司多缴的出资属于林金培对金华投资公司的借款，但未提供证据证明双方事先对该出资的性质为借款以及借款期限、借款利息等有特别约定，在此情形下，根据财政部的规定，林金培多缴的出资应为资本公积金，而非借款。其次，《国务院关于固定资产投资项目试行资本金制度的通知》（国发〔1996〕35号）规定：从1996年开始，对各种经营性投资项目，包括国有单位的基本建设、技术改造、房地产开发项目和集体投资项目，试行资本金制度，投资项目必须首先落实资本金才能进行建设；在投资项目的总投资中，除项目法人从银行或资金市场筹措的债务性资金外，还必须拥有一定比例的资本金；投资项目资本金，是指在投资项目总投资中，由投资者认缴的出资额,对投资项目来说是非债务性资金,项目法人不承担这部分资金的任何利息和债务;投资者可按其出资的比例依法享有所有者权益,也可转让其出资,但不得以任何方式抽回;投资项目的资本金一次认缴,并根据批准建设的进度按比例逐年到位。本案中的金华商业中心项目是金华投资公司挂靠城建公司开发的,金华商业中心于1996年1月开工建设,1999年完工,国务院上述通知对其具有规范效力。因此,认定林金培对金华投资公司的出资为资本公积金,符合国务院的相关规定,具有政策依据。再次,二审期间,被申请人提供的手写书证记载:"金华投资公司注册资本为一百万元,现将各股东多投入的资本转为资本公积。佛山三角洲公司:5 473 433.23;市外经贸易进出口公司:6 073 133.13;科埠有限公司:3 885 966.49;华联投资开发公司:558 483.37。资本公积合计:15 991 016.22。"由此证明,金华投资公司各股东对多缴出资的性质为资本公积金也是明知并认可的。第四,二审期间,被申请人提供的林金培通过香港科埠公司向金华投资公司出资的53张会计凭证原始记录即为"资本公积",虽后来被更改为"长期借款",但根据会计法的规定,会计凭证不得变造,金华投资公司变造上述会计凭证的行为违反会计法,应属无效。

(二)资本公积金属于公司的后备资金,股东可以按出资比例向公司主张所有者权益,但股东出资后不能抽回,也不得转变为公司的债务计算利息,变相抽逃。2003年5月14日,金华投资公司董事会决议用本案的房产抵顶林金培多投入的出资本息,实质是将林金培本属于资本公积金的出资转变为公司对林金培的借款,并采用以物抵债的形式予以返还,导致林金培变相抽逃出资,违反了公司资本充实原则,与公司法和国务院上述通知的规定相抵触,故董事会决议对林金培借款债权的确认及以物抵债决定均应认定为无效。

(三)金华物业公司与金华投资公司签订《房屋购买协议》时,系依据林金培的指定而受让本案物业,并以林金培对金华投资公司额外出资形成的借款债权作为对价而以物抵债。但本院认为,林金培根据以物抵债决议受让本案物业并不具有合法性基础,该借款债权也不成立,故金华物业公司依据林金培的指定而受让案涉物业不具备《查封规定》第十七条规定的阻却人民法院执行的条件,金华物业公司也不应取得金华商业中心四层1号铺(401)、2号铺(402)、保安办公室和停车场的所有权。

此外,林金培与本案讼争房屋的权属认定具有一定的关联,为查明事实,其参加本案的诉讼似更为妥当。但因林金培是金华投资公司的法定代表人,二者在本案中具有利益上的一致性,且林金培也以金华投资公司法定代表人的身份参与了本案的诉讼,故林金培未作为案件当事人参加诉讼并未影响其实体权利,本院对此不再另行处理。

此外,最高人民法院在《浙江新湖集团股份有限公司与浙江玻璃股份有限公司、董利华、冯彩珍及一审第二人青海碱业有限公司公司增资纠纷申请再审民事裁定书》((2013)民申字第326号)中的意见(摘录):

本院认为：本案争议焦点为，新湖集团已注入青海碱业的资本公积金能否返还。

《增资扩股协议》是由青海碱业原股东浙江玻璃、董利华、冯彩珍与新股东新湖集团就青海碱业增资扩股问题达成的协议。在该协议履行过程中，因浙江玻璃的根本违约行为，新湖集团采用通知方式解除了该合同。《中华人民共和国合同法》第九十七条规定"合同解除后，尚未履行的，终止履行；已经履行的，根据履行情况和合同性质，当事人可以要求恢复原状、采取其他补救措施，并有权要求赔偿损失"。本案《增资扩股协议》解除后，新湖集团请求判令浙江玻璃、董利华、冯彩珍返还其出资款中的资本公积金 336 884 976.80 元。但《增资扩股协议》的性质决定了新湖集团所诉的这部分资本公积金不能得以返还。《增资扩股协议》的合同相对人虽然是浙江玻璃、董利华、冯彩珍，但合同约定增资扩股的标的却是青海碱业。合同履行过程中，新湖集团也已将资本金直接注入了青海碱业。青海碱业系合法存在的企业法人。浙江玻璃、董利华、冯彩珍均不再具有返还涉案资本公积金的资格。至于青海碱业能否返还新湖集团已注入的这部分资本公积金，关乎资本公积金的性质。新湖集团认为，本案中其因《增资扩股协议》注入的资本公积金不同于《公司法》中规定的"出资"，可以抽回的主张，依据不足。股东向公司已交纳的出资无论是计入注册资本还是计入资本公积金，都形成公司资产，股东不得请求返还。二审判决未支持新湖集团返还资本公积金的请求，并无不当。

现实当中，也有不同的操作案例，对于诉讼的案例可能是存在谁对谁错的问题；但是对于上市公司披露过的一些案例，我们也可以借鉴。润信通信在其招股说明书中提到有这样的减资处理情形：

2013 年 8 月 12 日，润建通信与全体股东共同签署《增资扩股协议之补充协议》，各方一致同意终止 2012 年 6 月签署的《增资扩股协议》，认可上述协议中已经履行的部分；同意股东宁波中泽嘉盟股权投资合伙企业（有限合伙）、苏州熔安德投资管理合伙企业（有限合伙）、北京金凤凰投资管理中心（有限合伙）、浙江言信诚有限公司通过减资不再持有公司股权，公司退还上述股东全部投资款以及投资款实际缴纳日到 2013 年 8 月 8 日期间的投资收益，投资收益按照年单利 10% 计算。同日，上述各方共同签署《减资协议》，由润建通信收购宁波中泽嘉盟股权投资合伙企业（有限合伙）、苏州熔安德投资管理合伙企业（有限合伙）、北京金凤凰投资管理中心（有限合伙）、浙江言信诚有限公司所持的公司股权并注销，公司注册资本由 15 680 万元减至 13 814.08 万元。

2013 年 8 月 15 日，润建通信召开股东大会，审议通过了上述减资事宜。2013 年 8 月 16 日，公司编制了本次减资的资产负债表及财产清单，并于 2013 年 8 月 19 日在《生活报》上刊登了减资公告。

经大华会计师事务所（特殊普通合伙）出具的《验资报告》（大华验字〔2013〕000312号）审验，截至2013年10月8日，润建通信以货币资金分别归还宁波中泽嘉盟股权投资合伙企业（有限合伙）4 453.70万元、苏州熔安德投资管理合伙企业（有限合伙）3 340.27万元、北京金凤凰投资管理中心（有限合伙）3 336.99万元、浙江言信诚有限公司2 115.51万元，共计13 246.47万元，同时减少股本1 865.92万元、资本公积11 380.55万元；公司变更后的注册资本为13 814.08万元。

2013年11月13日，润建通信在广西壮族自治区工商行政管理局办理了变更登记手续，换领了《企业法人营业执照》。

随着股本减少同步返还的资本公积，这是可行的，同时还约定支付了相应的投资收益，这也是一个可以参照的样本。但是该投资收益属于利息的性质，并不是股息红利的性质，需要考虑增值税及企业所得税的恰当处理。

2.4　个人利用虚假发票向企业报销的情形

当前，对于很多民营企业家来讲，企业经营得不好，很苦恼；但是企业经营好了也有苦恼，最为苦恼的就是资金"公转私"面临的问题，这个话题也屡屡成为某些筹划机构宣传业务的口号。比如上面我们提到的通过发放薪酬、分配股息红利的方式，这些都是合规可行的，只是老板们对于承担的税负"心有不甘"。其实从笔者的角度，在当前法制化不断健全、不断发展的环境下，有成本的取得也是值得的，这个观念需要有所转变。在合理的业务支撑下，适当的规划未尝不可，切莫走上违规之路。

从节税的角度，可以分为两个层面，一是企业作为主体的税负考虑，二是个人取得所得时的税负考虑，后面我们会继续探讨。当前，虚开增值税发票的相关案件频发，"打虚打骗"也是国家税务总局、公安部门最近几年的主要工作之一。多有以发票虚开做生意的商人入刑入狱，依据《刑法》规定，最多到无期徒刑，笔者在查阅裁判文书时，发现有一些人是明知故犯，有一些人是在不知道、不清楚的情形下犯了罪。

个人利用虚假发票向单位报销，将带来两个方面的影响：一是导致企业所得税少计缴，而且这明显有偷税的问题；二是个人所得税明显少计缴。

某企业老板杨某长驻在上海，当时看到西部某地有招商的优惠政策，于是不远万里去成立了一家公司。但是由于遥远之地，也很难去一趟，于是就将相应的会计核算工作包给了一个当地的代理机构。忽然某一天，当地税务机关联系要法人到现场一趟，提到有2 000多万元的普通发票涉嫌虚开。而且通知中特别提到，请携带身份证原件，落款是税务局与公安局共同签发。一般税务局通知法人约谈，主要是了解情况，或者告诉一个处理的意见，法人倒也不紧张，但公安机关涉入了可不得了。于是，杨某担心会不会涉及人身限制的问题。好在可能涉及的企业比较多，最后以其补税告终。

这个案例中，我们就不去探讨虚开发票是谁的责任问题。现实中，有的发票是企业老板自己提供的，比如营改增之前房地产企业、建筑安装企业的税务管理不到位，多有虚开发票的情形出现。有的老板提出，营改增最大的影响，就是不敢"随便"去"买"发票了。从专业与国家税制改革的角度，营改增将整个行业的流转税体系融为一体，是很伟大的，同时，营改增给整个行业的纳税遵从带来了很大的约束与警示，所有的发票纳入全国税务系统中，如果某个环节出现问题，迟早会让相关方暴露。如果现在某些老板还想着找人虚开，那就是自己给自己设"坑"。还有的代账企业，或者是代账个人，有时也帮企业想办法"找"发票，这更是得不偿失的事，如果为此收了点手续费，那更是故意违法下的非法得利，可能几十年的光阴就要在监狱里度过了。

所以，找虚假发票在单位报销，补税是次要的，涉及虚开发票犯罪就是人身自由的问题了。这中间还要考虑是否有自首情节和涉案金额大小，有的得到了从轻处理，比如几年缓刑的判决结果已相当不错了。下面这个案例，笔者完整地从中国裁决文书网中摘录（部分文字作了处理），相信其中的过程，也能给予我们的中介人员或兼职人员以警示。

苑××虚开增值税专用发票、用于骗取出口退税、抵扣税款发票罪二审刑事裁定书

发布日期：2019 - 12 - 24

河北省张家口市中级人民法院刑事裁定书（2019）冀07刑终199号

原公诉机关河北省张家口市下花园区人民检察院。

上诉人（原审被告人）苑某某，男，1988年1月21日出生，汉族，大专文化，捕前住张家口市。2018年5月25日因涉嫌犯虚开增值税专用发票罪，被张家口市公安局刑事拘留，同年6月28日被逮捕。现羁押于张家口市看守所。

辩护人王锋，河北候凤梅律师事务所律师。

辩护人范玉彪，河北宝庆律师事务所律师。

河北省张家口市下花园区人民法院审理下花园区人民检察院指控原审被告人苑某某犯虚开增值税专用发票罪一案，于2019年6月14日作出（2019）0706刑初9号刑事判决。宣判后，原审被告人苑某某提起上诉。本院受理后，依法组成合议庭审理了本案。现已审理终结。

原判认定：

被告人苑某某在 2016 年 2 月 5 日和 3 月 30 日，分别以他人名义在下花园区注册成立张家口隆某商贸有限公司、张家口龙某新能源有限公司，其为实际经营负责人。

1. 2016 年 9 月 27 日，张家口正通商贸有限公司因发生煤炭购销业务，缺少进项增值税专用发票，经王某某的介绍找到苑某某；被告人苑某某在该公司与张家口龙某新能源有限公司没有实际货物购销的情况下，以张家口龙某新能源有限公司的名义为该公司开具煤炭增值税专用发票 8 张，金额 7 959 880.70 元，税额 1 353 179.70 元，价税合计 9 313 060.40 元；并按照票面金额的 8% 收取了开票费用。为应对税务机关检查，由被告人苑某某伪造购货合同、出库单、过磅单，通过王某某带到宣化交张家口正通商贸有限公司的张某，苑某某将所谓的购煤款先打入张某提供的个人银行卡上，而后张某用正通公司账户将苑某某的汇款还回到张家口龙某新能源有限公司账户。上述 8 张增值税专用发票，税额 1 353 179.7 元，通过原张家口市桥东区国家税务局第二分局认证，在张家口正通商贸有限公司抵扣。

2. 2016 年 6 月 30 日，原下花园区森源煤炭有限责任公司发生煤炭购销业务，缺少进项增值税专用发票，经该公司实际经营负责人王某 2 和被告人苑某某联系；在该公司与张家口龙某新能源有限公司没有实际货物购销情况下，被告人苑某某以张家口龙某新能源有限公司的名义，为该公司开具煤炭增值税专用发票 6 张，金额 5 139 752.12 元，税额 873 757.88 元，价税合计 6 013 510 元；该公司按照票面金额的 8% 向被告人苑某某支付开票费用。为应对税务机关检查，由被告人苑某某伪造购货合同、出库单，交王某，被告人苑某某将所谓的购煤款先打入王某提供的个人银行卡上，而后王某用公司账户将被告人苑某某的汇款还回到张家口龙某新能源有限公司账户。该增值税专用发票 6 张、税额 873 757.88 元，已通过张家口市下花园区税务局认证，在原下花园区森源煤炭有限责任公司抵扣。

3. 2016 年 4 月，北京惠某有利商贸有限公司与温某 1 发生煤炭购销业务，因温某 1 不能提供增值税专用发票，经温某 1 介绍，该公司的法定代表人张某 1 和温某 1 在下花园一茶楼与被告人苑某某见面；经三人商议，由张家口龙某新能源有限公司和该公司签订购货合同，该公司按合同支付所谓的购煤款，张家口龙某新能源有限公司将收到的购煤款，用个人银行卡还回张某 1。2016 年 4 月 12 日，被告人苑某某在该公司与张家口隆某商贸有限公司没有实际货物购销情况下，为北京惠某有利商贸有限公司开具的煤炭增值税专用发票 2 张，金额 1 367 794.87 元，税额 232 525.13 元，价税合计 1 600 320 元；张某 1 按照票面金额的 9% 付给温某 1 开票费，温某 1 将其中的 8% 支付给被告人苑某某。该进项增值税专用发票 2 张、税额 232 525.13 元，经北京市延庆区税务局认证，在该公司抵扣。

4. 2016 年 4 月，北京华某通顺型煤加工有限公司与温某 1 发生煤炭购销业务，因温某 1 不能提供增值税专用发票，经温某 1 联系，被告人苑某某同意以票面金额的 8%

为该公司开具增值税专用发票。2016年4月8日，被告人苑某某在该公司与张家口隆某商贸有限公司没有实际货物交易的情况下，为北京华某通顺型煤加工有限公司开具煤炭增值税专用发票2张，金额1 189 743.59元，税额202 256.41元，价税合计1 392 000元；北京华某通顺型煤加工有限公司按照票面金额的9%支付给温某1开票费用，温某1将其中的8%开票费支付给苑某某。该增值税专用发果2张，税额202 256.41元，经北京市延庆区税务局认证，在该公司抵扣。

5. 2016年7月28日，被告人苑某某在其所经营的张家口龙某新能源有限公司，与下花园宏利煤炭有限责任公司没有实际货物交易的情况下，向该公司开具煤炭增值税专用发票1张，金额726 495.73元，税额123 504.27元，价税合计850 000元；下花园宏利煤炭有限责任公司按照票面金额的8%向苑某某支付了开票费用。该张增值税专用发票，税额123 504.27元，通过原下花园区国家税务局认证，在该公司抵扣。

6. 2016年5月，涿鹿晶狮玻璃制品厂因购进货物缺进项票，该厂经营负责人张某某2安排财务会计索某买票；同年5月的一天被告人苑某某到该厂，在财务室和张某某2、索某见面；经被告人苑某某和张某某2商定，被告人苑某某以张家口龙某新能源有限公司的名义，给涿鹿晶狮玻璃制品厂开具煤炭增值税专用发票，涿鹿晶狮玻璃制品厂按票面金额的9%支付开票费用。为应对税务机关检查，被告人苑某某伪造了购货合同，并与涿鹿晶狮玻璃制品厂作了虚假资金转账。从2016年5月25日至同年10月18日，被告人苑某某以张家口龙某新能源有限公司的名义，向涿鹿晶狮玻璃制品厂开具煤炭增值税专用发票8份，金额1 838 777.78元，税额312 592.22元，价税合计2 151 370元。上述增值税专用发票通过原涿鹿县国家税务局认证，在该企业抵扣。

被告人苑某某所收取的"开票费"，按票面反映的税额，在其经办的公司已做"应缴税款"账务处理。

认定上述事实，有下列七组证据证实：

一、共性证据

1. 书证，受案登记表、立案决定书，证实该案由张家口市公安局立案侦查，取证程序合法；户籍证明，证实被告人苑某某已达刑事责任年龄；到案经过，证实被告人苑某某系主动投案。

2. 张家口隆某商贸有限公司、张家口龙某新能源有限公司工商税务资料，证实张家口隆某商贸有限公司成立于2016年2月5日，法人代表刘某，苑某2为财务负责人；张家口龙某新能源有限公司成立于2016年3月30日，法人代表祁某，苑某为财务负责人。

3. 被告人苑某某供述，2016年2月和3月，其用韩某、刘某、祁某的身份证分别注册了张家口文德能源有限公司、张家口隆某商贸有限公司、张家口龙某新能源有限公司,实际经营人是其本人;苑某2任会计,是他的亲哥哥;韩某、刘某、祁某三人并不知情。白某给他办理的相关执照,三个公司的公章、法人章、财务章、发票章、合同章是白某刻制的。

4. 张家口龙某新能源有限公司、张家口隆某商贸有限公司销项票汇总表,证明张家口龙某新能源有限公司向原下花园区森源煤炭有限责任公司、下花园宏利煤炭有限责任公司、张家口市正通商贸有限公司开出增值税专用发票情况;张家口隆某商贸有限公司向北京惠某有利商贸有限公司、北京华某通顺型煤加工有限公司开出增值税专用发票情况。

5. 证人韩某、刘某、祁某证言,证实三人均在正德煤场上过班,法人代表是张某2,苑某某为财务总监。三名证人未开办过公司,以其名字登记的公司本人并不知情,记得苑某某以办保险、工资卡的名义向证人借过身份证。

6. 证人苑某2证言,其是苑某某的亲哥哥,苑某某2016年2月份办了张家口隆某商贸有限公司、张家口文德能源有限公司,2016年4月办了张家口龙某新能源有限公司工商资料;委托其办的税务手续和购买税控盘,其为兼职会计,实际经营人是苑某某。三家公司和上下游公司发生业务都有合同、出入库凭证、过磅单;苑某某让给谁开票,告知其联系方式,联系好以后就开票。公司办公地点在下花园区前堡小区1号楼1单元201,公司就苑某某一人来过,未见其他人。苑某某给过其场地租赁合同,但公司没有交过租赁费。其向侦查人员交出张家口隆某商贸有限公司、张家口文德能源有限公司、张家口龙某新能源有限公司的(接收、开出增值税专用发票)进销项信息表。

二、向张家口正通商贸有限公司虚开增值税专用发票证据

1. 书证,正通公司工商登记资料、营业执照、记账凭证、增值税发票(购买方)记账凭证8张、购进货物税款抵扣汇总、正通公司明细账、中国农业银行张家口胜利路分理处客户付款入账通知、税务登记表、抵扣证明,证实正通公司的企业登记情况,与张家口龙某新能源有限公司发生的虚开增值税专用发票情况,虚假资金结算情况,所接受的增值税专用发票已抵扣情况。

2. 另案王某证言,正通公司张某向苑某某购买增值税专用发票是其联系的,按票面金额的8%给苑某某开票费。

3. 证人赵某证言,其是正通公司兼职会计,公司在2016年9月27日接受张家口龙某新能源有限公司开具的增值税专用发票8张,税额1 353 179.70元;货款分8笔付清,8张税票已经全部通过认证抵扣。

4. 被告人苑某某供述,张家口龙某新能源有限公司向正通公司开具的8张增值税专用发票,是王某找的他,税额为1 353 179.70元,按8%收的开票费;正通公司拿的是给电厂的过磅单给了他本人,张家口龙某新能源有限公司按正通公司给的过磅单制作出库单、过磅单;走账用的是康某某的银行卡,把钱打给对方指定的账号,正通公

司收到款后,用对公账号给龙某汇(购煤)款;税票是王某某从苑某某处拿走的。

5. 另案张某某证言,其是正通公司的法人代表,正通公司一直给大唐国际张家口热电厂送煤,由于缺票,通过王某某联系开票;其告诉王某某开票的数额,王某某联系的下花园(张家口龙某公司),按票面金额的8%给的开票费。合同、出库单、过磅单是龙某公司制作的,其是到宣化取的;走账的钱是龙某公司把钱打入马某的卡上,其用公司钱再转汇到龙某公司公户上。

三、向原下花园区森源煤炭有限责任公司虚开增值税专用发票的证据

1. 原森源公司工商登记资料、营业执照、公司注销登记资料、下花园国税、地税机关出具的清税证明、抵扣证明,证明该公司于2007年11月变更登记,登记公司股东为孙某、王某,王某出资25万元;截止2017年10月12日,在所有税务事项结清情况下,于2017年12月28日注销;2016年6月接受的增值税专用发票6张,税额873 757.88元,向下花园区国税局申报抵扣,抵扣税款873 757.88元。

2. 证人孙某证言,其是原森源公司的法人代表,王某没有实际出资,2015年下半年开始到公司注销,公司业务交王某,王某是他的二舅。

3. 被告人苑某某供述,森源公司位于苑某某所在正德公司的旁边,其经办的龙某公司向森源公司开票6张;一个姓曹的男子向森源公司供煤没票,让帮助他开票;后来,王某和其联系,按票面金额的8%收的开票费。走账的钱是苑某某出的,王某给他入库单,其制作出库单、合同。

4. 另案王某证言,原森源公司法人代表是孙某,其本人未出资;2016年下半年孙某外出,王某负责公司经营。(这期间)内蒙一个姓张的男子向森源公司销售煤炭,没有发票,找的正德公司会计小苑;发票是按票面金额的8%购买的,共6张发票,价税合计6 013 510元。合同是小苑制作的,这些东西都是假的,是应对税务检查用的;走账的钱也是小苑出的。

5. 辨认笔录证明,经王某辨认,向其开票的小苑是苑某某。

四、向北京惠某有利商贸有限公司虚开增值税专用发票证据

1. 书证,惠某公司营业执照,证明该公司法人代表为张某1;隆某商贸有限公司与惠某公司签订的买卖合同,隆某商贸公司出库单,证明该笔购销业务系伪造;增值税发票(购买方)记账凭证2张、认证结果通知书、认证结果清单,证明惠某公司取得的增值税专用发票2张,税额232 525.13元,已通过北京市延庆区国家税务局认证,在惠某公司抵扣;惠某公司记账凭证、北京市农商行结算业务申请书,证明惠某公司非法抵扣情况,隆某商贸公司与惠某公司虚假资金结算情况;惠某公司工商登记资料、纳税申报表、增值税专用发票认证结果查询,证明惠某公司向税务机关作虚假申报。

2. 证人谢某证言,其是惠某公司兼职会计,2016年4月12日惠某公司接受张家口隆某商贸有限公司开具的增值税专用发票2张,税额232 525.13元,货款已付清;税

款已通过北京市延庆区国家税务局认证抵扣,公司业务由张某1负责。

3. 被告人苑某某供述,2016年4月,温某1给惠某公司供煤没有发票,让其给开票,他本人要求温某1按票面金额的8%交开票费;之后温某1带惠某公司老板和其见面,签订虚假煤炭购销合同,而且是当面走账;开的发票和相应出库单由温某1带给惠某公司。

4. 另案温某1证言,2016年4月初,其给惠某公司供煤后,惠某公司的张某1要求提供发票,他提出另加钱9%;张某1同意,把开票的信息、金额就发到他的手机上。之后,温某1联系苑某某,约定给苑某某8%的开票费;温某1、张某1与苑某某在下花园见面,当面签订合同,开了两张票,价税合计160万;过几天,张某1按9%把钱给的他,是现金,其获利有几千元。

5. 另案张某1证言,其于2007年6月开办惠某公司,任法人代表,谢某为兼职会计;2016年,怀来温某1给送煤没有发票,张某1要求温某1找票;温某1提出开票得支付开票费,温某1联系的隆某公司,开票费需加9个点,张某1表示同意。后来,温某1和他到下花园一家茶楼见的隆某公司的负责人,当面从银行走账,其用惠某公司账户给隆某公司打款,隆某公司确认收到款后,再用个人账户把钱转给他。发票、过磅单由温某1送到惠某公司,其给了温某19%的开票费。

6. 张某1辨认笔录,经张某1辨认,向某公司虚开增值税发票的人为苑某某。

五、向北京华某通顺型煤加工有限公司虚开增值税专用发票证据

1. 书证,华某公司营业执照、工商登记资料,证明公司法人代表是李某1及公司登记情况;买卖合同、隆某煤场出库单,证明华某公司与张家口隆某商贸有限公司签订虚假煤炭购销合同;增值税发票(购买方)记账凭证2张、增值税发票认证结果清单、增值税发票认证结果查询表,证明张家口隆某商贸有限公司向华某公司所开具的虚开增值税发票2张,税额202 256.41元,已通过北京市延庆区国税局认证;增值税发票(抵扣联)2张,证明华某公司已抵扣;华某公司记账凭证两张、中国建设银行单位客户专用回单,证明华某公司与张家口隆某商贸有限公司进行虚假资金往来情况。

2. 证人付某证言,其是华某公司兼职会计,2016年4月18日公司接受张家口隆某商贸有限公司开具的增值税发票2张,货物金额1 189 743.59元,税额202 256.41元,价税合计1 392 000元;货款已全部付清,是通过银行转账支付的。税款在延庆区国税局二所通过认证,已抵扣。公司的实际经营人是孟某。

3. 证人李某1证言,华某公司开办于2007年,公司在2015年以前是他本人负责经营,2015年之后一直由妻子孟某经营。2015年公司的所有业务由孟某负责,他不过问。

4. 被告人苑某某供述,其向华某公司开具的增值税专用发票是一个"温某2"的人找的他,"温某2"的人向华某公司供煤没有发票,让他给开一些;之后,苑某某把发票、合同、出库单给了"温某2"。走账的钱是华某公司出的,华某公司把钱打到张

家口隆某商贸有限公司，其把华某公司的钱打到指定的银行卡上。开票费是"温某2"给的他本人。

5. 苑某某辨认笔录，经苑某某辨认，被称为"温某2"的人是温某1。

6. 另案温某1证言，其向华某公司供煤后，按票面金额的9%收的开票费，所开具的增值税专用发票是苑某某提供的；苑某某提供了合同、出库单，给了苑某某票面金额的8%开票费，自己获利不到1万元。货款作了走账处理。

7. 另案孟某证言，华某公司的法人代表是李某1，她是李某1的妻子。2016年4月，怀来老温给华某公司供煤，要求他提供发票时，老温要另加钱，后来按票面金额的9%给的开票费。具体走账过程是按（温某1）的要求办的，华某公司用公户将钱打到隆某，对方再用个人银行卡把钱转回到她本人的银行卡上；合同、出库单都是老温给的。

六、向下花园宏利煤炭有限责任公司虚开增值税专用发票证据

1. 书证，宏利公司营业执照、工商注册登记资料，证明宏利公司2012年6月注册成立，法定代表人为张某3；2016年4月法定代表人变更为李某2，经营地址在下花园区110国道郭家庄段。抵扣证明，下花园区国税局出具的抵扣证明，证实张家口龙某新能源有限公司开具的01642222号增值税专用发票已申报抵扣，抵扣税额123 504.27元。宏利公司库存商品明细账、应交税金明细账、银行日记账、记账凭证、中国工商银行网上银行电子回单，证明宏利公司与张家口龙某新能源有限公司虚假账务处理过程。增值税专用发票购买方扣税凭证、记账凭证、认证结果清单，证明宏利公司所接受的发票已进行了抵扣账务处理。

2. 证人李某2宏证言，宏利公司法人代表是李某2，实际经营人为张某3，其是财务总监；宏利公司在2016年7月28日，接受张家口龙某新能源有限公司开具的增值税专用发票1张，金额726 495.73元，税额123 504.27元，是老板张某3联系的苑某某，按票面金额的8%左右购买的，这张发票通过下花园区国税局认证抵扣。其通过网银从宏利公司打给龙某新能源有限公司1 111 200元，之后苑某某把85万元转回来。

3. 资金回流表，证实宏利公司2016年7月22日付款1 111 200元，2016年11月8日转回261 200元。

4. 李某2宏、张某3辨认笔录，经二人辨认，向宏利公司提供增值税专用发票的为苑某某。

5. 另案张某3证言，宏利公司注册地在下花园，经营地址为下花园区110国道郭家庄段，其是实际经营人，李某2宏为财务总监。2016年7月张某3联系苑某某，向苑某某提出开票的请求，苑某某答应可以；经二人商议按票面金额8%购增值税票，为应对检查，二个公司走一下账；宏利公司给张家口龙某新能源有限公司1 111 200元，苑某某转回850 000元；剩余的钱作为以后的购票款，到2016年11月8日，张家口龙某新能源有限公司退还宏利公司261 200元。该发票已抵扣。

七、向涿鹿晶狮玻璃制品厂虚开增值税专用发票的证据

1. 涿鹿县公安局立案决定书，取保候审决定书，证明涿鹿县晶狮玻璃制品厂相关人员涉嫌虚开增值税专用发票罪被查处。

2. 涿鹿晶狮玻璃制品厂接收的河北省增值税专用发票（抵扣联）8份，税额312 592.22元，证明发票来源于张家口龙某新能源有限公司。

3. 认证结果清单，证明涿鹿晶狮玻璃制品厂接收的8份增值税专用发票，分五个月通过税务机关认证。涿鹿县国家税务局抵扣证明，证明该发票已抵扣税款。

4. 煤炭购销合同、河北省农村信用社电汇凭证，证明被告人苑某某与涿鹿晶狮玻璃制品厂，进行虚假资金结算情况。

5. 涿鹿晶狮玻璃制品厂支出凭单、交易凭条，证明涿鹿晶狮玻璃制品厂向苑某支付开票费情况。

6. 另案张某某2证言，其是涿鹿晶狮玻璃制品厂实际负责人，2016年因玻璃制品厂缺票，和会计索某说过买点票；涿鹿晶狮玻璃制品厂和张家口龙某新能源有限公司，没有真实煤炭购销业务，从2016年5月至10月，陆续从张家口龙某新能源有限公司接受了8份票，税额312 592.22元；购货合同是下花园一个姓苑的带过来的，账上出库单是假的；结算资金是对方先打过来，其再安排人把款转回去；开票费按对方提供的账户给转的，所接收的增值税发票已抵扣。

7. 另案索某证言，其是涿鹿晶狮玻璃制品厂财务会计，2016年5月公司老板张某某2让联系发票；之后，下花园一个姓苑的来公司与老板张某某2见面，其在场，商定公司可以按10%和姓苑的买；从2016年5月至10月共买了8张发票，税额合计312 592.22元，都抵扣了；合同、出库单、入库单是张家口龙某新能源有限公司提供的，走账资金是每一次买票，都有龙某公司用康某某账户给其所在玻璃制品厂打款，玻璃制品厂再把款电汇给龙某公司。开票费开始是9个多点，后来涨到10个点左右。

8. 索某辨认笔录，经索某辨认，向涿鹿晶狮玻璃制品厂提供增值税专用发票姓苑的为苑某某。

上述证据经庭审举证质证，证实取证程序合法，内容客观真实，已形成完整证据链条，能够证明本案事实，予以确认。

对被告人及其辩护人提出的辩护意见，评判如下：

《中华人民共和国刑法》第二百零五条规定，虚开是指为他人虚开、为自己虚开、让他人为自己虚开、介绍他人虚开行为之一的。虚开是没有真实业务而开具增值税专用发票，被告人所办公司与起诉书指控的六家企业并未有实际业务发生，而为他人虚开，构成虚开增值税专用发票罪；被告人开多收少，所办的公司与接收税票的六家企业不具有"挂靠"的性质，不应认定为"代开"；被告人所开办的公司股东二人，其为主要股东，组织实施了虚开增值税专用发票属于直接责任人，应认定为自然人犯罪；所提交的证据，与其是否获取非法所得有关联性，但与犯罪数额无关；已补缴税款，

属于未造成"后果特别严重"的情形,与"数额巨大"是两个不同的法律概念;被告人开多收少,致使接收增值税专用发票的企业非法抵扣税款,已造成国家税款损失,具有社会危害性。对其辩护意见,本院不予采纳。

张家口市下花园区人民法院认为,被告人苑某某在所经营的张家口龙某新能源有限公司、张家口隆某商贸有限公司,与相关公司无实际货物交易的情形下,为他人虚开增值税专用发票;先后向张家口正通商贸有限公司、原下花园区森源煤炭有限责任公司、涿鹿晶狮玻璃制品厂、北京惠某有利商贸有限公司、北京通顺型煤加工有限公司、下花园宏利煤炭有限责任公司虚开增值税专用发票27张,税额合计3 097 815.61元,数额巨大,其行为已触犯《中华人民共和国刑法》第二百零五条之规定,构成虚开增值税专用发票罪。公诉机关指控其构成虚开增值税专用发票罪,事实清楚,证据确实充分,指控罪名成立。被告人苑某某投案自首,应从轻处罚。依照《中华人民共和国刑法》第二百零五条、第六十一条、第六十七条第一款、第五十二条之规定,以被告人苑某某犯虚开增值税专用发票罪,判处有期徒刑十年,并处罚金人民币三十五万元。

原审被告人苑某某上诉提出本案应认定为单位犯罪。一审判决未从犯罪数额中减除上诉人已向税务机关缴纳的税款。其自愿认罪,具有自首情节。辩护人王锋提出一审判决认定上诉人构成个人犯罪错误,本案应系单位犯罪。一审判决将涉案27张发票,税额3 097 815.61元全部认定涉案数额错误,应扣减上诉人已向税务机关纳税的税款。一审判决认定第三起、第五起不构成犯罪。上诉人具有自首情节应减轻处罚。辩护人范玉彪提出上诉人已向税务机关缴纳的税款应从犯罪数额中减除。原第三起的事实不构成虚开增值税专用发票罪。上诉人构成自首。

本院审理查明的事实与一审法院审理查明原审被告人苑某某犯虚开增值税专用发票罪的事实相一致,一审法院在判决中所列举的证据能真实、客观地反映案件的事实并均经一审庭审举证、质证予以确认,经本院审查后继续采用。

对于原审被告人苑某某上诉与辩护人提出本案应认定为单位犯罪。一审判决未从犯罪数额中减除上诉人已向税务机关缴纳的税款。原判认定第三起、第五起不构成犯罪。其自愿认罪,上诉人构成具有自首情节的理由和意见,经查,苑某某所经营的公司与涉案六家企业没有发生真实交易事项,所虚开增值税专用发票27张均系苑某某个人所为,其行为不符合《中华人民共和国发票管理法》之规定。所提原判决应认定苑某某的行为系单位犯罪的理由与意见,于法无据,且与本院查明的事实不符。一审判决已认定苑某某补缴了税款,但其行为并不影响虚开增值税专用发票罪的成立。苑某某采用开多少收的手段,虚开增值税专用发票27张,税额人民币3 097 815.61元,数额巨大,给国家税收造成损失。一审法院在量刑时已考虑上诉人具有自首等法定、酌定从轻情节并予以体现,故上诉人理由与二辩护人意见不成立,本院不予支持。

本院认为,原判认定上诉人(原审被告人)苑某某虚开增值税专用发票27张,税额共计人民币 3 097 815.61 元，数额巨大，其行为已构成虚开增值税专用发票罪。原判认定事实清楚，证据确实、充分，适用法律正确，量刑适当。审判程序合法。上诉人苑某某的上诉理由及辩护人意见不成立。依照《中华人民共和国刑事诉讼法》第二百三十六条第一款第（一）项、第二百四十四条之规定，裁定如下：

驳回上诉，维持原判。

本裁定为终审裁定。

审判长　韩　涛
审判员　钟海山
审判员　李肖实
二〇一九年八月十二日
书记员　高　洁

至于老板们自己去虚开发票的情形，案例就更多了，下面这个案例（部分文字作了处理），也具有相应的参考价值。

平湖市鑫宏旺箱包配件有限公司、唐年法虚开增值税专用发票、用于骗取出口退税、抵扣税款发票罪一审刑事判决书

发布日期：2019-10-17

浙江省平湖市人民法院

刑事判决书

（2019）浙 0482 刑初 780 号

公诉机关平湖市人民检察院。

被告单位平湖市鑫宏旺箱包配件有限公司，住所地浙江省平湖市新埭镇广新线星光段＊＊内第＊＊＊＊东三间，法定代表人唐年法，职务执行董事兼经理。

诉讼代表人唐某1，男，1982年7月30日生，汉族，系平湖市鑫宏旺箱包配件有限公司监事，户籍地浙江省平湖市。

被告人唐某2，曾用名唐××，男，1956年2月19日生，汉族，出生地浙江省平湖市，初中文化，系平湖市鑫宏旺箱包配件有限公司法定代表人、执行董事，户籍地浙江省平湖市。因本案，于2019年7月17日被平湖市公安局取保候审。

辩护人沈君慧，浙江信专律师事务所律师。

平湖市人民检察院以平检公诉刑诉〔2019〕790号起诉书指控被告单位平湖市鑫宏旺箱包配件有限公司及被告人唐某2犯虚开增值税专用发票罪，于2019年10月10日向本院提起公诉。本院于同日受理，并依法适用简易程序，组成合议庭，公开开庭审理了本案。平湖市人民检察院指派检察员章桂龙出庭支持公诉。被告单位平湖市鑫宏旺箱包配件有限公司的诉讼代表人唐某1、被告人唐某2及辩护人沈君慧到庭参加诉

讼。现已审理终结。

经审理查明：

2017年4月至2018年8月期间，被告单位平湖市鑫宏旺箱包配件有限公司在无真实业务的情况下，通过付某（另处）介绍，由被告人唐某2以付开票费的方式购买天津星潮金属制品有限公司、天津联合中商金属制品有限公司、天津鼎诚盛塑料制品有限公司、天津奕鸿发进出口贸易有限公司、天津市宏源盛塑料制品有限公司虚开的增值税专用发票共计57份，后全部申报抵扣，涉及税款943 769.21元。

另查明，被告单位平湖市鑫宏旺箱包配件有限公司于2018年10月已补缴全部税款。

上述事实，被告单位平湖市鑫宏旺箱包配件有限公司及被告人唐某2在开庭审理过程中亦无异议，且有受案登记表、同伙供述、平湖市国家税务局抵扣证明、补缴证明、委托书、入所人员身份核查系统查询记录、抓获经过、身份证明等证据予以证实，足以认定。

本院认为，被告单位平湖市鑫宏旺箱包配件有限公司及被告人唐某2在未发生实际业务的情况下，让他人虚开增值税专用发票共计57份，涉及税款943 769.21元，属数额较大，其行为均已构成虚开增值税专用发票罪。公诉机关指控的罪名成立，应予支持。被告单位平湖市鑫宏旺箱包配件有限公司及被告人唐某2均能认罪认罚，被告人唐某2归案后能如实供述自己的罪行，属坦白，依法均可以从轻处罚；同时被告单位平湖市鑫宏旺箱包配件有限公司已经补缴了全部税款，也可酌情从轻处罚。鉴于被告人唐某2系初犯，悔罪意识明显，对其适用缓刑不致再危害社会，并可依法对其适用缓刑，辩护人对此提出的辩护意见，本院予以采纳。据此，为惩治犯罪，依照《中华人民共和国刑法》第二百零五条、第三十条、第三十一条、第六十七条第三款、第七十二条第一款之规定，判决如下：

一、被告单位平湖市鑫宏旺箱包配件有限公司犯虚开增值税专用发票罪，判处罚金二十万元（罚金款限本判决生效后十日内缴纳）；

二、被告人唐某2犯虚开增值税专用发票罪，判处有期徒刑三年，缓刑三年八个月（缓刑考验期限从判决确定之日起计算）。

被告人唐某2回到社会后，应当遵守法律、法规，服从监督管理，接受教育，完成公益劳动，做一名有益社会的公民。

如不服本判决，可在接到判决书的第二日起十日内，通过本院或者直接向浙江省嘉兴市中级人民法院提出上诉。书面上诉的，应当提交上诉状正本一份，副本二份。

审判长　钱利娟
人民陪审员　邱元春
人民陪审员　顾志英
二〇一九年十月十四日
法官助理　孔佩
书记员　林媛媛

因此，最终得到缓刑判决的，应心存庆幸才是。对于比较盲目、自以为是的虚开，一旦形成事实，后面就基本没有后悔的机会。但是有的老板说，我认识的人中，多有虚开的情形，也没有见出什么事，我怕什么。不能以身试法，活在侥幸中，不怕一万，就怕万一，一朝暴露，最终的"锅"只能自己背。

上面我们提到的多是"赤裸裸"的虚开，没有货物与服务真实存在，还有一种情形，不宜直接说成虚开。如某些老板家里经常买的一些物品，如婴儿的用品，也拿到单位来报销，这是不是虚开？这是跟实际不符的情形，《中华人民共和国发票管理办法》（"《发票管理办法》"）规定：

第二十二条　开具发票应当按照规定的时限、顺序、栏目，全部联次一次性如实开具，并加盖发票专用章。
任何单位和个人不得有下列虚开发票行为：
（一）为他人、为自己开具与实际经营业务情况不符的发票；
（二）让他人为自己开具与实际经营业务情况不符的发票；
（三）介绍他人开具与实际经营业务情况不符的发票。

如果发生与自己已发生的真实业务不符的发票入账，这应属于虚开的一种情形。但是这种情形因为有真实的货物存在，所以相较于上面我们提到的凭空虚开的情形还是有所差异的。比如日用品，平时也确实难以分清，是比较特别的事项。当前来看，由于虚开的违法情形还比较多，这种情形还没有引起足够的重视。最多发现的时候，企业所得税不让税前扣除，算为个人应税所得补税处理。之前听有的专家介绍，有的税务机关对一些电商平台数据进行了分析，认为密集于向某些单位开具的物品可能存在问题，但从媒体报道来看，还没有这方面的案例曝光。

近年来，随着各地互联网用工平台的兴起，灵活用工越来越多地被推荐，委托代征税款的机构也越来越多，给传统税收征管体系带来了很大的影响，也带来了一些思考与可能存在的问题。对于个人老板来讲，通过这种平台"虚开"发票的情形，也可能会出现。笔者认为，这其中最为主要的是要有实际的业务存在，并且有合理的商业价格，切莫盲目听这些招商平台的广告宣传。当前这些平台也已引起了财税管理部门的关注，未来难免有虚开大案的发生，在后面涉及企业的用工管理方面的内容时，我们再作此方面的具体分析。笔者听闻某省最近开始收紧委托代征代开发票的额度与人员居住的要求，不再提供无限度的任何异地个人的代开发票需求，试想一个广东的个人跑到辽宁的一个县级市以优惠的征收率代开了一张服务费的发票，感觉上就不大靠谱，但这种情形大量存在，真要追究起来，谁能说得清楚呢？

2.5 来源于所投资企业的利润分配

在当前的经营环境下，无论是国内还是国外，仅用个人名义进行经营，面临着诸多的不方便，也有诸多的风险，因此必须通过一定的法律主体来经营才便利，比如个人可以灵活做一些工作，但是一般公司不会轻易地与个人做生意，一是公信度问题；二是个人的税款扣缴给交易对手带来的麻烦；三是票据开具与结算的问题，比如个人除几个特别事项外，不能向税务机关申请代开增值税专用发票给交易对手抵扣，同时资金的结算也会受到种种的监控与提现结算或银行对私转账的操作困难；四是个人生意再大，在资本市场上无法得到认可，比如发行债券、公开发行股票，必须要以股份有限公司的名义；五是个人经营风险大，不如有限责任的企业体对自己有保护，凡此种种，都是引导个人进行投资，通过所投资的企业运营获得价值增值，并享受企业所获利润带来的分配收益。

【案例】 一位私人美发师曾在"在行"App中约见过笔者，想咨询其取得的劳务收入如何计税、如何避税，以及跟支付方如何合作的问题。这个估计也是很多个人从业者面临的问题，比如对方给的劳务费是现金或个人微信结算的，并没有通过对方的企业账户，或者直接就由对方的业务员自己想办法处理费用，不体现企业跟个人的业务关系。这也说明了其实当前的经济交易中，隐藏着很多个人间、个人与企业间的应税但未纳税的交易，没有体现出来。笔者认为其签合同时要跟对方约定清楚税费的承担责任，由于是实际业务，办理一个临时税务登记或个体经营主体即够用，但由于该个人尚没有较大的交易量，暂未立即着手这些事情。

有限责任公司或股份有限公司是有限责任，受到法律的保护，不会直接影响到投资人自己来承担经营造成的连带责任，除非是发现个人故意转移财产，不然即使欠缴税款也不影响。有的企业家在考虑各种因素之后，有时仍会基于"仁义"自愿继续由个人偿还公司的一些债务（没有个人担保或抵押财产等情形下），比如媒体报道的史玉柱的案例。这是给个人增加了信任的价值和为以后商业的价值助力，是另一个层面的事情了。

个人承担无限责任的运营载体有个体户、个人独资企业，以及以无限责任人入伙的合伙企业，这些运营主体可以跟有限公司一样从事业务活动，但上面提到，对于个人承担责任的风险较大，比如个体户都不能作有限责任公司的股东，其与个人之间的风险隔离比较难，个人独资企业与此类同。合伙企业适合较多人合作进行一些投资平台的运营等，不大适合从事大规模的商事活动。上面提到的主体，不是企业所得税的纳税人，由其个人投资者按经营所得计税，但跟公司一样，都是增值税等相应税种的纳税人，个人所得税的计算是不同的。通俗地讲，这些主体有了利润就需要计缴个人所得税，而有了亏损，个人却并不能得到退税补偿。对于一些个人创业者，比如工作室之类的活动，比较适宜用上面的平台来运营，只要控制好相应的经营风险即可。比如某合伙企业投资于某有限公司，合伙企业本身不从事其他商业活动，这时一般不会产生无限责任的事项，但是，如果这个持股平台与第三方投资者签订了对赌协议，在涉及回购等情形发生时，就可能由无限责任人对此承担相应的承诺责任。

而投资有限责任公司或股份有限公司的个人，则面临着更为广阔的市场空间与风险的有效控制，不必过分顾忌对自己家庭财产的影响。这也是我们主要讨论的对象。通过股权所控制的公司，间接地获取增值价值，是个人财富的一个实现路径。如果未来成功上市融资、交易，将进一步充实发展的基础，也将让自己的股权价值得到充分的溢价机会。

另外，也有一些个人，如媒体所称的股市中的散户，可能会投资一些上市公司的股票，也直接成为发行股票企业的股东，一般是小股东，但对这些公司实现的利润如何并不是很关注，他们在意的是交易市场的股票价格高低变化，来找到退出获利的机会，更在意短线的操作空间。

2.5.1 公司的利润不作分配税收政策有无限制

如果一个有限责任公司在老板有力的运营下，获得了可观的利润，十多年下来，账面利润有 6 000 多万元，账面也有充裕的资金可供分配，如果股东一直未作出分配的决议，税务机关征不到股利红利的个税，会不会有相应的措施，这个问题，我们先分析一下。

在前几年，笔者曾与在某省税务机关工作的朋友探讨政策，提及某些外商投资企业，往往累积了大额的未分配利润，但就是不分红，还持续进行投资，或者对外借款。该伙伴就提出：这些企业为何不分配股息红利呢，这明显是"避免"国家征收预提所得税，而且还将这些利润用于持续的经营或对外借款处理，"隐含"了境外股东利益的涉税义务未及时处理。2017 年国家开始允许境外投资者利润再投资递延纳税。

《国家税务总局关于非居民企业股权转让适用特殊性税务处理有关问题的公告》（国家税务总局公告 2013 年第 72 号）曾规定：

八、非居民企业发生股权转让属于《通知》第七条第（一）项情形且选择特殊性税务处理的，转让方和受让方不在同一国家或地区的，若被转让企业股权转让前的未分配利润在转让后分配给受让方的，不享受受让方所在国家（地区）与中国签订的税收协定（含税收安排）的股息减税优惠待遇，并由被转让企业按税法相关规定代扣代缴企业所得税，到其所在地所得税主管税务机关申报缴纳。

在其解读稿中是这样说明的：

四、明确对未分配利润的处理

在实际操作中，对未分配利润的处理存在以下问题：一是部分税务机关在受理非居民企业股权转让适用特殊性税务处理备案时，因担心失去对转让前股息所得税的征税权，仅仅因为被转让企业存在未分配利润便判定其股权转让不具有合理的商业目的而不予备案；二是要求被转让企业在股权转让前将未分配利润进行分配并扣缴股息所得税。同时，各地对未分配利润的征税权也存在争议。这些都需要总局明确，否则既影响非居民企业股权转让适用特殊性税务处理的正常备案，也加大了税务机关的执法风险。

为此，为给非居民企业及时享受特殊性税务处理提供税收上的确定性，防范非居民企业利用重组避税或延迟纳税，《公告》第八条规定：一是对被转让企业转让前后的未分配利润进行区分；二是对转让方和受让方不在同一国家（地区）的，被转让股权转让前的未分配利润在转让后分配的，不享受税收协定的优惠税率待遇。例如，某美国企业将其100%控股的中国居民企业的股权转让给其100%控股的某香港企业，中国居民企业在被转让后分配其转让前的未分配利润给香港企业的，不能享受内地与香港税收安排对股息所得减按5%的优惠税率。

第八条还规定，对股权转让前的股息所得税由被转让企业履行扣缴义务并到其所在地主管税务机关申报缴纳。

其实是不是要分配利润，这是依《公司法》或外商投资方面的法律所规定情形下的企业自主行为，税法没有也不能强制其进行分配股息红利，所以大家不必担心这个问题。但是在很多年前的个税政策中，却真是要求企业对于个人股东的利润强制视同分配进行扣缴个税，即使企业没有钱，也要进行分配计税。在此我们回顾一下这个已失效的文件：

《国家税务总局关于进一步加强对高收入者个人所得税征收管理的通知》（国税发〔2001〕057号）规定：

六、要进一步加大对高收入者的执法力度。

对高收入行业和个人的个人所得税。各地要采取有力措施加强征收管理，每年都要有所突破。今、明两年要着重抓好以下工作：

（一）落实好对个人独资和合伙企业投资者征收个人所得税的规定，做好有关各项工作。要把规模大和效益好的个人独资企业、合伙企业、律师事务所、会计师事务所、审计师事务所等中介机构的经营者作为加强征管的重点对象，应要求其建账建制、实行查账征税，对不建账建制或者账实明显不符的，从高核定征收个人所得税。对私营有限责任公司，其企业所得税后利润按《中华人民共和国公司法》的规定弥补亏损、提取公积金和法定公益金后的剩余利润，或者按《中华人民共和国私营企业暂行条例》的规定提取生产发展基金后的剩余利润，不分配、不投资、挂账达1年的，从挂账的第2年起，将剩余利润依照投资者（股东）的出资比例计算分配个人投资者（股东）的所得，按"利息、股息、红利所得"项目征收个人所得税。

大家知道，企业的利润不可能有了就要分的，比如企业有发展之需，或者再投资的活动，征管思维脱离了经营现状与事实，可能当时有规定的初衷，但后来废止也是正常的。还有的企业有利润，但是没有现金，比如企业尽管有实现的收入，但是却多是应收账款，此时如何进行分配呢？难道将应收账款作为股息红利分配给股东吗？债务转移的法律交接如何确认？是不是要公示或签订三方协议呢？这些注定了分红是"心有余而力不足"。

所以，尽管有时企业的利润看起来很可观，一旦分配，税务机关将可能实现可观的财政收入，如此，全国企业中隐含的税收就可能一下子增长很多。但这种方式无疑将未来财政收入的空间给压缩了，这些利润一下子实现了财政收入的增长，未来实际分配时，不能再向纳税人重复征税，管理成本也很高。而且纳税人企业未来还可能亏损，原来交的税就"白交"了，于此，可能引起很大的媒体关注与呼吁，这是不现实的，比较脱离经济规律与经营常规，遵循企业经营的意思自治为基本政策才更为合理。

2.5.2 个人投资面临的利润分配税负水平问题

有专家称这个问题为"双重征税"，笔者理解，这本身不宜认为是双重征税，因为纳税人的主体是不同的，但是如果串起来看待这个问题，又不得不考虑整体税负的影响。

【案例】路某是一家一人有限责任公司的个人股东，该公司于2019年开始经营，2019年度取得利润1 000万元，若当年度计缴所得税为250万元，净利润为750万元，决定分配给路某，代扣代缴个税为20%即150万元。

分析：我们来看，在通过公司进行经营的情形下，其利润1 000万元扣减税款400万元后，余额600万元入到路某手中，相当于40%用于缴纳税款了，这个税负成本在之前的内容及案例中我们已有提及。在这里我们要从多方面考虑，在企业所得税存在不同税负的情形下，整体税负可能的影响。下面是考虑一些优惠政策的情形下，企业可能面临的所得税税负率的大致比较（如表2-12所示），我们假设在相同的利润情形下，且假设所得税税率计算出来的所得税就是实际缴纳的。

表2-12

税项 \ 税负率	0%	5%	10%	15%	25%
企业所得税税率	0	5%	10%	15%	25%
个人所得税税率	20%	20%	20%	20%	20%
综合税负率	0+20%×100%=20%	5%+20%×95%=24%	10%+20%×90%=28%	15%+20%×85%=32%	25%+25%×80%=40%

上面是一个有限责任公司在不同所得税负率下的比较，对于未上市或挂牌的股份有限公司，也是这样的情形，但对于在国内已上市或挂牌的股份有限公司，为了鼓励资本市场的发展，依持有股票时间段对于股息红利个人所得税有相应的减免优惠政策。

【案例】 路某在2019年成立了一家工作室，性质属于个体户，2019年因销售一项重大技术创新项目，取得经营利润1 000万元，假设没有税前扣除调整的事项，此时1 000万元直接计算个人所得税，是不是分配并不影响计算经营所得的个人所得税，只要实现了利润就需要计算应税所得，如果计税后分配时则不重复计缴个人所得税。

依据经营所得的个税税率级距表，1 000万元×35%-6.55万元=343.45万元，或者路某的个体工商户因为核算不准确，税务机关核实其所得率为10%，若当年收入为1 200万元，于此计算所得为1 200万元×10%=120万元，计算个人所得税为120万元×35%-6.55万元=35.45万元。大家可以发现，对于一些高利润的个体户，当前多有税务机关实施核定所得率，由此计算个税的税负成本相对"很低"。

无论是投资公司还是以个体户进行经营，多有异地设立寻求当地财政扶持奖励的安排，比如有的企业设立在西藏、新疆等地，多有此方面的利益安排考虑。但当前来讲，西部地区的政策及当地政府的投资要求有时有不稳定的情形发生，有地方性的因素影响，同时还要考虑财税部门现在及未来的征管要求也很重要。

2.5.3 利润分配的筹划手段并不是绝对的标准而是相对的

利润分配的税务规划，有时并不是唯一重要的，在整个企业架构中，有的人是要控制权,有的人是要投资回报,有的人只是财务投资人身份,我们不能以所谓的节税标准来套用,而是看老板需要什么再来规划,并且在过程中要随时视情形调整,视政策变化调整。

在上节中我们举的案例,是个人直接作为投资人或出资人,从所出资企业取得的经营利润。但有时个人是通过中间持股平台,再来投资企业运营,那么对于所得的认定时间与计税结果就会有所变化。

【案例】贾某与爱人共同投资了 A 公司,A 又投资了一家 a 子公司,a 公司是主要的运营主体,2019 年实现可分配的税后利润是 1 000 万元,分配给 A 公司 1 000 万元,A 再用于投资活动,又设立了一家 a1 公司,并不急于分配股息红利给自然人股东,如图 2-4 所示。

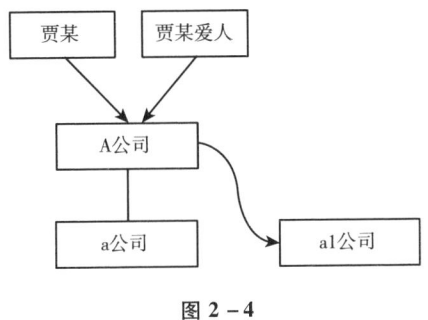

图 2-4

之前,笔者听到一个筹划培训课,专家提出,不要个人直接持股投资公司,个人直接持股有税,如果是通过公司作为股东,是免税的,更为有利,比如上面这个案例,就满足了所称的筹划条件。笔者认为,这只是一个片面的、吸引眼球的论点,对于一个初创期的投资人来讲,这可能挺好的,而对于一个想慢慢退出的个人来讲,是不是再有热情进行投资,可能是另外一个结果。

《企业所得税法》规定:符合条件的居民企业之间的股息、红利等权益性投资收益免税。《企业所得税法实施条例》规定:符合条件的居民企业之间的股息、红利等权益性投资收益,是指居民企业直接投资于其他居民企业取得的投资收益。企业所得税法第二十六条第(二)项和第(三)项所称股息、红利等权益性投资收益,不包括连续持有居民企业公开发行并上市流通的股票不足 12 个月取得的投资收益。所以在上面的案例中,A 公司取得的 1 000 万元在 A 公司的经营所得中是免税的,但是如果 A 公司继续向个人分配,则相当于是个人直接投资公司取得的股息红利,按 20% 计税。也就是说,个人如果透过中间很多层公司持股,无论分几层都是免企业所得税的,直至分到个人就应计算个税。

由于直接控股的居民企业间分配的股息红利免企业所得税，可以在 A 公司收集资金，方便进行其他投资，递延了个人投资人取得利润的时间及个税义务的发生，灵活地拓展投资新的业务，比如设立 a 公司，也可以直接在 a 公司中进行利润转增资本处理。由于利润并未在 A 公司向个人股东分配利润，没有"过手"，因此并不产生个人所得，即没有实现个人所得，经营仍在企业当中继续，这是一个很常规的事项，并不是很神秘的事情，老板们对此要作为一个常识掌握，不必再花几万元听课费了。

2.5.4 个人取得利润分配的是什么

就这个议题我们要讨论三个小问题，一是分配的利润是什么，二是分配时点的问题，三是补充说明一下分配的利润与所得税上的应纳税所得额之间的关系。

（1）分配利润的载体体现。

一般而言，分配利润分的是货币，特别是上市公司，基本上分红有几部分，一是从利润中分配的货币，按享受优惠的政策条件，进行扣税判断与处理后打到个人账户中，海外上市的则有一些代理人账户；二是送股，即分配利润并不给钱，而是直接转到股本中增加个人投资；三是转股，即从原来的股本溢价中转送个人股票，增加股本。还有一些非上市公司的持股平台，由于员工还是需要有收入来源考虑的，因此也要进行股息红利分配。

至于分配实物或金融资产的也存在，但并不多见，这种情形多发生在企业清算时涉及一些实物与债权等的分配。

情形一：个人从有限责任公司（也包括未上市或挂牌股份有限公司）分配利润（见表 2 – 13）。

表 2 – 13

情形	个人股东		公司		
	个人所得税	增值税	企业所得税	增值税	其他税费
分配货币资金	20%	无，但是有例外情形①	无	无	无
分配实物	20%	取得方，无	计算视同销售的利润计税	视同销售收入计税	增值税的附加税费
分配房产	20%	同上	同上	销售计税	同上
分配无形资产	20%	同上	同上	同上	同上

① 如果是名股实债的形式，则按固定报酬取得的收益易被认为属于利息收入，按贷款服务计缴增值税。

曾经有一位企业的财务总监告诉笔者，其所在集团货币出资被税务要求缴纳增值税。其实出资设立企业，多不是暗隐借款的性质，出资时投出的货币资金，是一种交付的结果，并不是一种增值税的应税交易，也不是视同销售，因为对于货币来讲，并不是一种实物状态，不是税的载体。同样，正常的分红（特例外），也不是应税行为，即不是利息性质，而是投资收益的分配，不属于增值税的应税事项。

在分配利润时，依照政策规定，首先是由支付股息红利的单位代扣代缴个人所得税，如果是发放的现金，直接扣缴即可，如果是发放的实物，是不是需要个人自己将税款交到单位进行计算扣缴，这种情形比较复杂，操作也难，通常是搭配相应的货币资金分红，利于进行个税扣缴。

情形二：个人从境内上市（挂牌）股份有限公司取得分红。

相较于个人从有限责任公司取得分红，个人从境内上市或挂牌股份有限公司取得分红，因为有国家对于资本市场的扶持政策，有相应的财税优惠政策（如表 2-14 所示）。

表 2-14

政策文件	规定事项
《关于上市公司股息红利差别化个人所得税政策有关问题的通知》（财税〔2015〕101号）	一、个人从公开发行和转让市场取得的上市公司股票，持股期限超过1年的，股息红利所得暂免征收个人所得税。 个人从公开发行和转让市场取得的上市公司股票，持股期限在1个月以内（含1个月）的，其股息红利所得全额计入应纳税所得额；持股期限在1个月以上至1年（含1年）的，暂减按50%计入应纳税所得额；上述所得统一适用20%的税率计征个人所得税。
《关于继续实施全国中小企业股份转让系统挂牌公司股息红利差别化个人所得税政策的公告》（财政部 税务总局 证监会公告2019年第78号）	一、个人持有挂牌公司的股票，持股期限超过1年的，对股息红利所得暂免征收个人所得税。 个人持有挂牌公司的股票，持股期限在1个月以内（含1个月）的，其股息红利所得全额计入应纳税所得额；持股期限在1个月以上至1年（含1年）的，其股息红利所得暂减按50%计入应纳税所得额；上述所得统一适用20%的税率计征个人所得税。 本公告所称挂牌公司是指股票在全国中小企业股份转让系统公开转让的非上市公众公司；持股期限是指个人取得挂牌公司股票之日至转让交割该股票之日前一日的持有时间。

上面的两个政策文件，一个适用于上市公司，一个适用于新三板挂牌公司。看似优惠政策是"一样"的，但还有值得关注的差异之处。

对于中小企业股份转让系统挂牌公司（"新三板"挂牌公司）来讲，由于是非上市公众公司，个人是包括原始自然人股东的，对于规定中提到的"个人取得挂牌公司股票之日"，是指从新三板的公司在以有限责任公司成立之时，还是在股改完成成为股份有限公司之时，或是在最终挂牌上市之日呢？这三个选项，现实当中有不同的理解方式，甚至税务机关内部的理解也不尽相同。于此，就宜参照证券登记机构的操作处理方式。我们可以参照中登公司的问题回复："挂牌前取得股票时间"如何填写？其答复如下：

"挂牌前取得股票时间"是指股东初始取得股票的时间，即公司改制为股份有限公司时，股东在名义上获认股份有限公司股票的时间；该字段主要是方便挂牌公司做权益分派时，计算持股股东的持股时间，实现差别化计税。对于股东在挂牌前分多批取得股票的（如初始持有、增发持有、送转股持有、非交易过户等方式在不同时段取得股票），需分行列示，每行"登记股数"字段和"挂牌前取得股票时间"字段一一对应，准确反映每批取得的股票数量和取得时间；我司对该字段不做实质审查，各主办券商、申请挂牌公司需对该信息的真实性和准确性负责。

但是对于非新三板的境内上市公司来讲，对于老股东来讲，却并不是与此一致的，《财政部 国家税务总局 证监会关于实施上市公司股息红利差别化个人所得税政策有关问题的通知》（财税〔2012〕85号）规定：

四、对个人持有的上市公司限售股，解禁后取得的股息红利，按照本通知规定计算纳税，持股时间自解禁日起计算；解禁前取得的股息红利继续暂减按50%计入应纳税所得额，适用20%的税率计征个人所得税。
前款所称限售股，是指财税〔2009〕167号文件和财税〔2010〕70号文件规定的限售股。

情形三：个人从个体工商户取得的利润。

严格来讲，这个标题是通俗化的说法，在税收规则上是不恰当的描述。我们在前面提到，个体工商户是不缴纳企业所得税的，直接按年度计算个人经营所得的应纳税所得额，如果实现了利润，不管是不是分配，只要计算出来就是应纳税所得额，就属于自己的所得，要计缴个税。

即使年度中间个人从设立的个体工商户中取得了钱，也不是费用，也不计算利润分配，而是要看年度计算的应税所得额，同时其本人的工资薪金不得在计算中扣除。

《个体工商户个人所得税计税办法（2018修正）》规定：

第二十一条　个体工商户实际支付给从业人员的、合理的工资薪金支出，准予扣除。

个体工商户业主的费用扣除标准，依照相关法律、法规和政策规定执行。

个体工商户业主的工资薪金支出不得税前扣除。

因为个体工商户本来就是依经营所得计算个人所得税，如果再允许其扣除个人本人的工资薪金，岂不是再计算一次综合所得的个人所得税，将经营所得与综合所得混淆了。同样，此规则也应适用于个人独资企业，合伙企业稍微复杂一些，有机构合伙人存在，但对于个人合伙人宜一并按此规则参考处理。

通常个体工商户在税收征管中，多采取核定所得率计税的方式，这在一定程度上是有利的，如果是查账征收，征管成本较高，说不定还需要请个代理记账的人员辅助，成本又增加了，从这个角度来看，核定是个体工商户的一大特色。如果只是一个小本经营的业务，比如蛋糕店、理发店或者工作室，采取个体工商户的方式进行经营，既可以有效地完成登记，又能够取得发票满足向客户开具之需，核定的税负可能还更节约、更有利，这种情形下，就没有必要再去追求"高、大、上"的有限责任公司或股份有限公司包装运营载体了。比如笔者前几年认识了一位连锁蛋糕店主，其在某省的连锁店多达上百家，全部以个体工商户的名义运营，有的包给了某位员工，有的挂亲戚的名字，后来想进行一些重组，于是报了某知名企业家的课程，想学习一下先进的经验。

【案例】路某于2019年设立了一家个体工商户，2019年取得收入80万元，成本发生了30万元，其中路某自己列的工资是8万元。同时，路某在其他单位也有一份雇佣工作，我们来算一下这种情形下，其从事经营所得的个税是多少。

分析：8万元属于个人自己的工资，不得在计算经营所得时扣除，实际可扣除22万元，若没有一些不允许扣除的事项及纳税调整事项，应纳税所得额为58（80－22）万元，由于该个人还有其他的综合所得事项，不需要考虑扣减费用6万元等可以税前扣除的事项。依据个税经营所得的税率表计算个税：58万元×35%－6.55万元＝13.75万元，此为路某2019年度应计缴的个人所得税。

若当地税务机关允许其核定所得率为10%，此时不需要考虑成本扣除的因素，80×10%＝8（万元），此为应纳税所得额，8×10%－0.15＝0.65（万元）。与查账征收相比有利，因此纳税人需要提前及时评估自己的成本比重，以及是不是能够有效取得税前扣除的相应凭证，综合评估，比如开始存在亏损，那么核定就没有利，笔者并不是一味地推荐大家争取核定征收，需要提前规划一下。

若路某于2020年1月取得上述税后经营所得10万元，此10万元不需要扣缴个人所得税，也不是路某此时应计税的经营所得，因为这已是完税之后属于个人利润的部分，个人只要有相应的计税凭证，就可以通过网银操作或通过银行的柜台办理由个体工商户的银行账户转到个人的银行账户中。据笔者的观察，网银涉及相应选择类型及额度的管控，会有一些限制性的判断，这并不代表是不允许的，只是银行难以判断而已。但是若2020年路某的个体工商户经营亏损了，原来实现的利润没有了，那么就没有利润可分配了，原来缴纳的个税也是不可能退回的。

【案例】金某于2019年在中国广西某产业园区设立了某个体户，2019年该个体户核定所得率是10%，当年计算应纳税所得额是20万元，于是计缴经营所得的个税200 000×20% - 10 500 = 29 500元。缴纳完上述税款后，税务机关的人员告诉金某，余下的所得在股息红利分配时，还需要按20%代扣代缴个人所得税，金某一想，那我来这投资还没有节税啊，于是急匆匆地找笔者咨询。

这个问题，其实不是个问题，个体户本来就是缴纳个人所得税的，所谓的分配并不是真分配，只是个人税后所得的取回。也可以理解为对于个体户、个人独资企业、合伙企业的个人合伙人一样，属于经营所得计缴个税，不存在缴纳企业所得税后再分配缴纳股息红利个税的问题。如果非要找一个依据，笔者也是查了国家税务总局官网的类似问题答疑，有直接的借鉴可以来解释了。

个人独资企业申报经营所得后，将剩余的利润打到投资者的账户，还需要交个人所得税吗？

留言时间：2019年11月08日，答复时间：2019年11月11日，答复单位：国家税务总局网站

答：根据《财政部 国家税务总局关于印发〈关于个人独资企业和合伙企业投资者征收个人所得税的规定〉的通知》（财税〔2000〕91号）第五条规定，个人独资企业的投资者以全部生产经营所得为应纳税所得额；合伙企业的投资者按照合伙企业的全部生产经营所得和合伙协议约定的分配比例确定应纳税所得额，合伙协议没有约定分配比例的，以全部生产经营所得和合伙人数量平均计算每个投资者的应纳税所得额。

前款所称生产经营所得，包括企业分配给投资者个人的所得和企业当年留存的所得（利润）。

个人独资企业和合伙企业按照上述政策申报缴纳经营所得个人所得税后，将利润分配给投资者不再缴纳个人所得税。

（2）分配时点问题。

利润分配计缴个税，适用于缴纳企业所得税的企业，多数是有限责任公司与股份有限公司，而个体工商户、个人独资企业、合伙企业则不同。对于前者，实现的利润是属于企业的独立资产，属于有限责任的法人主体的财产，分配利润后才属于个人实现的所得，于此按照股息红利来计税，进行代扣代缴。而后面的三个主体，则在经营年度不管是否分配利润，都按应分的利润调整计税，即当年度实现的利润就要计算缴纳个人所得税，没有"分配才有所得"的这个环节，所得在年度已计过税了，至于后面的分配环节，则是经营上的分配，不是计税上的分配。

笔者曾接触到这样的案例，某地对于持股平台缴纳的个税，如若达到年 50 万元税款以上，则可以返还地方留成的 80%，有的持股平台的税务经理就此咨询年度达不到这个标准，就享受不到这个财政奖励，如何办啊？某持股平台的架构如图 2-5 所示。

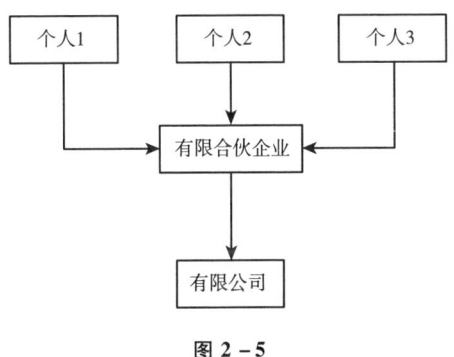

图 2-5

这种架构是比较多见的一种设计，有限公司是主要的运营主体，个人通过有限合伙企业来间接持股有限公司，如果有限公司分配股息红利，按当前政策规定，是直接"穿透"到个人来计算缴纳 20% 的个人所得税，并不需要并入有限合伙企业的经营所得来计缴不同个人的个税。如果 2019 年分配利润 200 万元，则合计个税为 200 万元 × 20% = 40 万元，2020 年分配利润 200 万元，个税总计也是 40 万元，两年共 80 万元，如果按当地政策，则每年都达不到 50 万元，享受不到财政奖励的政策。但若 2019 年不分配利润，在 2020 年度一并分配，则达到了相应的标准。这个分配的年度，是企业自主决定的。如两年仍达不到标准，则考虑三年也行，只要协调好资金需求与奖励即可。

如果某企业宣告分红了，但是有的股东因个别原因，迟迟未能将分红款拿走，那么单位是否可以一并代扣代缴其未取走的股息红利的个人所得税呢？

《国家税务总局关于利息、股息、红利所得征税问题的通知》（国税函〔1997〕656号）对此有过答复：

天津市地方税务局：

你局《关于对利息、股息、红利所得分配个人名下征税问题的请示》（地税二〔1997〕43号）收悉。经研究，现通知如下：

扣缴义务人将属于纳税义务人应得的利息、股息、红利收入，通过扣缴义务人的往来会计科目分配到个人名下，收入所有人有权随时提取，在这种情况下，扣缴义务人将利息、股息、红利所得分配到个人名下时，即应认为所得的支付，应按税收法规规定及时代扣代缴个人应缴纳的个人所得税（1994年前为个人收入调节税）。

这个理由大家都理解，比如企业在发放工资时，要求签字，有的员工正好月底请假，次月才来，这也相当于挂账随时可以提取的，企业也没有必要非要等个人账户收到或个人签收现金才算是有所得，才进行扣缴个税处理。但是如果企业"赖账不给"，那真不应扣缴个税处理，因为没有支付，没有对应的所得。

【案例】 某央企财税负责人在2020年初咨询笔者，单位发放给员工的年度奖金，大多数人员会选择全年一次性奖金的个税单独计算方式，但该政策要求一个年度内只能使用一次。该单位总经理签字是在2019年12月31日，然后会计在接近下班时给银行上传的发放明细，银行收到后并未及时转到每个人的名下，因为大家也知道，银行在年度结账时多愿意保留一些时间性的资金在账上，有相应的"绩效"表现，结果在2020年1月1日才划转到个人名下。如此，这笔所得属于2019年度还是2020年度，因为依企业的操作，是想计为2019年度的所得扣税，这样可以享受上述年度一次的计税选择条件。

其实这个问题有点儿"吹毛求疵"，从企业发放的角度，这个钱已明确属于相应员工的奖金了，只是因为银行技术性的安排而滞后到"次年"才转到个人账户中，这其实已完成了发放的行为，在经济归属权上只是在送货的"路上"，对于货物来讲有损坏的可能，对于货币转账来讲，可能存在的就是送达的问题，只要企业给银行的指令是在2019年的时间段内，笔者认为就可以理解为完成了发放行为，自然可以适用想要用的选择条件。这个案例也说明了，政策的规定看着很清楚，但是实践当中若要较真，对于企业的会计人员来说也很苦恼。

【案例】 某企业于2020年1月成立，2020年3月会计利润为20万元，老板拟决定进行分配股息红利，会计人员提出，一般的利润分红都是结账后进行，或者对以前年度的利润进行分配，当前新成立的企业，当年未结束就进行分红，不符合规定。老板要求会计人员提供证据，会计人员无法确定，于是和笔者进行探讨。

笔者查询上市公司的公告案例，确实有预分红的案例，因为有一些企业，之前年度有累积的利润，当然是可以分配的，有的上市公司提出的预分配方案，只是一个预计的方案，并不是上述案例中提到的情形。在很早之前，北京市财政局对外商投资企业预分配利润还提出过意见，该文件现在已废止了，但也不妨摘录下来供大家参考。

关于外商投资企业预分利润问题的通知

京财合〔1988〕2089号

各企业主管局（总公司）、各区、县财政局：

财政部（86）财工字第22号《关于中外合营企业能否预分利润问题的规定》中指出："中外合营企业在未进行年度决算以前，因企业盈利或亏损的最终结果尚不清楚，注册会计师对企业的年度会计报表和全年账目尚未审查并出具报告，企业一般不能预分利润。但对企业经营状况好，没有到期债务，按规定预交所得税后仍有较多利润的，经企业主管部门和同级财政部门批准，可预分一部分利润"。据此并根据我市的具体情况，现就外商投资企业预分利润问题通知如下：

一、凡我市外商投资企业在未进行年度决算以前，一般不能预分利润。

二、对经营状况好，没有到期债务，以及按规定预交所得税和提取三项基金后仍有较多利润的企业，如中外双方确需预分利润，则必须提出申请，报财政部门审批。

三、经财政部门审查批准后，企业可预分一部分利润。预分数额不得超过可分配利润的70%。

四、经批准预分利润的企业，应增设"1181暂付股东款"科目，其数额在资产负债表的"流动资产"部分反映。实际支付时，借记"暂付股东款"科目，贷记"银行存款"科目，即不影响利润表中"利润总额"项与资产负债表中"本年利润"项的对等关系。年度终了，经董事会决定分配利润时，借记"未分配利润"科目，贷记"暂付股东款"科目。

五、1988年度已预分利润的企业必须补报申请，经财政部门批准后按本通知第四条记账。

《公司法》规定：股东会、股东大会或者董事会违反前款规定，在公司弥补亏损和提取法定公积金之前向股东分配利润的，股东必须将违反规定分配的利润退还公司。

2008年《关于修改上市公司现金分红若干规定的决定》（中国证券监督管理委员会令第57号）曾提出：在《关于加强社会公众股股东权益保护的若干规定》第四条第（一）项增加规定："上市公司可以进行中期现金分红。"

上面是笔者查到的一些可供参照的规定或事项，还有一些专家的文章，有的专家很严肃地提出来预分配利润是违法的，其依据是《公司法》所说计提公积金等规定是按年来讲的，我们且不宜直接否定，我们要看相应法规政策的合规性与合理性，要结合之前年度留存收益的情形，还要预测一下全年的利润情形。如果年度利润可以达到预分配的利润数额，笔者认为并不违规。

（3）恰当理解税后利润。

关于税后利润时，我们有时会有错误的理解，比如有的税务同行就曾发生过不同的理解，我们来看一个案例。

在数年前的征管环境下，某公司会计去税务机关办理向境外分配利润的纳税证明，即分配的利润是税后利润。税务机关的人员拿出来企业的汇算清缴申报表，直接将申报表中的应纳税所得额扣除当年度的所得税作为"利润"金额确认。这个逻辑是不对的，比如企业的年度利润总额是100万元，按照所得税的规则纳税调整税前可扣除的事项后应纳税所得额为200万元，此时计缴所得税25%计为50万元，那么税后利润为50（100－50）万元，不是150（200－50）万元，纳税调增100万元并不是实现的利润，只是税法规定计税的扣除调整，比如没有取得发票的支出或者是准备金的支出，不得税前扣除。

但是上面的案例在现在的会计规则下，已发生了变化，这就是所得税费用的核算规则发生了改变，现在引入了"递延所得税"的处理方式，所得税费用并不一定等于实际缴纳的所得税额，因此还是要依照会计准则核算的可分配净利润为准，而不是考虑应纳税所得额。

（4）未实际实现的利润是不是可以分配。

上面我们提到，如果没有可靠的利润取得相应的对价资产，企业是无法分配利润的，比如实现的利润体现为一些可能产生坏账的应收账款，这时分配也没有意义，反而给个人带来未来催账及可能涉及的诉讼等不利之处。

【案例】 当前会计准则在核算时引入了公允价值的核算规则，比如某公司持有的可供随时交易的股票，在核算时随股价变动做相应的利润核算。在2019年2月购入时股价是5元，100 000股，共500 000元，由于该上市公司表现优异，股价涨到了20元，此时股价升值了15元，即共1 500 000元，这在年底将核算为企业的利润，对于浮盈还未兑现的公允价值，所得税上并不认为属于实现的所得，不计缴企业所得税，但是可以核算为企业的利润，那么这些利润可不可以进行分配呢？

首先，这些利润未实现，股票明天可能会继续涨，也可能跌，此时如果要分配利润，而企业账上也有相应的资金支付，倒是符合分配的前提。

《中国证券监督管理委员会对"会计问题征询函"的复函》（会计部函〔2008〕50号）曾提出：

> 上海证券交易所上市公司部：
> 贵部上证上函〔2008〕0109号函收悉，经研究，现回复如下：
> 可供出售金融资产公允价值变动形成的利得或损失，除减值损失和外币货币性金融资产形成的汇兑差额外，应当直接计入所有者权益（其他资本公积）。在相关法律法规有明确规定前，上述计入其他资本公积的公允价值变动部分，暂不得用于转增股份；以公允价值计量的相关资产，其公允价值变动形成的收益，暂不得用于利润分配。
> 此复
> 二〇〇八年三月十二日

《广发证券股份有限公司独立董事关于2019年中期利润分配预案的独立意见》中我们也可以看到相应的描述意见，可以参考一下证监机构字〔2007〕320号文件：

> 根据中国证监会《上市公司监管指引第3号——上市公司现金分红》（证监会公告〔2013〕43号）、《关于进一步落实上市公司现金分红有关事项的通知》（证监发〔2012〕37号）、《关于进一步落实上市公司分红相关规定的通知》（广东证监〔2012〕91号）、《公司章程》和《公司分红管理制度》等法律、法规、规范性文件、公司制度的有关规定，作为广发证券股份有限公司（以下简称"公司"）第九届董事会独立董事，我们在认真审阅了公司董事会提供的相关议案和资料的基础上，现基于独立判断的立场，对公司第九届董事会第二十二次会议《广发证券2019年中期利润分配预案》发表以下独立意见：
> 根据安永华明会计师事务所（特殊普通合伙）的审定数，2019年半年度公司合并报表归属于母公司所有者的净利润为4 140 017 091.62元，母公司净利润为2 887 097 067.79元，本年度可供分配利润为21 391 730 314.21元。
> 按《公司章程》的规定，提取10%法定盈余公积金288 709 706.78元，提取10%一般风险准备金288 709 706.78元，提取10%交易风险准备金288 709 706.78元，根据《公开募集证券投资基金风险准备金监督管理暂行办法》的规定，基金托管人应当每月从

基金托管费收入中计提风险准备金，计提比例不得低于基金托管费收入的2.5%，资产托管业务提取一般风险准备金174 686.39元，剩余可供分配利润20 525 426 507.48元。根据中国证券监督管理委员会证监机构字〔2007〕320号文的规定，证券公司可供分配利润中公允价值变动收益部分不得用于现金分红，剔除可供分配利润中公允价值变动收益部分后本年度可供分配利润中可进行现金分红部分为20 525 426 507.48元。

以公司分红派息股权登记日股份数为基数，拟向全体股东每10股分配现金红利2.00元（含税）。以公司现有股本7 621 087 664股计算，共分配现金红利1 524 217 532.80元，剩余未分配利润19 001 208 974.68元转入下一期间。

我们认为：公司2019年中期利润分配预案符合《公司法》《证券法》《上市公司监管指引第3号——上市公司现金分红》和《公司章程》等有关规定，符合公司目前的实际经营状况，不存在损害公司股东，尤其是中小股东利益的行为，同意董事会拟定的利润分配方案，并将该预案提交公司2019年第一次临时股东大会审议。

独立董事：略
二〇一九年八月二十九日

从谨慎的角度，公允价值变动计入损益的利润，暂不得用于利润分配在上市公司中有相应的说法，对于一般的企业来讲，发生投资股票的情形可能也并不多，更多是主业的经营。从笔者与会计专家的沟通上了解，当前《公司法》原则性地理解为是按年度进行核算、计提公积金等事项处理，按年度进行核算可分配的利润也契合了年度纳税的情形，但确实没有一个明确的规定认为年中分配就是违法的，但要有一个合理的预期，比如分配了上半年的账面利润，下半年就大幅亏损，这种情形下，应还是存在一些问题的，至于违规的成本与是不是要求退回，这个也没有细化的规定。对于个税来讲，可能并不去追究是不是有利润，确定是从投资企业取得的分红，代扣代缴个税是要处理的，税收上对于利润的前置条件并不去考查是不是应分，是不是违规分。如果企业预分配的利润，在年度核算时并没有产生利润，这时能不能享受居民企业间的股息红利免税待遇呢？笔者认为不宜认可，所谓税后利润，是指对方有税后所得的情形下，对应会计利润的分配，如果没有税后计算出来的前置条件，则不宜认为达到股息红利的免税条件。

2.6 本章小结

在本章中，我们以一个个人投资者的角度，对其与所投资企业之间可能发生的各种工作、交易或利润分配情形下，分析了相应的涉税规则适用，并以较为通俗的案例进行了说明。这些案例可能适合大多数的企业投资者，笔者没有特意去找上市公司的案例展开分析，而且分析上市公司的案例，最终也没有公开的结果，现实中多以探讨居多，因为对方如何进行税务处理，不得而知。本书中的案例有笔者亲自处理的或者是听同行所述进行适当加工的，都是发生在身边的故事。

本章提供的是基础知识，方便我们的财税从业人员有效探讨、梳理、关注风险点，也方便我们的投资人掌握一些基本的财税与法律方面的专业知识，以及一些注意点。个人与企业之间的关系中，我们多是以直接关系来梳理及分析的，中间没有加入复杂的企业层级，这些内容在后面的投资、经营架构章节进行分析，以及个人投资设立企业、转让或退出企业时，我们再深入探讨，进而达到举一反三的目的。

在日常的工作当中，我们发现，对于个人与其所投资的企业之间，税务机关往往会关注如下这些情形。

一、体现为个人所得的报销费用、借款等事项的个税与企业所得税问题

一般来讲，税务机关在检查民企的账务处理时，会关注有没有大额个人用途的支出，关注会计记录中的摘要描述。比如有的会计在摘要中写"支付王总手机话费、支付李总装修费"等，更有甚者，老板报销时在发票上标注"发票购买税点"之类的违法坦白内容。还有的比如某老板咨询笔者，要买一个房子，登记在公司名下好还是老板个人名下好，装修费能不能报销等问题，如果处理不好，一是被认为是股东的股息红利所得，补缴个人所得税，二是企业所得税税前不得扣除，说不定还给戴个偷税的帽子，产生相应的滞纳金及罚款。

【案例】某老板想购买一套别墅，用途是个人使用，但到底是用公司的名义还是个人的名义买，没有主意，于是咨询笔者，多有人建议其用公司名义买，装修就开具公司名义的发票报销计入费用处理。这样处理到底行不行呢？

分析：首先我们要假设一下，老板的企业未来的发展空间及是不是可持续经营，因为如果以公司名义购买，将来企业清算分配财产时，还要以公允价值计算一次税款，交接环节税费可能不好控制，因为房产跟电子产品、汽车不同，贬值空间小，反而可能升值。而以个人名义购入，另将装修费在企业报销的方式，得不偿失，既有个税也有企业所得税的问题发生。笔者从未来持有的角度，建议还是个人直接持有，因为如果入公司账，还要每年计缴房产税、土地使用税，都是成本。

对于个人的借款事项，则有点儿像税务机关"反避税"的处理手段，这是老板面临的税务"陷阱"，知晓规则，有效防御是关键。

二、新个人所得税法实施，高收入群体自行申报的风险加大

从 2019 年开始，新个人所得税法对于综合所得的汇算清缴要求自行申报，老板要查阅一下税务机关系统中个人的收入信息，及时自行或让企业的会计协助进行计算，如达到需要申报办理补退税的情形，建议及时办理申报，减少因小失大的税务风险问题。

对于除综合所得以外的个税应税事项，新个人所得税法规定如果未被代扣代缴个税的，需要在次年 6 月 30 日前完成自行申报，此时老板需要及时确认代扣代缴的行为是不是发生，要不要自行申报，这中间的环节与沟通可能比较复杂，比如有的合同约定让股权收购方承担税费，不宜有约定就不理睬了。最好合同中明确收购方要配合完成缴税行为并保管好自己的纳税原件，从而保障自己的所得合法性。将来如果涉及向境外转移支付时，也有合法的凭据可以举证。但如果对方已代扣代缴个税，那么自行申报的义务也不需要处理。

在旧个人所得税法下，虽然也有年所得 12 万元以上自行申报的规定，但其计税原理、规定与综合所得汇算清缴是截然不同的，原来的规定是对于年所得达到 12 万元的，需要将已纳税的信息数据填报，后来提出在年度中间取得所得未纳税的，也要求在 12 万元申报时进行补缴，无文件但基本认可不需要缴纳滞纳金的，在第一次 12 万元申报的宣传资料中，国家税务总局还特别提到当年度所得未及时缴纳税款或被代扣代缴税款的，在 12 万元申报时补缴没有滞纳金，也不罚款。在现实当中，笔者接触到税务机关的人士，有的认为旧法下的 12 万元申报不是实质性的申报，不会把它当作稽查办案时考虑的一个事项；有的税务机关人士则认为，既然税法当中有提到它是属于纳税申报的一项，不管是信息申报还是补申报年度中间应缴的个税，认为就是纳税申报，是法定的，达到条件不报就是存在违规问题，可以据此来助力其办案追税的手段。应该说，后者的说法有其形，但少其内核的东西，以笔者观察到的涉诉税务的案件或报道的信息来看，少有税务机关这么操作。

三、个人与所投资企业之间的边界不清，划分不清

利益关系不清，账务划分不清，其实很有可能给自己带来利益损害的情形，比如在引入第三方财务投资者时，本来个人有一些技术用于企业经营之用，结果没有评估价值，对自己的投资占比可能带来影响。产权清晰，有利于自己进行经营安排和价值规划。正是因为不清，老板与其所投资的公司之间有时也可能发生抽逃出资、侵占资产的法律违规风险，且不可以率性为之。

四、个人投资企业的类型多样，考虑自身需要是关键

个人在经营过程中，可以以自己的名义，也可以以个体户、个人独资企业，或与别人合作以合伙企业、有限责任公司或股份有限公司的形式从事经营活动，我们很难说哪个好，税负低并非我们的第一选择，适合自己的当前需要与未来规划是最关键的。在不同的阶段，可以进行有效地衔接变化，考虑到以较低成本进行组织架构调整，不致未来内部调整之时产生过重的调整税负，这个比较重要，在实施路径上可以充分保留余地，也是平时我们面临的比较多的业务需求。

3 企业的组织架构搭建与适用规则

在本章中,我们将重点梳理一下在不同的组织架构下,投资人在不同的出资资产情形下的涉税情形、可能享受的优惠政策空间,并且结合不同的产业特点,以不同的案例来说明业务链条及交易对税的影响。在搭建整体的架构时,投资人可能还存在比如家庭、法律责任对于自身影响的考虑。比如企业上市之前,有的老板就会特别咨询《婚姻法》与《公司法》方面的专业律师,咨询未来可能存在的财产纠纷或股东间纠纷,了解需要提前签署的文档。

3.1 组织架构搭建的主体及相关问题

自然人可以搭建的运营主体包括个体工商户、个人独资企业、合伙企业、有限责任公司(包括一人有限责任公司)或股份有限公司等,不同的主体有不同的出资方式、承担法律责任的方式、纳税计缴方式等,如果主体是互相融合嵌套在一起的,那么就会更复杂一些。我们先来了解投资运营主体的搭建及税务关系的处理,而后就可以像搭建魔方一样来做自己有利的安排。

【案例】笔者曾遇到一位投资伙伴,他拟准备投资一部电影,在跟笔者的交流中提到:他们公司的财务告诉他,纵使一两亿元的收入,可以做到不缴一分钱税。笔者问他:你们是什么公司啊,他回答说是有限公司或者个人独资企业,自己也不大明白公司运营的事。如果一个老板连公司运营主体都不清楚,只听财务说可以筹划到一分钱税不缴纳,要么投资干"黄"了,没有挣到钱;要么真是以虚假发票等方式来搞小动作,千万别被带"沟里"。

我们还是要站在合规的基础之上,做长青业务,而不是去做冒险赌博的事儿。

3.1.1 自然人与其组织架构的地域管理

从事投资的伙伴都清楚，全国各地到处有招商的平台、园区在运营，有的人就在想，我是在居住地本地成立企业好，还是到从来没有去过的遥远的边疆地区成立呢？有没有需要提前关注的风险点呢？下面我们来简要地分析一下。

(1) 自然人与其成立经营机构地并不强求一致。

比如，湖南某个人在西部地区成立了一家有限公司，招商时提供的是虚拟的办公地址，比如一间屋子里可能设立了很多公司，一个人一个座位都不够分的，管理部门也知道这种情形，大家也明白，也予以认可，于是大量的企业来入驻。这种异地成立的企业，多是被财政或税收优惠吸引的。但是后来因为强化监管，很多的法定代表人被现场约谈，确认业务交易的真实性，同时强化当地办公地址及用工要求，这说明一个问题，异地监管的要求可能会给自然人带来很多的困扰：一是距离远，二是人生地不熟，三是有交通与沟通成本发生。就算要注销，也是件麻烦事儿。笔者观察到，一些医药企业不远万里到西藏设立贸易公司，以取得当地的财政奖励，结果后来发现当地有虚开的情形，以致别的企业收到当地的发票心里都"打鼓"，由于这种贸易公司多是"空壳"，有的企业就以网上商城为载体，给这种商业模式找一个合理的存在理由。

如果要成立的是一家投资性的企业，可能平时没有销售货物与提供服务，不需要领取并开具发票，目前各地多不需要投资人现场登记，只要身份证（复印件），有的地方通过远程视频确认的方式办理注册登记，给投资人带来了便利。在税务机关领取发票时，需要进行相应的实名认证处理。尽管有一些地区为了招商之需，让银行配合远程验证开户，由于频频发生的电信诈骗事件，这种操作时有收紧。

个人不受地域限制的投资主体设立，既引起了各地招商政策的差异化竞争，甚至有时带来一些过激的行为，也有可能发生承诺不到位的情形。笔者发现，涉及财政扶持未兑现的诉讼案件，时有发生，比如，当地政府未兑现承诺、滞后兑现的情形，或者是当地政府兑现了奖励，但企业税收任务未完成，政府要求其将给予的奖励予以退回的事情也有发生。

商事主体的设立空间不受限，这给投资人提供了广阔的选择地域、成立企业的机会，比如，创业比较集中，或互联网比较发达的杭州、深圳等地是年轻人喜欢的创业城市。希望我们的招商平台注重服务质量，信守承诺，实现服务的"集中办公"，真能为我们的投资人，特别是刚刚创业的人提供有利的机会。

新冠肺炎疫情期间，笔者遇到一位基金园区的招商负责人，其称疫情期间地方财政收入压力大，但是原来承诺的财政扶持政策仍要执行，后来专门向市政府汇报，提出招商的根本就是要坚守承诺。尽管财政很困难，但经过各种努力筹集资金，完成了企业扶持资金的支付。

（2）各地招商财政奖励政策的合法有效性。

其实，在地方财政激励优惠方面，各地有序或无序的财政奖励政策，往往会打乱地区间的正常税收利益关系与发展，也易导致一些影响投资的不稳定关系，《国务院关于清理规范税收等优惠政策的通知》（国发〔2014〕62号）曾提出：

三、切实规范各类税收等优惠政策

（一）统一税收政策制定权限。坚持税收法定原则，除依据专门税收法律法规和《中华人民共和国民族区域自治法》规定的税政管理权限外，各地区一律不得自行制定税收优惠政策；未经国务院批准，各部门起草其他法律、法规、规章、发展规划和区域政策都不得规定具体税收优惠政策。

（二）规范非税等收入管理。严格执行现有行政事业性收费、政府性基金、社会保险管理制度。严禁对企业违规减免或缓征行政事业性收费和政府性基金、以优惠价格或零地价出让土地；严禁低价转让国有资产、国有企业股权以及矿产等国有资源；严禁违反法律法规和国务院规定减免或缓征企业应当承担的社会保险缴费，未经国务院批准不得允许企业低于统一规定费率缴费。

（三）严格财政支出管理。未经国务院批准，各地区、各部门不得对企业规定财政优惠政策。

对违法违规制定与企业及其投资者（或管理者）缴纳税收或非税收入挂钩的财政支出优惠政策，包括先征后返、列收列支、财政奖励或补贴，以代缴或给予补贴等形式减免土地出让收入等，坚决予以取消。其他优惠政策，如代企业承担社会保险缴费等经营成本、给予电价水价优惠、通过财政奖励或补贴等形式吸引其他地区企业落户本地或在本地缴纳税费，对部分区域实施的地方级财政收入全留或增量返还等，要逐步加以规范。

四、全面清理已有的各类税收等优惠政策

各地区、各有关部门要开展一次专项清理，认真排查本地区、本部门制定出台的税收等优惠政策，特别要对与企业签订的合同、协议、备忘录、会议或会谈纪要以及"一事一议"形式的请示、报告和批复等进行全面梳理，摸清底数，确保没有遗漏。

通过专项清理，违反国家法律法规的优惠政策一律停止执行，并发布文件予以废止；没有法律法规障碍，确需保留的优惠政策，由省级人民政府或有关部门报财政部审核汇总后专题请示国务院。

各省级人民政府和有关部门应于2015年3月底前,向财政部报送本省(区、市)和本部门对税收等优惠政策的专项清理情况,由财政部汇总报国务院。

大家可以发现,自治区有独立可决定的税收优惠政策,是有法有据的政策,但对于地方财政类的奖励是脱离税收管辖的,只是被当成了"税收优惠"在宣传,其在国家预算管理上还算财政支出。接下来,因为一些特殊的原因,《国务院关于税收等优惠政策相关事项的通知》(国发〔2015〕25号)就给出了这样的规定:

现就《国务院关于清理规范税收等优惠政策的通知》(国发〔2014〕62号)中涉及的相关事项通知如下:

一、国家统一制定的税收等优惠政策,要逐项落实到位。

二、各地区、各部门已经出台的优惠政策,有规定期限的,按规定期限执行;没有规定期限又确需调整的,由地方政府和相关部门按照把握节奏、确保稳妥的原则设立过渡期,在过渡期内继续执行。

三、各地与企业已签订合同中的优惠政策,继续有效;对已兑现的部分,不溯及既往。

四、各地区、各部门今后制定出台新的优惠政策,除法律、行政法规已有规定事项外,涉及税收或中央批准设立的非税收入的,应报国务院批准后执行;其他由地方政府和相关部门批准后执行,其中安排支出一般不得与企业缴纳的税收或非税收入挂钩。

五、《国务院关于清理规范税收等优惠政策的通知》(国发〔2014〕62号)规定的专项清理工作,待今后另行部署后再进行。

我国财政收入的两大主要税种,一个是增值税,另一个是企业所得税,前者是中央与地方50%:50%分配,后者是中央与地方按照60%:40%分配,属于地方可以使用的财政收入部分,有相对灵活的支出可以由当地政府部门安排。据笔者观察,财政优惠一般不再叫"财政返还"了,多是基于产业引导给予的扶持奖励。地方的招商引资政策,并不是税收优惠政策,税收优惠政策是法定的,地方政府多是无权调整税率、税收优惠政策的,类似于残疾人等的个税优惠政策的适用标准[①],是可以由地方政府来确定的。《企业所得税法》规定:"民族自治地方的自治机关对本民族自治地方的企业应缴纳的企业所得税中属于地方分享的部分,可以决定减征或者免征。自治州、自治

---

① 《个人所得税法》规定:第五条 有下列情形之一的,可以减征个人所得税,具体幅度和期限,由省、自治区、直辖市人民政府规定,并报同级人民代表大会常务委员会备案:(一)残疾、孤老人员和烈属的所得;(二)因自然灾害遭受重大损失的。国务院可以规定其他减税情形,报全国人民代表大会常务委员会备案。

县决定减征或者免征的，须报省、自治区、直辖市人民政府批准。"之所以俗称"税收优惠"，是因为财政奖励多是绑定其在当地税收贡献的税额的，有的地方享有地方分配的全部收入，有的只能享有一部分。比如有的地方按地方贡献的90%给予扶持，那么相当于缴纳所得税税额部分的36%；与纳税人利益相关度强的个人所得税，与企业所得税一样中央与地方分别享有60%与40%部分。

由于地区经济的发展不平衡，经济集中化程度越来越高，地方政府如何在产业化竞争手段雷同的情形下，找到地区产业发展的契机，并提供完善的行业发展环境，是非常值得思考的。比如贵阳的大数据产业，形成了产业集群，吸引了一些北京、上海的企业去投资，从而获得较好的政策扶持，比如，提供几年的免费使用办公楼或无偿提供土地使用权等；同时，地区人力成本包括工资薪金、社保等成本低于经济发达地区，也是一种产业规模化下大企业集团考虑的功能化分布安排，还有一些电商平台的呼叫中心，也是放在一些经济并不发达的地区，充分地将节约本身的成本与当地招商支持进行了融合。

依笔者来看，如果只是个人的小投资，还是放在一个经济比较前沿、沟通比较通畅、管理水平与认知水平比较好的地方，适当考虑一些优惠的取得，而不宜简单地只对财政奖励的比例进行比较。

【案例】一位在中关村创业的律师，做的是律师在线的数据管理，其北京的团队大约有10个人，在天津也有一个技术开发团队，主要是考虑到北京的用工成本、社保成本、房租成本比较高。还有一次笔者了解到，某个咨询机构承接的是某地税务机关12366税务咨询的外包服务，其团队是在甘肃。另外，京东的一些辅助运营团队是在江苏的宿迁，这说明了，经营的"门面"与加工制造及后勤的"后台"在地区之间的搭配，有其商业与利益的考虑。

有时，这种跨地区的分工，会给财务人员带来一些处理上的困难。比如某软件企业，总部在北京，所招募的开发人员也在北京，共计有3 000余人，但是这3 000余人的雇佣合同是与深圳的子公司签约的，享受深圳当地的社保政策，相对比北京低（如图3-1所示）。比如每个月这些员工的工资薪金及社保等支出共1.2亿元。在财务处理上，由深圳子公司开具增值税专用发票给北京的公司，开具6%的技术开发合同，从而实现了资金的转移支出。由于深圳子公司并没有适当的利润，财务人员担心，时间长了，深圳当地的税务机关会不会提出质疑，并对价格作出调整；人力资源部门则担心，有些员工的保险报销，有些社保是在深圳缴纳的，其会不会提出不同意的意见。好在，年轻人生病等情形并不多，相应的人力资源管理也外包给了深圳当地的人力公司，这一点还好解释。

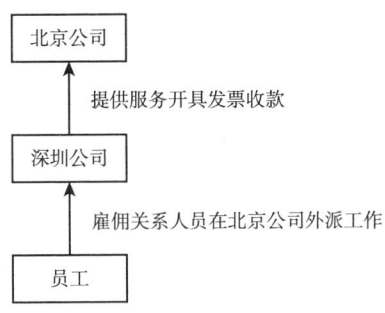

图 3-1

对于小公司，有时在异地办公，社保工资都是由本地公司直接发放、缴纳，节约了相应的房租成本，并不开具发票结算。

(3) 不能履行招商扶持承诺情形下的法律判例参照与风险。

地方财政收入不理想，或者相关机构改革没有很好地衔接承诺事项，从而使得之前企业与当地政府签订的招商协议无法有效实施（目前存在并不签订招商协议，只是出一个扶持政策，凭当地政府的信用进行操作的情形）。这种企业一般都比较大，对于小的企业，估计也难有单独签订协议之类的安排，多采用的是整体化的招商政策。如果当地政府不予执行落实约定的税收奖励，我们观察到，有的法院认为，地方政府不是商事主体，签订的协议是无效的，从而驳回了企业要求当地政府履行承诺的上诉。

下面我们重点摘录了中国裁判文书网中最高人民法院的一则判例。

安丘市人民政府、潍坊讯驰置业发展有限公司再审审查与审判监督行政裁定书

（2017）最高法行申 7679 号

再审申请人（一审被告、二审上诉人）：安丘市人民政府，住所地：山东省安丘市青云大街。

法定代表人：杜建华，该市人民政府市长。

委托代理人：肖玉良，山东康桥（潍坊）律师事务所律师。

委托代理人：王智君，山东康桥（潍坊）律师事务所律师。

再审申请人（一审原告、二审上诉人）：潍坊讯驰置业发展有限公司，住所地：山东省安丘市长安路商业街（大汶河旅游开发区韩家村）。

法定代表人：鲁剑，该公司董事长。

委托代理人：崔鑫，山东崔鑫律师事务所律师。

委托代理人：王英杰，山东崔鑫律师事务所律师。

潍坊讯驰置业发展有限公司（以下简称讯驰公司）诉安丘市人民政府（以下简称安丘市政府）行政协议一案，安丘市政府、讯驰公司均不服山东省高级人民法院（2017）鲁行终495号行政判决，向本院申请再审。本院依法组成合议庭进行审查，现已审查终结。

安丘市政府请求撤销本案二审判决，改判驳回讯驰公司全部诉讼请求。其申请再审理由为：

（一）二审法院剥夺其诉讼权利，程序严重违法。二审开庭前其向二审法院递交修正后的上诉状，二审法院拒绝接受，在判决书中"优惠政策应当以长安路道路建设成本为限，应当查明长安路建设成本问题"的上诉和答辩意见故意忽略，没有充分保障其诉讼权利。本案漏列诉讼主体。根据合同相对性的原则，讯驰公司在本案中的诉讼主体不适格，应追加正泰公司参加诉讼。讯驰公司作为原告违反了合同相对性的原则，违反了合同法关于合同权利义务的转让和承继应当经过相对方同意的规定。

（二）二审判决认定事实不清、适用法律错误。本案合同应整体无效，长安路改造工程属于招投标法规定的大型基础设施公用事业等关注公众社会利益、公众安全的项目，应当按照招投标法规定程序公开招标，但涉案合同并没有经过招投标，安丘市政府未通过公开招标方式选定正泰公司或讯驰公司对长安路改造工程进行建设违反了《合同法》第五十二条第（五）项和相关司法解释的效力性规定。涉案《合同书》同时违反《国务院城市道路管理条例》第十六条的规定，因而全部无效。涉案合同第四条第2、3项的约定违反税收征管法律行政法规的强制性规定而无效。

（三）即使双方鉴定的合同为有效合同，根据合同第四条的约定，提供优惠政策用于道路建设补偿，因长安路改建工程系讯驰工程带资建设，该优惠政策具有填补道路成本的目的，该规定对于优惠政策的上限作出了明确界定，应当是以道路建设的成本为限。经安丘市房屋征收与补偿办公室、安丘市市政管理处、安丘市路灯管理所、安丘市城市园林绿化处等部门调查取证，根据同时期建设道路所需材料、人工、设备等市场价格，确定长安路的工程建设成本数额为8 133 917元。二审法院忽略双方约定的"用于道路建设补偿"，明显作出远远超出长安路建设成本的返还判决，明显损害了安丘市政府的合法权益，损害了国家利益和社会公共利益，一、二审法院均未查明长安路道路建设的成本问题，导致本案事实认定不清、主要证据不足。故请求撤销二审判决，对本案提起再审，并终止原判决的执行，依法改判驳回讯驰公司的全部诉讼请求。

讯驰公司请求撤销本案二审判决，改判安丘市政府返还土地增值税和土地使用税及利息。其申请再审理由为：根据双方所签合同书第四条约定，免收相关税费的优惠政策是安丘市政府为涉案道路建设补偿和拆迁安置补偿的真实意思表示，两项税款并非其自愿交纳，而是被申请人通过其职能部门税务局稽查后强行征缴。二审判决对《国务院关于税收等优惠政策相关事项的通知》（以下简称《通知》）存在错误理解。

本院认为,本案属于行政协议纠纷,争议焦点为涉案合同书是否为无效合同或其中的部分条款无效以及履行该合同是否侵害社会公共利益。

(一) 关于涉案合同书的效力问题

行政协议具有两面性,既有作为行政管理方式"行政性"的一面,也有作为公私合意产物"合同性"的一面,故行政协议既是一种行政行为,具有行政行为的属性;又是一种合同,体现合同制度的一般特征。因此,对于行政协议无效的判断,既适用行政诉讼法关于无效行政行为的规定,同时也适用民事法律规范中关于合同无效的规定。二审法院已经从上述两个层面分别对本案被诉行政协议是否无效作出评判。再审申请人安丘市政府主张涉案合同书违反法律、行政法规的强制性规定而整体无效,其理由主要有两方面,一是安丘市政府未按照招投标的法定程序选定建设单位,二是安丘市政府选定的建设单位并不具备相应的资质等级。然而,行政协议作为一类特殊类型的行政行为,对行政协议效力的判断首先应当适用行政诉讼法关于无效行政行为的规定。即依照《中华人民共和国行政诉讼法》第七十五条以及《最高人民法院关于适用〈中华人民共和国行政诉讼法〉的解释》第九十九条规定的"重大且明显违法"标准进行严格判定。脱离行政协议的行政行为属性,单纯援用民事法律合同无效事由条款否认行政行为的效力,动辄将双方经磋商达成合意的行政协议退回原点,既阻碍行政协议功能的发挥,又悖于协议订立之初的目的实现,也不利于协议相对人信赖利益的保护。本案中,再审申请人安丘市政府的上述理由均不能从实质上否认涉案合同书的效力,本院对其主张不予支持。

(二) 关于涉案合同书具体条款的效力问题

本案合同履行争议主要围绕合同书第四条第2项和第3项展开。合同书第四条第2项是关于免收土地契税、土地增值税、土地使用税的约定,该约定是安丘市政府以税收优惠的形式为讯驰公司道路建设进行的补偿,具有合同对价性质,且意思表示真实。国务院《通知》第三条规定:"各地与企业已签订合同中的优惠政策,继续有效;对已兑现的部分,不溯及既往。"安丘市政府的税收优惠约定条款符合上述规定,应为有效约定。一审法院认为合同书第四条第2项约定超越了安丘市政府的法定权限,违反了《中华人民共和国税收征收管理法》的强制性规定,缺乏充分依据,二审法院纠正一审错误,应予肯定。合同书第四条第3项涉及营业税、所得税地方留成在讯驰公司交纳后予以返还问题,上述费用属于地方政府财政性收入,安丘市政府享有自主支配权,在此基础上订立的合同条款并不违反法律、行政法规的强制性规定,亦应为有效约定。

(三) 关于涉案合同的履行问题

行政协议是行政机关基于行政裁量权与行政相对人协商一致而形成的,在不存在无效情形时,行政主体和行政相对人必须全面遵守和履行行政协议约定的各项义务。再审申请人安丘市政府主张行政协议无效,实际上是要通过行使行政优益权单方解除行政协议。但是,行政优益权的行使必须符合法律规定,非因公共利益需要或国家法律政策发生重大调整，行政机关不得行使行政优益权单方变更、解除合同。再审申请人安丘市政府主张涉诉合同书中的优惠政策应当以长安路道路建设成本为限，但安丘市政府的该项主张已经对于合同的具体条款作出了限缩解释，减损了协议相对人的合同项下应获得的利益，属于不当行使行政优益权。另外，安丘市政府也未能提供充分的证据证明税收优惠超出道路建设成本会导致公共利益受到损害的事实。故本院对再审申请人的该项主张不予支持。

再审申请人讯驰公司主张返还土地增值税和土地使用税及利息，虽然双方在合同中约定免交，但本案的实际情况是，讯驰公司在已经交纳上述两项税费的情况下请求返还，且讯驰公司自述上述税款是通过税务机关稽查征缴方式缴纳的，该缴纳税款行为已经超出合同约定的内容，且形成了新的行政法律关系，若讯驰公司对此持有异议可以另行依法主张权利，本院对于此项主张不予支持。

需要指出，国务院在《全面推进依法行政实施纲要》中明确将诚实守信作为政府依法行政的基本要求。"政贵有恒，治须有常"。政府在地方建设开发和招商引资领域的优惠政策应有持续性和连贯性，以便为民营企业营造优良的营商环境，切实保护行政协议相对人的信赖利益及其他合法权益。

综上，再审申请人的申请不符合《中华人民共和国行政诉讼法》第九十一条规定的情形。依照《最高人民法院关于适用〈中华人民共和国行政诉讼法〉的解释》第一百一十六条第二款之规定，裁定如下：

驳回再审申请人安丘市人民政府的再审申请。

驳回再审申请人潍坊讯驰置业发展有限公司的再审申请。

审判长　王振宇
审判员　孙　江
审判员　李纬华
二〇一九年五月二十二日
书记员　孔冰冰

这个案例非常明确地说明了行政协议具有行政性的一面，也有合同性的一面，此判断将有效保障相对人的利益。之前也有发生企业败诉的案例，比如发布于中国裁判文书网的安徽省高级人民法院在《安徽省庐江县天友房地产开发有限公司与庐江县人民政府行政协议二审行政判决书》[（2018）皖行终674号]中，我们摘录了相应的内容。

本院认为，《中华人民共和国税收征收管理法》第三条规定：税收的开征、停征以及减税、免税、退税、补税，依照法律的规定执行。任何机关、单位和个人不得违反法律、行政法规的规定，擅自作出税收开征、停征以及减税、免税、退税、补税和其他同税收法律、行政法规相抵触的决定。2000年1月16日，国务院发布的国发

〔2000〕2号《关于纠正地方自行制定税收先征后返政策的通知》（以下简称国发〔2000〕2号文）第一条规定：各地区自行制定的税收先征后返政策，从2000年1月起一律停止执行。第二条规定，地方人民政府不得擅自在税收法律、法规明确授予的管理权限之外，更改、调整、变通国家税收政策。先征后返政策作为减免税收的一种形式，审批权限属于国务院，各级地方人民政府一律不得自行制定税收先征后返政策。对于需要国家财政扶持的领域，原则上应通过财政支出渠道安排资金。如确需通过税收先征后返政策予以扶持的，应由省（自治区、直辖市）人民政府向国务院财政部门提出申请，报国务院批准后才能实施。因此，税收减免、返还等优惠措施必须由法律、行政法规作出明确规定，或者由省（自治区、直辖市）人民政府向国务院财政部门提出申请并得到国务院批准后才能实施。本案中，协议签订时间是2003年4月，从协议中第六条第2、3、4项约定的内容看，该三项约定实际是税收的"先征后返"。双方当事人的这种约定，是一种变相减（退）税的约定，明显与《中华人民共和国税收征收管理法》和国发〔2000〕2号文规定的内容相抵触，违反了国家法律的强制性规定，根据《合同法》第五十二条第五项违反法律、行政法规的强制性规定的合同无效之规定，双方签订的协议中的上述约定，应当认定无效。上诉人要求被上诉人按照上述约定予以履行协议的主张，依法不应支持。关于国发〔2015〕25号《国务院关于税收等优惠政策相关事项的通知》规定继续履行的优惠政策，应是符合法律、法规规定的优惠政策，明显违反法律、行政法规强制性规定的税收减、免、退或者变相减、免、退行为均不应支持，上诉人关于该节上诉理由，依法亦不能成立。

综上，一审判决认定事实清楚，适用法律正确。上诉人天友公司的上诉理由不能成立，本院依法不予支持。依照《中华人民共和国行政诉讼法》第八十九条第一款第（一）项之规定，判决如下：

驳回上诉，维持原判。

相反，在现实当中，也有因为政府开始给的招商扶持资金多，结果企业未完成承诺的税收任务，政府要求企业退还奖励的情形。

2020年1月14日《斯太尔动力股份有限公司关于公司涉及重大仲裁的公告》披露：

2020年1月13日，斯太尔动力股份有限公司（以下简称"公司"）获悉上海仲裁委员会已受理武进国家高新技术产业开发区管理委员会诉公司退还相关奖励款一案。
……
（三）本次仲裁的主要事实和理由

2014年3月26日，申请人与原湖北博盈投资股份有限公司签订了《战略合作协议》，约定被申请人在武进国家高新区投资设立企业，申请人对此给予支持和配合。后申请人与被申请人又签订了《补充协议》，约定被申请人在武进国家高新区投资建立柴油发动机生产基地，总投资预计将达人民币70亿元，被申请人应根据协议约定在园区内设立企业；在工业用地安排方面，申请人按约定条件向被申请人支付总额8 050万元的项目奖励基金；在专项财政支持方面，申请人按约定条件向被申请人分批支付财政奖励共计一亿元；在税收奖励方面，申请人按约定条件向被申请人支付相关税款奖励。该补充协议第八条第1款特别约定：若被申请人未能按照投资协议在2018年底累计投资30亿，累计销售50亿，则申请人有权要求被申请人退还相关奖励的一半。

上述协议签订后，申请人按照协议约定，自2014年6月27日起陆续向被申请人支付各项奖励款，总计人民币18 911.01万元。但经申请人查询，截至2018年底，被申请人在武进高新区设立的全资子公司斯太尔动力（江苏）投资有限公司的销售收入总计284 685 141.52元、斯太尔动力（常州）发动机有限公司的销售收入总计44 754 319.48元，远未达到协议约定的"在2018年底累计销售50亿"的目标。

申请人根据《战略合作协议》和《补充协议》中的仲裁条款，向上海仲裁委员会申请仲裁，要求被申请人退还奖励总金额的一半，即人民币94 555 050元。

自然人与其所设立企业之间的跨地域空间化，促使个人在选择组织形式的基础上，增加了地域的选择，这种选择源自产业化考虑、利益化追求，以及政府的开放度、信任度。

（4）注册地与经营地协调一致与分离的情形。

我们先看下面的案例，以便对经营地与纳税地进行理解。该案例涉及运营与工商方面的问题，也有纳税地的问题。

【案例】 某网络约车平台公司注册地在天津，在全国各地推广网约车服务。请注意，网约车的管理办法规定，网约车平台被认定为提供运输服务，并不是如淘宝平台提供的平台技术服务，当前网约车发票直接以平台名义开具，按3%征收率计税。在北京乘坐网约车，拿到的却是天津某公司开的发票，有的税务机关人员在税务稽查中发现了此问题，认为税前不能扣除。

分析：平时我们在购物商城上买东西，如在北京上网下单，买的是某商城的物品，发票开具的却是天津的，此时，我们很少会质疑为什么不是北京的发票，这是一个交易习惯与接受的问题。最为重要的，发票是与增值税的产生密切相关的，固定业户向固定地纳税，尽管互联网平台在北京，但天津可能有更好的财政奖励措施。这时，有人提出来，如果这个电商平台为了发货方便，在北京设立了一个集采仓库，负责备货发货，那么这个仓库是不是需要办理工商方面的登记并纳税呢？笔者遇到过跨省市异地仓库被工商管理部门要求办理登记的情形，甚至一个市内跨区域设立时也有这种情形,到底如何评估相关风险呢?《广西壮族自治区工商行政管理局关于贯彻国家工商总局专项政策支持广西北部湾经济区建设的实施意见》曾提出:企业法人异地设立办事处或存放生产原材料、半成品的仓库等,不对外从事经营活动的,不需办理工商登记。《关于企业自用仓库是否需要办理工商营业执照及其监管问题的答复》(粤工商企字〔2008〕434号)也提出:企业自用仓库只储存本企业生产产品、自用原料及其他自用物品,不从事经营活动的,不需办理工商营业执照。从是不是经营活动的角度看,笔者认为宜按照上面两份参照性的文件办理为好。但是也有人曾认为,仓库是经营活动的组成部分,应以分公司等方式进行登记。虽然笔者不大认同,但对这部分的风险还是要考虑的。

至于纳税地的问题,我们需要考虑两个税种:

一是增值税。

就货物销售来看,固定业主应向所在地计缴增值税。《增值税暂行条例》规定:

第二十二条 增值税纳税地点:

(一)固定业户应当向其机构所在地的主管税务机关申报纳税。总机构和分支机构不在同一县(市)的,应当分别向各自所在地的主管税务机关申报纳税;经国务院财政、税务主管部门或者其授权的财政、税务机关批准,可以由总机构汇总向总机构所在地的主管税务机关申报纳税。

(二)固定业户到外县(市)销售货物或者劳务,应当向其机构所在地的主管税务机关报告外出经营事项,并向其机构所在地的主管税务机关申报纳税[①];未报告的,应当向销售地或者劳务发生地的主管税务机关申报纳税;未向销售地或者劳务发生地

[①] 依据《国家税务总局关于创新跨区域涉税事项报验管理制度的通知》(税总发〔2017〕103号):一、外出经营活动税收管理的更名与创新 (一)将"外出经营活动税收管理"更名为"跨区域涉税事项报验管理"。外出经营活动税收管理作为现行税收征管的一项基本制度,是税收征管法实施细则和增值税暂行条例规定的法定事项,也是落实现行财政分配体制、解决跨区域经营纳税人的税收收入及征管职责在机构所在地与经营地之间划分问题的管理方式,对维护税收属地入库原则、防止漏征漏管和重复征收具有重要作用。按照该项制度的管理实质,将其更名为"跨区域涉税事项报验管理"。(二)纳税人跨区域经营前不再开具相关证明,改为填报《跨区域涉税事项报告表》。纳税人跨省(自治区、直辖市和计划单列市)临时从事生产经营活动的,不再开具《外出经营活动税收管理证明》,改向机构所在地的国税机关填报《跨区域涉税事项报告表》(附件1)。纳税人在省(自治区、直辖市和计划单列市)内跨县(市)临时从事生产经营活动的,是否实施跨区域涉税事项报验管理由各省(自治区、直辖市和计划单列市)税务机关自行确定。(三)取消跨区域涉税事项报验管理的固定有效期。税务机关不再按照180天设置报验管理的固定有效期,改按跨区域经营合同执行期限作为有效期限。合同延期的,纳税人可向经营地或机构所在地的国税机关办理报验管理有效期限延期手续。(四)实行跨区域涉税事项报验管理信息电子化。跨区域报验管理事项的报告、报验、延期、反馈等信息,通过信息系统在机构所在地和经营地的国税机关之间传递,机构所在地的国税机关、地税机关之间,经营地的国税机关、地税机关之间均要实时共享相关信息。

的主管税务机关申报纳税的,由其机构所在地的主管税务机关补征税款。

(三)非固定业户销售货物或者劳务,应当向销售地或者劳务发生地的主管税务机关申报纳税;未向销售地或者劳务发生地的主管税务机关申报纳税的,由其机构所在地或者居住地的主管税务机关补征税款。

(四)进口货物,应当向报关地海关申报纳税。

扣缴义务人应当向其机构所在地或者居住地的主管税务机关申报缴纳其扣缴的税款。

所以,应按机构所在地来判断增值税纳税地,货物销售到全国都一样,如果有货物出口,则根据国家的政策,可以享受出口退税的优惠。如果有分公司,也是作为独立的增值税纳税人来进行纳税,除非经过特别许可的,比如一个省市内的汇总纳税。在上面的案例中,仓库不属于销售行为发生地,也不收款,不开具发票,也没有签订合同的权利,不做出增值税的纳税行为。

二是企业所得税。

通常来看,企业所得税也是在机构注册地进行纳税申报,比如,广州的个人在西藏设立的公司,就需要在西藏纳税。对于异地的仓库,《国家税务总局关于印发〈跨地区经营汇总纳税企业所得税征收管理办法〉的公告》(国家税务总局公告 2012 年第 57 号)提出:"不具有主体生产经营职能,且在当地不缴纳增值税、营业税的产品售后服务、内部研发、仓储等汇总纳税企业内部辅助性的二级分支机构,不就地分摊缴纳企业所得税。"笔者曾接触数家北京的企业在异地设立的售后服务代表处,当地税务机关对于这种分支机构不分摊计缴企业所得税的情形很有"意见",认为一个售后服务机构有这么多人,凭什么不具有主体经营职能,结果企业花了很大的沟通成本才解决。

综上所述,通常纳税地是基于登记注册地来确定的,除非有特别要求的异地履行纳税的情形,比如异地建筑服务的提供,需要预交所得税与增值税,这是特例。对于上面案例中网约车平台的问题,我们前面开展了传统货物销售的登记与纳税地分析,但是一辆车到处跑,跨省、跨地区情形非常普遍,要求其在哪儿纳税呢?这也是现实当中操作的难题。于此,上面我们提到的某地税务人员质疑网约车平台开具天津的发票用来北京税前扣除不合规,这其实没有政策性的限制规定,税前扣除并不存在问题。但是,开展网约车业务需要一系列条件,比如,出租汽车行政主管部门对于网约车经营申请作出行政许可决定的,应当明确经营范围、经营区域、经营期限等,并发放《网络预约出租汽车经营许可证》,各个城市有许可的要求,开通的时间与范围也不同。

互联网技术的应用，突破了原来只能本地化销售的门店生意，让销售触角遍布全国甚至全球，在当前的税收规则中，除了特定行业外，基本上是认可机构登记地纳税的处理。但是，对于数字经济比如游戏服务的情形，越来越引起国际间的涉税利益争夺，比如中国的某游戏公司，从日本用户处收取的服务费用，从利益来源地看，日本方就可能认为，此纳税地应在日本体现，不能做了贡献税收利益却转移到别的地方了，笔者预测这种情形是未来国际间新的税收秩序的争议主角，目前国内各地区之间尚不存在这样的争议，主要也没有实施的意义与必要。

（5）设立什么样的组织机构、达到什么样的纳税条件要因需安排。

中国地域广阔，各地区经济发展不均衡，国家持续推进减税降费支持企业发展的举措，财政收入放缓甚至是下降的情形比较常见，以财政收入为导向的经济激励引资政策就受到各地政府的重视。在个人主观选择与经营有所要求的情形下，如何有效地作出经营地选择，就非常重要。

情形一：房地产企业拿地开发、销售的独立法人模式。

这种模式大家比较熟悉，也为企业及当地政府所接受。独立开发，独立运营，实现财政收入属地化，开发项目完工后要么保有一些自持物业，要么直接注销，清理完毕后项目结束，管理成本也低，相应的风险是独立的，也有了锁定。

情形二：某些资源性的边远地区分公司被要求改立子公司。

某企业在西部边疆地区设立的开采资源的分公司，从事生产销售业务，依照所得税的法人计税及分摊计算方式，当地是按法人企业整体来计算所得，进而根据比例进行分摊缴纳所得税，增值税是属于当地的。比如总公司位于北京是管理型总部，在异地有这家分公司，此时企业所得税是按各50%分摊缴的。当地认为资源都是属地的，所得税只在当地缴纳了一半，基于财政方面的考虑，当地政府代表屡次跟企业的负责人交流，想让其在当地设立独立运营的法人公司，从而实现财政收入的完整属地化。

情形三：异地从事建筑安装服务，被要求成立法人企业。

这种情形并不多见，但笔者经常有所闻，依据当前的政策，异地施工业务在增值税、企业所得税与个人所得税三个方面，财税政策方面都有特别的安排（见表3-1）。

表 3-1　　　　　　　　　　　　不同税项的计税方法

税项	分类	计税方法	备注
增值税①	一般计税方法	应预缴税款＝(全部价款和价外费用－支付的分包款)÷(1＋9%)×2%	预缴,机构所在地抵减
	简易计税方法	应预缴税款＝(全部价款和价外费用－支付的分包款)÷(1＋3%)×3%	同上,增值税在异地已缴纳完毕
企业所得税	不分	项目实际经营收入的 0.2% 按月或按季由总机构向项目所在地预分企业所得税,并由项目部向所在地主管税务机关预缴	《关于跨地区经营建筑企业所得税征收管理问题的通知》(国税函〔2010〕156 号)②
个人所得税	不分	代扣代缴向工程所在地缴纳③,实践当中多有形式上找几个人进行申报,而也有发现没有申报被当地税务机关要求补缴的情形,此时有可能产生重复纳税,由企业最终买单,但有可能个人汇算清缴时得到退税④	新个税法从 2019 年实施后,个人需要考虑办理汇算清缴
印花税	不分	政策未明确,有的地方要求在建筑服务发生地缴纳	关注此风险点

---

① 随增值税一并缴纳城市维护建设税及教育费附加,《财政部国家税务总局关于纳税人异地预缴增值税有关城市维护建设税和教育费附加政策问题的通知》(财税〔2016〕74 号)规定:一、纳税人跨地区提供建筑服务、销售和出租不动产的,应在建筑服务发生地、不动产所在地预缴增值税时,以预缴增值税税额为计税依据,并按预缴增值税所在地的城市维护建设税适用税率和教育费附加征收率就地计算缴纳城市维护建设税和教育费附加。二、预缴增值税的纳税人在其机构所在地申报缴纳增值税时,以其实际缴纳的增值税税额为计税依据,并按机构所在地的城市维护建设税适用税率和教育费附加征收率就地计算缴纳城市维护建设税和教育费附加。

② 国税函〔2010〕156 号规定:三、建筑企业总机构直接管理的跨地区设立的项目部,应按项目实际经营收入的 0.2% 按月或按季由总机构向项目所在地预分企业所得税,并由项目部向所在地主管税务机关预缴。

③ 《国家税务总局关于建筑安装业跨省异地工程作业人员个人所得税征收管理问题的公告》(国家税务总局公告 2015 年第 52 号)规定:一、总承包企业、分承包企业派驻跨省异地工程项目的管理人员、技术人员和其他工作人员在异地工作期间的工资、薪金所得个人所得税,由总承包企业、分承包企业依法代扣代缴并向工程作业所在地税务机关申报缴纳。总承包企业和分承包企业通过劳务派遣公司聘用劳务人员跨省异地工作期间的工资、薪金所得个人所得税,由劳务派遣公司依法代扣代缴并向工程作业所在地税务机关申报缴纳。二、跨省异地施工单位应就其所支付的工程作业人员工资、薪金所得,向工程作业所在地税务机关办理全员全额扣缴明细申报。凡实行全员全额扣缴明细申报的,工程作业所在地税务机关不得核定征收个人所得税。三、总承包企业、分承包企业和劳务派遣公司机构所在地税务机关需要掌握异地工程作业人员工资、薪金所得个人所得税缴纳情况的,工程作业所在地税务机关应及时提供。总承包企业、分承包企业和劳务派遣公司机构所在地税务机关不得对异地工程作业人员已纳税工资、薪金所得重复征税。两地税务机关应加强沟通协调,切实维护纳税人权益。四、建筑安装业省内异地施工作业人员个人所得税征收管理参照本公告执行。

④ 如果异地按照工资薪金所得预扣税款,次年可以通过汇算清缴补退税款。如果对整个施工项目按核定征收比例征收个人所得税,次年退税的难度较大,无法匹配对应个人进行操作。

尽管税收征管政策在财政利益方面已充分考虑了地区间的分配关系，但是有的时候，如果当地的建筑市场环境竞争比较激烈，当地就有可能提出来独立成立的要求。我们熟悉的浙江东阳的建筑公司，在全国承接的建筑业务比较多，也在各地成立了一些分公司进行运营，这其中不光有财政的问题，也有方便地区差异化管理及就近协调的问题，毕竟集团化的管理，有时是需要多层架构的。有的企业本身就看好当地的市场，在当地成立独立的法人公司进行经营，优先考虑人员属地化，市场的收益可能远远大于税上的影响。

情形四：总部经济的财政效能显现。

最近几年，各地对于总部经济发展的提法很多，意在获得更多的总部经济效益，本身是为了让集团的管理层机构设立在此，从而享受到企业所得税、增值税、个税等税收利益，各地也不惜给出了很多的优惠条件，比如奖励资金、办公场地多少年的免费使用权、高管住房及孩子上学等等。

总公司与各地区分公司的分摊计算企业所得税。如某集团公司在北京注册登记，总公司在北京，在西安与昆明各设立有两个分公司，通常依照所得税分摊的计算办法，总公司占50%，缴纳给当地，其中25%就地办理缴库或退库，25%就地全额缴入中央国库或退库。另外50%由各分公司依照三个因素占比计算分配，在执行过程中，北京当地认为总公司的50%是法定"应得"的，北京总公司的业务部门也是分支机构，也要参与分摊另外50%，结果有时可能90%以上的税款都归总公司属地了，而且从技术上也容易进行调节，从这点看，企业发挥了财政分配器的作用，而各地政府间很难直接摊牌进行对接，让企业有时挺为难。

当下，各二三线城市也在积极推进某个行业领域的总部经济，比如互联网制造业、人力行业、灵活用工等，这中间也多有利益的考虑在内。不过，行业的集中与不断的探索、整合，对于加强政策的引导与监管，补充法律漏洞，也将是有益的。

另外，还有一些在境外投资经营，或者通过境内与境外的业务关联，实现资本与利益的价值实现，那就更复杂一些了，经常出现监管的空白与模糊之处。

3.1.2 组织架构搭建的纵向与横向的方式与利益实现方式

个人对外投资时规划组织架构的时候，需要考虑的因素包括税收利益的安排、法律法规的适用条件与限制因素以及合作伙伴之间的合作方式与平衡管理的影响，架构见图3-2：

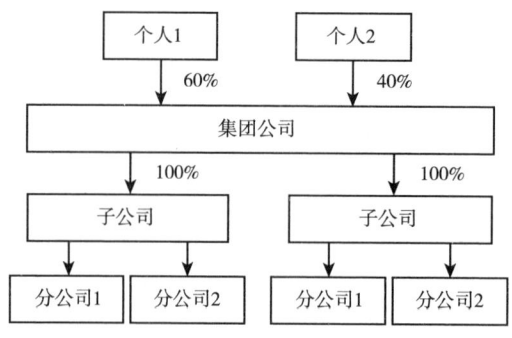

图 3-2 组织架构图

在图 3-2 中，两个自然人，比如父子两个人设立了一家集团公司，下面投资设立了两家 100% 持股的运营某个业务板块的有限责任公司为子公司，再在各地设立不同地区的分公司，这是一个比较典型的运营平台模式。之前很多企业借鉴西方国家的事业部运营模式，集团下设独立业务的子公司，各个子公司之间相对独立，直接向总部报告，比如，电子产品有 5 个事业部，这 5 个事业部分别向某大型商场或电商平台供货，管理上确实很清晰，但是，对账、发货、结算、发票开具等管理成本很高。后来，这些事业部又采取了内部销售给集团公司，由集团公司再一并销售给客户的一体化整合方式。在这里解释一下，集团公司为何 100% 可以直接持有子公司，而不是《公司法》中提到的二人以上五十人以下的这个范围。其实很简单，这也是《公司法》关于一人有限责任公司的规定：

第五十七条　一人有限责任公司的设立和组织机构，适用本节规定；本节没有规定的，适用本章第一节、第二节的规定。

本法所称一人有限责任公司，是指只有一个自然人股东或者一个法人股东的有限责任公司。

第五十八条　一个自然人只能投资设立一个一人有限责任公司。该一人有限责任公司不能投资设立新的一人有限责任公司。

第五十九条　一人有限责任公司应当在公司登记中注明自然人独资或者法人独资，并在公司营业执照中载明。

第六十条　一人有限责任公司章程由股东制定。

第六十一条　一人有限责任公司不设股东会。股东作出本法第三十七条第一款所列决定时，应当采用书面形式，并由股东签名后置备于公司。

第六十二条　一人有限责任公司应当在每一会计年度终了时编制财务会计报告，并经会计师事务所审计。

第六十三条　一人有限责任公司的股东不能证明公司财产独立于股东自己的财产的，应当对公司债务承担连带责任。

在上面的规定中，自然人只能设立一个一人有限责任公司，但是法人投资主体设立一人有限责任公司是没有限制的，且其下可以继续设立多个一人有限责任公司，这就减少了很多的争议与设立时的磋商谈判的前置程序性的一些事项的确定。

也有很多老板是按照图3-3安排架构的：

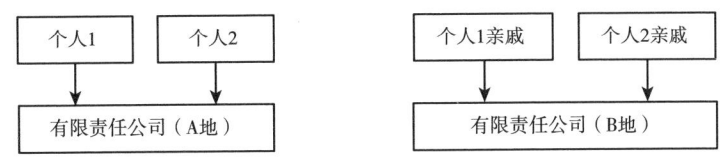

图3-3　组织架构图

有一些老板为了减少自己的曝光度，或者是减少全国各地到处跑的麻烦，找了一些代持人，甚至有时自己不是其中任何一家的股东，这种公司的情形是，彼此是相对独立的，看不出关联关系，如果不了解，以为就是不同人设立的公司，但是有的因为做的事情是一样的，就容易被看成是"一家"的关系。这种情形下的风险就在于可能在某个时间点会有争议发生，真正的利益运营者与名义的利益获得人之间的控制与被控制的关系如何有效地保持与保护是关键。如果这些公司要进行资本市场的安排，比如上市安排，就需要回归到真正的股东名下，一般是通过平价交易的方式转让股权，资金也不一定进行结算。一些特殊行业的服务企业，本身有着较强的竞争力，甚至快形成垄断了，但是各地设立了若干相互独立的法人公司，需要强力的渠道关系与业务维护能力，否则要防范好未来隐患的发生。

上面我们只是举了一个业务同质化的例子，在现实当中有不同的架构考虑，这种架构多是纵向关系的，以控制为首要考虑要素。下面我们再看一个功能型的架构。

【案例】某企业是一家综合性的制造企业，主要生产空调，下辖有生产部门、制造部门、研发部门、运输部门、销售部门等。公司设立在中部某城市，经营多年，属于当地的纳税大户，但是最近几年由于受出口影响，利润下滑，融资困难，压力增大，2019年领导班子更换，新领导班子拟进行架构调整，激发活力，并且进一步利用国家优惠政策，期望能够得到改善。

分析：新成员班子履行职责之后，在以下几个方面进行了规划讨论：一是提升产品研发投入与产学研内容，通过政府补助等方式获取部分资金之需，同时将研发部门剥离成立独立的公司，设立在该省下面的一个地级市，同时启动研发人员股权激励政策，激发员工热情；二是将制造部门迁到某省土地成本低的地区，压缩成本开支，将现在的办公场地进行了出租；三是通过搭建运输平台，将自有的运输车队进行了分置，转而利用外部的运输能力;四是将销售部门设立在上海某招商地,取得一定的财政补贴;五是积极申请优惠政策,包括高新技术企业、研发费用加计扣除、增值税即征即退优惠、技术转让收入免税等举措,同时进一步安排一些理财投资,进行稳健投资,进一步增加净利润等。这种分拆式的功能架构搭建,可以灵活配置优惠政策或地区选择安排,是当前在经营效益之外进一步拓展企业价值的有效手段。

【案例】前几年,白酒消费税的规避比较受到税务机关的关注,当时政策规定生产企业或委托加工企业是消费税的纳税人,于是多有白酒企业设立独立的销售公司,以较低的价格销售给销售公司,由销售公司再加价进行市场批发或销售,因为第一道环节销售收入调低,直接达到了少缴消费税的目的。极端一点的,比如某生产企业只加价1角销售给销售公司,这消费税直接避得差不多没有了。在这种情形下,财税部门不得不以价格管控的方式进行计税处理。《国家税务总局关于加强白酒消费税征收管理的通知》(国税函〔2009〕380号)提出:"白酒生产企业销售给销售单位的白酒,生产企业消费税计税价格低于销售单位对外销售价格(不含增值税,下同)70%以下的,税务机关应核定消费税最低计税价格。"

2019年7月1日,《车辆购置税法》生效。在此之前,对于大家购买的汽车,也是有最低计税价格的管理,但立法之后,这项规定取消了,而是首先根据真实的销售金额计算,如果有特别偏低的价格,按征管法进行核定,但不再有最低计税价格的保低要求。

在日常业务活动中,我们经常碰到税务机关对于价格的关注与管理要求,主要是怕纳税人钻政策空子逃避纳税义务,比如销售二手房,当地会有一定的基准价格参照,有的单位或个人在中介机构的配合下以"阴阳合同"或一些虚假合同逃税,明显是违法行为,而且有时还存在税务机关人员卷入其中的案件。另外,对于个人转让股权,也存在对转让价格征管审核的问题,依据新个人所得税法,个人股权转让登记变更时要取得税务机关的完税证明,这无疑就增大了办理环节的难度与风险。但是,分拆业务模块,以促使其达到享受优惠政策的条件,利用内部转让价格(自己与自己做生意)达到优惠条件,此举并不是税收违法行为,即使将来税务机关进行有关价格的纳税调整,也只是一种不同理解下的调整,适用的是加收利息的政策,并不是每天万分之五滞纳金的政策。①

---

① 《企业所得税法实施条例》规定:
第一百二十一条 税务机关根据税收法律、行政法规的规定,对企业作出特别纳税调整的,应当对补征的税款,自税款所属纳税年度的次年6月1日起至补缴税款之日止的期间,按日加收利息。
前款规定加收的利息,不得在计算应纳税所得额时扣除。
第一百二十二条 企业所得税法第四十八条所称利息,应当按照税款所属纳税年度中国人民银行公布的与补税期间同期的人民币贷款基准利率加5个百分点计算。
企业依照企业所得税法第四十三条和本条例的规定提供有关资料的,可以只按前款规定的人民币贷款基准利率计算利息。

3.1.3 出资方式与控制权的把握问题

尽管本书主要讲的是投资者个人与其所投资的企业之间的利益关系，但是我们知道，一个人的力量是有限的，一个企业的发展，离不开创始人团队，更离不开员工团队，更离不开业务伙伴，所有这一切，是基于某些特定的合作条件与利益关系，还有共同的追求与梦想。有了利益，就会存在取与舍的关系，就会有相应的交易发生，当然也就必然存在着风险，对于风险的防范与事前明确确定性，尤其重要，哪怕业务伙伴是自己的亲人，也一样要考虑商业的规则，保证权利与义务的平衡。

个人的投资目标，可以从无到有设立发展起来，也可以直接当"接盘侠"，从别人手中购买股权或增资的方式"借壳"运营，所以出资方式不限于注入到企业中，也可能支付给原来的股东或投资人手中，以承接原来的全部或部分投资人权利。

【案例】某企业在上海有一家从事电脑检测的机构，在行业内居于龙头的地位，但是最近几年，由于国家放开行业管制，有许多后起之秀的机构快速地发展起来。为了进一步扩大规模，该企业陆续开始收购一些省级的同业机构。比如，其计划收购福建的一家机构，原来企业的实收资本是100万元，净资产300万元左右，该企业计划出资1 000万元，达到控股67%的目的。

分析：如果直接收购对方股权，属于股权转让交易，应作为所得计缴所得税（个人缴纳个人所得税，企业缴纳企业所得税），1 000万元资金支付给对方股东，而如果采用稀释注资方式，相应的资金注入未来自己控股的企业，有相应的资金使用权与决策研发投资的权利，这是比较有利于自己的。但是，对方股东是不是急于拿到钱是一个首要的因素，其次是对方让出控股权，本身也是基于双方合作之后利益的充分增长带来的增值效益，关于这一点，需要双方充分地沟通到位。对于自己有利的并不一定就是最好的，要长远地来评估并在事前站在彼此角度充分表达出面临的利益与发展的问题。

如果采取稀释股权的方式，上海这家企业投入1 000万元，如何达到67%的股权比例呢？我们假设其在资本中投入x元，于是x/(100万元+x)=67%，求出x=203.03万元，即203.03万元计入实收资本，余额796.97万元入在资本公积项下。

在现实当中，收购并不一定限于有利润的收购，也有一些收购亏损企业的情形，有时是因为亏损企业有相应的抵税效果。

【案例】张三拟做一笔比较大的生意，如果自己设立公司后进行交易，预计利润额为1 000万元，通常要缴纳25%的企业所得税，还有20%的个人所得税。但这时，张三看李四有一家企业，假设李四原来的投资额是800万元，亏损严重，之前年度可弥补的申报亏损是800万元（账面利润也是亏损800万元），此时，张三以1元的价格对其进行了收购。

分析：如果自己设立的公司在计算企业所得税时，没有纳税调整的事项，企业所得税为 1 000×25%＝250万元，个人所得税 750×20%＝150万元，个人所得为600万元。但是现在如果收购该亏损企业，则当年度的企业所得税应纳税所得额为 1 000－800＝200万元，此时企业所得税为 200×25%＝50万元。请注意，有未弥补的亏损，不代表会侵蚀企业的资金。由于在弥补亏损之后，没有完整的可供分配的利润，此时不能完全分红，不适用股息红利的个税，可以直接注销企业，收回投资 1 000－50＝950万元，李四当初投资的800万元不能作为张三的投资成本，张三的投资成本是1元，张三收回投资时可以扣除的成本也只能是1元，此时忽略不计，他只是用1元取得了李四原800万元代表的股东权利与义务，此时个人所得税为 950×20%＝190万元[①]，个人税后所得为 1 000－50－190＝760万元。也可不注销继续用于连续经营。

（1）不同的主体出资要求不尽相同。

我们先简要概括一下不同主体的出资方式及要求，在后面的章节中我们会进一步分析每种出资的涉税政策及会计处理等事项（见表3-2）。

表3-2　　　　　　　　　　　不同主体的出资要求表

设立的主体	出资要求	备注
个体工商户	没有明确规定，由于是无限连带责任，以个人财产承担相应责任，通常认为可以是货币及非货币性资产	没有规定实缴的时限等规定
个人独资企业	同上	个人独资企业，是指在中国境内设立，由一个自然人投资，财产为投资人个人所有，投资人以其个人财产对企业债务承担无限责任的经营实体

---

① 《国家税务总局关于个人终止投资经营收回款项征收个人所得税问题的公告》（国家税务总局公告2011年第41号）规定：一、个人因各种原因终止投资、联营、经营合作等行为，从被投资企业或合作项目、被投资企业的其他投资者以及合作项目的经营合作人取得股权转让收入、违约金、补偿金、赔偿金及以其他名目收回的款项等，均属于个人所得税应税收入，应按照"财产转让所得"项目适用的规定计算缴纳个人所得税。

应纳税所得额的计算公式如下：

应纳税所得额＝个人取得的股权转让收入、违约金、补偿金、赔偿金及以其他名目收回款项合计数－原实际出资额（投入额）及相关税费

续表

设立的主体	出资要求	备注
合伙企业	合伙人可以用货币、实物、知识产权、土地使用权或者其他财产权利出资，也可以用劳务出资。合伙人以实物、知识产权、土地使用权或者其他财产权利出资，需要评估作价的，可以由全体合伙人协商确定，也可以由全体合伙人委托法定评估机构评估。合伙人以劳务出资的，其评估办法由全体合伙人协商确定，并在合伙协议中载明	劳务出资是一个特别的事项，有限合伙人不得以劳务出资，但是劳务出资如何计税没有明确的规定与意见
有限责任公司（含一人有限责任公司）	股东可以用货币出资，也可以用实物、知识产权、土地使用权等可以用货币估价并可以依法转让的非货币财产作价出资；但是，法律、行政法规规定不得作为出资的财产除外。对作为出资的非货币财产应当评估作价，核实财产，不得高估或者低估作价。法律、行政法规对评估作价有规定的，从其规定	股东应当按期足额缴纳公司章程中规定的各自所认缴的出资额。股东以货币出资的，应当将货币出资足额存入有限责任公司在银行开设的账户；以非货币财产出资的，应当依法办理其财产权的转移手续。股东不按照前款规定缴纳出资的，除应当向公司足额缴纳外，还应当向已按期足额缴纳出资的股东承担违约责任
股份有限公司	同上	以发起设立方式设立股份有限公司的，发起人应当书面认足公司章程规定其认购的股份，并按照公司章程规定缴纳出资。以非货币财产出资的，应当依法办理其财产权的转移手续

对于个体工商户、个人独资企业来讲，如何出资，是自己决定的事，因为本身就是以个人财产承担无限责任，其出资的形式与实缴未要求得这么严格及明确。《个体工商户条例》规定：

第二条　有经营能力的公民，依照本条例规定经工商行政管理部门登记，从事工商业经营的，为个体工商户。

个体工商户可以个人经营，也可以家庭经营。

个体工商户的合法权益受法律保护，任何单位和个人不得侵害。

个体工商户可以个人经营，也可以家庭经营，《民法通则》规定："个体工商户的债务，个人经营的，以个人财产承担；家庭经营的，以家庭财产承担；无法区分的，以家庭财产承担。"

《个体工商户登记管理办法》规定：

第八条　组成形式，包括个人经营和家庭经营。
家庭经营的，参加经营的家庭成员姓名应当同时备案。
第十二条　个人经营的，以经营者本人为申请人；家庭经营的，以家庭成员中主持经营者为申请人。
委托代理人申请注册、变更、注销登记的，应当提交申请人的委托书和代理人的身份证明或者资格证明。

如果个体工商户是家庭经营的，可以变更经营者。在这种情形下，工商机关审核时，如何确定是家庭经营，可能还是面临着一些形式审查与实质审查的问题，笔者接触的多是个人进行经营的。

（2）出资多与少及控股权。

一般投资人对自己的投资经营安排都有自信与持续的韧劲，控制权一直是资本市场最为核心的利益与矛盾集中点。对于一人有限责任公司来讲，是自己可以控制的，但是如果涉及多人合作投资的情形，一定要先确定谁说了算；对于家族企业，如果父母创业，兄弟姐妹可以一起合作，但是如果后面父母去世后，则很可能产业就因分家而出现争议，甚至经营落败。比如，对于有限责任公司的出资，现在因为没有短期出资到位的要求，认缴时为了获得控制权与利益权可以认得较高，从而给彼此带来合作的不确定性。比如两人出资各持50%的股权，就容易产生经营上的内耗，甚至影响公司经营的成败以及个人法律责任的产生。

【案例】真功夫的控股权之争，给亲戚创业者带来很大的启示。新京报的《真功夫被诉侵权背后：真功夫控制权之争十年内斗未了》有相关的报道：
真功夫网站介绍，自1999年以来，真功夫先后进驻广州、深圳、北京等多个城市。其曾宣传称是中国快餐行业前五强中唯一的本土品牌，要做"中国麦当劳"。
企查查显示，广州真功夫经营管理有限公司系真功夫餐饮管理有限公司全资子公司，实际控制人为潘宇海，最终受益人为潘宇海和蔡达标，二者分别对真功夫餐饮管理有限公司持股41.74%，分别认缴资金4 265.53万元。
蔡达标系潘宇海的"前姐夫"。公开资料显示，1990年，潘宇海下海创业。1994年，潘宇海的姐姐潘敏峰与姐夫蔡达标入股真功夫的前身"168蒸品快餐店"。2004年化身"功夫龙"后，真功夫发展进入快车道。然而，时间不长，蔡达标与潘氏姐弟"决裂"。

中国裁判文书网显示，2006年，潘敏峰与蔡达标离婚，蔡达标获得前妻所持股权，之后与潘宇海就公司控制权展开了争夺。不过，当时公司为IPO筹谋引入风投公司，矛盾并未公开。2007年，真功夫引进"今日资本（香港）""中山联动"两家风投，公司进行重组。企查查显示，这两家机构目前仍各持有真功夫餐饮管理有限公司3%的股份。

进行重组后，作为董事长的蔡达标积极推进"去家族化"的动作，潘宇海被逐渐架空。2009年前后，蔡潘斗争进入白热化，接连上演内讧。

2011年，蔡达标因职务犯罪被捕，目前仍在监狱服刑，随后，潘宇海接管真功夫。2013年12月，广州天河区法院认定蔡达标职务侵占和挪用资金两项罪名成立，判处有期徒刑14年，没收个人财产100万元，二审维持原判。

蔡达标前妻潘敏峰于2017年7月向广东省高院提起离婚后财产纠纷诉讼，称其才是蔡达标在真功夫公司名下股权的实际权利人，蔡达标不享有股东权利。不过，该诉求被法院驳回。

2018年，广州市中院就蔡达标诉真功夫公司董事会决议撤销一案作出了二审判决，驳回真功夫公司及潘宇海的上诉，维持原判，即判令撤销真功夫于2013年12月9日作出的《2013年度真功夫餐饮管理有限公司第二次临时董事会会议决议》。而该会议通过了选举潘宇海为公司董事长的议案。

终审结果意味着，潘宇海作为真功夫董事长的合法性被否定。不过，随后真功夫表示，在该案件审理过程中，真功夫在广州中院庭讯后提交了诸多新证据，但法院没有审查，公司对上述判决不服，已委托律师申请再审。结果如何，目前尚未有定论。

《信息时报》当时有一篇报道，我们摘录如下：

信息时报讯（记者 魏徽徽）"真功夫"上市冲刺前夕，大股东潘宇海"查账"请求获准。天河区法院日前就股东知情权纠纷作出一审判决，"真功夫"拒绝审计请求侵害潘宇海的合法权利，应提供财务报告、财务账册、会计凭证、银行对账单给潘宇海委托的会计师事务所审计。

真功夫内讧频发

潘宇海作为"真功夫"创始人之一，除出资额占注册资本总额37.61%的大股东外，还是董事长蔡达标前妻（原配）潘敏峰的亲弟弟。2006年9月，在蔡达标要求下，结婚15年的蔡达标与潘敏峰协议离婚，双方约定潘敏峰原有公司25%的股权归蔡达标所有。2009年，"真功夫"正紧锣密鼓筹备上市大计，不料频发内讧事件。从3月老总陷"二奶"索5 000万元抚养费，到4月潘敏峰状告蔡达标拿回25%股权，再到8月前妻哥哥任命副总引发冲突。

拒绝查账成被告

2009年6月2日,潘宇海向"真功夫"发出《审计通知书》,声明依据公司章程规定,其将指定会计师事务所对"真功夫"账目进行审计,要求提供相关材料、场所及设施。

对此,"真功夫"复函称,"聘请会计师事务所对公司财务状况进行审计系公司董事会之职权,首先应由董事会通过法定程序表决通过及批准",并以目前办公场地及财务人手不足为由拒绝审计要求。7月23日,潘宇海将"真功夫"告上法庭,要求履行公司股东知情权,并请求法院查封该公司2007年7月至2008年12月的财务报告、财务账册以及会计凭证。天河法院对其诉求予以支持。

未违法无须审计

"真功夫"委托代理人庭上辩称,"真功夫"一直按照规定进行有效审计,没有违反公司章程或者法律法规规定的事项,没必要另行审计。即使要审计,会计师事务所也不应由潘宇海指定,而应由法院指定。

同时指出,"股东对会计账册、账本有查阅权,但股东行使该权利应当出于正当的目的,必须以保护自己合法权益为前提,保护其权益首先要出现其权益受到侵害的事实",潘宇海须证明受到侵害。

拒审计违约违法

对于是否有权指定会计师事务所进行账目审计,天河区法院审理认为,潘宇海作为合营一方,有权指定一家在中国或外国注册的会计师事务所审计合营公司的账目。"真功夫"收到《审计通知书》后,至今拒绝审计请求,违背法律的规定和章程的约定;同时潘宇海依法享有股东知情权,"真功夫"的做法侵害其合法权利。

2010年2月10日,天河法院作出判决,"真功夫"将2007年7月至2008年12月间的财务报告、财务账册、会计凭证(包括与凭证对应的合同)、银行对账单提供给潘宇海委托的会计师事务所进行账目审计,并提供不少于10平方米的办公场所。

若因为查账发现相应的股东涉嫌经济犯罪被判刑入狱,这是股东在行使正当权利,也是一条保护权利的路径。《公司法》规定:

第三十三条 股东有权查阅、复制公司章程、股东会会议记录、董事会会议决议、监事会会议决议和财务会计报告。

股东可以要求查阅公司会计账簿。股东要求查阅公司会计账簿的,应当向公司提出书面请求,说明目的。公司有合理根据认为股东查阅会计账簿有不正当目的,可能损害公司合法利益的,可以拒绝提供查阅,并应当自股东提出书面请求之日起十五日内书面答复股东并说明理由。公司拒绝提供查阅的,股东可以请求人民法院要求公司提供查阅。

当然，上面提到的是个案，现实当中，可能很多人创业做生意，因为最终未成功，也没有发生过这种争议，但大家要注意的是，平衡化的股权架构有一些先天的不足。有的企业家曾在传授经验时提到：小公司要绝对化控制，大公司要实行平衡化牵制与一致行动人管理，算是一家之言吧。在国内，一直以来，投票权是由出资权决定的，即同股同权。小米在香港上市，成为港交所首家"同股不同权"的上市公司，开启了香港资本市场的新规则。再看国内，2020年1月17日，优刻得科技股份有限公司在科创板上市，我们摘录了《关于优刻得科技股份有限公司首次公开发行股票并在科创板上市申请文件的审核问询函之回复》的内容：

（一）请发行人充分披露表决权差异安排的主要内容、对公司治理和其他投资者股东权利的影响，并对上述特别表决权股份设置及特殊公司治理结构作充分风险揭示和重大事项提示

经保荐机构、发行人律师核查，针对表决权差异安排的主要内容、对公司治理和其他投资者股东权利的影响，发行人已在《招股说明书》"第七节 公司治理与独立性"之"二、特别表决权安排"中披露。

针对特别表决权股份设置的充分风险揭示，发行人已在《招股说明书》"第四节 风险因素"之"五、公司治理风险"之"（一）特殊公司治理结构导致的风险"中披露。

针对重大事项提示，发行人已在招股说明书之"重大事项提示"之"十二、设置特别表决权的发行人特殊公司治理结构"补充披露如下：

十二、设置特别表决权的发行人特殊公司治理结构

公司采用特别表决权结构，共同实际控制人季昕华、莫显峰及华琨持有的A类股份每股拥有的表决权数量为其他股东（包括本次公开发行对象）所持有的B类股份每股拥有的表决权的5倍。季昕华、莫显峰及华琨对公司的经营管理以及对需要股东大会决议的事项具有绝对控制权。

由于季昕华、莫显峰及华琨能够直接影响股东大会决策，中小股东的表决能力将受到限制。在特殊情况下，季昕华、莫显峰及华琨的利益可能与公司其他股东，特别是中小股东利益不一致，存在损害中小股东利益的可能。

（二）说明发行人设置特别表决权股份是否符合《公司法》《关于在上海证券交易所设立科创板并试点注册制的实施意见》等相关规定

1. 发行人设置特别表决权股份的主要法律依据

发行人设置特别表决权股份的主要法律依据包括《公司法》《注册制实施意见》《上市规则》《上市公司章程指引》等法律法规，具体梳理如下（见表3-3）：

表 3-3 关于特别表决权股份的主要法规及条款

序号	法律法规及具体条款	主要内容
1	《公司法》第 131 条	规定国务院可以对《公司法》规定以外的其他种类的股份，另行作出规定。
2	《国务院关于推动创新创业高质量发展打造"双创"升级版的意见》（国发〔2018〕32 号）（以下简称"《双创意见》"）第二十六条	规定"……推动完善公司法等法律法规和资本市场相关规则，允许科技企业实行'同股不同权'治理结构。（证监会、国家发展改革委、科技部、人民银行、财政部、司法部等按职责分工负责）"。据此，证监会有权根据国务院的安排及其职责，制定科技企业有关"同股不同权"治理结构的相关规则。
3	《注册制实施意见》第（五）条	规定"依照《公司法》第 131 条规定，允许科技创新企业发行具有特别表决权的类别股份，每一特别表决权股份拥有的表决权数量大于每一普通股份拥有的表决权数量，其他股东权利与普通股份相同。特别表决权股份一经转让，应当恢复至与普通股份同等的表决权。公司发行特别表决权股份的，应当在公司章程中规定特别表决权股份的持有人资格、特别表决权股份拥有的表决权数量与普通股份拥有的表决权数量的比例安排、持有人所持特别表决权股份能够参与表决的股东大会事项范围、特别表决权股份锁定安排及转让限制等事项。 存在特别表决权股份的境内科技创新企业申请发行股票并在科创板上市的，公司章程规定的上述事项应当符合上交所有关要求，同时在招股说明书等公开发行文件中，充分披露并特别提示有关差异化表决安排的主要内容、相关风险及对公司治理的影响，以及依法落实保护投资人合法权益的各项措施。"据此，具有特别表决权安排的企业应当在其决策流程及公司治理中遵守相应的规定。
4	《上市规则》第 4.5.2 条	规定"发行人首次公开发行并上市前设置安排的，应当经出席股东大会的股东所持三分之二以上的表决权通过。 发行人在首次公开发行并上市前不具有表决权差异安排的，不得在首次公开发行并上市后以任何方式设置此类安排。"据此，表决权差异安排应当在企业首次公开发行并上市前予以设置。
5	《上市规则》第二十四条	规定"存在表决权差异安排的发行人申请股票或者存托凭证首次公开发行并在科创板上市的，其表决权安排等应当符合《上海证券交易所科创板股票上市规则》等规则的规定；发行人应当至少符合下列上市标准中的一项，发行人的招股说明书和保荐人的上市保荐书应当明确说明所选择的具体上市标准： （一）预计市值不低于人民币 100 亿元； （二）预计市值不低于人民币 50 亿元，且最近一年营业收入不低于人民币 5 亿元。"
6	《上市公司章程指引》（2019）第十五条	规定"存在特别表决权股份的上市公司，应当在公司章程中规定特别表决权股份的持有人资格、特别表决权股份拥有的表决权数量与普通股份拥有的表决权数量的比例安排、持有人所持特别表决权股份能够参与表决的股东大会事项范围、特别表决权股份锁定安排及转让限制、特别表决权股份与普通股份的转换情形等事项。公司章程有关上述事项的规定，应当符合交易所的有关规定。"

3 企业的组织架构搭建与适用规则

2. 发行人设置特别表决权股份符合上述法律法规的规定

(1) 发行人为一家符合要求的科技创新企业

如保荐机构出具的《保荐机构关于发行人符合科创板定位要求的专项意见》所述并经保荐机构、发行人律师核查，发行人系一家合法设立并有效存续的股份有限公司，且为一家符合科创板定位的科技创新企业，符合《双创意见》有关实行"同股不同权"治理结构的企业应当为一家"科技企业"、以及《注册制实施意见》有关设置特别表决权安排的企业应当为一家"科技创新企业"的要求。具体情况请见发行人《关于符合科创板定位要求的专项说明》、保荐机构《关于发行人符合科创板定位要求的专项意见》所述。

(2) 发行人预计市值满足设置特别表决权安排的要求

发行人预计市值不低于人民币 50 亿元，且设置表决权差异安排前发行人最近一年营业收入不低于人民币 5 亿元，符合《上市规则》有关发行人可以设置表决权差异制度的基本前提要求。

基于上述，发行人有权根据《公司法》《双创意见》及《试点意见》的规定设置特别表决权股份。

3. 发行人设置特别表决权的程序及公司章程规定等符合《注册实施意见》《上市规则》《上市公司章程指引》等相关规定

经保荐机构、发行人律师核查，发行人已于 2019 年 3 月 17 日召开 2019 年第一次临时股东大会通过《公司章程》及《公司章程（草案）》，并在《公司章程》及《公司章程（草案）》中为发行人规定了设置特别表决权安排的各项要求及公司治理准则，符合《注册实施意见》《上市规则》、2019 年 4 月 17 日修订的《上市公司章程指引》有关发行人设置特别表决权安排的决策程序、持有人资格、公司章程规定等相关要求，具体情况请见本审核问询函之问题 1 之"（四）对照《科创板股票上市规则》第四章第五节关于特别表决权设置的股东大会程序、持有人资格、公司章程关于表决权差异安排的具体规定、锁定安排及转让限制等，逐条说明发行人上述安排是否符合规定"之"1. 关于特别表决权设置的股东大会程序"部分所述。

4. 发行人已在其招股说明书中充分披露并提示有关差异化表决安排的主要内容、相关风险等

发行人已在招股说明书中充分披露并特别提示有关差异化表决安排的主要内容、相关风险及对公司治理的影响，以及依法落实保护投资人合法权益的各项措施，具体请见本审核问询函之问题 1 之"（一）请发行人充分披露表决权差异安排的主要内容、对公司治理和其他投资者股东权利的影响，并对上述特别表决权股份设置及特殊公司治理结构作充分风险揭示和重大事项提示"部分所述。

综上所述，保荐机构、发行人律师认为，发行人设置特别表决权股份符合《公司法》《关于在上海证券交易所设立科创板并试点注册制的实施意见》、2019 年 4 月 17 日修订的《上市公司章程指引》等相关规定。

由于是国内第一例有"同股不同权"的上市公司，具有重大的实践意义。但是，当前这种方式仅限于科技创新企业，一般的企业难以适用，仍以持股比例来体现相应的股东权责。

另外，根据《公司法》规定，相应的股东表决权可以委托表决的适用，也有一些股东可以达成一致行动人协议，集中由某位股东代表行使表决权，在一些上市公司的报告中，也有这方面的披露。

(3) 关于表决权的法定比例。

下面，我们以有限责任公司为例，看看《公司法》的相关规定：

第三十四条　股东按照实缴的出资比例分取红利；公司新增资本时，股东有权优先按照实缴的出资比例认缴出资。但是，全体股东约定不按照出资比例分取红利或者不按照出资比例优先认缴出资的除外。

第四十二条　股东会会议由股东按照出资比例行使表决权；但是，公司章程另有规定的除外。

第四十三条　股东会的议事方式和表决程序，除本法有规定的外，由公司章程规定。

股东会会议作出修改公司章程、增加或者减少注册资本的决议，以及公司合并、分立、解散或者变更公司形式的决议，必须经代表三分之二以上表决权的股东通过。

第七十一条　有限责任公司的股东之间可以相互转让其全部或者部分股权。

股东向股东以外的人转让股权，应当经其他股东过半数同意①。股东应就其股权转让事项书面通知其他股东征求同意，其他股东自接到书面通知之日起满三十日未答复的，视为同意转让。其他股东半数以上不同意转让的，不同意的股东应当购买该转让的股权；不购买的，视为同意转让。

经股东同意转让的股权，在同等条件下，其他股东有优先购买权。两个以上股东主张行使优先购买权的，协商确定各自的购买比例；协商不成的，按照转让时各自的

---

① 参照《公司法》释义：股东向公司现有股东以外的其他人转让股权应当经其他股东过半数同意。这里讲的其他股东过半数同意，是以股东人数为标准，而不以股东所代表的表决权多少为标准。这是因为股权转让事宜是基于股东处分其财产权而在股东彼此之间发生的合同性质的问题，而不是公司资本运营过程中的内部决策问题；它需要考虑的是每个股东的意愿，而非大股东的意志。是"股东多数决"而非"资本多数决"。这既可以避免因少数股东的反对而否定多数股东的意愿，也可以最大限度地降低股权转让的障碍，保障股东对其财产处分权的实现。为了保障股东行使股份转让权、避免其他股东的不当或消极阻挠，本条进一步规定，股东对股权转让的通知逾期未答复的视为同意转让；如果半数以上其他股东不同意转让，则应购买要求转让的股权，否则视为同意对外转让。

出资比例行使优先购买权。

公司章程对股权转让另有规定的，从其规定。

从笔者接触的案例看，如果在成立公司时，套用的章程是模板化的条款，有很多事项会因表决权的问题从而让公司的决策陷入停滞状态。相对来看，2/3的表决权有绝对的安全性，半数以上表决权有相对安全性，如果控股比例比较低，就需要考虑联合投资人、小股东进行合作，达成共识。

对于《公司法》的一般规定，章程可以另行约定，比如通常按照出资比例行使表决权，但章程可以不按照出资比例约定表决权，只是在通常情形下，大家在设立公司的时候，一般按照一些登记的模板准备章程，没有特别考虑细节。但是，我们还是要注意，章程的约定也不是万能的，比如，不能禁止股东转让股权，但是可以采取一些限制方式或放宽方式。

《最高人民法院关于适用〈中华人民共和国公司法〉若干问题的规定（四）》（法释〔2017〕16号）中对此有相应的解释：

第十六条　有限责任公司的自然人股东因继承发生变化时，其他股东主张依据公司法第七十一条第三款规定行使优先购买权的，人民法院不予支持，但公司章程另有规定或者全体股东另有约定的除外。

第十七条　有限责任公司的股东向股东以外的人转让股权，应就其股权转让事项以书面或者其他能够确认收悉的合理方式通知其他股东征求同意。其他股东半数以上不同意转让，不同意的股东不购买的，人民法院应当认定视为同意转让。

经股东同意转让的股权，其他股东主张转让股东应当向其以书面或者其他能够确认收悉的合理方式通知转让股权的同等条件的，人民法院应当予以支持。

经股东同意转让的股权，在同等条件下，转让股东以外的其他股东主张优先购买的，人民法院应当予以支持，但转让股东依据本规定第二十条放弃转让的除外。

第十八条　人民法院在判断是否符合公司法第七十一条第三款及本规定所称的"同等条件"时，应当考虑转让股权的数量、价格、支付方式及期限等因素。

第十九条　有限责任公司的股东主张优先购买转让股权的，应当在收到通知后，在公司章程规定的行使期间内提出购买请求。公司章程没有规定行使期间或者规定不明确的，以通知确定的期间为准，通知确定的期间短于三十日或者未明确行使期间的，行使期间为三十日。

第二十条　有限责任公司的转让股东，在其他股东主张优先购买后又不同意转让股权的，对其他股东优先购买的主张，人民法院不予支持，但公司章程另有规定或者全体股东另有约定的除外。其他股东主张转让股东赔偿其损失合理的，人民法院应当予以支持。

第二十一条　有限责任公司的股东向股东以外的人转让股权，未就其股权转让事项征求其他股东意见，或者以欺诈、恶意串通等手段，损害其他股东优先购买权，其他股东主张按照同等条件购买该转让股权的，人民法院应当予以支持，但其他股东自知道或者应当知道行使优先购买权的同等条件之日起三十日内没有主张，或者自股权变更登记之日起超过一年的除外。

前款规定的其他股东仅提出确认股权转让合同及股权变动效力等请求，未同时主张按照同等条件购买转让股权的，人民法院不予支持，但其他股东非因自身原因导致无法行使优先购买权，请求损害赔偿的除外。

股东以外的股权受让人，因股东行使优先购买权而不能实现合同目的的，可以依法请求转让股东承担相应民事责任。

第二十二条　通过拍卖向股东以外的人转让有限责任公司股权的，适用公司法第七十一条第二款、第三款或者第七十二条规定的"书面通知""通知""同等条件"时，根据相关法律、司法解释确定。

在依法设立的产权交易场所转让有限责任公司国有股权的，适用公司法第七十一条第二款、第三款或者第七十二条规定的"书面通知""通知""同等条件"时，可以参照产权交易场所的交易规则。

上面我们提到的规定对有限责任公司适用，对于股份有限公司来讲，却不尽相同，而且上市的股份有限公司与非上市的股份有限公司也存在差异：已上市的股份有限公司更具有流动性，强调的是资合，而非上市的股份有限公司则还存在人和的因素。另外，对于发起人与高管的减持转让也有相应的限制，比如《公司法》规定：

第一百三十七条　股东持有的股份可以依法转让。

第一百三十八条　股东转让其股份，应当在依法设立的证券交易场所进行或者按照国务院规定的其他方式进行。

第一百三十九条　记名股票，由股东以背书方式或者法律、行政法规规定的其他方式转让；转让后由公司将受让人的姓名或者名称及住所记载于股东名册。

股东大会召开前二十日内或者公司决定分配股利的基准日前五日内，不得进行前款规定的股东名册的变更登记。但是，法律对上市公司股东名册变更登记另有规定的，从其规定。

第一百四十条　无记名股票的转让，由股东将该股票交付给受让人后即发生转让的效力。

第一百四十一条　发起人持有的本公司股份，自公司成立之日起一年内不得转让。

公司公开发行股份前已发行的股份，自公司股票在证券交易所上市交易之日起一年内不得转让。

公司董事、监事、高级管理人员应当向公司申报所持有的本公司的股份及其变动情况，在任职期间每年转让的股份不得超过其所持有本公司股份总数的百分之二十五；所持本公司股份自公司股票上市交易之日起一年内不得转让。上述人员离职后半年内，不得转让其所持有的本公司股份。公司章程可以对公司董事、监事、高级管理人员转让其所持有的本公司股份作出其他限制性规定。

现实中，存在认缴出资与实缴出资不同步的情形，此时是按认缴比例行使表决权，还是按照实缴比例行使表决权呢？如何理解《公司法》当中的股东按出资比例行使表决权呢？下面的审判文书可以帮助我们理解：

《朱城林、广东科源环境工程有限公司公司解散纠纷二审民事判决书》[（2017）粤19民终9311号]提到：

一审法院认为，根据本案的证据及当事人的陈述，可见朱城林持有科源公司10%以上股权。又，科源公司的公司章程第十六条记载"股东会会议由股东按照认缴出资比例行使表决权"，故朱城林具备提起公司解散诉讼的主体资格，朱城林是否实际出资到位不影响其请求解散公司的权利。

《潘敏、冯志勇与公司有关的纠纷二审民事判决书》[（2018）闽02民终1736号]提出：

根据《公司法》第二十三条、第二十六条的规定，有限公司成立过程中关于公司资本应当满足的条件，是以认缴制为原则，以实缴制为例外。即在无法律、行政法规以及国务院决定对有限公司注册资本实缴、注册资本最低限额另有规定的情形下，出资人取得公司股东资格不以实缴资本为条件，只要有认缴资本即可。本案中冯志勇是否实际向盛健医疗公司缴纳注册资本或者是否存在抽逃出资并不影响其作为盛健医疗公司的股东资格，以及按照认缴出资比例确定的股权比例。出资人成为公司股东后，根据其享有股东权利的内容及目的，可将股东权分为自益权和共益权，自益权是股东为获取自身利益而行使的权利，如利润分配请求权、新股优先认购权、剩余财产分配请求权等，共益权是股东以参与公司经营管理为目的或是以个人利益为目的兼具为公司利益而行使的权利，如临时股东会召集请求权、表决权、质询权等。《公司法》第三十四条规定，"股东按照实缴的出资比例分取红利；公司新增资本时，股东有权优先按照实缴的出资比例认缴出资。但是，全体股东约定不按照出资比例分取红利或者不按照出资比例优先认缴出资的除外。"第四十二条规定"股东会会议由股东按照出资比例行使表决权；但是，公司章程另有规定的除外。"《最高人民法院关于适用〈中华人民共和国公司法〉若干问题的规定（三）》第十六条规定，"股东未履行或者未全面履行出资义务或者抽逃出资，公司根据公司章程或者股东会决议对其利润分配请求权、新股优先认购权、剩余财产分配请求权等股东权利作出相应的合理限制，该股东请求认定该限制无效的，人民法院不予支持。"从《公司法》及其司法解释的上述规定来看，利润分配请求权、新股优先认购权、剩余财产分配请求权等自益权原则上应当受到是否实缴出资的限制，表决权等共益权原则上不应当受到是否实缴出资的限制。同时，《公司法》还赋权公司可通过章程等形式作出另行不同规定。本案中，《盛健医疗公司章程》关于表决权行使的规定与《公司法》的规定一致，并无例外。冯志勇与潘敏作为股东，亦未就表决权的行使作出其他约定，应当以股东认缴出资比例作为表决权行使的依据。潘敏主张称冯志勇未实际出资，无表决权，于法无据，不予采纳。鉴于冯志勇是否实际出资与本案《临时股东会决议》是否有效及是否可撤销并无关联，且《公司法》赋予相应权利人对公司股东瑕疵出资以其他救济途径，一审法院对潘敏主张的有关冯志勇并未实际出资的事实不予处理。

综上所述，如果没有在章程中约定，依照《公司法》的一般规定，股东表决权是以认缴制来判断的，并不是以实缴制来判断的。而《公司法》又规定一般情形下股东按照实缴的出资比例分取红利，新增资本时，股东有权优先按照实缴的出资比例认缴出资，这是对于其他实缴人的权利保护；如果章程不这样约定，则从其章程，这里充分体现了有限责任公司人和的特性。当然，为了保护真实出资人的利益，在公司新制定的章程中可以约定按照实缴比例行使表决权。虽然未来依照认缴来承担相应的法律责任，但是这种责任在未实缴的情形下，并没有产生直接的利益影响，未来的法律责任承担也并不一定发生，比如，对于清算时剩余财产的分配权，就可以考虑实缴出资人的利益。如果未实缴出资人作出了很大的劳动贡献与价值贡献，也可以不作约定。

（4）引入战略投资者面临的风险。

很多创业者开始投资设立企业的时候，充满了激情，也有很好的想法与产品，此时找来三五好兄弟，不讲报酬、不讲条件地就开始干了起来，在经过尝试之后发现，所有的市场活动都是需要成本的，没有资金难以发展，银行贷款条件严格，额度较小，而且往往要求抵押资产，此时，做资本投资的一些机构，可能就会"送"上钱来，但"天上没有掉下来的馅饼"，确实有一些企业做赔了，投资人的钱确实花光了，也有一些企业发展起来了，这很可能因为赌利益问题产生矛盾，如果没有事前讲好条件，恐怕结果是不得不把自己的"孩子"送给别人。

比如，雷士照明的吴长江先生，最初创业时有3个人，引入资本释放股权，后来与资本方发生矛盾，最终被迫出局。据报道，阿里巴巴因为其创业团队早期开始规划，2014年9月19日，在美国的纽交所上市。从股权结构来看，第一大股东软银（日本孙正义控股）和第二大股东雅虎分别持股31.8%和15.3%，远超阿里合伙人团队所共同持有的13%，而马云本人仅持股7.6%。但是根据阿里公司章程的相关规定，以马云为首的34位合伙人有权力任命董事会的大多数成员，成为公司的实际控制人。幸运的不止阿里，2014年在美国纳斯达克上市的京东同时发行两类股票，其中，A类股票一股具有一票投票权，而B类股票一股则具有20票投票权，出资只占20%的创始人刘强东通过持有B类股票，获得83.7%的投票权，实现了对京东的绝对控制。

通常来看，引入战略投资者，对方并不一定在意其产业的未来，而是考虑投资收益，比如做风投的会发掘一些早期有想法、有亮点的企业进行培育，以期达到未来上市的目标，实现溢价后退出。一般而言，在引入战略投资者时，从财税的角度，我们可以考虑如下几个方面：

第一，天下没有免费的午餐，资本是逐利的本性，如果企业没有持续的盈利计划，恐怕很难一步一个脚印地发展，发展节奏也会受到影响。

第二，关于表决权的行使。资本方若要求派出董事参与公司的运营，管理的自主权就会受到影响，甚至有时候创始人的地位也会受到影响。比如资方有时要求有一票否决权的条款。

第三，资金的使用。有的投资人对于创始人使用资金进行限制。笔者曾接触一个案例，因为资金方对于创始人的资金使用产生质疑，认为其用于向创始人的关联方转移资产，以致对簿公堂，打起官司来。

尽管有种种掣肘、不利的影响，但是，我们还是要积极地看待资本方的功能与作用，因为没有资金，很多想法是无法实现的，听起来只是一个故事，只要恰当地理好规则，正直地经营，成功可能会更容易一些。

依据《公司法》的规定，公司新增资本时，股东有权优先按照实缴的出资比例认缴出资。但是，全体股东约定不按照出资比例分取红利或者不按照出资比例优先认缴出资的除外。下面这个案例，就非常具有代表性。

《陈木高、成都远大固生投资有限公司（原福建省固生投资有限公司）与绵阳市红日实业有限公司、蒋洋、绵阳高新区科创实业有限公司公司增资纠纷再审民事判决书》[（2015）川民提字第235号]中的内容摘录如下：

本院认为，本案争议焦点为科创公司于2011年1月23日作出的《关于确认公司股权构成合法有效的决议》中涉及新增资本20.03%股权部分的转让效力问题。被申诉人蒋洋、红日公司认为，科创公司2003年12月16日作出的股东会决议由陈木高出资800万元认购科创公司新增615.38万股股份，其中涉及新增股份20.03%的部分因侵害了其优先认缴权而无效，故科创公司其后于2011年1月23日作出的《关于确认公司股权构成合法有效的决议》中，确认该20.03%比例的股权由陈木高持有并转让给固生公司的部分无效。二审判决则认为，科创公司《关于确认公司股权构成合法有效的决议》因与最高人民法院（2010）民提字第48号民事判决内容明显冲突，因此该决议涉及新增股份20.03%的部分无效。而抗诉机关及申诉人陈木高、固生公司认为，陈木高认购并持有新增股份中20.03%部分已经最高人民法院生效的（2010）民提字第48号民事判决所确认，二审判决认定该事实有误，且陈木高将其所有的包括新增资本的20.03%股份转让给固生公司，符合科创公司《章程》规定，不违反法律法规的规定，故陈木高与固生公司之间涉及新增资本20.03%股权转让行为合法有效，二审判决对此认定错误。

综合抗诉机关和各方当事人的抗诉意见及诉讼主张，本案作出正确裁判的前提和基础首先必须要正确理解最高人民法院（2010）民提字第48号民事判决所认定的事实和准确把握该生效判决的法律内涵。在原蒋洋、红日公司诉陈木高、科创公司、固生公司股东会决议效力及公司增资纠纷一案中，最高人民法院（2010）民提字第48号民事判决对2003年12月16日科创公司作出的股东会决议和2003年12月18日科创公司与陈木高签订的《入股协议书》是否有效的问题，虽然认定"……科创公司2003年12月16日股东会议通过由陈木高出资800万元认购科创公司新增615.38万股股份的决议内容中涉及新增股份中14.22%和5.81%的部分因分别侵犯了蒋洋和红日公司的优先认缴权而归于无效……"，但同时认定"……2003年12月18日科创公司与陈木高签订的《入股协议书》，系科创公司与该公司以外的第三人签订的合同，应适用合同法的一般原则及相关法律规定认定其效力，虽然科创公司2003年12月16日作出的股东会决议部分无效，导致科创公司达成上述协议的意思存在瑕疵，但作为合同相对方的陈木高并无审查科创公司意思形成过程的义务，科创公司对外达成协议应受其表示行为的制约。上述《入股协议书》是科创公司与陈木高作出的一致意思表示，不违反国家禁止性法律规范，且陈木高按照协议约定支付了相应对价，没有证据证明双方恶意串通损害他人利益，因此该协议不存在《中华人民共和国合同法》第五十二条所规定的合同无效的情形，应属有效……"。对蒋洋和红日公司能否行使对科创公司2003年新增的

615.38万股股份的优先认缴权问题，该生效判决认为"……虽然科创公司2003年12月16日股东会决议因侵犯了红日公司和蒋洋按照各自的出资比例优先认缴新增资本的权利而部分无效，但红日公司和蒋洋是否能够行使上述新增资本的优先认缴权还需要考虑其是否恰当地主张了权利。……本案红日公司和蒋洋在科创公司2003年12月16日召开股东会时已经知道其优先认缴权受到侵害，且作出了要求行使优先认缴权的意思表示，但并未及时采取诉讼等方式积极主张权利。在此后科创公司召开股东会、决议通过陈木高将部分股权赠与固生公司提案时，红日公司和蒋洋参加了会议，且未表示反对。红日公司和蒋洋在股权变动近两年后又提起诉讼，争议的股权价值已经发生较大变化，此时允许其行使优先认缴出资的权利将导致已趋稳定的法律关系遭到破坏，并极易产生显失公平的后果，故四川省绵阳市中级人民法院（2006）绵民初字第2号民事判决认定红日公司和蒋洋主张优先认缴权的合理期间已过并无不妥……"。上述生效民事判决，虽然认为2003年12月16日科创公司内部形成的股东会决议因侵犯了红日公司和蒋洋按照各自的出资比例优先认缴新增资本的权利而部分无效，但同时明确了2003年12月18日科创公司对外与陈木高签订的《入股协议书》合法有效，以及红日公司、蒋洋主张优先认缴权已超过合理期间。该生效判决的法律内涵在于在民商事法律关系中，公司作为行为主体实施法律行为时，其内部行为虽然存在瑕疵，但只要其外部行为不存在无效的情形，公司就应受其表示行为的制约，不能以此内部瑕疵对抗外部善意第三人，以及对于公司股东超出合理期间行使优先认缴权的主张人民法院不予支持等方面。因此，本案中科创公司基于陈木高认缴案涉新增股份20.03%部分的合法性已为最高人民法院生效判决所认定，以及其后陈木高又将涉该部股份合法转让给固生公司等事实，于2011年1月23日经该公司代表三分之二以上表决权的股东表决通过作出《关于确认公司股权构成合法有效的决议》，将科创公司的股权构成恢复至2009年1月7日之前的状态，即固生公司持有615.38万元（股）（包括新增股份中14.22%和5.81%部分），占总股本的56.42%。《关于确认公司股权构成合法有效的决议》符合事实和该公司章程规定，不违反法律、法规的强制性规定，合法有效。

综上，二审判决认定事实不清，适用法律不当，应予纠正，四川省人民检察院的抗诉理由成立，依法予以支持。依照《中华人民共和国民事诉讼法》第二百零七条第一款、第一百七十条第一款第（二）项、第（三）项之规定，判决如下：

一、撤销四川省绵阳市中级人民法院（2011）绵民终字第1392号民事判决；

二、维持绵阳高新技术产业开发区人民法院（2011）绵高新民初字第362号民事判决。

还有一种情形，来源于《21世纪经济报道》的一篇报道《2019年29家深市民营控股上市公司引入国有资本》，其中有这样的内容：

2019年，海南海药、*ST皇台等87家民营控股上市公司通过股权转让引入战略投资者，整合多方资源，进而扭转资金困局。怡亚通、爱迪尔等29家深市民营控股上市公司引入国有资本，实现混合所有制改革。113家深市民营企业披露重组预案，涉及金额近2 500亿元，运用市场化手段实现纾困发展。

引入国有资本，可以更好地整合资源渠道、平台优势，拓展商业发展的空间。但是，如果引入国有资本，对于企业家来讲，最大的影响是要对于过去"随意"进行资产使用、处置的行为有所限制了。《关于中央企业加强参股管理有关事项的通知》（国资发改革规〔2019〕126号）就提出：

加强运行监测，及时掌握参股企业财务数据和经营情况，发现异常要深入剖析原因，及时采取应对措施防范风险。加强财务决算审核，对于关联交易占比较高、应收账款金额大或账龄长的参股企业，要加强风险排查。对风险较大、经营情况难以掌握的股权投资，要及时退出。不得对参股企业其他股东出资提供垫资。严格控制对参股企业提供担保，确需提供的，应严格履行决策程序，且不得超股权比例提供担保。

目前，政府的一些投资基金平台也越来越多地参与到了企业的投资当中，这其中既有资源整合的考虑，也有为当地产业招商引资的需要，这些钱，拿的时候更需要谨慎，毕竟国有资产的考核管理是有要求的。比如某民营企业家，国有企业认缴了其投资公司的股权，没有实缴出资，所有的运营资金是由该民营企业家出资的，并且双方约定几年之后民营企业家进行回购，这种情形下，是不是认为就不存在国有资产管理的问题。笔者分析，是不是真实出资，并不重要，重要的是其认缴形成了认缴的义务，也有相应的权利，作为国有资产的投资企业，自然受控于管理。有人可能会问，国有企业参与此事有何利益呢？据了解，可能是因为国有企业取得土地的成本较低，民营企业需要借力，另一方面，国有企业希望由民营企业进行开发，但需要为其解决一些低价房的需求。

【案例】这个案例来源于互联网上某创业者的求助，但整个过程来看，能感觉到创业人身上的背负真是太大了，而且还有很大的风险在内。其作为一位创业者，起初发展得很好，后来战略投资人入局，该创业者因为管理矛盾离开公司，退出股东身份，没想到，数年后收到法院查封房产和银行账户的通知。这是源自当初作为股东时所签的对赌回购协议，由于未能达到约定目标，对方要求回购。该创业者认为自己早不是股东了，原来的对赌协议应与我无关，尽管当初提到过这个问题，但其他股东原来只是口头说，与该创业者不相关了。看看，由于在当初离开公司时没有签订对赌转移的协议,现在是欲哭无泪,一审、二审均败诉,又向高院提起再审申请,该创业者在微信号中发的文章似乎也在做出一份呼吁,以求得到理解与高院的关注。

所以,对于创业者来讲,创业失败并不一定可怕,但是一招不慎、满盘皆输的结果还是提醒我们要学会用法律武器保护自己的权利。

(5) 股东对外转让股权受《公司法》的限制及变通思路。

《公司法》规定:

第七十一条 有限责任公司的股东之间可以相互转让其全部或者部分股权。

股东向股东以外的人转让股权,应当经其他股东过半数同意。股东应就其股权转让事项书面通知其他股东征求同意,其他股东自接到书面通知之日起满三十日未答复的,视为同意转让。其他股东半数以上不同意转让的,不同意的股东应当购买该转让的股权;不购买的,视为同意转让。

经股东同意转让的股权,在同等条件下,其他股东有优先购买权。两个以上股东主张行使优先购买权的,协商确定各自的购买比例;协商不成的,按照转让时各自的出资比例行使优先购买权。

公司章程对股权转让另有规定的,从其规定。

第七十二条 人民法院依照法律规定的强制执行程序转让股东的股权时,应当通知公司及全体股东,其他股东在同等条件下有优先购买权。其他股东自人民法院通知之日起满二十日不行使优先购买权的,视为放弃优先购买权。

第七十三条 依照本法第七十一条、第七十二条转让股权后,公司应当注销原股东的出资证明书,向新股东签发出资证明书,并相应修改公司章程和股东名册中有关股东及其出资额的记载。对公司章程的该项修改不需再由股东会表决。

第七十四条 有下列情形之一的,对股东会该项决议投反对票的股东可以请求公司按照合理的价格收购其股权:

(一) 公司连续五年不向股东分配利润,而公司该五年连续盈利,并且符合本法规定的分配利润条件的;

(二) 公司合并、分立、转让主要财产的;

(三) 公司章程规定的营业期限届满或者章程规定的其他解散事由出现,股东会会议通过决议修改章程使公司存续的。

自股东会会议决议通过之日起六十日内,股东与公司不能达成股权收购协议的,股东可以自股东会会议决议通过之日起九十日内向人民法院提起诉讼。

从《公司法》的上述规定来看，有限责任公司股东之间转让股权是不受限的，受限的是向股东以外的人转让股权，需要征得其他股东过半数同意。尽管规定可以书面通知其他股东让其他股东购买或放弃购买后进行对外转让，但事情并不是这么简单，往往会陷入争议，此时如何解决呢？其实就是要解决一个将第三方转为股东的问题，比如，赠送给第三方股权，使其成为股东，或者可以考虑转让母公司的股权给第三方，间接实现股权转让。还有的先以增资方式引入股东再进行转让，这些实现的路径，如果操作不当，很有可能被认为"以合法形式掩盖非法目的"而不予认可其效力。下面这个案例，让我们领略到了公司股东优先认购权的复杂与多变。

《浙江复星商业发展有限公司诉上海长烨投资管理咨询有限公司财产损害赔偿纠纷一案一审民事判决书》〔（2012）沪一中民四（商）初字第23号〕的一段摘录内容，是两位重量级人物潘×屹与郭×昌之间发生的事情：

……显然，上述交易后果的发生，不利于海之门公司以及项目公司的实际经营和运作，也难以保障外滩8-1地块项目的正常开发。《中华人民共和国合同法》第五十二条规定："有下列情形之一的，合同无效：……（三）以合法形式掩盖非法目的"。依据上述法律规定并结合本案基本法律事实，本院认为，被告绿城公司、被告证大五道口公司系海之门公司的直接股东，被告嘉和公司、被告证大置业公司又系被告绿城公司、被告证大五道口公司的唯一出资人，被告嘉和公司、被告证大置业公司与被告长昇公司之间实际实施的关于被告嘉和公司、被告证大置业公司持有的被告绿城公司、被告证大五道口公司股权的转让行为，旨在实现一个直接的、共同的商业目的，即由被告长烨公司、被告长昇公司所归属的同一利益方，通过上述股权收购的模式，完成了对被告绿城公司、被告证大五道口公司的间接控股，从而实现对海之门公司享有50%的权益，最终实现对项目公司享有50%的权益。综上所述，被告之间关于股权交易的实质，属于明显规避了《中华人民共和国公司法》第七十二条之规定，符合《中华人民共和国合同法》第五十二条第（三）项规定之无效情形，应当依法确认为无效，相应的《框架协议》及《框架协议之补充协议》中关于被告嘉和公司、被告证大置业公司向被告长烨公司转让被告绿城公司、被告证大五道口公司100%股权的约定为无效，被告嘉和公司与被告长昇公司、被告证大置业公司与被告长昇公司签署的《股权转让协议》亦为无效。同时，基于《中华人民共和国合同法》第五十八条之规定："合同无效或者被撤消后，因该合同取得的财产，应当予以返还……"上述交易行为亦应当予以恢复原状。被告之间因无效而产生的财产返还事宜，可自行协商解决。据此，原告的诉讼请求，具有事实和法律依据，应当依法予以支持。依照《中华人民共和国公司法》第七十二条、《中华人民共和国合同法》第五十二条第（三）项、第五十八条之规定，判决如下：一、确认被告上海长烨投资管理咨询有限公司与被告浙江嘉和实业有限公司、被告上海证大置业有限公司于 2011 年 12 月 29 日签署的《关于间接收购上海外滩国际金融服务中心（8-1）地块项目 50%权益之股权及债权转让框架协议》及于 2012 年 1 月 9 日签署的《股权及债权转让框架协议之补充协议》中关于被告浙江嘉和实业有限公司、被告上海证大置业有限公司向被告上海长烨投资管理咨询有限公司转让被告杭州绿城合升投资有限公司、被告上海证大五道口房地产开发有限公司 100%股权的约定为无效；二、确认被告浙江嘉和实业有限公司与被告上海长昇投资管理咨询有限公司于 2012 年 1 月 12 日签署的《股权转让协议》为无效；三、确认被告上海证大置业有限公司与被告上海长昇投资管理咨询有限公司于 2011 年 12 月 29 日签署的《股权转让协议》为无效；四、被告浙江嘉和实业有限公司、被告上海证大置业有限公司应于本判决生效之日起十五日内将被告杭州绿城合升投资有限公司、被告上海证大五道口房地产开发有限公司的股权状态恢复至转让前，即由被告浙江嘉和实业有限公司持有被告杭州绿城合升投资有限公司 100%股权，被告上海证大置业有限公司持有被告上海证大五道口房地产开发有限公司 100%股权。本案案件受理费人民币 3 814 533 元，由被告浙江嘉和实业有限公司、被告上海证大置业有限公司负担，于本判决生效后七日内向本院缴纳。当事人如不服本判决，可在收到本判决书之日起十五日内，向本院递交上诉状，并按对方当事人的人数提出副本，上诉于上海市高级人民法院。

据笔者分析，在这个案例当中，由于相关方的实控主体之间存在一个合作协议，其标的就是对于此地块的开发，上下结合起来考虑，更是不利于被告方。相信这个案例，对于收购方的法务人员来讲，也是压力比较大，毕竟一项投入巨大的收购看似"成功"了，但是却败诉了，也可能是尽职调查中有所疏忽。

所以，在整体的规划设计上，以人和为基础存在的有限责任公司，确实面临着理念、资金、经营方向调整等方面的变化，而要退出或寻求第三方加入，知晓规则，才是关键。

（6）有限合伙架构的妙用。

《中华人民共和国合伙企业法》于 2016 年修订后发布，其主要的规定有：

第二条 本法所称合伙企业，是指自然人、法人和其他组织依照本法在中国境内设立的普通合伙企业和有限合伙企业。

普通合伙企业由普通合伙人组成，合伙人对合伙企业债务承担无限连带责任。本法对普通合伙人承担责任的形式有特别规定的，从其规定。

有限合伙企业由普通合伙人和有限合伙人组成，普通合伙人对合伙企业债务承担无限连带责任，有限合伙人以其认缴的出资额为限对合伙企业债务承担责任。

第三条　国有独资公司、国有企业、上市公司以及公益性的事业单位、社会团体不得成为普通合伙人。

其中对于有限合伙企业有单独的适用条款：

第六十六条　有限合伙企业登记事项中应当载明有限合伙人的姓名或者名称及认缴的出资数额。

第六十七条　有限合伙企业由普通合伙人执行合伙事务。执行事务合伙人可以要求在合伙协议中确定执行事务的报酬及报酬提取方式。

对于有限合伙企业，由普通合伙人来执行合伙事务，我们可以看看上海绿地的案例，从《经济观察报》的《国有控股企业"混改"中有限合伙的秘密：从绿地张玉良到格力董明珠》中，我们可以有所借鉴（摘录）：

明星上市公司格力电器的"混改"方案，很容易让人想起5年前的另一个"混改"标杆——上海绿地集团的"混改"方案。

其一在于，在"混改"之前，两家公司的实际控制人都是当地国资委，绿地集团的实际控制人是上海市国资委，格力电器的实际控制人是珠海市国资委。

其二在于，在"混改"之后，两家公司都变成了"无实际控制人"的公司。

其三在于，在"混改"之后，作为"无实际控制人"的公司，强势的管理层代表开始"当仁不让"地主导公司决策。于绿地集团而言，是总经理兼董事长兼法定代表人张玉良；于格力电器而言，是总经理兼董事长兼法定代表人董明珠。

其四在于，在"混改方案"的设计中，两家公司都用了一个"有限合伙架构"作为混改方案的核心安排。

在绿地集团的混改方案中，直接持有"混改"后上市公司股权的是上海格林兰投资企业（有限合伙），而在上海格林兰的上面，则是一组多达32个的小型有限合伙安排，在这个结构中，唯一的GP就是张玉良直接控制下的管理层实体格林兰投资。

……

那么，为什么两家"混改标杆"都不约而同地引入"有限合伙架构"作为混改方案的核心安排呢？

答案也很简单：通过有限合伙架构中GP管理决策权的集中上收，实现"用最少的出资控制最大的资产"的目的。

另外，在混改方案中引入"有限合伙架构"作为混改方案的核心安排，相信这样的做法会越来越流行。

……

绿地集团混改：有限合伙，层叠复制——张玉良用10万元控制188.8亿资产！

2014年3月中旬，绿地集团借壳金丰投资（600606.SH）的预案终于揭盅，其中最大的亮点在于绿地集团员工持股问题的解决，系列"有限合伙"的安排成为解决这一问题的关键。

一、通过一个"金蝉脱壳、化茧成蝶"的资本重组安排，绿地集团"混合所有制改革"备受关注。图3-4为重组前的绿地集团股权结构。

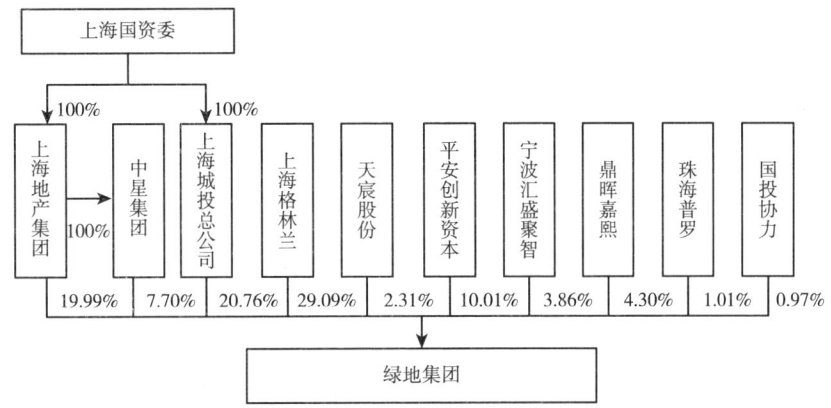

图3-4　重组前的绿地集团股权结构图

二、图3-5为重组后的新绿地集团的股权结构，上海格林兰作为员工持股平台，持有重组后新公司28.83%的股份。

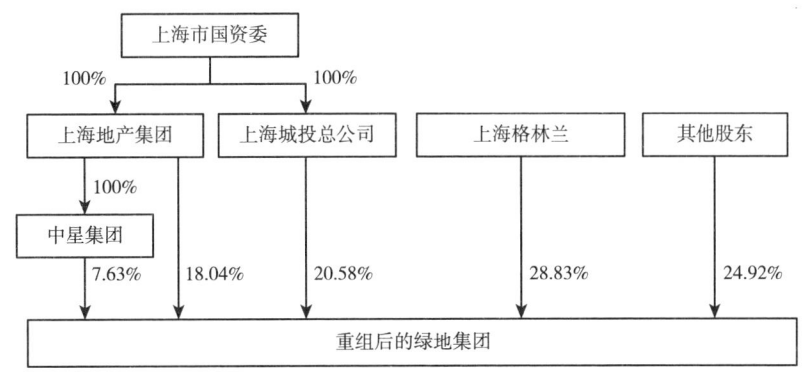

图3-5　重组后的绿地集团的股权结构图

三、图3-6为上海格林兰的股权结构，在整个重组架构的安排中，这个层叠复制的有限合伙安排极为重要，充分体现了管理层和员工的利益诉求，并规避了以往通过信托结构进行利益安排的种种弊端。

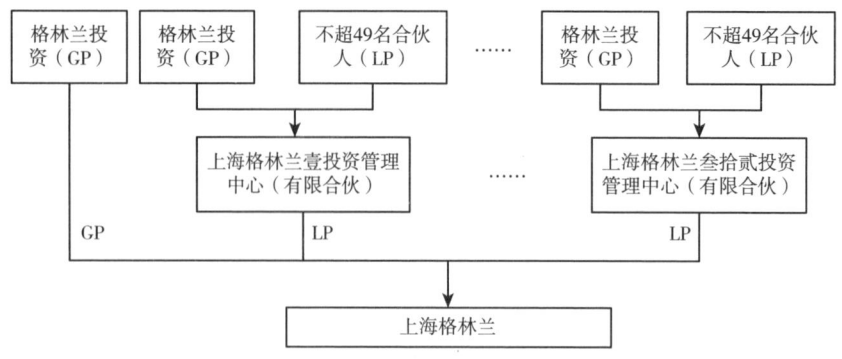

图 3-6　上海格林兰公司的股权结构图

尤其需要关注的是，格林兰投资为绿地管理层直接控制，是其核心利益的体现，其法定代表人正是绿地集团董事长兼总经理张玉良。

……

格林兰投资（GP）的全称是上海格林兰投资管理有限公司，是一家有限责任公司，注册资本为10万元。通常是个人即自然人直接作为有限合伙企业的普通合伙人，而这个架构的精妙之处在于以有限责任公司作为普通合伙人即 GP（General Partner）。这家有限责任公司的注册资本是10万元，张玉良是法定代表人，我们可以发现，依据《合伙企业法》的规定，普通合伙人对合伙企业的债务承担无限连带责任，但是这个无限连带责任因为上面的有限责任的公司提供一层"保护"，相当于顶层的自然人承担的是有限责任了，而且只有区区的10万元。从这一点看，我们的有限合伙企业的架构可以比较好地隔离风险，这值得我们的投资人借鉴。

但是并非完全可以排除无限责任，比如某企业用有限责任公司作为无限合伙人，其余合伙人均为有限合伙人，结果因为经营问题，需要承担1 000万元的经营责任，其余的合伙人的投资额远不及此数额，需要无限合伙人承担责任，由于作为无限合伙人的有限责任公司是一家规模很大的公司，其资产足以支付上述金额，所以这种情形下的"保护"，就没有什么价值。如果真要规避一下的话，可以找一家适当的或新成立一家有限责任公司。

3.1.4　不要轻易做小股东，有时会进退两难

小股东并不一定不好，只是因为笔者最近接触了几个案例，尤其感觉我们一定要注意风险控制。

【案例】最近笔者接到一个电话，一位在大力税手平台读过一篇关于"被作为股东成立公司"的个人，电话咨询如何退出。后来问及他是如何当成股东的，他解释说是

因为在网上有人愿意给钱,让他提供身份证复印件,协助他进行远程登记确认,现在不想当了,怕有风险,不知如何解决。电话向注册地的工商登记机关举报,对方认为是有完整的登记过程与确认,不能帮助他来解决这个问题。假设对方给其填报的认缴出资额是1 000万元,远远超过其实际承担能力,可能让他一辈子都难以承受。

分析:如果他手中当时有一些证据表明是对方恶意引诱,如微信的记录或者电话录音、书面约定之类的,或许还能减轻一些责任。所以,生意与友情可能会有所结合,但是生意是法律层面的事,不完全是友情的事,建议我们的年轻伙伴们切莫贪小利而轻易为之。

【案例】 某国有企业属于大型企业集团,很多年前与某非国有企业共同出资设立了一家公司,当时占有10%的股份。最近几年,国家开始整理压减企业数量与层级,这家公司被列为清理退出的对象。经过了解,这家企业当前的实际管理人即这家公司的合作股东还是能找到的,其老板也能找到,而且前几年企业经营到期,对方还给企业发过通知开股东会,企业也没有理会,没有去人也没有发表意见,对方经营的情形如何也不知道,更不用提分红了。该企业提出退出或转让股权给第三方,对方就是不答应,因为对方一直要利用央企的牌子做"文章"。为此,笔者专门找了几个《公司法》方面的律师专家,也查询了一些网上的意见,多数认为,对于有限责任公司,小股东想"自由"退出,还真是没有办法的事情,除非对方同意。难道真的没有办法了吗?

分析:这种情形,只能从《公司法》的角度来寻找解决方案,不过实现的方式有很多,比如,上面我们提到的股东有查账的权利,一般这种公司在运营上与钱财管理上并不见得有多么规范,有时也可能存在侵占资产的情形。另外,如果在查账过程中,发现存在偷漏税、虚开发票等情形,都是可以增加谈判的筹码。如果单纯想上诉,目前没有有效的、直接的解决方案。

可以看一看《公司法》中对于有限责任公司股权转让的条款:

第七十四条 有下列情形之一的,对股东会该项决议投反对票的股东可以请求公司按照合理的价格收购其股权:

(一)公司连续五年不向股东分配利润,而公司该五年连续盈利,并且符合本法规定的分配利润条件的;

(二)公司合并、分立、转让主要财产的;

(三)公司章程规定的营业期限届满或者章程规定的其他解散事由出现,股东会会议通过决议修改章程使公司存续的。

自股东会会议决议通过之日起六十日内,股东与公司不能达成股权收购协议的,股东可以自股东会会议决议通过之日起九十日内向人民法院提起诉讼。

在上述案例中，本来股东是可以行使第（三）项中的权利的，结果没有理会，错过了机会，毕竟对方发了通知，并不是没有告知。

另外，《公司法》还对解散与清算做出如下规定：

第一百八十条　公司因下列原因解散：
（一）公司章程规定的营业期限届满或者公司章程规定的其他解散事由出现；
（二）股东会或者股东大会决议解散；
（三）因公司合并或者分立需要解散；
（四）依法被吊销营业执照、责令关闭或者被撤销；
（五）人民法院依照本法第一百八十二条的规定予以解散。

第一百八十一条　公司有本法第一百八十条第（一）项情形的，可以通过修改公司章程而存续。

依照前款规定修改公司章程，有限责任公司须经持有三分之二以上表决权的股东通过，股份有限公司须经出席股东大会会议的股东所持表决权的三分之二以上通过。

第一百八十二条　公司经营管理发生严重困难，继续存续会使股东利益受到重大损失，通过其他途径不能解决的，持有公司全部股东表决权百分之十以上的股东，可以请求人民法院解散公司。

可是，上述案例没有直接可以利用的条件，往往需要等待，并且举证起来也比较麻烦。有的人士提出来，能不能直接找一个第三方将股权转让给它就算了，我们也提出了可以尝试，现在的其他股东需要过半数同意，此时可以直接通知，如果不接受，则视为对外可以转让。但是，由于涉及国有企业的投资股权转让，通常是需要在交易所挂牌的，对于价格，如果没有查阅资料进行评估，可能无法承担相应的责任，所以做起来就会受到限制。

对于上面的情形，即使在向第三方赠与时，也面临着《公司法》的转让限制，比如，有的人会利用法院对于抵债判决的处理，这只不过是转让的实施手段不同而已。《公司法》规定：

第七十二条　人民法院依照法律规定的强制执行程序转让股东的股权时，应当通知公司及全体股东，其他股东在同等条件下有优先购买权。其他股东自人民法院通知之日起满二十日不行使优先购买权的，视为放弃优先购买权。

一些律师认为，可以考虑在设立企业时，就在公司章程中提前约定清楚，比如对于重大事项，小股东有权要求回购或转让给其他股东或第三方，并且规定一个相应的时限，如果得不到执行，可以据此向法院上诉，请求权利得到保护。

3.1.5 税收政策对于企业运营安全的影响

为何要写一下税收政策对于企业运营安全的影响，这是起源于笔者关注的一个案例，也是一个年轻创业者的故事——WePhone创始人苏享茂自杀事件。相关报道猜测其前妻举报他有漏税行为。如果他对税法也懂一些，恐怕不至于对此这么担心出事。

同时也有一些人提出来，这只是个案而已，如果不"偷税、漏税"，刚创业的人如何跟一些大公司竞争，而且原来的一些企业家，听说也有"原罪"，第一桶金的取得势必要冒一些风险。如果早几年，这么说可能还行，但是当下税收法制化不断推进与细化，税收征管与信息化手段越来越完善，对于高收入者的监控也越来越严格。举例来讲，如果个人在海外将其资产装入海外的上市架构中，对于出资这个环节的税，之前恐怕少有人能够关注。当前也有一些重大的案例在检查过程中，特别是一些移民海外的人士，过于高调就有可能引起关注。可以说企业家每天都在税务风险的边界上走动。

最近几年来，利用发票概念来"做生意"的机构越来越多，因为发票在我们国家的税收管理体系中发挥着"以票管税"的作用，企业所得税税前扣除与增值税的抵扣，都离不开发票。对于一些特殊的业务，由于无法取得对方开具的发票，或者是取得的成本比较高，也可能想少交税，结果就催生了庞大的"市场供应"，比如虚开增值税专用发票，非常明确是违规的，但是由于发现的概率与时间问题，多有人冒险进行"购买"，现实当中，大案屡查不止，也有人因此判了无期徒刑。但是，在利益、诱惑面前，多有人甘于冒险。也确实有一些人对于税法与刑法的理解不够，认为就是开一张发票而已，出了事，才发现这不是什么好生意。另外，最近几年，虚开普通发票的案例也多起来，这是因为，营改增之前，建筑企业与房地产企业的虚假发票比较多，营改增之后，对于发票的监控纳入税务机关的整体监控体系，检查的手段也多起来，虚开普通发票以实现企业所得税税前扣除与土地增值税扣除的案例也时有曝光。

而且，虚开发票的案例，有人侥幸认为，我们是善意的取得方，有问题最多补税可以吧，没被发现我就安全了。虽然也有认定为善意处理的情形，其实大家心里也明白，哪有这么多善意。也确有一些案件，因为虚开，后面的取得方补税加滞纳金完事，但不代表这是对的。发票违法行为与偷逃税款的行为一样，追溯问题不受时间限制，一旦形成记录，就会是永远的痛，一定程度上看，可能比偷逃税款还严重，毕竟发票是一个多方有关联，一个环节出问题，很容易被牵涉出来。

【案例】某自然人王某，在西安市设立了两家公司，一家是甲公司，从事软件技术开发，另一家是乙公司，对外提供咨询服务，主要是给保险公司提供佣金服务。这两家公司是如何运行的呢？甲公司买了一些软件著作，同时从外面取得代征的个人劳务的普通发票（以生产经营项目按征收率计征的个税），甲公司向乙公司开具软件的增值税专用发票，乙公司向客户开具现代服务业的发票，在这个链条中，甲公司从事软件销售，取得了增值税超3%税负即征即退的税收优惠，而乙公司可以抵扣13%货物类的进项。在这种情形下，交易链条看着是很完整的，但是很明显，由于人员是虚假的，软件是直接买的，也没有人进行真实的开发，外部的发票只是为抵减成本税前扣除之用，即征即退的增值税是其主要的利益来源。但是很不幸，这种情况被税务机关发现，进行检查之后，认为王某的公司虚开增值税专用发票，于是对其立案调查处理。

分析：不得不说，王某对于这个架构的搭建是进行了"专业研究"的，而且非常契合当前的税收政策体系与税收优惠的享受安排，但是这只是表面的，背后并没有真实的业务支撑，在这种情形下，出现问题也是自己无法控制的。听说这个案例的涉税金额达到二十几亿元，真是惊人，一旦定性，恐怕这责任真小不了。

【案例】与上面的案例相反，某企业集团是一家信息化的企业，其集团下设数家销售公司，主要为客户提供信息服务与数据分析服务。另外，还单独设立了一家软件技术企业，近年来取得了数十项的著作权，一直以来，相应的软件是无偿提供给销售公司使用的，他们之间是相对独立的子公司。由于是无偿提供，软件技术企业一直处于亏损的状态，截至当前已亏损了近1 000万元，企业老板认为，他们是合并报表，不需要考虑独立的报表问题，但是由于近期企业拟筹备上市，想重新梳理一下企业架构与流程，咨询一下如何处理为好。

分析：老板是从集团的角度来考虑问题的，并不像一般的财税人员，认为法人之间的交易都要考虑独立交易原则的问题，而且老板在规划绩效分配的时候，也不过于关注亏损，而是整体来看公司的项目收益，再根据参与人的贡献比例来分配，是打破了子公司的架构关系来安排的。如此一来，倒也相安无事。但是从上市的架构看，尽管披露的也是合并报表，如果没有展现出来技术含量，没有体现出来享受的税收优惠，对于利润的影响将是负面的。于是，我们就需要全面梳理一下这家软件技术企业到底是提供在线技术服务的，还是单独销售软件。经过调研发现，其对最终客户是销售软件，对于内部关联单位是提供软件技术服务，那么我们从两个角度来考虑，一是软件部分可以享受即征即退的优惠，二是内部关联单位，如果也做成软件销售，与事实不相符，因为软件销售相当于是一次性的情形，但实际情形是销售公司利用线上的查询系统进行数据查询、分析与管理，并不是买入的软件，而且企业想要的是持续性的业务关系，并不是销售一次软件就结束了，毕竟软件的更新并没有那么快。在这种情形下,企业提供在线软件使用服务,据我们分析,难以享受软件销售的即征即退优惠;但是,这种以软件为载体的技术服务,一样可作为软件企业的收入。最终,如何确定一个基于独立交易原则的内部转让定价标准就是关键了,比如,从交易净利润法来考虑软件技术企业应取得的净利润,准备一份合理的定价指引,减少人为操作,就是一个需要考虑的问题了。

通过上面这两个例子,笔者只是想表达一下,税收政策在企业组织架构与产业架构中的功效与作用。如果使用得好,可能真是会为企业的发展立下汗马功劳;而如果使用得不好,很可能就是"将帅无能,累死三军"。从税的角度,掌握两个原则,一个是以真实为基础,另一个是以技术为保障,两者相结合,将会有完美的表现。

其实对于财税价值的内部创造,是完全可行的,利用当前的优惠政策模块化组合,助力集团的竞争力。笔者认为,财税人员一样是可以创造价值的,只是我们过于"尊重"老板的战略安排,甚至战术安排,财税价值并不一定是战略性的,但战术性的、时间性的价值创新,几乎每一个企业都有空间,过于习惯了成熟的运营方式,业务部门及后勤部门怕麻烦的心理,有时会阻碍这一价值的实现。

3.1.6 投资人利益的取得与退出问题

投资人建立一个或多个企业,大都是基于对利益的追求兼有对个人梦想的追求,通过组织的运营,创造利润,得到回报,想必是当前多数企业创业人的想法。

(1) 企业运营利润的多少直接影响到投资人利益的多少。

本书所讲的资本个税,并不是仅仅考虑投资人取得股息红利、转让股权,或者是清算企业所得到的投资收益,而是站在自己与所投资企业两个角度,规划自己的最大利益。如果企业因为经营得好,或者是因为享受到较好的税收优惠政策,而取得了较好的利润,那么个人间接得到的利润也是相应增加的。当然,如果要拿到自己的手中,还可能要付出20%的个税成本。但是,我们不应只聚焦于这20%的个税,而是要看自己还剩余80%的利得。是不是有增长空间,比如有的地方还可以给予财政奖励。

如果经营主体因享受税收优惠,得到了增值税的减免,那么最终受益的还是个人投资者。还有的企业因为得到财政奖励,也有了相应的发展力量。如果认为企业未分配利润,个人未取得所得,这么理解是不对的,因为虽然这两个主体之间有分配的环节存在,才能将公司的财富过渡到个人名下,但是利益是存在经济属性的,通常我们讲某某企业家身家多少亿元,并不是基于其从所投资的企业分配了多少钱,而是因为其投资的企业有潜在的经济价值,得到了市场的认可。如果这些财富真的变现到个人名下,必然存在着很大的税负成本。

【案例】李某在其老家某县城投资设立了一家企业,从事水泥固件的加工生产与销售,主要供应桥梁工程与房地产开发企业。当地税务机关对其企业所得税按1.2%进行核定,个人取得分配的股息红利时,在缴纳20%的个税后,按地方政策还会将地方财政留成的90%予以返还。如此来看,整体的税负成本就很低了,但是我们要掌握好一条底线,就是要有相应的合法的认定程序,如果有合法的认定程序,通常将来不会被视作偷税行为。

分析:据笔者观察,现在越来越多的地方税务机关倾向于不进行或控制一定的比例进行核定,担心有相应的责任。但是,因为有财政收入的压力,有的地方在招商引资的时候,口头答应给予核定的征收,但其实并没有走合规的程序,而是口头给企业说的利润指标,这本身就是存在问题的,是不合规的,也给企业带来很大的未来查账补税的风险。

(2) 利润价值向资本价值的转化。

如果仅仅是以取得利润为价值追求的方向,显然我们还处于"小农经济"的阶段,如果我们放到资本市场来看,挂牌或上市无疑是进一步放大股权流动性价值的必由之路。从股权转化为可交易的股票,从而在公开市场形成流动性,就不存在有限责任公司转让给除股东之外的第三人所受限制的状况,比如,茅台酒股票价格达到每股1 000元以上,这个市盈率与价值就不得了。从资本市场的角度来看待财富问题,就不一样了。尽管当前中国的股市还有一些不确定性,还存在一些投机的行为发生,以及对于价值的判断脱离基本面的炒作问题,我们还是要看到其对公司带来的价值影响,以及对于投资者个人、公司管理团队的价值体现。

可以说,挣一元的利润,如果从分红的角度,只能是一元,但是如果从股票交易的角度,却可能值100元,这就是一种价值认可与市场化的体现。目前,能否上市还面临着很严格的条件与审核、注册程序,国内市场与国外市场也有不同的规则,无论是到美国上市,还是从境外股市完成私有化回归境内上市,价值的追求是不变的,而且最为主要的是得到了没有成本的融资资金,这也是关键。

或许有人提出来,为何像华为这么成功的企业,却不去上市呢?这其中的原因我们不得而知,但是华为在国内创新地实施员工虚拟持股的方式,也是一种融资的方式,是一种员工共同经营的理念,实现了公司价值与员工价值的融合。我们看到,华为毕竟在中国只有一家，多数企业还是希望走到上市的那一步。由于"持股"员工不是法律上的股东，所以取得的名义上的分红只是工资薪金的一种形式而已，员工需要全额按工资薪金计缴个税，当前部分情形是可能按照一次性奖金的方式计算，也可能采取一些特别的方式来发放，但是性质上难以变成股息红利。

（3）转让与退出。

对于家族企业，可能存在将股权分配给子女的情形，比如李嘉诚的产业，就在其两个儿子之间作了分配。国内企业的发展历史比较短，这种传承还在发展过程中，比如，父母与子女之间的价值观不同，子女并不愿意承接家里的产业，或者是子女留在海外，想过另一种生活，国内的产业也难以传承。也有的创始人，在发展过程中，主动或被动地将企业转让给别人，也会取得相应的价值变现。这种情形在创业领域非常多见，在传统领域方面，比如前些年上海的永乐电器与北京的大中电器都是转卖给国美电器，投资人实现了退出。

国际知名品牌爱马仕自1837年诞生，至今存在180多年，经过了七代传人。《华人家族财富》有一篇相关的文章：

爱马仕凭什么做到代代相传并持久不衰？除了被多代超高净值人士的持续认可，还有家族对企业的掌控和管理。

1993年，爱马仕在巴黎股票交易所上市，时至今日，该家族仍持有爱马仕公司75%的股份，其中有6位家族成员集中持有5%—10%不等的股份。

上市可以让家族成员买卖股票，从而避免家族成员因为股权价值而发生纠纷。而对股权保持绝对控制，则让家族成员统一战线，建立牢固的家族纽带。

2010年，爱马仕家族成功打了一场"自卫反击战"。当时，全球最大奢侈品公司LVMH集团总裁、有着"穿着开司米衫的狼"之称的伯纳德·阿诺特（Bernard Arnault）盯上了爱马仕。

阿诺特从2002年开始收购爱马仕的股份，到2010年，已控制了爱马仕17%的股份。收购似乎已成定局，而此时爱马仕股价在投机推动下大涨30%，也让外界普遍猜测一些家族成员会拿钱退出。

但世界看到的是，爱马仕家族成员站到了一起。50多名爱马仕家族成员统一战线，将所持50.2%的股份汇集到名为H51的联合体中，并约定未来20年中不出售任何股份。

另两位主要股权持有人Bertrand Puech、Nicolas Puech虽未加入，但表示会给予家族其他成员优先购买权。

这并不是一个轻松的决定。锁定股份意味着,大部分家族成员得靠股票分红生活。但事实证明,这样的"牺牲"是值得的。

这一举措将保证未来20年爱马仕可以抵御任何形式的恶意收购,成功捍卫家族产业。

对于一些超级企业家来讲,通过配置信托架构,从而减少了传承给子女后管理上或婚姻上产生的矛盾或步调不一致,由信托代为管理并按约定提供子女必要的生活保障,这是当前比较主流的一种财富传承的手段。但是在国内,中国人对于信托的理解还不充分,本来信托就是一个舶来品,大众接受度还比较弱,部分人士对于国内的信托机构,估计也有担心其有操作不规范的问题,加之国内信托办理起来,房产、股票如何装入,相应的法规规定不清楚,比如,从计税的角度,并没有规定可以以免税或不征税的方式装入,在当前的税收规则中,被认为是一次财产转让,需要视置入资产的类型,来计缴个人所得税或企业所得税、增值税、土地增值税等税项。所以,国内当前更多只是接受现金信托,而在境外信托下,则可以直接对股权办理。但是,由于新个人所得税法引入了反避税的概念,之后中国税收居民在境外进行个人资产向信托的转移,将受到个税法反避税条款的约束。新个税法实施之前,由于没有相应个税法反避税的规定,先行操作的案例,税务机关进行追缴计税的可能性存在但并不大。

3.2 个体工商户、个人独资企业、合伙企业可以享受的减税降费优惠政策

当前,我们国家正在大幅推进、落实的减税降费的政策,让很多的经营主体享受到了。下面,我们一并梳理一下,让大家获得概括性的理解。

3.2.1 小规模纳税人增值税免税优惠

个体工商户、个人独资企业、合伙企业及公司制企业,在增值税上分为一般纳税人与小规模纳税人两种身份,其中一个比较常用的判断条件就是年收入(连续12个月)达到500万元,要求强制转为一般纳税人。最近3年,国家基于减税降费的考虑,允许成为一般纳税人的纳税人可以选择重新转回到小规模纳税人,但这只是一个时效性的政策,并没有确定的规定延续下去。

可能对于多数经营规模不大的企业,老板不想让其成为一般纳税人,特别是年收入不到500万元销售额的企业,但是也有一些企业倾向于及早转为一般纳税人,这主

要是满足客户的"倒逼"需要,因为多有作为一般纳税人的客户,要求供应商开具适用税率的发票,不愿与小规模纳税人供应商合作,在这种情形下,纳税人虽然年收入不到500万元,只要核算条件能够达到,也是可以登记成为一般纳税人。

此时,有人会提出来,自然人是属于小规模纳税人还是一般纳税人,这一点,增值税的规定当中并没有特别写出来,但在实践中,是只能作为小规模纳税人来管理与适用计税规则的;而且通常自然人只能向税务机关代开增值税普通发票或在个别情形下代开具专用发票。

小规模纳税人转为一般纳税人的判断条件见表3-4。

表3-4　　　　　　　　小规模纳税人转为一般纳税人的判断条件

适用条件	适用情形	特别规定
销售额标准	增值税小规模纳税人标准为年应征增值税销售额500万元及以下①	注意此500万元为不含税计算的,比如,小规模纳税人货物销售额是300万元,咨询服务收入是200万元,此时500/1.03=485.44万元,达不到500万元标准,不需要强制转为一般纳税人
未超过规定标准	会计核算健全,能够提供准确税务资料的,可以向主管税务机关办理一般纳税人登记	非强制条件,是选择性的条件
不经常发生应税行为	营改增的纳税人:年应税销售额超过规定标准但不经常发生应税行为的单位和个体工商户可选择按照小规模纳税人纳税 货物为主的纳税人:非企业性单位、不经常发生应税行为的企业可选择按小规模纳税人纳税	这两个规则是在传统《增值税暂行条例实施细则》与财税〔2016〕36号②文件的营改增业务下的规定,下一步会相应融合

一般纳税人转为小规模纳税人的判断条件及适用时间段,2018年、2019年及2020年国家税务部门规定了特殊的转登记的适用条件,如《国家税务总局关于统一小规模纳税人标准等若干增值税问题的公告》(国家税务总局公告2018年第18号)规定:

一、同时符合以下条件的一般纳税人,可选择按照《财政部 税务总局关于统一增值税小规模纳税人标准的通知》(财税〔2018〕33号)第二条的规定,转登记为小规

---

① 《国家税务总局增值税一般纳税人登记管理办法》(国家税务总局令43号)规定:销售服务、无形资产或者不动产(以下简称"应税行为")有扣除项目的纳税人,其应税行为年应税销售额按未扣除之前的销售额计算。纳税人偶然发生的销售无形资产、转让不动产的销售额,不计入应税行为年应税销售额。注意,达到500万元即需要转为一般纳税人,是含本数的。如果该销售额为含税的,应按照征收率换算为不含税的销售额。

② 财税〔2016〕36号,即《财政部 国家税务总局关于全面推开营业税改征增值税试点的通知》。

模纳税人，或选择继续作为一般纳税人：

（一）根据《中华人民共和国增值税暂行条例》第十三条和《中华人民共和国增值税暂行条例实施细则》第二十八条的有关规定，登记为一般纳税人。

（二）转登记日前连续12个月（以1个月为1个纳税期，下同）或者连续4个季度（以1个季度为1个纳税期，下同）累计应征增值税销售额（以下称应税销售额）未超过500万元。

转登记日前经营期不满12个月或者4个季度的，按照月（季度）平均应税销售额估算上款规定的累计应税销售额。

应税销售额的具体范围，按照《增值税一般纳税人登记管理办法》（国家税务总局令第43号）和《国家税务总局关于增值税一般纳税人登记管理若干事项的公告》（国家税务总局公告2018年第6号）的有关规定执行。

为什么小规模纳税人这么受到青睐，这是因为其适用简易计税的方式，就是直接依据销售额来计缴增值税，而不是如同一般纳税人一样，需要计算销售额对应的销项税额，再扣减取得的抵扣凭证的税额来计缴增值税，核算复杂。重要的是，考虑到税负的问题，因为有的类型的经营企业也难以取得抵扣凭证，或者因为外购成本少，以一般纳税人的一般计税方法来计算增值税，会较简易计税增加税额，不划算，因此想保留小规模纳税人身份。如咨询服务简易征收率是3%，一般纳税人适用的税率是6%，服务业本身就没有多少进项，多是老板或雇佣人员的劳务服务，产生不了可以抵扣的进项，税负自然一下子升高了不少，更为重要的是，在新冠肺炎疫情期间，国家对于小规模纳税人出台了更为优惠的政策，分地区给予湖北与其他地区免税与按1%减征的优惠，而对于一般纳税人，除规定的行业享受免税外，并不能享受减征的优惠，而小规模纳税人却是普遍性的优惠，这种不平衡自然刺激了小企业由一般纳税人向小规模纳税人转变的想法。由于当前正在进行增值税立法，对于未来的增值税纳税人的两种身份之分是保留还是废止，我们还要时刻进行关注。目前的征求意见稿中未规定要区分这两者的身份，而直接以季起征点30万元为起征点标准，未达到起征点的，不是增值税的纳税人，所以未来的增值税立法，对于企业持续这么多年来的征管体系、核算体系与商务体系都可能带来很大的影响。

下面，我们来梳理一下增值税大类上的税率表与征收率表，一般来讲，税率是作为一般纳税人用一般计税方法（销项税额-进项税额）计税时所用的，而征收率是一种简化的"税率"，小规模纳税人与一般纳税人对于某些业务可以依据税法选择简易征收方法时使用，表3-5是一个简要的总结，相关税率是依据截至2020年5月底的政策梳理的，由于国家进行减税降费，相应的税率变化比较频繁，我们只看当前有效的税率与征收率总结。

表 3-5　　　　　　　　　　　　增值税的征收率表

身份适用	适用对象	税率或征收率	特别说明
一般纳税人（一般计税方法）	货物（除下面特别货物外）、加工与修理修配劳务	13%	依据《关于深化增值税改革有关政策的公告》（财政部、税务总局、海关总署公告2019年第39号）规定，从2019年4月1日起实施
	农产品（含粮食）、自来水、暖气、石油液化气、天然气、食用植物油、冷气、热水、煤气、居民用煤炭制品、食用盐、农机、饲料、农药、农膜、化肥、沼气、二甲醚、图书、报纸、杂志、音像制品、电子出版物	9%	
	交通运输、邮政、基础电信、建筑、不动产租赁服务，销售不动产，转让土地使用权	9%	
	有形动产租赁服务	13%	
	现代服务	6%	
小规模纳税人	除一些特定项目外的应税收入	3%	
特别情形下一般纳税人可以选择的简易计税与小规模纳税人适用	不动产租赁、转让，土地使用权租赁、转让等	5%	部分个人纳税人有优惠适用的政策

另外，对于一些特定项目，一般纳税人可以选择简易计税方法，比如公共交通运输服务按3%等。目前在税率方面，基本上是三档税率，即13%、9%与6%，未来可能进一步融合为两档税率。税率档次的差异，决定了税务安排与筹划的存在，比如，对于混合销售的业务，对于小规模纳税人与一般纳税人的身份选择，对于可以选择简易计税与一般计税方法的情形，就有必要做出一些规划。

【案例】有一次，笔者在乘坐地铁时，听到有两个年轻人的对话，其中一个说："最近我又准备设立一家企业，原来那家快达到一般纳税人的登记标准了，还是保留小规模纳税人的身份缴的税少。"另一个说："也是，当小规模纳税人简单，当一般纳税人自开发票数量受限，小规模纳税人代开可以在500万元以内不受限。"

分析：我们其实要特别理解做小生意伙伴的想法，这也是在处理具体业务中的经验积累。这种分解收入的做法，以多个主体来从事经营，从而保持小规模纳税人的计税方法，并不是违规的商业行为，税收政策上也不会要求某个人的所有企业进行合并计税。只是在这儿我们要提醒一下，不要一个公司签订合同，却由另一家公司去开具发票、收款，要做到一致性管理。

目前，国家对于小规模纳税人有比较明确的增值税优惠政策，如《财政部 国家税务总局关于实施小微企业普惠性税收减免政策的通知》（财税〔2019〕13号）规定：

一、对月销售额10万元以下（含本数）的增值税小规模纳税人，免征增值税。

《国家税务总局关于小规模纳税人免征增值税政策有关征管问题的公告》（国家税务总局公告2019年第4号）规定：

按照《财政部 税务总局关于实施小微企业普惠性税收减免政策的通知》（财税〔2019〕13号）的规定，现将小规模纳税人月销售额10万元以下（含本数）① 免征增值税政策若干征管问题公告如下：

一、小规模纳税人发生增值税应税销售行为，合计月销售额未超过10万元（以1个季度为1个纳税期的，季度销售额未超过30万元，下同）的，免征增值税。

小规模纳税人发生增值税应税销售行为，合计月销售额超过10万元，但扣除本期发生的销售不动产的销售额后未超过10万元的，其销售货物、劳务、服务、无形资产取得的销售额免征增值税。

二、适用增值税差额征税政策的小规模纳税人，以差额后的销售额确定是否可以享受本公告规定的免征增值税政策。

《增值税纳税申报表（小规模纳税人适用)》中的"免税销售额"相关栏次，填写差额后的销售额。

三、按固定期限纳税的小规模纳税人可以选择以1个月或1个季度为纳税期限，一经选择，一个会计年度内不得变更。

四、《中华人民共和国增值税暂行条例实施细则》第九条所称的其他个人，采取一次性收取租金形式出租不动产取得的租金收入，可在对应的租赁期内平均分摊，分摊后的月租金收入未超过10万元的，免征增值税。

如果按照上面的要求条件，小规模纳税人合计年收入在120万元以内，增值税是可以免税的，相应的附加税费也是没有的，但是如果不是小规模纳税人，而是一般纳税人，无论是其适用一般计税方法还是选择简易计税方法，即使一个月的收入是1元钱，也是不能免增值税的，因为当前的优惠政策只惠及小规模纳税人。要注意，上面所说的享受免税的量化标准是只以当期销售额为标准判断，并不是跟企业所得税一样有按年汇算的概念，这跟增值税的计税规则一样，就是一期一期地计缴，彼此之间是独立的。

---

① 请注意，是包括本数的，比如，销售额是10万元或30万元的，是免税的。

【案例】 某企业为小规模纳税人，2020年第一季度的收入额为31万元（不含税收入），第二季度收入额为30万元（不含税收入），企业按照季度进行增值税的纳税。依据小微企业的政策，第一个季度需要计税，第二个季度可以享受免税待遇。在新冠肺炎疫情期间，小规模纳税人还享受餐饮、住宿等行业性的免税优惠，这时候可能享受的是双重优惠，通常来看，可以优先判断是不是享受到小微优惠，再看是不是可以享受行业性的优惠，选择其一有优惠的即可。

小规模纳税人的免税是可以放弃的，并不强求一定需要纳税人享受；政策规定纳税人发生应税行为适用免税、减税规定的，可以放弃免税、减税，依照相关规定缴纳增值税。放弃免税、减税后，36个月内不得再申请免税、减税。在这种情形下，可以到税务机关的大厅或通过电子税务局办理备案。放弃免税的目的主要是因为商业上的需要，比如，客户就是不愿意接受增值税普通发票，要求供应商提供增值税专用发票，而开具了增值税专用发票，就不能享受免税，此时，纳税人为了商业利益考虑，挣得的利润比享受的免税更为有利，放弃免税也是一种商业选择的生存方式。但是，这种基于政策规定的理解，正在悄悄地发生变化，国家税务总局在《疫情防控税收优惠政策热点问答（第十期）》中以回复问题的方式提出，小规模纳税人享受疫情期间增值税免税政策的，若某个期间有对某个客户开具了专用发票的，只就本专用发票的销售额进行计缴增值税，开具增值税普通发票与未开具发票的，仍可以享受免税的待遇。从笔者对增值税的学习与关注来看，这算是一种具有突破性的意见，但对一般纳税人，并没有得到同样的明确认可，国家税务总局对于一般纳税人的要求是享受免税，则不可以就其中的部分业务开具专用发票，当然纳税人可以放弃，放弃并不是从政策开始时，而是可以在政策执行期间的某个月份选择放弃免税，并按36个月来掌握①。

---

① 《疫情防控税收优惠政策热点问答（第十一期）》中提出：

18. 我公司是一家企业培训公司，增值税一般纳税人。2020年4月，有个别客户要求我公司就部分培训服务开具增值税专用发票。请问，我公司可以就开具增值税专用发票部分培训收入缴纳增值税，其他培训收入享受生活服务免征增值税优惠吗？

答：《财政部 税务总局关于支持新型冠状病毒感染的肺炎疫情防控有关税收政策的公告》（2020年第8号，以下称8号公告）第五条规定，对纳税人提供生活服务取得的收入，免征增值税。生活服务的具体范围，按照《销售服务、无形资产、不动产注释》（财税〔2016〕36号印发）规定执行，培训等非学历教育服务，属于生活服务的范围。

《国家税务总局关于明确二手车经销等若干增值税征管问题的公告》（2020年第9号）第五条规定，一般纳税人在享受增值税免税、减税政策后，按照《营业税改征增值税试点实施办法》（财税〔2016〕36号文件印发）第四十八条的有关规定，要求放弃免税、减税权的，应当以书面形式提交纳税人放弃免（减）税权声明，报主管税务机关备案。一般纳税人自提交备案资料的次月起，按照规定计算缴纳增值税。

作为适用一般计税方法的增值税一般纳税人，你公司按照8号公告有关规定适用免征增值税政策的，不得开具增值税专用发票，可以开具增值税普通发票。你公司可以就培训服务选择放弃免税，以书面形式提交纳税人放弃免（减）税权声明，报主管税务机关备案，并自提交备案资料的次月起，按照规定计算缴纳增值税并相应开具增值税专用发票。需要说明的是，一经放弃免税，应就培训服务全部放弃免税，不能以是否开具增值税专用发票，或者区分不同的销售对象分别适用征免税。

在实践当中,享受小微优惠的小规模纳税人,偶尔开专用发票,比如,某小规模纳税人当季的销售额是20万元,但是由于会计人员操作疏忽,给客户开具了一张增值税专用发票,销售额是2万元,此时因为对方可以抵扣,同时政策规定得很清楚,若开具了增值税专用发票不得享受免税的待遇,此时,是就18万元享受免税,还是一律20万元都不得享受免税待遇呢?如果从上面放弃免税的角度来看,对于放弃免税的政策,是要求要么全部放弃,要么就不放弃,在本案例中,纳税人并没有放弃免税,只是开具了一张增值税专用发票,从而让这一笔免税达不到条件了,是因为其他因素的影响导致的不得享受免税。关于这个问题,广东省税务局发布的《享受小规模免税政策的纳税人申报操作指南》有清楚的案例:

【案例】某小规模纳税人(非"个体")从事批发销售日用品,按季纳税,2019年第一季度销售货物不含税销售额18万元,其中通过税务机关代开专用发票的销售额3万元,预缴增值税900元,自行开具普通发票不含税销售额15万元,应如何申报[①]?

【注意事项】

根据《增值税暂行条例》规定,发生应税销售行为适用免税规定的,不得开具增值税专用发票。如果小规模纳税人季销售额未超过30万元,在申请代开增值税专用发票后,可积极追回增值税专用发票的全部联次或者按规定开具红字专用发票后,向主管税务机关申请退还当期因开具增值税专用发票已缴纳的税款。如果纳税人未能追回增值税专用发票的全部联次或者未按规定开具红字专用发票的,只需就开具增值税专用发票的销售额计算缴纳增值税,扣除本期开具增值税专用发票销售额后的销售额仍可免征增值税。

该纳税人当季销售货物收入共18万元,未超过30万元的免税标准,可享受小微企业增值税免税优惠。但向税务机关申请代开增值税专用发票销售额3万元仍需缴税。以实际缴纳增值税为计税依据的城市维护建设税,可以享受减半征收优惠。同时,按季度纳税的季度销售额不超过30万元的缴纳义务人,免征教育费附加、地方教育附加。

【数据计算】

增值税免税额 = 开具普通发票不含税销售额 × 征收率 = 150 000 × 3% = 4 500(元)。

增值税本期应纳税额 = 代开增值税专用发票销售额 × 征收率 = 30 000 × 3% = 900(元)。

[①] 《国家税务总局关于调整增值税纳税申报有关事项的公告》(国家税务总局公告2016年第27号)中的《增值税纳税申报表(小规模纳税人适用)》及其附列资料填写说明:

(十三)第10栏"小微企业免税销售额":填写符合小微企业免征增值税政策的免税销售额,不包括符合其他增值税免税政策的销售额。个体工商户和其他个人不填写本栏次。

(十四)第11栏"未达起征点销售额":填写个体工商户和其他个人未达起征点(含支持小微企业免征增值税政策)的免税销售额,不包括符合其他增值税免税政策的销售额。本栏次由个体工商户和其他个人填写。

假定该纳税人城市维护建设税适用税率为7%,该纳税人应缴纳城市维护建设税＝增值税应纳税额×征收率×50%＝900×7%×50%＝31.5（元）。

该纳税人不需缴纳教育费附加和地方教育附加。

【案例】某小规模纳税人（个体工商户）从事住宿服务业,按季纳税,符合自开增值税专用发票的条件,2019年第一季度取得住宿服务不含税销售额25万元,其中,10万元自行开具增值税专用发票,15万元自行开具增值税普通发票,应如何申报？

【注意事项】

根据《增值税暂行条例》规定,发生应税销售行为适用免税规定的,不得开具增值税专用发票。如果小规模纳税人季销售额未超过30万元,在自行开具增值税专用发票后,可积极追回增值税专用发票的全部联次或者按规定开具红字专用发票后,向主管税务机关申请退还当期因开具增值税专用发票已缴纳的税款。未能追回增值税专用发票的全部联次或者未按规定开具红字专用发票的,只需就开具增值税专用发票的销售额计算缴纳增值税,扣除本期开具增值税专用发票销售额后的销售额仍可免征增值税。

该纳税人当季销售货物收入共25万元,未超过30万元的免税标准,可享受小微企业增值税免税优惠。但自行开具增值税专用发票销售额10万元仍需缴税。以实际缴纳增值税为计税依据的城市维护建设税,可以享受减半征收优惠。同时,按季度纳税的季度销售额不超过30万元的缴纳义务人,免征教育费附加、地方教育附加。

【数据计算】

增值税免税额＝不含税销售额×征收率＝150 000×3%＝4 500元

本期应纳税额＝自开增值税专用发票销售额×征收率＝100 000×3%＝3 000元

假定该纳税人城市维护建设税适用税率为7%,该纳税人应缴纳城市维护建设税应纳税额＝增值税应纳税额×征收率×50%＝3 000×7%×50%＝105元

该纳税人无须缴纳教育费附加和地方教育附加。

这个案例说明了优惠与税务总局解读小规模纳税人一样,不是要么放弃,要么享受,不是只能作出全部唯一性的选择,可以因客户的单独需要而选择应税或免税。月销售额10万元（季度30万元）以下的免税,是一个范围性的免税额度,如果因某笔业务开具了专用发票,那么这笔专用发票对应的销售额是不能免税的,但是并不能"祸及"其他普票收入或无票收入也不能免税。其实如果参照《疫情防控税收优惠政策热点问答（第十期）》中的意见,这个问题也可以被破解了。

继续补充一个小规模纳税人享受免税情形下开具增值税普通发票的技术性问题,《2019年减税降费政策答复汇编（第一辑）》提出：

25. 小规模纳税人月销售额未超过10万元开具增值税普通发票,税率是显示实际

征收率还是显示＊＊＊？

（货物和劳务税司答复）

答：对于小规模纳税人自行开具的增值税普通发票，税率栏次显示为适用的征收率；对于增值税小规模纳税人向税务机关申请代开的增值税普通发票，如月代开发票金额合计未超过10万元，税率栏次显示＊＊＊。

26. 小规模纳税人月销售额未超过10万元开具增值税专用发票，税率如何显示？

（货物和劳务税司答复）

答：小规模纳税人自行开具或向税务机关申请代开的增值税专用发票，税率栏次显示为适用的征收率。

27. 小规模纳税人代开增值税普通发票，税率显示＊＊＊，该如何填增值税申报表？

（货物和劳务税司答复）

答：增值税小规模纳税人向税务机关申请代开的增值税普通发票，月代开发票金额合计未超过10万元，税率栏次显示＊＊＊的，增值税申请表的填写情况如下：

若小规模纳税人当期销售额超过10万元（按季30万元），则应当按照相关政策确认当期销售额适用的征收率，准确填写《增值税纳税申报表（小规模纳税人适用）》对应栏次。

若小规模纳税人当期销售额未超过10万元（按季30万元），则应当按照国家税务总局公告2019年第4号规定，将当期销售额填入《增值税纳税申报表（小规模纳税人适用）》免税销售额相关栏次。

按照现行政策规定，小规模纳税人当期若发生销售不动产业务，以扣除不动产销售额后的当期销售额来判断是否超过10万元（按季30万元）。适用增值税差额征税政策的小规模纳税人，以差额后的当期销售额来判断是否超过10万元（按季30万元）。

3.2.2 其他税费的减免事项

除了上面提到的销售额在月10万元或季30万元享受增值税免税的优惠之外，在减税降费的过程中，还有一些优惠。

《财政部 税务总局关于实施小微企业普惠性税收减免政策的通知》（财税〔2019〕13号）规定：

二、对小型微利企业年应纳税所得额不超过100万元的部分，减按25%计入应纳税所得额，按20%的税率缴纳企业所得税；对年应纳税所得额超过100万元但不超过300万元的部分，减按50%计入应纳税所得额，按20%的税率缴纳企业所得税。

上述小型微利企业是指从事国家非限制和禁止行业，且同时符合年度应纳税所得额不超过300万元、从业人数不超过300人、资产总额不超过5 000万元等三个条件的企业。

从业人数，包括与企业建立劳动关系的职工人数和企业接受的劳务派遣用工人数。所称从业人数和资产总额指标，应按企业全年的季度平均值确定。具体计算公式如下：

季度平均值＝（季初值＋季末值）÷2

全年季度平均值＝全年各季度平均值之和÷4

年度中间开业或者终止经营活动的，以其实际经营期作为一个纳税年度确定上述相关指标。

三、由省、自治区、直辖市人民政府根据本地区实际情况，以及宏观调控需要确定，对增值税小规模纳税人可以在50%的税额幅度内减征资源税、城市维护建设税、房产税、城镇土地使用税、印花税（不含证券交易印花税）、耕地占用税和教育费附加、地方教育附加。

四、增值税小规模纳税人已依法享受资源税、城市维护建设税、房产税、城镇土地使用税、印花税、耕地占用税、教育费附加、地方教育附加其他优惠政策的，可叠加享受本通知第三条规定的优惠政策。

……

六、本通知执行期限为2019年1月1日至2021年12月31日。

《财政部 国家税务总局关于扩大有关政府性基金免征范围的通知》（财税〔2016〕12号）规定：

经国务院批准，现将扩大政府性基金免征范围的有关政策通知如下：

一、将免征教育费附加、地方教育附加、水利建设基金的范围，由现行按月纳税的月销售额或营业额不超过3万元（按季度纳税的季度销售额或营业额不超过9万元）的缴纳义务人，扩大到按月纳税的月销售额或营业额不超过10万元（按季度纳税的季度销售额或营业额不超过30万元）的缴纳义务人。

二、免征上述政府性基金后，各级财政部门要做好经费保障工作，妥善安排相关部门和单位预算，保障工作正常开展，积极支持相关事业发展。

三、本通知自2016年2月1日起执行。

由于目前增值税小规模纳税人已实现按月10万元或季30万元的免税标准，相应的城市维护建设税、教育费附加、地方教育附加等也由于没有缴纳税额的基数而得到免除，而且政策明确，如果不需要缴税则免于申报上述政府性基金。不过，政府性基金的免征范围却不限于小规模纳税人，一般纳税人同样适用。

对于城市维护建设税与政府性基金的免税适用，还是不同的，下面，我们仍借用上面我们提到的广东省税务局的案例，来加以说明。

该纳税人当季销售货物收入共 25 万元，未超过 30 万元的免税标准，可享受小微企业增值税免税优惠。但自行开具增值税专用发票销售额 10 万元仍需缴税。以实际缴纳增值税为计税依据的城市维护建设税，可以享受减半征收优惠。同时，按季度纳税的季度销售额不超过 30 万元的缴纳义务人，免征教育费附加、地方教育附加。

理解这个案例，我们要注意如下三个方面：

一是，即使有因开具增值税专用发票的销售额应税，那么在计算总销售额时，是要跟未开具专用发票的加计一起来比较确认是不是达到免征优惠，而不是只看余下部分是不是在 10 万元或 30 万元以内。

二是，在减免政府性基金时，销售额 10 万元或 30 万元，并不管是不是达到全部或部分免税的条件，即使全部都是应税的收入，也可以减免，所以上面的案例中提到，应税收入 10 万元是要计缴城市维护建设税的，这并不属于政府性基金，而由于未达到 30 万元的总免税标准，所以免征教育费附加、地方教育附加。

三是，是不是减半征收城市维护建设税等税费事项，需要结合当地人民政府的规定。目前来看，较多的省份已实施了减半征收的政策。

3.2.3 如何平衡增值税与企业所得税税收优惠政策的销售额

通常我们在税收文件当中，将符合增值税减免范围之内的小规模纳税人称为小微企业，而依据企业所得税的优惠政策，有一种称为小型微利企业，这两者似乎相近，但其实含义不一样。另外，在相关部委的文件当中，也有提到小微企业的鼓励政策，要注意，他们之间的标准没有一致性，税收政策并不借鉴其他部门的标准，就是依据税收标准来确定是不是达到免税条件。

（1）小微企业（限于小规模纳税人）的增值税优惠平衡点。

作为一个企业，大家肯定多是想着多创造收入，就可能多创造业绩，本节并不是鼓励大家少做业绩，只是提供给大家一个思路，就是对于能够享受到的优惠政策，还是可以做一些安排的，"少的反而可能得的多"，但是对于国家给的好政策，前提是不要做虚假申报之类的偷漏税行为。

首先，享受小微企业优惠的纳税人，必须是小规模纳税人，至于未来增值税立法后如何确定，需要及时关注。

其次，要进行一些事前的安排，不是说有生意就不做了，而是根据结算情形来判断。笔者认识的一些伙伴，也做一点小生意，平时的收入结算基本上就是按季度 30 万元来掌握。那么，这里的 30 万元在什么时候转化为应税收入呢？这是由增值税的纳税义务发生时间确认的，一个基本的原则是约定收款或收款环节确认，在现实当中多是以发票来辅助判断，如果合同约定的收款时间到了，但是客户不给结算，纳税人也没有开具发票，此时仍需要确认收入，因为国家不承担企业纳税中无法按时收账的风险。再比如，当季的收入可能快到 30 万元了，那可以跟客户沟通季度结束再约定结算，这就需要我们的创业伙伴自己去沟通了。

【案例】 张某自己开了一家商务公司，是增值税小规模纳税人，2019 年第四季度不含税收入是 300 001 元，换算为含税收入是 300 001 × (1 + 3%) = 309 001.03 元。同时，李某也有一家商务公司，属于小规模纳税人，2019 年第四季度不含税收入正好是 300 000 元，换算为含税收入 300 000 × (1 + 3%) = 309 000 元，均未开具增值税专用发票，试比较这两家企业当季的增值税纳税情况。

分析：小规模纳税人免税的标准是这样的，在月 10 万元或季度 30 万元（含本数）以下的是免税，但是一旦超过，就是全额计税，不允许扣除小微企业享受免税的额度。

张某的公司因为超过了免税标准，则全额需要计税：

增值税：300 001 元 × 3% = 9 000.03 元；

城市维护建设税（假设是 7%，满足减半优惠政策，下同）：9 000.03 元 × 7% × 50% = 315 元；

教育费附加：9 000.03 元 × 3% × 50% = 135 元；

地方教育附加：9 000.03 元 × 2% × 50% = 90 元。

张某的公司交完税后：309 001.03 元 − 9 000.03 元 − 315 元 − 135 元 − 90 元 = 299 461 元。李某的公司因为在免税标准内，当期增值税及附加税费全为 0 元，余额是 309 000 元，相当于张某公司多收了 1 元（含税价多收了 1.03 元），但是却不及李某的公司剩余得多，这是因为存在一个临界点的数据影响，那么张某的公司在多收入多少时才能正好是 309 000 元（不含税收入是 300 000 元，免税收入的上限）呢？假设上面的条件不变，我们分析一下：

假设张某公司的含税收入是 x 元，由此得出计算公式如下：

$x - x/1.03 \times 3\% \times (1 + 3.5\% + 1.5\% + 1\%) = 309\,000$，由此计算出 x 约为 318 842 元。

在上面的分析中，由于 300 000 元是不含税金额，征收率若适用 3%，含税金额就是 309 000 元，同时政府性基金如果超过销售额 300 000 元，也不能减免。下面我们验证一下：

318 842÷（1＋3%）＝309 555.34 元，对应的增值税及附加税费为 309 555.34×3%×（1＋3.5%＋1.5%＋1%）＝9 843.86 元。由此计算出来的收入为 318 842－9 843.86＝308 998.14 元，因为小数的影响，接近 309 000 元，在这种情形下，从 309 000 以上至 318 842 元相当于是无效区间，还不如给客户让利作一个折扣，更有市场价值。

（2）小型微利企业所得税优惠平衡点。

《国家税务总局关于实施小型微利企业普惠性所得税减免政策有关问题的公告》（国家税务总局公告 2019 年第 2 号）规定：

根据《中华人民共和国企业所得税法》及其实施条例、《财政部 税务总局关于实施小微企业普惠性税收减免政策的通知》（财税〔2019〕13 号，以下简称《通知》）等规定，现就小型微利企业普惠性所得税减免政策有关问题公告如下：

一、自 2019 年 1 月 1 日至 2021 年 12 月 31 日，对小型微利企业年应纳税所得额不超过 100 万元的部分，减按 25% 计入应纳税所得额，按 20% 的税率缴纳企业所得税；对年应纳税所得额超过 100 万元但不超过 300 万元的部分，减按 50% 计入应纳税所得额，按 20% 的税率缴纳企业所得税。

小型微利企业无论按查账征收方式或核定征收方式缴纳企业所得税，均可享受上述优惠政策。

二、本公告所称小型微利企业是指从事国家非限制和禁止行业，且同时符合年度应纳税所得额不超过 300 万元、从业人数不超过 300 人、资产总额不超过 5 000 万元等三个条件的企业。

三、小型微利企业所得税统一实行按季度预缴。

预缴企业所得税时，小型微利企业的资产总额、从业人数、年度应纳税所得额指标，暂按当年度截至本期申报所属期末的情况进行判断。其中，资产总额、从业人数指标比照《通知》第二条中"全年季度平均值"的计算公式，计算截至本期申报所属期末的季度平均值；年度应纳税所得额指标暂按截至本期申报所属期末不超过 300 万元的标准判断。

四、原不符合小型微利企业条件的企业，在年度中间预缴企业所得税时，按本公告第三条规定判断符合小型微利企业条件的，应按照截至本期申报所属期末累计情况计算享受小型微利企业所得税减免政策。当年度此前期间因不符合小型微利企业条件而多预缴的企业所得税税款，可在以后季度应预缴的企业所得税税款中抵减。

按月度预缴企业所得税的企业，在当年度 4 月、7 月、10 月预缴申报时，如果按照本公告第三条规定判断符合小型微利企业条件的，下一个预缴申报期起调整为按季度预缴申报，一经调整，当年度内不再变更。

五、小型微利企业在预缴和汇算清缴企业所得税时，通过填写纳税申报表相关内容，即可享受小型微利企业所得税减免政策。

六、实行核定应纳所得税额征收的企业，根据小型微利企业所得税减免政策规定需要调减定额的，由主管税务机关按照程序调整，并及时将调整情况告知企业。

七、企业预缴企业所得税时已享受小型微利企业所得税减免政策，汇算清缴企业所得税时不符合《通知》第二条规定的，应当按照规定补缴企业所得税税款。

这个政策是相当给力了，对于刚开始创业的企业很有激励作用，不必上来就去追求变成高新技术企业，照样可以享受到力度很大的优惠。比如，应纳税所得额不超过100万元的，税负只有5%，相较于法定税率25%降低了很多。该政策从2019年开始，即在2020年办理2019年度汇算清缴时整体评估是否享受到。

同时，理解本政策还要考虑如下几点：

一是，只是"符合条件"的小型微利企业才能享受这个政策，所涉及的四个条件，有一个不达标准，对不起，全额按25%计算企业所得税，或者只能享受其他如高新之类的优惠政策，享受不到小型微利企业优惠。

二是，恰当理解300万元是个什么意思，这是应纳税所得额，不是收入额，也不是利润额，是一个计算值，一定要纳税调整计算出来确定。

三是，如果超过规定的应纳税所得额，则一点也不能享受这个政策，因此这其中就有一个跟增值税免税一样的平衡点的问题。表3-6举了一个例子（依据企业所得税政策规定，小型微利企业的所得税率为20%，企业正常的税率为25%：

表3-6　　　　　　　　　不同应纳税所得额的税率　　　　　　　　单位：万元

适用情形举例	X≤100	100＜X≤300	X＞300
应纳税所得额为100时	100×25%×20%＝5	—	—
应纳税所得额为280时	5（同上）	180×50%×20%＝18	—
应纳税所得额为300时	5（同上）	200×50%×20%＝20	—
应纳税所得额为301时	—	—	301×25%＝75.25
应纳税所得额为320时	—	—	320×25%＝80
应纳税所得额为366.67时	—	—	366.67×25%＝91.67

请注意，因为上述最后三个突破了条件，如在320万元中的300万元的部分是不能享受所得税优惠的，而在280万元时，是可以分段享受优惠政策的。那有没有一个与

个税全年一次性奖金的"盲区"存在无效的区间呢？我们来加以探讨：

上例中，应纳税所得额为300万元时（假设无纳税调整等同于利润），一共计缴25万元的企业所得税，税后所得为275万元。接下来，我们来看275万元突破到300万元以上时会是什么结果，以25%税率测算，275/0.75 = 366.67万元，300万元以上的66.67万元是无效的区间。366.67 - 91.67 = 275万元，这跟应纳税所得额为300万元时结果一样。

但是光知道所谓的无效区间就完了吗？有钱也不挣了"放大假"吗？非也！这个数据是应纳税所得额，是收入减成本费用再作纳税调整的结果，而且也有规定，如工资薪金当年计提于次年5月31日前发放即可认为可以税前扣除，这不轻松了吗，你老板发工资行不行，发66.67万元的工资，就算缴个税多点，心疼，但要想到公司税后得到更多，这跟我们做生意一样，总是担心别人挣多了而自己挣少了，不想想自己挣的税后增加了。出现无效区间是好事，毕竟公司的发展还是突破小型微利的标准了。至于人数与资产总额，这是硬线，过了不好办，当然可以考虑一下调节，进行会计加速折旧之类的处理。

（3）小微企业的纳税人与小型微利企业的纳税人的关系。

我们需要从增值税与企业所得税优惠相融合的角度综合考虑。小微企业的增值税优惠，限于小规模纳税人，一般纳税人则不能享受；2020年度允许符合条件的一般纳税人转为小规模纳税人，各位老板要理解好政策，税务机关没有主动请求办理的义务。

与企业所得税相关的小型微利企业优惠，无关增值税小规模纳税人与一般纳税人之分，只要满足所得税的共性条件，就可以享受。

新冠肺炎疫情期间，可以享受社保免征的单位缴费部分，也是针对小微企业的，但这里的小微企业是基于《工业和信息化部 统计局 发展改革委 财政部〈关于印发中小企业划型标准规定的通知〉》（工信部联企业〔2011〕300号）等有关规定，与增值税优惠政策中的小微企业同名却不同义。

与增值税相关的小微企业优惠，是基于每个有登记号的纳税人进行确认的，比如某公司的总部在北京，在广州有分公司，总公司是一般纳税人，分公司是小规模纳税人，此时并不强求法人主体内单位按统一的标准来适用，而是简单地看纳税人的身份，增值税是分别确认纳税人身份的（除非有特别批准汇总纳税的情形）。然而，企业所得税基本上全是以法人为主体统一计算企业所得税的,一般情形之下,分公司不会独立计算企业所得税[①]。如果上年度是小型微利企业的,其二级分支机构并不需要分摊企业所得税,如本例中,若该公司上年度是小型微利企业,广州分公司在本年度就不需要分摊,即使当年度并不满足小型微利标准,在次年度再进行分摊。

3.2.4 增值税税率的屡次调低与降税效果的关系

在本轮国家实施的减税降费政策中,一个比较大的动作就是不断地调低增值税的税率。那么,这种税率调低,将如何影响产业链呢?对于不同身份的纳税人有什么影响呢?是不是调低税率会绝对地带来降税的效果呢?各位企业家的收益会多吗?未必是这样的。

(1) 小规模纳税人受到的影响。

其实,对于税率的下降,我们都是假设在价格不变情形之下考虑的"得利"之说,收到的钱,计缴的增值税少了,自己的剩余利益就多了,如此考虑,一定是有得利之处的。比如我们去商场买一袋大米,上面就标识了一个价格99元,没有标识出来不含税价格与增值税税额各是多少。但是,随着增值税作为价外税的设计,以及营改增实行这么多年后,大家对其的认识有了很大的提升,我们再来从产业链上思考这个问题,就可能不一样了。

对于小规模纳税人,其征收率并没有下降,因为调整的是税率,并不是其适用简易征收的征收率,持续的几轮税率下调,与小规模纳税人无关(除疫情期间减征的情形)。但是也并非绝对,因为他们还可能有向一般纳税人的采购支出。

【案例】某小规模纳税人当期不含税收入是100万元,征收率为3%,当期采购支出对应的税率是13%,之前税率是16%,之前价税合计是70×(1+16%)=81.20万元,税额是11.20万元,在这种情形下,我们来分析一下。

增值税应纳税额:100万元×3%=3万元,跟之前一样,不发生变化。

支出:如果对方要价仍然是81.20万元,因为小规模纳税人不需要抵扣,对于进项税额不敏感,认为总价一样,此时对方开具的发票上,税额不是11.20万元,而是

[①] 《国家税务总局关于印发〈跨地区经营汇总纳税企业所得税征收管理办法〉的公告》(国家税务总局公告2012年第57号)规定:第二十四条以总机构名义进行生产经营的非法人分支机构,无法提供汇总纳税企业分支机构所得税分配表,也无法提供本办法第二十三条规定相关证据证明其二级及以下分支机构身份的,应视同独立纳税人计算并就地缴纳企业所得税,不执行本办法的相关规定。
按上款规定视同独立纳税人的分支机构,其独立纳税人身份一个年度内不得变更。

81.2/(1+13%)×13%=9.34万元，不含税价格是71.86万元，此时对方的收入就较原来增加了1.86万元，是有利的。在这种情形下，对于小规模纳税人也没有影响。

但如果对方仍按70万元不含税价格报价，税率是13%，含税价格是70×(1+13%)=79.10万元，较81.2降低2.1万元，那此时对于小规模纳税人是有利的，对于销售方，与之前适用16%的税率销售，却是一样的结果，利润表的收入数都是70万元。

因此，不能说税率的调整降低对于小规模纳税人就是没有影响的，应注意对采购价格进行商务洽谈。而且，如果小规模纳税人在转变为一般纳税人后，当然更是直接有利益影响的。小规模纳税人不能将在小规模纳税人身份时采购的物品，因为分期付款或滞后付款取得的专用发票用于其成为一般纳税人后进行抵扣，尽管看身份是可以抵扣的，形式上满足条件，但实际用途上却是用于简易计税办法下的，不能进行抵扣。即使是购入后持续使用的固定资产，笔者认为仍是不能抵扣的，一是专用发票在小规模纳税人时无法勾选抵扣，二是营改增的文件虽然认同购入时用于不得抵扣的事项时，后期转为可抵扣的用途可以就其净值对应的进项税额，按折旧计算出来可抵扣的税额，这种情形适用的前提，笔者理解应属于一般纳税人的情形。国家税务总局曾专门行文，在特定情形之下，是允许小规模纳税人时发生的进项税额用于转作一般纳税人后抵扣的[①]。但是也并不是无法解决，在营改增试点开始之时，笔者曾与相关的单位接触过，并提供了一个可以解决的思路。

【案例】某企业于2020年4月起将登记为一般纳税人，2020年3月份，这家企业的财务负责人就开始关注进项税额抵扣的问题，由于在小规模纳税人期间，发生业务并产生了应税收入，所以不适用59号公告规定的抵扣情形。但是该小规模纳税人有库存100万元（不含税收入），税率按13%开具，税额是13万元。

分析：经过探讨，该企业负责人拟将该批货物办理退货，开具红字的增值税专用发票，注意，这里是真实的退货，这一点，笔者认为要做就要做实了。同时在2020年4月起，再分批购入该批货物，取得增值税专用发票，用于抵扣。为什么这样做？因为小规模纳税人期间取得的进项税额，无法自然过渡到一般纳税人时抵扣，只能采取比较"笨"一点的办法，退货再购入，从而在商业上突破这一困境，而且真实，符合正常的商业流程，最为重要的是，这样操作对于销售方没有任何的利益影响，其销项税额的多少，并不因购买方是小规模纳税人还是一般纳税人而不同。

---

① 《国家税务总局关于纳税人认定或登记为一般纳税人前进项税额抵扣问题的公告》（国家税务总局公告2015年第59号）规定：一、纳税人自办理税务登记至认定或登记为一般纳税人期间，未取得生产经营收入，未按照销售额和征收率简易计算应纳税额申报缴纳增值税的，其在此期间取得的增值税抵扣凭证，可以在认定或登记为一般纳税人后抵扣进项税额。

3 企业的组织架构搭建与适用规则

对于一般的服务等事项，笔者认为属于消耗型的支出，就不宜进行"退服务"处理了。但是若是建筑服务，即正在进行的建筑服务，根据纳税义务发生时间，在转为一般纳税人后取得的持续业务发生的付款形成的进项税额，是可以抵扣的，本身建筑服务是基于服务对象的后续化功能体现，从服务主体的角度，可予以抵扣，尽管不一定匹配。

（2）一般纳税人受到的影响。

上面我们提到增值税是价外税的概念，在这种情形下，如果税率降低，同时一般纳税人的上游与下游也都是一般纳税人，这种税率的降低，在理论上对于各自的利益都没有影响，不一定带来利益。

但是，税率的降低对于向消费者销售这个终端环节，如果商家基于税率降低，不调整不含税价格，降低税额，以新的价税合计的总价对外销售，得利的是消费者，价格降低对于刺激消费、形成竞争优势，是非常有利的。对于销售方，价格对应的利润表的收入未变化，若刺激了市场消费，收入是可以带来新的增长的。

比如，《证券日报》曾有一篇报道《增值税率下调 苹果价格降幅大于降税力度》，提出了这样的分析：

3月5日，政府工作报告宣布深化增值税改革，今年将制造业等行业现行16%的税率降至13%，该政策于今年4月1日正式实施。
苹果中国区产品线旋即于4月1日全线下调价格，单品最高降价幅度达8%。
苹果应声降价
降幅大于降税力度
苹果官网显示，iPhone的几个典型产品都降了500元，如iPhone XS Max 起售价由9 599下调至9 099元，iPhone XS 64GB的售价则由8 699元下调至8 199元，256GB的价格是10 099元，降价之后是9 599元。配无线充电盒的新AirPods价格也从原来的1 599元调整为1 558元。
同时，苹果官方在公告中也指出，如果苹果在用户收到产品之日起的14个日历日内降低任何Apple品牌的产品的价格，用户可要求退还差额。
有媒体指出，这可能是苹果公司对我国增值税从16%降至13%的回应。
……

对于终端个人消费者而言，不需要进项税额抵扣，只是看价税合计的金额，因此来说，税率下降，如果恰当地传导到消费者层面，应是市场进一步提升的商业预期调整。因为税率调整，有的企业之间对于之前的老合同条款如何执行产生了争议，在商务谈判中经常会遇到这样的事。

【案例】 鹏程机械公司是一般纳税人，从上游某钢厂采购钢材，双方于2019年1月签订了年度采购合同，预计采购金额是5 000万元，此为不含税价格，税率是16%，税额是800万元，当时为什么签订得这么明确呢，据介绍，是因为营改增后，国家税务总局明确在计缴印花税时，如果明确分开税额与不含税价格的，可以只就不含税价格对应的万分之三来计缴，因此财务部门对于合同格式的要求是一定要明确税额。但是国家发布政策，从2019年4月1日起将原适用16%的货物税率调整为13%，此时双方开始有矛盾了。比如，2019年4月销售的钢材，不含税价格为300万元，此时纳税义务发生在4月，不可能按16%开具发票，只能按照新税率13%开具发票，明显总金额与原来不同，而如果将原来的价税合计348万元按13%反算，不含税价格为307.96万元，税额是40.04万元，相当于采购方成本增加了，对于制造业来说，本来利润率就不高，因此强烈要求降税额，将原来合同中的16%改为13%。其实这对于双方是合理的，都没有吃亏。最后，直接以补充协议的方式将因政策调整后发生的销售部分按13%进行处理，双方友好解决，毕竟让合作伙伴受益，也是让自己的未来受益。

但是，如果钢厂的法务人员认为，既然合同签订了固定金额的条款，税率调整响应国家政策，不应影响原来的商务约定金额，双方真得打上了官司，这如何应对呢？有一个判例，值得大家去关注。

笔者从中国裁判文书网中《远鹏电气（北京）有限公司与广东迪控电子科技有限公司买卖合同纠纷二审民事判决书》[（2018）京03民终15245号] 摘录了以下内容：

……

一审法院查明事实如下：2016年12月20日，甲方（买方）远鹏电气公司与乙方（卖方）广东迪控公司签订《采购合同》。双方约定：远鹏电气公司向广东迪控公司购买共补电容、电抗各1套，数量339台，单价1 650元，含税价格合计559 350元（17%增值税）；甲方预付30%，待送电检验合格后30日内付清余款；乙方需在甲方付款前出具17%增值税专用发票，否则甲方有权延迟付款，且甲方不因此承担任何责任；乙方于2017年1月5日将货物运送至甲方指定地点（甲方需在2016年12月29日前支付预付款，如延迟付款，乙方在收到预付款后第二天安排发货，节假日除外）；甲方应在货到3日内进行验收，如发现货物不符合合同约定，甲方有权要求乙方更换或者退货；甲方无故逾期付款，每逾期一天，按逾期付款金额的万分之五向乙方支付违约金等。

2017年3月18日、3月20日，远鹏电气公司分别签收广东迪控公司供应的共补电抗、电容各339台。

同年3月16日、9月1日，远鹏电气公司分别向广东迪控公司支付货款167 805元、10万元，共计267 805元。

同年3月27日，远鹏电气公司收到广东迪控公司开具的增值税专用发票2张，价税合计168 300元（税率17%）。

同年11月30日，广东迪控公司委托广东瀚杰律师事务所向远鹏电气公司发送《律师函》，催要电容电抗货款291 545元。12月3日，远鹏电气公司签收上述函件。

另查一，诉讼中广东迪控公司向一审法院申请财产保全，请求冻结远鹏电气公司银行账户存款30万元，若存款不足，查封、扣押其与不足额部分相同价值的财产，并支付保全受理费2 020元。2018年2月1日，一审法院作出（2018）京0105民初6650号民事裁定书予以准许。

另查二，《财政部国家税务总局关于调整增值税税率的通知》（财税〔2018〕32号）规定，纳税人发生增值税应税销售行为或者进口货物，原适用17%、11%税率的，税率分别调整为16%、10%；本通知自2018年5月1日起施行。

一审庭审中，广东迪控公司表示：远鹏电气公司仅收到168 300元发票就向广东迪控公司付款267 805元，可见双方在合同履行过程中实际变更了《采购合同》约定的付款方式，即远鹏电气公司付款不以广东迪控公司开具发票为前提。远鹏电气公司否认变更《采购合同》约定的付款方式，称系本着友好合作的态度在未收到发票的情况下付款。

一审法院认为：广东迪控公司与远鹏电气公司签订的《采购合同》，系双方的真实意思表示，内容不违反法律法规的强制性规定，应属合法有效。双方均应依约履行各自义务。《采购合同》约定远鹏电气公司应在货到3日内进行验收，待送电检验合格后30日内付清余款。诉讼中远鹏电气公司确认于2017年3月20日签收《采购合同》项下全部货物，亦认可已付款金额为267 805元，现无证据证明远鹏电气公司曾向广东迪控公司提出过任何质量方面的异议，则远鹏电气公司欠付广东迪控公司的货款金额为291 545元。

关于违约金。一审法院认为，先履行抗辩权的构成要件之一是双方因同一合同互负债务，在履行上存在关联性，形成对价关系。本案中，《采购合同》虽然约定广东迪控公司先开具17%增值税专用发票，否则远鹏迪控公司有权延迟付款，但双方当事人订立的是买卖合同，广东迪控公司按时交付合格货物和远鹏电气公司按时支付货款才是买卖合同双方应负的合同对价义务。出具增值税发票只是广东迪控公司的附随义务而非主要义务，并不免除远鹏电气公司所负的付款义务，可以成为远鹏电气公司延期付款的理由及考量逾期付款违约金的依据。广东迪控公司未针对诉争货款向远鹏电气公司交付过增值税发票，虽称双方在合同履行过程中实际变更了合同约定的付款方式，但远鹏电气公司予以否认，仅凭远鹏电气公司收到168 300元发票实付267 805元货款的行为亦不足以证明双方协商一致变更该条件，故广东迪控公司无权要求远鹏电气公司支付逾期付款违约金。

关于远鹏电气公司主张的应予扣除的增值税税率变化导致的货款差额。《采购合同》约定的货款金额包含17%的增值税税率金额，诉讼中双方认可自2018年5月起税率自17%减少为16%，则针对远鹏电气公司尚未付款且广东迪控公司未交付增值税发票部分货款，远鹏电气公司有权要求扣除相应税率变化导致的货款差额。远鹏电气公司的相应答辩意见，于法有据，一审法院予以采信。经一审法院核算，广东迪控公司应向远鹏电气公司支付货款288 629.55元（291 545元－2 915.45元）。

关于保全受理费。广东迪控公司以提起本案诉讼方式向远鹏电气公司主张自身合法权益，在诉讼中申请财产保全并实际支付了保全费，系为主张合法权益而支出的合理费用损失，故广东迪控公司要求远鹏电气公司支付保全受理费的诉讼请求，于法有据，一审法院予以支持。

综上，依照《中华人民共和国合同法》第六十条、第六十七条、第一百一十三条、第一百五十九条、第一百六十一条，《最高人民法院关于适用〈中华人民共和国民事诉讼法〉的解释》第九十条之规定，判决：一、远鹏电气（北京）有限公司于判决生效之日起七日内给付广东迪控电子科技有限公司货款288 629.55元；二、远鹏电气（北京）有限公司于判决生效之日起七日内给付广东迪控电子科技有限公司保全受理费2 020元；三、驳回广东迪控电子科技有限公司的其他诉讼请求。

本院二审期间，广东迪控公司向法院提交顺丰快递回单及运单信息一组，证明广东迪控公司于2018年11月30日向远鹏电气公司邮寄了增值税发票，但远鹏电气公司直接拒收退回。远鹏电气公司对上述证据的真实性认可，证明目的不认可，称快递的外包装并没有写明是什么东西，看到里面只是39万元的发票，故要求快递退回，并没有签收。二审期间远鹏电气公司未提交新证据。

本院对一审法院查明的事实予以确认。

本院认为：广东迪控公司与远鹏电气公司签订的《采购合同》，系双方的真实意思表示，内容不违反法律法规的强制性规定，合法有效，双方均应依约履行各自义务。《最高人民法院关于适用〈中华人民共和国民事诉讼法〉的解释》第三百二十三条规定："第二审人民法院应当围绕当事人的上诉请求进行审理。当事人没有提出请求的，不予审理，但一审判决违反法律禁止性规定，或者损害国家利益、社会公共利益、他人合法权益的除外。"现广东迪控公司与远鹏电气公司对货物买卖和价款无异议，争议焦点是远鹏电气公司支付288 629.55元货款是否以广东迪控公司交付391 050元发票为前提。

首先，《中华人民共和国合同法》第一百三十条规定："买卖合同是出卖人转移标的物的所有权于买受人，买受人支付价款的合同。"买卖合同是典型的双务有偿合同，主要合同目的是转移标的物所有权和支付对价，而开具发票并非是买卖合同的主要义务和目的，与买方支付货款不能形成对待给付，不能成为买方拒付货款的先履行抗辩权；其次，根据在案证据，广东迪控公司确有未按约定期限向远鹏电气公司交付增值税发票的行为，一审法院以此作为考量远鹏电气公司延期付款的理由及不予支付逾期付款违约金的依据，充分考虑了合同约定与合同主要目的；最后，广东迪控公司二审期间提交的邮件回执单及远鹏电气公司对该证据的质证意见显示，广东迪控公司曾向远鹏电气公司交付了30余万元的发票，但远鹏电气公司未收取，因此，可以认定广东迪控公司完成了交付发票的义务，远鹏电气公司无故拒收发票，应当承担不利后果。现远鹏电气公司又以广东迪控公司支付发票为付款前提，显然缺乏依据，本院不予支持。

......

我们来分析一下这个案例，其实笔者还是有些不同的意见的：

首先，应结算款项的时间，依据合同约定应在2018年5月1日之前，购买方以对方未交付发票为由不付款，滞延到2018年5月1日后，这是支付款项的争议问题。从纳税义务的角度来说，销售方仍应按17%开具发票，即使是在2018年5月1日后实际收到款项或补充开具发票。

《国家税务总局2018年第二季度政策解读现场实录》中有相应的内容：

一、关于调整增值税税率问题

大家可能比较关心，为什么这次下调了17%和11%这两档税率，而没有调6%的税率。我先来介绍一下设计税率调整方案时的考虑。

我们知道，增值税税率的调整，涉及到行业间利益的深刻调整，因此必须要慎重。总局和财政部经过反复斟酌平衡，几轮测算，在若干预研的改革方案中，从兼顾各行业税负水平、兼顾减税与保持财政收支平衡等多种因素考虑，确定了此次税率调整的方案。具体来讲，主要考虑了以下因素：

第一，将本次税率调整，作为贯彻落实党中央、国务院振兴壮大实体经济、助推我国经济高质量发展的战略举措。

第二，兼顾减税与保持财政收支平衡。

第三，聚焦减税重点，补一补"短板"。前期，全面推开营改增试点，适用17%、11%税率的行业减税规模相对较少，因此，本轮税率调整方案，将减税方向侧重放在了原增值税行业，以及交通运输、建筑等适用11%税率的行业，这其中也有补一补减税"短板"的意思。

那么，在适用税率调整政策时都有哪些需要注意的事项呢？我会从四个方面来进行介绍。

第一，怎么理解"从5月1日起"调整税率。

所谓"从5月1日起"，指的是纳税义务发生时间。凡是纳税义务发生时间在5月

1日之前的，一律适用原来17%、11%的税率纳税，按照原税率开具发票；相反，凡是纳税义务发生时间在5月1日之后的，则适用调整后的16%、10%的新税率纳税，按照新税率开具发票。

第二，税率调整前后发票如何衔接。

按照上面确定的原则，纳税人在税率调整前已经按照原税率开具发票的业务，在5月1日以后，如果发生销售折让、中止或者退回的，纳税人按照原适用税率开具红字发票；如果因为开票有误需要重新开具发票的，先按照原适用税率开具红字发票，然后再重新开具正确的蓝字发票。纳税人在税率调整前没有开具发票的业务，如果需要补开发票，也应当按照原适用税率补开。

需要提醒大家的是，税控开票软件的税率栏次，默认显示的是调整后的税率，纳税人发生上述情况，需要手工选择原适用税率开具发票。

结合上面的解释，从纳税义务发生的角度，笔者认为宜按17%计税进行结算，但是如果约定支付款项的时间在2018年5月1日后，那么按照销售货物的纳税义务发生时间规定，应按照16%结算。所以，并不是绝对在2018年5月1日后实际结算款项都按照16%，结算款项与应税义务的时间点是不同的概念。

同时，上面的判例中，当税率从17%调整为16%时，判决书中的价格是288 629.55元（291 545元－2 915.45元），相当于是整体数变为了99%，减少了1%这是不对的。因为按照增值税的税率调减，只是税额部分的调低，并非是这样的算法，笔者就没有想明白，未来销售方如何给购买方开具发票。未支付的总价是291 545元，原来支付过总价267 805元，合计是559 350元，这跟当时双方约定的总计的采购价税合计数据是一样的。那么现在调低了1%，我们要先计算出来原来的不含税价格，291 545/1.17 = 249 183.76元，如此按16%计算出来的总价是249 183.76 × (1 + 16%) = 289 053.16元，这跟288 629.55元是有差异的。如果法院依据此原则判决，对于采购方没有利益影响，因为支付多少税额，是17%还是16%，回来都是可以对应抵扣。

还有一个法院判例，值得我们关注，《林凤与苏州旭高房地产开发有限公司商品房销售合同纠纷一审民事判决书》[(2018) 苏0505民初3520号] 中也发生过因为税率调整产生的争议，我们摘录部分内容供大家参考：

……

经审理查明，2016年11月2日，原告林凤作为买受人、被告苏州旭高房地产开发有限公司作为出卖人签订《苏州市商品房买卖合同》（编号：苏房商高新合同201611010034）一份，约定原告购买由被告开发的位于苏州市高新区文昌路269号鸿文雅苑××幢××

室商品房，房屋建筑面积89.14平方米，总价款为1 622 245元。合同第四条约定，本合同约定的总房价款除面积差异的原因根据第八条处理外，不再做变动。合同第八条约定，商品房交付时，房屋建筑面积、共用部位分摊建筑面积、套内建筑面积均以房屋所在地的行政主管部门备案的房屋测绘机构实测面积为准，实测面积与预测面积发生误差的，根据第四条按照建筑面积或套内面积计价的约定，实测面积与预测面积误差比在3%（包含3%）以内的，按该商品房每平方米单价计算多退少补。合同补充条款第23条第5项约定，根据国家财政部、税务总局相关规定，2016年5月1日起房地产行业执行"营改增"政策，买受人知悉并确认，本合同内载明的单价、总价、面积补差款、违约金、赔/补偿金以及买受人缴纳的定金、首付款、按揭款等所有购房款，均已包含增值税销项税额，买受人购买本房屋适用增值税税率为11%。合同另对其他事宜进行了约定。

原被告在庭审中一致确认，被告于2016年9月28日收到原告支付的购房定金5万元，于2016年9月30日收到购房款572 245元，于2016年11月21日收到购房款100万元；涉案房屋的实测面积为89.11平方米，涉案房屋已交付原告，交房时被告退还原告房屋面积补差款546元，并代收原告交纳的维修基金10 693元和契税14 742.72元；涉案房屋尚未办妥产权证。

另查明，根据财政部、国家税务总局《关于全面推开营业税改征增值税试点的通知》（财税〔2016〕36号）规定，自2016年5月1日起，在全国范围内全面推开营业税改征增值税试点，建筑业、房地产业等全部营业税纳税人纳入试点范围，由缴纳营业税改为缴纳增值税，其中销售不动产增值税税率为11%。

2018年4月4日，财政部、税务总局作出《关于调整增值税税率的通知》（财税〔2018〕32号），通知称：纳税人发生增值税应税销售行为或者进口货物原适用17%和11%税率的，税率分别调整为16%、10%；通知自2018年5月1日起执行。

涉案房屋的增值税发票开票日期为2018年6月12日，金额为1 474 271.82元，税率为10%，税额为147 427.18元，价税合计1 621 699元。

以上事实，由苏州市商品房买卖合同、江苏增值税普通发票、收据、物价局备案价格材料、关于全面推开营业税改征增值税试点的通知、关于调整增值税税率的通知，以及本院庭审笔录等证据予以证实。

本院认为，原被告签订的《苏州市商品房买卖合同》系双方当事人的真实意思表示，合法、有效，故双方当事人应当按照合同约定行使权利以及履行义务。本案的争议焦点为因涉案商品房销售而产生的应税销售行为适用的增值税税率由11%降为10%后，对房屋总价款的影响。针对上述争议焦点，本院认为：首先，原被告在合同第四条约定，本合同约定的总房价款除面积差异的原因外，不再做变动，上述约定系原被告双方就涉案房屋约定了固定房屋总价款的计价方法；且不动产属于家庭的大额财产，不动产买卖事宜关系重大，故原被告通过合同作出固定房屋总价款的约定有利于维护商品房交易秩序的稳定；其次，合同补充条款第 23 条第 5 项约定，原告购买涉案房屋适用增值税税率为 11%，被告辩称上述约定仅是基于当时营改增政策，原被告双方对税种、开票种类的约定，原告主张上述约定系原被告双方约定将增值税税率作为房屋总价款的计价因素之一，故税率下调后房屋总价款应当随之调整，本院认为，开发商因销售商品房而产生的增值税税款系开发商的经营、销售成本之一，开发商在计算商品房的成本时将其考虑在内无可厚非，但原被告已经通过合同第四条作出固定房屋总价款的意思表示，且补充条款第 23 条第 5 项的约定并不具有降税即降价的意思表示，故在没有降税降价明确约定的情形下，被告是否缴税、缴税的具体金额、种类对于房屋总价款不产生任何影响；换句话说，如果增值税税率并非下降而是上调，对房屋总价款亦无影响；第三，增值税是以商品（含应税劳务）在流转过程中产生的增值额作为计税依据而征收的一种流转税。从计税原理上说，增值税是对商品生产、流通、劳务服务中多个环节的新增价值或商品的附加值征收的一种流转税。本案被告作为开发商销售涉案商品房后，发生了增值税应税销售行为，应当缴纳增值税，故增值税的纳税义务人为被告，并非原告。现国家降低了增值税的税率，直接目的是给企业减轻税负，激发企业活力，但降税后必将会产生一系列的积极效应和连锁反应，从长远来看也必将作用于消费领域，从而惠及广大消费者。综上，本院认为，因涉案商品房销售而产生的应税销售行为适用的增值税税率由 11% 降为 10% 后，不影响涉案房屋的总价款，现房屋总价款因面积差异原因变动为 1 621 699 元，被告根据上述价款开具增值税发票及收取契税的行为并无不妥，故原告的诉讼请求本院不予支持。据此，依照《中华人民共和国合同法》第六十条，《中华人民共和国民事诉讼法》第六十四条之规定，判决如下：

驳回原告林凤的诉讼请求。

……

这个案例也是营改增之后发生的事项，对于房地产开发企业来讲，如果是预售商品房的，则在预收款项时预缴税款，最后交房时作为纳税义务发生，计算全额的增值税，扣减预缴的增值税，并开具增值税普通发票（因为购买方是自然人，不得开具增值税专用发票）。由于在业务发生过程中同样发生了增值税税率的调整，如果相关的合同条款跟上一个判例相同，原告还是有理由上诉的。但是在本案例中，原被告双方直接约定了合同总价款不能变动，因此税率的调整风险就由销售方承担了，如果税率调高了，也不应向购买方多收款项。判决书中描述的增值税的纳税义务人是销售方，但是负担方却是原告，同样，增值税也并不是被告方的成本。我们很多非专业人士对于增值税作为价外税，以及在会计上所体现的并不是成本的核算，而是履行的代国家征税的功能还是缺乏理解的。长远来看，如果慢慢在销售清单上打出来相应的货物或服务的价款是多少、税额是多少，在日常生活中体现的话，就可能让人慢慢消化了。不过可能又会多一份担心，对于老百姓来讲，一看一件物品税额还不少时，可能影响又不好。之前有一个城市的人大代表就曾提出"馒头税"，认为税负过重，当前税率在不断调低，说明我们国家的减税降费的思想，正在不断地向广大销售者传递，正如判决书中所说的，惠及广大消费者。

2011年的齐鲁网还专门刊登了当时山东省国税局对"馒头税"的解释：

齐鲁网2月21日讯 近日，记者就"馒头税"一事采访了山东省国家税务局有关人士。据了解，对于潘耀民委员三次议案，济南市国家税务局曾以济国税函〔2007〕89号、〔2009〕61号、〔2010〕25号文件进行了答复，今天，山东省国家税务局又当面听取潘耀民委员的意见，并就社会公众和广大网友普遍关心的"馒头税"问题做出解释。

第一，目前我国没有"馒头税"这一税种，山东省各级国税机关未擅自开征"馒头税"。潘耀民委员在政协提案中反映的是馒头税率的问题。媒体所称的"馒头税"其实是对销售馒头征收的增值税，而并非专门针对馒头这一食品单独开征的税种。根据《增值税暂行条例》的规定，生产和销售馒头应当缴纳增值税。

第二，馒头产品执行17%的增值税税率符合国家税法规定。目前我国的增值税设置了三档税率，基本税率为17%，对出口货物适用零税率，对粮食等产品实行13%的低税率。根据《财政部、国家税务总局关于印发〈农业产品征税范围注释〉的通知》（财税字〔1995〕52号）规定："以粮食为原料加工的速冻食品、方便面、副食品和各种熟食品，不属于'粮食'的征税范围。"馒头是粮食加工制成的熟食品，适用的增值税税率为17%。

第三，消费者购买馒头承担增值税的计算问题。新闻报道中所称："购买一元钱的馒头就要缴纳2毛钱的税"，这种说法是不准确的。我国增值税纳税人分为小规模纳税人和一般纳税人。目前小规模纳税人按照3%的征收率计算应纳税额，一般纳税人按照适用税率计算应纳税额，由于增值税是价外税，应换算为不含税价之后再计算。对小规模纳税人来讲，消费者最终承担的增值税为3%；对一般纳税人来讲，由于国家对初级农产品实行免税政策，同时生产企业可以按照13%抵扣，消费者最终承担的增值税为4%左右。

第四，食品加工企业的增值税税负问题。按照规定，一般纳税人实行税款抵扣政策，其应纳税额为当期销项税额减去当期进项税额后的余额，虽然税率为17%，但实际税负远远低于17%。从我省食品加工企业的实际情况来看，目前实际税负在3%左右（不同企业、不同年度略有差别）。

上面提到的税率，还是当时的适用情形，现在已发生了变化。核心点在于税率不是税负，因为一般纳税人还有抵扣进项，另外小规模纳税人是3%，对此我们也要有基本的理解与认识。对于当前涉税议题的探讨、舆情，财税部门比较重视，用通俗易懂的语言来解读国家的财税政策，让老百姓真切地体会到减税降费实实在在的利益，财税部门确实做了很多的宣传、解释等工作。

但是从整体来看，国家确实达到了减税的措施，财政收入也是有所下降的，只是要看某个企业所在的产业链中的位置，以及因纳税人的身份不同而出现的差异。

下面我们分几种情形来分析一下税率调整对于纳税人的影响：

情形一：小规模纳税人基本上没有影响。

小规模纳税人按照简易方法计税，对外销售的征收率不受税率调整的影响，新冠肺炎疫情期间的特殊优惠政策，小规模纳税人需要掌握好优惠的边界。

情形二：处理于销售链条中不直接面对终端消费者个人的一般纳税人。

若 A、B、C 三个单位均为一般纳税人，从事货物销售，A 供应 B 货物，B 供应 C 货物，C 将货物销售给个人，我们假设不含税价格分别为 100 万元、110 万元，120 万元，税率从 16% 降至 13%，上述的不含税价格保持不变，如果相关企业没有其他进项税额，假设 A 的进项税额为 10 万元，我们看看对于各方的影响（单位万元）：

①16% 税率时，如表 3-7 所示：

表 3-7　　　　　　　　　　　　　　　　　　　　　　　　　　　　　单位：万元

事项	A	B	C
销项税额	100×16%＝16	110×16%＝17.6	120×16%＝19.2
进项税额	10	16	17.6
应纳税额	16－10＝6	17.6－16＝1.6	19.2－17.6＝1.6

②13% 税率时，如表 3-8 所示：

表 3-8　　　　　　　　　　　　　　　　　　　　　　　　　　　　　单位：万元

事项	A	B	C
销项税额	100×13%＝13	110×13%＝14.3	120×13%＝15.6
进项税额	10	13	14.3
应纳税额	13－10＝3	14.3－13＝1.3	15.6－14.3＝1.3

正常来看，A、B、C 三家单位，税负率都下降了，但是因为税率调整，其取得的销项也降低了，利润表中的 100 万元、110 万元、120 万元没有变化，所以税率的调整，相当于三家单位只是"过手"，从客户收到多少销项税额，就缴纳多少，国家收的税确实减少了，少了 3.6 万元，即 $120 \times 3\% = 3.6$ 万元，这 3.6 万元相当于是消费者获得了利益，三家单位并没有为此多得利润。

但是如果 C 对于消费者并没有让利，仍按照 $120 \times (1 + 16\%) = 139.2$ 万元收取，此时的不含税收入是 $139.2 \div 1.13 = 123.19$ 万元，税额是 16.01 万元，此时在利润表中的得利是 $123.19 - 120 = 3.19$ 万元，相当于税率调低的利益由 C 获得了，比如上面我们提到的苹果手机的降价，其实就是总价调低，将税额部分对应调低，就直接达到了总额降价的市场效应。

因此，对于链条中的商家，如果是一般纳税人，没有必要争议对总价的影响及为总价产生争议，只要算清不含税收入为底线，税额依税率计算并作相应的调整即可。

(3) 税率调整对于地区财政的影响。

税率下降，对于地区财政可能带来影响。比如某企业在广西某地设立，如果是一般纳税人，原适用税率是 16%，现在是 13%，虽然上面的案例中，销项可以由购买方抵扣，相当于没有形成税款净增加，但其对于地方的税额却是有影响的，即影响财政收入。

对于一些招商机构也是如此，其相应的财政奖励也会变小，这也是"几家欢乐几家愁"。此时或许有人提出，这种情形下，能否提高价格，间接带来税额的保持或增长呢？笔者建议，对于一个稳定的业务关系，如果是非关联方间发生的业务，难以调整，如果是关联方之间的业务，那么在没有新的业务发生情形下，可以适当地考虑，建议一定以合理的理由为前提。

由于国家对于小规模纳税人给予新冠肺炎疫情期间的优惠，对于这些跨地区的企业来讲，比如减征后按 1% 计税，这种税负成本相对较低，大家知道，由于有些地方的小规模纳税人实施核定征税的办法，而其取得方往往是大一些的企业，比如可以抵减 25% 的企业所得税，虽然在另一个地方实现了纳税，但是如果业务是不实的，整体上很有可能给国家税收利益带来损失。如果业务是实的，我们就不宜还用这种国家整体利益"吃亏"的角度来想这个问题，因为这个问题无法避免，只是多与少的合理性的问题。最近笔者接触到有的地方的税务人员，认为有的企业在利用国家在新冠肺炎疫情期间的政策不当得利，怕为此担责。增值税上，因为缴纳多少，若开具专用发票，也是抵扣多少，并没有因此带来损失，还是上面提到的企业所得税的问题。

比如最近各地爆出虚开发票的医药类咨询公司，就很有可能利用当前的减征政策，即使给医药公司开具普通发票，其指望的是报销拿出钱来，并作税前扣除，并不是去计较增值税的抵扣利益。笔者听闻，有的医疗公司化整为零，找较多的此类商务咨询公司开具发票，有的走流水进行结算，有的直接报销现金自行处理。如媒体报道《山东警方破获特大虚开发票案 涉案价值超 300 亿元》，就频繁地有企业被要求协助调查。

（4）按季纳税的小规模纳税人登记为一般纳税人到底如何掌握 500 万元的标准。

小规模纳税人收入额（不含税收入额）达到 500 万元后，除极个别的特殊情形，是需要强制转为一般纳税人的，但是大家知道，小规模纳税人多是按季度纳税的，如果企业真地有好的业务发展，相信各位老板也不会不转换，非要做"小生意"，守着小规模纳税人的标准吧。

比如有的财务人员是这样理解 500 万元的：只要达到这个标准，就必须当月去申请成为一般纳税人计税，如果不去，税务机关通知时，就不能抵扣进项处理了。其实这个理解是错误的，笔者经过多方咨询与确认操作，终于得到一个明确的指导，非常感谢这位税务老师兼知识伙伴的协助确认。

【案例】 某企业为小规模纳税人，2020 年 3 月前连续 4 个季度的收入低于 500 万元（不含税收入，下同），4 月销售收入为 800 万元，5 月销售收入为 200 万元，试问这家企业从什么时候可以选择或必须强制登记为一般纳税人。

分析：在 2020 年 3 月底前，该企业未达到连续 4 个季度 500 万元，此时可以选择登记为一般纳税人，但企业并没有选择。2020 年 4 月至 6 月，为第二个季度的报税期，结果 4 月份开具的发票金额比较大，一下子超过了 500 万元，此时需要进行登记或税务机关可以要求吗？开具发票的数据传递给税务机关，可以当月发现，这种理解是不对的，因为当月的申报收入并没有完成，4 月是不需要"管"的。那么 5 月份，又开具了 200 万元，此时更超过 500 万元了，估计财务人员心里更没底了，老板更不明白。后经确认，纳税人在 4 月开具发票金额超过 500 万元后，需要在此月（不是本季度结束），可以在网上提交登记为一般纳税人，此时有两个选择：一是选择当月作为一般纳税人，二是选择次月作为一般纳税人，如果选择次月作为一般纳税人，即从 6 月开始，相当于第二个季度有两个身份，一个是小规模纳税人，另一个是一般纳税人。这种情形下，如何申报呢，比如可以在第二季度结束后按一般纳税人计缴 6 月的，但 4-5 月仍按小规模纳税人1%计算增值税,需要到大厅或在网上先申报完。那么,在当月与次月,都是可以作为小规模纳税人,但开具额可以达到500万元以上销售额的,并不是说作为小规模纳税人时,其销售额不能突破500万元,也并不是说在达到500万元销售额的次月一定要强制转为一般纳税人的身份,由于小规模纳税人给予的增值税优惠比较多,比如1%的征收率,相较于一般纳税人若无多少进项税额的情形下按6%、9%或13%的税率计缴的增值税,会低得多,所以要好好地利用好这一过渡性时间。

如果纳税人不主动去登记为一般纳税人,税务机关根据数据会告知办税人员进行操作,此时并不是强制当月,也并不是不得抵扣进项,而是告诉财务人员可以选择当月或次月。那么,如果税务人员是2020年6月告诉的,理论上可以选择7月开始作为一般纳税人。①

3.2.5 个人所得税中低收入者的税负降低带来的影响

2019年新个人所得税法的实施,很明确的一点就是中低收入者的税负明显下降,比如工资薪金、经营所得项目,但是对于个人投资者比较重要的财产转让所得,利息、股息、红利所得,其税率并没有变化。下面,我们主要结合居民个人纳税人的情形进行分析。

(1) 新个人所得税法的九大类应税所得项目。

新个人所得税法的九大类应税所得项目表见表3-9。

表3-9　　　　　　　　　新个人所得税法的九大类应税所得项目表

所得事项（九项）	税率	扣缴（预扣预缴）	年度应纳税所得额	自行申报
工资、薪金所得	合并适用综合所得税率,3%至45%的超额累进税率	累计预扣法	工资薪金收入+80%劳务报酬收入+80%特许权使用费收入+56%稿酬收入-60 000-专项扣除-专项附加扣除-其他扣除	个人于次年3月1日至6月30日进行汇算清缴
劳务报酬所得		除特别事项外,每次收入不超过4 000元的,费用按800元计算;每次收入4 000元以上的,费用按20%计算,其中稿酬所得有相应优惠,按规定预扣		
稿酬所得				
特许权使用费所得				

---

① 《增值税一般纳税人登记管理办法》(国家税务总局令第43号)规定:
第八条　纳税人在年应税销售额超过规定标准的月份(或季度)的所属申报期结束后15日内按照本办法第六条或者第七条的规定办理相关手续;未按规定时限办理的,主管税务机关应当在规定时限结束后5日内制作《税务事项通知书》,告知纳税人应当在5日内向主管税务机关办理相关手续;逾期仍不办理的,次月起按销售额依照增值税税率计算应纳税额,不得抵扣进项税额,直至纳税人办理相关手续为止。

续表

所得事项（九项）	税率	扣缴（预扣预缴）	年度应纳税所得额	自行申报
经营所得	5%至35%的超额累进税率	不适用，自行预缴申报或按征收率征收	每一纳税年度的收入总额减除成本、费用以及损失后的余额，为应纳税所得额①	次年1月1日至3月31日前汇算清缴
利息、股息、红利所得	20%	发生时扣缴	每次收入额为应纳税所得额	不需要，但扣缴义务人未扣缴时需次年6月30日前自行申报
财产租赁所得	20%（对个人出租住房取得的所得减按10%）	以一个月内取得的收入为一次，每次收入不超过4 000元的，减除费用800元；4 000元以上的，减除20%的费用，其余额为应纳税所得额	每次收入不超过4 000元的，减除费用800元；4 000元以上的，减除20%的费用，其余额为应纳税所得额	同上
财产转让所得	20%	按次扣缴，转让财产的收入额减除财产原值和合理费用后的余额，为应纳税所得额	转让财产的收入额减除财产原值和合理费用后的余额，为应纳税所得额，多次转让的盈亏不能互抵	同上
偶然所得	20%	按次扣缴，每次收入额为应纳税所得额	每次收入额为应纳税所得额	同上

对于个人所得税法规定的九项所得类型，我们要清楚地理解，不要以为有所得就一定要计缴税款，比如，过年时个人间赠送的红包，就不属于应税的所得类型。为此，《财政部 国家税务总局关于个人取得有关收入适用个人所得税应税所得项目的公告》（财政部、税务总局公告2019年第74号）专门进行了政策解释：

三、企业在业务宣传、广告等活动中，随机向本单位以外的个人赠送礼品（包括网络红包，下同），以及企业在年会、座谈会、庆典以及其他活动中向本单位以外的个人赠送礼品，个人取得的礼品收入，按照"偶然所得"项目计算缴纳个人所得

---

① 新个税法实施条例进一步规定：取得经营所得的个人，没有综合所得的，计算其每一纳税年度的应纳税所得额时，应当减除费用6万元、专项扣除、专项附加扣除以及依法确定的其他扣除。专项附加扣除在办理汇算清缴时减除。

税，但企业赠送的具有价格折扣或折让性质的消费券、代金券、抵用券、优惠券等礼品除外。

前款所称礼品收入的应纳税所得额按照《财政部 国家税务总局关于企业促销展业赠送礼品有关个人所得税问题的通知》（财税〔2011〕50号）第三条规定计算。

对"网络红包"征税是如何规定的？

答：近年来，不少企业通过发放"网络红包"开展促销业务，网络红包成为一种常见的营销方式。"网络红包"既包括现金网络红包，也包括各类消费券、代金券、抵用券、优惠券等非现金网络红包。

按照《财政部 国家税务总局关于企业促销展业赠送礼品有关个人所得税问题的通知》（财税〔2011〕50号）规定，企业在业务宣传、广告等活动中，随机向本单位以外的个人赠送礼品，以及企业在年会、座谈会、庆典以及其他活动中向本单位以外的个人赠送礼品，个人取得的礼品收入，应征收个人所得税；企业通过价格折扣、折让方式向个人销售商品（产品）和提供服务等情形，不征收个人所得税。《公告》未改变财税〔2011〕50号文件关于礼品的征免税规定。

从性质上看，企业发放的网络红包，也属于《公告》所指礼品的一种形式，为进一步明确和细化政策操作口径，便于征纳双方执行，《公告》明确礼品的范围包括网络红包，网络红包的征免税政策按照《公告》规定的礼品税收政策执行，即：企业发放的具有中奖性质的网络红包，获奖个人应缴纳个人所得税，但具有销售折扣或折让性质的网络红包，不征收个人所得税。

需要说明的是，《公告》所指"网络红包"，仅包括企业向个人发放的网络红包，不包括亲戚朋友之间互相赠送的网络红包。亲戚朋友之间互相赠送的礼品（包括网络红包），不在个人所得税征税范围之内。

但是，如果老板给员工发放的红包进行了报销，则属于员工的工资薪金所得，如果老板就是个人名义给的，也是其个人承担的，则可以认为是个人间的发放。海南省税务局还专门给出了解释：

企业通过微信平台给员工发红包，员工获取的红包是否缴纳个人所得税？

答：根据《中华人民共和国个人所得税法实施条例》（国令第707号）第六条第（一）款规定，工资、薪金所得，是指个人因任职或者受雇取得的工资、薪金、奖金、年终加薪、劳动分红、津贴、补贴以及与任职或者受雇有关的其他所得。

因此，本企业员工取得企业通过微信平台发放的红包，属于个人因任职受雇而取得的所得，应当按照"工资、薪金所得"项目缴纳个人所得税。

在上面的政策中，还须解释的是财产租赁所得，其规定以一个月内取得的收入为一次，这是什么意思呢，比如我们的投资人买了数台推土机，出租给不同的企业使用，如何计算其个税呢？

【案例】 路某个人买了5台推土机，出租给5家企业使用，每台每个月租金是10 000元，假设恰好每台机器当月的维修费都是500元，试计算该个人当月须缴纳的个人所得税是多少。

分析：参照小微企业的每月10万元的免税标准，假设当地认可增值税的免税政策，不过据笔者了解，对于自然人，有的税务机关不予认可享受月度的免税标准，认为需要办理正式或临时税务登记才能享受，否则除特别明确外的事项，是按次来确定增值税的免税标准的，比如，每次500元以内免税，这个案例中不考虑增值税及附加税费的影响。而对于维修费，之前的文件有相应的限额规定，目前还没有明确作废①。对于一个月内取得的收入为一次的理解，比如在上面的案例中，是一个月内分5次，还是合并为一次行为呢？如果合并为一次行为，相当于合并了不同项目的所得，税法是不是这样要求的呢？如果从字面的规定看，一个月内取得的收入，就是所有租赁收入的意思。

如《厦门市地方税务局关于自然人出租房产个人所得税征收管理的公告》（厦门市地方税务局公告〔2018〕1号）规定：房产租赁所得以一个月内取得的收入为一次，纳税人同一个月多次取得房产租赁所得应合并计算纳税。

在国家税务总局官网的个税讲解中，提到按月取得的收入为一次。另外现实中对于出租房屋，有一些特别优惠，如增值税、印花税、房产税等，涉及转租的也允许扣除支付的租金。还有的地方采取核定综合征收率的方式计税。

之前江苏地税也有相关的解释：根据《个人所得税法》及《实施条例》的规定，财产租赁所得，每次收入不超过4 000元的，减除费用800元；4 000元以上的，减除

---

① 《国家税务总局关于印发〈征收个人所得税若干问题的规定〉的通知》（国税发〔1994〕89号）规定：
六、关于财产租赁所得的征税问题
（一）纳税义务人在出租财产过程中缴纳的税金和国家能源交通重点建设基金、国家预算调节基金、教育费附加，可持完税（缴款）凭证，从其财产租赁收入中扣除。
（二）纳税义务人出租财产取得财产租赁收入，在计算征税时，除可依法减除规定费用和有关税、费外，还准予扣除能够提供有效、准确凭证，证明由纳税义务人负担的该出租财产实际开支的修缮费用。允许扣除的修缮费用，以每次800元为限，一次扣除不完的，准予在下一次继续扣除，直至扣完为止。
（三）确认财产租赁所得的纳税义务人，应以产权凭证为依据。无产权凭证的，由主管税务机关根据实际情况确定纳税义务人。
（四）产权所有人死亡，在未办理产权继承手续期间，该财产出租而有租金收入的，以领取租金的个人为纳税义务人。

20%的费用，其余额为应纳税所得额。适用比例税率，税率为20%。财产租赁所得，以一个月内取得的收入为一次。财产租赁所得，以一个月内实际取得的所有租赁收入为一次合并计算个人所得税，而年度一次收取的也可以按月进行折算计缴更有利。

每台机器在扣缴个人所得税时，应纳税额 = (10 000 - 500) × (1 - 20%) × 20% = 1 520元，此时每个支付单位在支付款项时扣缴1 520元个税，共计扣缴7 600元。

依据规定，该个人需要按月合并计算一次个税，共计应纳税额 = (50 000 - 2 500) × (1 - 20%) × 20% = 7 600元。这正好是跟扣缴一致的，但是如果某台机器的出租是不超过4 000元的，由于扣减的不是20%而是800元，那么有可能个人合并计税时跟扣缴的税额是不一致的，请关注，由于修缮费用以800元为限，上述合并计算时可能被认为不能扣除2 500元而是800元，此时税额会不同。

那么，对于有的个人是通过设备投资的方式分配收入的，政策也有特别的明确。《国家税务总局关于个人投资设备取得所得征收个人所得税问题的批复》（国税函〔2000〕540号）提出：

河北省地方税务局：

你局《关于个人设备投资取得分成如何征收个人所得税问题的请示》（冀地税发〔2000〕37号）收悉。据你局反映：个人和医院签订协议规定，由个人出资购买医疗仪器或设备交医院使用，取得的收入扣除有关费用后，剩余部分双方按一定比例分成；医疗仪器或设备使用达到一定年限后，产权归医院所有，但收入继续分成。对个人由此取得的所得如何征收个人所得税的问题，经研究，现批复如下：

个人的上述行为，实际上是一种具有投资特征的融资租赁行为。根据《中华人民共和国个人所得税法》的有关规定精神和以上事实，对上述个人取得的分成所得，应按照"财产租赁所得"项目征收个人所得税，具体计征办法为：自合同生效之日起至财产产权发生转移之日止，个人取得的分成所得可在上述年限内按月平均扣除设备投资后，就其余额按税法规定计征个人所得税；产权转移后，个人取得的全部分成收入应按税法规定计征个人所得税。税款由医院在向个人支付所得时代扣代缴。

（2）税负降低的影响。

本次个税法改革，税率级距也有了很大的调整，对于设立个体工商户、个人独资企业、合伙企业的个人来讲，其税负明显下降。新旧税法中对此个人所得税税率对比见表3-10。

表 3-10　　　　　　　　　新旧税法中个人所得税税率对比表

个人所得税税率（旧税法） （个体工商户的生产、经营所得和对企事业单位的承包经营所得适用）			个人所得税税率（新税法） （经营所得适用）		
级数	全年应纳税所得额	税率	级数	全年应纳税所得额	税率
1	不超过 15 000 元的部分	5%	1	不超过 30 000 元的部分	5%
2	超过 15 000 元至 30 000 元的部分	10%	2	超过 30 000 元至 90 000 元的部分	10%
3	超过 30 000 元至 60 000 元的部分	20%	3	超过 90 000 元至 300 000 元的部分	20%
4	超过 60 000 元至 100 000 元的部分	30%	4	超过 300 000 元至 500 000 元的部分	30%
5	超过 100 000 元的部分	35%	5	超过 500 000 元的部分	35%

最高级距适用 35% 税率的数值从 10 万元一下子提高到了 50 万元，对于个人适用经营所得的税负有了明显的降低。不过从其他可比事项看，比如个人直接转让财产，财产转让所得是按照 20% 进行计税的，如果是个人独资企业或合伙企业的出资人，按照经营所得计算个税时，很容易超过 20%，部分适用 30% 或 35% 的税率，这样税负一下子提高很多，多有人士认为，此时合伙企业的税负成本过重，即使是取得了很高的财政返还，也不及 20% 有利，关于这一点，需要提前做出安排，尽量规避并有所改善。

3.2.6　社保与住房公积金政策调整与征管机关调整带来的影响

《深化党和国家机构改革方案》提出：将基本养老保险费、基本医疗保险费、失业保险费等各项社会保险费交由税务部门统一征收。

2018 年，国地税合并，社会保险费拟纳入税务统征（或称为社保入税）就成为一个异常有热度的话题，也让民营企业的压力倍增。

为什么之前不担心，而现在就变得非常担心呢？大家知道，税务的征管力度一向不容马虎，只要有税务征管的事项，比如工会经费、残疾人保障金等，可以让征管效率得到根本性的改变，因为税务机关掌握了企业的纳税数据、发票的提供情况，想"糊弄"税务机关，走人际关系解决，都是难事。之前社保部门不能有效掌握企业的员工收入数据，只能依据社保数据倒查员工的工资金额，财务人员有时弄虚作假地准备一份，就可能过关，而社保部门每年的检查也只按一个比例开展，大多数的未据实缴纳的单位游离于监管之外，也为社保征管带来不利的影响，所以为了提高征管效率，税务作为各项税费的征收主体，随着系统的日益完善，正在发挥越来越大的作用了。

据中青在线《社保白皮书2018：过半企业人力成本占比超30%》报道：2018年，我国企业社保合规小幅提升。企业在参保及时性、险种覆盖面上遵守程度较好，但在参保基数合规方面，企业比例呈现两极分化，社保基数完全合规的企业增加至27%，比上年小幅提升3%；仍然有31.7%的企业统一按最低基数下限参保。

但是，现在很多人可能没有那么紧张了，因为职工社会保险由社保部门全面划转税务机关征收的节奏缓解了，没有急于依照原计划于2019年1月1日全面划转。不合规缴纳社保费，不会一直自行调剂不合规申报，中国社会的老龄化、部分省份的社保缺口，以及缴纳社保的社会责任的共担，该来的一定会来。当下经济困难，并没有强制追缴。

国务院总理李克强于2018年9月18日主持召开国务院常务会议，会议强调，在当前国际形势错综复杂的情况下，要进一步激发我国市场活力，一个关键举措是要加大简政减税降费的力度，要把减税降费措施切实落实到位，对落实情况开展检查核实，决不允许拖延和打折扣，决不允许自行其是。要按照国务院明确的"总体上不增加企业负担"的既定部署，在机构改革中确保社保费现有征收政策稳定，有关部门要加强督查，严禁自行对企业历史欠费进行集中清缴，违反规定的要坚决纠正，坚决查处征管中的违法违纪行为。同时，要抓紧研究提出降低社保费率方案，与征收体制改革同步实施。

（1）员工社保成了上市公司重要的成本支出。

笔者了解到有些餐饮企业用工量大，用工来源多样，对于社保政策的利益相关性考虑得并不够，有的公司采取从低或不缴纳的方式，以减少成本开支，但是有的企业家因主观或客观原因比较有社会责任感，完全合规地执行国家的社保政策，特别是一些上市公司在披露报告的时候，就很有压力，也想做出一些改变。

可喜的是，我们国家在减税降费的安排中，对于社保缴纳的标准也进行了明确。

国务院办公厅关于印发《降低社会保险费率综合方案》的通知
国办发〔2019〕13号

各省、自治区、直辖市人民政府，国务院各部委、各直属机构：

《降低社会保险费率综合方案》已经国务院同意，现印发给你们，请认真贯彻执行。

降低社会保险费率，是减轻企业负担、优化营商环境、完善社会保险制度的重要举措。各地区各有关部门要以习近平新时代中国特色社会主义思想为指导，全面贯彻党的十九大和十九届二中、三中全会精神，坚持稳中求进工作总基调，坚持新发展理念,统筹考虑降低社会保险费率、完善社会保险制度、稳步推进社会保险费征收体制改革,密切协调配合,抓好工作落实,确保企业特别是小微企业社会保险缴费负担有实质性下降,确保职工各项社会保险待遇不受影响、按时足额支付。

国务院办公厅
2019 年 4 月 1 日

降低社会保险费率综合方案

为贯彻落实党中央、国务院决策部署,降低社会保险(以下简称社保)费率,完善社保制度,稳步推进社保费征收体制改革,制定本方案。

一、降低养老保险单位缴费比例

自 2019 年 5 月 1 日起,降低城镇职工基本养老保险(包括企业和机关事业单位基本养老保险,以下简称养老保险)单位缴费比例。各省、自治区、直辖市及新疆生产建设兵团(以下统称省)养老保险单位缴费比例高于 16% 的,可降至 16%;目前低于 16% 的,要研究提出过渡办法。各省具体调整或过渡方案于 2019 年 4 月 15 日前报人力资源社会保障部、财政部备案。

二、继续阶段性降低失业保险、工伤保险费率

自 2019 年 5 月 1 日起,实施失业保险总费率 1% 的省,延长阶段性降低失业保险费率的期限至 2020 年 4 月 30 日。自 2019 年 5 月 1 日起,延长阶段性降低工伤保险费率的期限至 2020 年 4 月 30 日,工伤保险基金累计结余可支付月数在 18 至 23 个月的统筹地区可以现行费率为基础下调 20%,累计结余可支付月数在 24 个月以上的统筹地区可以现行费率为基础下调 50%。

三、调整社保缴费基数政策

调整就业人员平均工资计算口径。各省应以本省城镇非私营单位就业人员平均工资和城镇私营单位就业人员平均工资加权计算的全口径城镇单位就业人员平均工资,核定社保个人缴费基数上下限,合理降低部分参保人员和企业的社保缴费基数。调整就业人员平均工资计算口径后,各省要制定基本养老金计发办法的过渡措施,确保退休人员待遇水平平稳衔接。

完善个体工商户和灵活就业人员缴费基数政策。个体工商户和灵活就业人员参加企业职工基本养老保险,可以在本省全口径城镇单位就业人员平均工资的 60% 至 300% 之间选择适当的缴费基数。

四、加快推进养老保险省级统筹

各省要结合降低养老保险单位缴费比例、调整社保缴费基数政策等措施,加快推进企业职工基本养老保险省级统筹,逐步统一养老保险参保缴费、单位及个人缴费基数核定办法等政策,2020 年底前实现企业职工基本养老保险基金省级统收统支。

五、提高养老保险基金中央调剂比例

加大企业职工基本养老保险基金中央调剂力度,2019 年基金中央调剂比例提高至

3.5%，进一步均衡各省之间养老保险基金负担，确保企业离退休人员基本养老金按时足额发放。

六、稳步推进社保费征收体制改革

企业职工基本养老保险和企业职工其他险种缴费，原则上暂按现行征收体制继续征收，稳定缴费方式，"成熟一省、移交一省"；机关事业单位社保费和城乡居民社保费征管职责如期划转。人力资源社会保障、税务、财政、医保部门要抓紧推进信息共享平台建设等各项工作，切实加强信息共享，确保征收工作有序衔接。妥善处理好企业历史欠费问题，在征收体制改革过程中不得自行对企业历史欠费进行集中清缴，不得采取任何增加小微企业实际缴费负担的做法，避免造成企业生产经营困难。同时，合理调整2019年社保基金收入预算。

七、建立工作协调机制

国务院建立工作协调机制，统筹协调降低社保费率和社保费征收体制改革相关工作。县级以上地方政府要建立由政府负责人牵头，人力资源社会保障、财政、税务、医保等部门参加的工作协调机制，统筹协调降低社保费率以及征收体制改革过渡期间的工作衔接，提出具体安排，确保各项工作顺利进行。

八、认真做好组织落实工作

各地区各有关部门要加强领导，精心组织实施。人力资源社会保障部、财政部、税务总局、国家医保局要加强指导和监督检查，及时研究解决工作中遇到的问题，确保各项政策措施落到实处。

与此同时，《关于贯彻落实〈降低社会保险费率综合方案〉的通知》（人社部发〔2019〕35号）进一步明确：

三、准确把握《方案》的有关政策

（一）关于降低养老保险单位缴费比例。各地企业职工基本养老保险单位缴费比例高于16%的，可降至16%；低于16%的，要研究提出过渡办法。省内单位缴费比例不统一的，高于16%的地市可降至16%；低于16%的，要研究提出过渡办法。目前暂不调整单位缴费比例的地区，要按照公平统一的原则，研究提出过渡方案。各地机关事业单位基本养老保险单位缴费比例可降至16%。

（二）关于继续阶段性降低失业保险费率。自2019年5月1日起，实施失业保险总费率1%的省份，延长阶段性降低失业保险费率的期限至2020年4月30日。

（三）关于继续阶段性降低工伤保险费率。按照《人力资源社会保障部 财政部关于阶段性降低社会保险费率的通知》（人社部发〔2018〕25号）已纳入降费范围的统筹地区，原则上继续实施，保持力度不减。此前未纳入降费范围但截至2018年底累计结余可支付月数达到阶段性降费条件的统筹地区，要按规定下调费率，确保将符合条件的统筹地区全部纳入降费范围。阶段性降费率期间，费率确定后，一般不做调整。

（四）关于调整就业人员平均工资计算口径。各省应以本省城镇非私营单位就业人员平均工资和城镇私营单位就业人员平均工资加权计算的全口径城镇单位就业人员平均工资，核定社保个人缴费基数上下限，合理降低部分参保人员和企业的社保缴费基数。调整就业人员平均工资计算口径后，为保证新退休人员待遇水平平稳衔接，人力资源社会保障部、财政部将提出基本养老金计发办法的过渡措施，并加强对各地的指导。

（五）关于完善个体工商户和灵活就业人员缴费基数政策。个体工商户和灵活就业人员参加企业职工基本养老保险，按照调整计算口径后的本地全口径城镇单位就业人员平均工资，核定社保个人缴费基数上下限，允许缴费人在60%至300%之间选择适当的缴费基数，以减轻其缴费负担、促进参保缴费。

（六）关于加快推进企业职工基本养老保险省级统筹。各地要逐步统一养老保险政策，完善省级统筹制度，为全国统筹打好基础。2020年底前实现企业职工基本养老保险基金省级统收统支。人力资源社会保障部、财政部将印发关于推进省级统筹的具体指导意见。

（七）关于提高企业职工基本养老保险基金中央调剂比例。为进一步均衡各省份之间养老保险基金负担，逐步提高企业职工基本养老保险基金中央调剂比例，确保企业离退休人员基本养老金按时足额发放，2019年基金中央调剂比例提高至3.5%。具体工作由人力资源社会保障部、财政部另行部署。

（八）关于稳步推进社保费征收体制改革。企业职工基本养老保险和企业职工其他险种缴费，原则上暂按现行征收体制继续征收，稳定缴费方式，"成熟一省、移交一省"；机关事业单位社保费和城乡居民社保费征管职责如期划转。人力资源社会保障、税务、财政、医保部门要抓紧推进信息共享平台建设等各项工作，切实加强信息共享，确保征收工作有序衔接。各地要按照要求，合理调整2019年社会保险基金收入预算。妥善处理好企业历史欠费问题，在征收体制改革过程中不得自行对企业历史欠费进行集中清缴，不得采取任何增加小微企业实际缴费负担的做法，避免造成企业生产经营困难，务必使企业特别是小微企业社保缴费负担有实质性下降。

为何基本上将全文内容都进行了摘录，因为社保在企业成本中的占比有时比较大，多有企业未合规缴纳，采取从低或不交的方式，而目前虽然社保征收正在从社保部门向税务部门转移，在此过程中，个别地方采取清算"旧账"的做法，或采取缴纳社保的基数与员工个税的收入额进行比较的方式，都被明确禁止了，但是不排除有的个体企业发生补缴的情况，比如抽查处理、员工举报等引起。

下面我们以北京为例，来看一下社保支出的要求与适用标准：

关于降低本市社会保险费率的通知

各区人力资源和社会保障局、财政局、税务局、医疗保障局，北京经济技术开发区人事劳动和社会保障局、财政局、税务局、医疗保障局，各社会保险代办机构，各相关参保单位：

根据《国务院办公厅关于印发降低社会保险费率综合方案的通知》（国办发〔2019〕13号）精神，经市政府同意，人力资源社会保障部和财政部批准，降低本市社会保险费率，现将有关事项通知如下：

一、降低养老保险单位缴费比例

自2019年5月1日起，城镇职工基本养老保险（包括企业和机关事业单位基本养老保险）单位缴费比例由20%降至16%。

二、继续阶段性降低失业保险费率

自2019年5月1日起，本市失业保险总费率1%延长执行至2020年4月30日。

三、调整社保缴费基数

以本市城镇非私营单位和私营单位就业人员平均工资加权计算，核定职工基本养老保险缴费基数上下限和计发基本养老金。实施上述调整后，将制定基本养老保险金计发办法的过渡措施，确保退休人员待遇水平平稳衔接。

为落实国家对基本养老保险缴费基数下限标准低于60%的要逐步提高至60%的要求，自2019年7月，城镇职工基本养老保险下限标准由40%调整为46%，2020年7月缴费下限标准调整为52%，2021年7月缴费下限标准调整为60%。失业保险缴费基数上下限标准同步调整。

自2019年7月起，个体工商户和灵活就业人员参加企业职工基本养老保险，可以在企业职工养老保险缴费下限和上限之间选择适当的缴费基数缴费。失业保险缴费基数同步调整。

四、稳步推进社保费征收体制改革

人力资源社会保障、财政、税务、医保部门共同稳步推进企业职工基本养老保险和企业职工其他险种缴费征收体制改革。税务部门要认真履行机关事业单位社保费和城乡居民社保费征管职责。在征收体制改革过程中不对企业历史欠费进行集中清缴，不得采取任何增加小微企业实际缴费负担的做法，避免造成企业生产经营困难。

五、建立工作协调机制

人力资源社会保障、财政、税务、医保等部门建立工作协调机制，统筹协调降低社保费率以及征收体制改革过渡期间的工作衔接，确保各项工作顺利进行。同时，各部门要加强指导和监督检查，及时解决工作中遇到的问题，确保各项政策措施落到实处。

北京市人力资源和社会保障局　北京市财政局
国家税务总局北京市税务局　北京市医疗保障局
2019年4月28日

依据此政策,如北京市的社保缴纳基数,参照沃保网整理资料如表3-11所示:

表3-11　　2019—2020年北京市单位职工社保缴费标准(沃保制)

缴纳项目	缴费工资基数		缴费比例		最低缴费金额		最高缴费金额	
比例	下限	上限	个人	单位	个人	单位	个人	单位
五险-养老	3 613	23 565	8.00%	16.00%	289	578	1 885	3 770
五险-医疗	4 713	23 565	2.00%	10.00%	72	361	471	2 357
五险-生育	4 713	23 565	—	0.80%	—	—	—	—
五险-失业	3 613	23 565	0.20%	0.80%	7	29	47	189
五险-工伤	4 713	23 565	—	根据行业	—	根据行业	—	根据行业
总计(元)					369	968	2 404	6 315

从初步的缴费比例来统计,员工工资薪金27.6%为企业承担的社保支出成本,对于如何结合政策规定、用工方式、员工之需,实施比较有利的减少社保成本承担的用工政策,在后面的章节中我们将进一步探讨。

在资本市场上,如海底捞(06862.HK)于2018年9月12日向香港联交所提交全球发售文件,披露往期存在未及时缴纳社会保险及住房公积金供款的情况:

针对缴纳不足部分补计提2015-2018年上半年共计10 990万元。"于二零一五年、二零一六年及二零一七年以及截至二零一八年六月三十日止六个月,我们就社会保险及住房公积金供款不足分别计提拨备人民币23.6百万元、人民币36.2百万元、人民币28.2百万元及人民币21.9百万元。"此外,鉴于社保费可能会涉及加征滞纳金及处罚、住房公积金可能会被强制执行,公司还取得了现有股东出具的"弥偿保证"。相关事项梳理如下:

①针对欠缴社保费,可能涉及加征滞纳金事项,"据我们的中国法律顾问告知,相关中国机构可能要求我们于规定期限内缴纳尚未缴付的社会保险供款,每迟缴一天按未缴款项的0.05%支付滞纳金。倘我们于规定期间内未能缴纳未缴社会保险供款,我们可能会被处以逾期款额一至三倍的罚款。倘我们未于指定期限内缴纳尚未缴付的住房公积金供款,我们可能会收到相关中国法院的命令要求我们支付相关款项"。

②不合规的原因。"不合规情况主要是由于我们大量的劳动力和相对较高的流动性、我们缺乏经验的人力资源人员对相关中国法律及法规相关要求并无完全理解,以及因为我们许多员工不愿作出相关供款我们部分员工不愿意合作向该等基金作出供款,原因为彼等选择参与彼等居住所在的当地农村社会保障制度。于该等情况下,我们为该等员工提供补偿及福利,以代替该等供款。此外,我们根据当地的最低工资作出社会保险及住房公积金供款。"

③规范措施。"自二零一八年五月起,我们已开始实施我们的政策,为雇员向社会

3 企业的组织架构搭建与适用规则

保险及住房公积金作出供款,以符合相关的中国法律及法规。我们积极鼓励并为我们的雇员作出供款。尽管我们已作出努力,惟我们截至最后实际可行日期无法为我们的雇员向社会保险及住房公积金作出全额供款,原因为部分雇员并不合作且选择参与彼等居住所在的当地农村社会保障制度。"

(2)住房公积金的缴纳政策调整。

除了社保成本之外,住房公积金也是企业承担的一个更大支出项目。2018年,腾讯网上有一篇关于华为调整住房公积金缴存比例的报道,引起较大的关注。

华为北京、上海等地住房公积金缴存比例调至5%

近日有华为员工在社交媒体称,北京员工公积金缴纳标准全部从12%调整到了5%。对此华为官方独家回应金融界网站称,依据《关于改进住房公积金缴存机制进一步降低企业成本的通知》和"同地同标准"原则(即公司遵从员工参保地所在国家或地区法律法规,同一国家或地区的员工保障福利在规则和标准上保持一致),公司现将北京、上海、成都、济南、杭州和廊坊等地住房公积金缴存比例调至5%,与深圳等地缴存标准一致。

华为表示,一直以来,华为公司薪酬收入对标业界最优,始终坚持以奋斗者为本,秉持按贡献分配、避免福利化原则,鼓励广大员工通过个人努力与贡献获得更好回报。目前,公司人力资源部门正将具体缴纳情况告知员工,提醒大家关注公积金金额变化并解答疑问。

华为在人员开支方面,成本非常高。2017年财报显示,在雇员费用支出方面,华为支出1 402.85亿元人民币。如果再根据财富500强的数据显示,华为的员工数为18万人,也就是说华为员工年均收入77.9万元。

根据《2017年度住房公积金缴存基数和月缴存额上限等有关事项通知》,2017年度北京地区企业住房公积金缴存比例调整为5%—12%,企业可根据自身经济情况,经本单位职工大会、职工代表大会或工会讨论通过,在规定范围内确定具体缴存比例。

后来华为对此回应,依据《关于改进住房公积金缴存机制进一步降低企业成本的通知》和"同地同标准"原则(即公司遵从员工参保地所在国家或地区法律法规,同一国家或地区的员工保障福利在规则和标准上保持一致),公司现将北京、上海、成都、济南、杭州和廊坊等地住房公积金缴存比例调至5%,与深圳等地缴存标准一致。

华为表示,一直以来,华为公司薪酬收入对标业界最优,始终坚持以奋斗者为本,秉持按贡献分配、避免福利化原则,鼓励广大员工通过个人努力与贡献获得更好回报。目前,公司人力资源部门正将具体缴纳情况告知员工,提醒大家关注公积金金额变化并解答疑问。

当前来看，5%的最低限标准，是企业可以自由掌握的，《住房城乡建设部、财政部、人民银行关于改进住房公积金缴存机制进一步降低企业成本的通知》（建金〔2018〕45号）规定：

一、延长阶段性适当降低企业住房公积金缴存比例政策的期限

各地区2016年出台的阶段性适当降低企业住房公积金缴存比例政策到期后，继续延长执行期至2020年4月30日。各地区要对政策实施效果进行评估，并可结合当地实际进一步降低企业住房公积金缴存比例。

二、切实规范住房公积金缴存基数上限

缴存住房公积金的月工资基数，不得高于职工工作地所在设区城市统计部门公布的上一年度职工月平均工资的3倍。凡超过3倍的，一律予以规范调整。

三、扩大住房公积金缴存比例浮动区间

住房公积金缴存比例下限为5%，上限由各地区按照《住房公积金管理条例》规定的程序确定，最高不得超过12%。缴存单位可在5%至当地规定的上限区间内，自主确定住房公积金缴存比例。

四、提高降低住房公积金缴存比例和缓缴的审批效率

生产经营困难的企业，经职工代表大会或工会讨论通过，可申请降低住房公积金缴存比例或者缓缴。住房公积金管理委员会应授权住房公积金管理中心审批，审批时限不得超过10个工作日。

关于住房公积金，有一条明显区别于社保政策的规定，《住房公积金管理条例》规定：

第二条 本条例适用于中华人民共和国境内住房公积金的缴存、提取、使用、管理和监督。

本条例所称住房公积金，是指国家机关、国有企业、城镇集体企业、外商投资企业、城镇私营企业及其他城镇企业、事业单位、民办非企业单位、社会团体（以下统称单位）及其在职职工缴存的长期住房储金。

那么，对于农民工，是不是需要缴纳住房公积金呢？《李汝娜与北京住房公积金管理中心二审行政判决书》[（2018）京02行终86号]反映的是一个典型的诉讼案例：

……

李汝娜向一审法院诉称，其于2006年10月与中国民生银行股份有限公司信用卡中心（以下简称民生银行信用卡中心）签订劳动合同并在此处工作，工作地点为天津市河西区围堤道125号天信大厦903室、1301室。自参加工作起至2009年3月，民生银

行信用卡中心未为其缴纳住房公积金；2009年4月至2016年1月，民生银行信用卡中心委托第三方为李汝娜缴纳住房公积金，但缴纳基数远低于其实际工资水平。李汝娜为此向公积金中心提交投诉材料，要求向民生银行信用卡中心追缴少缴、未缴的住房公积金。但公积金中心却以李汝娜是农业户口为由，作出违法的《不予立案通知书》。李汝娜认为企业为职工缴纳公积金属于国家规定的福利待遇，与户口无任何关系。理由如下：一、根据《劳动法》第三条、第十二条、第四十六条的规定，李汝娜虽是农业户口，但与非农业户口职工一样与单位签订劳动合同，理应与非农业户口职工享有一样的福利待遇；二、《住房公积金管理条例》及《北京市实施〈住房公积金管理条例〉若干规定》中并没有提到户口问题，只强调职工概念，故李汝娜应与其他职工享受同等待遇；三、《住房公积金管理条例》没有提到户口问题，城镇居民和非农业户口是两种不同的概念。李汝娜生活、工作在市区，虽为农业户口但户口性质与城镇居民并无必然联系。综上，请求法院撤销公积金中心出具的《不予立案通知书》，公积金中心对李汝娜投诉予以立案，并为李汝娜向民生银行信用卡中心追缴少缴、未缴的住房公积金。

公积金中心辩称：2017年4月25日，李汝娜向我中心投诉民生银行信用卡中心，要求补缴少缴、未缴的住房公积金。李汝娜提交了《投诉书》及有关证据材料。我中心对李汝娜的户口性质进行审查，其户口性质为"农业家庭户"。根据《住房公积金管理条例》（国务院令第350号）第一条，制定此条例的目的在于"提高城镇居民的居住水平"，李汝娜为农业户口，不在此条例的适用范围之内。根据建设部、财政部、中国人民银行《关于住房公积金管理若干具体问题的指导意见》（建金管〔2005〕5号）第一条，有条件的地方，城镇单位聘用进城务工人员，单位和职工可缴存住房公积金。国家法规和相关管理规定并不强制单位为农业户口职工缴存住房公积金，故我中心无权要求未为农业户口职工缴存住房公积金的单位补缴住房公积金。李汝娜的诉讼请求缺乏依据，不能成立。综上，我中心作出的行政决定有事实和法律依据，程序合法，请求法院驳回李汝娜的诉讼请求。

一审法院经审理认为：《北京市实施〈住房公积金管理条例〉若干规定》（北京市人民政府令第164号）第四条第一款规定："北京住房公积金管理中心为直属市人民政府、不以营利为目的的独立的事业单位，负责承办管委会决定的有关事项，依法履行本市住房公积金管理运作及执法监督等职责。"据此，公积金中心作为本市区域内住房公积金管理的授权单位，依法负有本市区域内的住房公积金的缴存、提取、使用、管理和监督的法定职责。

《住房公积金管理条例》第一条规定："为了加强对住房公积金的管理，维护住房公积金所有者的合法权益，促进城镇住房建设，提高城镇居民的居住水平，制定本条例。"《建设部、财政部、中国人民银行关于住房公积金管理若干具体问题的指导意见》第一条中规定："有条件的地方，城镇单位聘用进城务工人员，单位和职工可缴存住房公积金"。据此,进城务工人员不属于强制缴存住房公积金的范畴。李汝娜属进城务工人员,且北京市并未就进城务工人员建缴住房公积金做出规范要求,故李汝娜不属于强制缴存住房公积金的范畴。公积金中心据此对李汝娜的投诉做出的《不予立案通知书》符合法律规范要求,证据确凿,程序合法。李汝娜要求确认被诉行政行为违法并要求公积金中心给予立案、予以办理的诉讼请求,法院不予支持。综上所述,根据《中华人民共和国行政诉讼法》第六十九条规定,判决驳回李汝娜的诉讼请求。

李汝娜不服一审判决,以一审判决认定事实错误,适用法律不当为由向本院提起上诉,请求撤销一审判决,支持其一审诉讼请求。

……

本院认为:《北京市实施〈住房公积金管理条例〉若干规定》第四条第一款规定:"北京住房公积金管理中心为直属市人民政府、不以营利为目的的独立的事业单位,负责承办管委会决定的有关事项,依法履行本市住房公积金管理运作及执法监督等职责。"据此,公积金中心作为本市区域内住房公积金管理的授权单位,具有对本市区域内住房公积金的缴存、提取、使用进行管理和监督的法定职责。

《住房公积金管理条例》第一条规定:"为了加强对住房公积金的管理,维护住房公积金所有者的合法权益,促进城镇住房建设,提高城镇居民的居住水平,制定本条例。"《建设部、财政部、中国人民银行关于住房公积金管理若干具体问题的指导意见》第一条中规定:"有条件的地方,城镇单位聘用进城务工人员,单位和职工可缴存住房公积金"。由此可以认定,在我市并未就城镇单位聘用进城务工人员缴存住房公积金作出强制性规定的情况下,我市城镇单位聘用的进城务工人员不属于强制缴存住房公积金的人员范畴。

本案中,李汝娜向公积金中心投诉时提交的户口本显示,其户别为"农业家庭户口"。公积金中心在查明该事实的基础上,认定李汝娜属于进城务工人员,并据此作出《不予立案通知书》,认定事实清楚,适用法律正确,程序合法。综上,一审法院判决驳回李汝娜的诉讼请求是正确的,本院予以维持。李汝娜的上诉请求无事实根据及法律依据,本院不予支持。依照《中华人民共和国行政诉讼法》第八十九条第一款第(一)项的规定,判决如下:

驳回上诉,维持一审判决。

一、二审案件受理费各50元,均由李汝娜负担(均已交纳)。

本判决为终审判决。

笔者认为,这个案例可以让我们对于住房公积金有了新的理解,并且对于企业承担的责任与权利、义务关系的处理也有新的借鉴意义。但是,我们要注意地域的理解差异,比如,广东高院在《镇泰(广东)工业有限公司、韶关市住房公积金管理中心行政监察(监察)二审行政判决书》[(2017)粤行终347号]中的意见:

……

上诉人镇泰公司不服一审判决，提出上诉称：一、《住房公积金管理条例》的补充文件建金管（2005）5号文对条例作了补充，该文件许可对进城务工人员可缴纳住房公积金，曹慧珍不属于必须缴纳的对象。因此，对于曹慧珍这样的入城务工的农民，不属于必须缴纳的对象。二、住房公积金的属性确定了该笔资金最终归属是个人所得，是曹慧珍的个人财产，依照法律规定属于民事债务，应当受到民法的时效限制，应适用两年时效。曹慧珍对单位和其个人没有缴纳住房公积金这个事实是明知的，她未及时主张权利，远远超过两年，应承担逾期主张的不利后果。而且她已终止合同，不属于在职职工，与住房公积金管理中心不再有关系。三、住房公积金管理中心是事业单位，不是政府机关，作出的《责令限期办理补缴决定书》是超越权限，没有法律依据。综上，请求二审法院撤销一审判决，支持上诉人的一审请求。

被上诉人韶关市住房公积金管理中心二审答辩称：一、上诉人认为曹慧珍是进城务工人员，不属于必须缴纳对象无任何法律依据。《住房公积金管理条例》对于职工的户籍性质没有任何例外的规定。二、上诉人提出曹慧珍的要求应适用两年的诉讼时效，没有任何法律依据。为单位职工缴存住房公积金是用人单位法定的义务，《住房公积金管理条例》第三十八条规定："违反本条例的规定，单位逾期不缴或者少缴住房公积金的，由住房公积金管理中心责令限期缴存；逾期仍不缴存的，可以申请人民法院强制执行。"该规定并无时效限制，不适用《民法通则》诉讼时效的规定。三、上诉人认为我方无权作出具体行政行为纯属对法规的不了解。《住房公积金管理条例》第三十八条规定，法规明确授权了我方作出具体行政行为的权利。综上，上诉人的上诉请求缺乏事实与法律依据，请求二审法院依法驳回上诉，维持原判。

被上诉人韶关市人民政府二审答辩称：原审判决及我府所作出的具体行政行为认定事实清楚，适用依据正确，处理恰当。上诉人的上诉理由不成立，请求二审法院依法驳回上诉，维持原审判决及我府所作出的具体行政行为。

二审经审查，确认原审判决查明认定的事实。

本院认为：本案为劳动与社会保障监督及行政复议纠纷。二审争议焦点为：韶关市住房公积金管理中心作出的韶公积责字〔2015〕8号《责令限期办理补缴决定书》及韶关市人民政府作出的韶府行复〔2015〕72号《行政复议决定书》是否合法。

《住房公积金管理条例》第十五条规定："单位录用职工的，应当自录用之日起30日内到住房公积金管理中心办理缴存登记，并持住房公积金管理中心的审核文件，到受委托银行办理职工住房公积金账户的设立或者转移手续。单位与职工终止劳动关系的，单位应当自劳动关系终止之日起30日内到住房公积金管理中心办理变更登记，并持住房公积金管理中心的审核文件，到受委托银行办理职工住房公积金账户转移或者封存手续。"第三十七条规定："违反本条例的规定，单位不办理住房公积金缴存登记或者不为本单位职工办理住房公积金账户设立手续的，由住房公积金管理中心责令限期办理；逾期不办理的，处1万元以上5万元以下的罚款。"第三十八条规定："违反本条例的规定，单位逾期不缴或者少缴住房公积金的，由住房公积金管理中心责令限期缴存；逾期仍不缴存的，可以申请人民法院强制执行。"第四十六条："本条例施行前尚未办理住房公积金缴存登记和职工住房公积金账户设立手续的单位，应当自本条例施行之日起60日内到住房公积金管理中心办理缴存登记，并到受委托银行办理职工住房公积金账户设立手续。"依据上述规定，为单位职工缴存住房公积金是用人单位的法定义务。本案中，上诉人镇泰公司未依法为其职工曹慧珍缴存1999年4月至2010年12月期间的住房公积金，韶关市住房公积金管理中心作出韶公积责字〔2015〕8号《责令限期办理补缴决定书》，符合上述规定，韶关市人民政府作出韶府行复〔2015〕72号《行政复议决定书》，维持上述《责令限期办理补缴决定书》，并无不妥，原审判决驳回上诉人镇泰公司的诉讼请求正确，本院依法应予以维持。依据《住房公积金管理条例》第十五条、第四十六条、三十八条的规定，曹慧珍属于条例规定的缴纳职工对象，上诉人镇泰公司应及时为曹慧珍办理住房公积金缴存手续，《住房公积金管理条例》对于职工的户籍性质没有例外的规定，也没有规定两年的时效限制，因此，上诉人镇泰公司上诉认为曹慧珍是进城务工人员，不属于必须缴纳的对象，本案已过二年的诉讼时效，缺乏事实与法律依据，本院不予支持。此外，《住房公积金管理条例》第三十八条规定明确授权被上诉人韶关市住房公积金管理中心作出被诉行政行为，上诉人镇泰公司上诉主张韶关市住房公积金管理中心作出涉案《责令限期办理补缴决定书》属于超越职权，理由不成立，本院不予支持。

综上，原审判决认定事实清楚，适用法律正确，处理结果恰当，本院依法予以维持。上诉人镇泰公司上诉理据不足，本院不予支持。依照《中华人民共和国行政诉讼法》第八十九条第一款第（一）项之规定，判决如下：

驳回上诉，维持原判。

（3）残疾人就业保障金与工会经费的缴纳政策调整。

最近几年来，残疾人就业保障金的缴纳与工会经费的缴纳也成了企业的一项必须的运营成本支出，《财政部关于调整残疾人就业保障金征收政策的公告》（财政部公告2019年第98号）规定：

一、残疾人就业保障金征收标准上限，按照当地社会平均工资2倍执行。当地社会平均工资按照所在地城镇非私营单位就业人员平均工资和城镇私营单位就业人员平均工资加权计算。

二、用人单位依法以劳务派遣方式接受残疾人在本单位就业的，由派遣单位和接受单位通过签订协议的方式协商一致后，将残疾人数计入其中一方的实际安排残疾人就业人数和在职职工人数，不得重复计算。

三、自 2020 年 1 月 1 日起至 2022 年 12 月 31 日，对残疾人就业保障金实行分档减缴政策。其中：用人单位安排残疾人就业比例达到 1%（含）以上，但未达到所在地省、自治区、直辖市人民政府规定比例的，按规定应缴费额的 50% 缴纳残疾人就业保障金；用人单位安排残疾人就业比例在 1% 以下的，按规定应缴费额的 90% 缴纳残疾人就业保障金。

四、自 2020 年 1 月 1 日起至 2022 年 12 月 31 日，在职职工人数在 30 人（含）以下的企业，暂免征收残疾人就业保障金。

五、本公告自 2020 年 1 月 1 日起执行。

对于小微企业的工会经费，目前并没有全国性的减免缴纳政策，各地政府有自己颁布的优惠政策，比如，成立一年内的不需要缴纳，或者对于小微企业全额减免。对于一些城市，比如未建立工会经费的单位，在税务机关托收的时候，如果查不到有工会建立，则不强制进行征收工会经费统筹金。

当前，随着税务机关全面征收社保费的安排逐步推进，寄希望于不按照规定缴纳社保显然是违规操作的，并且员工的利益关系也没有解决好，曾有员工因与单位发生用工争议，提出要向政府部门举报未据实缴纳社保，以让单位给出补偿。未来，在经济进一步改善的情形下，严格征收还是一定会来的，只是当前政府特别要求地方不得集中检查，意在给企业一个宽松的环境，能够生存发展下去。但是，通过对社保政策的适用研究与用工方式的调整，企业与其工作人员之间也是可以在达成一致意见的前提下，可以在一定程度上实施一些降低社保成本支出。对于住房公积金，相关部门还没有要求转交给税务部门征收，未来如何安排，我们还是要进一步关注。

3.3　个人设立个体工商户

关于个人（自然人）设立个体工商户，《个体工商户条例》作出了如下规定：

第二条　有经营能力的公民，依照本条例规定经工商行政管理部门登记，从事工商业经营的，为个体工商户。

个体工商户可以个人经营，也可以家庭经营。

个体工商户的合法权益受法律保护，任何单位和个人不得侵害。

第十八条　个体工商户在领取营业执照后，应当依法办理税务登记。

个体工商户税务登记内容发生变化的，应当依法办理变更或者注销税务登记。

第二十一条 个体工商户可以凭营业执照及税务登记证明，依法在银行或者其他金融机构开立账户，申请贷款。

金融机构应当改进和完善金融服务，为个体工商户申请贷款提供便利。

第二十二条 个体工商户可以根据经营需要招用从业人员。

个体工商户应当依法与招用的从业人员订立劳动合同，履行法律、行政法规规定和合同约定的义务，不得侵害从业人员的合法权益。

第二十八条 香港特别行政区、澳门特别行政区永久性居民中的中国公民，台湾地区居民可以按照国家有关规定，申请登记为个体工商户。

对于个人设立个体工商户，在适用范围上，依上述规定，对于外籍个人（除港澳地区永久性居民中的中国公民），依据《外商投资准入特别管理措施（负面清单）（2019年版）》规定，境外投资者不得作为个体工商户、个人独资企业投资人、农民专业合作社成员，从事投资经营活动。其设立是受限的，这是一个明确的规定，以有限责任公司等组织更是无法出资成立个体工商户的。另外对于个体工商户，没有出资的要求，虽然在登记申请中有填列资金数额的空格，但其实没有太多实质性的意义，同时没有要求多少规模以上需要转为有限责任公司等要求，个体工商户甚至也是可以做到亿元收入的。对于个体工商户，一样要求办理登记，包括税务登记，如果有雇佣人员，应签订正式的雇佣合同。《民法通则》规定：

第二十九条 个体工商户，农村承包经营户的债务，个人经营的，以个人财产承担；家庭经营的，以家庭财产承担。

这明确了个体工商户是承担无限责任的经营组织，并不是独立的法人单位。另外，个体工商户不能作为有限责任公司或股份有限公司的股东，也不能作为个人独资企业或合伙企业的出资人，虽然网上多有讨论，但笔者观察，在当前成立这些单位的出资人选项中，就没有个体工商户这一选项。

在我国，个体工商户大量存在，多是一些家庭小作坊的经营活动。如果设立人想调整其运营的主体形式，《个体工商户登记管理办法》规定：

第三十九条 个体工商户申请转变为企业组织形式的，登记机关应当依法为其提供继续使用原名称字号、保持工商登记档案延续性等市场主体组织形式转变方面的便利，及相关政策、法规和信息咨询服务。

3.3.1 个体工商户的出资形式及要求

一般而言，从事个体经营，会有相应的场所、人员或采购的运营物品，通常也是需个人出资办理的。我们建议，在个体工商户查账征税的情形下，还是需要取得带有其抬头的发票或合规票据来入账的，此时的出资先注入个体工商户的账户。偶有可能，个人想把自己名下的房产过户到个体工商户名下，不过说实话，笔者还没有遇到这样的情形，在这里我们更多进行一下理论探讨，或许有这样的情形发生（见表3-12）。

表3-12　　　　　　　　　个体工商户的出资形式及要求表

事项	说明	税项	
		税种	计税方法
货币注入	经营资金的投入	印花税	理解为个体工商户不需要核算实收资本与资本公积，可以借鉴国家税务总局之前有答复合伙企业出资不征印花税的意见，其实可能就算计缴也非常低
		增值税	不存在
不动产注入	房屋过户到个体工商户名下，此时需要办理变更过户	契税	免征①
		土地增值税	个人出资性质，不征
		增值税	目前没有免征或不征的规定，如果从主体在实质上的一致性考虑，似乎可以考虑不征，需要具体落实
		个人所得税	不属于交易性质，类似于个人独资企业，不过由于个体户需要业主担完全无限责任，有些地区对此种情形未征税，笔者倾向于不征
		印花税	产权转移书据，认为需要按万分之五缴纳（价格可以参照）
汽车等动产注入	比如，将设备等注入个体工商户，要考虑变更过户，汽车有特殊性	增值税	个人使用过的物品转让免税
		个人所得税	同不动产注入的情形类同理解
无形资产	比如，将某项专利注入个体工商户	增值税	由于无形资产不是物品，不能直接套用免税政策，目前没有免税适用的规定
		个人所得税	同不动产注入的情形类同理解
		印花税	部分涉及非专利技术、专利技术的转让情形计缴印花税

---

① 《财政部　国家税务总局关于企业以售后回租方式进行融资等有关契税政策的通知》（财税〔2012〕82号）规定：六、个体工商户的经营者将其个人名下的房屋、土地权属转移至个体工商户名下，或个体工商户将其名下的房屋、土地权属转回原经营者个人名下，免征契税。合伙企业的合伙人将其名下的房屋、土地权属转移至合伙企业名下，或合伙企业将其名下的房屋、土地权属转回原合伙人名下，免征契税。

对于上面提到的注入成本，如果是注入资金，则在使用时取得相应的成本费用发票，在计算经营所得时扣除，如果是相应的资产，则按照相应的折旧或摊销政策计算扣除。此时，如果涉及投入资产是需要缴纳增值税的，可以向税务机关代开增值税普通发票或特殊情形下的专用发票；如果涉及免税的，也可以申请开具增值税普通发票。

3.3.2 个体工商户的建账核算要求

在2018年底2019年初的时候，正好《个体工商户建账管理暂行办法》于2018年进行了修订，多有人担心，个体工商户的个税不能核定了，必须要建账了，正好有几个地方的税务机关还发文件，明确提到个体工商户取消核定，结果搞得很多财税机构不知所措，似乎认为这是财税部门对于核定征收开始着手清理的前奏，因为这涉及一些个人独资企业、合伙企业的核定稳定性，有大量的地方招商地区在核定上使用得比较多。这种所谓的筹划在互联网、微信等宣传媒介上充斥着，多存在不恰当的诱导宣传，不断挑战税收征管的健康秩序，未来进行有效清理也是有必要的，已引起了管理部门充分的关注与个别地区的追征处理。

《个体工商户建账管理暂行办法》规定：

第二条　凡从事生产、经营并有固定生产、经营场所的个体工商户，都应当按照法律、行政法规和本办法的规定设置、使用和保管账簿及凭证，并根据合法、有效凭证记账核算。

税务机关应同时采取有效措施，巩固已有建账成果，积极引导个体工商户建立健全账簿，正确进行核算，如实申报纳税。

第三条　符合下列情形之一的个体工商户，应当设置复式账：

（一）注册资金在20万元以上的。

（二）销售增值税应税劳务的纳税人或营业税纳税人月销售（营业）额在40 000元以上；从事货物生产的增值税纳税人月销售额在60 000元以上；从事货物批发或零售的增值税纳税人月销售额在80 000元以上的。

（三）省税务机关确定应设置复式账的其他情形。

第四条　符合下列情形之一的个体工商户，应当设置简易账，并积极创造条件设置复式账：

（一）注册资金在10万元以上20万元以下的。

（二）销售增值税应税劳务的纳税人或营业税纳税人月销售（营业）额在15 000元至40 000元；从事货物生产的增值税纳税人月销售额在30 000元至60 000元；从事货物批发或零售的增值税纳税人月销售额在40 000元至80 000元的。

(三)省税务机关确定应当设置简易账的其他情形。

第五条 上述所称纳税人月销售额或月营业额,是指个体工商户上一个纳税年度月平均销售额或营业额;新办的个体工商户为业户预估的当年度经营期月平均销售额或营业额。

第六条 达不到上述建账标准的个体工商户,经县以上税务机关批准,可按照税收征管法的规定,建立收支凭证粘贴簿、进货销货登记簿或者使用税控装置。

第七条 达到建账标准的个体工商户,应当根据自身生产、经营情况和本办法规定的设置账簿条件,对照选择设置复式账或简易账,并报主管税务机关备案。账簿方式一经确定,在一个纳税年度内不得进行变更。

第八条 达到建账标准的个体工商户,应当自领取营业执照或者发生纳税义务之日起15日内,按照法律、行政法规和本办法的有关规定设置账簿并办理账务,不得伪造、变造或者擅自损毁账簿、记账凭证、完税凭证和其他有关资料。

第九条 设置复式账的个体工商户应按《个体工商户会计制度(试行)》的规定设置总分类账、明细分类账、日记账等,进行财务会计核算,如实记载财务收支情况。成本、费用列支和其他财务核算规定按照《个体工商户个人所得税计税办法(试行)》执行。

设置简易账的个体工商户应当设置经营收入账、经营费用账、商品(材料)购进账、库存商品(材料)盘点表和利润表,以收支方式记录、反映生产、经营情况并进行简易会计核算。

第十条 复式账簿中现金日记账,银行存款日记账和总分类账必须使用订本式,其他账簿可以根据业务的实际发生情况选用活页账簿。简易账簿均应采用订本式。

账簿和凭证应当按照发生的时间顺序填写,装订或者粘贴。

建账户对各种账簿、记账凭证、报表、完税凭证和其他有关涉税资料应当保存10年。

第十一条 设置复式账的个体工商户在办理纳税申报时,应当按照规定向当地主管税务机关报送财务会计报表和有关纳税资料。月度会计报表应当于月份终了后10日内报出,年度会计报表应当在年度终了后30日内报出。

第十二条 个体工商户可以聘请经批准从事会计代理记账业务的专业机构或者具备资质的财会人员代为建账和办理账务。

第十三条 按照税务机关规定的要求使用税控收款机的个体工商户,其税控收款机输出的完整的书面记录,可以视同经营收入账。

第十四条 税务机关对建账户采用查账征收方式征收税款。建账初期,也可以采用查账征收与定期定额征收相结合的方式征收税款。

第十五条 依照本办法规定应当设置账簿的个体工商户,具有税收征管法第三十五条①第一款第二项至第六项情形之一的,税务机关有权根据税收征管法实施细则第四十七条规定的方法核定其应纳税额。

第十六条 依照本办法规定应当设置账簿的个体工商户违反有关法律、行政法规和本办法关于账簿设置、使用和保管规定的,由税务机关按照税收征管法的有关规定进行处理。

注意,这是国家税务总局发布的规定办法,不是财政部从会计核算的角度发布的,意在强化征管的考虑。依据规定,由于当前多有达到设立账簿的个体工商户却进行所得税的核定征收,未建账册的情形是非常多见的。那么,应当设置账簿而未设立的,应承担什么样的法律责任呢?我们需要查阅一下《税收征收管理法》的相关规定:

第十九条 纳税人、扣缴义务人按照有关法律、行政法规和国务院财政、税务主管部门的规定设置账簿,根据合法、有效凭证记账,进行核算。

第二十四条 从事生产、经营的纳税人、扣缴义务人必须按照国务院财政、税务主管部门规定的保管期限保管账簿、记账凭证、完税凭证及其他有关资料。

账簿、记账凭证、完税凭证及其他有关资料不得伪造、变造或者擅自损毁。

第六十条 纳税人有下列行为之一的,由税务机关责令限期改正,可以处二千元以下的罚款;情节严重的,处二千元以上一万元以下的罚款:

(一)未按照规定的期限申报办理税务登记、变更或者注销登记的;

(二)未按照规定设置、保管账簿或者保管记账凭证和有关资料的;

(三)未按照规定将财务、会计制度或者财务、会计处理办法和会计核算软件报送税务机关备查的;

(四)未按照规定将其全部银行账号向税务机关报告的;

(五)未按照规定安装、使用税控装置,或者损毁或者擅自改动税控装置的。

纳税人不办理税务登记的,由税务机关责令限期改正;逾期不改正的,经税务机关提请,由工商行政管理机关吊销其营业执照。

纳税人未按照规定使用税务登记证件,或者转借、涂改、损毁、买卖、伪造税务

---

① 第三十五条 纳税人有下列情形之一的,税务机关有权核定其应纳税额:
(一)依照法律、行政法规的规定可以不设置账簿的;
(二)依照法律、行政法规的规定应当设置账簿但未设置的;
(三)擅自销毁账簿或者拒不提供纳税资料的;
(四)虽设置账簿,但账目混乱或者成本资料、收入凭证、费用凭证残缺不全,难以查账的;
(五)发生纳税义务,未按照规定的期限办理纳税申报,经税务机关责令限期申报,逾期仍不申报的;
(六)纳税人申报的计税依据明显偏低,又无正当理由的。
税务机关核定应纳税额的具体程序和方法由国务院税务主管部门规定。

登记证件的,处二千元以上一万元以下的罚款;情节严重的,处一万元以上五万元以下的罚款。

第六十一条 扣缴义务人未按照规定设置、保管代扣代缴、代收代缴税款账簿或者保管代扣代缴、代收代缴税款记账凭证及有关资料的,由税务机关责令限期改正,可以处二千元以下的罚款;情节严重的,处二千元以上五千元以下的罚款。

从上述法规来看,其违规处罚的力度并不大,在平时的监管中,可能税务机关也并没有管理得这么严格。

3.3.3 个体工商户的应税义务及征管现状

关于个体工商户的税收征管,我们结合不同的税种以及当前的税收法规进行梳理(见表3-13)。

表3-13 税收法规对个体工商户税收征管的相关规定

税务事项	计税简要说明	备注
增值税	多数能享受到小微企业的增值税优惠。在身份上视情形为小规模纳税人或一般纳税人	目前我们国家实施三档税率:6%、9%及13%,同时简易计税有3%及5%两档
企业所得税	无	亦不存在作有限公司或股份公司股东
个人所得税	按经营所得计缴个税,现实当中有查账计税及核定征收等情形。不存在利息、股息、红利单独计税情形	《个体工商户个人所得税计税办法》有详细规定,但2019年新个人所得税法实施后,有相应的调整,需要关注
代扣代缴员工的个人所得税	如果有雇用员工,需要考虑代扣代缴个人所得税的情形	业主发放的工资薪金在计算经营所得时不予扣减,不需要预扣预缴个税,按经营所得计税
其他税项	与一般企业没有区别	—

在计缴期限上,小规模纳税人增值税多按季度申报缴纳,个人所得税也是按季度预缴后再按年度进行汇算清缴。由于是属于经营所得计税,千万不要跟个人的综合所得汇算清缴混在一起,因为个人可能设立个体工商户,也可能在别的单位还取得工资薪金,那么对于综合所得,需要计算是不是达到汇算清缴的条件,但对于经营所得的汇算清缴,如果不是单一个体户核定纳税的,是强制性地必须在年度后进行申报,补退税款。《国家税务总局关于个人所得税自行纳税申报有关问题的公告》(国家税务总局公告2018年第62号)规定:

二、取得经营所得的纳税申报
个体工商户业主、个人独资企业投资者、合伙企业个人合伙人、承包承租经营者个人以及其他从事生产、经营活动的个人取得经营所得，包括以下情形：

（一）个体工商户从事生产、经营活动取得的所得，个人独资企业投资人、合伙企业的个人合伙人来源于境内注册的个人独资企业、合伙企业生产、经营的所得；

（二）个人依法从事办学、医疗、咨询以及其他有偿服务活动取得的所得；

（三）个人对企业、事业单位承包经营、承租经营以及转包、转租取得的所得；

（四）个人从事其他生产、经营活动取得的所得。

纳税人取得经营所得，按年计算个人所得税，由纳税人在月度或季度终了后15日内，向经营管理所在地主管税务机关办理预缴纳税申报，并报送《个人所得税经营所得纳税申报表（A表）》。在取得所得的次年3月31日前，向经营管理所在地主管税务机关办理汇算清缴，并报送《个人所得税经营所得纳税申报表（B表）》；从两处以上取得经营所得的，选择向其中一处经营管理所在地主管税务机关办理年度汇总申报，并报送《个人所得税经营所得纳税申报表（C表）》。

在这儿我们要特别分析一下从两处以上取得经营所得的事项，我们知道，个人经营所得，除了个体工商户经营所得之外，还有个人独资企业、合伙企业的经营所得。在2018年及之前，对于两处以上取得经营所得的情形，有一些特别的规定①，但实际执行情况不够好。新个税法实施之后，对这一问题基本没有修改，从上述原则性的规定来看，可以理解为就是由个人在日常预缴税款的基础上，可以选择向其中一处进行汇总申报。比如，有的人就是在有财政奖励的某经营所得地方汇总申报，这也是个人选择的权利。不过在此提醒，金税三期运行后，特别是新个人所得税法实施后，个人也很容易查询本人在多个地方的多项经营所得的纳税情况，在此情况下，对于实行查账征税的多项经营所得，还是建议依法履行合并申报。

我们先看一个在两处以上取得综合所得合并计税的案例，之后再分析经营所得合并申报的案例。

---

① 《财政部 国家税务总局关于印发〈关于个人独资企业和合伙企业投资者征收个人所得税的规定〉的通知》（财税〔2000〕91号）曾提出：第二十条投资者应向企业实际经营管理所在地主管税务机关申报缴纳个人所得税。投资者从合伙企业取得的生产经营所得，由合伙企业向企业实际经营管理所在地主管税务机关申报缴纳投资者应纳的个人所得税，并将个人所得税申报表抄送投资者。投资者兴办两个或两个以上企业的，应分别向企业实际经营管理所在地主管税务机关预缴税款。年度终了后办理汇算清缴时，区别不同情况分别处理：

（一）投资者兴办的企业全部是个人独资性质的，分别向各企业的实际经营管理所在地主管税务机关办理年度纳税申报，并依所有企业的经营所得总额确定适用税率，以本企业的经营所得为基础，计算应缴税款，办理汇算清缴；

（二）投资者兴办的企业中含有合伙性质的，投资者应向经常居住地主管税务机关申报纳税，办理汇算清缴，但经常居住地与其兴办企业的经营管理所在地不一致的，应选定其参与兴办的某一合伙企业的经营管理所在地为办理年度汇算清缴所在地，并在5年内不得变更。5年后需要变更的，须经原主管税务机关批准。

【案例】黄某是某企业集团的高管，履职总会计师，工作地点在北京。2019年集团在广州新设立了一家子公司，公司委派其作为总经理挂职，当地再安排一位常务副总经理从事具体的工作。黄某每月在北京的集团公司取得的工资是15 000元，在广州的工资是23 000元，属于综合所得，需要进行年度汇算清缴。那么，黄某的个税是如何预扣预缴及汇算清缴呢？

《国家税务总局关于个人所得税自行纳税申报有关问题的公告》（国家税务总局公告2018年第62号）规定：纳税人有两处以上任职、受雇单位的，选择向其中一处任职、受雇单位所在地主管税务机关办理纳税申报；纳税人没有任职、受雇单位的，向户籍所在地或经常居住地主管税务机关办理纳税申报。

黄某在取得每月的工资薪金时，由每个单位预扣预缴个税，且每个单位均可按实际取得所得的月份扣减5 000元，虽有重复，但这只是预扣预缴的计算，在年度汇算清缴的时候，是统一按60 000元扣除（不考虑多少个月），如果平时各扣了60 000元，则年度计缴个税需要调整，极可能有补税产生。

在纳税地上，不受社保地等因素限制，黄某可以选择在广州，也可以在北京办理综合所得汇算清缴的申报，这种选择并不是一经确定就不得再改变，从目前的规定来看，是可以每年度都进行变化的。所以，如果在广州有相应的财政奖励，则可以选择在广州的受雇所在地主管税务机关进行汇算清缴。当然，黄某一个人的工资也不高，可能为了避免麻烦，以及方便沟通操作，就选择在北京处理了。

上面提到的案例是站在补税的角度，如果反向看，办理退税的情况会是如何呢？比如，李某同样取得两处以上的雇佣所得，其中在上海预扣预缴个税年度合计是8 000元，在北京预扣预缴个税年度合计是20元，假设全年汇算清缴合计是6 000元，因此应退个税2 020元，那么李某应向哪个地方退税呢？是不是只能向缴得多的地方办理呢？这其实是多虑了，纳税人并不需要去操这个心，即使北京只收了20元，但若选择在北京汇缴，北京当地仍需要向纳税人办理退税，至于后面财政的问题，则由国家层面来统筹解决。理解了上面的案例，我们再来看两处及以上经营所得的汇总纳税，也就理解了两者的差异。

【案例】吕某设立了一家个体工商户，又设立了一家个人独资企业，在2019年度经营所得的应纳税所得额一家是80万元，另一家是亏损状态-50万元。首先，我们要分析一下，吕某当年度汇总的所得是不是80-50=30万元呢？答案是否定的，当年度汇总的所得是80万元，50万元亏损继续由该主体向以后年度结转弥补亏损，将来有利润时自行弥补。此时虽说是任选一处进行汇总申报，但建议还是向 80 万元收入的所在地进行汇总申报更为顺畅。

如果存在个人从合伙企业取得所得的情形，也是一样的，需要有正的可分配的利润。对于这个问题，似乎相应的文件资料规定得不够清晰，为此，笔者专门向财税部门的专家咨询，得到的也是上面的意见。

如果一个个体工商户或其个人独资企业有定期定额征税，或者是核定征税与查账征税并存时，如何进行汇总呢？从笔者的理解看，定期定额纳税，税额已是固定的了，不存在对于经营所得汇算的需要；对于核定征税，通常是核定的所得率，比如当期收入 10 万元，核定所得率为 10%，则当期的经营所得为 $100\,000 \times 10\% = 10\,000$ 元，以 1 万元来计算经营所得的个税，如果核定征收的主体只是一个，则不需要进行汇算清缴，因为与第四季度预缴的数据也是一致的。如果个人有两个核定征收的个体工商户，各为 1 万元所得，从经营所得合并的角度，宜再进行合并后计算，因为相当于适用的计税税率级距会提高，个税会增加。2019 年上线的自然人纳税申报系统，能够自动取得全国各地的所得额，自然就可以将此数据汇总来计税，对于取得两处以上核定所得额的部分，分别计税时有一部分低税率级距重复的地方，汇总时多数就要进行补缴税款，这是一个新的不同，建议我们的投资人关注。

其实，投资人不必过于担心，认为汇总计税了，就会产生巨大的补税额。下面我们结合一个案例进行说明。

【案例】某知名投资人于 2019 年设立了两个合伙企业，其中一个依照分配可分得 100 万元，另一个可分配 200 万元，实施的是查账征收的个税。下面我们分别计算各个企业独立汇算清缴与汇总后汇算清缴的结果，并进行比较分析（假设该投资人有综合所得，不涉及税前扣其他事项的情形）。

表 3-14

单位：万元

情形	税额	比较
100 万元分配所得	$100 \times 35\% - 6.55 = 28.45$	$28.45 + 63.45 = 91.90$
200 万元分配所得	$200 \times 35\% - 6.55 = 63.45$	
汇总 300 万元所得	$300 \times 35\% - 6.55 = 98.45$	98.45

最终需要补税的金额为 $98.45 - 91.9 = 6.55$ 万元，这个差额主要是因为重合税率低于 35% 的部分的影响，其实就是 50 万元对应 35% 税率下的速算扣除数 6.55 万元。

但是，如果有一家当年度实现的经营所得为100万元，另一家亏损了100万元，合伙人均为同样的两个人，从整体算账的角度，当年度确实没有所得。但是由于这个载体是延续的，亏损的100万元只能用以后年度弥补，且有最长弥补期5年。财税〔2000〕91号文件规定，年度经营亏损不能跨企业弥补。此时需要就有经营所得100万元的分配计缴所得税，虽然一个是亏损，笔者理解仍是需要汇总应纳税所得额申报，只是一个亏损企业的应纳税所得额为0处理。有的人提出来，汇总的时候是汇的所有的收入、成本费用再算一遍吗？不是，汇总是汇总的应纳税所得额，即基于利润算各家应纳税所得额时，仍是单体的计算，这一点，《个人所得税经营所得纳税申报表（C表）》也体现了这种意思。

【案例】某个人老板遍寻节税"偏方"，比如有专家建议成立个体户或个人独资企业，有的专家建议不发工资而发劳务报酬，有的建议找点金额不大的发票报销，有的建议在香港等地发部分工资不报税等等，凡此种种，其实要综合来看，有没有必要这样做。

分析：若某老板工资比较高，想通过境外发一部分工资，而这家公司还要上市，这样做也没有意义，因为作为中国的居民纳税人，是要全部收入汇总计税的。如果真的在有财政奖励的地方发放的工资，那么这种情形下，普遍认为是没有问题的。比如笔者了解到，某大型民营企业，通过在异地设立合伙企业发放工资（可以是业务的钱，也可以是借的钱，不管资金来源），缴纳的个税，是有返还的。也可以设立合伙企业，以经营所得来计缴后取得奖励。至于想不拿工资薪金，改为劳务报酬，为了20%部分的费用扣减，并不值得，这是两种不同性质的用工关系。

3.4　个人设立个人独资企业

《个人独资企业法》规定，个人独资企业，是指依照该法在中国境内设立，由一个自然人投资，财产为投资人个人所有，投资人以其个人财产对企业债务承担无限责任的经营实体。

其规定得很明确，只能由一个自然人投资，而不能是企业，也不是家庭，同时规定必须是承担无限责任的经营实体。设立个人独资企业应当具备下列条件：（1）投资人为一个自然人；（2）有合法的企业名称；（3）有投资人申报的出资；（4）有固定的生产经营场所和必要的生产经营条件；（5）有必要的从业人员。

另外，《个人独资企业法》进一步规定（摘录）：

第十七条　个人独资企业投资人对本企业的财产依法享有所有权，其有关权利可以依法进行转让或继承。

第十八条　个人独资企业投资人在申请企业设立登记时明确以其家庭共有财产作为个人出资的，应当依法以家庭共有财产对企业债务承担无限责任。

第二十一条　个人独资企业应当依法设置会计账簿，进行会计核算。

第二十二条　个人独资企业招用职工的，应当依法与职工签订劳动合同，保障职工的劳动安全，按时、足额发放职工工资。

第二十三条　个人独资企业应当按照国家规定参加社会保险，为职工缴纳社会保险费。

第二十八条　个人独资企业解散后，原投资人对个人独资企业存续期间的债务仍应承担偿还责任，但债权人在五年内未向债务人提出偿债请求的，该责任消灭。

第三十九条　个人独资企业违反本法规定，侵犯职工合法权益，未保障职工劳动安全，不缴纳社会保险费用的，按照有关法律、行政法规予以处罚，并追究有关责任人员的责任。

还有两个问题，我们需要关注一下。一是个人独资企业与个体工商户的区别，笔者查询了一些资料，其中讲到个体工商户的经营者就是本人，而个人独资企业可以委托其他人进行管理；个人独资企业可以设立分支机构；个体工商户的建账核算要求比个人独资企业要求简单。还有一个比较重要的区别是个人独资企业可以对外投资成为公司的股东，依据《公司法》，目前没有限制个人独资企业成为公司的股东，个人独资企业与一人有限责任公司的主要区别有两点：一个是无限责任，另一个是有限责任；一个是非法人主体，另一个是法人主体。

如《洛阳市人民政府关于加快市场主体准入促进我市经济发展的意见》（洛政〔2008〕104号）第三条第（十八）项规定：除设立一人有限责任公司外，允许个人独资企业、合伙企业、有投资能力的城市居民委员会、农村村民委员会作为股东或者发起人投资设立公司。村民委员会投资设立公司，应当由村民委员会作出决议。

个人独资企业能作为合伙企业的合伙人吗？《合伙企业法》规定：国有独资公司、国有企业、上市公司以及公益性的事业单位、社会团体不得成为普通合伙人。不在此受限之列的，个人独资企业可以作为合伙企业的合伙人。

3.4.1　个人独资企业的出资形式及要求

与个体工商户相类似，个人独资企业与其个人之间的责任是相连的，某些财税专家认为，整体来看，特别是在个人所得税方面，如果有投入的房屋、机器设备或无形资产等，因为交易的主体仍是自己，并没有第三方参与，因此不应视为一次完整的交易性的投资活动，即不宜认为是一项非货币性资产出资下个人所得税的应税所得。

海南省人民政府网站上有一个相应的文件：

海南省地方税务局关于个人以土地使用权投资入股征免
土地增值税和个人所得税问题的通知

各直属地方税务局、各直属稽查局：

近来，部分直属地方税务局来电来函，要求对个人以土地使用权投资成立个人独资企业和一人有限责任公司，是否征收土地增值税和个人所得税的问题予以明确。经研究，现就有关问题通知如下：

一、关于个人以土地使用权投资成立个人独资企业涉税问题

（一）《中华人民共和国个人独资企业法》第二条规定：个人独资企业，是指依法在中国境内设立，由一个自然人投资，财产为投资人个人所有，投资人以其个人财产对企业债务承担无限责任的经济实体。由于个人独资企业的财产为投资人个人所有，因此，个人以其拥有的土地使用权投资成立（或转入）个人独资企业的行为，不属于土地增值税的应税行为，不征收土地增值税。①

（二）个人投入（或转入）个人独资企业的土地，不论企业记载该土地的成本是以投资人原购土地价格，还是以投资时的评估价格，企业将该土地转让或进行房地产开发后销售的，在计算征收土地增值税和个人所得税时，其允许扣除的土地成本，以投资人原购入该土地所支付的金额为准。

二、关于个人以土地使用权投资成立一人有限责任公司涉税问题

（一）个人以土地使用权投资成立一人有限责任公司，由于一人有限责任公司的财产为公司所有，并非投资人个人所有，根据《财政部国家税务总局关于土地增值税若干问题的通知》（财税〔2006〕21号）第五条的规定，凡所投资成立的一人有限责任公司是从事房地产开发的，应依照规定征收土地增值税。②

（二）根据《国家税务总局关于非货币性资产评估增值暂不征收个人所得税的批复》（国税函〔2005〕319号）的规定，对个人将其拥有的土地使用权进行评估后投资

---

① 《12366汇编（2018年8月份）（二）》（来源：国家税务总局海南省税务局）还专门引用了此意见：
4. 个人的土地投资入股成立个人独资企业，是否需要缴纳土地增值税？
答：《海南省地方税务局关于个人以土地使用权投资入股征免土地增值税和个人所得税问题的通知》（琼地税函〔2010〕304号）第一条第一项规定，《中华人民共和国个人独资企业法》第二条规定：个人独资企业，是指依法在中国境内设立，由一个自然人投资，财产为投资人个人所有，投资人以其个人财产对企业债务承担无限责任的经济实体。由于个人独资企业的财产为投资人个人所有，因此，个人以其拥有的土地使用权投资成立（或转入）个人独资企业的行为，不属于土地增值税的应税行为，不征收土地增值税。

② 目前有效的文件是《财政部 国家税务总局关于继续实施企业改制重组有关土地增值税政策的通知》（财税〔2018〕57号），也延续了这样的一种处理意见，财税〔2006〕21号的相关条款虽作废，但延续与细化了处理意见。

成立一人有限责任公司，其评估增值所得在取得被投资企业股权时，暂不征收个人所得税。在投资收回、转让、或清算股权时如有所得，再按规定征收个人所得税，其"财产原值"为资产评估前的价值。①

二〇一〇年七月十六日

笔者非常赞同当时海南省地方税务局的意见，从所有权的角度来解释是不是应税的处理意见。同时，对于个人独资企业与一人有限责任公司进行了解释，前者没有独立的财产权，个人独资企业的财产归个人投资人所有，而后者是独立的法人单位，是独立的财产权，所以前者不是应税行为，后者才是应税行为。至于个税，笔者认为也是坚持一个原则进行判断处理。

《财政部 国家税务总局关于继续支持企业、事业单位改制重组有关契税政策的通知》（财税〔2018〕17号）规定：

六、资产划转

对承受县级以上人民政府或国有资产管理部门按规定进行行政性调整、划转国有土地、房屋权属的单位，免征契税。

同一投资主体内部所属企业之间土地、房屋权属的划转，包括母公司与其全资子公司之间，同一公司所属全资子公司之间，同一自然人与其设立的个人独资企业、一人有限公司之间土地、房屋权属的划转，免征契税。

母公司以土地、房屋权属向其全资子公司增资，视同划转，免征契税。

但其实很多问题是我们想出来的，少有个人真正地一定要拿出房屋等办理出资登记个人独资企业，个人独资企业成立也只是申报投资额，并没有独立的财产权，没有出资的期限性要求，所以我们暂且对此有一些了解即可②。下面，我们来看看本条的释义：

---

① 依据海南省地方税务局公告2011年第7号《海南省地方税务局关于公布废止修改和继续有效的税收规范性文件目录的公告》，本法规废止第二条第（二）项废止。当前对于非货币性资产投资到公司当中，是需要进行计税处理的。

② 于2014年废止的一份旧文件仍可以参照一下《国家工商行政管理总局关于登记机关是否应对个人独资企业投资的财产进行审查问题的答复》（工商个字〔2002〕108号）：

重庆市工商行政管理局：

你局《关于登记机关是否应对个人独资企业中申报的财产权属进行审查的请示》（渝工商文〔2002〕18号）收悉。经研究，答复如下：

根据《中华人民共和国个人独资企业法》第八条的规定，设立个人投资企业应当有投资人申报的出资。按照该法的有关规定精神，《个人独资企业登记管理办法》第八条、第九条和第十条规定，个人独资企业设立登记，投资人应当在设立登记申请书中申报其出资额，投资人无须提交验资报告或者出资权属证明文件，登记机关对投资人申报的出资权属、出资数额和是否实际缴付等情况不予审查，由投资人对其申报的出资情况承担法律责任。

二〇〇二年五月十三日

第十七条 个人独资企业投资人对本企业的财产依法享有所有权,其有关权利可以依法进行转让或继承。

【释义】 本条是对个人独资企业财产归属关系的规定。

企业进行生产经营,一般都需要有一定的财产如资金、设备、场地等作为物质基础,公司、合伙企业如此,个人独资企业也不例外。个人独资企业的财产,从来源看,与公司、合伙企业是一样的,主要由两部分构成,一部分是投资人在设立企业时投入的财产,也就是投资人的出资,另一部分是个人独资企业在经营过程中积累起来的财产。在个人独资企业依法设立后和从事生产经营的过程中,基于这些财产必然会形成个人独资企业的财产关系,从法律意义上看,这些财产关系又体现为一种以财产为内容的权利义务关系。明确个人独资企业财产的法律性质,确定这些财产的归属,从而确定个人独资企业的基本权利和义务,对于确立个人独资企业这种企业形态的法律地位,使个人独资企业的财产关系秩序化、稳定化,最大限度地发挥这些财产的经济效用,具有非常重要的意义。财产归属关系,在法律上必须通过财产所有权制度来实现,因此,本法对个人独资企业财产的所有权作出了规定。

本法第二条在规定个人独资企业法的调整范围,对个人独资企业进行界定时,对个人独资企业财产的归属关系即作了规定,这就是:本法所称个人独资企业,是指依照本法在中国境内设立,由一个自然人投资,财产为投资人个人所有,投资人以其个人财产对企业债务承担无限责任的经营实体。这一规定表明,个人独资企业的财产为投资人个人所有,这是个人独资企业的一个基本法律特征,反映了个人独资企业的性质,决定了个人独资企业的法律地位。正是因为个人独资企业的财产为投资人个人所有,由投资人支配并享受其利益,企业本身没有独立的或者相对独立的可供支配的财产,所以,个人独资企业不具有法人资格,是自然人企业,它在法律上的主体资格仍然为自然人,即投资人个人是拥有个人独资企业财产权利并承担个人独资企业财产责任的主体。凡是个人独资企业,企业的财产就归投资人个人所有,这是个人独资企业的一个必要特性,企业的财产归属关系不具有这一特性,就不属于个人独资企业。

本条在本法第二条规定的基础上,对个人独资企业的财产所有权又进一步作出明确具体的规定,这就是,个人独资企业投资人对本企业的财产依法享有所有权。按照民法通则第七十一条规定,财产所有权是指所有人依法对自己的财产享有占有、使用、收益和处分的权利。因此,个人独资企业财产所有权制度包含如下内容:其一,个人独资企业财产所有权的主体是个人独资企业投资人,也就是说,个人独资企业投资人是本企业财产的所有人,个人独资企业的财产属于其投资人的个人财产,二者在法律上没有界限。其二,投资人作为财产所有人对本企业的财产享有占有、使用、收益和处分的权利,这种权利是一种充分完整的支配权,投资人在不违反法律的前提下,可以按照自己的意志控制支配个人独资企业的财产,其对本企业财产的支配权是不受限制的。其三,个人独资企业投资人在法律许可的范围内可以自主自愿地对本企业的财产行使占有、使用、收益、处分的权利,从而直接取得物质利益,任何人都不得对投资人正当行使这种支配权加以妨碍或者干涉。其四,当个人独资企业的财产受到非法侵犯也就是个人独资企业投资人的个人的财产受到侵犯时,或者当投资人对个人独资企业财产行使支配权受到他人妨碍时,投资人有向侵犯其财产或者妨碍其行使权利的人提出追索、排除妨碍等请求权。

财产所有权的取得,不得违反法律规定,没有法律根据或者违反法律规定而取得的财产,是非法取得,不能形成非法的所有权。因此,个人独资企业投资人对本企业财产的所有权也必须是依法取得的,换句话说,只有依法取得的个人独资企业财产,才能形成个人独资企业投资人的财产所有权。在实践中,个人独资企业投资人对本企业财产的所有权主要通过以下四种方式取得:1. 投资人直接进行劳动,从事生产经营,创造出财富,并取得其财产所有权;2. 因收取孳息而取得财产所有权;3. 因添附财产而取得所有权;4. 继受取得财产所有权。

个人独资企业投资人可以依照法律实现他对个人独资企业财产的占有、使用、收益、处分的权利,这就是行使财产所有权。投资人行使财产所有权,可以是在事实上占有、使用、收益和处分个人独资企业的财产,也可以是按照法定方式将其财产所有权的部分权能分离或转让出去,由他人行使,还可以将财产所有权转让或赠与他人。在多数情况下,投资人都无须借助他人的行为,就可以独立地行使其对个人独资企业的财产所有权。

在个人独资企业的生产经营过程中,投资人将财产所有权的一项或几项权能分离或转让出去,又会形成其他一些以使用收益财物为目的的财产权,如,财产使用权,企业经营权,承包权,采矿权、相邻权,共有权,等等。这些权利都来源于财产所有权,是所有权派生的权利,因而也是与所有权有关的权利。为了保障这些财产权利的实现,保护个人独资企业投资人和债权人的合法权益,促进个人独资企业的生产经营,本条明确规定了个人独资企业财产所有权的有关权利可以依法进行转让或继承。

大家都比较清楚的是,个人独资企业的投资人对企业的债务承担无限连带责任,为此最高人民法院还专门对此回复了意见:

最高人民法院关于个人独资企业清算是否可以参照 适用企业破产法规定的破产清算程序的批复

法释〔2012〕16号

(2012年12月10日由最高人民法院审判委员会第1 563次会议通过,2012年12月11日公布,自2012年12月18日起施行。)

贵州省高级人民法院:

你院《关于个人独资企业清算是否可以参照适用破产清算程序的请示》(〔2012〕

黔高研请字第2号）收悉。经研究，批复如下：

根据《中华人民共和国企业破产法》第一百三十五条的规定，在个人独资企业不能清偿到期债务，并且资产不足以清偿全部债务或者明显缺乏清偿能力的情况下，可以参照适用企业破产法规定的破产清算程序进行清算。

根据《中华人民共和国个人独资企业法》第三十一条的规定，人民法院参照适用破产清算程序裁定终结个人独资企业的清算程序后，个人独资企业的债权人仍然可以就其未获清偿的部分向投资人主张权利。

3.4.2 个人独资企业的建账核算要求

个人独资企业没有跟个体工商户一样有建账核算的规定要求，但是《个人独资企业法》规定其应当依法设置会计账簿，进行会计核算。目前，我们可以借鉴《税收征管法》及其实施细则的要求，进行日常的纳税核算管理。结合该法的相关释义，我们进一步对此进行分析。

第二十一条　个人独资企业应当依法设置会计账簿，进行会计核算。

【释义】本条是对个人独资企业会计管理的规定。

个人独资企业从事生产经营活动，需要记录经济业务的发生，确认、计量收入、成本、费用等，核算损益，因而须要进行自己的会计活动。为了规范会计行为，发挥会计在经济管理中的积极作用，我国专门制定了会计法，主要对会计活动的基本原则、会计账簿的设置、会计凭证的记载、会计核算的基本规则、会计监督等方面的内容作了规定，这是会计方面的基本法律规范，个人独资企业进行会计活动必须遵守会计法的规定。有关法律、行政法规以及规章，也对会计活动作出了相应的规定，如，现行税收征收管理法规定，纳税人、扣缴义务人应当按照有关部门的规定，在领取营业执照之日起15日之内设置账簿（包括总账、日记账以及其他辅助性账簿），根据合法有效的凭证记账，进行核算，生产、经营规模较小又确无建账能力的个体工商户，经过主管税务机关核准，可以不设置账簿，聘请注册会计师或者经过税务机关认可的财会人员，代为建账和办理财务。聘请上述人员确有困难的，经过主管税务机关批准，可以按照规定建立收支凭证粘贴簿、进销货登记簿等。企业所得税暂行条例对纳税人收入的计算、费用的扣除项目和不得扣除项目、资产的税务处理、应纳税额的计算等，作了非常明确具体的规定，个人独资企业的会计活动也应当遵守这些规定。由于会计法及其他法律、行政法规和规章对企业会计管理所作的规定中，已经包括了适用于个人独资企业会计管理的内容，在本法中可以不再对这方面的内容作具体规定，个人独资企业的会计活动可以直接适用会计法及其他有关法律、行政法规、规章的规定。

3.4.3 个人独资企业的应税义务及征管现状

个人独资企业不缴纳企业所得税，由个人按照经营所得来计算个人所得税，《财政

部 国家税务总局关于印发〈关于个人独资企业和合伙企业投资者征收个人所得税的规定〉的通知》（财税〔2000〕91号）特别对于个人独资企业和合伙企业的个人所得税进行了明确。该通知从2000年1月1日起生效，但对其内容需要结合新个人所得税法进行参照性理解，因为有一些规则与标准发生了变化。

个人独资企业的个人按照经营所得计税，参照个体工商户的内容，目前有查账征收与核定征收两种方式，财税〔2000〕91号文件中有一个参照性的核定标准最为常用：

第八条 第七条所说核定征收方式，包括定额征收、核定应税所得率征收以及其他合理的征收方式。

第九条 实行核定应税所得率征收方式的，应纳所得税额的计算公式如下：

应纳所得税额 = 应纳税所得额 × 适用税率
应纳税所得额 = 收入总额 × 应税所得率
或　　　　　 = 成本费用支出额 ÷（1 - 应税所得率）× 应税所得率

应税所得率应按表3-15规定的标准执行：

表3-15　　　　　　　　　　　应税所得率表

行业	应税所得率（%）
工业、交通运输业、商业	5~20
建筑业、房地产开发业	7~20
饮食服务业	7~25
娱乐业	20~40
其他行业	10~30

企业经营多业的，无论其经营项目是否单独核算，均应根据其主营项目确定其适用的应税所得率。

第十条 实行核定征税的投资者，不能享受个人所得税的优惠政策。

另外，对于个人独资企业与合伙企业的"四业"所得，国家税务总局明确暂不征收个人所得税，注意这跟企业所得税政策中的不征税收入是不同的概念。

财政部　国家税务总局关于个人独资企业和合伙企业投资者取得种植业、养殖业饲养业、捕捞业所得有关个人所得税问题的批复

财税〔2010〕96号

福建省财政厅、地方税务局：

福建省地方税务局《关于个人独资和合伙企业投资者取得的"四业"经营所得征

免个人所得税问题的请示》（闽地税发〔2009〕157号）收悉。经研究，批复如下：

根据《国务院关于个人独资企业和合伙企业征收所得税问题的通知》（国发〔2000〕16号）、《财政部 国家税务总局关于个人所得税若干政策问题的通知》（财税字〔1994〕020号）和《财政部 国家税务总局关于农村税费改革试点地区有关个人所得税问题的通知》（财税〔2004〕30号）等有关规定，对个人独资企业和合伙企业从事种植业、养殖业、饲养业和捕捞业（以下简称"四业"），其投资者取得的"四业"所得暂不征收个人所得税。

财政部　国家税务总局
二〇一〇年十一月二日

下面讨论一个小问题，就这个问题笔者咨询了权威专家，如个人独资企业或合伙企业对外投资，对于非货币性资产估值溢价的出资部分，是不是要计为经营所得计算投资人的个人所得税？个人独资企业与合伙企业有没有差异？

笔者看到某财税培训企业的网站上引用《东阳市地方税务局关于做好2007年度所得税汇算清缴工作的通知》（东地税发〔2008〕8号），该通知规定，个人独资、合伙企业、个体工商户用非货币性资产对外投资，涉及的资产评估增值，应并入生产经营所得征收个人所得税。已经废止的《江苏省地方税务局关于个人独资企业和合伙企业投资者有关个人所得税问题的处理意见的通知》规定，个人独资企业和合伙企业以非现金的实物资产和无形资产对外投资，发生的资产评估净增值，不计入投资者个人的生产经营所得，但在中途或到期转让、收回该项资产时，应将转让或收回该项投资所取得的收入与该实物资产原账面价值的差额计入生产经营所得。这两个意见由于时间久远，仅供参考，不宜作为相应的依据。

在一些专家的分析中，还有引用《财政部 国家税务总局关于个人非货币性资产投资有关个人所得税政策的通知》（财税〔2015〕41号）的规定，提出应按"财产转让所得"计缴个人所得税，一次性缴税有困难的，可以在5个公历年度内（含）分期缴纳个人所得税，即个人独资企业与合伙企业的个人投资人是缴纳个人所得税的，源于一个理解，应计税且允许按照5年分期。笔者不同意这种观点，认为一个是财产转让所得，另一个是经营所得，后者如何套用前者的计税规则，而且也没有规定相应的办理条件与程序，如果只是借鉴，在当前的税收系统中，那一定得有相关人员的签字才能确认挂账处理，而且还要考虑有没有滞纳金的问题。对于上面引用的原来江苏省地方税务局的理解，笔者也不是很认同，虽然有的专家提出来，"法不禁止则允许"，要优先考虑纳税人的利益，但笔者认为，作为一种交易对价，对外投资也是一种利益的取得，属于所得的范围。财税〔2000〕91号文件中规定：收入总额,是指企业从事生产经营以及与生产经营有关的活动所取得的各项收入,包括商品(产品)销售收入、营运收入、劳务服务收入、工程价款收入、财产出租或转让收入、利息收入、其他业务收入和营业外收入。定性为转让收入未尝不可,相关专家认为也是需要作为经营所得计缴税款。从价值的传递来看,如果评估增值了,相应的价值也将体现到被投资企业的账面上。可能有的人士会提出来,如果原来账面价值是100万元的设备,评估作价投资价值是80万元,此时的20万元也应认可属于税前可扣减的事项。

3.5 设立合伙企业

上面我们讲完了个体工商户与个人独资企业,而对于合伙企业,这才是当前真正数量大、功能多的一种组织形式,特别2016年《合伙企业法》修订发布之后,从此不仅仅限于个人为合伙人,明确了普通合伙企业与有限合伙企业两种组织形式,有限合伙企业中的部分合伙人以有限责任方式投资出现,创新极大地解放了生产力,让资本通过有限合伙的组织形式快速地进入投资领域,无论是在股权投资领域,还是在金融产品交易方面,融入了经济生活的方方面面。而当前从事风险投资的资本,多是通过合伙企业的形式进行操作,从而让这一组织形式大放异彩。除了资本借道合伙企业形式外,个人之间的合作投资,通过合伙企业进行经营,也突破了个体工商户与个人独资企业的单一性,可以让更多志同道合的伙伴团结在一起,以同一企业名号进行经营。同时,合伙企业也是一种有效的持股平台组织形式,在进行股权激励的安排上,可以通过合伙企业进行操作。另外,合伙企业的组织决策程序相较于公司更为简单,不需要类《公司法》设置复杂的程序,便于集中管理权限,也将无限合伙人的风险与有限合伙人的利益绑在一起,实现了风险收益与资本收益的融合。

虽然合伙企业组织形式当下"普遍存在",但是当前合伙企业的涉税处理,还是比较复杂,也有一些没有明确。有的专家质疑当前合伙企业税制设计得不合理、不完美、过于复杂,有时候也无法有效理解与操作。但是笔者认为,所有的税制安排都是为经济服务的,当前合伙企业的计税规则与征管规则是比较复杂,也有因个案而发布的文件,带来了一些理论上的不完整性、利益倾向性的问题,但我们要看到合伙企业组织形式的社会功能与经济功能,税收规则是一个逐步发展的过程,也有一个认识的过程,动辄就抬出美国或英国的税收制度来歌颂与膜拜,期许引入的做法,并不是中国特色的体现。如果我们引用欧洲的增值税做法,对于金融服务、金融商品买卖不征收增值税,在中国可能吗?中国的金融机构取得的利益的方式与国外的金融机构有着巨大的差异,国有金融机构作出了主要的财政贡献,有其利,要有其税,如果再不征税,难道让小微企业来纳税？尽管这几年金融市场不如前些年红火，不如之前的钱来得快，但在整个经济价值链中的分配，让其承担相应的财政收入贡献，有其经济基础。

3.5.1 合伙企业的出资形式及要求

结合《合伙企业法》，我们梳理一下合伙企业的组织形式及出资设立要求。合伙企业，是指自然人、法人和其他组织依照该法在中国境内设立的普通合伙企业和有限合伙企业（见表3-16）：

表3-16　　　　　　　　　　合伙企业的出资形式、出资及人数要求

合伙企业类型	描述	出资形式	出资要求	人数要求
普通合伙企业	全部由普通合伙人组成，合伙人对合伙企业债务承担无限连带责任	合伙人可以用货币、实物、知识产权、土地使用权或者其他财产权利出资，也可以用劳务出资。合伙人以实物、知识产权、土地使用权或者其他财产权利出资，需要评估作价的，可以由全体合伙人协商确定，也可以由全体合伙人委托法定评估机构评估。合伙人以劳务出资的，其评估办法由全体合伙人协商确定，并在合伙协议中载明	合伙人应当按照合伙协议约定的出资方式、数额和缴付期限，履行出资义务。以非货币财产出资的，依照法律、行政法规的规定，需要办理财产权转移手续的，应当依法办理	二个以上合伙人，与有限合伙人不同，数量没有上限
有限合伙企业	普通合伙人和有限合伙人组成，普通合伙人对合伙企业债务承担无限连带责任，有限合伙人以其认缴的出资额为限对合伙企业债务承担责任	有限合伙人可以用货币、实物、知识产权、土地使用权或者其他财产权利作价出资。有限合伙人不得以劳务出资	有限合伙人应当按照合伙协议的约定按期足额缴纳出资；未按期足额缴纳的，应当承担补缴义务，并对其他合伙人承担违约责任	有限合伙企业由二个以上五十个以下合伙人设立；但是，法律另有规定的除外。有限合伙企业至少应当有一个普通合伙人

在当前，有限合伙比较灵活，而且有限合伙人承担有限责任，这就减少了他们投资的担忧，而普通合伙人本身是自己在主要运营公司事务，自然要对自己的经营行为承担无限责任。

哪些人可以投资设立合伙企业，《合伙企业法》进行了规定：国有独资公司、国有企业、上市公司以及公益性的事业单位、社会团体不得成为普通合伙人。除了此限制外，自然人、法人和其他组织都可以成为合伙人，不过外国企业或者个人在中国境内设立合伙企业另有专门的管理办法。

除此之外,还有一种特殊的普通合伙企业,比如会计师事务所的组织形式,《合伙企业法》对此也进行了规定:

第五十七条　一个合伙人或者数个合伙人在执业活动中因故意或者重大过失造成合伙企业债务的,应当承担无限责任或者无限连带责任,其他合伙人以其在合伙企业中的财产份额为限承担责任。

合伙人在执业活动中非因故意或者重大过失造成的合伙企业债务以及合伙企业的其他债务,由全体合伙人承担无限连带责任。

第五十八条　合伙人执业活动中因故意或者重大过失造成的合伙企业债务,以合伙企业财产对外承担责任后,该合伙人应当按照合伙协议的约定对给合伙企业造成的损失承担赔偿责任。

(1) 有限合伙人与普通合伙人在税收制度上的差异。

在《合伙企业法》中区分普通合伙人与有限合伙人,前者是承担无限责任的投资人,后者是承担有限责任的投资人,在税法上,对这两种分类并没有区别对待,之前一些地方税务机关屡屡认为,承担有限责任的合伙人,取得的应是投资收益分配,借鉴股息红利的认定标准,认为个人按照20%来计缴个人所得税,时至今日,据笔者了解,这种做法在某些地区或城市仍得到操作认可,财税部门曾特别给予了符合条件的创投基金个人投资人按20%计税的政策,该政策并不是有限合伙人才可享受。据笔者观察,或有未达到条件但通过一定路径得到创投基金认可的情形,从而达到可以选择20%计税的条件,税务机关对此没有引起重视,也没有对此纳入核查的要求,建议要有所关注。当前形势下,推动有限合伙人享受20%税率也是资本投资人的诉求。

合伙企业的经营是一种"人和"加"资合"的方式,即使是作为有限合伙人,也并不是一定取得固定的利润的财务投资人,也要承担经营失败风险。在现实中,有的合伙协议约定给予有限合伙人一定的优先保障,拥有一个优先比例或金额的分配权,但这其实也是分配的利润的概念。如果真是约定就是取得固定的利润,不承担相应的投资风险,那这种情形该如何进行税务处理呢?

国家税务总局关于中国人寿保险(集团)公司等发起设立
北京国开国寿城镇发展投资企业相关涉税事宜的通知

税总函〔2015〕300号

北京市国家税务局、地方税务局:

经研究,现将有关中国人寿保险(集团)公司等发起设立北京国开国寿城镇发展投资企业（以下简称"合伙企业"）有关企业所得税和营业税的税务处理事项通知如下：

一、关于中国人寿保险（集团）公司和中国人寿财产保险股份有限公司（以下简称"中国人寿"）的税务处理

中国人寿与国开东方城镇发展投资有限公司、国开东方（北京）企业管理有限公司共同出资（均为货币出资）设立北京国开国寿城镇发展投资企业。根据投资合伙协议（以下简称"协议"）约定，在每个利润分配年度内按照实缴出资额，在预期年度投资收益率税前8%的范围内，中国人寿就合伙企业的分配收益享有优先分配权；每个利润分配年度从合伙企业获得的投资收益低于按其实缴出资额与预期年度投资收益率税前8%计算金额的，中国人寿有权选择退出；在最后一个利润分配年度，中国人寿在实际出资额加上预期年度投资收益率税前8%计算金额之和范围内，就合伙企业的收益和清算剩余财产享有优先分配权。

财政部、国家税务总局《关于合伙企业合伙人所得税问题的通知》（财税〔2008〕159号）规定，合伙企业合伙人是自然人的，缴纳个人所得税；合伙人是法人和其他组织的，缴纳企业所得税。中国人寿作为法人合伙人，从合伙企业分回的税前收益应计入所得缴纳企业所得税。

《国家税务总局关于印发〈营业税税目注释〉（试行稿）的通知》（国税发〔1993〕149号）以及《国家税务总局关于印发〈金融保险业营业税申报管理办法〉的通知》（国税发〔2002〕9号）规定，以货币资金投资但收取固定利润或保底利润的行为属于贷款业务，应当缴纳营业税。中国人寿按协议从合伙企业取得的收益，应按照"金融保险业"税目照章缴纳营业税。

二、关于合伙企业借款利息的税务处理

根据协议，合伙企业以股东借款方式，投资于国都项目公司，借款利率为8%，利息按年收取。

《中华人民共和国营业税暂行条例》第一条规定，在中华人民共和国境内提供本条例规定的劳务、转让无形资产或者销售不动产的单位和个人，为营业税的纳税人，应当依照本条例缴纳营业税。《中华人民共和国营业税暂行条例实施细则》第二条明确，条例第一条所称条例规定的劳务是指属于交通运输业、建筑业、金融保险业、邮电通信业、文化体育业、娱乐业、服务业税目征收范围的劳务。《国家税务总局关于印发〈营业税问题解答（之一）〉的通知》（国税函发〔1995〕156号）规定，不论金融机构还是其他单位，只要是发生将资金贷与他人使用的行为，均应视为发生贷款行为，按"金融保险业"税目征收营业税。综上，合伙企业向国都项目公司提供借款取得的利息，应按照"金融保险业"税目照章缴纳营业税。

国家税务总局
2015年6月2日

从2016年5月1日起，贷款服务由营业税改为缴纳增值税，但其原理一致，如果约定的是保底利润或固定利润，尽管在有的合伙协议中为避免监管，用了预计利润率之类的描述，但是在所得税上，按照"先分后税"的方式计为所得处理，而不是直接认定为利息，对于个人投资人，仍须要按照经营所得计个税，而不是以增值税的"认定"按照利息收入计个税。但是在增值税上，却认为是有相对固定的收益，依据财税〔2016〕36号文件，仍须按贷款服务计缴增值税。

至于"名为合伙，实为借贷"的合伙协议，笔者也查询了一些律师同行的分析，以及一些法院判例的处理，如有的认为是违反了合伙企业风险共担而认为是无效条款，有的直接按借贷处理，要求收回投资并取得相应的利息，而有的则认为是有效条款。当前，在企业所得税的政策中，已有规定如对永续债提出了可以选择适用利息还是股息红利的处理方式。笔者理解，如果真有法院判决的意见，相应的税务处理亦参照一并确认判决的处理口径为宜。

除了上面存在的争议情形外，在多数情形下，个人从合伙企业取得的所得，在税收处理规则中分为按利息、股息、红利处理，或者是按经营所得处理，无论是作为有限合伙人还是无限合伙人，税收政策并无差异对待。

（2）执行事务合伙人取得的报酬如何确定所得类型。

记得近十年前，笔者有一次跟一位企业的投资负责人交流，被问道："有没有规定对于我们公司作为管理合伙人取得的Carry如何计税吗？"笔者怯怯地问："您说的这个Carry是如何确定分配标准的？"对方马上表现出来一种"不屑"的状态，想必这也是一个问题，在这里我们收集相关资料一并分析一下。

有一篇《也说Carry》（作者为深圳某投资管理股份有限公司合伙人匡晓明）中对此有过解释，比较通俗，Carry是carried Interest的简称，大致上就是，大伙凑钱做一件事，有钱的捧个钱场，有本事的捧个人场。如果赚了钱，大部分利润按照出钱的比例来分配，但有一部分利润不是按照出钱比例分，而是要特别给干活的多分一点。这种既是资本利得，又是很特殊资本利得的东西，在我们的传统中根本就没有。PE行业惯常采用的Carry比例，恰恰就定在了20%，说明大家都觉得投资这个活还不太好干，PE投资本身也需要更多的创业精神。2006年《合伙企业法》的修订，增加了有限合伙这种新的合伙类型，才有了Carry的法律基础。

对于私募基金，其实有能力的人作为GP（General Partners），又象征性地投入一些入伙资金，更大头的是 LP（Limited Partners）的投入资金，在这种情形下，GP 挣的不仅是管理费，还包括超额业绩分红，但在当前的操作当中，GP 一般会单独设立一家独立的基金管理公司，再来参与投资，作为 GP 出现，这样就会有效地进行风险隔离，也便于独立核算、考核业绩。

对于合伙企业与基金管理公司（虽然也是 GP）之间签订的管理协议内容，通常认为是增值税的应税服务，如果是一般纳税人身份，则需要按 6% 计缴增值税，并可以开具发票给合伙企业。但是对于 Carry 部分，是认为属于服务费的延伸，还是投资收益的约定分配，因为这关系到是不是需要计缴增值税，或许不同的人士对此有不同的理解，在当前没有明确税收规则的情形下，笔者认为还是要结合相关协议的约定，如果是合伙人身份，倾向于认为还是超额利润的分配，而不仅仅是管理费的服务收入。

如果是一个自然人作为合伙人，同时作为执行事务合伙人，在《合伙企业法》中仅是提到了在有限合伙企业中由普通合伙人执行合伙事务，此时可以要求在合伙协议中约定相应的报酬及支付方式。如果将相应的报酬就是约定为一种利润分配的计量因素，认为此属于经营所得，如果是约定支付相应的薪酬，此时是认为属于个人的综合所得还是经营所得呢？这个问题很有必要分析一下。

《个体工商户个人所得税计税办法（2018 修正）》规定：

第七条　个体工商户的生产、经营所得，以每一纳税年度的收入总额，减除成本、费用、税金、损失、其他支出以及允许弥补的以前年度亏损后的余额，为应纳税所得额。

第二十一条　个体工商户实际支付给从业人员的、合理的工资薪金支出，准予扣除。

个体工商户业主的费用扣除标准，依照相关法律、法规和政策规定执行。

个体工商户业主的工资薪金支出不得税前扣除。

虽然个税法修改了，但是我们对这个规则的理解并没有改变，这是个体工商户的个人所得税计算方式。对于个人独资企业和合伙企业中的自然人如何计税，《财政部国家税务总局关于印发〈关于个人独资企业和合伙企业投资者征收个人所得税的规定〉的通知》（财税〔2000〕91 号）规定：

第四条　个人独资企业和合伙企业每一纳税年度的收入总额减除成本、费用以及损失后的余额，作为投资者个人的生产经营所得，比照个人所得税法的"个体工商户的生产经营所得"应税项目，适用5%~35%的五级超额累进税率，计算征收个人所得税。

上面的规定，由于新个税法的修改，有两个地方发生了变化：

一是涉及个人投资人的费用扣除标准，之前如果投资人在其他单位取得工资薪金，又有个体工商户的经营所得，那么工资薪金计税时可以扣除基本费用，原来是3 500元，而同时个体工商户（也包括个人独资企业、合伙企业）的个人经营所得计税，也是按照3 500元来扣减的。但是，现在政策变化了，《个人所得税法实施条例》规定：

取得经营所得的个人，没有综合所得的，计算其每一纳税年度的应纳税所得额时，应当减除费用6万元、专项扣除、专项附加扣除以及依法确定的其他扣除。专项附加扣除在办理汇算清缴时减除。

从事生产、经营活动，未提供完整、准确的纳税资料，不能正确计算应纳税所得额的，由主管税务机关核定应纳税所得额或者应纳税额。

也就是说，如果个人有综合所得的事项，包括工资薪金、劳务报酬、稿酬及特许权使用费所得的任一项，即使只有100元收入，那么也不能选择在经营所得中扣减如6万元等这些税前扣除事项，这不是选择权，只有在当年度完全没有综合所得的时候，才允许在计算经营所得的应纳税所得额时扣减上述列举的事项。

二是在税目上，个体工商户的生产经营所得已改称为经营所得了，新个税法调整了征税项目的名称。在这儿一并分析一下，如果经营所得是进行核定所得率征税的，此时假设该个人又没有综合所得，能不能再扣减诸如6万元等列举事项呢？对于这个问题，相关财税部门专家认为是不能再扣减的，既然已经核定了，就不能再扣减任何成本费用，核定的时候，应是已考虑了相应的扣除事项。在《国家税务总局关于修订部分个人所得税申报表的公告》（国家税务总局公告2019年第46号）中涉及个人经营所得进行"预缴"所得税的报表中是没有允许让核定所得率的个人再扣除这些费用项的填写（本身也是年度事项）。但是《国家税务总局河南省税务局关于经营所得征收个人所得税有关问题的通知》（豫税发〔2019〕122号）中有提到涉及核定征收的情形，是允许扣除相应的费用扣除额的。这说明对于此事还存在着一些不同的理解，如果从国家财税部门相关人士的解释来看，是不允许再行扣除的。笔者是这样理解的，如果是查账征收，进行调整之后，计算出来的是应纳税所得额；而核定所得率下，计算出来的也是应纳税所得额，在这个基础之上，继续扣减满足条件的扣除额，理论上是通的，因为这是可以扣除的加计减项，并不是本身在经营中的成本费用成本。

2019年12月29日,厦门市税务局12366留言板中,曾有这样的一个问题:我是合伙企业的合伙人,日常产生的工资、差旅费用是否在合伙企业汇算时要被调增,不可以税前抵扣呢?厦门税务局回复意见如下:

根据《财政部 国家税务总局关于印发〈关于个人独资企业和合伙企业投资者征收个人所得税的规定〉的通知》(财税〔2000〕91号)第六条 凡实行查账征税办法的,生产经营所得比照《个体工商户个人所得税计税办法(试行)》(国税发〔1997〕43号)的规定确定。但下列项目的扣除依照本办法的规定执行:(一)投资者的费用扣除标准,由各省、自治区、直辖市地方税务局参照个人所得税法"工资、薪金所得"项目的费用扣除标准确定。投资者的工资不得在税前扣除。

合伙人发生的与生产经营有关的差旅费用允许税前扣除。

当前投资者的费用扣除已由新个税法明确了全国统一适用的标准,但是投资者的工资不得在税前扣除这一原则还是确定的。因为本身就是在计算其个人所得税,如果想将其中一部分拆分为工资薪金所得,那么经营所得就是不完整的;而且整体来看,依据经营所得计税,也未必吃亏,日常取得的工资薪金,仅仅是将经营所得提前拿到而已。不过有一个特殊情形,如果当年经营所得计算下来为负数,但是投资人个人却每个月仍有所得,此时我们要考虑这部分所得是不是可以从之前年度计过税的留存收益中扣减,相当于真实地分配已税的利润。如果没有之前年度留存收益,那么可以参照个人从合伙企业取得一种实际的所得,类似借款一样,笔者认为缴纳经营所得的个税较为合适,在"先分后税"的计税规则为基础的前提之下,对于例外事项的处理,相是有相应的政策规定的[①]。

因此在思考这个问题的时候,我们需要结合是单位还是个人在执行合伙事务,如果是单位,整体来看,无论是作为管理费,还是作为分配利润,如果是企业所得税纳税人,计入应税所得计算企业所得税;如果是合伙企业,则计入经营所得计税,与先分后税没有什么不同。但是个人却不同,个人是分为作为经营所得计税,还是工资薪金,因此对于所得如何计税,有必要对此进行协调与明确。

[①] 《财政部 国家税务总局关于规范个人投资者个人所得税征收管理的通知》(财税〔2003〕158号)规定:
一、关于个人投资者以企业(包括个人独资企业、合伙企业和其他企业)资金为本人、家庭成员及其相关人员支付消费性支出及购买家庭财产的处理问题。
个人独资企业、合伙企业的个人投资者以企业资金为本人、家庭成员及其相关人员支付与企业生产经营无关的消费性支出及购买汽车、住房等财产性支出,视为企业对个人投资者的利润分配,并入投资者个人的生产经营所得,依照"个体工商户的生产经营所得"项目计征个人所得税。
除个人独资企业、合伙企业以外的其他企业的个人投资者,以企业资金为本人、家庭成员及其相关人员支付与企业生产经营无关的消费性支出及购买汽车、住房等财产性支出,视为企业对个人投资者的红利分配,依照"利息、股息、红利所得"项目计征个人所得税。企业的上述支出不允许在所得税前扣除。

（3）合伙企业的组织形式与纳税主体、项目界定方式。

合伙企业为何受到欢迎，相比于有限责任公司，它比较简单、功能明确，比如它没有董事会、监事会、股东会相应的分权管理与限制，没有复杂的运营管理成本，无论是有才，还是有钱，都可以找到合作点，尽管它较有限责任公司的"有限责任"相比，至少需要有一个普通合伙人，而且似乎我们认为这个普通合伙人要承担很大的无限责任，由于他们从事的业务范围可以比较好地防范风险。比如，上面我们提到的通过有限责任公司作为普通合伙人的方式，笔者查询到有的有限合伙企业，两个合伙人，一个是普通合伙人，另一个是有限合伙人，没有自然人作为合伙人，都是有限责任公司。在这种情形下，大家试想，如何承担无限责任呢？除非这个普通合伙人的产业非常大，足以覆盖这个合伙企业的债务，在当前法律体系下，这时就可以通过此方式进行风险隔离。

合伙企业给予执行事务合伙人充分的权利，《合法企业法》的相关规定见表3-17。

表3-17　　　　　　　　　　　合伙企业的管理权责

合伙企业类型	管理权责
普通合伙企业	各个合伙人均可以执行相应事务；但也可以委托一位或多位执行合伙事务，其他合伙人不再执行合伙事务
	除合伙协议另有约定外，合伙企业的下列事项应当经全体合伙人一致同意： （一）改变合伙企业的名称； （二）改变合伙企业的经营范围、主要经营场所的地点； （三）处分合伙企业的不动产； （四）转让或者处分合伙企业的知识产权和其他财产权利； （五）以合伙企业名义为他人提供担保； （六）聘任合伙人以外的人担任合伙企业的经营管理人员。
有限合伙企业	有限合伙企业由普通合伙人执行合伙事务。有限合伙人不执行合伙事务，不得对外代表有限合伙企业
	需要全体合伙人一致表决的情形，参照普通合伙人的规定

有的人可能担心普通合伙人执行事务时会有不正当的行为发生，在这种情形下，一是要在合伙协议中约定清楚责任，二是相应的监管与报告等事项也宜有相应的约定，而且在多数情形下，基于成熟机构的运营操作，可以较好地取得利润的业绩兑现部分，也是双方共益的结果。

【案例】有数位伙伴共同投资了一家合伙企业，其中一位作为管理合伙人，其他人员全是有限合伙人。运营之后，这位管理合伙人将筹集的资金，全部买了自己喜欢的字画，有1 500余万元，时间一长，其他合伙人有所察觉，认为有违当时的约定，着手委托律师要求进行清算解散，此时，管理合伙人"失踪"了，这种情形下该如何处理呢?《合伙企业法》对此又规定得没有这么细①,因此,正是基于合伙企业的决策程序容易得不到有效监督,在合伙协议中,应当尽量约定清楚,考虑到更多细节,也会起到督促管理合伙人履行职责,保护未参与管理的合伙人的作用。

情形一:"个人+个人"合伙模式。

在这种情形下,多如持股平台的操作,上面的章节中我们提到的绿地改制时的架构,其实就是一种间接的个人与个人间的合伙企业模式。这种模式可能并不在于募集多少资金,而是以团队的力量来为未来增强一起发展的更多信心,但相比于其他形式,明显减少了不必要的决策程序与机构设置要求,对于员工的进退也较公司变更股东更为便利(见图3-7)。

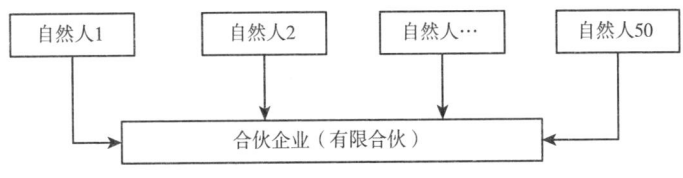

图3-7 合伙企业的架构(1)

在这种模式下,多是有限合伙企业的形式,由两个以上五十个以下的合伙人组成,通常由其中一位作为普通合伙人,诸如上面的自然人1作为普通合伙人,其余的均为有限合伙人。通常这种架构下的利益回报方式多是合伙企业所投资公司分配的股息红利,或者是偶然的股权转让等投资性所得、利息收入、服务性所得,一般不进行实际的生产经营活动。要注意,在我们国家的立法当中,对于两个人以上五十个人以下的要求,是包括两个人或五十个人在内的,笔者发现,现在国家税务总局的立法规则中,已特别注意这一点易引起不解或混淆的情形,比如用两个及以上,或者五十及以下。

---

① 《合伙企业法》规定:
第八十五条　合伙企业有下列情形之一的,应当解散:
(一)合伙期限届满,合伙人决定不再经营;
(二)合伙协议约定的解散事由出现;
(三)全体合伙人决定解散;
(四)合伙人已不具备法定人数满三十天;
(五)合伙协议约定的合伙目的已经实现或者无法实现;
(六)依法被吊销营业执照、责令关闭或者被撤销;
(七)法律、行政法规规定的其他原因。
第八十六条　合伙企业解散,应当由清算人进行清算。
清算人由全体合伙人担任;经全体合伙人过半数同意,可以自合伙企业解散事由出现后十五日内指定一个或者数个合伙人,或者委托第三人,担任清算人。
自合伙企业解散事由出现之日起十五日内未确定清算人的,合伙人或者其他利害关系人可以申请人民法院指定清算人。

这种模式下,每个自然人均是直接的纳税人,如果合伙企业取得的是利息、股息、红利所得,那么个人按20%计缴个人所得税,涉及利息增值税的计缴,由合伙企业作为纳税人履行纳税义务;如果合伙企业取得的是除上述之外的经营所得,则按新个税法的5%-35%计缴个人所得税,或者由税务机关进行核定缴纳个人所得税。请特别注意,对于利息、股息、红利明确就是20%,这类所得不能进行核定。注意,利息、股息、红利按20%计税,限于个人独资企业与合伙企业,并不适用于个体工商户,个体工商户不能作为公司的股东。又如利息收入,之前曾有伙伴告诉笔者,他们遇到的个体工商户,从事贷款服务的,核定了个人所得税,在政策上,这是可行的。

对于上面的架构,如果我们改变一下,自然人1不当普通合伙人,而是通过一个有限公司间接作为普通合伙人的形式,如图3-8所示:

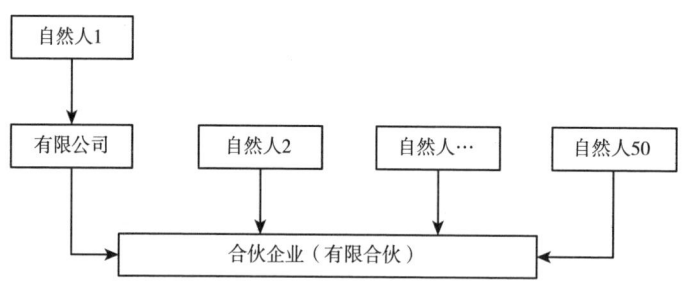

图3-8 合伙企业的架构(2)

有限公司作为普通合伙人,上面的自然人可以一个人出资,也可以多个人或组织出资。其优点我们讲过,实现了操盘人"四两拨千金"的控制功能,又减少了自己的不可预期的连带责任风险。此时有限公司取得的是经营所得分配,不作区分利息、股息、红利所得(仅适用于个人合伙人),公司取得的均是企业所得税的应纳税所得额,适用一致的税率计税。顶层自然人作为有限公司的股东,何时纳税,需要看有限公司何时分配股息红利来定,或者个人在减资或转让股权时来计算确认其所得,按照20%计缴个人所得税。此时在有限公司的环节就无法实现"穿透"了。

情形二:"个人+公司(或其他组织)"合伙模式(如图3-9所示)。

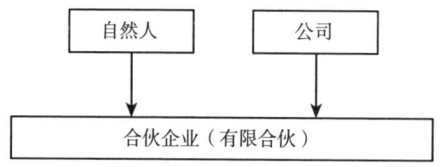

图3-9 合伙企业的架构(3)

在上面这种情形下，自然人与公司可以一个或两个同时作普通合伙人，也可以其中一个作有限合伙人（如图3-9所示），自然人取得的所得按利息、股息、红利方式或按经营所得计税，公司就分配的经营所得计算缴纳企业所得税。

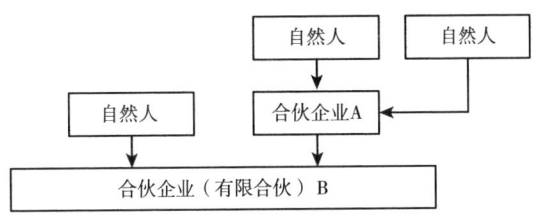

图3-10 合伙企业的架构（4）

如在图3-10中，自然人与合伙企业是可以互换合伙人身份的，自然人仍按上面案例中的方法计税，但是作为合伙人的合伙企业A，与B是两个合伙企业叠加在一起，因此如果底层合伙企业B有所得，需要穿透到上层合伙企业A后再看如何确定其上面的合伙人所得纳税人，在上层合伙企业A的上层还可能存在合伙企业，即存在多于两层的合伙企业，也是执行的穿透计算个人所得税的处理。

但此时有一个技术性的问题，即如果是B的经营所得，继续穿透后的性质仍是经营所得，但是如果B取得的是所投资公司的股息红利，或本身取得的利息，到了上一层合伙企业A后，宜认为是合伙企业的经营所得了，笔者认为此时在多层合伙架构中分得那么清楚利息、股息、红利，与现实脱节，部分情形也不一定分得清，如果纯是投资性质的，没有亏损的业务，最后分配的所得可能确实对得上，但也多有专家认为，就是要多层穿透，也要单独计算利息、股息、红利的20%个税。估计在实践当中，第一层时税务机关还能分得清，到第二层时，再继续向下发掘去查找拆分，征管上也并不一定实施到位。特别是一些合伙企业是核定征收个人所得税的，如果落实到"利、股、红"就难以得到核定。为此，笔者也是咨询了个税方面的专家，认为如果掌握一层来把握，还是比较合理的，即按照一层穿透的方式来理解国税函〔2001〕84号文件的的例外征税处理①，即B的自然人合伙人可以划分，但是对于A的自然人合伙人，就全部视作经营所得处理，笔者比较赞同这一意见。但也有专家认为需要多层穿透，因此实践当中还是要谨慎操作与筹划。如果顶层不是核定征税的情形，按5%—35%计税，金额较大时，比20%的税负高，并不一定得利，若多层穿透仍按照20%计税的话，A又是核定所得率征税，就需要剔除出来，不能对利息、股

---

① 二、关于个人独资企业和合伙企业对外投资分回利息、股息、红利的征税问题

个人独资企业和合伙企业对外投资分回的利息或者股息、红利，不并入企业的收入，而应单独作为投资者个人取得的利息、股利、红利所得，按"利息、股息、红利"所得，按"利息、股利、红利所得"应税项目计算缴纳个人所得税。以合伙企业名义对外投资分回利息或者股利、红利的，应按《通知》所附规定的第五条精神确定各个投资者的利息、股利、红利所得，分别按"利息、股利、红利所得"应税项目计算缴纳个人所得税。

息、红利核定，只能对经营所得进行核定。

曾有同行跟笔者探讨股息、红利的认定，是不是必然从底层的有限责任公司或股份有限公司来，如果没有投资有限责任公司，就是B本身的经营所得，再向A分配时，是不是变成了B分配的就是合伙企业的"股息、红利"，B取得的利息也变成了B的"股息、红利"？笔者并不认同，B分配的自己本身的经营所得，不可能是股息、红利，利息收入也不可能变为股息、红利，否则个人从合伙企业取得的所得，还用经营所得计税的逻辑就是错误的，全按20%计税不就可以了。股息、红利一定是从底层缴纳企业所得税的主体来的，基本上就是公司分配的股息、红利，而上面我们提到的，这里的股息、红利或本身取得的利息收入，向上延伸穿透另一个或多个合伙企业时，会不会变为经营所得，承上面的专家意见，结合笔者的分析，有认为需要转化为经营所得，也有认为要继续将这三项穿透到顶，对个人合伙人要分清计税，笔者还是认为一层穿透分类法更为现实，也更为征管落实。

似乎之前《深圳市地方税务局转发财政部 国家税务总局关于合伙企业合伙人所得税问题的通知》（深地税发〔2009〕18号）也或多或少地表达了多层穿透计算股息、红利、利息的个税问题：

一、有关合伙企业所得税的政策问题

根据《中华人民共和国合伙企业法》第二条第一款规定："本法所称合伙企业，是指自然人、法人和其他组织依照本法在中国境内设立的普通合伙企业和有限合伙企业"，合伙人范围据此自2007年6月1日起由仅限"自然人"扩大为包括"法人和其他组织"；第六条规定："合伙企业的生产经营所得和其他所得，按照国家有关税收规定，由合伙人分别缴纳所得税。"《中华人民共和国企业所得税法》第一条第二款规定"合伙企业不适用本法"。

据此，结合财税〔2008〕159号文关于"先分后税"原则的规定，对"法人和其他组织"合伙人按财税〔2008〕159号文第四条规定的分配原则确定的应纳税所得额，合伙企业不替该合伙人缴纳所得税。如该合伙人为法人，由其确认为当期收入合并计征企业所得税，且不得用合伙企业的亏损抵减其盈利；如该合伙人为个人独资企业或合伙企业，对其个人投资者依据《国家税务总局关于〈关于个人独资企业和合伙企业投资者征收个人所得税的规定〉执行口径的通知》（国税函〔2001〕84号）第二条的规定，单独作为投资者个人取得的利息、股息、红利所得，按"利息、股息、红利所得"应税项目计算缴纳个人所得税。

笔者认为上述意见有两个方面的内容：一是如果合伙人是法人，其分配的应纳税所得额（利润调整后的所得额），由法人并入所得计税；二是如果是个人独资企业或合伙企业的，满足国税函〔2001〕84号规定的，仍延续利息、股息、红利计税，这是多层穿透的计税理解。但笔者认为，若合伙人为个人独资企业或合伙企业时，其投资者个人计税并非全转为股息红利计税了，只有依据上述文件规定情形的才算是，别被误导。

下面简要分析一下这个政策的来由。财税〔2000〕91号文件规定：

第三条　个人独资企业以投资者为纳税义务人，合伙企业以每一个合伙人为纳税义务人（以下简称投资者）。

第四条　个人独资企业和合伙企业（以下简称企业）每一纳税年度的收入总额减除成本、费用以及损失后的余额，作为投资者个人的生产经营所得，比照个人所得税法的"个体工商户的生产经营所得"①应税项目，适用5%—35%的五级超额累进税率，计算征收个人所得税。

前款所称收入总额，是指企业从事生产经营以及与生产经营有关的活动所取得的各项收入，包括商品（产品）销售收入、营运收入、劳务服务收入、工程价款收入、财产出租或转让收入、利息收入、其他业务收入和营业外收入。

第五条　个人独资企业的投资者以全部生产经营所得为应纳税所得额；合伙企业的投资者按照合伙企业的全部生产经营所得和合伙协议约定的分配比例确定应纳税所得额，合伙协议没有约定分配比例的，以全部生产经营所得和合伙人数量平均计算每个投资者的应纳税所得额。

前款所称生产经营所得，包括企业分配给投资者个人的所得和企业当年留存的所得（利润）。

这份文件是从查账征收计算经营所得的角度来解释的，还有核定所得的计算方式，但无论是何种方式，都是计算出来应纳税所得额并依税率表计税。但此时国税函〔2001〕84号文件来了，《国家税务总局关于〈关于个人独资企业和合伙企业投资者征收个人所得税的规定〉执行口径的通知》补充规定：

二、关于个人独资企业和合伙企业对外投资分回利息、股息、红利的征税问题

个人独资企业和合伙企业对外投资分回的利息或者股息、红利，不并入企业的收入，而应单独作为投资者个人取得的利息、股息、红利所得，按"利息、股息、红利所得"应税项目计算缴纳个人所得税。以合伙企业名义对外投资分回利息或者股息、

---

① 2019年生效的新个人所得税法，对此的称呼已改为经营所得应税税目，税率仍是5%–35%，但相应的级距较旧个税法更有利于纳税人了。

红利的，应按《通知》所附规定的第五条①精神确定各个投资者的利息、股息、红利所得，分别按"利息、股息、红利所得"应税项目计算缴纳个人所得税。

这个规定，是应当性的规定，不是选择性的规定，主要是股息红利所得的税率低于经营所得的边际税率，大多数情况下按20%征税是合适的。还有特殊原因，利息收入为何也要加进来呢？据了解，有可能是因为当时储蓄存款利息收入是20%的税率，如果按经营所得最高35%计税，同为个人所得税纳税人，明显有一些不合理，由此财税部门当时基于此原因将利息收入也并进来了，没有想到现在引起这么多问题。

分别计算所得的情形下，如合伙企业的经营所得亏损，同时又有利息、股息、红利收入，经咨询相关专家的意见，认为纳税人也可以选择用这部分收入弥补亏损，笔者是认同这样处理的，本来就是一个主体计所得，结果人为地要求拆分为两部分计算个人所得税，在同时有所得的时候，从有利于纳税人的角度，这个逻辑是成立的。但做生意不能只想到都有利润，还要考虑经营风险及亏损的情形，所以笔者认为不宜机械地套用国税函〔2001〕84号文件，而是要在财税〔2000〕91号文件的大原则下考虑。只是如财税〔2019〕8号文件中对选择单一投资基金核算的股息红利要求全额计税。

我们结合案例分析一下：

一是，当利息、股息、红利所得拆分后，经营所得计算为负的时候，如何掌握。

【案例】 某合伙企业于2019年成立，投资人是甲、乙两个自然人，约定各按50%分配利润。2019年，该合伙企业投资了一家有限公司，进行了股权投资，当年取得股息红利20万元，其余没有取得收入，2019年运营发生的费用是5万元。此时，如何计算2019年两个投资人的个人所得税？

分析： 从会计核算主体，也是利益核算主体单一性考虑，2019年该合伙企业利润是15万元，但是依据文件规定，20万元可以先分配，按20%计缴个人所得税，即甲、乙两个人各有2万元的个税要缴纳。另外5万元是亏损，可以结转以后五个年度弥补亏损处理，此时就需要有所记录，省得以后忘了这件事情。如果再极端一点，当年度的运营费用也是20万元，当年账上利润是0元，但是当年度却是要缴纳个税各2万元，

---

① 财税〔2000〕91号文件：第五条 个人独资企业的投资者以全部生产经营所得为应纳税所得额；合伙企业的投资者按照合伙企业的全部生产经营所得和合伙协议约定的分配比例确定应纳税所得额，合伙协议没有约定分配比例的，以全部生产经营所得和合伙人数量平均计算每个投资者的应纳税所得额。前款所称生产经营所得，包括企业分配给投资者个人的所得和企业当年留存的所得（利润）。

似乎心中有所不平衡，毕竟没有拿到钱，还要自己再掏腰包缴纳个税；不过此个税也不算白交，相当于是形成了未来的亏损。后期纳税人可以选择弥补当期亏损，不缴税。如果是拆分后计算出来的经营所得是正数的情形，则这部分按5%-35%计缴个人所得税。有的会计专家提出，合伙企业对外投资收到股息、红利、利息时，要做挂账处理，直接分配到合伙人的名下，这也可以，但是合伙企业的会计报表还是要体现为整体收入的为好，并不是依税法无端地拆分核算，还有上面所提到的，根本没有钱可分的时候，挂账也只是一种形式而已。大家发现上面就存在税法计税与事实脱节的情形。

二是，对于利息的理解是不是必须基于权益类投资。

对于对外投资分回的利息或者股息、红利的范围，有人也曾研究过，认为这里的利息，是不是如同对外股权投资约定的固定利率的收益，视同为利息处理，而不是真正的借款利息？笔者对此并不认同，借款也是一种债权投资，这是一个常识，出于谨慎，笔者咨询了权威税务专家，被告知宜认为是借款利息。

但这时候，在财税〔2000〕91号文件中，在收入的列举项下，没有股息红利，但有利息，有的人认为财税〔2000〕91号文件中其实早有铺垫，对此笔者也不认同。当时这份文件发布时，应是没有想到后面的补充口径，可能是认为税负过重，给一个低税率的政策的"解释口径"吧。另外一个原因是，当时合伙企业在中国还是一个新生事物，还没有考虑到合伙企业投资控股其他企业的情况。笔者认为，虽然财税〔2000〕91号文件没有同步规定股息红利的例外计税政策，不代表股息红利就不是所得的组成部分。而对于收入当中已列举的利息收入，又有人认为这里与国税函〔2001〕84号文件中的利息规定是矛盾的，笔者还是坚持一种观点，就是国税函〔2001〕84号文件就是拆分收入出来的单独计税结果，并不矛盾，而且也不是当成两个纳税人处理，只是在计税方式上允许个人选择20%税率而已。

此时，利息收入的增值税及其附加税费的纳税人仍是合伙企业，这一点是非常明确的，如果需要开具发票，则由合伙企业向借款人开具，而个税的纳税人却是投资者个人或法人、其他组织。

(4) 合伙人出资的涉税处理。

在上面我们分析个体工商户与个人独资企业的出资涉税适用时相对比较简单，对于合伙企业，则就比较复杂了，因为此时投资人有个人，有法人，也有其他组织，比如一个合伙人投资另外一个合伙人，或者一家个人独资企业投资一个合伙人的情形。

在这种现状之下，合伙人的出资依据按规定是要真实出资的，利益也是要分清的，此时虽有承担无限责任的合伙人存在，但其并不能承诺式出资，要真实地履行出资义务，这一点与个人独资企业和个体工商户不同，并不是一种声明出资的适用情形，有限合伙人当然更应实际出资。

对于出资时限，则基本上可以参照《公司法》改革的情形，看合伙协议的约定来处理。

下面我们重点从三个方面分析一下出资方式给税种带来的影响：

情形一：个人直接出资的情形。

无论是普通合伙人，还是有限合伙人，自然人个人可以直接用货币、实物资产、知识产权、土地使用权或者其他财产权利出资，在这种情形下，我们均假设原值是100万元，相应非货币性资产的公允价值是200万元，就个人直接出资的计税情形进行分析（见表3-18）。

表3-18　　　　　　　　　个人直接出资的计税情形　　　　　　　　　单位：万元

出资方式	计税税种	计税方式	计税举例计算
货币出资	无	无	无
货物资产（如汽车印花税未考虑，下同）	增值税及附加	自然人不存在投资视同销售的规定，不计缴增值税，也没有附加税费	无
	个人所得税	需要计缴财产转让个人所得税，应差额计算财产转让所得①，税率是20%	100×20% = 20

---

① 《合伙企业法》规定：合伙人以实物、知识产权、土地使用权或者其他财产权利出资，需要评估作价的，可以由全体合伙人协商确定，也可以由全体合伙人委托法定评估机构评估。在这儿需要考虑，如果是评估的，通常是认可其计价金额的，但是如果是协商的，如果相应的价值有相近性，税务机关应也不会提出挑战，因此这一部分需要适当关注这个问题。

财税〔2015〕41号文件及国家税务总局公告2015年第20号公告《国家税务总局关于个人非货币性资产投资有关个人所得税征管问题的公告》中规定的情形，虽然没有包括合伙企业，但其计算逻辑是可以借鉴的：

四、纳税人非货币性资产投资应纳税所得额为非货币性资产转让收入减除该资产原值及合理税费后的余额。

五、非货币性资产原值为纳税人取得该项资产时实际发生的支出。

纳税人无法提供完整、准确的非货币性资产原值凭证，不能正确计算非货币性资产原值的，主管税务机关可依法核定其非货币性资产原值。

六、合理税费是指纳税人在非货币性资产投资过程中发生的与资产转移相关的税金及合理费用。

七、纳税人以股权投资的，该股权原值确认等相关问题依照《股权转让所得个人所得税管理办法（试行）》（国家税务总局公告2014年第67号发布）有关规定执行。

但是，对于合伙企业，并没有明确的规定可以选择分期缴纳的方式，也或者有的人士提出来，上述的文件只是规定了取得股权，并没有规定取得合伙企业份额需要计算所得的要求，是不是就不需要计缴呢？对此，笔者咨询了相关的专家，他们普遍认为是需要缴纳的。

续表

出资方式	计税税种	计税方式	计税举例计算
无形资产	增值税及附加	视同销售计缴增值税，征收率是3%；新冠肺炎疫情期间是1%或免税	200/1.03×3% = 5.83，同时附加税费按相应比例计缴
	个人所得税	同"货物资产"情形	20
不动产	增值税及附加	若是非住房且是购入的房屋，则按差额依5%计缴增值税；若是住房、依据财税〔2016〕36号有相应的优惠政策①	100/1.05×5% = 4.76
	个人所得税	同"货物资产"情形	20
	印花税	产权转移书据按万分之五计税	200×0.0005 = 0.1
	土地增值税	如果是非住房，则可以按发票加计方法，或评估计价方式，或核定方法计算扣除后计缴土地增值税；若是住房，对个人销售住房暂免收土地增值税；若是住房暂免征收。	视具体情形计算

在实际情形中，合伙企业的出资多是以货币认缴或实缴出资的，以其他方式出资的相对少。无论是何种出资方式，对于合伙企业来讲，这个出资额要不要计缴资金账簿的印花税呢？对这个问题争论已久，不过后来国家税务总局的相关解释认为并不需要缴纳，认为合伙企业出资额不计入"实收资本"和"资本公积"，不征收资金账簿印花税；而且据我们的查询，各地税务机关后来给出的意见基本上全是这样的理解。

【案例】笔者曾接触过一个私募基金，采取的是合伙企业的组织形式，在2018年的时候。该基金看到税务机关解释合伙企业并不需要缴纳资金账簿的印花税，对于企业自行已缴纳的200多万元的印花税想申请退税。后来笔者对其进行跟进，企业真的是向当地税务机关申请退回了该笔税款。

分析：我们要说明一下，这笔退税款在征管法中有相应的权利保障期，并不是任何时候都可以去发现申请。《税收征收管理法》规定：

第五十一条 纳税人超过应纳税额缴纳的税款，税务机关发现后应当立即退还；纳税人自结算缴纳税款之日起三年内发现的，可以向税务机关要求退还多缴的税款并

---

① 个人将购买不足2年的住房对外销售的，按照5%的征收率全额缴纳增值税；个人将购买2年以上（含2年）的住房对外销售的，免征增值税。上述政策适用于北京市、上海市、广州市和深圳市之外的地区。

个人将购买不足2年的住房对外销售的，按照5%的征收率全额缴纳增值税；个人将购买2年以上（含2年）的非普通住房对外销售的，以销售收入减去购买住房价款后的差额按照5%的征收率缴纳增值税；个人将购买2年以上（含2年）的普通住房对外销售的，免征增值税。上述政策仅适用于北京市、上海市、广州市和深圳市。

办理免税的具体程序、购买房屋的时间、开具发票、非购买形式取得住房行为及其他相关税收管理规定，按照《国务院办公厅转发建设部等部门关于做好稳定住房价格工作意见的通知》（国办发〔2005〕26号）、《国家税务总局 财政部 建设部关于加强房地产税收管理的通知》（国税发〔2005〕89号）和《国家税务总局关于房地产税收政策执行中几个具体问题的通知》（国税发〔2005〕172号）的有关规定执行。

加算银行同期存款利息，税务机关及时查实后应当立即退还；涉及从国库中退库的，依照法律、行政法规有关国库管理的规定退还。

这一条规定是三年内发现，但如果是税务机关发现的，是不受时间限制的。笔者曾经遇到过一个几千万元的退税案例，当时已超过三年了，但是在税务机关复核时发现了，告诉企业的财务人员进行办理。这个问题是如何出现的呢？是因为两个财务负责人在新旧交替之际，没有很好地交接到位，比如，企业所得税汇算清缴后，发现企业的预缴远大于汇算清缴的数据，应进行办理退税，之前在办理退税时，需要向税务机关填报退税申报表，并不是汇算清缴填报完自动进行的，恰因当时两个财务负责人没有交接退税，后面的人也不知道要退税，所以就产生了这么大的一个漏洞。对于企业来讲，遇到这样的税务干部，真是幸事一桩。

补充一下，当前资金账簿的印花税已减半征收，《财政部　国家税务总局关于对营业账簿减免印花税的通知》（财税〔2018〕50号）规定：

自2018年5月1日起，对按万分之五税率贴花的资金账簿减半征收印花税，对按件贴花五元的其他账簿免征印花税。

情形二：普通合伙人劳务出资的情形。

《合伙企业法》规定，普通合伙人可以用劳务出资，根据其释义的解释：

以劳务出资，即将某一特定人的劳务，看作是一种财产权利而允许其作为对合伙企业的出资方式。由于特定的劳务，如某人的管理技能、某个知名厨师的烹调技艺等具有较高的价值含量，实际应用能产生经济效益，世界上多数国家和地区的立法对以这种劳务为合伙人出资的做法是肯定的，即允许部分合伙人以其特定的劳务对合伙企业进行出资。我国合伙企业法也允许普通合伙人以劳务出资。但由于劳务出资不是有形财产出资，其价值具有不确定性。为避免纠纷，维护劳务出资者和企业的合法权益，本条在第一款允许以劳务出资的同时，又在第三款专门规定，合伙人以劳务出资的，其评估办法由全体合伙人协商确定，并要在合伙协议中载明。

此外，本条第二款规定，对作为出资的劳务和货币以外的财产需要评估作价的，可以由全体合伙人协商确定，也可以由全体合伙人委托法定评估机构进行评估。按此要求，对于这种评估的方式，既可以由全体合伙人协商确定，也可以委托法定评估机构来承担。所谓法定评估机构，是指依法设立并取得某种执业资格的机构，评估资产应当依法、公允、合理。

笔者查询了《合伙企业登记（备案）申请书》的填报说明：

以货币出资的，评估方式不填；以非货币财产出资的，出资方式填写"实物、知识产权、土地使用权或其他财产权利"，评估方式填写"全体合伙人评估或机构评估"；以劳务出资的，出资方式填写"劳务"，评估方式填写"全体合伙人评估"。

笔者在网络上进行了相关的查询，发现很少有这方面的详细有效的分析，多是引用而已，并没有考虑相应的办理程序及其分析这种情形下的涉税或会计处理。可以肯定的是，劳务出资一定是要确定金额的，并且是全体合伙人评估来认可的，不是个人以认缴负债的方式来以将来得到的劳务报酬或分配经营所得后归还出资额的概念，这是一个虚拟的出资，是为了分配未来的利润的一种参与和计量方式。

从广东高院《袁忠绍、梅正兵合伙协议纠纷再审审查与审判监督民事裁定书》[（2017）粤民申7836号]中，我们可以借鉴一下其分析逻辑：

……

再审申请人袁忠绍、梅正兵因与被申请人陈川云合伙企业纠纷一案，不服广东省中山市中级人民法院（2016）粤20民终1328号民事判决，向本院申请再审。本院依法组成合议庭对本案进行了审查，现已审查终结。

袁忠绍、梅正兵申请再审称，二审判决确定陈川云在中山市小榄镇川达电子电器厂①（以下简称川达厂）成立时实际出资比例为35%缺乏事实依据。原合作协议书并未明确陈川云的劳务出资为35%，该比例不是全体合伙人协商的结果。川达厂成立时的注册资金是6万元，其中法院确认袁忠绍的5万元现金投资款占出资比例2.5%，梅正兵劳务出资占4%。袁忠绍、梅正兵一审起诉请求确认陈川云的出资比例为35%后发现缺乏法律依据，在二审时已更正了上诉请求。由于陈川云的劳务出资所占比例未能由合伙人协商确定，依据《中华人民共和国合伙企业法》第三十三条第四款规定，合伙企业的利润分配、亏损分担，应由各合伙人平均分配、分担。二审判决超出袁忠绍、梅正兵的诉讼请求，出资比例的确认并不表示等同于利益分配和风险分担比例，原合作协议书中对利润分配和风险分担约定的比例是不一致的。由于陈川云的劳务出资比例不能确定，袁忠绍、梅正兵要求判定由现有合伙人平均分配利润和分担亏损。二审判定财产份额时未考虑无法确定合伙人出资比例的事实，还未考虑袁忠绍、梅正兵并没有按出资比例分配财产的诉讼请求。适用法律错误。综上，袁忠绍、梅正兵依据《中华人民共和国民事诉讼法》第二百条的规定申请再审。

---

① 该公司为个人独资企业。

本院经审查认为，根据袁忠绍、梅正兵的申请再审所述理由，对于陈川云、袁忠绍、梅正兵在川达厂实际所占股份比例如何确定的问题，原各方签订的合作协议书约定陈川云以10万元出资及技术管理出资共占40%的股份，一、二审以陈川云提交的证据不足以证明其履行了现金出资义务为由，参照袁忠绍以10万元出资占5%股份的比例，认定陈川云的技术管理出资占川达厂35%的股份，并无不当。另案生效判决已认定袁忠绍实际仅履行出资5万元，占川达厂的股份调整为2.5%；梅正兵以技术管理作价出资，占川达厂4%的股份。至此，陈川云、袁忠绍、梅正兵合计占川达厂41.5%的股份，其余58.5%的股份均因相应的合伙人未履行出资义务或者全部履行出资义务后退伙而处于没有归属的状态。一审判决根据陈川云、袁忠绍、梅正兵所占川达厂的股份比例，将该58.5%股份按相应比例进行分配，最终确定陈川云、袁忠绍、梅正兵分别占川达厂的股份比例为84.34%、6.02%、9.64%，二审判决予以维持，亦无不当。对于袁忠绍、梅正兵要求川达厂的利润分配、亏损分担由现合伙人平均分配、分担的问题，根据《中华人民共和国合伙企业法》第三十三条"合伙企业的利润分配、亏损分担，按照合伙协议的约定办理；合伙协议未约定或者约定不明确的，由合伙人协商决定；协商不成的，由合伙人按照实缴出资比例分配、分担；无法确定出资比例的，由合伙人平均分配、分担"的规定，由合伙人平均分配、分担的前提条件是各合伙人无法确定出资比例，二审判决在已确定陈川云、袁忠绍、梅正兵的出资比例的情况下，对袁忠绍、梅正兵要求川达厂的利润分配、亏损分担由现合伙人平均分配、分担的诉讼请求不予支持，并无不当。袁忠绍、梅正兵再审审查期间向本院提交了《收款收据》、名片、客户名单、《委托书》《购销合同》《借款单》《会议通知》《告示》《辞退信》《营业执照》《关于查询陈川云参保情况的复函》等证据材料，主张袁忠绍有实际劳务出资以及陈川云恶意侵吞川达厂财产。袁忠绍、梅正兵的上述主张超出了其原审诉讼请求范围，本院依法不作审查，袁忠绍、梅正兵可另循途径解决。袁忠绍、梅正兵的再审申请理由缺乏事实和法律依据，本院不予支持。

综上，袁忠绍、梅正兵的再审申请不属于《中华人民共和国民事诉讼法》第二百条规定的再审事由。依照《中华人民共和国民事诉讼法》第二百零四条第一款，《最高人民法院关于适用〈中华人民共和国民事诉讼法〉的解释》第三百九十五条第二款的规定，裁定如下：

驳回袁忠绍、梅正兵的再审申请。

从这个案例看，合伙企业并不会因为合伙人劳务出资而后面需要该合伙人去"还债"，而是因为其有"先天优势"，这是合伙人之间彼此认可其占用份额的价值及作为分配份额的比例来参照，即劳务出资是需要当时确定金额的，但是如果合伙人想退伙，也取不回相应的现金或实物。比较确定的是未来以此为比例的分配，是要按经营所得或股息、红利、利息所得来计税的。唯有在投资环节，如何计税是一个不确定的事项，至少目前没有一项适用的征税类型,因为这个份额是一种计量性质的出资,也是不能转让的,若是转让给别人,其他的合伙人也不会认可这个价值,但是出资额又确实体现了出来。由于合伙企业本身是有人承担无限责任的,对于这种财产的绝对公允性要求并不严格,比如对于非货币性资产的出资就不一定进行评估,只要合伙人认可就行,这本身就是一种基于分配的条件,相关资产的独立性、真实性与有限公司的法人资产确定性并不相同,它既不是财产转让,更不是偶然所得,更不是欠账出资,在这个时候,不应认为是一种所得,笔者认为不应在这个环节要求计算此合伙人的劳务出资的所得税,因为本身并没有所得。待未来取得所得时计税不迟。

情形三:个人独资企业、合伙企业出资的情形。

在现实当中,还有比较普遍的是个人独资企业、合伙企业作为合伙人参与出资,它们可以作为普通合伙人,也可以作为有限合伙人。如果是合伙企业作为普通合伙人,那么其上层合伙企业的合伙人还要看是谁承担无限责任,这是需要向上穿透的。这两种组织还可以跟个人、公司之间建立起合伙关系。我们用图3-11来说明一下不同出资情形下的计税处理。

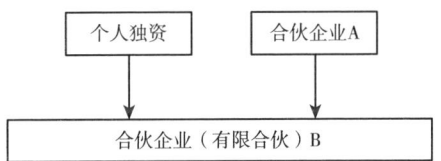

图3-11 不同出资情形下的计税处理

在上面章节的相关内容中,我们已分析了个人独资企业或合伙企业再向外投资,除非是劳务出资的情形(通常组织个人独资企业或合伙企业出资作合伙人并不适用劳务出资),应按照确定的价值或公允价值来考虑计缴税款。在法人出资中,若是实物资产或无形资产,依据《公司法》规定是需要专业评估机构评估作价的;对于合伙企业,却是可以合伙人商议评估作价出资额的。我们同样借鉴上面情形一中的案例数据进行说明(见表3-19)。

表3-19 计缴税款的税种、计税方式 单位:万元

出资方式	计税税种	计税方式	计税举例计算
货币出资	无	无	无
货物资产	增值税及附加	投资视同销售的规定,计缴增值税及附加税费	区分是一般纳税人或小规模纳税人来考虑计算
	个人所得税	溢价部分并入个人独资企业或合伙企业的经营所得	溢价的100万元并入经营所得计缴其投资者个人的个税

续表

出资方式	计税税种	计税方式	计税举例计算
无形资产	增值税及附加	同"货物资产"情形	同"货物资产"情形
	个人所得税	同"货物资产"情形	同"货物资产"情形
不动产	增值税及附加	同"货物资产"情形，但是如果是营改增前的房产，一般纳税人可以选择按5%差额简易计税方式	同"货物资产"情形
	个人所得税	同"货物资产"情形	同"货物资产"情形
	印花税	产权转移书据按万分之五计税	200×0.0005=0.1
	土地增值税	通常是单位转让旧房的情形，则可以按发票加计比例方法，或评估计价方式，或核定方法计算扣除后计缴土地增值税	视具体情形计算

情形四：公司制企业出资的情形。

如果公司制企业作为合伙人投资，出资的计税规则又会发生哪些变化，同时保留哪些相同的事项呢？

由于公司制企业是独立的企业所得税纳税人，其背后就算是个人股东，那么与情形三中合伙企业出资时相比，一个明显的差异是个人所得税的事项，即个人取得所得的时间点不同，公司制企业因为缴纳企业所得税，相当于在这个环节上就阻断了直接穿透到个人股东直接计所得征税的情形，只有在公司决定分红或清算，或者个人转让股权等情形下，才有计税的义务发生，除此以外的事项是一致的。

尽管有了笔者上述看似比较确定的分析，并且也是尽力向国家财税部门的专家进行了相关的咨询，但是不代表不同的人士有不同的认识与理解，也不代表地方税务机关有不同的处理口径。比如，对于个人向合伙企业以非货币性资产投资，认为可以暂不征税，将来转让时相应的原值按照个人持有时的原值基础来计算扣减，这样就整体衔接上了。而我们上面所提到的若个人以非货币性资产向合伙企业投资，笔者的意见是应按公允价值计缴个人所得税，那么合伙企业是按照新的计税基础来计算税前扣除的折旧的，也会抵顶回来。由于转让是按照20%计税，而如果是计算经营所得是按照最高35%来抵税，若两者结合起来考虑，其中的税率差可能还会带来有利的结果。

【案例】 若吕某以电子设备向合伙企业出资，原价是100万元，得到认可的公允价值是200万元，个人也缴纳了财产转让的个人所得税20万元，依照个体工商户个人所得税的计税规则，尽管其规定资产的税务处理是可以参照企业所得税的政策来实施的，但是 200 万元的资产并不能一次性税前扣除,不能享受企业所得税中对于设备在低于 500 万元时允许一次性税前扣除,仍需要以折旧方式(若 5 年)进行扣除。假设该企业当年度按 100 万元与 200 万元计提折旧并在经营所得税前扣除,其对应的经营所得分别是 100 万元、120 万元(前者多扣了溢价对应 5 年的每年 20 万元折旧额,扣除了折旧后),没有亏损弥补,表 3-20 分二种情形来比较对个人出资行为征税与不征税的不同。

表 3-20　　　　　　　　　对个人出资行为征税与不征税的不同　　　　　　　　单位:万元

事项	投资环节溢价征税	投资环节溢价不征税
个人所得税	20	0
经营所得税额影响 (假设 5 年均一致)	100×35% - 6.55 = 28.45 28.45×5 = 142.25	120×35% - 6.55 = 35.45 35.45×5 = 177.25
合计影响	162.25	177.25

整体来看,若以上面比较简化的例子为样本,5 年下来,相应的资产折旧完,其税额相差 15 万元,即为 100 万元的溢价对应的税率差(35% - 20%)计算出来的结果。如果经营所得的结果是适用比例适用最高档税率 35% 时,是有利的结果,相当于低税负的计税基础增加成本,换了高税负的税前扣除,其效果在这种理论下是有利的。但是,这需要提前先掏出来 20 万元"买单费",同时由于不可预期性,后面的企业经营得好不好还得另说,因此,从当前直接利益相关性来看,现在的利益"痛感"更强,而未来如果挣了钱,在此承受能力内纳税还是有相对能力与意愿指数的,而且如果这个数额足够大,很多人估计都没有足够的资金去完成投资环节的纳税义务。

3.5.2　合伙企业的税收主体界定

分析合伙企业的税收主体确定问题,即分析合伙企业对于税种的纳税义务判定,以及与个人所得税之间的关系,还有个人可以享受的优惠政策在合伙企业主体上的享受条件。对一些征管的处理规则很有必要进行梳理,不致产生非专业性的理解。

(1) 合伙企业与个人的纳税主体划分。

依据《合伙企业法》的规定,合伙企业的生产经营所得和其他所得,按照国家有关税收规定,由合伙人分别缴纳所得税。

在当前的税收规则中,合伙企业近似于一个所得税的"透明体",即合伙企业本身并不缴纳企业所得税,如果取得了所得,则需要穿透合伙企业,确认其投资人的所得额来计税,如果这中间还有多层合伙企业,则继续穿透。但是合伙企业本身的经营活动,需要视业务发生的应税行为计缴除所得税之外的其他税费,比如增值税及其附加税费、房产税、土地使用税、土地增值税等。

2008年企业所得税改革之时，财政部、国家税务总局发布了对于合伙企业投资人计税的一个重要的文件，《财政部　国家税务总局关于合伙企业合伙人所得税问题的通知》（财税〔2008〕第159号）规定：

根据《中华人民共和国企业所得税法》及其实施条例和《中华人民共和国个人所得税法》有关规定，现将合伙企业合伙人的所得税问题通知如下：

一、本通知所称合伙企业是指依照中国法律、行政法规成立的合伙企业。

二、合伙企业以每一个合伙人为纳税义务人。合伙企业合伙人是自然人的，缴纳个人所得税；合伙人是法人和其他组织的，缴纳企业所得税。

三、合伙企业生产经营所得和其他所得采取"先分后税"的原则。具体应纳税所得额的计算按照《关于个人独资企业和合伙企业投资者征收个人所得税的规定》（财税〔2000〕91号）及《财政部　国家税务总局关于调整个体工商户个人独资企业和合伙企业个人所得税税前扣除标准有关问题的通知》（财税〔2008〕65号）①的有关规定执行。

前款所称生产经营所得和其他所得，包括合伙企业分配给所有合伙人的所得和企业当年留存的所得（利润）。

四、合伙企业的合伙人按照下列原则确定应纳税所得额：

（一）合伙企业的合伙人以合伙企业的生产经营所得和其他所得，按照合伙协议约定的分配比例确定应纳税所得额。

（二）合伙协议未约定或者约定不明确的，以全部生产经营所得和其他所得，按照合伙人协商决定的分配比例确定应纳税所得额。

（三）协商不成的，以全部生产经营所得和其他所得，按照合伙人实缴出资比例确定应纳税所得额。

（四）无法确定出资比例的，以全部生产经营所得和其他所得，按照合伙人数量平均计算每个合伙人的应纳税所得额。

合伙协议不得约定将全部利润分配给部分合伙人。

五、合伙企业的合伙人是法人和其他组织的，合伙人在计算其缴纳企业所得税时，不得用合伙企业的亏损抵减其盈利。

六、上述规定自2008年1月1日起执行。此前规定与本通知有抵触的，以本通知为准。

这份文件主要是对于企业所得税处理的规定，其中的投资人包括缴纳个人所得税

---

① 依据2019年开始实施的个人所得税法，其中的税前扣除费用标准规定已失效。

的个人和缴纳企业所得税的企业（包括法人或其他组织），后者的其他组织，依据企业所得税法的规定，是不包括个人独资企业、合伙企业的，他们本身不缴纳企业所得税，相当于继续穿透到个人缴纳个人所得税，或穿透到企业缴纳企业所得税。

在上面的分析中我们提到，个人从合伙企业取得的所得，在计税上拆分为经营所得及股息、红利、利息所得，分别适用5%–35%的个税及20%个税计缴，前者可以按照查账征收与核定征收的方式。如果这样划分，还算是清楚的，大家也能够理解。但是，下面的案例中提到的情形，恐怕就很容易引起财务人员或税务机关人士的困惑，以致可能发生争议。

【案例】 有一个客户的税务经理咨询，他们是一家私募基金，募集的资金用于投资。营改增后，依据政策，要求将买卖金融商品、贷款业务之类的增值税由管理人缴纳，管理人是纳税义务人，但是他们挣取的是管理费收入，所得是属于投资人的，所以他们迟迟未开具发票，因为跟税务局的人员对收入有不同理解，税务管理人员认为增值税的收入，也是所得税的收入，两个数据应一样需要申报计税。笔者理解，这可能是税务具体负责的人员并没有关注到资管业务的增值税特别规定的要求，不然这些机构之前年度是不是还要追缴其增值税。

分析：这种情形其实是营改增后的一个特殊事项，营改增后，对于资管产品的增值税如何缴纳，可谓经历了一波三折，由于对于金融业务有很大影响，金融业组织机构也是非常谨慎，他们也是屡屡向财税部门反映各种担心的问题。从2016年5月1日金融业营改增试点起到2017年12月31日，这是增值税政策的一个空白期，其实营业税下也并不明确，理解不一，有的认为是委托投资的投资人去缴纳，有的可能认为由理财的管理人缴纳。2018年起，相关文件终于明确了下来，《财政部 国家税务总局关于资管产品增值税有关问题的通知》（财税〔2017〕56号）规定：

一、资管产品管理人（以下称管理人）运营资管产品过程中发生的增值税应税行为（以下称资管产品运营业务），暂适用简易计税方法，按照3%的征收率缴纳增值税。

资管产品管理人，包括银行、信托公司、公募基金管理公司及其子公司、证券公司及其子公司、期货公司及其子公司、私募基金管理人、保险资产管理公司、专业保险资产管理机构、养老保险公司。

资管产品，包括银行理财产品、资金信托（包括集合资金信托、单一资金信托）、财产权信托、公开募集证券投资基金、特定客户资产管理计划、集合资产管理计划、定向资产管理计划、私募投资基金、债权投资计划、股权投资计划、股债结合型投资计划、资产支持计划、组合类保险资产管理产品、养老保障管理产品。

财政部和税务总局规定的其他资管产品管理人及资管产品。

二、管理人接受投资者委托或信托对受托资产提供的管理服务以及管理人发生的除本通知第一条规定的其他增值税应税行为（以下称其他业务），按照现行规定缴纳增值税。

三、管理人应分别核算资管产品运营业务和其他业务的销售额和增值税应纳税额。未分别核算的，资管产品运营业务不得适用本通知第一条规定。

四、管理人可选择分别或汇总核算资管产品运营业务销售额和增值税应纳税额。

五、管理人应按照规定的纳税期限，汇总申报缴纳资管产品运营业务和其他业务增值税。

六、本通知自2018年1月1日起施行。

对资管产品在2018年1月1日前运营过程中发生的增值税应税行为，未缴纳增值税的，不再缴纳；已缴纳增值税的，已纳税额从资管产品管理人以后月份的增值税应纳税额中抵减。

但是，很多人引用《证券投资基金法》的规定：基金财产投资的相关税收，由基金份额持有人承担，基金管理人或者其他扣缴义务人按照国家有关税收征收的规定代扣代缴。很多管理人认为，我们没有法定代扣代缴的义务，负税人是投资人，并不是管理人，但是让投资人来计缴增值税，本身就有操作上的麻烦，对于管理人投资的情形，如何区分应税与非应税行为，操作上有很大的障碍。在营改增之前的营业税时代，有一些地方税务机关确实是要求投资人来计缴营业税，彼时还没有让管理人交税的政策支持，管理人也相对"平安无事"，而且有上面的《证券投资基金法》的规定，对于流转税没有特别明确规定代扣代缴的法定义务。那么，营改增后至2017年12月31日，规定不征税了，并不是规定免税，只是政策不明确，所以，这其中是有利益的既得者的，不过由于是营改增政策试点，我们不宜用税收法定的原则及是不是存在偷漏税的判断来说明这个问题。

从笔者的分析来看，这个流转税是管理人运营产品过程中发生的，是以管理人的名义发生的，尽管按操作习惯与规定由投资人作为纳税人，但这是两件事情，财产收益并不属于管理人，纳所得税是与事实不符的，而纳流转税，本身交易行为与主体是管理人进行交易，并作为法律持有人，这是一个过程当中的税费，由此判断在发生增值税应税行为时，由管理人缴纳增值税及其附加税费，不违背上位法，而是理解上的差异造成的，《证券投资基金法》的规定，并不是造出一个特殊事情出来，而仍宜尊重交易现实，不能把负税人与纳税人混淆在一起，这个理由只是"看起来"的理由。

同时，又延伸出来一个问题，如果在这期间，有从资管产品中融资的企业，从2016年5月1日至2017年12月31日，是没有发票可以开具的，因为不征税，所以取得发票的前提就不存在了，税前扣除并不需要发票举证，这一点我们仍然需要掌握，因为税务稽查很有可能关注此事。但是从2018年起，就需要管理人开具增值税发票给客户用于税前扣除了,由于贷款服务当前不得抵扣增值税,因此在多数情形下,还是开具增值税普通发票居多,也是现实之举。

而上面案例中发生的事情,是税务人员机械地套用风控指标,来比对增值税收入与所得税收入的差异性,有差异时认为企业有纳税风险,这只能说是有风险,本身某个期间的增值税收入与所得税收入并不尽然相同,对于资管产品,更是不同,可以认为这是将增值税"硬塞"给管理人的一个税种,相当于从投资人取得的利益中"坐支"了该笔费用似的。最终,对于这个问题,北京市税务局发布的一份所得税解释中给予了答复。真让人想不明白,竟然还能发生这样的事情,这也是对于业务的不熟悉造成的,结果非要给一个官方解释才能给纳税人解决。2019 年,北京市税务局在其《企业所得税实务操作政策指引(第一期)》中对此专门进行了解释:

10. 资管产品管理人企业所得税收入确认问题

问:某资产管理公司作为资产管理人,2018 年度共管理 10 个资管产品项目,收取管理费 6 000 万元。根据增值税相关规定,自 2018 年 1 月 1 日起,资管产品管理人运营资管产品过程中发生的增值税应税行为,按照 3% 的征收率缴纳增值税。该资产管理公司运营管理的资管产品发生增值税应税行为,增值税应税收入 1.03 亿元,开具了发票,按 3% 的征收率计算缴纳增值税 300 万元。对于上述业务,资产管理公司如何确认企业所得税收入,是按 6000 万元确认,还是需将其管理的资管产品实现的 1.03 亿元收入也计入其申报的企业所得税收入?

答:资产管理公司与资管产品属于不同的主体,资产管理公司运营管理资管产品实现的收入归属于资管产品,不归属于资产管理公司;资产管理公司因运营管理资管产品而收取的管理费收入归属于资产管理公司,属于资产管理公司的收入。因此资产管理公司应将 2018 年度因运营管理资管产品而取得的 6 000 万元管理费收入计入自身收入,不需将其管理的资管产品实现的 1.03 亿元收入计入自身收入。

特别注意,管理人为投资人理财,利益归属投资人所有,大家都予以认可,也受法律保护,但是如果不是金融运营的单位,就可能误入"陷阱",下面这个案例就是一个沉痛的教训。

【案例】某财务公司是某国有大型企业的下属子公司,曾于几年前进行了一次投资,即购买原始股,但是因为自有资金有限,于是跟外地的两家企业合作。双方签订了代理投资的合同,在相关股东到了可以交易的时间,两家企业的人员拿着公司的委托函,由相应人员通过这家财务公司的登录账号信息,进行了减持操作,分步完成了股票二级市场转让的业务,该财务公司将两家公司的款项,无论是当初投资进来的,还是减持的都记入其他应付款账户。结果，自信没有问题的该企业，接到了税务机关稽查的通知，税务人员一下子就发现了其他应付款的大额数据，共计6亿多元的净所得，如果按25%计税共计得交1.5亿元的企业所得税。在检查的时候，相应的所得在相关的企业也已完成了所得税的计算缴纳，但是税务人员坚持"咬定"，是谁的账户买的，就是谁的所得，属于形式上的纳税人认定，因为税法无法知道现实当中有多少委托是真实的，款项是不是借的。其实也能证明出来，如果对方不是关联方，而且挣的钱都转移给对方了，这不明确没有所得吗？就这么一件简单的事情，企业硬是找了很多沟通的路径都行不通，心里可是苦啊。

分析：对于企业实际取得的所得，我们应该尊重，但是为何稽查人员还有理有据地让没有取得所得的财务公司去缴税呢？这其中就是一个纳税主体判定的问题，至于税后利润的分配，则不关注。在这个案例中，造成的结果是可能这个所得在两家企业重复纳税了，尽管可能有的企业存在弥补亏损之类的特别事项，但是重复纳税肯定是有问题的。在我们的税收规则当中，对于代持股权等利益的判定，有的案例是只看持有人的纳税处理，余下给付给被代持人的，则认为属于不再是计入应纳所得税的所得项目。

对于这个问题，国家税务总局曾有相关的文件对某些特定事项明确过意见，财税专业人员多数都可能听说过。《国家税务总局关于企业转让上市公司限售股有关所得税问题的公告》（国家税务总局公告2011年第39号）规定：

一、纳税义务人的范围界定问题
根据企业所得税法第一条及其实施条例第三条的规定，转让限售股取得收入的企业（包括事业单位、社会团体、民办非企业单位等），为企业所得税的纳税义务人。

二、企业转让代个人持有的限售股征税问题
因股权分置改革造成原由个人出资而由企业代持有的限售股，企业在转让时按以下规定处理：

（一）企业转让上述限售股取得的收入，应作为企业应税收入计算纳税。
上述限售股转让收入扣除限售股原值和合理税费后的余额为该限售股转让所得。企业未能提供完整、真实的限售股原值凭证，不能准确计算该限售股原值的，主管税务机关一律按该限售股转让收入的15%，核定为该限售股原值和合理税费。
依照本条规定完成纳税义务后的限售股转让收入余额转付给实际所有人时不再纳税。

（二）依法院判决、裁定等原因，通过证券登记结算公司，企业将其代持的个人限售股直接变更到实际所有人名下的，不视同转让限售股。

三、企业在限售股解禁前转让限售股征税问题
企业在限售股解禁前将其持有的限售股转让给其他企业或个人（以下简称受让方），其企业所得税问题按以下规定处理：

（一）企业应按减持在证券登记结算机构登记的限售股取得的全部收入，计入企业当年度应税收入计算纳税。

（二）企业持有的限售股在解禁前已签订协议转让给受让方，但未变更股权登记、仍由企业持有的，企业实际减持该限售股取得的收入，依照本条第一项规定纳税后，其余额转付给受让方的，受让方不再纳税。

从上面的规定可以看出，在规定的两种情形下，税务机关还是倾向于以形式登记人为纳税人，而后面真正取得所得的个人可以不再就所得纳税，无论对方是个人所得的纳税人还是公司所得税的纳税人。这是从不产生重复所得的角度来解决此问题的，不过此时也会有一些技术上的得失之处，比如企业的所得税率是25%时，个人的所得税适用税率是20%，这儿可能会有利益上的得失，但企业可能有以前年度的弥补亏损，给个人也可能带来利益，即使是两家企业之间，每一家的税率、亏损弥补情况也不尽相同，所以这个政策本身并不能带来绝对的配比计算准确，而作为一个企业，也不可能单单就此转让所得计缴企业所得税，自己本身的经营所得不是再申报缴纳一次企业所得税，在技术处理上，是并为一起计算的。当前税收规则就是这样的从税不重征、利于监管的角度来定的，也就不去追究实际中的细枝末节了，更主要地是突破个体的利益格局，站在全国甚至全世界的层面来思考问题，这是财税部门的高屋建瓴之处。

对于这个问题，比较有代表性的案例就是武汉发生的一个代持征税案，《中国税务报》进行了报道，我们也一并收集过来方便大家查阅参考。

代持股股权转让：企业应承担哪些纳税义务

2013年5月20日　作者：方波

随着一笔3 473万元税款入库，湖北省武汉市单笔最大代持股股权转让企业所得税征收顺利完成。回顾这笔股权转让征收企业所得税的过程，武汉市国税局相关人员的心情很不平静。

2012年10月底，上市公司G证券股份公司发出一则公告：该公司第四大股东武汉A大酒店公司（以下简称A酒店）在限售股到期解禁后，通过二级市场转让股票1 631.81万股，已退出前十大流通股东之列。这则公告引起了武汉市国税局的注意，该局人员通过税收综合征管系统查询了A酒店的纳税情况，并进行了案头评估。

该企业2012年前3个季度的企业所得税预缴申报表显示：截至第三季度，企业申报累计亏损400多万元，没有该项股权转让所得相关申报记录。查阅该企业财务报表，发现其资产负债表中长期投资科目期初、期末数都为0，并没有长期股权投资的记载。

难道是上市公司的公告有误？经初步调查得知，A酒店为湖北省Y投资管理有限责任公司（以下简称Y投资公司）的子公司，Y投资公司又是湖北B集团公司（以下简称B集团）的下属单位。为解开疑点，税务人员约谈了A酒店、B集团和Y投资公司的有关人员，初步理清了A酒店持有以及转让上市公司股权的来龙去脉。

2003年B集团出资2亿元对德隆公司进行债权投资，后因德隆公司破产，湖北省高级人民法院裁定德隆公司及相关被执行人将其持有的G证券股份公司1 305.36万股的股权过户给B集团，用以抵偿债务1 958.04万元，其余债务以其他财产抵偿。按B集团公司要求，该股权直接过户到A酒店名下。

2007年，按照财政部等部门的要求，B集团专门成立Y投资公司，集中管理B集团以及下属企业所有非主业的股权投资业务。因此，A酒店的长期股权投资业务归属Y投资公司管理，但未到登记机构办理股权变更登记，上述股权的法定登记权属仍为A酒店。

2008年，根据相关要求，B集团决定将持有的G证券有限公司1 305.36万股的股权，以2 700万元转让给北京某投资公司，转让协议的转让签字方为A酒店。按照B集团内部核算要求，该项投资业务在Y投资公司统一核算，A酒店收到转让款后随即付给Y投资公司，在A酒店公司账面上只有往来账款项等相关记录，既无长期投资的初始成本记录，也未确认该投资业务的损益。而在Y投资公司账上，2008年确认此笔股权的投资转让收入2 700万元，投资成本1 958.04万元，投资收益741.95万元。

与此同时，G证券股份公司正向中国证监递交上市申请，重大股权变动将影响上市进程。为不影响上市工作，应北京某投资公司要求，决定仍由A酒店代持该部分股票，在登记机构暂不作股权变更登记。2011年6月，G证券有限公司上市成功，一年禁售期满后，2012年9月北京某投资公司以A酒店名义在二级市场分批售出G证券公司股票1 631.81万股，取得收入1.62亿元。

至此，A大酒店长期股权投资来源及代持股出售情况真相大白。

就在税务机关对A酒店核实情况的时候，北京某投资公司向A酒店提出了支付已出售股票款项的要求。虽然税务机关对企业代持股情况已基本弄清楚，但A酒店所持G证券股权经历了偿债转入、股权转让、代持协议、出售和余额支付等过程，导致企业所得税业务处理较为复杂。

在此次股票转让中，纳税人是谁？究竟由谁来缴纳企业所得税？其计税成本怎么确定？为了准确把握政策，武汉市国税局决定对A酒店进行评估。税务人员实地查阅了企业历史股权转让协议，法院的民事裁定书以及相关会计凭证等原始资料，并根据税法的有关规定确定了征税的基本要素。

《国家税务总局关于企业转让上市公司限售股有关所得税问题的公告》（国家税务总局公告2011年第39号）第三条规定：企业持有的限售股在解禁前已签订协议转让给受让方，但未变更股权登记、仍由企业持有的，企业实际减持该限售股取得的收入，依照规定纳税后，其余额转付给受让方的，受让方不再纳税。因此，A酒店将代持股票转让后，应该将减持股票的全部收入减去缴纳企业所得税后的余额转付给北京某投资公司，A 酒店是股权转让的纳税人。

虽然 Y 投资公司在 2008 年确认了股权转让的投资收益 741.95 万元，但企业当初未完成股权工商变更手续，在法律形式上 A 酒店仍是 G 证券股份公司的股东。国税函〔2010〕79 号规定：企业转让股权收入应于转让协议生效、且完成股权变更手续时确认收入的实现。故 2008 年 Y 投资公司不应确认股权转让收入。本着实事求是的原则，税务机关调减了 Y 投资公司 2008 年所确认的投资收益。

为了准确核算企业的计税成本，税务机关又到证券交易商处核实了 A 酒店持股成本情况。从登记资料上看，截止到 2012 年 6 月 30 日，武汉 A 酒店代持的 1 305.36 万股原始股已变成上市后的 2 175.75 万股，在此期间 A 酒店均放弃了配股权。因此，其股权成本为法院裁定书确认的初始投资成本 1 958.04 万元。

A 酒店此次出售的 G 证券 1 631.81 万股占总股数的 75%，扣除交易税费后取得净收入 1.62 亿元。而 A 酒店此次股权转让的成本为 1 468.53 万元（1 958.04 万元 ×75%）。

针对北京某投资公司对 A 酒店提出已售股款项的支付要求，国税局主动与地税局联系，交换信息，对涉及营业税问题进行沟通。企业转让金融资产还应缴纳营业税、城建税、教育费附加等相关税费，其营业税及附加共计 847.07 万元。

经过艰苦细致的工作，税务机关最终确认 A 大酒店此笔股权转让所得 1.39 亿元，应缴纳企业所得税 3 473 万元。

上面的案例比较明确地支持了笔者的分析，在《中国税务报》的相关报道中，也有提到北京某投资公司作为受让方，不再缴纳企业所得税。但在现实中，多数代持的情形下却是受让方进行了所得的计缴，而代持方并没有计缴，因为不符合国家税务总局公告 2011 年第 39 号文的规定的限售股情形，但税务机关仍以此为参照进行纳税义务判断，似乎成为"共识"，估计更多的是从税源方面来考虑的。那么，在代持的情形下，如果真正的利益所得方已作为所得纳税了，此时如何再办理退税，改由代持方去缴纳呢，特别是涉及跨地区财政不同的地方，如何应对？

《国家税务总局稽查局关于 2017 年股权转让检查工作的指导意见》（税总稽便函〔2017〕165 号）中提到：

五、关于代持股票的纳税主体确定问题

对于企业代个人持股的所得税征收，《国家税务总局关于企业转让上市公司限售股有关所得税问题的公告》（2011 年第 39 号）第二条有明确规定："因股权分置改革造成原由个人出资而由企业代持有的限售股……企业转让上述限售股取得的收入，应作为企业应税收入计算纳税"。

对代持股票转让的营业税征收以及企业之间代持股票转让的企业所得税征收，应按其法定形式确认纳税主体，以代持方为纳税人征收营业税及所得税，如委托方已将收到的转让款缴纳了营业税及所得税，且两方所得税又无实际税负差别的，可以不再向代持方追征税款。

要注意，这是站在全国层面来考虑的，即在不重复纳税的前提下给的一个特殊认可的意见，不代表这就是一个完全无异议的规定。由此，我们再回到上面我们提到的某财务公司的稽查案例，当时没有这方面的意见参照，只能是原则上的沟通。不过，从最终认定来看，相应的财务公司的案例没有实实在在再缴纳1.2亿元的所得税，只能说是万幸了。

（2）从合伙企业穿透到个人计缴所得税，税法上对于个人享受的税收优惠是否可以适用合伙企业的所得。

我们在本章分析过，合伙企业的个人合伙人缴纳个人所得税，合伙企业本身不缴纳企业所得税，相当于经营所得与其他所得直接穿透到个人计税。在这种情形下，我们再来看，如果个人直接从事经营或投资活动，有所得，也计缴个人所得税，那么在税收政策中，通过合伙企业取得所得计缴个税与个人直接投资取得所得计缴个税，其征管规定与优惠规定，是不是一致呢？在本节中我们就对此梳理一下（见表3-21）。

表3-21　　　　　　对个人和合伙企业不同情形下的征税政策

情形	税种	个人	合伙企业
转让金融商品服务	增值税	免增值税	不免增值税
国内二级市场买卖股票免税①	个人所得税	免税	不免税

---

① 《财政部国家税务总局关于个人转让全国中小企业股份转让系统挂牌公司股票有关个人所得税政策的通知》（财税〔2018〕137号）规定：一、自2018年11月1日（含）起，对个人转让新三板挂牌公司非原始股取得的所得，暂免征收个人所得税。本通知所称非原始股是指个人在新三板挂牌公司挂牌后取得的股票，以及由上述股票孳生的送、转股。

二、对个人转让新三板挂牌公司原始股取得的所得，按照"财产转让所得"，适用20%的比例税率征收个人所得税。

本通知所称原始股是指个人在新三板挂牌公司挂牌前取得的股票，以及在该公司挂牌前和挂牌后由上述股票孳生的送、转股。

《财政部国家税务总局关于个人转让股票所得继续暂免征收个人所得税的通知》（财税字〔1998〕61号）规定：

为了配合企业改制，促进股票市场的稳健发展，经报国务院批准，从1997年1月1日起，对个人转让上市公司股票取得的所得继续暂免征收个人所得税。

续表

情形	税种	个人	合伙企业
个人从上市公司取得股息红利适用差别化计税政策	个人所得税	差别化计算股息红利的个税	不适用差别化股息红利个税政策
转股	个人所得税	用上市公司股票溢价形成的资本公积转增股本不征税；其他情形的，认为需要计税	没有对此类情形的政策规定，没有规定之前可以有利掌握，在某企业的公告书中曾有提到合伙企业的投资者个人计税的情形
送股（未分配利润转股本）	个人所得税	相当于分红，适用差别化政策	应算所得，无法适用个税差别化政策，在个税的免税政策上没有提及可以穿透

现实当中，有的人士提及有的地方认可企业所得税穿透后可以适用居民企业间直接投资，取得股息红利免税的优惠政策（不包括连续持有居民企业公开发行并上市流通的股票不足12个月取得的投资收益）。这明显是当前政策下错误的理解，其实尽管这是企业所得税的事，似乎来印证个人通过合伙主体取得上市或挂牌公司的股息红利，也可以在满足条件时享受差别化计税的优惠，当前并没有政策支持。

笔者想纠正自己描述中的一个不准确的地方，我们在用语当中提到的"穿透"是一种通俗的解释，税收政策当中对此并没有使用穿透这种表达。为何直接分配到合伙人名下由其计缴所得税，这完全是因为有一个前提，即合伙企业不缴纳企业所得税，这个规定是从2000年开始才这样确认的，个人计算所得税，对于合伙企业的经营所得计缴，后来补充规定了一个例外事项，即合伙企业取得股息、红利、利息时，直接配置到个人名头上计税，但并不强调这笔钱是不是个人一定能拿到，这值得探讨。笔者认为，在新个税法下就应废止这样的规定才好，但是当前，由于历史原因该项政策暂未废止，但这一政策仍是主流。若是企业所得税的纳税主体作为合伙人的时候，并不来区分股息、红利、利息与经营所得，就看整体应分配的经营所得。但是这时候就存在一个问题，个人的要拆出来，企业的不需要拆出来计算，这样的计算差异在平均分摊应纳税所得额时，又存在与实际情形不符合的情形。所以在计算时，只能采取简单的方式，先都拆分出来，再计算经营所得，对于企业主体，利息、股息、红利加上分配的应纳税所得额，并为当期计税所得当中。在这种情形下，如果是正数，还是可行的，但是如果是负数呢？也有的合伙企业可能就是取得股息、红利、利息，暂时没有其他经营事项，这时的分配比较清楚，直接分后各计各的所得税。好在合伙企业业务不复杂，但整体来思考，还是取消个人的股息、红利、利息单独计税的规定才好。当然，这需要财税部门统筹考虑，在合伙企业存在个人合伙人、企业合伙人等多种合伙人主体时，个人所得税的政策计缴规则与企业所得税的所得确认规则，需要进一步厘清为好。这也难怪,很多人就没有搞明白合伙企业的计税规则,这是因为例外事项的规则过多,税负相对来讲也有一些高,又有普通合伙人和有限合伙人,不复杂才怪呢。因此,这种厘清并不是财税部门简单地出个政策就行,需要站在国家经济的引导与激励层面上,考虑其对经济的催化剂作用。

对于法人合伙人,其明确分配的是合伙企业取得的被投资企业的股息、红利,笔者经常看到《中国税务报》等媒体报道进行查补税款的案例,那是因为他们误认为可以享受股息红利的免税,其实受困于不是直接投资的关系,这个优惠政策的享受在当前的政策下得不到认可。还有的就是滞后确认所得,以为没有真实分配,会计上未计入投资收益,就不计缴所得税,或是忘记调整计缴所得税,特别是存在多层合伙架构的时候,信息传递有问题,这种情形时有发生。

(3) 在股权转让时个人与合伙企业之间的征管措施异同点。

这个问题,是源自几个真实的案例,笔者认为有必要在此说明一下。相信有个人转让有限责任公司股权业务经历的投资人或财务人员会有体会。

【案例】笔者曾陪伙伴一起去办理过一次个人股权转让提交税务"审核"的事项,说是审核,其实是当地工商与税务联合办公推进的一项合作工作,在个人办理工商变更时,需要查看纳税情况,而且审核非常严格,提交资料数十份。比如,在计算股权转让个税时,对原值的确认,一定需要银行转账单据,投资人提供的现金收条都不予认可,不然成本不给核定,视为0处理。再比如,对于未付款挂账的转让成本,也不予认可税前扣除。对于企业的资产情况也是审核得比较严格,看看几年来利润变动情况,有没有故意调账的行为。正是因为成本不认,税负过重,又不给核定,这笔生意最后"无疾而终"。

分析:对于个人股权转让的涉税计缴与征管规定,源于《国家税务总局关于发布〈股权转让所得个人所得税管理办法(试行)〉的公告》(国家税务总局公告2014年第67号,以下称"67号公告")的规定,毕竟个人股权转让利益大,影响税额大,税务部门发布专门的规范文件也有合理的出发点。这其中涉及转让价格、成本扣除、纳税地及纳税义务时间的规定,成为近年来影响比较深远的一份文件。

67号公告本身针对的是股权,指自然人股东(以下简称"个人")投资于在中国境内成立的企业或组织(以下统称"被投资企业",不包括个人独资企业和合伙企业)的股权或股份。因此,对于合伙企业份额转让这种情形,不能直接套用67号公告,当然有的地方税务机关是参照套用,可能有可以参照的东西,也有的地方税务机关对于企业转让股权也套用67号公告中类似的规则，其实企业转让股权应看反避税的政策，而不宜套用此政策的口径与方式。

那么对于合伙企业转让企业股权，如果合伙企业中有个人合伙人，此时我们能否认为，由于合伙企业的个人合伙人缴纳个人所得税，因此也需要按照67号公告的规定执行呢？这似乎有一定的延伸推理逻辑，都是个税，自然可以套用。但其实存在根本的不同，且不说合伙企业有企业合伙人，这是不同的，67号公告明确说的是自然人股东，从理解的角度来"适用"67号公告政策，是有问题的。

但是，现实中也有这样的案例，67号公告中有这样的规定，即对于列举的近亲属之间转让股权，可以不适用核定定价方式，比如夫妻两个人持有公司股权，各50%股份比例，同时两个人又成立了一家合伙企业，也是两个人持有份额，也是各50%股份比例，此时两个人拟将股权转让给合伙企业，是不是可以适用不核定定价的方式呢？笔者分析，这样的转让，如果不核定价格，有其合理性，但是严格来看67号公告的文字描述，是不包括这种情形的，实践中确实有认可的情形。

3.5.3 合伙企业取得股息、红利、利息计税的纳税地分析

下面我们结合一个案例，来分析合伙企业运营过程中产生的各项所得，在何地纳税，这个问题在现实中还存在一些争议，我们一并进行探讨，希望对大家有启发。

【案例】 张三与王五共同用货币出资在北京设立了一家合伙企业，张三出资60万元，王五出资40万元，并实际注入了合伙企业，合计共100万元。合伙企业于2019年向上海的茁壮有限公司投资了100万元，合伙企业当年度没有其他收入，也没有费用支出。2019年12月20日，茁壮有限公司决议分配股息红利，合伙企业取得了10万元，已到合伙企业的账上，合伙企业于2020年1月15日进行了分配，试计算张三与王五如何缴纳个人所得税。

分析：结合上面的政策分析，个人独资企业和合伙企业对外投资分回的利息或者股息、红利，不并入企业的经营所得，而应单独作为投资者个人取得的利息、股利、红利所得，按"利息、股利、红利所得"应税项目计算缴纳个人所得税。张三与王五取得的所得是按股息红利所得计税，税率是20%。

张三依约定分60%，即6万元，6×20%＝1.2万元；王五依约定分40%，即4万元，4×20%＝0.8万元。

那么问题就来了，此股息红利的个税，是由茁壮公司代扣代缴，还是由其个人向合伙企业所在地自行申报纳税，或者是由合伙企业代扣代缴呢？网友以及一些税务机

关、中介机构的人士多有不同的理解，笔者认为，站的角度不同，就可能得出来不同的理解，今天我们也来分析一下。

一是，财税〔2000〕91号文件规定，投资者应向企业实际经营管理所在地主管税务机关申报缴纳个人所得税。投资者从合伙企业取得的生产经营所得，由合伙企业向企业实际经营管理所在地主管税务机关申报缴纳投资者应纳的个人所得税，并将个人所得税申报表抄送投资者。要知道目前，日常经营所得的预缴个税申报是可以通过合伙企业的申报端口进行的，汇算清缴也是一并完成的；但是关于付款，之前经营所得的个税税务机关是接受合伙企业账上资金缴纳的，后来慢慢改变为由该个人的个人账户进行支付，甚至还有必须在当地开立借记卡之类的要求，不接受异地的账户。若是有两处以上经营所得时，汇总汇缴是由个人独立完成的，通常需要关联银行卡进行补税处理。当时此文件发布时，并没有约定股息、红利、利息单独计税的补充规定，从大原则来看，在合伙企业所在地，是指计算某个人合伙人所得的个税，在合伙企业所在地自行缴纳，后来基于"人为"拆分出来的股息、红利、利息单独计税的要求，笔者认为这是对于计税方法的调整，并不是否定个人取得的所得来源于合伙企业的事实，而且国税函〔2001〕84号文件也仅是一个征管文件，不能否定主体文件的前提规定，所以笔者认为两者都仍应在合伙企业所在地缴纳。据笔者了解，对于宁波等一些基金比较多的地方，实际操作过程当中，股息红利的个税就是在宁波当地缴纳的，在实现方式上是通过合伙企业代扣代缴入库的，这与经营所得先分后税的计税申报是两个路径，而法人合伙人并不需要由合伙企业操作什么，只需要由法人合伙人以年度结果调整计算即可，季度预缴时并不需要计算，但若年度中间因为会计核算已计入分配的投资收益，则需要含进实际利润计算预缴企业所得税，没有扣减的政策支持。

二是，认为属于代扣代缴的人士，其依据是直接看所得类型，税法明确规定这种类型的所得需要代扣代缴的，要优先适用。结合上面的案例，认为应由苗壮有限公司代扣代缴。其中，一个大家认为有理有据的支持性地方性文件是当时浙江省地方税务局发的：

浙江省地方税务局税政管理二处关于明确个人独资企业和合伙企业投资取得所得个人所得税纳税地点等问题的通知

二便函〔2012〕16号 2012-08-10

根据《国家税务总局关于〈关于个人独资企业和合伙企业投资者征收个人所得税的规定〉执行口径的通知》（国税函〔2001〕84号）"个人独资企业和合伙企业对外投资分回的利息或者股息、红利，不并入企业的收入，而应单独作为投资者个人取得的利息、股息、红利所得，按'利息、股息、红利所得'应税项目计算缴纳个人所得税"

的规定精神，现将有关事项明确如下：

一、对个人独资企业和合伙企业（以下简称"投资企业"）因直接投资于我省各类企业（以下简称"被投资企业"）取得的利息、股息、红利所得，被投资企业应按"利息、股息、红利所得"应税项目计算扣缴个人所得税，所扣税款应在规定期限内向被投资企业主管地税机关申报缴纳。

二、被投资企业在扣缴税款时，应要求投资企业提供各投资者个人的姓名、身份证照类型及号码、职务、户籍所在地等基础信息，合伙企业投资者还需提供合伙人的分红比例，以便于扣缴义务人履行扣缴明细纳税义务。

浙江省地方税务局税政管理二处
二〇一二年八月十日

我们先不怀疑文件所表达的意思是不是要保护当地的财政利益，纯粹以文件的精神来理解，这个文件当中所提到的直接投资的情形，即对于上面我们提到的，个人与所投资公司之间仅隔着一层合伙企业。从代扣代缴的角度来思考，至少我们理解税务部门给的意见似乎还是有说法有依据的。但总体还是一个原则，个人是从合伙企业取得的所得，并不是从有限公司取得的所得，让有限公司代扣代缴是"钻"了一个名字上的空子，而且我们明确地建议，这个补充规定多少存在无端增加管理成本，且极可能与事实脱节的情形。就算浙江的文件在当地可以有效地进行落实，但在其他地方并不需要参照适用。因为股东是合伙企业，不是个人，只是个人的计税方式是按股息红利计缴。

三是，如果是法人合伙人，按照目前的企业所得税纳税申报表，是直接在调整表中进行处理，对于法人合伙人，自然没有扣缴一说，因此纳税地是回归到法人合伙人所在地计算缴纳，如果有总分机构的，可能存在不同机构之间的分摊缴纳，不管合伙企业在哪里，纳税地在法人合伙人所在地。

四是，《财政部 国家税务总局关于创业投资企业个人合伙人所得税政策问题的通知》（财税〔2019〕8号），这是对于合伙企业的一个例外规定，我们在后面将继续进行分析，其规定：

（二）股息红利所得。单一投资基金的股息红利所得，以其来源于所投资项目分配的股息、红利收入以及其他固定收益类证券等收入的全额计算。

个人合伙人按照其应从基金股息红利所得中分得的份额计算其应纳税额，并由创投企业按次代扣代缴个人所得税。

这份文件明确规定由合伙企业代扣代缴个人所得税，笔者假设一下，如果个人在宁波设立了一家合伙企业，投资某公司的股权所在地在杭州，那么依据该文件，应在宁波代扣代缴入库，如果宁波的合伙企业没有代扣代缴，那么得到的结果是可以按照税收征管法的规定进行罚款处理，而个人可以在次年的 6 月底之前自行进行纳税申报，这很可能是改变了纳税地点①，对此国家税务总局公告 2018 年第 62 号文件并没有明确主管税务机关的判断标准，笔者认为可以在合伙企业经营地，也可以在个人居住地或常住地。如果要求一个人到所投资的公司所在地去自行缴纳，实施起来不现实，对于浙江文件提到的代扣代缴，其实也并不是对纳税地点的规定，应是代扣代缴的职责履行问题，因为纳税地点与代扣代缴主体所在地并不等同。

当前很多公司设立了员工持股平台，如果其在宁波设立了一家合伙企业作为持股平台，当地有比较成熟的财政支持政策，其所投资的企业在深圳，深圳是主要的分红来源地，依浙江的文件，应是在深圳代扣代缴个人的股息红利个税并缴纳入库，而不是在宁波缴纳个税，现实中这种操作是不是出错了呢？虽然宁波是计划单列市，政策并不完全适用浙江的文件，但从大的环境来考虑，笔者认为并不尽然，而且深圳的派息企业也并没有当地的文件要求代扣代缴。再进一步分析，如果是深圳的一家上市公司，上市公司对于个人派息有相应的差别化征税政策，还有免税的情形，此时我们在代扣代缴时是不是认可其有享受免税的政策呢？前面我们分析过，合伙企业作为股票持有人的，并不能享受到差别化股息红利的优惠政策，这个比较有共识。其实，从合理性角度分析，股息红利是从被投资企业取得的，将税收留在利润创造地是合理的，也便于征管；但需要明确依据，而不是简单的认定处理，否则很容易打乱正常的跨地区的投资关系，引致不必要的可能存在的重复纳税的问题。从目前政策来看，并不能得出支持浙江税务观点的依据。

3.5.4 对合伙企业个人合伙人适用的股息、红利、利息个税政策的错误理解

首先，依据财税〔2000〕91 号文件规定，对于个人独资企业和合伙企业所取得的

---

① 《国家税务总局关于个人所得税自行纳税申报有关问题的公告》（国家税务总局公告 2018 年第 62 号）规定：
三、取得应税所得，扣缴义务人未扣缴税款的纳税申报
纳税人取得应税所得，扣缴义务人未扣缴税款的，应当区别以下情形办理纳税申报：
（一）居民个人取得综合所得的，按照本公告第一条办理。
（二）非居民个人取得工资、薪金所得，劳务报酬所得，稿酬所得，特许权使用费所得的，应当在取得所得的次年 6 月 30 日前，向扣缴义务人所在地主管税务机关办理纳税申报，并报送《个人所得税自行纳税申报表（A 表）》。有两个以上扣缴义务人均未扣缴税款的，选择向其中一处扣缴义务人所在地主管税务机关办理纳税申报。
非居民个人在次年 6 月 30 日前离境（临时离境除外）的，应当在离境前办理纳税申报。
（三）纳税人取得利息、股息、红利所得，财产租赁所得，财产转让所得和偶然所得的，应当在取得所得的次年 6 月 30 日前，按相关规定向主管税务机关办理纳税申报，并报送《个人所得税自行纳税申报表（A 表）》。
税务机关通知限期缴纳的，纳税人应当按照期限缴纳税款。

股息、红利、利息，按照国税函〔2001〕84号文件规定，对于个人合伙人单独适用20%计算个人所得税。但是，对于这个问题，似乎多有人误解，在规则层面又没有解释清楚。下面，我们结合一个案例进行说明。

【案例】在上面的案例中，张三与王五的合伙企业并不是直接投资茁壮有限公司，而是再与李四一起设立了一家合伙企业，我们称之为张王李合伙企业，再投资茁壮有限公司。张王合伙企业出资50万元，李四出资50万元。

若2019年茁壮有限公司分红40万元，张王李合伙企业取得所得40万元，共计40万元可分配，张王合伙企业取得20万元，分配到张三是12万元，王五是8万元，此时，我们来计算一下两个人2019年各需要缴纳的个税是多少。

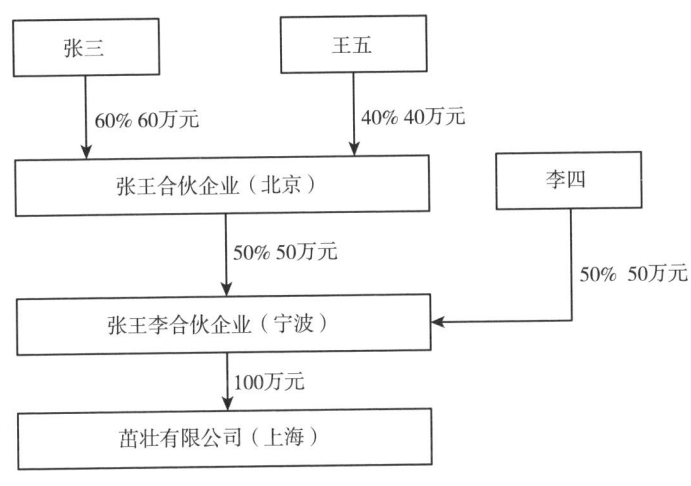

图3-12 相关合伙企业的架构

分析：在上面的案例中，我们如何理解"合伙企业对外投资分回的利息或者股息、红利"，前面分析过，此处再结合案例说明一下。如果是一层合伙企业，很好理解，比如上面的案例中，张王李合伙企业取得的分红是40万元，但说到张王合伙企业时，其取得了其中的50%即20万元，是经营类的所得还是取得的对外投资（投资到另一个合伙企业）分回的分红呢，即合伙企业作为合伙人出资时，从所投资的合伙企业分配的所得是不是全为分红呢？这个理解看似有商业合理性的存在，对外投资于公司作股权投资是投资，投资合伙企业也是投资啊！但这个理解是错误的，一是利息、股息、红利，其中对于利息，可以借给个人，也可以借给其他合伙企业，这没有问题。单层合伙架构向上穿透到个人，多层合伙架构时要不要全部穿透实践当中有两种意见，而且对于股息红利，笔者认为在当前税制下，是对于缴纳企业所得税的组织如公司来说的，不适用于合伙企业本身也有股息红利的分配；二是对于张王李合伙企业的经营所得，也应属于张王合伙企业的经营所得，无论几层合伙架构，全是穿透向上的关系，对于法人企业来讲，是应纳税的所得，而不是可以享受免税的股息红利。结合上面的案例，我们否定了其从另一个合伙企业取得所得全视为股息红利的观点，那么，对于底层合伙企业收到分配的股息红利，政策上认为，是需要单独计算个税的，由此应继续向上穿透，即认为张王合伙企业取得的也是股息红利。所以在这个案例中，对于其分配的所得20万元，张三分配12万元，王五分配8万元，这是确定的；计税上会存在两种意见：一是张三分配了12万元股息红利所得，王五分配了8万元股息红利所得，按照20%计税；二是如之前我们分析的，股息红利只能穿透一层，二层及以上层以上视为张王合伙企业的经营所得，并入张王合伙企业的经营所得中（当年没有其他经营所得），张三分配12万元经营所得，王五分配8万元经营所得，进而进行计税。于是，形成表3-22所示的两种计税结果：

表3-22　　　　　　　　　　两种计税方式及税额

方式	名称	计税（直接以汇算清缴的结果计算，不考虑预缴情形）	税额合计
方式一：股息红利	张三	股息红利计税：12×20%＝2.4万元	2.4万元
	王五	股息红利计税：8×20%＝1.6万元	1.6万元
方式二：经营所得	张三	经营所得12万元计税：12×20%－1.05＝1.35万元	1.35万元
	王五	经营所得8万元计税：8×10%－0.15＝0.65万元	0.65万元

在这个案例中，选择经营所得较股息红利计税有利，要看适用的税率档次，但这不是可以选择的事项，只是对于政策不确定性，大家可以视情形判断。国税函〔2001〕84号文件提到的是利息、股息、红利，上面提到的是股息红利，利息也是一样，比如是张王李合伙企业对外借款取得的利息，也同样面临上面的问题。

但是请特别注意，如果茁壮有限公司并不决议分配股息红利，我们此时是绝不能以合伙企业的税收规则去计算茁壮公司未分配利润应分的利益进行计算合伙人的所得税。

对于利息收入，对于其归属期的判断，主要是收入的实现时点，通常我们理解可以按照合同约定的支付时间来确认。一般来理解，现实中个人对外借款，在计算所得的个税应税时点时，是在实际取得时，并不是在约定支付日，这是个税法中对于所得的一个基本理解原则，比如欠发的工资不发，肯定是不需要扣缴个税与不需要纳入汇算清缴来计个税，而是在实际发放时确认所得。对于以合伙企业名义对外借款取得的利息，如果按照视同个人借款来理解，那么按照真正"到手"的利息来计税才是对的，这种情形应与合伙企业对外应取的利息是不同的，笔者还是认为按约定的应收时点来确认，到时无论是不是收到，都宜认为是有了所得。作为一个主体，收入的实现并不按照收付实现制，而是权责发生制，以约定日期来判断也是借鉴了企业所得税的规则，在现实当中，如果有的合伙企业就按照实际收到来掌握，也未尝没有沟通的理由,本来财税〔2000〕91号文件规定的收入类型中就包括了利息收入,说明应用一个经营主体的概念来思考收入时点问题而不是完全套用个人借款的适用规则来判断。同时我们还要考虑,如果对外借款的资金来源于合伙企业本身的融资,并不是合伙人的出资,此时就存在矛盾了,利息收入单独计税,利息成本是否可由合伙企业经营所得中扣减,这就是拆分所得的计税规则一个问题的症结所在。整体来看,合伙企业、个体工商户、个人独资企业等确认收入与企业所得税类似,不像个人其他的那些所得项目,按"实收时点"确认收入。

3.5.5 合伙企业经营所得的纳税地分析

上面我们提到了利息、股息、红利的纳税地与所得计税属性的分析,顺便也对多层合伙架构下经营所得的纳税地进行了附加说明,这个情形显然不够清楚,因为这涉及地方利益与税种协调的问题。财税〔2000〕91号文件规定的在合伙企业实际经营管理所在地申报缴纳个人所得税的规定成为原则,比如下面的这个案例。

【案例】两个自然人甲与乙各出资100万元设立A合伙企业,A与丙各自出50万元,设立了B合伙企业,B投资了C有限公司,其中A在武汉,B在天津,C在深圳,我们来分析一下经营所得的纳税地判断。

分析:依照常规理解,我们假设在2019年B合伙企业转让了C公司的股权,取得所得是2 000万元,有了较高的溢价利益,那么对于甲、乙、丙三个自然人,其经营所得的纳税地在哪里呢?由于是经营所得,每个个人出资人的合伙企业实际经营管理所在地,甲与乙是在武汉,丙是在天津,因此各自向相应的合伙企业所在地主管税务机关申报缴纳个人所得税。但此时B合伙企业的税务机关认为,甲、乙两个人的投资收益是来源于在天津做出的决策,是有直接相关利益体现的,应"向下"穿透到天津,在最底层的合伙企业地计缴经营所得的个税。而甲、乙则认为,我们与丙自然人合伙设立了企业,我们是有限合伙人,丙是管理合伙人,我们的实际管理地还是在武汉,而且当地税务机关经常要求我们进行预缴申报与汇算清缴申报,他们认为是"向上"穿透到顶层的合伙企业计缴个人所得税。那么,到底谁对谁错呢?

对于这个问题,有的地方税务机关对所得税事项也是进行了一些探讨。

《湖北省地方税务局关于企业所得税有关政策执行口径的通知》(鄂地税发〔2009〕37号):

六、关于合伙企业中法人合伙人的纳税地点问题。《财政部、国家税务总局关于合伙企业合伙人所得税问题的通知》(财税〔2008〕159号、省局鄂地税发〔2009〕4号转发）规定，合伙企业生产经营所得和其他所得按"先分后税"的原则处理。合伙人是法人和其他组织的，缴纳企业所得税。根据企业所得税法规定，居民企业之间的股息红利等权益性投资收益为免税收入，为防止税收流失，合伙企业中法人和其他组织应缴纳的企业所得税由合伙企业的主管税务机关负责征收管理。

以上政策问题，如国家税务总局有新规定，按新规定执行。

笔者还没有理解清楚为何还要提出居民企业之间的股息红利免税，跟后面要求法人合伙人在合伙企业所在地缴纳企业所得税的意见并不关联，比如合伙企业在武汉，这个法人合伙人在武汉如何缴纳，单独计算分配的应纳税所得额吗？计算出来在当地入库，回去后不再核算了，还是核算到法人合伙人所得中再抵减预缴税款？这个逻辑本身是违背了企业所得税法对于法人整体计税的原则，是不对的，从当前纳税申报表对于合伙企业的调整要求来看，是肯定要计入法人合伙人的申报表的，那在这种情形下，能否要求在当地分摊企业所得税呢，这也没有依据。所以说，国家税务总局并不需要新规定，需要一个基本的原则就可以否定湖北的这个意见。

《天津市地方税务局关于合伙企业合伙人分别缴纳所得税有关问题的补充通知》（津地税所〔2008〕14号）提出：

我市《关于合伙企业合伙人分别缴纳所得税有关问题的通知》（津地税所〔2007〕17号）①下发后，部分单位反映对合伙企业中的法人合伙人如何缴纳所得税问题不明确。经研究，现补充通知如下，请一并遵照执行。

合伙企业生产经营所得和其他所得，按照国家有关税收规定，由合伙人分别缴纳所得税。对合伙企业中的法人合伙人分得的生产经营所得和其他所得，法人合伙人可在合伙企业注册地地税局缴纳企业所得税，也可到法人合伙人投资者所在地缴纳企业所得税。法人合伙人的纳税方式一经确定，该纳税年度内不得随意变更。

但是，此文件当前已废止，《天津市地方税务局、天津市国家税务局关于公布废止或失效税收规范性文件的公告》（天津市地方税务局、天津市国家税务局公告2016年第13号）明确规定：

根据国家税务总局开展税收规范性文件清理工作的有关要求，市地方税务局和市国家税务局对联合发布的所得税类规范性文件进行了全面清理，现将清理结果公布如下：

---

① 《天津市地方税务局、天津市国家税务局关于合伙企业合伙人分别缴纳所得税有关问题的通知》（津地税所〔2007〕17号）提出：对合伙企业中的法人合伙人分得的生产经营所得和其他所得，仍按财税〔2000〕91号文件规定，以法人合伙人名义在合伙企业注册地地税局缴纳企业所得税。如国家出台新的税收政策，按新政策执行。

一、全文废止或失效的文件

（一）天津市地方税务局天津市国家税务局关于合伙企业合伙人分别缴纳所得税有关问题的补充通知（津地税所〔2008〕14号）

下面是企业所得税年度纳税申报表的调整明细表，其中涉及的法人合伙人经营所得填报说明有这样的解释：

"（五）合伙企业法人合伙人分得的应纳税所得额"：第1列"账载金额"填报合伙企业法人合伙人本年会计核算上确认的对合伙企业的投资所得。第2列"税收金额"填报纳税人按照"先分后税"原则和《财政部 国家税务总局关于合伙企业合伙人所得税问题的通知》（财税〔2008〕159号）文件第四条规定计算的从合伙企业分得的法人合伙人应纳税所得额。若第1列≤第2列，第3列"调增金额"填报第2-1列金额。若第1列＞第2列，第4列"调减金额"填报第2-1列金额的绝对值。

试问我们可以不作此调整而单独在合伙企业所在地计缴企业所得税，这显然违背财税部门的规定了。上面说的是企业所得税，我们只是解释一下这里有不同的理解，再进一步看看关于个人所得税地方政策，笔者从网上看到某市税务局2013年明确了一个执行口径，可以参照一下：

纳税地点的问题。对在我市注册的股权投资合伙企业合伙人为外省市注册合伙企业，其合伙企业合伙人包含自然人的，应采取穿透的方式征收个人所得税，即按照我市合伙企业中外省市注册合伙企业比例乘以外省市注册合伙企业中自然人所占比例进行计算征收个人所得税。

这个穿透就是向下穿透，而不是向上穿透，看来是反其道而行之。在这儿我们就不得不说一下合伙企业的纳税地与利益归属关系问题，如果某个地区的招商政策中，对于股权基金的合伙企业有相应的支持，但是如果投资人在这个地区设立的合伙企业都是中间通道的层级，或者如某市这样，成立的是最底层的，且当地又没有个人合伙人的，这样如果按照个人投资人纳税地在不同层的合伙企业所在地缴纳的话，底层地区税款就严重缺乏了，而合伙企业缴纳的增值税及其附加税费等，就算有也并不多，因此某市出台这样的执行政策，也是没有办法之策，我们也理解了湖北、天津对于法人合伙人的纳税地进行明确的初衷了。因此我们的投资人在选择设立地的时候，要考虑这些地方性口径的影响，不能光看到地方的奖励扶持招商政策的"诱人"之处。

3.5.6 合伙企业的经营所得与股息、红利、利息所得是应收所得，却不一定是实际所得

通常来讲，需要缴纳个人所得税的所得，是个人已实现的所得，但是对于合伙企

业的个人合伙人,却并不必然是这样,它与个体工商户、个人独资企业、公司性质的投资运营主体是有差异的。下面,我们来分析一下,让我们的投资人知晓其规则,并且也要利用其规则。

(1) 股息红利与利息所得和经营所得分别计税却一体计损益。

关于这一点,我们在之前的案例分析时,已附带说明了。比如,一家合伙企业取得的股息红利是 10 万元,但经营所得亏损了 10 万元,即需要多支出 10 万元,此时我们难道是先分 10 万元计算投资人的所得税,再投入合伙企业作为出资吗?要知道,这可不是跟公司未分配利润转增股本一样的,视为先分配股息红利再投资两个环节,这完全是两件事情,但是却纠结在一起。实际情况就是很难划分的,在这种情形下,计缴了个税,却并没有所得,这不是正常现象。特别是如前述浙江省地方税务局的理解口径,上述的股息红利还在被投资公司进行了扣缴个税的,这个时候,合伙企业还是亏损,这之间的矛盾如何合理地处理,是个易引起争议的问题。如果不是亏损情形,相较于 20% 的个税税率低于经营所得的最高 35% 的税率适用级距,存在有利之处,但由于新个税法对于经营所得的税率级距表进行了调整,所得标准较原税率表的级距大大提升了,若按 50 万元经营所得计税,跟 20% 的税负也差不多相近了。

但是,对于股息红利与利息的个人所得税,我们的个税申报表中并没有对于个人合伙人单独适用的报表,据了解是在自然人电子税务局(扣缴端)分类所得中完成的,这样一来,可能会存在征管的漏洞,因此对于合伙企业的税务检查,一定要关注两类所得的划分与缴纳情形,可以进一步延伸到业务经营类型,结合银行账户的流水、合同与工商登记公开的信息等进行查阅等。

其实大家也不必担心,认为这样是不是合伙人在税收上吃亏了,并不必然:

一是,如果股息、红利、利息与经营所得都是正所得时,各自计个税,不存在吃亏的问题。

二是,如果股息、红利、利息计税了,但是经营所得是亏损了,个人没有取得实际所得,企业还能持续经营,相应的支出是需要未来的经营所得来弥补的,在这种情形下,相当于换了一种纳税方式。为了便于理解,我们结合一个案例进行说明。

【案例】 自然人甲、乙设立合伙企业,2019 年取得了对外借款的利息 20 万元,经营活动计算下来,当年亏损 20 万元,会计账面体现出的利润为 0。利息收入与经营业务收支是一起核算的，没有分开核算的要求与需要，合伙企业的出资全部对外进行了投资，公司账面没有可供分配的资金（如果有资金，是可以实际进行分配利息的），按照税收制度的规定，需要按20%计缴个税，即4万元个税需要缴纳。但是，在计算经营所得的应纳税所得额时，却是可以将20万元的利息收入拆出来不作为收入的，于是就形成了20万元的亏损，第二年是可以用经营所得来弥补的，最长弥补期为5年，所以这相当于为经营所得未来少计税作了"贡献"。

经过笔者与相关权威专家的沟通，认为在这种情形下，应允许利息、股息、红利弥补亏损，而不是强制计税"分割"所得，笔者非常赞同这一点。

（2）合伙人的计税所得是"先分后税"的所得，是"可分的应纳税所得额"。

财税〔2008〕159号[①]文件明确规定：

三、合伙企业生产经营所得和其他所得采取"先分后税"的原则。具体应纳税所得额的计算按照《关于个人独资企业和合伙企业投资者征收个人所得税的规定》（财税〔2000〕91号）及《财政部 国家税务总局关于调整个体工商户个人独资企业和合伙企业个人所得税税前扣除标准有关问题的通知》（财税〔2008〕65号）的有关规定执行。

前款所称生产经营所得和其他所得，包括合伙企业分配给所有合伙人的所得和企业当年留存的所得（利润）。

……

五、合伙企业的合伙人是法人和其他组织的，合伙人在计算其缴纳企业所得税时，不得用合伙企业的亏损抵减其盈利。

网络上有较多的关于"先分后税"的文章，但往往在分析到第一层级就结束了，没有考虑整体的核算与计税影响，文件其实没有特别说明个人合伙人适用的"利息、股息、红利"的单独计税规则，而法人合伙人又不存在适用单独计税的规则，这一点，我们要分别考虑如何计算不同合伙人主体的所得额。另外财税〔2000〕91号文件只提到了经营所得的分配，没有提其他所得，我们或许可以理解为其他所得是利息、股息、红利所得，因为本身这也是"先分后税"的计算所得与税额的方式。

本书中所述的内容及所举的案例中，对于"经营所得"的分配额，笔者没有特别解释合伙人分的是什么，这不等同于分利润，不是就会计上的核算结果进行分配的金

---

① 财税〔2008〕159号，即《财政部 国家税务总局关于合伙企业合伙人所得税问题的通知》。

额。对于"先分后税"的误解，造成了现实中多有企业理解与操作不到位，但是如果理解了所得税的整体衔接关系，就理解了为什么这样规定了。

情形一："先分后税"，是"可分计税"的意思。

传统意义上，我们理解的"分"，是指分配、分得、取得，尤其指真实的分配，但是这份文件的意思并不是指真的分配，是可供分配的意思，可供分配了，就算为投资人的所得要求计税了。为什么这样要求呢？因为合伙企业不缴纳企业所得税，那么依据规定就是由投资人算所得，个人直接计算所得税。企业则依据计算出来的分配所得，并入当年度的应纳税所得额计算，如果以前年度有亏损的，分配的所得额可以弥补亏损，最终不一定要计缴所得税，个人主体与企业主体的计税规定不相同（见表3-23）。

表3-23　　　　　　　　　　"先分后税"的所得性质

所得性质	先分后税	说明
利息、股息、红利	计算分配，不考虑成本费用，是"毛收入"的可分配	法人合伙人的可分配部分没有要求需要单独计为所得
经营所得（亏损）	不分，最多用以后5年所得弥补	不得由法人合伙人本身的所得弥补合伙企业的亏损
经营所得（盈利），含弥补以前年度亏损后有所得	计算分配	纳税调整计算

当然，有的人提到，财税〔2000〕91号与国税函〔2001〕84号文件发布的时候，当时合伙企业只有个人投资人，而到了2006年《合伙企业法》修订后才引入了企业投资者，因此利息、股息、红利也要参照个人投资者独立计算的原则，并不像上面分析所说对于个人合伙人与法人合伙人是不同的分配规则，而是一致的规则。笔者认为，这样解释，也未尝不可，毕竟不用纠结计算中算不清的问题了。

可分计税的问题是，如果当年度计算出来有计税所得，后面年度又亏损，最终清算关门或过了5年亏损弥补期，或许会有人感觉到不公平。在这儿，合伙企业跟公司缴纳企业所得税的规则有相近之处，因为税务机关也无法预知合伙企业未来的运营结果如何。

情形二：投资人计所得税的所得额分配的不是利润，是应纳税所得额。

上面我们分析了"先分"的问题，先是指不用等到实际分，先虚分计税，那么分的是什么呢，是经营所得与其他所得，经营所得是什么呢？不是利润，是应纳税所得额，也就是说，合伙企业也有一套收入、税前扣除事项的确认与调整方式，是需要对利润额进行纳税调整的，相应的调整标准在文件中有规定，主要是对税前扣除费用的调整标准，基本上是借鉴了企业所得税的规定，但未引入研发费用加计扣除、不征税收入等政策，主要原因是个人所得税法对此没有规定，没有上位法依据引入这些扣除项目。可能财税部门在制定个人所得税和企业所得税的税前扣除办法时，尽量拉平两者的税收政策，在税基方面实现平衡。但是跟企业所得税的标准相比，还是比较粗略，也有没有规定明确的地方（见表3-24）。

表3-24　　　　　　　　　　　不同事项的扣除标准

事项	扣除标准
工资薪金	向其从业人员实际支付的合理的工资、薪金支出，允许在税前据实扣除
工会经费	在工资薪金总额2%的标准内据实扣除
职工福利费	在工资薪金总额14%的标准内据实扣除
职工教育经费	在工资薪金总额2.5%的标准内据实扣除（企业所得税已放宽到8%）
广告费和业务宣传费用	不超过当年销售（营业）收入15%的部分，可据实扣除；超过部分，准予在以后纳税年度结转扣除
业务招待费支出	按照发生额的60%扣除，但最高不得超过当年销售（营业）收入的5‰
资产的税务处理	个体工商户资产的税务处理，参照企业所得税相关法规和政策执行。个人独资企业与合伙企业参照个体工商户的标准执行

还有一些调整事项，在《个体工商户个人所得税计税办法》中有过相应的明确，而依据财税〔2000〕91号文件，除有其特别规定外，凡实行查账征税办法的，生产经营所得比照《个体工商户个人所得税计税办法（试行）》（国税发〔1997〕43号）确定，国税发〔1997〕43号文件被《个体工商户个人所得税计税办法》（国家税务总局令第35号）替代，后者在2018年又进行了修订。

【案例】 某合伙企业2019年利润表中的利润额是20万元，有两个自然人合伙人，各出资50%并据此分配，实行查账征收。在2019年度对其经营所得进行汇算清缴时，进行了上述各种事项的调整，纳税调整后的所得，即经营所得是30万元，两个自然人可分配的应纳税所得额是30万元，每个自然人15万元，按15万元计算经营所得的个人所得税，并抵减预缴的个人所得税，多退少补。

每个人的经营所得个税：$15 \times 20\% - 1.05 = 1.95$ 万元，此时的税后所得是 $10 - 1.95 = 8.05$ 万元，可并不是 $15 - 1.95 = 13.05$ 万元，因为将10万元调整为15万元的目的，只是为了按国家的政策规定算税，保障国家的财政收入，所以后者的理解是错误的。

在现实中，有的合伙企业并没有多少费用发生，也有的合伙企业是核定所得额征税，不实施查账征收的方式，对于前者，有时利润额就是经营所得额，而且，合伙企业本身的调整,并没有如企业所得税审核得严格,可以说,有的投资者个人可能也不大明白如何调整,直接用利润额来申报的大有人在,税务机关可以对此进行有效地核算。对于核定,不存在调整,除非出现税务机关重新调整所得率等情形。

【案例】某合伙企业从事管理咨询业务,税务机关给予核定的所得率是10%,后来企业注销。之后,因为当地实施全面核查,发现这家企业的业务范围与实际业务有差异,这家企业实际是转让了一笔股权,没有其他的业务收入(或者有的单位是零星的服务收入,有的只是为了看起来有咨询业务),税务机关认为企业有虚假提供信息的行为,要求按照20%或者按5%—35%补交个人所得税,这有没有问题呢?

分析:笔者认为,依据财税〔2000〕91号文件,此核定是税务机关正式确定的,在这个空间上,最多可以理解为当时税务机关核定的所得率低了。比如我们看到,合伙企业的其他所得的应税所得率最多是30%,这时计算最高税负也就35%×30%=10.5%,这也比20%低得多啊。况且企业通过正常的注销办理完了,相应的经营所得的纳税主体已消失,除非认为计算经营所得时有偷逃税款的问题,可以启用偷逃税款的追缴。如果只是核定后注销又不予认可的话,理解上并不能得到法规的支持可以追缴。对于个别筹划的案例,仍需要谨慎,毕竟纳税人可能不限于此问题。

还有的税务人士提出来,即使是核定征税的合伙企业,也需要按照规定建立账册,税务机关依然需要查验银行流水,支出真实性,这个理解,笔者不是很认同。本身正是因为主要没有账册才进行核定的。该观点认为,虽然没有账册,但是银行的流水支出我得看是不是真实的支出了,比如款项转到投资者个人名下进行的一些支出(甚至没有支出),是不是认为没有支出,就不予认可核定计税了?这个逻辑,比如企业发生的支出,根本就没有真实的现金流出,难道就不予认可了,只能说核定本身确实会跟真实的业务有差异,或者说,核定本身确实是存在漏洞的,但不代表核定之后还要进行查验核定的所得率是不是真实是这样的。

(3)合伙企业"先可分计税"与"实际分配利润"的差异管理。

上面我们分析合伙人计税的所得,是分配的计税之用的应纳税所得额,而非真正要分配的所得额,仅仅是计税之用,最终分配多少,要看利润额。进一步看,在当年度计算出来结果之后,不管能不能分配、有没有资金分配,仍是要算所得进行计税,由于已纳过税了,在后面实际分配时,就不再需要计税了,我们的财务人员千万不要在实际分配时因为疏忽再计一遍税,比如有的法人合伙人在会计核算中,对于未作分配的合伙企业的应纳税所得额是不会记入账中的,通常是在实际分配时才会记入账务中。

【案例】 长丰合伙企业由一个自然人合伙人与一个法人合伙人出资设立，前者出资10万元，后者出资990万元，约定的利润分配方式是自然人20%，法人合伙人80%，自然人是普通合伙人，法人投资人是有限合伙人。2019年度长丰合伙企业取得利润额是200万元，经营所得经过纳税调整后的应纳税所得额是300万元，除此之外没有取得股息红利、利息所得。长丰合伙企业在2020年2月实际分配了利润200万元①，确认已到账。

分析：出资额不代表分配的比例，可以进行约定分配比例，当年可分配的应纳税所得额是300万元，自然人合伙人计税所得额应分60万元，法人合伙人计税所得额应分240万元，并据此计算经营所得的个税。计算结果见表3-25。

表3-25　　　　　　　　　　个税计算结果

纳税人	计税
自然人合伙人	60×35% - 6.55 = 14.45万元
法人合伙人	当期计入法人企业应纳税所得额，一并计算当期应纳的所得税，汇算清缴申报表中进行纳税调增240万元处理

自然人合伙人需要在2020年3月31日前进行经营所得的汇算清缴，并按14.45万元的结果进行多退少补，税款是需要由个人单独支付的。法人合伙人在2019年度会计账上也并不需要核算投资收益，但在汇算清缴时，纳税调增240万元所得，一并在2020年5月31日前进行汇算清缴计税，如遇国家政策调整可以延期纳税的，则依此规定。请注意，这是计税所得额，不是未来真实分配给自己的所得额。2020年2月，合伙企业进行了真实的分配，分的总金额是200万元，此时自然人合伙人分得40万元，法人合伙人分得160万元，较纳税所得额分别少20万元与80万元，那么此时原来已按照60万元与240万元所得计税，能否向税务机关申报退税呢？答案是不能申报的，这也是不对的，下面我们分析一下其中的原因。

这个案例的数据200万元与300万元可能有点差距过大，对于纳税人的影响比较大，但是这也是有可能的，这就是因为计算应税所得的金额是需要纳税调整的，并不是自己核算的利润金额，免税的可以剔除，税前扣除受限的进行调增，各种调整汇集后，通常纳税人调整后的应税所得会大于利润所得，此时实际得到的金额，除了时间性的差异外，也存在金额上的差异。

---

① 注意，因为合伙企业并不是自己缴纳所得税，跟公司不同，不存在分配税后利润的概念，由于长丰合伙企业在2019年末分配利润，相应的个税在预缴时，由个人的账户中支付，如果是汇算清缴，在次年3月31日前完成，此时如果分配了所得，则有现金可以补充进来去缴纳，如果是经营所得的汇算清缴结束后才分配，自己需要先垫付相应的税款。

对于法人合伙人，2020年分配的160万元会计上计入了投资收益，并入了当期的利润总额，在2020年度汇算清缴时，就需要进行纳税调减处理，因之前此部分利润对应的应纳税所得额已计缴企业所得税了，不能重复计所得，金额有差异是正常的，对此大家也可以理解，跟一般的企业所得税时间性差异调整是不同的，一般的时间性差异调整，调增额与相应的调减额是对应的，这个却是不同的，2019年调增的是240万元，2020年调减的是160万元，这就相当于，将不缴纳企业所得税的合伙企业的利润额，也处理的跟企业所得税一样，纳税调整了，这样两者之者也就是平衡了，没有漏洞了，这一点需要财务专业人员关注。

那么，为什么要对合伙企业的经营所得进行独立调整，而不是将合伙企业的收入、各项成本费用等分别按比例拆分并入法人企业的相关项目进行统一调整？实际情形并不是这样，我们可以假设一下，如果合伙企业的利润是200万元，按合伙企业的调整规则进行纳税调整后，其中有240万元属于法人合伙人的应税所得，并入后计税，不是也行吗？如果不就合伙企业的利润进行纳税调整，只对于法人合伙人自己本身经营的部分，要进行企业所得税的纳税调整，那么对合伙企业的经营所得不进行纳税调整的话，是遗漏管理的，因此需要进行调整，才是合适的。现在的政策就是让合伙企业自己按其适用的政策调整出来自己的应纳税所得额，而不是将合伙企业收入、支出并入法人合伙人的每一项中进行统一调整，只是不足之处在于现在的调整规则上，两者并不是完全一致。

【案例】如上述合伙企业分配利润的行为发生在2019年12月31日，即当年算完收益就进行了分配，分配的金额是200万元，即自然人分得40万元，法人合伙人分得160万元。在这种情形下，纳税调整后的应纳税所得额仍是300万元，但是当期纳税人取得了所得，对于个人，有了纳税的必要资金，不用自己掏"腰包"了，对于法人合伙人，会计上也核算了160万元的投资收益，其纳税调整时，账载金额填报160万元，税收金额填报240万元，则当期纳税调增80万元，这是一个2019年度当年的事项，不是跨年的调整，两者的差异是纳税调整所致。

顺便提一下，有的合伙人提出，如果没有取得所得，先计税，按照纳税必要资金原则显得不合理。其实，这不是纳税义务形成的障碍，对纳税必要资金原则，有的情形确实有考虑，如个人非货币性资产用于股权投资，可以分5年计缴个人所得税。

【案例】如上述合伙企业运营完了2019年度后未进行利润分配，在2020年1月，自然人合伙人将合伙份额转让给了肖某，转让价格是20万元，此时转让所得是20 - 10 = 10万元，财税转让所得的个税是2万元，这样计算对不对呢？

分析：这是不对的。由于2019年度自然人合伙人是拥有完整的合伙份额的，其纳税义务是完整的，因此原个人仍需要进行汇算清缴，利润所得200万元，其相应计算出来的应纳税所得额300万元，分配计税所得是60万元（300×20%），此时应纳个税是14.45万元，也就是说，在合伙企业的所得中，有其已纳过税的税后所得是40万元（200×20%），但这个所得并不是合伙企业已记入"应付分红"的项下，仍是在合伙企业资产额与利润额当中（有的可能记入投资额中了），由于该自然合伙人原始投资了10万元，还有40万元已纳税所得，如果此时其从合伙企业减资取得50万元（含成本及分红），是不需要纳税的。现在该自然人想把这个分红权及投资成本转让给肖某，如果真的转让价定为20万元，那是亏的，如果此时转让价定为50万元，应不存在财产转让所得，50-（40+10）=0万元。为何不是减60万元而是账面上的留存收益40万元呢，这是因为60万元仅仅是40万元的一件"外衣"，是一个算税的虚拟数据，对应的所得还是40万元，注意这40万元是一个净所得，因为税款是由自然人已缴纳的，并非从40万元中拿出来一部分纳税。反之，如果应纳税所得额是100万元，利润总额是200万元，这也是有可能的，此时扣除额的计算仍以200万元为基数。

所以，该自然人合伙人要算清自己要不要缴纳先分后税的经营所得或其他所得的个税后，再考虑转让的价格。实践当中，笔者认为，不排除有的代账人员或会计人员给投资者个人办理汇算清缴时，就是以次年汇缴时登记在册的人员为准，其实这其中有易算错的地方。

若肖某于2020年1月以50万元取得合伙份额后，长丰合伙企业于2020年2月分配利润，属于其从卖家手中购入的部分，此时宜作为投资金额的收回，而不是其取得的经营所得，因为经营所得已有人纳过税了。对于2019年度经营所得汇算清缴，是由原自然合伙人办理，还是肖某来办理呢？显然，汇算清缴是原自然人转让人的汇算清缴，跟肖某没有关系。自然人合伙人转让份额时，新税法将其作为财产转让所得，其转让的财产转让所得中，包括原合伙人的出资、其在合伙企业中已税未分的积累，以及本年度汇算清缴应分利润等部分。原合伙人其实把2019年度作汇算清缴的权责都转让了，因为很少有这种转让发生在年初、年末，很多时候会发生在年度中间，合伙企业变更了自然人合伙人，在不是年度终点时，不需清算，不需要一个年度有两个个人合伙人进行年度汇算清缴，而是把相关权责一并转嫁给新合伙人，由新合伙人在次年度一并办理汇缴。在此情况下，老合伙人在季度会有预缴税款，这些要计算在转让价格中。这个过程，实际上把原合伙人的经营所得和部分财产权转化为财产转让所得了。

对于上面的案例，我们并不认为原自然人合伙人将已税的利润40万元转增了出资额，不是与原来的出资10万元合并在一起出资50万元，这是因为合伙企业特殊的先分后税计税办法造成的。如果在2019年内就进行了上述转让，又没有原来已纳税的留存收益，就只需要考虑受让人的年度汇算清缴，原来转让人就转让价格减去出资成本后计算财产转让所得的个人所得税。

其实，对于先分与真分，在计税上是假设进行的，此时权益属于合伙人了，虽然没有经过常规的增资程序，其实是一种合伙人的份额资产，因为后面的经营还可能将其应分配的所得用于成本费用方面的支付，也可以认为是合伙企业欠个人的，在转让时，并不是将此部分"赠送"给受让人。从本质上看，税不重征是一个核心的判断前提。只是我们的财务人员要关注，计税的所得额与利润额可能会存在差异，并不一定一致。相较于个人转让公司股权的收入，为何留存收益不给扣减，那是因为就未分配利润部分没有征过税，因此无法增加投资成本，直接视为财产转让所得计20%的个税，转让所得与股息红利所得20%的税率是一致的，也没有形成差异。

关于这个问题，笔者也发现有的专家认为政策不明确，但从"税不重征"的角度提出应扣除"先分后税"方式计税未取走的所得部分。也有的税务局提出过相应的意见，如《广州市地方税务局关于印发〈个人所得税若干征税业务指引〔2010年〕〉的通知》（穗地税函〔2010〕141号）曾提出：

四、关于个人独资企业和合伙企业投资者转让财产份额如何征税问题

个人独资企业和合伙企业投资者转让其在企业财产份额，应以其转让收入额减除财产原值和合理费用后的余额为应纳税所得额，按照"财产转让所得"项目适用20%税率缴纳个人所得税。

对合伙企业投资者退伙时分得的财产份额，比照前款规定计征"财产转让所得"项目个人所得税，但在计算投资者应纳税所得额时，可扣除被投资企业未分配利润等投资者留存收益中所分配金额。①

其中，对于转让合伙份额按照"财产转让所得"计税，在2019年开始实施的新个税法中，亦明确按此计税税目适用。之前全国并没有统一的标准，可以说广州还是有"先见之明"的大胆尝试，有的地方之前认为转让合伙分额是原合伙人退伙、受让合伙人入伙的行为，并据此认为溢价部分按经营所得以5%—35%计缴原合伙人的个税，而不是财产转让所得的20%的税率。对于广州的这个规定，有的人士提出来，它只是解

---

① 财税〔2000〕91号文件规定：第十六条 企业进行清算时，投资者应当在注销工商登记之前，向主管税务机关结清有关税务事宜。企业的清算所得应当视为年度生产经营所得，由投资者依法缴纳个人所得税。前款所称清算所得，是指企业清算时的全部资产或者财产的公允价值扣除各项清算费用、损失、负债、以前年度留存的利润后，超过实缴资本的部分。

释了退伙时可以扣除留存收益中待分配的金额,并没有提到转让合伙企业份额时可以扣减,笔者认为宜等同处理。在旧个税法下,笔者倾向于认为退伙与入伙的处理是较好地执行了财税〔2000〕91号文件,新个税法特意扭转了这种理解,并在全国进行统一,认为此举重在统一口径,平衡了与个人转让股权的税负差异。真正的退伙需要按照经营所得计税,但转让份额按照20%计税,无疑存在增加了现实中的税负不平衡,也给了纳税人筹划的空间。对于上面的问题,也有的人士认为,能否原来的合伙人先记应收分配利润,转让时相当于转让应收利润,受让人支付的转让价包括应收分配利润和出资部分,再加上愿意支付的溢价,这也算是一种理解方式,核心还是基于留存收益的扣除。

笔者发现有专家发表的文章引用了地方政策,其中原常州市地方税务局法规处对一个问题进行了答复:

问:个人独资合伙企业投资者(合伙人)转让其持有的该企业出资份额,是否适用国税函〔2009〕285号文件,投资人或合伙人是否应当缴纳个人所得税?

答:个人独资合伙企业投资者转让出资份额,应根据"转让收入"减除转让者的"原始出资成本"及其"对应的留存收益"和相关税费后的余额,按"财产转让所得"税目征收个人所得税。

原宁波市地方税务局《关于明确所得税有关问题解答口径的函》(甬地税一函〔2012〕1号)曾提出:

问:如果自然人转让其在合伙企业的权益,由此而产生的利得是作为我国《个人所得税法》中规定的"财产转让所得"税目征收20%固定税率的个人所得税,还是按照"个体工商户"税目适用五级超额累进税率?

答:在计算权益转让利得时,应按"财产转让所得"征收。转让利得等于转让收入减去合伙人的初始投资,由于转让利得中可能隐含了合伙人留存于合伙企业的收益,这部分收益已被课税,在计算权益转让利得税时,应考虑对该部分留存收益的扣除。

结合上述这些理解与分析,笔者认为,在新个人所得税法下已将合伙份额转让明确为按"财产转让所得"计税的规则下,但仍应扣减对应的已税后的留存收益,这一点,对于个人合伙人或法人合伙人,都是一致的。

【案例】假设还是上面的合伙企业,其在2020年1月形成了巨大的损失,2019年获得的利润额200万元全部没有了,在这种情形下,2019年度的应纳税所得额是不能冲减的，因为这是发生在2020年的事项，由于对这家企业的发展前景还是相当地看好，上述个人合伙人转让给肖某的价格是80万元，此时还能否扣减2019年纳过税的留存收益呢？

分析：笔者认为，这个收益是纳过税之后的历史记录值，虽然转让时整体未分配的利润是0甚至是负数了，但可能后续还是会盈利的，即使不盈利，也不影响自然人已纳过税的"转让成本"，已缴税"买单"形成的"转让成本"是40万元，即历史上形成的留存收益发生额。仍是可以继续在计算财产转让所得时扣减的，80－（40＋10）＝30万元，个人所得税为6万元。后面是不是亏损，是2020年度的事情，况且2020年度还没有结束，不需要在这时作出判断及认为调整计算规则。

对于上面的问题，建议国家财税部门进一步明确，比如，"先分后税"部分确认为增加出资额处理，转让时相当于也认同为转让成本，受让人分配利润时相当于减少出资额，减资退伙时相当于减少出资额，投资成本的链条是连续性的，这样就不致形成重复计税的结果，说到底，这是"先分后税"的规则使然，如有专家提议，如果约定在真实分配的时候纳税，又会形成一个"纳税空白地带"，因为合伙企业本身不缴纳企业所得税，相应的利益会滞留在合伙企业，这也是不行的，所以，合伙企业的税收规则与征管规则必然还将存在需要协调与理解的地方。

（4）特定合伙企业经营所得选择使用股息红利计税方式的适用情形。

虽然我们上面分析过，股息、红利、利息在取得时，是穿透到个人合伙人按照20%计税，但是我们知道，很多私募基金以合伙企业的形式进行投资，其目的并不在于长久持有，不是以股息红利来作为主要的投资收益，作为财务投资者，追求的是短线利益，一般不会去以取得实体产业控制权为主要目标。如果是经营所得，税率最高是35%，远大于20%，所以个人投资者多有不满意之处，同时又因为之前各地政府某些部门在得到当地税务机关默认或支持的情形下，对于有限个人合伙人甚至是全部个人合伙人，允许其全部按照20%计税，这其实严重背离了税收政策的法定前提。

对于持续多年的此类情形，税务稽查部门终于进行了关注，并且提出来要进行纠正。但这遇到了很大的阻力，一是政策实施多年，二是各地政策的操作的后果也不宜由纳税人来承担，而且有的合伙企业已做好清算分配甚至注销工作，此时再让他们去追回税款，有很大的被动性。针对社会关注的创投基金税负变化问题，2019年9月6日国务院常务会议就已明确："保持地方已实施的创投基金税收支持政策稳定，由有关部门结合修订个人所得税法实施条例，按照不溯及既往、确保总体税负不增的原则，抓紧完善进一步支持创投基金发展的税收政策。"在这种情形下，财税部门既不能对于过去的税进行追缴，还需要给予全国性的明确的支持意见，涉及金融领域、资本市场，都是国家重要的经济领域，财税政策的发布非常谨慎，但必须又要给出相应的支持政策。在这种情形下，12月12日的国务院常务会议进一步决定，根据市场实际情况，综合比较国际做法，实施所得税优惠政策促进创业投资发展，加大对创业创新的支持力度。

《财政部 国家税务总局关于创业投资企业个人合伙人所得税政策问题的通知》（财税〔2019〕8号）规定，从2019年1月1日起至2023年12月31日，实施特别可供选择的政策（见表3-26）。

表3-26　　　　　　　　　　　　　特别可供选择的政策

事项	适用	说明	备注
只适用于符合条件的创投企业		符合《创业投资企业管理暂行办法》（发展改革委等10部门令第39号）或者《私募投资基金监督管理暂行办法》（证监会令第105号）关于创业投资企业（基金）的有关规定，并按照上述规定完成备案且规范运作的合伙制创业投资企业（基金）	完成备案的合伙企业
计税方式选择（3年内不能变更）	选择单一投资基金核算①	个人合伙人从该基金应分得的股权转让所得和股息红利所得，按照20%税率计算缴纳个人所得税	股息红利所得其实原来规定如此，利息与股息红利一致对待
		在一个纳税年度内从不同创业投资项目取得的股权转让所得和股息红利所得： （1）股权转让所得：年度股权转让收入扣除对应股权原值和转让环节合理费用后的余额计算。一个纳税年度内不同投资项目的所得和损失相互抵减后的余额计算，余额大于或等于零的，即确认为该基金的年度股权转让所得；余额小于零的，该基金年度股权转让所得按零计算且不能跨年结转。由创投企业在次年3月31日前扣代缴个人所得税 （2）股息红利所得：来源于所投项目分配的股息、红利收入以及其他固定收益类证券等收入的全额计算。个人合伙人按照其应从基金股息红利所得中分得的份额计算其应纳税额，并由创投企业按次代扣代缴个人所得税	投资基金管理人的管理费和业绩报酬在内的其他支出，不得在核算时扣除 本条规定的单一投资基金核算方法仅适用于计算创投企业个人合伙人的应纳税额 注意两个所得的事项均规定了由合伙企业代扣代缴的义务，对于经营所得其实也并没有了汇算清缴的必要，但是不是仍要申报，需要进一步确认操作方式②

---

① 创投企业选择按单一投资基金核算的，应当在按本通知第一条规定完成备案的30日内，向主管税务机关进行核算方式备案；未按规定备案的，视同选择按创投企业年度所得整体核算。2019年1月1日前已经完成备案的创投企业，选择按单一投资基金核算的，应当在2019年3月1日前向主管税务机关进行核算方式备案。创投企业选择一种核算方式满3年需要调整的，应当在满3年的次年1月31日前，重新向主管税务机关备案。

② 《国家税务总局关于修订个人所得税申报表的公告》（国家税务总局公告2019年第7号）附件中增加了"6.合伙制创业投资企业单一投资基金核算方式备案表"和"7.单一投资基金核算的合伙制创业投资企业个人所得税扣缴申报表"。

续表

事项	适用	说明	备注
计税方式选择（3年内不能变更）	选择创投企业年度所得整体核算①	个人合伙人应从创投企业取得的所得，按照"经营所得"项目、5%—35%的超额累进税率计算缴纳个人所得税	认为对于股息、红利、利息仍应是原有政策，依据国税函〔2001〕84号文件按穿透计个税②
		创投企业以每一纳税年度的收入总额减除成本、费用以及损失后，计算应分配给个人合伙人的所得。年度核算亏损的，准予按有关规定向以后年度结转	注意是应分配，不是实际分配，"先分后税"的一贯规则

在此之前的税收政策下，是无法推导出来"合伙企业经营所得可以选择按20%计税"的结论的，但是既然是鼓励类的政策，那么，从有利于纳税人的角度，还是值得赞许的，而且这份文件目前是规定从2019年1月1日执行到2023年底，未来政策发展如何，还不得知。不过在20%的选择权使用时，也是规定了限制条件，即只能从收入中扣减原值和转让过程中的合理税费，单一投资基金发生的包括投资基金管理人的管理费和业绩报酬在内的其他支出，不得在核算时扣除。相当于扣除项目减少了，但相对来讲，大多情形下已大很有利于纳税人了，笔者认为不宜再"得寸进尺"，况且过往的事项，也不再追究了，这其实是已充分给予了很诚意的解决方案。

创投企业选择单一投资基金核算或按创投企业年度所得整体核算后，3年内不能变更。文件发布之时，就要求之前已成立的备过案的合伙企业在2019年3月1日前决定是不是选择单一基金核算方式，2019年1月1日之后成立的应在备案之日起30日内作出选择，如果不备案，那么就直接延续旧政策，按经营所得计算。对于该基金，应是只能择一选择，而不能部分选择。

---

① 如符合《财政部税务总局关于创业投资企业和天使投资个人有关税收政策的通知》（财税〔2018〕55号）规定条件的，创投企业个人合伙人可以按照被转让项目对应投资额的70%抵扣其可以从创投企业应分得的经营所得后再计算其应纳税额。

② 如深圳市税务局在其官网对问题"合伙企业对外投资分回的利息或者股息、红利如何缴纳个人所得税？"的回复：根据国税函〔2001〕84号第二条规定，个人独资企业和合伙企业对外投资分回的利息或者股息、红利，不并入企业的收入，而应单独作为投资者个人取得的利息、股息、红利所得，按"利息、股息、红利所得"应税项目计算缴纳个人所得税。如合伙企业是符合《创业投资企业管理暂行办法》（发展改革委等10部门令第39号）或者《私募投资基金监督管理暂行办法》（证监会令第105号）的有关规定，并按照上述规定完成备案且规范运作的合伙制创业投资企业（基金），则根据财政部、税务总局、发展改革委、证监会《关于创业投资企业个人合伙人所得税政策问题的通知》（财税〔2019〕8号）的规定，创投企业可以选择按年度所得整体核算，也可选择单一核算方式。但其个人合伙人从创投企业取得的对外投资分回的利息或者股息、红利，仍应按照国税函〔2001〕84号文件规定，单独作为投资者个人取得的利息、股息、红利所得，按"利息、股息、红利所得"应税项目计算缴纳个人所得税。

这份文件中有一个值得关注的问题，其规定选择按单一投资基金核算时，其对于股权转让所得和股息红利所得，均要求由创投企业进行代扣代缴，而之前我们讨论过合伙企业的经营所得是自行申报，年度内预缴，年度结束后进行汇算清缴，不存在扣缴之说。对于股息红利，若我们再看一下原浙江省地税局的意见，由派发股息红利的单位进行扣缴，显然与此就发生了矛盾，财税〔2019〕8号文和浙江地税的文件不同之处在于，前者是合伙企业扣缴合伙人的个税，后者是被投资企业扣缴合伙企业的合伙人的个税。这一点，也正是笔者支持的。笔者认为，目前在没有特别规定的情形下，还是在合伙企业所在地缴纳最为有所保障。目前，自然人申报与合伙企业扣缴倒是都可实现申报。

文件规定，按单一投资基金核算的政策只适用于个人合伙人，并不支持法人合伙人，法人合伙人仍按原来的政策进行处理。延伸一下，如果创投企业的合伙人是另一家合伙企业，有隔层的个人合伙人是无法享受到创投企业的这个选择计税方式的，除非其本身也是一家符合条件的创投企业。不过，我们担心的是，对于取得备案认可的合伙制创业投资企业，有没有可能存在不符合条件的呢？在这种情形下，税务机关是不是有必要去查验呢，笔者认为，这并非税务机关的职责所在，只要有相关部门的备案证据认可即可，如果未来有因备案方有意进行操作带来的风险，也不宜追究责任到税务机关。相关专业人士也认为实践中税务机关更没有对此进行查验。

我们并不能完全限制创业投资企业从事的业务锁定在以股权，股息红利的方式取得所得，还可能存在其他的经营项目收入（大多数私募不从事其他业务），那么相应的个人合伙人的计税方法仍按传统的规定执行。

文件中似乎有一个可能造成误解的地方，如选择单一投资基金核算时：

个人合伙人按照其应从基金年度股权转让所得中分得的份额计算其应纳税额，并由创投企业在次年3月31日前代扣代缴个人所得税。如符合《财政部 税务总局关于创业投资企业和天使投资个人有关税收政策的通知》（财税〔2018〕55号）规定条件的，创投企业个人合伙人可以按照被转让项目对应投资额的70%抵扣其应从基金年度股权转让所得中分得的份额后再计算其应纳税额，当期不足抵扣的，不得向以后年度结转。

由于执行单一方法，进行了盈亏相抵，这与原来环境下执行财税〔2018〕55号文件发生了变数，即用于抵扣的基数减少了，为解决这个问题，也本着公平的原则，对于由于弥补亏损而错失加计抵扣机会的部分所得，废止其应享受的加计抵扣资格，避免纳税人多重享受优惠政策，同时限制了使用股息、红利进行抵扣。而财税〔2018〕55号文件却是允许向以后纳税年度结转抵扣的。

还有一个小问题，上面提到的"被转让项目对应投资额的70%"，这是每个合伙人对应的投资额，应是按对被投资的企业实际出资额与合伙人占的出资比例计算。

（5）理论上的"先分后税"在实际业务当中的使用偏差与错误。

对于合伙企业来讲，我们在计算其应纳税所得额时，基本的原则是以合伙企业为核算主体进行纳税调整计算，但是对于合伙企业的合伙人，他们才是纳税人（在继续穿透的情形下找到最终纳税人）。合伙人是不是真实地纳了税、准确地纳了税，由于分隔两地的情形多，税务机关只能凭报表进行检查，信息传递也不及时，之前有报道税务机关在检查时，多存在合伙人没有就"待分"的应纳税所得额进行计税，从而补缴了大额税款及滞纳金的情形。正是由于合伙人与合伙企业之间的联动不及时，同时由于有限合伙人对于合伙企业的运营也不大清楚，因此时有税务问题出现。随着个人经营所得在国家税务总局个人所得税APP中进行全国数据归集后，这个问题的解决就很容易了。

【案例】 李某与宏达公司共同投资了一家合伙企业，共投资了200万元，各占50%份额，2019年度经营所得经过调整后的应纳税所得额是50万元。同时，双方在合伙协议中约定，对于利润的分配，先分成本，再分收益，在2019年年底，各分配了20万元，2019年度李某与宏达公司认为是收回的本钱，不需要进行计税处理。

分析：税收政策并不认可纳税人的这种商业约定，是不是纳税需要根据合伙企业的收益核算及纳税调整规则来计算，而这跟有限公司分配股息红利不同，那是股东层面可以主观商量确定，何时进行分配，分配多少，而合伙企业本身的税制结构，直接将纳税人绑定于合伙企业主体身上，类似于公司的企业所得税，有所得纳税，有亏损结转5年或多年弥补。

应纳税所得额50万元，各得25万元，计算经营所得的个税 25 × 20% − 1.05 = 3.95万元，个人应以25万元经营所得计个税，与实际分配的20万元并不相关，也不是以20万元进行个税计缴。另25万元由宏达公司在年度汇算清缴时作纳税调增，若账载金额记了20万元，那么在2019年度应纳税调增5万元。

【案例】 若上述合伙企业有2个投资项目，一个投资项目盈利10万元，一个投资项目是股票，由于股份下跌，浮亏20万元，计提了减值准备，此时纳税人认为，真正一算账，我们没有挣到钱，还亏本了不应计缴税款。

分析：合伙企业对于收入、费用的计量规则虽然不完善，但是对于未实际发生的损失，是不予认可的，这个基本的判断规则还是有的。在本例中，就需要就10万元所得进行纳税调整后计算各个合伙人的所得额与税款。其中，个人合伙人按经营所得计税，法人合伙人并入其当年度的应纳税所得额。

若调整后的应纳税所得额仍是 10 万元，则个人所得税 $5 \times 10\% - 0.15 = 0.35$ 万元，另 5 万元并入宏达公司 2019 年度的汇算清缴调增数据。

【案例】 若上述合伙企业在 2019 年度有了盈利 10 万元，结果在 2020 年 1 月因疫情发生项目亏损，亏了 50 万元，此时还没有进行汇算清缴，纳税人认为，结果我们是亏损了，但如果单独计算 2019 年度，还要计缴税款，不公平！

分析：合伙人的计税所得，是按公历年度计缴的，这符合我们的核算习惯，也基本上符合我们一般人的认知，尽管世界上有一些国家或地区并不完全遵照公历年度，作为财年核算，比如香港利得税计算是截止到每年 3 月 31 日，因此按照规定，先计缴税款，2020 年度的亏损，往以后结转 5 年弥补，如果 2020 年合伙企业关门了，这个损失也不能抵减纳税人的其他类型的所得，包括设立的其他合伙企业的经营所得①。

所以，在商业上的分配复杂性与在税法上的计量刚性两者出现偏差时，投资人要做的并不是去"讲理"，而是要让业务的发生满足于税收规则的有利使用。

3.5.7　合伙企业作为所得税的穿透体计税方式引致的税负不公平问题

对于自然人个人与合伙企业两个经营主体在同一事项上，国家的税收政策存在一些差异，笔者也发现，有的专家质疑公司与合伙企业因为调整标准不完全一致，会导致税负不平衡的问题，因此有纳税人故意安排"避税"行为。也有人认为，如果合伙企业转让资产，比如转让股权，相较于个人直接转让股权，前者按 5%—35% 计税，后者按 20% 计税，也是税负不平衡，需要调整政策。笔者认为，这仅是考虑了部分合伙人的投资情形，而合伙企业当初的设计是与个人的工作付出相关的，比如跟工资薪金、劳务报酬的比较。另外，纳税人可以选择，通过合伙企业方式自然有其融资安排、投资认可度的考虑，利益问题不能让税法来解决，而是纳税人自己来选择，不同的纳税主体、不同的经营主体之间没有绝对的公平。有时，国家对于某种特别情形给予考虑并专门调整政策，也是基于一种经济需要，而不是仅仅考虑税负的问题。但是笔者绝对认为，需要参照成熟国家的政策理论，结合我们国家的实际情形，进一步完善，减少不必要的争议与降低征管成本，如果我们仍是以"崇洋媚外"的心态，认为外国的月亮就是比中国的圆，也是不妥的。

---

① 财税〔2000〕91 号·第十四条　企业的年度亏损，允许用企业下一年度的生产经营所得弥补，下一年度所得不足弥补的，允许逐年延续弥补，但最长不得超过 5 年。投资者兴办两个或两个以上企业的，企业的年度经营亏损不能跨企业弥补。

但是，合伙企业相较于有限责任公司，也有自己的长处，比如治理结构简单，融资方便，决策便利快速等，如果按25%的企业所得税考虑，相应的利润到个人投资人手中时，税负成本高达40%，而合伙企业最多是35%，如果再加上财政奖励的因素，还会更低。但有限责任公司体现的经营责任是有限，而合伙企业最少有一个合伙人要承担无限责任，这又是另外一个层面的差异。

比如有的地方近乎将地方财政的40%返还给合伙企业，简单地分析，35%×60%＝21%，与20%的比例相当。但是，据笔者观察，当前各地给予的扶持或奖励，很难给到自然人名下，基本上全是给到合伙企业的账户中，此时还需要最高按35%再缴一次个税，这时返还35%×40%×35%＝4.9%，这样就有约26%的税负，尽管后面还可以返还扶持，却不可能无限的循环下去，当有一天合伙企业要关门了，就没有可退的了。因此，办理这种事的时候，就要注意，别没有到时间，一下子将合伙企业注销了，这样就真可能退不回来"税"了。有的地方，奖励是给到招商机构名下的，倒是可以灵活掌握的。

其实，这种比较在投资人的核心经营活动中并不算最主要的影响因素，首先对于个人与个人之间，不能像合伙企业一样，与合伙人达成紧密的投资关系，个人最多是向外借款，还是两个独立的个体，而合伙企业是一个利益体。我们不要比较纳的税多或少了，而是要考虑我们纳完税之后所得额是不是多了，这才是最关键的。而选择个人经营、合伙企业经营或有限责任公司经营，对于未来的规划是不同的，当前确实存在很多的自由职业者，不可否认，有一些业务活动，个人来做也没有问题，但对于很多公司来讲，这只能是一个辅助的采购来源，在经济活动的生态圈中，合伙企业或有限公司才是主流，如果未来想在资本市场有所作为，有限公司才是基础。

《平安员工持股解禁 交税40%引发强烈不满》（2010年3月16日《广州日报》）的文章反映出高达40%的税负问题，就是因为当时以新豪时投资和景傲实业有限公司作为持股平台的操作，由此带来很大的"抗议"，后来采取了迁移林芝方式来"曲线"解决。笔者关注到2012年4月10日，西藏自治区国税局公布了《2011年度西藏纳税百强排行榜》。其中，新豪时和景傲实业分为以6.1亿元、4.8亿元的纳税额占据了状元和榜眼的位置①。

---

① 人民网拉萨2012年4月10日电（记者杨庆军 扎西）10日上午，西藏自治区国税局公布了《2011年度西藏纳税百强排行榜》。西藏林芝新豪时投资发展有限公司和林芝景傲实业发展有限公司新上榜，一跃成为2011年纳税的状元和榜眼，分别缴纳各项税收6.1亿元和4.8亿元。中国烟草总公司西藏分公司由2010年榜眼退居探花，年纳税额为1.7亿元。

基于不同的目的,选择以不同的主体来对外从事业务活动,还是需要规划的。结合资和与人和的力量融合,考虑业务之需与发展之需,税负多与少并不是最核心的,我们不必因小失大。

3.5.8 合伙企业各种不同的分配方案对税收规则的影响与调整

相关法规以及税收政策对于合伙企业的利润分配方式,也是有规定的。通常是认可合伙人之间的分配约定,但是也有限制,表3-27对此进行了梳理。

表3-27　　　　　　　　相关法规、政策对合伙企业的规定

事项	规定	说明
《合伙企业法》对于普通合伙企业的规定	合伙企业的利润分配、亏损分担,按照合伙协议的约定办理;合伙协议未约定或者约定不明确的,由合伙人协商决定;协商不成的,由合伙人按照实缴出资比例分配、分担;无法确定出资比例的,由合伙人平均分配、分担;合伙协议不得约定将全部利润分配给部分合伙人或者由部分合伙人承担全部亏损	普通合伙企业全为普通合伙人,限制了部分合伙人分享全部利润或承担全部亏损的情形
《合伙企业法》对于有限合伙企业的规定	有限合伙企业不得将全部利润分配给部分合伙人;但是,合伙协议另有约定的除外	有限合伙企业区别于普通合伙企业的情形,其余的适用普通合伙企业
财税〔2008〕159号文件	合伙企业的合伙人按照下列原则确定应纳税所得额: (一)合伙企业的合伙人以合伙企业的生产经营所得和其他所得,按照合伙协议约定的分配比例确定应纳税所得额。 (二)合伙协议未约定或者约定不明确的,以全部生产经营所得和其他所得,按照合伙人协商决定的分配比例确定应纳税所得额。 (三)协商不成的,以全部生产经营所得和其他所得,按照合伙人实缴出资比例确定应纳税所得额。 (四)无法确定出资比例的,以全部生产经营所得和其他所得,按照合伙人数量平均计算每个合伙人的应纳税所得额。 合伙协议不得约定将全部利润分配给部分合伙人。	财税文件基本上延续了普通合伙企业的规定的方法,只是在税法的规定上,分配的应是生产经营所得和其他所得。"合伙协议不得约定将全部利润分配给部分合伙人"的规定,似乎不宜由财税文件进行限制,与有限合伙人的条款有所抵触。

对于合伙企业的利润分配比例确定,首先认可其合伙协议约定,但是为防止被滥用,设置了相应的限制规定。对于表格中的内容,我们有可能质疑的是,财税〔2008〕159号文件难道没有考虑有限合伙企业的条款规定吗?财税的文件仅应就计税规则进行规范,而不应在财税之外,否定了上位法当中的某些情形。

【案例】鹏程合伙企业(有限合伙)在北京设立,共有甲、乙、丙三个出资人,全部为法人合伙人。合伙协议约定,如果有些项目是某个合伙人通过自己的努力完成的,相应的利润由该合伙人独享。在某一年,发生了一笔投资转让业务,这笔业务是

由甲来完成的，理应由甲来独享该利润，是不是违背了财税〔2008〕159号文件精神呢？这种情形下，如何计缴个税呢？

分析：这是一家有限合伙企业，可以约定就相应的利润分配给某部分合伙人，不违背《合伙企业法》，但财税〔2008〕159号文件并没有这方面的规定，这该如何办？负责人怕有税务风险，于是需要我们一起探讨如何处理。首先，财税〔2008〕159号文件规定，这个约定并不能限制法允许的情形，如此限制规定，要么没有列示完整，要么是无效，难道对于未参与分配的需要强制进行分配计税？税务机关也无权给合伙企业约定分配比例的。但是，如果负责人非常谨慎，认为有风险，建议在相应的协议中约定，主要贡献的合伙人分配99%，另外1%平均分配给其他合伙人，这样也做到全部合伙人"利益共享"了。

国家税务总局稽查局有一个股权检查的相关意见，认为如果有限合伙企业按照约定将全部利润分配给某一合伙人，符合《合伙企业法》的规定，需要计税，似乎表达了先遵循《合伙企业法》的分配规定的意思。若担心存在争议，为不与财税〔2008〕159号文件相冲突，可以给其他合伙人分配小部分。

3.5.9　通过合伙企业平台持股能否适用个人股权激励计税政策

作为业界相当知名的公司，华为创新了一套独具特色的员工股权激励分配方式，可以说是"前无古人，后极可能无来者"，是在特定的历史时期形成的一种操作方式，在当前再去模仿实施，基本上是行不通了。从工商登记的信息来看，华为投资控股有限公司的股东是任正非与华为投资控股有限公司工会委员会，后者是员工的激励主体，员工通过贷款、自行出资方式参与工会委员会。现在来看，可以理解为是工会"代持"了员工的股权，因为有真实的股权登记体现出来，但是这种股权激励方式又是虚拟的，相应的被"代持"员工是无法要求将股权落到本人名下的，工会也不会给员工发放税后利润，形成股息红利，而是通过虚拟计算分红，预测是通过实体公司发放工薪的方式来实现，员工缴纳的个税是工资薪金的个税，这是不是很有创新性?！当然，这种方式也有历史形成的原因，当前工会再作为员工股权持有人，已基本上行不通了，在上市审核时，也不予认可。

《中国证监会关于职工持股会及工会能否作为上市公司股东的复函》（法律部〔2000〕24号）批复北京市中伦金通律师事务所的请示函：

你所10月13日给我部的《关于职工持股会能否成为上市公司股东的请示函》收悉，经研究，答复如下：

根据国务院《社会团体登记管理条例》和民政部办公厅2000年7月7日印发的《关于暂停对企业内部职工持股会进行社团法人登记的函》（民办函〔2000〕110号）

的精神，职工持股会属于单位内部团体，不再由民政部门登记管理。对此前已登记的职工持股会在社团清理整顿中暂不换发社团法人证书。因此，职工持股会将不再具有法人资格。在此种情况改变之前，职工持股会不能成为公司的股东。

另外，根据中华全国总工会的意见和《中华人民共和国工会法》的有关规定，工会作为上市公司的股东，其身份与工会的设立和活动宗旨不一致，可能会对工会正常活动产生不利影响。因此，我会也暂不受理工会作为股东或发起人的公司公开发行股票的申请。

特此函复。

2000年12月11日

《中国证券监督管理委员会法律部关于职工持股会及工会持股有关问题的法律意见》（法协字〔2002〕第115号）则进一步提出：

发行监管部：
你部关于职工持股会或工会持股有关问题的咨询函收悉。经研究，现提出以下法律意见：
一、我会停止审批职工持股会及工会作为发起人或股东的公司的发行申请主要有两点考虑：
其一，防止发行人借职工持股会及工会的名义变相发行内部职工股，甚至演变成公开发行前的私募行为。
其二，在民政部门不再接受职工持股会的社团法人登记之后，职工持股会不再具备法人资格，不再具备成为上市公司股东及发起人的主体资格，而工会成为上市公司的股东与其设立和活动的宗旨不符。
二、我部认为，与发行申请人有关的工会或职工持股会持股的三种情形，建议分别处理：
1. 对已上市公司而言，在受理其再融资申请时，应要求发行人的股东不存在职工持股会及工会，如存在的，应要求其按照法律部〔2000〕24号文要求规范。
2. 对拟上市公司而言，受理其发行申请时，应要求发行人的股东不属于职工持股会及工会持股，同时，应要求发行人的实际控制人不属于职工持股会及工会持股。
3. 对于工会或职工持股会持有拟上市公司或已上市公司的子公司股份的，可以不要求其清理。

华为的模式不具有可效仿性，结合我们的观察，当前以有限合伙企业为持股平台进行投资的安排比较多，原因有三点：一是便于统一平台化管理，而且实际控制人可以作为管理人，较好地配置投资人与管理权的分享；二是合伙企业只有一层所得税，如果是通过有限公司作为持股平台税负较重；三是为了减少在主体公司上较多的自然人股东数量易引起股东变更操作流程复杂、频繁公告登记的影响，隔离搭建持股架构，人员变化没有直接影响因素。目前的股权激励主要是在有限责任公司与股份有限公司层面，对于上市的股份有限公司，有专门的股权激励管理办法。

对于员工取得的股权激励，共涉及三个方面的考虑：一是在接受股权激励时个税的计算问题，二是在取得股息红利时的个税计算问题，三是在转让时个人转让所得的个税计算问题。由于本书是站在投资人的角度来分析的，所以我们并不详细地来分析员工取得股权激励的个税计缴问题。

（1）通过资金入资合伙企业后增资有限公司资本的情形。

这种情形属于投资行为，实际控制人牵头成立一家或多家合伙企业，员工作为有限合伙人注资进入，再由合伙企业增资到主体运营公司，在增加的资本中，是否有溢价或溢价是多少，需要考虑原来的资本金额及估值的因素，以及实际控制人是否愿意以优惠的折价给予让利。通常在有限公司改制为股份有限公司时，多有公司这样进行操作，在没有外部投资人进来之前，由于相应的估值没有参照性，所以可以理解是适当给员工未来溢价的利益了。当然，如果一家有限公司运营得特别好，也可以在较早的时候实施这种激励。但是，这种情形有一个现实的问题，员工为何要参与持股平台，肯定是基于对未来利益的预期，不过，这种预期与实际控制人的更长远的持有目标并不一定一致，比如，员工对于短期利益更为在意，上市之后实际控制人的股票可能有较长锁定期，这一点要提前想到。

【案例】某公司拟推进IPO，在此前，实际控制人张某提出，为了与公司高管共享未来的利益，拟在宁波搭建3个有限合伙企业平台，来间接持有拟上市主体的股票。但此时，公司的高管并不愿意与实际控制人一起搭建这个持股平台，想单独组建一个持股平台，究其原因，是因为有的高管预期想早点变现，不想与实际控制人一起锁定持有期。

分析：《公司法》规定：

第一百四十一条 发起人持有的本公司股份，自公司成立之日起一年内不得转让。公司公开发行股份前已发行的股份，自公司股票在证券交易所上市交易之日起一年内不得转让。

公司董事、监事、高级管理人员应当向公司申报所持有的本公司的股份及其变动情况，在任职期间每年转让的股份不得超过其所持有本公司股份总数的百分之二十五；所持本公司股份自公司股票上市交易之日起一年内不得转让。上述人员离职后半年内，不得转让其所持有的本公司股份。公司章程可以对公司董事、监事、高级管理人员转让其所持有的本公司股份作出其他限制性规定。

依据《公司法》，此合伙企业作为发起人，所持本公司股份有一年的锁定期，这是最少的。《上海证券交易所股票上市规则（2019修订）》规定：

5.1.5 发行人向本所申请其首次公开发行股票上市时，控股股东和实际控制人应当承诺：自发行人股票上市之日起36个月内，不转让或者委托他人管理其直接和间接持有的发行人首次公开发行股票前已发行股份，也不由发行人回购该部分股份。

但转让双方存在控制关系，或者均受同一实际控制人控制的，自发行人股票上市之日起一年后，经控股股东和实际控制人申请并经本所同意，可豁免遵守前款承诺。

发行人应当在上市公告书中披露上述承诺。

如果是实际控制人作为合伙企业的管理人，那么应按照此规定，锁定期为3年，这就是一个较长的考验期了。同时，对于董、高、监等职位的高管的股票转让，也有一些单独的限制要求。如果锁定期结束，在可以转让的时间与份额中，某个合伙人可以要求转让通过合伙企业间接持有的股份，并且将相应的收益分配给该合伙人，此时按照经营所得计缴该合伙人的个人所得税。那么在锁定期内，间接减持，即转让合伙企业份额是否可以突破监管要求呢？关于此事项，首先我们要看当初的合伙协议是如何约定与承诺的，如有的公告承诺不转让合伙企业份额，其次再看我们国家相关部门或机构的监管要求，一般来看，只要实际控制人不间接减持，其他人员的间接减持还是存在操作的可能性的，但或多或少地受到了一些关注与要求。来看一下《华统股份控股股东违规转让收到深交所监管函》这篇报道：

深交所表示，经查明，2017年6月，华统集团向义乌新尚投资合伙企业（有限合伙）转让所持有的上海富越铭城控股集团有限公司（以下简称"富越控股"）35%股权，其中富越控股持有浙江华统肉制品股份有限公司（以下简称"上市公司"）股票3 203 883股，占比1.79%。公司的上述行为违反了公司在上市公司首次公开发行时所作出自公司股票上市之日起三十六个月内，不转让或者委托他人管理其在公司首次公开发行前已直接或间接持有的股份（包括由该部分派生的股份，如送红股、资本公积金转增等），也不由公司回购该部分股份的承诺。

深交所指出，华统股份控股股东的上述行为违反了《股票上市规则（2014年修订）》第2.3条的规定。深交所要求公司充分重视上述问题，吸取教训，及时整改，杜绝上述问题的再次发生。

（2）股权激励费用能否在企业税前扣除的问题。

我们国家的企业所得税政策对于股权激励有一个特别的规定，即并不需要支付费用，而是依据授予员工的股权激励就可以参照股票市场价格进行税前扣除，相当于公司自己购买员工的劳务同时兑现的股票的安排，依此理解，就可以列入成本费用。

国家税务总局关于我国居民企业实行股权激励计划有关企业所得税处理问题的公告
国家税务总局公告 2012 年第 18 号

为推进我国资本市场改革，促进企业建立健全激励与约束机制，根据国务院证券管理委员会发布的《上市公司股权激励管理办法（试行）》（证监公司字〔2005〕151号，以下简称《管理办法》)[①]的规定，一些在我国境内上市的居民企业（以下简称上市公司），为其职工建立了股权激励计划。根据《中华人民共和国企业所得税法》及其实施条例（以下简称税法）的有关规定，现就上市公司实施股权激励计划有关企业所得税处理问题，公告如下：

一、本公告所称股权激励，是指《管理办法》中规定的上市公司以本公司股票为标的，对其董事、监事、高级管理人员及其他员工（以下简称激励对象）进行的长期性激励。股权激励实行方式包括授予限制性股票、股票期权以及其他法律法规规定的方式。

限制性股票，是指《管理办法》中规定的激励对象按照股权激励计划规定的条件，从上市公司获得的一定数量的本公司股票。

股票期权，是指《管理办法》中规定的上市公司按照股权激励计划授予激励对象在未来一定期限内，以预先确定的价格和条件购买本公司一定数量股票的权利。

二、上市公司依照《管理办法》要求建立职工股权激励计划，并按我国企业会计准则的有关规定，在股权激励计划授予激励对象时，按照该股票的公允价格及数量，计算确定作为上市公司相关年度的成本或费用，作为换取激励对象提供服务的对价。上述企业建立的职工股权激励计划，其企业所得税的处理，按以下规定执行：

（一）对股权激励计划实行后立即可以行权的，上市公司可以根据实际行权时该股票的公允价格与激励对象实际行权支付价格的差额和数量，计算确定作为当年上市公司工资薪金支出，依照税法规定进行税前扣除。

（二）对股权激励计划实行后，需待一定服务年限或者达到规定业绩条件（以下简称等待期）方可行权的。上市公司等待期内会计上计算确认的相关成本费用，不得在

---

① 被《上市公司股权激励管理办法》（2016 年 7 月 13 日发布；2016 年 8 月 13 日实施）废止，且在《中国证券监督管理委员会关于修改〈上市公司股权激励管理办法〉的决定》（2018 年 8 月 15 日发布；2018 年 9 月 15 日实施）修订。

对应年度计算缴纳企业所得税时扣除。在股权激励计划可行权后，上市公司方可根据该股票实际行权时的公允价格与当年激励对象实际行权支付价格的差额及数量，计算确定作为当年上市公司工资薪金支出，依照税法规定进行税前扣除。

（三）本条所指股票实际行权时的公允价格，以实际行权日该股票的收盘价格确定。

三、在我国境外上市的居民企业和非上市公司，凡比照《管理办法》的规定建立职工股权激励计划，且在企业会计处理上，也按我国会计准则的有关规定处理的，其股权激励计划有关企业所得税处理问题，可以按照上述规定执行。

四、本公告自2012年7月1日起施行。

依据这个政策，有限公司及未上市的股份有限公司，一样可以在满足条件时适用。我们在这儿想讨论的是，上市公司通过合伙企业平台进行的员工股权激励，是不是一并予以认可。

《关于试点创新企业实施员工持股计划和期权激励的指引》（证监会公告〔2018〕17号）规定：

3. 试点企业实施员工持股计划，可以通过公司制企业、合伙制企业、资产管理计划等持股平台间接持股，并建立健全持股在平台内部的流转、退出机制，以及股权管理机制。

参与持股计划的员工因离职、退休、死亡等原因离开公司的，其间接所持股份权益应当按照员工持股计划的章程或相关协议约定的方式处置。

目前，对于上市公司实施的股权激励计划，与非上市挂牌公司如新三板挂牌公司、未上市股份有限公司、有限责任公司的股权激励并不完全相同，在税收规则的处理上也不尽相同。通常，上市公司的股权激励是直接面向高管及员工的，包括其所投资的子公司等在内的高管及员工。比如，新三板的挂牌公司就不适用《上市公司股权激励管理办法》，但大多可能参照了其规定来实施。

下面是一个新三板挂牌公司通过合伙企业定向增发实施股权激励的案例，《深圳市富恒新材料股份有限公司股权激励计划》中提出：

深圳市拓陆股权投资合伙企业（有限合伙）（以下简称"合伙企业"）设立于2015年10月20日，作为激励载体，用于持有和管理本股权激励计划定向发行的股票。该合伙企业仅作为实现本股权激励计划而设立，不从事任何经营活动，不作任何其他用途。

但是，在 2015 年 12 月 17 日发布的《关于〈非上市公众公司监管问答——定向发行（二）〉适用有关问题的通知》进行了相应的限制：

各市场参与人：

近日，中国证监会非上市公众公司监管部对外发布了《非上市公众公司监管问答——定向发行（二）》（以下简称《定向发行（二）》），为进一步明确《定向发行（二）》的具体监管要求，指导挂牌公司股票发行行为，现就有关问题进一步明确如下：

1. 发行后股东人数不超过 200 人的股票发行，发行对象涉及持股平台（单纯以认购股份为目的而设立的公司法人、合伙企业等持股平台，不具有实际经营业务）的，如果在《定向发行（二）》发布前发行方案已经过股东大会审议通过的，可继续按照原有的规定发行，但发行方案中没有确定发行对象的，则发行对象不应当为持股平台；如果在《定向发行（二）》发布前发行方案尚未经过股东大会审议通过的，应当按照《定向发行（二）》的规定发行。

2. 在《定向发行（二）》发布前已经存在的持股平台，不得再参与挂牌公司的股票发行。

下面，我们来看看《首发业务若干问题解答（二）》中的解释，即股份支付在会计处理上形成费用的认定方式有哪些：

问题 1、基于企业发展考虑，部分首发企业上市前通过增资或转让股份等形式实现高管或核心技术人员、员工、主要业务伙伴持股。首发企业股份支付成因复杂，公允价值难以计量，与上市公司实施股权激励相比存在较大不同。对此，首发企业及中介机构需重点关注哪些方面？

答：发行人报告期内为获取职工和其他方提供服务而授予股份的交易，在编制申报会计报表时，应按照《企业会计准则第 11 号——股份支付》相关规定进行处理。

（1）具体适用情形

对于报告期内发行人向职工（含持股平台）、客户、供应商等新增股份，以及主要股东及其关联方向职工（含持股平台）、客户、供应商等转让股份，均应考虑是否适用《企业会计准则第 11 号——股份支付》。对于报告期前的股份支付事项，如对期初未分配利润造成重大影响，也应考虑是否适用《企业会计准则第 11 号——股份支付》。

通常情况下，解决股份代持等规范措施导致股份变动，家族内部财产分割、继承、赠与等非交易行为导致股权变动，资产重组、业务并购、持股方式转换、向老股东同比例配售新股等导致股权变动等，在有充分证据支持相关股份获取与发行人获得其服务无关的情况下，一般无须作为股份支付处理。

对于为发行人提供服务的实际控制人/老股东以低于股份公允价值的价格增资入股

事宜，如果根据增资协议，并非所有股东均有权按各自原持股比例获得新增股份，对于实际控制人/老股东超过其原持股比例而获得的新增股份，应属于股份支付；如果增资协议约定，所有股东均有权按各自原持股比例获得新增股份，但股东之间转让新增股份受让权且构成集团内股份支付，导致实际控制人/老股东超过其原持股比例获得的新增股份，也属于股份支付。对于实际控制人/老股东原持股比例，应按照相关股东直接持有与穿透控股平台后间接持有的股份比例合并计算。

（2）确定公允价值

存在股份支付事项的，发行人及申报会计师应按照企业会计准则规定的原则确定权益工具的公允价值。在确定公允价值时，可合理考虑入股时间阶段、业绩基础与变动预期、市场环境变化、行业特点、同行业并购重组市盈率水平、股份支付实施或发生当年市盈率与市净率指标等因素的影响；也可优先参考熟悉情况并按公平原则自愿交易的各方最近达成的入股价格或相似股权价格确定公允价值，如近期合理的PE入股价；也可采用恰当的估值技术确定公允价值，但要避免采取有争议的、结果显失公平的估值技术或公允价值确定方法，如明显增长预期下按照成本法评估的每股净资产价值或账面净资产。

（3）计量方式

确认股份支付费用时，对增资或受让的股份立即授予或转让完成且没有明确约定服务期等限制条件的，原则上应当一次性计入发生当期，并作为偶发事项计入非经常性损益。对设定服务期等限制条件的股份支付，股份支付费用可采用恰当的方法在服务期内进行分摊，并计入经常性损益。

（4）披露与核查

发行人应在招股说明书及报表附注中披露股份支付的形成原因、权益工具的公允价值及确认方法。保荐机构及申报会计师应对首发企业报告期内发生的股份变动是否适用《企业会计准则第11号——股份支付》进行核查，并对以下问题发表明确意见：股份支付相关权益工具公允价值的计量方法及结果是否合理，与同期可比公司估值是否存在重大差异及原因；对于存在与股权所有权或收益权等相关的限制性条件的，相关条件是否真实、可行，服务期的判断是否准确，服务期各年/期确认的员工服务成本或费用是否准确；发行人报告期内股份支付相关会计处理是否符合《企业会计准则》相关规定。

会计准则是适用所有企业会计核算的，尽管也有小企业会计准则，但是大多数规模大一点的企业，应是依照一般会计准则来处理的，对于向持股平台实施的股权激励，也一样要进行公允价值与对应授予价的确认，记录股份支付费用。因为国家税务总局2012年第18号公告明确，只要满足上市公司股权激励设置条件的（即使非上市公司），股权激励的费用也是可以在税前扣除的。

目前，公司实施股权激励的方式比较多样，包括低价转让、无偿赠送、定向增发、限制性股票等方式，无论采用哪种方式，其会计处理与税前扣除的处理是一样的，但是对于个税的缴纳却是不同的，在后面的章节中我们会进一步分析。

（3）通过持股平台间接持有股权的个人是否可以按直接持股方式计缴个税。

对于股权激励的个税计缴，财税部门持续发布了关于股权激励的认定、有限责任公司与股份有限公司不同的处理方式，以及关于递延纳税的优惠征管政策。

《财政部 国家税务总局关于个人所得税法修改后有关优惠政策衔接问题的通知》（财税〔2018〕164号）规定：

二、关于上市公司股权激励的政策

（一）居民个人取得股票期权、股票增值权、限制性股票、股权奖励等股权激励（以下简称"股权激励"），符合《财政部 国家税务总局关于个人股票期权所得征收个人所得税问题的通知》（财税〔2005〕35号①）、《财政部 国家税务总局关于股票增值权所得和限制性股票所得征收个人所得税有关问题的通知》（财税〔2009〕5号②）、《财政部 国家税务总局关于将国家自主创新示范区有关税收试点政策推广到全国范围实施的通知》（财税〔2015〕116号）第四条③、《财政部 国家税务总局关于完善股权激励和技术入股有关所得税政策的通知》（财税〔2016〕101号）第四条第（一）项规定④的相关条件的，在2021年12月31日前，不并入当年综合所得，全额单独适用综合所得税率表，计算纳税。计算公式为：

---

① 企业员工股票期权（以下简称"股票期权"）是指上市公司按照规定的程序授予本公司及其控股企业员工的一项权利，该权利允许被授权员工在未来时间内以某一特定价格购买本公司一定数量的股票。

② 一、对于个人从上市公司（含境内、外上市公司，下同）取得的股票增值权所得和限制性股票所得，比照《财政部 国家税务总局关于个人股票期权所得征收个人所得税问题的通知》（财税〔2005〕35号）、《国家税务总局关于个人股票期权所得缴纳个人所得税有关问题的补充通知》（国税函〔2006〕902号）的有关规定，计算征收个人所得税。

二、本通知所称股票增值权，是指上市公司授予公司员工在未来一定时期和约定条件下，获得规定数量的股票价格上升所带来收益的权利。被授权人在约定条件下行权，上市公司按照行权日与授权日二级市场股票差价乘以授权股票数量，发放给被授权人现金。

三、本通知所称限制性股票，是指上市公司按照股权激励计划约定的条件，授予公司员工一定数量本公司的股票。

③ 2. 个人获得股权奖励时，按照"工资薪金所得"项目，参照《财政部 国家税务总局关于个人股票期权所得征收个人所得税问题的通知》（财税〔2005〕35号）有关规定计算确定应纳税额。股权奖励的计税价格参照获得股权时的公平市场价格确定。

④ （一）个人从任职受雇企业以低于公平市场价格取得股票（权）的，凡不符合递延纳税条件，应在获得股票（权）时，对实际出资额低于公平市场价格的差额，按照"工资、薪金所得"项目，参照《财政部 国家税务总局关于个人股票期权所得征收个人所得税问题的通知》（财税〔2005〕35号）有关规定计算缴纳个人所得税。

应纳税额＝股权激励收入×适用税率－速算扣除数

（二）居民个人一个纳税年度内取得两次以上（含两次）股权激励的，应合并按本通知第二条第（一）项规定计算纳税。

（三）2022年1月1日之后的股权激励政策另行明确。

对于非上市公司，也有相应的特殊政策，《财政部 国家税务总局关于完善股权激励和技术入股有关所得税政策的通知》（财税〔2016〕101号）规定：

一、对符合条件的非上市公司股票期权、股权期权、限制性股票和股权奖励实行递延纳税政策

（一）非上市公司授予本公司员工的股票期权、股权期权、限制性股票和股权奖励，符合规定条件的，经向主管税务机关备案，可实行递延纳税政策，即员工在取得股权激励时可暂不纳税，递延至转让该股权时纳税；股权转让时，按照股权转让收入减除股权取得成本以及合理税费后的差额，适用"财产转让所得"项目，按照20%的税率计算缴纳个人所得税。

股权转让时，股票（权）期权取得成本按行权价确定，限制性股票取得成本按实际出资额确定，股权奖励取得成本为零。

（二）享受递延纳税政策的非上市公司股权激励（包括股票期权、股权期权、限制性股票和股权奖励，下同）须同时满足以下条件：

1. 属于境内居民企业的股权激励计划。

2. 股权激励计划经公司董事会、股东（大）会审议通过。未设股东（大）会的国有单位，经上级主管部门审核批准。股权激励计划应列明激励目的、对象、标的、有效期、各类价格的确定方法、激励对象获取权益的条件、程序等。

3. 激励标的应为境内居民企业的本公司股权。股权奖励的标的可以是技术成果投资入股到其他境内居民企业所取得的股权[①]。激励标的股票（权）包括通过增发、大股东直接让渡以及法律法规允许的其他合理方式授予激励对象的股票（权）。

4. 激励对象应为公司董事会或股东（大）会决定的技术骨干和高级管理人员，激励对象人数累计不得超过本公司最近6个月在职职工平均人数的30%。

5. 股票（权）期权自授予日起应持有满3年，且自行权日起持有满1年；限制性股票自授予日起应持有满3年，且解禁后持有满1年；股权奖励自获得奖励之日起应持有满3年。上述时间条件须在股权激励计划中列明。

6. 股票（权）期权自授予日至行权日的时间不得超过10年。

7. 实施股权奖励的公司及其奖励股权标的的公司所属行业均不属于《股权奖励税收

---

① 考虑到一些科研企事业单位存在将技术成果投资入股到其他企业，并以被投资企业股权实施股权奖励的情况，因此规定股权奖励的标的可以是技术成果投资入股到其他境内居民企业所取得的股权。

优惠政策限制性行业目录》范围（见附件①）。公司所属行业按公司上一纳税年度主营业务收入占比最高的行业确定。

（三）本通知所称股票（权）期权是指公司给予激励对象在一定期限内以事先约定的价格购买本公司股票（权）的权利；所称限制性股票是指公司按照预先确定的条件授予激励对象一定数量的本公司股权，激励对象只有工作年限或业绩目标符合股权激励计划规定条件的才可以处置该股权；所称股权奖励是指企业无偿授予激励对象一定份额的股权或一定数量的股份。

（四）股权激励计划所列内容不同时满足第一条第（二）款规定的全部条件，或递延纳税期间公司情况发生变化，不再符合第一条第（二）款第 4 至 6 项条件的，不得享受递延纳税优惠，应按规定计算缴纳个人所得税。

对于符合上述条件的非上市公司，其获得的股权激励可以不按照"工资薪金"计税，也不是按照独立的综合所得计税，而是在未来转让时，适用"财产转让所得"，按照 20% 计缴个税。这个政策有价值之处在于员工不必在取得股权激励时就产生纳税义务，毕竟非上市公司的公允价值不如上市公司那么可靠，而且也面临着很大的不确定性风险，至于变化了适用"财产转让所得"的税目，通常是有利于纳税人的，也是国家激励企业发展的一大举措。财税〔2016〕101 号文件同时明确了新三板挂牌公司适用上述的"非上市公司"计税情形，新三板挂牌企业并不是上市公司，在这儿规定适用非上市公司的计税政策，但有一些政策又接近或类同于上市公司，财税专业人士对此要有专业的判断，清楚这种差异之处，以免"张冠李戴"。

无论是上市公司还是非上市公司的股权激励，在个税适用上并没有突破到个人通过合伙企业间接持股的方式，比如有的人士认为，通过合伙企业持股平台进行投资的个人，应"穿透"适用上面的个税政策，比如非上市公司的股权激励递延纳税，笔者认为，尚难以认可，之前听闻某地有内部口径，认为可以视同认可，笔者支持，但认为还是有风险性的。个人通过合伙平台间接持股，转让股票或股权的，认为仍需要按照"经营所得"计税，取得股息红利的，依据国税函〔2001〕84 号文件可以穿透，如果通过直接转让合伙企业份额退出的，那么就按照"财产转让所得"计税。

3.5.10 合伙企业的应税义务及征管现状

在当前，运营的合伙企业主要可以分为三个业务板块：一是合伙从事商务、研究等业务活动，比如对外提供技术使用、培训等业务；二是私募投资基金，主要是集合社会与国家资本，用于对外投资获取投资收益的经营活动；三是持股平台，主要是满

---

① 此处略，如需要请查阅财税〔2016〕101 号文件。

足企业股权激励之需。

当前,各地对于合伙企业的招商政策,多有对其进行核定征税的操作,很多财税服务机构或律所作为地区的招商平台,进行大规模的网络与线下宣传,核定似乎成了最具有"优惠力"的税收筹划政策。在新个税法实施条例修订之时,当时的征求意见稿中明确提出对于超过一定收入额的个体工商户、个人独资企业与合伙企业,不得进行核定,但在最终发布的正式版时,该条款并未出现。想必在当前各地经济发展不均衡之时,如果严格进行限制,可能会引起不利的影响,但是我们需要敏锐地感觉到各地正在采取一些收口的措施,比如湖南、江苏等地。还有的地方,笔者关注到,对于超过2000万元收入的一律要求转为查账征收,对于特定的行业或业务,不得进行核定,比如财税中介服务机构,就明确要求不得核定,以致有的人士虽然提供的是财税相关的咨询服务,却在名称当中不叫财税,不想有所关联,怕引起不必要的关注。

但是上面的核定,只是对于在当地纳税的个人合伙人经营所得进行核定征税,不包括利息、股息、红利,这三者是单独计税的,由于其计税所得不需要扣减成本,也没有核定的适用前提,即依法也不得核定,核定的只能是经营所得,比如对于个人合伙人收入的10%核定所得率,个人纳税人依据核定所得额计缴个税后,相应的所得是属于自己的税后所得了,再分配给个人时,不需要再扣缴什么税款了,即使这个核定对于纳税人是相当有利的,比如,在真实经营中,纳税人的成本没有发生的那么多,也不需要核实。对于企业所得税的核定,是有相应规定的:纳税人的生产经营范围、主营业务发生重大变化,或者应纳税所得额或应纳税额增减变化达到20%的,应及时向税务机关申报调整已确定的应纳税额或应税所得率。

对于法人合伙人,首先它的企业所得税如果是核定的,那是以整个法人为单位进行的。若某企业的所得税是查账征收,但是如果其投资的合伙企业经营所得是核定的,此时理解是对于个人合伙人,适用于个人合伙人纳税的核定方式,此时的核定所得额能否一并适用法人合伙人取得的经营所得呢?笔者理解,财税〔2000〕91号有相应的规定,对于核定经营所得有相应的规定,如当年度核定出来所得额是100万元,法人合伙人按约定应分配80万元,在当年度汇算清缴时,暂以80万元进行纳税调增计税。在次年度进行分配时,分配回来是200万元,此时又该如何进行处理呢?笔者认为,这是所得额核实得不准,不同于个人投资人,核定完税后就是税后所得了,对于法人合伙人,却并不是税后所得,是分配的未计税所得额,此时账载金额宜填写账上的200万元的投资收益,税收金额填写200 - 80 = 120万元,因为有80万元已于之前年度计为所得了。利润表中已有200万元,账载填200万元,纳税调减,税收填120万元纳税调增。这跟我们之前分析的分配的计税应纳税所得税与利润额有差异是不同的,因为纳税调整额的影响,应纳税所得额与利润额之间是调整的差异,这个调整是建立在法人合伙人层面的,因此如当年度纳税调整后的分配的非核定计税所得额是100万元,应调增100万元,次年其对应的分配利润若是80万元,则账载金额填80万元,税收金额填0元,这是对应的增减调整,是调整差异。正常的如果当年度核定出来分配的所得额是200万元,但是次年分配回来的对应的利润却是80万元计入利润表,第一年纳税调增200万元,第二年账载金额是80万元,税收金额为0元,此时纳税调减80万元,但明显对合伙企业核定的所得额不对,核定并不等同于纳税调整,而法人合伙人是不能建立在另一个合伙企业的核定所得的基础之上的,只能是一个当年度暂时可调整的金额,是不准确的,还应再调减120万元。两年统筹考虑是所得额80万元,这120万元的调整可以在其他项下调整,或者是在上面的税收金额中填负数 -120万元。从上面的情况看,合伙企业有法人合伙人,对合伙企业进行核定征税的方法对法人合伙人的税收核算带来一定的问题,税务部门人员建议对合伙企业有法人合伙人的,应尽量减少核定征税。其实这儿存在一个问题,就是反映征收下纳税调整的部分未体现,纳税调整后是对应核定数额对不对?笔者认为不准确,好在合伙企业若调整项没有时,按笔者上面的调整才是对的。大家知道核定所得率往往偏低。

最后,我们来分析一个有趣的话题,即对于作为一般纳税人的合伙企业,能否进行核定所得率。依据增值税的管理要求,年收入额达到500万元的,基本上就是强制要求转为一般纳税人。在现实当中,我们发现多数核定的合伙企业,是低于这个年度标准的,他们是小规模纳税人。

【案例】某合伙企业是增值税一般纳税人,能否进行经营所得的个人所得税的核定,因为依据一般纳税人的要求,是要求会计核算准确为前提,既然是一般纳税人,理应会计核算准确,怎么能进行个人所得税的核定呢?这里面存在一个矛盾,该如何解决呢?某税务人士表示,我们的税务机关正在对一般纳税人的核定进行风险监控!近期,笔者看到某地税务机关有如下的要求与规定:

个人独资企业、合伙企业、个体工商户、被承包承租的企事业单位为增值税一般纳税人的,应当依照有关法律、行政法规和国务院财政、税务主管部门的规定设置账簿,根据合法、有效凭证记账,进行核算。建账建制的业户按照税法规定的5级超额累进税率据实征收个人所得税。

分析:如果一家企业年收入达到500万元了,是不是就应花钱去请专门的会计进行清楚的记账了?其实也并不尽然,毕竟创业企业能省就省是前提,但这个不能拿出来作为谈判的条件。

首先看一下增值税的规定，《增值税一般纳税人登记管理办法》（国家税务总局令43号）规定：

第三条　年应税销售额未超过规定标准的纳税人，会计核算健全，能够提供准确税务资料的，可以向主管税务机关办理一般纳税人登记。

本办法所称会计核算健全，是指能够按照国家统一的会计制度规定设置账簿，根据合法、有效凭证进行核算。

财税〔2016〕36号文件有相应的规定：

第三十三条　有下列情形之一者，应当按照销售额和增值税税率计算应纳税额，不得抵扣进项税额，也不得使用增值税专用发票：
（一）一般纳税人会计核算不健全，或者不能够提供准确税务资料的。
（二）应当办理一般纳税人资格登记而未办理的。

而财税〔2000〕91号文件对于核定规定的情形是：

第七条　有下列情形之一的，主管税务机关应采取核定征收方式征收个人所得税：
（一）企业依照国家有关规定应当设置但未设置账簿的；
（二）企业虽设置账簿，但账目混乱或者成本资料、收入凭证、费用凭证残缺不全，难以查账的；
（三）纳税人发生纳税义务，未按照规定的期限办理纳税申报，经税务机关责令限期申报，逾期仍不申报的。
第八条　第七条所说核定征收方式，包括定额征收、核定应税所得率征收以及其他合理的征收方式。

据此，可以推断出核定的这三种情形，如果会计核算健全的，那对不起，我们不能核定。笔者认为，对这两个事项需要结合实际情况加以分析，绝对不能简单地否定。

很早之前，关于增值税专用发票使用，国家税务总局有过这样的解释：

第二条　一般纳税人有下列情形之一者，不得领购使用专用发票：
（一）会计核算不健全，即不能按会计制度和税务机关的要求准确核算增值税的销项税额、进项税额和应纳税额者。
（二）不能向税务机关准确提供增值税销项税额、进项税额、应纳税额数据及其他有关增值税税务资料者。

所谓的健全是要求提供销项税额、进项税额与应纳税额等数据。所谓的核算，需要建立账簿，如果核算后仍存在核算混乱等情形，一般纳税人在满足征管法的前置条件下仍是可以核定个税的，目前还没有发现政策前置的障碍，不宜直接绑定关系认定。

3.5.11 转让合伙企业份额与经营所得不同计税方式的"脱节"与协调

2019年实施的新个税法实施条例明确规定：

> 财产转让所得，是指个人转让有价证券、股权、合伙企业中的财产份额、不动产、机器设备、车船以及其他财产取得的所得。

上面分析过，在此之前各地税务机关对此的理解不同。有的认为是财产转让，按20%计算个税；有的认为是退伙与入伙的处理，退伙的所得超过原出资额的部分按照经营所得计税。现在统一了，却给我们留下了困惑，还有机会。

在上面的规定中，笔者认为，所说的转让应是狭义的转让，不含清算退出的情形，退伙的处理仍宜按照财税〔2000〕91号文件的规定：

> 第十六条 企业进行清算时，投资者应当在注销工商登记之前，向主管税务机关结清有关税务事宜。企业的清算所得应当视为年度生产经营所得，由投资者依法缴纳个人所得税。
> 前款所称清算所得，是指企业清算时的全部资产或者财产的公允价值扣除各项清算费用、损失、负债、以前年度留存的利润后，超过实缴资本的部分。

依据国家税务总局公告2011年第41号文件的规定，虽然个人收回投资在个税的适用税目上是按照财产转让所得计税的，由于个人独资企业和合伙企业的特殊规定，当年不到年度结束的清算，理应仍属于经营所得或部分存在其他所得，而不是财产转让所得。至于某个人的退伙，可以借鉴清算的规定，宜一样视为经营所得计税。在国家税务总局公告2014年第67号中，对于股权转让的情形进行了一些列举，类似的是公司回购股权，但未提到减资的情形。

【案例】若张三与李四于2019年成立了一家合伙企业，张三与李四均为普通合伙人，各出资10万元，2019年11月底，实现利润共100万元，2019年12月，张三想把份额转让给王五，定价60万元，2019年度结束，合伙企业实现利润120万元，与纳税调整数据一样，李四与王五的经营所得各为 60 万元。

分析：张三的财产转让所得是 60 - 10 = 50 万元，个人所得税为 50 × 20% = 10 万元，2019 年度的经营所得是 120 万元，每个人的经营所得是 60 万元，王五的个税是 60 × 35% - 6.55 = 14.45 万元。李四的个税也是 14.45 万元。

若是该合伙企业于 2020 年分配了 2019 年经营所得后，进行清算了，李四的投资成本是 10 万元，王五的投资成本是 60 万元，若清算分配的所得各是 50 万元，此时如何计算两个人的个人所得税呢？对于李四，比较明确，清算所得是 50 - 10 = 40 万元，但是对于王五，是不是也是 40 万元，还是 50 - 60 = -10 万元即清算所得为 0 计算呢？在财税〔2000〕91 号文件中，关于清算所得的解释是超过实缴资本的部分，即要计算超过投资成本的部分，在没有清算的年度，是不得扣减资本的出资的，只有在清算的年度才允许扣减。问题的关键是扣减 10 万元还是 60 万元。笔者发现，企业所得税清算业务中，也有类似的问题，"剩余财产计算明细表"填报说明中，对于投资额的填报，也是说明投入的权益性投资额，如果是某个企业从原股东处溢价购入的股权，难道在最后清算时只能扣减原股东的出资额、溢价的部分不能扣除吗？因为原来的股东在转让股权时，已计入了应税所得计缴了所得税，相应的成本自然要结转到下一个投资人的可扣除的成本中，因此，笔者认为可扣减的是 60 万元，即王五在清算时并没有取得应税所得。有人提出，张三若须缴税该如何办？应该不自动延续到时王五名下，理解上应自行办理汇算清缴退税，但不需要在转让环节结算经营所得，比如按月份计算是理论的想法。

在计算清算所得时，如果合伙企业之前有计过税的留存收益，也是需要扣除的，税不重征，先分后税时已计缴了个人所得税，后面清算时，即使已换了人，也不能再计为所得，文件已对此明确扣减。如果清算分配的所得各为 100 万元，王五的经营所得为 100 - 60 = 40 万元，相当于 40 × 30% - 4.05 = 7.95 万元，这样整体来看，张三原来的 60 - 10 = 50 万元，是按照 20% 计缴的财产转让的个人所得税。可能有人认为这其中会不会存在税款流失的问题，笔者认为，可能存在，但不足以为虑。转让合伙企业份额按照财产转让所得计税，首先是符合财产转让的大前提，原来视为退伙计缴经营所得的个税，似乎是理论过于复杂，不易为大众所理解，况且税法讲究的应是明确与统一，还有效率，统一之后，也大大减少了征管成本与争议。同时我们看，转让份额之后，后面的合伙人在承接的经营所得计税时，如果合伙企业仍延续经营，该成本不能抵减经营所得，只有在退伙或清算、二次转让时，才会被扣减处理。不过，从笔者与部分税务机关的伙伴交流时，部分认为王五的分配经营所得仍应按张三的 10 万元成本扣减，因为这才体现经营所得的完整。而王五当时愿意多花资金溢价收购只是为了未来收益，王五又不是公司这样的核算单位，这个理解有一定的理由，但破坏了税不重征的大原则。

3.5.12 合伙企业计税规则的协调与改善思考

在上面的内容中，我们结合案例分析了合伙企业不同情形下的合伙人计缴税款的规则，以及存在的问题，本节我们就相关问题进行梳理总结，以让大家系统认识这些问题，无论其是否是确定性的。在当前的规则下，我们该如何有效地掌握，并且基于这些问题进行一些改善思考。

(1) 法人合伙人与个人合伙人在适用规则上的不同与适用规则错位。

财税〔2000〕91号文件发布之时，合伙企业的合伙人限于自然人[①]，所以这个文件的适用范围也是自然人，以经营所得计缴个人所得税，国税函〔2001〕84号文件对于合伙企业取得的"利息、股息、红利"所得[②]，直接判定为属于个人取得的利股红所得，按照20%税率计税，通常也不予认可扣减任何税费，按毛收入额计税。但是对于合伙企业，却是极可能存在经营税费支出的，比如借款的融资成本支出，对于向外借款形成的利息收入，按利息计税，但利息支出却只能留在合伙企业层面抵减经营收入，那么是否允许抵减呢，收入单独计税，成本跟经营所得是不是没有关系了？这与财税〔2019〕8号文件有相近之处，要求以收入的全额计税，而如果选择单一计税方式的，扣除对应股权原值和转让环节合理费用后的余额计经营所得并按20%计，似乎可以认为，既然利息收入的税率从最高35%降低至20%了，还要求用利息支出去冲减经营所得，这跟一般情形下的自然人对外借款，有利息成本支出时，也是不能作任何扣减的，此时的公平性才能体现出来。所以，从此逻辑理解，有相应的利息支出等成本发生时，不宜再去冲减其他经营所得事项才合理。不过，合伙企业的资金多数是投入的（包括约定取得固定利润的有限合伙人投资），这种事情发生的概率估计相对较少。

在2006年《合伙企业法》修订之后，法人合伙人与非法人的"合伙企业、个人独资企业"等作为合伙人出现，同时财税〔2008〕159号文件重申确定了法人合伙人参与合伙企业经营中的"先分后税"的计税逻辑，即法人合伙人在参与合伙企业时，要求以"分摊所得额"计税为大原则，与投资其他公司时以分配决议时为所得实现不同，这是延续了与个人合伙人一样的计税规则。但是法人合伙人与个人合伙人却是不同的，他们的利股红并不需要拆分出来单独计税，没有税率差之分，其分摊的所得全为税率一致的应税所得。因此，对于一个合伙企业，就会产生如表3-28所示的问题。

[①] 1997年版本《中华人民共和国合伙企业法》（中华人民共和国主席令第八十二号）规定：第九条 合伙人应当为具有完全民事行为能力的人。第十条 法律、行政法规禁止从事营利性活动的人，不得成为合伙企业的合伙人。

[②] 依《个人所得税法实施条例》规定：利息、股息、红利所得，是指个人拥有债权、股权等而取得的利息、股息、红利所得。

表 3-28

合伙企业的经营情形	法人合伙人	个人合伙人
利股红与其他所得均为正所得	按比例分得的利股红 + 分得其他经营所得确认为应税所得	同左，分两部分按 20% 与 5%－35% 计个人所得税
利股红存在，其他所得没有发生	按比例分得的利股红确认为应税所得	同左，按 20% 计个人所得税
利股红存在，其他经营事项亏损的情形	分配方式不明确，比如笔者观察有的人士举例分析时，往往是分别分摊，如果利股红是真实地先分配了，此属于计税所得，经营业务的亏损继续递延至以后年度计算弥补。如果不作分配，计算法人合伙人的分摊计税所得笔者认为宜整体计算，对于个人利股红的所得计税，只是一个计税的方式，不代表一定要按此金额进行分配	普遍认为利股红不得冲减经营所得部分支出，需要单独按 20% 计个税，经营业务继续递延至以后年度计算弥补
没有利股红，其他所得为正所得	按比例分摊计税所得	同左

如果我们假设，对于个人合伙人，不再给予利股红的特别计税规定，其与法人合伙人的分摊计算所得额就会简单，不会因个人合伙人的两种计税所得打乱了整体的计税规则，打破了合伙企业作为一个独立核算主体的整体性核算，但是由于涉及个人利益的问题，这种调整估计很难一下子"扭转"过来。

（2）合伙企业作为所得税的"透明体"的理解，其实是"半透明体"。

在常规理解中，或者很多的文章表述中，合伙企业属于所得税上的透明体存在，因为虽然其作为一个独立的法律主体，也是会计主体，却不是企业所得税的独立主体，而是就其所得直接分至法人合伙人或个人合伙人主体上计算所得税，很多人对此多予以认同，但是笔者认为，它并不是完全的透明体，而是半透明体，为什么这么说呢，我们可以从以下方面作一个分析（见表 3-29）。

表 3-29

主体	情形	说明
个人合伙人	利股红 20% 独立计税	穿透，但是不能享受如上市公司或挂牌公司的差别化计税政策 普遍来看，支付单位并没有义务去穿透代扣代缴个人合伙人的个人所得税
	经营所得	如果是盈利的经营所得则分摊计税，如果是亏损则延续 5 年弥补亏损，这里就存在半穿透的问题，如果个人不经过合伙企业进行经营活动，而是直接从事经营活动，也未办理临时税务登记，则不存在弥补亏损的情形
	投资证券投资基金	通过合伙企业投资证券投资基金，当下很难得到认可享受证券投资基金的免税政策，有可能存在"重复"计税
	盈利或亏损	有盈利计所得税，有亏损不能抵减个人当年的其他经营所得或其他所得
法人合伙人	利股红	不能穿透，不能享受居民企业间直接投资获得股息红利的免税优惠政策
	投资证券投资基金	同"个人合伙人"情形
	盈利或亏损	同"个人合伙人"情形

通过上面列举的事项，我们可以发现，通过合伙企业进行经营或发生投资业务，跟个人或法人组织直接进行投资或从事经营活动是有差异的，绝对不是简单的透明体，在这里我们说的透明体，只是涉及所得税的透明体的探讨，在其他税项上，却是以独立的纳税主体存在的。

笔者理解，当合伙企业有盈利时，经过纳税调整为应纳税所得额，在弥补完之前年度存在的亏损后，是可以分配的所得，此时需要合伙人计税，这时的透明就体现出来了，但是当合伙企业亏损时，那么相当于在这里成了一个"窟窿"，此时就不透明了，不能用合伙人的其他所得去抵减，对于个人合伙人没有什么影响，对于法人合伙人不得用自己的所得去抵减，我们可以理解为此时是一个透明的暂停，待到后面有盈利弥补之后再行启动"透明"计缴。这似乎有点不大公平，有所得时让我们不分配时也要分摊所得计缴税款，但有亏损时却不让当年度扣减，对于法人合伙人来讲，存在着一定的不影响，对于个人合伙人来讲，即使有别的经营所得，也不让合并时抵减，所以这是一个打折扣的透明体。

(3) 合伙企业计算应纳税所得额与会计利润的关系。

合伙企业需要单独核算利润，再单独进行纳税调整，计算出单独的应纳税所得额，并对此应纳税所得额进行分摊确认合伙人的计税所得，好在合伙企业的调整事项并不多，比如对于一些投资性的基金，多是取得投资收益的单位，并没有人员及过多的管理费用发生。

正是因为这两者之间的调整差异，可能在现实当中会发生让人误解的事项，在上面的内容中，我们已结合案例进行过说明，"先分后税"分的是应纳税所得额，这只是一个计税的所得，比如都是自然人为合伙人的时候，利润100万元，纳税调整后120万元，此时按120万元分配计所得，但实际毛所得是100万元，扣减以120万元为基数计缴的个税，才是个人的净所得。

由于合伙企业是按年度计算的所得额，当年度内或许有分配，也或许没有分配，此时我们暂且不需要管它，待年度结束时，核算出来利润及调整后的应纳税所得额，分配的金额不影响利润，也不影响应纳税所得额。实践当中，对于合伙企业的调整监管并不完善，很多时候，估计按利润直接作为应纳税所得额的居多，如表3-30所示。

表 3-30

事项	情形	说明
会计利润大于应纳税所得额	比如有免税的收入	比如申报表中提到国债利息收入免税，但很奇怪，利息是按直接归属于个人所得来计税的，不并入经营所得，而申报又是这样的设计，说明整个逻辑并不是很清晰。同样对于法人合伙人能不能享受免税，从计算经营所得的方式上看，应从所得额中进行扣减，但是相关规定中并未进行明确
会计利润小于应纳税所得额	此类情形比较多，比如广告和业务宣传费的超标调整等	极端情形下，有可能会计利润为负数，但是应纳税所得额为正数的情形
会计利润等于应纳税所得额	未发生调整事项	这种情形下，一般也不存在个人合伙人单独计算的利股红情形

每个合伙企业都是一个纳税调整的"孤岛"，既使一个合伙人投了数个合伙企业，他们的应纳税所得额都不能合并，本身在技术上也很难合并，毕竟是不同的人、不同的事项，混在一起，管理成本与征管成本就搞不清了。但考虑到合伙企业弥补亏损的存在，也可能考虑到财政收入的影响，当前在合并计税时，只允许有应纳税所得额的进行合并，而亏损的合伙企业如果没有计算出来可分配的应纳税所得额时，只能由自己未来去弥补了。

有人认为，这个亏损能不能筹划一下，比如某合伙人将份额平价转让给另外一个合伙企业，该合伙企业对接收的合伙企业进行清算，形成投资损失，或者转让给一个法人合伙人，因为法人合伙人是有整体计税的可适用条件的，跟个人合伙人不同，个人合伙人如果买了此份额，清算后形成投资损失，也不能混合到其他所得中计税，因为个人的计税所得都是独立的情形，跟法人企业不同，法人企业是整体计缴所得税的。此时不建议购入后即进行清算，这是不是有太明显的操作嫌疑了，本质上还是要合理、有相应的公允性体现。

但是我们可以想一个问题，如果某个个人，在 2020 年度清算了一家合伙企业，原来投资 10 万元，收回 0 元，亏损 10 万元，另一家合伙企业分配了应纳税所得额 20 万元，此时能否相抵呢？规定上是不是限于处于经营中的合伙企业的亏损不让相抵，此时清算了，亏损未来没有弥补的机会了，难道还不认可吗？从规定上来看，清算时，清算所得是视为经营所得来计算的，目前尚无可以支持的政策进行相抵处理。但如果是一个法人合伙人，其形成的清算损失，本来就是要在法人层面承担的，此时按照正常的损失申报，是可以抵减其他所得的，包括此法人合伙人取得的其他合伙企业当年度分配的应纳税所得额。

（4）合伙人所得的"分摊计税"与"真分"之间的时间差与金额差。

我们分析过，合伙企业对于合伙人分摊所得的计税，是建立在年度计算出来的应纳税所得额的基础上直接分摊后计所得税的，并不需要真地进行分配，也并不代表一定分配调整前的利润金额。

这个问题，其实不复杂，但是由于它给人的计量所得与收到所得的理念产生偏差，就很容易引起误解，还有就是这种差异的管理，也有一些复杂，特别是在"虚分"与"真分"之间的转换中，需要做好会计处理、数据记录。

合伙企业的个人合伙人，平时进行个人所得税的预缴，但是如果没有分配，一般作为法人合伙人，年度内甚少进行会计处理，多是到年度结束时，才会看有多少应税所得，在会计上要记录多少收益。下面结合一个综合案例来分析一下。

【案例】 2019年，宋小虎与达达有限公司各出资100万元成立飞云合伙企业，并据此分配利润，两者均为无限合伙人，2019年经营得不错，计算出来利润额为100万元，经过纳税调整后，应纳税所得额为120万元。2019年度没有进行分配，2020年5月各分配30万元。

2019年飞云合伙企业利润为100万元，双方各应分得50万元，此时合伙企业可以将50万元计入到宋小虎名下权益变动额50万元，计入达达有限公司权益变动额50万元，而对于达达有限公司，其相关投资科目名下，可以借鉴长期股权投资权益法核算的方式，记录权益变动50万元，投资收益50万元。

在税收上，2019年度汇算清缴时，宋小虎计税分配额为60万元，此时经营所得的个税为60×35%－6.55＝14.45万元，宋小虎自己账上支付个税14.45万元，此税款不能从合伙企业账上支付，目前的征管不支持这样的操作。达达有限公司当年计应税所得为60万元，并入公司所得中一并计缴企业所得税，由于会计上已记录了50万元，税收上为60万元，纳税调增10万元。

这种会计处理只是提供一个参照，不代表绝对是这么做，比如辅助账管理也可以，有的企业就不想缴应分配的所得的企业所得税，也不核算，这种情形自然不想记录在账上了。

2020年分配了共计60万元，此时合伙企业的权益变动余额还有40万元，这是纳税人的税后所得。

在这里，笔者上面的分析中提示过，也是多有专家持这样的观点，认为计了所得的利润，相应地应增加投资人的投资成本，即增加其计税基础，比如上面2019年宋小虎与达达有限公司的投资计税成本各增加了50万元，即各变成了150万元，在2020年5月分配时，各减少30万元变成了120万元，也就是说，对于合伙企业来讲，其投资成本的计税基础是变化的，但是笔者认为，这个意见并不是绝对的，因为所谓的已计税未分配的部分，就是要记得这个数额就好，将来分配时，是属于自己的税后所得的，我们之所以将其并入计税基础，增加投资成本，是为了计量方便，并没有政策强制这样认定，再者说，投资成本一般是等于合伙人的出资额的，经营所得与出资成本在整体的法律认定上是不同的，我们只是在税务上认为计税了，就自动增加了投资的成本，这是一种计量属性，不是一种定性认定，认为属于计税基础增加，是因为合伙企业并不像有限公司一样，投资额的注册管理，但是合伙协议当中的出资额与上面提到的计税基础是不同的。

上面提到的是增加计税基础的讨论，如果正相反，上面的案例中，2019年度是亏损了100万元，投资额是200万元，相当于每个人的可分资产是50万元了，此时不存在计税的所得税要分配，亏损100万元留待以后年度弥补。可能有人士提出，上面有正所得之时，讲到增加计税基础，在亏损之时，是不是要冲减原计税成本，笔者认为，本来这就是不同的事项，不一定非往一块儿拧，减不减少计税基础，其作用在哪里，这个是不是要先考虑一下？上面分析过，此时并不是透明的计税规则，对于法人合伙人来讲，减少了计税基础也形成不了可以扣减的损失，对于个人并没有意义，但在合伙企业层面，可以记录为两个合伙人的权益变动各为 –50 万元。如果2020年度企业没有经营，当年度进行了清算注销，此时法人合伙人才可以计算投资损失 50 – 100 = –50 万元，在2020年度扣除，而不是在2019年度扣除，若2020年度未清算，也未经营，在2021年度清算了，那么损失就发生在2021年度。尽管在企业所得税的政策当中，有投资的法定资产损失一说，但是上面的合伙企业在适用性方面，还是需要判断与提供认定证据的，2019年度或2020年度有理论上税前扣减的可能。

（5）未到年度结束时发生的清算、入伙与退伙的计税衔接问题。

在计算清算的经营所得时，依照计算规则，是可以扣除留存收益的，这里的留存收益，即表示之前年度发生过计税的所得留存的情形。如果在年度中间发生，当年度的经营所得等事项是仅仅进行了预缴，此时需要整体计算当年度的经营所得，文件并未要求就清算期与经营期分别作为独立的计税周期，这一点与企业所得税所明确的规定是不同的，笔者认为简单理解，就是当年度截止到现在的经营所得的计缴，与预缴多退少补，上面所说的扣减留存收益，应认为是之前年度的留存收益，不包括当年度实现的留存收益，当年度的经营所得已体现为相应的资产增加，此时一并作为清算所得进行计算即可，这里包括了两部分，一部分是当年经营实现的所得，一部分是资产公允计量扣除各项清算费用、损失、负债、以前年度留存的利润后，超过实缴资本的部分。实缴资本就是指各纳税人的出资额，不含上面我们提到的计税未分配的所得增加的计税基础的部分，因为已体现为以前年度留存的利润了。但有一点要注意，如果一个合伙人是从第三方购买的合伙份额，其价格可能高于或低于实缴资本，是否直接替代实缴资本来计经营所得？这里可能有点复杂。

如果为个人合伙人，其支付 100 万元从原始出资的合伙人手中购入份额，原实缴份额是 50 万元，清算时计算经营所得，是扣减 50 万元还是 100 万元，笔者认为可能存在争议合伙企业是一个独立的计算主体，其资产的可变价值计量后计算出来的清算所得，是基于原来投入的出资额多出来的部分，这才是经营所得，纳税人溢价购买的份额，是需要用可以分得的利润来弥补溢价款支出的，这个溢价是要站在纳税人的角度来计算使用的，当然对于个人合伙人，溢价的部分不能抵销扣减，只能是从多分的所得来"弥补"个人的付出代价。

如果为法人合伙人就不一样的了，因为如果清算了，分配的所得额，是需要并入整体的法人所得额中计税，同时其溢价支出的部分，是分回所得的成本支出，作为一个所得税的计算主体，其溢价支出是可以税前扣减的，这是分配之后的一个补充扣减，若站在法人合伙人的层面，可以认为是扣减溢价的收购支出，因为法人合伙人并不需要单独计算分配所得的企业所得税。

如果是低于原来出让份额合伙人的出资额，其分析原理同上。合伙人退出的方式，有两种，一种是转让份额退出，另一种是退伙。

若是转让份额，个人合伙人按 20% 计算财产转让所得的个税，但如果是转让损失，则只能由个人承担损失了。不过在计算财产转让所得时，如果合伙企业的主体中还有未分配过的个人已计过税的所得收益，应视为与投资成本一样作为扣减项，而不仅仅是实缴的出资额，这一点，我们需要有这个认识。对于法人合伙人，不同之处是如果计算出来是损失，则可以在税前作为损失扣除。

笔者曾与某税务专家探讨过一个问题，在年度中间退伙的个人，其个人所得税如何计算？通常来讲，之前年度计算的所得加上出资额，会作为一个退出给予的基数，如果当年度经营得好，还有增加利益，那么就会多给一些利益。该专家提出，退伙的个人，是不是在退伙之时，需要对其独立地进行汇算清缴？

《关于个人独资企业和合伙企业投资者征收个人所得税的规定》（财税〔2000〕91号）规定：

第十七条　投资者应纳的个人所得税税款，按年计算，分月或者分季预缴，由投资者在每月或者每季度终了后7日内预缴，年度终了后3个月内汇算清缴，多退少补。

第十八条　企业在年度中间合并、分立、终止时，投资者应当在停止生产经营之日起60日内，向主管税务机关办理当期个人所得税汇算清缴。

《个人所得税法》规定：

第十二条　纳税人取得经营所得，按年计算个人所得税，由纳税人在月度或者季度终了后十五日内向税务机关报送纳税申报表，并预缴税款；在取得所得的次年三月三十一日前办理汇算清缴。

年度中间转让也好，退伙也好，没有规定需要进行汇算清缴，而且也无法计算清楚当年度是不是有所得，对于转让交易，比较明确，转让方合伙人取得的所得减去其计税成本，而对于退伙，此人需要计算其自己的经营所得，《合伙企业法》规定：

第五十一条　合伙人退伙，其他合伙人应当与该退伙人按照退伙时的合伙企业财产状况进行结算，退还退伙人的财产份额。退伙人对给合伙企业造成的损失负有赔偿责任的，相应扣减其应当赔偿的数额。

退伙时有未了结的合伙企业事务的，待该事务了结后进行结算。

第五十二条　退伙人在合伙企业中财产份额的退还办法，由合伙协议约定或者由全体合伙人决定，可以退还货币，也可以退还实物。

第五十三条　退伙人对基于其退伙前的原因发生的合伙企业债务，承担无限连带责任。

第五十四条　合伙人退伙时，合伙企业财产少于合伙企业债务的，退伙人应当依照本法第三十三条第一款的规定分担亏损。

有人提出，合伙人的退伙，是不是属于财产转让所得计税，适用20%的税率，《国家税务总局关于个人终止投资经营收回款项征收个人所得税问题的公告》（国家税务总局公告2011年第41号）规定：

个人因各种原因终止投资、联营、经营合作等行为，从被投资企业或合作项目、被投资企业的其他投资者以及合作项目的经营合作人取得股权转让收入、违约金、补偿金、赔偿金及以其他名目收回的款项等，均属于个人所得税应税收入，应按照'财产转让所得'项目适用的规定计算缴纳个人所得税。

同时笔者理解，新个税法中对于财产转让所得提到的转让合伙企业中的财产份额，能否比照处理，之前各地倒是有一些认同的意见。但是笔者举一个例子，如果某合伙企业于2020年成立，当年实现利润已达100万元，此时某合伙人可分的金额为50万元，那么退伙时分得了50万元，那若是按照财产转让所得，大家可以想想，是不是打破了个人合伙企业经营所得计税的平衡？一个人是按5%-35%计税，一个是按20%计税，逻辑上不是很通。相对于转让合伙企业份额，那是因为经营所得的金额并不受影响增加或减少，相应的分配基数不发生变化，仍将分配给个人或法人合伙人计税。所以笔者仍倾向于按照经营所得的类型计税，若是取得的利股红所得，则可以按照20%计税。退伙之后，此人需要根据预缴情况进行汇算清缴，所得在其他合伙人中分配了，无论是中间的新入伙合伙人，还是因受让份额替代成为个人合伙人，都将在次年进行汇算清缴的计税申报。

现实当中，若某个年度内，原转让方的合伙人，转让合伙份额前，已经以自己的名义进行了经营所得的申报，且预缴了部分税款，由于该合伙人转让份额后，当年度的经营所得，通常不会再给予分配，因为经营到年度结束尚不得而知最终的利润如何，也没有要求及比较成熟的实施方法确认此人转让退出时各个合伙人此时的经营所得清算，那么此人的预缴就难以延续到新合伙人，只能年度结束时办理汇算清缴退税。同时政策并未要求在转让退出时，要求进行清算计缴经营所得的汇算清缴，所以这个问题还需要结合经营所得的分配情形确定，或真给此人相应年度内持有份额期限的经营所得分配，那么就需要正常办理汇算清缴。或年度中间办理了经营所得的计算分配，计缴个税之后，其转让份额的计税成本就应相应地增加，不然将产生重复计税的结果。这个问题也是基于我们单独规定了转让份额适用财产转让所得的政策之后，将会附带出来这些问题，而解决这些问题的逻辑性，自然就不那么完整了。

在旧个税法下，原《北京市地方税务局关于印发个人独资和合伙企业投资者个人所得税汇算清缴工作有关规定的通知》（京地税个〔2001〕593号，已于2018年10月16日被废止）曾提出过这样的理论解决方案：

八、合伙企业合伙人在年度中间发生入伙退伙变化的，应按规定及时到主管税务机关办理变更税务登记手续，并向主管税务机关报送新的合伙协议。

合伙企业在年度中间增加或减少合伙人，税务机关应将企业年度经调整的计税利润额，按12个月均摊，以合伙人发生变更的时间为准，根据新旧合伙协议确定的分配比例或出资比例，计算每一个合伙人应分得的利润，据以计算每个合伙人的应纳税额；合伙协议没有确定分配比例和出资比例的，税务机关可根据合伙人变更前后的人数，平均分配每个合伙人应得的利润，据以计算每个合伙人的应纳税额。

计算公式：

投资者应分利润 =（企业年度计税利润÷实际经营月份）×（合伙人变化前其经营月份×分配比例+合伙人变化后其经营月份×分配比例）

旧法下由于并不认可财产转让所得20%计税的方式，且认为转让属于退伙需要清算所得计税，此时是可以连续性考虑在一起的，在上面的计算公式中，实际情形可能并不是这样的"时间段"分配计算，在新个税法下，已难以有效借鉴此规则计缴个税。

（6）合伙人的投资成本、会计成本与计税成本。

一般我们来讲，投资成本是指真正的出资额，是要在合伙协议中约定清楚的，此出资形成计税成本的初始额。对于某些符合条件的合伙人以劳务出资，是不是认定其为计税成本，笔者分析认为不足以形成可扣减成本，是作为计算分摊的一个出资认可金额之用，但未形成计税基础。

合伙人的出资额是比较确定的，且有相应的合伙协议约定，对于会计成本，这是对于法人合伙人相关的核算成本，没有强制性的核算规则，对于合伙企业的会计处理也是当前财税领域中的一个缺失事项。会计成本的核算，有的可能就记录原始出资额，有的可能是随着经营分配的计量进行调整，记录应收与实际分配的变化之用。计税的投资成本，以原始出资额为基础，根据计税后的账面所得（含个人合伙人单独适用的利股红所得）及分配进行增减变化，这是源于所投资的合伙主体经营情形引起的变化，相当于计税所得转化为了合伙人的投资资产，有点类似公司以未分配利润转增股本的情形，属于合伙人的税后所得，与其投资额相合并得出的应归属合伙人的资产。

上面我们分析，如果经营所得是亏损的时候且持续经营之时，与合伙人当年度的计税不发生关联，此时并不需要调减属于合伙人的投资及收益额，俗称为上面的计税成本额。

【案例】某合伙企业由两个合伙人投资设立，其中一个合伙人为自然人甲，另一个为有限公司乙，各投资50万元，共出资100万元，按各50%分配。2019年有经营所得

30万元，分摊计完了个税与企业所得税，未实际进行分配。2020年度假设亏损了60万元，相当于第一年的30万元亏完了，还亏了30万元。

我们在表3-31中进行分析：

表3-31　　　　　　　　　　　　　　　　　　　　　　　　　　　　　单位：万元

合伙人	投资额	2019年度净资产情形	2020年度净资产情形
甲	50	50 + 15 = 65	65 - 30 = 35
乙	50	50 + 15 = 65	65 - 30 = 35

由于2019年度各15万元计为各自的应税所得，65万元属于计税的基础资产，第二年亏了，净资产各余35万元，此时的各30万元亏损不能抵减合伙人的所得。但若2020年注销了，没有公允计价的影响，分回的资产各为35万元，个人合伙人计税基础是65万元，最终赔了35 - 65 = -30万元，因为个人的计税基础在2019年的增加部分没有实际分配，若2020年不经营没有损失直接分配，个人分回65万元，有溢余15万元，这是收回的税后所得，加上收回的投资成本50万元，不需要再缴清算的所得税。

对于法人合伙人，其原始投资额是50万元，2019年计算属于自己分配的15万元的所得后形成的新投资计税基础是65万元，2020年收回35万元，那么它的损失是多少钱呢？应是35 - 65 = -30万元，而不是35 - 50 = -15万元，因为2019年度有15万元计缴了所得税，属于增加的投资成本性质，2020年形成自己承担的投资损失30万元，我们也可以合并起来看，乙投资了50万元，收回了35万元，损失15万元，同时"先分后税"的经营所得分配了15万元，最终没有收回来，形成"买单"损失15万元，合计起来是30万元。

如果我们说，计税基础若按2020年计算，亏损冲减了计税基础，金额为35万元，原来的投资成本是50万元，现在收回的计税基础是35万元，损失为35 - 50 = -15万元，这样相当于2019年度的计税所得就相当于"白交"了，这个逻辑是不顺的。

另外，我们还需要考虑一个第三方购买的计税基础的问题，这是投资成本，跟合伙企业经营所得的变化不相关，这是交易中形成的计税投资成本。

【案例】承上面的案例，如果2020年初，甲的份额经过相应的程序转让给了丙，丙出资70万元，甲完成了2019年度的汇算清缴，账面上有甲的投资额50万元加上2019年的经营所得15万元，共65万元的资产额，溢价5万元，按70万元转让给丙。此时丙的投资成本是70万元，若2020年经营所得不是亏损，而是盈利30万元，此时数据变化如表3-32所示：

表3-32　　　　　　　　　　　　　　　　　　　　　　　　　　　　　　　　　单位：万元

合伙人	投资额	2019年度净资产情形	2020年度净资产情形
甲转为丙	50	50+15=65	65+15=80
乙	50	50+15=65	65+15=80

假设2020年底进行了清算分配，丙取得了80万元，原来收购份额支出了70万元，已实现超额所得为10万元，但此时产生了一个问题，2020年度的15万元，需要由丙完成汇算清缴，其所得税为15×20%-1.05=1.95万元，这样净所得为10-1.95=8.05万元，当初多花的5万元溢价，就是为了获得经营的超额收益。

上例中，对于转让人甲，财产转让所得为70-65=5万元，若无其他税费，个人所得税按20%计算为1万元。若2020年分配了2019年的30万元，丙分得的15万元如何计税？笔者的观点是作为投资成本的收回处理，是甲计税成本的延续。

（7）多项目下分配与超额分配的问题。

通常我们接触的案例，都是基于利润进行的分配，计税规则也是基于利润基础之上进行的建立。但是若某个合伙企业有多个投资项目时，其相应的投资额与经营所得，在能分清时，分配时是可以分清利润与收回投资额处理的，并不绝对分配的都是利润额。当然，当年所有项目实现的利润，并据此计算出的应纳税所得额分配计税，这个前提仍需保障。

如果某合伙企业的出资额是100万元，留存收益是100万元，某个人合伙人出资50万元，分配比例为50%，其余由另外两个合伙人组成。如果此时，该合伙人退伙，计算可以取回100万元，其中50万元为出资额，50万元为可分配的利润。但因为某些原因，该合伙人取得了120万元，这多出来的20万元如何计缴税款？笔者理解，多出来的20万元要么是其他合伙人给的"无偿"赠与，或者是利润的重新调整比例的分配，一定得有一个利益的来源。但是无论来源如何，此属于个人的经营所得组成，70万元属于其经营所得或利股红所得，这个计税所得没有什么争议。笔者建议由经营所得中拆分，这样可以减少其他两个合伙人的计税税额。

可能有的情形下，即使合伙企业是亏损的情形下，仍按照一定的收益比例对某个合伙人进行分配，此时并没有可供分配的应纳税所得额，要不要算为个人或法人合伙人的计税所得呢？

财税（2008）159号文件规定：生产经营所得和其他所得，包括合伙企业分配给所有合伙人的所得和企业当年留存的所得（利润）。在这里似乎是一个宽泛的范围，即只要有取得的所得的情形，站在合伙人的角度来看，而不是看是不是有利润为前提。再者说，当前的亏损未来也可能弥补，从简化处理的角度，若是取得的所得中，只要未明确属于减少出资额收回的，宜认为属于所得较为合适。

（8）"先分后税"合伙企业的适用范围。

笔者发现，在税收政策中，对于合伙企业的适用范围，主要是指依据中国法律、行政法规成立的合伙企业。那么，对于那些直接投资参与境外基金等合伙企业的所得，是不是也要遵循"先分后税"的规则呢？

从政策来看，并无此要求，是不是要参照执行，笔者并不这样认为。首先，境外的主体，并不在我国的纳税主体范围内，即没有形成一个有所得但未纳税的"遗漏"存在，对外投资取得的收益分配，从所得的常规理解看，宜在明确分配时确认比较合理。可能有人士担心，因为未及时分配，会有一部分税收利益未能有效监管，存在漏洞，这个确实存在。对于个人合伙人，此时可以借鉴反避税情形中的"居民个人控制的，或者居民个人和居民企业共同控制的设立在实际税负明显偏低的国家（地区）的企业，无合理经营需要，对应当归属于居民个人的利润不作分配或者减少分配"条款，对此进行征管管理。如果是法人合伙人，也有类似的反避税规则可以套用。

总之，对于合伙企业的计税规则，确实存在一些不通畅的地方，甚至存在矛盾的地方，也确有中国特色的规定存在，比如对于创业投资企业的单一计税规定，这些规则多因为是基于解决某个特定问题而颁布的，其对整体计税规则的影响是打破了一个计税的完整性逻辑，如果从税收征管、公平及便于理解、遵从的角度，带来的一些不利的影响。结合国家产业政策的持续改革与发展，特别是金融业投资改革的推进，希望财税政策的规划，能有一些顶层的设计，也要勇于维护税法的刚性、公平性与科学性。

3.6 设立有限责任公司

在前面的章节中，我们分析了关于有限责任公司的控制权、运营风险及股权转让等相关事项，在本节中，我们主要就一些专项问题进行梳理与说明。

3.6.1 有限责任公司的出资形式及要求

依据《公司法》的规定，个人可以使用多类型资产单一或组合出资：

第二十七条　股东可以用货币出资，也可以用实物、知识产权、土地使用权等可以用货币估价并可以依法转让的非货币财产作价出资；但是，法律、行政法规规定不得作为出资的财产除外。

对作为出资的非货币财产应当评估作价，核实财产，不得高估或者低估作价。法律、行政法规对评估作价有规定的，从其规定。[①]

第二十八条　股东应当按期足额缴纳公司章程中规定的各自所认缴的出资额。股东以货币出资的，应当将货币出资足额存入有限责任公司在银行开设的账户；以非货币财产出资的，应当依法办理其财产权的转移手续。

股东不按照前款规定缴纳出资的，除应当向公司足额缴纳外，还应当向已按期足额缴纳出资的股东承担违约责任。

第二十九条　股东认足公司章程规定的出资后，由全体股东指定的代表或者共同委托的代理人向公司登记机关报送公司登记申请书、公司章程等文件，申请设立登记。

第三十条　有限责任公司成立后，发现作为设立公司出资的非货币财产的实际价额显著低于公司章程所定价额的，应当由交付该出资的股东补足其差额；公司设立时的其他股东承担连带责任。

第三十一条　有限责任公司成立后，应当向股东签发出资证明书。

出资证明书应当载明下列事项：

（一）公司名称；

（二）公司成立日期；

（三）公司注册资本；

（四）股东的姓名或者名称、缴纳的出资额和出资日期；

（五）出资证明书的编号和核发日期。

出资证明书由公司盖章。

我们发现，有限责任公司与合伙企业不同，不得用劳务出资。对于能否使用第三方债权出资，笔者还没有发现成熟的案例，看到有的专家也有探讨，认为使用债权出资到有限责任公司，不存在出资的政策限制，不过由于债权出资其资产价值的确定性面临风险，有可能给公司资产的完整性带来潜在的不利影响。也有的人士认为，不宜支持用第三方的债权出资，除非是如四大资产公司以承接的银行贷款所转的股权，这是有相应的国家政策支持的。但是，如果是债转股形式，即直接以对于债权人的债务，是可以转为股权的。

[①]　《中华人民共和国公司登记管理条例（2016修订）》：第十四条　股东的出资方式应当符合《公司法》第二十七条的规定，但股东不得以劳务、信用、自然人姓名、商誉、特许经营权或者设定担保的财产等作价出资。

（1）个人不同出资形式下的计税规则。

2014年，工商认缴制度改革与《公司法》的修订，极大地释放了有限责任公司的生命力，原来要求的货币出资比例要求、出资期限要求、最低出资额等均不再是障碍。在这种情形下，我们需要结合认缴出资与实缴出资的情形，对个人投资者如何计税进行分析，而且这其中还有国家出台的非常有支持力度的优惠政策，更需要投资人了解。

【案例】若李某与张某共同作为投资人设立一家有限公司，李某出资额是200万元，我们假设其用200万元的货币或非货币性资产出资（若是非货币性资产，原值假设均为100万元）。下面，我们分析一下不同出资情形下的个人涉税情况。

分析：若李某仅仅是认缴出资，不涉及税费，被投资企业也不需要计缴资金账簿的印花税，只是在工商登记时，标识出来注册资本的信息，账面实收资本的金额则根据投资人实缴的出资进行核算。即使投资人到了章程约定的出资时限未出资，那么被投资企业也并不能记应收账款，此时有相应的政策法规对此进行约束与追究相应的责任，也不涉及强制出资要求计税的情形（见表3-33）。

表3-33　　　　　　　　　不同出资方式的计税税种及方式

出资方式	计税税种	计税方式	计税举例（单位：万元）
货币出资	无	无	无
货物资产	增值税及附加	个人不存在投资视同销售的规定，不计缴增值税，也没有附加税费	无
货物资产	个人所得税	需要计缴财产转让个人所得税，应差额计算所得，税率是20%，可以申请5个公历年度内分期纳税	$100 \times 20\% = 20$
无形资产	增值税及附加	视同销售计缴增值税，征收率是3%	$200/1.03 \times 3\% = 5.83$，同时附加税费按相应比例计缴
无形资产	个人所得税	同"货物资产"情形，但个别情形下允许递延纳税	20
不动产	增值税及附加	如果是非住房且是购入的住房，则按差额依5%计缴增值税	$100/1.05 \times 5\% = 4.76$，附加税费视各地适用税率计算
不动产	个人所得税	同"货物资产"情形	20
不动产	印花税	产权转移书据按万分之五计税	$200 \times 0.0005 = 0.1$
不动产	土地增值税	如果是非住房，则可以按发票加计方法，或评估评价方式，或核定方法计算扣除后计缴土地增值税。如果是住房暂免税	视具体情形计算

上面的政策与我们分析个人向合伙企业出资时的政策基本是一致的，但是，有限责任公司却有相当的不同，主要体现在个性化的个税计税政策中。下面，我们进行详细的说明。

（2）个人非货币性资产投资允许选择最长五年分期纳税。

要理解这个政策，我们要好好地理解财税〔2015〕41号文件：

关于个人非货币性资产投资有关个人所得税政策的通知
财税〔2015〕41号

各省、自治区、直辖市、计划单列市财政厅（局）、地方税务局，新疆生产建设兵团财务局：

为进一步鼓励和引导民间个人投资，经国务院批准，将在上海自由贸易试验区试点的个人非货币性资产投资分期缴税政策推广至全国。现就个人非货币性资产投资有关个人所得税政策通知如下：

一、个人以非货币性资产投资，属于个人转让非货币性资产和投资同时发生。对个人转让非货币性资产的所得，应按照"财产转让所得"项目，依法计算缴纳个人所得税。

二、个人以非货币性资产投资，应按评估后的公允价值确认非货币性资产转让收入。非货币性资产转让收入减除该资产原值及合理税费后的余额为应纳税所得额。

个人以非货币性资产投资，应于非货币性资产转让、取得被投资企业股权时，确认非货币性资产转让收入的实现。

三、个人应在发生上述应税行为的次月15日内向主管税务机关申报纳税。纳税人一次性缴税有困难的，可合理确定分期缴纳计划并报主管税务机关备案后，自发生上述应税行为之日起不超过5个公历年度内（含）分期缴纳个人所得税。

四、个人以非货币性资产投资交易过程中取得现金补价的，现金部分应优先用于缴税；现金不足以缴纳的部分，可分期缴纳。

个人在分期缴税期间转让其持有的上述全部或部分股权，并取得现金收入的，该现金收入应优先用于缴纳尚未缴清的税款。

五、本通知所称非货币性资产，是指现金、银行存款等货币性资产以外的资产，包括股权、不动产、技术发明成果以及其他形式的非货币性资产。

本通知所称非货币性资产投资，包括以非货币性资产出资设立新的企业，以及以非货币性资产出资参与企业增资扩股、定向增发股票、股权置换、重组改制等投资行为。

六、本通知规定的分期缴税政策自2015年4月1日起施行。对2015年4月1日之前发生的个人非货币性资产投资，尚未进行税收处理且自发生上述应税行为之日起期限未超过5年的，可在剩余的期限内分期缴纳其应纳税款。

财政部 国家税务总局
2015年3月30日

同时，国家税务总局在上述文件的基础之上，进一步明确了征管实施的措施。

国家税务总局关于个人非货币性资产投资有关个人所得税征管问题的公告

国家税务总局公告2015年第20号

为落实国务院第83次常务会议决定，鼓励和引导民间个人投资，根据《中华人民共和国个人所得税法》及其实施条例、《中华人民共和国税收征收管理法》及其实施细则、《财政部 国家税务总局关于个人非货币性资产投资有关个人所得税政策的通知》（财税〔2015〕41号）规定，现就落实个人非货币性资产投资有关个人所得税征管问题公告如下：

一、非货币性资产投资个人所得税以发生非货币性资产投资行为并取得被投资企业股权的个人为纳税人。

二、非货币性资产投资个人所得税由纳税人向主管税务机关自行申报缴纳。

三、纳税人以不动产投资的，以不动产所在地地税机关为主管税务机关；纳税人以其持有的企业股权对外投资的，以该企业所在地地税机关为主管税务机关；纳税人以其他非货币资产投资的，以被投资企业所在地地税机关为主管税务机关。

四、纳税人非货币性资产投资应纳税所得额为非货币性资产转让收入减除该资产原值及合理税费后的余额。

五、非货币性资产原值为纳税人取得该项资产时实际发生的支出。

纳税人无法提供完整、准确的非货币性资产原值凭证，不能正确计算非货币性资产原值的，主管税务机关可依法核定其非货币性资产原值。

六、合理税费是指纳税人在非货币性资产投资过程中发生的与资产转移相关的税金及合理费用。

七、纳税人以股权投资的，该股权原值确认等相关问题依照《股权转让所得个人所得税管理办法（试行）》（国家税务总局公告2014年第67号发布）有关规定执行。

八、纳税人非货币性资产投资需要分期缴纳个人所得税的，应于取得被投资企业股权之日的次月15日内，自行制定缴税计划并向主管税务机关报送《非货币性资产投资分期缴纳个人所得税备案表》（见附件）、纳税人身份证明、投资协议、非货币性资产评估价格证明材料、能够证明非货币性资产原值及合理税费的相关资料。

2015年4月1日之前发生的非货币性资产投资，期限未超过5年，尚未进行税收处理且需要分期缴纳个人所得税的，纳税人应于本公告下发之日起30日内向主管税务机关办理分期缴税备案手续。

九、纳税人分期缴税期间提出变更原分期缴税计划的，应重新制定分期缴税计划并向主管税务机关重新报送《非货币性资产投资分期缴纳个人所得税备案表》。

十、纳税人按分期缴税计划向主管税务机关办理纳税申报时，应提供已在主管税务机关备案的《非货币性资产投资分期缴纳个人所得税备案表》和本期之前各期已缴纳个人所得税的完税凭证。

十一、纳税人在分期缴税期间转让股权的，应于转让股权之日的次月15日内向主管税务机关申报纳税。

十二、被投资企业应将纳税人以非货币性资产投入本企业取得股权和分期缴税期间纳税人股权变动情况，分别于相关事项发生后15日内向主管税务机关报告，并协助税务机关执行公务。

十三、纳税人和被投资企业未按规定备案、缴税和报送资料的，按照《中华人民共和国税收征收管理法》及有关规定处理。

十四、本公告自2015年4月1日起施行。

特此公告。

国家税务总局
2015年4月8日

我们先来总结一下这份文件的要点（详见表3-34）：

表3-34　　　　　　对国家税务总局2015年第20号公告的解读

事项	说明	备注
什么是非货币性资产	指现金、银行存款等货币性资产以外的资产，包括股权、不动产、技术发明成果以及其他形式的非货币性资产	注意是个人所拥有的，文件不适用通过合伙企业等组织所拥有的，那属于经营所得类型
限于换取股权	个人通过转移非货币性资产权属，投资换得被投资企业的股权（或股票，以下统称股权），实现了对非货币性资产的转让性处置	限于换股权，不包括投资合伙企业等换取出资份额形式
为何要对非货币性资产投资进行计税	个人以非货币性资产投资，取得被投资企业的股权价值高于该资产原值的部分，根据《中华人民共和国个人所得税法》规定，属于个人财产转让所得，应缴纳个人所得税	注意，取得的股权因为双方是一个交易，因此以允许价值来确定交换价值，相较于历史成本记录的原值，通常会高，并不必然取得现金才是所得

续表

事项	说明	备注
计税方式	非货币性资产投资，实质为个人"转让非货币性资产"和"对外投资"两笔经济业务同时发生。 应纳税所得额＝非货币性资产转让收入－资产原值－转让时按规定支付的合理税费① 应纳税额＝应纳税所得额×20%	根据公司法、企业会计准则、个人所得税法的规定，以非货币性资产出资，应对非货币性资产评估作价，并据此入账，经评估后的公允价值，即为非货币性资产的转让收入
什么时候计税缴纳	应于非货币性资产转让、取得被投资企业股权时，确认非货币性资产转让收入的实现	基本上认为换得了股权，实现了登记比较容易掌握，如文件要求应于取得被投资企业股权之日的次月15日内办理分期纳税手续
分期是如何确定的	在不超过5个公历年度内（含）分期缴纳②	不需均匀分期，5年（含）内可选择年份数，如3年
取得现金补价的	优先纳税，余下的税款分期	一笔非货币性资产投资可以同时换股权及现金
为何给予分期缴税的选择	由于非货币性资产投资交易过程中没有或仅有少量现金流，且大多交易金额较大，纳税人可能缺乏足够资金纳税，导致征纳双方争议较大	鼓励和引导民间投资，促进大众创业、万众创新，缓解纳税人缺乏足够资金纳税的困难
扣除原值确认方式	非货币性资产原值为纳税人取得该项资产时实际发生的支出。纳税人无法提供完整、准确的非货币性资产原值凭证，不能正确计算非货币性资产原值的，主管税务机关可依法核定其非货币性资产原值	现实中，核定没有标准可依，税务机关倾向于不愿意进行核定，只能是争取。对于"实际发生的支出"更多认可货币支付凭据，对于收据之类的认可也有质疑之处
分期纳税期间转让股权的	转让其持有的上述全部或部分股权，并取得现金收入的，该现金收入应优先用于缴纳尚未缴清的税款	认为现金收入应以可收或收到为参照，如果是再以此换得其他非货币性资产，则继续按计划进行纳税，不需中止，因为这是纳税义务的分期完成，并不是纳税义务仍在部分实现
纳税地点	不动产投资：不动产所在地税务机关 股权投资：该企业所在地税务机关 除上述两项外的非货币性资产投资：被投资企业所在地税务机关	因为纳税地的问题，涉及地区间争议的案例也有发生，我们的财税顾问与法律顾问一定要掌握好口径

---

① 合理税费是指非货币性资产投资过程中发生的与非货币性资产转移相关的税金及有关合理费用。允许扣除的税费必须与非货币性资产投资相关，且具有合理性。

② 之前笔者接触过的一个客户，拟进行分期缴纳，税务机关的人员要求其提供收入证明资料、银行存折资料。其实笔者认为，一次性缴纳有困难，进行合理的判断即可，并不需要税务机关去验证，而且这个困难也并不是说有钱就不得，比如资金有别的安排，纳税人尽管享受了没有资金成本的占有资金的利益，但人家承诺5年内完成纳税，也是要支持为宜。《非货币性资产投资分期缴纳个人所得税备案表》也并没有要求提供相应的说明及一并提供证明资料才行。

国家税务总局所得税司有关负责人就非货币性资产投资分期缴纳个人所得税问题答记者问时提到了几个案例，比较通俗易懂，也有代表性，笔者进行摘录如下：

例1：2008年，刘先生以1 000万元购得一块土地。后其以此土地经评估作价2 000万元入股B公司。过户时发生评估费、中介费等相关税费100万元。则刘先生以土地入股B公司时，应缴纳个人所得税180万元［(2 000 - 1 000 - 100)×20%］。

例2：王先生、李先生最初各出资300万元成立A公司。为促进企业发展壮大，王、李两人与B公司达成重组协议，B公司以发行股份并支付现金补价方式购买王先生、李先生持有的A公司股权。其中，分别向两位发行价值3 000万元的股份，支付300万元的现金，在此过程中两人各自发生评估费、中介费等相关税费100万元。那么，王先生、李先生应分别缴纳个人所得税580万元［(3 000 + 300 - 300 - 100)×20%］。

例3：在例2中，王先生、李先生因非货币性资产投资，分别应缴纳个人所得税580万元。两人在此次交易过程中各自取得的300万元现金补价，应优先用于缴税。剩余的280万元，可分期缴纳。

例4：以例2、例3中的王先生为例。王先生在办理280万元分期缴税手续后的第3年，仍有200万元税款尚未缴纳。此时他转让了部分以非货币性资产投资换取的股权，如果取得的税后转让收入超过200万元，那么他应一次结清税款；如果取得的税后转让收入不超过200万元，假设为160万元，那么，剩余的40万元可以继续分期缴纳。

例5：假设张女士2015年12月进行了一次非货币性资产投资，那么她可以根据自身情况制订分期缴税计划，在2015年至2019年这5个公历年度内分期缴税，并于2019年12月31日前缴清税款。

例6：假设李先生2014年进行了一次非货币性资产投资，因资金问题，截至2015年3月31日尚未缴税，那么他也可在2015年至2018年这4个公历年度内分期缴税，并于2018年12月31日前缴清税款。

新个人所得税法没有对非货币性资产投资计个税的规定进行调整，还是延续原有的计税与征管规定，但是我们还需要进一步梳理如下几个问题：

第一，这里的纳税义务税额是一次性形成的，即使办理了5年内的分期纳税，也只是"债"的偿还，分期纳税并不需要计算资金占用利息，没有滞纳金，所以无论是不是有困难，能够分期缴纳，于资金流方面也是有利的，至少有银行的利息可以节约。

税法在这儿规定的5年，是指5个公历年度，比如上面的案例，2015年12月取得了相应的股权，即产生了纳税义务，那么5年的适用开始就是2015年、2016年、2017年、2018年、2019年共5个公历年度，并非指连续12个月这样理解。但是，有的税收政策对于5年的规定，如果没有提公历年度，多是指12个月的意思。有人提出来，2015年12月进行的非货币性投资，规定：

> 个人应在发生上述应税行为的次月15日内向主管税务机关申报纳税。纳税人一次性缴税有困难的，可合理确定分期缴纳计划并报主管税务机关备案后，自发生上述应税行为之日起不超过5个公历年度内（含）分期缴纳个人所得税。

这儿规定的是第一次缴纳税款是在次月15日内，但是规定的5年起始是在发生应税行为之日起，于是就要从2015年12月归属的当年度为一年，以后的纳税日期，并不严格执行次月15日的要求，只要约定好即可以，如果临时有特殊情形出现，也可以重新制订分期缴税计划并向主管税务机关重新报送"非货币性资产投资分期缴纳个人所得税备案表"。

第二，关于似乎可以筹划的"中介费"扣除问题，在国家税务总局的举例中得到了支持，但是筹划出来的中介费，要有真实性及合理性，比如300万元的转让所得，要支付200万元的中介费，这可能就会受到质疑了。当前，参照新个人所得税法的"纳税申报表"填报说明，特许权使用费所得计算也是可以适当地扣减中介费的：纳税人取得特许权使用费所得时，填写提供特许权过程中发生的中介费和实际缴纳的可依法扣除的税费。

第三，如果被投资企业发生关门倒闭等情形，对于纳税人有何影响呢？要注意，这个纳税义务与纳税金额的产生，跟被投资企业未来的命运并不相关，只要在投资时确认的公允值得到了认可，形成了出资额，那么这跟我们平时一般投资设立公司是一样的，有成功也有失败，即使投资后的第二天，被投资公司因特殊事故关门了，那么纳税义务也不能豁免，未来是分期的，一样需要分期缴纳。在当前的个税制度下，个人投资亏损并不能抵减其他所得的纳税额，即使是另一项所得也是财产转让所得，按照一次转让财产的收入额减除财产原值和合理费用后的余额计算纳税。按规定分次进行计算，不能互相抵销。比如，当下关于对赌的所得计税，就是在这种情形下，也难顺利实施退税，但是如果某个人一次性向对方转让了5家的企业股权，那么这也算1次而不是5次，虽然里面有不同的股权价格组成，其交易的次数是1次，在这个过程当中，是可以整体计算收入与扣除原值来计算一次财产转让所得。

在企业所得税的非货币性资产投资的计税规则提到，可以将财产转让所得5年期限内分期均匀计入每一年度的应纳税所得额，那就不是税额的分期，如果某一年度该法人从事的其他经营发生亏损，是可以用此所得额抵减的；而且相应的文件规定，如果以非货币性资产对外投资的企业，在选择的5年期限内对外投资的企业发生注销的，应一次性将递延所得计入注销年度的所得额当中，这也是不会给予豁免的。

第四，规定应按评估后的公允价值确认非货币性资产转让收入，这是因为，一般非货币性资产投资到公司时，需要进行评估，国家税务总局给出了如下解释：

个人通过转移非货币性资产权属，投资换得被投资企业的股权（或股票，以下统称"股权"），实现了对非货币性资产的转让性处置。根据《中华人民共和国公司法》规定，以非货币性资产投资应对资产评估作价，对资产评估价值高出个人初始取得该资产时实际发生的支出（即资产原值）的部分，个人虽然没有现金流入，但取得了另一家企业的股权，符合《中华人民共和国个人所得税法》关于"个人所得的形式包括现金、实物、有价证券和其他形式的经济利益"的规定，应按"财产转让所得"项目缴纳个人所得税。反之，如果评估后的公允价值没有超过原值，个人则没有所得，也就不需要缴纳个人所得税。

但是，这个评估值并不是绝对的，要结合实际情况进行使用，比如评估基准日价值是800万元，但是因为发生了相应的实际新增价值或损失价值，做相应的调整是合理的，此时只要能够解释清楚即可。尽管备案资料要求提供货币性资产评估价格证明材料，但不是绝对的。笔者曾就此与税务专家沟通，也认为要考虑一些实际情况，但在通常情形下，最好由评估报告来表达"想要"的结果，减少不必要的争议。如果税务机关认为评估结果有问题，比如有公开市场价格参照的，税务机关可以提出质疑，要求说明。曾发生过纳税人的评估结果与税务机关委托的评估单位的评估结果不一致的争议，但在通常情形下，税务机关还是认可有评估资格的机构出具报告的结果的。由于评估市场竞争激烈，评估方法与技术运用空间大，因此保持相应的质疑，笔者认为也不是不信赖纳税人，而是保持必要的职业谨慎。

【案例】 某公司拟在2016年进行股权转让，这涉及一个境内居民企业股东转让其股权给境外非居民企业的事项，虽不涉及个税，但是对于评估价格的问题，却引起了争议。当时企业的评估基准日是2016年12月31日，但是由于涉及外资投资的程序，拖了接近一年，评估报告还在有效期内。税务机关的人员在查阅时，认为当时的评估价格过低，为什么呢？税务人员发现，企业在最终走完程序、办理变更手续的时候，公司财务报表的净资产额高于原来的评估价值，这不是有问题吗？

分析：大家可以想一下，如果你遇到这样的一个案例，会作出什么样的判断？笔者认为，这只是一个事故，我们且先不揣测当时企业的人员是否做了"手脚"，如果我们假设转让时点净资产亏得更厉害了呢，再就现在的情形评估会更低价呢？

2016年的交易，是基于当时的评估，而且达成了交易，同时当时如果约定了在交易达成后相应的利益已开始属于受让方所有，我们就走程序办理变更了，后面的工作全是程序上的"落实"。即使我们来看，股权转让所得的实现，依据税法规定是在协议生效且办理股权变更之日[①]，那么纳税义务的产生是在后面，为何要认可以前约定的价格呢？理解上，纳税义务之时并不等同于交易价格确定之时，这个案例最终得到认可。比如甲向乙借款，约定利率10%，每年未支付，此时纳税义务与约定日期就不同，这很正常。

相较于财税〔2015〕41号文提及的评估价格，这个是基于交易约定时有评估的法定程序，所以直接进行了引用，如果没有，那么交易各方的约定是判断的起始点与基础。

第五，非货币性资产出资可以灵活地间接实施，并结合实际的情形进行尝试。

现实中，有的投资人在设立公司时，从效率上看，先通过货币出资设立，再通过增发股权方式向某个纳税人购入非货币性资产。对于个人以房屋不动产出资，有相应的土地增值税不征的政策可以使用。但是如果通过货币出资，再让公司以货币购入投资人的非货币性资产的方式，就可能享受不到上述税收优惠的政策。从所得税的角度来说，以货币购买方式也不能享受分期纳税的政策，只能是一次性计税缴纳，哪怕是暂未收到款项，或者约定分期收款的结算方式。

第六，关于纳税地的必须性问题。

【案例】 某自然人拟以股权对外投资，依据政策规定，有财产转让所得时，纳税地是在股权对应企业所在地，但是该自然人找到他的税务顾问说："我拟投资股权的企业所在地没有财政奖励的政策，你们能否帮我想个转移纳税地的方案？"

分析：在这种情形下，有可能个人自己去某个地方缴纳，有可能真有收的，毕竟是自主纳税的行为。如果要转移纳税地，那么要考虑再架接上面一层进行适当筹划。但是，如何装到上层里呢？如果是出资，那么原值到公允价值之间，还是在当地实现

[①] 《国家税务总局关于贯彻落实企业所得税法若干税收问题的通知》（国税函〔2010〕79号）规定：
三、关于股权转让所得确认和计算问题
企业转让股权收入，应于转让协议生效且完成股权变更手续时，确认收入的实现。转让股权收入扣除为取得该股权所发生的成本后，为股权转让所得。企业在计算股权转让所得时，不得扣除被投资企业未分配利润等股东留存收益中按该项股权所可能分配的金额。

了纳税。有的人士认为有可能通过不公允转让或别的方式实现，但是要提前处理为好。

第七，关于股权置换的问题。

依照国家税务总局的相关解释，非货币性资产投资，就是以这些非货币性资产出资设立新的企业，或者以非货币性资产出资参与企业增资扩股、定向增发股票、重组改制以及其他类似的投资（包括股权换股权）。相关人员特别解释了出资设立、增资扩股、定向增多股票等情形，而且特别解释了股权换股权的情形，即可能用股权去换交易对手的股权的情形，这种情形很容易被忽视。

【案例】张三投资京猫公司1 000万元，且已实缴入资款，张三以此股权投资换取了京狗公司的股权，双方评估交易作价5 000万元。交易后，张三持有的是京狗公司的股权，投资额是5 000万元，若没有发生的可扣除税费，溢价4 000万元，张三可以视缴纳困难备案5年期限内分期纳税，税额是4 000×20%＝800万元，张三可以在5年内每年计划缴纳160万元，或者是前四年每年50万元，最后一年600万元，相应的纳税计划可能会随主管税务机关的安排来进行，并不一定完全依照纳税人的意愿进行，比如，张三认为前四年每年纳1元，余额最后一年缴纳，估计实施起来也是有难度的，但并不代表此举就绝对不可行。也有前几年0元，最后一两年纳的案例情形。

有的专家认为，在个人拥有的企业被吸收合并之时，相应的股权"换成"了合并方的企业的股权，此时只是换了个名，并没有实现价值变现，对此，笔者并不予以认同。个税规则中没有关于合并时的特别例外不征或递延纳税的规定，没有企业所得税中关于合并业务中递延纳税的特殊性税务处理政策可供选择，因为合并也是有对价的，也是一种交易，是基于公允原则的价格体现，比如合并之后，其价值也是有体现的，也是有以此为基础的股份持有数的计量。

第八，用于非货币性资产出资涉及的增值税抵扣问题。

依据当前的增值税规则，个人作为增值税的纳税人，在发生对外投资等业务时，如有增值税应税行为时，基本上是不能代开增值税专用发票的，但作为纳税人，要按简易计税方法计算、缴纳增值税。《税务机关代开增值税专用发票管理办法（试行）》规定：代开专用发票是指主管税务机关为所辖范围内的增值税纳税人代开专用发票，其他单位和个人不得代开。这是一个主要的依据来源，但是当前，这种情形正在发生改变，随着营改增试点政策的推进，国务院明确地要求原则上各个行业的税负是只减不增，特殊的情形包括：

（1）保险代理人、证券经纪人等在提供连续性服务的基础上，如果达到计税起征点收入需要缴纳增值税及附加税费的，可以一并由支付费用的单位向主管税务机关代开专用发票，附相应的明细表即可。如果是免税的，只能代开增值税普通发票，这是其中一个特殊事例。

（2）依据《国家税务总局关于营业税改征增值税委托地税局代征税款和代开增值税发票的通知》（税总函〔2016〕145号）规定，增值税小规模纳税人销售其取得的不动产以及其他个人出租不动产，购买方或承租方不属于其他个人的，纳税人缴纳增值税后可以向地税局申请代开增值税专用发票。其他个人发生应税项目是否可以申请代开增值税专用发票？《国家税务总局纳税服务司关于下发营改增热点问题答复口径和营改增培训参考材料的函》（税总纳便函〔2016〕71号）是这样进一步解释的：根据《国家税务总局关于营业税改征增值税委托地税局代征税款和代开增值税发票的通知》（税总函〔2016〕145号）的规定，其他个人销售其取得的不动产和出租不动产，购买方或承租方不属于其他个人的，纳税人缴纳增值税后可以向地税局申请代开增值税专用发票。上述情况之外的其他个人不能申请代开增值税专用发票。

回到我们所说的个人非货币性资产投资行为，如果是非不动产的，那么就转让来讲，是不能代开增值税专用发票的，也就没有可供抵扣一说。

由于在投资时，被投资企业或者是新成立，或者是成立后有增资情形，此时就要注意，及早考虑一般纳税人的身份及抵扣要求，不然如果持续作为小规模纳税人进行了经营，就会失去抵扣机会，需要综合考虑评估。

国家税务总局关于纳税人认定或登记为一般纳税人前进项税额抵扣问题的公告
国家税务总局公告2015年第59号

现将纳税人认定或登记为一般纳税人前进项税额抵扣问题公告如下：

一、纳税人自办理税务登记至认定或登记为一般纳税人期间，未取得生产经营收入，未按照销售额和征收率简易计算应纳税额申报缴纳增值税的，其在此期间取得的增值税扣税凭证，可以在认定或登记为一般纳税人后抵扣进项税额。

二、上述增值税扣税凭证按照现行规定无法办理认证或者稽核比对的，按照以下规定处理：

（一）购买方纳税人取得的增值税专用发票，按照《国家税务总局关于推行增值税发票系统升级版有关问题的公告》（国家税务总局公告2014年第73号）规定的程序，由销售方纳税人开具红字增值税专用发票后重新开具蓝字增值税专用发票。

购买方纳税人按照国家税务总局公告2014年第73号规定填开《开具红字增值税

专用发票信息表》或《开具红字货物运输业增值税专用发票信息表》时,选择"所购货物或劳务、服务不属于增值税扣税项目范围"或"所购服务不属于增值税扣税项目范围"。

(二)纳税人取得的海关进口增值税专用缴款书,按照《国家税务总局关于逾期增值税扣税凭证抵扣问题的公告》(国家税务总局公告2011年第50号)规定的程序,经国家税务总局稽核比对相符后抵扣进项税额。

三、本公告自发布之日起施行。此前未处理的事项,按照本公告规定执行。

特此公告。

国家税务总局

2015年8月19日

第九,关于个人所得税代扣代缴法定义务的责任问题。

这个问题,本文件中其实是财税部门对于税收征管法法定的代扣代缴义务的一种实务调整。大家可以发现,对于个人非货币性资产投资计缴个税时,支付所得的一方是接受投资方,那么此时法定扣缴义务是存在的,或许这中间有现金补价,这是可以扣缴的,并不存在没有现金支付无法扣缴的情形,但规定一致要求,纳税人的纳税申报及缴纳税款,包括分期申报的备案,都是纳税人经办,扣缴义务人并未规定可以代办,其实现实中也无法代办。个税的扣缴,往往就面临着这样的窘境。

虽然代扣代缴有2%的手续费支付,但相信扣缴义务人也并不是非常在意,生意做得更好是关键。非货币性资产投资的股权支付方基本上是单位,在实务当中,单位扣缴更为关注与要求承担相应的责任或协助追缴处理,甚至要求直接承担税款,但是如果个人是支付方,依法也是扣缴义务人,一般税务机关不会去追寻自然人进行罚款处理,但有可能要求其协助追缴,如提供相关资料、纳税人信息等。

至少这个政策,降低了扣缴义务人的法定责任的承担度。笔者也曾发现,对于有的上市公司公告曾有律师表示担心,认为依税收征管法,扣缴义务人理论上还是有法定义务的,担心对方不计税"牵连"到己方。从理论上看,有其可能,但还是风险可控。

如果真要有这种担心,双方可以在相应的协议中约定,在投资入资之时,建议纳税人将相应纳税资料给支付方一份盖章复印件,以利于其后续用来应对风险或备份,也算是为国家作出一些督促纳税的贡献。在当前的税收征管制度下,涉及房产投资、股权投资的,有登记前置的纳税审批或交纳的"先税后证"环节,但对于其他的非货币性资产,在投资之时,存在税务管理不到位的情形,纳税人如果不主动缴纳,就可能将风险延伸到后面的环节中,所以还是建议做好证据或合同方面的权利与义务约定。同时如果涉及到增值税义务的,接受投资方及时索取发票也利于税前扣除。

【案例】 某知名企业投资人当年通过 VIE 架构实现境外上市,境内运营公司的股东基本上是代持关系,但是税务上并不看背后的约定,只看显名投资人是谁。因为投资人挣到第一桶金后,有了新的梦想,于是有的创始人就开始撤离,但有的仍是境内运营企业名义上的股东,所以必须要更换。名为更换,但企业是通过转让的形式进行处理,由于原来的股东代持的时候,也是从前面的人手中承接过来的,当时工商变更不需要税务局的前置证明,1 000 万元的出资,是公司当时出的,不是个人出的,原来的股东也没有证明支持其支付过,本次转让自然也不需要真的有支付款项。但税务机关在审核的时候却认为,没有支付成本的证据,扣除成本是 0 元,全额计缴个税 200 万元。企业尝试了很多路径,最后又加之存在别的因素,没有办理完成。

第十,以递延纳税的股权再次进行非货币性资产投资如何计缴个税的问题。

如果单看财税〔2015〕41 号文件,个人在分期缴税期间转让其持有的上述全部或部分股权,并取得现金收入的,该现金收入应优先用于缴纳尚未缴清的税款。

如果此人将置换回来的股权,再一次去进行非货币性资产投资,将被视为一次新的交易,有专家认为应将上次的欠缴税款进行结算处理,但文件未明示出来,员工取得的股权激励递延纳税的情形比较明确,《财政部 国家税务总局关于完善股权激励和技术入股有关所得税政策的通知》(财税〔2016〕101 号)规定了对于员工取得的可以享受递延纳税政策的股权激励,其持有递延纳税的股权期间,因该股权产生的转增股本收入,以及以该递延纳税的股权再进行非货币性资产投资的,应在当期缴纳税款。

另外,对于分期纳税期间持有的股权,若取得分红、转送股情形的,这不属于补价,不需要优先用于缴纳税款。现金补价,是指个人在以非货币性资产投资过程中,除了取得被投资企业的股权外,还可能取得一定数量的现金,对这部分现金,会计上一般称为补价。

第十一,个人通过合伙企业对外投资能否享受分期纳税的政策。

笔者认为,合伙企业的个人取得的是经营所得,不是政策规定的个人持有的非货币性资产进行投资,应不适用分期纳税的政策。尽管其缴纳的是个人所得税,但不代表缴纳个人所得税的个人可以享受该政策。对于合伙企业来讲,若是对外投资,应计缴经营所得，计算个人合伙人的个人所得税。另外，个人能否以持有的合伙企业的份额对外投资，笔者还没有看到这样的案例，由于合伙企业是承担无限责任的主体，这种投资转让需要更多的认同才可以。

但个人非货币性资产对外投资，还有一个例外情况，我们接着进行分析。

(3) 个人特定技术成果出资允许递延合并为"股权转让"纳税。

我们在第（2）点中提到的是个人非货币性资产对外投资如何进行计税处理的不同情形，但是以技术成果出资，政策更具有优惠力度，无论是对企业所得税还是个人所得税，都进行了支持。

《财政部 国家税务总局关于完善股权激励和技术入股有关所得税政策的通知》（财税〔2016〕101号）规定：

三、对技术成果投资入股实施选择性税收优惠政策
（一）企业或个人以技术成果投资入股到境内居民企业，被投资企业支付的对价全部为股票（权）的，企业或个人可选择继续按现行有关税收政策执行，也可选择适用递延纳税优惠政策。
选择技术成果投资入股递延纳税政策的，经向主管税务机关备案，投资入股当期可暂不纳税，允许递延至转让股权时，按股权转让收入减去技术成果原值和合理税费后的差额计算缴纳所得税。
（二）企业或个人选择适用上述任一项政策，均允许被投资企业按技术成果投资入股时的评估值入账并在企业所得税前摊销扣除。
（三）技术成果是指专利技术（含国防专利）、计算机软件著作权、集成电路布图设计专有权、植物新品种权、生物医药新品种，以及科技部、财政部、国家税务总局确定的其他技术成果。
（四）技术成果投资入股，是指纳税人将技术成果所有权让渡给被投资企业、取得该企业股票（权）的行为。
四、相关政策
……
（二）个人因股权激励、技术成果投资入股取得股权后，非上市公司在境内上市的，处置递延纳税的股权时，按照现行限售股有关征税规定执行。
（三）个人转让股权时，视同享受递延纳税优惠政策的股权优先转让。递延纳税的股权成本按照加权平均法计算，不与其他方式取得的股权成本合并计算。

（四）持有递延纳税的股权期间，因该股权产生的转增股本收入，以及以该递延纳税的股权再进行非货币性资产投资的，应在当期缴纳税款。

（五）全国中小企业股份转让系统挂牌公司按照本通知第一条规定执行。

适用本通知第二条规定的上市公司是指其股票在上海证券交易所、深圳证券交易所上市交易的股份有限公司。

五、配套管理措施

（一）对股权激励或技术成果投资入股选择适用递延纳税政策的，企业应在规定期限内到主管税务机关办理备案手续。未办理备案手续的，不得享受本通知规定的递延纳税优惠政策。

（二）企业实施股权激励或个人以技术成果投资入股，以实施股权激励或取得技术成果的企业为个人所得税扣缴义务人。递延纳税期间，扣缴义务人应在每个纳税年度终了后向主管税务机关报告递延纳税有关情况。

（三）工商部门应将企业股权变更信息及时与税务部门共享，暂不具备联网实时共享信息条件的，工商部门应在股权变更登记3个工作日内将信息与税务部门共享。

六、本通知自2016年9月1日起施行。

随后《国家税务总局关于股权激励和技术入股所得税征管问题的公告》（国家税务总局公告2016年第62号）进一步明确：

（五）企业备案具体按以下规定执行：

......

3. 个人以技术成果投资入股境内公司并选择递延纳税的，被投资公司应于取得技术成果并支付股权之次月15日内，向主管税务机关报送《技术成果投资入股个人所得税递延纳税备案表》（附件3）、技术成果相关证书或证明材料、技术成果投资入股协议、技术成果评估报告等资料。

（六）个人因非上市公司实施股权激励或以技术成果投资入股取得的股票（权），实行递延纳税期间，扣缴义务人应于每个纳税年度终了后30日内，向主管税务机关报送《个人所得税递延纳税情况年度报告表》（附件4）。

（七）递延纳税股票（权）转让、办理纳税申报时，扣缴义务人、个人应向主管税务机关一并报送能够证明股票（权）转让价格、递延纳税股票（权）原值、合理税费的有关资料，具体包括转让协议、评估报告和相关票据等。资料不全或无法充分证明有关情况，造成计税依据偏低，又无正当理由的，主管税务机关可依据税收征管法有关规定进行核定。

对于非货币性资产出资，个人按规定应一次性计算所得纳税（如果低于原值时则没有所得），但一次性纳税有困难的，可以备案在 5 个公历年度内完成税款缴纳。现在，对于企业或个人以特定技术成果投资，有了第三种选择，其要点如下（见表 3-35）：

表 3-35　　　　　　　　　　对于特定技术成果投资的纳税要求

要点	说明	备注
接受投资企业的限制	境内居民企业，依据实际管理机构在境内所认定的境外注册的居民企业并不在内	一般非货币性出资个税没有限制
对价要求	要求对价全部是股票或股权	一般非货币性出资个税可以有现金补价
计税方式	是递延纳税，不是分期纳税，投资入股当期可暂不纳税，允许递延至转让股权时，按股权转让收入减去技术成果原值和合理税费后的差额计算缴纳所得税	如果企业持续经营，或者个人一直不出售所获得股权或退出，理论上看，那么一直可以不纳税
接受投资企业的处理	接受投资企业的税前扣除，按技术成果投资入股时的评估值入账并在企业所得税前摊销扣除	如果有溢价，相当于成本先扣，但此时并没有纳税的支付成本。一般非货币性资产投资是支付了个税成本才能"换得"在下一环节企业所得税税前扣除的基础
技术成果的范围	专利技术（含国防专利）、计算机软件著作权、集成电路布图设计专有权、植物新品种权、生物医药新品种，以及科技部、财政部、国家税务总局确定的其他技术成果	专指技术成果，通常有相应的登记凭证之类
出资方式	技术成果所有权让渡给被投资企业，取得该企业股票（权）	限于所有权，不得是使用权，即使是唯一使用权也不可以
扣缴义务人规定	以取得技术成果的企业为个人所得税扣缴义务人。递延纳税期间，扣缴义务人应在每个纳税年度终了后向主管税务机关报告递延纳税有关情况。无须本人到税务机关办理备案	实行递延纳税期间，扣缴义务人应于每个纳税年度终了后 30 日内，向主管税务机关报送《个人所得税递延纳税情况年度报告表》。递延纳税股票（权）转让、办理纳税申报时，扣缴义务人、个人应向主管税务机关一并报送能够证明股票（权）转让价格、递延纳税股票（权）原值、合理税费的有关资料，具体包括转让协议、评估报告和相关票据等。资料不全或无法充分证明有关情况，造成计税依据偏低，又无正当理由的，主管税务机关可依据税收征管法有关规定进行核定

对于技术成果出资，最主要的是要保证技术成果满足列举要求，一定需要办理所有权的转移，并且得到被投资企业的配合支持。要注意，在这种纳税方法下，相当于是将两次"财产转让所得"合并在一起计税了，在投资环节也面临着无变现资金的问题，实际上也是一种财税政策的支持。但相比较于非货币性资产分期纳税，税款是在开始就计算好了的，但这儿递延纳税的方式却是在投资时收入金额不确定，原值是相对确定的；总体上看，前者是税额递延，这儿是税基递延，更为优惠，这是比较明显的区别。

《关于印发〈股权激励和技术入股个人所得税政策口径〉的通知》（税总所便函〔2016〕149号）中对此进行了很好的解释，其中列举的案例，很值得借鉴：

例2：李某2016年9月以其所有的某项专利技术投资作价100万元入股A企业，获得A企业股票50万股，占企业股本的5%。若李某发明该项专利技术的成本为20万元，入股时发生评估费及其他合理税费共10万元。假设后来李某将这部分股权以200万元卖掉，转让时发生税费15万元，李某应如何计算纳税？

解析：李某专利技术投资入股，有两种税收处理方式：一是按照原有政策，在入股当期，对专利技术转让收入扣除专利技术财产原值和相关税费的差额计算个人所得税，并在当期或分期5年缴纳；二是按照新政策，专利技术投资入股时不计税，待转让这部分股权时，直接以股权转让收入扣除专利技术的财产原值和合理税费的差额计算个人所得税。

按原政策计算：

李某技术入股当期需缴税，应纳税额=（100万元-20万元-10万元）×20%=14万元

转让股权时李某也需缴税，应纳税额=（200万元-100万元-15万元）×20%=17万元

两次合计，李某共缴纳个人所得税31万元。

在这里，是一次计税法计算出来的税，是分两步财产转让所得计缴的，其中第一步14万元，如果一次性缴纳有困难，可以在5个公历年度内分期缴纳。如果第二步进行股权转让时，在上述5年内变现的，则首先缴纳税款，如现金不够的，余额未缴纳部分再继续分期缴纳。

按递延纳税政策计算：

李某入股当期无须缴税。

待李某转让该部分股权时一次性缴税。转让时应纳税额=［200万元-（20万元+

10万元) – 15万元] × 20% = 31万元

虽然政策调整后，李某应缴税款与原来一样，但李某在入股当期无须缴税，压力大大减小，待其转让时再缴税，确保有充足的资金流。

例3：接例2，若李某选择递延纳税后，李某最终仅以40万元合理价格将股权卖掉，假设转让股权时税费为5万元，则转让时李某该如何计税？

解析：根据递延纳税相关政策，李某转让股权时，按照转让收入扣除技术成果原值及合理税费后的余额，计算缴纳个人所得税。因此，虽然李某的股权转让收入较当初专利技术投资时作价降低了，但其仍根据股权转让实际收入计算个人所得税，李某技术成果投资入股风险大大降低。

应缴税款 = [40万元 – (20万元 + 10万元) – 5万元] × 20% = 1万元

在这里，两次合并为一次时，相当于第一次的计税评估价没有使用价值了，从最终变现的角度来看，纳税人如果选择用第一次的评估价来计税，是存在利益风险的，因为从案例当中我们可以看到，未来的经营存在贬值风险，如果分两步计税，第二次转让股权的价格是40万元，那么第一次纳税后以100万元收入作的投资计价，第二次转让时40万元 – 100万元 – 15万元计算出来的所得是负数，此时政策并不允许进行"汇总计税"多退少补，第一次的完税行为是确定性的、不可更改的，所以纳税人也要预测好这件事情。从投资向好的角度看，如果预期未来的股权转让高于投资时的作价与发生的合理税费的合计数，在绝对额上，分开与合并计税结果是一样的，但递延纳税有时间性价值。有的投资人认为，我没有短期内转让的考虑，想持续持有股权，以取得股息红利为目的，此时选择分步计税（第一步可以一次性缴纳也可分期缴纳）可能就不是首选方案。

例4：赵某是某研发机构的技术人员。2016年9月，赵某以个人发明的专利技术作价100万元入股A企业，取得A企业股票20万股，该技术成果原值为10万元，赵某选择了递延纳税。2017年6月，赵某以自有房屋作价50万元，取得A企业股票5万股。2017年10月，赵某出资60万元自股东林某手中购买A公司股票5万股。此外，2017年1月，A企业实施了符合条件的股票期权激励，赵某于2020年5月份以8元/股的价格行权获得5万股，赵某选择了递延纳税。赵某的股票原值如何计算？

解析：根据政策规定，赵某递延纳税部分的股票和非递延纳税部分的股票分别计税，原值也分开计算。

递延纳税股权部分：赵某递延纳税的股票由以技术成果投资入股和股票期权两部分构成。

递延纳税的股票原值 = 技术成果的原值 + 股票期权的行权总价 = 10万元 + 8元/股 × 5万股 = 50万元

递延纳税的股票每股原值=50万元÷（20万股+5万股）=2元/股。

非递延纳税股权部分：赵某非递延纳税的股票由房屋投资入股和直接购买两部分构成。根据《股权转让所得个人所得税管理办法（试行）》（国家税务总局公告2014年第67号发布，以下简称"67号公告"）规定，这两部分的股票原值也需要进行加权平均计算。在不考虑其他因素情况下，赵某非递延纳税的股票原值按如下方法计算：

非递延纳税的股票原值=50万元+60万元=110万元

非递延纳税的股票每股原值=110万元÷（5万股+5万股）=11元/股。

在这个案例中，相当于是综合了一个复杂的个案情形，这个案例对于我们有效地区分政策分类管理的规定有了一个清晰的判断。但是要注意，其中的称呼虽然是股票，但其实是股权（即使新三板挂牌公司也称为股票，但在特定税收规则中，还是倾向于按股权性质对待，比如对于符合条件的非上市公司的股权激励递延纳税政策，财税〔2016〕101号文件将新三板公司列入非上市公司的适用范围），其中自有房屋作价50万元，个人需要按照一次性或分期纳税方式计所得的个税，如果较原值低，则不需要纳税，比如原值是80万元，没有税费发生，此时50-80=-30万元，此时没有财产转让所得，而且未来再次转让的原值是50万元，不是80万元，中间折价的30万元相当于完成了一次财产转让行为，只是没有计税所得而已。从林某手中购买的股票60万元，是计税成本，不涉及本次所得税的问题。

例5：接例4，假如赵某此前在2018年6月以8元/股的价格行权取得股票1万股，并当期缴纳了个人所得税，则如何计算股票原值？

解析：由于该部分股票已经缴纳了个人所得税，因此不与递延纳税的股票部分进行合并，应与非递延纳税的股票进行加权平均计算。

赵某的非递延纳税的股票原值=8元/股×1万股+110万元=118万元

赵某递延纳税的股票原值仍为50万元。

在这儿，笔者认为容易引起大家的误解，为何以行权价作为计税原值，这是不恰当的，除非8元/股是当时的公允价值，认为描述上存在问题。比如通常享受不到递延纳税情形的，其行权价假设是8元/股，所得就是股票的市场公允价格与行权价的差，比如市场公允价是15元/股，此时纳税的所得是7元/股，纳完税之后，相应"置换"的计税成本是到了15元/股，而不是8元/股，所以笔者认为这儿的表述不是很清楚。依据《财政部 国家税务总局关于个人股票期权所得征收个人所得税问题的通知》（财税〔2005〕35号）规定：员工将行权后的股票再转让时获得的高于购买日公平市场价的差额，是因个人在证券二级市场上转让股票等有价证券而获得的所得，应按照"财产转让所得"适用的征免规定计算缴纳个人所得税，此时也同时反映了计税基础增加的因素，说明的是高于购买日公平市场的差额，而不是高于行权价的差额，因为差额按工资薪金的确定方法①计缴了个税。

例6：接例4，若赵某2021年8月以100万元转让了5万股，其他税费忽略不计，如何计算纳税？

解析：根据政策规定，转让时视同递延纳税的股票优先转让，因此赵某应纳的个人所得税按如下计算：

应纳税所得额 = 100万元 – 2元/股 × 5万股 = 90万元

应纳税额 = 90万元 × 20% = 18万元。

例7：接例4，若赵某2021年8月以600万元转让30万股给B企业，其他税费忽略不计，如何计算纳税？

解析：赵某递延纳税的股票共25万股，非递延纳税的股票共10万股。若赵某转让了30万股，则视同递延纳税的部分全部转让，非递延纳税的部分转让了5万股。

对于A企业而言，此时需要考虑代扣赵某个人所得税的问题。具体计算如下：

递延纳税部分的股票转让收入 = 600万元 ÷ 30万股 × 25万股 = 500万元

递延纳税部分应纳税额 = (500万元 – 50万元) × 20% = 90万元

赵某非递延纳税的部分股票，具体计算如下：

非递延纳税部分的股票转让收入 600万元 ÷ 30万股 × 5万股 = 100万元

非递延纳税部分应纳税额 = (100万元 – 11元/股 × 5万股) × 20% = 9万元。

在这儿要注意一个很有意思的知识点：只有递延纳税的部分才有A企业代扣代缴个税的义务，对于除此之外的转让，扣缴义务人是购买方，对于股权转让，国家税务总局公告2014年第67号规定了纳税人或扣缴义务人进行办理的双选择。赵某转让股权最终需要缴纳的个人所得税，90万元由A企业进行代扣代缴，9万元由B企业代扣代缴。如果是股权，那么无论是谁代扣代缴，纳税地都是被转让股权的企业所在地主管税务机关，由于是分开计税，所以不存在分不清的情形。另外，如果一项有所得，一项没有所得，也不允许合并相抵。

纳税人因获得非上市公司实施符合条件的股权激励而选择递延纳税的，自其取得股权至实际转让期间，因时间跨度可能非常长，其中会出现不少变数。如果公司在境内上市了，员工持有的递延纳税股权自然转为限售股。根据财税〔2016〕101号文件第四条第（二）项规定，相关税收处理应按照限售股相关规定执行。具体包含四方面：

---

① 依据财税〔2018〕164号文件，适用全额单独适用综合所得税率表，计算纳税。

一是股票转让价格，按照限售股有关规定确定。

二是扣缴义务人转为限售股转让所得的扣缴义务人（即证券机构），实施股权激励的公司、获得技术成果的企业只须及时将相关信息告知税务机关，无须继续扣缴递延纳税股票个人所得税。

三是个人股票原值仍按 101 号文件规定确定，也就是说，转让的股票来源于股权激励的，原值为其实际取得的成本；来源于技术成果投资入股的，原值为技术成果原值。若证券机构扣缴的个人所得税与纳税人的实际情况有出入，个人须按照《财政部 国家税务总局 证监会关于个人转让上市公司限售股所得征收个人所得税有关问题的通知》（财税〔2009〕167 号）规定，向证券机构所在地主管税务机关申请办理税收清算。

四是取得的股息红利按照上市公司股息红利差别化税收政策执行，根据持股期限来确定可以享受的减免税政策。

企业以未分配利润、盈余公积、特定的资本公积转增股本，须按照"利息、股息、红利所得"项目计征个人所得税。同时，根据《财政部 国家税务总局关于将国家自主创新示范区有关税收试点政策推广到全国范围实施的通知》（财税〔2015〕116 号），中小高新技术企业转增股本，个人股东可分期 5 年缴税。但是，个人持有递延纳税股权期间，发生上述情形的，根据 101 号文件第四条第（四）项规定，因递延纳税的股权产生的转增股本收入，应在当期缴纳税款。个人以股权进行非货币性资产投资，《财政部 国家税务总局关于个人非货币性资产投资有关个人所得税政策的通知》（财税〔2015〕41 号）规定可以分期 5 年缴纳。但个人以技术成果投资入股选择递延纳税的，根据 101 号文件第四条第（四）项规定，个人以递延纳税的股权进行非货币性资产投资，须在非货币性资产投资当期缴纳递延的税款，并可以按新业务选择分期纳税。

依据财税〔2005〕35 号文件，实施股权激励的个人，如果是上市公司股票，在行权时计过个税后，再转让基本上就是免税收入①，即后面是没个税的，但对于技术成果出资②，文件没有规定这种情形。下面，我们先看一个供讨论的案例。

---

① 根据现行政策，个人在二级市场转让其在二级市场取得的股票，免征个人所得税。个人通过股权激励取得的上市公司股票，再行转让免征个人所得税。

② 技术成果出资换取的投票，如该公司一直未上市，在其转让股权时缴纳个人所得税；如该公司上市，该股票属于限售股，按限售股有关规定缴纳个人所得税。

【案例】 吕某以技术成果入股某上市公司，相当于上市公司增发股票购入技术成果，此时如果选择了递延纳税，若技术成果原值是 10 万元，评估价是 800 万元，由于选择了递延纳税，那么在未来进行股票转让时计税，依财税〔2016〕101 号文件，不考虑未来二级市场股票买卖免税的常规规定了。若二级市场股票转让是 3 000 万元，没有其他可扣减的税费，个人所得税 =（3 000 - 10）× 20% = 598 万元；也可能是未来转让股票时，转让收入比如是 100 万元，此时个人所得税 =（100 - 10）× 20% = 18 万元。而如果不选择递延纳税，则计个税 =（800 - 10）× 20% = 158 万元。此时，个人可以选择按照财税〔2015〕41 号文件规定，在 5 年缴纳个人所得税。对于本例中增发股票购入技术成果的业务，个人换取持有的股票在二级市场上，不属于限售股的计税情形，应属于可以免税情形。

分析：财税〔2016〕101 号文件并没有限制技术成果不能投入到上市公司换取 100% 股票对价，但如果涉及上市公司，那么就涉及个人股票交易免税与应税的划分问题，前一环节是应税的行为，递延到后面却成了免税的交易行为，本身存在一些衔接上的脱节。比如，我们是不是可以提出来，以 800 万元评估价作为收入，扣减原值和税费后的金额，是应税的，后面实现的再增值部分是免税的，这也是一个分段处理的思路。笔者重新看了一下国家税务总局公告 2016 年第 62 号文件，其附件《技术成果投资入股个人所得税递延纳税备案表》明确注明："本表适用于个人以技术成果投资入股境内非上市公司并选择递延纳税的，被投资公司向主管税务机关办理相关个人所得税递延纳税备案事宜时填报。备案表区分投资入股的技术成果，分别填写。"

由此，笔者得出的理解是，当时这个文件是在大众创业、万众创新的背景下出台的，要么是当初的文件制订者锁定了一个范围，结果文件描述中没有提出来前置条件，在附表说明中提出来了，但是，由于文件当时是基于企业所得税与个人所得税同步适用的，对于个人技术入股递延纳税是限于非上市公司，而对于企业所得税却是放开的？《技术成果投资入股企业所得税递延纳税备案表》中并未对此进行限制："本表适用于执行企业所得税技术成果投资递延政策的纳税人填报。"认为技术入股政策的出发点对于个人而言，就是限于非上市公司，对于上市公司来讲，比较复杂，据笔者观察，上市公司定向增发给个人的还是难有现成的案例可寻。因此在执行过程中，我们的专业人士要理解政策的背景及用意，如果财税〔2016〕101 号文件能够明确清楚一下，可能就不会带来这方面的困扰了。如果个人不能享受上市公司技术入股递延纳税的政策，仍可以享受非货币性资产投资分期纳税的优惠政策，如此一来，在未来转让股票时，就所得免税，但变现的现金须先用于分期需缴纳税款之用。为此笔者也是咨询了财税政策的专家，认为个人技术成果出资是适用于非上市公司。

对于企业以技术对外投资，比如 2019 年 12 月《东旭光电科技股份有限公司发行股份购买资产暨关联交易预案摘要》中有相关的类似情形，如果最终实施，笔者认为其集团公司是可以考虑适用递延纳税的：

上市公司拟向东旭集团发行股份，购买其持有的743项专利及专利申请的所有权，具体金额待标的资产的交易金额确定后与交易对方协商确定。

本次发行股份购买资产的定价基准日为上市公司审议本次重组事项的董事会决议公告日，即第九届董事会第九次会议决议公告日。本次发行股份的价格为4.75元/股，不低于定价基准日前60个交易日股票交易均价的90%。

2019年11月25日，公司与东旭集团签署了《发行股份购买资产框架协议》，协议主要内容如下：

1. 以本协议之条款和条件为前提，东旭光电拟以非公开发行股份的方式购买东旭集团持有的标的资产，具体以双方确认的专利清单（见附件）为准。

2. 经各方协商一致，标的资产的最终交易定价应根据东旭光电聘请的具有证券期货业务资质的资产评估机构出具的关于标的资产截至标的资产评估基准日的资产评估报告确定的评估结果，由各方协商确定。最终交易定价由各方于不迟于东旭光电审议本次交易相关议案的第二次董事会召开之日另行签订补充协议做进一步约定。

3. 最终交易定价全部以东旭光电向东旭集团非公开发行新股的方式支付。以标的资产预估交易定价为基础。

本次交易完成后，上市公司的控股股东仍为东旭集团，实际控制人仍为李兆廷，本次交易不会导致上市公司控制权发生变更。由于本次交易的标的资产预估值尚未确定，故本次交易完成后上市公司股权结构变动情况尚未确定，将在重组报告书中予以披露。

正因为技术入股有了所得税主体间衔接的"断层"，溢价先不计所得税，接受投资的企业却允许按评估价入账并在税前允许扣除摊销，有点像"无本生意"。所以现实中，对此有筹划想法的就大有人在。笔者也看到有的税务干部的文章对此特别在意，认为对税收制度带来不利影响。但我们还是要正面地看待这个问题，既然国家鼓励，而税收制度本来也是国家经济导向的助推器与调节器，政策有相应的时代性，未来也并不一定一直有效下去，虽然在制度的设计上并不一定严谨，征管上可能有漏洞出现，但是对于技术的创新，我们国家的发展还是要依赖自身的能量，而不是总要引进技术。

【案例】 冯某于2019年拟设立一家互联网公司，进行少儿英文网络培训，在成立之前，冯某了解到国家有对于技术的优惠政策，于是通过淘宝平台，找到一个有开发系统能力的团队，委托开发一套在线英文同步听说软件系统，共计支出15万元，并且对方协助办理了计算机软件著作权。于是，冯某就以一人有限责任公司的名义注册了运营实体，将上述软件的所有权评估作价500万元，评估公司使用未来收益法进行了评估，并进行了登记变更，同时投资了 500 万元的现金，就此开始了正式运营。试评估一下，有没有相应的风险。

分析：为何冯某投资的是公司，因为公司是缴纳企业所得税的主体，而合伙企业或个人独资企业是不缴企业所得税的，并且财税〔2016〕101 号文件也只认可以股票（权）进行对价支付。对适用政策，冯某理解得非常到位，进行了所有权的转移。评估价 500 万元，是使用未来收益法折现评估的。或许有的人对于这种与实际成本差异大的评估价比较敏感，有质疑。笔者发现，国家税务总局公告 2016 年第 62 号规定：企业接受技术成果投资入股，技术成果评估值明显不合理的，主管税务机关有权进行调整。对于纳税人与税务机关都需要关注，同时如果冯某也投入了开发，只是其成本没有办法计量，这也是有相应的合理理由存在的。

那么这 500 万元投入公司，公司在未来 10 年内进行摊销，每年税前扣除 50 万元，假设抵减所得税 25%，而个人财产转让所得的计税税率是 20%，本身就有利，并且原值部分也进入企业的税前扣除基数中。若未来进行转让，这家公司的软件摊销也差不多了，技术可能也落伍了，如果转让该技术，则是企业所得税的计算事项，若个人将其技术出资得到的股权进行转让，且如果这家公司运营良好，出资的技术发挥了作用，产生的收益一样是体现股权的价值，常规的理解是没有问题的。或者对期间的利润进行了分配，那么也是按照 20% 进行计税，相当于实现了前面技术成果出资溢价应计缴的个人所得税。当然，如果这家公司经营不善，亏损了，未来股权有可能转让的价格很低，比如，上面在投资时产生的溢价是 500－15＝485 万元，因亏损严重，技术落后被淘汰，最终转让价格是 20 万元，以递延纳税的公式计算个税应纳税所得额为 20－15＝5 万元，此时税务机关能否向其追缴 480 万元溢价的个税呢？这是不需要的，因为这个所得是递延计税，不是递延缴税，尽管企业按 500 万元的评估值在企业税前进行了摊销扣除，看似得到了不该得的实惠，给企业所得税带来了损失，不过作为激励政策，它本身是在相信纳税人正常合理经营前提下提供的支持，只是需进一步完善管理的手段。

实践中看，这个政策确有漏洞之处，主要是对于虚假作价的问题：一是正常企业所得税的税率是 25%，而财产转让所得的个税税率是 20%，有税率差的利用空间；二是在持有期间对于企业所得税税前扣除带来的"虚扣"问题，如果个人股东的股权持续持有，那么这个所得就一直无法实现计缴个税。某省级税务机关有一个这样的案例：原值 4 000 元的技术成果，评估了 4 000 万元出资，摊销差不多完了，要进行股权转让，转让价为 110 万元，就想不明白哪里出现问题了，税去哪儿了？如果从价值转化的角度，转化为 4 000 万元甚至 8 000 万元的利润，不至于转让价为 110 万元，或者实现的利润 4 000 万元分配计算个税了，也能理解，现在是没有分过红，就是怀疑当时虚计技术成果的价值导致，在想该政策是否存在执行中的问题或职责风险。

笔者认为，对于个人投资者自己可以控制的公司，会比较自由地对接，但是如果是与非关联方的第三方合作投资的公司，相应的入股价值相对会有公允性的体现。有三个建议：一是一定要真实，切忌无中生有；二是一定要所有权转移，并且不要现金补价，但如果是数项资产投资，有一项满足就对应一项，并不强制要求所有的投资都必须一致处理；三是评估合理，支出证明能够支持。上面我们提到的15万元，可能开发团队拥有比较成熟的技术经验，但不能是从对方购买的软件。如果是货物销售的软件发票，此时是买的货物，著作权与所有权仍属于销售方，不能登记到自己名下，除非是买断著作权与所有权；如果是技术开发的发票，此时是委托开发，相应的著作权可以顺利地办理到自己的名下。此时，最好也提供一些自己的支出证明，以满足未来评估作价的需要。不过文件确实没有限制技术成果不可以外购，也没有要求一定是自己开发的。这与企业所得税的特殊性税务处理一样，即如果之前不满足相应的条件，在调整满足之后，再进行特殊性税务处理，也是可行的，政策对此并没有限制。

除了个人直接以技术成果出资外，财税〔2016〕101号文件对适用范围的规定还包括企业，在这种情形下，如果冯某先以自己投资的一家公司的名义取得软件著作权，再由该公司向外投资，也可以选择享受递延纳税政策。在这种情形下，其税收政策的应用就非常复杂了，是税收政策的"三重奏"，很具有探讨必要性。下面，笔者结合案例进行分析。

【案例】仍以冯某为例，在操作过程中，冯某先成立了一家一人有限公司A，以A公司委托第三方开发软件，取得了以公司名义办理的著作权证书，价值入账是15万元。A于2019年与曾某共同投资设立了一家境内的居民企业B，A公司出资仍然是软件著作权，估价500万元，曾某出资500万元现金，均已入资到账，记录到实收资本中。假设A公司适用的所得税率是25%，2019年无其他收入与支出。

分析：依据《公司法》，一个自然人只能投资设立一个一人有限责任公司。该一人有限责任公司不能投资设立新的一人有限责任公司。在这个案例中，冯某第二次就不能再以一个出资人设立公司了。

A公司进行会计处理如下（不考虑增值税，单位：万元）。

借：长期股权投资——B公司　　　　　　　　　　　　　　500
　　贷：无形资产　　　　　　　　　　　　　　　　　　　15
　　贷：营业外收入　　　　　　　　　　　　　　　　　485

B公司进行会计处理如下（单位：万元）。

借：无形资产　　　　　　　　　　　　　　　　　　　　500
　　贷：实收资本——A公司　　　　　　　　　　　　　500
借：银行存款　　　　　　　　　　　　　　　　　　　　500

贷：实收资本——曾某　　　　　　　　　　　　　　　　　　　　500

A公司在年度内预缴所得税时，将相关内容填入《技术成果投资入股企业所得税递延纳税备案表》，在2019年度汇算清缴时，A公司就技术入股进行纳税调整，当期实现的485万元作纳税调减处理，待将来进行股权转让时，再整体计算转让所得。B公司对无形资产进行摊销，2019年度汇算清缴可以税前扣除。《财政部 国家税务总局关于进一步鼓励软件产业和集成电路产业发展企业所得税政策的通知》（财税〔2012〕27号）规定：企业外购的软件，凡符合固定资产或无形资产确认条件的，可以按照固定资产或无形资产进行核算，其折旧或摊销年限可以适当缩短，最短可为2年（含）。入股换得的软件，可以据此也争取2年摊销。

讨论到这儿，我们必须关注一个所得税的政策以及一个增值税的政策。

财税〔2016〕36号文件规定如下业务免税：纳税人提供技术转让、技术开发和与之相关的技术咨询、技术服务。对于委托进行软件系统开发的，可以按照技术开发享受增值税免税待遇。在上述案例中，冯某找到第三方委托技术开发的业务可以按免税政策适用，但是第二步在进行所有权转移时，能不能享受该优惠政策呢？在实务中，对于技术与软件之间的关系，似乎没有税收政策对此进行专业的规定，软件一定代表了一定的技术，比如，苹果手机的运行系统，谁能说它不是技术吗？或许现实中包装的技术太多了，因此税务机关有一种质疑的习惯，这也是可以理解的。由于是所有权的转移，并不是使用权，因此它不是软件货物的销售，是无形资产的转移。试点纳税人申请免征增值税时，须持技术转让、开发的书面合同，到纳税人所在地省级科技主管部门进行认定，并持有关的书面合同和科技主管部门审核意见证明文件报主管税务机关备查。若接受入资方取得可抵扣进项，此抵扣不影响实收资本的金额。建议关注评估报告的描述，入资一般应是含税入资本，分实物与进项核算（不能抵扣时入实物价值）。

福建国税《2017年8月12366热点和难点问题集（二）》中有这样的内容：

3. 纳税人转让软件著作权是否可以按技术转让享受免征增值税优惠？答：根据《财政部 国家税务总局关于全面推开营业税改征增值税试点的通知》（财税〔2016〕36号）附件三《营业税改征增值税试点过渡政策的规定》规定："一、下列项目免征增值税……

（二十六）纳税人提供技术转让、技术开发和与之相关的技术咨询、技术服务。

1. 技术转让、技术开发，是指《销售服务、无形资产、不动产注释》中'转让技术'、'研发服务'范围内的业务活动。"

另根据《财政部 国家税务总局关于全面推开营业税改征增值税试点的通知》（财税〔2016〕36号）附件一《营业税改征增值税试点实施办法》附《销售服务、无形资产、不动产注释》规定："二、销售无形资产，销售无形资产，是指转让无形资产所有权或者使用权的业务活动。无形资产，是指不具实物形态，但能带来经济利益的资产，包括技术、商标、著作权、商誉、自然资源使用权和其他权益性无形资产。技术，包括专利技术和非专利技术。"

因此，软件的著作权转让应属于转让著作权，不属于技术转让，不能免征增值税。

7. 软件开发是否属于技术开发服务范围？是否可以免征增值税？

答：根据《财政部 国家税务总局关于全面推开营业税改征增值税试点的通知》（财税〔2016〕36号）附件3《营业税改征增值税试点过渡政策的规定》规定："一、下列项目免征增值税……（二十六）纳税人提供技术转让、技术开发和与之相关的技术咨询、技术服务

1. 技术转让、技术开发，是指《销售服务、无形资产、不动产注释》中'转让技术'、'研发服务'范围内的业务活动。技术咨询，是指就特定技术项目提供可行性论证、技术预测、专题技术调查、分析评价报告等业务活动。"

另根据附件1《营业税改征增值税试点实施办法》附件《销售服务、无形资产、不动产注释》规定："（六）现代服务。……1. 研发和技术服务。……研发服务，也称技术开发服务，是指就新技术、新产品、新工艺或者新材料及其系统进行研究与试验开发的业务活动。……

2. 信息技术服务。（1）软件服务，是指提供软件开发服务、软件维护服务、软件测试服务的业务活动。……"

因此，软件开发属于信息技术服务，不属于研发服务范围，不能免征增值税。

"著作权"并不等于"技术"。在财税〔2016〕36号文件中，这种理解可以得到支持，技术转让、技术开发享受的免税待遇并不适用于著作权转让。而说到软件开发是不是属于技术开发，这个问题就复杂了。单就文件中提到的分类说明，软件服务确属于信息技术服务，但是研发服务一定不能以软件的形式体现出来吗？对于这个问题笔者是持不同的意见的。

《财政部 国家税务总局关于居民企业技术转让有关企业所得税政策问题的通知》（财税〔2010〕111号）规定：

一、技术转让的范围，包括居民企业转让专利技术、计算机软件著作权、集成电路布图设计权、植物新品种、生物医药新品种，以及财政部和国家税务总局确定的其

他技术。

其中：专利技术，是指法律授予独占权的发明、实用新型和非简单改变产品图案的外观设计。

二、本通知所称技术转让，是指居民企业转让其拥有符合本通知第一条规定技术的所有权或5年以上（含5年）全球独占许可使用权的行为。

《国家税务总局关于许可使用权技术转让所得企业所得税有关问题的公告》（国家税务总局公告2015年第82号）提出：

一、自2015年10月1日起，全国范围内的居民企业转让5年（含，下同）以上非独占许可使用权取得的技术转让所得，纳入享受企业所得税优惠的技术转让所得范围。居民企业的年度技术转让所得不超过500万元的部分，免征企业所得税；超过500万元的部分，减半征收企业所得税。

所称技术包括专利（含国防专利）、计算机软件著作权、集成电路布图设计专有权、植物新品种权、生物医药新品种，以及财政部和国家税务总局确定的其他技术。其中，专利是指法律授予独占权的发明、实用新型以及非简单改变产品图案和形状的外观设计。

上面提到了技术包括软件著作权转让，这是一个更广泛的口径，同时所得税上对于技术转让规定包括所有权与使用权两个方面。虽然上面笔者也介绍了原福建省国家税务局基于增值税提出的著作权转让不能享受技术转让免税待遇的观点，但是笔者发现现实中也有转让著作权以技术转让在科技部门进行备案操作免增值税的处理。关于这一点，笔者认为是可行的，如果不是虚假的包装，可以作一些有利的争取。

《企业所得税法实施条例》规定：符合条件的技术转让所得免征、减征企业所得税，是指一个纳税年度内，居民企业技术转让所得不超过500万元的部分，免征企业所得税；超过500万元的部分，减半征收企业所得税。

我们可以如此理解，对于软件著作权投资入股的转让，有的税务机关人士确有认为不属于增值税免税的优惠适用类型，但是增值税因为有销项与进项相抵的衔接，对于利益的影响可以化解。但是对于企业所得税，可以肯定地说，计算机软件著作权转让除特别限制的范围外[①]，可以享受所得税的免税待遇。请注意，只适用于企业所得税

---

① 《财政部 国家税务总局关于居民企业技术转让有关企业所得税政策问题的通知》（财税〔2010〕111号）规定：居民企业从直接或间接持有股权之和达到100%的关联方取得的技术转让所得，不享受技术转让减免企业所得税优惠政策。

的免税，对于个人的技术转让所得目前是没有此优惠政策的，属于特许权使用费综合所得。

现在我们继续分析这个问题，技术入股，假设以计算机软件著作权入股，是所有权形式的转移，能否适用技术转让的优惠政策。先说一下投资入股与软件的业务差异，从国家税务总局的解释来看，非货币性资产投资被视为先转让再投资两步分解的计税逻辑，那么投资入股的第一步是转让所得的实现。从这一点看，投资入股与转让在所得税上是可以等同的，这不是一个障碍。但是因为投资入股涉及递延纳税，且未来的应税收入不确定，那么技术转让所得免税如何实现呢？

对于上面案例中的485万元的溢价所得，当年度税收上相当于未实现所得，纳税调减处理，此时所得都不存在也就无法再进行技术转让所得的享受。如果A企业在2025年对其转让股权，股权转让收入是1 000万元，那么此时会计处理（单位：万元）：

借：银行存款　　　　　　　　　　　　　　　　　　　　　　1 000
　　贷：长期股权投资——B企业　　　　　　　　　　　　　　　 500
　　贷：投资收益　　　　　　　　　　　　　　　　　　　　　　 500

当年利润表中体现了500万元的所得，1 000 - 15 = 985万元为转让所得，当年度汇算清缴时纳税调增485万元，当年所得合计为985万元。问题来了，2025年度，如何判断技术转让所得呢？是原来的485万元隐含的所得的延续，还是当前的500万元也可以并入呢？首先，专家认为，递延纳税的行为不否定可以享受原来的技术转让所得的政策优惠；其次，在如何计量上，确实没有相关规定，谨慎起见，从还原真实情形的角度，以485万元作为当年的免税所得，更为合理，500万元是属于股权的转让所得，笔者认为这样更合适。如果未来的转让价格是400万元，由于在原来485万元的所得范围内，可以全部享受免税所得。但是也有专家认为，A后来再转让股权，就不能套用技术转让的优惠了。企业以技术成果出资，应在投资时确认计税所得，可以于当时享受减免优惠，拖到后面，有政策不予认可的风险。笔者认为按"先转让再投资"思路应予认可，至于认可的金额如何计量，则是属于可以探讨的地方。

但是，我们假设企业使用非货币性资产对外投资分期纳税政策，不享受递延纳企业所得税的政策，那么可以按照《财政部 国家税务总局关于非货币性资产投资企业所得税政策问题的通知》（财税〔2014〕116号）规定：

居民企业（以下简称"企业"）以非货币性资产对外投资确认的非货币性资产转

让所得，可在不超过 5 年期限内，分期均匀计入相应年度的应纳税所得额，按规定计算缴纳企业所得税。

另延用上述案例数据，计算出来的所得是 485 万元，在 5 年内分期均匀计入相应年度应纳税所得额，每年 97 万元，但由于 485 万元在 500 万元可以享受的免税所得之内，当年全部免税了，再分摊就没有意义了。另外，假设计算出来的是 4 850 万元所得，在 5 年分计所得额，每年为 970 万元，正如上面所说，500 万元是免税所得，500 万元以上是减半计所得，那么有以下两种意见：

一是，4 850 万元，其中 500 万元是免税所得，余下 4 850 − 500 = 4 350 万元，是减半所得，即 2 175 万元，此 2 175 万元可以分期计入 5 年年应纳税所得额，参与计算税款；

二是，4 850 万元，每年 970 万元，既然规定分摊的是所得额，每年技术转让所得都可以享受 500 万元免税，其以上的减半，这种方式就相当于得利空间非常大了。

笔者认为，尽管这儿有"技术性的降税"手段，但可以理解这不是政策的初衷，也就是说，第二种的意见有理论空间。比如，原来有的企业跟税务机关发生争议，就企业所得政策中有固定资产最低折旧年限的规定，认为如果会计折旧年限大于最低折旧年限，那么就可以纳税调减。最终听闻企业确实得到了认可，后来国家税务总局在 2012 年发布公告进行了"封堵"。再比如，2009 年有一个政策性搬迁计算所得税的政策，其中也有一个重复免税的技术瑕疵，最终多有企业也得到了放行。但是笔者认为，从应税所得的实际结果看，对应的税额不宜发生减少，如果因为有的年度亏损，那么可能有汇算清缴结果的影响。比如在投资当年度，发现之前年度有大额亏损，此时就没有分期计所得的必要。

但是，对于个人的分期纳税政策与递延纳税政策，如果个人是通过合伙企业平台来实施的，那么是不能享受的，结合当前的政策，应认可的还是以个人直接持有非货币性资产如技术成果为前提，由个人或缴纳企业所得税的企业进行出资，才适用，笔者对此持谨慎的意见。

（4）技术所有权出资与使用权出资的情形。

在上面的所得税政策中，我们发现，技术转让所得的计量中有所有权与使用许可权两种形式，企业对外转让时享受免税政策都是得到了认可，对于财税〔2016〕101

号文件中规定的技术入股，可以享受递延纳税的前提是所有权的转移，在这儿我们就一起看看，技术的使用权能不能用于出资的问题。

笔者为此查询了一些网络资料，发现律师层面就理论进行了探讨，有反对的，有赞同的，反对者认为财产权归属不清，赞同者认为法无禁止即可为。

《中华人民共和国公司登记管理条例》规定：

第十四条　股东的出资方式应当符合《公司法》第二十七条的规定，但股东不得以劳务、信用、自然人姓名、商誉、特许经营权或者设定担保的财产等作价出资。

深圳市曾发布了《深圳市企业非专利技术出资登记办法（试行）》的支持政策。湖南省政府发布了《关于支持以专利使用权出资登记注册公司的若干规定》（湘科政字〔2014〕144号），提出：

一、专利使用权是专利权人使用该项专利应用于生产并获得收益的权利，属于知识产权范畴。专利使用权出资是将其作为资本进行投资，与资金投资方提供的资金共同投资入股。

二、在登记注册公司时允许专利权人用专利使用权作价出资，入股比例不受限制，促进财产性权利转化为资本。

三、用专利使用权作价出资登记注册公司应该具备以下条件：

（一）对用于出资的专利使用权由有资质的专业评估机构进行评估作价，并不得高估或者低估作价；

（二）专利许可方式为在中国境内独占许可，即双方应签订独占专利实施许可合同，包括专利权人在内的任何第三方都不得具有对该项专利技术的使用权；

（三）以专利使用权出资方具有持续获取与所在公司业务发展相关专利的能力；

（四）符合登记注册公司相关规定。

目前来看，实务中的案例反映出技术出资的可行性操作。对于技术出资在适用税收政策方面，我们可以结合上面的讨论进行参照。

（5）不同出资情形下的利润分配权限。

有限责任公司的出资，决定了投资人可以分配利润的基础，也是未来清算分配的基础。《公司法》对于有限责任公司的利润分配规定如下：

第三十四条 股东按照实缴的出资比例分取红利；公司新增资本时，股东有权优先按照实缴的出资比例认缴出资。但是，全体股东约定不按照出资比例分取红利或者不按照出资比例优先认缴出资的除外。

第八十条 股份有限公司采取发起设立方式设立的，注册资本为在公司登记机关登记的全体发起人认购的股本总额。在发起人认购的股份缴足前，不得向他人募集股份。

股份有限公司采取募集方式设立的，注册资本为在公司登记机关登记的实收股本总额。

法律、行政法规以及国务院决定对股份有限公司注册资本实缴、注册资本最低限额另有规定的，从其规定。

第一百六十六条 公司分配当年税后利润时，应当提取利润的百分之十列入公司法定公积金。公司法定公积金累计额为公司注册资本的百分之五十以上的，可以不再提取。

公司的法定公积金不足以弥补以前年度亏损的，在依照前款规定提取法定公积金之前，应当先用当年利润弥补亏损。

公司从税后利润中提取法定公积金后，经股东会或者股东大会决议，还可以从税后利润中提取任意公积金。

公司弥补亏损和提取公积金后所余税后利润，有限责任公司依照本法第三十四条的规定分配；股份有限公司按照股东持有的股份比例分配，但股份有限公司章程规定不按持股比例分配的除外。

股东会、股东大会或者董事会违反前款规定，在公司弥补亏损和提取法定公积金之前向股东分配利润的，股东必须将违反规定分配的利润退还公司。

公司持有的本公司股份不得分配利润。

从上面的规定来看，认缴出资设立公司是适用全部有限责任公司的一个规则，对于股份有限公司来讲，发起设立是可以认缴的，募集设立注册资本与实收资本是一致的。《公司法》对于有限公司分红的基本指导原则是按照实缴出资比例分配，但是全体股东约定不按照出资比例分红的，首先予以认可，比如，其公司章程约定就是按照认缴比例进行分配，这也是常有的事情。

对于个人股东来讲，在合法的情形之下取得的利润，按照20%的税率由支付单位代扣代缴个人所得税，分红基本上是分配的现金，很少有分配实物或有价证券、应收款项之类的资产。如果分配实物，则按照公允价值来计算个税。

有专家提出，不按出资比例分配利润，是少分利润股东向多分利润股东的"捐赠",这纯属学派的理论主义。首先,《公司法》没有规定出资额决定了分红份额,出资额代表了参与公司经营的权利大小、承担的责任、得到的利润分配等,是一个综合的利益取得权,不仅仅是利润。对于分配利润,《公司法》已给出一个参照,先认可股东自行协商同意,由于股东在某些方面具有的价值,这种分配是完全符合市场规则的;其次,对于利润分配,如果是捐赠,是不是原来的股东要先确认所得,再捐赠处理,《公司法》同样并没有如此规定;最后,在分配过程中,有享受免税的企业股东分红,有个人纳税的股东分红,这中间可能有利益输送,如果这样,岂不会有人有获刑的风险,如果就是真实的约定,是不是还要考虑有没有给国有企业股东带来损失等情形,这本身就是利润分配的决定,并非一定按出资额比例进行分配后的利润再"勾兑"。再看合伙企业的约定分配,是不是也有问题。

【案例】某芝麻糊公司拟进行实物分红,股东均为自然人,每位股东按照分配比例分配过年大礼包,共计分配价值参照市场销售价格是30万元(不含税金额),税率是13%,销项税额是3.9万元。上述货物的生产成本是25万元,我们如何进行会计处理及代扣代缴股东的个税?

分析:对实物分红如何进行会计处理,笔者查了一些网络资料,也咨询了相关专家。有的认为直接结转成本,有的认为需要将收入与成本视为正常销售处理。中国会计视野网陈奕蔚老师有对相类似案例的处理意见:

……鉴于本案例中作为实物股利分配的是本企业的正常产品,其公允价值可以可靠计量,并且也减少了企业因分配同等金额的现金股利需要的现金流出;对股东而言,其计量所收到的实物也是按照该实物的市价,而不是其在南方食品的原始成本,因此建议公司将其作为销售处理,即按照产品的正常出厂价确认派送给股东的产品的销售收入,并正常确认成本结转和相关税费,但是确认收入的对应借方科目不是应收账款或者银行存款之类的常规项目,而是应付股利。

我们依此观点进行会计处理:

借:应付股利　　　　　　　　　　　　　　　　　　　　　339 000
　　贷:主营业务收入　　　　　　　　　　　　　　　　　300 000
　　贷:应交税费——应交增值税(销项税额)　　　　　　39 000

借:主营业务成本　　　　　　　　　　　　　　　　　　　250 000
　　贷:库存商品　　　　　　　　　　　　　　　　　　　250 000

那么此时,我们就要考虑如何计算应代扣代缴的个税问题,计算基数是30万元还是33.9万元呢？如果是股东自己交付过来的个税税款，那么比较确定的计算基数是含税的，即33.9万元。因为作为个人终端利益获得者，增值税款也是个人需要负担的，比如个人自行去商场购买，支付的金额是33.9万元，这就好理解了，按20%计算个税共计6.78万元。但是在这种情形下，一般少有单位赠送实物还跟对方要个税的情形，从理论上分析，相当于单位代垫了个税，支付给投资人的是税后所得，此时就须反算计税，33.9/0.8 = 42.375万元，按此金额计算20%个税8.475万元。在这种情形下，由于是替股东承担的个税，笔者认为，在企业所得税前应得不到扣除，这跟租房、雇用员工等业务承担税费的情形是有区别的，如果计入了费用或营业外支出，作纳税调增即可。

目前，有一些单位对外赠送等业务的个税扣缴，由于不知道对方的身份证等证件资料，无法办理扣缴明细申报。原来这个问题经常让财务人员苦恼，在新的个人所得税申报系统上线之后，代扣代缴单位可以申请汇总申报，不需要对方的姓名及身份证信息，但是需要先到办税机关进行手续确认，才能在网上进行操作，不能自行进行操作。但这限于偶然所得的情形，对于劳务报酬的所得税扣缴，没有这样的合并方式。

（6）非货币性资产出资未作评估所涉的法律责任与纠纷争议。

《公司法》规定：对作为出资的非货币性财产应当评估作价，核实财产，不得高估或者低估作价。法律、行政法规对评估作价有规定的，从其规定。

《最高人民法院关于适用〈中华人民共和国公司法〉若干问题的规定（三）》规定：

第九条 出资人以非货币财产出资，未依法评估作价，公司、其他股东或者公司债权人请求认定出资人未履行出资义务的，人民法院应当委托具有合法资格的评估机构对该财产评估作价。评估确定的价额显著低于公司章程所定价额的，人民法院应当认定出资人未依法全面履行出资义务。

第十条 出资人以房屋、土地使用权或者需要办理权属登记的知识产权等财产出资，已经交付公司使用但未办理权属变更手续，公司、其他股东或者公司债权人主张认定出资人未履行出资义务的，人民法院应当责令当事人在指定的合理期间内办理权属变更手续；在前述期间内办理了权属变更手续的，人民法院应当认定其已经履行了出资义务；出资人主张自其实际交付财产给公司使用时享有相应股东权利的，人民法院应予支持。

出资人以前款规定的财产出资，已经办理权属变更手续但未交付给公司使用，公司或者其他股东主张其向公司交付、并在实际交付之前不享有相应股东权利的，人民法院应予支持。

第十一条 出资人以其他公司股权出资，符合下列条件的，人民法院应当认定出资人已履行出资义务：

（一）出资的股权由出资人合法持有并依法可以转让；
（二）出资的股权无权利瑕疵或者权利负担；
（三）出资人已履行关于股权转让的法定手续；
（四）出资的股权已依法进行了价值评估。

股权出资不符合前款第（一）（二）（三）项的规定，公司、其他股东或者公司债权人请求认定出资人未履行出资义务的，人民法院应当责令该出资人在指定的合理期间内采取补正措施，以符合上述条件；逾期未补正的，人民法院应当认定其未依法全面履行出资义务。

股权出资不符合本条第一款第（四）项的规定，公司、其他股东或者公司债权人请求认定出资人未履行出资义务的，人民法院应当按照本规定第九条的规定处理。

第十二条 公司成立后，公司、股东或者公司债权人以相关股东的行为符合下列情形之一且损害公司权益为由，请求认定该股东抽逃出资的，人民法院应予支持：

（一）制作虚假财务会计报表虚增利润进行分配；
（二）通过虚构债权债务关系将其出资转出；
（三）利用关联交易将出资转出；
（四）其他未经法定程序将出资抽回的行为。

第十三条 股东未履行或者未全面履行出资义务，公司或者其他股东请求其向公司依法全面履行出资义务的，人民法院应予支持。

公司债权人请求未履行或者未全面履行出资义务的股东在未出资本息范围内对公司债务不能清偿的部分承担补充赔偿责任的，人民法院应予支持；未履行或者未全面履行出资义务的股东已经承担上述责任，其他债权人提出相同请求的，人民法院不予支持。

股东在公司设立时未履行或者未全面履行出资义务，依照本条第一款或者第二款提起诉讼的原告，请求公司的发起人与被告股东承担连带责任的，人民法院应予支持；公司的发起人承担责任后，可以向被告股东追偿。

股东在公司增资时未履行或者未全面履行出资义务，依照本条第一款或者第二款提起诉讼的原告，请求未尽公司法第一百四十七条第一款规定的义务而使出资未缴足的董事、高级管理人员承担相应责任的，人民法院应予支持；董事、高级管理人员承担责任后，可以向被告股东追偿。

第十四条 股东抽逃出资，公司或者其他股东请求其向公司返还出资本息、协助抽逃出资的其他股东、董事、高级管理人员或者实际控制人对此承担连带责任的，人民法院应予支持。

公司债权人请求抽逃出资的股东在抽逃出资本息范围内对公司债务不能清偿的部分承担补充赔偿责任、协助抽逃出资的其他股东、董事、高级管理人员或者实际控制人对此承担连带责任的，人民法院应予支持；抽逃出资的股东已经承担上述责任，其他债权人提出相同请求的，人民法院不予支持。

第十五条　出资人以符合法定条件的非货币财产出资后，因市场变化或者其他客观因素导致出资财产贬值，公司、其他股东或者公司债权人请求该出资人承担补足出资责任的，人民法院不予支持。但是，当事人另有约定的除外。

第十六条　股东未履行或者未全面履行出资义务或者抽逃出资，公司根据公司章程或者股东会决议对其利润分配请求权、新股优先认购权、剩余财产分配请求权等股东权利作出相应的合理限制，该股东请求认定该限制无效的，人民法院不予支持。

第十七条　有限责任公司的股东未履行出资义务或者抽逃全部出资，经公司催告缴纳或者返还，其在合理期间内仍未缴纳或者返还出资，公司以股东会决议解除该股东的股东资格，该股东请求确认该解除行为无效的，人民法院不予支持。

在前款规定的情形下，人民法院在判决时应当释明，公司应当及时办理法定减资程序或者由其他股东或者第三人缴纳相应的出资。在办理法定减资程序或者其他股东或者第三人缴纳相应的出资之前，公司债权人依照本规定第十三条或者第十四条请求相关当事人承担相应责任的，人民法院应予支持。

第十八条　有限责任公司的股东未履行或者未全面履行出资义务即转让股权，受让人对此知道或者应当知道，公司请求该股东履行出资义务、受让人对此承担连带责任的，人民法院应予支持；公司债权人依照本规定第十三条第二款向该股东提起诉讼，同时请求前述受让人对此承担连带责任的，人民法院应予支持。

受让人根据前款规定承担责任后，向该未履行或者未全面履行出资义务的股东追偿的，人民法院应予支持。但是，当事人另有约定的除外。

第十九条　公司股东未履行或者未全面履行出资义务或者抽逃出资，公司或者其他股东请求其向公司全面履行出资义务或者返还出资，被告股东以诉讼时效为由进行抗辩的，人民法院不予支持。

公司债权人的债权未过诉讼时效期间，其依照本规定第十三条第二款、第十四条第二款的规定请求未履行或者未全面履行出资义务或者抽逃出资的股东承担赔偿责任，被告股东以出资义务或者返还出资义务超过诉讼时效期间为由进行抗辩的，人民法院不予支持。

第二十条　当事人之间对是否已履行出资义务发生争议，原告提供对股东履行出资义务产生合理怀疑证据的，被告股东应当就其已履行出资义务承担举证责任。

我们可以看到，对于非货币性资产出资未进行评估作价的，在这种情形下，公司、其他投资人或债权人可以请求确认其出资义务，此时人民法院应当委托合法的评估机构进行估价确定出资额。也就是说，是不是评估，不构成投资人出资的行为障碍，也不必然否定出资行为，但如果不评估，有可能会引起后续的争议，比如出资后发生贬值的情形，最高人民法院也进行了明确，即出资人不承担非货币资产履行出资义务后发生的贬值，除非当事人有其约定。但是，对于须办理变更登记手续的，建议我们的投资人也要谨慎对待。

上面我们有提到，对非货币性资产出资溢价所得计算企业所得税或个人所得税时，财政部、国家税务总局的文件要求是用评估价来作为转让收入计税，并没有提出由其相关方进行约定作价，这是考虑了与《公司法》的衔接，减少了纳税人由此引起的误解，也是符合纳税规则中的公允计价的原则，减少了税务机关征管认定中的麻烦。

【案例】笔者曾接触到一个涉刑诉的案例，有几个老板想买某个老板的一块地，当时私下里进行了结算约4 000万元，但是由于税负较高，故各方达成意见，该老板以投资的名义注入到一家公司，投资额是1 000万元，并以此办理不征土地增值税、契税免税的优惠，同时价格低，相应的个税、印花税也少缴了。后来因为牵涉非法集资等案子，提交给税务机关进行检查，确认属于偷税行为，同时还因为当时价格偏低，税务部门的人员在工作中涉嫌渎职，也受到刑事牵连。

在实践中，也存在因为未经评估后续产生矛盾的问题，比如，有的投资人以土地使用权出资，为了减少变更环节当中的税负成本，"故意"低价入股，结果后来利益受到影响，如协调处理不好，就很容易产生争议。

中华人民共和国最高人民法院《湖北美力高科技实业股份有限公司与荆州市美力世纪房地产开发有限公司股东出资纠纷申请再审民事裁定书》

（2013）民申字第2479号

再审申请人（一审被告、二审被上诉人）：湖北美力高科技实业股份有限公司。住所地：湖北省荆州市沙市区新沙路55号。

法定代表人：梁军，该公司董事长。

委托代理人：马平林。

被申请人（一审原告、二审上诉人）：荆州市美力世纪房地产开发有限公司。住所地：湖北省荆州市沙市区红星北路1栋1楼6号。

法定代表人：向化良。

委托代理人：尚明标，湖北居正律师事务所律师。

再审申请人湖北美力高科技实业股份有限公司（以下简称美力高科技公司）因与

被申请人荆州市美力世纪房地产开发有限公司(以下简称美力世纪公司)股东出资纠纷一案,不服湖北省高级人民法院(2013)鄂民二终字第00060号民事判决,向本院申请再审。本院依法组成合议庭对本案进行了审查,现已审查终结。

美力高科技公司申请再审称:(一)一、二审判决事实认定错误。本案的事实是土地使用权转让,非土地使用权出资。1 500万元地价的约定是股东之间为了过户时少给国家交税,真正的转让价格体现在股东之间签订的土地使用权转让合同中,转让价格为2 700万元人民币。(二)美力高科技公司和向化良签订的成立美力世纪公司章程因偷逃土地税费500多万元和利用土地使用权出资未经行政许可属无效章程,法院不能依据这份无效章程判决美力高科技公司履行出资义务。(三)二审法院判决违反公平原则。2010年7月期间,该宗涉案地价在3 000万元左右,即使让违法批准的公司存在,按照双方约定的土地使用权转让价格也是2 700万元,而不是二审判决的1 500万元。美力高科技公司依据《中华人民共和国民事诉讼法》第二百条第一项、第二项、第四项和第六项的规定申请再审。

美力世纪公司提交意见称:美力高科技公司的再审申请没有事实和法律依据,请求予以驳回。

本院认为:(一)关于二审判决认定事实是否错误的问题。根据本案已经查明的事实,2010年7月16日,向化良与美力高科技公司法定代表人樊孝先签订荆州市美力世纪房地产开发有限公司章程,章程约定:公司注册资本为2 500万元,其中美力高科技公司认缴出资1 500万元,占60%,以土地使用权出资(地号为141408020,),公司注册之后一月内办理过户手续,向化良认缴出资1 000万元,占40%,以货币出资,首次出资额不低于500万元,其余出资在公司注册后两年内到位。2010年7月28日、7月29日,向化良分两次以货币出资500万元。美力世纪公司于2010年7月30日经湖北省荆州市工商行政管理局登记设立,公司类型为有限责任公司,注册资本2 500万元,实收资本1 000万元。2010年8月4日,向化良以货币出资500万元,同日美力世纪公司修改公司章程,将公司实收资本由500万元变更为1 000万元。按照公司章程的约定,向化良履行了出资义务。上述地块换发新证后地号变更为104010608。美力高科技公司在本案二审期间仍未履行出资义务。本案一审和二审期间,双方当事人争议的焦点均是美力高科技公司依据公司章程是应当以整块地出资或以涉案地块中价值1 500万元的部分地块出资。结合公司章程的条文和其他证据分析,二审法院认定美力高科技公司应当以涉案整块地出资并无不当:1. 从美力世纪公司章程的条文来看,该章程第八条约定:美力高科技公司"认缴出资额:1 500万元,占比60%,以土地使用权出资,公司注册后一月内办理过户手续(土地证号141408020)"。该条约定的1 500万元的表述,仅仅是两个股东之间对涉案地块协商价值的陈述,而不是约定只用这块地价值1 500万元的部分土地出资。这条出资条款的落脚点在土地证号为141408020的土地使用权上。2. 从涉案块地的来源和双方合作的过程来看,美力高科技公司以整块地的土地使用权出资系双方当事人的真实意思表示。美力高科技公司因拖欠荆州市商业银行贷款无力偿还，2004年4月14日，荆州市中级人民法院在执行生效的法律文书过程中，委托荆州市金德拍卖有限公司拍卖了美力高科技公司位于荆州城南开发区南环路南侧面积为12 153平方米的土地使用权（土地证号141408020），荆州市商业银行兴业支行以200万元最高价竞得。之后，荆州市商业银行兴业支行将该宗土地上账作抵贷资产处理，未办理过户手续。美力高科技公司为保住该宗土地，要求向化良出资交付了银行贷款308万元后才将这块地的使用权赎回。之后，美力高科技公司曾不断同向化良协商在赎回的这块地上共同开发房地产项目。在美力世纪公司章程签订前，美力高科技公司已向美力世纪公司交付了案涉土地使用权权属证书。3. 没有证据证明美力高科技公司与美力世纪公司或向良化之间存在有仅以1 500万元价值为限进行土地出资的内部约定。因此，二审判决认定事实并无不当。

（二）关于法律适用问题。1. 《中华人民共和国公司法》（以下简称公司法）第二十七条规定，股东可以用货币出资，也可以用实物、知识产权、土地使用权等可以用货币估价并可以依法转让的非货币财产作价出资。美力高科技公司以自己拥有的非政府划拨土地使用权的土地出资，没有违反法律、行政法规的强制性规定。2. 公司法第二十八条规定，股东应当按期足额缴纳公司章程中规定的各自所认缴的出资额。股东以货币出资的，应当将货币出资足额存入有限责任公司在银行开设的账户；以非货币财产出资的，应当依法办理其财产权的转移手续。公司法的这条规定明确了按期足额缴纳所认缴的出资是股东首要的法定义务，也是公司设立的前提条件，股东应该依法履行。3. 最高人民法院《关于适用〈中华人民共和国公司法〉若干问题的规定（三）》第十三条第一款规定，股东未履行或者未全面履行出资义务，公司或者其他股东请求其向公司依法全面履行出资义务的，人民法院应予支持。美力高科技公司应按约履行出资义务，美力世纪公司的合法权益应受到法律保护。二审法院判决美力高科技公司在二审判决生效后30天内办理涉案土地使用权的过户手续，于法有据。至于涉案土地过户之后，按照公司设立时土地的价值评估，无论该涉案土地的价值是否超过1 500万元只涉及美力高科技公司是否全面履行出资义务的问题。最高人民法院《关于适用〈中华人民共和国公司法〉若干问题的规定（三）》第九条规定"出资人以非货币财产出资，未依法评估作价，公司、其他股东或者公司债权人请求认定出资人未履行出资义务的，人民法院应当委托具有合法资格的评估机构对该财产评估作价。评估确定的价额显著低于公司章程所定价额的，人民法院应当认定出资人未依法全面履行出资义务"。这条规定的内容表明：其一，股东以非货币出资的，未依法评估作价不是其履行出资义务的前提条件；其二，只有当公司、其他股东或者公司的债权人向法院主张以非货币出资的股东未全面履行出资义务时，法院才会启动评估作价程序。本案中美力高科技公司和向化良在公司章程中对涉案土地的使用权协商价格是1 500万元，只要办理了土地使用权过户手续，就应当视为美力高科技公司全面履行了出资义务。4. 美力高科技公司申请再审称1 500万元地价的约定是股东之间为了过户时少给国家交税，真正的转让价格体现在股东之间签订的土地使用权转让合同中，转让价格为2 700万元人民币。美力高科技公司应当提供相关证据证明自己的主张，本案没有证据证明美力高科技公司与向化良签订土地使用权转让合同的事实。一审法院判决涉案土地应当先评估后办理过户手续并以其中1 500万元的部分土地使用权出资缺乏法律依据。5.既然双方当事人在本案一审、二审的过程中都是围绕股东出资争议展开的，那么争议的前提是双方都要承认公司章程的有效性和合法性。美力世纪公司已经成立，美力高科技公司再审主张公司章程无效的理由，不予支持。6.美力高科技公司虽然在在再审申请书中提到了《中华人民共和国民事诉讼法》第二百条第四项的规定，但没有具体提出二审法院对哪些证据未进行质证，因此美力高科技公司的该项再审申请事由不能成立，本院不予支持。

综上，本院认为，美力高科技公司的再审申请不符合《中华人民共和国民事诉讼法》第二百条第一项、第二项、第四项和第六项规定的情形。依照《中华人民共和国民事诉讼法》第二百零四条第一款之规定，裁定如下：

驳回湖北美力高科技实业股份有限公司的再审申请。

审判长　汪国献
审判员　黄　年
审判员　方金刚
二〇一四年七月二日
书记员　张茜娟

这个案例，大家可以发现，对于认为评估的价值远大于双方约定的出资价值，尽管可能存在有故意规避税费的"另类筹划"嫌疑，但确实不足取，因为一旦有争议，是重大损失的问题，而不仅仅是税费的支出。若真的是评估值远大于约定的出资，笔者认为，也有救济的手段。下面是律师对于相应上市公司出资程序完善的公告，也涉及出资未评估的问题，请密切关注在上市时给予的补救措施及后续的评估的实施。

《国浩律师杭州事务所关于浙江威星智能仪表股份有限公司首次公开发行股票并上市的律师工作报告》中有这样的描述：

本所律师注意到，威星有限设立时浙江威星电子系统软件有限公司用以出资的非专利技术未按《公司法》的规定进行评估，而是根据杭州市人民政府办公厅于2001年8月25日下发的杭政办（2001 16号《关于杭州市技术成果作价入股实施意见的通知》中"出资各方为非国有全资或控股企业的，各出资方可对拟入股的技术成果协商作价的规定，由出资各方对该非专利技术进行协商作价。

2009年9月23日,浙江勤信资产评估有限公司根据威星有限的委托出具浙勤评报2009 171号《浙江威星仪表系统集成有限公司原股东无形资产出资作价验证涉及的无形资产价值评估项目资产评估报告》以2005年7月31日为评估基准日,对浙江威星电子系统软件有限公司用以出资的非专利技术进行评估的评估价值为4 280 100.00元。

2015年1月20日,天健事务所出具了天健验〔2015〕15号《关于浙江威星仪表系统集成有限公司设立时实收资本到位情况的复核报告》验证经复核,天健事务所认为威星有限2005年8月24日为基准日新增实收资本2 000万元已全部到位。根据浙江勤信资产评估有限公司出具的上述评估报告该非专利技术于出资时点的评估价值略高于协商作价的金额,不存在高估作价的情形;根据天健事务所出具的上述验资复核报告确认威星有限设立时实收资本已出资到位。

本所律师认为,除股东用以出资的非专利技术未评估外,威星有限的设立履行了相应的工商登记程序,注册资本足额及时缴纳,威星有限的设立过程、股权设置符合《公司法》的相关规定。

笔者在查阅相关资料时,发现有用装修装饰出资的情形,比如,东莞证券股份有限公司对《关于四川佳缘科技股份有限公司挂牌申请文件的第二次反馈意见》的回复中有相应的描述:

2004年9月20日,四川中兴房地产评估咨询有限公司出具编号为"中兴〔2004〕房估字第B257号"的《评估报告》,根据该报告,四川中兴房地产评估咨询有限公司受佳缘有限的股东委托,对其投资所装饰装修的南充市国家税务局所属位于顺庆区金泉街111号底层,房屋建筑面积约为1 000平方米的办公楼的装饰装修价格进行了评估,为委托方以委估工程款作为增加公司注册资金验资时提供价值参考依据,该报告确认在评估基准日(2004年9月20日)该项工程款价值为人民币170万元。

2004年9月23日,四川恒通会计师事务所出具编号为"川恒会验〔2004〕A46号"的《验资报告》,确认截至2004年8月29日,公司已经收到王进、王山、王永才缴纳的新增注册资本200万元,其中货币出资30万元,实物出资170万元。同时《验资报告》说明,公司的实物出资经四川中兴房地产评估咨询有限公司以中兴〔2004〕房估字第B257号评定其价值为人民币170万元整。

2004年10月9日,佳缘有限完成本次增资的工商变更登记。

如果确实属于无法查验当时非货币性资产出资的,一般的股东都会"积极"地补充出资,大家也理解,不会说当时虚假出资,或者是进行减资处理,对于拟上市公司,这说起来是很"负面"的影响。如《关于湖北天瑞电子股份有限公司申请股票在全国中小企业股份转让系统挂牌并公开转让的法律意见书》中的说明:

3. 公司历史出资的瑕疵及规范

（1）天瑞有限设立时，金波、何斌的出资为流动资产50万元，根据验资报告，该部分流动资产已全部移交至公司，经核查，天瑞有限无法就股东金波、何斌设立登记时的流动资产出资提供相关凭证。

（2）2004年1月，天瑞有限第一次增资250万元，股东以机器设备实物出资，根据验资报告，该部分资产已全部移交至公司，经核查，天瑞有限无法就股东金波、何斌上述实物资产出资提供相关凭证。

（3）2007年4月，天瑞有限第二次增700万元，实物出资部分共计465万元，股东出资时，实物出资部分的天门市房权证开发区字第00026328号房屋及天国用（2005）第0570号土地使用权实为公司所有，依据公司法规定构成出资不实。

（4）2015年9月28日，天瑞有限召开股东会审议通过《关于对历次出资的实物出资以货币出资方式再行出资议案》，同意对公司首次出资50万元、第一次增资250万元（以实物方式）和第二次增资700万元中的465万元实物出资以货币的方式再出资。2015年9月29日，仙桃兴华联合会计师事务所出具"仙兴会验字〔2015〕第152号"《验资报告》对上述再出资共计765万元予以确认。

（5）天门市工商行政管理局于2016年1月20日出具了"公司自成立之日至本证明出具之日无违反工商行政管理方面的法律、法规和规范性文件而受到工商部门处罚的行为记录"的证明。

综上，本所律师认为，天瑞有限虽存在出资瑕疵，上述出资置换暨以现金补缴出资行为符合公司法及相关法律法规，弥补了股东的出资瑕疵。天瑞有限的设立、历次注册资本变更及股权转让均履行了必要的法律手续，自设立之日至2012年度均通过工商年度检验；天瑞有限及其股东并未因上述出资瑕疵受到任何处罚；股东金波、何斌已经出资到位，该事项并未实质损害公司及相关股东利益，上述出资瑕疵不构成本次挂牌的实质性法律障碍。除上述出资瑕疵外，天瑞有限的设立、历次注册资本变更及股权转让均已根据当时适用的法律法规履行必要的法律手续，股东历次出资履行程序完备，出资形式及出资比例均符合当时有效的法律法规的规定，合法合规。

（7）没有产权的房产能否出资。

某民企有一处房产，有合法的土地使用权，但是房屋未取得有效的产权登记证明，比如会计账面核算为8 000万元，已提计折旧3 000万元，尚余5 000万元的账面净值。能否以此房屋连同土地一并对外作价投资？

《物权法》规定：

第六十七条　国家、集体和私人依法可以出资设立有限责任公司、股份有限公司或者其他企业。国家、集体和私人所有的不动产或者动产，投到企业的，由出资人按照约定或者出资比例享有资产收益、重大决策以及选择经营管理者等权利并履行义务。

第一百四十七条　建筑物、构筑物及其附属设施转让、互换、出资或者赠与的，该建筑物、构筑物及其附属设施占用范围内的建设用地使用权一并处分。

所以，在出资时，也要将用地使用权及建筑物一起考虑。土地有使用权证可以办理变更，但是房屋呢？如果用其作了出资，但是没有事实上的变更登记，是否存在虚假出资的问题呢？

所谓虚假出资，是指认缴了但没有出资的情形，给其他股东或公司带来了利益损失的，这算是虚假出资。《公司法》规定：

第一百九十九条　公司的发起人、股东虚假出资，未交付或者未按期交付作为出资的货币或者非货币财产的，由公司登记机关责令改正，处以虚假出资金额百分之五以上百分之十五以下的罚款。

《刑法》（2015修订）规定：

第一百五十九条　虚假出资、抽逃出资罪公司发起人、股东违反公司法的规定未交付货币、实物或者未转移财产权，虚假出资，或者在公司成立后又抽逃其出资，数额巨大、后果严重或者有其他严重情节的，处五年以下有期徒刑或者拘役，并处或者单处虚假出资金额或者抽逃出资金额百分之二以上百分之十以下罚金。

单位犯前款罪的，对单位判处罚金，并对其直接负责的主管人员和其他直接责任人员，处五年以下有期徒刑或者拘役。

但在2006年原国家工商总局还特别回复过一个虚假出资的问题，该批复在2010年进行了废止。《国家工商行政管理总局关于以机动车辆出资逾期未办理转移登记是否构成虚假出资问题的答复》（工商企字〔2006〕94号）：

四川省工商行政管理局：
你局《关于以机动车辆出资逾期未办理转移登记是否构成虚假出资的请示》（川工商办〔2006〕66号）收悉。经研究，答复如下：
《道路交通安全法》第八条规定，国家对机动车实行登记制度；第十二条规定，机动车所有权发生转移的，应当办理相应的登记。以机动车出资属于机动车所有权发生转移的情形之一。根据《道路交通安全法》的上述规定，以机动车出资的应当依法办理登记手续。

原《公司注册资本登记管理暂行规定》第八条规定，实物出资中需办理过户手续的，公司应当于成立后半年内办理过户手续。2006年1月1日施行《公司注册资本登记管理规定》第十二条规定，公司成立后，股东或者发起人按照公司章程规定的出资时间缴纳出资，属于非货币财产的，应当在依法办理财产权转移手续后，申请办理公司实收资本的变更登记。根据上述规定，在2006年1月1日以前设立的公司，其股东或者发起人的实物出资中需办理过户手续的，应当在公司成立后半年内办理过户手续；在2006年1月1日以后设立的公司，其股东或者发起人的实物出资中需办理过户手续的，应当在办理该项出资实收资本登记前办理过户手续。未在上述期限内办理的，即为虚假出资。

对实物已交付公司但未按约定期办理过户手续的"虚假出资"行为，登记机关可以酌情在法定处罚种类和幅度内从轻处罚。对此要警惕可能的风险。

还有一份2002年的答复文件，也是很有意思，该答复于2014年废止。《国家工商行政管理总局关于虚假出资认定问题的答复》（工商企字〔2002〕第97号）：

新疆维吾尔自治区工商行政管理局：

你局《关于新疆吴泰实业发展有限责任公司在变更注册资本过程中是否构成虚假出资或抽逃注册资本行为的请示》（新工商商〔2002〕36号）收悉。经研究，答复如下：

公司利用本公司的其他银行账户将资金以借款名义借给股东，然后以股东名义作为投资追加注册资本，但实际上，公司未将资金交付给借款的股东，借款的股东也未办理资金转移手续，而是公司将股东所借资金在该公司银行账户之间内部转账，股东本身并未增加任何实际投资。此种行为可以认定为虚假出资行为。

二〇〇二年四月二十九日

笔者认为，在2014年公司法、工商登记制度修订之后，对于虚假出资的判断需要重新认识。但是，《刑法》对此的规定，大家还是要谨慎对待。比如利用评估作价，故意人为提高或压低非货币性资产作价，也属于虚假出资的情形。特别注意，未按期交付，如公司章程规定的交付时间未履行交付，也是可能涉及虚假出资的类型。《公司法》规定：以非货币财产出资的，应当依法办理其财产权的转移手续。对于已交付，但是无法办理过户的情形，这是我们要关注的事项。

《最高人民法院关于适用〈中华人民共和国公司法〉若干问题的规定（三）》规定：

第十条 出资人以房屋、土地使用权或者需要办理权属登记的知识产权等财产出资，已经交付公司使用但未办理权属变更手续，公司、其他股东或者公司债权人主张认定出资人未履行出资义务的，人民法院应当责令当事人在指定的合理期间内办理权属变更手续；在前述期间内办理了权属变更手续的，人民法院应当认定其已经履行了出资义务；出资人主张自其实际交付财产给公司使用时享有相应股东权利的，人民法院应予支持。

出资人以前款规定的财产出资，已经办理权属变更手续但未交付给公司使用，公司或者其他股东主张其向公司交付、并在实际交付之前不享有相应股东权利的，人民法院应予支持。

从规定中看出，需要办理权属登记出资的，应进行权属转移登记，《公司法》对其规定是"应当"办理，而不是只要股东认可其使用权就可以，这是财产权的重要体现。《城市房地产管理法》也规定了未依法登记、领取权属证书的不得转让。整体来分析，《公司法》对于有限责任公司或股份有限公司的非货币性资产出资，还是采取了更为严格的认定方式。

（8）能否在年度内预分配利润。

关于这一点，我们在上面的内容中也有提及过。可以这么说，在相应的政策法规中，并没有对于企业预分红的规定，而在上市公司的公告中，经常会有半年期分配的情形。此时，多是以当年实现的利润加上之前年度的留存利润一并作为分配利润的来源。笔者在网络上也发现一些人士的观点，认为《公司法》的一些规定潜意识地表达了利润分配应按照年度进行，半年的时候不得进行，但有点牵强。虽然这是一种常规的理解，笔者认为也更为合理，但是凡事皆需要有依据为宜。

不过，《公司法》明确规定了：

第一百六十六条 公司分配当年税后利润时，应当提取利润的百分之十列入公司法定公积金。公司法定公积金累计额为公司注册资本的百分之五十以上的，可以不再提取。

公司的法定公积金不足以弥补以前年度亏损的，在依照前款规定提取法定公积金之前，应当先用当年利润弥补亏损。

公司从税后利润中提取法定公积金后，经股东会或者股东大会决议，还可以从税后利润中提取任意公积金。

公司弥补亏损和提取公积金后所余税后利润，有限责任公司依照本法第三十四条的规定分配；股份有限公司按照股东持有的股份比例分配，但股份有限公司章程规定不按持股比例分配的除外。

股东会、股东大会或者董事会违反前款规定，在公司弥补亏损和提取法定公积金之前向股东分配利润的，股东必须将违反规定分配的利润退还公司。

公司持有的本公司股份不得分配利润。

如《深圳市新国都技术股份有限公司关于2018年半年度利润分配预案的公告》中提到：

> 3. 利润分配方案与公司成长性的匹配性
> 公司目前经营情况稳定，主营业务收入稳步增加。公司将在专注把握电子支付行业的发展趋势的同时，以服务商户为核心，完善公司生态圈的构建，逐步实现集团化战略转型的目标。
> 截至2018年6月30日，母公司可供分配利润为297 656 352.01元。公司总股本为477 897 755股。
> 为积极回报股东，与所有股东共享公司发展的经营成果，在符合利润分配原则、保证公司正常经营和长远发展的前提下，公司董事会提出了本次利润分配方案，本次利润分配方案不会造成公司流动资金短缺或其他不良影响。

不过我们也可以理解为，真正分配的利润是以前年度的留存利润。对于预分配的利润，当然我们要有所保障，即截止到年度结束要有相应的利润来最终实现，不然此时无利润但进行分配，就违反《公司法》的规定了。笔者为此专门咨询了会计师事务所的专家，也得到了肯定的答复。

3.6.2 债权人能否要求出资人补足出资、履行偿债义务

这个问题，其实与税的相关度不大。当下认缴制如此盛行，债权人能否在未获得支付债务的情形下，向法院提起要求未实缴出资的股东履行提前出资义务，进行债务清偿的诉讼呢？为此特对贺小荣主编的《最高人民法院民事审判第二庭法官会议纪要》一书作如下摘录：

【案例】某有限责任公司甲于2015年1月成立，其登记的注册资本为1 000万元。公司设立时共有A、B、C三位股东，各自认缴的出资额分别为700万元、200万元、

100万元。B、C两位股东所认缴的出资额合计300万元,在公司设立时即已实际缴纳。A股东认缴的700万元出资额,其中400万元在公司设立时已实际缴纳。剩余的300万元出资额,公司章程规定A股东在2020年12月缴纳。该公司成立后经营不善,连年亏损,不能清偿其欠供应商乙公司的200万元款项。2017年1月,乙公司起诉甲公司和A股东,要求甲公司清偿欠款,并要求A股东在尚未缴纳的300万元出资额范围内对上述200万元款项承担清偿责任。

法律问题:有限公司不能清偿债权人的到期债权时,法院能否判令出资义务尚未届履行期限的股东在尚未缴纳的出资范围内向债权人承担清偿责任。

……

法官会议意见:

公司不能清偿到期债务时,单个或部分债权人起诉请求股东以其认缴但未届出资期限的出资承担清偿责任的,人民法院一般不应支持。某项债权发生时,股东的相关行为已使得该债权人对股东未届出资期限的出资额产生高度确信和依赖,在公司不能清偿该债权时,法院可以判令特定的股东以其尚未届出资期限的出资额向该债权人承担清偿责任。

……

我们认为,在现行立法上,破产、清算情形下具有加速到期规则,非破产清算情形下没有速到期规则。从立法论上讲,如果要适用股东出资的加速到期,只能在公司破产或清算的情形下来开展。当然,非破产、清算情形下虽然没有加速到期规则,但并非不能对法律进行解释从而椎导出相应规则。真正的问题是,公司不能清偿对外债务但又未进入破产程序时,对股东未届清偿期的出资采取加速到期究竟是否具有正当性。

……

我们认为,在公司对特定的债权人负担债务时,如果股东就其尚未到期的出资向债权人提供了安慰、支持或不改变出资期限的承诺,该债权人基于此与公司缔结了债权债务关系,此时就可以视为债权人对股东的(在特定期限)出资具有了确信和依赖。此后股东随意延长出资期限的,此时就可以考虑对该债权人具有"恶意"并会产生损害。在该债权人起诉请求该股东的出资加速到期时,法院可以基于上述撤销权的法理予以支持。

从税务机关征税的角度来看,如果纳税人未发生法定加速出资的事由,因为欠税之债,据此理解,税务机关亦相应无权就尚未到期的出资,要求未尽到履行出资义务的投资人加速出资,但是如果已到履行义务的约定期却未履行的,就可能被关注到。

3.6.3 不同的股东身份需要履行的纳税义务

有限责任公司由于具有相应独立的法人身份,其资产有相应的独立性与专属性,独立对外承担相应的法律责任，在这种情形下，对于不同身份的相关纳税人，其计税规则相对统一，跟合伙企业等有着本质的不同，主要表现在如下几个方面。

一是，对有限责任公司的利润，在不作分配的时候，通常投资人是不能视为实现了所得的，比如资本公积转增资本、留存收益转增资本，这也是一种分配的利润再投资。即使作为股东的合伙企业，其"先分后税"的经营所得与股息、红利、利息所得，也只有在有限公司分配利润或清算分配时，才能计缴合伙人的所得税，相当于在有限责任公司与个人合伙人之间，有一个天然的主观可以决策的"屏障"。

二是，个人股东如果转让股权，这跟二级市场转让股票不同，转让股权有比较复杂的征管审核方法与办理程序，《股权转让所得个人所得税管理办法（试行）》（国家税务总局公告 2014 年第 67 号）对此有详细的规定，并且在实务中，由于普遍实施了工商信息与税务信息的共享与传递，又由于涉及税源相对于工薪个税金额普遍大得多，因此更是税务机关关注的重点。在纳税时间的规定上，公告对此设置了数项确认所得计税的条件，达到其中之一即计税。上面我们提到过，个人以股权投资到别的公司，可以在 5 个公历年度内备案分期纳税，但是对于转让，由于直接对价是货币的情形多，并不适用分期，对于那些确实有分期付款支付款项的交易约定，虽有个案支持分期缴纳，但却是没有相应的法规政策性支撑。

三是，对于个人取得的清算所得，主要是比较原来的实际投资成本，如果是有所得，则按照"财产转让所得"计税，实质可以这样理解，股东将股权"还"回了所投资的公司，所投资的公司将其资产（或者也配有负债）进行了分配，并不去区分里面有多少留存利润，本质上都是 20% 的个税，税负成本一致。但是对企业股东却不同①，因为企业股东对于留存收益中占有的部分是可以享受免税待遇的，所以要做出区分。

对于以货币形式出资，但是却规定得到固定利润的情形，税法也有所明确，即在特定情形下，认为彼此之间是债权与债务的关系，并不是投资关系，只是一种形式上

---

① 《财政部 国家税务总局关于企业清算业务企业所得税处理若干问题的通知》（财税〔2009〕60号）规定：

五、企业全部资产的可变现价值或交易价格减除清算费用，职工的工资、社会保险费用和法定补偿金，结清清算所得税、以前年度欠税等税款，清偿企业债务，按规定计算可以向所有者分配的剩余资产。

被清算企业的股东分得的剩余资产的金额，其中相当于被清算企业累计未分配利润和累计盈余公积中按该股东所占股份比例计算的部分，应确认为股息所得；剩余资产减除股息所得后的余额，超过或低于股东投资成本的部分，应确认为股东的投资转让所得或损失。

被清算企业的股东从被清算企业分得的资产应按可变现价值或实际交易价格确定计税基础。

的股权。在企业所得税上，有两份支持性的文件①，但对于个人所得税，并没有强调，

---

① 《国家税务总局关于企业混合性投资业务企业所得税处理问题的公告》（国家税务总局公告2013年第41号）规定：

根据《中华人民共和国企业所得税法》及其实施条例（以下简称税法）的规定，现就企业混合性投资业务企业所得税处理问题公告如下：

一、企业混合性投资业务，是指兼具权益和债权双重特性的投资业务。同时符合下列条件的混合性投资业务，按本公告进行企业所得税处理：

（一）被投资企业接受投资后，需要按投资合同或协议约定的利率定期支付利息（或定期支付保底利息、固定利润、固定股息，下同）；

（二）有明确的投资期限或特定的投资条件，并在投资期满或者满足特定投资条件后，被投资企业需要赎回投资或偿还本金；

（三）投资企业对被投资企业净资产不拥有所有权；

（四）投资企业不具有选举权和被选举权；

（五）投资企业不参与被投资企业日常生产经营活动。

二、符合本公告第一条规定的混合性投资业务，按下列规定进行企业所得税处理：

（一）对于被投资企业支付的利息，投资企业应于被投资企业应付利息的日期，确认收入的实现并计入当期应纳税所得额；被投资企业应于应付利息的日期，确认利息支出，并按税法和《国家税务总局关于企业所得税若干问题的公告》（2011年第34号）第一条的规定，进行税前扣除。

（二）对于被投资企业赎回的投资，投资双方应于赎回时将赎价与投资成本之间的差额确认为债务重组损益，分别计入当期应纳税所得额。

三、本公告自2013年9月1日起执行。此前发生的已进行税务处理的混合性投资业务，不再进行纳税调整。

《关于永续债企业所得税政策问题的公告》（财政部、税务总局公告2019年第64号）规定：

进一步明确永续债的企业所得税政策适用，根据《中华人民共和国企业所得税法》及其实施条例的有关规定，现就有关问题公告如下：

一、企业发行的永续债，可以适用股息、红利企业所得税政策，即：投资方取得的永续债利息收入属于股息、红利性质，按照现行企业所得税政策相关规定进行处理，其中，发行方和投资方均为居民企业的，永续债利息收入可以适用企业所得税法规定的居民企业之间的股息、红利等权益性投资收益免征企业所得税规定；同时发行方支付的永续债利息支出不得在企业所得税税前扣除。

二、企业发行符合规定条件的永续债，也可以按照债券利息适用企业所得税政策，即：发行方支付的永续债利息支出准予在其企业所得税税前扣除；投资方取得的永续债利息收入应当依法纳税。

三、本公告第二条所称符合规定条件的永续债，是指符合下列条件中5条（含）以上的永续债：

（一）被投资企业对该项投资具有还本义务；

（二）有明确约定的利率和付息频率；

（三）有一定的投资期限；

（四）投资方对被投资企业净资产不拥有所有权；

（五）投资方不参与被投资企业日常生产经营活动；

（六）被投资企业可以赎回，或满足特定条件后可以赎回；

（七）被投资企业将该项投资计入负债；

（八）该项投资不承担被投资企业股东同等的经营风险；

（九）该项投资的清偿顺序位于被投资企业股东持有的股份之前。

四、企业发行永续债，应当将其适用的税收处理方法在证券交易所、银行间债券市场等发行市场的发行文件中向投资方予以披露。

五、发行永续债的企业对每一永续债产品的税收处理方法一经确定，不得变更。企业对永续债采取的税收处理办法与会计核算方式不一致的，发行方、投资方在进行税收处理时须作出相应纳税调整。

六、本公告所称永续债是指经国家发展改革委员会、中国人民银行、中国银行保险监督管理委员会、中国证券监督管理委员会核准，或经中国银行间市场交易商协会注册、中国证券监督管理委员会授权的证券自律组织备案，依照法定程序发行、附赎回（续期）选择权或无明确到期日的债券，包括可续期企业债、可续期公司债、永续债务融资工具（含永续票据）、无固定期限资本债券等。

七、本公告自2019年1月1日起施行。

《财政部关于印发〈永续债相关会计处理的规定〉的通知》（财会〔2019〕2号）对会计处理进行了规定。

不管是利息,还是股息红利,税率都是20%,也没有区分的必要。对于增值税,如果约定的是固定利润的取得方式,需要按照贷款服务来计个税,在这点上,企业股东与个人股东的处理方式是相同的。

3.6.4 债转股

债转股,理论上属于增资的理解,由于从债务转为股本有某些需要特别关注的地方,同时笔者认为也有一些筹划的空间可以思考,因此对此作一专题探讨。《公司债权转股权登记管理办法》(国家工商行政管理总局令第57号)于2014年被《公司注册资本登记管理规定(2014)》(国家工商行政管理总局令第64号)废止,其中涉及债转股的规定如下:

第七条 债权人可以将其依法享有的对在中国境内设立的公司的债权,转为公司股权。

转为公司股权的债权应当符合下列情形之一:

(一)债权人已经履行债权所对应的合同义务,且不违反法律、行政法规、国务院决定或者公司章程的禁止性规定;

(二)经人民法院生效裁判或者仲裁机构裁决确认;

(三)公司破产重整或者和解期间,列入经人民法院批准的重整计划或者裁定认可的和解协议。

用以转为公司股权的债权有两个以上债权人的,债权人对债权应当已经作出分割。

债权转为公司股权的,公司应当增加注册资本。

首先,我们要清楚,债权人只能对于债务人的身份转为持有债务人的股权,如果是债务人用其他公司的股权来抵债,那不是投资的行为,是偿债的行为。通常没有特别适用的政策支持下,债权人是不能将债权转移给第三方的。另外,之前我们讨论过,以债权出资并非现实中经常出现的事项,债转股相对适用范围窄,如果以第三方的债权来投资或增资,实现起来仍是很有难度的,或者基本上很难操作。

另外,通常债转股是增资行为,将增加注册资本,而不是设立公司投资的行为。下面,我们结合案例分析一下债转股在税务处理中的注意事项。

【案例】这是一个公司股东的案例,某市属国有企业持续向某企业借款,金额达10亿元,由于年限较长,相应的应计利息达到了1亿元,但是企业的账上并未计提过利息收入,相应的约定收息时间也未定。市国资委的办公会认为无力可还,对方公司又未到破产地步,最终达成协议,以债转股形式作增资处理。

分析：这家对外借款的公司并未计提利息，也没有在汇算清缴计税时纳税调增利息收入。对于这个问题，依据企业所得税法的规定，按合同约定付息时确认收入，估计这家公司约定的付息日不清楚，也就没有纳过所得税及流转税（营业税及营改增后的增值税）。但是，上面的债转股却相当于实现了利息收入，那就要计缴增值税与企业所得税了，这样的成本，给向外借款的企业带来实实在在的税负成本，因为谁也不知道转股之后的利益如何，还要确认1亿元的利息收入，因此企业屡屡请求税务机关给予减免处理。地方政府肯定无权决定免除上面的税款，从财政奖励扶持上可能是一个间接的办法。

这个案例由于是真实发生的，虽是涉及企业间的，但它向我们展示了债转股对于拥有债权的主体的影响。对于个人也是一样，但个人没有按约定日期支付利息计税所得的规定。个税是以实现所得为前提，但是增值税却是需要按照合同约定支付日确认应税义务的发生。在个人债转股的处理上，建议确认一下，其中是不是包括利息，如果是那么要扣缴个税（真实收到或折算到投资额中）及计算缴纳增值税。

【案例】宋某借款给某房地产公司，由于房地产公司开发遇到困难，资金流不充分，但对于未来仍看好，于是宋某与房地产公司达成意向，进行债转股，借款金额是1 000万元，利息是30万元，共计1 030万元债权，其中转入资本中500万元，其余530万元转入资本公积。

分析：要注意，债转股，相当于公司增加资本，依据《公司法》规定，公司增加资本需要股东会作出决议，必须经代表2/3以上表决权的股东通过。在上面的案例中，30万元利息收入需要计算个税、增值税及附加，计算过程见表3-36：

表3-36　　　　　　　　　　计算过程

税种	说明	计算过程
增值税	增值税是价外税，个人征收率是3%，附加税费假设共计12%（部分地区有优惠）	30/1.03×3%＝0.87万元 附加税费共计0.87×12%＝0.1万元
个人所得税	收入额是不含税金额29.13万元，扣除税费0.1万元后计税所得是29.03万元	29.03×20%＝5.81万元

上面的数据额中，我们以宋某自己个人另付税费进行缴纳的，没有在30万元中进行扣除，房地产公司的会计分录如下：

借：短期借款　　　　　　　　　　　　　　　　10 000 000
　　应付利息　　　　　　　　　　　　　　　　　　300 000
　　贷：实收资本　　　　　　　　　　　　　　　5 000 000
　　　　资本公积　　　　　　　　　　　　　　　5 300 000

下面,我们再看一个案例:

鹏博士电信传媒集团股份有限公司关于以债转股方式对全资子公司增资的公告

本公司董事会及全体董事保证本公告内容不存在任何虚假记载、误导性陈述或者重大遗漏,并对其内容的真实性、准确性和完整性承担个别及连带责任。

重要内容提示:

投资标的名称:长城宽带网络服务有限公司

投资金额:以债转股方式对长城宽带网络服务有限公司增资 260 000 万元

一、本次增资的概述

为满足长城宽带网络服务有限公司(以下简称"长城宽带")的业务发展需求,优化其资产负债结构,鹏博士电信传媒集团股份有限公司(以下简称"公司")拟以持有的长城宽带 260 000 万元债权转为对其的长期股权投资。本次增资款全部计入长城宽带资本公积科目,不增加长城宽带实收资本。增资完成后,长城宽带的实收资本、注册资本暂时维持不变,长城宽带仍为本公司全资子公司。长城宽带后续将根据实际需要再行调整实收资本和注册资本。

本次增资行为已经公司第十一届董事会第二十次会议审议通过,根据《上海证券交易所上市规则》《公司章程》以及公司《对外投资管理制度》的相关规定,尚需提交公司股东大会审议。

本次增资事宜不构成关联交易和重大资产重组。

二、增资的基本情况

(一)长城宽带基本情况

1. 基本情况

公司名称:长城宽带网络服务有限公司

住所:北京市海淀区学院路甲38号1号楼5层C5002室

法定代表人:班妹

注册资本:90 000.00 万人民币

公司类型:有限责任公司(法人独资)

营业范围:第二类基础电信业务中的固定网国内数据传送业务(比照增值电信业务管理)、第二类基础电信业务中的网络托管业务(比照增值电信业务管理)、第一类增值电信业务中的互联网接入服务业务、第二类增值电信业务中的国内多方通信服务业务、第二类增值电信业务中的国内呼叫中心业务(增值电信业务经营许可证有效期至2021年04月28日);互联网信息服务;计算机系统服务;销售计算机、软件及辅助设备、通讯设备、家用电器、电子产品、机械设备。(企业依法自主选择经营项目,开展经营活动;互联网信息服务以及依法须经批准的项目,经相关部门批准后依批准的内容开展经营活动；不得从事本市产业政策禁止和限制类项目的经营活动。）

2. 长城宽带财务情况

根据公司财务部门初步测算，截止2019年12月31日，长城宽带的资产总额为677 173.07万元，负债总额为671 365.98万元，净资产为5 807.09万元；2019年实现营业收入243 273.82万元，净利润为-46 735.66万元。

长城宽带完成减值后：长城宽带总资产约为46亿元至50亿元，净资产约为-20亿元至-16亿元；2019年度营业收入约为24亿元，净利润约为-26亿至-22亿元。

（以上数据未经审计，相关计提的资产减值情况尚需经会计师事务所审计，最终数据以会计师事务所审计的财务数据为准。）

三、增资方案

截止目前，长城宽带是公司的全资子公司，公司拟以债转股形式进行增资，本次增资总额为260 000万元。增资款全部计入长城宽带资本公积科目，暂不增加长城宽带的实收资本及注册资本，故不会造成股权结构的变化，公司对长城宽带的持股比例依然为100%。

四、本次增资的目的和对上市公司的影响

公司全资子公司长城宽带拟计提固定资产减值准备，计提后其净资产为负值，公司对长城宽带以债转股的方式进行增资，可优化其资产负债结构，同时便于公司对其进行股权调整，促进公司整体可持续发展。

五、本次增资的风险分析

本次增资不会对公司财务及经营状况产生不利影响，不存在损害公司及全体股东利益的情形。

特此公告。

鹏博士电信传媒集团股份有限公司
董事会
2020年1月23日

或许有人提出，这个案例也是债转股，为什么是全部计入了资本公积呢？为此，笔者查阅了其公开登记的信息，发现确实是没有增加注册资本，也没有相应的变更记录。上面我们讲到，政策规定债转股要增加注册资本，对于案例中全部计入资本公积的情形，没有一分钱增加到注册资本中，算不算投资呢？案例中是股东借款给子公司，股东本身持有股份，债转股相当于增加了原来注册资本数额下的投资额，并非一个新的股东的加入。说到这儿，我们要分析，这个债转股的金额，以后能不能算到母公司的投资成本中，将来在退出或转让时可以扣除吗？即真正的从债权转到投资成本中，应予以认可。可以这么理解，这部分债权，不需要所投资的公司偿还了，自然属于该法人主体的独立资产，将来分配的时候，资产也是多出来的这部分，允许投资人扣减投资成本，也是配比的。

可以参照《国家税务总局关于企业所得税应纳税所得额若干问题的公告》（国家税务总局公告2014年第29号）规定：

二、企业接收股东划入资产的企业所得税处理
（一）企业接收股东划入资产（包括股东赠与资产、上市公司在股权分置改革过程中接收原非流通股股东和新非流通股股东赠与的资产①、股东放弃本企业的股权，下同），凡合同、协议约定作为资本金（包括资本公积）且在会计上已做实际处理的，不计入企业的收入总额，企业应按公允价值确定该项资产的计税基础。
（二）企业接收股东划入资产，凡作为收入处理的，应按公允价值计入收入总额，计算缴纳企业所得税，同时按公允价值确定该项资产的计税基础。

《财政部关于做好执行会计准则企业2008年年报工作的通知》（财会函〔2008〕60号）提出：

8. 企业接受的捐赠和债务豁免，按照会计准则规定符合确认条件的，通常应当确认为当期收益。如果接受控股股东或控股股东的子公司直接或间接的捐赠，从经济实质上判断属于控股股东对企业的资本性投入，应作为权益性交易，相关利得计入所有者权益（资本公积）。

《关于印发企业会计准则解释第5号的通知》（财会〔2012〕19号）对于会计核算有所规定：

六、企业接受非控股股东（或非控股股东的子公司）直接或间接代为偿债、债务豁免或捐赠的，应如何进行会计处理？
答：企业接受代为偿债、债务豁免或捐赠，按照企业会计准则规定符合确认条件的，通常应当确认为当期收益；但是，企业接受非控股股东（或非控股股东的子公司）直接或间接代为偿债、债务豁免或捐赠，经济实质表明属于非控股股东对企业的资本性投入，应当将相关利得计入所有者权益（资本公积）。
企业发生破产重整，其非控股股东因执行人民法院批准的破产重整计划，通过让

---

① 通常我们对于非流通股的称呼是概括性的，并没有区分原流通股股东与新流通股股东，笔者查询了一些资料，咨询了证券人士，可能是这样的理解，依据《上市公司非流通股股份转让业务办理规则》，非流通股也是可以转让的，此时是在《上市公司股权分置改革管理办法》之前，因此这样的称呼范围描述更为清楚，当然也可以只称为非流通股股东。

渡所持有的该企业部分股份向企业债权人偿债的，企业应将非控股股东所让渡股份按照其在让渡之日的公允价值计入所有者权益（资本公积），减少所豁免债务的账面价值，并将让渡股份公允价值与被豁免的债务账面价值之间的差额计入当期损益。控股股东按照破产重整计划让渡了所持有的部分该企业股权向企业债权人偿债的，该企业也按此原则处理。

目前，我们关注这个问题，要考虑三个层面：一是工商登记方面，二是税收制度规定方面，三是会计核算方面。这三个方面的处理与理解并不完全一致。会计的实施范围比较大，包括股东及相关的子公司等，税务的限于股东，工商登记方面则无要求，因为没有变更注册资本。但上面的政策重在给投资人提醒，别自己做了好事，还让所投资的企业因为处理不符合税收不纳税的条件，多缴了不应缴的税。作为企业的个人股东，在解决了接收单位不纳税的问题之后，可以在之后的业务环节中多加关注（见表3-37）。

表3-37　　　　　　　　　接收企业不纳税的条件

接收企业不纳税的条件	说明	注意事项
来源	在法律上有名义的股东	包括个人与企业股东
方式	划入方式，不是买卖	如果是货币或非货币性资产投资，并不需要证明不需要纳税
形式要求	合同、协议约定作为资本金（含资本公积）；且会计上记入资本金	可以全记入资本公积，也是资本性的投入
计税基础	以公允价值确认入账基础	可以摊销扣除，也可以未来销售时扣除相应计税价值①

【案例】黄某投资了一家有限责任公司，注册资本10万元，也进行了实际入资。但由于业务投入比较大，黄某借了300万元给公司使用。后来，因为经营不景气，为了引入投资者，黄某决定300万元予以豁免了。企业会计依据公告的要求，让公司与黄某签订了协议，约定作为资本金，并且在会计处理上全额记入了资本公积，其他应付款项挂账金额转销处理。那么此时，存在两个问题：一是企业要不要算所得计缴企业所得税，二是300万元能否转作黄某的投资成本，将来转让或退出时税前扣减？

分析：首先，我们赞扬一下会计的处理，因为有的时候，会计处理上是计入了资本公积，但是没有准备合同或协议，形成被动的局面。对于豁免债务，会计上是计入

---

① 此处是否需要发票，要结合增值税视同销售行为的判断，或者是否形成应税义务进行判断，也可以在某些例外情形下开具不征税的发票给接受方企业入账，并作为未来扣除的凭证使用。

资本公积,这个也是与上面我们引用的会计政策相适应的,但是税收上,有的人士提出,国家税务总局公告2014年第29号只提到适用情形包括股东赠与资产、上市公司在股权分置改革过程中接收原非流通股股东和新非流通股股东赠与的资产、股东放弃本企业的股权。没有提其他情形,比如豁免债务。有专家很明确地提出只适用于三类型,不适用于豁免债务,豁免债务的情形必须要计入企业所得中计税。也有很多人认为存在争议①,笔者对此认为不应存在争议,如果是股东的债务豁免,符合约定的前提条件的话,对于所投资的企业,也不应认为是所得税应税所得。我们先来看看国家税务总局之前回复的一个意见,这是基于公告当中提到的"上市公司在股权分置改革过程中接收原非流通股股东和新非流通股股东赠与的资产"的情形:

国家税务总局关于股权分置改革中上市公司取得资产及债务豁免对价收入征免所得税问题的批复

国税函〔2009〕375号

四川省地方税务局:

你局《关于股权分置改革中上市公司取得资产及债务豁免对价收入是否征收所得税问题的请示》(川地税发〔2009〕25号)收悉,经研究,批复如下:

根据《财政部 国家税务总局关于企业所得税若干优惠政策的通知》(财税〔2008〕1号)的规定,《财政部 国家税务总局关于股权分置试点改革有关税收政策问题的通知》(财税〔2005〕103号)的有关规定,自2008年1月1日起继续执行到股权分置试点改革结束。

股权分置改革中,上市公司因股权分置改革而接受的非流通股股东作为对价注入资产和被非流通股股东豁免债务,上市公司应增加注册资本或资本公积,不征收企业所得税。

国家税务总局

二〇〇九年七月十三日

抄送:各省、自治区、直辖市和计划单列市国家税务局、地方税务局。

在上面的批复中,国家税务总局明确规定了豁免债务方式增加注册资本或资本公积,不征收企业所得税,有的人士提出,这仅是限于所批复的情形。我们可以这样分析一下:一是,国家税务总局公告2014年第29号公告中提到的股东划入资产,后面标

---

① 如原国家税务总局无锡市税务局第一分局《大企业(房地产集团)税收遵从指引》中提出:
4. 豁免债务长期挂账未确认收入
▲风险描述:集团母公司向成员企业收取培训费、服务费、软件费、设计费等,实际未收取,存在债务豁免情形。
▲重点提醒:债务豁免的交易行为虽然根据会计准则可以计入资本公积,但是应该按照所得税相关规定计入当期的应纳税所得额。如果豁免的债务长期挂账不确认收入,则存在较大的税收风险。

注的是"包括"事项，主要是方便大家理解现实中的列举情形，并不是"限于这三种情形"；二是，如果国税函〔2009〕375号限于前置"股权分置改革"为条件，那么也就没有必要与另外两种包括事项并列；三是，在税收规则不明确的情形下，包括会计处理规则、证监会的意见，都可以支持从股东获得利益是权益性投资的处理意见，而且依照公告也明确属于追加的投资，但并不索求股份比例，基于事实也应认可为宜。

再比如，对于豁免的债务，有人认为不是资产，这相当于是原来借股东的资金，股东说不用归还了，资金也是货币性资产。再或者子公司再向股东借入一笔钱，归还了原来的债务，股东再以货币向企业注入资本公积，企业收到钱之后，再把新的债务还掉，结果是一样的。鉴于此，笔者认为对于对赌补偿、业绩补偿之类的情形，如果是来源于股东的，宜一致地进行处理，而不是机械地理解政策的文字，不理解政策的原则，况且文字本身也没有真真切切地明确不行。在这种情形下，有的专家提出来，为什么股东这么愿意做好事，无偿赠与资产给企业，是不是跟其他股东之间有隐含的利益交换，有没有以反避税条款进行调整计算所得之类的问题出现？笔者认为，当前企业引入战略投资时，有部分进入股本，有部分进入资本公积时，我们是不是认为暗含股权转让的利益呢？这跟股东后续单独增加资本公积的情形类同，是基于利益决策权、利益分配权的一种投资条件，否则设立公司时，全都必须计入资本。如果有的计入资本公积了，认为是它将利益输送给了合作的投资者，但从其他投资者所得的角度来看，由于法人是独立的，并没有实现所得，只有股东与被投资企业之间的投资关系。国家税务总局的意见契合了会计处理对于投资关系的理解，也契合了《公司法》关于股东投资的规定，对税收上关于所得的实现规则也并没有违背。反而对于某些情形下，有的股东在后期投入资本时，给予原股东的一些"背后"的补偿，这才是需要税收监控与管理的事项。

依此原理，对于资本公积的问题，还有一种意见值得我们了解，原北京国税2010年于汇算清缴的政策解释中提出：

问：企业新增注册资本带来的资本公积增加是否计征企业所得税？

答：企业因注资而带来的资本公积增加不作为企业的收入总额，因此其不参与企业应纳税所得额的计算，不需计征企业所得税。

【案例】宋某投资设立了一家一人有限责任公司，注资10万元，同时宋某平时借款给企业运营合计记账20万元，因企业经营不景气，宋某准备关闭清算企业，按所得税的清算方式进行计算，计算出来清算期的经营性所得是负数10万元。在向税务机关办理注销申报时，税务机关认为宋某借的20万元也需要并入清算所得中计税，相当于有10万元的清算所得，计缴企业所得税25%计算为2.5万元，还有20%的财产转让所得，计 1.5 万元。从现状看，公司没有挣到钱，宋某还要再从个人处缴纳 4 万元的税款。这样处理对不对呢？

分析：在日常业务中，企业不需要偿还的债务，需要并入所得计税，这是一个基本的规定。但是这一规定，从当前各地税务机关的理解口径来看，基本上是看企业有无转入营业外收入，甚少有税务机关强制要求超过多少年必须结转所得的意见，因为是不是无法支付是商业上的事，税务机关如何能确定呢？最多提出质疑，由企业给出解释，或者税务机关自行去调查债权人的情形才能给出结论。

但是在清算时，仍无法支付，此时就不能再给时间了，因为纳税主体即将消失，此时就需要转入所得计税，这样计算出来清算所得 10 万元，需要缴纳 2.5 万元的企业所得税。

但是案例中对于个人所得税的计算却是错误的。我们来看看，案例中是用应纳税所得税额来计算可分配的剩余财产的，这跟清算所得的应纳税所得额是不等同的。在以公允价计量所得的情形下，个人股东没有取回来任何的剩余所得，此时就不存在财产转让所得，个人所得税是 0 元。

在当前各地税务机关的口径中，我们发现只有天津市税务局给出了例外的规定，在国地税合并前天津市国家税务局与地方税务局共同发布的《企业清算环节所得税管理暂行办法》规定：

企业清算前已确定不需支付的应付款项，应并入生产经营所得征税。企业清算期间确定的不需支付的应付款项，需并入清算所得征税。企业清算期间应支付但由于清算资产不足以偿还的未付款项，无须并入清算所得征税。

据了解，这个规则也并不是无限制地被使用，如果清算前企业故意地安排转移资金，那么就会受到质疑，并不一定"享受"这个待遇。从笔者的角度来看，无法支付的款项转入所得，合法但可能不合理，正如上面我们看到的很多企业，因为大股东通过借款方式维持人员工资等成本，最后关门时无法支付的款项转所得计所得税，最终无力承担税款，以致清算注销迟迟无法完成，这也是一件苦恼之事。

那么，如何化解呢？或许有的伙伴就是用到了这个债转股的政策，即依照公告规定，约定转入资本公积，是一个约定的投资事项，并不是债务豁免的方式，在这样的情形下，将无法收回的债权转为股权投资，不需要将应付款项转入清算所得中，反正最终是形成了投资损失，但却并不再需要另行出钱去缴纳税款，产生不必要的支出成本。

但是，笔者也发现了一个有趣的案例：如果是股东无偿借款给企业，不计收利息，在这种情形下，依据增值税的规定，个人无偿借款不被视为销售行为，不计缴增值税；单位无偿借款需要视同销售行为计缴增值税。那么，无偿借款应收未收的利息，能不能计入资本公积呢？还真有这样的案例。

案例一：汇伟股份

汇伟股份（871947.OC）于2017年6月8日提交三板挂牌申请材料，披露向股东个人无息借入资金，并将借款利息作资本投资处理，会计核算作为利息捐赠符合会计准则，且无须缴纳个税、增值税。主办券商及会计师认为："公司向实际控制人无息借款计提的利息支出计入资本公积的会计处理符合《企业会计准则》的相关要求，债务利息无须缴纳增值税、个人所得税，企业所得税方面公司已对该债务利息进行纳税调整，不影响企业所得税的申报缴纳。"

1. 利息约定：利息标准为同期贷款利率，但暂时豁免利息。公司向实际控制人借入资金，对于利息双方约定如下："借款利率不高于银行同期贷款利率，但考虑到目前企业周转资金紧张，暂时豁免借款利息。"

2. 会计核算：作为利息捐赠处理，计入资本公积。"根据财会函〔2008〕60号相关规定：如果接受控股股东或控股股东的子公司直接或间接的捐赠，从经济实质上判断属于控股股东对企业的资本性投入，应作为权益性交易，相关利得计入所有者权益（资本公积），公司接受实际控制人无息借款，该无息借款的利息视同为公司实际控制人对公司的利息捐赠，根据上述规定，公司将参照中国人民银行发布的同期贷款基准利率计算确认财务费用，同时增加公司资本公积，对公司所有者权益不产生影响。"

3. 个税处理：个人股东未缴纳个税。"实际控制人并未就该项交易收取任何现金，没有产生任何所得，因此无须缴纳个人所得税。"且公司整体变更折股时，并未进行资本公积转增股本，因公司认为无须就该利息形成的资本公积缴纳个税。

4. 增值税处理：个人股东无偿借款，利息不视同销售处理。

5. 所得税处理：已进行纳税调整。"公司计提的与实际控制人的利息费用在纳税申报的过程中已经对该费用进行了纳税调整，因此不影响公司的当期所得税费用。"

案例二：奥飞娱乐

奥飞娱乐（002292.SZ）曾于2017年3月31日发布公告，披露2016年度公司向股东蔡东青、蔡晓东、李丽卿免息借入163 200万元用于日常运营，公司当年按照贷款期限参照银行同期贷款利率计提财务费用27 542 338.77元，增加资本公积其他资本公积27 542 338.77元。

案例三：乐视网

乐视网（300104.SZ）于2017年7月14日发布更新后的2016年年报，披露控股股东贾跃亭往期无偿借予上市公司的资金虽不需要支付利息，但该部分资金用于企业日常经营，应按照同期银行贷款利率计算利息，并计入财务费用和资本公积，其借款采用随借随还模式，大股东贾跃亭、贾跃芳2016年度免息借款形成的利息费用9 132.61万元，此费用将会依照大股东无息借款承诺进行豁免处理，增加至资本公积。

案例四：科伦药业

科伦药业（002422.SZ）曾于2014年9月3日发布公告，披露实际控制人刘革新曾通过股份质押等方式融入资金，并向公司提供6亿元无息借款，科伦药业视同股东对公司的利息捐赠，按银行同期贷款利率计算确认融资成本，并计入资本公积。截至2016年年末，提供的6亿元本金偿还完毕，2014—2016年实际控制人提供的无息资助资本化累积达3 400余万元。

1. 资金来源：实际控制人通过股份质押等方式获得金融机构人民币10亿元的授信额度，其中将无偿向公司提供不超过人民币6亿元的财务资助（即无息借款）。

2. 会计核算：根据财会函〔2008〕60号相关规定："如果接受控股股东或控股股东的子公司直接或间接的捐赠，从经济实质上判断属于控股股东对企业的资本性投入，应作为权益性交易，相关利得计入所有者权益（资本公积）"，公司接受实际控制人不超过人民币6亿元的无息借款，该无息借款的利息由实际控制人承担应视同为公司实际控制人对公司的利息捐赠。根据上述规定，公司将参照中国人民银行发布的同期贷款基准利率计算确认财务费用，同时增加公司资本公积，该会计处理对公司净利润不会产生重大影响，对公司所有者权益不产生影响。

3. 利息资本化情况：（1）根据2014年年报，2014年度最终实际控制人刘革新向公司无偿借款利息资本化10 263 689.00元，计入其他资本公积。（2）根据2015年年报，2015年度最终实际控制人刘革新向公司无偿借款利息资本化19 476 643.00元，计入其他资本公积。（3）根据2016年年报，2016年度最终实际控制人刘革新向公司无偿借款利息资本化4 415 321.00元。截至2016年年末，6亿元本金偿还完毕，2014—2016年实际控制人提供的无息资助资本化累计达3 400余万元。

上面这四个案例，相信也是刷新了我们对于个人股东"输血"给上市公司使用的业务处理的认知，有了很大的创新性，即无息借款并不是真的不计息，而是将利息以投资形式注入企业，相当于上市公司仍计提财务费用，但是并不需要付给借款人，只是同步增加资本公积，这对于公司净资产有很好的改观作用。在上面的公告内容中有提及涉税处理的说明，由于个人股东未实际取得利息，所以不需确认为个税计税所得。笔者认为，既然是无息借款，那么为何在账务上计提利息且记入了财务费用呢？而且相应的说法改为了将利息向所投资的公司进行的捐赠，既然这体现了个人股东注入投资的价值，那么这就不是无息，这种行为并不是在上市公司内部自我循环形成的，而是有股东作为参与人与决策人来形成的投资，是一种交付的体现，在这种情形下，视为有所得，并不为过。比如，某人在单位有工资薪金所得，但是由于单位有困难，决定捐赠给单位，此时我们就可以认为此人没有工资薪金所得，不需要计税吗？我们之前有分析个人在未实际取得所得的时候不需要计税，在上面的案例中，虽然利息未流经股东账户进行"一收一支"的体现，但是应收资金的权利是直接豁免了，而且还要求计入公司的投资额当中，笔者对此还是认为有应税的风险。如果不视为所得计缴个税，那么未来的投资成本也无法作为成本扣减，基于此，如果要放的话，在这个节点上可以控制，同时由于未实际支付，财务费用也不能税前扣除。

3.6.5 留存收益与资本公积转增资本个税计量

对此问题，我们没有特意区分股本、资本，以及有限公司与股份公司的区别，只是泛指对应注册资本记入实收资本或股本的金额[①]。相信我们的财税人士，对于这个问题的关注、讨论非常多，比如，律师从法理、事实结合的角度来分析，税务干部从政策的"文字规定"来分析——既然政策是这么写的，我们就应这么执行，引用财税部门的法规，从旧到新，进行推论，而企业个人股东，可能心有抱怨。

笔者认为，在当前的征管实务中，涉及转增股本征收个税的情形，比较复杂，由于对此内容所制订计征个税规则的年代比较久远，法理基础不健全，解释也不清晰，以致我们在一些拟上市公司的法律意见书中，看到了很多"处理迥异"的意见，这很难判定是某些律师发生了认识错误，因为从他们引用、推论的过程看，似乎也有着一些合理性，这说明，规则与导向存在着问题。此时，任何单一的讨论、分析与建议，都是单薄的，极可能走入"牛角尖"。在本章节中，我们首先面对现状，来看当下不同的情形下，要求计税的前提、逻辑、规则，相应的风险等，最后提出我们的期待与建议。我们也将结合自己的理解与总结，就当前专家学者观点中的一些"观点误解"作

---

① 企业接受投资者投入的实收资本。股份有限公司应将本科目改为"4001 股本"科目。企业收到投资者出资超过其在注册资本或股本中所占份额的部分，作为资本溢价或股本溢价，在"资本公积"科目中核算。

一些梳理与澄清,其目的是先知其然,再一起去追寻所以然。

下面,我们对股份有限公司的适用情形进行分析。

(1) 有限责任公司的留存收益转增股本。

一般我们提到留存收益,主要是指有限责任公司通过经营积累的利润,以及在利润中提取的盈余公积等情形。《公司法》规定:

第一百六十六条　公司分配当年税后利润时,应当提取利润的百分之十列入公司法定公积金。公司法定公积金累计额为公司注册资本的百分之五十以上的,可以不再提取。

公司的法定公积金不足以弥补以前年度亏损的,在依照前款规定提取法定公积金之前,应当先用当年利润弥补亏损。

公司从税后利润中提取法定公积金后,经股东会或者股东大会决议,还可以从税后利润中提取任意公积金。

公司弥补亏损和提取公积金后所余税后利润,有限责任公司依照本法第三十四条的规定分配;股份有限公司按照股东持有的股份比例分配,但股份有限公司章程规定不按持股比例分配的除外。

股东会、股东大会或者董事会违反前款规定,在公司弥补亏损和提取法定公积金之前向股东分配利润的,股东必须将违反规定分配的利润退还公司。

公司持有的本公司股份不得分配利润。

第一百六十七条　股份有限公司以超过股票票面金额的发行价格发行股份所得的溢价款以及国务院财政部门规定列入资本公积金的其他收入,应当列为公司资本公积金。

第一百六十八条　公司的公积金用于弥补公司的亏损、扩大公司生产经营或者转为增加公司资本。但是,资本公积金不得用于弥补公司的亏损。

法定公积金转为资本时,所留存的该项公积金不得少于转增前公司注册资本的百分之二十五。

由于留存收益来源于公司的利润,以留存收益分配股息红利时,即形成个人所得,按照20%代扣代缴个人所得税,此时公司派发的多是现金,扣缴20%也好处理。说到转增股本,一般的理解就是"先分红、再投资"二步法认定,所以以股息红利扣缴个税,政策上没有问题。下面,我们摘录了两份文件。

国家税务总局关于盈余公积金转增注册资本征收个人所得税问题的批复

国税函〔1998〕333号

《关于青岛路邦石油化工有限公司公积金转增资本缴纳个人所得税问题的请示》（青地税四字〔1998〕12号）收悉，经研究，现批复如下：

青岛路邦石油化工有限公司将从税后利润中提取的法定公积金和任意公积金转增注册资本，实际上是该公司将盈余公积金向股东分配了股息、红利，股东再以分得的股息、红利增加注册资本。因此，依据《国家税务总局关于股份制企业转增股本和派发红股征免个人所得税的通知》（国税发〔1997〕198号）精神，对属于个人股东分得并再投入公司（转增注册资本）的部分应按照"利息、股息、红利所得"项目征收个人所得税，税款由股份有限公司在有关部门批准增资、公司股东会议通过后代扣代缴。

关于有限责任公司用税后利润和资本公积金转增注册资本征收个人所得税问题的批复

粤地税函〔2005〕345号

云浮市地方税务局：

你局《关于对有限责任公司用税后利润派送红股和资本公积金转增股本征收个人所得税的请示》（云地税发〔2005〕91号）收悉。经研究，现批复如下：

一、根据《中华人民共和国个人所得税法》基本原则和《国家税务总局关于盈余公积金转增注册资本征收个人所得税问题的批复》（国税函〔1998〕333号）精神，有限责任公司用税后利润转增注册资本，实际上是该公司将税后利润向股东分配了股息、红利，股东再以分得的股息、红利增加注册资本。因此，对属于个人股东分得并再投入公司（转增注册资本）的部分应按照"利息、股息、红利所得"项目征收个人所得税。

二、根据《国家税务总局关于原城市信用社在转制为城市合作银行过程中个人股增值所得应纳个人所得税问题的批复》（国税函〔1998〕289号）中"股分制企业股票溢价发行收入所形成的资本公积金""转增股本由个人所得的数额，不作为应税所得征收个人所得税。而与此不相符合的其他资本公积金分配个人所得部分，应当依法征收个人所得税"的规定，有限责任公司将资产评估增值部分的资本公积金转增注册资本分配个人所得部分，应按"利息、股息、红利所得"项目征收个人所得税。

广东省地方税务局
2025年6月29日

【案例】牛某与王某共同投资成立了一家公司，各投资60万元与40万元。2019年，公司运营比较理想，为进一步扩大规模、方便对外进行商务洽谈，决定用留存利润转增资本100万元，同比例进行增资。下面我们以表3-38说明一下：

表 3-38　　　　　　　　　　资产负债与权益变更情况　　　　　　　　　　单位：万元

资产	变更前	变更后	负债与权益	变更前	变更后
现金	200	200	负债	200	200
其他资产	300	300	权益——资本	100	200
			权益——未分配利润	200	100
合计	500	500	合计	500	500

上面的数据是在未考虑个税情形下的处理，如果我们要考虑个税，如果增 100 万元入资本，同时又是公司付的个税，那么相当于分红 100 万元是净额，反算为应分配 125 万元，其中 60%给牛某，40%给王某，分别为 75 万元和 50 万元，分别扣缴个税是 15 万元和 10 万元，余下计入资本。同时，公司办理变更登记信息即可。

由于牛某与王某进行了分红计税，再投资到公司，那么投资成本各增加多少呢？不是 75 万元和 50 万元，而是 60 万元和 40 万元，因为有一部分在分配中纳税"消耗"掉了，这个金额是可以作为投资成本未来计税时扣减的。

（2）资本公积转增资本个税政策的征管现状、理解口径及征与不征的逻辑。

对于涉及投资溢价转增资本是不是征个税的问题，可谓"公说公有理，婆说婆有理"，究其原因，笔者认为原因如下：一是关于此事项的征税或不征税的规则是在 20 世纪 90 年代制订的，当时的会计核算规则与现在大不同，对于股份制企业的称谓与现在也不同；二是财税部门在后续的执行过程中，未及时进行相应的明确或解释，同时因为相关人员也早已发生了变化，对于当时的历史背景也可能缺乏了解，以致当下的征税规则完全是"字面规定"上的计税规则，对于同类业务的公平性、与企业所得税的应税规则差异、与当前会计准则的匹配以及与现在《公司法》规定的衔接，出现了较大的脱节问题。

在上一节中，我们讨论的是留存收益转增资本征税的问题，其理解是"先分红，再增资"的二步法判断，这里不存在争议，对于个人如此，对于企业亦是如此掌握。只不过对于个人来讲，是股息红利的分配计税，对于企业来讲，有部分是满足股息红利免税的政策，但同样都要增加投资成本且未来可以作为计税基础进行扣减。

对于资本公积转增资本，《公司法》规定公积金（包括资本公积金与法定公积金）可以转增资本，但是资本公积金却不能弥补公司亏损。其中资本公积金不是企业的留存收益，转增资本能不能还套用上面的计税方法呢？我们要考虑，个人取得的所得判定，是源于自己的投资部分，还是源于企业的资产回报（企业利润），如果是源于自己的投资部分，这并不是所得，此时大原则应不征，如果不是，那么征也没有问题，但并不绝对限于源于企业的税后利润才算是"股息、红利"所得。之前我们有讨论个人股东借款被要求按股息红利征税的案例，这说明个人的所得与公司的利润分配并不是一一对应的。比如，有的专家对此质疑，财税部门按股息红利征税，借出款项的企业账面一直是亏损的，凭什么征税，逻辑上说不通啊。这就是因为我们绑定了两者的关系，因为个人有实际所得是事实，在此时就不能考虑给付单位是不是有利润为前提。

同时，笔者发现，《公司法》中只提到了股票溢价发行形成资本公积的情形，却没有提到资本溢价，这是不是说明了有限责任公司没有溢价形成的资本公积呢？有专家提出过，在失效的《股份制试点企业会计制度》中，确实只提到了股份有限公司有溢价，有限责任公司没有溢价，但这不足以说明没有资本溢价。《企业财务通则》规定：对投资者实际缴付的出资超出注册资本的差额（包括股票溢价），企业应当作为资本公积管理。经投资者审议决定后，资本公积用于转增资本。国家另有规定的，从其规定。在现实中，有限责任公司一般在刚成立的时候，少有增资溢价，在后续增资时，由于享受了原来的运营利益，形成资本溢价是很正常的，也并不违法。

以当前的法律政策来理解，计入注册资本的资本及相应的资本溢价，在投资到公司之后，就属于公司的资产了，在各级法院的一些司法案例中也有这样明确过①。那么既然是属于公司了，为何转为资本还属于个人的所得呢？如果从个人实际所得的角度来看，并没有实际取得啊。其实，我们要这样理解计税所得的规则，正如上面我们提到的，税务的理解是"先分配，后投资"，相当于投资行为是一种假设行为，即虚拟地认为，个人拿到所得后再进行投资，而不是认为个人投资完成之后，只要没有到手净所得就不算所得，这是两个逻辑体系。假设未投资，从个人股东按持股比例可分配的角度来看，原来公司的留存收益、是可以向股东分配的，实际分配时计缴20%的个税，现在是提前实现了所得，因为登记信息显示股东进行了"投资"行为。

对于资本公积，一般我们是先看企业的会计账册数据。这么多年来，我们的会计制度历经改革，对于资本公积的核算规则已发生了翻天覆地的变化。资本溢价是资本

---

① 最高人民法院（2013）民提字第226号中有相关描述：……但对于股东在注册资本之外的出资属于什么性质，章程并未明确规定。1993年1月7日财政部发布的《房地产开发企业会计制度》第311号科目"资本公积"部分规定："一、本科目核算企业取得的资本公积，包括接受捐赠、资本溢价、法定资产重估增值、资本汇率折算差额等……。"对于资本溢价的范围，第二款明确规定"投资人交付的出资额大于注册资本而产生的差额，作为资本溢价。"《中华人民共和国公司法》（1994年7月1日起施行）第一百七十八条规定，国务院财政主管部门规定列入资本公积金的其他收入，应当列入公司资本公积金。据此可知，股东对公司的实际出资大于应缴注册资本部分的，应属于公司的资本公积金。……资本公积金属于公司的后备资金，股东可以按出资比例向公司主张所有者权益，但股东出资后不能抽回，也不得转变为公司的债务计算利息，变相抽逃。

公积中的一项，其他的可以称为"其他资本公积"，依《公司法》，资本公积多用于转增资本，但是现在核算在其他资本公积的事项，并不是全部能够用于转增资本。

2007年《企业会计准则实施问题专家工作组意见第2号》提出：

五、问：企业按原制度核算的资本公积执行新准则后应当如何处理？

答：企业按照原制度核算的资本公积，执行新准则后应当分别下列情况进行处理：

（一）原资本公积中的资本溢价或股本溢价，执行新准则后仍应作为资本公积（资本溢价或股本溢价）进行核算。

（二）原资本公积中因被投资单位除净损益外其他所有者权益项目的变动产生的股权投资准备，执行新准则后应当转入新准则下按照权益法核算的长期股权投资产生的资本公积（其他资本公积）。

（三）原资本公积中除上述以外的项目，包括债务重组收益、接受捐赠的非现金资产、关联交易差价、按照权益法核算的长期股权投资因初始投资成本小于应享有被投资单位账面净资产的份额计入资本公积的金额等，执行新准则后应在资本公积（其他资本公积）中单设"原制度资本公积转入"进行核算，该部分金额在执行新准则后，可用于增资、冲减同一控制下企业合并产生的合并差额等。

在新会计准则中，其他资本公积主要包括：

其他资本公积，是指股本溢价（或资本溢价）以外的资本公积，主要包括以下内容：
1. 可供出售金融资产公允价值变动；
2. 企业根据以权益结算的股份支付协议授予职工或其他方的权益工具的公允价值；
3. 现金流量套期中，有效套期工具的公允价值变动；
4. 长期股权投资采用权益法核算的，在持股比例不变的情况下，被投资单位除净损益以外的其他所有者权益变动引起的长期股权投资账面价值的变动；
5. 自用房地产或存货转换为采用公允价值模式计量的投资性房地产时，转换日投资性房地产的公允价值大于原账面价值的差额。

后来进行了一些调整，将原记入其他资本公积的事项转入了新增的一个会计科目中：

第三十二条　综合收益，是指企业在某一期间除与所有者以其所有者身份进行的交易之外的其他交易或事项所引起的所有者权益变动。综合收益总额项目反映净利润和其他综合收益扣除所得税影响后的净额相加后的合计金额。

第三十三条　其他综合收益，是指企业根据其他会计准则规定未在当期损益中确认的各项利得和损失。其他综合收益项目应当根据其他相关会计准则的规定分为下列两类列报：

（一）以后会计期间不能重分类进损益的其他综合收益项目，主要包括重新计量设定受益计划净负债或净资产导致的变动、按照权益法核算的在被投资单位以后会计期间不能重分类进损益的其他综合收益中所享有的份额等；

（二）以后会计期间在满足规定条件时将重分类进损益的其他综合收益项目，主要包括按照权益法核算的在被投资单位以后会计期间在满足规定条件时将重分类进损益的其他综合收益中所享有的份额、可供出售金融资产公允价值变动形成的利得或损失、持有至到期投资重分类为可供出售金融资产形成的利得或损失、现金流量套期工具产生的利得或损失中属于有效套期的部分、外币财务报表折算差额等。

之前，证监会回复意见称公允价值变动情形下形成的资本公积，不能用于转增股本与分配利润，这主要是因为此部分为未实现的价值，在上面会计准则将其从资本公积调整到其他综合收益核算之后，依当前的规则，亦同样认为不可用于转增资本。而历史上因2006年会计准则实施一并由原会计制度转入的部分，专家组的意见是可以用于增资，也有因搭政策顺风车所致①。

下面。我们主要以有限责任公司资本溢价、股份有限公司股票溢价转增资本，以及其他资本公积转增资本来考虑计税的适用情形。其实，对于那些按资本公积转增的计税认定，有时我们过于敏感，在有的情形下，转增资本在计税时，相应地就产生了纳税人的投资成本，在收回投资或转让时，是可以通过扣除成本"找回来"的。国家税务总局公告2014年第67号文件规定：

---

① 《中国注册会计师协会专家技术援助小组信息公告第8号》在准则实施前曾提出：
六、与"资本公积——资本溢价"有关的三个问题：
1. 企业投资者投入的资金超过其注册资本所占份额的部分是否都应确认为"资本公积——资本溢价"？
2. 如果企业将投资者投入的资金超过其注册资本所占份额的部分确认为"其他应付款"，为降低资产负债率，经股东会同意，能否将"其他应付款"转作"资本公积——资本溢价"？
3. 经股东会决议，企业能否将"资本公积（资本溢价）"退还股东？
答：1. 根据企业出资者签署的与出资有关的协议或合同，如果出资者共同约定将某出资者超过其注册资本所占份额的部分作为所有者权益，则企业确认为"资本公积——资本溢价"；如果出资者共同约定将某出资者超过其注册资本所占份额的部分作为负债，待一定期间需要偿还给出资者的，则应确认为对某出资者的负债，计入"其他应付款"。
2. 由于出资者原已共同约定将某出资者超过其注册资本所占份额的部分作为负债，当出资者放弃此债权时，应当根据《企业会计制度》的规定将债权人放弃的债权在"资本公积——其他资本公积"核算。
3. 除非因企业减少注册资本而相应地减少"资本公积——资本溢价"，否则企业不能将"资本公积（资本溢价）"退还股东。

被投资企业以资本公积、盈余公积、未分配利润转增股本,个人股东已依法缴纳个人所得税的,以转增额和相关税费之和确认其新转增股本的股权原值。

但是,对于那些持续持有股权,以股息红利为主要利益目标的个人投资者来讲,在涉及缴税金额较大时,肯定是不情愿此时纳税的。对此,目前来看,主要有如下政策为规则(见表3-39)。

表3-39　　　　　　　　　　　资本公积转增资本个税的政策

政策	内容
《国家税务总局关于股份制企业转增股本和派发红股征免个人所得税的通知》(国税发〔1997〕第198号)	各省、自治区、直辖市和计划单列市国家税务局、地方税务局: 近接一些地区和单位来文、来电请示,要求对股份制企业用资本公积金转增个人股本是否征收个人所得税的问题作出明确规定。经研究,现明确如下: 一、股份制企业用资本公积金转增股本不属于股息、红利性质的分配,对个人取得的转增股本数额,不作为个人所得,不征收个人所得税。 二、股份制企业用盈余公积金派发红股属于股息、红利性质的分配,对个人取得的红股数额,应作为个人所得征税。 各地要严格按照《国家税务总局关于印发〈征收个人所得税若干问题的规定〉的通知》(国税发〔1994〕089号)的有关规定执行①,没有执行的要尽快纠正。派发红股的股份制企业作为支付所得的单位应按照税法规定履行扣缴义务。
《国家税务总局关于原城市信用社在转制为城市合作银行过程中个人股增值所得应纳个人所得税的批复》(国税函〔1998〕289号)	重庆市地方税务局: 你局《重庆市地方税务总局关于重庆市信用社在转制为重庆城市合作银行过程中个人股增值所得应纳个人所得税问题的请示》(渝地税发〔1998〕88号)收悉。经研究,现批复如下: 一、在城市信用社改制为城市合作银行过程中,个人以现金或股份及其他形式取得的资产评估增值数额,应当按"利息、股息、红利所得"项目计征个人所得税,税款由城市合作银行负责代扣代缴。 二、《国家税务总局关于股份制企业转增股本和派发红股征免个人所得税的通知》(国税发〔1997〕198号)中所表述的"资本公积金"是指股份制企业股票溢价发行收入所形成的资本公积金。将此转增股本由个人取得的数额不作为应税所得征收个人所得税。而与此不相符合的其他资本公积金分配个人所得部分,应当依法征收个人所得税。
《国家税务总局关于进一步加强高收入者个人所得税征收管理的通知》(国税发〔2010〕54号)	1. 加强股息、红利所得征收管理。重点加强股份有限公司分配股息、红利时的扣缴税款管理,对在境外上市公司分配股息红利,要严格执行现行有关征免个人所得税的规定。加强企业转增注册资本和股本管理,对以未分配利润、盈余公积和除股票溢价发行外的其他资本公积转增注册资本和股本的,要按照"利息、股息、红利所得"项目,依据现行政策规定计征个人所得税。

---

① 十一、关于派发红股的征税问题
股份制企业在分配股息、红利时,以股票形式向股东个人支付应得的股息、红利(即派发红股),应以派发红股的股票票面金额为收入额,按利息、股息、红利项目计征个人所得税。

续表

政策	内　容
《关于将国家自主创新示范区有关税收试点政策推广到全国范围实施的通知》（财税〔2015〕116号）	三、关于企业转增股本个人所得税政策 1. 自2016年1月1日起，全国范围内的中小高新技术企业以未分配利润、盈余公积、资本公积向个人股东转增股本时，个人股东一次缴纳个人所得税确有困难的，可根据实际情况自行制定分期缴税计划，在不超过5个公历年度内（含）分期缴纳，并将有关资料报主管税务机关备案。 2. 个人股东获得转增的股本，应按照"利息、股息、红利所得"项目，适用20%税率征收个人所得税。 3. 股东转让股权并取得现金收入的，该现金收入应优先用于缴纳尚未缴清的税款。 4. 在股东转让该部分股权之前，企业依法宣告破产，股东进行相关权益处置后没有取得收益或收益小于初始投资额的，主管税务机关对其尚未缴纳的个人所得税可不予追征。 5. 本通知所称中小高新技术企业，是指注册在中国境内实行查账征收的、经认定取得高新技术企业资格，且年销售额和资产总额均不超过2亿元、从业人数不超过500人的企业。 6. 上市中小高新技术企业或在全国中小企业股份转让系统挂牌的中小高新技术企业向个人股东转增股本，股东应纳的个人所得税，继续按照现行有关股息红利差别化个人所得税政策执行，不适用本通知规定的分期纳税政策。
《国家税务总局 关于股权奖励和转增股本个人所得税征管问题的公告》（国家税务总局公告2015年第80号）	二、关于转增股本 （一）非上市及未在全国中小企业股份转让系统挂牌的中小高新技术企业以未分配利润、盈余公积、资本公积向个人股东转增股本，并符合财税〔2015〕116号文件有关规定的，纳税人可分期缴纳个人所得税；非上市及未在全国中小企业股份转让系统挂牌的其他企业转增股本，应及时扣代缴个人所得税。 （二）上市公司或在全国中小企业股份转让系统挂牌的企业转增股本（不含以股票发行溢价形成的资本公积转增股本），按现行有关股息红利差别化政策执行。 三、关于备案办理 （一）获得股权奖励的企业技术人员、企业转增股本涉及的股东需要分期缴纳个人所得税的，应自行制定分期缴税计划，由企业于发生股权奖励、转增股本的次月15日内，向主管税务机关办理分期缴税备案手续。 办理股权奖励分期缴税，企业应向主管税务机关报送高新技术企业认定证书、股东大会或董事会决议、《个人所得税分期缴纳备案表（股权奖励）》、相关技术人员参与技术活动的说明材料、企业股权奖励计划、能够证明股权或股票价格的有关材料、企业转化科技成果的说明、最近一期企业财务报表等。 办理转增股本分期缴税，企业应向主管税务机关报送高新技术企业认定证书、股东大会或董事会决议、《个人所得税分期缴纳备案表（转增股本）》、上年度及转增股本当月企业财务报表、转增股本有关情况说明等。 高新技术企业认定证书、股东大会或董事会决议的原件，主管税务机关进行形式审核后退还企业，复印件及其他有关资料税务机关留存。 （二）纳税人分期缴税期间需要变更原分期缴税计划的，应重新制定分期缴税计划，由企业向主管税务机关重新报送《个人所得税分期缴纳备案表》。 四、关于代扣代缴 （一）企业在填写《扣缴个人所得税报告表》时，应将纳税人取得股权奖励或转增股本情况单独填列，并在"备注"栏中注明"股权奖励"或"转增股本"字样。 （二）纳税人在分期缴税期间取得分红或转让股权的，企业应及时代扣股权奖励或转增股本尚未缴清的个人所得税，并于次月15日内向主管税务机关申报纳税。

一是，依据国税函〔1998〕289号文件，"小口径"意见方：主张限于对当前公开发行股票上市的股份有限公司股票溢价发行形成的资本公积转增股本时不征个税。

可惜的是，笔者在网上看到的文章，更多是从对文件的理解角度来写的，甚少讨论清楚立法背景、征税原理、同类可比、公平性等问题，以文行事，判断是否征税有据。比如，政策规定是"股票溢价"发行收入形成的资本公积转增股本才不属于计个税的所得，其余的资本公积转增时全征个人所得的个税。股票溢价发行是股份有限公司专有的，在当时的会计制度中，发行股票也是仅对应于股份有限公司的，由此得出上述"小口径"的结论，这在国税函〔1998〕289号文件明确了实施口径，并且在国税发〔2010〕54号文件中进一步得到了征管强化，在财税〔2015〕116号中进一步巩固了征税依据。

二是"同口径"意见方：认为有限责任公司的资本溢价转增资本，应一同适用股票溢价的不征税处理情形。

持本观点的人多是律师伙伴，他们从公平性、同类性的角度进行分析，并且认为政策规定不明确，认为"法无禁止则可行"的思路，最为重要的是，他们能够依据当前有效的文件，推导出有限责任公司整体变更为股份有限公司折股时，也是股票溢价的结论，并屡屡在上市公司IPO的法律意见书中发表意见，再加一个实际控制人的责任"兜底"条款。笔者也搞不明白，为何存在这么多样的处理意见，证券管理部门就不能跟财政部、国家税务总局确定一个处理规范呢？不然，有的律师在相应的案例中认为征，有的认为不征，这将带来更多的困惑，不利于税收法规的刚性执行。

三是"新口径"意见方：这种意见认为，因为之前的政策对于股份制企业的解释，是包括有限责任公司与股份有限公司在内的，因此对于溢价发行，是包括两者在内的。这种意见并没有考虑股票溢价发行这一前提，同时认为既然财税〔2015〕116号文件规定从2016年1月开始明确清楚了征税，那么从此时才开始对有限责任公司资本溢价计转增资本情形下的个税才合理。这种意见的代表是"三只松鼠"的上市资料《300783 三只松鼠 北京市中伦律师事务所关于公司首次公开发行人民币普通股股票（A股）并在创业板上市的补充法律意见书（一）》中的相关摘要：

经核查，发行人历次增资、股权转让、整体改制、盈余公积金及未分配利润转增股本过程中，发行人实际控制人纳税义务的履行情况如下：

根据《国家税务总局关于股份制企业转增股本和派发红股征免个人所得税的通知》（国税发〔1997〕198号）和《关于原城市信用社在转制为城市合作银行过程中个人股

增值所得应纳个人所得税的批复》（国税函〔1998〕289号）的有关规定，股份制企业股票溢价发行收入所形成的资本公积金，将此转增股本由个人取得的数额，不作为应税所得征收个人所得税。而与此不相符合的其他资本公积金分配个人所得部分，应当依法征收个人所得税。

根据国家税务总局《国家税务总局关于进一步加强高收入者个人所得税征收管理的通知》（国税发〔2010〕54号）的有关规定，"加强企业转增注册资本和股本管理，对以未分配利润、盈余公积和除股票溢价发行外的其他资本公积转增注册资本和股本的，要按照利息、股息、红利所得项目，依据现行政策规定计征个人所得税"。

根据《股份制企业试点办法》（体改生〔1992〕30号）① 第三条的规定，我国的股份制企业包括股份有限公司和有限责任公司。

根据财政部、国家税务总局《关于将国家自主创新示范区有关税收试点政策推广到全国范围实施的通知》（财税〔2015〕116号）以及国家税务总局《国家税务总局关于股权奖励和转增股本个人所得税征管问题的公告》（国家税务总局公告2015年第80号），自2016年1月1日，非上市及未在全国中小企业股份转让系统挂牌的中小高新技术企业以未分配利润、盈余公积、资本公积向个人股东转增股本，并符合有关规定的，纳税人可分期缴纳个人所得税；非上市及未在全国中小企业股份转让系统挂牌的其他企业转增股本，应及时代扣代缴个人所得。

经核查，发行人于2014年3月资本公积转增注册资本至5,000万元、2015年12月整体变更设立股份公司并增资至3亿元均系以相关投资人向松鼠有限增资溢价所形成的资本公积转增注册资本，且发生在2016年1月1日之前，根据前述文件的有关规定，章燎源无须就此缴纳个人所得税。

发行人于2017年3月进行资本公积转增股本，股本由3.06亿元增加至3.6亿元。根据财政部、国家税务总局《关于将国家自主创新示范区有关税收试点政策推广到全国范围实施的通知》（财税〔2015〕116号）以及国家税务总局《国家税务总局关于股权奖励和转增股本个人所得税征管问题的公告》（国家税务总局公告2015年第80号）的有关规定，发行人实际控制人章燎源负有纳税义务截至本补充法律意见书出具之日，章燎源尚未缴纳此次资本公积转增所个人所得税。

章燎源已作出承诺如下："本人目前正在与税务主管部门沟通延期缴纳三只松鼠股份有限公司资本公积转增股本相关的个人所得税。若有关税务主管部门依法要求本人缴纳三只松鼠股份有限公司资本公积转增股本或安徽三只松鼠电子商务有限公司资本公积转增注册资本相关的个人所得税，本人将及时、无条件、全额承担应缴纳的税款及因此产生的所有相关费用。如发行人因未及时履行相关的个人所得税代扣代缴义务而遭致税务机关处罚，本人将及时、无条件、全额承担因此产生的所有相关费用"。

---

① 《国家发展改革委关于废止部分规章和规范性文件的决定》（国家发展和改革委员会令第31号）对此文件恰是从2016年1月1日进行了废止。

综上所述，本所律师认为，发行人历次增资、股权转让、整体改制、盈余公积金及未分配利润转增股本过程中，发行人实际控制人章源未就 2017 年 3 月的资本公积金转增股本缴纳个人所得税，鉴于章燎源已就该等事项出具相关承诺，发行人不存在因此承担相关税款或费用的风险，因此该等事项不构成本次发行上市的法律障碍。

结合案例，对于上面的这三种观点，众说纷纭，可以说，在实践中，税务系统人员多认可"小口径"，且多是以此推进其征税观点。之前，笔者的好友邹胜老师专门向国家税务总局申请信息公开，提及国税发〔1997〕198 号及国税函〔1998〕289 号文件的有效性、出台背景等，后来得到回复称文件有效且已将批复抄送全国适用。还有一点，颇让笔者不解的是，既然税务机关的口径如此掌握，为何看到上市公司的律师意见如此开放式的描述，这不是自己找麻烦吗？但目前还没有发现税务机关据此顺藤摸瓜，向"小口径"之外的资本公积转增股本未纳税者进行追税处理。看来，当前律师、创业人与税务机关普遍性的理解，存在着较大的偏差。

那么，对于投资者投入的资本溢价，在股东决定转增资本之时，我们可以从如下几个方面展开理解：

一是，资本溢价转为个人投资人的资本，相当于个人进行投资，计算个人所得，笔者认为并不为过，毕竟这是一种法律行为的体现，体现为投资的价值增加。在经济变量当中，一种交易的体现是一种价值的转化，在此逻辑上有合理性。反对者认为，这不是实现的利润，是股东投入的资本，征股息红利个税系无基础，理解上对资本变化不应征税，也有其合理诉求；但是笔者认为，从投资人与企业之间的财产独立性来考虑，征对于保障国家税收，对于正常经济秩序的维护，宜得到认可，现实当中税务干部也确是这样掌握。至于国家是不是要放开不征以刺激投资，减少投资的税收成本，这是需要政策明确的。可能又有人提出来，股票溢价转增股本是"不征"，并不是免税，与之相似，资本溢价转增也不应征税，从公平性看，确有此所谓的"不公平"问题。但是我们要想，股票溢价发行是相对普遍的情形，涉及面大，后续的二级市场转让也免税，若是征税，影响面将非常大，不像有限责任公司的溢价只涉及某个或某部分股东，这样来考虑，两者还是有所差别的。

二是，无纳税必要现金论认为，没有取得现金，无纳税能力，这种情形并不构成纳税的障碍，但确实会带来困扰与纳税人的不满意，所以财税〔2015〕116 号文件提出分期纳税的概念，也是为国家激励的企业发展带来更好的财税政策支持与空间。

三是，真正有问题的是投资者自己投入的溢价，再在转增时，自己被自己的溢价转增征了所得税,这个逻辑确实有一些值得推敲,如果能够将此部分豁免的话,是不是更为合理一些,对此,笔者倒是持赞同观点。

【案例】张三与李四成立了一家公司,后王五增资该公司,形成溢价。而后公司进行转增资本,溢价随3个人的持股比例增加,王五原投入的溢价转到自己的投资成本中,依当前的操作口径,需要全部计3个人的所得税,包括王五本人的!

3个人的出资情形见表3-40(单位:万元):

表3-40　　　　　　　　　　　出资情形分析

事项	张三	李四	王五	合计
资本	50	50	100	200
资本溢价	0	0	100	100
合计	50	50	200	300
股份比例	25%	25%	50%	100%

其中,王五投入的资本溢价100万元,分给张三25万元入资,李四25万元入资,王五自己50万元入资,此时有问题的是王五,自己投入的溢价又属于自己的所得计税,虽说自己可以再增加50万元投资成本,共计250万元,但是10万元的个税要在此时支付了。注意,个税在这种假设下应由个人额外支付交付单位完成扣缴义务。这种征税的逻辑从"情感"上确实不舒服,但是在法理上笔者认为是行得通的。部分税务人员认为在这种情形下,应对王五自己的部分不予认可所得,未来很有可能有条件地细化这个计税规定。转增资本,相应的股份比例并没有发生变化,如表3-41所示。

表3-41　　　　　　　　　　　股份比例表　　　　　　　　　　　单位:万元

事项	张三	李四	王五	合计
资本	75	75	150	300
资本溢价	0	0	0	0
合计	75	75	150	300
股份比例	25%	25%	50%	100%

补充一下,大家可能也会引用企业所得税的政策,比如对于企业投资人,遇到上面的情形要不要计所得,可参考《国家税务总局关于贯彻落实企业所得税法若干税收问题的通知》(国税函〔2010〕79号)规定:

四、关于股息、红利等权益性投资收益收入确认问题

企业权益性投资取得股息、红利等收入,应以被投资企业股东会或股东大会作出利润分配或转股决定的日期,确定收入的实现。

被投资企业将股权（票）溢价所形成的资本公积转为股本的，不作为投资方企业的股息、红利收入，投资方企业也不得增加该项长期投资的计税基础。

原理可以借鉴，但是规则却无效，在成文法下，于税务机关沟通层面，是依"法定制度"执行，如果在诉讼层面，对于这种国家税务总局发布的文件与上位法所得税法之间的对接，可能就会得出另外的结论。而且大家知道，居民企业直接投资于另一家居民企业取得的股息红利，是免税的。在这样大部分的情形下，要求其计所得也没有多少意义，反而增加了很大的征管成本，如果衔接记录不到位，很有可能给企业带来不利的后果。

在此，笔者也想到，股票溢价发行的收入，在转增股本时，对于企业所得税的主体，依79号公告执行不需要计所得。但是对个人投资者面临征管实施的成本，主要是如何跟这些股民要到税款，比如有的人可能几元钱的税款，是不是必须同步进行现金股利的发放以抵税款，这样是不是很容易给股东带来反感，而且对于那些股市"铁公鸡"来讲，更容易犯"众怒"。关键是对于个人投资者，在此环节征了税，在后面的二级市场转让时，却是免税的，并不能扣减对应此税增加的成本。而且还要考虑差别化股息红利的计税系统支持的能力放弃这部分征税也好。而国税发〔1997〕198号文件对于以留存收益中的盈余公积派发股息红利，这是真正的派息，有真实的现金交付投资者。对于留存收益转增股本，这是需要计税的，因为法理上必须要计税，这是利润的转增，此时可搭配现金分红一起来操作，在金融领域中这被称为送股，相当于是从利润中拿出来送给投资者的。转股，是从原来的投资者投资溢价中转过来的。无论是送股还是转股，作为财税人员，最主要的是记得有计税环节，相应的纳税人的投资成本是要增加的，如果没有，则投资成本还保持原来的金额。对于单纯转送股征个税，建议同时有部分现金分红，现金分红部分主要用于完税，这是一个便利的征管操作。

下面我们作一个小结，就基本的处理口径进行梳理（见表3-42）：

表3-42　　　　　　　　　　　　基本的处理口径

个人股东适用情形	公司类型	新三板特殊情形	计税规则	依据或来源
股票溢价发行收入形成的资本公积	上市的股份有限公司	不含新三板挂牌公司	转增股本不计税	国税发〔1997〕198号，国税函〔1998〕289号
资本溢价	有限责任公司，未上市的股份有限公司	同样适用新三板挂牌公司	转增股本（实收资本）计税	同上

续表

个人股东适用情形	公司类型	新三板特殊情形	计税规则	依据或来源
盈余公积分红	股份有限公司	含新三板挂牌公司，适用股份有限公司标准	上市公司及新三板挂牌公司按照差别化税率计税	同上
留存收益转增股本	股份有限公司	含新三板挂牌公司	上市公司及新三板挂牌公司按照差别化税率计税	同上
盈余公积分红 留存收益转增资本	有限责任公司	不含新三板挂牌公司	分红按20%计税	同上
纳税义务下可以选择分期纳税的特殊情形	非上市及未在全国中小企业股份转让系统挂牌的中小高新技术企业	不含新三板挂牌公司	在上述纳税义务的特定情形下不超过5个公历年度内（含）分期缴纳	财税〔2015〕116号，国家税务总局公告2015年第80号

由于该政策较为复杂，以及国家财税部门、各地税务部门在执行中存在口径差异，我们再对上述的理解作一个补充，以利大家充分地掌握当前征税环境下的理解思路。

一是，关于在新三板挂牌公司的定性及适用，有的地方或专家认为其不适用股票溢价发行这一类。上市公司首次公开发行股票叫"公开发行"，也即IPO，文件是招股说明书；而新三板挂牌公司不叫发行股票，叫"挂牌"或"公开转让"，文件是公开转让说明书，两者在称呼上是有区别的。新三板即全国中小企业股份转让系统，首先挂牌的公司确是股份有限公司，基本上是从有限责任公司整体变更为股份有限公司的，其股份对应的出资称为股票，这是没有问题的。虽称全国中小企业股份转让系统，其实允许交易的是股票，《公司法》也使用股份转让这一名称。公司的股份采取股票的形式，股票是公司签发的证明股东所持股份的凭证。并不是因"股份"与"股票"有差异，我们就认为新三板公司不适用，而是因为新三板是"挂牌"公司，而《公司法》所称上市公司，是指其股票在证券交易所上市交易的股份有限公司。国税发〔1997〕198号文发布时不存在新三板挂牌的情形，其目的是为了上市公司，而新三板不属于上市公司，是属于挂牌行为，现在不宜对此追溯适用。由于新三板挂牌不是发行股票，不存在溢价适用，但若其挂牌后又增发股票形成的溢价，认为可以适用转增不征。

二是，对于适用股息红利差别化个税计税方法的，适用新三板挂牌公司，同时还包括上市的股份有限公司，并不适用非上市或挂牌的股份有限公司。可以看出，新三板挂牌公司虽然暂不适用国税发〔1997〕198号规定，但通过股息差异化政策亦能达到减免个人所得税的目的。

三是，新三板挂牌公司上面我们讨论过了，下面我们再梳理一下"非上市发行股票"的股份有限公司，是不是能够适用股票溢价不征税的政策。有人认为上市公司除了募集发行以外，设立发行时也有溢价的情形，股份也体现为股票了，应一并得到享受转增不征的待遇。对于这种观点，笔者接触的一些税务部门人员并不认同，其认为股票溢价发行只能认公开发行。笔者认为，这个确实没有限制规定，只是日常我们接触的募集发行多，设立发行被忽略了。更何况，很多律师对于有限责任公司整体变更为股份有限公司时折入资本公积的金额，直接视为股票溢价的极端情况，笔者认为风险比较大，整体变更不是一种股票发行的方式，不能认为对自己发行股票并产生了溢价，其实是给了很多公司"创造"连续经营的年度条件，是一条捷径，如果这样，就会带来一个税收漏洞，存在不安全的风险，下面笔者会单独分析一下改制的适用情形。

（3）财税〔2015〕116号及国家税务总局2015年第80号公告的"误导"。

主要是国家税务总局2015年第80号公告（以下简称"第80号公告"）中这两条规定引起了争议：

（一）非上市及未在全国中小企业股份转让系统挂牌的中小高新技术企业以未分配利润、盈余公积、资本公积向个人股东转增股本，并符合财税〔2015〕116号文件有关规定的，纳税人可分期缴纳个人所得税；非上市及未在全国中小企业股份转让系统挂牌的其他企业转增股本，应及时代扣代缴个人所得税。

（二）上市公司或在全国中小企业股份转让系统挂牌的企业转增股本（不含以股票发行溢价形成的资本公积转增股本），按现行有关股息红利差别化政策执行。

下面，我们先来分析财税〔2015〕116号文对于分期纳税政策的适用范围的规定（见图3-13）：

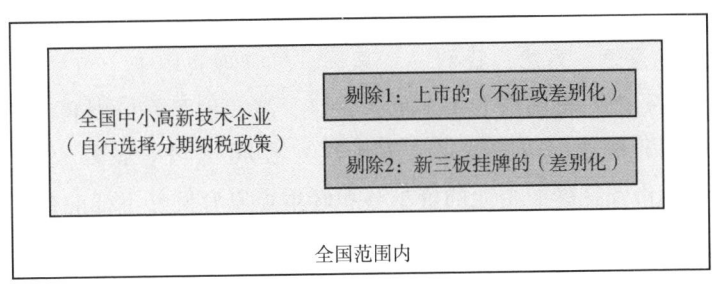

图3-13 财税〔2015〕116号文对于递延纳税政策的适用范围的规定

这里分得很清,上市与挂牌适用的对象描述得很清楚,与我们上面分析的一样,新三板企业并不属于《公司法》中所称的"科班"的上市企业。

若是上市的中小高新技术企业,即上市的股份有限公司,股票溢价发行收入形成的资本公积转增股本时不征个税,其他的转增要征,按差别化个税政策,如果超过规定时间也是免税的。但是,整体变更时未转入股本、未计税的部分记入资本公积,如某些专家所言,此为股票溢价,在上市后转为股本,依国税发〔1997〕198号文件不计为所得。就算计为应税所得,在达到相应的期限后,股息红利按差别化计税时也是可以达到免税的,前者有"漏税"之嫌,后者是正当的国家免税政策。由于对新三板挂牌企业股息红利个人投资者也享受差别化计算个税的政策,那么整体变更转到资本公积中的金额不计税,后面转增股本,也可实现免税的筹划。

下面,我们按国家税务总局2015年第80号公告的规定试看一下适用范围(见表3-43):

表3-43　　　　　国家税务总局2015年第80号公告的适用范围

非上市或非挂牌的企业	上市或挂牌的企业
中小高新技术企业:可以选择分期	上市:不征或差别化
非中小高新技术企业:不能选择分期	挂牌:差别化

财税〔2015〕116号文件由于将"未分配利润、盈余公积、资本公积"三者并列提出,符合条件的企业个人股东转增股本可分期纳税选择,因此,有的人认为对于中小高新技术企业包括所有的资本公积情形。对于非上市股份有限公司发行股票的溢价形成的资本公积,转增股本也不计税的理解,似乎是一种否定,其实我们完全可以理解,这儿并没有说是全部的资本公积,也不是说从现在起才开始对资本公积转增资本征个税了,因为资本公积中征与不征完全可以视应税情形加以区别,资本公积在这里并不是"一网打尽"的意思。当然,我们一直强调,尽管现实中未上市的股份有限公司比较多,但其溢价发行股票的情形并不多见;并且,从我们了解的财税部门的口径来看,并不认可非上市发行股票溢价的情形。笔者认为第80号公告正好表达了这种征管思路,即不认可未上市及挂牌的企业的资本公积转增可以有例外不征的特权。

对于第80号公告中提到的"上市公司或在全国中小企业股份转让系统挂牌的企业转增股本(不含以股票发行溢价形成的资本公积转增股本),按现行有关股息红利差别化政策执行。"也给人带来了一定的困惑,因为前面我们分析过,有专家认为新三板挂牌不予认可其享受"上市"溢价资本公积转增股本不计税,所以上面这句话的表述带来了误解,让人以为新三板挂牌企业也有不征的适用情形,其实可以改为"上市公司(不含以股票发行溢价形成的资本公积转增股本)或在全国中小企业股份转让系统挂牌的企业转增股本"才符合解读口径。至于要以文件当中的描述来支持新三板的政策应用,笔者认为,抛开我们的分析,从此字面上还是可以支持的,但这句话所带来的"误解"恐怕会持续地存在下去。

(4)留存收益转入股本与资本公积计税时所得判断标准。

财税〔2015〕116号文件明确规定:个人股东获得转增的股本,应按照"利息、股息、红利所得"项目,适用20%税率征收个人所得税。

所以当前来看,转入股本即转到个人名下,判断为属于个人股息红利所得计税,基本上得到了共识。转入资本公积依法仍属于公司价值的一部分,因此不能并入个人的所得,比如整体变更为股份有限公司时,折到资本公积项下的金额,不宜认为是个人所得计税。但是,如果是通过留存收益利润分配方式分配的金额,又进行增资时将部分记入资本,部分记入资本公积,此时属于投资行为产生的应税行为,但改制"调整科目"记入资本公积,此时就有所不同了。当然不排除有人认为改制为股份有限公司就是大分配、大投资的情形,全部需要就转入股本或资本公积中的金额确认为所得。但是财税〔2015〕116号文件可以对此进行一些应对,从很多存在的案例当中,笔者发现大多是支持转到资本公积项下的不视为所得。

【案例】 某企业是境内融资租赁公司,有境外香港的股东,在有限责任公司变更为股份有限公司时,将留存收益基本上全转入了资本公积,在此时,我们如何认定其所得呢?

分析:转入资本公积并不属于所得实现,尽管有一种理解是"先分配、再投资",却并不应是税收强制性的规定,因为整体改制本身是延续有限责任公司的主体,并不是清算后再投资成立公司,此时用这种思路来理解,必然会有误解之处。

(5)为何纠结资本公积转增股本计算个税的问题。

分析了上面的这些政策、理解口径、争议所在之后,我们来看一下,为什么大家对投资溢价转增资本征税的意见这么敏感呢?除了专业人士,律师、会计师、税务师以及税务干部需要有理有据地分析清楚之后,才会给客户提供准确的意见。对于个人投资人来讲，其面临着时间性"损失"与利益性"损失"的问题，在这个环节如何计税，有时确需要根据国家的产业支持政策作一些调整。

我们也分析过，如果纳税了，相应的投资成本会增加，只要好好地跟投资人解释清楚就行了，这样接受起来会好一些。但可惜的是，对当前的政策文件的解读更多地只顾着要征税，而没有提示纳税人可以增加未来扣减成本的情形，结果给人的感觉就是"无所得"时还要纳税，这是一个需要关注的事项。

但也有不是时间性的，却是永久性的问题，比如，某新三板企业个人股东，若改制转入资本公积不计税，挂牌后再转增股本，可以享受差别化股息、红利计税政策，此时可以享受免税待遇了。

（6）个人独资或合伙企业中个人投资人是不是适用转增计税的情形。

国税发〔1997〕198号及国税函〔1998〕289号等文件，是针对个人所得税的计税政策，如果是个人直接持股的，可依据上面我们分析的政策来适用。但如果个人是间接持有人，通过一层合伙或多层合伙，通过设立的个人独资企业来投资有限责任公司或股份有限公司，那么相应的个人独资企业或合伙企业的个人投资者，是不是适用与个人直接持股一致的计税政策呢？

我们再来看一下国税函〔2001〕84号文件规定：

个人独资企业和合伙企业对外投资分回的利息或者股息、红利，不并入企业的收入，而应单独作为投资者个人取得的利息、股利、红利所得，按"利息、股利、红利所得"应税项目计算缴纳个人所得税。以合伙企业名义对外投资分回利息或者股利、红利的，应按《通知》所附规定的第五条精神确定各个投资者的利息、股利、红利所得，分别按"利息、股息、红利所得"应税项目计算缴纳个人所得税。

如果从"穿透"角度单独计算股息红利所得的个税政策看，被投资公司在转增合伙企业的资本时，视同给个人的股息红利，衔接国税函〔2001〕84号在政策上更为通顺，对其代扣代缴个人所得税。问题是，这跟发放是不同的，税款的承担主体需要提前明确。实践中的复杂之处在于，被投资公司要知道合伙企业合伙人的情形，此时应由合伙企业提供名单，方便操作。如果是一层，可能还是会比较好对接，如果是多层架构的，这个实施成本会比较高，也不大现实去实施。对于上市公司或挂牌公司来讲，合伙企业上面的个人合伙人能否享受到差别化计税待遇，目前来看，很难实施，因为在登记管理方面，上市公司只能掌握直接持有人的信息，对于合伙企业或个人独资企业作为股票持有人的，目前并不去穿透计算。

我们在假设转增资本时穿透合伙企业或个独企业来计算个人投资者的股息红利个税后，要深入考虑一下，被投资公司法律上的股东是合伙企业或个独企业，征税适用是按直接对个人的股息红利计税，如果按照国税函〔2001〕84号文件的描述，是在对外投资分回的股息红利，在未分回时，被投资企业是否一定要对此穿透扣缴，笔者认为值得探讨，依据并不充分，我们只是拿着一个穿透征税的场景来进行普遍性的推断。那么，在这种情形下，我们能否不将其视为股息红利，而是视为对于合伙企业的分红，并增加其投资成本呢？如果这样，之前的征税规则就存在矛盾之处了，因为前提是视为分配股息红利，若记到经营所得当中，增加合伙企业的投资成本，与国税函〔2001〕84号文件形成矛盾。若按穿透计税，那么个人投资人未取得股息红利，也未分到企业的账上，却要缴税，成本增加，并不能增加到个人对于合伙企业或个独企业的出资额上，但是可以增加到合伙企业或个人独资企业持有的实施转增的公司身上，笔者理解这里的逻辑并不清楚，不能很好地打通获得所得计税主体与投资成本增加的主体配比上，这是有问题的，也不适宜。若征税，视为个人交20%税后增加合伙企业投资，合伙企业又增加下一环节直至实施公司投资成本，这样反而更有利了。但对于法人合伙人却无法同样操作。

所以，这个逻辑存在先天的不足，因为关于合伙企业及个人征税规则的逻辑不完善，股息红利穿透计税看似简单，却因情形复杂，易产生操作困惑或者是无法操作。除非直接认为个人取得股息红利，又投资增加在合伙企业的出资中，合伙企业又增加到对公司的投资中理解。

2018年2月，《上海派森诺生物科技股份有限公司关于补充确认为发起人股东代缴税款构成关联交易的公告》有如下内容：

上海派森诺生物科技有限公司以2015年6月30日为基准日改制为上海派森诺生物科技股份有限公司，改制前公司注册资本为164.4171万元，改制后公司注册资本变更为2000万元，公司全体发起人以公司资本公积转增注册资本18 355 829.00元。
2017年10月20日，上海市徐汇区国家税务局、上海市地方税务局徐汇区分局（以下简称"税务局"）要求，公司改制时点所涉所有自然人发起人及合伙企业发起人向上追溯的全部自然人合伙人均应按照20%税率缴纳个人所得税。根据《中华人民共和国企业所得税法》《中华人民共和国企业所得税法实施条例》，公司履行代缴义务代股东缴纳首期个人所得税725 719.25元。

笔者在网上查到之前广州市地方税务局有一个答复，其认为通过合伙平台持股的个人，合伙企业所投资的公司在其将未分配利润转增股权时，应按股息红利计税，且可以执行差别化个税政策①。前面我们提到，执行差别化政策的依据并不充分，因为我们不能单独依据国税函〔2001〕84号穿透计税的办法，即认为其适用于所有的个人的所得税计缴，这种以点到面的思路不够严谨，有时甚至是错误的。

从笔者理解及上述分析来看，在资本公积或留存收益转增资本时，个人所得税的计缴需要谨慎处理。从明确的政策来看，只有个人直接持股的情形下，个人所得的计量才是可行且是有直接关联性的。由于穿透法下使用股息红利计税的政策，在计征税款的情形下，对于合伙企业的投资成本，如果可以得到增加，此时征有其支撑的逻辑；如果仅仅是为了征而征，笔者认为这个逻辑存在问题，按20%计算个税，其带来的未来经营所得的抵减，在利益上也未尝不划算。如果不计为所得，似乎也存在漏洞，正如上面的案例所提到的，征未尝不是个破解的方法，但是宜认可投资成本的增加或未来的抵减考虑。

但是，有一个特别的主体，那就是基金，如《关于继续实施全国中小企业股份转让系统挂牌公司股息红利差别化个人所得税政策的公告》（财政部 税务总局 证监会公告2019年第78号）规定："对证券投资基金从挂牌公司取得的股息红利所得，按照本公告规定计征个人所得税。"《财政部 国家税务总局 证监会关于实施上市公司股息红利

---

① 摘自"中国财税浪子"王骏的博客《广州地税：合伙企业投资人获得新三板企业分红可差额计税》
问：财税〔2014〕48号规定："个人持有全国中小企业股份转让系统（简称全国股份转让系统）挂牌公司的股票，持股期限在1个月以内（含1个月）的，其股息红利所得全额计入应纳税所得额；持股期限在1个月以上至1年（含1年）的，暂减按50%计入应纳税所得额；持股期限超过1年的，暂减按25%计入应纳税所得额。上述所得统一适用20%的税率计征个人所得税。"财税〔2015〕101号规定："个人从公开发行和转让市场取得的上市公司股票，持股期限超过1年的，股息红利所得暂免征收个人所得税。""四、全国中小企业股份转让系统挂牌公司股息红利差别化个人所得税政策，按照本通知规定执行。"
现请问如下：我司为有限合伙企业（出资人均为自然人），我司投资了一家新三板企业，持股期限在1年以上。目前，这家新三板公司要进行未分配利润转增股本。请问我司的出资人是否能按以上政策享受税收减免？
答：
一、根据《关于有限责任公司用税后利润和资本公积金转增注册资本征收个人所得税问题的批复》（粤地税函〔2005〕345号）的规定：有限责任公司用税后利润转增注册资本，实际上是该公司将税后利润向股东分配了股息、红利，股东再以分得的股息、红利增加注册资本。因此，对属于个人股东分得并再投入公司（转增注册资本）的部分应按照"利息、股息、红利所得"项目征收个人所得税。
二、据《财政部 国家税务总局 证监会关于上市公司股息红利差别化个人所得税政策有关问题的通知》（财税〔2015〕101号）规定：全国中小企业股份转让系统挂牌公司股息红利差别化个人所得税政策，按照本通知规定执行。其他有关操作事项，按照《财政部 国家税务总局 证监会关于实施全国中小企业股份转让系统挂牌公司股息红利差别化个人所得税政策有关问题的通知》（财税〔2014〕48号）的相关规定执行。合伙企业持有全国中小企业股份转让系统挂牌公司股票而获得的股息红利，不并入合伙企业的收入，而应单独作为合伙企业个人投资者的股息红利，按"利息、股息、红利所得"缴纳个人所得税。对这部分股息红利所得缴纳个人所得税时，可按照财税〔2015〕101号的规定，根据持股时间的长短确定应纳税额。

差别化个人所得税政策有关问题的通知》(财税〔2012〕85号)也规定:"证券投资基金从上市公司取得的股息红利所得,按照本通知规定计征个人所得税。"对于此类情形,有人提出来,证券投资基金分红不是免税的吗?并不是,因为前面已扣过了,后面当然不会再扣了,《财政部 国家税务总局关于证券投资基金税收问题的通知》(财税字〔1998〕55号)规定:

> 对投资者从基金分配中获得的股票的股息、红利收入以及企业债券的利息收入,由上市公司和发行债券的企业在向基金派发股息、红利、利息时代扣代缴20%的个人所得税,基金向个人投资者分配股息、红利、利息时,不再代扣代缴个人所得税。

有的人提出来,企业从证券投资基金取得的分红不是免税吗?如果这儿被扣缴了20%的个税,那不是一并被征税了吗?似乎存在这个问题,但是证券投资基金可能并不限于有此类业务收入,业务收入的类型还是比较多的,而且股息、红利收入占证券投资基金收入的比重较低,一并规定免税,是从整体来看的,不过其中确实有部分或许存在被征"个税"的情形。

下面是福建省税务局12366的一个咨询观点:

> 根据《国家税务总局关于股份制企业转增股本和派发红股征免个人所得税的通知》(国税发〔1997〕198号)、《国家税务总局关于原城市信用社在转制为城市合作银行过程中个人股增值所得应纳个人所得税的批复》(国税函〔1998〕289号)、《国家税务总局关于进一步加强高收入者个人所得税征收管理的通知》(国税发〔2010〕54号)、《财政部国家税务总局关于将国家自主创新示范区有关税收试点政策推广到全国范围实施的通知》(财税〔2015〕116号)等的规定,股份制企业用资本公积金(股改后股份制企业股票溢价发行收入所形成的)转增股本不属于股息、红利性质的分配,对个人股东取得的转增股本数额,不作为个人所得,不征收个人所得税。
> 对于合伙企业股东(穿透之后均是个人投资者)取得的转增股本数额,是否适用上述优惠政策,是否需要征收个人所得税?
> 国家税务总局福建省12366纳税服务中心答复:
> 尊敬的纳税人,您好!根据您所述情况,答复如下:需要是股份制企业股票溢价发行收入所形成的资本公积金。将此转增股本由个人取得的数额,不作为应税所得征收个人所得税。如果股东是合伙企业则不属于该适用下列文件规定。(略)

(7)以留存收益、资本公积转增资本征税不是非货币性资产出资。

在上面的章节中我们分析过个人非货币性资产出资计税的情形,而对于前二年有媒体报道的留存收益、资本公积转增资本,是非货币性资产投资,自然可以适用5年分期纳税的情形,这是不对的理解,根本不是专业的判断,笔者甚至发现有上市公司的公告竟然还认为这是对的,并按此与税务机关沟通并得到认可。

如果是这样的话,那么财税〔2015〕116号文件就没有发布的必要性了。另外,在实施这个政策的时候,我们要特别考虑一下,对于非货币性资产出资产生的税单,纳税人要保管好,因为未来转让时会有成本扣减,用于举证之用,对于技术出资选择递延纳税的,保留自己在技术创作上的原值即可。在笔者看来,技术成果无法举证成本支出的情形多有发生,有一些来源也说不清楚,因此不排除就被税务机关直接按0元确认原值,仅让扣除发生转让时的税费处理了。

3.7 有限责任公司改制为股份有限公司

实现上市或挂牌是很多企业家或创始人的梦想,也是企业成功、公司价值与个人价值得以体现的路径。从有限责任公司改制为股份有限公司,是一个普遍的现象,也是绝大多数企业上市必须要走的一步。在改制准备期,对于架构调整、会计核算规范及数据审计、法律合规检查、内控完善,有很长的路要走,下面,我们主要结合改制时点的财税事项,进行相应的政策适用分析。

3.7.1 整体变更、改制、股改称呼

一般我们把有限责任公司转为股份有限公司叫作股改或改制,在一些文件中,多有出现整体变更的称谓,那么,这几者有没有区别呢?笔者也是非常感兴趣,就此查询整理了一下。可以肯定地说,在法律层面没有对这三者给予明确定义,更没有对其进行比较区别,相关的理解多是结合一些零散的政策及专家理解所整理,还有一些看似非常肯定的描述,其实也并没有多少依据来源(见表3-44)。

表3-44 各种法规对股改的规定

法规政策	内容
《公司法》	第九条 有限责任公司变更为股份有限公司,应当符合本法规定的股份有限公司的条件。股份有限公司变更为有限责任公司,应当符合本法规定的有限责任公司的条件。有限责任公司变更为股份有限公司的,或者股份有限公司变更为有限责任公司的,公司变更前的债权、债务由变更后的公司承继。 第九十五条 有限责任公司变更为股份有限公司时,折合的实收股本总额不得高于公司净资产额。有限责任公司变更为股份有限公司,为增加资本公开发行股份时,应当依法办理。

续表

法规政策	内　容
《公司登记管理条例》	第三十三条　公司变更类型的，应当按照拟变更的公司类型的设立条件，在规定的期限内向公司登记机关申请变更登记，并提交有关文件。
《公司注册资本登记管理规定（2014）》	第十三条　有限责任公司变更为股份有限公司时，折合的实收股本总额不得高于公司净资产额。有限责任公司变更为股份有限公司，为增加资本公开发行股份时，应当依法办理。①
《首发业务若干问题解答（一）》	问题 1. 公司拟申请首发上市，应当如何计算持续经营起算时间等时限？ 答：有限责任公司按原账面净资产折股整体变更为股份有限公司的，持续经营时间可以从有限责任公司成立之日起计算。如有限公司以经评估的净资产折股设立股份公司，视同新设股份公司，业绩不可连续计算。 《首次公开发行股票并上市管理办法》和《首次公开发行股票并在创业板上市管理办法》中规定的"最近 1 年"以 12 个月计，"最近 2 年"以 24 个月计，"最近 3 年"以 36 个月计。

笔者是这么理解的，股改是一个泛称，只要进行股份制改造的，都可以称为股改。改制这个名词，往往出现在一些宣传提纲中，比如推进国有企业改制，这其中有企业性质的变化，有公司制的改制，也有股份制的改制。比如《中央企业公司制改制工作实施方案》提出，公司制是现代企业制度的有效组织形式，是建立中国特色现代国有企业制度的必要条件。经过多年改革，全国国有企业公司制改制面已达到 90% 以上，有力地推动了国有企业政企分开，公司法人治理结构日趋完善，企业经营管理水平逐渐提高，但仍有部分国有企业特别是部分中央企业集团尚未完成公司制改制。在税收政策中，出现"改制重组"这个用语比较多，多是一些支持性的政策，在我们日常的税收征管中，对于改制重组到底如何理解，也是掌握不一，甚至为此闹出了很多可笑的争议。最后说到整体变更，其实主要是为解决有限责任公司变更为股份有限公司以达到最后上市的目标，创造出的颇有中国资本市场特色的一个用语。其核心功能是解决了上市前延续性经营年限的问题。

也有人认为整体变更就是账面净资产折股出资，而改制就是按评估价值折股出资，对此笔者没有找到相应的依据，笔者认为这种观点有一些个人的职业特色在里面，主要是看从哪个层面去考虑。但是，以何价值体现在股改后的股份有限公司的账上，并不是简单的事项。一是首发业务若干问题的解答中提到，如果以评估的净资产折股，视同新设股份公司，如果按照账面净资产，则认同持续经营时间从有限责任公司成立

---

① 2005 年版本要求评估，2014 年改革后不再要求：非公司企业按《公司法》改制为公司、有限责任公司变更为股份有限公司时，折合的实收股本总额不得高于公司净资产额。有限责任公司变更为股份有限公司，为增加资本公开发行股份时，应当依法办理。原非公司企业、有限责任公司的净资产应当由具有评估资格的资产评估机构评估作价，并由验资机构进行验资。

之日起计算。日常中我们看到的绝大多数上市公司，是通过原有限责任公司账面净资产折股整体变更为股份有限公司，那些以评估的净资产折股的，多是上市的国有企业。证券部门可能认为，如果用评估值折股，同时经营期限认可有限责任公司存续期间，财务数据不连贯，在逻辑上有问题。《首次公开发行股票并上市管理办法》规定：

第八条　发行人应当是依法设立且合法存续的股份有限公司。

经国务院批准，有限责任公司在依法变更为股份有限公司时，可以采取募集设立方式公开发行股票。

第九条　发行人自股份有限公司成立后，持续经营时间应当在3年以上，但经国务院批准的除外。

有限责任公司按原账面净资产值折股整体变更为股份有限公司的，持续经营时间可以从有限责任公司成立之日起计算。

之前在国资委管理之下的大型央企集团，通过优质资产重组上市，多有国务院特别批准，不受年度限制，同时也多以评估价入账，财税部门单独给予政策支持，评估增值的部分不计为所得，转为国家资本金处理，同时允许其按此价值进行折旧、摊销等税前扣除处理。那么，依据《公司法》对于股份有限公司的成立规定，整体变更属于哪一种情形呢？下面，我们分析一下。

《公司法》规定：

第七十七条　股份有限公司的设立，可以采取发起设立或者募集设立的方式。

发起设立，是指由发起人认购公司应发行的全部股份而设立公司。

募集设立，是指由发起人认购公司应发行股份的一部分，其余股份向社会公开募集或者向特定对象募集而设立公司。

在当前，从工商登记程序的角度来看，整体变更是属于企业的变更行为，在《公司法》中，也是用变更来表述，只是在投行协助企业上市的过程当中，多会充分考虑发起设立与募集设立的要求，比如召开创立大会的程序，是《公司法》对于募集设立的要求。律师、证券领域人士多认为整体变更是一个实际中有，但在法律层面、政策细则方面缺乏体系化定义的事项。注意，募集设立并不等同于当前股份有限公司的IPO（Initial Public Offerings），即首次公开募股，IPO指的是一家企业或公司（股份有限公司）第一次将它的股份向公众出售（首次公开发行，指股份公司首次向社会公众公开招股的发行方式）。首次公开募股是指企业通过证券交易所首次公开向投资者增发股票，以期募集用于企业发展的资金的过程。成立或整体变更为股份有限公司，跟IPO

是两回事。

3.7.2 有限责任公司整体变更为股份有限公司的会计与税务处理

有限责任公司整体变更为股份有限公司,需要经过一系列的准备工作,比如看到中世观点的小结,主要是如下几个工作,有一些随着时间变化或各家操作不同,或许会有差异存在:

1. 确定审计、评估基准日,聘请审计机构、评估机构对有限责任公司进行审计和评估,并分别出具相应的审计报告、评估报告。
2. 有限责任公司召开股东会,决议通过按照审计基准日审计的公司账面净资产值折股变更为股份有限公司。
3. 有限责任公司股东签署《发起人协议》,就拟设立股份公司的名称、住所、宗旨、经营范围、公司设立的方式和组织形式、资产投入及股本结构、发起人的权利和义务等内容做出明确约定。
4. 聘请会计师事务所进行验资,并出具相应的验资报告。
5. 召开创立大会审议通过股份有限公司的《章程》《议事规则》;选举公司的董事、监事等事宜。
6. 办理工商变更登记。

净资产折股变更为股份有限公司的事项,是本章节我们主要讨论的问题。或许大家会有一个问题,既然按照账面净资产,还需要评估做什么,这是不必要的支出啊。其实,评估还是有用的,因为净资产折股时要保障出资的真实性,如果账面价值是1 000万元,评估是100万元,这明显有出资的瑕疵,也是不能接受的。如万通液压(830839)新三板挂牌,律师在对未评估的事项表达意见时提出:

根据2014年3月1日起实施的《公司注册资本登记管理规定》等规定,工商部门对有限公司整体变更为股份公司已不再强制要求提交评估报告等类似文件;公司在变更登记时工商局亦未要求提供;公司经审计的净资产远大于公司的注册资本,股改前后注册资本保持不变,不存在股份公司上述净资产值低于注册资本的情况,亦不存在出资不实的情况;公司全体发起人股东对整体变更后的注册资本及股权结构无异议。

(1) 净资产折股的适用范围及折股的方式。

首先可以明确,有限责任公司整体变更为股份有限公司,是一个主体的延续,折股的操作是基于某个公司的净资产而进行,此时以上市主体来进行折股,通常是母公司，其下属的子公司并不在折股范围，也不需要每一家进行折股，并非以合并报表进行折股，因为改制是法人行为，并不是会计主体的行为。母公司公开发行股票时，会计报表应当包括母公司及合并范围的报表。

另外，对于折股，基本上是将盈余公积、未分配利润全转入股本或资本公积，股本与资本公积的多少根据需要进行调整，极端情形下可以全转入股本中，其余科目全为0。对于折股，没有严格的要求，比如，有的案例保留了部分盈余公积，有的甚至还有未分配利润待分配，只要有合理的理由，不足以形成过不了会的情形，大多数的折股是仅保留股本与资本公积两项内容。

（2）整体变更涉及的个人股东的税收问题。

结合财税〔2015〕116号文件及留存收益转增股本的征税文件来看，如果用留存收益转增股本，视为分配股息红利计算个税，如果转入资本公积，并不需要计税。这是对于个人所得确认的标准，即认为计入个人名下是所得，资本公积仍是企业的财产，不视为所得。不过笔者也观察到之前有一两个地方的地方税务机关曾报道过对转入资本公积补税的案例①，目前来看，这种征税方式缺乏比较明确的依据与基础。

对于上市公司则分两部分：其中之一是股票溢价发行收入形成的资本公积转增股本，不计为所得来计自然人的个税，即分红公告中提到的转股的情形，多不需要算个人所得来计税；但是对于送股，即留存收益转到股本时，执行差别化股息红利的计税

---

① A公司的股东张某怎么也没有想到，一笔看似普通的会计分录，经北京市地税局第一稽查局检查后，需要其补缴个税500万元，在明确清晰的税收法规面前，张某哑口无言，只好如实补缴了个人所得税。
案件经过还原：
北京市地税局第一稽查局检查组按照工作要求对A公司进行日常检查，该公司的一笔会计分录引起了检查人员的注意。该公司将上一年度形成的税后利润5 000万元由"未分配利润"科目转入了"资本公积"科目。
稽查人员发现上述行为后当即作出判断，根据现行的公司法等规定，该公司将税后利润从"未分配利润"转出到"资本公积"科目的行为应视同发生了两步操作，首先将税后利润从"未分配利润"科目转出，等同于对个人股东进行了利润分配，在此环节就应按照"股息、红利所得"计算缴纳个人股东的个人所得税；其次转入"资本公积"应视为个人股东对公司的捐赠。
该公司的个人股东张某在该公司占股50%，因此视同张某分得了税后利润2 500万元，按照20%计算缴纳个人所得税500万元。
同时，由于A公司为上述个人所得税的代扣代缴义务人，在此过程中，A公司未能尽到代扣代缴义务，按照《中华人民共和国税收征收管理法》第六十九条："扣缴义务人应扣未扣税款的，由税务机关向纳税人追缴税款，对扣缴义务人处应扣未扣税款百分之五十以上三倍以下的罚款"的规定，应对该公司处以罚款。
温馨提示：
企业将税后利润从"未分配利润"转出到其他科目涉及的个人所得税问题，常常会被企业财务人员和股东忽视，引起严重的涉税问题，希望广大小伙伴注意。
（内容来自北京地税官方微博）

政策，超过规定的期限给予不同的减税、免税政策。转股过程中如果存在的是整体变更延续下来的资本公积，比如是留存收益转入的，当时未计个人所得计税，未来转股时笔者认为要视为所得，首先得承认，它并不属于股票溢价形成的，这是收益的"间接"分配，就算能适用差别化计税中达到免税条件时的优惠政策，结果一样达到了"不缴"的结果，但这是一个性质的问题。

有的人士认为，整体变更折股的业务，是一个股东收回投资再投资的过程，这明显是存在逻辑问题的。从《公司法》的角度来说，这是一次变更，不是一次清算投资，财政部与国家税务总局之所以将留存收益转到股本或注册资本中并视为个人所得征税是有考虑的。如果认为是清算分配，那么超过出资额的都要算为财产转让所得，并非股息红利所得，现在是"饶让"了一步，而且对于上市和挂牌的企业同时给了可以"逃出"所得应税的范围，享受差别化计税下争取到免税的待遇。当然我们知道，上市是很难的，但是挂牌似乎并不是非常困难，对于有可能的筹划，似乎可以一并考虑一下。整体折股的过程并不是股票发行的过程，有人认为整体变更是一个原来股东投资的过程，由此对于调账后形成的资本公积都认为是股票溢价收入，不得不说，这也是因对于整体变更缺乏理论指导导致的理解偏差，但是大家可以看到，并没有在税务登记上出现办理注销再投资的情形。对于挂牌的企业，上面笔者分析过，从严格的口径看，直接就不适用股票溢价的情形，但未来可以按照差别化股息红利计税政策来，达到不缴税的目的。

对于已完成整体变更成为股份有限公司，但未正式上市的情形，还是应执行传统的处理方式，因为本也没有股票溢价这个事项要考虑。无论是整体变更形成的资本公积，还是后面有新的投资者进来形成的投资溢价，都是不予认可为股票溢价发行的政策适用。

【案例】假设某有限责任公司有三个股东，分别为张三、李四和丰收有限公司，前两者各占30%股份，公司股东占40%股份。2019年进行了整体变更为股份有限公司，其主要数据及分析见表3-45：

表3-45　　　　　　　　　　　公司的各种财务数据　　　　　　　　　　单位：万元

科目	有限责任公司审计日	整体变更的变化	股份有限公司
股本	8 000	+2 000	10 000
资本公积①	2 000	+3 000	5 000
盈余公积	2 000	-2 000	0
未分配利润	3 000	-3 000	0

① 资本公积初始值为丰收有限公司入股时形成的资本溢价。

对于上面的整体变更的情形，我们分析一下张三、李四与丰收有限公司在此环节的纳税情形（见表 3-46）：

表 3-46　　　　　　　　　　　纳税情形　　　　　　　　　　　单位：万元

姓名	分析	所得	股息红利所得税
张三	增加到股本当中的 2 000 万元，其中 30% 即 600 万元属于个人所得	600	600×20%＝120 万元①
李四	同上	600	120 万元
丰收有限公司	40% 即 800 万元	800	视为股息红利分配申报，享受免税待遇，同时增加投资计税成本 800 万元

如果该股份有限公司未上市前，继续用资本公积 5 000 万元转增股本，这儿就包括了两部分：一部分是当初丰收有限公司投资进来形成的投资溢价，另一部分是留存收益转增的资本公积。如果按笔者上面提到的对于个税的计税理解，资本溢价和其他资本公积转增股本，这不是股票溢价，那么就需要全额计为个人所得，每个人所得为 1 500（5 000×30%）万元，个税为 300 万元，此时需要个人负担，或者是单位少转增进行直接扣缴处理。但对于丰收有限公司却不同了，依据国税函〔2010〕79 号文件，溢价转增股本不属于投资所得，无论是自己投资形成的溢价还是其他投资人投资形成的溢价，仅就 3 000 万元的 40% 即 1 200 万元计为股息红利所得，享受居民企业间直接投资股息红利的免税待遇申报处理，增加其投资成本，这样其投资成本共增加了 800＋1 200＝2 000 万元。

如果该股份有限公司上市了，对外首次公开发行股票，此时真地有了股票溢价收入形成的资本公积，若为 3 亿元，那么原来的 5 000 万元与 3 亿元合并为资本公积余额。未来若转股 1 亿元时，企业完全可以认为这是溢价形成的资本公积的转增股本，不用去考虑 5 000 万元的问题，如果真得动用了，比如转增了全部的 3.5 亿元，从严格清晰的角度来处理，5 000 万元中个人投资者需要按照差别化股息红利计税处理（限售股的适用特殊计算方式），并增加限售股票取得成本，3 亿之中属于股票溢价，不计征个税。对于公司投资者，3 000 万元中部分计算分红并增加投资成本处理。

（3）整体变更的会计处理。

下面，我们摘录一下某公司于 2020 年 2 月的《首次公开发行股票首次公开发行股

---

① 120 万元个税由个人单独缴纳，不从转资的资本额中扣减，如果扣减的话，相当于用 120 万元现金发放的股息红利，而余额 480 万元才能转入股本中。

票并在科创板上市招股说明书》中的内容：

2016年3月10日，××有限公司通过股东会决议，同意由××有限公司全体股东作为发起人，将××有限公司整体变更为股份有限公司，股份公司名称变更为"××××智能科技股份有限公司"；同意以经立信会计师事务所（特殊普通合伙）于2016年3月1日出具的《审计报告》（信会师报字〔2016〕第410117号）审计的截至2015年12月31日的净资产人民币110 928 604.74元，按照1：0.378621908的比例折股为42 000 000股，其余部分计入资本公积。各发起人按照各自在××有限公司的出资比例转为持有股份有限公司的股份。

2016年3月10日，××有限公司通过股东会决议，审议通过了公司整体变更为股份有限公司的方案。××有限公司以截至2015年12月31日净资产人民币110 928 604.74元为基础，按照1：0.378621908的比例折股为42 000 000股，其余部分计入资本公积。相应的会计处理如下（单位：万元）：

借：实收资本　　　　　　　　　　　　　　　　3 920.13
　　资本公积　　　　　　　　　　　　　　　　8 615.87
　　未分配利润　　　　　　　　　　　　　　　-1 443.14
贷：股本　　　　　　　　　　　　　　　　　　4 200.00
　　资本公积——股本溢价　　　　　　　　　　6 892.86

大家可以发现，在当时企业整体变更为股份有限公司的时候，就在会计上记录为股本溢价了，此时是从折股形成溢价的角度进行理解的，但该股本溢价目前不太符合股票溢价转增股本不征个人所得税的规定中的"股票溢价"。

（4）整体变更涉及的其他税种的影响。

对于整体变更，我们分析过，其适用的是变更登记程序，在取得新的法人营业执照之后，在税务机关同步进行变更登记，在实践当中，相应的税务数据在税务系统中是延续的，不过，由于涉及不动产、动产过户等安排，财税部门对此也进行了明确。

《财政部 国家税务总局关于继续支持企业、事业单位改制重组有关契税政策的通知》（财税〔2018〕17号）规定：

一、企业改制

企业按照《中华人民共和国公司法》有关规定整体改制，包括非公司制企业改制为有限责任公司或股份有限公司，有限责任公司变更为股份有限公司，股份有限公司变更为有限责任公司，原企业投资主体存续并在改制（变更）后的公司中所持股权（股份）比例超过75%，且改制（变更）后公司承继原企业权利、义务的，对改制（变更）后公司承受原企业土地、房屋权属，免征契税。

《财政部 国家税务总局关于继续实施企业改制重组有关土地增值税政策的通知》（财税〔2018〕57号）规定：

为支持企业改制重组，优化市场环境，现将继续执行企业在改制重组过程中涉及的土地增值税政策通知如下：

一、按照《中华人民共和国公司法》的规定，非公司制企业整体改制为有限责任公司或者股份有限公司，有限责任公司（股份有限公司）整体改制为股份有限公司（有限责任公司），对改制前的企业将国有土地使用权、地上的建筑物及其附着物（以下称房地产）转移、变更到改制后的企业，暂不征土地增值税。

本通知所称整体改制是指不改变原企业的投资主体，并承继原企业权利、义务的行为。

这两份文件虽不直接与股东相关，但是企业整体变更多由企业家的决策来推进，其间涉及的税费支出、中介费用支出都是不小的金额，虽然有时当地政府部门可能会有相应的奖励政策，但整体的成本费用的支出、合规改善的代价还是很大的。

对于非特定批准的企业，在一般的情形下，股份制改造不会以评估价调账，但是在全民所有制企业改制时，往往是进行了评估调账，国家的利益得到了公允计价的体现。但是因为进行了评估价的调整，如评估溢价时，资产的未来折旧扣除会影响所得税，如果没有特批的文件，税务机关只会认可原来资产计税基础的延续，不认可评估的调整，这也符合税收上的历史成本原则。税务机关也不会认为纳税评估增值是属于企业的所得，此为虚计调整的浮增或浮减，没有政策支持需要作为应税所得。对于上市央企来讲，评估增值计入国家资本金，不征收企业所得税，还有重要的一点，就是文件明确其可以按照评估后的价值计提折旧或摊销，并在企业所得税税前扣除。

《国家税务总局关于全民所有制企业公司制改制企业所得税处理问题的公告》（国家税务总局公告2017年第34号）规定：

贯彻落实《中共中央 国务院关于深化国有企业改革的指导意见》和《国务院办公厅关于印发中央企业公司制改制工作实施方案的通知》（国办发〔2017〕69号），根据《财政部 国家税务总局关于企业重组业务企业所得税处理若干问题的通知》（财税〔2009〕59号）有关规定，现就全民所有制企业公司制改制企业所得税处理问题公告如下：

一、全民所有制企业改制为国有独资公司或者国有全资子公司，属于财税〔2009〕59号文件第四条规定的"企业发生其他法律形式简单改变"的，可依照以下规定进行企业所得税处理：

改制中资产评估增值不计入应纳税所得额；资产的计税基础按其原有计税基础确定；资产增值部分的折旧或者摊销不得在税前扣除。

二、全民所有制企业资产评估增值相关材料应由改制后的企业留存备查。

三、本公告适用于2017年度及以后年度企业所得税汇算清缴。此前发生的全民所有制企业公司制改制，尚未进行企业所得税处理的，可依照本公告执行。

但是对于国有企业改制，财税部门给予了特别的政策，《财政部 国家税务总局关于企业改制上市资产评估增值企业所得税处理政策的通知》（财税〔2015〕65号）规定：

经国务院批准，现就国有企业改制上市过程中资产评估增值有关企业所得税政策通知如下：

一、符合条件的国有企业，其改制上市过程中发生资产评估增值可按以下规定处理：

（一）国有企业改制上市过程中发生的资产评估增值，应缴纳的企业所得税可以不征收入库，作为国家投资直接转增该企业国有资本金（含资本公积，下同），但获得现金及其他非股权对价部分，应按规定缴纳企业所得税。

资产评估增值是指按同一口径计算的评估减值冲抵评估增值后的余额。

（二）国有企业100%控股（控制）的非公司制企业、单位，在改制为公司制企业环节发生的资产评估增值，应缴纳的企业所得税可以不征税入库，作为国家投资直接转增改制后公司制企业的国有资本金。

（三）经确认的评估增值资产，可按评估价值入账并按有关规定计提折旧或摊销，在计算应纳税所得额时允许扣除。

二、执行本通知第一条税收优惠政策的国有企业，须符合以下条件：

（一）本通知所称国有企业，是指纳入中央或地方国有资产监督管理范围的国有独资企业或国有独资有限责任公司。

（二）本通知所称国有企业改制上市，应属于以下情形之一：

1. 国有企业以评估增值资产，出资设立拟上市的股份有限公司；

2. 国有企业将评估增值资产，注入已上市的股份有限公司；

3. 国有企业依法变更为拟上市的股份有限公司。

（三）取得履行出资人职责机构出具的资产评估结果核准或备案文件。

三、符合规定条件的改制上市国有企业，应按税务机关要求提交评估增值相关材料。

四、本通知执行期限为 2015 年 1 月 1 日至 2018 年 12 月 31 日。

五、本通知发布前发生的国有企业改制上市事项，符合本通知规定且未就资产评估增值缴纳企业所得税的，可按本通知执行；已就资产评估增值缴纳企业所得税的，不再退还。

该文件在执行到期后，财税〔2019〕62 号文件将此政策的适用处理延续执行到 2023 年 12 月 31 日，这是给予特定对象的政策，相当于是用国家资本入资方式换得了纳税人对于计税价值评估调账的对价，不对其增加的部分计入所得，同时规定可以就此进行税前扣除。我们知道，国有企业改制上市，评估价值一般整体是增值的，特别是涉及不动产的巨大增值基本上没有减值的，文件没有对减值进行规定税前扣除，也是基于此现实。另外需要注意，上述改制必须是直接增加国家的资本金，如果国有企业的三级子公司进行改制，只可能增加二级公司的资本金，增加的不是国家资本金，理解上不能享受上述政策。

（5）IPO 等披露的上市公司整体变更涉税处理案例。

笔者持续关注了一些公司的公司转让说明书、招股书或上市公司公告，大力税手的同事进行了样本的整理加工，在此我们列一个明细，来看看现实当中"五花八门"的整体变更涉税处理情形。

请注意，表 3-47 中信息仅供收集学习之用，不排除后续相应公告信息的修改、更正或后续处理方式的调整。

表 3-47　　　　　　　　　　相关上市公司整体变更涉税处理案例

上市或挂牌代码	公告年份	披露内容摘录（部分隐去名称作为相应的处理）	公告类型
603825	2017 年	稽查局认定发行人将税后利润转增自然人股东股本 7 400 000 元（××、×××分别 3 700 000 元），未按规定扣代缴个人所得税。	法律意见书
838966	2017 年	有限公司整体变更过程中以公司资本溢价之公积 45 446 374 元转股本，该转增行为并未涉及公司盈余公积或未分配利润转增股本的情形，各股东未因此缴纳税费，但公司全体自然人股东均出具了《个税承担承诺书》。	公开转让说明书

续表

上市或挂牌代码	公告年份	披露内容摘录（部分隐去名称作为相应的处理）	公告类型
836028	2017年	补缴2015年股份制改造个税53 310.32元，稽查局依照征管法第69条对应扣未扣个税处以50%处罚，金额26 655.16元。	收到税务稽查决定书的公告
831019	2017年	公司在2011年进行了股份改制工作，整体变更为股份有限公司，改制过程中，企业将企业盈余公积及未分配利润转增个人股本，其中涉及公司3位自然人股东应缴纳个人所得税税款19 753 986.72元。因为在转增股本过程中，股东并未取得现金收入且涉及的个人所得税税款金额较大，2012年3月×××市长办公室会同税务、财政、国土等多部门召开办公会，根据市纪〔2012〕××号会议纪要，形成了待公司IPO上市后及时予以补缴的会议决议，并在税务局备案。	股东个税风险提示公告
835921	2018年	2015年，公司在财务自查中，发现2005年公司股东冯××有一笔以未分配利润转增实收资本未代扣代缴个人所得税，冯××应补缴个人所得税税款36万元，公司为代扣代缴义务人。公司主动向武汉洪山区税务局进行申报，冯××个人也及时补缴了税款，武汉市洪山区地方税务局得到公司上报信息后，以公司未及时履行代扣代缴义务行为予以下限处罚18.00万元。	收到税务局行政处罚决定书
300728	2017年	在整体变更过程中，自然人股东以盈余公积、资本公积及未分配利润合计6 600万元转增了注册资本，根据《国家税务总局关于进一步加强高收入者个人所得税征收管理的通知》（国税发〔2010〕54号）、《国家税务总局关于股份制企业转增股本和派发红股征免个人所得税的通知》（国税发〔1997〕198号）、《国家税务总局关于盈余公积金转增注册资本征个人所得税问题的批复》（国税函〔1998〕333号）的相关规定，发行人以盈余公积、资本公积、未分配利润转增股本的，自然人股东应当缴纳个人所得税，并由发行人代扣代缴。 应缴个人所得税金额＝（整体变更后注册资本－整体变更前注册资本）×自然人股东持股比例×个人所得税税率＝（9 000－750）×80%×20%＝1 320（单位：万元）。 经核查，发行人向武进地方税务局第一税务分局申报的代扣代缴个人所得税明细、转账凭证、记账凭证等相关缴税凭证，截至法律意见书出具日，发行人已就公司整体变更时以盈余公积、资本公积、未分配利润转增股本所涉及的22名自然人发起人的个人所得税向武进地方税务局第一税务分局进行了申报，并已缴纳相关个人所得税合计1 320万元。	法律意见书

续表

上市或挂牌代码	公告年份	披露内容摘录（部分隐去名称作为相应的处理）	公告类型
300644	2018年	2009年9月23日，××化学以截至2009年12月31日经天健光华（北京）会计师事务所有限公司审计的净资产47 637 286.84元按1：0.7557的比例折为3 600万股，整体变更设立股份公司。根据天健光华（北京）会计师事务所有限公司出具的天健光华验（2009）GF字第020023号验资报告，公司注册资本增加至36 000 000.00元。其中，增加的注册资本中以未分配利润转增资本577.12万元，以盈余公积转增资本302.93万元，以资本公积转增资本1 317.95万元。 此次整体变更，自然人股东需要缴纳个人所得税，当时由于资金较为紧张未及时缴纳，自然人股东书面承诺承担可能的追缴责任。2012年8月，南京××代为缴纳本次改制涉及的个人所得税1 257 925.69元，各个自然人股东需要缴纳的金额从公司2011年度分配的股利中扣除。	法律意见书
603711	2017年	2017年3月22日，湖州市地方税务局稽查局出具《情况说明》，认为发行人于2013年6月至2015年6月，以未分配利润、盈余公积及资本公积将5 000万元的注册资本增资至3.6亿元，自然人股东在两次增资中应缴纳"股息、利息红利"税目个人所得税55 978 128.60元。截至2016年12月30日，发行人已代扣代缴个人所得税6 325 583.88元，49 652 544.72元未按规定代扣代缴。①	招股意向书附录
833044	2015年	净资产折股增加股本5 000万元，整体变更为股份公司期间未缴纳个人所得税，若因此导致公司承担未尽代扣代缴义务带来的罚款或者损失，将按照整体变更时持有公司的股权比例补缴上述个人所得税，并承担相关罚款或者损失。	公开转让说明书
430141	2017年	××市北辰区政府于2011年5月6日批示××市北辰区工业经济委员会《关于××××化学工业有限公司暂缓缴纳整体变更个人所得税的申请》（津辰工经发〔2011〕10号），同意公司赵××等39位个人发起人股东可以待公司上市后再补缴公司整体变更所产生的个人所得税。2014年10月，因公司流动资金充足，公司股东赵××与解××申请由公司提前代赵××等39位个人发起人股东缴纳个人所得税款304.670386万元，并作出承诺，将于2016年3月31日之前上述应缴纳的个人所得税款全额偿还。截至2016年3月31日，该笔个人所得税款304.670386万元已全额偿还。	2016年年度报告

---

① 笔者发现，合伙企业作为股东持有的部分，未见同时披露有计缴其个人合伙人的个人所得税。

续表

上市或挂牌代码	公告年份	披露内容摘录（部分隐去名称作为相应的处理）	公告类型
871430	2016年	按其经审计的截至2016年9月30日的账面净资产值折股整体变更而设立。有限整体改制成为股份公司的过程中，以资本公积金转增注册资本，自然人发起人已经就整体改制中所需承担的个人所得税向北京市朝阳区地方税务局履行递延纳税手续，并已经取得北京市朝阳区地方税务局出具的《个人所得税（转增股本）备案表》，自然人发起人将在5年内完成个人所得税的缴纳。同时，全部自然人发起人已出具承诺书，如发生税务机关征缴就××有限整体变更为××数据之事项所应缴的个人所得税及因此而产生的相关费用的情形，将按照相关法律法规的规定全额缴纳或承担其应缴纳的税款及因此所产生的本人或公司（如有）的所有相关费用（包括但不限于滞纳金、罚款），保证公司不因此遭受任何损失①。	法律意见书
002831	2016年	由于发行人用于转增股本的资本公积系同一控制下企业合并产生的，不属于股票溢价发行形成，因此依据上述税收法律法规，××科技2015年6月的转增资本事项中涉及的自然人股东需就转增股本金额缴纳20%的个人所得税，自然人股东涉及的转增金额为179 429 501.00元，需缴纳个人所得税金额为35 885 900.20元，××科技具有代扣代缴义务。由于资本公积转增及红股发放××科技没有向股东支付现金，因此××科技在资本公积转增及红股发放时点无法履行代扣代缴义务，经与主管税务机关沟通，××科技在支付2015年度现金股利时履行了代扣2015年6月资本公积转增及红股发放的自然人股东个人所得税义务，并于2016年6月30日向主管税务机关深圳市宝安区地方税务局填报了《扣缴个人所得税报告表》，于当日代缴转增事项涉及的个人所得税35 885 900.20元，主管税务机关深圳市宝安区地方税务局于2016年7月22日出具了上述个人所得税代扣代缴的完税证明。	法律意见书
836122	2016年	依照股东会决议，公司以截至2015年7月31日经审计的净资产11 152 841.88元转股为股份有限公司，其中实收资本5 000 000.00元，未分配利润5 947 019.58元，盈余公积205 822.30元，全体股东确认将盈余公积及未分配利润共计6 150 000.00元转为公司股本。公司存在着以未分配利润转增股本的情形，自然人股东均未纳税，公司未履行个人所得税代扣代缴义务。对于未分配利润增资计算应缴纳的个人所得税款，公司已向税务局申请分5年缴纳。	公开转让说明书

---

① 笔者认为依据《国家税务总局关于股权奖励和转增股本个人所得税征管问题的公告》（国家税务总局公告2016年第80号）规定，非上市及未在全国中小企业股份转让系统挂牌的中小高新技术企业以未分配利润、盈余公积、资本公积向个人股东转增股本，并符合财税〔2015〕116号文件有关规定的，纳税人可分期缴纳个人所得税；非上市及未在全国中小企业股份转让系统挂牌的其他企业转增股本，应及时代扣代缴个人所得税。由于此时还没有正式挂牌，可以在满足条件时备案分期纳税的处理。

续表

上市或挂牌代码	公告年份	披露内容摘录（部分隐去名称作为相应的处理）	公告类型
300686	2017 年	信达律师认为，发行人已于 2014 年 7 月 18 日，即《关于个人非货币性资产投资有关个人所得税政策的通知》（财税〔2015〕41 号）实施前，就××动力有限整体变更为股份有限公司时自然人股东个人所得税事项向主管税务机关办理过分期缴纳个人所得税备案手续，申请暂缓代扣代缴自然人股东个人所得税，延迟缴纳时间最迟不超过转增股本后 5 年。发行人整体变更为股份有限公司时个人所得税延迟缴纳已于主管税务机关办理备案手续，主管税务机关亦就发行人自整体变更后的税务合规行为出具了相关证明。①	法律意见书
603499	2017 年	根据《上海市人民政府办公厅转发市财政局等五部门关于推进经济发展方式转变和产业结构调整若干政策意见的通知》（沪府办发〔2008〕38 号），为加强金融服务，支持本市有条件的中小企业上市，对列入上海证监局拟上市辅导期中小企业名单的企业将非货币性资产经评估增值转增股本的，以及用未分配利润、盈余公积、资本公积转增为股本的，可向主管税务机关备案后，在取得股权分红派息时，一并缴纳个人所得税。	招股意向书附录
300067	2010 年	发行人整体变更设立时，各自然人股东就未分配利润、盈余公积、资本公积转增股本部分负有纳税义务，就该部分纳税义务，各股东已通过备案方式向税务机关明确，履行了必要的申报程序。根据上海市地方政府的相关规定，该部分纳税义务准以暂缓履行。	确认意见
300713	2017 年	发行人以资本公积金、盈余公积金和未分配利润转增股本，发行人的自然人股东应当就其转增股本所得缴纳个人所得税。根据前述相关规定计算，本次转增股本缴纳个人所得税的应纳税所得额合计约为人民币 574.72 万元。发行人就上述分期缴纳事项取得了《深圳市南山区地方税务局税务事项通知书》（深地税南受执字〔2016〕11350 号），并得到了主管税务机关相应的备案。	法律意见书
838731	2017 年	公司本次整体变更设立股份公司，自然人股东就未分配利润转增股本部分须缴纳个人所得税，公司已按规定向广州市白云区地方税务局进行个人所得税分期缴纳备案，自然人股东赵××应于第 5 年即 2020 年 3 月 15 日前缴纳 380 万元个人所得税。	重大资产重组报告书

---

① 依据财税〔2015〕41 号文件，按非货币性资产出资分期纳税处理是错误的理解。

续表

上市或挂牌代码	公告年份	披露内容摘录（部分隐去名称作为相应的处理）	公告类型
603283	2017 年	根据《关于个人非货币性资产投资有关个人所得税政策的通知》的有关规定①，孙×、曾×于 2015 年 5 月填写《缓征申请表》，申请缓缴在本次整体改制过程中产生的应纳个人所得税。2015 年 5 月，苏州市吴中区人民政府金融工作办公室、苏州市吴中区人民政府、苏州市人民政府金融工作办公室联合签发《缓征申请表》，同意暂缓征收孙×、曾×在本次整体改制过程中产生的应纳个人所得税额 18 657 600 元及 1 062 400 元。同时，孙×、曾×出具承诺书，若未来因上述个人所得税缓交事项被税务机关追缴甚至处罚，均由其个人承担所有经济损失，包括给公司可能招致的任何处罚导致的损失。 2017 年 4 月 18 日，孙×向主管税务机关全部缴纳上述整体变更产生的个人所得税额 18 657 600 元，并分别取得"（14）苏地证汇 00721324"号《税收完税汇总证明》；同日，曾×向主管税务机关全部缴纳上述整体变更产生的个人所得税额 1 062 400 元，并取得"（14）苏地证汇 00721323"号《税收完税汇总证明》。	招股意向书
000971	2018 年	中华人民共和国财政部、中华人民共和国国家税务总局于 2013 年 9 月 29 日发布的《关于中关村国家自主创新示范区企业转增股本个人所得税试点政策的通知》（财税〔2013〕73 号）②规定："企业以未分配利润、盈余公积、资本公积向个人股东转增股本时，应按照'利息、股息、红利所得'项目，适用 20% 税率征收个人所得税。对示范区中小高新技术企业以未分配利润、盈余公积、资本公积向个人股东转增股本时，个人股东一次缴纳个人所得税确有困难的，经主管税务机关审核，可分期缴纳，但最长不得超过 5 年。" 根据××通信提供的《中关村示范区中小高新技术企业个人股东转增股本个人所得税分期缴纳报告表》及相关代缴个人所得税凭证复印件，2015 年 8 月 25 日，××通信向北京东城区地方税务局体育馆街税务所申请股东转增股本个人所得税分五期缴纳，并为 4 名自然人股东代缴了第一期个人所得税。2016 年 8 月，××通信为 4 名自然人股东代缴了第二期个人所得税。2017 年 8 月，××通信为 4 名自然人股东代缴了第三期个人所得税。	重组报告书
002806	2018 年	就该次资本公积转增，北京市海淀区地税局第四税务所于 2017 年 8 月 18 日出具了《个人所得税分期缴纳备案表（转增股本）》，同意林×等自然人股东暂缓于 2019 年 12 月、2020 年 12 月分两期缴纳此次资本公积转增注册资本应予缴纳的个人所得税。	重组法律意见书

---

① 我们已分析过，适用该政策的不恰当性，由于财税〔2015〕116 号是从 2016 年起实施，符合条件的才可以分期计税，2015 年并不适用分期纳税的可能。

② 在 2013 年 1 月 1 日至 2015 年 12 月 31 日，经有关部门批准获得转增股本的股东，可享受上述延期纳税的优惠。文发之日前转增股本且已完税的，不再按本通知规定分期纳税。

续表

上市或挂牌代码	公告年份	披露内容摘录（部分隐去名称作为相应的处理）	公告类型
300726	2017年	整体变更前的利润分配及转增股本，自然人股东涉及个税1953万元，获主管税务机关批准适用了财税〔2015〕41号五年分期纳税政策：2015年3月利润分配及2015年8月转增股本涉及的个人所得税，钟××合计应缴税款19 528 341.81元。就此，××电子及钟××按照《关于个人非货币性资产投资有关个人所得税政策的通知》，于2016年3月29日向株洲市荷塘区地方税务局申请办理《非货币性资产投资分期缴纳个人所得税备案》，经税务主管部门备案同意，该等税款分五年缴纳，分期缴纳计划为：2015年5月之前缴纳5 000 000元，2016年12月之前缴纳5 000 000元，2017年12月之前缴纳3 000 000元，2018年12月之前缴纳3 000 000元，2019年12月之前缴纳剩余的3 528 341.82元。经核查，截至2016年6月30日，钟××已缴纳15 000 000元；截止目前，尚有税款4 528 341.81元未缴纳完毕，符合法律法规及税务主管部门备案要求的缴纳安排。 2015年9月，整体变更为股份有限公司未发生股本变动、未涉及个税，整体变更为股份公司前后注册资本未发生变更，不涉及以未分配利润、盈余公积和除股票溢价发行外的其他资本公积转增注册资本和股本的情况，未发生实际控制人的纳税义务。	法律意见书
300301	2012年	公司整体变更设立为股份公司时，全体发起人均未缴纳个人所得税，未缴总额为103.50万元，其中实际控制人未缴纳个人所得税99.62万元。 根据深圳市人民政府2009年4月28日市政府办公会议纪要《市中小企业上市培育工作领导小组会议纪要》："拟上市企业改制时转增股本自然人股东缴纳个人所得税问题，……，给予一定的宽限期，或延至成功上市时再缴纳。"延缓缴纳整体变更时的个人所得税是深圳市拟上市公司普遍适用的优惠政策，并非公司独享。同时，公司税务主管机关均已出具书面文件，确认其未发现公司存在重大违法违规行为。	招股说明书相关资料
839686	2020年	2016年4月，××科技就公司转增股本个人所得税分期缴纳事项，依法向天津市高新区地税局提交了《转增股本个人所得税分期缴纳计划表》等资料，向其申请分5年缴纳股东因未分配利润转增股本需要缴纳个人所得税款。计划现已执行到第四年，由于股东资金暂时出现周转困难，特请变更《××科技转增股本个税分期缴纳计划》。	关于变更转增股本个人所得税分期缴纳计划的公告
872303	2017年	公司股改前注册资本2 400万元，股改后注册资本2 400万元，不存在未分配利润转增股本的情形，为保证公司的利益，公司全体股东已出具承诺书："对于××能有限整体改制时，如需要按照国家相关法律法规和规范性文件的要求补缴公司整体改制时的个人所得税及相关费用，全体股东将全额承担该等追缴金额并承担相关责任。"	公开转让说明书

续表

上市或挂牌代码	公告年份	披露内容摘录（部分隐去名称作为相应的处理）	公告类型
872218	2017 年	经本所律师核查，本所律师认为，公司是以经审计的基理有限净资产整体变更设立，不存在以评估值入资设立公司的情形，合法、合规，构成"整体变更设立"；上述验资等行为已履行了必要程序，符合法律、法规和规范性文件的规定。公司设立前后注册资本未发生变化，不存在以盈余公积、未分配利润转增股本的情形。 据此，本所律师认为，公司在整体变更为股份有限公司时未为自然人股东和合伙企业股东代扣代缴个人所得税，公司整体变更为股份有限公司时的全体自然人股东和合伙企业股东已出具相关承诺，承诺不使公司因此遭受任何损失，该承诺真实、有效。	法律意见书
603813	2017 年	公司整体变更设立股份公司时，以未分配利润和盈余公积转增资本，由于两名自然人股东为香港居民身份，故根据《财政部 国家税务总局关于个人所得税若干政策问题的通知》财税字〔1994〕20 号规定的"二、下列所得，暂免征收个人所得税：（八）外籍个人从外商投资企业取得的股息、红利所得"，两名香港籍股东在整体变更时不用缴个人所得税。	招股意向书
300720	2017 年	根据上述核查，在 2012 年 6 月××有限整体变更为股份有限公司时，公司自然人发起人股东未缴纳整体变更为股份有限公司所涉及的个人所得税，公司亦未履行代扣代缴义务，不符合国家税法的相关规定，但郑××、郑××、梁×未缴纳整体变更为股份有限公司所涉及的个人所得税的行为符合广东省地方政府的相关规定，郑××、吴××、邓××需要缴纳的金额较小；且该等股东已经承诺如公司需要补缴或被税务机关追缴整体变更为股份有限公司所涉及的税收款项，则其将及时、全额承担应补缴或被追缴的税款及/或因此而致使公司产生的罚款或损失，并确保公司不会因此遭受任何损失或对公司未来经营活动产生任何不利影响；税务主管部门已出具公司无税务违法的证明文件，因此，本所律师认为，公司自然人发起人股东未缴纳整体变更为股份有限公司时所涉及的个人所得税的行为，不会对发行人本次发行上市构成实质性的法律障碍①。	法律意见书

---

① 笔者认为广东省地方政府有没有免税的权力需关注，目前虽未查到相应的直接废止的明确性规定，但是笔者认为不宜引用此政策来认为纳税人未按国家税收政策统一规定纳税是有充分保障的。

续表

上市或挂牌代码	公告年份	披露内容摘录（部分隐去名称作为相应的处理）	公告类型
600866	2018 年	2014 年 11 月以盈余积累转增股本、适用了国家税务总局公告 2013 年第 23 号不征个税的规定：2015 年 1 月，张××、方××、李××、贾××、简×作出股东会决议，决定以标的公司截至 2014 年 12 月 31 日的未分配利润转增注册资本，将标的公司的注册资本由 50 万元增加至 500 万元。……该次增资不涉及相关税费。根据《国家税务总局关于个人投资者收购企业股权后将原盈余积累转增股本个人所得税问题的公告》（国家税务总局公告 2013 年第 23 号）的相关规定，该次增资系张××、方××、李××、贾××、简×收购标的公司 100% 股权后，新股东以标的公司原账面金额中的盈余积累向个人投资者转增实收资本的行为①。根据前述 2013 年第 23 号公告的规定，该次增资不征收个人所得税。	意见回复说明
838523	2016 年	有限公司整体变更为股份公司时，公司注册资本由原来的 2 650 万元增加至 3 000 万元，公司存在以 350 万元未分配利润转增股本的情形。经本所律师核查，公司已为 14 名自然人股东代扣代缴本次未分配利润转增股本涉及的个人所得税。 根据《财政部、国家税务总局关于合伙企业合伙人所得税问题的通知》（财税〔2008〕159 号），合伙企业生产经营所得和其他所得采取"先分后税"的原则，公司合伙企业股东××咨询依法暂未代扣其合伙人在公司整体变更中涉及的所得税。××咨询出具承诺书：将按照税收相关法律法规，根据公司本次整体变更产生的分配给合伙人的所得或其当年留存的所得（利润），依法代扣代缴公司本次整体变更以未分配利润转增股本时合伙人所涉及的所得税税款。 本所律师认为，×× 有限整体变更时以未分配利润转增股本，公司已为全部自然人股东依法代扣代缴相关个人所得税。	法律意见书

---

① 一、一名或多名个人投资者以股权收购方式取得被收购企业 100% 股权，股权收购前，被收购企业原账面金额中的"资本公积、盈余公积、未分配利润"等盈余积累未转增股本，而在股权交易时将其一并计入股权转让价格并履行了所得税纳税义务。股权收购后，企业将原账面金额中的盈余积累向个人投资者（新股东，下同）转增股本，有关个人所得税问题区分以下情形处理：

（一）新股东以不低于净资产价格收购股权的，企业原盈余积累已全部计入股权交易价格，新股东取得盈余积累转增股本的部分，不征收个人所得税。

（二）新股东以低于净资产价格收购股权的，企业原盈余积累中，对于股权收购价格减去原股本的差额部分已经计入股权交易价格，新股东取得盈余积累转增股本的部分，不征收个人所得税；对于股权收购价格低于原所有者权益的差额部分未计入股权交易价格，新股东取得盈余积累转增股本的部分，应按照"利息、股息、红利所得"项目征收个人所得税。

新股东以低于净资产价格收购企业股权后转增股本，应按照下列顺序进行，即先转增应税的盈余积累部分，然后再转增免税的盈余积累部分。

续表

上市或挂牌代码	公告年份	披露内容摘录（部分隐去名称作为相应的处理）	公告类型
871249	2017年	股改过程中，2016年8月31日报表未分配利润及盈余公积转股本及资本公积的金额合计1 947 045.97元。股改时，股东××投资持股比例为30%。按照《个人所得税法》《税收征管法》及相关税收法律法规的规定，公司须代扣代缴股改过程中未分配利润及盈余公积转股本及资本公积的个人所得税。根据《财政部 国家税务总局关于合伙企业合伙人所得税问题的通知》（财税〔2008〕159号）的规定，合伙企业生产经营所得和其他所得坚持"先分后税"的原则。 ××投资属于有限合伙企业。公司此次股改未分配利润及盈余公积转股本及资本公积，××投资自然人合伙人具有缴纳个人所得税义务，公司应履行代扣代缴义务。公司已履行代扣代缴义务，此次股改不存在拖欠税款的情形。	公开转让说明书
002916	2017年	（一）关于发行人整体变更时自然人适用纳税政策的补充核查。 经核查，《补充法律意见书（三）》中关于发行人整体变更时自然人股东纳税情况的补充核查意见同时引用了财税〔2015〕41号文和财税〔2015〕116号文，上述引用存在错误，发行人仅适用财税〔2015〕41号文，不适用财税〔2015〕116号文的相关规定。发行人已在相关文件中对相关表述进行了修正。 …… 本所律师认为，就发行人整体变更为股份有限公司过程中各自然人股东及3家员工持股企业合伙人应缴纳的个人所得税，发行人已按照相关文件规定制订分期缴纳计划并依法报主管税务机关备案，主管税务机关亦出具了相应受理回执及发行人报告期内无税务违法记录的证明，现有分期缴纳安排合法合规。发行人自然人股东及3家员工持股企业合伙人等相关人员已按照经备案的计划缴纳了第一期税款并出具了相应承诺，从而保障发行人及其他股东利益不受损害。	法律意见书
837170	2018年	2017年10月20日，上海市徐汇区国家税务局、上海市地方税务局徐汇区分局（以下简称"税务局"）要求，公司改制时点所涉所有自然人发起人及合伙企业发起人向上追溯的全部自然人合伙人均按照20%税率缴纳个人所得税。根据《中华人民共和国企业所得税法》《中华人民共和国企业所得税法实施条例》，公司履行代缴义务代股东缴纳首期个人所得税725 719.25元。	关于补充确认为发起人股东代缴税款构成关联交易的公告
300793	2019年	经本所律师核查缴税凭证，发行人自然人股东以及合伙企业股东××投资、××投资、××投资、××投资、××投资中的自然人合伙人已就本次整体变更缴纳相应的个人所得税，具体缴纳情况如下（略）①。	法律意见书

---

① 大家可以看到，这个案例中对于合伙企业的自然人合伙人也是穿透征了个税，而且笔者查阅公告内容，发现其中自然人合伙人的个税是由该合伙企业以代扣代缴的方式缴纳的。

续表

上市或挂牌代码	公告年份	披露内容摘录（部分隐去名称作为相应的处理）	公告类型
603680	2018 年	根据当时有效的《中华人民共和国个人所得税法》、国家税务总局《关于股份制企业转增股本和派发红股征免个人所得税的通知》（国税发〔1997〕198 号）、国家税务总局《关于盈余公积金转增注册资本征收个人所得税问题的批复》（国税函〔1998〕333 号）及国家税务总局《关于进一步加强高收入者个人所得税征收管理的通知》（国税发〔2010〕54 号）等相关法律规定，发行人以盈余公积、未分配利润、除股票溢价发行外的其他资本公积转增股本，发行人的自然人股东应当就其转增股本所得缴纳个人所得税。发行人转增股本均系资本溢价形成的资本公积转增股本，不涉及未分配利润转增股本，不存在未分配利润转增股本导致的纳税风险。①	招股意向书
300732	2017 年	发行人 2015 年整体变更设立股份公司，注册资本增至 5 400 万元。其中，3 600 万元为资本公积转增股本。相关股东未缴纳所得税。请说明上述资本公积的来源，相关股东未缴纳所得税的依据。是否合法合规、是否经有权部门确认。请保荐机构、律师核查并发表明确意见。 如《律师工作报告》"六、发起人的股份及其演变"所述，2015 年 3 月 5 日，××院有限召开股东会，同意增加注册资本 300 万元，分别由××控股和交通厅服务中心按照每出资额 17.50 元的价格认购 240 万元和 60 万元，其他股东放弃优先购买权。截至 2015 年 6 月 16 日，××控股及河南省财政厅已向××院有限分别支付出资款 4 200 万元和 1 050 万元。根据《审计报告》及发行人的说明，其中 300 万元计入注册资本，其余 4 950 万元计入资本公积。2015 年 10 月，××院有限整体变更为股份公司，注册资本为 5 400 万元。根据《审计报告》及发行人的说明，××院有限整体变更设立股份公司时股本来自原实收资本及资本公积（股本溢价），其中 3 600 万元来自于××院有限 2015 年 3 月增资时由股本溢价形成的资本公积。 根据当时有效的《国家税务总局关于股份制企业转增股本和派发红股征免个人所得的通知》（国税发〔1997〕198 号）的规定，股份制企业用资本公积金转增股本不属于股息、红利性质的分配，对个人取得的转增股本数额，不作为个人所得，不征收个人所得税。根据当时有效的《国家税务总局关于原城市信用社在转制为合作银行过程中个人股增值所得应纳个人税的批复》（国函发〔1998〕289）规定，国税发〔1997〕198 号中所表述的"资本公积金"是指股份制企业股票溢价发行收入所形成的资本公积金。将此转增股本由个人取得的数额不作为应税所得征收个人所得税。而与此不相符合的其他资本公积金分配个人所得部分，应当依法征收个人所得税。根据当时有效的《国家税务总局关于贯彻落实企业所得税法若干税收问题的通知》（国税函〔2010〕79 号）规定，被投资企业将股权（票）溢价所形成的资本公积转为股本的，不作为投资方企业的股息、红利收入。	法律意见书

---

① 这个理解将资本溢价与股本溢价一样对待了，这也是多位法律人追求的"结果"，但是当地的税务机关如何来对接这种公开的信息就不得而知了。

续表

上市或挂牌代码	公告年份	披露内容摘录（部分隐去名称作为相应的处理）	公告类型
300732	2017年	国家税务总局于2015年11月16日出具《关于股权奖励和转增股本个人所得税征管问题的公告》（国家税务总局公告2015年第80号），规定非上市及未在全国中小企业股份转让系统挂牌的中小高新技术企业以未分配利润、盈余公积、资本公积向个人股东转增股本，并符合财税〔2015〕116号文件有关规定的，纳税人可分期缴纳个人所得税；非上市及未在全国中小企业股份转让系统挂牌的其他企业转增股本，应及时代扣代缴个人所得税。但该规定自2016年1月1日起实行，发行人整体变更股份公司已于2015年10月12日完成并取得郑州市工商局颁发的统一社会信用代码为91410100706774868X的《营业执照》，因此，上述规定不适用于发行人整体变更股份公司涉及的个人所得税缴纳事宜。 基于上述事实，根据当时有效的税务相关法律法规及政策性文件的规定，发行人整体变更股份公司无须发行人自然人股东缴纳个人所得税。	法律意见书
603917	2017年	（5）2015年9月，发行人以资本公积转增股本，注册资本由4 200万元增加至8 400万元。请说明本次转增资本的资本公积来源，是否需要缴纳相关税费。 回复： 根据《国家税务总局关于股份制企业转增股本和派发红股征免个人所得税的通知》（国税发〔1997〕198号）第一条规定，股份制企业用资本公积金转增股本不属于股息、红利性质的分配，对个人取得的转增股本数额，不作为个人所得，不征收个人所得税。根据《国家税务总局关于进一步加强高收入者个人所得税征收管理的通知》（国税发〔2010〕54号），加强企业转增注册资本和股本管理，对以未分配利润、盈余公积和除股票溢价发行外的其他资本公积转增注册资本和股本的，要按照"利息、股息、红利所得"项目，依据现行政策规定计征个人所得税。发行人4 200万元资本公积的来源于2011年6月××创鑫、××投资、××盛缘和俞X增资发行人时股本溢价形成的资本公积。因此，发行人本次资本公积转增股本不需要缴纳个人所得税。	招股意向书
603713	2018年	发行人2015年7月以资本公积转增注册资本的资本公积来源于其2015年4月和5月增资时股东投资所形成的股权溢价，根据当时有效的相关税收法律、法规的规定，发行人自然人股东无须就此次资本公积转增注册资本缴纳个人所得税，发行人自然人股东未就2015年7月以资本公积转增注册资本事项缴纳个人所得税符合当时有效的税收法规的规定。 发行人2015年7月以资本公积转增注册资本于2015年7月21日完成，而国家税务总局2015年第80号公告自2016年1月1日起实行，发行人2015年7月以资本公积转增注册资本涉及的个人所得税缴纳事宜不适用国家税务总局2015年第80号公告。 发行人及其子公司均已取得其主管征税机关出具的合规证明，证明发行人在报告期内依法纳税，不存在因违反税收方面的法律、法规、政策而受到处罚的情形。	招股意向书

续表

上市或挂牌代码	公告年份	披露内容摘录（部分隐去名称作为相应的处理）	公告类型
300786	2019年	发行人前述新增注册资本系在整体变更过程中由发行人通过股本溢价形成的资本公积转增所致，××有限整体变更前后盈余公积及未分配利润未发生变化。 《国家税务总局关于股份制企业转增股本和派发红股征免个人所得税的通知》（国税发〔1997〕198号）规定："股份制企业用资本公积金转增股本不属于股息、红利性质的分配，对个人取得的转增股本数额，不作为个人所得，不征收个人所得税。"因此，发行人本次整体变更时自然人股东持股增加不属于股息、红利性质的分配，不应缴纳个人所得税。	法律意见书
300783	2019年	1）发行人于2014年3月资本公积转增注册资本至5 000万元、2015年12月整体变更设立股份公司并增资至3亿元均系以相关投资人向××有限增资溢价所形成的资本公积转增注册资本，且发生在2016年1月1日之前，根据前述文件的有关规定，章××无须就此缴纳个人所得税。根据《国家税务总局关于股份制企业转增股本和派发红股征免个人所得税的通知》（国税发〔1997〕198号）和《关于原城市信用社在转制为城市合作银行过程中个人股增值所得应纳个人所得税的批复》（国税函〔1998〕289号）的有关规定，股份制企业股票溢价发行收入所形成的资本公积金，将此转增股本由个人取得的数额，不作为应税所得征收个人所得税。而与此不相符合的其他资本公积金分配个人所得部分，应当依法征收个人所得税。根据国家税务总局《国家税务总局关于进一步加强高收入者个人所得税征收管理的通知》（国税发〔2010〕54号）的有关规定，"加强企业转增注册资本和股本管理，对以未分配利润、盈余公积和除股票溢价发行外的其他资本公积转增注册资本和股本的，要按照利息、股息、红利所得项目，依据现行政策规定计征个人所得税"。 2）发行人于2017年3月进行资本公积转增股本，股本由3.06亿元增加至3.6亿元，章××尚未缴纳此次资本公积转增所个人所得税，已作出风险兜底承诺。根据财政部、国家税务总局《关于将国家自主创新示范区有关税收试点政策推广到全国范围实施的通知》（财税〔2015〕116号）以及《国家税务总局关于股权奖励和转增股本个人所得税征管问题的公告》（国家税务总局公告2015年第80号）的有关规定，发行人实际控制人章××负有纳税义务。截至本补充法律意见书出具之日，章××尚未缴纳此次资本公积转增所个人所得税。	招股意向书、法律意见书

续表

上市或挂牌代码	公告年份	披露内容摘录（部分隐去名称作为相应的处理）	公告类型
603863	2019年	公司以截至2016年6月30日股份总数6 300万股为基础，以资本公积金6 919.55万元向全体股东每10股转增10股，合计转增股份6 300万股。2016年8月18日，公司召开2016年第五次临时股东大会会议，审议通过上述议案。上述方案已于2016年8月29日实施完毕，公司总股本为12 600万股。2016年8月30日，大华会计师事务所（特殊普通合伙）出具了大华验字〔2016〕第001321号验资报告，确认：××资源申请增加注册资本人民币6 300.00万元，由资本公积转增股本，转增基准日期为2016年8月18日，变更后注册资本为12 600.00万元。公司本次用于转增股本的资本公积均系企业股票溢价发行收入所形成的资本公积金。根据《国家税务总局关于股份制企业转增股本和派发红股征免个人所得税的通知》（国税发〔1997〕198号）及《国家税务总局关于原城市信用社在转制为城市合作银行过程中个人股增值所得应纳个人所得税的批复》（国税函〔1998〕289号）的规定，股份制企业股票溢价发行收入所形成的资本公积金用于转增股本免交个人所得税。因此，公司本次转赠股本不存在应缴而未缴个人所得税的情形。	招股意向书
603838	2018年	××环境整体变更为股份有限公司前后的注册资本均为人民币4 000万元，××环境的注册资本没有发生变化；××环境各股东的持股比例亦没有发生变化，××环境在整体变更为股份有限公司时没有发生未分配利润、盈余公积金、资本公积金转增注册资本的情形。根据《国家税务总局关于进一步加强高收入者个人所得税征收管理的通知》（国税发〔2010〕54号）的规定，对以未分配利润、盈余公积和除股票溢价发行外的其他资本公积转增注册资本和股本的，要按照"利息、股息、红利所得"项目，依据现行政策规定计征个人所得税。鉴于××环境整体变更前后注册资本没有发生变化，没有发生未分配利润、盈余公积金、资本公积金转增注册资本情形，××环境的相关股东无须就康恒有限整体变更为股份有限公司缴纳个人所得税。	意见通知书回复

续表

上市或挂牌代码	公告年份	披露内容摘录（部分隐去名称作为相应的处理）	公告类型
603810	2018年	公司原股本为人民币 2 591.0696 万元，本次以资本公积增加注册资本人民币 3 408.9304 万元，变更后注册资本为人民币 6 000.00 万元。截至 2015 年 1 月 14 日，公司已将资本公积 3 408.9304 万元转增股本。2015 年 1 月 14 日，公司就本次增资事项完成工商变更登记。根据当时适用的《国家税务总局关于股份制企业转增股本和派发红股征免个人所得税的通知》（国税发〔1997〕198 号）的相关规定，股份制企业用资本公积金转增股本不属于股息、红利性质的分配，对个人取得的转增股本数额，不作为个人所得，不征收个人所得税。 2015 年 2 月，就上述资本公积转增股本事项，盐城市大丰地方税务局出具说明，确认上述事项符合《国家税务总局关于股份制企业转增股本和派发红股征免个人所得税的通知》（国税发〔1997〕198 号）的规定，××集团自然人股东无须就此次资本公积转增股本事项缴纳个人所得税。因此，本所律师认为，2015 年发行人资本公积转增股本过程无须缴纳个人所得税，本次资本公积转增股本符合相关法律法规的规定。	招股说明书相关资料
300791	2019年	在整体变更过程中，发行人以股本溢价形成的资本公积 1 000 万元转增了注册资本。根据当时有效的《国家税务总局关于股份制企业转增股本和派发红股征免个人所得税的通知》（国税发〔1997〕198 号）的规定，股份制企业资本公积金转增股本不属于股息、红利性质的分配，对个人取得的转增股本数额，不作为个人所得，不征收个人所得税。根据当时有效的《国家税务总局关于原城市信用社在转制为合作银行过程中个人股增值所得应纳个人税的批复》（国函发〔1998〕289）规定，国税发〔1997〕198 号中所表述的"资本公积金"是指股份制企业股票溢价发行收入所形成的资本公积金；将此转增股本由个人取得的数额不作为应税所得征收个人所得税；而与此不相符合的其他资本公积金分配个人所得部分，应当依法征收个人所得税。根据当时有效的《国家税务总局关于贯彻落实企业所得税法若干税收问题的通知》（国税函〔2010〕79 号）规定，被投资企业将股权（票）溢价所形成的资本公积转为股本的，不作为投资方企业的股息、红利收入。 基于上述理由，根据当时有效的税务相关法律法规及政策性文件的规定，发行人整体变更股份公司无须发行人自然人股东缴纳个人所得税。	法律意见书

续表

上市或挂牌代码	公告年份	披露内容摘录（部分隐去名称作为相应的处理）	公告类型
603105	2018年	1. 整体改制挂牌新三板 2011年10月，发行人以审计后账面净资产值109 663 614.51元按1：0.820691534的比例折合股份，折合注册资本9 000万元，净资产值超出股本部分19 663 614.51元计入资本公积，根据原股东出资额的出资比例界定每个股东的净资产份额。 经本所律师核查并走访发行人税务主管机关，本次整体变更前后，发行人的注册资本未发生变化，不涉及资本公积、未分配利润或盈余公积转增股本，所以发起人股东不涉及企业所得税或个人所得税缴纳义务。为进一步保护公司利益及其他股东的权益，公司全体发起人已于2015年4月27日出具《整体变更股东所涉个人所得税承诺函》，具体内容如下："如发生税务机关征缴本人就有限公司整体变更为股份公司之事项所应缴的个人所得税及因此而产生的相关费用的情形，本人承诺将按整体变更时本人所持有限公司股份比例足额缴纳所有应税款项及因此而发生的相关费用，并承担由此可能给浙江芯能光伏科技股份有限公司带来的任何损失。" 2. 2015年9月挂牌后的股权转让 2015年9月30日，发行人股票在股转系统挂牌公开转让，转让方式为协议转让。挂牌后，发行人股东之间发生的股份转让均通过股转系统进行，相关价款通过股转系统支付，股东之间因相关股份转让产生的纳税义务由相关股东自行承担，发行人无须就该等股东股份转让履行任何代扣代缴义务。 3. 2016年1月定向增发（股权激励） 2016年1月，发行人对董事、监事、高级管理人员及核心员工进行股权激励。 根据该等股权激励发生时适用的国家税务总局《关于股权激励有关个人所得税问题的通知》（国税函〔2009〕461号），限制性股票个人所得税纳税义务发生时间为每一批次限制性股票解禁的日期。根据本所律师走访发行人税务主管机关，发行人税务主管机关确认，本次股权激励相关的个人所得税按照国税函〔2009〕461号执行，并在相关股权激励对象所获得的限制性股票解禁（即2019年1月）起确认纳税义务。 4. 2016年3月资本公积转增股本 2016年3月，发行人以资本溢价所形成的资本公积转增股本，以总股本13 133万股为基数，向全体股东每10股转增18股。根据《国家税务总局关于股份制企业转增股本和派发红股征免个人所得税的通知》（国税发〔1997〕198号）、国家税务总局《关于进一步加强高收入者个人所得税征收管理的通知》（国税发〔2010〕54号）等规定，对以未分配利润、盈余公积和除股票溢价发行外的其他资本公积转增注册资本和股本的，要按照"利息、股息、红利所得"项目计征个人所得税。根据本所律师走访发行人税务主管机关，发行人税务主管机关确认以股本溢价形成的资本公积转增股本，自然人股东无须缴纳个人所得税。	招股意向书

续表

上市或挂牌代码	公告年份	披露内容摘录（部分隐去名称作为相应的处理）	公告类型
603596	2018 年	截至 2016 年 6 月 30 日，发行人（母公司）经审计的净资产为 614 264 585.04 元，其中股本 159 870 000.00 元、资本公积 256 726 366.90 元、盈余公积 22 766 821.81 元、未分配利润 174 901 396.33 元。在前述 256 726 366.90 元资本公积中，141 543 466.90 元为整体变更为股份公司时净资产折股形成的资本公积，115 182 900.00 元为发行人 2016 年非公开发行股票时资本溢价形成的资本公积。发行人以资本公积金向全体股东每 10 股转增 7 股，所涉及的资本公积金为 111 909 000.00 元，小于发行人股票发行时资本溢价形成的资本公积 115 182 900.00 元，即发行人本次权益分派的资本公积均源于发行人发行股票时资本溢价形成的资本公积。 根据国家税务总局《关于股权奖励和转增股本个人所得税征管问题的公告》（国家税务总局公告 2015 年第 80 号）的相关规定，上市公司或在全国股份转让系统挂牌的企业转增股本（不含以股票发行溢价形成的资本公积转增股本），按现行有关股息红利差别化政策执行。因此，发行人自然人股东无须就本次以资本公积金转增的股本形成的所得缴纳个人所得税。	招股意向书相关资料
871249	2017 年	2016 年 9 月在整体变更时，折股前后注册资本未发生变化——均为 6 017 万元，虽然未转增股本、但涉及以未分配利润及盈余公积转增资本公积 194.70 万元，认为应缴纳自然人股东个税；××建设针对自然人通过有限合伙主体（员工持股平台）持有份额涉及的个税，进行了代扣代缴。	公开转让说明书
870684	2017 年	2015 年 12 月 22 日，有限责任公司整体变更为股份有限公司，以 2015 年 10 月 31 日净资产折股，将 2015 年 10 月 31 日未分配利润余额 1 640 811.22 元及盈余公积余额 1 174 991.15 元转入资本公积，涉及以未分配利润及盈余公积转入资本公积，实质是发起人股东以有限公司分配后的净资产出资设立股份有限公司，发起人应当按照"利息、股息、红利所得"缴纳个人所得税，需公司代扣代缴或自然人股东缴纳个人所得税。 经电话咨询深圳市地方税务局及走访公司所在地税务部门宝安区地方税务局新安税务所，其回复称：有限公司在整体变更为股份公司时未分配利润余额 1 640 811.22 元及盈余公积余额 1 174 991.15 元转入资本公积，不视为分配行为，自然人股东当期不缴纳个人所得税，如公司将涉及以未分配利润余额及盈余公积余额转入的资本公积转增注册资本时，需公司代扣代缴或自然人股东缴纳个人所得税。 根据国税函〔1998〕289 号文的相关规定，国税发〔1997〕198 号所表述的"资本公积金"是指股份制企业股票溢价发行收入所形成的资本公积金。将此转增股本由个人取得的数额，不作为应税所得征个人所得税。而与此不相符合的其他资本公积金分配个人所得部分，应当依法征收个人所得税。	法律意见书

续表

上市或挂牌代码	公告年份	披露内容摘录（部分隐去名称作为相应的处理）	公告类型
838911	2016年	由于有限公司的财务人员专业技能不足及操作不规范，误将前述1 800万元款项计入资本公积，以致此次增资方式描述错误。2015年3月3日，湖北华宇会计师事务有限公司出具《关于鄂华宇验字〔2009〕第WYH269号〈验资报告〉的纠错说明》：经重新审核，2009年6月19日为武汉××草原旅游发展有限公司出具的鄂华宇验字〔2009〕第WYH269号《验资报告》中有误。现更正如下："截至2009年6月2日，贵公司以货币出资人民币1 800万元转增实收资本，变更后的累计注册资本为人民币2 000万元，累计实收资本为人民币2 000万元。" 针对本次增资，2016年3月11日，天职会所出具"天职业字〔2016〕558号"《专项审计复核报告》，对此次有限公司股东投资的真实性进行审计确认。	公开招股转让说明书
871986	2017年	经主办券商、律师、会计师核查，报告期内公司存在资本公积转增股本的情形，该部分资本公积系有限公司增资时，股本溢价产生的资本公积，不属于股份制企业股票溢价发行产生的资本公积，部分股东应当依法缴纳个人所得税。公司与主管税务部门及时沟通，税务部门未要求公司立即履行该部分个人所得税代扣代缴义务，并出具了无违法违规证明。主办券商、律师、会计师认为，虽然公司暂未履行个人所得税代扣代缴义务，但公司未因此受到任何形式的处罚，且公司拟采取应对措施，公司被处罚的风险较小，不对公司挂牌产生实质性障碍。	反馈意见回复
300594	2019年	公司整体变更设立过程中，全体发起人中的自然人股东以资本公积转增股本部分，须缴纳个人所得税。改制时，公司发起人没有缴纳相关税款，且公司没有履行代扣代缴义务。公司发起人存在被税务机关要求缴纳改股个人所得税的风险。2017年4月，李××补交了改制个人所得税383.26万元，李××补交了改制个所得税164.2万元。其他部分自然人股东于改制后股权转让过程中缴纳了增值部分的个人所得税，上述应缴所得税中有42.39万元已经实际履行了纳税义务。	发行保荐工作报告
603379	2019年	2017年5月27日，发行人召开股东大会并作出决议，同意以2016年12月31日总股本179 201 283股为基数，以未分配利润对全体股东按1∶1.1同比例转增197 121 411股，每股面值1元，变更后发行人的股本变更为376 322 694元。同日，立信会计师事务所出具了信会师报字〔2017〕第ZF10617号《验资报告》，确认××股份已将未分配利润197 121 411.00元转增股本。本次系以未分配利润转增股本，发行人为自然人股东代扣代缴完毕个人所得税合计为3 695.48万元，6家合伙企业股东已就合伙人所得代扣代缴完毕税款。	招股说明书相关资料

续表

上市或挂牌代码	公告年份	披露内容摘录（部分隐去名称作为相应的处理）	公告类型
300810	2019年	公司于2014年12月实施股权激励，按最近季度末未经审计每股净资产值作为定价依据具有合理性，其中用于激励的1/5股权在2015年11月工商登记过户时，股权价值发生较大变化，相应按照代持还原时最近季度末未经审计每股净资产值作为定价依据具有合理性。同时，由于转让价格提高，计税依据和纳税金额亦相应增加，符合税收征管要求，全体转让股权的股东均按股权转让所得足额缴纳了税款，不存在规避税收缴纳义务的情形。	法律意见书
603353	2020年	补充说明2015年11月整体改制为股份有限公司时是否涉及个人所得税代扣代缴问题，如涉及，请说明相关缴纳情况。 国家税务总局《关于股份制企业转增股本和派发红股征免个人所得税的通知》（国税发〔1997〕198号）规定："股份制企业用资本公积金转增股本不属于股息、红利性质的分配，对个人取得的转增股本数额，不作为个人所得，不征收个人所得税。" 国家税务总局《关于盈余公积金转增注册资本征收个人所得税问题的批复》（国税函〔1998〕333号）的规定："公司将从税后利润中提取的法定公积金和任意公积金转增注册资本，实际上是该公司将盈余公积金向股东分配了股息、红利，股东再以分得的股息、红利增加注册资本。因此，对属于个人股东分得并再投入公司（转增注册资本）的部分应按'利息、股息、红利所得'项目征收个人所得税。" 国家税务总局《关于进一步加强高收入者个人所得税征收管理的通知》（国税发〔2010〕54号）规定："加强企业转增注册资本和股本管理，对以未分配利润、盈余公积和除股票溢价发行外的其他资本公积转增注册资本和股本的，要按照'利息、股息、红利所得'项目，依据现行政策规定计征个人所得税。" 2010年11月30日《国税总局纳税服务司税务问题解答汇集》关于股改缴纳个人所得税的问题答复："盈余公积和未分配利润转增股本应当按'利息、股息、红利所得'项目计征个人所得税，转增资本公积不计征个人所得税。" 根据发行人主管税务机关于2017年10月26日出具的确认函，××有限整体变更为股份公司前后的注册资本未发生变化，不存在使用有限公司净资产中原账面资本公积、盈余公积及未分配利润转增股本的情况，不需要缴纳相关个人所得税，发行人亦不存在应履行而未履行的个人所得税代扣代缴义务。 综上所述，经本所律师核查后确认：××有限整体变更为股份有限公司时，变更前后的公司注册资本保持不变，不存在使用有限公司净资产中原账面资本公积、盈余公积及未分配利润转增股本的情况，变更前后的公司注册资本保持不变，因此不涉及自然人发起人股东就本次股改缴纳相关个人所得税。	招股意向书相关资料

续表

上市或挂牌代码	公告年份	披露内容摘录（部分隐去名称作为相应的处理）	公告类型
834758	2015年	公司整体变更设立股份公司，以未分配利润转增股份600万元，自然人股东李远明未缴纳个人所得税。根据《辽宁省地方税务局关于拟上市中小企业个人所得税征收有关问题的通知》（辽地税函〔2012〕263号），对列入辽宁省人民政府金融工作办公室重点拟上市企业名单内的企业，用未分配利润、盈余公积、资本公积转增为投资者个人股本的，可向省地方税务局备案后，在转增投资者个人股本时投资者暂不缴纳个人所得税，投资者在取得股息红利或转让股权时，一并缴纳个人所得税。××信息已向大连市高新区地税局备案。	公开转让说明书
300822	2020年	（一）发行人自然人股东在整体变更为股份有限公司中应计征个人所得税 《国家税务总局关于进一步加强高收入者个人所得税征收管理的通知》（国税发〔2010〕54号）规定："加强企业转增注册资本和股本管理，对以未分配利润、盈余公积和除股票溢价发行外的其他资本公积转增注册资本和股本的，要按照'利息、股息、红利所得'项目，依据现行政策规定计征个人所得税。" 根据《企业所得税法》第二十六条的规定，符合条件的居民企业之间的股息、红利等权益性投资收益为免税收入；根据《国家税务总局关于贯彻落实企业所得税法若干税收问题的通知》（国税函〔2010〕79号）的规定，"被投资企业将股权（票）溢价所形成的资本公积转为股本的，不作为投资方企业的股息、红利收入，投资方企业也不得增加该项长期投资的计税基础"。 因此，发行人自然人股东肖××、李××在整体变更为股份有限公司时，应按照"利息、股息、红利所得"项目计征个人所得税，法人股东泰萍××、奕龙××无须缴纳所得税款。 （二）发行人自然人股东可分期缴纳个人所得税 根据《财政部 国家税务总局关于将国家自主创新示范区有关税收试点政策推广到全国范围实施的通知》（财税〔2015〕116号）的规定，全国范围内的中小高新技术企业以未分配利润、盈余公积、资本公积向个人股东转增股本时，个人股东一次缴纳个人所得税确有困难的，可根据实际情况自行制定分期缴税计划，在不超过5个公历年度内（含）分期缴纳，并将有关资料报主管税务机关备案；个人股东获得转增的股本，应按照"利息、股息、红利所得"项目，适用20%税率征收个人所得税。 根据《关于股权奖励和转增股本个人所得税征管问题的公告》（国家税务总局公告2015年第80号）的规定："非上市及未在全国中小企业股份转让系统挂牌的中小高新技术企业以未分配利润、盈余公积、资本公积向个人股东转增股本，并符合财税〔2015〕116号文件有关规定的，纳税人可分期缴纳个人所得税。"	法律意见书

续表

上市或挂牌代码	公告年份	披露内容摘录（部分隐去名称作为相应的处理）	公告类型
300822	2020年	2016年11月15日，深圳市科技创新委员会、深圳市财政委员会、深圳市国家税务局和深圳市地方税务局联合向××有限颁发了《高新技术企业证书》（证书编号为GR201644200049），××有限整体变更为股份有限公司时系非上市及未在全国非上市及未在全国中小企业股份转让系统挂牌的中小高新技术企业。 因此，发行人自然人股东在整体变更为股份有限公司中可分期缴纳个人所得税。 （三）发行人自然人股东须纳税的金额、分期缴税备案及纳税情况 根据深圳市龙岗区地方税务局龙岗税务所出具的转增股本个人所得税分期缴纳备案文件，发行人自然人股东肖×和李××于2017年8月向主管税务机关申请个人所得税按五年分期缴纳并由主管税务机关予以备案，肖×和李××应缴个人所得税均为48.88万元，并应于2017—2021年间各年度的9月分别缴纳97 760元。 根据肖×和李××提供的税收完税证明，肖X和李××已经缴纳了2017年9月和2018年9月应当缴纳的个人所得税。	法律意见书
300776	2019年	公司股本总额在整体变更前后未发生变化，只是将盈余公积和未分配利润直接转入了资本公积，仅是公司净资产在不同会计科目间的变动，并未形成向股东派发股息、红利等情况。因此，公司整体变更为股份公司时，自然人股东暂未产生纳税义务。 公司2017年6月以资本公积2 156.05万元（全部为公司整体变更为股份有限公司时净资产折股后形成的资本公积）转增股本，其中：非自然人股东转增216.88万元，自然人股东转增1 939.17万元。2017年9月，公司以总股本3 814.55万股为基数，向全体股东每10股转增3股（每股面值1元），本次以资本公积转增股本，其中1 090.01万元为公司股本溢价增资形成的资本公积金，54.36万元为公司整体变更为股份有限公司时净资产折股后形成的资本公积（其中，自然人股东转增48.89万元）。 经上述两次资本公积转增股本，公司自然人股东已就整体变更时，由留存收益形成的资本公积1 988.06万元依法、足额地缴纳个人所得税。	法律意见书

为了真实还原这些发生在我们身边的案例，笔者尽量摘录公告的原表述内容，也尽量多地查找了样本，只有真实发生的，才最具有价值。有心人可能会从中借鉴，会发现问题。我们可以看到，这些代表了中国最合规要求的上市或拟上市公司、挂牌公司，他们在整体改制前后涉及的个税处理合规性检测，在不同的律所、不同的律师人员的笔下，竟然有这么大的差别，这说明了什么呢，是政策确实"混乱不清"无法执行清楚，还是政策有"空间"产生灰色理解偏差？证券审核注册部门看到这种"五花八门"的法律意见书的内容，估计自己也"晕"了。在无法确定之时，只要涉税的个人担保，未来不对上市公司引来风险就好。

整体来说，笔者就上述案例的内容，作了如下的理解：

一是，对于之前所说的股份制企业包括股份有限公司和有限责任公司的解释没有问题，但是对于股票溢价发行收入形成的前置条件不解读，要么就可以说这是股东投入的资本，不能认定为所得！但是，在上面的案例中，没有一个律师是这样理解的，都是"严格执行"原198号或与289号文件单个或一起分析。当然，更直截了当的意见是，股票溢价是包括所有的投资者投入的溢价情形，不仅是股票溢价发行，所以在转增资本时不征税。

二是，关于资本溢价部分转增资本从何时开始征税，一部分律师的意见是从2016年1月1日，是从财税〔2015〕116号文件才明确的，才有纳税义务。至少笔者认为，一个财税〔2015〕116号文件，不足以对于所得的定性有这么大的"决定权"，难道其之前发布的国税发〔2010〕54号文件是"自言自语"？笔者认为此意见有断章取义之嫌。当然，从专业的角度，笔者认为财税〔2015〕116号文件确实没有想到会被"利用"，当时的立意前提或解读中做得再详细一些就好了，省得被"钻"空子。

三是，对于净资产折股的情形下普遍达成的共识，笔者认为当前的政策规定也是这样的理解：转到资本/注册资本当中的算为股东个人的所得，盈余公积、未分配利润转到资本公积中的不算为所得。但确看到有偶然的案例提到，并对资本公积当中的情形也进行了计税，此理解存在纳税判定的错误。比如，有的案例中变更前后资本金额一致，那么就不涉及所得。

四是，对于个人的认定，笔者发现有合伙企业作为股东的，是要求穿透到上面计量自然人的个人所得税，笔者认为如何从所得实现要件，还是套用政策的逻辑上，是存在问题的。有的案例中，笔者发现，并没有考虑作为股东的合伙企业，去深究其本身的自然人出资人的个税问题。

五是，对于套用财税〔2015〕41号文件对于个人非货币性资产投资分期纳税的规定，并不相关，似乎有认可的税务机关，但并不是主流。至于有的地方政策给予的分期甚至是延后就所得纳税的安排，并没有税法政策的支持，相应的操作存在违规的责任，对于税务干部的执法带来风险。

六是，对于新三板转板上市的企业，对于整体变更时由留存收益转入资本公积，此时不计税，但是在新三板期间转增股本，对应上述留存收益形成的资本公积部分，进行计所得算个税，但是笔者观察其按20%计税的，并未按差别化股息红利计税。另外对于其在挂牌期间增发股票形成的溢价，及原来整体变更时资本公积原存的余额，在转增股本时并未计税。其实这部分由于未来执行差别化股息红利政策，送股时即使算税，也可能超过一年就免税了，而且送股时可能也分不清是不是股票溢价，大多人可能也默认为全是股票溢价，其实从上市或挂牌之后的转增，多是以系统操作来实施的，这儿是不是一个漏洞，笔者认为值得探讨，但可能我们无法查验到这么细致的地步，前面整体变更的个税问题都没有达到一致，理解不一致，执行不到位。

七是，对于净资产折股整体变更，是不是可以给账上的资本公积、盈余公积、未分配利润明确一个顺序呢？似乎是可以确定的，比如有的人认为资本溢价转增股本时不计所得，就认为不是用留存收益转的，留存收益的部分独自留在了资本公积项下。不过现行税收管理思路是，如果纳税人有应税和免税的项目，建议还是考虑用应税项目处理，减少后续监管压力。

3.7.3　改制后工商登记与税务处理的变化

整体变更为股份有限公司后，企业股东的登记程序会不同，在此简单梳理一下。

对于有限责任公司，相应的股东变更信息一定是通过工商变更实施完成并公示的，在税收政策的征管规则上，国家税务总局公告2014年第67号文件规定：个人在上海证券交易所、深圳证券交易所转让从上市公司公开发行和转让市场取得的上市公司股票，转让限售股，以及其他有特别规定的股权转让，不适用本办法。

对于上市股份有限公司，《中华人民共和国公司登记管理条例（2016修订）》规定的登记事项包括股份有限公司发起人的姓名或者名称。股份有限公司的发起人改变姓名或者名称的，应当自改变姓名或者名称之日起30日内申请变更登记。对于发起人是需要进行相应变更的，但对于其发起人转让股权的情形不会进行变更登记，只涉及相应人员的退出处理。此外，工商登记还有注册资本、法定代表人或高管信息的记录与变更，还包括章程的备案，对于定向增发的战略投资者、众多股民等登记与变更，并不需要进行工商登记①。由于是公众公司，所以相应的信息会按证监会的要求进行公示披露。

但是对于非上市的股份有限公司，在实践中的登记管理，并没有特别明确对于股份变动的要求，也不属于工商变更的登记范围。如浙江省发布了相应的地方操作意见：

---

①　《公司法》规定：第九十六条　股份有限公司应当将公司章程、股东名册、公司债券存根、股东大会会议记录、董事会会议记录、监事会会议记录、财务会计报告置备于本公司。第一百四十条　无记名股票的转让，由股东将该股票交付给受让人后即发生转让的效力。

关于浙江省非上市股份有限公司股份变更章程备案的操作意见

浙工商企（2010）8号

各市、县（市、区）工商行政管理局、金融办：

为了规范非上市股份有限公司股份变更章程备案行为，根据《公司法》《公司登记管理条例》等法律法规，结合我省实际，现对非上市股份有限公司股份变更章程备案提出以下操作意见：

一、非上市股份有限公司股份变更并相应修改公司章程和股东名册中有关股东及其股份记载事项的，应当依法办理章程备案登记。

二、因非上市股份有限公司股份变更而进行章程备案登记应提交以下材料：

1. 法定代表人签署的《公司备案申请书》（公司加盖公章）；

2. 公司签署的《指定代表或者共同委托代理人的证明》（公司加盖公章）及指定代表或委托代理人的身份证复印件；

3. 公司签署的《公司变更登记附表——股东出资信息》（公司加盖公章）；

4. 关于修改公司章程的决议和决定（由会议主持人及出席会议的董事签字的股东大会会议记录）；

5. 法定代表人签署的修改后的公司章程或者公司章程修正案（应当披露每次股份转让的具体时间、数额和交易双方；公司纳入浙江省未上市公司股份转让试点的，可以以承担该项试点中心平台职能的产权交易机构确认的股东清单作为章程附件，每年提交一次）；

6. 法律、行政法规和国务院决定规定修改公司章程必须报经批准的，提交有关的批准文件或者许可证复印件；

7. 公司营业执照副本复印件。

三、非上市股份有限公司成立时未具体列明股东姓名或名称（比如只以国家股、法人股、职工股等名义登记的），在备案时除提交修改后的章程或章程修正案以外，还需要提交针对股权结构的专项审计报告，披露股份变更的历史沿革。

四、外商投资的非上市股份有限公司股份转让，依然按照外商投资公司的相关法律法规，经商务部门批准后，办理股东变更登记手续。

五、本意见实施前已转让但未到登记机关办理章程备案登记的，在完整披露每次股份转让具体时间、数额和交易双方的前提下，可以将多次股份转让合并在一次章程备案登记中完成。

3.8 本章小结

自然人在商业上可以采取不同的组织形式作为经营的载体，每种载体的纳税人身份及适用的计算所得税的规则不相同，但在增值税等经营过程中的税项却是基本上相同的。选择什么样的载体，组合什么样的载体，非常重要，这决定了投资伙伴间的友谊关系与利益关系的考验，无论是成功，还是不成功，人与人之间的差异是必然存在的，如果在章程等法律文件上没有明确的约束，当初就是找的代理机构用一些网上下载的章程模板的话，后续就可能在发生矛盾时无法协调。

【案例】 某有限责任公司有5位自然人股东，其中4位是有着很好的合作共识，但其中一位因为是小股东，平时也不大参与公司管理，在公司运营数年之后，该股东认为公司运营中存在问题，比如会计资料不真实，业务不真实，于是提出诉求要求查账。在没有得到很好的解决之后，此股东频繁到各政府部门举报，比如员工社保缴纳不充分、公积金未缴纳、公司有偷税问题等。结果，余下的几个人都不想与其合作了，但是此人也不退出，也不转让，公司因为有业务要连续运营，有一定的品牌，也不想清算注销，遇到此情形，将如何解决呢？

分析：首先来看，持续合作是很难了，为了保持4个人的良好合作、放弃上面提到的某股东，4位股东想到一个解决方案，原来的公司继续运营，处理完之前的业务。4位股东决定成立一家新的公司，该公司作为普通合伙人，部分高管作为有限合伙人，再一起投资一家新的公司，此公司未来承接原来公司的业务。这相当于另起炉灶，在此过程当中，笔者认为，最为主要的是要分清原公司与新公司之间的财产转移，不然涉及无形资产、有形资产等的转移，可能形成侵占公司财产的行为，毕竟两家公司的股东是不完全相同的。

个人在税负上的轻与重，因不同的组织形式，也是有差异的，毕竟将经营中的利润转移到个人名下，或多或少地有着存在的刚需，高税负的存在，让不少的投资者有着想规避的想法。近年来，财政返还、灵活用工、搭建业务报销、发票代开等众多的方式出现，自媒体大张旗鼓的宣传，让很多投资人放弃了真实业务支撑的底线，加之部分的平台的参与，让洗钱、虚开发票、不合规税务处理等方面的风险累积越来越高，或许快到泡沫破了的时候了。

另外，除了经营致富之外，通过公司挂牌、上市，目前的路径基本上就是有限责任公司改制为股份有限公司，再进行挂牌或上市，其他的运营主体往往是无法进入资本市场的。资本的溢价能力与市场价值的认可，通常远远超过本本分分经营所得的投资收益，但无论是国内资本市场还是国际资本市场，当下仍是少数幸运儿的未来，我们的企业家、创业人，只有不断努力，方有可为。

4 个人投资资本市场的涉税处理

在第三章中，我们分析了个人直接投资设立实体来运营的情形，这是一个从小到大，不断探索的艰难过程，更多的企业维持在中小型规模上，面临的风险大、竞争压力大，房租成本及人员成本、设备投入的成本，创业之路殊为不易。在这种情形下，能不能直接将资金投入到金融市场，做一个悠闲的投资客呢，虽然也有风险，但是自己可以搭配投资稳健型与风险型的产品。

现实中有投资古玩、石头、字画、雕刻、邮票的，有搞民间借贷的，也有与别人一起跟投新股的情形，甚至当前炒比特币也是一种另类投资了。本章将结合当前存在的一些金融市场，与大家一起探讨其各自适用的税收政策，看看有哪些风险，哪些筹划空间，以利于我们的投资者作出更好的决策。关于私募领域的涉税问题，我们已在第三章合伙企业项下进行了相应的分析。

4.1 当前主要的资本交易类型与市场

中国金融投资市场的多元化发展，以及适合民众投资的领域比较多，一些具有"周期性"的现象出现，比如股市的短期暴涨暴跌将很多投资者套牢，投资人对于投资经营活动的理解，以及持有的长期性，加上市场制度、监管等方面的不完善，给投资人带来较大的投资风险，"一窝蜂"式的投资涌入，总会造成有人欢喜有人哭的结局。

比如民间常说的股民中 8 成人都在亏损，仅有大概 2 成左右的人在盈利。①

4.1.1　个人投资境内股票市场

中国股市的发展，可谓是一直处于持续的创新过程中，对于上市公司的股票投资，投资人买卖股票非常便利，国家的财税支持政策力度也是非常大。对于新三板挂牌的企业，其投资受限较多，下面我们来整理一下相应的基本资料（见表 4-1）。

表 4-1

分类	发行方式	上市条件	发行对象
主板	核准制	更多参考财务指标，对盈利的连续性和绝对金额要求比较高	通常能在主板上市的多为大型成熟企业，或处于某个行业的龙头地位，具有较大的资本规模及稳定的盈利能力，例如工商银行、中国人寿、中国石油等
中小板	核准制	更多参考财务指标，对盈利的连续性和绝对金额要求比较高	在中小板上市的企业，行业地位虽然通常没有主板上市企业那么高，但其中部分企业成长性较强
创业板	注册制试点	更多参考财务指标，盈利条件相对宽松，但都是需要企业连续盈利	又被称为二板市场，是为具有高成长性的中小企业和高科技企业融资服务的资本市场
科创板②	注册制	科创板的发行上市条件，包容性就强得多，设计了 5 套标准，包括市值、	符合国家战略、突破关键核心技术、市场认可度高的科技创新企业

---

①　查阅百度百科：

二八定律又名 80/20 定律、帕累托法则（Pareto's principle）也叫巴莱特定律、朱伦法则（Juran's Principle）、关键少数法则（Vital Few Rule）、不重要多数法则（Trivial Many Rule）最省力的法则、不平衡原则等，被广泛应用于社会学及企业管理学等。

二八定律是 19 世纪末 20 世纪初意大利经济学家帕累托发现的。他认为，在任何一组东西中，最重要的只占其中一小部分，约 20%，其余 80% 尽管是多数，却是次要的，因此又称二八定律。

1897 年，意大利经济学者帕累托偶然注意到 19 世纪英国人的财富和收益模式。在调查取样中，发现大部分的财富流向了少数人手里。同时，他还从早期的资料中发现，在其他国家，都发现有这种微妙关系一再出现，而且在数学上呈现出一种稳定的关系。于是，帕累托从大量具体的事实中发现：社会上 20% 的人占有 80% 的社会财富，即：财富在人口中的分配是不平衡的。

同时，人们还发现生活中存在许多不平衡的现象。因此，二八定律成了这种不平等关系的简称，不管结果是不是恰好为 80% 和 20%（从统计学上来说，精确的 80% 和 20% 出现的概率很小）。习惯上，二八定律讨论的是顶端的 20%，而非底部的 80%。人们所采用的二八定律，是一种量化的实证法，用以计量投入和产出之间可能存在的关系。

②　《关于在上海证券交易所设立科创板并试点注册制的实施意见》（证监会公告〔2019〕2 号）规定：

（八）上交所负责科创板发行上市审核。上交所受理企业公开发行股票并上市的申请，审核并判断企业是否符合发行条件、上市条件和信息披露要求。审核工作主要通过提出问题、回答问题方式展开，督促发行人完善信息披露内容。上交所制定审核标准、审核程序等规则，报证监会批准。上交所成立由相关领域科技专家、知名企业家、资深投资专家等组成的科技创新咨询委员会，为发行上市审核提供专业咨询和政策建议。必要时可对申请发行上市的企业进行询问。（九）证监会负责科创板股票发行注册。上交所审核通过后，将审核意见及发行人注册申请文件报送证监会履行注册程序。注册工作不适用发行审核委员会审核程序，按证监会制定的程序进行，依照规定的发行条件和信息披露要求，在 20 个工作日内作出是否同意注册的决定。科创板上市公司非公开发行新股实行注册制，具体程序与公开发行相同。证监会完善再融资制度，提高科创板再融资便利性。

续表

分类	发行方式	上市条件	发行对象
科创板	注册制	营收、经营活动现金流、研发投入和产品的技术优势等综合因素。虽然也参考财务指标，但强调持续经营能力，强调持续经营能力，不强调持续盈利能力。尚未盈利或存在累计未弥补亏损的企业，只要核心产品有明显技术优势，就可以在科创板发行上市	符合国家战略、突破关键核心技术、市场认可度高的科技创新企业
新三板①	准注册制	门槛低，无盈利要求，比如有成立二年以上的要求等	小微企业，特别是创新型小微企业直接融资的重要平台

从创新性来讲，科创板开启了我国资本市场融资的新篇章，特别是开启了"同股不同权"的新时代，为投资人带来了更多的决策权与对于公司的控制力度。而新三板，由于市场流动性与品质性方面的影响，似乎当初的热情正在减退中。

当前我们国内有沪市与深市两个证券交易所，而新三板是挂牌企业，不是公开发行股票，不在证券交易所交易。通常我们所称的 A 股是指沪深两市的国内股市 A 股；有小部分称为 B 股，主要是供国外投资人购买。目前，深沪证券交易所都有主板板块，但中小板与创业板在深交所，科创板在上交所。对于广大个人或企业，主板与中小板的股票投资买卖，没有什么限制。创业板对于投资者需要有二年以上的投资股市的经历，但现在据了解，这也并不是一个强制性的标准。这么多的板块，是如何一个关系呢？大家可以看到，中小板市场和创业板市场服务的对象更相近，都是中小企业，但中小板的上市条件与主板相同，创业板上市条件相对较低，更适合处于成长期和创业期的企业。据《中国经营报》的文章②，中小板的初衷就是为了恢复深交所的融资功能，由于深交所在 2000 年为了准备二板市场就停止了新股发行，但当时美国的互联网泡沫破灭，导致类创业板的二板市场夭折在了萌芽阶段，深交所为此付出了停发 4 年新股的代价，于是才酝酿了中小板作为创业板的过渡板块为中小企业融资服务，并启用了保荐核准制。在时间上，中小板是于 2004 年经国务院批准，中国证监会正式发出批复，同意深圳证券交易所在主板市场内设立中小企业板块，并核准了中小企业板块实施方案。创业板是在 2009 年 10 月 30 日正式开市的。

科创板是 2019 年正式开市的一个板块，是证券发行注册制的试点，《上海证券交易

---

① 全国中小企业股份转让系统（简称"全国股转系统"，俗称"新三板"）是经国务院批准，依据证券法设立的继上交所、深交所之后第三家全国性证券交易场所，也是我国第一家公司制运营的证券交易场所。

② 《中小板如何改变"过渡板"的尴尬》

所关于科创板投资者教育与适当性管理相关事项的通知》（上证发〔2019〕33号）规定：

二、会员为个人投资者开通科创板股票交易权限的，个人投资者应当符合下列条件：

（一）申请权限开通前20个交易日证券账户及资金账户内的资产日均不低于人民币50万元（不包括该投资者通过融资融券融入的资金和证券）；

（二）参与证券交易24个月以上；

（三）本所规定的其他条件。

机构投资者参与科创板股票交易，应当符合法律法规及本所业务规则的规定。

本所可根据市场情况对上述条件作出调整。

所以投资科创板还是有相应的门槛的，这样就减少了很多散户的拥入，形成炒新股的局面出现。从上面的外在表现形式来看，除了新三板外，另外四类均为上市公司，是公开发行的股票，个人投资者可以从公开发行时购买，也可在二级市场进行买卖，国家对于股票交易与股息红利有很强的支持性政策。对于新三板，虽然个人参与投资买卖的情形不多①，但税收政策方面也给予了与上市公司股票交易类似的政策。

---

① 关于修改《全国中小企业股份转让系统投资者适当性管理办法》的公告（2019年12月27日）提出：
第四条　投资者申请参与精选层股票发行和交易应当符合下列条件：
（一）实收资本或实收股本总额100万元人民币以上的法人机构；
（二）实缴出资总额100万元人民币以上的合伙企业；
（三）申请权限开通前10个交易日，本人名下证券账户和资金账户内的资产日均人民币100万元以上（不含该投资者通过融资融券融入的资金和证券），且具有本办法第七条规定的投资经历、工作经历或任职经历的自然人投资者。
投资者参与挂牌公司股票向不特定合格投资者公开发行并在精选层挂牌的申购，应当符合本条前款规定。
第五条　投资者申请参与创新层股票发行和交易应当符合下列条件：
（一）实收资本或实收股本总额150万元人民币以上的法人机构；
（二）实缴出资总额150万元人民币以上的合伙企业；
（三）申请权限开通前10个交易日，本人名下证券账户和资金账户内的资产日均人民币150万元以上（不含该投资者通过融资融券融入的资金和证券），且具有本办法第七条规定的投资经历、工作经历或任职经历的自然人投资者。
第六条　投资者申请参与基础层股票发行和交易应当符合下列条件：
（一）实收资本或实收股本总额200万元人民币以上的法人机构；
（二）实缴出资总额200万元人民币以上的合伙企业；
（三）申请权限开通前10个交易日，本人名下证券账户和资金账户内的资产日均人民币200万元以上（不含该投资者通过融资融券融入的资金和证券），且具有本办法第七条规定的投资经历、工作经历或任职经历的自然人投资者。
投资者参与挂牌同时定向发行的，应当符合本条前款规定。
第七条　自然人投资者参与挂牌公司股票发行和交易的，应当具有2年以上证券、基金、期货投资经历，或者具有2年以上金融产品设计、投资、风险管理及相关工作经历，或者具有《证券期货投资者适当性管理办法》第八条第一款第一项规定的证券公司、期货公司、基金管理公司及其子公司、商业银行、保险公司、信托公司、财务公司，以及经行业协会备案或者登记的证券公司子公司、期货公司子公司、私募基金管理人等金融机构的高级管理人员任职经历。
具有前款所称投资经历、工作经历或任职经历的人员属于《证券法》规定禁止参与股票交易的，不得申请参与挂牌公司股票发行与交易。

(1) 个人转让上市公司股票所得的计税规定。

《关于个人转让股票所得继续暂免征收个人所得税的通知》（财税字〔1998〕61号）规定：

为了配合企业改制，促进股票市场的稳健发展，经报国务院批准，从1997年1月1日起，对个人转让上市公司股票取得的所得继续暂免征收个人所得税。

《关于个人转让上市公司限售股所得征收个人所得税有关问题的通知》（财税〔2009〕167号）规定：

八、对个人在上海证券交易所、深圳证券交易所转让从上市公司公开发行和转让市场取得的上市公司股票所得，继续免征个人所得税。

上面的文件，我们可以发现有一个范围的明确，即之前大家的理解是，只要是上市公司的股票转让，都是免税的，但是依据财税〔2019〕167号文件，则多限于对个人买卖公开发行和市场取得的上市公司股票才予以免税。这一变化源自于对限售股开始征税，即从未上市时的股权，到上市后的股票，对于此部分人不征转让股票的个税，似乎并不是鼓励股市发展的情形，限售股都不是从上市公司公开发行和转让市场上取得的，却与个人投资者从上市公司公开发行和转让市场购买的上市公司股票转让所得一样享受个人所得税免税待遇，加剧了收入分配不公的矛盾。个人转让非上市公司股份所得、企业转让限售股所得都应征收所得税，个人转让限售股如不征税，与个人转让非上市公司股份以及企业转让限售股政策之间存在不平衡问题。

如果个人通过公司来投资股票，对于买卖的价差所得，都不能享受免税。但若是一个居民企业直接投资于另一个居民企业（上市公司）所取得的股息红利，是免税的，个人直接投资取得的股息红利，实施的是差别化个税计税政策。

如果个人通过设立的合伙企业来投资股票，对于买卖的价差所得，也不能享受免税，而是按照经营所得依5%—35%税率来计算个人所得税，如果取得的是股息红利所得，按照政策规定是"穿透"计算其股息红利的个人所得税，税率是20%，此时不实施差别化个税计税政策，上市公司也并不对持有股票的合伙企业进行"穿透"，以确认其背后是不是存在个人投资者，是不是要代扣代缴个人所得税，这明确是不需要的，因为证券登记机构并不对此进行管理，即使有税务机关要求扣缴，也不是自己一个部门可以主导要求的。而对于非上市的公司，比如浙江省之前的文件，就对此有相应的地方执行口径需求支付单位扣缴。

在营改增之前，笔者经常讨论买卖金融商品计缴营业税的问题，对于转让金融商品，之前政策规定是买卖金融商品，对于这种从股权转为股票过程中，纳税人并不是买与卖的过程，即有人士认为这是不同的，由此产生了一些文字争议。营改增之后，在增值税上直接规定了"转让"金融商品的行为是增值税的应税行为，在这种情形下，就不存在文字争议的问题了。营改增之前，有数个地方的税务机关"创新"地出台了对于限售股征收营业税的计税规定，其实是没有上位法支持的，而且"独创"了扣减以发行价为基础"虚拟"出来的扣减成本计算营业税时计税的转让差额，在营改增之后，这个计税"规则"被继承了下来，但其适用主体是非个人的经营单位，个人转让限售股也是金融商品，免增值税。

（2）个人转让新三板挂牌企业股份所得的计税规定。

上面我们提到的是上市公司的股票买卖，对于除限售股之外的情形，是享受个人所得税免税待遇的。现在我们看一下在新三板挂牌的企业，如果有参与股份转让行为的，是否享受免税待遇呢？

《财政部 国家税务总局关于个人转让全国中小企业股份转让系统挂牌公司股票有关个人所得税政策的通知》（财税〔2018〕137号）规定：

为促进全国中小企业股份转让系统（以下简称新三板）长期稳定发展，现就个人转让新三板挂牌公司股票有关个人所得税政策通知如下：

一、自2018年11月1日（含）起，对个人转让新三板挂牌公司非原始股取得的所得，暂免征收个人所得税。

本通知所称非原始股是指个人在新三板挂牌公司挂牌后取得的股票，以及由上述股票孳生的送、转股。

四、2018年11月1日之前，个人转让新三板挂牌公司非原始股，尚未进行税收处理的，可比照本通知第一条规定执行，已经进行相关税收处理的，不再进行税收调整。

五、中国证券登记结算公司应当在登记结算系统内明确区分新三板原始股和非原始股。中国证券登记结算公司、证券公司及其分支机构应当积极配合财政、税务部门做好相关工作。

需要注意的是，财税〔2018〕137号文对原始股的定义是"指个人在新三板挂牌公司挂牌前取得的股票,以及在该公司挂牌前和挂牌后由上述股票孳生的送、转股"。而财税〔2009〕167号对上市公司限售股的定义是"1. 上市公司股权分置改革完成后股票复牌日之前股东所持原非流通股股份,以及股票复牌日至解禁日期间由上述股份孳生的送、转股;2. 2006年股权分置改革新老划断后,首次公开发行股票并上市的公司形成的限售股,以及上市首日至解禁日期间由上述股份孳生的送、转股"。可见,上市公司限售股在解禁后孳生的送、转股不属于限售股,而新三板原始股在解禁后孳生的送、转股仍然属于原始股,堵住了挂牌公司利用高送转进行避税的漏洞。由于新三板挂牌企业并不存在挂牌同步公开发行股票的情形,所以个人的适用范围应是挂牌后通过交易系统取得再转让的自然人投资者。其中对于送股、转股情形,需要考虑差别化股息红利的计税,在转为持有股份后,再次进行转让的,免征个人所得税。

【案例】宋某投资新三板企业,共投资了两家企业的股票,其中2019年2月转让了一笔,有所得300万元,2019年9月转让了一笔,亏损了200万元。2019年9月卖了房产一处,有转让所得500万元,分析其2019年财产转让所得的情形。

分析:首先,2019年2月所得300万元是免税的;亏损的200万元,由于没有所得,也不用考虑免税的适用政策。同时计算500万元所得的个税,共计100万元的个人所得税。

同为9月,为何不能200万元抵减500万元的所得,却要单独计税呢?因为财产转让所得是按照一次转让财产的收入额减除财产原值和合理费用后的余额计算纳税。互相不冲抵,亏损的只能自己"扛",或者用其他的税后所得来承担,也不存在月度汇算或年度汇算的情形。

(3) 取得上市公司股息红利的计税规定。

前面分析过,上市公司派发的股息红利的个人所得税实施的是差别化的优惠计税政策,在派发时由上市公司进行代扣代缴。下面我们结合一个派息公告,相应进行适用性的政策分析。

《广汇汽车服务集团股份公司2018年年度权益分派实施公告》中提到:

每股分配比例:A股每股现金红利0.015元
一、通过分配方案的股东大会届次和日期
本次利润分配方案经公司2019年5月15日的2018年年度股东大会审议通过。

二、分配方案

1. 发放年度：2018年年度

2. 分派对象：

截至股权登记日下午上海证券交易所收市后，在中国证券登记结算有限责任公司上海分公司（以下简称"中国结算上海分公司"）登记在册的本公司全体股东。

3. 分配方案：本次利润分配以方案实施前的公司总股本 8 183 624 750 股为基数，每股派发现金红利 0.015 元（含税），共计派发现金红利 122 754 371.25 元（含税）。

四、分配实施办法

1. 实施办法

无限售条件流通股的红利委托中国结算上海分公司通过其资金清算系统向股权登记日上海证券交易所收市后登记在册并在上海证券交易所各会员办理了指定交易的股东派发。已办理指定交易的投资者可于红利发放日在其指定的证券营业部领取现金红利，未办理指定交易的股东红利暂由中国结算上海分公司保管，待办理指定交易后再进行派发。

2. 自行发放对象

公司控股股东新疆广汇实业投资（集团）有限责任公司所持公司部分股份（2 353 034 613 股）、公司股东 Blue Chariot Investment Limited、公司2018年限制性股票激励对象所对应的现金红利由公司自行派发。

3. 扣税说明

（1）对于持有本公司 A 股股票的自然人股东和证券投资基金，根据《关于上市公司股息红利差别化个人所得税政策有关问题的通知》（财税〔2015〕101号）和《关于实施上市公司股息红利差别化个人所得税政策有关问题的通知》（财税〔2012〕85号）的有关规定，持股期限超过1年的，本次分红派息暂免征收个人所得税；持股期限在1年以内（含1年）的，本次分红派息暂不扣缴个人所得税，本次实际派发的现金红利为每股人民币 0.015 元。

自然人股东及证券投资基金在股权登记日后转让股票时，中国结算上海分公司根据其持股期限计算实际应纳税额，由证券公司等股份托管机构从个人资金账户中扣收并划付中国结算上海分公司，中国结算上海分公司于次月5个工作日内划付本公司，本公司在收到税款当月的法定申报期内向主管税务机关申报缴纳。

具体实际税负为：股东的持股期限在1个月以内（含1个月）的，其股息红利所得全额计入应纳税所得额，实际税负为股息红利所得的20%；持股期限在1个月以上至1年（含1年）的，暂减按50%计入应纳税所得额，实际税负为股息红利所得的10%；持股期限超过1年的，股息红利所得暂免征收个人所得税。

（2）对于持有公司有限售条件流通股的个人股东及证券投资基金，根据《关于实施上市公司股息红利差别化个人所得税政策有关问题的通知》（财税〔2012〕85号）

有关规定，公司按照10%的税率代扣代缴所得税，税后每股实际派发现金红利人民币0.0135元。

（3）对于合格境外机构投资者（QFII）股东，根据《关于中国居民企业向QFII支付股息、红利、利息代扣代缴企业所得税有关问题的通知》（国税函〔2009〕47号）的有关规定，本公司按照10%的税率统一代扣代缴企业所得税，扣税后每股实际派发现金红利人民币0.0135元。如相关股东认为其取得的股息、红利收入需要享受税收协定（安排）待遇的，可按照规定在取得股息、红利后自行向主管税务机关提出申请。

（4）对于通过沪股通投资本公司A股股票的香港联交所投资者（包括企业和个人），其股息红利将由本公司通过中国结算上海分公司按股票名义持有人账户以人民币派发，扣税根据《关于沪港股票市场交易互联互通机制试点有关税收政策的通知》（财税〔2014〕81号）的有关规定，本公司按照10%的税率代扣所得税，税后每股实际派发现金红利人民币0.0135元。如相关投资者认为其取得的股息收入需要享受任何税收协定（安排）待遇，可按照《财税〔2014〕81号通知》的规定在取得股息、红利后向主管税务机关提出申请。

（5）如存在除前述QFII、沪股通股东以外的其他非居民企业股东（其含义同《中华人民共和国企业所得税法》（"《企业所得税法》"），该等股东应参考《企业所得税法》第三十九条的相关规定，自行在所得发生地缴纳所得税。

（6）对于持有本公司股票的其他机构投资者和法人股东，本公司将不代扣代缴企业所得税，由纳税人按税法规定自行判断是否应在当地缴纳企业所得税，本公司实际派发现金红利为税前每股人民币0.015元。

相信通过此分配利润的样本，大家就可以理解上市公司如何扣缴或不需扣缴个人所得税、企业所得税的情形。下面我们再看一下有资本公积转增股本的上市公司公告样本，《云南南天电子信息产业股份有限公司关于2018年度利润分配及资本公积转增股本预案的公告》中提到：

一、2018年度利润分配及资本公积金转增股本预案的基本情况
（一）利润分配及资本公积金转增股本预案的具体内容

经中审众环会计师事务所（特殊普通合伙）审计，2018年度公司合并会计报表归属于母公司股东的净利润为74 771 358.39元，母公司会计报表净利润为53 981 704.37元，2018年度提取法定盈余公积5 398 170.44元。根据法律法规及《公司章程》的有关规定，利润分配以母公司会计报表净利润53 981 704.37元为基准，加年初未分配利润318 050 092.15元，提取法定盈余公积5 398 170.44元，2017年已分配股利4 932 120.92元，可供股东分配利润361 701 505.16元。2018年末公司合并会计报表资本公积余额为796 924 208.60元，其中，股本溢价为733 762 106.07元；母公司会计报表资本公积

余额 852 317 552.66 元，股本溢价为 781 045 937.41 元。

基于公司目前股本结构状况、资本公积金余额情况，在保证公司正常经营和长远发展的前提下，积极合理回报广大投资者、优化股本结构、增强股票流动性，公司拟以 2018 年 12 月 31 日的总股本 246 606 046 股为基数，向全体股东每 10 股派发现金红利 0.50 元（含税），合计派发现金红利 12 330 302.30 元（含税）。同时，本年度进行资本公积金转增股本，以公司现有总股本 246 606 046 股为基数，向全体股东每 10 股转增 3 股，合计转增股本 73 981 813 股，转增金额未超过公司报告期末"资本公积——股本溢价"的金额，公司资本公积足以实施本次转增方案。转增后，公司的总股本由 246 606 046 股增加至 320 587 859 股（具体股数以实施完毕后中国证券登记结算有限责任公司深圳分公司确认的股数为准）。

（二）利润分配及资本公积金转增股本预案的合法性和合理性

公司本次利润分配及资本公积金转增股本的预案符合《中华人民共和国公司法》、《企业会计准则》、中国证券监督管理委员会（以下简称"中国证监会"）《关于进一步落实上市公司现金分红有关事项的通知》、中国证监会《上市公司监管指引第 3 号——上市公司现金分红》及《公司章程》等的相关规定。该预案合法、合规、合理，不会造成公司的流动资金短缺或其他不良影响。

二、履行程序情况

（一）本次利润分配及资本公积金转增股本的预案经公司第七届董事会第十九次会议和第七届监事会第十二次会议审议通过，尚需提交公司 2018 年度股东大会审议。

（二）公司独立董事认为：公司本次利润分配及资本公积金转增股本的预案符合有关法律、法规和《公司章程》的有关规定，符合公司的实际情况，能体现对投资者的合理投资回报，同时兼顾了公司的可持续性发展，不存在损害公司股东尤其是中小股东利益的行为，同意董事会拟定的利润分配及资本公积转增股本的预案，并同意将该事项提交公司 2018 年度股东大会审议。

（三）公司监事会认为：公司本次利润分配及资本公积金转增股本的预案，充分考虑了对广大投资者的合理投资回报，与公司业绩成长性相匹配，符合公司长期发展规划的需要，符合相关法律、法规以及《公司章程》的规定，符合公司股东的利益，不存在损害公司股东尤其是中小股东利益的情形。

三、相关风险提示及其他说明

（一）本次利润分配及资本公积金转增股本预案披露公告前，公司严格控制内幕信息知情人的范围，并对相关内幕信息知情人进行备案，履行了保密和严禁内幕交易的告知义务。

（二）本次利润分配及资本公积金转增股本预案对公司净资产收益率以及投资者持股比例没有实质性的影响。本次利润分配及资本公积金转增股本预案实施后，公司总股本将增加，预计每股收益、每股净资产等指标将相应摊薄。

（三）本次利润分配及资本公积金转增股本预案尚需提交公司 2018 年度股东大会审议通过后方可实施，该事项仍存在不确定，敬请广大投资者理性投资，注意投资风险。

上面的公告内容中，我们可以看到，在描述当中提到的是股本溢价的转增，但在这里我们无从知道其是不是全为上市发行股票溢价收入形成的，有没有包括其他的溢价，比如整体变更时形成的溢价。比如《中徽机电科技股份有限公司 2018 年年度资本公积转增股本预案公告》中就作了解释：

截至 2018 年 12 月 31 日，挂牌公司未分配利润为 20 104 223.02 元。资本公积为 19 583 228.56 元（其中股票发行溢价形成的资本公积为 19 583 228.56 元，其他资本公积为 0 元。）公司本次权益分派预案如下：公司拟以权益分派实施时股权登记日的总股本为基数，以资本公积向全体股东以每 10 股转增 2 股（其中以股票发行溢价所形成的资本公积每 10 股转增 2 股，无须纳税；以其他资本公积每 10 股转增 0 股，需要纳税）。实际分派结果以中国证券登记结算有限公司核算的结果为准。

本次权益分派后，公司总股本由 66 800 000 股增加至 80 160 000 股，实际分派结果以中国证券登记结算有限责任公司权益分派的结果为准。

上述权益分派所涉个税依据《关于上市公司股息红利差别化个人所得税政策有关问题的通知》（财税〔2015〕101 号）执行。

《厦门飞博共创网络科技股份有限公司关于资本公积转增股本方案的公告》中是这样描述的：

一、资本公积转增股本预案
经致同会计师事务所（特殊普通合伙）出具的致同审字（2017）第 350ZB0247 号报告，截至 2016 年 12 月 31 日，本公司资本公积余额为 46 721 698.98 元。
经公司 2017 年 6 月 8 日召开的第一届董事会第二十四次会议审议决定，公司拟以现有股本 40 718 700 股为基数，以股票发行溢价形成的资本公积向全体股东以每 10 股转增 11.120517 股，共计转增 45 281 300.00 股。转增后公司总股本将增至 86 000 000.00 股。本次转增股本的资本公积全部由公司股东投入的股本溢价所形成，股东无须缴纳所得税。

《合肥合锻机床股份有限公司 2015 年度利润分配及资本公积转增股本实施公告》中提到：

每股派发现金红利：人民币 0.11 元（含税）；每 1 股资本公积转增 1 股，其中以股票溢价发行收入所形成的资本公积金 1 股送 0.588662 股不需缴税；其他资本公积金转增股本 1 股送 0.411338 股需要缴税。

3. 资本公积金转增股本

根据现行税收政策，以股票溢价发行收入所形成的资本公积转增股本的部分不扣税，其他资本公积转增股本的部分与送红股、盈余公积转增股本等扣税。

根据公司 2015 年利润分配方案，每 1 股资本公积转增 1 股，其中以股票溢价发行收入所形成的资本公积金 1 股送 0.588662 股不需扣税；其他资本公积金转增股本 1 股送 0.411338 股需要扣税。

比如新三板（证券代码：834268）也有一个案例，为了比较，我们在此一并列出，是一家已终止挂牌的企业在 2016 年的公告：

结合公司当前实际经营情况，考虑公司未来可持续发展，同时兼顾对投资者的合理回报，根据 2016 年三季度报告（未经审计），截至 2016 年 9 月 30 日，公司的资本公积余额为 27 305 807.17 元。

公司拟以现有总股本 13 000 000 股为基数，以资本公积向全体股东每 10 股转增 20.77 股，共计转增 27 001 000 股。其中以股票发行形成的股本溢价 26 715 000 元向全体股东每 10 股转增 20.55 股，该部分股东无须缴纳个人所得税；其他资本公积 286 000 元向全体股东每 10 股转增 0.22 股，该部分股东应缴税费按照《关于上市公司股息红利差别化个人所得税政策有关问题的通知》（财税〔2015〕101 号）等相关规定执行。

本次资本公积转增股本后，公司股本由 13 000 000 股增至 40 001 000 股，资本公积余额为 304 807.17 元。上述权益分派结果最终以中国证券登记结算有限责任公司北京分公司计算结果为准。

在这里，对股本溢价与其他资本公积进行了区分，我们之前讨论过，对于股本溢价的认可，如果是整体变更所记入的资本公积金额，不应认为属于股票溢价的性质。笔者查阅了该公司的账册，其在挂牌后增发了一次股票，有两家企业进行了战略投资，由此形成了上面提及的股本溢价，且不需计缴个税应税所得的说明，笔者认为这个理解可以解释，新三板挂牌企业引入战略投资者，也属于发行溢价的溢价，形式上倒是相对满足国税函〔1998〕289 号的描述。对于其他的资本公积，则应计为所得，但应按股息红利差别化个税政策实施。

对于送股的处理，相当于是未分配利润转增股本的处理，下面的《华联控股股份有限公司 2018 年度分红派息实施公告》就是一个送股的案例，其中的内容摘录如下：

一、股东大会审议通过的利润分配方案情况

1. 2019年6月11日，公司2018年度股东大会审议通过了《华联控股股份有限公司2018年度利润分配方案》：以公司总股本1 141 487 712股为基数，向全体股东每10股派发6.00元现金（含税）、送3股红股（含税），合计派发现金股利684 892 627.20元、送红股342 446 313股，不进行资本公积金转增股本。本次利润分配方案实施完毕后，公司总股本将增加至1 483 934 025股。具体内容可查阅公司2019年6月12日刊载在巨潮资讯网（http：//www.cninfo.com.cn）上的《华联控股股份有限公司2018年度股东大会决议公告》（公告编号：2019－042）。

2. 自本次分配方案披露至实施期间公司股本总额未发生变化。
3. 本次实施的分配方案与股东大会审议通过的分配方案一致。
4. 本次实施分配方案距离股东大会审议通过的时间未超过两个月。

二、本次实施的利润分配方案

公司2018年度利润分配方案为：以公司总股本1 141 487 712股为基数，向全体股东每10股派6.00元人民币现金、送3股红股（含税；扣税后，通过深股通持有股份的香港市场投资者、QFII、RQFII以及持有首发前限售股的个人和证券投资基金每10股派5.10元；持有首发后限售股、股权激励限售股及无限售流通股的个人股息红利税实行差别化税率征收，本公司暂不扣缴个人所得税，待个人转让股票时，根据其持股期限计算应纳税额[注]；持有首发后限售股、股权激励限售股及无限售流通股的证券投资基金所涉红利税，对香港投资者持有基金份额部分按10%征收，对内地投资者持有基金份额部分实行差别化税率征收）。

[注：根据先进先出的原则，以投资者证券账户为单位计算持股期限，持股1个月（含1个月）以内，每10股补缴税款1.80元；持股1个月以上至1年（含1年）的，每10股补缴税款0.90元；持股超过1年的，不需补缴税款。]

三、分红派息日期

本次分红派息股权登记日为：2019年6月27日，除权除息日为：2019年6月28日。本次所送的无限售条件流通股的起始交易日为：2019年6月28日。

四、分红派息对象

本次分派对象为：截止2019年6月27日下午深圳证券交易所收市后，在中国证券登记结算有限责任公司深圳分公司（以下简称"中国结算深圳分公司"）登记在册的本公司全体股东。

大家可以发现，对于股票股利，即送股，相当于是分配利润再投资的处理过程，个人即使没有拿到现金，但是拿到了股票，相当于取得了所得。《国家税务总局关于征收个人所得税若干问题的规定》（国税发（1994）89号）规定：

十一、关于派发红股的征税问题

股份制企业在分配股息、红利时，以股票形式向股东个人支付应得的股息、红利（即派发红股），应以派发红股的股票票面金额为收入额，按利息、股息、红利项目计征个人所得税。

一般来说，取得股票等非货币性所得的，需要以公允价值计量所得，如公司发放股票给员工，是视为工资薪金所得认定的，价值需要以公允价值计量，为什么这里却是按面值呢？其实很好理解，因为这是对于股东的利润分配，通常上市公司股票面值是1元，因此，利润分配的金额正好等于送股的数量，从这个角度理解，按面值计缴个税未尝不可。上市公司派发红股应分解为上市公司先对个人股东进行现金分配，股东再用取得的现金按面值去购买上市公司的股票，并不是上市公司去增发股票由个人购买，这种情形下就会产生溢价投资的情形，因此，不宜用这种增发的方式来思考分配红股的计量所得额。上市公司股价高于股票面值的部分，是市场给予的，不是上市公司给予的，应该对其征税的部分仅限于上市公司给予股东分配的部分，这跟我们上面提到的未分配利润转增股本是一样的，并不需要考虑每股股本的公允价值问题，只是这里的股本表现为股票的形式。同时，按面值征税也使得税负较低，也可以说是一项变相优惠。如果持股人是法人股东，此时也应按分配的金额确认为股息红利，此时一般享受免税待遇，并且计为投资成本。如果持股人是合伙企业，此为股息红利，宜按照"穿透"计算自然人合伙人的个税由合伙企业扣缴个税，并增加合伙企业投资成本但不作为经营所得，法人合伙人没有政策支持可以穿透，笔者认为没有支持的政策，也存在操作上的困难，穿透后计税，无法享受免税，再认可其出资成本增加？因为个人的所得税征完了就不考虑其增加投资成本的问题，本身也因独立计税的要求，让其间接享受了此利益，此时纳税，也是为了将来合伙企业转让股份时，可以扣减增加的成本。

那么差别化的股息红利计缴个税的政策，如何实施呢？如果是持股时间超过一年的，那么直接免税，但是如果不到一年，则在发放时暂不扣税，上市公司派发股息红利时，对个人持股1年以内（含1年）的，上市公司暂不扣缴个人所得税，待个人转让股票时，证券登记结算公司根据其持股期限计算应纳税额，由证券公司等股份托管机构从个人资金账户中扣收并划付证券登记结算公司，证券登记结算公司应于次月5个工作日内划付上市公司，上市公司在收到税款当月的法定申报期内向主管税务机关申报缴纳。

取得上市公司或挂牌公司股息红利的个税优惠政策，是为了支持资本市场的发展，对于非上市的股份有限公司、有限责任公司，则不能享受该优惠政策，统一按照20%计算股息红利的个税，并由支付单位代扣代缴。但是在发放方式上我们要注意，比如在混合发放的方式下，转、送股时需要考虑配合一定的现金派息，方便进行个税扣缴；否则如果纳税人的账户资金不够扣时，就会面临着代垫款项的情形，给自己的工作带来被动。

对于寄望于通过上市公司派股息红利来"发家致富"的可能性不大，比如 50 倍的市盈率，一个公司一股对应的净利润一年平均 1 元，那也需要 50 年回本，是不是太长了点。一般投资回报周期比如 6 - 10 年内，在实业当中大家可能是比较认可的，也能接受。但是对于股市，大家可能并不在意其股息红利的情形，而是寄望于股价的高低，以及转手后挣得的财产转让所得。而对于实际控制人，股价的高低也不代表公司的利润多了，但是却代表其财富价值的增多，比如其减持所获得的利益，这是关键。不排除有的实控人在减持之前有意抬高股价，比如被大众所熟悉的乐视网老板，在高价位减持股票，得到的利益，大家就明白了，股市实际是投资人之间的一种财富转移方式。

但是，如果恰逢股市长期不景气，有点股利红利也是一种值得安慰的回报。对于那些长久不进行利润分配的"铁公鸡"上市公司，有没有规定进行要求呢？证监会在几年前也曾出台《关于修改上市公司现金分红若干规定的决定》，将上市公司再融资与现金分红挂钩。这一规定貌似强制分红，但其将定向增发排除在再融资的范围之外，为上市公司规避这一规定提供了"通路"。

之前，证监会的网站有一个对于持有期的案例介绍，应纳税所得额以个人投资者证券账户为单位计算，持股数量以每日日终结算后个人投资者证券账户的持有记录为准，证券账户取得或转让的股份数为每日日终结算后的净增（减）股份数。

【案例】小张于 2012 年 5 月 15 日买入某上市公司股票 8 000 股，2013 年 4 月 3 日又买入 2 000 股，2013 年 6 月 6 日继续买入 5 000 股，共持有该公司股票 15 000 股，2013 年 6 月 11 日卖出其中的 13 000 股。按照先进先出的原则，视为依次卖出 2012 年 5 月 15 日买入的 8 000 股、2013 年 4 月 3 日买入的 2 000 股和 2013 年 6 月 6 日买入的 3 000 股，其中 8 000 股的持股期限超过 1 年，2 000 股的持股期限超过 1 个月不足 1 年，3 000 股的持股期限不足 1 个月。

对于一些特殊情形也进行了解释，比如融资融券业务中，投资者在其普通账户和信用账户之间进行的担保品划转，将视同投资者连续持股。投资者与证券公司签订定向资产管理合同，将股票在普通账户和同名定向资产管理专用账户之间进行划转将视同投资者连续持股。约定购回式证券交易中，投资者向指定交易证券公司卖出标的证券导致的原证券账户股票转出将视同投资者转让股票，不连续计算其持股期限。除证券投资基金开立的证券账户外，机构证券账户（含名义持有人账户）不纳入上市公司股息红利差别化个人所得税计算范围。投资者将股票从名义持有人账户过户到投资者实名证券账户，视同投资者增持股票；投资者将股票过户到存托凭证名义持有人账户，视同投资者减持股票，都不连续计算持有期限。个人投资者在担任上市公司高管后，其持有的该上市公司非限售流通股将连续计算持股期限。深圳市场投资者在不同券商、不同托管单元持有的股份，以"证券账户+托管单元"为单位分别计算个人投资者持股期限和应纳税所得额，其持股期限和应纳税所得额不合并计算。投资者资金账户暂无资金或资金不足的，证券公司和托管银行应当及时通知投资者补足资金。投资者补足资金后，证券公司和托管银行将扣收税款明细数据报送证券登记结算公司，并将扣收税款及时划付证券登记结算公司。对于持续欠税的，上市公司、证券登记结算公司、证券公司和托管银行将协助有关税务机关依法处理。投资者通过柜台办理各类非交易过户的，包括协议转让、司法扣划、遗产继承、财产分割等情形，通过托管证券公司或其他托管机构扣收相关税款。没有托管机构的投资者，应及时在证券公司办理托管手续。

下面这个案例比较特别，我们在此继续引用一下：

问：为什么我转让持有的上市公司股票后，补缴的股息红利个人所得税超过了从上市公司分红派息中获得的现金红利？（即发生"负数红利"现象）

答：通常情况下，上市公司实施权益分派有两种形式：一是资本公积金转增股本，二是以税后利润进行分配。第一种形式下，投资者获得的股票不需要缴纳股息红利个人所得税；第二种形式下，投资者获得的现金红利和股票红利都需要缴纳股息红利个人所得税，其中股票红利是以股票票面金额为收入额，计征个人所得税。

上市公司分红派息方案中送股比例较高的情况下，投资者从上市公司取得的现金红利可能不能覆盖其应当缴纳的股息红利个人所得税总额。出现这种情况的，投资者需要额外支出现金以缴纳税款。

例如，小杨于2013年2月8日买入某上市公司股票40 000股，该上市公司2012年度每10股送8股派1元，股权登记日为2013年3月1日。上市公司派发股息红利时，小杨的股息红利差别化个人所得税的扣缴流程如下：

（1）股权登记日，先按25%计算应纳税所得额为（40 000股÷10股×8股×1元/股+40 000股÷10股×1元）×25%=9 000元，此时小杨应缴税9 000元×20%=1 800元，实际划付到小杨资金账户中的现金红利金额=40 000股÷10股×1元-1 800元=2 200元。

（2）如果小杨在2013年3月8日以后（不含8日）至2014年2月8日期间卖出全

部股票，则持股超过1个月但在1年以内①，应补缴税款（40 000股÷10股×8股×1元/股+40 000股÷10股×1元）×50%×20%－1 800元＝1 800元，补缴的税款没超过投资者资金账户中的现金红利金额。

如果小杨在2013年3月1日以后（不含1日）至2013年3月8日（含8日）期间卖出全部股票，则持股在1个月以内（含1个月），应补缴税款（40 000股÷10股×8股×1元/股+40 000股÷10股×1元）×20%－1 800元＝5 400元，补缴的税款超过了投资者资金账户中的现金红利金额。

由此可见，在上市公司分红派息方案中送股比例较高、现金比例较低，或者投资者持股期限较短、适用税率较高的情况下，可能出现投资者补缴的股息红利个人所得税超过从上市公司分红派息中获得的现金红利。

（4）取得新三板挂牌企业股息红利的计税规定。

《财政部 税务总局 证监会关于继续实施全国中小企业股份转让系统挂牌公司股息红利差别化个人所得税政策的公告》（财政部公告2019年第78号）对此进行了明确：

一、个人持有挂牌公司的股票，持股期限超过1年的，对股息红利所得暂免征收个人所得税。

个人持有挂牌公司的股票，持股期限在1个月以内（含1个月）的，其股息红利所得全额计入应纳税所得额；持股期限在1个月以上至1年（含1年）的，其股息红利所得暂减按50%计入应纳税所得额；上述所得统一适用20%的税率计征个人所得税。

本公告所称挂牌公司是指股票在全国中小企业股份转让系统公开转让的非上市公众公司；持股期限是指个人取得挂牌公司股票之日至转让交割该股票之日前一日的持有时间。

二、挂牌公司派发股息红利时，对截至股权登记日个人持股1年以内（含1年）且尚未转让的，挂牌公司暂不扣缴个人所得税；待个人转让股票时，证券登记结算公司根据其持股期限计算应纳税额，由证券公司等股票托管机构从个人资金账户中扣收并划付证券登记结算公司，证券登记结算公司应于次月5个工作日内划付挂牌公司，挂牌公司在收到税款当月的法定申报期内向主管税务机关申报缴纳，并应办理全员全

---

① 原来适用的股息红利差别化个人所得税政策，依据财税〔2012〕85号文件，个人从公开发行和转让市场取得的上市公司股票，持股期限在1个月以内（含1个月）的，其股息红利所得全额计入应纳税所得额；持股期限在1个月以上至1年（含1年）的，暂减按50%计入应纳税所得额；持股期限超过1年的，暂减按25%计入应纳税所得额。上述所得统一适用20%的税率计征个人所得税。这是从2013年1月1日开始实施的。

根据财税〔2015〕101号文件，改为一、个人从公开发行和转让市场取得的上市公司股票，持股期限超过1年的，股息红利所得暂免征收个人所得税。个人从公开发行和转让市场取得的上市公司股票，持股期限在1个月以内（含1个月）的，其股息红利所得全额计入应纳税所得额；持股期限在1个月以上至1年（含1年）的，暂减按50%计入应纳税所得额；上述所得统一适用20%的税率计征个人所得税。这是从2015年9月8日实施的。

额扣缴申报。

个人应在资金账户留足资金，依法履行纳税义务。证券公司等股票托管机构应依法划扣税款，对个人资金账户暂无资金或资金不足的，证券公司等股票托管机构应当及时通知个人补足资金，并划扣税款。

三、个人转让股票时，按照先进先出的原则计算持股期限，即证券账户中先取得的股票视为先转让。

应纳税所得额以个人投资者证券账户为单位计算，持股数量以每日日终结算后个人投资者证券账户的持有记录为准，证券账户取得或转让的股票数为每日日终结算后的净增（减）股票数。

四、对证券投资基金从挂牌公司取得的股息红利所得，按照本公告规定计征个人所得税。

对于挂牌企业的股息红利政策，其适用的标准与上市公司的股息红利差别化政策是一致的，但是其对于持股期限的规定，与上市公司的限售股政策结合起来看，是不同的，关于限售股的股息红利差别化税收政策，上市公司与新三板有所不同。上市公司方面，85号文件明确，对个人持有的上市公司限售股，解禁前取得的股息红利继续暂减按50%计入应纳税所得额，适用20%的税率计征个人所得税，也即减半征收；解禁后取得的股息红利，持股时间自解禁日起计算实行差别化征收。新三板挂牌公司的原始股东取得的股息红利实行差别化政策时，不区分解禁前取得或解禁后取得。由于挂牌公司的原始股东有限售期要求，其持股时间一般均会超过1年时间，因此，原始股东无论是解禁前还是解禁后取得的股息红利，实际上均可享受免缴个人所得税的优惠。

4.1.2　个人投资香港或海外股票市场

对于个人能投资境外的股市，主要是看国家的外汇管制政策，目前我国对于个人汇出外汇有严格管理，对于投资境外房产、股市也有相应的限制。如若想从境内以人民币或外汇进行投资香港或境外其他地区的股票，只能通过特定允许的方式进行操作。

从2017年开始，国家外汇管理局明确了新的监管方式，比如《个人购汇申请书》还明确列出了境内个人在办理个人购汇业务时的6项禁止行为：①不得虚假申报个人购汇信息；②不得提供不实的证明材料；③不得出借本人便利化额度协助他人购汇；④不得借用他人便利化额度实施分拆购汇；⑤不得用于境外买房、证券投资、购买人寿保险和投资性返还分红类保险等尚未开放的资本项目；⑥不得参与洗钱、逃税、地下钱庄交易等违法违规活动。

在监控过程中，如果有违规的行为，那么此人的账户就很可能被锁定，以后无法再办理此类业务。那么通过哪些路径可以进行境外股票的投资，主要是沪港通与深港通，对于个税有什么样的优惠政策呢？

《财政部 国家税务总局 中国证券监督管理委员会关于继续执行沪港、深港股票市场交易互联互通机制和内地与香港基金互认有关个人所得税政策的公告》（财政部公告2019年第93号）规定：

现就继续执行沪港股票市场交易互联互通机制（以下称沪港通）、深港股票市场交易互联互通机制（以下简称深港通）以及内地与香港基金互认（以下简称基金互认）有关个人所得税政策公告如下：

对内地个人投资者通过沪港通、深港通投资香港联交所上市股票取得的转让差价所得和通过基金互认买卖香港基金份额取得的转让差价所得，自2019年12月5日起至2022年12月31日止，继续暂免征收个人所得税。

在具体实施时，是按照开始的政策进行的操作，其后依据财税〔2017〕78号文件延续，《财政部 国家税务总局 中国证券监督管理委员会关于沪港股票市场交易互联互通机制试点有关税收政策的通知》（财税〔2014〕81号）规定：

经国务院批准，现就沪港股票市场交易互联互通机制试点涉及的有关税收政策问题明确如下：

一、关于内地投资者通过沪港通投资香港联合交易所有限公司（以下简称香港联交所）上市股票的所得税问题

（一）内地个人投资者通过沪港通投资香港联交所上市股票的转让差价所得税。

对内地个人投资者通过沪港通投资香港联交所上市股票取得的转让差价所得，自2014年11月17日起至2017年11月16日止，暂免征收个人所得税。

（二）内地企业投资者通过沪港通投资香港联交所上市股票的转让差价所得税。

对内地企业投资者通过沪港通投资香港联交所上市股票取得的转让差价所得，计入其收入总额，依法征收企业所得税。

（三）内地个人投资者通过沪港通投资香港联交所上市股票的股息红利所得税。

对内地个人投资者通过沪港通投资香港联交所上市H股取得的股息红利，H股公司应向中国证券登记结算有限责任公司（以下简称中国结算）提出申请，由中国结算向H股公司提供内地个人投资者名册，H股公司按照20%的税率代扣个人所得税。内地个人投资者通过沪港通投资香港联交所上市的非H股取得的股息红利，由中国结算按照20%的税率代扣个人所得税。个人投资者在国外已缴纳的预提税，可持有效扣税凭证到中国结算的主管税务机关申请税收抵免。

对内地证券投资基金通过沪港通投资香港联交所上市股票取得的股息红利所得，按照上述规定计征个人所得税。

（四）内地企业投资者通过沪港通投资香港联交所上市股票的股息红利所得税。

1. 对内地企业投资者通过沪港通投资香港联交所上市股票取得的股息红利所得，计入其收入总额，依法计征企业所得税。其中，内地居民企业连续持有 H 股满 12 个月取得的股息红利所得，依法免征企业所得税。

2. 香港联交所上市 H 股公司应向中国结算提出申请，由中国结算向 H 股公司提供内地企业投资者名册，H 股公司对内地企业投资者不代扣股息红利所得税款，应纳税款由企业自行申报缴纳。

3. 内地企业投资者自行申报缴纳企业所得税时，对香港联交所非 H 股上市公司已代扣代缴的股息红利所得税，可依法申请税收抵免。

个人转让所得免税，与境内上市股票的买卖价差所得计税政策是一致的，但是没有股息红利差别化计税的政策。文件要求对于 H 股①，直接由派息公司扣 20% 个税；对于非 H 股，则由中国结算进行扣缴 20%。

对于个人买卖股票，依据财税〔2016〕36 号文件规定是免增值税的，《财政部 国家税务总局 中国证券监督管理委员会 关于深港股票市场交易互联互通机制试点有关税收政策的通知》（财税〔2016〕127 号）文件中提到，对内地个人投资者通过深港通买卖香港联交所上市股票取得的差价收入，在营改增试点期间免征增值税。沪港通较深港通政策出得早，是在营改增之前，当时文件规定是免营业税，如果是一样的理解，宜认为类同于深股通中的增值税免税政策。从财税〔2016〕36 号文件中，也可以认为，个人从事金融商品转让免增值税，并不限制一定是中国境内的金融商品，所以本身也并不矛盾。

4.1.3 经历上市或挂牌前后的计税规则

这个议题有别于 4.1.1 中所探讨的问题，在 4.1.1 中所讨论的是个人作为上市或挂牌前的个人投资者身份，本节主要讨论经历了上市与挂牌之后个人投资者的计税问题。

（1）上市后转让股票（限售股）的计税规定。

通常一个公司从发展到整体变更，到上市，主要是这两个重要的节点。关于整体变更，在第三章中重点讲了折股的处理，在此节点前后但未正式挂牌或上市时转让股权（票）有何不同呢？

---

① H 股也称国企股，指注册地在内地、上市地在香港的中资企业股票。（因香港英文——Hong Kong 首字母，而称得名 H 股。）

表 4-2

前后	计税方式	说明
整体变更前	股权转让,按照国家税务总局公告2014年第67号的征管规定执行①,所得税率为20%	依据新个人所得税法,在工商信息变更时需要提供纳税证明②
整体变更后	属于非上市股份有限公司,按财产转让所得计税20%,理解上看,也属于上述67号公告的征管规定适用范围	没有清楚的明确,依据登记管理的规定,并没有对非上市股份有限公司变更股份需要进行工商信息的变更登记,即并没有如有限责任公司一样需要出具纳税证明的前置需求,但由于笔者没有调查到实际操作的案例,建议读者进一步确认

从非上市股份有限公司到首发上市股份有限公司,这其中涉及个人股东的个税计缴就有了很大的变化,这就是我们要说到的限售股的个税政策,在上面的内容中,我们知道财税部门从2010年1月1日起开始对限售股转让明确征收个税,意在平衡财富分配及与非上市公司股权转让税负的平衡,笔者发现在国家税务总局《限售股个人所得税政策解读稿》中提到:不溯及既往原则。这是《立法法》第八十四条规定的。虽然不追溯征收有悖公平,但是按照依法治税的要求,任何情况下都不能违反法律规定。

财政部 国家税务总局 证监会关于个人转让上市公司限售股所得征收个人所得税有关问题的通知

财税〔2009〕167号

各省、自治区、直辖市、计划单列市财政厅(局)、国家税务局、地方税务局,新疆生产建设兵团财务局,上海、深圳证券交易所,中国证券登记结算公司:

为进一步完善股权分置改革后的相关制度,发挥税收对高收入者的调节作用,促进资本市场长期稳定健康发展,经国务院批准,现就个人转让上市公司限售流通股(以下简称限售股)取得的所得征收个人所得税有关问题通知如下:

一、自2010年1月1日起,对个人转让限售股取得的所得,按照"财产转让所得",适用20%的比例税率征收个人所得税。

二、本通知所称限售股,包括:

1. 上市公司股权分置改革完成后股票复牌日之前股东所持原非流通股股份,以及股票复牌日至解禁日期间由上述股份孳生的送、转股(以下统称股改限售股);

---

① 个人在上海证券交易所、深圳证券交易所转让从上市公司公开发行和转让市场取得的上市公司股票,转让限售股,以及其他有特别规定的股权转让,不适用本办法。

② 《个人所得税法》规定个人转让不动产的,税务机关应当根据不动产登记等相关信息核验应缴的个人所得税,登记机构办理转移登记时,应当查验与该不动产转让相关的个人所得税的完税凭证。个人转让股权办理变更登记的,市场主体登记机关应当查验与该股权交易相关的个人所得税的完税凭证。

2. 2006年股权分置改革新老划断后，首次公开发行股票并上市的公司形成的限售股，以及上市首日至解禁日期间由上述股份孳生的送、转股（以下统称新股限售股）；

3. 财政部、税务总局、法制办和证监会共同确定的其他限售股。

三、个人转让限售股，以每次限售股转让收入，减除股票原值和合理税费后的余额，为应纳税所得额。即：

应纳税所得额 = 限售股转让收入 −（限售股原值 + 合理税费）

应纳税额 = 应纳税所得额 × 20%

本通知所称的限售股转让收入，是指转让限售股股票实际取得的收入。限售股原值，是指限售股买入时的买入价及按照规定缴纳的有关费用。合理税费，是指转让限售股过程中发生的印花税、佣金、过户费等与交易相关的税费。

如果纳税人未能提供完整、真实的限售股原值凭证的，不能准确计算限售股原值的，主管税务机关一律按限售股转让收入的15%核定限售股原值及合理税费。

四、限售股转让所得个人所得税，以限售股持有者为纳税义务人，以个人股东开户的证券机构为扣缴义务人。限售股个人所得税由证券机构所在地主管税务机关负责征收管理。

五、限售股转让所得个人所得税，采取证券机构预扣预缴、纳税人自行申报清算和证券机构直接扣缴相结合的方式征收。证券机构预扣预缴的税款，于次月7日内以纳税保证金形式向主管税务机关缴纳。主管税务机关在收取纳税保证金时，应向证券机构开具《中华人民共和国纳税保证金收据》，并纳入专户存储。

根据证券机构技术和制度准备完成情况，对不同阶段形成的限售股，采取不同的征收管理办法。

（一）证券机构技术和制度准备完成前形成的限售股，证券机构按照股改限售股股改复牌日收盘价，或新股限售股上市首日收盘价计算转让收入，按照计算出的转让收入的15%确定限售股原值和合理税费，以转让收入减去原值和合理税费后的余额，适用20%税率，计算预扣预缴个人所得税额。

纳税人按照实际转让收入与实际成本计算出的应纳税额，与证券机构预扣预缴税额有差异的，纳税人应自证券机构代扣并解缴税款的次月1日起3个月内，持加盖证券机构印章的交易记录和相关完整、真实凭证，向主管税务机关提出清算申报并办理清算事宜。主管税务机关审核确认后，按照重新计算的应纳税额，办理退（补）税手续。纳税人在规定期限内未到主管税务机关办理清算事宜的，税务机关不再办理清算事宜，已预扣预缴的税款从纳税保证金账户全额缴入国库。

（二）证券机构技术和制度准备完成后新上市公司的限售股，按照证券机构事先植入结算系统的限售股成本原值和发生的合理税费，以实际转让收入减去原值和合理税费后的余额，适用20%税率，计算直接扣缴个人所得税额。

六、纳税人同时持有限售股及该股流通股的，其股票转让所得，按照限售股优先原则，即：转让股票视同为先转让限售股，按规定计算缴纳个人所得税。

七、证券机构等应积极配合税务机关做好各项征收管理工作,并于每月15日前,将上月限售股减持的有关信息传递至主管税务机关。限售股减持信息包括:股东姓名、公民身份号码、开户证券公司名称及地址、限售股股票代码、本期减持股数及减持取得的收入总额。证券机构有义务向纳税人提供加盖印章的限售股交易记录。

在上面的规定中,有一个特别的地方,即限售股转让的个税,由证券机构进行扣缴与个人自行清算计税相结合的方式,并且其纳税地也是在证券机构所在地的主管税务机关进行征收管理。大家可以发现,限售股持有人只要变更证券机构,就可以实现纳税地的转移,这也给一些"税收筹划"带来机会,即转移到有相应财政优惠的地方,或许有的地方奖励的比例会达到当地财政留成收入90%以上,比如前几年的"鹰潭模式",就曾掀起一阵转移减持潮,由于影响实在过大,后续并没有大规模地延续下去。但是当前,还是有很多地方或多或少地在操作,只是没有像之前那样"招摇"。

我们重点看看规定当中的新股限售股,是指首次公开发行股票并上市的公司形成的限售股,以及上市首日至解禁日期间由上述股份孳生的送、转股。在不同的场景中,比如在证券监管中、日常股民的理解中,其限售股的范围是存在差异的,我们要特别注意征税的前提是税法当中规定范围的限售股。对于差异的理解,主要是基于多种情形之下的有限售期的股票,并不等同于税法上征收个税的限售股,如表4-3所示。

表 4-3

限售股种类	说　　明	备注
IPO限售股	如上交所《股票上市规则》中提到:发行人向本所申请其首次公开发行股票上市时,控股股东和实际控制人应当承诺:自发行人股票上市之日起36个月内,不转让或者委托他人管理其直接和间接持有的发行人首次公开发行股票前已发行股份,也不由发行人回购该部分股份。但转让双方存在控制关系,或者均受同一实际控制人控制的,自发行人股票上市之日起一年后,经控股股东和实际控制人申请并经本所同意,可豁免遵守前款承诺。 如《公司法》规定:第一百四十一条发起人持有的本公司股份,自公司成立之日起一年内不得转让。公司公开发行股票前已发行的股份,自公司股票在证券交易所上市交易之日起一年内不得转让。 公司董事、监事、高级管理人员应当向公司申报所持有的本公司股份及其变动情况,在任职期间每年转让的股份不得超过其所持有本公司股份总数的百分之二十五;所持本公司股份自公司股票上市交易之日起一年内不得转让。上述人员离职后半年内,不得转让其所持有的本公司股份。公司章程可以对公司董事、监事、高级管理人员转让其所持有的本公司股份作出其他限制性规定。	关于限售期的规定散见于不同的法规或规则要求当中,对于限售股的送转股,性质与期限不变①

---

① 《中国证券登记结算有限责任公司深圳分公司限售股份登记存管业务指南(2017年版)》中规定:限售股份因权益分派等原因孳生的送转股,其股份性质仍为限售股份,且限售截止日与原限售股份一致。

续表

限售股种类	说　明	备注
上市配售股	《证券发行与承销管理办法》规定，首次公开发行股票数量在 4 亿股以上的，可以向战略投资者配售股票。战略投资者是与发行人业务联系紧密且欲长期持有发行人股票的机构投资者。战略投资者应当承诺获得配售的股票持有期限不少于 12 个月。询价对象应承诺获得网下配售的股票持有期限不少于 3 个月。	此类情形下一般不是个人投资者，不属于征税的限售股之列
定向增发股	《上市公司证券发行管理办法》对上市公司非公开发行股票作出规定，股份自发行结束之日起，12 个月内不得转让；控股股东、实际控制人及其控制的企业认购的股份，24 个月内不得转让。	定向增发的限售不在征税范围的限售股之列

【案例】 证券机构技术和制度准备完成前，某人持有某上市公司 10 万股限售股，原始取得成本为 10 万元。股权分置改革后，该股于 2006 年 12 月 28 日复牌上市，当日收盘价为 12 元。2009 年底，该个人持有的限售股全部解禁可上市流通。2010 年 1 月 18 日，该个人将已经解禁的限售股全部减持，合计取得转让收入 100 万元，并支付印花税、过户费、佣金等税费 2 000 元。

按照该政策规定，该个人减持限售股，采取证券机构预扣预缴、纳税人自行申报清算的方式征收。

(1) 证券公司预扣预缴。

应纳税所得额 = 限售股转让收入 −（限售股原值 + 合理税费）= 股改限售股复牌日收盘价 × 减持股数 − 股改限售股复牌日收盘价 × 减持股数 × 15% = 12 元/股 × 10 万股 − 12 元/股 × 10 万股 × 15% = 102（万元）

应纳税额 = 应纳税所得额 × 税率 = 102 × 20% = 20.4（万元）。

(2) 某人的自行申报清算。

应纳税所得额 = 限售股转让收入 −（限售股原值 + 合理税费）= 限售股实际转让收入 −（限售股原值 + 合理税费）= 100 −（10 + 0.2）= 89.8（万元）

应纳税额 = 应纳税所得额 × 税率 = 89.8 × 20% = 17.96（万元）

应退还的税款 = 已扣缴税额 − 应纳税额 = 20.4 − 17.96 = 2.44（万元）

(2) 上市公司限售股的避税手段之高送转与价格因素。

证券网曾有一篇《大股东解禁前业绩暴涨 智云股份称纯属巧合》的文章，其中的意见我们可以借鉴。

【证券网】 记者杨现华　上市三年净利润一直下降，但在大股东解禁前夕业绩却暴涨 8 倍以上。智云股份（300097.SZ）一纸业绩预告让其股价高歌猛进，与此同时公司还拟向全体股东每10股转增10股,而上市之前从未有高送转记录的智云股份此举难逃避税的嫌疑。

智云股份日前披露的半年度业绩预告及利润分配预案显示,公司预计上半年实现净利1 600万元至1 700万元,同比增846.69%至905.86%;同时公司拟向全体股东每10股转增10股,这也是公司自2010年7月28日上市以来首次实施高送转。

然而,与今年上半年靓丽业绩不同的是,智云股份上市以来,净利润连续三年不断下滑,而且呈现加速下降趋势。对此公司以收入确认时点、研发投入和人工等费用等原因来解释。

如今大股东解禁在即,上述影响业绩的因素似乎烟消云散。7月28日,智云股份实际控制人谭永良将迎来限售股解禁,公司业绩也一改此前连续下跌的局面逆转暴涨,利好背后,或有公司配合大股东限售股解禁的"良苦用心"。

与此同时,在实际控制人即将解禁的同时,智云股份也适时地抛出了高送转方案。在此之前,上市近三年来,智云股份最高的分红纪录不过是每10股派0.5元(含税,税后0.45元)。这让人不得不怀疑,公司此时高送转或许为了"帮助"大股东减少减持时的税收。

根据财政部2010年11月30日发布的规定,对个人所持限售股征税的范围含:"2006年股权分置改革新老划断后,首次公开发行股票并上市的公司形成的限售股,以及上市首日至解禁日期间由上述股份孳生的送、转股。""纳税人同时持有限售股及该股流通股,其股票转让所得,按照限售股优先原则,即转让股票视同为先转让限售股,按规定计算缴纳个人所得税。"

这也就是说,首次公开发行股票并上市的公司形成的限售股,以及上市首日至解禁日期间由上述股份孳生的送转股,都被视为应征收个人所得税的限售股。但解禁日之后进行的送转股则不算作限售股,不予征税。

智云股份实际控制人谭永良将于7月28日迎来限售股解禁,智云股份计划将于7月25日披露其半年报,而高送转的实施日显然要在大股东解禁日期之后再能得以实施。这就意味着通过这个办法,如果谭永良减持股份,可以少缴税款。

对此,智云股份证券事务代表冯莉莉在接受《证券市场周刊》采访时表示,之所以今年业绩爆发,主要是由于结算时点集中释放和刚刚实施的股权激励有关。与大股东解禁并无直接关系,只是时间巧合而已。

至于为何此时高送转,冯莉莉表示,投资者之前一直要求公司送转,但受制于低迷的业绩公司一直没有实施,如今业绩爆发大股东也顺势推出了高送转,据她了解并没有考虑避税的因素。

"至于大股东有没有考虑这一因素,我并不了解。"她表示。

截至7月4日午盘,智云股份收于25.27元,上涨6.04%。

来自挖贝网的一篇文章《美联新材"准高送转"背后：高管减持限售股解禁》有这样的描述：

12月15日，美联新材公布了2019年度利润分配预案。根据预案，美联新材将以截至2019年12月31日总股本2.4亿股为基数，向全体股东每10股派发现金股利0.75元，送红股3股，同时以资本公积金向全体股东每10股转增6股。

挖贝网发现，美联新材此次10转送9的分配预案，刚好不属于深交所定义的创业板公司高送转（10转送10），避开了深交所对高管减持、限售股解禁前后三个月内，不得披露高送转方案的规定。据悉，美联新材近期刚好有高管减持，并且占公司总股本近70%的限售股也将在明年1月解禁。

"准"高送转

虽然有不少媒体将美联新材此次送转称为"高送转"，但根据深交所相关规定，美联新材此次送转并不能称为"高送转"，只能说是"准高送转"。

根据深交所2018年11月发布的《深圳证券交易所上市公司信息披露指引第一号——高比例送转股份》，创业板上市公司每10股转送红股与公积金转增股本合计分别达到或超过10股才能叫高送转。此次美联新材的送转方案为10转送9，所以刚好不构成高送转。

那么，相较于"高送转"，"准高送转"有什么好处呢？

首先可以避开"高送转"对业绩的要求，因为深交所规定送转股后每股收益低于0.2元，不得披露该报告期的高送转方案。截止今年第三季度末，美联新材的每股收益约为0.35元。

另外，还可以避开深交所对高管减持、限售股解禁的限制。

《深圳证券交易所上市公司信息披露指引第一号——高比例送转股份》第六条规定：上市公司不得利用高送转方案配合股东减持。公司提议股东和控股股东及其一致行动人、董事、监事及高级管理人员（以下简称"相关股东"）在前三个月存在减持情形或者后三个月存在减持计划的，公司不得披露高送转方案；

第八条规定：上市公司在相关股东所持限售股（股权激励限售股除外）限售期届满前后三个月内，不得披露高送转方案。

从目前披露的情况来看，美联新材近期刚好就有高管减持和限售股解禁。

高管减持

11月27日，美联新材发布《董事兼高级管理人员计划减持公司股份的提示性公告》。公告显示，美联新材董事、副总经理、董事会秘书段文勇计划自本公告发布之日起15个交易日后（即2019年12月18日）的6个月内，以集中竞价交易或大宗交易方式等合法方式减持公司股份不超过含82.00万股（占本公司总股本比例0.3417%）。减持原因为个人资金需求。目前，段文勇持有美联新材股份187.50万股（占公司总股本比例 0.7813%）。

有意思的是，从时间节点来看，美联新材此次公布送转方案的发布时机与段文勇的减持计划，存在一些"巧合"。

根据《上市公司董事、监事和高级管理人员所持本公司股份及其变动管理规则》，上市公司董监高的配偶、上市公司证券事务代表及其配偶均需要遵守敏感期交易规定，其中敏感期包括：

自可能对公司股票及其衍生品种交易价格产生较大影响的重大事件发生之日或者进入决策程序之日，至依法披露后2个交易日内。

本次送转计划的披露时间是12月15日，按照上述规定，在12月15日后的两个交易日内，美联新材相关高管可能无法减持。但是，根据减持公告，段文勇原本就是在2019年12月18日后才可以减持的。

限售股解禁

美联新材于2017年1月正式上市，到2020年1月，美联新材上市将刚好满三周年。所以在披露送转计划的公告中，美联新材表示，本次利润分配及资本公积金转增股本预案披露后6个月内，公司持股5%以上股东及董事、监事、高级管理人员存在部分限售股解禁的情形。

根据公告，美联新材控股股东、实际控制人、董事长黄伟汕持有的公司39.04%的股份；董事、总经理张朝益持有的公司9.17%的股份；张盛业持有的公司12.04%的股份；张朝机持有的公司9.08%的股份；合计69.33%的公司股份将在2019年1月4日解禁。

其实我们不用过多地分析，限售股避个税的方法很简单，就是利用在解禁后的送转降低股价，扩大股票持有量，这样可以在成本不变的情形下，降低单股的转让所得，而限售股征税又只涉及数量的统计，没有考虑稀释的情形，在当前的规则下达到避税的目的，笔者在网上随便录入一个限售股，避税方案的内容一大堆，比如称为某证券公司限售股的避税意见，也是实践当中大家有所使用的。

方法一：将股票账户转移到可获得"财政奖励"地方的证券公司。

由于目前证券公司预扣限售股转让的个人所得税是直接在证券公司所在地的税务机关入库。同时，个人所得税属于中央、地方共享税。因此，对于这笔意外所来的税款，部分地方政府直接出台了相关规定，对于在本地缴纳的限售股转让个人所得税，地方财政可以按实得税款给予个人部分退税。比如新闻媒体所称的江西湘潭、西藏等地政府就出台了类似的规定。当然，这种方式我们不能称之为一种避税行为。因此，这种形式的退税和税务机关是没有关系的。税务机关已经依法征税了，全国对于限售股转让个人所得税的征税政策是统一的。只不过是在税务机关将征收的税款缴入国库到地方财政后，地方财政按照实际所得的财力给予个人的财政补助或财政奖励以吸引税款。这个不属于税务机关监管的避税范畴。因此，对于通过这种形式取得税收返还，降低个人限售股转让个人所得税税负的行为，不属于税收违法行为，个人无违法风险。目前某地方税务给的返税比例为25.6%，无任何附加条件，也不用再第二次缴税20%的偶然所得税。相对国内其他地区，属于比较高的比例了。

方法二：在限售股解禁期后，遇到行情低迷、股价低的时候，通过此地区结合我们为您设计的方案大幅降低税率。

方案的核心内容是降低"限售股"身份纳税的"获利"总额。等行情上去，股价再高，投资者也不用缴税了。这个操作结合方法一，达到的避税空间更大，具体能达到多少根据股票所处的价位计算得出具体数字。2011年6月7日计算"300072"的避税空间可达到55%，方案需要客户有条件配合。

方法三：在限售股解禁期后大比例送、转股。

这一方法是目前唯一一种符合现行规定的限售股转让避税的可行方法。根据财税〔2009〕167号文件的规定，限售股只有在解禁期前孳生的送、转股才属于应征税的限售股范围。如果限售股在解禁期后送、转股，这些孳生的股份就不再属于应征税的限售股范围。而上市公司实行大比例送、转股后，股票价格会大比例下降，由于此时孳生出来的送、转股不征收个人所得税，上市公司在限售股解禁期后大比例送、转股，会有效降低个人股东转让限售股的个人所得税税负。

对于方法三，我们可以比较三个方案：

方案一，在解禁日前送、转股。A个人持有上市公司限售股100万股，每股成本1元。限售股解禁日为2010年6月30日。假设该公司在2010年6月29日用资本公积中的股本溢价实行10转10股。由于转股在限售股解禁日前，因此，A个人原先持有的100万股限售股和解禁日前限售股孳生出来的100万股转股都属于应征税的限售股范畴。假设6月28日，该股收盘价为50元/股，6月29日10转10后，该股理论上的价格为25元/股。假设2010年7月2日，A个人将全部股份以28元/股的价格转让，该个人应缴纳个人所得税约为1 100万元。[注：（28×200-100）×20%，暂不考虑转让税费]

方案二：在解禁日后送、转股。A个人持有上市公司限售股100万股，每股成本1元。限售股解禁日为2010年6月30日。假设该公司在2010年7月1日用资本公积中的股本溢价实行10转10股。由于转股在限售股解禁日后，因此，A个人原先持有的100万股限售股属于应征税的限售股，而在解禁日后限售股孳生出来的100万股转股则不属于应征税的限售股。假设6月30日，该股收盘价为60元/股，7月1日10转10后，该股理论上的价格为30元/股。假设2010年7月2日，A个人将全部股份以28元/股的价格转让，由于此时A个人持有的200万股股份中，只有100万股属于应征税的限售股，该个人实际应缴纳个人所得税约540万元[注：（28×100-100）×20%，暂不考虑转让税费],另100万股股票转让暂不征收个人所得税。

方案三:对比以下,如果该公司没有实行任何送、转股,该个人在7月2日将所有的100万股限售股转让,由于没有实行转股,7月2日该股的理论价格应该是56元/股。A转让限售股应缴纳个人所得税1 100万元。[注:(56×100－100)×20%,暂不考虑转让税费]正是由于限售股在解禁日后的送、转股不属于应征税的限售股,且送、转股后股票市场价格大幅度下降,具有很好的降低税负的效应。因此,证券市场上有部分上市公司对此非常重视,部分中小板上市公司可能会选择在解禁日后大比例送、转股,10送(转)10,甚至10送(转)15、20的现象在二级市场上频频出现。

所以解禁日前送转是达不到避税效果的,而解禁日后的送转才能达到效果。正是由于限售股的政策进行了限售股计税的"数量锁定",而并没有考虑随之转送的附加数量,如果考虑了,这个避税方式也无法实现了,或者是解禁后的送转也直接明确为应税数量,是一样的结果。或许有人问,为什么相应的成本不同时摊薄呢,上面的案例当中的成本都是100万元,没有发生变化。由于政策规定,对于限售股的扣除成本,对应的是当时数量的购入成本,并没有规定需要进行加权平均摊薄之类的要求,同时即使有了要求,由于相较于市场价格的波动空间小,也是有利可做的。

正是为了减少这种高送转带来的不良影响,监管部门也是对此进行了适当的限制:

2018年11月23日,为规范上市公司高比例送转股份的信息披露行为,保护投资者合法权益,沪深交易所发布《上市公司高送转信息披露指引》,提出上市公司披露高送转方案应当符合有关规定,送转比例应与企业业绩增长匹配、不得利用高送转方案配合股东减持或限售股解禁、不得利用高送转方案从事内幕交易及市场操纵等违法行为。上市公司送红股或以公积金转增股份的情形下,沪市达到10送转5以上,深市主板达到10送转5以上、中小板10送转8以上、创业板10送转10以上时,即为高比例送转股份,简称"高送转"。在企业业绩方面,上市公司亏损、净利润同比下降50%以上、送转股后每股收益低于0.2元时,不得披露高送转方案。披露高送转方案的,应满足最近两年净利润持续增长,且每股送转比例不高于最近两年净利润复合增长率等条件。在减持限制方面,上市公司相关股东在前三个月存在减持情形或后三个月存在减持计划的,以及在相关股东所持限售股限售期届满前后三个月内,不得披露高送转方案。此外,新规也对上市公司高送转方案的信息披露作出了更加严格的要求。上市公司送红股或以公积金转增股份的行为,是上市公司扩大注册资本的一种方式,属于所有者权益的内部调整,对公司盈利能力并无实质影响,股东权益也并不因此增加。然而长期以来部分上市公司利用"高送转"的题材进行炒作,背离了上市公司实际经营需要,导致后期股本过度扩张、每股收益过度摊薄。"高送转"也成为了部分相关股东内幕交易、借机减持等违规行为的温床，严重危害了投资者利益。本次沪深交易所"高送转"新规，提出了送转比例应与企业业绩增长匹配、不得利用高送转方案配合股东减持或限售股解禁等要求，对"高送转"信息披露作出了更加严格的要求，遏制部分上市公司以"高送转"之名拉抬股价、借机减持、危害中小投资者利益的行为，对维护市场秩序、保护中小投资者合法权益具有积极意义。

但是对于新三板挂牌公司，依据财税〔2018〕137号文件，已堵上了这种情形下的避税漏洞，因其明确个人在新三板挂牌公司挂牌前取得的股票，以及在该公司挂牌前和挂牌后由上述股票孳生的送、转股，均属于按财产转让所得依20%计税的原始股范畴。

（3）限售股征税之前"避税"操作并非是完美的，仍有计征税款的手段。

在上面的内容中，我们有提到网上报道比较多的关于紫金矿业个人股东减持股票的涉税案例，从政策的解读来看，既然当时政策没有规定，从依法治税的角度，也是没有问题的，并不是偷税，也并不是避税。但是，在其他方面却可能存在问题，只是监管没有到位的原因，可能认为这真是太完美了，其实并不然。在整体的架构上，笔者建议对于投资者来讲，需要一个完整的链条考虑，而不是只盯着一点来筹划。

比如可以看看，当时陈发树的股票是从哪里来的？《紫金矿业集团股份有限公司首次公开发行A股股票招股意向书》之时，紫金矿业已在香港H股上市，现在首发A股，相当于是A+H股的上市架构，在H股发行后的股权变动信息表中披露：

紫金矿业经过中国证监会《关于同意福建紫金矿业股份有限公司发行境外上市外资股的批复》（证监国合字〔2003〕41号）批准，公司股票面值由人民币1.00元拆细为0.10元，并于2003年12月在香港交易所进行首次境外公开发售股票，发行了40 054.40万股H股，每股发行价为港币3.3元（约合人民币3.516元）。大家注意，这是一个很特别的面值单位，并不是我们通常遇到的1元面值，而是0.1元为面值，是当前国内沪深两市唯一面值不是1元的股票，这样相当于多了10倍的股票数量，同时股票价格也可以折为十分之一的方式计量，比如100元的股份，相当于其他上市公司一元面值对应的1 000元每股价格了。

新华都工程于2007年2月5日以0.10元/股转让给陈发树股票27 132.00万股，新华都百货也按同样的价格转让给陈发树8 756.16万股，这是按照股票面值作价的，如果按照当时的港交所的价格为参照，也会有不同，由于中国境内股市的市盈率表现高于港交所，我们倒不宜直接用后面上市后的紫金矿业的股票市场价格来参照比对其转让价，但是可以作为参照，我们发现，其在 A 股上市后的首日股价为 13.92 元/股。于此，对于两公司的转让价是不是公允，是不是需要按照企业所得税对于定价不公允的情形下进行调整，还是存在很大的探讨空间的。

对于个人所得税，政策确实未对此明确征税，可以理解属于不征税的大框架内，但对于企业所得税，在当时的企业所得税政策及征管法的规定下，是可以对企业所得税进行关注的。

（4）对上市公司限售股计征个税中的防范避税的限制性措施。

2010 年 1 月 1 日限售股新政发布之后，仍有人士进行避税安排，比如转化为另一种不征税的金融商品，直接转化变性处理，对于这种情形，财税部门也进行了政策补充。

《财政部 国家税务总局 证监会关于个人转让上市公司限售股所得征收个人所得税有关问题的补充通知》（财税〔2010〕70 号）进一步细化：

为进一步规范个人转让上市公司限售股（以下简称限售股）税收政策，加强税收征管，根据财政部、国家税务总局、证监会《关于个人转让上市公司限售股征收个人所得税有关问题的通知》（财税〔2009〕167 号）的有关规定，现将个人转让限售股所得征收个人所得税有关政策问题补充通知如下：
一、本通知所称限售股，包括：
（一）财税〔2009〕167 号文件规定的限售股；
（二）个人从机构或其他个人受让的未解禁限售股；
（三）个人因依法继承或家庭财产依法分割取得的限售股；
（四）个人持有的从代办股份转让系统转到主板市场（或中小板、创业板市场）的限售股；
（五）上市公司吸收合并中，个人持有的原被合并方公司限售股所转换的合并方公司股份；
（六）上市公司分立中，个人持有的被分立方公司限售股所转换的分立后公司股份；
（七）其他限售股。
二、根据《个人所得税法实施条例》第八条、第十条的规定，个人转让限售股或发生具有转让限售股实质的其他交易，取得现金、实物、有价证券和其他形式的经济利益均应缴纳个人所得税。限售股在解禁前被多次转让的，转让方对每一次转让所得均应按规定缴纳个人所得税。对具有下列情形的，应按规定征收个人所得税：

（一）个人通过证券交易所集中交易系统或大宗交易系统转让限售股；

（二）个人用限售股认购或申购交易型开放式指数基金（ETF）份额；

（三）个人用限售股接受要约收购；

（四）个人行使现金选择权将限售股转让给提供现金选择权的第三方；

（五）个人协议转让限售股；

（六）个人持有的限售股被司法扣划；

（七）个人因依法继承或家庭财产分割让渡限售股所有权；

（八）个人用限售股偿还上市公司股权分置改革中由大股东代其向流通股股东支付的对价；

（九）其他具有转让实质的情形。

三、应纳税所得额的计算

（一）个人转让第一条规定的限售股，限售股所对应的公司在证券机构技术和制度准备完成前上市的，应纳税所得额的计算按照财税〔2009〕167号文件第五条第（一）项规定执行；在证券机构技术和制度准备完成后上市的，应纳税所得额的计算按照财税〔2009〕167号文件第五条第（二）项规定执行。

（二）个人发生第二条第（一）、（二）、（三）、（四）项情形、由证券机构扣缴税款的，扣缴税款的计算按照财税〔2009〕167号文件规定执行。纳税人申报清算时，实际转让收入按照下列原则计算：

第二条第（一）项的转让收入以转让当日该股份实际转让价格计算，证券公司在扣缴税款时，佣金支出统一按照证券主管部门规定的行业最高佣金费率计算；第二条第（二）项的转让收入，通过认购ETF份额方式转让限售股的，以股份过户日的前一交易日该股份收盘价计算，通过申购ETF份额方式转让限售股的，以申购日的前一交易日该股份收盘价计算；第二条第（三）项的转让收入以要约收购的价格计算；第二条第（四）项的转让收入以实际行权价格计算。

（三）个人发生第二条第（五）、（六）、（七）、（八）项情形、需向主管税务机关申报纳税的，转让收入按照下列原则计算：

第二条第（五）项的转让收入按照实际转让收入计算，转让价格明显偏低且无正当理由的，主管税务机关可以依据协议签订日的前一交易日该股收盘价或其他合理方式核定其转让收入；第二条第（六）项的转让收入以司法执行日的前一交易日该股收盘价计算；第二条第（七）、（八）项的转让收入以转让方取得该股时支付的成本计算。

（四）个人转让因协议受让、司法扣划等情形取得未解禁限售股的，成本按照主管税务机关认可的协议受让价格、司法扣划价格核定，无法提供相关资料的，按照财税〔2009〕167号文件第五条第（一）项规定执行；个人转让因依法继承或家庭财产依法分割取得的限售股的,按财税〔2009〕167号文件规定缴纳个人所得税,成本按照该限售股前一持有人取得该股时实际成本及税费计算。

(五) 在证券机构技术和制度准备完成后形成的限售股,自股票上市首日至解禁日期间发生送、转、缩股的,证券登记结算公司应依据送、转、缩股比例对限售股成本原值进行调整;而对于其他权益分派的情形(如现金分红、配股等),不对限售股的成本原值进行调整。

(六) 因个人持有限售股中存在部分限售股成本原值不明确,导致无法准确计算全部限售股成本原值的,证券登记结算公司一律以实际转让收入的15%作为限售股成本原值和合理税费。

四、征收管理

(一) 纳税人发生第二条第(一)、(二)、(三)、(四) 项情形的,对其应纳个人所得税按照财税〔2009〕167号文件规定,采取证券机构预扣预缴、纳税人自行申报清算和证券机构直接扣缴相结合的方式征收。

本通知所称的证券机构,包括证券登记结算公司、证券公司及其分支机构。其中,证券登记结算公司以证券账户为单位计算个人应纳税额,证券公司及其分支机构依据证券登记结算公司提供的数据负责对个人应缴纳的个人所得税以证券账户为单位进行预扣预缴。纳税人对证券登记结算公司计算的应纳税额有异议的,可持相关完整、真实凭证,向主管税务机关提出清算申报并办理清算事宜。主管税务机构审核确认后,按照重新计算的应纳税额,办理退(补)税手续。

(二) 纳税人发生第二条第(五)、(六)、(七)、(八) 项情形的,采取纳税人自行申报纳税的方式。纳税人转让限售股后,应在次月七日内到主管税务机关填报《限售股转让所得个人所得税清算申报表》,自行申报纳税。主管税务机关审核确认后应开具完税凭证,纳税人应持完税凭证、《限售股转让所得个人所得税清算申报表》复印件到证券登记结算公司办理限售股过户手续。纳税人未提供完税凭证和《限售股转让所得个人所得税清算申报表》复印件的,证券登记结算公司不予办理过户。

纳税人自行申报的,应一次办结相关涉税事宜,不再执行财税〔2009〕167号文件中有关纳税人自行申报清算的规定。对第二条第(六) 项情形,如国家有权机关要求强制执行的,证券登记结算公司在履行告知义务后予以协助执行,并报告相关主管税务机关。

五、个人持有在证券机构技术和制度准备完成后形成的拟上市公司限售股,在公司上市前,个人应委托拟上市公司向证券登记结算公司提供有关限售股成本原值详细资料,以及会计师事务所或税务师事务所对该资料出具的鉴证报告。逾期未提供的,证券登记结算公司以实际转让收入的15%核定限售股原值和合理税费。

六、个人转让限售股所得需由证券机构预扣预缴税款的,应在客户资金账户留足资金供证券机构扣缴税款,依法履行纳税义务。证券机构应采取积极、有效措施依法履行扣缴税款义务，对纳税人资金账户暂无资金或资金不足的，证券机构应当及时通知个人投资者补足资金，并扣缴税款。个人投资者未补足资金的，证券机构应当及时报告相关主管税务机关，并依法提供纳税人相关资料。

笔者观察到，在有的限售股转让过程当中，通过第一步低价的方式进行操作，从而让第二个受让人在受让股票之后再转让时就享受免税待遇了。通过证券交易系统的竞价交易方式，一般无法承受大量的交易，实践当中有协议转让与大宗交易两种形式。

《上海证券交易所交易规则》对于大宗交易作了相应规定：

3.7.1 在本所进行的证券买卖符合以下条件的，可以采用大宗交易方式：

（一）A股单笔买卖申报数量应当不低于30万股，或者交易金额不低于200万元人民币；

（二）B股单笔买卖申报数量应当不低于30万股，或者交易金额不低于20万元美元；

（三）基金大宗交易的单笔买卖申报数量应当不低于200万份，或者交易金额不低于200万元；

（四）债券及债券回购大宗交易的单笔买卖申报数量应当不低于1000手，或者交易金额不低于100万元；

本所可以根据市场情况调整大宗交易的最低限额。

《上海证券交易所上市公司股份协议转让业务办理指引》对于协议转让作出了相应的规定，并规定转让价格不低于协议日大宗交易价格的下限，通常为90%：

第二条 出让方和受让方（以下统称转让双方）依据依法订立的协议，申请转让本所上市公司流通股股份（以下简称协议转让），适用本指引。

第五条 具有以下情形之一的，可以向本所提交协议转让办理申请：

（一）与上市公司收购或者股东权益变动相关的协议转让；（二）转让双方存在实际控制关系，或均受同一控制人所控制；（三）外国投资者战略投资上市公司涉及的协议转让；（四）中国证监会认定的其他情形。收回股权分置改革中的垫付股份、行政划转上市公司股份等情形，比照本指引办理。

那么大宗交易与协议转让有什么不同呢？比如大宗交易以当日交易的加权平均价格，而协议转让以股转协议签署日前30个交易日的每日的加权平均价格的算术平均值为定价参考。大宗交易尽管达到了交易的一致，但仍是通过交易系统进行的，而协议转让则是直接进行登记变更，相对来看，协议转让的受限比例等更为灵活。《上海证券交易所上市公司股份协议转让业务办理指引》规定：股份转让价格不低于转让协议签署日（当日为非交易日的顺延至次一交易日）公司股份大宗交易价格范围的下限，法律、行政法规、部门规章、规范性文件、本所业务规则另有规定的除外。中国证券市场现行的涨跌停板制度是1996年12月13日发布、1996年12月26日开始实施的，旨在保护广大投资者利益，保持市场稳定，进一步推进市场的规范化。制度规定，除上市首日之外，股票（含A、B股）、基金类证券在一个交易日内的交易价格相对上一交易日收市价格的涨跌幅度不得超过10%，超过涨跌限价的委托为无效委托。所以，当前协议转让的空间并不大，但是在此规定之前，我们可以发现常有低至50%的协议转让价进行股票转让的，这也成为了一些利益输送的路径，而税务机关往往基于股市交易的独立性与特殊性，基本上并不对此进行发起调查与挑战。下面这个案例，是笔者遇到少有的一个税务机关调整的案例。

《中国税务报》曾有一篇文章《反避税领域向内资企业拓展延伸 苏州一居民企业股权转让缴税2 114万元》（李建华 沈卫根 记者 徐云翔），是这样报道的：

本报讯 日前，江苏省苏州市相城区国税局对一境内关联居民企业股权转让实施特别纳税调整，调增股权转让收益2 053万元，加上企业已主动补税部分，两项合计共缴纳企业所得税2 114万元。这是该市首例境内上市公司关联关系股权转让补税案件，也是该局把反避税领域向内资企业特别是"走出去"企业、金融贸易等第三产业以及关联股权转让、无形资产转让和融资等交易拓展延伸的首个案例。

当相城区国税局获悉辖区内某上市公司一发起人股东，准备将其持有的上市公司股份进行平价关联转让后，立即上门了解掌握了该居民企业转让股权的基本情况，与法定代表人面对面交换意见，阐明了有关税法规定。该企业在掌握政策后，将其持有的上市公司股权进行了转让，转让价格6 906.22万元，转让收益6 406.22万元，申报缴纳企业所得税1 601.56万元。税务人员认为按5个交易日平均价格的50%计算股权转让价格明显偏低，未按公允价值进行转让。于是与该居民企业进行了长达10个月的艰难谈判，最终，税企双方同意对上述交易运用可比非受控价格法进行调整。鉴于居民企业持有的上市公司股票处于限售期，参照已有限售股非流通性折价系数进行调整。

其实可比价格很明确，但是为什么税务机关并不是直接拿来进行调整呢？这本身就是我们所说的基本的市场交易逻辑，比如文章当中提到的限售期，就是一个折价因素，当然税务机关并不认同折到市场交易可比价格的50%，而是认为要更高，但并不等于交易二级市场中的价格。从笔者理解的角度，对于价格的认定，有其合理性。比如你买了政府一处房产，5年内不得上市交易，这本身就说明当前的市场可比价格并不能直接拿来适用，而是要考虑未来年限的折现测算，如果你有 100 处房产，一下子投入市场转让，市场的价格可能也会打折扣，因为受让方是一下子接手的，比一幢一幢卖有批发的概念在里面，并且自己的销售成本、资金回收成本都要考虑。但是，笔者看了相关的案例，发现一个有趣的现象，报道中所提到的限售期，并不是限售股，其实已是流通股了，只是因为对于控股股东，要求其每年的减持不得多于 25%，这个因素也是受制于国家的政策规定，并非是个人自愿持有不转让，也有折扣的合理性。目前，由于受制于协议转让对于价格的限制性规定，这种操作非特殊情形，基本上无法进行超低价的协议转让了。

（5）新三板挂牌企业原股东转让股份的计税规定。

相对于限售股，新三板并不是以其标准来确定对于原股东的征税规则的，而是似乎以堵了限售股"漏洞"的方式对于新三板进行了规范。财税〔2018〕137 号规定：

一、自 2018 年 11 月 1 日（含）起，对个人转让新三板挂牌公司非原始股取得的所得，暂免征收个人所得税。

本通知所称非原始股是指个人在新三板挂牌公司挂牌后取得的股票，以及由上述股票孳生的送、转股。

与限售股征个税的政策为正向规定不同，此政策是以挂牌后取得的股票及送、转股转让免税，我们可以反向理解为，原始股东进行股票以及对其在任何时候的送、转股转让，都是属于财产转让所得的应税情形。在计算扣除成本时，理解为可能是通过加权平均的成本进行处理，虽然对于新三板股息红利的差别化计税政策要求按先进先出的方法进行转让标识，不过那是涉及股息红利的计税，这里涉及的是转让所得的成本计量扣除。

为此，中国结算北京分公司发布《股份初始登记业务系统升级上线通知》对此进行明确：

根据《关于个人转让全国中小企业股份转让系统挂牌公司股票有关个人所得税政策的通知》（财税〔2018〕137 号）要求，中国结算北京分公司将于 2019 年 8 月 12 日起对股份初始登记业务系统进行升级，增加发行人申报个人取得股票成本原值等环节。

系统上线后，涉及个人股东持有原始股的，发行人需提供有关原始股成本原值的详细资料，以及会计师事务所或税务师事务所对该资料出具的鉴证报告（发行人未申报原始股成本原值的，本公司在完成股份初始登记后，将不再受理该类申报）。

请各拟挂牌公司尽快熟悉业务流程，以确保系统上线后股份初始登记业务顺利办理。

新三板挂牌公司原始股东涉及股票转让的计税政策，与上市公司限售股对应的原股东的股票转让个税计税政策存在着明显差异。但是如果涉及转板的股份公司，则需要考虑新的衔接操作。

（6）定向增发个人投资者有限售期情形的但并不适用个税的限售股政策。

国家税务总局的《限售股个人所得税政策解读稿》，对于限售股的范围进行了解释，并不是带有限售期的都算是个税限售股应税的对象。

除股改限售股和IPO限售股外，目前市场上还有一些有限售期要求的股票，主要是机构配售股和增发股。机构配售股是指IPO的时候，参与网下申购的机构投资人获得的股票，这部分需要锁定3个月到半年，然后才可以上市交易。增发股类似机构配售股，是指定向增发后的股票，需要锁定1年，然后才可以上市交易。

从解读稿规定看，明确要征税的限售股主要是针对股改限售股和新股限售股以及其在解禁日前所获得的送转股，不包括股改复牌后和新股上市后限售股的配股、新股发行时的配售股、上市公司为引入战略投资者而定向增发形成的限售股。关于限售股的范围，在具体实施时，由中国证券登记结算公司通过结算系统给予锁定。另外，对上市公司实施股权激励给予员工的股权激励限售股，现行个人所得税政策规定其属于"工资、薪金所得"，并明确规定了征税办法，转让这部分限售股暂免征税，因此，征税的限售股也不包括股权激励的限售股。至于财政部、税务总局、法制办和证监会共同确定的其他限售股，是兜底的规定，将来视实际情况而定。

看到这儿，大家就很清楚了，现实当中的定向增发，有的是对于员工或实控人来定向增发的，此时就不是应税的限售股范围。员工因股权激励取得的有锁定期的股票，也不在征税的限售股范围之列。此时或许有人会关注，我们公司拟进行上市的安排，公司实施了股权激励，此时是未上市前实施的，我们是不是一样作为新股限售股之列了？

上市公司的高管股票锁定期是一年，这主要是依据《公司法》的要求来定的，但是如果是实控人的一致行动人，那么应锁定36个月。但是高管在职有每年25%的解禁限制，不过这个限制并不代表其受限于应税限售股，而是职务要求的限售，本身已从限售期解放了，定性上属于流通股了。应该说，上市前高管得到的股权激励转化而成的股票，以及上市后得到的股权激励，本身是有不同的限售要求的，但基本上都属于员工的工资薪金所得，另外，依据财税〔2015〕101号文件，对符合条件的非上市公司股票期权、股权期权、限制性股票和股权奖励实行递延纳税政策，但非上市公司在境内上市的，这些股权在形式上转化为限售股，按照现行限售股有关征税规定执行。

（7）上市公司限售股的持有个人如何享受股息红利差别化计税政策。

关于限售股持有个人的股息红利如何征税，税法给予其享受的机会，并不是跟限售股一样，需要全定性为应税所得。对于限售股持有个人的股息红利，有一个开始的时间规定。《财政部 国家税务总局 证监会关于实施上市公司股息红利差别化个人所得税政策有关问题的通知》（财税〔2012〕85号）规定：

对个人持有的上市公司限售股，解禁后取得的股息红利，按照本通知规定计算纳税，持股时间自解禁日起计算；解禁前取得的股息红利继续暂减按50%计入应纳税所得额，适用20%的税率计征个人所得税。

前款所称限售股，是指财税〔2009〕167号文件和财税〔2010〕70号文件规定的限售股。

对于上述文件范围列举的限售股，以解禁日划分为前后期间，解禁日前取得的股息红利按照10%（20%×50%）统一计个税。解禁日后取得的股息红利按照差别化税率执行，但此持股时间自解禁日起计算，并不是从取得股票之日起计算。

（8）新三板挂牌企业的发起人个人股东如何享受股息红利差别化计税政策。

相比于上市公司的限售股，对于新三板挂牌企业的原始股东，他们的股息红利政策是如何规定的呢？《财政部 税务总局 证监会关于继续实施全国中小企业股份转让系统挂牌公司股息红利差别化个人所得税政策的公告》（财政部公告2019年第78号）规定：

一、个人持有挂牌公司的股票，持股期限超过1年的，对股息红利所得暂免征收个人所得税。

个人持有挂牌公司的股票，持股期限在1个月以内（含1个月）的，其股息红利所得全额计入应纳税所得额；持股期限在1个月以上至1年（含1年）的，其股息红利所得暂减按50%计入应纳税所得额；上述所得统一适用20%的税率计征个人所得税。

本公告所称挂牌公司是指股票在全国中小企业股份转让系统公开转让的非上市公众公司；持股期限是指个人取得挂牌公司股票之日至转让交割该股票之日前一日的持有时间。

上面我们分析过，取得挂牌公司股票之日起，是从股改登记完成之日，还是从正式挂牌之日起，还是从整体改制之前的有限责任公司成立之日起呢？可以肯定的是，有限责任公司成立之日并不适用，只能是在前两者之中作一选择，这主要是看在实践操作层面，登记公司是如何作标识的，从政策规定的理解，在证券方面更多要看实操层面的系统参数设置。实践中，从挂牌公司的原股东看，为降低风险，从正式挂牌之日起算，可能更为稳妥，但据了解登记机构可能从股改完成日制定的。

4.1.4 个人投资境内债券市场

个人所得税法规定国债和国家发行的金融债券利息收入是免个人所得税的，所以取得国债与国家发生的金融债券利息收入时，发行方或代理方也不需要扣缴个人所得税，个人也没有必要去申报纳税。可能年纪稍大一些的人士会记得我国还有一个"国库券"的称呼，我们国家还专门发布了《国库券条例》，其中规定了国库券的利息收入享受免税待遇。但是如果是企业债券，就是应税所得，一般对方在支付时扣缴20%的个税。

对于地方政府的债券，《关于地方政府债券利息免征所得税问题的通知》（财税〔2013〕5号）规定：

经国务院批准，现就地方政府债券利息有关所得税政策通知如下：
一、对企业和个人取得的2012年及以后年度发行的地方政府债券利息收入，免征企业所得税和个人所得税。
二、地方政府债券是指经国务院批准同意，以省、自治区、直辖市和计划单列市政府为发行和偿还主体的债券。

对于原铁道部后来组建为中国铁路总公司发行的债券，有的人士曾认为其属于国家发行的债券，并提请国家税务总局进行明确，《国家税务总局关于中国铁路建设债券利息征收个人所得税问题的批复》（国税函〔1999〕738号）曾专门回复地方税务局：

江西省地方税务局《关于铁路建设债券利息征收个人所得税问题的请示》收悉，经研究，现批复如下：
文中称：铁道部自1995年起在全国范围内发行"中国铁路建设债券"，其发行公告称"本次债券购买者不承担利息所得税"。

"中国铁路建设债券"属于企业债券，不属于财政部发行的债券和经国务院批准发行的金融债券，因此，个人持有中国铁路建设债券而取得的利息不属于可以免纳个人所得税的"国债和国家发行的金融债券利息"，必须依照个人所得税法的规定，按"利息、股息、红利所得"应税项目缴纳个人所得税。

对于应税的债券利息所得，个税将如何扣缴呢，是不是由融资方即承担方进行扣缴呢？《国家税务总局关于加强企业债券利息个人所得税代扣代缴工作的通知》（国税函〔2003〕612号）规定：

为进一步加强企业债券利息个人所得税征收管理工作，保证税款及时足额入库，经研究，现就企业债券利息个人所得税征管问题通知如下：
一、企业债券利息个人所得税统一由各兑付机构在向持有债券的个人兑付利息时负责代扣代缴，就地入库。各兑付机构应按照个人所得税法的有关规定做好代扣代缴个人所得税工作。
二、各级税务机关应加强对各兑付机构个人所得税代扣代缴工作的管理，保证税款及时足额入库。
三、本通知从文到之日起执行。

对于代扣代缴的问题，大家可以发现，是从发行单位向兑付单位进行了责任明确。其中上海税务局还专门对此发布过一个实施意见，也具有借鉴意义。《上海市国家税务局关于加强本市企业债券利息代扣代缴个人所得税征收管理的通知》（沪国税所二〔2004〕1号，相关附件略）提出：

最近，有不少市民通过来电、来信、来访等形式，反映本市一些证券兑付机构在向持有企业债券的个人兑付企业债券利息代扣代缴个人所得税时，未按税法的有关规定出具完税凭证；也有一些证券兑付机构反映，在兑付企业债券利息代扣代缴个人所得税时，企业债券机构持有者的身份难以区分。为了统一规范本市各证券兑付机构在向持有企业债券的个人兑付企业债券利息时代扣代缴个人所得税的完税凭证，正确区分企业债券机构持有者的身份，现就有关问题通知如下：
一、自2004年2月1日起，本市各证券兑付机构在向持有企业债券的个人兑付企业债券利息时，必须在出具的企业债券利息清单中含有以下内容的栏目：应税利息、税率、税金、税后利息。
二、本市各证券兑付机构在向持有企业债券的个人兑付企业债券利息时所出具的包含上述内容的企业债券利息清单，视为代扣代缴个人所得税的完税凭证。

三、证券兑付机构在兑付企业债券利息时，对企业债券机构持有者，凡能完整提供以下所列材料的，可不代扣代缴企业债券利息的个人所得税：

（一）主管税务机关的证明（样式附后）；

（二）机构经办人员的身份证原件及复印件；

（三）机构出具给经办人的授权委托书原件。

以上提供的材料除身份证原件外，其余材料均由证券兑付机构负责留存备查。

四、各主管税务机关在开具《证明》时，必须严格审核企业债券机构持有者所提供的该机构依法登记注册的有关证明、企业债券已纳入该机构财务管理等资料，核对无误后开具《证明》。

五、本市证券兑付机构在企业债券兑付期开始后，必须保留企业债券兑付结算单据的存根联，同时，逐笔登记《企业单位兑付债券利息明细台账》（样式附后）。

个人转让债券方面，包括国家债券和金融债券，增值税上属于个人转让金融商品，属于免税事项。

个人买卖债券，是需要计缴个人所得税的，但笔者发现，当前关于此部分的计税方式不明确，国家税务税局曾在国税发〔1994〕89号文件中提到：

七、关于如何确定转让债权财产原值的问题

转让债权，采用加权平均法确定其应予减除的财产原值和合理费用。即以纳税人购进的同一种类债券买入价和买进过程中缴纳的税费总和，除以纳税人购进的该种类债券数量之和，乘以纳税人卖出的该种类债券数量，再加上卖出的该种类债券过程中缴纳的税费。用公式表示为：

一次卖出某一种类债券允许扣除的买入价和费用 = 纳税人购进的该种类债券买入价和买进过程中交纳的税费总和/纳税人购进的该种类债券总数量×一次卖出的该种类债券的数量 + 卖出该种类债券过程中缴纳的税费

由于当前国债转让是按净价交易的模式进行的，对于转让价中的应计利息，在企业所得税上视为免税所得处理，《国家税务总局关于企业国债投资业务企业所得税处理问题的公告》（国家税务总局公告2011年第36号）中有相应规定。如果要计算财产转让所得的个税，可以进行借鉴。其规定：

一、关于国债利息收入税务处理问题

（一）国债利息收入时间确认

1. 根据企业所得税法实施条例第十八条的规定，企业投资国债从国务院财政部门

（以下简称发行者）取得的国债利息收入，应以国债发行时约定应付利息的日期，确认利息收入的实现。

2. 企业转让国债，应在国债转让收入确认时确认利息收入的实现。

由于个体工商户、个人独资企业和合伙企业的个人投资主体都是个人所得税的纳税人，在相关主体有国债利息收入时，认为也应属于免税所得，比如"个人所得税经营所得纳税申报表（B表）"中就考虑了国债利息收入的免税认定，对于"国债利息收入"：填写本年度已计入收入的因购买国债而取得的应予免税的利息金额。其实这跟国税函〔2001〕84号文件有所抵触，其规定利息、股息、红利为单独计算个人投资者的个人所得税，不并入经营所得计税，对于债券利息收入，难道不作独立计算了吗？① 似乎对于利息收入这一项，在经营所得的相关计税描述中，就没有划分得这么清楚。不过最终结果是不作计税所得，无论是作为单独的所得项目核算还是并入经营所得一并计算个人所得。国债利息是否单独算，已经不重要，反正不征税。目前合伙企业取得股息、红利、利息是一个"奇怪"的事项，是历史原因形成的，此前已述及，其实从会计核算看，企业就一个利润体，并入当期更为合理。

4.1.5 优先股

优先股其实有点像债券获得相对稳定的投资回报，而且是属于股息红利一样的投资回报，而且在企业所得税层面，已对特定情形下的"名股实债"进行了一些选择性的税务处理规定，更有利于纳税人选择适用自己的收入定性，但优先股并不等于上面的实为债务的名义股权。

《国务院关于开展优先股试点的指导意见》（国发〔2013〕46号）提出：

为贯彻落实党的十八大、十八届三中全会精神，深化金融体制改革，支持实体经济发展，依照公司法、证券法相关规定，国务院决定开展优先股试点。开展优先股试点，有利于进一步深化企业股份制改革，为发行人提供灵活的直接融资工具，优化企业财务结构，推动企业兼并重组；有利于丰富证券品种，为投资者提供多元化的投资渠道，提高直接融资比重，促进资本市场稳定发展。为稳妥有序开展优先股试点，现提出如下指导意见。

一、优先股股东的权利与义务

（一）优先股的含义。优先股是指依照公司法，在一般规定的普通种类股份之外，

---

① 依据《国家税务总局关于切实加强高收入者个人所得税征管的通知》（国税发〔2011〕50号）规定：对个人独资企业和合伙企业从事股权（票）、期货、基金、债券、外汇、贵重金属、资源开采权及其他投资品交易取得的所得，应全部纳入生产经营所得，依法征收个人所得税。

另行规定的其他种类股份,其股份持有人优先于普通股股东分配公司利润和剩余财产,但参与公司决策管理等权利受到限制。

除本指导意见另有规定以外,优先股股东的权利、义务以及优先股股份的管理应当符合公司法的规定。试点期间不允许发行在股息分配和剩余财产分配上具有不同优先顺序的优先股,但允许发行在其他条款上具有不同设置的优先股。

(二)优先分配利润。优先股股东按照约定的票面股息率,优先于普通股股东分配公司利润。公司应当以现金的形式向优先股股东支付股息,在完全支付约定的股息之前,不得向普通股股东分配利润。

公司应当在公司章程中明确以下事项:

(1)优先股股息率是采用固定股息率还是浮动股息率,并相应明确固定股息率水平或浮动股息率计算方法。

(2)公司在有可分配税后利润的情况下是否必须分配利润。

(3)如果公司因本会计年度可分配利润不足而未向优先股股东足额派发股息,差额部分是否累积到下一会计年度。

(4)优先股股东按照约定的股息率分配股息后,是否有权同普通股股东一起参加剩余利润分配。

(5)优先股利润分配涉及的其他事项。

(三)优先分配剩余财产。公司因解散、破产等原因进行清算时,公司财产在按照公司法和破产法有关规定进行清偿后的剩余财产,应当优先向优先股股东支付未派发的股息和公司章程约定的清算金额,不足以支付的按照优先股股东持股比例分配。

(四)优先股转换和回购。公司可以在公司章程中规定优先股转换为普通股、发行人回购优先股的条件、价格和比例。转换选择权或回购选择权可规定由发行人或优先股股东行使。发行人要求回购优先股的,必须完全支付所欠股息,但商业银行发行优先股补充资本的除外。优先股回购后相应减记发行在外的优先股股份总数。

(五)表决权限制。除以下情况外,优先股股东不出席股东大会会议,所持股份没有表决权:

(1)修改公司章程中与优先股相关的内容;

(2)一次或累计减少公司注册资本超过百分之十;

(3)公司合并、分立、解散或变更公司形式;

(4)发行优先股;

(5)公司章程规定的其他情形。上述事项的决议,除须经出席会议的普通股股东(含表决权恢复的优先股股东)所持表决权的三分之二以上通过之外,还须经出席会议的优先股股东(不含表决权恢复的优先股股东)所持表决权的三分之二以上通过。

(六)表决权恢复。公司累计3个会计年度或连续2个会计年度未按约定支付优先股股息的,优先股股东有权出席股东大会,每股优先股股份享有公司章程规定的表决权。对于股息可累积到下一会计年度的优先股，表决权恢复直至公司全额支付所欠股息。对于股息不可累积的优先股，表决权恢复直至公司全额支付当年股息。公司章程可规定优先股表决权恢复的其他情形。

（七）与股份种类相关的计算。以下事项计算持股比例时，仅计算普通股和表决权恢复的优先股：

（1）根据公司法第一百零一条，请求召开临时股东大会；

（2）根据公司法第一百零二条，召集和主持股东大会；

（3）根据公司法第一百零三条，提交股东大会临时提案；

（4）根据公司法第二百一十七条，认定控股股东。

二、优先股发行与交易

（八）发行人范围。公开发行优先股的发行人限于证监会规定的上市公司，非公开发行优先股的发行人限于上市公司（含注册地在境内的境外上市公司）和非上市公众公司。

（九）发行条件。公司已发行的优先股不得超过公司普通股股份总数的百分之五十，且筹资金额不得超过发行前净资产的百分之五十，已回购、转换的优先股不纳入计算。公司公开发行优先股以及上市公司非公开发行优先股的其他条件适用证券法的规定。非上市公众公司非公开发行优先股的条件由证监会另行规定。

（十）公开发行。公司公开发行优先股的，应当在公司章程中规定以下事项：

（1）采取固定股息率；

（2）在有可分配税后利润的情况下必须向优先股股东分配股息；

（3）未向优先股股东足额派发股息的差额部分应当累积到下一会计年度；

（4）优先股股东按照约定的股息率分配股息后，不再同普通股股东一起参加剩余利润分配。商业银行发行优先股补充资本的，可就第（2）项和第（3）项事项另行规定。

（十一）交易转让及登记存管。优先股应当在证券交易所、全国中小企业股份转让系统或者在国务院批准的其他证券交易场所交易或转让。优先股应当在中国证券登记结算公司集中登记存管。优先股交易或转让环节的投资者适当性标准应当与发行环节一致。

（十二）信息披露。公司应当在发行文件中详尽说明优先股股东的权利义务，充分揭示风险。同时，应按规定真实、准确、完整、及时、公平地披露或者提供信息，不得有虚假记载、误导性陈述或重大遗漏。

（十三）公司收购。优先股可以作为并购重组支付手段。上市公司收购要约适用于被收购公司的所有股东，但可以针对优先股股东和普通股股东提出不同的收购条件。根据证券法第八十六条计算收购人持有上市公司已发行股份比例，以及根据证券法第八十八条和第九十六条计算触发要约收购义务时，表决权未恢复的优先股不计入持股数额和股本总额。

（十四）与持股数额相关的计算。以下事项计算持股数额时，仅计算普通股和表决权恢复的优先股：

（1）根据证券法第五十四条和第六十六条，认定持有公司股份最多的前十名股东的名单和持股数额；

（2）根据证券法第四十七条、第六十七条和第七十四条，认定持有公司百分之五以上股份的股东。

三、组织管理和配套政策

（十五）加强组织管理。证监会应加强与有关部门的协调配合，积极稳妥地组织开展优先股试点工作。证监会应当根据公司法、证券法和本指导意见，制定并发布优先股试点的具体规定，指导证券自律组织完善相关业务规则。

证监会应当加强市场监管，督促公司认真履行信息披露义务，督促中介机构诚实守信、勤勉尽责，依法查处违法违规行为，切实保护投资者合法权益。

（十六）完善配套政策。优先股相关会计处理和财务报告，应当遵循财政部发布的企业会计准则及其他相关会计标准。企业投资优先股获得的股息、红利等投资收益，符合税法规定条件的，可以作为企业所得税免税收入。全国社会保障基金、企业年金投资优先股的比例不受现行证券品种投资比例的限制，具体政策由国务院主管部门制定。外资行业准入管理中外资持股比例优先股与普通股合并计算。试点中需要配套制定的其他政策事项，由证监会根据试点进展情况提出，商有关部门办理，重大事项报告国务院。

随后，《优先股试点管理办法》（证监会令第97号）进一步对此明确：

第二条　本办法所称优先股是指依照《公司法》，在一般规定的普通种类股份之外，另行规定的其他种类股份，其股份持有人优先于普通股股东分配公司利润和剩余财产，但参与公司决策管理等权利受到限制。

第三条　上市公司可以发行优先股，非上市公众公司可以非公开发行优先股。

第四条　优先股试点应当符合《公司法》《证券法》《国务院关于开展优先股试点的指导意见》和本办法的相关规定，并遵循公开、公平、公正的原则，禁止欺诈、内幕交易和操纵市场的行为。

第五条　证券公司及其他证券服务机构参与优先股试点，应当遵守法律法规及中国证券监督管理委员会（以下简称中国证监会）相关规定，遵循行业公认的业务标准和行为规范，诚实守信、勤勉尽责。

第六条　试点期间不允许发行在股息分配和剩余财产分配上具有不同优先顺序的优先股，但允许发行在其他条款上具有不同设置的优先股。

同一公司既发行强制分红优先股，又发行不含强制分红条款优先股的，不属于发行在股息分配上具有不同优先顺序的优先股。

第七条　相同条款的优先股应当具有同等权利。同次发行的相同条款优先股，每股发行的条件、价格和票面股息率应当相同；任何单位或者个人认购的股份，每股应当支付相同价额。

第九条　优先股股东按照约定的股息率分配股息后，有权同普通股股东一起参加剩余利润分配的，公司章程应明确优先股股东参与剩余利润分配的比例、条件等事项。

第十一条　公司股东大会可授权公司董事会按公司章程的约定向优先股支付股息。公司累计三个会计年度或连续两个会计年度未按约定支付优先股股息的，股东大会批准当年不按约定分配利润的方案次日起，优先股股东有权出席股东大会与普通股股东共同表决，每股优先股股份享有公司章程规定的一定比例表决权。

对于股息可累积到下一会计年度的优先股，表决权恢复直至公司全额支付所欠股息。对于股息不可累积的优先股，表决权恢复直至公司全额支付当年股息。公司章程可规定优先股表决权恢复的其他情形。

第十二条　优先股股东有权查阅公司章程、股东名册、公司债券存根、股东大会会议记录、董事会会议决议、监事会会议决议、财务会计报告。

第十九条　上市公司发行优先股，最近三个会计年度实现的年均可分配利润应当不少于优先股一年的股息。

第二十条　上市公司最近三年现金分红情况应当符合公司章程及中国证监会的有关监管规定。

第二十二条　上市公司发行优先股募集资金应有明确用途，与公司业务范围、经营规模相匹配，募集资金用途符合国家产业政策和有关环境保护、土地管理等法律和行政法规的规定。

除金融类企业外，本次募集资金使用项目不得为持有交易性金融资产和可供出售的金融资产、借予他人等财务性投资，不得直接或间接投资于以买卖有价证券为主要业务的公司。

第二十三条　上市公司已发行的优先股不得超过公司普通股股份总数的百分之五十，且筹资金额不得超过发行前净资产的百分之五十，已回购、转换的优先股不纳入计算。

第二十四条　上市公司同一次发行的优先股，条款应当相同。每次优先股发行完毕前，不得再次发行优先股。

第二十五条　上市公司存在下列情形之一的，不得发行优先股：

（一）本次发行申请文件有虚假记载、误导性陈述或重大遗漏；

（二）最近十二个月内受到过中国证监会的行政处罚；

（三）因涉嫌犯罪正被司法机关立案侦查或涉嫌违法违规正被中国证监会立案调查；

（四）上市公司的权益被控股股东或实际控制人严重损害且尚未消除；

（五）上市公司及其附属公司违规对外提供担保且尚未解除；

（六）存在可能严重影响公司持续经营的担保、诉讼、仲裁、市场重大质疑或其他重大事项；

（七）其董事和高级管理人员不符合法律、行政法规和规章规定的任职资格；

（八）严重损害投资者合法权益和社会公共利益的其他情形。

第二节 公开发行的特别规定

第二十六条 上市公司公开发行优先股，应当符合以下情形之一：

（一）其普通股为上证50指数成份股；

（二）以公开发行优先股作为支付手段收购或吸收合并其他上市公司；

（三）以减少注册资本为目的回购普通股的，可以公开发行优先股作为支付手段，或者在回购方案实施完毕后，可公开发行不超过回购减资总额的优先股。

中国证监会核准公开发行优先股后不再符合本条第（一）项情形的，上市公司仍可实施本次发行。

第二十七条 上市公司最近三个会计年度应当连续盈利。扣除非经常性损益后的净利润与扣除前的净利润相比，以孰低者作为计算依据。

第二十八条 上市公司公开发行优先股应当在公司章程中规定以下事项：

（一）采取固定股息率；

（二）在有可分配税后利润的情况下必须向优先股股东分配股息；

（三）未向优先股股东足额派发股息的差额部分应当累积到下一会计年度；

（四）优先股股东按照约定的股息率分配股息后，不再同普通股股东一起参加剩余利润分配。

商业银行发行优先股补充资本的，可就第（二）项和第（三）项事项另行约定。

第二十九条 上市公司公开发行优先股的，可以向原股东优先配售。

第三十一条 上市公司公开发行优先股，公司及其控股股东或实际控制人最近十二个月内应当不存在违反向投资者作出的公开承诺的行为。

第三节 其他规定

第三十二条 优先股每股票面金额为一百元。

优先股发行价格和票面股息率应当公允、合理，不得损害股东或其他利益相关方的合法利益，发行价格不得低于优先股票面金额。

公开发行优先股的价格或票面股息率以市场询价或证监会认可的其他公开方式确定。非公开发行优先股的票面股息率不得高于最近两个会计年度的年均加权平均净资产收益率。

第三十二条 上市公司不得发行可转换为普通股的优先股。但商业银行可根据商业银行资本监管规定，非公开发行触发事件发生时强制转换为普通股的优先股，并遵守有关规定。

第三十四条　上市公司非公开发行优先股仅向本办法规定的合格投资者发行，每次发行对象不得超过二百人，且相同条款优先股的发行对象累计不得超过二百人。

发行对象为境外战略投资者的，还应当符合国务院相关部门的规定。

依据规定，优先股相关会计处理和财务报告，应当遵循财政部发布的企业会计准则及其他相关会计标准。企业投资优先股获得的股息、红利等投资收益，符合税法规定条件的，可以作为企业所得税免税收入。目前来看，已有不少的上市银行发行了优先股，对于个人优先股的计税，能否享受到差别化股息红利，从笔者的理解看，这也是属于利润分配的一种，只是有相应的稳定性要求，但确实存在与普通股的差异。据了解，目前中登公司也在与财税部门进行对接，以落实在系统当中的技术处理方式，目前尚无最终的结论。

如建设银行（601939.SH）于2018年1月4日发布优先股募集说明，我们可以看到当前的个税处理实践案例情形，笔者一并摘录，供大家参照：

三、本次优先股发放股息能否在所得税前列支及政策依据

目前，国家有关部门尚未对优先股的税务处理出台具体的政策法规或操作指引。但基于目前有效的国内税法及其他相关规定，本行对本次优先股发放股息的税务处理分析如下：本次发行的优先股无到期期限，赎回权为本行所有，没有在满足特定条件后赎回或偿还本金的义务，优先股股东无权要求本行赎回优先股，且本行有权取消全部或部分股息支付，不满足《关于企业混合性投资业务企业所得税处理问题的公告》中关于税前列支条件的要求。而根据本节"二、本次优先股相关会计处理方法"所述，本次发行的优先股在会计处理上符合作为权益工具核算的要求，因此在会计处理上将作为权益工具核算。

综合考虑上述情况，本次优先股发放的股息来自于本行可分配税后利润，不在所得税前列支。但本行不排除未来国家可能出台其他与优先股税务处理相关的政策或规定，届时则按照相关规定执行。

……

六、本次优先股与投资者有关的税务事项

本次优先股的投资者应遵守我国有关税务方面的法律、法规及有关机构的规定。本税务分析是依据我国现行的税务法律、法规及国家税务总局有关规范性文件以及上交所、中证登的相关规定做出。除个别税种外（如印花税），目前国家税务总局并未针对投资优先股的税务处理做出专门明确规定。根据与相关主管部门的沟通，本次优先股作为权益性投资工具，其税务处理将参照普通股。如果相关法律、法规发生变更或

相关监管部门就优先股投资与交易出台专门的税务法规,本税务分析将按变更后的法律、法规或新出台的优先股投资与交易的专门税务法规执行。

下列说明不构成对投资者的纳税建议和纳税依据,也不涉及投资本次优先股可能出现的税务后果,投资者应就有关事项咨询专业税务顾问,本行不承担由此产生的任何责任。

(一)优先股交易与转让

优先股交易与转让环节主要涉及印花税、增值税和所得税三个税项。

1. 印花税

根据财政部、国家税务总局《关于转让优先股有关证券(股票)交易印花税政策的通知》(财税〔2014〕46号),上海证券交易所、深圳证券交易所、全国中小企业股份转让系统买卖、继承、赠与优先股所书立的股权转让书据,均依书立时实际成交金额,由出让方按1‰的税率计算缴纳证券(股票)交易印花税。

根据国家税务总局、中华人民共和国国家经济体制改革委员会《股份制试点企业有关税收问题的暂行规定》(国税发〔1992〕137号),办理股权交割手续的单位负有监督纳税人依法纳税的责任,并代征代缴印花税税款。

根据国家税务总局发布的《关于加强证券交易印花税征收管理工作的通知》(国税发〔1997〕129号),证券交易印花税统一由上海、深圳证券登记公司代扣代缴。

因此,证券交易印花税应由证券交易所代扣代缴。

2. 增值税

(1)个人、证券投资基金、合格境外机构投资者(QFII)及人民币合格境外投资者(RQFII)

根据财政部、国家税务总局《关于全面推开营业税改征增值税试点的通知》(财税〔2016〕36号),自2016年5月1日起,在全国范围内全面推开营业税改征增值税试点,建筑业、房地产业、金融业、生活服务业等全部营业税纳税人,纳入试点范围,由缴纳营业税改为缴纳增值税。

根据财政部、国家税务总局《关于全面推开营业税改征增值税试点的通知》(财税〔2016〕36号)附件3《营业税改征增值税试点过渡政策的规定》,"一、下列项目免征增值税:(二十二)下列金融商品转让收入:1.合格境外投资者(QFII)委托境内公司在我国从事证券买卖业务。2.香港市场投资者(包括单位和个人)通过沪港通买卖上海证券交易所上市A股。3.对香港市场投资者(包括单位和个人)通过基金互认买卖内地基金份额。4.证券投资基金(封闭式证券投资基金,开放式证券投资基金)管理人运用基金买卖股票、债券。5.个人从事金融商品转让业务。"

根据财政部、国家税务总局《关于金融机构同业往来等增值税政策的补充通知》(财税〔2016〕70号)的相关规定,人民币合格境外投资者(RQFII)委托境内公司在我国从事证券买卖业务,以及经人民银行认可的境外机构投资银行间本币市场取得的金融商品转让收入免征增值税。

因此，个人、证券投资基金、合格境外机构投资者（QFII）及人民币合格境外投资者（RQFII）交易与转让优先股免征增值税。

（2）社保基金

根据财政部、国家税务总局《关于营业税改征增值税试点若干政策的通知》（财税〔2016〕39号）规定，全国社会保障基金理事会、全国社会保障基金投资管理人运用全国社会保障基金买卖证券投资基金、股票、债券取得的金融商品转让收入，免征增值税。

（3）其他投资者

根据财政部、国家税务总局《关于全面推开营业税改征增值税试点的通知》（财税〔2016〕36号），转让外汇、有价证券、非货物期货和其他金融商品所有权等金融商品，以及基金、信托、理财产品等各类资产管理产品和各种金融衍生品等其他金融商品，应缴纳增值税，增值税税率为6%。相关税收法律法规对其他投资者从事有价证券买卖业务缴纳增值税另有规定的，从其规定。

3. 所得税

（1）个人、证券投资基金、社保基金、合格境外机构投资者（QFII）及人民币合格境外投资者（RQFII）

根据财政部、国家税务总局《关于个人转让股票所得继续暂免征收个人所得税的通知》（财税字〔1998〕61号）和财政部、国家税务总局、证监会《关于个人转让上市公司限售股所得征收个人所得税有关问题的通知》（财税〔2009〕167号），个人转让除上市公司限售股以外的上市公司股票取得的所得，继续暂免征收个人所得税。

根据财政部、国家税务总局《关于证券投资基金税收政策的通知》（财税〔2004〕78号），自2004年1月1日起，对证券投资基金（封闭式证券投资基金、开放式证券投资基金）管理人运用基金买卖股票、债券的差价收入，继续免征企业所得税。同时，根据财政部、国家税务总局《关于企业所得若干优惠政策的通知》（财税〔2008〕1号）的规定，对证券投资基金从证券市场中取得的收入，包括买卖股票、债券的差价收入，股权的股息、红利收入，债券的利息及其他收入，暂不征收企业所得税。

根据财政部、国家税务总局《关于全国社会保障基金有关税收政策问题的通知》（财税〔2002〕75号），对社保基金从证券市场中取得的收入，包括买卖证券投资基金、股票、债券的差价收入，暂免征收企业所得税。

根据财政部、国家税务总局和中国证监会《关于QFII和RQFII取得中国境内的股票等权益性投资资产转让所得暂免征收企业所得税问题的通知》（财税〔2014〕79号），从2014年11月17日起，对合格境外机构投资者（QFII）、人民币合格境外机构投资者（RQFII）取得来源于中国境内的股票等权益性投资资产转让所得，暂免征收企业所得税。

(2) 其他投资者

根据《中华人民共和国企业所得税法》（主席令第63号）及《中华人民共和国企业所得税法实施条例》（国务院令第512号），其他投资者转让股权等财产获得的差价收入应缴纳企业所得税。相关税收法律法规对其他投资者转让股权缴纳企业所得税另有规定的，从其规定。

根据《中华人民共和国企业所得税法》（主席令第63号），转让股权等财产的其他投资者为纳税义务人，应自行缴纳企业所得税。但是，非居民企业在中国境内未设立机构、场所的，或者虽设立机构、场所但取得的所得与其所设机构、场所没有实际联系的，应当就其来源于中国境内的所得缴纳企业所得税，并实行源泉扣缴，以支付人为扣缴义务人。

(二) 优先股股息发放

优先股股息发放环节主要涉及所得税。目前尚无针对优先股股息发放的所得税税务规定，由于本次发行的优先股所支付的股息采用税后列支的方式，因此参考普通股分红的所得税税务规定：

1. 个人及证券投资基金所得税相关规定

根据财政部、国家税务总局、中国证监会《关于实施上市公司股息红利差别化个人所得税政策有关问题的通知》（财税〔2012〕85号）、《关于上市公司股息红利差别化个人所得税政策有关问题的通知》（财税〔2015〕101号）及《中国证券登记结算有限责任公司关于落实上市公司股息红利差别化个人所得税政策的通知》的规定，持股期限在1个月以内（含1个月）的，其股息红利所得全额计入应纳税所得额；持股期限在1个月以上至1年（含1年）的，暂减按50%计入应纳税所得额；持股期限超过1年的，股息红利所得暂免征收个人所得税。上述所得统一适用20%的税率计征个人所得税。因此，根据上述规定，对于个人投资者而言：如持股期限在1个月以内（含1个月）的，实际税负为20%；持股期限在1个月以上至1年（含1年）的，实际税负为10%；持股期限超过1年的，实际税负为0%。

上市公司派发股息红利时，对个人持股1年以内（含1年）的，上市公司暂不扣缴个人所得税；待个人转让股票时，证券登记结算公司根据其持股期限计算应纳税额，由证券公司等股份托管机构从个人资金账户中扣收并划付证券登记结算公司，证券登记结算公司应于次月5个工作日内划付上市公司，上市公司在收到税款当月的法定申报期内向主管税务机关申报缴纳。

证券投资基金从上市公司取得的股息红利所得，按照上述规定计征个人所得税。

2. 企业法人投资者所得税相关规定

根据《中华人民共和国企业所得税法》（主席令第63号）的规定，符合条件的居民企业之间的股息、红利等权益性投资收益为免税收入。另外，根据《中华人民共和国企业所得税法实施条例》（国务院令第512号），上述所称股息、红利等权益性投资收益，不包括连续持有居民企业公开发行并上市流通的股票不足12个月取得的投资收益。

3. 合格境外机构投资者（QFII）所得税相关规定

根据《关于中国居民企业向QFII支付股息、红利、利息代扣代缴企业所得税有关问题的通知》（国税函〔2009〕47号）的规定，QFII取得来源于中国境内的股息、红利和利息收入，应当按照企业所得税法规定缴纳10%的企业所得税。如果是股息、红利，则由派发股息、红利的企业代扣代缴；如果是利息，则由企业在支付或到期支付时代扣代缴。QFII取得股息、红利和利息收入，需要享受税收协定（安排）待遇的，可向主管税务机关提出申请，主管税务机关审核无误后按照税收协定的规定执行；涉及退税的，应及时予以办理。

4. 社保基金所得税相关规定

根据《财政部、国家税务总局关于全国社会保障基金有关企业所得税问题的通知》（财税〔2008〕136号）的规定，社保基金从证券市场中取得的收入，包括买卖证券投资基金、股票、债券的差价收入，证券投资基金红利收入，股票的股息、红利收入，债券的利息收入及产业投资基金收益、信托投资收益等其他投资收入，作为企业所得税不征税收入。而对社保基金投资管理人、社保基金托管人从事社保基金管理活动取得的收入，依照税法的规定征收企业所得税。

5. 其他投资者所得税相关规定

除上述提及的投资者外，其他投资者取得优先股股息将按照相关规定进行处理。

（三）优先股赎回

优先股赎回环节可参照优先股交易与转让环节适用的相关税收政策。若未来财政、税务等相关政府部门对优先股赎回出台专门的税务法规，则按照相关规定执行。

（四）优先股转股

优先股转股环节的税务处理尚不明确，将根据有权机关未来具体监管规定处理。

相信这也是咨询专业部门或人员的意见之后的整理，对于我们的征纳双方都是一个很有借鉴意义的分析参照。

4.2 中国信托业的现状、困境及信托投资的计税规定

信托在中国老百姓的理解中，似乎离着自己很遥远，而对于高净值人士来讲，信托似乎就是一个"神奇工具"，有不少富豪已经在海外进行了信托架构的搭建，对于家族财富的有效配置与后代的基业长青发挥着无可替代的作用。但对于很多不熟悉的人来讲，接受起来还是有难度，将自己的财产交给一个陌生机构或人打理，不会有风险

吧，自己还能控制吗，各种疑惑一直难以破解。

信托在中国内地却是另一类影像，大家接触的信托公司，似乎就是一个融资平台，并没有发挥出这种"舶来品"在中国的生根发芽及成长的特殊信托作用。而中国的法律，特别是税法，没有给予信托一个"便捷"可操作的通道，这也让其本来所具有的"托付"功能并没有施展出来。

4.2.1 20年的信托法发展历程

2001年10月1日《中华人民共和国信托法》正式实施，其明确：信托是指委托人基于对受托人的信任，将其财产权委托给受托人，由受托人按委托人的意愿以自己的名义，为受益人的利益或者特定目的，进行管理或者处分的行为。

同时，我们还要考虑一下《信托公司管理办法》对于信托公司业务的了解，所称信托公司，是指依照《中华人民共和国公司法》和本办法设立的主要经营信托业务的金融机构。对于其经营业务，大家千万别以为信托公司就只是从事上面提到的正宗的信托业务。《信托公司管理办法》规定：

第十六条　信托公司可以申请经营下列部分或者全部本外币业务：
（一）资金信托；
（二）动产信托；
（三）不动产信托；
（四）有价证券信托；
（五）其他财产或财产权信托；
（六）作为投资基金或者基金管理公司的发起人从事投资基金业务；
（七）经营企业资产的重组、购并及项目融资、公司理财、财务顾问等业务；
（八）受托经营国务院有关部门批准的证券承销业务；
（九）办理居间、咨询、资信调查等业务；
（十）代保管及保管箱业务；
（十一）法律法规规定或中国银行业监督管理委员会批准的其他业务。

比如中信信托的营业范围：资金信托；动产信托；不动产信托；有价证券信托；其他财产或财产权信托；作为投资基金或者基金管理公司的发起人从事投资基金业务；经营企业资产的重组、购并及项目融资、公司理财、财务顾问等业务；受托经营国务院有关部门批准债券的承销业务；办理居间、咨询、资信调查等业务；代保管及保管箱业务；以存放同业、拆放同业、贷款、租赁、投资方式运用固有财产；以固有财产为他人提供担保；从事同业拆借；法律法规规定或中国银行业监督管理委员会批准的其他业务。（依法须经批准的项目，经相关部门批准后依批准的内容开展经营活动。）

从事以信托项目为目标的融资，为我们个人投资者所关注，而且前几年信托融资的收益率在10%左右，远超市场上的银行存款利息率。但网传的一些信托项目在爆雷情形下，为了信托牌照与信托业务发展，不得不进行刚性兑付。《关于规范金融机构资产管理业务的指导意见》（银发〔2018〕106号）对于刚性兑付进行了一些监管措施与明确规范，要求金融机构应当加强投资者教育，不断提高投资者的金融知识水平和风险意识，向投资者传递"卖者尽责、买者自负"的理念，打破刚性兑付。

4.2.2　信托传统本业受制于税收法规所受的影响及突破

信托本业，理应对受托之财进行打理，比如接受资金信托，那么就需要进行相应的投资；但当前，笔者了解到，有的信托公司接受的资金信托，对客户的投资需求往往限制在本集团体系内的相关产品范围，"肥水不流外人田"，这也是当前持有信托牌照的集团公司的利益考虑所在。

由于受产权登记等相关限制，资金信托一直是中国比较单一的信托资产模式，对于房产、股权，如何进行信托手续办理，比如在税务上，并没有"绿灯"，税收政策中对于近亲属的房产、股权变更，有相应的税收支持性的规定，但是交付给信托受托人，税收政策就认为其为一次"交易"形式的变更，需要将其公允计价时的溢价部分进行计税处理，相当于税负成本阻碍了这种信托产品的开发，多年来未得到突破。

《二十一世纪经济报道》有一篇《亿元个人房产"传内不传外"家族信托试水房产传承》的文章，其中提到，成立资金信托购买自家房产，委托人先设立一个单一资金信托，本人为信托的发起人和委托人，北京信托作为受托人，而包括其儿女在内的"直系血亲后代非配偶继承人"则为信托受益人，之后由该信托对宋某芳指定的房产发出购买要约，实现该信托对房产的控制。资金信托购买其房产时，需要按北京当地的要求缴纳二手房交易费用，而在信托持有这些房产后，每年还需按照国家和地方政府规定缴纳0.84%的房产持有税，这是因为委托人的家族信托购买其房产时，按照公司持有房产计征。以上各项费用的加总并不低，在目前的法律框架下，这些税费均无法避免，但认为"跟后辈姻缘风险相比，值得这些支出"。由于房产无法直接设立信托登记，通过自己左手倒右手的方式虚转让一次，从而实现信托目标的实现，不过要承担相当的税负成本，特别如果是商业地产，会存在比较大的土地增值税成本。

这仅是报道当中的一个案例，既说明了信托业在中国实施过程中存在的困难之处，也说明了即使在当前情形下，对于信托的需求仍是刚性存在的，毕竟对于中国当前的老一代创业者来讲，也差不多到了"接班"的时候了，而对于二代，其本身的拼搏精神、兴趣爱好，还涉及婚姻等问题，都可能到了作出决定的时候，加之天灾人祸带来的无常之事，信托让高净值人士多了一个可以托付的选择。

所谓创新无止境，对于在国内如何置入信托资产，上面我们主要讨论的是税负成本的评估，对于一些境外的信托机构来讲，其在国内也设立有相应的外资企业，在这个过程中，通过企业并购等方式，单方面实现国内资产的置入，以交易为载体，有时也是一个可以考虑的方式，比如以股权架构的方式置入资产。

而在一些避税地、低税地，如果以股权、股票进行信托，不存在过户税费的压力。笔者查阅了一些资料，发现欧美一些国家也存在信托财产过户收税费的问题。而为广大国内民众所熟悉的龙湖地产、SOHO地产的实控人、李嘉诚等的信托搭建，想必一般老百姓也到不了那个要求及层级上，并不必刻意进行比较选择。对于他们所作的离岸信托，主要是隔离了个人风险与家族财富的关系，依信托的主流理解与其规则的尊重，相当于信托财产可以独立于个人层面的经营风险、法律风险，除非在此之前通过一些刻意安排转移逃避义务的情形，比如我国信托法也同样有所规定。而在国内，信托财产如何完全有效地独立于个人的风险，似乎存在并不明确的地方，个人对于信托财产的安全独立性也缺乏认同，对于受托财产的运营也未尽"信托"，所以富豪多是选择海外知名品牌机构进行信托的规划与搭建。

为何这些"中国人"（部分是外籍或取得了外国的绿卡）在海外装入信托财产就没有按照中国税法的规定，视为转让缴纳个人所得税呢？这是因为，在2018年及以前的个人所得税法体系中，对此没有规定，没有反避税的条款，现在将资产装入信托时，目前的个人所得税法中虽然没有视同销售的规定，但如果再装入，我们的反避税条款至少是一个突破的路径，即使其在海外装入的是境外间接控股境内企业的股权，也是一样可以"穿透"的，如此下来，反避税条款补充到个人所得税法中，实为中国税收主体的重要体现与进步。

但是有一个问题需要明确，即如果信托的受益人将来取得的信托项目的支付款项等，有没有个税的情形，税法暂没有特别具体的规定，下一步如果国家明确相关规定，按照规定来处理。当前一些地方的意见口径可以参照了解。

另外据报道，在2019年建信信托完成了首例上市公司股东以存量股票置入家族信托的案例，其他一些信托公司也有利用股票质押方式间接实现了信托的功能，不断创新与尝试，这是当前国内信托的现状。与此同时，《九民纪要》对于信托资产的法律争议问题进行了明确：

95. [信托财产的诉讼保全] 信托财产在信托存续期间独立于委托人、受托人、受益人各自的固有财产。委托人将其财产委托给受托人进行管理，在信托依法设立后，该信托财产即独立于委托人未设立信托的其他固有财产。受托人因承诺信托而取得的信托财产，以及通过对信托财产的管理、运用、处分等方式取得的财产，均独立于受托人的固有财产。受益人对信托财产享有的权利表现为信托受益权，信托财产并非受益人的责任财产。因此，当事人因其与委托人、受托人或者受益人之间的纠纷申请对存管银行或者信托公司专门账户中的信托资金采取保全措施的，除符合《信托法》第17条①规定的情形外，人民法院不应当准许。已经采取保全措施的，存管银行或者信托公司能够提供证据证明该账户为信托账户的，应当立即解除保全措施。对信托公司管理的其他信托财产的保全，也应当根据前述规则办理。

当事人申请对受益人的受益权采取保全措施的，人民法院应当根据《信托法》第47条②的规定进行审查，决定是否采取保全措施。决定采取保全措施的，应当将保全裁定送达受托人和受益人。

4.2.3 投资信托融资所得的个人所得税计税规定

个人投资信托项目，取得的投资收益，是"避税产品"，笔者遇到很多同行人士，大家基本上都这样理解。我们来分析一下这其中有没有风险。先来看一下在网络上流传的几个涉及信托的意见。

问题：国税函〔2005〕424号③文件相关问题（2010/11/24）

请问存在国税函〔2005〕424号文件吗？因为我在网上只看到说有这个文件，是关于个人取得信托收益交纳所得税的一个文件. 但在国家税务总局和其他地方税务局的网站上并没有找到该文件，另外，我还想问一下个人如何缴纳转让信托持股的个人所得税？

---

① 第十七条 除因下列情形之一外，对信托财产不得强制执行：
（一）设立信托前债权人已对该信托财产享有优先受偿的权利，并依法行使该权利的；
（二）受托人处理信托事务所产生债务，债权人要求清偿该债务的；
（三）信托财产本身应担负的税款；
（四）法律规定的其他情形。
对于违反前款规定而强制执行信托财产，委托人、受托人或者受益人有权向人民法院提出异议。
② 第四十七条 受益人不能清偿到期债务的，其信托受益权可以用于清偿债务，但法律、行政法规以及信托文件有限制性规定的除外。
③ 网传国税函〔2005〕424号文件明确规定："受托人支付给个人的资金信托业务收益，属于利息、股息、红利所得征税项目，应按20%的比例税率全额缴纳个人所得税。受托人应按个人所得税法的有关规定履行代扣代缴义务。"

回复意见:

您在我们网站上提交的纳税咨询问题收悉,现针对您所提供的信息简要回复如下:

国税函〔2005〕424号文件是我局对山西、宁夏某涉税案件的批复,未向社会公布。根据个人所得税法规定精神,个人取得信托产品收益,应按"利息、股息、红利所得"项目征收个人所得税。对转让信托持股的个人,如果所转让的是二级市场的股票,则免征个人所得税;如果转让的是限售股,则应按财税〔2009〕167号文件执行。

《青岛市地方税务局关于印发〈2012年度所得税问题解答〉的通知》(青地税二函〔2013〕1号)有如下的意见:

10. 个人从银行购买理财产品的收益是否征收个人所得税?

答:通过银行销售的理财产品品种很多,有银行自行开发的理财产品,有银行代信托公司或保险公司代销的产品,还有委托贷款。经请示总局,对个人取得的上述收益现暂不征收个人所得税。

《国家税务总局关于切实加强高收入者个人所得税征管的通知》(国税发〔2011〕50号)曾提出:

(一)加强以非劳动所得为主要收入来源人群的征管

密切关注持有公司大量股权、取得大额投资收益以及从事房地产、矿产资源投资、私募基金、信托投资等活动的高收入人群,实行重点税源管理。

《合肥市地方税务局关于开展高收入者个人所得税核查工作的通知》曾提出:

5. 加强对信托公司、证券公司和银行的管理,购买大量理财产品、持有公司大量股权、取得大额投资收益以及从事房地产、矿产资源投资、私募基金、信托投资等活动的高收入人群,实行重点税源管理。

其实大家可以发现,对于信托、理财产品的收益是不是征收个税,大家聚焦的是微观的问题点,并没有从税法的所得定性上来考虑。而似左似右的意见,似乎也表明了在税收征管层面,不同的人员有不同的理解,并没有达成共识。笔者分析,我们若剔除信托这层"代理环节",个人如果直接融资给信托项目所指定的目标单位,可能就会有不同的理解了,肯定是属于应税所得。因为加了信托环节,那么由于信托行业天然的行业优惠及一定的话语权,财税部门对于金融领域的涉税事项处理会相当谨慎,因为有可能涉及整个链条的利益重调,而对于无论是信托公司,还是搞理财产品的银行来讲，借由因为税法没有规定我们有法定扣缴义务，相当于先剔除了自己的法定扣缴之责，加之其对于相关产品的介绍与签约事项中，对此往往明确相应的纳税义务由所得人来履行，结果在彼此之间"踢皮球"的过程中，也没有税务机关直接向个人追税的情形，对于上面提到的国家税务总局对于某地税务局的批复，也是基于个案的意见。笔者认为，这当然属于一种所得，征税的基础是存在的，至于是不是要捅破那层"窗户纸"，相信在不久的将来会有所整体明确。

如之前南京地税就行文发布一个批复：

关于企业职工通过职工持股会取得股金分红征收个人所得税问题的批复
宁地税发〔2006〕204号

下关分局：

根据你局《关于企业通过信托投资公司向职工发放股金分红征收个人所得税问题的请示》（宁地税下发〔2006〕22号）及相关材料，对于你局所提出的职工个人通过职工持股会取得的股权投资资金信托收益是否缴纳个人所得税问题。经研究，做如下答复：

根据《中华人民共和国个人所得税》及其实施条例的规定，对于职工个人通过职工持股会取得的股权投资资金信托收益，属于个人所得税法"利息、股息、红利所得"项目的征税范围，税款应由实际支付人即汽轮电机（集团）有限责任公司负责计算并代扣代缴。希你局和扣缴单位进行沟通，及时做好税款的入库工作。

二〇〇六年十一月六日

营改增以来，对于资管产品（其中就包括了信托产品）的增值税计缴，经过了漫长的沟通，最终由政府拍板确定实施简易计征应税项目的增值税，不失为一种进步，也是一种法制的公平体现。

4.2.4 信托融资的发票开具

之前有的税务机关特别强调，如果企业从金融企业如信托公司取得融资，必须取得其开具的发票，才能税前扣除，目前来看，这个要求并不"过分"。营改增之后，包括银行在内的金融企业，都应给企业开具发票，才能满足税前扣除凭证的需要。上面我们提到，营改增后，信托产品的融资项目，如果是对外借款的，属于增值税当中的贷款服务，由于其按简易办法计缴增值税，因此开3%的增值税发票。由于贷款服务不得抵扣，现实当中开具普通发票即可。

在发生应税业务的情形下，信托公司是按简易办法计征增值税，且纳税人是信托公司，但是由于每个信托项目需要单独清算收入费用，在此时，简易办法计税不会影响到算不清账的情形。但有购入金融商品的交易，在按差额计税时，可能就存在有的是正差，有的是负差，如果合并计税，那么负差可以抵减正差的情形；但是如果是选择分别核算销售额与应纳税额的情形，就不能互相抵减。

由于信托公司已作为应税主体的纳税人身份完成了计税，在投资人与信托公司之间，就存在收益的分配了，此时据当前的增值税规则，多是不保本的投资收益分配，所以也不存在增值税的应税行为[①]。

4.3 个人投资基金的个税计税规定

在我国，基金的发展也是非常快速，规模巨大。记得在2006年前后，当中国股市迎来6000点高峰的时候，随之而来的基金买卖非常火爆，经过这些年来的沉淀，基金的创新业务越来越多，证券投资基金立法也在不断进步，本节主要是与大家一起交流个人投资基金的涉税相关规定。

4.3.1 我国基金的种类

《中华人民共和国证券投资基金法》于2015年修订后发布，在中华人民共和国境内，公开或者非公开募集资金设立证券投资基金（以下简称基金），由基金管理人管理，基金托管人托管，为基金份额持有人的利益，进行证券投资活动，适用本法；本法未规定的，适用《中华人民共和国信托法》《中华人民共和国证券法》和其他有关法律、行政法规的规定。

我国证券投资基金法在修订过程当中，处于范围不断扩大的进程中。2013年修订的证券投资基金法，将非公开募集基金纳入监管范畴；明确了私募基金的三种组织形式：契约型、公司型和合伙型，为契约型私募基金奠定了法律基础。之前在我国居多的是契约型基金，其本身不具有工商注册登记的实体化，只是通过一个募集的过程，形成一个投资管理的运营体。比如2013年之前证券投资基金法主要规定的开放式基金与封闭式基金的两种主要的表现形式。

对于非公开募集资金的情形，依据2014年《私募投资基金监督管理暂行办法》规定：

---

① 财税〔2016〕140号文件规定：、《销售服务、无形资产、不动产注释》（财税〔2016〕36号）第一条第（五）项第1点所称"保本收益、报酬、资金占用费、补偿金"，是指合同中明确承诺到期本金可全部收回的投资收益。金融商品持有期间（含到期）取得的非保本的上述收益，不属于利息或利息性质的收入，不征收增值税。

第一条 为了规范私募投资基金活动，保护投资者及相关当事人的合法权益，促进私募投资基金行业健康发展，根据《证券投资基金法》《国务院关于进一步促进资本市场健康发展的若干意见》，制定本办法。

第二条 本办法所称私募投资基金（以下简称私募基金），是指在中华人民共和国境内，以非公开方式向投资者募集资金设立的投资基金。

私募基金财产的投资包括买卖股票、股权、债券、期货、期权、基金份额及投资合同约定的其他投资标的。

非公开募集资金，以进行投资活动为目的设立的公司或者合伙企业，资产由基金管理人或者普通合伙人管理的，其登记备案、资金募集和投资运作适用本办法。

证券公司、基金管理公司、期货公司及其子公司从事私募基金业务适用本办法，其他法律法规和中国证券监督管理委员会（以下简称中国证监会）有关规定对上述机构从事私募基金业务另有规定的，适用其规定。

第十一条 私募基金应当向合格投资者募集，单只私募基金的投资者人数累计不得超过《证券投资基金法》《公司法》《合伙企业法》等法律规定的特定数量。

投资者转让基金份额的，受让人应当为合格投资者且基金份额受让后投资者人数应当符合前款规定。

如果是合伙企业或公司型的基金，在税收政策的适用上，是按该组织形式进行设计与使用，但是对于契约型的证券投资基金，我国持续以来都给予了相应的优惠政策。由于证券投资基金法修订，有一些税收政策未更新适用主体，在实务当中，多有税务机关对于私募基金还有一些不大认可的地方。比如对于投资者从证券投资基金的分红，是免所得税的，但是直到现在，对于作为证券投资基金之一的私募型基金，并没有明确给予同样的意见①。

《证券投资基金法》本身也有规定：

第八条 基金财产投资的相关税收，由基金份额持有人承担，基金管理人或者其他扣缴义务人按照国家有关税收征收的规定代扣代缴。

本规定在现实当中有些合伙企业型、公司型的基金，并不完全简化地适用该条款

---

① 《财政部、国家税务总局关于企业所得税若干优惠政策的通知》（财税〔2008〕1号）：
二、关于鼓励证券投资基金发展的优惠政策
（一）对证券投资基金从证券市场中取得的收入，包括买卖股票、债券的差价收入，股权的股息、红利收入，债券的利息收入及其他收入，暂不征收企业所得税。
（二）对投资者从证券投资基金分配中取得的收入，暂不征收企业所得税。
（三）对证券投资基金管理人运用基金买卖股票、债券的差价收入，暂不征收企业所得税。

执行。比如增值税中对于资管产品的计税规定，当时曾有人搬出此款规定，认为不应让基金的管理人来对此纳税①，最终也不得不接受简易计税的方式，达成了一个妥协性的共识。

4.3.2　基金投资方面的个税政策

上面我们提到，如果是证券投资基金，上市公司在分派股息红利时，需要扣缴个税，由此如果其再向投资者分配利润之时，就应不存在再计个税的政策。当然，企业所得税的政策已明确免税。

《财政部　国家税务总局关于开放式证券投资基金有关税收问题的通知》（财税〔2002〕128号）② 规定：

> 二、关于所得税问题
> 1. 对基金管理人运用基金买卖股票、债券的差价收入，在2003年底前暂免征收企业所得税。
> 2. 对个人投资者申购和赎回基金单位取得的差价收入，在对个人买卖股票的差价收入未恢复征收个人所得税以前，暂不征收个人所得税；对企业投资者申购和赎回基金单位取得的差价收入，应并入企业的应纳税所得额，征收企业所得税。
> 3. 对基金取得的股票的股息、红利收入，债券的利息收入、储蓄存款利息收入，由上市公司、发行债券的企业和银行在向基金支付上述收入时代扣代缴20%的个人所得税；对投资者（包括个人和机构投资者）从基金分配中取得的收入，暂不征收个人所得税和企业所得税。

财税〔2012〕85号文件及财政部公告2019年第78号文件，都明确了证券投资基金施行差别化的股息红利计个税政策。《中国证券登记结算有限责任公司关于落实上市

---

① 财税〔2017〕56号文件规定：
一、资管产品管理人（以下称管理人）运营资管产品过程中发生的增值税应税行为（以下称资管产品运营业务），暂适用简易计税方法，按照3%的征收率缴纳增值税。
资管产品管理人，包括银行、信托公司、公募基金管理公司及其子公司、证券公司及其子公司、期货公司及其子公司、私募基金管理人、保险资产管理公司、专业保险资产管理机构、养老保险公司。
资管产品，包括银行理财产品、资金信托（包括集合资金信托、单一资金信托）、财产权信托、公开募集证券投资基金、特定客户资产管理计划、集合资产管理计划、定向资产管理计划、私募投资基金、债权投资计划、股权投资计划、股债结合型投资计划、资产支持计划、组合类保险资产管理产品、养老保障管理产品。
财政部和税务总局规定的其他资管产品管理人及资管产品。
② 这个文件需要解释一下，本篇法规被《财政部、国家税务总局关于公布若干废止和失效的营业税规范性文件的通知》（2009年5月18日发布；2009年1月1日实施）废止了第一条第三项，本篇法规又被《财政部关于公布废止和失效的财政规章和规范性文件目录（第十二批）的决定》（2016年8月18日发布；2016年8月18日实施）废止，但是却在根据《财政部、国家税务总局关于继续有效的个人所得税优惠政策目录的公告》（财政部、税务总局公告2018年第177号）中"起死回生"，当前文件确实应以最新的为准，笔者也进行了相应的了解。

公司股息红利差别化个人所得税政策的通知》还特别规定：除证券投资基金开立的证券账户外，机构证券账户（含名义持有人账户），不纳入红利所得税计算范围。

《上海沪工焊接集团股份有限公司2018年年度权益分派实施公告》中提到：

3. 扣税说明

（1）对于持有本公司无限售条件股票的个人股东及证券投资基金，根据《关于上市公司股息红利差别化个人所得税政策有关问题的通知》（财税〔2015〕101号）和《关于实施上市公司股息红利差别化个人所得税政策有关问题的通知》（财税〔2012〕85号）的有关规定，个人及证券投资基金从公开发行和转让市场取得的公司股票，持股期限超过1年的，股息红利所得暂免征收个人所得税，每股实际派发现金红利人民币0.1元；对个人及证券投资基金持股1年以内（含1年）的，公司暂不扣缴个人所得税，每股实际派发现金红利人民币0.1元，待其转让股票时，中国结算上海分公司根据其持股期限计算应纳税额，由证券公司等股份托管机构从其账户中扣收并划付中国结算上海分公司，中国结算上海分公司于次月5个工作日内划付公司，公司在收到税款当月的法定申报期内向主管税务机关申报缴纳。具体实际税负为：股东的持股期限在1个月以内（含1个月）的，其股息红利所得全额计入应纳税所得额，实际税负为20%；持股期限在1个月以上至1年（含1年）的，暂减按50%计入应纳税所得额，实际税负为10%；持股期限超过1年的，股息红利所得暂免征收个人所得税。

（2）对于持有本公司有限售条件股票的个人股东及证券投资基金，根据《关于实施上市公司股息红利差别化个人所得税政策有关问题的通知》（财税〔2012〕85号）的有关规定，股息红利适用20%的税率计征个人所得税，暂减按50%计入应纳税所得额，实际税负为10%，税后每股实际派发现金红利人民币0.09元。

（3）对于持有本公司股票的合格境外机构投资者（"QFII"）股东，由本公司根据国家税务总局于2009年1月23日颁布的《关于中国居民企业向QFII支付股息、红利、利息代扣代缴企业所得税有关问题的通知》（国税函〔2009〕47号）的规定，按照10%的税率统一代扣代缴企业所得税，税后每股实际派发现金红利人民币0.09元。如相关股东认为其取得的股息、红利收入需要享受税收协定（安排）待遇的，可按照规定在取得股息、红利后自行向主管税务机关提出申请。

（4）对于其他机构投资者股东，其现金红利所得税自行缴纳，实际派发现金红利为税前每股人民币0.1元。

（5）本次转增股本的资本公积金来源为股本溢价发行所形成的资本公积金，本次转增股本不扣税。

对于差别化股息红利个税政策中提到的证券投资基金的扣税适用政策，对于私募基金所体现的合伙企业、公司、契约型的基金，是不是同样受此政策计算扣缴，从一些介绍资料来看，往往无法作出区分，而且也并不适用，因为私募基金的个税适用政策也是不同的，其是以经营的方式进行投资，理解上也并不属于原来证券投资基金的扣缴个税的方式。但是我们可以整体上分析，如果私募基金无法享受到公募基金一样的优惠政策，还是存在竞争的短板。

鉴于该事项对于财税专业人士比较重要，毕竟需要了解清楚规则。目前的情形是，对于中登公司来讲，按差异化扣缴税款的情形限于公募基金，对于私募基金，由于是在2013年证券投资基金法修订后才明确了私募基金属于证券投资基金的类型，而差别化个税政策在此之前已运行，对于私募基金之前持有的股票需要如何处理？理解上分析，既然证券投资基金法修订了，就应给予私募基金同样的政策适用标准，但据中登公司与财政部、国家税务总局交流的情形来看，尚未确定最终的实施方案，目前已涉及到了私募基金上市公司分配股息红利的情形，尚未确定最终的实施方案。

4.4 P2P 等金融活动、非法集资中的风险及计税情形

P2P 是近年来屡爆风险的一个金融事务，"跑路"者多，"入套"者数量众多，引起了很多的社会不稳定因素，也是国家近年来重点整治的领域。

那么什么是"P2P"金融业务呢，P2P 是英文 peer to peer lending（或 peer-to-peer）的缩写，意即个人对个人（伙伴对伙伴）。又称点对点网络借款，是一种将小额资金聚集起来借贷给有资金需求人群的一种民间小额借贷模式。而作为 P2P 运营的平台，相当于是一家中介机构，进行一些技术信息的提供与维护。《网络借贷信息中介机构业务活动管理暂行办法》于2015年发布，其明确：

第一条 为规范网络借贷信息中介机构业务活动，保护出借人、借款人、网络借贷信息中介机构及相关当事人合法权益，促进网络借贷行业健康发展，更好满足中小微企业和个人投融资需求，根据《关于促进互联网金融健康发展的指导意见》提出的总体要求和监管原则，依据《中华人民共和国民法通则》《中华人民共和国公司法》《中华人民共和国合同法》等法律法规，制定本办法。

第二条 在中国境内从事网络借贷信息中介业务活动，适用本办法，法律法规另有规定的除外。

本办法所称网络借贷是指个体和个体之间通过互联网平台实现的直接借贷。个体包含自然人、法人及其他组织。网络借贷信息中介机构是指依法设立,专门从事网络借贷信息中介业务活动的金融信息中介公司。该类机构以互联网为主要渠道,为借款人与出借人(即贷款人)实现直接借贷提供信息搜集、信息公布、资信评估、信息交互、借贷撮合等服务。

本办法所称地方金融监管部门是指各省级人民政府承担地方金融监管职责的部门。

第十条 网络借贷信息中介机构不得从事或者接受委托从事下列活动:

(一)为自身或变相为自身融资;

(二)直接或间接接受、归集出借人的资金;

(三)直接或变相向出借人提供担保或者承诺保本保息;

(四)自行或委托、授权第三方在互联网、固定电话、移动电话等电子渠道以外的物理场所进行宣传或推介融资项目;

(五)发放贷款,但法律法规另有规定的除外;

(六)将融资项目的期限进行拆分;

(七)自行发售理财等金融产品募集资金,代销银行理财、券商资管、基金、保险或信托产品等金融产品;

(八)开展类资产证券化业务或实现以打包资产、证券化资产、信托资产、基金份额等形式的债权转让行为;

(九)除法律法规和网络借贷有关监管规定允许外,与其他机构投资、代理销售、经纪等业务进行任何形式的混合、捆绑、代理;

(十)虚构、夸大融资项目的真实性、收益前景,隐瞒融资项目的瑕疵及风险,以歧义性语言或其他欺骗性手段等进行虚假片面宣传或促销等,捏造、散布虚假信息或不完整信息损害他人商业信誉,误导出借人或借款人;

(十一)向借款用途为投资股票、场外配资、期货合约、结构化产品及其他衍生品等高风险的融资提供信息中介服务;

(十二)从事股权众筹等业务;

(十三)法律法规、网络借贷有关监管规定禁止的其他活动。

第四十二条 银行业金融机构及国务院银行业监督管理机构批准设立的其他金融机构和省级人民政府批准设立的融资担保公司、小额贷款公司等投资设立具有独立法人资格的网络借贷信息中介机构,设立办法另行制定。

当然也有一些银行系的资本进入,在金融行业内,平安集团的陆金所旗下 P2P 业务名为陆金服,由上海陆金所互联网金融信息服务有限公司运营,注册资本为 1 亿元,后者由上海陆家嘴国际金融资产交易市场股份有限公司全资控股。据了解,其为陆金所控股的运营主体。据行业第三方数据显示,截至 2019 年 2 月 25 日,在正常运营的

1 063家网贷平台中，拥有金融牌照的网贷机构24家，占比仅2.2%。陆金所一定程度上是这个行业的代表，但是据报道，陆金所似乎也正在淡化P2P业务的规划。笔者认为，在中国当下的社会信用体系尚未建立，监管机构分散，平台承受风险的能力不充分，加之实控人挪用、跑路，爆雷不止，以致于这个当年十分热门的创业领域，现在似乎成了"过街之鼠"。

大家知道银行是如何挣钱的，由于有着强大的国家信用与监管要求，储蓄人愿意也放心把钱存入银行，由此银行建立了资金池，给储户一定的存款利息，而后再通过自己的贷款，挣得利息收入，利息差是其传统的、核心的收入来源，当然银行还有更多金融结算、理财、保管、投资等业务，反之大家可以看看P2P的中介平台，是不能监控出借人与借款人的活动的，也不能光明正大地进行担保，加之借款人的还贷能力与抗风险能力弱，不像银行，通常要有抵押或担保才会借款。如果平台要发展，就可能为还不起钱的人或单位进行"买单"，此时如何能承受，加之其利润来源是中介手续费，这个商业模式与银行的完全不同，所以出现最终的爆雷也是再正常不过了。

对于P2P业务当中的税收问题，基本上监管是很不到位的，比如某P2P网站中关于"知晓事项"的介绍：

对于本借款所适用的税务政策，中国财政机关和税务机关尚未制定统一、完善的税务法律体系，且由于各地方政府税务机关存在执行不统一、稳定性差、缺乏足够的政策支持等特点，出借人的利息收入可能会因相应的税收政策的变化而受到不利影响。

笔者认为，其实政策是很明确的，即使是民间的自然人对外借款人，有利息收入也是要纳税的。如利息收入的20%个税，这个无论金额大小都是存在的，是个人所得税法中明确规定的；对于增值税，基本也是达到次500元以上的起征点的，需要计缴3%的增值税及附加税费。

【案例】 某企业为大型央企的子公司，由于从集团内部或外部金融机构融资困难，因此通过P2P平台向外融资，融资了1 000万元，出借人达数百人，在此借款业务中，该央企的财务人员需要整理一份风险分析意见，下面我们来分析一下。

分析：首先我们要明确地知道，P2P平台并不是出借人，即相应的借款是从在这个平台上注册登记的人员借来的，有可能是个人，也有可能是单位。因此企业相当于是从平台上对接的交易对手，如果对方是个人，则需要取得发票并考虑扣缴20%的个税，如果对方是单位，也需要取得发票。但是这种结果一个也实现不了，比如扣缴个税，那么对方也不接受出借款项，要么这家企业只能自己承担该部分个税。同时，对方也可能不配合开具发票，此时对于这家企业来讲，既承担税前扣除的风险，也承担扣缴个税的法定义务的风险。但为了生存，这些风险是不是次要的呢？

相较于正式运营的P2P，对于非法集资这种事情，我们还是需要多看看频发的大案要案吧，e租宝案件的最终审判，且还在不断的还款当中，本钱收不回来是确定了的，只是损失多少的问题。那些参与过非法集资的人，为高利率所诱惑，为名人代言包装的故事产品所吸收，由于监管上的缺乏，最终承担损失的还是老百姓，特别是上了年纪的一些老人们，更是欲哭无泪。还有一些从事高利贷的群体，在民间从事借贷活动，或者在校园进行借贷活动，也时常有让人同情的事情发生。

在这里我们要理解一些日常生活中的名词，一般来讲，大的如银行，小的如小贷公司、农村信用社等，其向外借款称为"贷款"；而一般个人或公司间多称为"借款"。比如《商业银行法》是这样描述主体范围的，商业银行是指依照本法和《中华人民共和国公司法》设立的吸收公众存款、发放贷款、办理结算等业务的企业法人。

正式发布的《民法典》提出：

第十二章　借款合同

第六百六十七条　借款合同是借款人向贷款人借款，到期返还借款并支付利息的合同。

第六百六十八条　借款合同应当采用书面形式，但是自然人之间借款另有约定的除外。

借款合同的内容一般包括借款种类、币种、用途、数额、利率、期限和还款方式等条款。

第六百六十九条　订立借款合同，借款人应当按照贷款人的要求提供与借款有关的业务活动和财务状况的真实情况。

第六百七十条　借款的利息不得预先在本金中扣除。利息预先在本金中扣除的，应当按照实际借款数额返还借款并计算利息。

第六百七十一条　贷款人未按照约定的日期、数额提供借款，造成借款人损失的，应当赔偿损失。

借款人未按照约定的日期、数额收取借款的，应当按照约定的日期、数额支付利息。

第六百七十二条　贷款人按照约定可以检查、监督借款的使用情况。借款人应当按照约定向贷款人定期提供有关财务会计报表或者其他资料。

第六百七十三条　借款人未按照约定的借款用途使用借款的，贷款人可以停止发放借款、提前收回借款或者解除合同。

第六百七十四条　借款人应当按照约定的期限支付利息。对支付利息的期限没有约定或者约定不明确，依据本法第五百一十条的规定仍不能确定，借款期间不满一年的，应当在返还借款时一并支付；借款期间一年以上的，应当在每届满一年时支付，剩余期间不满一年的，应当在返还借款时一并支付。

第六百七十五条　借款人应当按照约定的期限返还借款。对借款期限没有约定或者约定不明确，依据本法第五百一十条的规定仍不能确定的，借款人可以随时返还；贷款人可以催告借款人在合理期限内返还。

第六百七十六条　借款人未按照约定的期限返还借款的，应当按照约定或者国家有关规定支付逾期利息。

第六百七十七条　借款人提前返还借款的，除当事人另有约定外，应当按照实际借款的期间计算利息。

第六百七十八条　借款人可以在还款期限届满前向贷款人申请展期；贷款人同意的，可以展期。

第六百七十九条　自然人之间的借款合同，自贷款人提供借款时成立。

第六百八十条　禁止高利放贷，借款的利率不得违反国家有关规定。

借款合同对支付利息没有约定的，视为没有利息。

借款合同对支付利息约定不明确，当事人不能达成补充协议的，按照当地或者当事人的交易方式、交易习惯、市场利率等因素确定利息；自然人之间借款的，视为没有利息。

《合同法》中也有类似的规定，小额贷款公司也是近些年来兴起的一种"准金融机构"，《中国银行业监督管理委员会 中国人民银行关于小额贷款公司试点的指导意见》（银监发（2008）23号）提出：

一、小额贷款公司的性质

小额贷款公司是由自然人、企业法人与其他社会组织投资设立，不吸收公众存款，经营小额贷款业务的有限责任公司或股份有限公司。

小额贷款公司是企业法人，有独立的法人财产，享有法人财产权，以全部财产对其债务承担民事责任。小额贷款公司股东依法享有资产收益、参与重大决策和选择管理者等权利，以其认缴的出资额或认购的股份为限对公司承担责任。

小额贷款公司应执行国家金融方针和政策，在法律、法规规定的范围内开展业务，自主经营，自负盈亏，自我约束，自担风险，其合法的经营活动受法律保护，不受任何单位和个人的干涉。

二、小额贷款公司的设立

小额贷款公司的名称应由行政区划、字号、行业、组织形式依次组成,其中行政区划指县级行政区划的名称,组织形式为有限责任公司或股份有限公司。

小额贷款公司的股东需符合法定人数规定。有限责任公司应由50个以下股东出资设立;股份有限公司应有2-200名发起人,其中须有半数以上的发起人在中国境内有住所。

小额贷款公司的注册资本来源应真实合法,全部为实收货币资本,由出资人或发起人一次足额缴纳。有限责任公司的注册资本不得低于500万元,股份有限公司的注册资本不得低于1 000万元。单一自然人、企业法人、其他社会组织及其关联方持有的股份,不得超过小额贷款公司注册资本总额的10%。

申请设立小额贷款公司,应向省级政府主管部门提出正式申请,经批准后,到当地工商行政管理部门申请办理注册登记手续并领取营业执照。此外,还应在五个工作日内向当地公安机关、中国银行业监督管理委员会派出机构和中国人民银行分支机构报送相关资料。

小额贷款公司应有符合规定的章程和管理制度,应有必要的营业场所、组织机构、具备相应专业知识和从业经验的工作人员。

出资设立小额贷款公司的自然人、企业法人和其他社会组织,拟任小额贷款公司董事、监事和高级管理人员的自然人,应无犯罪记录和不良信用记录。

小额贷款公司在当地税务部门办理税务登记,并依法缴纳各类税费。

三、小额贷款公司的资金来源

小额贷款公司的主要资金来源为股东缴纳的资本金、捐赠资金,以及来自不超过两个银行业金融机构的融入资金。

在法律、法规规定的范围内,小额贷款公司从银行业金融机构获得融入资金的余额,不得超过资本净额的50%。融入资金的利率、期限由小额贷款公司与相应银行业金融机构自主协商确定,利率以同期"上海银行间同业拆放利率"为基准加点确定。

小额贷款公司应向注册地中国人民银行分支机构申领贷款卡。向小额贷款公司提供融资的银行业金融机构,应将融资信息及时报送所在地中国人民银行分支机构和中国银行业监督管理委员会派出机构,并应跟踪监督小额贷款公司融资的使用情况。

即小额贷款公司是不能吸储的,但是可以贷款,这些贷款是通过自我出资或者是向银行融资完成的,但是当前小额贷款公司的运营并不是想象得那样美好,有比较多的不合规操作,不如银行管控严格。而且一些"现金贷"也受到国家的整顿处理。

关于立即暂停批设网络小额贷款公司的通知

整治办函〔2017〕138号

各省（自治区、直辖市）整治办：

近年来，有些地区陆续批设了网络小额贷款公司或允许小额贷款公司开展网络小额贷款业务，部分机构开展的"现金贷"业务存在较大风险隐患。为贯彻落实国务院领导同志批示精神，经商网贷风险专项整治工作小组办公室，自即日起，各级小额贷款公司监管部门一律不得新批设网络（互联网）小额贷款公司，禁止新增批小额贷款公司跨省（区、市）开展小额贷款业务。

互联网金融风险专项整治工作领导小组办公室
（人民银行金融市场司代章）
2017年11月21日

如果某小贷公司将很难收回的债权转让给了某收账公司，我们不探讨现实当中的追债手段如何，而是看一下国家税务总局曾经对此专门发表过的一个批复文件，增加一下对此的理解。

国家税务总局关于个人因购买和处置债权取得所得征收个人所得税问题的批复

国税函〔2005〕655号

天津市地方税务局：

你局《关于个人通过购买债权取得的收入如何征收个人所得税问题的请示》（津地税所〔2005〕4号）收悉。经研究，批复如下：

一、根据《中华人民共和国个人所得税法》及有关规定，个人通过招标、竞拍或其他方式购置债权以后，通过相关司法或行政程序主张债权而取得的所得，应按照"财产转让所得"项目缴纳个人所得税。

二、个人通过上述方式取得"打包"债权，只处置部分债权的，其应纳税所得额按以下方式确定：

（一）以每次处置部分债权的所得，作为一次财产转让所得征税。

（二）其应税收入按照个人取得的货币资产和非货币资产的评估价值或市场价值的合计数确定。

（三）所处置债权成本费用（即财产原值），按下列公式计算：

当次处置债权成本费用 = 个人购置"打包"债权实际支出 × 当次处置债权账面价值（或拍卖机构公布价值）÷ "打包"债权账面价值（或拍卖机构公布价值）。

（四）个人购买和和处置债权过程中发生的拍卖招标手续费、诉讼费、审计评估费以及缴纳的税金等合理税费，在计算个人所得税时允许扣除。

国家税务总局
二〇〇五年六月二十四日

在日常投资活动中，有的从事珠宝黄金投资、有的从事艺术品或古玩拍卖与倒卖、有的做期货之类，也有的做一些艺术盆景、雕刻的生意，我们就不一一展开，这些领域的政策不明确，或监管未到位，笔者认为现实当中可以说定性为"偷税"概率的经营活动是很多的。由于个人没有相应的登记管理，税务机关检查手段不到位，往往因为涉及诉讼、举报，而带来对自己的不利影响与不利结果，所以，谨慎从事、知晓合规底线，积极利用投资形式与主体的组合，让收入阳光化，方为上策。

4.5　本章小结

个人投资资本市场的产品，有相对稳健型的存款利息，还有理财产品、信托产品、股票、债券、基金等，这些产品在不同的阶段与经济周期中有不同的吸引力与优势。对于民间借贷，在中小企业难以从银行等渠道取得贷款的情形下，也是非常的多见，由于用于经营活动后的收益不确定，在无以偿还本金及高额利息的情形下，一些违法的事件也时有发生。至于说到非法集资，一系列的事件及国家对此进行打击的措施，也让很多个人投资者知道了"天上并不能掉太多馅饼"，利益回报还是有相应的合理性为前提，一旦爆雷，很可能血本无回。

另一方面，对于不同资本产品的投资，国家给予了很多激励优惠政策，比如二级市场股票买卖免个税的政策，但是很多个人投资者在经历过被"割韭菜"之后，投资也更回归理性，更多的人转入了投资房地产市场，比如笔者最近听闻某高净值人士手里有几十套房，正在想办法如何处置，从而使税负优化。还有一些人投资了古董、字画、石头、木雕之类的文化产品，有的甚至身家数十亿元，放在手中甚是不安，怕自己有经营风险被作为执行财产处理。当然，还有人投资电影市场，有的电影还是众筹模式的跟投方式，似乎并没有得到广泛认可，也有人认为电影投资存在"洗钱"的问题，毕竟电影的投入与片酬处于相对无序状态中，2018年发生的影视公司及演员的涉税检查中，对这个行业的极端筹划有了很大的警示与引导。

对于一些投资产品的利益分配环节，税收政策的考虑还不完整，或者是因为存在鼓励发展的角度，暂未进行明确，比如信托收益，多有市场人士认为是避税"漏洞"或筹划空间，是不征税的，似乎也有人进行此方面的安排。国家的财税鼓励政策与防范税务征管漏洞的政策，随着新个人所得税法的实施，相信会慢慢地完善起来。

另外，中国经济的创新，特别是互联网产业的创新与兴起，有较多的高净值人士当起了投资人，比如我们经常看到媒体采访某些知名投资人的选秀节目或对于投资的看法，也经常看到有的个人名片上写着天使投资人的名号，比如笔者的财税伙伴中，就有的人转行当起了自己身边朋友筹资的小基金的操盘人，还有的开始投资一些所谓的数据产品，如投资了一些增值税系统软件开发的公司，不过随着2016年营改增红利的减少，笔者亲见了此类公司的关门，最后余下的依然是有着强大资本基础与数据共享力强的公司。当然也有趣事，比如我们的财税伙伴曾经投资了某地一家避孕套公司，号称是当前世界上最小最薄的本地企业，为知名企业作贴牌生产，确实是投资无边界，作为财税人，前几年投资互联网平台的基本上消失得差不多了，用跨界的思路来不断地探索，为客户创造财税价值或安全保障、规划，这是底层的需求与价值。

5 资本交易中的个税规划与风险案例

在上面四章中,我们更多的是基于专业政策的学习与理解、实际操作的经验进行了探讨。这对于有耐心坚持学习或从事咨询行业的同行或许还是比较有价值的,至少找到了一个共鸣的伙伴,对于一些热门或偏门的信息进行交流,让伙伴们多了一个供自己思考与借鉴的地方,而不再寻觅于纷杂的网络信息当中,不再受不同人士的意见影响变得困惑与迷茫。当然,有一些观点处于不断地发展变化当中,在此特别提示我们的伙伴们要与时俱进地进行更新自己的知识点与信息。

本章内容,笔者结合自己的经历,或者是感兴趣的热点事件,与大家做一个分享。主要是结合我们的专业,如何在实践当中应用,如何有价值地发现,这才是投资者,或者是专业人士可能更感兴趣的。正如我们去参加培训一样,没有长时间的、持续的学习与经历,很难说学会一个领域的知识,这里有相关的、可用的东西,是笔者对财税法知识的一个理解。在下面的内容中,我们将以个税为主线,其他税种为辅助,结合商务、法律权责考虑,一起来综合性地分析一个个精彩的案例吧。

5.1 非上市公司股权(票)转让的税收征管认定标准及实践案例

关于这个事项,笔者从 2009 年起接触了太多的案例了,无不是税务机关与自然人在转让股权如何计税上产生的争议。所涉情形复杂,似有纳税人主观意图为之的,也有真是"窦娥冤"的,今天我们就一起来看看,这个看似简单的事项背后那些很有意思的规则与案例。

先给大家介绍一个案例,结合纳税人的理解,我们看看税务机关是如何进行调整的。话说王大力与李小力共同投资了一家有限责任公司,各认缴出资 50 万元,王大力没有实际出资,李小力实际出了资,账面上有 50 万元。此时王大力拟退出,于是经过决议后将其股权转让给宋某,转让价是 0 元,同时约定由宋某接着出资。双方签订了股权转让协议,约定了上述交易事项。

税务机关在审核变更前的税务涉税事项时,认为 0 元转让不合规,需要按照净资产 50 万元的 50% 进行作账核定,就是这么一个简单的理解,征纳双方各据一词。对于这种情形,在适用当前的税收法规时,是纳税人错了,还是税务机关错了,或者是国家不允许进行这样的交易呢?比如一定要求王大力完成出资才能转让或继续承担未来的出资义务呢?这些问题,我相信,一定困扰着财务人员、法律人士和税务干部,这也正是本章节所要解决的事项。

5.1.1 个人转让股权计缴个人所得税的政策规定

个人转让非上市公司股权的行为,目前不涉及增值税,不过未来有可能会纳入增值税的体系,这是从营业税下延续过来的政策,毕竟是一种普遍的交易行为,对此我们要时刻关注政策的动向。同时,一般情形之下适用产权转移收据需计缴万分之五的印花税。最为重要的就是财产转让所得的个人所得税了。

(1) 国家税务总局对于个人股权转让征管方式不同时期的变化情形。

表 5-1　　　　　　　不同时期个人股权转让的税收征管方式比较

时期	适用规则	说明
2009 年 5 月 28 日前	个人转让股权,税务机关要求不统一,部分做事后风险管理。	没有要求规定。
2009 年 5 月 28 日始	《国家税务总局关于加强股权转让所得征收个人所得税管理的通知》(国税函〔2009〕285 号)规定: 一、股权交易各方在签订股权转让协议并完成股权转让交易以后至企业变更股权登记之前,负有纳税义务或代扣代缴义务的转让方或受让方,应到主管税务机关办理纳税(扣缴)申报,并持税务机关开具的股权转让所得缴纳个人所得税完税凭证或免税、不征税证明,到工商行政管理部门办理股权变更登记手续。 二、股权交易各方已签订股权转让协议,但未完成股权转让交易的,企业在向工商行政管理部门申请股权变更登记时,应填写《个人股东变动情况报告表》(表格式样和联次由各省地税机关自行设计)并向主管税务机关申报。	此规定开启了全国的统一行动,但各地工商部门配合的力度不尽理想。该文件随国家税务总局公告 2014 年第 67 号发布生效后同步作废。

续表

时期	适用规则	说明
2011年1月13日	《关于股权转让所得个人所得税计税依据核定问题的公告》（国家税务总局公告2010年第27号）发布核定方式。	此为国税函〔2009〕285号文件后续配套文件，随国家税务总局公告2014年第67号发布生效后同步作废。
2015年1月1日起	《国家税务总局关于发布〈股权转让所得个人所得税管理办法（试行）〉的公告》（国家税务总局公告2014年第67号）重新明确了新的征管规则。	此文件不再要求工商变更时一并提供涉税证明，但很多联合办事大厅保留了这项习惯。其实此时并不是有强制性要求的。
2019年1月1日起	修订后的《个人所得税法》规定：个人转让股权办理变更登记的，市场主体登记机关应当查验与该股权交易相关的个人所得税的完税凭证。	直接写入税法当中，不再没有上位法要求，也不再有优化营商环境下的质疑因素。

为什么对于股权转让的涉税管理出具了这么严格的要求，这是有原因的，当时有效的《国家税务总局关于加强税种征管促进堵漏增收的若干意见》（国税发〔2009〕85号）[①] 提出：

各地要主动加强与工商部门的协作，获取个人股权转让信息；进一步规范股权转让所得个人所得税征管流程，健全内部管理机制；对形式上采取平价、低价转让且没有正当理由的，可对其计税依据进行核定。

大家可以发现，鉴于堵漏增收为目标，且股权转让所涉个税数额往往重大，数量较少，效果明显，自然是关注的对象。同时对于加强高净值人士的纳税遵从度，基于其商业的安排，恰好出现在此过程，由于商业的发展之需，纳税的主动性在这种规则的要求下就自然提升了。

在2009年新政策发布之后，各地对于税务部门与当时工商部门的协同并没有取得完美的对接，不同的地方比如开发了工商信息的互通传递。后来在国家税务总局公告2014年第67号文件（"67号公告"）颁布后，废止了原来工商变更前办税涉税证明等要求。2018年个税法修改，可能考虑到本内容确实影响比较大，立法专家对于工资薪

---

① 被《国家税务总局关于公布全文失效废止和部分条款失效废止的税收规范性文件目录的公告》（国家税务总局公告2018年第33号）废止。

金、稿酬等综合所得的考虑更多，对此可能考虑得并不多，税务专家在征管方面补充进来，税务机关也就有了很强的上位法支持，便于开展工作了，另一方面，对于纳税人的要求与监控力度也就更强、更全面了。

（2）67号公告中个人股权转让涉税征管的适用主体、范围与规则。

67号公告自2014年发布、2015年实施之后，给众多律师、投资机构的专业服务人员、代理机构的从业人员都带来了很大的执业影响，当然给老板们带来更大的影响。整体上，并不是对在办理个人股权变更工商信息登记之时要求提供纳税证明之事进行抵触，而是它在赋予税务机关征管过程中的"自由裁量权"及"形式要件审核方面"的影响，比如两个非关联方的个人之间转让股权，一个急于用钱脱手，一个正好有此方面的资金及兴趣，此时的账面净资产对应的个人占比计算是1 000万元，此人800万元转让，此事实与纳税核定价格产生差异，我们到底是以事实为本，还是脱离事实，简单套用征管上的规则来计缴其"核定计税所得"的个税，对核定进行普遍性的调整，这本身就是一个需要思考的问题。而在基层落实方面，可能就是"一刀切"简单地进行调整，才有责任方面的更好规避，而不大会给予一些其他合理性的解释，这是在征管方面需要我们思考的问题，也是建议进行改善的地方。

在这儿我们补充一下，对于股权转让，如果是企业持有的股权，不是自然人持有的股权，目前在税收规则上适用的是征管法与企业所得税法规中的反避税政策，即对于关联方，如果认为定价不公允的，则税务机关有权进行纳税调整，但是对于在国内没有导致税负减少的，则原则上不进行调整。潜台词就是没有造成国内税款的减少或流失，更多的精力宜放在跨境的转让定价调整上。近几年来，由于引资方面的考虑，以及外资向东南亚等国的转移，对过去可能存在的"激进"一些的反避税的行为也进行了一些调整，而对于发展中国家与发达国家之间的利润分配规则，似乎也未再过于积极地创新下去。但是如果是非关联方，即使其转让价低于成本，也并不在调整范围之内，这是跟个人转让股权不同的地方。因为企业有连续的纳税核算与管理，而个人却很难去进行监管与追踪，所以采取两种不同的处理思路也并不代表就是不对的，本质上是保障财税收入，打击人为"逃税、避税"的安排，这其中可能存在一定的"误伤"，大家可以积极沟通与呼吁，也希望财税政策能更好地辅助经济的发展，而不宜形成环节上的制约。

下面我们结合67号文件规定，梳理一下该政策的核心点：

表 5-2

事项	描述	特别说明
适用转让主体	个人（自然人）	如果是境外个人需要结合税收协定或安排来同步考虑。
适用被转让主体	中国境内成立的企业或组织（以下统称被投资企业，不包括个人独资企业和合伙企业）的股权或股份。个人在上海证券交易所、深圳证券交易所转让从上市公司公开发行和转让市场取得的上市公司股票，转让限售股，以及其他有特别规定的股权转让，不适用本办法。	如果个人在香港等地设立的企业，并不直接适用。其实对于个人（无论是原始股东还是市场买卖的后期个人投资人）在新三板挂牌的企业也未监管到位。对于上市公司的原始个人股东也不适用。如果是未上市或未挂牌的股份有限公司，在个人股份变化时不一定进行工商登记，也不一定要纳税证明，但67号的原则可以使用。
股权转让类型	个人将股权转让给其他个人或法人的行为，包括以下情形： （一）出售股权； （二）公司回购股权； （三）发行人首次公开发行新股时，被投资企业股东将其持有的股份以公开发行方式一并向投资者发售； （四）股权被司法或行政机关强制过户； （五）以股权对外投资或进行其他非货币性交易； （六）以股权抵偿债务； （七）其他股权转移行为。	其中第（三）条读起来有点难理解，依据《首次公开发行股票时公司股东公开发售股份暂行规定》：公司股东公开发售股份是指发行人首次公开发行新股时，公司股东将其持有的股份以公开发行方式一并向投资者发售的行为（即老股转让）。发行人应当在招股说明书扉页载明公司拟发行新股和公司股东拟公开发售股份的数量，并提示股东发售股份所得资金不归公司所有；在招股说明书披露本次公开发行的股数、预计发行新股数量和公司股东公开发售股份的数量、发行费用的分摊原则及拟公开发售股份的股东情况，包括股东名称、持股数量及拟公开发售股份数量等。
计算所得的公式	股权转让收入减除股权原值和合理费用后的余额为应纳税所得额，按"财产转让所得"缴纳个人所得税。合理费用是指股权转让时按照规定支付的有关税费。	对个人多次取得同一被投资企业股权的，转让部分股权时，采用"加权平均法"确定其股权原值。

续表

事项	描　述	特别说明
对于收入的范围说明	股权转让收入是指转让方因股权转让而获得的现金、实物、有价证券和其他形式的经济利益。 转让方取得与股权转让相关的各种款项，包括违约金①、补偿金以及其他名目的款项、资产、权益等，均应当并入股权转让收入。 纳税人按照合同约定，在满足约定条件后取得的后续收入，应当作为股权转让收入。 股权转让收入应当按照公平交易原则确定。	或许现实当中有的个人通过多种来源收款，甚至比如从境外收部分钱，在境内通过私下再多收一部分钱，这是明显的违法偷税行为。
个人转让股权的扣除原值确认	个人转让股权的原值依照以下方法确认： （一）以现金出资方式取得的股权，按照实际支付的价款与取得股权直接相关的合理税费之和确认股权原值； （二）以非货币性资产出资方式取得的股权，按照税务机关认可或核定的投资入股时非货币性资产价格与取得股权直接相关的合理税费之和确认股权原值； （三）通过无偿让渡方式取得股权，具备本办法第十三条第二项所列情形的，按取得股权发生的合理税费与原持有人的股权原值之和确认股权原值； （四）被投资企业以资本公积、盈余公积、未分配利润转增股本，个人股东已依法缴纳个人所得税的，以转增额和相关税费之和确认其新转增股本的股权原值； （五）除以上情形外，由主管税务机关按照避免重复征收个人所得税的原则合理确认股权原值。	个人转让股权未提供完整、准确的股权原值凭证，不能正确计算股权原值的，由主管税务机关核定其股权原值。
扣缴义务人的义务	个人股权转让所得个人所得税，以股权转让方为纳税人，以受让方为扣缴义务人。 扣缴义务人应于股权转让相关协议签订后5个工作日内，将股权转让的有关情况报告主管税务机关。	扣缴义务人法定义务仍然是存在的。

---

① 《国家税务总局关于个人股权转让过程中取得违约金收入征收个人所得税问题的批复》（国税函〔2006〕866号）曾回复意见就明确过：

四川省地方税务局：

你局《关于股权转让取得违约金收入如何征收个人所得税问题的请示》（川地税发〔2006〕48号）收悉。经研究，批复如下：

根据《中华人民共和国个人所得税法》的有关规定，股权成功转让后，转让方个人因受让方个人未按规定期限支付价款而取得的违约金收入，属于因财产转让而产生的收入。转让方个人取得的该违约金应并入财产转让收入，按照"财产转让所得"项目计算缴纳个人所得税，税款由取得所得的转让方个人向主管税务机关自行申报缴纳。

续表

事项	描 述	特别说明
被转让企业	被投资企业应当详细记录股东持有本企业股权的相关成本，如实向税务机关提供与股权转让有关的信息，协助税务机关依法执行公务。 被投资企业应当在董事会或股东会结束后 5 个工作日内，向主管税务机关报送与股权变动事项相关的董事会或股东会决议、会议纪要等资料。 被投资企业发生个人股东变动或者个人股东所持股权变动的，应当在次月 15 日内向主管税务机关报送含有股东变动信息的《个人所得税基础信息表（A 表）》及股东变更情况说明。 主管税务机关应当及时向被投资企业核实其股权变动情况，并确认相关转让所得，及时督促扣缴义务人和纳税人履行法定义务。	因为被转让企业拥有对于投资数据的完整记录与相应的证明力，所以也有了相应的义务规定。只是现实当中并没有得到有效地、完善地落实。
纳税人与扣缴义务人	具有下列情形之一的，扣缴义务人、纳税人应当依法在次月 15 日内向主管税务机关申报纳税： （一）受让方已支付或部分支付股权转让价款的； （二）股权转让协议已签订生效的； （三）受让方已经实际履行股东职责或者享受股东权益的； （四）国家有关部门判决、登记或公告生效的； （五）本办法第三条第四至第七项行为①已完成的； （六）税务机关认定的其他有证据表明股权已发生转移的情形。 纳税人、扣缴义务人向主管税务机关办理股权转让纳税（扣缴）申报时，还应当报送以下资料： （一）股权转让合同（协议）； （二）股权转让双方身份证明； （三）按规定需要进行资产评估的，需提供具有法定资质的中介机构出具的净资产或土地房产等资产价值评估报告； （四）计税依据明显偏低但有正当理由的证明材料； （五）主管税务机关要求报送的其他材料。	67 号公告并没有"教条"地套用扣缴义务人的法定义务，而是将纳税人与扣缴义务人绑定在一起进行规定，这样就是两者孰一进行纳税申报即可。但是对于扣缴义务人来讲，如何取得其扣除原值是个现实中的困难，所以多是由纳税人来完成的，扣缴义务人通过合同或付款条件来进行相应地牵制操作。
纳税地	个人股权转让所得个人所得税以被投资企业所在地地税机关为主管税务机关。	方便对接管理及信息查阅。

---

① （四）股权被司法或行政机关强制过户；（五）以股权对外投资或进行其他非货币性交易；（六）以股权抵偿债务；（七）其他股权转移行为。

续表

事项	描述	特别说明
外币折算	转让的股权以人民币以外的货币结算的，按照结算当日人民币汇率中间价，折算成人民币计算应纳税所得额。	结算当日，如果有多次结算，但纳税义务提前实现的，则可能存在偏差了。
税务机关的工作	税务机关应加强与工商部门合作，落实和完善股权信息交换制度，积极开展股权转让信息共享工作。税务机关应当建立股权转让个人所得税电子台账，将个人股东的相关信息录入征管信息系统，强化对每次股权转让间股权转让收入和股权原值的逻辑审核，对股权转让实施链条式动态管理。	2019年始新个人所得税法实施已明确了相应的合作原则与要求。

表5-2中的内容，是一个常规的规定，笔者重点说明两点，利于大家来重点关注。一是关于扣缴义务人的法律责任风险规避的问题，二是关于分期付款情形下的纳税义务及纳税期限的问题。

事项一：扣缴义务人的法律责任。

我们基于纳税人本身的纳税义务履行角度，来看看扣缴义务人如何更好地协调处理好两者之间的关系，同时还有利地保障本身的权益与法律风险规避。一个交易本身中，交易的两方或多方，特别是转让人与受让人，是最为主要的纳税义务履行主体，特殊情形下存在"多对一"或"一对多"的交易对手。笔者认为，不宜直接套用税法来机械地规定两者之间的权利和义务，而是要结合商务条款来做有利的保障，这是彼此的保障，而不仅仅是对于某一方，比如扣缴义务人怕纳税人不去缴纳税款时，本身作为受让方，由其来继续运营受让企业时，如果没有履行纳税义务，这时候税务机关可能先找到被转让企业，并以此为突破，要求受让人（被转让企业的股东）协助追缴纳税人的税款。还有的交易中约定由受让方即扣缴义务人来"包税"，纳税人也需要得到相应的保障，否则未来税务机关追缴税款会先向纳税人追缴，而不是依据商务约定向"包税"方追缴，所以这是双方都可能涉及的利益与法律责任问题。

笔者曾接触到某上市公司收购个人股权的情形，其将纳税人的纳税证明清晰地列入了合同条款，非常具有参照价值，并且融入了合同的付款条款，也很有操作性，笔者据此梳理一下自己的理解。

分析：比如我们的法务人员在签订合同时，需要考虑表5-3的因素：

表 5-3

事项	建议
如果是纳税人自己去完税	受让方在支付款项时，分期支付，在第二笔款项支付前，需要转让方提供完税证明或分期纳税的备案表（主要是涉及非货币性资产投资在5个公历年度分期纳税的情形①），这样就保证了第一笔付款对方有能力去缴纳税款，取得股权转让的纳税证明原件，方便进行工商变更过户（若是股份有限公司，则可能无此要求，但同样有必要约定好责任义务）。本身依新个税法要求，也是要先取得纳税证明。
如果是扣缴义务人"包税"	纳税人可以要求扣缴义务人先行给予支付税款，取得完税证明，后续依要求办理变更登记，这也是符合正常的流程要求。
关于收购日前的涉税风险	双方可以约定如"基于双方收购业务完成之前（×年×月×日）发生的查补税款、滞纳金、罚款等事项，由转让方股东承担"等条款内容。此时最好也要考虑一下收购方作为扣缴义务人的法定风险，比如扣缴义务人未扣缴投资人的个税等情形下的罚款责任。

笔者发现有的上市公司公告对此还是比较重视的，《000971＊ST高升关于重大风险的提示性公告》曾有相应的描述：

高升控股股份有限公司（以下简称"上市公司"或"公司"）经与相关主管税务部门沟通，就公司2015年向于平、翁远、许磊、董艳和赵春花等5名自然人股东发行股份及支付现金购买其合计持有的吉林省高升科技有限公司（以下简称"高升科技"）100%股权（以下简称"2015年重大资产重组"）所涉及的税务风险公告如下：

一、相关税务风险

2015年，上市公司向于平、翁远、许磊、董艳和赵春花等5名自然人股东发行股份及支付现金购买其持有的高升科技100%股权，本次交易作价为人民币拾伍亿元（1 500 000 000.00元），其中以发行股份方式支付交易对价的60.00%，计人民币9亿元，以现金方式支付交易对价的40.00%，计人民币6亿元。

根据上市公司和于平、翁远、许磊、董艳、赵春花签署的《发行股份及支付现金购买资产的协议》、《发行股份及支付现金购买资产的协议之补充协议》的相关约定，于平、翁远、许磊、董艳和赵春花等五人应按照现行有效的税收法规缴纳个人所得税。

同时，根据2015年重大资产重组上述5名自然人出具的承诺："1. 本人已充分知悉本次交易过程中本人所需履行的纳税义务；2. 本人不会因该等纳税而终止或取消本次交易；3. 本次交易完成后，本人将依法履行纳税义务"。详见公司于2015年11月3日在指定信息披露媒体上刊登的《关于发行股份及支付现金购买资产并募集配套资金暨关联交易相关方出具承诺事项的公告》（公告编号：2015-107号）。

---

① 由于政策规定，个人非货币性资产出资的个税是由纳税人完成，并没有一并关联到扣缴义务人。国家税务总局的政策，一定程度上可以认为是征管法下法定扣缴义务的"豁免"，但严谨地来考虑，如果优先考虑征管法的规定，其扣缴义务仍是不能豁免的，同样需要合同的约束。

此外，根据2015年重大资产重组的《湖北蓝鼎控股股份有限公司发行股份及支付现金购买资产并募集配套资金暨关联交易报告书》"本次交易对方需要按照现行有效的税收法规缴纳个人所得税。交易对方已经充分知悉其纳税义务并承诺依法纳税，不会因该等纳税而终止或取消本次交易。本次交易的现金对价设置亦充分考虑了交易对方缴纳税收的现金需求，能够满足其缴纳个人所得税的需要"。

根据公司向国家税务总局长春市朝阳区税务局的征询，于平、翁远、许磊、董艳和赵春花除已缴纳个人所得税11 634万元外，尚欠个人所得税17 991万，印花税75万（均不包含滞纳金、罚款等）。且经相关税务机构采取各种措施追缴仍未缴纳。

于平、翁远、许磊、董艳和赵春花的上述行为已经严重违反了现行有效的税收法规和公司《关于发行股份及支付现金购买资产并募集配套资金暨关联交易相关方出具承诺事项的公告》的相关承诺。

二、公司面临的风险

虽然根据2015年重大资产重组的相关约定及于平、翁远、许磊、董艳和赵春花的承诺，其各自将自行缴纳相关个人所得税，且在2015年重大资产重组中，公司已支付于平、翁远、许磊、董艳和赵春花现金人民币60 000万元，完全能够满足该等自然人缴纳个人所得税的需要。但根据《中华人民共和国个人所得税法》第九条规定："个人所得税以所得人为纳税人，以支付所得的单位或者个人为扣缴义务人。"《中华人民共和国税收征收管理法》第六十九条同时规定："扣缴义务人应扣未扣、应收而不收税款的，由税务机关向纳税人追缴税款，对扣缴义务人处应扣未扣、应收未收税款百分之五十以上三倍以下的罚款。"的规定，上市公司存在可能被罚款的风险，可能对上市公司现金流及日常运营造成重大不利影响。

三、公司的应对措施

为保障上市公司的利益，上市公司将积极配合相关税务机关向于平、翁远、许磊、董艳和赵春花等五人追缴上述税款；如上市公司被税务机关追究责任，上市公司将依法及时向于平、翁远、许磊、董艳和赵春花等进行追索。

在上面的案例中，收购方支付了股份，也支付了现金对价来收购股权。基于此，尽管里面有非货币性资产的投资，不过由于现金补价仍可以超过税款的金额，财税〔2015〕41号规定："个人以非货币性资产投资交易过程中取得现金补价的，现金部分应优先用于缴税；现金不足以缴纳的部分，可分期缴纳。"所以从税收政策的规定来看，收购方确实存在法定扣缴义务的风险，且有可能被税务机关处罚，但税务机关依征管法只能向纳税人追缴税款。

对于被收购企业在收购日前发生的涉税问题，往往现实当中被忽略，比如尽管收购方可能找到了很知名的律师事务所、会计师事务所进行尽职调查，但总是存在无法确认的事项，就如查补税款、滞纳金、罚款的问题，潜在的担保风险，随时可能发生，还有举报的风险。如《600133 东湖高新发行股份及支付现金购买资产并募集配套资金暨关联交易报告书（草案）》中提到：

2018 年 2 月 5 日，上海市浦东新区地方税务稽查局出具《税务行政处罚决定书》（沪地税浦稽处〔2018〕2 号），针对泰欣环境 2015 年之前未按规定扣缴个人所得税等违法事实，责令泰欣环境补缴税款及滞纳金 69.01 万元，没收收入 2.0 万元，并处罚款 61.07 万元，合计 132.08 万元。2018 年 2 月 12 日，泰欣环境依法向上海市浦东新区地方税务局第十七税务所足额缴纳了该等税款、滞纳金及罚款。

……

泰欣环境已及时足额补缴税款、滞纳金，缴纳了税务罚款，对于税务违法行为已整改完成。泰欣环境实际控制人于《发行股份及支付现金购买资产之协议》及其补充协议中承诺，在交割日后任何时间，若因交割日之前既存的事实或状态导致泰欣环境出现诉讼、任何债务、或有债务、应付税款、行政处罚、违约责任、侵权责任及其他责任或损失且未在泰欣环境交割日时的财务报表上体现、或上述情形虽发生在交割日前但延续至交割日后且未在泰欣环境交割日时的财务报表上体现，泰欣环境实际控制人赔偿因此给上市公司及/或泰欣环境造成的任何损失。

同样，比如《600960：渤海汽车：北京市金杜律师事务所关于渤海汽车非公开发行 A 股股票的补充法律意见书》中提到：

根据发行人与海纳川于 2016 年 2 月 3 日签订的《发行股份及支付现金购买资产协议》，在发行人购买海纳川持有的滨州轻量化 100% 股权（滨州轻量化持有泰安启程 51% 股权）的资产交割日后任何时间，若因资产交割日之前既存的事实或状态导致滨州轻量化出现诉讼、任何债务、或有债务、应付税款、行政处罚、违约责任、侵权责任及其他责任或损失且未在滨州轻量化资产交割日时的财务报表上体现、或上述情形虽发生在资产交割日前但延续至资产交割日后且未在滨州轻量化资产交割日时的财务报表上体现，海纳川有义务向发行人、滨州轻量化作出全额补偿，补偿范围包括但不限于发行人、滨州轻量化直接经济损失（罚金、违约金、补缴款项等）。根据海纳川出具的《关于拟注入资产权属的承诺》，若注入发行人之资产因补缴税款、承担未披露的负债、担保或其他或有事项而遭受损失，由海纳川按照资产转让前的持股比例予以承担。

如《法律意见书》正文"十六、发行人的税务之（三）依法纳税情况"所述，资产交割日时（1）滨州轻量化持有 51% 股权的子公司泰安启程 2013 至 2015 年少申报并缴纳税款共计 4 972 503.78 元，泰安市国家税务局、泰安市地方税务局稽查局于 2017 年分别对泰安启程上述行为处以罚款 1 301 400 元及 1 127 608.05 元；（2）滨州轻量化

2014、2015年少申报并缴纳税款共计41 128.40元，滨州市地方税务局稽查局于2017年对滨州轻量化上述行为处以罚款24 677.10元。根据《发行股份及支付现金购买资产协议》及《关于拟注入资产权属的承诺》，海纳川应向发行人补偿相应损失。

2018年5月11日，海纳川召开总经理办公会，审议并讨论了《关于海纳川公司向渤海汽车履行承诺（协议）进行相应补偿的议案》，同意海纳川根据《关于注入资产权属的承诺》履行相关义务，向渤海汽车补偿泰安启程欠缴的税金、罚金及滞纳金合计490.008万元；渤海汽车督促诺德科技或其实际控制人补偿泰安启程欠缴的税金、罚金及滞纳金合计470.792万元。根据发行人提供的资料并经本所律师核查，截至本补充法律意见书出具之日，海纳川尚未履行其补偿义务。基于前述，本所认为，在海纳川履行完毕其补偿义务后，发行人不存在其利益被控股股东严重损害且尚未消除的情形。

在大力税手团队整理的上市公司公告的披露信息来看，这种情形还是比较多的，笔者只是在此建议，无论是收购方还是转让方，要对于商务条款的内容约定清楚，比如执行的时间也要明确，不然光约定补偿，结果没有实施效率，也是一个麻烦的事项。

在笔者观察来看，由于双方商业主动性的站位不同，这种约定并不是一定需要转让方承担此风险。比如是因为对于税收政策的理解不到位，政策规定不清楚，还是因为原来的实际控制人故意安排出来的偷税行为，是有所不同的。再如当下由于土地资源的缺乏，大型房企通过收购小房企股权，以达到收购土地储备的目标，此时转让方可能就会要求收购方"包税"，对于未确定的收购之前的涉税风险，由于还没有发生，此时约定出来一个条款，转让方可能也没有什么概念，接受起来就容易一些。

事项二：分期付款情形下的纳税义务能否分期缴纳的情形。

67号公告提出，纳税人、扣缴义务人在发生下列情形之一时，即需要向税务机关申报纳税：

（一）受让方已支付或部分支付股权转让价款的；
（二）股权转让协议已签订生效的；
（三）受让方已经实际履行股东职责或者享受股东权益的；
（四）国家有关部门判决、登记或公告生效的；
（五）本办法第三条第四至第七项行为已完成的；
（六）税务机关认定的其他有证据表明股权已发生转移的情形。

在2015年左右，笔者遇到某上市公司的税务负责人，提出他们公司收购了某自然人的股权，但是合同约定是分期付款，且合同规定是他们承担税款，于是对于分期付款能否分期纳税的问题进行咨询。其意见是按收入比例进行分期计缴个税，结合 67 号公告，显然并不适用，但从合理性上看，似乎应是"情有可原"之处。最终经过沟通，税务机关也认可了其分期缴纳税款的情形。对此，笔者认为，某个事项存在，不代表在规则当中是正确的，都说存在的就有其合理性，但并不一定合规。在很多时候，政策不明确，我们可以找找相应的操作案例，似乎给自己找一个可以跟税务机关沟通的筹码，这也是现实当中很多财税专业机构做得很多的事。

但是，对于财税〔2015〕41 号文件规定的非货币性资产出资，现金补价不能完全覆盖税款的，个人因此一次纳税困难的可以向税务机关备案，制订缴税计划在 5 个公历年度内分期完成税款的缴纳。

或许有的人士提出，我们第一次收的款项就不够个税税款，如何办？此时就应在商务付款洽谈时，对此做出估计，并且在当下需要纳税证明的前提下，更是难有逃避之处。

（3）转让价格需要核定的情形与操作路径。

这个问题，应该说是 67 号公告的"核心"之处，即税务机关认可符合条件的交易价格的"底线"掌握之处，对于此问题的理解，可谓是非常多样，争议同样如此。下面我们来梳理一下政策的规定，如表 5－4 所示。

表 5－4

适用情形	规　定	特别说明
核定股权转让收入	符合下列情形之一的，主管税务机关可以核定股权转让收入： （一）申报的股权转让收入明显偏低且无正当理由的； （二）未按照规定期限办理纳税申报，经税务机关责令限期申报，逾期仍不申报的； （三）转让方无法提供或拒不提供股权转让收入的有关资料； （四）其他应核定股权转让收入的情形。	核定的前提是基于交易的真实性、合理性，需要提供相应的凭据来支持。
股权转让收入明显偏低	符合下列情形之一，视为股权转让收入明显偏低： （一）申报的股权转让收入低于股权对应的净资产份额。其中，被投资企业拥有土地使用权、房屋、房地产企业未销售房产、知识产权、探矿权、采矿权、股权等资产的，申报的股权转让收入低于股权对应的净资产公允价值份额的； （二）申报的股权转让收入低于初始投资成本或低于取得该股权所支付的价款及相关税费的； （三）申报的股权转让收入低于相同或类似条件下同一企业同一股东或其他股东股权转让收入的； （四）申报的股权转让收入低于相同或类似条件下同类行业的企业股权转让收入的； （五）不具合理性的无偿让渡股权或股份； （六）主管税务机关认定的其他情形。	这是对于股权转让收入明显偏低情形的列举解释。

续表

适用情形	规 定	特别说明
股权转让收入明显偏低但有正当理由不需调整的情形	符合下列条件之一的股权转让收入明显偏低，视为有正当理由： （一）能出具有效文件，证明被投资企业因国家政策调整，生产经营受到重大影响，导致低价转让股权； （二）继承或将股权转让给其能提供具有法律效力身份关系证明的配偶、父母、子女、祖父母、外祖父母、孙子女、外孙子女、兄弟姐妹以及对转让人承担直接抚养或者赡养义务的抚养人或者赡养人； （三）相关法律、政府文件或企业章程规定，并有相关资料充分证明转让价格合理且真实的本企业员工持有的不能对外转让股权的内部转让； （四）股权转让双方能够提供有效证据证明其合理性的其他合理情形。	这种情形下可以最低按0元转让。
主管税务机关可以进行股权转让收入核定的方法	主管税务机关应依次按照下列方法核定股权转让收入： （一）净资产核定法 股权转让收入按照每股净资产或股权对应的净资产份额核定。 被投资企业的土地使用权、房屋、房地产企业未销售房产、知识产权、探矿权、采矿权、股权等资产占企业总资产比例超过20%的，主管税务机关可参照纳税人提供的具有法定资质的中介机构出具的资产评估报告核定股权转让收入。 6个月内再次发生股权转让且被投资企业净资产未发生重大变化的，主管税务机关可参照上一次股权转让时被投资企业的资产评估报告核定此次股权转让收入。 （二）类比法 1. 参照相同或类似条件下同一企业同一股东或其他股东股权转让收入核定； 2. 参照相同或类似条件下同类行业企业股权转让收入核定。 （三）其他合理方法 主管税务机关采用以上方法核定股权转让收入存在困难的，可以采取其他合理方法核定。	纳税人及财税专业人员必须非常清楚地理解此条款的规定。但是很多情形下，税务机关以此条款来"放弃"考虑有合理正当理由，视为执法的"唯一"政策标准，这就会引起很多的争议与背离事实的情形发生。

要理解上面的内容，我们要知道，主管税务机关为何要进行核定，是以什么情形下的税收政策作为依据？从笔者的理解看，对于67号的规定，在税法的依据上，这主要是一个反避税的理念。在当前，税务机关的作价调整权，有增值税上的、土地增值税上的，之前最高人民法院审理的"德发案"，是对于原广州市地方税务局对于营业税下行使的核定权的涉税争议，高院给予了相应的支持，但也给予了纳税人相应的权利维护。何为公允，市场情形变化无常，税务机关多以质疑的角度进行观察，并不是跟公安机关一样进行调查取证，也就是说，这个调整可能脱离事实，从保障国家财政收入，堵住纳税漏洞的方面看，也确有其必要性。不过我们要准确地理解这个核定，因为核定不是基于纳税人违法进行追补税款，这是一种对于价格的不同理解判断之下的调整。企业所得税政策中有比较完善的特别纳税调整的规定，对于因此出现的纳税人需要补缴的税款，并不适用以滞纳金每天万分之五来计算，而是按照利息来算的。税务机关依照特别纳税调整规定作出的企业所得税的纳税调整，需要补征税款的，应当

补征税款,并按照国务院规定加收利息。利息应当按照税款所属纳税年度中国人民银行公布的与补税期间同期的人民币贷款基准利率①加5个百分点计算。企业依照企业所得税法第四十三条②和实施条例的规定提供有关资料的,可以只按前款规定的人民币贷款基准利率计算利息。

税收征管法规定:

第三十六条 企业或者外国企业在中国境内设立的从事生产、经营的机构、场所与其关联企业之间的业务往来,应当按照独立企业之间的业务往来收取或者支付价款、费用;不按照独立企业之间的业务往来收取或者支付价款、费用,而减少其应纳税的收入或者所得额的,税务机关有权进行合理调整。

个人所得税法规定:

第八条 有下列情形之一的,税务机关有权按照合理方法进行纳税调整:
(一)个人与其关联方之间的业务往来不符合独立交易原则而减少本人或者其关联方应纳税额,且无正当理由;
(二)居民个人控制的,或者居民个人和居民企业共同控制的设立在实际税负明显偏低的国家(地区)的企业,无合理经营需要,对应当归属于居民个人的利润不作分配或者减少分配;
(三)个人实施其他不具有合理商业目的的安排而获取不当税收利益。
税务机关依照前款规定作出纳税调整,需要补征税款的,应当补征税款,并依法加收利息。

从2019年开始,新个税法增加了反避税的条款,当前还缺乏操作性的细则,但是风险确实在发生了。不过笔者坚持认为,在未获得相应的不当税收利益的时候,比如上面我们提到的税务机关对非关联方间的交易进行的转让价格调整,是当前税法在实践当中的征管政策,其实当国家税务总局在制订之时,也规定了有合理理由的可以解

---

① 如短期贷款:一年以内(含一年)4.35%;中长期贷款:一至五年(含五年)4.75%,五年以上4.90%,相较于当下滞纳金日万分之五的计算,约年度18%,差异还是存在的。
② 第四十三条 企业向税务机关报送年度企业所得税纳税申报表时,应当就其与关联方之间的业务往来,附送年度关联业务往来报告表。
税务机关在进行关联业务调查时,企业及其关联方,以及与关联业务调查有关的其他企业,应当按照规定提供相关资料。

释等情形①，只是我们必须要面对的是，如何去解释，这是一个耗时且不一定得到认可的沟通问题。不过有一点，新个税法同时也是用了加收利息的规定，还没有提出加收 5 个百分点的规定。

对于 67 号文件的核定，由主管税务机关即可完成，并没有稽查程序中审核把关环节，同样对于企业所得税的反避税调整，却并不是一个主管税务机关就能决定的，需要履行上报的程序，都特别得谨慎，而且在税务机关内部，其职责安排上并不是由稽查部门负责的，而是由反避税部门负责的。这有着很明显的程序实施差异，当然了，实践当中，有的稽查部门会采取调整税前扣除等方法，或者因为接受稽查的企业并不是很在意或很懂此规则，为了减少争议成本，也就接受了稽查部门的"反避税"调整处理。

下面我们来分析一下核定的相关事项，我们的老板及财税服务人员需要关注的几个问题点或事项，笔者总结了如下六项。

事项一：哪些情形税务机关需要进行核定转让价格。

从笔者接触的案例来看，现实当中有比较多的情形，必然与相应的规则产生"冲突"。在 2009 年之前，笔者发现，很多上市企业在披露的意见书或招股书中，提到老板调整架构多数是以平价转让的方式进行变更调整。因为日常老板在设立公司时，往往是自己或家人的名义出资，结果设立了多家自然人控股的所谓"关联企业"型的"集团"，在组合时，需要转到某一个控股的主体下面，完成整合后才能以一个主体改制与筹备上市。此时有人疑惑，自己个人持有的某公司的股权，转让给自己已设立的公司，由其从自己名下收购股权，同时自己还是收购企业的股东，这也要按照 67 号公告进行公允计量吗？答案是肯定的，这种情形得不到豁免②。现行个税法中没有相关条款的上位法支持，这与企业所得税的特殊性税务处理不同。我们期待在个人所得税体系中引入特殊重组的内容。

---

① 第十三条 符合下列条件之一的股权转让收入明显偏低，视为有正当理由：
（一）能出具有效文件，证明被投资企业因国家政策调整，生产经营受到重大影响，导致低价转让股权；
（二）继承或将股权转让给其能提供具有法律效力身份关系证明的配偶、父母、子女、祖父母、外祖父母、孙子女、外孙子女、兄弟姐妹以及对转让人承担直接抚养或者赡养义务的抚养人或者赡养人；
（三）相关法律、政府文件或企业章程规定，并有相关资料充分证明转让价格合理且真实的本企业员工持有的不能对外转让股权的内部转让；
（四）股权转让双方能够提供有效证据证明其合理性的其他合理情形。
② 不属于转让收入明显偏低却有正当理由的下列情形：继承或将股权转让给其能提供具有法律效力身份关系证明的配偶、父母、子女、祖父母、外祖父母、孙子女、外孙子女、兄弟姐妹以及对转让人承担直接抚养或者赡养义务的抚养人或者赡养人。

上面的表格中我们进行了完整的列示，现实当中主要是两个问题：

一是净资产份额大于出资额，个人以出资额转让。这种情形很多见，主要是因为，比如上面提到的企业进行调整重组的情形，个人不想因此在没有外部利益流入的情形下还要缴纳税款，这是利益性的考虑。还有一种可能是存在"代持"关系的，在一定的时候想换人或回到真正的利益持有人名下，这时也没有人愿意缴税，依据他们的理解，这就是很正常地回归主体，不是转让交易，但因为政策没有给他们豁免的例外规定，只能按照转让来适用规则，那么就要考虑净资产作为转让收入的比较标准。有时，净资产并不"货真价实"，比如有大量坏账可能的应收款项存在，资产就不会真实。

二是增值大的资产的问题，被投资企业拥有土地使用权、房屋、房地产企业未销售房产、知识产权、探矿权、采矿权、股权等资产的，申报的股权转让收入低于股权对应的净资产公允价值份额的。在这种情形下，比如公司有一个开发自用的软件，此时公允价值如何定？比如房产、探矿权、股权之类，有时增值有可能是很大，对于数量的要求有没有限制？因为在净资产核定法中，当被投资企业的土地使用权、房屋、房地产企业未销售房产、知识产权、探矿权、采矿权、股权等资产占企业总资产比例超过20%的，主管税务机关可参照纳税人提供的具有法定资质的中介机构出具的资产评估报告核定股权转让收入。对于开发自用的软件，在这里受不受制于上述比例关系呢？笔者就接触到有的公司存在某软件，结果发生了很多争议的情况，关键这个软件也没有办法找到市场价格，折腾了很久才办理完成。

事项二：转让收入明显偏低但政策给予例外豁免的情形。

主要包括如下四项：

（一）能出具有效文件，证明被投资企业因国家政策调整，生产经营受到重大影响，导致低价转让股权；

（二）继承或将股权转让给其能提供具有法律效力身份关系证明的配偶、父母、子女、祖父母、外祖父母、孙子女、外孙子女、兄弟姐妹以及对转让人承担直接抚养或者赡养义务的抚养人或者赡养人；

（三）相关法律、政府文件或企业章程规定，并有相关资料充分证明转让价格合理且真实的本企业员工持有的不能对外转让股权的内部转让；

（四）股权转让双方能够提供有效证据证明其合理性的其他合理情形。

对于第（一）项中的内容，是"可遇不可求"，正是由于是需要文件，在执行中可以说难有正好满足转让时点的需要;对于第(二)项,"平级转"有配偶与兄弟姐妹,"向上转"有父母、祖父母与外祖父母,"向下转"有子女,孙子女与外孙子女,共计八项近亲属的关系;第(三)项比如在内部股权激励等情形下可能会发生。

下面我们讨论一个问题:如果因为继承或股权转让给列名的近亲属,未来股权转让的时候,扣除原值如何确认,这和房产的继承有什么不同,我们先整体看看继承房产与股权(股票)相应的涉税政策,如表5-5所示。

表 5-5

税种	继承(赠与)房产	继承(赠与)股权(股票)
增值税	依据财税〔2016〕36号文件享受免税,家庭财产分割,包括下列情形:离婚财产分割;无偿赠与配偶、父母、子女、祖父母、外祖父母、孙子女、外孙子女、兄弟姐妹;无偿赠与对其承担直接抚养或者赡养义务的抚养人或者赡养人;房屋产权所有人死亡,法定继承人、遗嘱继承人或者受遗赠人依法取得房屋产权。	个人股票转让免增值税,股权转让不征增值税。
契税	缴纳	无
个人所得税	符合以下情形的,对当事双方不征收个人所得税: (一)房屋产权所有人将房屋产权无偿赠与配偶、父母、子女、祖父母、外祖父母、孙子女、外孙子女、兄弟姐妹; (二)房屋产权所有人将房屋产权无偿赠与对其承担直接抚养或者赡养义务的抚养人或者赡养人; (三)房屋产权所有人死亡,依法取得房屋产权的法定继承人、遗嘱继承人或者受遗赠人。 受赠人转让受赠房屋的,以其转让受赠房屋的收入减除原捐赠人取得该房屋的实际购置成本以及赠与和转让过程中受赠人支付的相关税费后的余额,为受赠人的应纳税所得额,依法计征个人所得税。受赠人转让受赠房屋价格明显偏低且无正当理由的,税务机关可以依据该房屋的市场评估价格或其他合理方式确定的价格核定其转让收入。(若是不属于上述不征个税情形下的赠送,受赠人要按赠与价或评估价计税,未来扣除时仍只能扣原捐赠人的成本。)	67号公告规定可以主观进行作价并给予认可,实际可以0价转让。但如果是继承取得的上市公司的限售股,则在转让时需要纳个税,对于公开发行或二次市场购入形成的股票进行继承,本身转让就是免税所得。 67号规定通过无偿让渡方式取得股权,具备本办法第十三条第二项①所列情形的,按取得股权发生的合理税费与原持有人的股权原值之和确认股权原值。 如果是继承取得的限售股,个人转让因依法继承或家庭财产依法分割取得的限售股的,按财税〔2009〕167号文件规定缴纳个人所得税,成本按照该限售股前一持有人取得该股时实际成本及税费计算。
印花税(证券交易印花税)	缴纳	股权继承没有免税规定;上市公司股票非交易过户需要缴纳证券交易印花税。

① (二)继承或将股权转让给其能提供具有法律效力身份关系证明的配偶、父母、子女、祖父母、外祖父母、孙子女、外孙子女、兄弟姐妹以及对转让人承担直接抚养或者赡养义务的抚养人或者赡养人。

续表

税种	继承（赠与）房产	继承（赠与）股权（股票）
土地增值税	不征，土增税征税情形规定转让国有土地使用权、地上的建筑物及其附着物并取得收入，是指以出售或者其他方式有偿转让房地产的行为。不包括以继承、赠与方式无偿转让房地产的行为。	无

在这儿，我们要重点提示一下，近亲属之间股权转移的事，民法通则中规定的近亲属，包括配偶、父母、子女、兄弟姐妹、祖父母、外祖父母、孙子女、外孙子女，这与67号公告的范围也是一致。要特别注意，对于扣除成本的规则：对于上面这些个人之间，无偿让渡方式取得股权，按取得股权发生的合理税费与原持有人的股权原值之和确认股权原值。为了准确理解此意思，避免实务当中出现差错，笔者以案例表述一下。

【案例】王某在上海有一家运营多年的贸易公司，有比较好的渠道与客户群，前后投资于企业3 000万元。由于王某岁数已大，在2019年办理了移民，去一个小岛国家休养。他有一个妹妹在国内，已结婚，老公也是经商的。王某想将公司转让给亲人，在转让时，公司账面有资金100万元，还有应收款项、固定资产占比较大，净资产为8 000万元，此时如何进行安排呢？王某以账面的现金为准进行转让，想了三个方案：

一是，直接将公司股权100万元转让给妹妹的老公，由其老公对外经营；

二是，先转给他妹妹，再转让给她老公；

三是，赠送给妹妹，其妹妹再私下赠送给王某100万元，抵账。

分析：应该说，这几个方案说起来都可能是一个结果，就是将公司交给其妹妹与妹夫一家经营，自己退出了，但是涉税的结果会大不相同，而且对于税收制度的合规性也会有影响。

第一个方案，王某妹妹的老公，并不在67号列示的可以低价转让但有正当理由的近亲属名单当中，即使王某说我们就是一家人，也不行。在这种情形下，转让价100万元，税务机关可以要求按净资产8 000万元计税，所得是5 000万元，纳税20%计算是1 000万元。依67号公告，这个调整的成本可以延续到其妹妹老公的名下，即8 000万元的成本（注意，此处不是5 000万元的成本转给其妹夫），由于该公司并不是转让过来就要进行二次转让，成本在未来清算退出或转让时可以由其妹夫扣除，虽然其妹夫只花了100万元，但依据67号公告却是认为按净资产核定价格的，这个纳税额需要在此时点缴纳，并形成上述成本的"买单价格"。①

---

① 67号公告：第十六条 股权转让人已被主管税务机关核定股权转让收入并依法征收个人所得税的，该股权受让人的股权原值以取得股权时发生的合理税费与股权转让人被主管税务机关核定的股权转让收入之和确认。

第二个方案，王某 100 万转让其妹妹，此时符合可以低价的列举情形，他妹妹事后再 0 价（赠送）转让给她老公，这样就能达到 67 号公告近亲属之间的低价转让，完全能操作。但这样有一个问题，如果他妹妹的老公再次转让股权，由于是从王某妹妹的手中无偿取得的，那么应按他妹妹取得的成本 100 万元计算。此时是不是无端消失了 2 900 万元的成本没有利用好？比如王某完全可以以 3 000 万元转让，也是没有个税所得，若走一遍资金，于此 3 000 万元的成本就可以延续下来，同时王某也可以不要他妹妹的结算款项，即使一直不支付，也没有个税的政策规定要求其在无法支付的情形下作为所得计税，个税上并没有此所得类型。比如个人从银行贷款还不起，银行也正式核销了此笔坏账，形成损失，这种情形下，也没有规定此个人还要算个税所得纳税，利益的获取或接受饶让不代表是法定的应税所得，个税所得是有相应的规定类型与列举情形的，这跟企业所得税不同。此后，王某的妹妹可以继续按 3 000 万元转让给她老公进行操作，但此时有一个技术性"瑕疵"，如果王某妹妹没有真实支付 3 000 万元，在第二次转让时，可能得不到原值扣减，或者其妹妹赠送给某妹夫，依 67 号公告，按取得股权发生的合理税费与原持有人的股权原值之和确认股权原值，同样，如果其妹妹不实际支付，成本得到认可的难度也比较大，索性支付一下，王某再还回来，支付是为了验证成本，还回来相当于哥哥对妹妹的"关爱"赠送，这不同于虚开增值税专用发票，检查时若存在资金回流则认为有虚开问题，个税上没有这方面的检查必要与限制。

第三个方案，王某也可以直接赠送，其妹妹赠送给哥哥 100 万元的"关爱"，这样其妹妹可以延续王某的投资成本，如果再无偿赠送给其妹妹的老公，那么王某的原值能否再次延伸呢？笔者认为不确定，至少 67 号没有给出"保障"，没有提到多层传递的支持性表述，无论是基于合理性还是原则性分析，风险还是存在的，不建议冒着风险进行这样的操作。

在上面的案例中，若王某转让价是 1 元，那么未来再次转让的扣除成本也仅仅是 1 元，不是 3 000 万元，此时不能延续原成本过来，67 号文件明确，通过无偿让渡方式取得股权，对于满足近亲属条件的，才能延续原持有人的股权原值，我们的投资人们要小心这种"陷阱"，做好事还是要结合政策及结果来筹划好。不过确实有上市公司的案例，但并非是个人转个人的情形，因为上市公司的股票价格有相应的可比性，上述讨论的转让多是指未上市的公司。下面我们看两个案例，可以扩展一下思路。

上市公司剥离资产，对于评估价为负值的企业股权进行转让，不过我们可能还会读出别的意思来。《002668 奥马电器关于出售全资子公司股权暨关联交易的公告》中提到：

因国内宏观经济形势、金融政策和金融行业整体环境等方面因素，公司全资子公司中融金（北京）科技有限公司（以下简称"中融金"）经营业绩自 2018 年下半年至今未达预期，为优化公司资产结构及资源配置，降低企业经营风险，提升公司质量及持续经营能力，广东奥马电器股份有限公司（以下简称"公司"或"奥马电器"）拟将中融金100%股权出售至赵国栋先生及权益宝（北京）科技有限公司（以下简称"权益宝"），以上股权作价合计人民币2元。上述股权出售完成后，中融金将不再纳入公司合并报表范围。

......

根据同致信德（北京）资产评估有限公司出具的基准日为2019年9月30日的《广东奥马电器股份有限公司拟股权转让所涉及的中融金（北京）科技有限公司全部权益价值资产评估报告》（同致信德评报字〔2019〕第020080号），中融金100%股权的评估值为 -45 092.49万元。经各方友好协商，标的股权转让价格为二元，其中：转让给受让方一的转让价格为一元，转让给受让方二的转让价格为一元。

同时笔者观察到，这家被转让公司的股权原来是从控股股东个人名下收购的。2015年11月，奥马电器公告称，拟以6.12亿元现金收购赵国栋、尹宏伟等合计持有的中融金51%的股权，2017年4月7日，奥马电器与赵国栋、尹宏伟、王军、杨鹏、高榕资本、北京思诺启点创业投资合伙企业（有限合伙）等签署了股权转让协议，公司以现金方式收购中融金剩余49%股权，购买价格为78 400万元（目前尚有4.7亿元未支付）。本次收购完成后，公司持有中融金100%股权，中融金成为奥马电器全资子公司。

同时，在收购时中融金自然人股东赵国栋、尹宏伟、杨鹏与本公司订立的《业绩补偿协议》，赵国栋、尹宏伟、杨鹏承诺，中融金在2017年度至2019年度期间的净利润（特指中融金在前述会计年度经审计的扣除非经常性损益后归属于母公司所有者的净利润，下同）分别不低于24 000.00万元、26 400.00万元以及29 000.00万元，即中融金2017年度的净利润不低于人民币24 000.00万元，2017年和2018年度的净利润累积不低于50 400.00万元，2017年、2018年和2019年度的净利润累积不低于79 400.00万元。

从收购，到业绩承诺，到剥离，资本市场的每一次安排，绝非是我们想象得那么容易，也不是那么简单。本书中的案例，笔者结合政策来分析时，基本上采取的是简化的方式，在真实的业务中，交易的复杂性、多样性、故事性，还有一些财务处理、评估的技术处理，都是需要我们不断深入去观察与整体性地进行思考的，不是一个单独的公告能全部展示出来的。在上面的案例当中，由于收购时价格比较高，同时还有业绩承诺，相应的股权转让所得的个税是否缴纳，是否有退税，这是我们后面所要讨论的"对赌"的个税问题了。

上面的案例是公司转让给个人，要注意一下，即使自己是这家公司的唯一100%控股股东，在企业所得税的政策中，并没有像67号公告一样允许低价但视为有合理理由的政策支持。因为公司具有法人资格，资产是独立于股东的，在企业所得税与个人所得税之间，也不支持相应的低价转让的"特别通道"，要考虑公允价的前提，才能保障法人所得税的合规性，所以就出现了上面公告中的评估事项，至于评估的技术处理与可能的结果，现实当中也不排除有人为安排的调节之处。

【案例】笔者遇到一个案例，其中涉及与评估公司的交流，如果评估公司用成本法，这个公司的资产扣除减值之类的，价值还是实在的；但是如果用收益法，用预测未来的收益来评估，价值可能就要在二倍三倍以上了，这就是评估时方法运用的"神奇"。

还有一个特别的领域，即新三板挂牌企业的股份转让，前几年屡屡出现"1分钱"转让的案例，让人不禁大跌眼镜。1分钱转让到底有哪些考虑，是失误操作"乌龙指"，还是有利益转移呢？67号公告是不是可以进行调整呢？

如下为腾讯证券官网所转载的中国经济网－经济日报的文章，《齐鲁银行再现一分钱交易 都因避税"惹的祸"》（2016-08-19），作为一种可以关注的信息，大家有一个了解。

见习记者 叶麦穗 广州报道

导读：安信证券分析师诸海滨接受21世纪经济报道记者采访时表示，原始股东二级市场减持股份，股权增值部分需要征20%的个人所得税。而通过1分钱的方式，将股份转让给对方，日后对方再在二级市场上进行交易时，则免征资本利得税。通过此举，原始股东减持时相当于省掉了个税。

1分钱转让频现新三板。

8月16日早盘，新三板首家城商行齐鲁银行出现1分钱成交价的异常交易。不过这对于长时间在新三板交易的投资者来说，已经司空见惯。

根据同花顺统计，截至8月17日，有237家公司曾出现最低价为1分钱。也正是1分钱价格的出现，大幅波动在新三板成了常态，当日暴跌99%的盛景几乎天天上演。8月17日博士国际投资顾问有限公司首席分析师张博、安信证券分析师诸海滨等分析师认为，出现这种情况，很多是挂牌企业为了避税"惹的祸"。

协议转让致1分钱交易频现

8月16日早盘，新三板首家城商行齐鲁银行出现1分钱成交价的异常交易。21世纪经济报道记者了解到，齐鲁银行出现的这笔一分钱交易发生在上午10点29分，共计10 130股，成交金额为101.3元。齐鲁银行此次1分钱交易的对手方为同一个营业部，买方和卖方均为中国中投证券有限责任公司济南历山路证券营业部。

这已经不是第一次出现类似情况了。2015年7月8日，刚刚挂牌不久的齐鲁银行出现5笔以0.01元的超低价格进行的转让。该次交易出现在自然人王丛笑和山东新世纪科技经贸发展有限公司之间，双方分5笔合计转让114万股。当日，齐鲁银行全天振幅达99.67%。

同一年不久之后的7月20日，齐鲁银行再次出现以0.01元价格成交的协议转让，以0.01元的价格进行协议转让的买卖双方分别为：山东聚成置业公司和山东省诚建工程总承包公司，双方分15笔合计转让股份高达1 320万股，合计金额13.2万元。

根据21世纪经济报道记者了解，1分钱转让在新三板中并不罕见。同花顺数据显示，截至8月17日，有237家新三板企业挂牌以来的最转让曾经达到1分钱，其中新三板的龙头企业——九鼎投资都未曾幸免。

由于1分钱交易的存在，以及不设涨跌停板的限制，新三板几乎日日都有"高台跳水"的表演，单日暴跌99%的情况已经成为常态。

1分钱交易为何如此频繁，企业又为何愿意低价转让股权？张博认为这和新三板特殊的交易制度不无关系。与A股的交易制度大相径庭，新三板并非采用"集合竞价、撮合成交"的原则，而是采用"协议转让"和"做市转让"两种方式。其中"做市转让"是指在证券市场上，由具备一定实力和信誉的独立证券经营法人作为特许交易商，不断向公众投资者报出某些特定证券的买卖价格（即双向报价），并在该价位上接受公众投资者的买卖要求，以其自有资金和证券与投资者进行证券交易。买卖双方不需等待交易对手出现，只要有做市商出面承担交易对手方即可达成交易。

协议转让，又分两种委托类型：一种是定价委托，即"一对多"，卖方将所卖股票的价格、数量等信息录入系统，任何投资者想买都可以下单；另一种是成交确认委托，即"一对一"，买卖双方私下达成协议，敲定买卖股票的数量、价格信息，录入成交约定号，实现交易。目前协议转让依然是主流。

"正是因为有成交确认委托这种协议转让模式，让'1分钱'交易迅速席卷新三板。由于交易过程只在买卖双方进行，第三方无法参与进来，交易双方则可以任意虚报一个价格给股转系统，完成过户之后，双方再按照事先约定条件进行交易。而新三板有没有涨跌停限制，则双方直接把价格定在新三板规定的下限0.01元，将交易成本最小化。"张博表示。

1分钱转让是否违法？

那具体能节省多少成本呢？21世纪经济报道记者了解到，目前交易的经手费、佣金和印花税三折加起来不过5‰，几乎可忽略不计，而直接转让则有20%的个人所得税。

诸海滨接受21世纪经济报道记者采访时表示，原始股东二级市场减持股份，股权增值部分需要征20%的个人所得。而通过1分钱的方式，将股份转让给对方，日后对方再在二级市场上进行交易时，则免征资本利得税。通过此举，原始股东减持时相当于省掉了个税。

对于1分钱转让的行为，诸海滨认为这只是钻了制度的漏洞，并不算违法。"协议转让的交易制度在上层设计时就是允许这样进行的，或者说我们目前整个资本市场配套措施不完善，就造成了这种状况。这种问题就像政策范围内打擦边球，是制度本身的问题导致的。"

首先，一分钱转让是在新三板的交易规则当中进行的，也可能是基于某种利益关系的主体之间进行的一对一的交易达成，极个别可能是误操作导致。既然这么多数量的股票都出现了一分钱的交易，那就说明这种交易并不违背新三板转让的规则，协议转让时没有想到大家用得这么"极致"。对于公司与公司、公司与个人或个人与个人之间，有很多利益可能涉及，作为一个正常思考的交易，能够作为新三板挂牌企业的股东，想必也不是一般人士。至于文章猜测的规避个税，笔者认为并不必然是，况且当时的文件并没有支持非原始个人股东再次转让股票免税的政策，在2018年11月1日财税〔2018〕137号文件才正式规定可以享受转让的免税。不过我们也不能认为上面报道中关于规避个税政策的说法完全不对，虽然没有财税部门特别明确的文件，但当时国务院的文件曾提及比照当前上市公司股票的政策来执行，在金融领域，很多人直接认为就是免税，好在后面进行了明确，这样一分钱避税就真的很有利了。

那么，67号文件当中没有提到新三板挂牌企业这种情形可以适用一分钱转让，税务机关是不是可以对于这些一分钱转让交易中的转让人进行涉税调整呢？比如按照新三板挂牌企业的净资产或可比正常的报价进行调整。笔者认为是完全可以的，只是挂牌企业并不需要就股权进行工商变更登记，特别是一些非实际控制人的，都不需要做出增加、退出的备案登记。在这个环节上，税务机关失去了一个"抓手"，即并不是所有涉及股权（票）变更的，都可以在纳税证明上实施有效的征管，至少到目前为止，笔者还没有发现一例被调整或追税案例。或许在2018年及之前的旧个人所得税法下，没有反避税的条款支持，而且又涉及金融领域，在财税部门未统一进行明确意见之前，各地税务机关没有也不愿意对此进行调查处理。

但是现在，这种方式已行不通了，这要分两步来说，《关于对协议转让股票设置申报有效价格范围的通知》明确：

各市场参与人：
为防范异常价格申报和投资者误操作，保护投资者合法权益，根据《全国中小企业股份转让系统股票转让细则（试行）》的有关规定，全国股转系统将对采取协议转让方式的股票设置申报有效价格范围。现就有关事项通知如下：

一、采取协议转让方式的股票，申报价格应当不高于前收盘价的200%且不低于前收盘价的50%。超出该有效价格范围的申报无效。

二、采取协议转让方式的股票，无前收盘价的，成交首日不设申报有效价格范围，自次一转让日起设置申报有效价格范围。

三、本通知由全国股转公司负责解释。遇有规则不明或其他未尽事宜，请及时与全国股转公司联系。

四、本通知自2017年3月27日起实施。

特此通知。

全国中小企业股份转让系统有限责任公司
2017年3月24日

很值得关注的就是这个文件刚发布之时，收盘价在一分钱的，就发生了后续难以提升的技术难点，笔者查阅看到，有的公司还收盘在二分钱的状态，难以实现较好的交易。这个文件在2018年2月2日废止，取而代之的是《全国中小企业股份转让系统股票交易规则》，是当前有效的执行规则，其规定：

第七十五条　全国股转系统对集合竞价股票实行价格涨跌幅限制，跌幅限制比例为50%，涨幅限制比例为100%。价格涨跌幅限制以内的申报为有效申报，超过价格涨跌幅限制的申报为无效申报。

涨跌幅限制价格的计算公式为：涨跌幅限制价格＝前收盘价×(1±涨跌幅限制比例)。

第九十一条　全国股转系统对连续竞价股票实行价格涨跌幅限制，涨跌幅限制比例为30%。价格涨跌幅限制以内的申报为有效申报，超过价格涨跌幅限制的申报为无效申报。

涨跌幅限制价格的计算公式为：涨跌幅限制价格＝前收盘价×(1±涨跌幅限制比例)。

所以，在规则未明确之前，有"先见之明"或有时间窗口的投资人，就因此获得了利益的空间，且并不违规，规则只会越来越复杂，越来越完善。而税务机关对于金融领域的事项，有时也并不一定搞得明白，所以涉及股权之类的交易，往往是那些未上市的公司，他们的个人股东或公司股东面临的税务检查、质疑的风险更大。

事项三：账面价值与评估价值、参照价值的适用情形。

这一事项，其实是很重要的一个知识点，笔者还曾专门向审核此事项的税务专家请教过 67 号中不断提及的净资产比较、核定事项，那么这个净资产是什么时候的净资产？

【案例】 某老板张某经营了一家公司，在 2019 年 8 月进行股权转让，转让价为 5 万元，签订了转让协议，张某带着资料到税务局办理纳税证明。张某带的报表是截止 2018 年 12 月的，但是税务负责人要求提供 2019 年 1－7 月的报表，报表显示该股权对应的净资产，2018 年 12 月 31 日是 2 万元，2019 年 7 月 31 日为 8 万元，税务机关要求从高按 8 万元核定转让价格。张某认为不对，因为双方谈的价格是以去年的报表为基础的，这到底如何理解呢？

分析：通常我们认为，净资产是转让协议确定前一期间的报表数。67 号公告给出了纳税义务发生的几个判断行为，但不代表每一个行为都要有不同的报表分析。税务机关的资料就是报表与转让合同、原始凭证等，核心是收入与扣除原值。可能有的人认为，如果不拉长检查净资产的时间，纳税人故意进行调节报表如何办？现实当中，不排除有这样办的，比如大额计提减值准备、转让资产或报废资产等情形。笔者遇到一个办事大厅的税务人员，拿到报表后从系统当中查询之前年度的报表，怀疑企业有故意调节之嫌，那么，税务人员的处理是不是正当的呢？

首先，税务机关的核定，可以进行回溯期间查看相关区间的报表，并对有关刻意不合理调整的事项进行关注，要求进行解释。只是这其中可能涉及正常业务发生但不予认可的情形。其次，67 号公告中对于纳税义务的判定缴纳，并不是以办理完毕工商变更时点为准，而是采取了宽泛的情形列举，在实践当中，这也难免，因为有时工商变更需要很多条件与办理程序，效率与理想的状态并不完全契合。

比如有的老板带着报表到税务机关办理纳税证明，一看税务人员要求比对净资产的数据，就连忙说："对不起，我拿错了。"结果第二天就拿来一份净资产特别低的报表，所以在这个环节中，征纳双方对于数据的"较量"就是在默默地进行的。

接着我们来看看净资产的金额。净资产的金额是基于账面的净值数据，即会计的数据，这当然是基于企业采取的会计核算方法与结果来判断的，税法并不否定会计数据，也并不强制要求进行公允价评估测算。在这种情形下，对于特别存在有溢价的资产，67 号公告列了一个标准，即要求进行公允值测算净资产额：

被投资企业拥有土地使用权、房屋、房地产企业未销售房产、知识产权、探矿权、采矿权、股权等资产的，申报的股权转让收入低于股权对应的净资产公允价值份额的，这是价格偏低的认定。但是我们也有提到，如果只有一个办公软件也要进行核定吗？

其实这跟后面核定的要求有一些衔接上的问题。被投资企业的土地使用权、房屋、房地产企业未销售房产、知识产权、探矿权、采矿权、股权等资产占企业总资产比例超过20%的，主管税务机关可参照纳税人提供的具有法定资质的中介机构出具的资产评估报告核定股权转让收入。超过20%的，可以参照，并不是强制参照，但既然提到可以参照，就相当于倾向这么做。注意，这个20%的比例是基于账面价值进行计算的，进而可进行评估处理。如果不高于20%，我们接触较多的情形是直接套净资产进行核定。

【案例】某企业账面有长期股权投资，及一些应收账款，没有其他列示的如知识产权等关注调整的事项。资产总额1 000万元，长期股权投资250万元，其余资产750万元，净资产500万元，负债500万元，此时某个人股东转让50%的股权，定价在250万元。由于股权占比超过20%，税务机关认为，据67号公告，需要进行评估作价，遇到这种情形，如何办呢？

分析：从我们遇到的案例看，有的财务负责人是这样处理的，即并不急着签订转让合同，而是发生一笔正常的业务之需，比如从另一家公司借款251万元，由此带来的结果是长期股权投资250万元，其余资产1 001万元，总资产1 251万元，这样比例降到20%以下，通常就按照净资产来核定了。不过这有点"小技巧"的感觉，但如果是正常之需呢？我们也不能总怀着"敌意"看待企业的业务事项。

如果6个月内再次发生股权转让且被投资企业净资产未发生重大变化的，主管税务机关可参照上一次股权转让时被投资企业的资产评估报告核定此次股权转让收入。一般评估报告的有效期是一年，在这里定为6个月不存在技术上的障碍。

【案例】如某公司是一家互联网的小企业，在2019年2月发生了一次资本增资行为。企业的实收资本原来是100万元，未分配利润是-50万元，净资产是50万元，风投评估该公司价值5 000万元，于是投资3 000万元，拟占有一定比例的注册资本，这时如何计算应占有的股比？这个价格发生后，税务机关可否直接使用该估价作为未来个人转让股权的参照？

分析：企业评估值是5 000万元，这是基于风投投资前的企业评估价值，相当于100万元的投资额对应的是5 000万元的价值，现在风投投入3 000万元，相当于合计是8 000万元，风投应占37.5%的股比。由于原资本是100万元，若原股东不增加投资，那么原股东100万元应占62.5%的股比，于此共计投资额为160（100÷62.5%）万元，风投的3 000万元中余下的2 940万元，计入资本公积即可。变更后的公司注册资本是160万元。

有了这个评估价格，后续如果原股东之间或引入第三方时，原股东如果有转让，那么也是常有税务机关人员以风投时的估值进行核定转让收入的情形。这时候，净资产的估计是 8 000 万元，如果这样算下来，恐怕个人投资者是很难接受这种税负压力的。等待过 6 个月，可能是一个"有利"的时间选择。

事项四：核定后成本自动延续受让方的政策理解与适用主体。

关于这个问题，确实是 67 号公告的一个"创举"，而且完全打破了当前企业所得税中，在进行特别纳税调整时，只顾及调整转让方，却让受让方"冷落"的方式，有点过于强势的调整，没有规则对此进行明确支持。因为当对转让方收入调增之后，受让方的成本也应增加，这是关联方的利益问题。尽管他们可能并不对此进行结算价款，但是 67 号从大局出发，认为征过税的收入就是下一个环节的成本原值，真是值得点赞的一个规定。

幸运的是，67 号公告中，我们的政策制订者很"开明"地提出了：

股权转让人已被主管税务机关核定股权转让收入并依法征收个人所得税的，该股权受让人的股权原值以取得股权时发生的合理税费与股权转让人被主管税务机关核定的股权转让收入之和确认。

我们要知道一点，对于所谓的核定，个人转让价格若是 100 万元，税务机关通常应不会非要按照净资产为基础核定出来 80 万元。通常核定的收入是调增，不大可能出现调减。反而若高于净资产税务认为更合理。所以上面这句话，不会提到受让人真实的支出作为成本的问题，但我们还是要好好地理解一下。

张三转让个人的股权给李四，转让价格是 30 万元，税务机关进行调整后的转让价格是 50 万元，李四支付了 30 万元给张三。不考虑合理税费，如果未来李四再转让此股权，按多少扣减成本呢？

67 号公告规定得很清楚，股权转让人被税务机关核定的转让收入是要作为下一步的成本的，这样就减少了重复纳税的不合理现象。李四将来可以扣除的成本是 50 万元，而不是真实支付的 30 万元。此时，李四需要拿着张三核定计税的税单来支持其扣除的凭据，这是应得到支持的。问题在于，张三是不是会告诉李四，并且将相关的单据告诉李四，因此要合作共赢才行，比如李四可以多给张三 1 万元作为对价，不失为一个更为有利的合作条件。如果张三不提供，那么税务机关是不是有义务去调取张三的纳税额并作为一项服务为李四做好成本扣减呢？至少目前这不是一个强制性的规定，还是得看交易双方是不是较好地进行合作了。所以，这一规定，看似很有价值；实践当中能不能实施到位，却存在不确定性。在这里，还要避免一个误区，差额20万元，并不需要作为李四的应税所得，比如作为偶然所得计税，完全没有这个必要与要求，因为李四并没有真实地得到这个所得，只是税务机关在计税时允许"多扣"了一部分，是少纳税了，并不是所得。

我们再假设张三原来的投资成本是10万元，未核定收入，张三的个税所得是20（30－10）万元，个税是4万元。有人提出来，张三纳了4万元的个税，对应的所得是20万元，不是应延续增值部分的20万元而不是30万元吗？这儿确实可能会有误解，因为张三原来投资了10万元，这10万元或许张三之前有过计税属于合法的税后所得，也或者是其他的来源所得，如继承所得。张三的转让收入是下家的"采购成本"，不需要考虑上家纳多少税计算出来的应税财产转让所得额。

税务核定了50万元，另外如果李四因为延期付款，赔偿了张三20万元，此时李四能不能在未来转让时扣减70（50＋20）万元呢？67号公告对于收入的统计口径中包括了违约金、补偿金的认定，但是并没有提到扣减原值可以包括此部分，此时并不强制性的对等，笔者认为要计入扣减成本，还是有难度的，因为延期付款的赔偿，并不属于转让价款，是属于对违约责任承担的经济补偿，尽管站在转让人的角度纳入了转让的收入，不代表一定绑定于购买方的成本。但若是企业支付作为核算主体就可扣。

不过，我们要注意这个政策的适用对象。如果张三转让的对象是一家企业，单单读67号公告中的这句话，似乎也是支持受让方是企业的情形下，核定的收入可以作为受让方的原值。注意，67号公告是对于个人所得税计算股权转让所得的规定，且是对个人取得原值的计量规则中规定了这一创新事项。不过我们也可以分析一下，由于企业是一个完整的纳税主体，即如果其支付了30万元，但计入到长期股权投资计税基础的金额却是50万元，差额的20万元是不是要计为"营业外收入"？无端的还要早确认一部分收入计所得纳税，转化的成本却是将来转让时才能扣除，还不如不选择呢。因此企业与个人要从两个不同的逻辑考虑，个人无所谓一体化的纳税计算体系，而是分散为点状的问题，所以67号公告这一硬是直接规定的一个逻辑，是不存在对别的事项的影响的，但并不能为企业所得税的纳税人借鉴使用。

事项五：税务机关的核定必须严格按照实施顺序来而不是随机选择。

主管税务机关在对股权转让收入进行核定时，必须按照净资产核定法、类比法、其他合理方法的先后顺序进行选择。被投资企业账证健全或能够对资产进行评估核算的，应当采用净资产核定法进行核定。被投资企业净资产难以核实的，如其股东存在其他符合公平交易原则的股权转让或类似情况的股权转让，主管税务机关可以采用类比法核定股权转让收入。以上方法都无法适用的，可采用其他合理方法。

这一点，跟我们财税专业人员接触的转让不动产的情形有一些类似，对于个人转让不动产，在计算土地增值税时，也有几种方案供选择的。

事项六：面临核定的情形下如何较好地找到解决路径。

核定说了这么多，最后我们小结一下，在面临老板个人的股权转让时，作为本人，或者企业的法务负责人或财税负责人，该如何做出一些有效的、合规的安排呢？

第一，如果老板要转让个人股权，需要评估一下，转让是不是必须的，是不是有增资之类的可行方案可以比较、选择；

第二，测算两点，净资产份额与转让价、涉及关注的资产比重是不是达到20%，这两点做好之后，才知道如何安排下一步的事项；

第三，如满足上述条件，直接走程序办理即可。但如果不满足，需要了解为何这样定的价格，有没有特殊的原因，同时评估财务数据有没有必要进行对接；

第四，摸清办理流程和需要准备的资料，特别是找到老板原来出资的凭证，证明可扣除的成本原值是多少；

第五，协调沟通进行办理相应的变更程序。

（4）交易方签订的股权转让合同与工商登记变更时的格式股权转让合同的不同。

关于这一点，不知各地是不是一样。笔者遇到一个案例，其财务负责人不知如何办。她在为老板办理股权变更时的申报计税表中，转让价与注册资本一样，但老板认缴的出资未完全到位，转让价也不存在67号中的核定的情形，比如转让价是100万元，实际出资额是50万元，认缴额是150万元，净资产对应份额是100万元，财务负责人填写申报表时收入填成了200万元，这是以注册资本的金额来填写的。

经过询问，该负责人说她填写的金额来源于工商登记部门格式版本的股权转让合同，上面确实是按照注册资本来列示的。但那是对应注册资本的占比列示出来的转让额，并不是真实的交易，不要被格式合同所迷惑。真实的合同仍是需要签订的，与格式合同也并不冲突。

某企业净资产额是 800 万元，其中含已认缴出资的实收资本 300 万元，留存收益 500 万元，没有需要评估的资产类型。另外还有股东认缴未出资的货币资金 700 万元。这种情形下的转让，依据 67 号公告，只看当前已出资的资本额对应的净资产情形，并不考虑认缴未出资的金额。其实这是对的，比如股东再投入 700 万元，相应的成本也增加 700 万元，收入也同样增加，此时的溢价并不因 700 万元投入而增加，因为并不是投入的技术，仅仅是货币，也并没有因为认缴但未实缴，形成公司的应收资产，67 号公告对于净资产的计量只考虑实缴的资本情形，即使到了约定出资的时间未出资，有相应的出资法定责任了，也并不影响转让的收入与原值统计。

（5）隐性资产与显性资产的关联与价值评估。

我们可以发现，67 号公告本身更多的是强调报表中显性资产的定价公允性的问题，但是在很多时候，特别是一些互联网的创新企业，其价值可能存在于还没有获得的专利或商标上，也可能是存在于其创始人的无形价值上，比如创始人脑子中的"灵感"或商业价值的创新能力，在这种情形下，如果还按照 67 号公告来评估作价，就会产生偏差了。笔者在现实当中接触到这样的公司时，看到他们在引入战略投资者之前，匆匆地进行了实控人名下公司的股权整合，也多有涉及关联交易的情形，此时因为没有显性的资产体现在报表上，税务机关很难发现，调整到位后进行相应的评估作价入资，税务机关很难用后面的定价标准来追溯调整之前的转让价格，也没有发现有这方面的报道。但有一个问题，往往此时他们的评估报告已出具了，或者风投也进行了初步接触，登记变更时多是"揣着明白装糊涂"。适当地建议一下我们的税务机关要对行业的一些"黑马"，还有一些收购信息或公告进行关注。

在这里有一个问题，对于技术的显性化，很多大型民营企业都没有特别重视。比如很多研发技术都费用化处理了，并没有资本化，却办理了相应的著作权证等。此时相当于无价值体现地在使用，那么通过适当的交易，显性化出来技术的计量价值，并且有效地进行归集，就可以好好地利用财税优惠的政策，配置出来新的财税价值。

据报道，2015 年，华谊兄弟收购东阳美拉，估值 15 亿元绑定冯小刚，形成商誉超 10 亿元，这种溢价有其特殊因素，当然也有相应的业绩承诺在里面。还有阿里于 2018 年以 95 亿美元收购饿了么，更是基于产业链的价值，基于客户群的价值延伸。

5.1.2 增、减资被认定为"股权"转让的创新之举还是不当之举

说起来,这是一个很热门的话题,税务机关之间都有不同的理解,财税专业人士、法律人士无不对此感兴趣,发表了很多此方面的探讨性文章。因为这本身在法律形式上不是股权转让,但为何有的税务机关偏偏认为实质上是转让,而有的专家认为这背后隐藏着利益输送的问题,征税有事实基础。从笔者的初步感觉来看,征税,必须有法为基础,个人所得,何为所得?什么时候实现所得?税务机关是不是可以重新定义纳税人通过一种法定的形式进行的业务活动?有利益输送的计量标准与征税依据在哪里?不行我们可以反避税调查吧!在商业上,笔者认为,没有完美的公平,不排除这里面存在利益输送的问题,但是如果有其商业合理性的存在,且交易方合规地履行了增、减资的法定程序,不宜对其定性为转让行为。即使在有利益输送的情形下,征税的法定前提也不充分,比如我们前面提到的,限售股在政策未出台要求征税之前,是不是可以由主管税务机关直接定性为所得,最终财税部门经过谨慎地研究,本着税收法定基础,均不追征。

笔者相信,在过去几年资本市场、创新企业迅速发展的环境里,增、减资的事项恐怕非常多见,笔者甚少看到有据此进行主动"计算所得"纳税的情形,也很少有税务机关进行调整的案例。之前《中国税务》报刊登过一个调整的案例,争议也是比较多的。由于对于这个问题的看法意见不一,似乎道理都很多,但税收规则的前提是征税法定原则,不然我们可以认为,所有避税的问题都不应该存在了。在过往的时间里,笔者也就相关问题咨询了权威专家,探讨的意见也会体现在下面的内容中。但是,如果认为地方税务机关的意见有问题,要向上反馈意见,这是很难的,因为征管的认识在实践当中,是一种理解的突破还是规定的突破,相信很难给出一个否定或肯定的结论。如果认为征的确实不符合真实交易的情形,那么就可以坚持自己的观点,实在不行,在为征纳双方都好"解脱"的情形下,通过复议或法院诉讼也不失为一个解决方法。

(1) 各地税务机关对于增、减资的意见样本参照。

第一个是广为流传的宁波的意见,是原宁波市地方税务局在其一期所得税相关问答中的意见。

问:企业增资,尤其是不同比例的增资情形,引起原股东股本结构发生变化,经咨询工商部门,其认为该行为不是股权转让,个人所得税如何处理?

答:1. 对于以大于或等于公司每股净资产公允价值的价格增资行为,不属于股权

转让行为，不征个人所得税。

上述行为中其高于每股净资产账面价值部分应计入资本公积，对于股份制企业，该部分资本公积在以后转增资本时不征收个人所得税；对于其他所有制企业，该部分资本公积转增资本时应按照"利息、股息、红利个人所得税"税目征收个人所得税。

2. 对于以平价增资或以低于每股净资产公允价值的价格增资行为，原股东实际占有的公司净资产公允价值发生转移的部分应视同转让行为，应依税法相关规定征收个人所得税。

《宁波市人民政府关于实施"凤凰行动"宁波计划推进企业上市和并购重组加快发展的意见》（甬政发〔2018〕6号）进一步强调了这个观点：

（四）落实企业股改过程中增加注册资本和实施资产重组所涉国家税收优惠政策。根据国家相关部门规定，企业引进私募股权投资等发生非同比例增资情形时，对于以大于或等于公司每股净资产公允价值的价格增资行为，对原自然人股东不征个人所得税；企业在规范化股份制改造前后，个人以非货币性资产投资形成纳税义务但一次性缴税有困难的，可根据规定在不超过5个年度内分期缴纳个人所得税；企业股改过程中实施资产重组并符合国家有关税收优惠政策规定条件的，可享受相关税收优惠政策。

后两个是国家税务总局12366官网税务机关回复中的意见。

关于增资是否应缴纳个人所得税

留言时间：2019-08-05

本公司原股东结构为自然人A、B合计持股90%，法人C公司持股10%（A和B合计持有C公司100%股权）。为了进一步提升本公司的资本实力，本公司拟由C公司增资，因C公司也是由自然人A和B持有，股东协商确定增资价格1元/股，低于当前每股净资产。

请问：1. 在本次增资过程中，自然人股东是否需要缴纳个人所得税？

2. 《个人所得税法》《股权转让所得个人所得税管理办法（试行）》均未有因增资而要求原股东缴纳个人所得税的规定，但目前主管税务所认为C公司增资价格不公允，自然人股东A和B应缴纳个人所得税，是否符合《税收征管法》中"任何机关、单位和个人不得违反法律、行政法规的规定，擅自作出税收开征、停征以及减税、免税、退税、补税和其他同税收法律、行政法规相抵触的决定"的规定？

浙江财税12366服务中心答复：

您好：您在网站上提交的纳税咨询问题收悉，现针对您所提供的信息简要回复如下：

1. 企业增资导致自然人股东股权同比例减少的，不涉及缴纳个人所得税。

2. 因 C 公司未按公允价值增资，主管分局认为自然人股东 A 和 B 应缴纳个人所得税的文件依据建议联系主管分局核实确认。

上述回复仅供参考，欢迎拨打 0571-12366。

公司增资扩股导致原自然人股东股权下降是否需要缴纳个人所得税

留言时间：2019-06-27

我公司原来有两个股东，注册资本 10 万元，其中一个为自然人股东，占比 49%；根据公司发展需要，准备新增加一个法人股东，注册资本增加到 12 万，增资后，原自然人股东的股权由 49% 下降为 45%；请问这种由于增资导致自然人股权被稀释的行为是否属于股权转让行为，自然人股东是否需要缴纳个人所得税；如果需要缴纳，怎么计算应缴纳税额

江苏12366纳税服务热线：您好！根据《国家税务总局关于发布〈股权转让所得个人所得税管理办法（试行）〉的公告》（国家税务总局公告 2014 年第 67 号）明确规定，个人股权转让情形包括：（一）出售股权；（二）公司回购股权；（三）发行人首次公开发行新股时，被投资企业股东将其持有的股份以公开发行方式一并向投资者发售；（四）股权被司法或行政机关强制过户；（五）以股权对外投资或进行其他非货币性交易；（六）以股权抵偿债务；（七）其他股权转移行为。

若不在上述列举范围内则不需要按照股权转让缴纳个人所得税。

本次咨询仅供参考，具体以法律法规及相关规定为准。

同时，很多人也关注企业所得税的处理意见，并对此引为借鉴：

增资扩股、稀释股权是否缴纳企业所得税？

发布日期：2012 年 05 月 07 日　来源：国家税务总局纳税服务司

问题内容：

企业增资扩股、稀释股权，是否缴纳企业所得税？

回复意见：

《中华人民共和国企业所得税法》第六条及其实施条例相关条款规定了企业所得税收入的不同类型，企业增资扩股（稀释股权），是企业股东投资行为，可直接增加企业的实收资本（股本），没有取得企业所得税应税收入，不作为企业应税收入征收企业所得税，也不存在征税问题。

要体系化地理解这个问题，应考虑两个层面，其一是政策依据层面，其二对于所得的理解问题。诚然，我们发现可能存在一些这样的或那样的问题，但是如果在没有政策依据之下做出征税的判断，是不是对，如何操作，后续如何保障纳税人的利益？

第一,关于政策支持性依据方面。

笔者认为,江苏12366的答复,是从转让的类型适用性上来评价的,增、减资涉及发生"交易"的双方——投资人与被投资企业之间的利益与法律问题,通过被投资企业再穿透到另外的投资人,并不是很充分。在这里,我们推不出个人取得了所得,当然也可以来反驳,认为67号规定中提到了核定,税务机关也可以核定啊。但有一个前提,就是在发生转让交易情形下的核定价格,并不是对某个行为进行"变性",我们要从税收法定的角度来谨慎考虑这个问题。而且从会计准则的角度,在存在增资的情形下,即使存在不公允的情形,也可能是基于商业上的考虑,而不是仅仅当下的公允价值时点论、公平论,会计上也并不因此增加原来股东的投资成本。

第二,对于所得的理解。

《公司法》对于增、减资的处理法定程序,也涉及投资人与被投资企业之间的利益问题。所谓增资,主要是指增加注册资本的情形。通常,增加注册资本时,原来的股东与拟增资的股东会计算利益的平衡,算一下出让多少股份,对方拿多少增资的价值,在考虑注册资本的金额下,折算好比例,余下的投资额记入资本溢价。上市公司在定向增发股票的时候,多是满足大于净资产的情形,至于是不是达到公允,一般参考收盘价并可做一定折扣。在这种不公允的情形下,税务机关也难以向上市公司进行核实并调整,更要考虑限售股与其他股票计税所得的差别。不过67号公告并不包括上市公司股票的转让,整体考虑下来,锁定的企业范围就是非上市或非挂牌的企业了。

溢价增资属于作为独立法人的公司所有。依原宁波市地方税务局的理解,此时如果溢价投资大于或等于每股净资产公允价值,不属于股权转让;而如果以平价增资或低于每股净资产公允价值,则认为潜在的公司利益有一部分"悄悄"地"转让"给了增资方。在这里,由于无法在当前的税法框架上向增资方征"受赠所得"的税,倒逼向转让人征税,笔者理解,这只能用定价不合理来征了,相当于投资人出资计入注册资本的份额比例与实际公允价值之间有"利益"所得。再分析下去,对于投资行为产生的利益又"实现"了所得,所得是基于未来的回报,而未来的回报将来依政策进行计税,将来多分配的所得,多享受的转让所得的利益,不是一样会纳税吗,这里会不会有重复征税之嫌呢?因为这是一个点上的问题解决方案,没有体系化的规则,更没有67号公告核定价格允许延续这样整体层面的支持,一旦涉及争议复议与诉讼,笔者认为税务机关的执法风险是存在的。

在《公司法》等层面上,对于增资的处理,如何进行定价,没有必须要求进行评估，即由于有限责任公司是一个"资合"与"人合"相结合的经营体，有的人就愿意花得钱少而占的股份比例多，在特定的环境下是完全有可能的，甚至在刚成立公司的时候，就有不公平出资的情形出现，难道此时也要征税吗？如果拉长这个业务链条，将来投资人减资、转让股份、分得股息红利等，"多"得的利益是不是一样有纳税体现？在整体上没有税基流失的情形下，针对一点发起挑战不尽合理。

同时笔者认为，利益输送，并不一定只能由税法来管，比如涉及国有资产流失的，有相应的监督，对于计量的比例，如果真有非常明显的案例发生，也需要由法院进行判定处理。即使是原宁波地税的意见，也只是提到个人所得税的处理，企业作为股东的，并没有此规定，那会更复杂，更需要政策依据。不管如何，我们还是要为这种意见点赞，因为它发现了税收的政策或征管漏洞，也代表了向"不正当纳税行为"的挑战。在发现这样的情形时，我们要看看接受投资公司的现状如何，比如是现金量占比大，还是应收款项、库存大，这是不同的增资谈判影响因素。不过我们也知道，评估价不是一定就是最对的，或高或低都有其空间，看如何来整体规划。比如一家房地产开发企业，拥有的土地使用权市场价格是 1 亿元，但自己的资金链断了，转让也受到限制，由于开发约定的时限很近了，此时只能引进股东投入开发，这时接受"不公平增资协议"的可能性就非常大。

我们再来分析一下，如果依照上面的意见，向转让人征税，如何计征？

若依原宁波地税的意见，低于公允对应价值的部分，视为股权转让计税，那么这里有一个技术条件，即是不是都要评估，还是可以参照 67 号公告的规定，对于特定列举的资产类型要求进行评估呢？若公允价值计算出来的金额是 8 000 万元，对方按照 6 000 万元为基准进行计量增资入股，那么差额是 2 000 万元，注意这 2 000 万元并不全是增资人所享有的潜在增值，因为 2 000 万元当中原股东也是享有部分利益的。如增资人增资占比为 50%，那么其中的 1 000 万元属于在此时点的公允所得，注意在这里我们计算的是公司整体的公允值，不管原来的股东是企业还是个人。如果增资人是个人的话，那么此时原来的转让人都要计转让所得，诚如上面我们分析，当前大家对于征税的对象还是锁定于个人，对于企业股东尚无表态。那么如果原来的股东全是个人，则按 200（1 000×20%）万元来计算缴纳财产转让所得的个税。此时我们要确认一下，缴纳了 200 万元个税后，原股东的投资计税成本是不是同时增加 1 000 万元呢？将来是不是认可呢？如果依 67 号公告的原则考虑，应允许增加增资方成本才对。如此来看，这是一个时间性的差异，股东将来转让或退出时，相应的投资成本认可其增加，在不公允增资情形下，税额的绝对值并没有减少，只是时间性的差异，至于本质上是不是应税行为，笔者认为，只要是通过合法公开的路径进行操作，在当前的税收政策与原则下，仍然缺乏充分的依据，也没有很好的主体划分与后续的完善衔接，不宜简单地认为属于财产转让所得计税。转让方计税后为增资方做了成本增加的"贡献"，这种后续理解大家可以思考一下，或许有人士认为应该让增资方纳税，这无政策支持。

（2）法院对不公允增资中所涉争议的判决观点。

最高人民法院在其《黄清、王焕芝公司决议效力确认纠纷再审审查与审判监督民事裁定书》（（2017）最高法民申3330号）中提到了相关的问题。上诉人的意见当中提到：

安达公司的增资并没有全面真实的评估公司实际资产，曹建荣作为大股东，强行通过不按公司实际资产进行增资的方案，其认缴金额远小于股权实际对应价值，稀释小股东的股权，显著降低小股东持有的股权价值和所有者权益，损害了小股东的合法权益，违背了"禁止滥用资本多数决"的原则，违反了《中华人民共和国公司法》第二十条的规定。

我们看看最高院的意见：

至于两次股东会决议对于购买资产款项的缴纳时间是否限制过短、未按时缴纳的后果是否合理、增资时是否需要进行资产评估等事项，公司法对此均无强制性规定，不宜认定为违反法律、行政法规强制性规定的情形。而且黄清等11人申请再审理由中对以上问题表达的观点均是从"大股东排除小股东优先购买权""大股东滥用资本多数决""大股东稀释小股东股权"等方面，认为两次股东会决议存在大股东滥用权利、损害其他小股东利益的行为，其可以依据2005年公司法第二十条第二款"公司股东滥用股东权利给公司或者其他股东造成损失的，应当依法承担赔偿责任。"的规定另行向滥用权利的股东主张权利，但本案不符合2005年公司法第二十二条第一款关于股东会决议无效的情形。

大家可以发现，在违背《公司法》方面的行为中，如果是相关股东在增资过程当中损害了其他股东的利益，则应承担相应的责任，并不是因为没有评估就认定违反法律、行政法规的强制性规定。当然，对于税务机关来讲，并没有否定不公允增资的行为，而目的是进行征税。笔者的意见是，既然法院对于如何增资并没有所谓的公允价值引导与规定，在不损害相关股东的利益时，我们应予以认可为宜。

（3）增资扩股中原股东名义份额下降但实际价值并未降低的理解。

一般有增资时，原股东的份额比例相应得到稀释，比如从80%降到50%，这可并不是转让了股权,只是因基数扩大而相应变小了。最高人民法院民事判决书《深圳市汇润投资有限公司与隆鑫控股有限公司欠款、担保合同纠纷案》((2010)民二终字第104号)中提到:

一、公司增资扩股后,因有新的出资注入公司,虽然原公司股东的持股比例发生变化,但其所对应的公司资产价值并不减少。因此,对于原以公司部分股权设定质权的权利人而言,公司增资扩股后其对相应缩减股权比例享有优先受偿权,与其当初设定质权时对原出资对应的股权比例享有优先受偿权,实质权利并无变化,不存在因增资扩股损害质权人合法权利的可能。质权人应当以增资扩股后原股权对应出资额相应的缩减后股权份额享有的优先受偿的权利。

对于此经济性的计量问题,可能因不公允增资而发生变化,下面我们结合一个案例分析。比如一人有限公司,原股本是100万元,未分配利润是500万元,合计600万元净资产,同时我们假定其公允价值也是600万元的净资产。如果有人投入600万元,这样配比看,其100万元计入资本,500万元计入资本公积,如表5-6所示。

表5-6

项目	原个人股东	增资股东	合计	比例
出资	100	100	200	两股东各50%
资本公积	0	500	500	*
未分配利润	500	0	500	*
合计	600	600	1 200	*

原个人股东一个人持有100%公司股权,名义比例下降到50%,但是在总量当中从过去的600万元价值,到现在仍然是600万元的价值,没有发生变化,切莫被数字迷惑了。

但是如果增资人投入了300万元,200万元计资本公积,100万元计入资本,那么原投资人的份额对应的金额就从600万元降到了450万元。其中的150(600-450)万元是不是转让给增资人了呢?在这个节点上并没有清算资产,而是持续经营,对于未来的价值,或许原投资人得到的更多。因为如果对应的600万元中有400万元是应收账款,基本上收不回来,但是增资人有能力催收回来,那么在这个利益的平衡中,得到的利益是多是少呢?对于新投资人取得的分配利益也一样要进行纳税,对于未来再转让份额对应的价值也一样有新的体现。

（4）结合案例来看另外一种处理的可能性与可参照性。

2016年9月29日中国税务报客户端发表了一篇陈涛老师写的文章《消失的股权：一次增资运作让近千万资产莫名消失》，当时在财税领域引起了很大的争议，也有一些税务干部发表了不同的意见，有认为要征的，有认为需要有理有据地思考后再决定如何征的。

基本案情：

D公司为南京高新区一家设备制造公司，注册资本3 036.78万元人民币，2015年取得高新技术企业资质，未上市，2015年销售收入6 000余万元，在业内属于领先企业，股权分配情况为自然人王某持股6.55%，A有限责任公司持股93.45%。

2016年5月，自然人王某将其持有的D公司6.55%股权转让给自然人李某，转让价格为209万元，D公司财务主管主动来到高新区地税局代自然人王某申报个税，王某的原始出资额为1 990 465.19元。

申报印花税：2 090 000×5/10 000＝1 045（元）；申报个税：（2 090 000－1 990 465.19－1 045）×20%＝19 697.96（元）。

【笔者注：两个自然人之间的转让，依67号公告，王某的作价如无合理理由，那么将涉及净资产调整核定价格的问题。】

在对企业资料进行初步审核后，高新地税发现，根据企业提供的财务报表，2016年4月31日企业所有者权益净值为50 331 939元，王某占有的相应权益净值为3 296 742（50 331 939×6.55%）元。根据国家税务总局公告2014年第67号第十二条第一款的规定，王某转让股权行为"申报的股权转让收入低于股权对应的净资产份额"，属于股权转让收入明显偏低的情形；且根据企业自行叙述，本次转让不符合67号公告第十三条规定之有正当理由的收入偏低情形。由此，高新地税对本次转让的收入根据净资产做了核定，核定本次转让收入为3 296 742元，王某需要缴纳个人所得税261 046.4〔（3 296 742－1 990 465.19－1 045）×20%〕元，王某对此没有异议，愿意按照税务部门核定的金额申报纳税。

【笔者注：以净资产进行核定转让收入，67号公告的调整方式，相应的价格可以作为李某的受让成本金额。】

事情进展貌似非常顺利，但细心的税务人员在对企业过去3年相关资料进行审核时却发现了新疑点。原来，D公司1991年成立时注册资本为75.77万美元，其中王某占40.89%，A有限责任公司占59.11%，2015年3月A有限责任公司对D公司增资2 550万元人民币，增资完成后注册资本3 036.78万元人民币，其中王某占6.55%，A有限责任公司占93.45%。

税务人员认为，增资前D公司净资产为31 403 843.65元，王某应享有的净资产份额应当为：31 403 843.65 × 40.89% = 12 841 032（元）。

增资后，王某应享有的份额为：

(31 403 843.65 + 25 500 000) × 6.55% = 3 727 202（元）。

一次增资运作，怎么会让王某9 113 830元的投资资产莫名其妙消失了呢？

【笔者注：消失了是不是税务机关要进行调整的事项，还是基于商事约定纳税人可以进行沟通确认的结果，是不是最终引起了税款的流失，这是下面要讨论的，不宜在这儿认为消失了就是有问题了。】

案情分析：

经过认真分析后，本案焦点逐渐集中在以下几个方面：一、2015年3月D公司的增资扩股中王某是否存在对A公司利益输出情况？二、王某在这次增资扩股中是否存在纳税义务？三、本次转让如何征税？

一、2015年3月D公司的增资扩股中王某是否存在对A公司利益输出情况？

根据以上分析，增资后王某净资产份额减少9 113 830元，税务人员认真梳理了A公司的历史情况。

增资前，王某占有的净资产产份额：

31 403 843.65 × 59.11% = 18 562 811.98（元）；

增资后，王某占有的净资份额：

(31 403 843.65 + 25 500 000) × 93.45% = 53 176 641.89（元）；

较增资前增加：53 176 641.89 − 18 562 811.98 − 25 500 000 = 9 113 830（元）。

【笔者注：此处王某宜为A公司，相当于剔除增资款后，A公司多得了这么多的利益。】

现在我们明白王某减少的部分去哪里了，直接到A公司了！这种行为是否违法呢？根据公司法第三十四条规定："公司新增资本时，股东有权优先按照实缴的出资比例认缴出资。但是，全体股东约定不按照出资比例分取红利或者不按照出资比例优先认缴出资的除外"，按照新的公司法的规定，D公司的增资行为经过股东会同意，没有违法，但是存在利益输送行为，且王某与A公司均未对此给出合理解释。

【笔者注：是不是存在利益输送问题，笔者认为不宜直接定性。或者可以认为是不是存在税收上的利益转移计税问题才更好一些。】

二、王某在2015年3月增资扩股中是否存在纳税义务

资料显示，对于D公司本次增资活动，工商部门的登记信息没有股权转让事项，按照国家税务总局公告2014年第67号第三条的规定，王某没有发生股权转让行为，也就不存在纳税义务。

王某存在对A公司的利益输送，但又不负担股权转让的纳税义务，是不是会导致税源流失呢？经过专家团队认真研究分析，高新地税认为不会导致税源流失，本次增资导致的股权变动可在王某进行最终股权转让时征收个人所得税。

【笔者注：在这里，我们分析下来，王某在最终股权转让时征税，还是A公司在未来股权转让时征税，这是下一步问题分析结论的关键之处，也税本案例中的税务人员分析的一个逻辑思考问题。】

三、本次转让如何征税

国家税务总局公告2014年第67号第四条规定：个人转让股权，以股权转让收入减除股权原值和合理费用后的余额为应纳税所得额，按"财产转让"所得缴纳个人所得税。本次转让的收入税务机关已经核定为3 296 742元，双方不存在异议。但在成本认定方面，高新地税与企业出现明显分歧：王某和D公司认为，本次转让的成本就是王某的原始出资额1 990 465.19元，中间的增资环节与此无关。但是税务部门认为，在2015年的增资过程中，D公司的净资产发生变化，王某的股权比例也发生变化，所以本次转让不能无视中间环节的变化，本次转让成本应为：原始出资成本－2015年3月D公司增资时利益输出金额，也就是说2015年增资时点的利益输出不算转让收入，但是要冲减成本，计算过程如下：

本次转让成本为：1 990 465.19 － 9 113 830 ＝ －7 123 364.81（元）；

本次转让的应纳税所得额为：

3 296 742 －（－7 123 364.81）－1 045 ＝ 10 419 061.81（元），应纳税额为10 419 061.81 × 20% ＝ 2 083 812.362（元）。

换一个角度分析，我们可以计算王某自投资以来的投资增值部分，即（增资前净资产份额－原始出资额）＋（核定的转让金额－增资后的净资产份额）＝（12 841 032 － 1 990 465.19）＋（3 296 742 － 3 727 202）＝ 10 419 061.81（元）。两者的计算结果是一致的。也就是说，如果王某的构想实现，就会可能导致1 822 765.962元的税款流失。

【笔者注：成本计算出来是负700余万元，这个理解，其实是认为应享的部分中，视为有一部分成本转让给了A公司，笔者有了疑惑，这个成本将来能不能"嫁接"到A公司的投资成本中，如果不能，这个逻辑是存在问题的，所得税的收入与成本是不平衡的，因此笔者不大建议这么理解。】

四、纳税人如何申报纳税

根据国家税务总局公告2014年第67号第十九条"个人股权转让所得个人所得税以被投资企业所在地地税机关为主管税务机关"，第二十条"股权转让协议已签订生效的"，"扣缴义务人、纳税人应当依法在次月15日内向主管税务机关申报纳税"。

这个案例，不知道是不是真实发生的，但是它创新了一种成本抵减的处理意见，在结果上与原宁波市地方税务局的意见结果一样，只是递延到未来王某股权转让的环节清算，即认为，增资前后，自己失去的也就是增资方得到的理论上的变化金额，属于被稀释个人股东的利益输出，再次转让时需要冲减的原值成本，与宁波市地方税务局确认为转让收入处理的结果一样，时间节点不一样。从理论数据测算看，笔者认为测算得很准确，认同这其中转让人确实有资产额的悄悄变化，但是对这种变化的征税依据，是不是充分，现实当中有没有税款流失，甚至有没有违法行为，很值得探讨。

笔者的疑惑在上面已提出来了，在这篇推理文章发表之后，笔者也看了一些专家的文章，观点确实不一，比如徐战成律师的观点，笔者理解，一是，依据《公司法》，依据意思自治原则，股东可以约定分配比例，不需要一定按照出资比例分配股息红利，对于增资也是一样，其实是对于留存利益的一种约定的分配权利，是股东的一种同股不同权的体现，是契约自由的表现，但却是合法的。笔者试问，对于未按出资比例约定的分红情形，税务机关是不是一并要进行调整，认为是成本的让渡或捐赠行为呢？此时，公司股东的贡献不同，自然可以约定同股不同权，科创板正式在国内开通了同股不同权的先河，原来坚守"以资论辈"的港交所，也终于认同了这一表决权的设置。比如对于不按照出资比例而是约定比例的分红，并没有减少税基，如果都是个人股东，税负是一样的，如果是个人与公司股东，或许有免税的差异，但这是技术层面的事，对于税基没有影响。二是，国家整体的税收没有流失，相应的所谓净资产的收益部分，是一种投资的"浮盈"，在没有实现之前，股东如何计税？它将通过另一个载体延续了下来，法无禁止，为何不可呢？正如笔者质疑的，若扣了个税，那么这块成本依 67 号公告是不是要转给下一家受让人，这是"花钱"所获得的代价啊。

但不排除现实当中有"浑水摸鱼"的情形，也不都是光明正大的，问题是问题，需要对症下药。在上面的内容中，我们一直没有探讨在超过公允价值入资时，为何就不考虑税的问题呢？下面我们结合案例分析一下（如表 5-7 所示）：

表 5-7
单位：万元

项目	增资前	增资后（1）	增资后（2）
实收资本——甲个人	50	50	50
实收资本——A 公司	50	150	150
资本公积	0	0	300
未分配利润	100	100	100
合计	200	300	600

在上面的情形（1）中，由于 A 公司增资 100 万元，相当于无形中占有了对于未分配利润的 100 万元，甲个人原来有净资产额 100 万元，现在净资产额 75 万元，无形中消失了 25 万元，对于 A 公司来讲，原来有净资产也是 100 万元，在投入 100 万元后，净资产额是 225 万元，扣除自己投入的 100 万元成本，相当于自己多了 25 万元。此时认为甲不要的 25 万元持有份额属于股权转让所得，要计征其个人所得税，或者如上面

的案例一样，作为未来投资成本 50 万元的抵减项处理。笔者的问题是，持有份额变化的金额，是不是属于已实现的并属于甲个人的所得，依据 67 号公告，如果低价转让作核定，认也就认可了，对于这种以数字虚拟的净资产，如果在当年度发生了亏损呢，所谓的增资变化是基于未来的预期，并不是基于过去的经营情况在当前的货币化分配计算所得，这个逻辑这样思考，似乎就不是我们想象得那样完美了。

在上面的情形（2）中，甲个人占 25% 的股权比例，相当于净资产达到了 150 万元，较原来多了 50 万元，此时要不要计为其所得，或者认为 A 公司进行了利益输送，将来 A 公司不得将此 25 万元作为投资成本计量，甲个人"得便宜"就不计所得了，"吃亏"就计所得，用反避税的角度来考虑这个问题，理论也并不完备。有人会提出，甲没有真实地取得所得，所以现在不需要计缴个税，既然都没有实现，上面案例中的分析是不是也存在逻辑"瑕疵"呢。

对于一般的企业，如果是原股东同比例增、减资，可能很完美，但是现实远不是我们想象得那么简单与完美，多数情形下，接受投资也是无奈之举；而法的规定，也并不是追求"世外桃园"，在已有红绿灯的情形下，外加一个交警来指挥，破坏了原来的交通灯指示行驶安排，这很可能是灯"坏"了。其实，对于输送利益，由税务机关来找到证据判定很难，如果直接下结论，合法性受到质疑，我们真应做的是去查是否有账外的利益补偿偷税，或在海外进行支付但不纳入转让收入的情形。尽管我们在核定上可以起到一些威慑力，但是对这个事情的处理前提仍应是合法合规才是，对增资行为中发起的个税计税挑战，是某个环节的理解偏差与政策判断误用，"头痛医痛"并不能解决问题。同样，减资也有很多值得探讨的地方。

5.1.3 股权转让中涉及出资未实缴时转让收入及法律义务的问题

2014 年《公司法》及工商登记制度的改革，让出资认缴制得到了很大的市场认可，带动了大众创业的新高潮，减少了设立公司的出资要求、时限，以个人信用进行经营慢慢成为了一种选择商业伙伴的重要判断因素。

（1）一篇文章所表述的行权观点是不是可以借鉴。

正是由于 67 号公告对于净资产考核检查的政策规定，我们来看一下，对于已认缴但未出资的情形下，如 0 元进行股权转让的情形，是在 67 号公告的理解下可以得到合理的认同，还是有新的理论规定可以来支持呢？下面我们引用《中国税务报》曾登载的一篇文章，笔者认为其探讨很有价值，在此也非常感谢作者的思考与分享。原文摘录如下：

转让认缴未实缴股份：该不该征所得税

2017年10月13日　作者：季苏云　张良　栾方洺

企业注册资本认缴制实施以来，实务中越来越多的投资者转让认缴出资但尚未实缴出资的股权。该转让行为是否应缴税，目前的政策法规尚未明确，征纳双方对此意见不一。

基本案情

甲公司（软件企业）由陈某和乙公司于2011年7月投资成立，注册资本为150万元，其中陈某出资7.5万元，占注册资本的5%；乙公司出资142.5万元，占注册资本的95%。2014年9月23日甲公司申请增加注册资本2 850万元，章程和股东会约定全部由陈某认缴，要求于2025年7月11日之前缴清，认缴后注册资本的占比分别是陈某占95.25%，乙公司占4.75%。

甲公司拟在新三板上市，要求各股东及时缴清认缴的注册资本。因陈某缺少资金，甲公司全体股东同意陈某除其自己补足的292.5万元外，剩余未缴出资份额2 557.5万元无偿转让给新股东。2016年8月1日双方签订了股权转让协议，转让价格为零。所有股东承诺未实缴部分不享受股权红利分配权，全体股东于2016年8月23日将最终认缴的注册资本均出资到位，并办妥了工商变更登记手续。2016年7月末的资产负债表反映该公司的净资产为1 650万元，其中注册资本为150万元，未分配利润为1 500万元。

争议焦点

对于公司股东陈某转让其认缴的出资份额是否应该征收个人所得税，税务机关在集体审议时出现争议。

一种观点认为，甲公司新老股东之间签订了股权转让协议，虽然价格为零，但甲公司存在1 500万元的未分配利润，且公司股东会决定明确变更后的权利由变更后的股东按比例承继，根据《股权转让所得个人所得税管理办法（试行）》（国家税务总局公告2014年第67号，以下简称67号文件）第十二条第一款规定，属于"申报的股权转让收入低于股权对应的净资产份额的"，应视为股权转让收入明显偏低，且不符合67号文件第十三条存在正当理由的规定，因此，应根据67号文件第十一条规定，由主管税务机关核定股权转让收入，征收陈某股权转让个人所得税。

另一种观点认为，因所有股东承诺未实缴部分不享受股权红利分配权，根据67号文件第十三条第四款规定，属于"股权转让双方能够提供有效证据证明其合理性的其他合理情形"，主管税务机关不需要核定股权转让收入。

【笔者注：其实67号公告并不是绝对地提出来一定要调整，只是在征管当中，往往存在着不管风险大、一管就死的情形，那么我们是承认这里的事实，还是机械地调整减少自己的风险呢？既然约定了未实缴出资，那么当然没有利益权，转让的计价基础都没有，应只就实缴的部分进行明确以资产考虑为宜。如果有人质疑，这个未实出

资的说法是不是他们之间的"合谋"说法，当然不是，这是《公司法》中的规定。】

案例分析

笔者认为，根据67号文件第二条规定，股权指自然人股东（以下简称个人）投资于在中国境内成立的企业或组织（不包括个人独资企业和合伙企业）的股权或股份。本案中，陈某对于转让的2 557.5万元认缴份额尚未投资到甲公司，因此，未真正出资的份额不属于股权定义，转让出资份额自然也不属于股权转让，不能适用67号文件征税。

甲公司2014年9月23日申请增加注册资本2 850万元，约定全部由陈某认缴，并要求于2025年7月11日之前缴清，从陈某角度来看，其对甲公司是投资行为。从甲公司角度看，股东会决议确定由陈某增资2 850万元，可以认为是甲公司授予陈某2 850万元股权期权的行为，以施权价每股1元来认购甲公司2 850万股股权。因授予日就可行权，所以等待期为零，行权有效期是从2014年9月23日至2025年7月11日。2016年8月23日陈某将最终认缴的注册资本292.5万元出资到位，相当于陈某以每股1元价格来认购甲公司292.5万股股权，是行权行为。陈某将未缴出资份额2 557.5万元转让给新股东，实际上是其将可以向甲公司投资的权利转让给约定的新股东，即陈某将甲公司授予其2 557.5万股的股权期权转让给新股东，新股东将认缴的注册资本2 557.5万元出资到位属于将受让的股权期权实施行权行为。

从上述分析可以看出，对于陈某来说存在两个涉税点，一是2016年8月23日陈某以每股1元价格来认购甲公司每股净资产1.5元（按注册资本3 000万元到位后计算）的股权292.5万股，二是陈某转让其取得的2 557.5万元股权期权给约定的新股东。

【笔者注：这倒是一个创新的观点，行权是基于雇佣所得延伸出来的事项，与投资行为并不相同，雇佣给予行权是一种所得的判断，如果有公允计价时，需要计算个人所得是多少，但是投资行为与所得的计量并不划等号，不宜强制地认定。】

目前对于员工参与企业股票期权计划有明确规定，一般员工行权从企业取得股票的实际购买价（施权价）低于购买日公平市场价的差额，因属于与员工在企业的表现和业绩情况而取得的与任职、受雇有关的所得，按"工资、薪金所得"税目规定计算缴纳个人所得税，对员工在行权日之前将股票期权转让的，以股票期权的转让净收入，作为工资、薪金所得征收个人所得税。但目前对于原股东或新股东低于每股净资产价格行权取得的所得和股东转让期权取得的所得是否应征税没有明确规定。结合案例来看，对于陈某出资292.5万元和转让2 557.5万股出资份额，目前征税缺乏过硬依据。

【笔者注：认为这不是行权，行权是从薪酬所得的角度考虑问题的，从可以理解的角度似乎有相通性存在。】

对比以上规定来看，对员工行权及转让期权征税而对非员工不征税明显缺乏公平，另外，存在个别企业为了规避股权转让个人所得税，通过收购方以低于每股净资产价格增资方式达到实质转让公司控股权的现象。因此，为公平税负和堵塞漏洞，建议国家财税主管部门出台规定，对于非员工股权（票）期权行权取得所得的，可以按其他所得税目征税，对于转让期权行为取得所得的，可以按财产转让所得税目征税。

需要说明，对这个案例还是有一些争议，在此主要是让读者感受一下这一问题的复杂性。实践当中可能理解存在差异之处，我们需要在政策不明确的时候，从法理和实际利益确定的角度进行沟通解释，一是政策规定要不要征，二是所得是否实现，如果转让并没有实现所得，那么征的基础在哪里。

（2）股东未出资情形下转让份额是不是将认缴权也一并转让了。

思考本节所讨论的问题，我们还是要看看，在认缴制下，股东转让约定的认缴份额时，在法律上是如何进行规定与适用的。不过对于整体变更或募集发生股票的股份有限公司来讲，不存在认缴情形，只有在设立发行的股份公司时，才有认缴的情形。因此，多数情形下，这个问题是对于有限责任公司来讲的。

一是，股东转让注册资本的认缴份额（不是实缴份额），并不属于未到约定出资期限的加速出资的情形，这一点在《最高人民法院民事审判第二庭法官会议纪要》中进行了说明，即通常是破产与清算才会有这样的要求。[①]

二是，转让不涉及要求加速出资的问题后，我们就要看，在转让认缴份额的情形下，未来的出资责任与权利义务问题如何定，笔者查阅了一些律师的文章、专家观点，还有一些法院判例，似乎并不尽一致。《公司法司法解释（三）》中规定：

第十八条　有限责任公司的股东未履行或者未全面履行出资义务即转让股权，受让人对此知道或者应当知道，公司请求该股东履行出资义务、受让人对此承担连带责任的，人民法院应予支持；公司债权人依照本规定第十三条第二款向该股东提起诉讼，同时请求前述受让人对此承担连带责任的，人民法院应予支持。

受让人根据前款规定承担责任后，向该未履行或者未全面履行出资义务的股东追偿的，人民法院应予支持。但是，当事人另有约定的除外。

该条款也同样不包括未到出资期限的认缴出资。下面的这个判例，就出现了前后不同的判决，我们可以好好地借鉴一下。贵州贵阳中级人民法院《王寒、贵阳佳源节

[①]《公司法司法解释（三）》中"公司债权人请求未履行或者未全面履行出资义务的股东在本金本息范围内对公司债务不能清偿的部分承担补充赔偿责任的，人民法院应予支持"的规定，并不包括未到出资期限的情形，是指"未缴纳或未足额缴纳出资的股东、出资人"，这一点也在最高人民法院的一些判例中得到了确定。

能科技有限公司股东出资纠纷二审民事判决书》（（2019）黔01民终149号）摘录如下：

上诉人（原审被告）：王寒，男，19××年×月×日出生，汉族，住贵州省贵阳市云岩区。

委托诉讼代理人：傅舒，贵州元朗律师事务所律师，执业证号：15201201610 50××××。

被上诉人（原审原告）：贵阳佳源节能科技有限公司，住所地贵州省贵阳市云岩区喷水池延安中路1号振华科技大厦B栋15楼。

法定代表人：王涛，该公司总经理。

委托诉讼代理人：吴丹凤，贵州商同律师事务所律师，执业证号：15201200910 82××××。

上诉人王寒因与被上诉人贵阳佳源节能科技有限公司（以下简称佳源公司）股东出资纠纷一案，不服贵州省贵阳市云岩区人民法院（2018）黔0103民初6994号民事判决，向本院提起上诉。本院立案后，依法组成合议庭，对本案进行了审理。本案现已审理终结。

王寒上诉请求：1. 撤销原判，改判驳回被上诉人的全部诉讼请求；2. 一、二审诉讼费用由被上诉人承担。事实及理由：1. 我国法律规定只有在公司解散、破产等法定情形出现时，股东的认缴出资责任才会加速到期，其他情况下要求股东对认缴出资加速到期缺乏法律依据，也与注册资本认缴制改革初衷背道而驰。2014年3月1日修订的《中华人民共和国公司法》及相关政策规定了认缴制度，而一审法院据以判决的公司法司法解释三是2011年2月16日施行的，当时没有认缴制度，因此才会出现"未履行或未全面履行出资义务"的表述。2. 认缴出资是附生效期限的民事法律行为，认缴期限届满前，股东不进行缴纳是合法的。股权转让后认缴期限届满的，认缴额应由受让股权一方负担，原股东对其不应再负有补足出资的义务。3. 如按照一审判决的裁判观点，将会导致股东转让股权，认缴即立刻变实缴，严重侵害认缴制下股东的合法权益，亦会导致社会上大量股权无法顺利流转。上诉人在将股权转让给被上诉人的大股东、法定代表人王涛后，已没有股东资格，而王涛继受了股东权利，认缴出资义务应当由其承担。综上，请求支持上诉人的上诉请求。

佳源公司辩称，公司法对缴纳出资做出了明确的规定，股东应该按照公司章程的约定按时缴纳出资，公司法司法解释三对股东转让股权做出了规定，根据这两条规定，如果没有转让股权就严格按照公司章程的约定缴纳出资，本案上诉人已经将其持有的股权全额转让，判决书明确载明上诉人自称已经足额缴纳出资，我公司系按照公司法司法解释三的规定向上诉人主张缴纳出资。

佳源公司向一审法院起诉请求：1. 判令被告王寒向原告公司履行出资义务，交纳出资款1 116 800元；2. 诉讼费用由被告承担。

一审法院认定事实：2007年5月原告成立时，注册资本为1 000 000元，其中王寒实际出资100 000元。2011年5月，原告新增注册资本至3 000 000元，王寒再次出资186 200元。2015年，经原告股东会决议通过，决定新增注册资本至10 000 000元，其中被告王寒出资比例为14.03%，需在2035年1月9日前缴足。此后，王寒将其所持有的原告公司的股权转让给案外人王涛。由于王寒未实际足额缴纳出资金额，原告遂将其诉至一审法院，要求王寒履行出资义务。另查明，原告系有限责任公司。对以上事实，一审法院予以确认。

对有争议的事实：王寒是否应当履行出资义务：被告王寒向法庭提交2016年12月1日王寒（甲方）与王涛（乙方）签订的《贵阳佳源节能科技有限公司股权转让协议》，其中第三条载明"甲方转让其股份后，其在贵阳佳源节能科技有限公司原享有的权利和应承担的义务，随股份转让而转由乙方享有与承担。"王寒认为根据股权转让协议的约定，其对原告公司应承担的出资义务也一并转让给王涛，不应再承担出资义务。但该股权转让协议仅能约束王寒和王涛，并不能免除王寒对于原告的责任。根据《最高人民法院关于适用〈中华人民共和国公司法〉若干问题的规定（三）》第18条第1款"有限责任公司的股东未履行或者未全面履行出资义务即转让股权，受让人对此知道或者应当知道，公司请求该股东履行出资义务、受让人对此承担连带责任的，人民法院应予支持……"之规定，被告王寒在未全面履行出资义务即将持有的股权进行转让，其认缴出资加速到期，应当履行出资义务，金额为1 116 800元（10 000 000 × 14.03% - 286 200）。

一审法院认为，股东应当按期足额缴纳公司章程中规定的各自认缴的出资额。2015年原告公司增资时，被告王寒同意出资1 403 000元。在被告王寒尚未全面履行出资义务时，王寒将其持有的股权进行转让。据前所述，王寒应承担履行出资义务的责任，故对原告要求被告履行出资义务1 116 800元的理由成立，应予以支持。据此，依照《中华人民共和国公司法》第28条"股东应当按期足额缴纳公司章程中规定的各自认缴的出资额。股东以货币出资的，应当将货币出资足额存入有限责任公司在银行开设的账户；以非货币财产出资的，应当依法办理其财产权的转移手续。"之规定，判决：被告王寒于本判决生效之日起十日内向原告贵阳佳源节能科技有限公司交纳出资款1 116 800元。案件受理费7 426元，由被告承担（此款原告已预交，被告王寒在履行本判决时将此款一并给付原告）。

双方当事人均未向本院提交新证据。二审查明，根据佳源公司2016年12月1日的《章程修正案》，原王寒认缴的140.3万元的出资额已经归属于案外人王涛名下，认缴期限为2035年1月9日。本院二审查明的其他事实与一审认定事实一致，本院予以确认。

本院认为，根据《最高人民法院关于适用〈中华人民共和国公司法〉若干问题的规定（三）》第十三条："股东未履行或者未全面履行出资义务，公司或者其他股东请求其向公司依法全面履行出资义务的，人民法院应予支持。"第十八条："有限责任公司的股东未履行或者未全面履行出资义务即转让股权，受让人对此知道或者应当知道，公司请求该股东履行出资义务、受让人对此承担连带责任的，人民法院应予支持；公司债权人依照本规定第十三条第二款向该股东提起诉讼，同时请求前述受让人对此承担连带责任的，人民法院应予支持。"之规定，股东未履行或者未全面履行出资义务的，即使在股权转让之后，也应当向公司履行出资义务。本案中，佳源公司主张由王寒履行出资义务，双方的争议焦点即是王寒是否属于未履行或未全面履行出资义务的情形。2015年，经佳源公司股东会决议，决定新增注册资本至10 000 000元，其中王寒出资比例为14.03%，需在2035年1月9日前缴足，即是佳源公司注册资本系认缴制，王寒的认缴期限尚未到期。此后，王寒将其所持有的佳源公司的股权转让给案外人王涛，根据佳源公司2016年12月1日的《章程修正案》，原王寒认缴的140.3万元的出资额已经归属于案外人王涛名下，认缴期限为2035年1月9日，因此，王寒已将其股东权利义务一并转让，且在佳源公司章程中予以记载，表明佳源公司对此知晓。因此，王寒在出资义务尚未到期的情况下转让股权，并不属于出资期限届满而未履行或未全面履行出资义务的情形，故王涛不应再对公司承担出资义务，佳源公司的诉讼请求应当不予支持，原判对此认定错误，本院予以纠正。

综上，王涛的上诉请求依法成立，本院予以支持。原判认定事实不清，适用法律错误，本院予以改判。据此，依照《中华人民共和国民事诉讼法》第一百七十条第一款第二项之规定，判决如下：

一、撤销贵州省贵阳市云岩区人民法院〔2018〕黔0103民初6994号民事判决；
二、驳回贵阳佳源节能科技有限公司的全部诉讼请求。
一审案件受理费7 426元，二审案件受理费14 852元，均由贵阳佳源节能科技有限公司负担。
本判决为终审判决。

这个案例中，贵阳中院支持了出资义务的转让。江苏高院在《华伟明与许洪标、徐静娟等民间借贷纠纷二审民事判决书》[（2016）苏民终947号]中提到如下的说明：

德金公司发起人之一德人公司在股权转让后是否仍需对公司债权人承担上述补充赔偿责任及相应连带责任，目前尚有一定争议。虽然《最高人民法院关于适用〈中华人民共和国公司法〉若干问题的规定（三）》第十九条①明确规定：有限责任公司的

---

① 2014年根据最高人民法院关于修改关于适用《中华人民共和国公司法》若干问题的规定的决定，调整为第18条。

股东未履行或者未全面履行出资义务即转让股权，受让人对此知道或者应当知道，公司债权人依照本规定第十三条第二款向该股东提起诉讼，同时请求前述受让人对此承担连带责任的，人民法院应予支持。但是，我国有限责任公司出资实行足额缴纳与分期缴纳两种基本方式，而该司法解释并未对有限责任公司的发起人（股东）在缴纳期限之前转让股权不再担任公司股东的相应法律责任作出规定。因此，从平衡商事交易安全和商主体行为自主的原则出发，对该问题可以从以下三方面来考量：一是从有限责任公司发起人（股东）未足额缴纳出资是否具有法定事由出发，主要审查是否已到承诺缴纳的期限；二是从商事外观主义即相应公司重大变更事项是否公示、是否可为交易相对方知晓出发，主要审查相关出资及股东变更等事项是否及时在工商资料中备案供查；三是从债权人与公司形成债权债务关系时的信赖利益出发，看债权形成的时间与股权转让的时间先后。如果根据公示的工商登记资料即可知有限责任公司发起人（股东）在出让股权之时缴纳资本金的义务尚未到期，且相关公司的债务尚未形成，则该公司债务对应的债权人无权向股权的出让人即原公司发起人（股东）主张补充赔偿责任及资本充实责任。本案德金公司的发起人、股东德人公司在出让股权给邓崇云时虽然缴纳剩余资本金3 800万元的期限未到，但德金公司的涉案债务形成于2010年12月25日，故基于信赖利益及相关司法解释的规定，德人公司虽然已经将股份转让给邓崇云，但仍需对转让之前的公司债务承担相应的股东出资责任、发起人资本充实责任，而邓崇云作为现任德金公司股东，亦应当承担未履行出资义务的相应责任，即对德人公司未足额缴纳出资的补充赔偿责任承担连带责任。

基于上述的一些分析，我们可以这样理解，认缴但未到出资期限的情形下，股东是可以转让股权的，相应的权利义务也应由受让人承担，但建议在转让协议中约定清楚，否则可能形成牵连的责任问题。极端地认为应完全由受让人承责，或应由转让方承责，都是不合理的，江苏高院的判例充分地考虑了债权方在股权转让前后的变化，做出了基于商业合理判断情形下的判决。

（3）认缴但未实际出资情形下如何计量未出资的净资产额。

在法律层面上，股东已认缴但未到出资期限的时候，是可以将其份额进行转让的，上面我们也分析过，基本情形下，相应的权利义务（含出资义务）在未特别约定的情形下，是由受让人延续来完成的。此时，税务政策对此进行计算征税的规则，应在此经济计量的事实基础上进行确定，不是简单地以认缴金额占有的股份比例，来确定其转让价格的标准，因为本身没有出资，在《公司法》的规定下，章程没有特别约定时，是没有分配股息红利的权利的。既然转让时，只就实缴出资的部分享受留存收益或资本公积享有分配的利益，那么对应的公允价值也只能按此标准来判断。既然都不属于自己的"归属"利益，如何能以认缴股份比例来评估其转让价格是不是公允的呢？

正如本节开篇提到的案例，对于0元价转让认缴的出资额，要征税时，就税后所得的部分，有没有，对于受让人是不是获得了未来的一项"利益增值"的权利呢？在转让股权时，理论上其他股东有优先受让权，如果认同转让第三方了，这两种情形下，都是股东间意思自治的表现，即当初合作条件就达成了，并不存在未来额外得到的利益，这是欠之前投资的"债"，怎么能成了额外得到的所得呢？

好在，笔者在某市的实践操作当中，其内部达成的共识，也是对于未出资的部分，只要能够说明没有分配的经济权利，就按实际出资的部分来进行净资产份额的估算。

在这里，我们要关注一个问题，即实缴出资的分配权与股东的表决权的协调与差异。注意，这里我们分析的是个人股东，不包括企业股东转让股权进行净资产核定的问题，因为企业所得税只有反避税的应用，对于所谓在企业所得税征管当中，有的税务机关借鉴67号公告的内容进行调整，是没有依据的。《公司法》规定：

第三十四条 股东按照实缴的出资比例分取红利；公司新增资本时，股东有权优先按照实缴的出资比例认缴出资。但是，全体股东约定不按照出资比例分取红利或者不按照出资比例优先认缴出资的除外。

《最高人民法院关于印发〈全国法院民商事审判工作会议纪要〉的通知》（法〔2019〕254号）提出：

【表决权能否受限】股东认缴的出资未届履行期限，对未缴纳部分的出资是否享有以及如何行使表决权等问题，应当根据公司章程来确定。公司章程没有规定的，应当按照认缴出资的比例确定。如果股东（大）会作出不按认缴出资比例而按实际出资比例或者其他标准确定表决权的决议，股东请求确认决议无效的，人民法院应当审查该决议是否符合修改公司章程所要求的表决程序，即必须经代表三分之二以上表决权的股东通过。符合的，人民法院不予支持；反之，则依法予以支持。

在这里，除非特别在章程当中约定清楚，或者股东大会决定是不是满足了章程所要求的表决程序，否则跟分红请求权是不一致的。

5.1.4 被转让企业的留存收益（分配权）的保留与转让

先与大家一起来讨论一个问题，即在《公司法》规定按照实缴出资进行分配的常规规则下，如果全体股东约定不按出资比例分配的，从其约定，注意是全体股东，并不是三分之二之类的表决方式。那么，是必须要在章程当中载明，还是在每次进行分红的时候，全体约定表决即可呢？

最高人民法院在《刘联群、刘未未返还原物纠纷再审审查与审判监督民事裁定书》（（2017）最高法民申2872号）中提到：

本院经审查认为，刘联群、刘未未、肖超英的再审申请理由不成立。
一、原判决认定事实有证据证明。（一）涉案《备忘录》系当事人真实意思表示，形式要件完备，不违反法律、行政法规的禁止性规定，合法有效，刘联群、刘未未、肖超英认为《备忘录》不是正式合同、不具备可执行性的主张缺乏依据。刘联群、刘未未、肖超英认为《股东会决定》效力高于《备忘录》亦缺乏依据，《备忘录》第八条约定"三方一致确认，依法应由宋祖兴缴纳的、与本备忘录第三条所述定向分红收入有关的个人所得税（适用股息、红利所得税率），由宋祖兴方与刘联群、刘未未、肖超英方按照各50%的比例分担。"虽然《股东会决定》载明"公司及各股东按国家法律、法规规定纳税"，但该条款并未明确各股东应纳税的税种、税率、税赋负担方式等具体细节，该条款是告诫各股东应依法纳税的提示性条款。前述《备忘录》则明确约定了应纳税的税种、税率、税赋负担方式，因此《备忘录》的约定更具有可操作性，刘联群、刘未未、肖超英认为《股东会决定》效力高于《备忘录》，应依《股东会决定》执行缺乏依据，原判决认定刘联群、刘未未、肖超英应向宋祖兴返还应分担的税款有证据《备忘录》证明。（二）刘联群、刘未未、肖超英应依《备忘录》约定返还应分担的税款未返还，刘联群、刘未未、肖超英实际占有资金必然会导致宋祖兴利息损失，因此原判决认定刘联群、刘未未、肖超英支付资金占用利息不属于缺乏证据证明。

二、原判决适用法律正确。（一）刘联群、刘未未、肖超英与宋祖兴之间是基于合同产生的纠纷，原判决将案由定为返还财产纠纷不是占用财产，且该案由并未影响本案实体处理结果，不属于适用法律确有错误。（二）个人所得税虽然是所得人必须缴纳的税种，并不意味着当事人在民事合同中不能对相关税赋的实际承担问题作出约定。本案中，宋祖兴是纳税义务人，大西洋公司作为扣缴义务人已代扣宋祖兴应缴纳的税款，宋祖兴并没有逃避纳税义务。刘联群、刘未未、肖超英与宋祖兴就税赋的实际承担问题作出的民事约定没有造成国家税款的流失，因此刘联群、刘未未、肖超英认为该民事约定构成税收规避的理由不成立。（三）关于《备忘录》是否违反了公司法及税法相关规定，是否以合法形式掩盖非法目的，是否系无效文件。1.《中华人民共和国公司法》（以下简称公司法）第四条规定，"公司股东依法享有资产收益、参与重大决策和选择管理者等权利。"第三十四条规定，"股东按照实缴的出资比例分取红利；公司新增资本时，股东有权优先按照实缴的出资比例认缴出资。但是，全体股东约定不按照出资比例分取红利或者不按照出资比例优先认缴出资的除外。"根据公司法第三十七条的规定，股东会的职权包括审议批准公司的利润分配方案和弥补亏损方案，对股东会职权内事项股东以书面形式一致表示同意的，可以不召开股东会会议，直接作出决定，并由全体股东在决定文件上签名、盖章。大西洋公司全体股东作出的《股东会决定》一致同意分配公司净利润人民币6 362.73万元，宋祖兴获得利润6 362.73万元，其他三股东刘联群、刘未未、肖超英获得利润0元，符合前述公司法规定，刘联群、刘未未、肖超英认为《备忘录》违反了公司法规定的理由不成立。2.刘联群、刘未未、肖超英认为《备忘录》违反税收相关规定。若违反税法相关规定，亦属于应受到行政处罚的行为，并不当然导致合同无效。刘联群、刘未未、肖超英关于《备忘录》违反了公司法及税法相关规定，以合法形式掩盖非法目的，系无效文件的理由不成立，原判决认定《备忘录》合法有效不属于适用法律确有错误。

三、大西洋公司是否实际负担税费，是否已经另行提起诉讼，不属于民诉法规定的再审事由，本院不予审查。

从最高人民法院的判例来看，没有要求一定在章程中约定，只要全体股东约定记录能够证明即可。对于企业，未按出资比例分配股息红利，也是这样理解的。但是如果是单独向某位股东的分红，而没有考虑其他股东的情形，也有一个最高人民法院的判例，有兴趣的可以关注一下，《赵长勋与辽宁中智房屋开发有限公司股权确认纠纷再审审查民事裁定书》（(2013)民申字第286号）提及：

本院认为，股东分红依法应由股东会作出决议。

本案中，中智公司未经法定程序，在其他股东未分红的情况下，单独给付赵长勋预期分红，作为买断其股权的对价，存在损害其他股东和公司债权人合法利益的可能性。

鉴于中智公司退还赵长勋1 500万元股权投资款和1 000万元红利后，双方没有办理相应的减资或股权变更手续，赵长勋亦否认上述行为为退股，从而导致赵长勋在已没有实际出资的情况下仍具有股东身份并继续享有股东权利。

根据《最高人民法院关于适用若干问题的规定（三）》第十二条之规定，赵长勋的上述行为属于"其他未经法定程序将出资抽回的行为"，应认定为抽逃出资。

而对于该抽逃出资的行为，根据《最高人民法院关于适用若干问题的规定（三）》第十七条之规定，有限责任公司股东抽逃出资的，公司可以对其利润分配请求权、新股优先认购权、剩余财产分配请求权作出相应的合理限制。

(1) 股东转让股权之时留存收益的分配权及其计税规定。

相信买卖股票的人都知道，股票价格是这个公司整体的市场价格体现，包括了它已实现的利润、潜在的价值或者是品牌等无形资产的价值，我们不会说："我转让了股票，但是转让前上市公司的利润分配归我所有。"恐怕这个要求一时半会儿也实现不了。上市公司有除权日的确认标准，但这只是说在分红或配送股的时候，截止那个时点的在册股票具有分红的权利，是为解决一个发放给谁的问题。如果没有除权日，那么市场上转让股票，双方对于上市公司留存利润的约定就属于"白日做梦"了。当然，我们也不会在计税时要求将转让所得分两部分：一部分按照差别化股息红利计个税政策，一部分按照股票转让免个税，这在当前的规则下，不可能实现。既然代表中国经济最为重要的企业都不可能这样操作，那么对于未上市的企业就可行了吗？答案应该也是否定的，除非财税部门给出特殊的处理意见，否则笔者认为很多问题都是财税专业人士"想"出来的，现实当中的事项，宜化繁为简处理，而不是复杂化，所有的企业都算不清楚税，只有请专业人士来计算代理申报才行，想必这也不是我们国家经济发展所需要的，本身为企业减税降负，简化办事流程与不必要的开支，打击"黑中介"的行动仍在持续中。

在企业所得税的政策中，规定得比较清楚，《国家税务总局关于贯彻落实企业所得税法若干税收问题的通知》（国税函〔2010〕79号）规定：

> 三、关于股权转让所得确认和计算问题
> 企业转让股权收入，应于转让协议生效、且完成股权变更手续时，确认收入的实现。转让股权收入扣除为取得该股权所发生的成本后，为股权转让所得。企业在计算股权转让所得时，不得扣除被投资企业未分配利润等股东留存收益中按该项股权所可能分配的金额。

企业所得税明确，由于企业未决议分配股息红利，此时进行股权转让，股权转让的收入中包括了企业整体的利益，站在股东的角度，自然包括了可分配的金额。至于提到可能分配的金额，因为可能并没有对应可供真实能分配到的资产。那么受让的企业如果承继了该股权，马上进行分红，如果是居民企业间直接持股的，享受股息红利的免企业所得税的待遇，虽然后者是通过购买取得的"分红权"。

此时有人提到，为何不先进行分配股息红利，由转让方享受免税的待遇，股权转让余下的另一部分作为财产转让所得缴纳所得税？这种选择税法并不强制要求，属于商业利益选择事项，由交易方进行约定。而国家守住的底线是，无论是谁免税，只能是一个，对应的是另一个公司的税后所得的分配，这就够了。

说到这儿，我们还要回顾一下。据笔者的记忆，在2008年企业所得税法刚实施的时候，有的地方税务局有这样的口径，享受投资分红免税的金额，只能从投资时点开始计算享受的部分？这如何能算得清呢？而这么算真是有这样的限制吗？这个观点是基于当时的会计核算来的，后来会计准则也不考虑前后之分了，这种意见也就没有声音了①。

【案例】 方某持有A公司100%股权，投资成本1 000万元，当时净资产3 000万元，2 000万元全为留存收益。某上市公司拟收购方某的公司，出资5 000万元，这家上市公司看中了方某公司的潜力，也看中了公司的利润创造能力与当前良好的报表数据。

分析：对于个人转让股权，是不是提前分红没有差别，因为个人分红也是20%的个税，财产转让所得也是20%的个税。这2 000万元的可分利润，含在5 000万元收购价中，对方的投资记账成本是5 000万元，如果2 000万元分红，那么上市公司可以享受企业所得税的免税，相当于溢价的部分中，可以享受一部分所得税的利益，折算下来实际投资成本是3 000万元。但上市公司一般是不想让个人先分配股息红利，这样的报表看起来也不正常。

我们要补充说明一下，上市公司如果当年度的利润不好，能否去收购一个有着很好利润的公司，进而在合并报表中得到较好的"优化表现"呢？是从收购时点才算，还是被收购企业当年度的利润都可以计算到该上市公司的利润业绩中呢？

《企业会计准则第33号——合并财务报表》中提到：

第二十二条 母公司在报告期内因同一控制下企业合并增加的子公司，应当将该子公司合并当期期初至报告期末的收入、费用、利润纳入合并利润表。

因非同一控制下企业合并增加的子公司，应当将该子公司购买日至报告期末的收入、费用、利润纳入合并利润表。

第四十三条 母公司在报告期内因同一控制下企业合并增加的子公司以及业务，

---

① 《企业会计准则解释第3号》：
一、采用成本法核算的长期股权投资，投资企业取得被投资单位宣告发放的现金股利或利润，应当如何进行会计处理？
答：采用成本法核算的长期股权投资，除取得投资时实际支付的价款或对价中包含的已宣告但尚未发放的现金股利或利润外，投资企业应当按照享有被投资单位宣告发放的现金股利或利润确认投资收益，不再划分是否属于投资前和投资后被投资单位实现的净利润。

应当将该子公司以及业务合并当期期初至报告期末的现金流量纳入合并现金流量表，同时应当对比较报表的相关项目进行调整，视同合并后的报告主体自最终控制方开始控制时点起一直存在。

因非同一控制下企业合并增加的子公司以及业务，应当将该子公司购买日至报告期末的现金流量纳入合并现金流量表。

从上面的规定可以看出来，如果收购的是非同一控制下的企业，那么其利润仅从购买日开始算起，所以要评估好收购的日期，利润的实现时点是关键之处。

在上面的案例中，如果方某在收购日前，已决议分配股息红利，但是收购洽谈时，提出来不要这个分红，直接由股东给他对价。这种情形之下该如何处理呢？

如果已决议分配，相当于有一部分所得已归属于方某，方某随时可以提取，但方某又想将此款项进行转让，那么顺此逻辑理解，方某的一部分应收款项的权利转让给了受让企业，这时5 000万元中，就有应收款项2 000万元，同时3 000万元作为投资成本处理。这么考虑是因为我们毕竟要尊重方某在公司法框架下所作的决议，并且将此作为一个事实进行判断，而不是仍按照5 000万元作为成本。不过这个决议是可以主观调整的，方某也可以作废决议，毕竟自己是一个人的股东，不损害其他股东的分红分配请求权。同时，我们要考虑一个问题，方某要不要按20%股息红利计缴个税，由单位扣缴？方某可能认为，我没有收到分红款凭什么纳税啊，而其实他是取得了，并进行转让了，5 000万元的总计款项中，成本是1 000万元，4 000万元总是所得吧，无论是股息红利，还是财产转让所得，20%的税率计算是800万元的个税。所以在受让方企业支付款项时，是可以对此进行扣缴的，无论以什么名义，都逃避不了。有的人士可能认为，分红的2 000万元，不是应由单位扣缴个税吗，为何还要收购方扣缴？如果决议分红了，并且确定是分配给方某的，只是方某转让了，由单位扣缴正是符合税法的基本原则，扣后应付方某1 600万元，此时收购公司只需要支付1 600万元，该1 600万元属于应收账款，3 000万元属于收购成本，财产转让所得为2 000万元，按20%扣缴个税400万元。如果方某不认可取得所得，那么收购方公司为了减少被收购企业的扣缴风险，要求整体按照财产转让所得计税（账上不挂应付股利）扣缴，也是可行的。

（2）案例分析到底是"财产转让所得"还是"股息红利"所得。

之前笔者看到《中国税务报》的一篇文章《股权转让之惑：谁是纳税人》，首先笔者不知案例是不是真实发生的，但不失为是一个很好的可以探讨与防范风险的案例。

2017年03月21日　作者：朱瑞国 邢小华

一户企业的甲股东将其持有股份以股本+待分配股息红利的方式转让给了乙，并就其所得申报了个人所得税。乙拿到股息红利后，还需要缴纳个人所得税吗？就这个问题，近日当事人通过行政复议途径向A市B区地税局提出了质疑。

A市B区地税局C分局税收管理员小张最近有些郁闷，他没想到一个看起来简简单单的有关股息分红的税务处理，竟然惹来了行政复议，让自己和C分局陷入被动境地。

【笔者注：注意，是待分配的股息红利，并不是上面提到的决议分配的股息红利，由于没有决议分配，并没有达到个税应税所得的时点，个人转让者申报缴纳了个人所得税，那么在开头的假设中，是以转让时的股本和待分配的股息红利来计缴税款并考虑下面的问题的。这个假设本身就存在基础的不足，没有分配的账面利润，都没有达到股息红利的应税所得，这是大家要考虑的。】

一个税务处理：

让取得企业股息分红的股东缴纳个税

在小张分管的片区内，有一户企业——D公司最近派发股息红利。这引起小张的高度关注。仔细梳理比对相关信息后，小张发现D公司股东陈某在分得50万元的股息红利后，没有按照税法规定申报缴纳个人所得税10万元。

小张马上联系D公司，核实确定该公司没有为陈某代扣代缴相关税款。之后，小张联系陈某，告知其取得50万元股息红利后应履行的纳税义务，得到的回答却是："我虽然分到了50万元的股息红利，但这笔红利的纳税人并不是我，而是前股东李某，李某将股权转让给我时已经缴税。"

为弄清楚实际情况，小张调取了有关股权转让的协议和纳税资料。股权转让协议里写明：股权出让人李某因身体原因不能继续参与D公司经营，故将自己持有的公司股份转让给陈某。股权转让时，李某请求分红，而D公司暂时没有分红意向。经过协商，李某和陈某达成一致，以转让当期会计报表账载的未分配利润为基数，对李某享有的对应未分配利润50万元，一并转让给陈某。故陈某除了向股权出让人李某支付股本100万元之外，需另行向李某支付未分配利润50万元。税单资料显示，李某当时确实就这50万元转让额申报缴纳了个人所得税10万元，由D公司代扣代缴，只是申报的品目是股权转让所得。

【笔者注：大家可以关注一下，这里是说李某请求分红，但是没有分红，相当于当时双方"认为"对于该股息红利已纳过税了。】

李某的所得是股权转让所得，缴纳的是股权转让所得个人所得税。陈某拿到的是股息分红，应缴纳的是股息红利个人所得税，况且纳税人不同，陈某怎能"张冠李戴"？这样思量后，小张整理D公司的分红决议和银行转款单作证据，将情况汇报给C分局管理科。经过进一步调查核实，C分局向陈某发出《税务事项通知书》，要求其就

50万元股息红利所得申报缴纳个人所得税，同时对D公司未履行有关代扣代缴义务的行为另行处理。

纳税人申请复议：

"该缴纳这笔税款的人不是我"

陈某对此处理不服，在缴纳有关税款后向B区地税局提出了行政复议申请。

申请人陈某在复议申请书中主要申明了三点内容：一是申请人不是纳税争议涉及的50万元股息红利的纳税人。因为该50万元分红是分配给前股东李某的，故李某才是正确的纳税人，且李某已经为该笔分红缴纳个人所得税10万元。二是纳税争议涉及的50万元股息红利之所以直接支付给了申请人，是债权转让的结果。D公司应分配给前股东李某的50万元股息红利属李某拥有的债权，只是因为在股权转让时该笔债权尚未到期，即D公司未到股息红利分配时间，所以李某转让股权时一并将该预期债权转让给了申请人。三是债权是平价转让，申请人从中并没有获得所得，故不需要缴纳个人所得税。综上所述，申请人不是该笔股息红利的纳税人，故请求撤销被申请人作出的《税务事项通知书》，并将征缴的税款退还给申请人。

C分局回应：

让陈某就股息红利所得缴税有根据

收到陈某的复议申请，B区地税局立即组成行政复议委员会对本案展开复议。

复议过程中，被申请人C分局对申请人的请求逐一予以回应。

第一，申请人是D公司的股东，其存在股息红利所得，应该就其所得缴纳个人所得税。D公司本次股息红利分配决议列明申请人取得股息红利50万元，依据个人所得税法第二条、第六条规定，应该申报缴纳股息红利个人所得税。

第二，申请人认为其分配到的50万元股息红利，纳税人是前股东李某，且李某已经就此所得缴纳个人所得税，这是申请人对税收法律的误读。实际情况是，前股东李某转让股权的收入，扣除股本后，剩余所得是财产转让所得，并不是股息红利所得。两种所得虽然纳税税率一样，但针对的纳税环节不同，一个是对财产转让环节的所得征税，另一个是对资本投资环节产生的所得征税。

第三，股权转让所得50万元，并不是因为存在待分配的股息红利，而是因为D公司经营效益好，所以股权转让时可以溢价转让。这就如一家上市公司的股票上涨一样，并非基于该公司的未分配利润，而是基于市场对该公司盈利潜力的预估。故上述两次所得征税环节不同，对应纳税人也不同，申请人是股息红利所得的正确纳税人，应足额缴纳个人所得税。

综上所述，依据个人所得税法第二条、第六条规定，申请人应就所分得的股息红利全额缴纳个人所得税。

【笔者注：可能多数人是这样的理解，包括笔者也是这样的理解，不然67号公告的规定中，对于净资产的核定也不会只提财产转让所得这一项了。】

复议结果：

撤销C分局作出的有关行政处理

前股东李某拿到的50万元是股息红利还是转让所得？陈某取得的50万元"分红"是基于债权转让还是基于分红？究竟谁是这50万元股息红利的纳税人？面对本案事由和争议焦点，复议委员会成员展开了热烈讨论。

讨论明显形成两种观点。一种观点认同被申请人的意见，即认为有关所得是两次所得，纳税人不同，若认定50万元股息红利分配的纳税人是前股东李某，则意味着当时的有关股权转让是平价转让。而根据当时D公司的所有者权益情况，平价转让是无正当理由的低价转让，按照法规规定需要核定。若核定，依据国家税务总局2010年27号公告第三条第（一）项，核定转让所得金额是50万元，所以不管股权转让当时转让人与受让人协议内容怎么写，核定的转让所得就是50万元，不存在所谓的红利预期分配情况。故本次股息红利分配，其股东应该根据分配额全额缴纳个人所得税。另一种观点则支持申请人的意见，认为该笔50万元股息红利分配的纳税人实际上是前股东李某，李某和陈某之间存在一个债权转让的问题。

对照有关法律规定权衡后，复议委员会最终决定支持申请人的意见，撤销C分局作出的相关税务处理。理由有三：一是股权转让时，股东李某能够在股本之外获得50万元，是基于转让时其在公司存在待分配的股息红利。待分配的股息红利是李某取得财产转让所得的基础，故该转让所得实质是股息红利。二是申请人之所以能够从D公司取得本案争议涉及的50万元分红，是因为债权转让。在股权转让协议中已经列明D公司若分配股息红利，则将归属于李某的50万元股息红利转分配给陈某，为此陈某需先行支付给李某50万元。三是本案涉及的50万元股息红利的纳税人是李某，不是申请人。财产转让不仅有股权转让，预期收益也可以转让，本案中申请人作为股权受让人，其在股权受让和本次分红中，并没有取得所得，故不需缴纳个人所得税。

【笔者注：大家可以想一下，如果预期收益也进行分配的话，我们的企业所得税和个人所得税的政策规则是不是都要调整了？】

结案思考：

税收执法需要透过表象看实质

复议结束了，但税收管理员小张仍然想不开：明明是两个不同的征税环节，涉及的是不同的纳税人，怎能合在一起考虑？对此，参与此次复议的一些税务人员有同样的疑惑，觉得"张冠李戴"的复议结果存在导致税款流失的风险。

笔者赞同本案的复议结果，认为有关担忧大可不必。理由如下：就本案来看，陈某的主张有其合理性，且符合交易实际。现实中，在针对个人股权交易明细偏低进行纳税调整时，其中一种方式是基于企业净资产进行配比，但实质还是在考虑股权转让人的预期收益。正是转让人存在预期收益，其平价转让股份才属于明显偏低。而预期收益对应的是企业账面上的未分配利润、盈余公积和资本公积，此类权益分配需要缴纳的是股息红利方面的个人所得税。所以，在确认股权转让所得时，应该考虑此类所得的实质。这样处理并不存在税款流失的风险，今后陈某再转让有关股权时，50万元分红所得将不被视为成本，通过税收审核可以保障涉及税款入库。

【笔者注：这是作者的观点，即从整体来考虑，既然陈某认为此50万元是债权的收回，那么未来转让股权或清算时，其投资成本是100万元，而不是150万元，其实最终的账是平的。】

当前，个人股权转让涉税问题较为复杂，存在"阴阳合同"、现金交易等难以监管的情形，如何去伪存真，需要税务机关练就"火眼金睛"的本事。针对股权转让涉税问题，国家税务总局虽然作出了法律规定，但不可能对各种复杂交易情形面面俱到。因此，实际执法过程中，税务机关在遇到没有明确法律规定的问题时，需要透过表象看实质，兼顾依法征税和维护纳税人的权益。

无论是税务干部，还是财务服务人员、律师，估计在第一眼看到这个案例后，基于常识的理解会迷惑，自己也会找不到方向，下面我们一起来探讨一下。

表 5-8   单位：万元

事项	李某转让时	150万元处理	陈某所取得的	陈某转让时
股本	100	转让原值100	出资额100	扣除原值100
未分配利润	50	转让待分红50（注1）	收到李某应分红50	0
合计	150	150	150	100

注1：李某将50万元视为股息红利计20%个税为10万元，不视为财产转让所得。如果不视为股息红利，那也需要按照10万元缴纳财产转让的个税（50×20%=10万元）。

但李某的行为决定了陈某如何纳税吗？税收政策是否支持呢？

在表5-8中，如果受让方陈某就50万元分红缴纳了个税，则未来的转让扣除原值应是150万元，为什么这么说？因为其从李某处购买的价格就是150万元，这与李某所认识的转让待分红没有什么关系，依据税收规则，笔者认为这是合规的。那么，正如文章所述，李某与陈某的观点到底对不对呢？笔者并不认可，大家可以看到，产生分歧的观点是在税法与经济账两条线上分别考虑的，而税法是如何判断计税所得与纳税行为的呢，有时是需要其他法律的判断、有时是需要行为人的行为触发，转让股权时，李某与50万元到底是什么关系，《公司法》对于分配股息红利与股权转让的相关条款，对于股息红利的分配，需要由股东会审批决定，而案例中的情形，是股东与公司之间的算账方式，其实，并没有将公司视为独立的法人，仍然认为公司是"自己的一样东西"，公司的财产权是独立的，即使只有一个股东的一人有限责任公司。没有分配是事实，有的伙伴提出来，决议不就是股东自己写一份吗，并不尽然，如果是多个股东呢，如果账上没有可供分配的资产呢，所以法定形式就是法定。为什么很多诉讼的判例，就是看股东的决议与约定、章程的约定，约定了就有了《公司法》合法的保护，不约定只是私下自己的想法或约定，不具有法的保护属性。

所以，笔者的意见是这个案例"忽略了法的程序"，仅仅是算经济账的一种自我理解与约定，第一步只能是财产转让所得，第二步陈某取得分配的股息红利，只能来计税。未来的财产转让成本是150万元。如果李某确实有相应的分配决议，并且也约定了100万元是转让价，李某不继续向公司索要分红款，"过继"给陈某的情形下，笔者倒是认可文章中的观点。对此种情形，如果李某和陈某签订股权转让协议时，让公司做一个预分红或对相关事项进行说明的决定，可能就没有后面的麻烦了。

承本节开头，大家可以想想，上市公司的股票买卖，难道大家不是都按财产转让所得计算的吗？享受过每股对应的未分配利润的差别化股息红利的计税政策吗？尽管这篇文章中提到，复议机关否定了征税的意见，笔者并不认同复议的观点。

（3）国家税务总局对于收购股权后以留存收益转增股权不需计税的特殊规定。

上面《中国税务报》登载的案例是受让股权方取得分红的情形，但是，国家税务总局对于一种特别情形进行了规定，还真有其特殊性。我们先看下面的这种情形：

【案例】 某省几十个自然人股东以股权收购方式溢价收购某企业100%股权后，将该企业原账面金额中的资本公积、盈余公积、未分配利润等盈余积累转增股本。原股东在股权转让之前未转增股本，而在股权交易时将资本公积、盈余公积、未分配利润等一并计入股权转让价格，并缴纳了所得税。对该企业以盈余积累转增个人股本行为是否征收个人所得税问题，现行税收政策规定不够明确。

该案例中，考虑到上述转增股本的企业原账面金额中的盈余积累是由原股东创造并拥有，原股东在转让股权过程中没有事先转增股本，而是将其一并计入了股权交易价格中，新自然人股东为此已经支付了对价，如对其此次转增股本征税则存在重复征税问题，有违税负公平原则。此外，为支持企业正常重组行为，考虑到企业股权转让过程中，盈余积累与股权转让所得存在相互转化的可能性，税收政策方面，对于原股东转让股权前事先利润分配与新股东事后利润分配应尽量保证税负平衡，不应由于原股东事先利润分配与新股东事后分配而产生较大税负差异。

正是基于这种"心理"，可能这些股东认为，这是我们"花钱"买回来的利润，现在将上述利润等转增股本时，按照"先分配、再投资"的思路，这些个人股东需要交纳股息红利的个税，此时由于没有取得到手的资金，难以承受，进而提出的诉求。

核心在于，他们认为转让价格中包括了此部分的支出，再视为所得纳税不公平，心理上很难接受。如果从税的角度，纳税之后增加投资成本，终究是时间性的差异，但对于某些情形下，时间性的差异就是直接的利益影响，在永续持有股权的情形下，将接近于永久性差异。为此，国家税务总局对此情形特别给予了"照顾"的意见，同时也规定了适用的前提。

**国家税务总局关于个人投资者收购企业股权后
将原盈余积累转增股本个人所得税问题的公告**

国家税务总局公告 2013 年第 23 号

根据《中华人民共和国个人所得税法》及有关规定，对个人投资者收购企业股权后，将企业原有盈余积累转增股本有关个人所得税问题公告如下：

一、1 名或多名个人投资者以股权收购方式取得被收购企业 100% 股权，股权收购前，被收购企业原账面金额中的"资本公积、盈余公积、未分配利润"等盈余积累未转增股本，而在股权交易时将其一并计入股权转让价格并履行了所得税纳税义务。股权收购后，企业将原账面金额中的盈余积累向个人投资者（新股东，下同）转增股本，有关个人所得税问题区分以下情形处理：

（一）新股东以不低于净资产价格收购股权的，企业原盈余积累已全部计入股权交易价格，新股东取得盈余积累转增股本的部分，不征收个人所得税。

（二）新股东以低于净资产价格收购股权的，企业原盈余积累中，对于股权收购价格减去原股本的差额部分已经计入股权交易价格，新股东取得盈余积累转增股本的部分，不征收个人所得税；对于股权收购价格低于原所有者权益的差额部分未计入股权交易价格，新股东取得盈余积累转增股本的部分，应按照"利息、股息、红利所得"项目征收个人所得税。

新股东以低于净资产价格收购企业股权后转增股本，应按照下列顺序进行，即：先转增应税的盈余积累部分，然后再转增免税的盈余积累部分。

二、新股东将所持股权转让时，其财产原值为其收购企业股权实际支付的对价及相关税费。

三、企业发生股权交易及转增股本等事项后，应在次月 15 日内，将股东及其股权变化情况、股权交易前原账面记载的盈余积累数额、转增股本数额及扣缴税款情况报告主管税务机关。

四、本公告自发布后 30 日起施行。此前尚未处理的涉税事项按本公告执行。

特此公告。

国家税务总局
2013 年 5 月 7 日

其实这个文件规定得比较清楚，其适用的前提是"1名或多名个人投资者"以股权收购方取得被收购企业100%股权时，才能够适用，至于被收购企业原来的股东是企业还是个人，并不是适用的前提。另外，对于收购价中，如果是不低于净资产（这里是账面净资产，不是公允净资产），那么在相应留存收益等转增股本时，不作为个人所得，同时也不增加投资成本，国家层面上相当于先释放了征税权，后面慢慢找回来，文件对于这一点进行关联的明确非常重要。如果收购价低于净资产时，那么，收购价格高于股权的部分转增股本不计税，收购价格低于净资产的差额部分转增股权需要计税。

【案例】甲企业原账面资产总额8 000万元，负债3 000万元，所有者权益5 000万元，其中：实收资本（股本）1 000万元，资本公积、盈余公积、未分配利润等盈余积累合计4 000万元。假定多名自然人投资者（新股东）向甲企业原股东购买该企业100%股权，股权收购价4 500万元（税费忽略不计），新股东收购企业后，甲企业将资本公积、盈余公积、未分配利润等盈余积累4 000万元向新股东转增实收资本。

分析：在新股东4 500万元股权收购价格中，除了实收资本1 000万元外，实际上相当于以3 500万元购买了原股东4 000万元的盈余积累，即4 000万元盈余积累中，有3 500万元计入了股权交易价格，剩余500万元未计入股权交易价格。假设甲企业全部向新股东转增实收资本时，其中所转增的3 500万元不征收个人所得税，所转增的500万元应按"利息、股息、红利所得"项目缴纳个人所得税。新股东将所持股权转让时，其财产原值为其收购企业股权实际支付的对价及相关税费，那么未来转让时，依据本规定，还是4 500万元吗？不是，因为其中的500万元，已完成了"先分配"计税，"再投资"将增加成本500万元，相当于整体的转让财产原值达到了5 000万元，机械地理解这句话是不对的①。但此条款也是有价值的，不要让纳税人认为这是"免税"，认为可以同样依据67号公告增加股权原值，及时防范不必要的争议。

这个文件是一个特别规定，我们不宜扩大化地理解。比如有企业股东作为收购方参与时，收购比例达不到100%，或者真正地进行了分配利润，不是转增股本，则是真正实现了所得，也有了纳税的资金为保障了。

(4) 约定被转让企业的债权债务由原个人股东承担时的所得如何计税。

这种情形是因为有一个文件规定，我们一并列示在这里，方便查阅使用。

---

① 国家税务总局公告2014年第67号规定：被投资企业以资本公积、盈余公积、未分配利润转增股本，个人股东已依法缴纳个人所得税的，以转增额和相关税费之和确认其新转增股本的股权原值。

5 资本交易中的个税规划与风险案例

国家税务总局关于股权转让收入征收个人所得税问题的批复

国税函〔2007〕244号

广东省地方税务局：

你局《关于个人所得税财产转让所得中的转让股权的认定问题的请示》（粤地税发〔2006〕187号）收悉。经研究，批复如下：

一、你省某温泉公司原全体股东，通过签订股权转让协议，以转让公司全部资产方式将股权转让给新股东，协议约定时间以前的债权债务由原股东负责，协议约定时间以后的债权债务由新股东负责。根据《中华人民共和国个人所得税法》及其实施条例的规定，原股东取得股权转让所得，应按"财产转让所得"项目征收个人所得税。

二、应纳税所得额的计算

（一）对于原股东取得转让收入后，根据持股比例先清收债权、归还债务后，再对每个股东进行分配的，应纳税所得额的计算公式为：

应纳税所得额=（原股东股权转让总收入－原股东承担的债务总额+原股东所收回的债权总额－注册资本额－股权转让过程中的有关税费）×原股东持股比例。

其中，原股东承担的债务不包括应付未付股东的利润（下同）。

（二）对于原股东取得转让收入后，根据持股比例对股权转让收入、债权债务进行分配的，应纳税所得额的计算公式为：应纳税所得额=原股东分配取得股权转让收入+原股东清收公司债权收入－原股东承担公司债务支出－原股东向公司投资成本。

国家税务总局

二〇〇七年二月二十八日

这个文件我们在分析时，其范围规定的是个人股东转让股权的计税政策，至于企业股东与合伙企业的个人合伙人能否适用，可以探讨，有相似性。"以转让公司全部资产方式（应含债务）"将股权进行转让，可以理解为，在股权转让的约定转让价格时，是以相应的资产来定价的，并不是原公司转让完对方所要的资产之后清算关门。我们可以结合下面的案例，来分析一下个人股东如何计税，但进一步，我们要看看，被投资的公司会有什么影响？笔者认为，这才是这个文件的思考价值。

【案例】某温泉公司原股东是两个自然人，其中甲出资600万元，乙出资400万元投资于该温泉公司，转让时净资产为1 500万元。由于该公司的债权与债务不清晰，新股东提出，协议转让前的债权与债务由原股东承担，其中债权为200万元，负债为300万元，双方约定转让价格基础为2 000万元，在此情形下，如何计算两个自然人股东的转让所得及其个税？

分析：依据文件中的公式，整体的应纳税所得额为900（2 000－300+200－1 000－0）万元，再按60%与40%的持股比例计算每个个人股东的个税，甲为108（900×60%×

20%）万元，乙为72（900×40%×20%）万元。温泉公司作为独立的企业所得税纳税人，债权与债务由原股东承担后，相应的债权与债务在账面上也就消失了，不再延续存在，相当于进行了剥离，一起转让给了股东，负债较债权多100万元，此时相当于这个债务不需要再支付，应认为是无法支付的款项，在公司的层面上应转入营业外收入，作为所得税的收入处理。这是因为，公司的资产或负债，与个人之间是独立的，这个原则我们一直强调，纳税主体也是不同的，在这种情形下，要作出不同纳税人的涉税处理。

这个案例中，如果原来的股东是企业，其为被转让企业承担的债权与债务，可以认为购入了200万元的债权与债务，同时债务多出来的100万元，在支付时能否税前扣除，笔者认为存在难度。因为虽然这是一个合同当中的经济利益事项，有了收入，对应相关联的支出也宜认可，由于其名义上是代被投资企业承担债务，很有可能不被认可税前扣除。如果债权收不回来，损失能不能扣除也是问题，最大的可能是损失的200万元不得税前扣除，300万元的负债也不能税前扣除。或许有的人士提出来，我们就直接与收购方协商将转让收入调低，还是让债权与债务在被投资企业延续，这样可以了吧？如果是这样，笔者认为虽然结果是一样的，但认可起来就没有这么多问题了，所以如果是企业股东，除了算经济账，还要考虑税收上面临的争议风险。我们回过头再分析一下，这个案例是新股东为规避后续隐性债务风险采取的保护性措施，有的私营企业老板以个人名义借款，或者有的借款不在账上反映，通过这个方法，新股东把企业原有的债权债务进行法律上的隔离。

（5）将应分配给个人的股息红利转化为分配给有限公司的操作空间与风险。

前面我们分析过，如果一个个人股东直接持有公司股权，那么其取得的利益主要是分红，或者是退出、转让变现，特别是持续经营的时候，分红就成了主要的利益取得方式，相应的税率为20%。对于这种情形，笔者看到有的案例是增加成本费用，或者是增加公司股东取得分红免税，暂不分配给个人，若分配给个人还有上面的税负问题，或者是增加异地合伙企业，分红时取得一些财政奖励。不过有一个问题，在增加公司股东时，其取得的原来的留存收益分红，会不会得到税务机关的认可？理论上看，若是以公允价值进行的增资入股，取得分配股息红利的权利与原来的股东是一致的，这个在《公司法》上并不受限，甚至可以约定多取得分红；若是不公允增资，以分配原来的利润为主要目的，笔者认为可能会引起税务上的争议。下面的这个案例，大家可以看一下，税务机关在处理过程中的主要方法，也利于我们掌握风险点。

《北京锋尚世纪文化传媒股份有限公司首次公开发行股票招股说明书》披露：

(六) 发行人历史沿革中存在的瑕疵及其规范情况

2007年9月，沙晓岚、王芳韵将持有锋尚有限的股权转让给北京金典文化艺术有限公司（以下简称"金典文化"），委托金典文化进行代持；2008年4月，金典文化将持有锋尚有限的股权转让给沙晓岚、王芳韵，对上述股权代持进行了还原。沙晓岚、王芳韵委托金典文化代为持有锋尚有限的股权系基于业务发展角度考虑，由于当时锋尚有限注册资本较小，拟通过未分配利润转增的方式增加注册资本，而法人股东就未分配利润转增注册资本无须缴纳相应税费。

根据沙晓岚、王芳韵和金典文化于2017年8月签署的《股权转让确认书》，确认因股权代持和股权代持还原发生的股权转让行为均为各方的真实意思表示，沙晓岚、王芳韵与金典文化于2007年9月签署的《股权转让协议》及2008年4月签署的《股份转让协议》均已履行完毕，上述股权转让实际属于委托持股及解除、还原代持股权，沙晓岚、王芳韵与金典文化均未向对方支付股权转让价款；各方确认，相互之间均不存在任何债权债务；截至全部委托持股关系解除时，锋尚有限股权权属明确、清晰，沙晓岚、王芳韵与金典文化未发生也不存在任何股权争议、纠纷及潜在争议、纠纷。

根据发行人与主管税务机关的沟通，由于锋尚有限在未分配利润转增注册资本时，其名义股东金典文化不存在纳税义务，主管税务机关无法在未分配利润转增注册资本环节向实际股东沙晓岚、王芳韵征收个人所得税。但由于沙晓岚、王芳韵将其持有的锋尚有限股权转让给金典文化时，未及时申报纳税，主管税务机关认定应在股权转让环节按照锋尚有限当时净资产金额核定股权转让价格并向沙晓岚、王芳韵征收个人所得税。2018年10月15日，沙晓岚、王芳韵就上述事项主动申报并缴纳了税款及滞纳金。2018年10月24日，国家税务总局北京市东城区税务局出具《涉税情况说明》：鉴于沙晓岚、王芳韵就上述股权转让事项自行申报补缴个人所得税税款及滞纳金，对其不予进行行政处罚。

根据上海浦东发展银行股份有限公司北京东三环支行提供的银行回单，沙晓岚、王芳韵已于2018年10月15日向国家税务总局北京市东城区税务局申报缴纳税款及滞纳金合计1 038.56万元。其中，沙晓岚应缴财产转让所得个人所得税259.25万元、滞纳金519.67万元；王芳韵应缴财产转让所得个人所得税86.42万元、滞纳金173.22万元。从结果上来看，若主管税务机关在未分配利润转增注册资本环节向沙晓岚、王芳韵追缴个人所得税，其应补缴的个人所得税款项为200.00万元；而由于锋尚有限当时净资产大于未分配利润转增后的注册资本，沙晓岚、王芳韵实际补缴的个人所得税款项合计345.67万元高于前述未分配利润转增注册资本环节的潜在纳税义务金额。综上所述，上述委托持股解除不存在纠纷，沙晓岚、王芳韵不存在因该等事项被主管税务机关行政处罚的风险。

经核查，保荐机构、发行人律师认为：沙晓岚、王芳韵与金典文化之间的委托持股关系已彻底解除，且未发生也不存在任何股权争议、纠纷及潜在争议、纠纷；沙晓岚、王芳韵就相关股权转让事项已自行申报补缴个人所得税税款及滞纳金，主管税务机关对其不予进行行政处罚，沙晓岚、王芳韵不存在因该等事项被主管税务机关行政处罚的风险，不构成本次发行上市的法律障碍。

经过进一步查阅相关的资料，上述交易是这样的：

2007年9月5日，锋尚世纪有限召开第二届二次股东会：全体股东一致同意股东沙晓岚将其在公司持有股份150万元转让给股东北京金典文化艺术有限公司；全体股东一致同意股东王芳韵将其在公司持有股份50万元转让给股东北京金典文化艺术有限公司。

2007年11月15日，锋尚世纪有限召开第三届二次股东会。同意公司注册资本由200万元增加至1 200万元，增加的1 000万元由股东以公司未分配利润出资。

2008年4月5日，锋尚世纪有限召开第三届第三次股东会，北京金典文化艺术有限公司同意将其在公司持有的股份900万元以货币方式转让给新股东沙晓岚，股份300万元以货币方式转让给新股东王芳韵。

在上面的招股说明书中提到，有可能存在税务机关就1 000万元的未分配利润转增股本向个人股东征税，个税影响额是200万元，不过从笔者的分析来看，若税务机关认为此利润属于原个人股东的，但是在法律形式上、法律主体上，并不能"穿透"后来的持股主体金典文化到个人进行征税，之前我们有分析，代持股的情形下，基本上是认为由法定形式上的主体来计税，计完税后归还到真实股东时，不再重复计税，可问题是，此属于免企业所得税的股息红利，没有所得税，这也符合政策的规定，所以在这个点上，税务机关很难突破。所以回到股东自行处理的方式上，依据国家税务总局公告2014年第67号公告，以净资产核定股权转让收入，这相当于是用后来的征管处理文件，来追补之前年度的涉税风险处理，其实对于平价转让的情形，在税收政策未明确之前，以出资平价转让的情形是非常多的，本案例中从谨慎性的原则进行处理，不致形成上市招股业务中的障碍，也算是对过去的风险进行了处理。

所以，笔者建议，若有此方面规划想法的人士，要考虑在67号公告的框架下，如何不触碰征税的规则，同时还能达到有效的参与，利用技术、利用非转让的形式，似乎还是可以适当地规划一下的。

5.1.5 股权转让与转让退回的退税条件应用

依据67号公告，股权转让的纳税义务发生，并没有规定办理完毕工商登记为时间点，这跟企业所得税不同，企业所得税规定在合同或协议生效，且变更完成工商登记为收入确认的实现。不过，现实当中，有可能变更登记完了，交易方之间又反悔，或者发生了其他的约定事项交易未成功，此时是一种股权的"回购"，还是"退回"呢？如果是前者，那么不涉及对于前次交易的调整，而后者将涉及前次交易的调整且涉及计算退税的情形，于此，对于此规则的应用，应是非常重要且谨慎的，而且现实中争议多多。

(1) 国家税务总局文件对于收回转让股权适用情形的规定。

国家税务总局关于纳税人收回转让的股权征收个人所得税问题的批复
国税函〔2005〕130号

四川省地方税务局：

你局《关于纳税人收回转让的股权是否退还已纳个人所得税问题的请示》（川地税发〔2004〕126号）收悉。经研究，现批复如下：

一、根据《中华人民共和国个人所得税法》（以下简称个人所得税法）及其实施条例和《中华人民共和国税收征收管理法》（以下简称征管法）的有关规定，股权转让合同履行完毕、股权已作变更登记，且所得已经实现的，转让人取得的股权转让收入应当依法缴纳个人所得税。转让行为结束后，当事人双方签订并执行解除原股权转让合同、退回股权的协议，是另一次股权转让行为，对前次转让行为征收的个人所得税款不予退回。

二、股权转让合同未履行完毕，因执行仲裁委员会作出的解除股权转让合同及补充协议的裁决、停止执行原股权转让合同，并原价收回已转让股权的，由于其股权转让行为尚未完成、收入未完全实现，随着股权转让关系的解除，股权收益不复存在，根据个人所得税法和征管法的有关规定，以及从行政行为合理性原则出发，纳税人不应缴纳个人所得税。

国家税务总局
二〇〇五年一月二十八日

这个文件分为两个角度，一个是"卖出再买回"的行为，主要是指合同执行完毕的情形，相当于个人若溢价转让股权后，计算财产转让所得缴纳个税，后续再原价"买回"时，成本就增加了，也就是第一步的纳税"换得"了成本原值的增加，当然特定情形下还有降价卖的情形，原来有损失了，现在再低价买回来，形成资产损失，这时也有不利之处。比如下面的案例：

【案例】 原个人股东转让股权，原投资200万元，转让价100万元，亏损100万元，后再约定收回，收回价100万元。

分析：在上面的案例中，第一次转让亏损，第二次购入是100万元，由于个人所得税对于财产转让所得是按次计算，没有企业所得税的税前抵减其他所得，也没有延续弥补亏损的政策，所以无形当中损失了100万元的投资成本。如果其再次转让股权，扣除原值就只能扣100万元了。

但若相反，原成本是100万元，转让价200万元，计所得税20万元，此后再次购回成本是200万元，相当于第一次的20万元个税换回了100万元的投资成本。

但文件更有价值或者说更有空间的是什么是股权转让合同"未履行完毕"，原价收回时，属于行为尚未完成、收入未完全实现，纳税人不缴纳税款，如果纳税人依67号公告的规定收入实现时点纳税了，那么是可以退税的。所以如何理解第二条就成为征纳双方沟通的关键。为了减少双方的争议，笔者认为有必要参照法院的判例，在法律上进行确定什么是未履行完毕，比如变更了股权登记是不是认为就履行完毕了呢？应该不尽然。至于后面提到的"因执行仲裁委员会作出的解除股权转让合同及补充协议的裁决、停止执行原股权转让合同"的意思，笔者认为，这只是基于当时的回复场景进行的说明，但是如果我们非要对其他所有的案例都要求有仲裁及补充协议，这就是教条主义的"祸害"所在了。在这里我们补充一下当时四川省地方税务局对此的转发文件，《四川省地方税务局关于对纳税人收回转让的股权是否退还已纳个人所得税问题的批复》（川地税函〔2005〕39号）：

成都市地方税务局：

你局《关于曹世如收回转让的股权申请退还已缴纳个人所得税问题的请示》（成地税发〔2004〕227号）收悉。根据国家税务总局《关于纳税人收回转让的股权征收个人所得税问题的批复》（国税函〔2005〕130号）精神，现批复如下：

一、曹世如转让给严俊波的股权应当征收个人所得税。曹世如将自己拥有的股权转让给严俊波，其股权转让合同已经履行，股权所有人已作变更登记，由曹世如变更为严俊波，曹世如转让股权所得已按合同全部实现。根据《中华人民共和国个人所得税法》（以下简称个人所得税法）及其实施条例和《中华人民共和国征收管理法》（以下简称征管法）有关规定，转让人取得的股权转让收入应依法缴纳个人所得税。股权转让行为结束后，曹世如与严俊波又签订了解除原股权转让合同、退回股权和股权转让所得的协议，是股权再次转让行为，对前次转让所得征收的个人所得税税款不予退回。

二、曹世如收回转让给德隆国际公司的股权，不征收个人所得税。曹世如将自己拥有的股权与德隆国际公司签订了转让合同。因北京仲裁委员会作出解除股权转让合同及补充协议的裁决，股权转让合同终止，故停止执行股权转让合同，双方当事人将已经转让的股权和转让所得退还原所有人，转让合同未履行完毕，转让收入未完全实现，根据个人所得税法和征管法有关规定，以及从合理性原则出发，不征收个人所得税。

由于此项政策涉及纳税人的切身利益，希望你局认真做好宣传解释和相应的管理工作。执行中有何情况和问题请及时报告省局。

(2) 未办理变更登记不必然导致股权转让关系的解除。

笔者理解，未办理完股权变更登记，可以理解为合同"未履行完毕"，但不代表这是唯一的表现形式。在一些法院判例中，将其视为合同继续有效但需要义务方完成变更登记义务的判决也是有的，并不必然导致未履行完毕发生退税情形。

《福建法制报》曾有一篇文章《股权转让后未变更登记 投资人是否能解除合同》，其中提到：

2016年4月5日，朱某与王某签订了一份《股权转让协议》，协议约定王某作为福建某科技有限公司股东将其持有的公司1%股权（共计100万股）以100万元的价格转让给朱某，并约定在付款后满2年，将上述股权的50%变更登记至朱某名下，付款后满4年，将剩余50%股权变更登记至朱某名下。

合同签订后，朱某按合同约定支付了100万元股权转让款，在协议约定的股权变更条件成就后，经其催促，王某仍未履行上述股权变更登记的义务。

2018年10月11日，为维护自身合法权益，朱某向王某发出《解除函》，王某收到《解除函》后表示无力履行还款义务。此后，朱某向法院提起诉讼，请求解除双方合同。

股权转让之后，未办理变更登记是否具有股东资格？根据我国《公司法》第三十二条第三款规定，公司应当将股东的姓名或者名称及其出资额向公司登记机关登记；登记事项发生变更的，应当办理变更登记。未经登记或变更登记的，不得对抗第三人。

据此，办理股权变更登记是一种对外的公示行为，不影响股权转让协议的有效性，且本案中原被告双方均有履行转让协议，但是没有全部履行完毕，因变更登记需要公司的其他股东配合才能完成，且本案被告并未拒绝办理变更登记，只是没有尽到协助原告与其他股东共同办理变更登记的义务，原告要求被告偿还股权转让费的诉讼请求无法得到支持。

虽然合同继续有效，但仍属于合同未履行完毕，在其确定的适用场景中，纳税人可以与股权转让的涉税计缴进行对接。

湖北省高级人民法院《监三再终字 56 号 巨泓公司》(〔2013〕鄂民监三再终字第 00056 号)中提到:

2010 年 7 月 8 日,某甲公司起诉至湖北省十堰市茅箭区人民法院称:我公司与某乙公司于 2008 年 3 月 26 日签订《股权转让协议》。协议约定,我公司将持有的某丙公司 37.5% 的股权转让给某乙公司,转让价款为 600 万元,分三次支付,协议签订 7 日内付 141 万元,30 日内付 200 万元,60 日内付 259 万元,合同还对其他事项进行了约定。合同签订后,我公司履行了相应的手续,但某乙公司仅仅支付了 100 万元的转让款后就以种种理由拖延。请求人民法院判令某乙公司向某甲公司支付股权转让款 500 万元及同期中国人民银行 2 倍利息的逾期违约金,并承担本案的诉讼费用。

某乙公司辩称:我公司于 2008 年 5 月 27 日付款 100 万元后,得知湖北省房县人民政府已下达通知,解除关于开发房县平渡河流域水能资源的协议。因发生重大情势变更,本协议履行已无实际意义,继续履行只能造成我公司的重大损失。而作为某丙公司股东之一的某甲公司,应早知道湖北省房县人民政府将下达此通知,却故意隐瞒重要事实真相,与我公司签订股权转让协议。我公司曾多次与某甲公司交涉,要求解除合同,并退还我公司已付的 100 万元,但其拒不履行。且合同签订后,某甲公司并未履行相应的手续使我公司享有股东权利,造成我公司不按协议付款,与某甲公司隐瞒真相行为有直接关系,为此某甲公司应负主要责任。

某丙公司述称:我公司对本案诉争标的没有独立的请求权,也与本案处理结果无利害关系,将我公司列为第三人是错误的。某甲公司与某乙公司签订《股权转让协议》后,我公司已适当履行了相关义务,并多次通知某乙公司提供办理股东变更登记所需资料,但某乙公司不配合,因此工商登记变更未能完成。

某乙公司反诉称:2008 年 3 月 26 日,某甲公司与某乙公司签订《股权转让协议》,约定某甲公司将其持有的 37.5% 的股权转让给某乙公司,依约应办理公司股东、股权等相关变更登记手续,某甲公司应予以积极配合。协议签订后,某乙公司履行约定支付了 100 万元转让款,但某甲公司未履行义务。2008 年 6 月 3 日,湖北省房县人民政府将平渡河的开发权收回。为维护某甲公司的合法权益,请求人民法院解除某乙公司与某甲公司签订的《股权转让协议》,并判令某甲公司返还某乙公司支付的 100 万元转让款及利息、复息,并承担本案的诉讼费。

某甲公司辩称:某乙公司的诉讼请求不成立,不符合协议解除的理由,我公司取得 100 万元合法,不应予以返还。

……

对上述焦点问题,本院评判如下:

(一)关于《股权转让协议》是否仍应继续履行的问题,本院认为,《股权转让协议》仍应继续履行。第一，某甲公司与某乙公司于2008年3月26日签订《股权转让协议》，约定将某甲公司持有的某丙公司37.5%的股权转让给某乙公司。同日，某丙公司作出股东会决议，全体股东同意上述股权转让协议。因此，某甲公司与某乙公司签订的《股权转让协议》是双方当事人真实的意思表示，不违反法律法规的强制性规定，合法有效，双方当事人均应依约履行。第二，《股权转让协议》签订后，某乙公司已向某甲公司支付100万股权转让金，某丙公司依照某甲公司《关于股权已转让的函》，于2008年6月7日召开股东会议，作出股东会决议，确认某乙公司在某丙公司的股东地位，由某乙公司代表2人出任某丙公司由5人组成的董事会，并任命某乙公司的法定代表人陈某为某丙公司的总经理。同时约定，"某乙公司按其在（平渡河）公司股权比例享受股东权益并承担股东义务；某甲公司的股东身份及股东权益丧失"。至此，某乙公司已成为某丙公司的股东。第三，虽然某丙公司未到工商行政管理部门办理股东变更登记，但本院认为股权转让合同的成立和效力应当依照《中华人民共和国合同法》的相关规定认定，工商行政管理部门的变更登记只是股权变更的公示方式，不能作为股权转让合同成立和生效的要件。因此，某丙公司在作出股东会决议后未及时办理股权变更登记，仅是股权变更对第三人不发生效力，但并不影响某乙公司作为某丙公司股东的地位。第四，某乙公司成为某丙公司的股东后，其法定代表人陈某曾代表某丙公司参加与湖北省房县人民政府就解除平渡河流域开发权的磋商，行使了股东权利。且从某乙公司于2012年向人民法院起诉某丙公司要求确认其股东资格的另案来看，某乙公司也是主张其是某丙公司的股东身份。

综上所述，《股权转让协议》合法有效，且某乙公司已成为某丙公司的股东，某乙公司应依约继续履行支付剩余股权转让款的义务。

（二）关于本案是否适用情势变更原则的问题。本院认为，第一，某乙公司与某甲公司《股权转让协议》约定的是转让某丙公司的股权，而非转让平渡河流域水能资源开发项目，虽然其后湖北省房县人民政府收回某丙公司对平渡河流域水能资源的开发权，但对《股权转让协议》的履行不构成情势变更。并且，根据湖北省房县人民政府与某丙公司签订的《解除〈关于开发房县平渡河流域水能资源的协议〉的协议》的相关约定，湖北省房县人民政府出资2 740万元收购某丁公司、某丙公司在平渡河流域开发过程中形成的所有成果，某丙公司即使被收回平渡河流域水能资源的开发权也不构成影响公司利益和股东权益的重大情势变更。第二，按照《股权转让协议》的约定，某乙公司应分三期并最迟于2008年5月25日支付全部股权转让款，但某乙公司仅于2008年5月27日支付100万元后就未再继续履行，已构成迟延履行。即使如某乙公司所言，湖北省房县人民政府于2008年6月3日给某丁公司下发的《解除关于开发房县平渡河流域水能资源协议的通知》，属对《股权转让协议》的重大情势变更，根据情势变更的原则，一方迟延履行期间发生情势变更的，迟延履行方不得援用情势变更原则。

看来股权转让，其背后隐含的资产价值或品牌价值才是关键，如果简单地只是在合同当中约定股权之类的各种潜在权利与义务的表述，那么则忽略了被转让股权的公司相应的资产的风险事项约定。

(3) 未支付完款项不必然导致股权转让关系的解除。

类似于第（2）节中提到的问题，未支付完毕款项，也是属于并不必然否定合同有效性，但在税法的适用上，却是属于合同没有履行完毕，下面的这个案例，值得我们的法务人士关注。

最高人民法院在《四平九洲房地产开发有限责任公司、邝冶股权转让纠纷二审民事判决书》[（2018）最高法民终863号] 中提到：

关于合同约定解除权的问题。案涉《股权转让协议书》第四条违约责任第1点约定："任何一方违反本协议约定条款，即构成违约，违约方应向守约方承担违约责任，任何一方违约，并给对方造成损失时，守约方有权向违约方要求损失赔偿，并有权单方解除合同。"第2点约定："九洲公司若不能按期向邝冶支付股权转让对价款，即构成违约，违约责任为逾期支付款项的金额，按延期时间计算，以月利率2%的标准向邝冶支付逾期违约金，直至所欠款项给付完毕。"单从上述第1点来看，任何一方只要有任何违约行为并给对方造成损失的，不论违约程度轻重、损失后果大小，守约方均有权解除合同。虽然该约定将守约方行使合同解除权的条件限定为一方违约且同时造成对方损失，但由于客观上违约与损失息息相关，该条款实质仍着眼于只要发生了违约，则守约方即有权解除合同。如此一来，显然泛化了作为合同约定解除条件的违约行为，将所有违约行为不加区分同质化，若简单依此履行，必将造成解除合同过于随意，增加了合同被解除的风险，不利于交易安全和稳定。故，上述第1点虽在形式上约定了合同解除的条件，但实属对解除条件约定不明。合同当事人出现违约情形时，不能当然以此为由主张解除合同，而应当结合合同履行情况、违约程度等因素，从合理平衡双方利益出发，慎重判断合同是否符合法定解除条件。再从上述第2点来看，该条明确在九洲公司未按期向邝冶支付股权转让款时，由九洲公司以支付违约金的方式承担违约责任。据此约定，九洲公司就逾期付款应当直接承担的是支付违约金而非合同解除的法律后果，邝冶可就此另行主张权利。综上，案涉协议有关合同解除的条件约定不明，根据合同约定邝冶不享有解除权。

关于合同法定解除权的问题。《中华人民共和国合同法》第九十四条规定："有下列情形之一的，当事人可以解除合同：（一）因不可抗力致使不能实现合同目的；（二）在履行期限届满之前，当事人一方明确表示或者以自己的行为表明不履行主要债务；(三) 当事人一方迟延履行主要债务，经催告后在合理期限内仍未履行；(四) 当事人一方迟延履行债务或者有其他违约行为致使不能实现合同目的；(五) 法律规定的其他情形。"本案中，根据《股权转让协议书》第三条第7点约定，九洲公司还负有筹措1.38亿元交付吉森公司用于解除股权质押的义务。事实上九洲公司已于2017年12月19日向吉森公司支付了1.38966亿元用于偿还吉森公司欠付银行的借款以解除案涉股权的质押。案涉《股权转让协议书》的合同目的为邝冶向九洲公司转让吉森公司70%股权。该协议订立时，各方均明知邝冶持有的吉森公司70%股权处于质押状态，协议作出九洲公司负责解除股权质押的交易安排亦符合合同目的。作为股权出让人的邝冶，将股权过户至九洲公司名下是其合同主要义务，九洲公司依约定履行解除股权质押的合同义务，是股权过户的必要条件。九洲公司履行该义务与邝冶的合同义务有机统一，不能将二者割裂看待。故，《股权转让协议书》虽约定股权转让价款为1.5亿元及相关2 000平方米房产，但从上述第三条第7点的约定来看，九洲公司系以支付1.38亿元解除案涉股权质押与支付股权转让价款共同作为其受让吉森公司70%股权的对价。据此，九洲公司未在2017年12月12日前支付第一期股权转让款1 250万元固然构成违约，但其于2017年12月19日按照《股权转让协议书》约定履行了为解除案涉股权质押支付1.38966亿元的义务，仍然表明了具有继续履行《股权转让协议书》的意愿。并且依据《股权转让协议书》约定，第一期股权转让款的支付时间和筹措1.38亿元解除股权质押的支付时间均为"本协议签订后的7个工作日"，该两项义务应当认定为九洲公司在同一时期须完成的合同义务，两笔款项数额相比较，九洲公司已经完成了该同一时期大部分的付款义务。实际上，九洲公司支付1.38亿元款项解除股权质押的时间亦超过了《股权转让协议书》约定日期，邝冶并未对此提出异议。但是，对于同期九洲公司逾期支付1 250万元的违约行为，邝冶则未予同等的适度容忍，在九洲公司2017年12月12日逾期未付款后双方仍存在履行及接受履行的情况下，邝冶未经催告履行而径行于2018年1月14日发出《解除合同通知书》，着实有违诚信履约之原则，不符合上述第九十四条的规定。况且九洲公司在本案中一直积极要求完成付款义务继续履行合同，足见其履约之诚意，本院认为邝冶不享有解除《股权转让协议书》的权利。九洲公司主张邝冶解除《股权转让协议书》的行为无效于法有据，应予支持。本案尚不存在不能实现合同目的的客观障碍，《股权转让协议书》应当继续履行。

(4) 纳税人收回股权情形下对于之前已纳税的退回请求权。

在现实当中，我们听闻到有一些情形，税务机关很难认可纳税人用收回股权来退税的适用。当然也听闻有的专家以"合同未履行完毕"来让税务机关最终认可退税的，比如在"对赌"情形下的原价回购，恰好对方还有一笔款项未付完，结果正好顺其自然以此为理由与税务机关沟通。总之，在税法上，大家都要给彼此找到一个理由，所谓的理由是合同未履行完毕，但"未履行完毕"还需要一些什么样的举证资料来让税务机关认可呢，这就是操作层面的问题了，并不是法定是与否的问题。

个税文件并没有提出，未发生纳税义务的前提是未办理股权变更，这不是规定的前提条件，67号公告中是一个泛指的股权转让纳税义务发生的规定。在有的法院判例中，有这样的情形出现，即实际交易与原来约定的转让份额发生了变化，但是由于合同未执行完毕，开始收到的款项并不宜直接认为全为股权转让所得。

《王永慧与国家税务总局宿迁市税务局第三税务分局、国家税务总局宿迁市税务局行政复议一审行政判决书》（(2018)苏1302行初191号）中有相关的可借鉴之处：

原江苏省宿迁地方税务局第一税务分局（下称原地税第一分局）根据原告王永慧的申请，于2017年9月作出退税决定，予以退税61356.62元。原告不服申请行政复议，原江苏省宿迁地方税务局（下称原地税局）于2018年6月27日作出宿地税复决字〔2018〕第2号《行政复议决定书》，驳回王永慧复议请求，维持原地税第一分局作出的税务行政行为。

……

本院对本案事实认定如下：

原告王永慧系江苏绿港现代农业发展股份有限公司股东之一，2016年7月17日湖北新洋丰肥业股份有限公司（甲方）、江苏绿港现代农业发展股份有限公司王永慧等31名股东（乙方）与江苏绿港现代农业发展股份有限公司（丙方）签订《股权转让协议》，约定湖北新洋丰肥业股份有限公司收购王永慧等31名股东所持有的江苏绿港现代农业发展股份有限公司51%的股权，王永慧等31名股东均按照相同比例转让股权，同时约定51%股权原始总价7 803万元，转让价39 940.14万元，转让款分三期付清。其中王永慧出让51%股权原始价为25.5万元，交易价为130.5233万元。2016年7月21日至10月26日湖北新洋丰肥业股份有限公司陆续支付王永慧等31名股东股权转让款27 081.94万元，其中王永慧收到股权转让款88.5万元。2016年10月11日湖北新洋丰肥业股份有限公司与王永慧等31名股东在宿迁市工商行政管理局办理了公司股权变更登记手续。后王永慧等31名股东共缴纳个人所得税6 231.72万元，其中王永慧缴纳个人所得税203 651.02元，印花税652.60元。由于湖北新洋丰肥业股份有限公司未按约定期限支付剩余股权转让款，2017年2月24日湖北新洋丰肥业股份有限公司与王永慧等31名股东、江苏绿港现代农业发展有限公司签订《股权转让协议的补充协议》，约定原协议约定的购买王永慧等 31 名股东所持有的江苏绿港现代农业发展股份有限公司 51%的股权，修改为收购王永慧等 31 名股东所持有的江苏绿港现代农业发展股份有限公司 10%的股权，湖北新洋丰肥业股份有限公司多受让的江苏绿港现代农业发展有限公司 41%股权按照原持股比例退还王永慧等 31 名股东，同时约定 10%股权转让价为 4 000 万元，其中王永慧 10%股权转让价为 13.07 万元。2017 年 4 月 10 日双方办理了股权变更工商登记手续。2017 年 5 月 25 日王永慧申请退税 187 520.31 元，2017 年 9 月原地税第一分局对原告的申请予以审批，退税金额为 61 356.62 元。原告不服申请复议，2018 年 6 月 27 日原地税局作出宿地税复决字（2018）第 2 号行政复议决定，维持原地税第一分局作出的税务行政行为。原告不服诉至本院，提出上述诉请。

……

本案争议焦点为：1. 原地税第一分局作出退还 61 356.62 元税款决定有无事实及法律依据，程序是否合法？2. 原地税局的复议程序是否合法？

本院认为，《中华人民共和国行政诉讼法》第二十六条第六款规定："行政机关被撤销或者职权变更的，继续行使其职权的行政机关是被告"。本案中，由于国税地税征管体制改革，国税地税机构合并以及征管职责的调整，原地税第一分局的税收征管职责由被告市税务第三分局行使，同时根据《中华人民共和国行政复议法》第十二条第二款规定："对海关、金融、国税、外汇管理等实行垂直领导的行政机关和国家安全机关的具体行政行为不服的，向上一级主管部门申请行政复议"，故市税务第三分局及市税务局是本案的适格被告。

根据《中华人民共和国税收征管法》的规定，税务机关负责其征收范围内的税收征收管理工作。税收的开征、停征、以及减税、免税、退税、补税，依照法律法规的规定执行。在中华人民共和国境内，个人取得收入应缴纳个人所得税。本案中，湖北新洋丰肥业股份有限公司与原告等 31 名股东签订《股权转让协议》，其中涉及原告 51%股权交易价为 130.5233 万元，在原告仅收到 88.5 万元转让款后，双方又签订补充协议，将原按 51%比例购买的股权变更为按 10%比例，并约定交易价为 13.07 万元。国家税务总局《股权转让所得个人所得税管理办法（试行）》第四条第一款规定："个人转让股权，以股权转让收入减除股权原值和合理费用后的余额为应纳税所得额，按'财产转让所得'缴纳个人所得税。"涉案双方对退税的数额有争议，究其根本是对股权转让收入的认定存在分歧，原地税第一分局认定原告股权转让收入 88.5 万元，本院认为，该款项是在合同履行过程中原告收到的阶段性款项，且交易双方也未将该款项确定为交易价，在此情况下被告以此为依据计算个人所得税没有事实及法律依据。《中华人民共和国税收征收管理法实施细则》第七十八条第一款规定："税务机关发现纳税人多缴税款的，应当自发现之日起 10 日内办理退还手续；纳税人发现多缴税款，要求退还的，税务机关应当自接到纳税人退还申请之日起 30 日内查实并办理退还手续。"本案中，原告于 2017 年 5 月 25 日向原地税第一分局申请退税，原地税第一分局于

2017年9月才作出退税决定，明显超过上述法定期限，其程序违法。被告市税务第三分局辩称案件复杂可以延长办理期限，但未提供证据证明，本院不予采纳。综上，原地税第一分局作出的退税决定事实不清、证据不足、程序违法，依法应予撤销。原地税局作出的行政复议决定没有事实依据，应同时予以撤销。

本来税务机关要予以退税，但是由于跟原告申请退还的金额有差异，纳税人进行复议被驳回后起诉，但是判决书中对于阶段性预付款的定性，与税务机关认定属于转让款的认识产生偏差，法院认定税务机关的处理没有事实及法律依据。

笔者查询裁判文书网，也发现了涉及企业所得税的退税争议，主要是因法院撤销原股权转让协议后，税务机关是否应以交易自始未发生进行判断并退税，还是认为是二次转让不需要退税，最终法院支持了税务局不予退税的处理决定。

《天长市天琴医药包装有限公司与滁州市安徽省滁州市地方税务局、安徽省天长市地方税务局税务征收和行政复议决定纠纷一审行政判决书》〔（2016）皖1102行初3号〕中我们摘录一下相关的内容：

经审理查明：2012年9月5日，天琴公司、金数码公司及科瑞欣（香港）实业有限公司在安徽省天长市签订《股权收购协议书》等文件，约定天琴公司将其所持有的天洋公司70%股权转让给金数码公司。同时金数码公司将其所持有的新药左旋奥硝唑氯化钠（葡萄糖）注射液的批准文号等所有的知识产权变更到天洋公司名下。2012年9月21日在工商行政主管部门办理了股权转让变更登记手续后，金数码公司于2012年9月25日给付了天琴公司3 566万元股权转让金。天长地税局依据《国家税务总局关于贯彻落实企业所得税法若干税收问题的通知》（国税函〔2010〕79号）的规定，征收天琴公司股权转让企业所得税及滞纳金7 147 289.45元。后天琴公司以金数码公司违反《股权收购协议书》的约定，认为其对所谓的新药左旋奥硝唑氯化钠（葡萄糖）注射液并无任何的知识产权，其行为显属欺诈为由，向天长法院提起诉讼，要求撤销天琴公司与金数码公司签订的《股权收购协议书》。天长法院以该股权转让显失公平为由，于2014年3月4日作出（2013）天民一初字第01606号民事判决，判决撤销了天琴公司与金数码公司于2012年9月5日签订的《股权收购协议书》。宣判后，天琴公司与金数码公司均未上诉。天琴公司按照与金数码公司于2014年2月27日签订的《协议书》约定，于2014年3月17日支付4 300万元给金数码公司。2015年7月14日，天琴公司以天长法院判决撤销了天琴公司与金数码公司于2012年9月5日签订的《股权收购协议书》为由，向天长市地税局提出退税申请。天长市地税局于2015年9月16日作出《关于不能退还企业所得税的批复》，天琴公司不服，向滁州市地税局申请行政复议,滁州市地税局于 2015 年 12 月 31 日作出滁地税复决字〔2015〕1 号《行政复议决定书》,复议决定维持《批复》。

本院认为,根据《中华人民共和国税收征管法》的规定,各级地税机关负责其征收范围内的地方税收征收管理工作。税收的开征、停征、以及减税、免税、退税、补税,依照法律法规的规定执行。在中华人民共和国境内,企业和其他取得收入的组织为企业所得税的纳税人。本案天琴公司、金数码公司及科瑞欣(香港)实业有限公司签订了《股权收购协议书》,约定天琴公司将其所持有的天洋公司 70% 股权转让给金数码公司。金数码公司也按约定支付了 3 566 万元股权转让价款给天琴公司,天长市地税局向天琴公司征收股权转让企业所得税及滞纳金 7 147 289.45 元,事实清楚,符合法律规定。后天长法院判决撤销了天琴公司与金数码公司于 2012 年 9 月 5 日签订的《股权收购协议书》,天琴公司向天长市地税局提出退税申请。该请求是否属于天长市地税局退还天琴公司已缴纳的企业所得税的法定情形?《中华人民共和国税收征收管理法》第二条规定:税收的开征、停征以及减税、免税、退税、补税,依照法律的规定执行;法律授权国务院规定的,依照国务院制定的行政法规的规定执行。目前税收征收管理法律法规规定的退税情形中也没有关于股权转让协议被撤销后,应退回之前所缴纳的企业所得税的规定。本案中,虽然天长法院判决撤销了天琴公司与金数码公司签订的《股权收购协议书》,从合同法规定上来看,该协议以及股权转让行为自始无效。就股权收购双方应互相返还,或向对方赔偿损失。但从行政法律关系上来讲,合同被撤销或有效无效不是决定税款是否退还的关键,退税要于法有据。天琴公司向天长市地税局书面提出退还企业所得税的申请,天长地税局作出《批复》,其答复在合理期限内。滁州市地税局收到天琴公司的行政复议申请,作出行政复议决定并依法送达,该行政复议符合法定程序。天琴公司在庭审中阐述的国家税务总局国税函〔2005〕130 号《关于纳税人收回转让的股权征收个人所得税问题的批复》中所述的退税,不符合本案的情形。

综上,天长市地税局于 2015 年 9 月 16 日所作《批复》认定事实清楚、程序合法、适用法律、法规正确,本院予以支持;滁州市地税局于 2015 年 12 月 31 日所作《行政复议决定书》合法,本院予以支持。天琴公司的诉讼请求于法无据,本院不予支持。

因此我们要考虑,在发生法院撤销股权转让协议的时候,我们不宜简单地有理由认为可以退税,而是要结合本身的事实进行综合分析应用。

笔者同时也关注到了一个法院的判例,不过最终没有给出结论,而是认为复议与主管税务机关的答复之间出现了不一致的地方,由此撤销一审判决中支持税务机关的结论,发回重审的处理。山东省日照市中级人民法院《付家辉、国家税务总局五莲县税务局第二税务分局税务行政管理(税务)二审行政裁定书》〔(2019)鲁 11 行终 84

号］，值得我们继续关注，有兴趣的读者可以在中国裁判文书网中进行查阅。

（5）基于交易未完成情形下的退税案例。

2020年4月4日在巨潮资讯网台发布的《湖南红宇耐磨新材料股份有限公司关于深圳证券交易所年报问询函的回复公告》提到其发生的与个人股东之间发生的股权收购的业务说明，并对退税的处理进行了说明，我们将相关的内容摘录如下：

1. 2017年、2018年，你公司连续两年亏损。2018年末，公司对应收深圳双十科技有限公司、深圳市银浩自动化设备有限公司、深圳眼千里科技有限公司的7 467.59万元预付股权转让款计提坏账准备4 136.87万元，原因是"预计无法全部收回，公司已通过法律途径冻结部分资产"。2019年，公司盈利4 796.95万元，因转回上述坏账准备形成收益4 136.87万元。请结合对上述三家公司预付股权转让款形成的背景、具体的催收情况、交易对手方财务状况、还款的具体时间等，详细说明一年内对其计提坏账准备又转回的合理性，公司2018年计提坏账准备是否谨慎合理，是否存在调节利润规避暂停上市的情形。

回复：
（1）深圳三公司预付股权转让款形成的背景
2017年6月14日和2017年6月30日，公司召开第三届董事会第十六次会议和2017年第一次临时股东大会，审议同意公司分别以现金13 341.67万元、13 334.17万元、13 332.17万元收购深圳眼千里科技有限公司、深圳双十科技有限公司、深圳市银浩自动化设备有限公司（以下分别简称"眼千里""双十""银浩"，合称"深圳三公司"）各50.01%的股权。2017年7月，公司按照《股权收购协议》分别预付了眼千里、双十、银浩三家公司第一笔股权转让款2 668.33万元、2 666.83万元、2 666.43万元，共计8 001.59万元，并于2017年7月17日、7月19日、7月21日，分别完成了三家公司的股权过户手续及相关工商变更登记。

受金融政策的变化及经济下行的影响，收购事项无法继续履行，2018年4月20日和2018年5月14日，公司召开第三届董事会第二十四次会议和2017年度股东大会，审议同意公司终止收购深圳三公司各50.01%股权的事项。根据《终止协议》，公司与深圳三公司股东将股权及预付股权转让款项相互返还至恢复原状，协议相关约定不再履行，同时，因上述股权收购或终止事宜造成双方所涉及的相关税费由我公司承担（包括但不限于个人所得税、印花税、滞纳金、罚款等）。2018年5月24日，公司根据协议将收购的股权返还并变更登记至深圳三公司股东名下，但深圳三公司股东并没有按协议约定退还预付股权转让款。截止2018年12月31日深圳三公司累计已到期未退还预付股权转让款3 766.80万元，未到期未退还预付股权转让款3 700.79万元，合计

7 467.59 万元。

（2）具体的催收情况

深圳三公司事宜涉及金额巨大，公司对此非常重视，组织专人多次采取现场、发函、邮件、电话、短信等方式进行催收，在多次催收无果的情况下，公司于 2018 年 11 月 27 日向湖南省宁乡市人民法院提请诉讼，并申请财产保全。2019 年 3 月，在宁乡市人民法院调解下，各方达成一致，根据《民事调解书》，明确了深圳三公司股东继续支付我公司剩余的预付股权转让款合计 7 467.59 万元，并另行支付资金占用费 158.72 万元，但如发生相关税费仍然由我公司承担。

2019 年 4 月 26 日，公司及深圳三公司股东收到当地税务部门下发的《税务事项通知书》，深圳三公司部分股东（眼千里股东、双十股东共 6 人）依据《税务事项通知书》将应退还我公司的预付股权转让款作为其股权转让个人所得税税款缴纳至当地税务部门，共计 3 497.19 万元。根据《民事调解书》，本次收购终止属于未完成的交易事项，为收回上述款项，在近半年的时间里，我公司派专人常驻深圳，与当地税务部门详细汇报了我公司与深圳三公司股东关于股权收购终止事宜的发展过程及相关情况，并就此类情况下缴纳个人所得税是否合理进行了反复、深入的研讨交流，并且，前往国家税务总局汇报交易情况并咨询相关政策。

2019 年 5 月和 2019 年 7 月，深圳三公司缴税股东提出退税申请，当地税务部门于 2019 年 8 月下发同意退税通知。2019 年 8 月 20 日，相关股东收到退税款并将所退税款共计 3 497.19 万元支付至我公司；2019 年 9 月 2 日，其余股东将应退还公司款项支付至我公司，最终公司共计收到深圳三公司退还的全部预付股权转让款及资金占用费合计 7 663.13 万元。

这个案例中，既有交易时转让方个人因为缴纳个税无法返还预付款的商务因素，也有能不能退回税款的税务问题，作为受让方，积极主动地替转让方个人进行沟通，主要还是在经济利益的重大影响上，最终的结果是从交易未完成的角度进行解决，不得不说，这种情形在实践当中是存在的，本案例有一定的借鉴意义，虽然股权转让做过变更登记，但是税务机关并未就企业提出的"未完成的交易事项"进行否定，给予了退税，这样的处理也有其合理性存在，有其担当性的体现。

5.1.6 对赌形成的纳税"困局"与突破

"对赌"在经济交易中大量存在，但是税收上却基本上是空白，对赌的涉税研究、观点非常多。《九民纪要》[①] 提出来：

---

① 《全国法院民商事审判工作会议纪要》（法〔2019〕254 号），这是最高人民法院出台的第九个会议纪要，而且聚焦民商事审判工作，故被称为《九民纪要》。

（一）关于"对赌协议"的效力及履行

实践中俗称的"对赌协议",又称估值调整协议,是指投资方与融资方在达成股权性融资协议时,为解决交易双方对目标公司未来发展的不确定性、信息不对称以及代理成本而设计的包含了股权回购、金钱补偿等对未来目标公司的估值进行调整的协议。从订立"对赌协议"的主体来看,有投资方与目标公司的股东或者实际控制人"对赌"、投资方与目标公司"对赌"、投资方与目标公司的股东、目标公司"对赌"等形式。人民法院在审理"对赌协议"纠纷案件时,不仅应当适用合同法的相关规定,还应当适用公司法的相关规定;既要坚持鼓励投资方对实体企业特别是科技创新企业投资原则,从而在一定程度上缓解企业融资难问题,又要贯彻资本维持原则和保护债权人合法权益原则,依法平衡投资方、公司债权人、公司之间的利益。对于投资方与目标公司的股东或者实际控制人订立的"对赌协议",如无其他无效事由,认定有效并支持实际履行,实践中并无争议。但投资方与目标公司订立的"对赌协议"是否有效以及能否实际履行,存在争议。对此,应当把握如下处理规则:

5.【与目标公司"对赌"】投资方与目标公司订立的"对赌协议"在不存在法定无效事由的情况下,目标公司仅以存在股权回购或者金钱补偿约定为由,主张"对赌协议"无效的,人民法院不予支持,但投资方主张实际履行的,人民法院应当审查是否符合公司法关于"股东不得抽逃出资"及股份回购的强制性规定,判决是否支持其诉讼请求。

投资方请求目标公司回购股权的,人民法院应当依据《公司法》第35条关于"股东不得抽逃出资"或者第142条关于股份回购的强制性规定进行审查。经审查,目标公司未完成减资程序的,人民法院应当驳回其诉讼请求。

投资方请求目标公司承担金钱补偿义务的,人民法院应当依据《公司法》第35条关于"股东不得抽逃出资"和第166条关于利润分配的强制性规定进行审查。经审查,目标公司没有利润或者虽有利润但不足以补偿投资方的,人民法院应当驳回或者部分支持其诉讼请求。今后目标公司有利润时,投资方还可以依据该事实另行提起诉讼。

对赌在审判环节需要考虑投资人与股东、目标公司的关系及对赌条件,对于股东与投资人之间的对赌,基本上是认可有效性的,但与目标公司之间的对赌,除了考虑《合同法》,还要结合《公司法》的规定进行判断有效性与否。于此,对赌的合法性是存在的,是没有问题的,有其适用的场景与判决适用的规则,也有相应的判例供参照。

在对赌协议中,主体往往有企业,也有个人。对于个人来讲,最为核心的是原来基于交易定价下的纳税,与后来给予补偿或回购时发生的支出,能够申请退回原来定价收入对应的税款。目前来看,各地税务机关的处理意见大相径庭,不同人士也理解各异。站在税务机关的角度,多认为这是两次独立的事项,而对于投资人或企业,却认为这是一个事情,在这种情形下,基于不同的利益考虑,矛盾就产生了。

在业界广为熟知的一个原海南省地方税务局的意见,主要是对于企业所得税[①]的调整。

海南省地方税务局关于对赌协议利润补偿企业所得税相关问题的复函

琼地税函〔2014〕198号

海南航空股份有限公司:

你公司《关于对赌协议利润补偿企业所得税相关问题的请示》(琼航财〔2014〕237号)收悉,经研究,现答复如下:

依据《中华人民共和国企业所得税法》及《中华人民共和国企业所得税法实施条例》关于投资资产的相关规定,你公司在该对赌协议中取得的利润补偿可以视为对最初受让股权的定价调整,即收到利润补偿当年调整相应长期股权投资的初始投资成本。

特此函复。

现实中对赌的形式很多样,如股东回购股权、直接进行现金补偿或者同步由目标公司减资回购等。目前财税部门对于对赌的涉税处理并没有给出明确的指导性意见,在各地的操作中,笔者也关注到,有的个人或企业能够得到退税,有的由于在开始时认为交易未完成,没有做转让处理还进行了补缴税款,后续在补偿支出时,却不予退税,补偿支出如果涉及企业所得税还不让税前扣除。笔者认为,如果单纯地看形式,比如第一次交易发生了,股权变更了,或者合同执行了,款项也收到了,多有人认为这就是一次完整的应税行为交易完成,后续由于具有或有发生的特点,并不是确定的,因为不给予认为是前续事项的延续,认为是另外的一件事项。本质上来看,交易一定

---

① 笔者曾关注到某市税务局在其汇算清缴政策解释中有这样的意见:

十、问:甲公司与乙公司于2015年1月1日签订股权转让协议,甲公司将持有的A公司80%股权转让给乙公司,转让价款1 000万元。同时甲、乙双方签订了盈利预测补偿协议,协议约定A公司2015年至2017年度每年合并会计财务报表中归属于母公司的净利润平均增幅不低于5%。若A公司未实现盈利目标,则由甲公司依据补偿协议向乙公司支付补偿款。

2015年1月20日,甲公司办理了A公司股权变更手续,并收到股权转让款1 000万元。A公司2016年、2017年均未实现盈利目标,甲公司需按补偿协议约定向乙公司支付补偿款100万元。甲公司股权转让所得应在哪一年确认,支付的补偿款是否可冲减投资收益?

答:《国家税务总局关于贯彻落实企业所得税法若干税收问题的通知》(国税函〔2010〕79号)第三条规定:"企业转让股权收入,应于转让协议生效、且完成股权变更手续时,确认收入的实现。转让股权收入扣除为取得该股权所发生的成本后,为股权转让所得。"

甲公司转让A公司股权,应在办理股权变更手续时,确认股权转让所得,计算缴纳企业所得税。甲公司因A公司盈利目标未实现按补偿协议约定向乙公司支付的补偿款,可在实际发生补偿支出的当年在税前扣除。

乙公司取得的补偿款应在取得当年确认收入或冲减相应的股权投资计税成本。上述股权转让协议和盈利预测补偿协议,须是合法有效协议。

是连续在一起的，当初的认可利益是基于未来的条件来定的，只是当前的或有事项，从一笔生意的角度来讲，未来的补偿或回购等事项若真实发生了，从大的方向来看，应允许调整为宜。

在国家税务总局 12366 网站上，福建省税务局曾有这样的问答：

企业股权转让签订对赌协议，协议要求三年净利润不低于 3 亿，达不到要求按规定进行现金补偿，个人所得税已缴纳。现三年已过，因净利润达不到要求，要现金补偿，那么之前缴纳个人所得税部分能否申请退还？

福建税务局 12366 呼叫中心答复：

您好，根据您提供的信息，您所述的情形没有退还个人所得税的相关政策。

从笔者接触的伙伴，还有专家的意见来看，对于对赌的业务交易，多认为要整体考虑，至于是不是认可所有的对赌中退税条件，并不一定全认可，需要分情形细化。但是大原则认为，基于法的认可，交易的事实，税收处理规则亦应与时俱进，如果遇到这样的问题，笔者建议可以结合相关法规政策，比如纳税人收回转让的股权等适用的规则，来进行沟通。一些伙伴成功退税的案例，也说明了这是大家可以共同进行思考并一起解决的问题。比如上面福建的案例，实际中据专家分析已得到退税。

最后需要补充的是，如果是个人作为对赌的利益方，需要在合同上做好"文章"，对于企业作为对赌的利益方，需要在会计处理及合同上都要做好铺垫与恰当的处理。比如有的专家提出，能不能在对赌的价款中加入保证金的条款，不要自己给自己做成"收入"，笔者认为，这是需要结合市场所需、上市公司要求与重组安排整体考虑的，税是很重要，但不足以成为主角。

正是因为对赌对利益的影响巨大，股东的压力可想而知，但若采取做假账、虚增利润的情形，则是有其他的极大风险的，下面这个公司的案例，值得我们关注。

据公开信息，《航天通信控股集团股份有限公司关于上海证券交易所对公司有关业绩事项问询函的回复公告》中披露了如下的内容：

2020 年 1 月 20 日，公司收到上海证券交易所上市公司监管一部下发的《关于对航天通信控股集团股份有限公司有关业绩事项的问询函》（上证公函〔2020〕0135 号，以下简称"问询函"），根据要求，公司就问询函所涉及的相关问题，组织相关中介机构进行了认真研讨和落实。现对函件中有关问题回复如下：

一、根据公告，智慧海派前期业绩大规模造假，2016—2018 年分别虚增收入 21.3 亿元、23.7 亿元、28.1 亿元，分别虚增利润总额 7.2 亿元、10.44 亿元、28.53 亿元。经追溯调整，公司连续 3 年大额亏损，归母净利润分别 -11.15 亿元、-5.12 亿元、-14.70 亿元。

本次公司披露了智慧海派虚构业务的交易对方名单，我部发现，针对涉及其中多家客户和供应商的关联关系、交易实质等异常情况，我部已于前期多次通过监管函件要求公司及中介机构充分核查。请：（1）公司董监高、历任会计师、重组财务顾问、律师等相关中介机构，详细说明就造假所涉业务、资金、客户、供应商、关联关系等采取的核查手段或审计程序，相关程序和证据是否充分适当，是否已发现异常情况及应对措施，是否存在刻意隐瞒，并论证勤勉履责情况；

公司回复：

2019 年以来，智慧海派科技有限公司（以下简称"智慧海派"）出现了应收账款大额逾期、银行债务违约、资金链断裂等重大风险，公司启动了对智慧海派的全面核查，其间智慧海派原总经理邹永杭等人因涉嫌合同诈骗被公安机关立案调查。

为了核查相关情况，公司成立调查小组，对涉及财务舞弊业务的岗位人员进行访谈、查询智慧海派前高管的公司往来邮件和办公资料，寻找识别虚假业务信息；对虚假业务信息在财务系统中进行梳理筛选，对虚假销售、采购、生产数据进行穿透识别，对涉及造假相关的往来单位进行走访，对研发相关人员进行访谈，并就虚假研发业务情况涉及的单位进行走访，确认虚假研发业务。从目前核查情况看，智慧海派业绩承诺方为了完成业绩对赌，进行业务造假。涉及业务造假的上下游客户受智慧海派业绩承诺方重大影响，或是主动配合，或是智慧海派业绩承诺方进行了刻意的筹划安排，以回避相关法律、法规及其他规范性文件所规定的关于认定关联关系的情形，通过其统一授意和安排，配合上述提及的有组织的造假，以实现对赌业绩承诺的完成。

因此，智慧海派业绩承诺方为了完成业绩对赌，进行业务造假，并利用智慧海派核心管理层身份，掩盖智慧海派真实的人、财、物、产、供、销信息，凌驾于上市公司制定的内控制度之上，公司不能用常规的核查手段发现其造假行为。

2015 年末公司收购智慧海派以来，针对智慧海派出现的有关问题，结合当时的实际情况，采取了常规的核查手段，公司董监高高度关注了相关第三方对智慧海派各种检查、审计过程中发现的问题，和公司在实际管控过程发现的智慧海派诸多问题，并要求公司督促智慧海派进行全面整改。因此基于当时了解的情况、掌握的证据和实施的管控实际情况，公司董监高有关工作是勤勉尽职的，并未发现智慧海派存在的业绩造假等重大风险事项，不存在刻意隐瞒的情形。

从目前审视过往，虽客观上内部控制存在固有的局限，智慧海派业绩承诺方管理层无视法律法规并凌驾于智慧海派内控制度之上，涉嫌实施了违法犯罪行为，通过恶意的串通导致内控被规避,但公司及董监高也存在对系统性恶意业务造假行为的识别和防范控制能力不足的问题。

这是披露的被收购企业出现的对赌业绩造假的问题,下面这个案例是涉及对赌失败后,拟向税务机关办理退税的事项,2020年5月6日《深圳市奋达科技股份有限公司关于对业绩补偿纠纷达成和解并签署〈协议书〉的公告》披露:

一、本次业绩补偿纠纷的基本情况

1. 2017年,奋达科技与富诚达原股东就富诚达100%的股权收购事项达成一致,并于2017年3月28日及2017年4月20日签署了《发行股份及支付现金购买资产协议》《发行股份及支付现金购买资产协议之补充协议》(以下合称"《购买资产协议》")及《发行股份及支付现金购买资产的利润补偿协议》《发行股份及支付现金购买资产的利润补偿协议之补充协议》(以下合称"《利润补偿协议》")。根据双方约定,富诚达原股东文忠泽、董小林、张敬明及富众达作出业绩承诺,承诺在2017年至2019年实现扣非净利润分别为2.0亿元、2.6亿元、3.5亿元,合计实现扣非净利润8.1亿元。

2. 2020年1月,鉴于《利润补偿协议》约定的利润承诺期已届满,而富诚达2017年至2019年累计扣非后净利润未达承诺利润,奋达科技向华南国际经济贸易仲裁委员会提起仲裁申请并获受理(以下称为"现有仲裁")。截至本公告披露日,本案尚未开庭审理。

……

截至本公告披露日,公司已经与全部富诚达原股东及富诚达就和解方案的具体条款和约定达成一致并已签署《协议书》。

……

1. 关于业绩赔偿方案

(1) 公司和富诚达原股东同意按2017-2019年度累计实现的扣非后净利润3.12亿元为基础进行补偿,补偿金额1 779 888 888.89元。富诚达原股东以注销股票和返还现金红利作为对价来支付上述补偿金额,其中注销股票数量为203 096 652股,返还现金红利8 668 413.86元。

……

(2) 鉴于公司已就富诚达原股东转让富诚达的全部股权,按289 500万元的股权转让价款为富诚达原股东代扣代缴了个人所得税;而根据《利润补偿协议》及本协议的约定,富诚达原股东实际收到的股权转让价款低于289 500万元,股份注销完成后10个工作日内,公司应配合向税务部门提出退税申请,包括签署必要的补充协议以及做出价格说明,获得的退税款项后,其中5%部分归公司所有,如款项退至公司账户,则公司在10个工作日内将剩余95%部分及时退还给富诚达原股东。

这个案例中，收购方是进行了股权转让个人所得税的扣缴，扣了税款之后，自然拿到的是税后所得，由于税额影响比较大，所以双方也对此约定，向税务机关申请退税，笔者认为有正当的理由可以申请，同时，这跟税收征管法当中纳税人的退税时限要求是不同的[①]。另外，在这个案例中，有股份支付，也有现金支付，如果当时现金支付的金额超过税额，则要一次性计缴个税。同时依据《国家税务总局关于个人非货币性资产投资有关个人所得税征管问题的公告》（国家税务总局公告 2015 年第 20 号）规定：非货币性资产投资个人所得税由纳税人向主管税务机关自行申报缴纳。但案例当中由收购方代扣代缴个税也不违背法定的扣缴义务，并且纳税地是在被转让公司所在地，

5.1.7 合并、分立中是否存在个人所得税递延纳税的特殊性税务处理或不征税处理

这个问题，在我们日常的业务交流中经常涉及。前面的章节中，我们在分析个人非货币性资产投资时，提及了股权转换股权的情形，也要适用计税规则，要一次性按照公允价格进行计算财产转让所得计税，如有纳税困难，可以备案在 5 个公历年度内进行分期纳税。

那么个人股东持有的企业股权，在被上市公司等另一方企业合并时，是不是按换股的方式来计税？对此有的人认为，只是换了个壳，我的资产没有形成交易所得，应参照企业所得税中递延纳税的特殊性税务处理来处理，原来的投资成本延续到对合并企业给付的股权对价中，待将来转让或退出时，再一并计算所得计税。我们可以先借鉴一个批复，不过最终有没有据此严格实施，还需要读者多多关注。

关于个人以股权参与上市公司定向增发征收个人所得税问题的批复

国税函〔2011〕89 号

江苏省地方税务局：

你局关于《关于个人以股权参与上市公司定向增发有关个人所得税问题的请示》（苏地税发〔2010〕72 号）收悉。经研究，批复如下：

[①] 《税收征收管理法》规定：

第五十一条　纳税人超过应纳税额缴纳的税款，税务机关发现后应当立即退还；纳税人自结算缴纳税款之日起三年内发现的，可以向税务机关要求退还多缴的税款并加算银行同期存款利息，税务机关及时查实后应当立即退还；涉及从国库中退库的，依照法律、行政法规有关国库管理的规定退还。

第五十二条　因税务机关的责任，致使纳税人、扣缴义务人未缴或者少缴税款的，税务机关在三年内可以要求纳税人、扣缴义务人补缴税款，但是不得加收滞纳金。

因纳税人、扣缴义务人计算错误等失误，未缴或者少缴税款的，税务机关在三年内可以追征税款、滞纳金；有特殊情况的，追征期可以延长到五年。

对偷税、抗税、骗税的，税务机关追征其未缴或者少缴的税款、滞纳金或者所骗取的税款，不受前款规定期限的限制。

根据《中华人民共和国个人所得税法》及其实施条例等规定，南京浦东建设发展有限公司自然人以其所持该公司股权评估增值后，参与苏宁环球股份有限公司定向增发股票，属于股权转让行为，其取得所得，应按照"财产转让所得"项目缴纳个人所得税。

二〇一一年二月十四日

对于公司以定增股票来换取企业股东或个人股东持有的股权，在企业所得税上，达到相应的条件就可以按照特殊性税务处理进行递延纳税，但是个税政策中没有此适用政策，既然没有，上面的批复意见也说得很清楚，按照财产转让所得，以公允价值来计缴个人所得税，这是股权换股权的交易特性，定向增发股票的企业按照公允值入账，作为其投资成本核算。

对于合并，与上述案例在形式上不同，即其持有的股权，没有在这个"壳"的形式下转移到合并方，而是以"壳"中的不同资产分别并入合并方，这个"壳"的存在是不是不同呢？笔者认为，无论是不是有"壳"，都已属于合并方的"资产"之类了，集合与非集合，在所有权的让渡上，结果应是一样的。

《宁波地税个人所得税热点政策问答（2014年第一期）》曾提出来：

13. 问：甲企业吸收合并乙企业，企业所得税处理符合特殊性重组的条件。其中乙企业股东全部为自然人，合并后乙企业的自然人股东按照净资产公允价值的比例持有合并后企业的股权。请问合并之前乙企业的留存收益是否需要缴纳个人所得税？

答：对甲企业吸收合并乙企业，如企业所得税处理符合特殊性重组条件，乙企业自然人股东所取得甲企业股权按历史成本计价的，暂不征收个人所得税。

如不符合上述条件的，对乙企业自然人股东应按"财产转让所得"项目征收个人所得税。

笔者认为，这种理解，能够争取当然最好，这也是当前涉税问题经常出现的情况，即不同的地方，在不同的人管理时，都可能有所差异。在国地税合并之后，对于之前各地方税务机关的观点，很有可能会发生理解的变化。正如前面我们提到宁波地税对于增资时个人所得税的计税答复，也一样有"个性化"的理解。上面的回复中，有一个前提，即是不是"按历史成本计价"，这跟问题中提到的按照公允价值的比例持有股份，是两个不同的事项，对于个人来讲，其合并时，相应的资产如果按评估价计入对方的投资股本，相当于评估作价入资了，那么此时按照财产转让所得计税有其合理基础，但是如果就是原账面价值计量的，可以认为暂不征收，投资成本也没有发生变化。一般来看，要看合并时工商登记的处理，以及会计上是不是属于同一控制下及非同一控制下的差异参照处理，但并没有因公允计价或历史计价而给出征或不征的规定。

笔者认为，若对于个人参照特殊性税务处理，这是借鉴，个税政策上允许递延计税的处理相对较少，而且比较明确。比如技术成果出资递延纳税，股权激励递延纳税的情形，合并中的个税问题，其实是两个，一是有没有实现所得，如果没有实现所得，就不需要探讨递延纳税的问题，在目前的政策下，得不出未实现所得的结论，合并已实现了价值的重估计量，这跟非货币性资产出资一致或类同；二是有人认为，如果是个人自己设立的两家公司，一家吸收合并另一家，此时哪有所得？在税收上我们不能简单地这样认为，而是要考虑税法对此的规定，在没有规定时，有没有相应的原则可以判断，企业所得税的特殊性税务处理中，有同一控制下吸收合并的情形，但个税政策中则没有，此时，认为应有所得计量，可以套用67号公告或反避税的条款，如果认为没有所得，是将两家并为一家人考虑，参照了企业所得税的判断原则，有突破政策认可之嫌。

下面再来看看分立，如果一个个人股东持有公司股权，这个企业进行了分立，有人认为这应参照企业所得税的特殊性税务处理，因为个人没有与别的主体产生交换对价，比如非关联方之间吸收合并的事项，是因为与其他主体产生了一个交易，用公允价值计量符合当前的计税逻辑。分立不涉及别人，从"情感"的角度，不应计税处理。企业所得税中对于分立的计税理解（一般计税方法，非特殊性情形下）：

（五）企业分立，当事各方应按下列规定处理：
1. 被分立企业对分立出去资产应按公允价值确认资产转让所得或损失。
2. 分立企业应按公允价值确认接受资产的计税基础。
3. 被分立企业继续存在时，其股东取得的对价应视同被分立企业分配进行处理。
4. 被分立企业不再继续存在时，被分立企业及其股东都应按清算进行所得税处理。
5. 企业分立相关企业的亏损不得相互结转弥补。

若分立中个人也是按应税处理，这相当于，企业要按照公允价值计算企业所得税，个人视为取得分配所得也是按照公允价值计量"财产转让所得"，这样的话，"两重税"在等着股东。个人的话，难道在没有特别规定的情形下，就认为必然不计税是不是有基础呢？有人认为，因为个人没有所得，在分立的时候，账面上的数据也是原来数据的分开，这似乎也是一个合理的理由。若存在多类股东时呢，可能又不同了！

整体来看，在没有特别政策规定之前，大家能够争取得到认可，比如合并办理注销清算时，得到不计税的认可，恐怕还是有一些难度的；再比如67号公告中提出以股权对外投资也是一种股权转让，对于其他非货币性资产也是一样。对于分立，由于不走股权转让的程序，67号公告不进行监控，由于工商登记变更的"分家"支持，若对此按上述公允价值计征企业所得税和个税，笔者认为似乎有点"过分"。

《海南省地方税务局关于印发企业重组中分立业务所得税税收风险特征的通知》（琼地税函〔2014〕467号）中有相应支持征税的意见：

（二）个人所得税

企业分立重组中，一般拆分为股东收回投资和再投资两个税收行为，对涉及个人股东权益变动或变更的，应按照个人所得税法的股息、利息、红利所得或财产转让所得规定计征税款。

而原大连地税则是给予了折中的类特殊性税务处理意见，但是清算当中有一个公允计量的问题，没有在文中解释清楚。《大连市地方税务局关于加强企业注销和重组自然人股东个人所得税管理的通知》（大地税函〔2009〕212号）提出：

为了加强对企业注销税务登记和重组自然人股东的个人所得税管理，根据个人所得税法及其实施条例、《国家税务总局关于股份制企业转增股本和派发红股征免个人所得税的通知》（国税发〔1997〕198号）、《国家税务总局关于城市信用社在转制为城市合作银行过程中个人股增值所得应纳个人所得税的批复》（国税函〔1998〕289号）、《国家税务总局关于盈余公积金转增注册资本征收个人所得税问题的批复》（国税函〔1998〕333号）等文件规定，现将有关事宜明确如下：

一、企业注销税务登记的管理

企业注销税务登记按照《财政部、国家税务总局关于企业清算业务企业所得税处理若干问题的通知》（财税〔2009〕60号）规定清算的，股东分得的剩余资产扣除投资成本后的余额，按照"利息、股息、红利所得"项目计算征收个人所得税。

企业注销税务登记未进行清算或无法取得清算所得相关信息的，以企业期末留存收益和资本公积之和，按照股东所占股份比例计算的部分确认为应纳税所得额，计算征收"利息、股息、红利所得"项目个人所得税，不得因企业存在的债权、债务而调整应纳税所得额。

本条所指的"注销税务登记"，不包括企业因住所、经营地点变动而改变税务登记机关的情形。

二、企业合并的管理

企业合并，被合并企业应当按照清算进行所得税处理，其自然人股东的个人所得税管理按照本通知第一条规定执行。

对按照《财政部、国家税务总局关于企业重组业务企业所得税处理若干问题的通知》(财税〔2009〕59号)规定,企业合并选择特殊性税务处理的,以被合并企业合并前的企业期末留存收益、资本公积和非股权支付对应清算所得和损失之和,按股东所占股份比例计算的部分确认为应纳税所得额,计算征收"利息、股息、红利所得"项目个人所得税,应纳税所得额=[企业期末留存收益+企业期末资本公积+(被转让资产的公允价值-被转让资产的计税基础)×(非股权支付金额÷被转让资产的公允价值)]×股东所占股份比例。

三、企业分立的管理

企业分立后,被分立企业存续的,其自然人股东取得的对价应当视为被分立企业的分配,在扣除投资成本后确认为所得,按"利息、股息、红利所得"项目计算征收个人所得税。

企业分立后,被分立企业不存续的,被分立企业应当按照清算进行所得税处理,其自然人股东的个人所得税管理按照本通知第一条规定执行。

对按照《财政部、国家税务总局关于企业重组业务企业所得税处理若干问题的通知》(财税〔2009〕59号)规定,企业分立选择特殊性税务处理的,以被分立企业分立前的企业期末留存收益、资本公积和非股权支付对应清算所得和损失之和,按股东所占股份比例计算的部分确认为应纳税所得额,计算征收"利息、股息、红利所得"项目个人所得税,应纳税所得额=[企业期末留存收益+企业期末资本公积+(被转让资产的公允价值-被转让资产的计税基础)×(非股权支付金额÷被转让资产的公允价值)]×股东所占股份比例。

本通知第二条、第三条所指"企业合并""企业分立""被转让资产的计税基础"与《财政部、国家税务总局关于企业重组业务企业所得税处理若干问题的通知》(财税〔2009〕59号)所定义的"企业合并""企业分立"和"被转让资产的计税基础"口径一致。

四、企业改变登记类型及迁移到境外的管理

企业由法人组织转变为个人独资企业、合伙企业等非法人组织的,或将登记注册地转移至中华人民共和国境外(包括港澳台地区)的,视为企业进行清算、分配,重新投资成立新企业。原法人企业的自然人股东个人所得税管理按照本通知第一条规定执行。

对于个人股东涉及企业清算的计税,并没有像企业所得税一样有相应的文件细化,原大连地税的文件也是参照了企业所得税的规定,部分还以此作为前置计税条件,也是一种创新。不过个人收回投资,依据2011年国家税务总局的文件明确为"财产转让所得"计税,不是股息红利,也不需要参照企业所得税将其分为股息红利与投资转让所得两部分考虑计算,因为企业所得税有免税的股息红利政策,对于个人股东来讲,无论是股息红利还是收回的所得,税率都是20%,没有差异。原大连地税的意见中强调了一条,企业由法人组织转变为个人独资企业、合伙企业等非法人组织的,或将登记注册地转移至中华人民共和国境外（包括港澳台地区）的，视为企业进行清算、分配，重新投资成立新企业①。相信这是对于当前各地招商政策中默认操作的警示。

《国家税务总局关于个人终止投资经营收回款项征收个人所得税问题的公告》（国家税务总局公告2011年第41号）规定：

一、个人因各种原因终止投资、联营、经营合作等行为，从被投资企业或合作项目、被投资企业的其他投资者以及合作项目的经营合作人取得股权转让收入、违约金、补偿金、赔偿金及以其他名目收回的款项等，均属于个人所得税应税收入，应按照"财产转让所得"项目适用的规定计算缴纳个人所得税。

【案例】某公司股东听说某地有招商政策，于是将其所投资的公司由浙江迁到西部某市，迁入后随即"变更"为合伙企业，此时，若你是税务主管人员，将如何处理此事项，如何计税呢？

分析：笔者认为，有限责任公司变更为合伙企业，其主体并不延续，并不像有限责任公司整体变更为股份有限公司，这是主体有延续性。有限责任公司与合伙企业的法律责任、计税所得的计量、计税方式均不相同，若变为合伙企业，相当于原公司清算再投资设立合伙企业，大连地税的意见，笔者是认同的。那么，如果是清算，取得的是财产转让所得，依67号公告，其纳税地应在被投资企业所在地，从清算企业的扣缴义务来看，也宜在被投资企业所在地计税。由于当地进行招商，税务机关对此没有主动要求按照这种意见计缴税款，那么此时此人所在地的税务机关，能不能要求该个人股东自行进行计税呢？在《国家税务总局关于个人所得税自行纳税申报有关问题的公告》（国家税务总局公告2018年第62号）中，所规定的扣缴义务人未扣缴税款之时，由纳税人自行向主管税务机关申报，对此主管税务机关没有明确确认的标准，纳税人居住所在地的税务机关似乎是可以进行此税源的"征缴"的。

之前在国家税务总局12366网站咨询的问题中，2019年7月1日厦门市税务局对于一个分立的问题有这样的解释，似乎给了一些可以参照的口径，注意后来这个答复进行了调整，估计也是在政策的理解上避免带来不利的影响吧。

---

① 财税（2009）59号规定：四、企业重组，除符合本通知规定适用特殊性税务处理规定的外，按以下规定进行税务处理：
（1）企业由法人转变为个人独资企业、合伙企业等非法人组织，或将登记注册地转移至中华人民共和国境外（包括港澳台地区），应视同企业进行清算、分配，股东重新投资成立新企业。企业的全部资产以及股东投资的计税基础均应以公允价值为基础确定。

问：甲公司有实收资本 3 000 万元、资本公积 5 000 万元、未分配利润 2 000 万元，现甲公司计划分立出新公司，分立后甲公司有实收资本 1 800 万元，资本公积 3 000 万元，未分配利润 1 200 万元；新公司有实收资本 1 200 万元，资本公积 2 000 万元，未分配利润 800 万元。其他资产也进行对应的拆分，请问这样资本公积及未分配利润拆分需要交个人所得税吗

答：分立后，两家分立的公司股权结构和分立前的一致，且分立前后未分红，也未发生未分配利润转增股本，仅仅拆分的话，不用缴个人所得税。

同时我们还注意到，其他一些省份的税务机关对于分立中所涉自然人股东个税问题的意见，并不是很确定，多数持"保守"的理解。笔者认为，作为一个专业的服务人员，不要轻易迷信于这些口径，需要从所得的实现理解个税与企业所得税的差异管理，站在以法征税的大环境中来思考这个问题，也希望给大家带来一些思路。比如对于分立，有不同的分立方式，股东可能延续保持原比例，也可能不保持，这些的情形在实务当中差别很大。下面讲两个企业所得税的特殊性税务处理的案例，相信大家也会有所启发。

最近，笔者与同行沟通了一个案例，一个合伙企业和某公司为股东，投资设立了甲有限公司，拟于近期分立，将甲有限公司中的房产分立出来，这其中是不是涉及税的问题，特别是个人所得税的问题，企业所得税的政策中，《国家税务总局关于企业重组业务企业所得税征收管理若干问题的公告》（国家税务总局公告 2015 年第 48 号）已明确：

重组交易中，股权收购中转让方、合并中被合并企业股东和分立中被分立企业股东，可以是自然人。当事各方中的自然人应按个人所得税的相关规定进行税务处理。

对于企业所得税的主体作为股东，分立时多可以较好地满足特殊性税务处理，但是对于这个合伙企业，若其合伙人是个人或存在个人合伙人，那么就存在要求以公允价值计算经营所得个税的潜在风险，若合伙企业的合伙人全是公司，是否认为要先计算分配经营所得后再计算企业所得税，这不是没有可能，因为其不是可以享受递延纳税的主体。不过，若税务人士持"通情达理"的观点，两个主体的持股比例在分立前后没有变化，也是以账面净资产分割，不计所得也未尝不可。笔者建议将合伙企业换掉股东身份，或者将房产留在被分立仍存续的主体中，是不是可行，这个是可以考虑的。这个案例中，对于土地增值税、契税还是有比较明确的政策可以支持不征或免征的，唯有个税要处理好，企业所得税争取取得特殊性税务处理的认可。

案例一：适用特殊性税务处理的分立情形需要考虑如何分立。

如某企业想转让一部分资产，此时想到特殊性税务处理，想先分立再转让，但至

少有一个时间的条件要考虑，即受限于12个月。此时，我们只要将拟转让的资产保留在被分立企业，并且延续其主体，分立出来的企业保持12个月的股权持有期，此时就可以突破12个月的限制。当然财税〔2019〕59号文件当中也提到，实质经营活动不能改变等其他条件，也需要同时满足。

案例二：未达到50%的股权收购无法享受特殊性税务处理。

此时可以在重组前先收购部分股权，达到50%，因为向前倒推之时，并没有持有时间的要求，此时就看创造的条件是不是满足特殊性税务处理的硬性标准，而不是就看自己的条件，有一些条件是创造出来的。

5.1.8 以技术成果出资选择递延纳税情形下"虚增估值"是不是会带来国家税收利益的损失

或许，这种案例还不多，没有引起对此问题的普遍警惕；或许，税务伙伴关注的少，此优惠空间还没有很好地被广泛应用。笔者与多位税务机关的老师、专家沟通了据闻是某省的一件真实案例。真是感叹，越想越是想不明白，是自己理解错了，还是纳税人占了国家太多的税收利益了，有没有政策的漏洞？严重点说，这是否涉及偷税的违法行为？

下面我们结合一个案例，来分析一下财税〔2016〕101号文件中规定的技术成果出资给予的递延纳税所带来的困惑！

【案例】（基于税务伙伴遇到的真实案例，略作改编）某个人老板，手中有一项专利技术成果，当初开发成本4 000元，实际市场评估价值10万元。"虚增"评估作价4 000万元，投资新设立宏大一人有限责任公司，全部计入实收资本。技术按照10年摊销，每年摊销400万元。10年结束该老板转让公司股权。尽管出资额是4 000万元，但最终作价10万元进行了转让，财产转让损失3 990万元。为简化处理，我们未考虑增值税及投入现金的情形，假设就是以此技术对外提供服务，公司适用的所得税税率为25%。

分析：一般情形下，依《公司法》规定，无形资产出资需要进行评估，估值为4 000万元，在实践当中并不鲜见，所使用的方法以收益法居多，即预测未来可能挣的钱，以一定的资金比率折现为当前的价值。没有使用期限的技术，在企业所得税政策中摊销的最低年限为10年，所以上面的案例中，我们就直接以10年进行摊销。

该个人选择按照财税〔2016〕101号的递延纳税政策，并且完成了税务需要的程序。如果没有此政策，则需要就投资时以非货币性资产投资计缴个税799.92万元〔(4 000 - 0.4) ×20%〕，当前可以在五个公历年度内分期缴纳，但即使公司不经营、关门了,也必须缴纳,此税款不会消失。

以 10 万元正常值与 4 000 万元虚增值出资成立公司时,其资产负债表的情形分别如表 5-9、表 5-10 所示。

第一,10 万元出资的资产负债表情形。

表 5-9   单位:万元

资产	金额	负债及所有者权益	金额
货币资金	0	负债类账户	0
无形资产	10	实收资本	10
减:无形资产摊销	0	未分配利润	0
无形资产净值	10	所有者权益	10
合计	10	合计	10

第二,4 000 万元出资的资产负债表情形。

表 5-10   单位:万元

资产	金额	负债及所有者权益	金额
货币资金	0	负债类账户	0
无形资产	4 000	实收资本	4 000
减:无形资产摊销	0	未分配利润	0
无形资产净值	4 000	所有者权益	4 000
合计	4 000	合计	4 000

若该企业 10 年期,其每年经营毛利 1 000 万元,扣减 400 万元摊销后,利润为 600 万元,企业所得税 150 万元,净利润为 450 万元。10 年内均未进行利润分配,截止到期时的资产负债表结果如表 5-11 所示。

表 5-11   单位:万元

资产	金额	负债及所有者权益	金额
货币资金	(850×10) 8 500	负债类账户	0
无形资产	4 000	实收资本	4 000
减:无形资产摊销	4 000	未分配利润	(450×10) 4 500
无形资产净值	0	所有者权益	8 500
合计	8 500	合计	8 500

在同等条件下,出资 10 万元时,经营毛利 1 000 万元,每年摊销为 1 万元,利润为 999 万元,企业所得税为 249.75 万元,净利润为 749.25 万元,如表 5-12 所示。

表 5-12 单位：万元

资产	金额	负债及所有者权益	金额
货币资金	(750.25×10) 7 502.5	负债类账户	0
无形资产	10	实收资本	10
减：无形资产摊销	10	未分配利润	(749.25×10) 7 492.5
无形资产净值	0	所有者权益	7 502.5
合计	7 502.5	合计	7 502.5

(1) 假设以其相应的净资产进行转让。

我们来计算一下两者在按净资产转让时，递延纳税实现，缴纳企业所得税及个税合计情况，如表 5-13 所示。

表 5-13 单位：万元

情形	企业所得税	个人所得税（无分红）	合计
4 000 万元出资	(150×10) 1 500	[(8 500 - 0.4)×20%] 1 699.92	3 199.92
10 万元出资	(249.75×10) 2 497.5	[(7 502.5 - 0.4)×20%] 1 500.42	3 997.92

从上述假设的数据看，相差 798 万元，所得税的少交影响了净资产的金额，3 990 万元虚增估值对应的所得税为 997.5 万元，是 3 990 万元摊销的影响，此为少交的企业所得税，但所得税的少交会影响税后利润的个税多交 20%，导致个税需多交 199.50 万元，整体看，净额相差 798 万元（997.5×80%），也是 3 990 万元的 20%，公式即为 3 990 万元×25%×80%。

在 4 000 万元出资额下，个人净所得 = 8 500 - 1 699.92 = 6 800.08 万元；在 10 万元出资时，个人净所得为 = 7 502.5 - 1 500.42 = 6 002.08 万元，相差等于 798 万元，即增加的摊销额影响的所得税额的 80%。由于企业所得税有时存在 15% 等情形，分析原理同上。

延伸分析一下，有人可能提出，如果不是递延纳税，而是在出资时即选择一次性或分期纳税，此时如果有评估虚估价值，会不会有影响呢？若原合理估价 10 万元，现虚增评估价 100 万元，不享受递延纳税的政策，企业税率是 25%。虚估增加了 90 万元：

我们以增加值为 X 作为变动数，会有三个影响：

一是将增加 20% 的个税，即 20%X；

二是将减少 25% 的企业所得税，即 -25%X；

三是将减少 75% 的个税，即 -75%×20%X = -15%X。

三者相加的结果是影响 -20%X 的结果，即将减少 0.2X 的税负，相应地就增加了

0.2X 的收回价值，上例中就是增加了 18 万元的税后价值。如果评估价为 1 000 万元，此时多评估 990 万元，其影响额为 198 万元。

如果上面的案例中，我们假设企业所得税是 15%，这家企业是高新技术企业：

一是将增加 20% 的个税，即 20%X；

二是将减少 15% 的企业所得税，即 -15%X；

三是将减少 85% 的个税，即 -85%×20% = -17%X。

此时合计影响为 -12%X。

（2）假设上面两家公司拥有的资金全部消耗（或有不合规转移），此时我们来看：

①4 000 万元对应的资产负债表情况如表 5-14 所示：

表 5-14 单位：万元

资产	金额	负债及所有者权益	金额
货币资金	8 500 - 8 490 = 10	负债类账户	0
无形资产	4 000	实收资本	4 000
减：无形资产摊销	4 000	未分配利润	4 500 - 8 490 = -3 990
无形资产净值	0	所有者权益	10
合计	10	合计	10

②10 万元对应的资产负债表情况如表 5-15 所示：

表 5-15 单位：万元

资产	金额	负债及所有者权益	金额
货币资金	(7 502.5 - 7 492.5) 10	负债类账户	0
无形资产	10	实收资本	10
减：无形资产摊销	10	未分配利润	(7 492.5 - 7 492.5) 0
无形资产净值	0	所有者权益	10
合计	10	合计	10

③若以 10 万元转让股权，两种情形下的计税结果如表 5-16 所示：

表 5-16 单位：万元

事项	企业所得税	个人所得税（无分红）	合计
4 000 万元出资	(150×10) 1 500	(10-0.4)×20% = 1.92	1501.92
10 万元出资	(249.75×10) 2 497.5	(10-0.4)×20% = 1.92	2499.42

此时，相差的税额就大了，如果没有此文件给予的优惠政策，那么对于第一步评

估价4 000万元和10万元入资时就要开始计算个税，其分别是：

(4 000 - 0.4) × 20% = 799.92万元以及 (10 - 0.4) × 20% = 1.92万元。

两者相差为798万元，而上图表中的计税差异为2 499.42 - 1 501.92 = 997.5万元，与798万元的差异199.5万元，这是因为税率差的影响，3 990 × (25% - 20%) = 199.5万元，即为上述的差异额。

（3）如果这家企业投入后都是巨亏，所得税没有缴纳过，个人所得税也没有转让价值，即使4 000元也不值，此时无论是收回投资还是转让，均没有所得，此时这种情形下的虚增估值就是一场空。

那么，这个政策本身到底有没有漏洞？

一是，如果是真实的、合理的技术成果出资，暂时不产生当前的纳税义务，这是绝对的时间性优惠，因为这相当于国家暂时放弃了征税，将个人未来经营的风险进行了承担。未来经营得好，可以补充征回来；未来经营得不好，国家就征不到税。但笔者认为，鉴于转让的预期计划性并不确定，转让行为的发生可能要延续很多年，甚至一直未转让。

二是，正常的技术成果出资，如果有正常的溢价，那么20%的个税与企业的税率会有税率差，这中间有整体的影响，比如上面我们测算的25%的企业所得税税率时，节约空间为虚增估值的20%。

三是，如果这个企业投资后，个人股东未转让股权或清算，那么其技术成果出资的递延纳税的计税义务就不会发生，但投资溢价就可以抵减所得税，这是明显的好处，此时就有可能有多评估的情形发生。

漏洞肯定是存在的，只是政策本身并不是在堵漏洞，而是对技术成果出资的激励，我们不能用合法与不合法来考虑，但是对于评估作价过高，还是应有一些管控手段。同时，对于转让时的价格，也要考虑借鉴国家税务总局公告2014年第67号文件对于净资产的核定进行补充防范后续转让或退出时的问题。但由于评估作价过高，其摊销会影响利润值，可能对于公司的利润创造价值会产生影响。还有一点，对于利润的部分，有时在经营过程当中是分配股息红利的，税率也是20%，这与转让时的税率一致。

由于技术本身的价值随着时间的长度会减值，不会那么值钱了，未来的股权转让价值的体现并不在于这个技术成果，因为技术多数情形下随时间会慢慢失去价值。但从技术转化价值的角度，如果转换的价值（含分配股息红利）高于评估值，那么起始的出资环节的个税将得到补偿。至于纳税人享受的摊销对企业所得税的抵减，持续持股下虚增估值肯定会影响企业所得税。关于这个政策在案例当中的应用，我们应结合个案的情形，适应性地进行分析，不能一概而论地认为存在问题。

对于这个对技术发展支持性的优惠政策，我们还需谨慎关注，同时纳税人也要谨慎使用，但也不要不敢用，毕竟政策的优惠就是鼓励个人与企业使用的，核心之处在于，希望我们国家的技术力量，能够因此优惠政策的引导与激励，真正能慢慢成长起来。同时，建议在过程中也要完善更多的征管手段，比如严格看，可以将纳税义务递延，而不是将计税所得递延，优惠于分期纳税；或者对于技术成果有更高的要求，如技术水平的要求，还有就是评估价值的技术规范等要求。由于目前尚处于初始阶段，可以视发展情形再定也不迟。

5.2　合伙企业在实践中的计价与纳税地、筹划可能性

5.2.1　合伙企业份额转让的纳税地与定价

在合伙企业的章节中，我们对于合伙企业的计税进行了完整的介绍，对于新个税法下合伙企业份额的转让，规定从2019年起明确按照财产转让所得依20%计税，但合伙企业的经营所得是按照5%—35%的级距进行计税，这两者的差异如何协调呢？另外对于个人转让合伙企业份额明确为财产转让所得之后，合伙企业的份额转让，其纳税地在哪里呢？

如果个人转让持有的某公司股权（不含上市公司限售股与流通股），规定是在被转让公司所在地完成转让所得的个税缴纳，依据国家税务总局公告2014年第67号，纳税人或扣缴义务人都可以办理。那么，合伙企业份额的转让，在适用财产转让所得之后，其纳税地在哪里呢？是不是比照公司的股权转让，在注册经营地呢？通常认为应是这样的，但目前并没有政策明确。在新个税法实施之前，若按照退伙的处理，由于是经营所得，由纳税人向经营所在地税务机关进行纳税是比较明确的，现在改了计税方法，理解上原来的纳税地的判断应延续。不过笔者认为，由于属于财产转让所得，多数人可能认为归类到代扣代缴的范围中，经营所得是没有扣缴义务的，此时受让方也可以认为在其所在地扣缴完税，不是被转让合伙企业所在地，不过这有一些风险，而纳税人是否可以认为，应在其住所地或常住地纳税呢？从笔者的分析与咨询专家的意见，在被转让合伙企业的所在地缴纳，似乎是可控风险比较好的方式。毕竟其是利益的密

切相关联方，将来的清算等处理，也由当地主管税务机关来办理，跟个人转让公司股权的个税纳税地一致，也存在扣缴义务人，并不影响其缴纳地的适用，对于合伙企业来讲，虽然当前政策当中未明确，建议仍以此操作为宜。

由于67号公告规定了股权转让的详细规则，其明确规定不适用于个人独资企业和合伙企业，此时税务机关会不会一样要求进行报表复核、净资产查阅，甚至是评估的要求呢（由于合伙企业很多情形下是持有投资份额或投资股权的）？合伙企业份额转让的变更登记还没有普遍明确需要办理税务机关的完税凭据，但至少部分地方的税务机关已对此作出类同的要求。

另外如果是一家公司持有合伙企业的份额，发生了对外的份额转让，其所得自然计入该公司的应纳税所得额，与该合伙企业在什么地方不关联，并不需要在合伙企业所在地计缴或预缴所得税，这跟公司持有另一家公司的股权，进行股权转让的处理是一样的。

5.2.2 新个人所得税法对合伙企业带来的计税税率的分割影响

个人转让合伙企业份额，视为财产转让所得按20%计税，而个人取得合伙企业的经营所得却是按5%—35%计缴个税，部分利息、股息、红利按照20%计税，这时大家可以发现，如果单个来看，似乎就是一个政策的变化，如果整体来考虑，比如是关联方之间的份额转让，这其中会不会存在计税的漏洞，反向来说是不是会存在节税的空间呢？

【案例】张某与宋某共同投资了一家合伙企业，各投资200万元，共400万元，分配各占50%，这家合伙企业投资了一家公司，投资额400万元。现在有一家上市公司想收购其持有的该公司股权，欲出价8 000万元，此时若合伙企业转让，经营所得为7 600万元，每个人3 800万元，每个人经营所得的个税为3 800×35% − 6.55 = 1 323.45万元。

有人提出将合伙企业迁到某洼地，搞核定，这个风险，目前来看比较高，两位合伙人比较不放心，因其都是知名人士。索性就跟政府要一点奖励吧，看看这个能不能达到，这也是一个稳妥的方式。

但是我们可以看，若是这两个合伙人转让份额给某合伙企业或某公司，价格也是8 000万元，这样两个自然人的所得仍为3 800万元，但适用20%税率计算个税为760万元，相当于降低了15%税率档的税负部分，此时再安排一些奖励，不是更好。但解决了这个环节，最终收购方还是要从合伙企业购买股权的，那么购买了股权，计税时如何算。若转让份额给 2 家有限责任公司，变更后的架构如下：

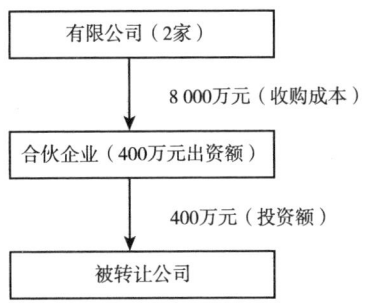

若当年度合伙企业转让了 400 万元的投资，在合伙企业的层面上，实现的所得还是 7 600 万元，相当于 7 600 万元需要分别纳税调增并入到 2 家有限公司的应纳税所得额，并入之后，合伙企业也没有什么运营了，比如次年进行注销了，收回来已计税的经营所得 7 600 万元，投资成本 400 万元，原投资成本 8 000 万元得到收回原合伙人的 400 万元投资，税收上形成了 7 600 万元的投资损失进行纳税调整处理，再用当年或以后年度所得弥补。看到这儿，是不是感觉不是很正常？没错，这是因为经营所得的分配计税与清算合伙企业的时间点错在了不同的年度，在分配经营所得的年度，由于投资的 8 000 万元属于溢价的投资成本，在合伙企业不清算，不转让或退出时，无法抵减分回的经营所得。

若是这个方式调整一下，将分配经营所得与清算合伙企业在一起处理，这样原来的"沉默投资成本" 8 000 万元，就可以抵减其分配回来的经营所得，相当于 0 元（7 600 + 400 − 8 000）所得。这个案例中有限公司其实还是要有适当的利润的，这中间或许有人为的安排，比如能否用反避税的条款，认为合伙人的份额计税不可以，必须要算为经营所得，似乎反避税更多是进行定价调整，对于合伙人转让合伙份额，并没有故意作价过低，对于有限公司，也挣得了自己"过桥资金"的利润，似乎并不是一个有问题的处理。但若转让给合伙企业，可能存在整体计税抵亏的争议。

5.3 "包税"业务交易中的"陷阱"与风险防范

对于"包税"的业务交易，一般认为，购买方需要承担销售方的相应税款；多数理解是本次交易中销售方产生的税费，极端情形下，甚至认为纳税人之前欠缴的其他税款，也需要进行承担。在目前的不动产法拍中大量存在包税的约定或声明，在法院与税务机关的协作中，各地的执行口径差异很大。这主要是因为，由于房产过户需要

"先税后证",现在的股权转让,也需要取得纳税人的纳税证明,在这种情形下,这两类资产的"包税"就面临着商业上的问题,也面临着与税务机关沟通的问题,甚至存在多年拖而未决,甚至对簿公堂的事项也屡屡发生。

从目前最高人民法院等相关的判例实践中,对于"包税"的业务交易是认可的,并不认为是破坏了税法的规则,因为它是从经济利益约定的民商法角度进行阐述的。笔者查询涉及包税情形的诸多判例,基本上都认为纳税人是不能变化的,即包税人纳的税,仍是要以纳税人的身份进行缴纳,且"包税人"纳了税,也难以申请退回,比如包税人纳的税,但单据上标识是真正的纳税人,法院多以非利益相关方进行驳回处理,在税务的处理上,更多是看税有没有缴,至于是谁交的,有没有争议,并不进行核实与确认,也未有纠正的要求。

某人于 2016 年在网上拍得了一处房产,该房产属于一家房地产公司所有,因为有债权争议得到执行拍卖,拍得的价款是 500 万元,由于历史原因,这处房产在 2019 年才开始办理过户程序。但是在过户时却不得了,当初拍卖公告中提及,凡是涉及相关的各种税费,均由拍得人承担,由于当时认为只需要承担契税与印花税,结果就拍得了。在过户时,办税人员一计算,税款预计达到 300 万元左右,包括对方作为纳税人的土地增值税、增值税、印花税等。对于土地增值税,有的地方还认可可以进行核定,比如按照收入的 8% 核定。对于案例中的情形,税务机关明确回复不给予核定,还要求视为这家房地产开发企业的土地增值税计算,关键这家房地产企业本身都不正常经营了,如何还能算清楚土地增值税的清算?据笔者了解,多地不再倾向于给予土地增值税的核定处理,只能税务机关给予评估或协助进行成本确认,多数情形下,核定相对有利。现在,这桩拍卖涉及的房产过户还没有操作完成,拍得人的权益得不到很好的保障。开始认为是一件很好的事,结果却可能让自己陷入"税"的麻烦。

5.3.1　包税是包的交易过程当中的税还是纳税人所有的税

从笔者的认知与我们的常识判断,包税一般是指交易事项中所涉的税费等,很少包括对方作为纳税人欠缴的企业所得税、土地使用税及房产税等,因为这是对方经营过程当中发生的税,与该交易不相关,比如是不是要单独计算出来本次转让涉及所得的所得税,笔者认为也不是很稳妥,由于企业所得税是法人年度计缴,还存在弥补以前年度亏损的情形,单独计算出来的所得与所得税并不直接挂钩,或需要承担由税务系统查出来欠的所得税,这明显不合理,也不应该。当然,除非税务机关对此房产也进行权利保障处理,那么相应的税款可以从拍卖款中取得,而不是让拍得人承担。但是由于法院并不一定理会税务机关的意见,往往不同意转拨"税款",而是先保障债的实现,除非法院与税务机关达成了协作共识,就易操作了。下面这个案例,发生在上海,是我们理解法制环境与执法水平较高的地方,但是一样会存在涉及包税争议的判例。为了大家能够清楚地理解,笔者进行了全文摘录。

上海胜华电缆(集团)有限公司与上海宏邦化工有限公司企业借贷纠纷其他执行裁定书

发布日期:2020-03-05

上海市松江区人民法院

执 行 裁 定 书

(2019)沪0117执异251号

异议人(买受人):上海劲苏实业有限公司,住所地上海市松江区荣乐东路×××号。

法定代表人:高一琪,总经理。

委托诉讼代理人:顾海平,上海市捷华律师事务所律师。

委托诉讼代理人:胡明柱,男。

申请执行人:上海胜华电缆(集团)有限公司,住所地上海市浦东新区。

法定代表人:张胜飞,董事长。

被执行人:上海宏邦化工有限公司,住所地上海市松江区。

法定代表人:季朝政,总经理。

委托诉讼代理人:朱小红,上海一曼律师事务所律师。

在本院执行申请执行人上海胜华电缆(集团)有限公司(以下简称胜华公司)与被执行人上海宏邦化工有限公司(以下简称宏邦公司)企业借贷纠纷一案中,异议人上海劲苏实业有限公司(以下简称劲苏公司)对执行实施部门在拍卖房产过户时要求其承担企业所得税、拍卖成交前所涉城镇土地使用税、房产税的行为不服,向本院提出执行异议。本院受理后,依法组成合议庭进行审查,并于2019年12月18日公开开庭进行听证,异议人劲苏公司的委托诉讼代理人顾海平、胡明柱、被执行人宏邦公司的委托诉讼代理人朱小红参加了听证,申请执行人胜华公司经合法传唤无正当理由拒不到庭,现已审查终结。

异议人劲苏公司异议称,一、请求撤销法院要求异议人承担位于上海市松江区江田东路×××号1-13幢和无证建筑物2幢房屋(以下简称涉案房屋)拍卖成交前被执行人宏邦公司历史欠缴的城镇土地使用税和房产税的执行行为;二、撤销法院要求异议人承担被执行人企业所得税的执行行为。事实和理由:异议人在上海市松江区人民法院开展的司法拍卖项目公开竞价中,以60 100万元最高价竞得涉案房屋。嗣后,执行法官告知异议人需承担所有税款,其中包括了被执行人企业所得税以及拍卖成交前发生的城镇土地使用税和房产税。异议人认为:1.《拍卖公告》和《竞买须知》约定买方承担的是"交易过程中"发生的税收,至于括号中的企业所得税和房产税仅仅是一种罗列,是否应当由买受人支付由其前置条件"交易过程中发生"确定。拍卖成交前被执行人所欠缴的城镇土地使用税和房产税并不属于交易过程中所发生的税费，至于企业所得税从应税时点和计税方式看也不属于交易过程中产生的税费，应由被执行人承担，况且从纳税主体的角度来说被执行人也是上述三个税种的法定纳税义务人，其法定义务不能随意转让。2. 根据 2018 年 5 月 10 日颁布的《关于落实本市人民法院与税务部门衔接机制建设相关问题的意见》第三条第二款、2019 年 1 月 7 日颁布的《关于进一步规范不动产司法拍卖中有关事项的指导意见》第四条的规定，历史欠缴税费不作为交易过程的前置条件，而应当由税务机关在拍卖款中参与分配受偿，非异议人支付，执行法院不应在拍卖公告和特别提示中作出规定，也不应载明由买受人承担，而拍卖成交前发生的城镇土地使用税和房产税均不是交易过程中所发生的而是历史欠缴的，显然应由被执行人宏邦公司承担。3. 2017 年 1 月 1 日颁布的《最高人民法院关于人民法院网络司法拍卖若干问题的规定》第三十条规定，历史欠缴的城镇土地使用税和房产税并不属于"拍卖本身形成的税费"，同时也不属于"没有规定或规定不明的"，故法院执行实施部门无权要求买受人承担。

申请执行人胜华公司辩称，异议人提出的执行异议与其无实际关系。

被执行人宏邦公司辩称，不同意异议人的异议内容。根据《拍卖公告》第九条第一款、《竞买须知》的第十条、第十二条第二款的约定，交易过程中所发生的应由原权利人、涉案当事人和买受人需承担的一切税收和费用（包括但不限于营业税及附加、土地增值税、契税、印花税、交易手续费、权证工本费、个人（企业）所得税、房产税和其他相关费用）全部由异议人承担。宏邦公司认为，《拍卖公告》《竞买须知》都已明确告知异议人，异议人在参与竞拍前以及拍卖成交后，对其要承担的税费金额也是明知的，故企业所得税以及历史欠缴的城镇土地使用税和房产税均由异议人承担。

经审理查明，本院受理胜华公司诉宏邦公司企业借贷纠纷一案，该案作出（2014）松民二（商）初字第 2861 号民事判决：宏邦公司偿还胜华公司借款 103 159 460 元。判决生效后，因宏邦公司未履行判决确定的义务，胜华公司向本院申请执行，要求宏邦公司偿还借款 103 159 460 元及支付相应的迟延履行期间的债务利息。本院于 2016 年 1 月 8 日立案执行，执行案号为（2016）沪 0117 执 281 号。执行中，本院查封了被执行人宏邦公司名下涉案房屋，并于 2017 年 6 月 9 日裁定拍卖被执行人宏邦公司名下涉案房屋。

2017 年 9 月 19 日，本院在"公拍网"上刊登对涉案房地产的《拍卖公告》，其中第九条载明："标的物转让登记手续由买受人自行办理。依照相关法律法规和政策的规定，交易过程中所发生的应由被执行人承担的税费，由买受人支付。标的物可能存在的水、电、煤、物业管理费、车位管理费等欠费均由买受人承担。如有违法建筑，则由买受人自行接受相关行政机关的处罚、甚至拆除，并承担由此而发生的一切费用。"《竞买须知》第十二条第二款载明："依照相关法律法规和政策的规定，交易过程中所发生的应由原权利人、涉案当事人及买受人需承担的一切税收和费用（包括但不限于营业税及附加、土地增值税、契税、印花税、交易手续费、权证工本费、个人（企业）

所得税、房产税和其他相关费用）全部由买受人承担。标的物可能存在的水、电、煤、物业管理费、车位管理费等欠费均由买受人承担。未明确缴费义务人的费用也由买受人承担。"在标的物介绍中特别说明："房地产过户交易过程中所发生的税费（包括但不限于增值税及附加、土地增值税、契税、印花税、交易手续费、权证工本费、个人（企业）所得税、房产税和其他相关费用）全部由买受人承担，标的水、电、煤、物业管理费、所有欠费均由买受人承担。"

异议人于2017年11月4日至2017年11月7日的上述涉案房产的司法拍卖项目公开竞价中，以最高价60 100万元胜出。本院于2017年11月23日作出（2016）沪0117执281号执行裁定书，裁定：……二、将坐落于上海市松江区江田东路×××号1-13幢全幢房屋由权利人上海宏邦化工有限公司过户至买受人上海劲苏实业有限公司名下；三、坐落于上海市松江区江田东路×××号1-13幢之外的无证厂房1-2幢的所有权归买受人上海劲苏实业有限公司所有。同时，向国家税务局松江分局发出协助执行通知书，要求协助：将坐落于上海市松江区江田东路×××号1-13幢全幢房屋由权利人上海宏邦化工有限公司过户至买受人上海劲苏实业有限公司名下，并委托上海劲苏实业有限公司前来办理上述房屋（另包括无证建筑物第1-2幢）的相关纳税手续。2018年7月29日，本院执行实施部门已将涉案房屋交付异议人，但异议人目前尚未完成房屋过户手续。

另查明，在收到本院（2016）沪0117执281号执行裁定书后，上海市地方税务局松江区分局于2018年1月12日来函，表示被执行人有涉及的房产税、土地使用税两税未缴纳，其中欠缴的城镇土地使用税自2007年1月至2017年12月合计4 318 920元，并需缴纳欠缴税款从滞纳之日起须按日加收滞纳税款万分之五的滞纳金；房产税自2015年1月至2017年12月合计12 431 182.38元，并需缴纳欠缴税款从滞纳之日起须按日加收滞纳税款万分之五的滞纳金。

2018年2月12日，该局再次来函，言明按照本院（2016）沪0117执281号协助执行通知书的要求，对位于松江区江田东路×××号1-15幢房产拍卖交易的相关税费进行了计算，情况如下：一、增值税和城建税及教育费附加31 480 952.38元；二、土地增值税46 558 933.40元；三、城镇土地使用税4 318 920元；四、房产税12 431 182.38元；五、企业所得税126 676 942.10元，以上税费合计221 466 930.26元，未按规定缴纳的，加收滞纳金。2018年11月1日，该局来函表示因据以计算土地增值税的房产成本评估报告被评估公司宣告撤回并作废，该局撤回2018年2月12日的来函，并请求本院敦促被执行人提供房产的原始成本材料，或组织对房产成交进行司法评估，以便计算相关税费。嗣后，在得到异议人和被执行人同意司法评估的函件后，本院通过上海市高级人民法院委托上海科东房地产土地估价有限公司对涉案房地产的重置价值提供价值参考。2019年8月2日，该局来函对税费的金额重新进行了计算：1. 增值税28 619 047.62元；2. 城建税1 430 952.38元；3. 教育费附加858 571.43元；4. 地方教育费附加572 380.95元；5. 土地增值税68 919 048.81元；6. 城镇土地使税 4 282 929 元；7. 房产税 10 034 187.56 元；8. 企业所得税 14 355 654.39 元，合计 129 072 772.10 元。

2019 年 7 月 8 日，该局来函询问因相关当事人在税费的承担主体上存在分歧，故要求本院释明被拍卖房产本次交易所涉及的增值税及附加、土地增值税、契税、企业所得税，该房产欠缴的房产税和城镇土地使用税由被执行人和买受人何方承担？本院于 2019 年 7 月 12 日函复，根据《拍卖公告》和《竞买须知》规定，全部由买受人上海劲苏实业有限公司承担。本院执行实施部门亦将上述拍卖房产过户所需缴纳的税费告知异议人，并要求其承担全部税款，异议人则不同意承担其中的企业所得税、拍卖成交前所涉房产税和城镇土地使用税，进而提出执行异议。

再查明，在拍卖成交前（2017 年 10 月 31 日），异议人方与被执行人就股权收购事宜进行过磋商，在通过微信发送的给被执行人律师的《上海松江宏邦项目商业条款表》讨论稿中第 4 条交易步骤、对价支付约定，"向宏邦公司提供 14.00 万元贷款用于偿还欠付的房产税"。拍卖成交后（2018 年 6 月 20 日），异议人的法定代表人发送的邮件中，就宏邦项目的核算表中显示，项目的收购款为 6.01 亿元，完税控制总价为 7.5 亿元。

审理中，异议人表示微信文件只是讨论稿，是作为收购人的尽调义务，但不能据此推定这些税费确认由异议人承担，而邮件是公司内部讨论意见草稿，并非最终的数据，知道欠税和承担欠税本身就是两回事。异议人对《拍卖公告》《竞买须知》的内容以及拍卖的结果均不持异议，除本案争议的三项税款外，其余税款也同意承担，但因被执行人至今未进行纳税申报，故异议人无法支付其余无争议部分的税款。

以上事实，有拍卖成交确认书、《拍卖公告》《竞买须知》、执行裁定书、协助执行通知书、上海市地方税务局松江区分局关于协助清偿上海宏邦化工有限公司欠税的函、复函、（2019）沪张江证经字第 10444 号公证书、（2019）沪张江证经字第 10445 号公证书等予以证实。

本院认为，首先，《拍卖公告》《竞买须知》中所指的"交易过程中"发生的一切税收和费用，已在括号中予以列举，即"包括但不限于营业税及附加、土地增值税、契税、印花税、交易手续费、权证工本费、个人（企业）所得税、房产税和其他相关费用"，并有兜底条款予以明确，即，"未明确缴费义务人的费用也由买受人承担"。根据国家税务总局国税发〔2007〕114 号《房地产税收一体化管理业务规程》，"房地产税收包括土地使用权取得和房地产开发、交易、保有等环节涉及的"相关税种，"交易环节涉及的税种有营业税、城市维护建设税、教育费附加、企业所得税（或个人所得税）、土地增值税、印花税、契税等税种"。因此，《拍卖公告》《竞买须知》所指的"交易过程中"发生的税费中既有"交易环节"涉及的税费，也有其他环节涉及的税费。因此，不能把本拍卖所指的"交易过程中"发生的税费理解为"交易环节"发生的税费，因为在房屋过户过程中必然会触发所有税费的清算，而只有在税款清缴的前提下，才能保障涉案房屋过户的顺利完成。

其次，涉案房屋在拍卖成交后，本院向税务机关发出协助办理相关纳税的通知书，税务机关亦发函告知本院包括企业所得税、拍卖成交前被执行人欠缴的房产税和城镇土地使用税在内的税费及金额。故本院执行实施部门依照《拍卖公告》《竞买须知》向异议人告知了其需要承担的上述税款并无不当。异议人与被执行人之间拍卖前的邮件往来表明，异议人在拍卖前对被执行人涉案房屋欠缴房产税是明知的，且在拍卖成交后异议人自行的成本核算表中完税总价控制金额为7.5亿元，与拍卖价6.01亿元之间，1.5亿元的税款预估与当时的实际税款总额相当，也证明了异议人对房屋成交后税款由其承担也是有预期的，故异议人在审理中以知道上述税款并不代表同意承担的抗辩意见，本院不予采信。

最后，虽然我国税收管理方面的法律法规对于各种税收的征收均明确规定了纳税义务人，但是并未禁止纳税义务人与合同相对人约定由合同相对人或第三人缴纳税款。税法对于税种、税率、税额的规定是强制性的，而对于实际由谁缴纳税款没有作出强制性或禁止性规定。《最高人民法院关于人民法院网络司法拍卖若干问题的规定》也均未禁止纳税义务人与合同相对人约定由合同相对人或第三人承担相关税款。《拍卖公告》《竞买须知》在网上公布后，买受人有自主选择是否参与竞买的权利，如不接受拍卖公告规定的条件，其可选择不参加竞买。买受人自愿参加竞买，即表明其已完全了解并自愿接受《拍卖公告》《竞买须知》所规定的相关条件，在竞买成功后，如果再以相关税费不应由其承担为由申请撤销对其不利的执行行为，将导致司法拍卖条件的重大改变，即在拍卖前和拍卖后分别设定两种不同的拍卖条件，对其他未参加竞买的潜在竞买人而言有失公平，也不利于司法拍卖的稳定。因此，虽然被执行人是企业所得税、拍卖成交前所涉城镇土地使用税、房产税的法定纳税义务人，但上述税款的承担主体应当按照《拍卖公告》《竞买须知》的公示确定。至于《关于落实本市人民法院与税务部门衔接机制建设相关问题的意见》《关于进一步规范不动产司法拍卖中有关事项的指导意见》，均是在本次拍卖公告以及拍卖成交之后颁布的，并不影响本案的处理。

综上所述，异议人申请撤销本院执行实施部门要求其承担涉案房屋拍卖成交前被执行人宏邦公司企业所得税、历史欠缴的城镇土地使用税和房产税的执行行为，本院不予支持。据此，依照《中华人民共和国民事诉讼法》第二百二十五条、《最高人民法院关于人民法院办理执行异议和复议案件若干问题的规定》第七条、第十七条的规定，裁定如下：

驳回异议人上海劲苏实业有限公司的异议。

如不服本裁定，可以自本裁定书送达之日起十日内，通过本院向上海市第一中级人民法院申请复议。

审判长　徐晓枫
审判员　潘建华
人民陪审员　张春龙
二〇二〇年二月二十七日
书记员　赵璋翊

大家可能也发现了，这个案例中还包括了滞纳金，比如最开始我们列举的某个人拍得房产过户的情形，我们要看看，土地增值税的纳税义务，是从什么时间产生，这就有疑惑了。依照规定，纳税人应当自转让房地产合同签订之日起七日内向房地产所在地主管税务机关办理纳税申报，并在税务机关核定的期限内缴纳土地增值税。不过由于未申报，笔者认为土地增值税的纳税在承担的时候，也宜在过户时视为发生，不需要计缴所谓的滞纳金。从笔者处理的案例来看，理想的状态是仅承担契税与印花税，相应的别的税种的税，由税务机关在系统中"挂账"处理，这才是有着税收法定纳税的情形，但是多数税务机关为了保护税源，守住过户这条线，不管是谁纳税，都要求计缴环节中的所有税费。上海中院后续驳回了劲苏公司的复议申请。

2018年上海市高级人民法院执行局、原上海市国家税务局政策法规处、原上海市地方税务局政策法规处《关于落实本市人民法院与税务部门衔接机制建设相关问题的意见》，提出：

三、关于强制执行过户中涉税受偿相关事宜方面

在法院强制执行过户案件中，因强制过户本次交易本身所产生的相关税费，执行法院应当责令相关当事人缴纳完毕。

在法院强制执行过户案件中，对属于被执行人原先经营过程中所产生的相关历史欠缴税费，由税务部门负责追缴，不作为本次交易过户的前置要件。税务部门对该历史欠缴税费，可以在人民法院处置相关被执行人财产后依法申请参与分配受偿。

上海高院2019年进一步发布《关于进一步规范不动产司法拍卖中有关事项的指导意见》，其提出：

四、关于不动产变价过程中的税费承担

根据《最高人民法院关于人民法院网络司法拍卖若干问题的规定》第三十条[①]和沪高法执〔2018〕9号《上海市高级人民法院执行局、上海市国家税务局政策法规处和上海市地方税务局政策法规处关于落实本市人民法院与税务部门衔接机制建设相关问题的意见》，执行法院在不动产拍卖公告和特别提示中关于税费承担的内容应当仅针对因拍卖本身而形成的税费（目前为增值税、土地增值税、个人所得税和契税），对于被执行人历史欠缴税费由税务部门负责追缴或者依法申请受偿，执行法院不应在拍卖公告和特别提示中作出规定，也不应载明由买受人承担。对于拍卖本身而形成的税费，相关法律、行政法规规定承担主体的，由相应主体承担（目前增值税、土地增值税和

---

① 第三十条 因网络司法拍卖本身形成的税费，应当依照相关法律、行政法规的规定，由相应主体承担；没有规定或者规定不明的，人民法院可以根据法律原则和案件实际情况确定税费承担的相关主体、数额。

个人所得税由被执行人承担，契税由买受人承担），执行法院不应在拍卖公告和特别提示中作出变更，只有当相关法律、行政法规没有规定或者规定不明的，执行法院才可以根据法律原则和案件实际情况确定税费承担的相关主体并在拍卖公告和特别提示中予以载明。对于不动产可能涉及水、电、气、物业服务等欠缴费用的，可以在拍卖公告和特别提示中规定由买受人承担。

笔者认为，上海市高级人民法院对于现实当中因承担税费的理解进行口径明确，在上面的判例中就有发生，但被法院驳回，认为是在此文件之前发生的，未适用到本意见。但是对于个人所得税，却不同于企业所得税，因为这是基于本次交易独立发生需要计缴的，通常也在包税之列。但是上海市的意见是倾向于依法确定的纳税人来纳税，由相应主体承担，这个规定非常到位。

另外，如江苏省高级人民法院《关于正确适用〈最高人民法院关于人民法院网络司法拍卖若干问题的规定〉若干问题的通知》（苏高法电〔2017〕217号）

四、关于税费负担
因网络司法拍卖产生的税费，按照网拍规定第三十条的规定，由相应主体承担。在法律、行政法规对税费负担主体有明确规定的情况下，人民法院不得在拍卖公告中规定一律由买受人承担。

笔者认为，承担税费并不可怕，最主要的是在参与拍卖时，要注意拍卖公告的内容，及法院裁定书的内容，有时拍得人根本就不知道要计缴多少税，如果从整体算账的角度，拍得人知道拍卖价，也知道要承担的税费，比较明确，也不会有争议，无非就是一个组成价格的问题；否则后续在拍卖成交的价格上加一笔的不小税费，自然不情愿。还有的时候，是债权人自己的关联方参与竞拍，最终拍得了不动产，此时如果由税务机关参与追缴税款的话，那么就有利益损害了。据观察，在国地税合并之前，有一些地税机关会有一些操作口径，或紧或松，了解属地税务机关的操作最为重要。

国家税务总局关于人民法院强制执行被执行人财产有关税收问题的复函

最高人民法院：
你院《关于人民法院依法强制执行拍卖、变卖被执行人财产后，税务部门能否直接向人民法院征收营业税的征求意见稿》（〔2005〕执他字第12号）收悉。经研究，函复如下：

一、人民法院的强制执行活动属司法活动，不具有经营性质，不属于应税行为，税务部门不能向人民法院的强制执行活动征税。

二、无论拍卖、变卖财产的行为是纳税人的自主行为，还是人民法院实施的强制执行活动，对拍卖、变卖财产的全部收入，纳税人均应依法申报缴纳税款。

三、税收具有优先权。《中华人民共和国税收征收管理法》第四十五条规定，税务机关征收税款，税收优先于无担保债权，法律另有规定的除外；纳税人欠缴的税款发生在纳税人以其财产设定抵押、质押或者纳税人的财产被留置之前的，税收应当先于抵押权、质权、留置权执行。

四、鉴于人民法院实际控制纳税人因强制执行活动而被拍卖、变卖财产的收入，根据《中华人民共和国税收征收管理法》第五条的规定，人民法院应当协助税务机关依法优先从该收入中征收税款。

国家税务总局
二〇〇五年九月十二日

此复函意见原则性比较强，其中提出了税收优先权的问题，比如某项资产设定了抵押时，此时拍卖的价款，是不是可以优先偿债，而不是先纳税，因为相应的税款是在拍卖过程当中产生的，并不是在抵押等行为之前存在的，这里可能会存在理解偏差。当然这其中也存在争议，笔者曾查阅到一个法院判例，是未支持税务机关对被执行人缴税款的分配权。山东省淄博市中级人民法院《国家税务总局藤县税务局、淄博中川制釉有限公司二审民事裁定书》[（2020）鲁03民终314号]提出：

上诉人国家税务总局藤县税务局因与被上诉人淄博中川制釉有限公司（以下简称中川公司）、广西宇豪建材有限公司（以下简称宇豪公司）执行分配方案异议之诉一案，不服山东省淄博市淄川区人民法院（2019）鲁0302民初3496号民事裁定，向本院提起上诉。本院于2020年1月6日立案后，依法组成合议庭审理了本案。本案现已审理终结。

……

藤县国家税务局以宇豪公司欠缴税款及滞纳金1 459 893.03元为由向一审法院提出申请，要求参与分配。一审法院根据藤县国家税务局的申请于2018年8月8日立案，并于2018年8月10日作出裁决，驳回藤县国家税务局的异议请求。

藤县地方税务局以宇豪公司欠缴税款及滞纳金5 459 703.91元为由向一审法院提出申请，要求参与分配。一审法院根据藤县地方税务局的申请于2018年8月8日立案，并于2018年8月10日作出裁决，驳回藤县税务局的异议请求。

……

一审法院认为，一、本案争议的焦点是该案是否是人民法院受理的民事诉讼案件；二、藤县税务局是否对执行的拍卖款具有优先分配权。

《中华人民共和国民事诉讼法》第二百二十五条规定："当事人、利害关系人认为执行行为违反法律规定的，可以向负责执行的人民法院提出书面异议。当事人、利害关系人提出书面异议的，人民法院应当自收到书面异议之日起十五日内审查，理由成立的，裁定撤销或者改正；理由不成立的，裁定驳回。当事人、利害关系人对裁定不服的，可以自裁定送达之日起十日内向上一级人民法院申请复议。"在本案中，一审法院在执行宇豪公司的案件中依法拍卖了宇豪公司的财产，藤县国家税务局、藤县地方税务局向一审法院申请参与分配，一审法院裁定分别驳回了藤县国家税务局、藤县地方税务局的异议申请。藤县国家税务局、藤县地方税务局合并后，以国家税务总局藤县税务局名义向上一级法院提出复议申请，淄博市中级人民法院受理后作出了裁决。一审法院认为，藤县税务局申请参与分配而一审法院不予支持，其提出的复议申请在实质上是对一审法院执行行为不服，而不是对执行标的有异议。淄博市中级人民法院作出的裁决是终审裁决，具有法律约束力。原告对一审法院执行行为不服已通过复议得到终审解决。藤县税务局虽然以执行分配方案异议之诉的案由向一审法院提起诉讼，但本案实质不是执行分配方案异议之诉。执行分配方案异议之诉是债权人或被执行人对分配方案不服而提起的诉讼，涉及的是当事人之间的分配比例问题，藤县税务局要求参与分配执行的拍卖款，一审法院裁定驳回其请求，涉及的是藤县税务局有没有资格参与分配的问题，而不是藤县税务局对分配比例有异议的问题，本案在实质上不是执行方案异议纠纷。综上所述，藤县税务局对一审法院执行行为不服，淄博市中级人民法院已作出终审裁决，具有法律约束力，藤县税务局不应再以执行分配方案异议之诉的案由提起诉讼。鉴于淄博市中级人民法院对于原告的复议申请作出了终审裁决，故对原告要求优先分配 6 919 596.94 元拍卖款的诉讼请求，一审法院不再进行审理。依照《中华人民共和国民事诉讼法》第一百一十九第一款第四项、第一百四十四条、第一百五十四条第一款第三项、第二百二十五条、《最高人民法院关于适用〈中华人民共和国民事诉讼法〉的解释》第五百一十二条规定，裁定：驳回国家税务总局藤县税务局的起诉。

二审查明的事实与一审查明的事实一致。

本院认为：本案上诉人国家税务总局藤县税务局的诉讼请求为优先分配执行款，属于对人民法院执行行为提出的异议，系程序性权益，不属于民事诉讼案件管辖范围，不能通过执行异议之诉案件进行审理。因此，一审裁定驳回其起诉正确，本院予以维持。

综上，上诉人国家税务总局藤县税务局的上诉请求不能成立，一审裁定认定事实清楚、适用法律正确，依照《中华人民共和国民事诉讼法》第一百七十条第一款第一项、第一百七十一条规定，裁定如下：

驳回上诉，维持原裁定。

一般情形下，包税人缴纳完了税，税务机关也就不再向纳税人追税了，不过凡事大都有例外发生。如2018年中山市中级人民法院《中山市盛兴实业集团有限公司、国家税务总局中山市税务局石岐区税务分局税务行政管理（税务）二审行政判决书》[（2018）粤20行终1024号] 有这样的描述，我们摘录如下：

本院认为，本案中原城区地税分局作出中山地税城区清税（核）〔2017〕30001号、中山地税城区征核字〔2017〕30001号、城区地税土办〔2017〕30003号、中山地税城区通〔2017〕30009号征税文件在于审查其认定事实、适用法律及处理结果是否正确。本案中，涉案标的即盛兴集团公司开发的"江滨绿苑"项目（不含已在中山市国土资源局办理了商品房销售登记备案并已出售的房地产33套以及已实际入住的拆迁户所居住5套房地产）经司法拍卖给受让人中山锦标房地产开发公司，盛兴集团公司也确认此次司法拍卖的前提是因其需偿还债务，根据国税发〔2006〕187号《国家税务总局关于房地产开发企业土地增值税清算管理有关问题的通知》第三条第（一）项规定："房地产开发企业将开发产品用于职工福利、奖励、对外投资、分配给股东或投资人、抵偿债务、换取其他单位和个人的非货币性资产等，发生所有权转移时应视同销售房地产"的规定，此次司法拍卖应视为盛兴集团公司销售房地产的行为，根据《中华人民共和国企业所得税法》第一条、《中华人民共和国营业税暂行条例》第一条、《中华人民共和国城市维护建设税暂行条例》第二条、《征收教育费附加的暂行规定》第二条、《广东省地方教育附加征收使用管理暂行办法》第六条、《广东省堤围防护费征收使用管理办法》第二条的规定，盛兴集团公司是企业所得税、营业税、城市维护建设税、教育费附加、地方、地方教育附加防护费的法定缴纳义务人，原城区地税分局作出涉案征税行为认定事实清楚，适用法律正确，处理结果妥当，本院依法予以维持。至于盛兴集团公司主张涉案司法拍卖违法，此次拍卖应被撤销，因此原城区地税分局不应做出涉案征税行为，本院认为，本案所审查的是税务机关的征税行为，对于涉案司法拍卖是否违法不属于本案审查的范畴，涉案司法拍卖已经成交，在无相反证据推翻涉案司法拍卖行为的情况下，原城区地税分局作出涉案征税行为并无不妥，本院对盛兴集团公司的上述主张不予支持。对于盛兴集团公司提出即使拍卖成功，根据拍卖文件的约定应由买受人承担税费，对此，本院认为，拍卖文件对税费承担的约定不能用以否定盛兴集团公司作为纳税人的法定义务，故本院对于盛兴集团公司的上述主张亦不予支持。

原市地税局作出中山地税行复〔2017〕8号行政复议决定维持了原城区地税分局作出的中山地税城区清税（核）〔2017〕30001号、中山地税城区征核字〔2017〕30001号、城区地税土办〔2017〕30003号、中山地税城区通〔2017〕30009号征税文件也合法，本院依法予以维持。

试想一下，如果拍卖约定是"包税"情形，事后税务机关再要求就相应的房产由原纳税人办理土地增值税清算等事宜，是否矛盾，是否存在重复纳税的问题？笔者理解,"包税"与原纳税人纳税,有可能在税款上有差异,比如土地增值税的清算结果与包税人"包税"时用的评估价等计算方法存在差异,在这种情形下,应锁定交易标的及是否应税、缴税上,而不是将两个纳税人及其本身的纳税行为分开。

5.3.2 包税人缴完税后申请退税难获得支持但不全尽然

多数情形之下,如果包税人代纳税人缴纳了税款,若后续涉及争议情形下,如直接向法院提起诉讼,很有可能因"不是行政相对人"的理由所驳回,而根本不需要考虑事情本身合规与否。

但下面的这个案例,笔者认为不具有普遍性,即认为包税人是具体行政行为的行政相对人。江苏省徐州市中级人民法院《徐州海杰商贸有限公司与国家税务总局徐州市税务局、国家税务总局徐州市税务局第二税务分局行政复议二审行政判决书》[(2017)苏03行终493号]中有一段说明:

本院认为,《中华人民共和国行政复议法》第二条规定,"公民、法人或者其他组织认为具体行政行为侵犯其合法权益,向行政机关提出行政复议申请,行政机关受理行政复议申请、作出复议决定,适用本法",《中华人民共和国行政复议法实施条例》第二十八条规定"行政复议申请符合下列规定的,应当予以受理:(二)申请人与具体的行政行为有利害关系"。本案中,上诉人海杰公司与其申请复议的行为是否具有利害关系决定了其是否具备向被上诉人申请复议的主体资格。根据查明事实,2015年5月21日海杰公司法定代表人邵静通过淘宝网司法拍卖网络平台以最高价竞得拍卖标的物,徐州市中级人民法院(2014)徐执字第167号民事裁定书裁定"江苏倍力投资发展集团有限公司所有的位于徐州经济开发区蟠桃山路××号商业办公楼及附属物归买受人徐州海杰商贸有限公司所有"。徐州市中级人民法院在拍卖成交确认书载明"六、对拍卖标的的过户、违章记录处理、过户费用、其他所涉税、运输费等均由买受人自行承担,对由此而造成的无法过户与拍卖人无涉。"海杰公司亦依照拍卖成交确认书的约定,就上述房地产交易行为申报纳税。虽然纳税义务人及(165)苏地现04××622税收缴款书中记载纳税人为江苏倍力,但本案存在特殊情况,上诉人海杰公司是根据司法拍卖相关要求履行纳税义务的实际纳税人,纳税主体事实上已发生改变,该增值税部分税收的核定对实际交税人的利益在客观上是存在影响的。故,在税收缴款书记载的缴款人江苏倍力投资发展有限公司具备法定资格但其不行使相关权利的情况下,应当赋予上诉人海杰公司单独申请行政复议的权利,其申请符合上述行政复议法及实施条例关于申请人资格的规定,被上诉人依法应予受理。被上诉人徐州市税务局以上诉人不是原税务一分局作出税费征收行为的行政相对人、仅是代履行交税行为为由而认定上诉人与具体行政行为没有法律上的利害关系无事实和法律依据,依法应予撤销。

原审法院在审理过程中亦认定海杰公司非具体行政行为的行政相对人，不具备提起行政复议的主体资格，亦属于认定事实错误，依法应予撤销。

笔者发现还有这样的案例，纳税人以合同规定包税为由，拒不缴纳税款，认为税务机关应向包税人追税，这种理解是不对的，尽管税务机关对于包税人缴税并不反对，但这是基于某个特定利益的实现之前，包税人多是认可并"没有办法"的情形下才这样处理，其背后也是利益的认可。

重庆市合川区人民法院《重庆西部制药有限责任公司不服重庆市璧山区地方税务局阻止出境决定案》〔（2016）渝0117行初75号〕有这样的观点：

原告与有禄公司在重庆市高级人民法院达成的由有禄公司交纳其所欠税款的协议，不能转移其在税务法律关系中应承担的义务，即在税务法律关系中，原告依然是依法纳清税款的义务主体，故被告向原告发出阻止出境决定并无不妥。原告诉称其不是纳税主体、并未拖欠税款，其法定代表人不应成为被阻止出境的理由不能成立，其请求本院不予支持。当原告未按规定缴清上述应缴税款，被告便向重庆市地方税务局提出阻止原告法定代表人出境布控申请，经重庆市地方税务局审批后，被告作出璧地税阻〔2015〕001号阻止出境决定，程序合法。

当然，也有对法拍不动产要求承担税费认为不对诉讼成功的案例，《河南迈特新能源科技有限公司、河南沈丘农村商业银行股份有限公司借款合同纠纷执行审查类执行裁定书》〔（2019）豫16执异189号〕中有这样的描述：

……事实及理由：周口市中级人民法院（以下简称周口中院）在执行案件中查封了异议申请人的案涉土地及房产，并于2019年8月29日在淘宝网上对案涉土地及房产进行司法拍卖。异议申请人认为周口中院在司法拍卖时的执行行为违反法律规定，侵害了异议申请人的合法权益。首先，司法公告中显示税费承担方式为买受人承担是错误的。根据《中华人民共和国土地增值税暂行条例》第二条、《中华人民共和国契税暂行条例细则》第十一条，上述费用均由转让方承担。周口中院公布的司法拍卖公告的税费主体承担倒置，致使周口中院第一次在网上司法拍卖时，有意竞买者因需要承担近千万元的税费而没有参与网上竞拍，造成流拍。其次，异议申请人在发现周口中院公告中税费承担主体错误后，于2019年8月23日向执行人员提出书面反映情况，周口中院在2019年9月29日的公告信息中，在拍品介绍中对税费的承担进行了更改，但更改内容相互矛盾，在拍卖公告第六项税费承担仍由买受人承担。将起拍价格由3 900万元调整为3 050万元，2019年8月29日的执行行为直接给异议申请人造成近1 000万元的损失。故请求周口中院撤销对案涉土地及房产的司法拍卖执行行为，终结2019年8月29日的司法拍卖，重新进行司法拍卖。

……

本院认为，《最高人民法院关于人民法院网络司法拍卖若干问题的规定》第三十条规定，因网络司法拍卖本身形成的税费，应当依照相关法律、行政法规的规定，由相应主体承担；没有规定或者规定不明的，人民法院可以根据法律原则和案件实际情况确定税费承担的相关主体、数额。根据《中华人民共和国土地增值税暂行条例》第二条、《中华人民共和国契税暂行条例细则》第十一条之规定，案涉土地及房产产权转移可能产生的税费应由转让者承担。故在有明确法律规定税费承担主体的情况下，依照惯例将税费承担方式规定由买受人承担不当。迈特公司所提执行异议理由成立。综上所述，依照《中华人民共和国民事诉讼法》第二百二十五条、《最高人民法院关于人民法院办理执行异议和复议案件若干问题的规定》第十七条第（二）项之规定，裁定如下：

撤销对案涉土地及房产的司法拍卖行为。

同样的案例，也一样认为拍卖公告不宜强制性地明确一切税费均由买受人承担，看来这种观点越来越多的法院在回归法的基本层面来考虑此问题。甘肃省高级人民法院在《杨新忠买卖合同纠纷执行审查类执行裁定书》[（2020）甘执复14号]提出：

关于买受人垫付的被执行人应承担的565 971.6元税款可否从执行案款中扣除的问题。《网络拍卖规定》第三十条明确规定，因网络司法拍卖本身形成的税费，应当依照相关法律、行政法规的规定，由相应主体承担；没有规定或规定不明的，人民法院可以根据法律原则和案件实际情况确定税费承担的相关主体、数额。实际上，对双方当事人来讲，强制拍卖实质上仍是一种买卖关系，是平等的民事主体之间一种特殊形式的买卖关系，对买卖过程中产生的交易金额应依照税收法律法规的规定征收税费。而对于不动产买卖、转让中，买卖双方关于税的承担问题，我国税法也明确规定，由出卖方缴纳营业税、城市建设维护费、土地增值税、印花税等，买受方缴纳契税、印花税等。故在税法有明确规定情况下，对司法拍卖本身形成的税费，仍应遵照《网络拍卖规定》第三十条"依照相关法律、行政法规的规定，由相应主体承担"之规定。兰州中院拍卖公告规定"一切税费均由买受人承担"，违反该司法解释规定。同时，根据《国家税务总局关于人民法院强制执行被执行人财产有关税收问题的复函》（国税函〔2005〕869号）的规定，对拍卖财产的全部收入，纳税人均应依法申报缴纳税款；人民法院应当协助税务机关依法优先从拍卖收入中征收税款。故兰州中院在执行过程中，从拍卖房产所得款项中扣除买受人已垫付的被执行人应负税款的执行行为符合规定。为公平保护各方当事人合法权益起见，对买受人杨新忠要求扣除并返还其已垫付的应由被执行人承担的税款的请求，本院予以支持。

对于这种业务类型中的税费之争，笔者认为，回归纳税人主体身份进行纳税，更能体现税收法定原则。但是我们又要面对一种无奈，即涉及法拍资产，通常会有相应的折扣在里面，从利益的角度来看，也从便利操作的角度，简单地对此进行明确由买受人承担所有的税费，也可能更利于过户的操作。正如上海市高级人民法院的意见，有效地明确执行口径，在法拍价格上得到利益的补偿体现，而且参与拍卖的一方要谨慎地做出评估，才是当前比较现实的操作。但也并不是一味地接受，相关方需要结合当地的情形，在法律的框架下，争取对自己有利的诉求表达。一个好的趋势是，各地税务机关与司法机构在不断地进行探索合作，协同分工，明确一致的口径，这也是有为之举，同时对于明确以纳税人为税款缴纳方，不要轻易"甩锅式"地要求购买方包税，尽量维护税法刚性在实践当中的认知与规则的明确，这是笔者希望看到的，且有一些地方已进行了有益的探索。

5.3.3 包税模式计税下是不是要反算计税法院判例有说法

在上面分析的案例中，笔者理解可能很多都是以拍卖的价格为基础进行各种税费的计算与缴纳。比如拍卖价是1 000万元，那么增值税是以此为含税总价进行计算的，契税与印花税、土地增值税等也是以此为基数来计算的。但是，既然约定为"包税"，有的税务专家甚至税务干部就会想到反算计税，这个比较熟悉，比如承担员工的个税、承担境外方的增值税或所得税等，都要反算计税，若受让方"包税"的金额是300万元，此时是不是应认为按照1 300万元作为计税价格呢？这个方式肯定是不对的，因为有的税是价内税，有的是价外税，另外在反算的时候，也并不是以1 000万元为基数加上以此基数计算出来的税款。

笔者目前还没有看到对于所有税种有反算要求的税务处理案例，对于所包的税费，并不是对于价格的调整，我们所说的价格，是基于市场公允情形之下的价格，拍卖时的价格，具有公允性的体现，即在这个环节中没有人为的压低行为，也没有引起国家税款的流失嫌疑，我们就认为法定的纳税人去缴纳，也是这么多税，包税方支付的税费也是这么多，而反算情形下，税费是会多的。对方所承担的税款，是为纳税人承担的税款，站在纳税人的角度，只能是按拍卖价进行计税，并不是调整交易价格；或者认为，就因为包税，拍卖价格变低了，这个理解不对。比如单位支付员工的薪酬是税后所得，所包的个税计缴，需要反算，这是因为支付方支付的金额，是视为一个"采购价格"考虑的，并不是简单地理解这是单位"无缘无故"地替员工承担的税款，纯是做好事，两个利益体的关系与拍卖是不同的。尽管企业所得税上提出，若是企业将承担的税款放在职工薪酬中支付的，可以税前扣除，放在其他管理费中支付的，则不得税前扣除，这是企业所得税的处理规则，其实哪有白承担的"好事"。拍卖中，作为包税方式，有人提出来，支付方也是支付了两项支出，这不是都是"采购价格"吗？

不是，因为双方的拍卖价格是公允存在的，税务机关难以去否定这不是公允价格（除非如德发案一样，仅有一个参与拍卖的情形下有调整的可能）。既然没有形成国家税款的流失，考虑到被拍卖方的各种困难存在，为了拍卖的顺利，"强制性"地要求包税费，这才是纯做好事了，笔者认为需要尊重事实，同时考虑国家税款有没有流失的情形下，来考虑这个问题。不同的人对此仍可能存在不同的认识，笔者的观点仅与大家探讨。

广东省中山市第一人民法院《陈立仁与国家税务总局中山市税务局神湾税务分局、国家税务总局中山市税务局税务行政管理（税务）一审行政判决书》（（2018）粤2071行初823号）是一个可以参照的个案，考虑了拍卖价格是增值税的不含税价格，不是含税价格，这是一个很有代表性的案例。笔者在想，此时被拍卖方的发票如何开具呢？因为税款并没有自己去缴纳，钱也未收到。只是在营改增试点时，多数房产是营改增前的老房产，可以按照简易5%计税，并不参与一般纳税人的增值税计缴方式纳税。

执行裁定书已经明确裁定涉案房地产过户应缴税金及所需费用均由陈立仁承担，也就是说，陈立仁作为买受人，除了要支付拍卖成交价5 848 346元外，还应承担过户应缴税金及所需费用。因此，市税务局、神湾税务分局认定拍卖成交价是不包括应纳税额的，拍卖成交价即为销售额，并无不当，本院予以支持。陈立仁主张拍卖成交价是采用销售额和应纳税额合并定价方法，理据不足，本院不予支持。

但是本案例中提到一个印花税的事项，我们可以一并参照一下：

执行裁定书不属于"产权转移书据"的范围，而神湾税务分局认定执行裁定书系属"产权转移书据"，乃认定事实有误，从而导致错误征收了陈立仁的印花税，市税务局在复议决定已依法予以纠正并撤销神湾税务分局征收陈立仁印花税的行为。

但是如果是股权交易，并不是法拍房屋这样的情形，双方约定是包税条款时，笔者认为此时税务机关是可以要求反算计算个税的，因为约定的就是税后的收入。对于现实当中需要进行个人所得税包税的时候，要特别注意对方原始成本的凭证提供问题，建议在交易时就要注明清楚，并可以要求此部分的影响由转让人承担。不过，笔者也还是没有发现股权交易中涉及包税时要求反算计税的案例，可能在过户的时候，也是商定了交易价格，双方默认这是总的交易价格，税务机关在查阅合同时，也是基于这个约定的交易价格进行测算计税的准确性，并不关注是谁来承担税款。对于个人承担的税费部分，能不能作为其进行投资购买的原值成本呢？这一点，还是有困难，毕竟缴款书上注明的是转让方纳税人的名字，对于企业所得税的纳税主体，有的地方税务机关明确可以作为投资成本处理①。

5.3.4 切莫配合卖家做"阴阳合同"来"避税"

想必大家非常关注前几年影视明星涉税中存在的阴阳合同偷税问题，这不是大家想象的避税，是真实的偷税行为了。对于房产买卖的阴阳合同，也是时有发生，甚至有税务机关的人员参与其中，最终获刑的事情发生。

最高人民法院《俞朝阳、珠海市戎丰投资策划有限公司合同纠纷再审审查与审判监督民事裁定书》〔（2019）最高法民申 3533 号〕有这样的判决：

再审申请人俞朝阳因与被申请人珠海市戎丰投资策划有限公司（以下简称戎丰公司）合同纠纷一案，不服广东省高级人民法院作出的〔2018〕粤民终 1429 号民事判决，向本院申请再审。本院依法组成合议庭进行了审查，现已审查终结。

俞朝阳依据《中华人民共和国民事诉讼法》第二百条第二项、第六项申请再审称，（一）案涉房地产交易的先决条件为交易价格以及税费相加不超过 4 800 万元，虽然没有书面证据证明，但是本案全部证据串联可以证明这一事实。（二）《房地产买卖合同》（2013 年 7 月 30 日）约定所有税费由俞朝阳承担，是因为当时税费较低，并不适用于目前补缴高额税费的情况。本案应从公平公正及合理的角度确定戎丰公司补缴税费的分担，戎丰公司亦存在过错，不应由俞朝阳全部承担。（三）戎丰公司补缴的相关税费已超出双方签订合同时的预期，不应由俞朝阳承担全部责任；滞纳金是税务局对戎丰公司作出的处罚，应由其自行承担；戎丰公司补缴的税款及滞纳金占用期间的利息亦超出双方签订合同时的预期，本案争议未能解决并非俞朝阳一人所致，由此产生的利息不应计算。综上，请求本院再审本案。

戎丰公司提交意见称，（一）原判决认定事实清楚、证据充分，俞朝阳称案涉房地产交易先决条件是购房价款和税费相加不超过 4 800 万元，没有事实依据。（二）原判决依据合同约定判决俞朝阳支付税费并承担滞纳金，适用法律正确。综上，请求驳回俞朝阳的再审申请。

本院认为，原判决判令俞朝阳向戎丰公司支付补缴的税费 18 953 854.40 元及利息、补缴税费的部分滞纳金 9 401 819.32 元及利息，并无不当。

首先，《中华人民共和国合同法》第五十二条第三项规定，以合法形式掩盖非法目的的合同无效。俞朝阳与戎丰公司签订的《房地产买卖合同》（2013 年 7 月 30 日）是双方

---

① 如天津市税务局在 2019 年度汇算清缴的在线答疑中提到：关于企业通过拍卖方式，购置资产相关税费的扣除问题。

企业在法院拍卖资产过程中竞拍购置资产，凡拍卖公告中约定由买受人承担相关税费才能办理过户手续的，买受人缴纳的税费可计入该资产计税基础，计算折旧或摊销扣除。

当事人的真实意思表示，内容未违反我国法律、行政法规的强制性规定，合法有效；而《珠海市房地产买卖合同》（2013年9月9日）系俞朝阳与戎丰公司以合法形式掩盖"逃避国家税收"这一非法目的而签订的合同，原判决据此认定该合同无效，并根据《房地产买卖合同》（2013年7月30日）确定俞朝阳与戎丰公司之间的权利义务，并无不当。

其次，《中华人民共和国合同法》第八条第一款规定："依法成立的合同，对当事人具有法律约束力，当事人应当按照约定履行自己的义务，不得擅自变更或者解除合同。"俞朝阳与戎丰公司应各自履行《房地产买卖合同》（2013年7月30日）项下的相应义务。《房地产买卖合同》（2013年7月30日）第二条约定，案涉房地产按戎丰公司净收价交易，戎丰公司净收价为4 600万元；第八条约定，办理案涉房地产买卖过户产生的一切税费由俞朝阳缴付承担。根据原审查明的事实，签订《房地产买卖合同》（2013年7月30日）后，戎丰公司将案涉房地产过户至俞朝阳名下，俞朝阳向戎丰公司支付了全部购房款4 600万元，案涉房地产过户时发生的税费均系由俞朝阳实际缴纳，戎丰公司并未缴纳任何税费。在本院组织的询问中，双方一致确认2017年戎丰公司补缴的营业税、城市维护建设税、印花税、堤围防护费、营业税教育费附加、营业税地方教育附加、土地增值税、企业所得税等税费共计18 953 854.40元均系因案涉房地产过户产生。因此，该18 953 854.40元补缴税费属于俞朝阳在《房地产买卖合同》（2013年7月30日）项下的合同义务，现戎丰公司已代其缴纳，原审法院判令俞朝阳向戎丰公司支付该18 953 854.40元补缴税费，符合双方合同的约定。俞朝阳申请再审主张该补缴税费应由戎丰公司与其共同承担，没有事实和法律依据。再审审查听证时，戎丰公司提交材料称，补缴税费系根据交易时真实价格计算，并非因补缴时市场价格变化导致总体税费大幅增加。俞朝阳认为其交易时预期的总成本为不超过4 800万元，而补缴税费远远超出其交易时预期，但未能提供证据证明，其主张难以成立。

再次，滞纳金11 752 274.15元虽然是税务机关针对戎丰公司未缴纳18 953 854.40元税费作出的处罚，但如前所述，依据俞朝阳与戎丰公司的约定，该18 953 854.40元税费本应由俞朝阳缴纳，亦即双方另行订立合同作为纳税依据，以期大幅减少应缴纳的税费，俞朝阳系直接受益人，故该滞纳金11 752 274.15元实质上系俞朝阳未缴纳18 953 854.40元税费而导致的。鉴于戎丰公司亦协助逃避税费，并为此出具了股东会决议书及其与俞朝阳签订的《珠海市房地产买卖合同》（2013年9月9日），原审酌定戎丰公司对补缴的税费滞纳金亦承担20%的责任，亦属妥当。俞朝阳申请再审主张该滞纳金11 752 274.15元应由戎丰公司全部承担，缺乏事实依据。戎丰公司于2017年4月11日便代俞朝阳补缴完毕18 953 854.40元税费及相应滞纳金，原判决判令俞朝阳向戎丰公司支付按中国人民银行同期贷款利率自2017年6月6日起计至实际清偿之日止的相应利息，并无不当。

综上，俞朝阳的再审申请不符合《中华人民共和国民事诉讼法》第二百条规定的情形。本院依照《中华人民共和国民事诉讼法》第二百零四条第一款、《最高人民法院关于适用〈中华人民共和国民事诉讼法〉的解释》第三百九十五条第二款之规定，裁定如下：
驳回俞朝阳的再审申请。

笔者接触的"包税"案例中，有一个转让人，当时也是约定购买方承担所有的税费，包括个人所得税，出于"好心"，在未完全知情的情况下，以低价阴阳合同的方式办理了房产过户。后来因为双方产生争议，此事项被曝光，转让人很委曲，说自己并不知道，签的字也是对方伪造的。后来一看，似乎也不是完全伪造，相似度很大，此时只能找笔迹鉴定专家来看看什么情形或许还有机会。结果税务机关根据真实的价格向转让人追税，税费一交，这个生意受影响就大了。

目前来看，在特定交易中，或者因买方市场的存在，包税交易很难去改变。对于个人来讲，无论是交易的转让方，还是受让方，无论是交易方的约定，还是官方的公示，但凡涉及包税的情形，对于包什么税费、利益如何约定、对方如何配合、在法律上的权利与义务的适用，多多关注一下相关的判例和当地的实践操作，摸清后再动手不迟。

5.3.5 因转让价格中未约定清楚谁承担个税额发生诉讼争议结果转让人败诉

这个案例也是摘自中国裁判文书网。转让人与受让人（都是个人）在洽谈价格时，转让人考虑了未分配利润对于个税的影响，降低了价格，结果受让人给付款项以后，转让人向税务机关申报税款完毕后向受让人追要此税款。最终法院认定无论合同对于税款如何约定，是其彼此之间的商事行为，不影响对于税的承担主体的判定，同时合同当中也没有约定清楚税款由哪一方承担，最终只能是转让人"白白地"承担税款，感觉发生了损失。作为样本，这也提醒商业主体之间发生交易时的涉税条款，有必要进行更清楚地界定。

四川省成都市中级人民法院《汤义黄、何莉股权转让纠纷二审民事判决书》

[（2019）川01民终7756号]

上诉人（原审原告）：汤义黄，男，1961年4月5日出生，汉族，住四川省邛崃市。
委托诉讼代理人：陶守良，四川守良律师事务所律师。
委托诉讼代理人：陶煜，四川守良律师事务所律师。
被上诉人（原审被告）：何莉，女，1964年11月21日出生，汉族，住四川省邛崃市。
委托诉讼代理人：徐泽金，四川良木律师事务所律师。
原审被告：四川蓝筹建材有限公司，住所地：成都市邛崃市羊安工业园区。
法定代表人：陈钰，公司总经理。
委托诉讼代理人：付龙萍，四川良木律师事务所律师。

委托诉讼代理人：易小倩，四川良木律师事务所律师。

上诉人汤义黄因与被上诉人何莉、原审被告四川蓝筹建材有限公司（以下简称蓝筹公司）股权转让纠纷一案，不服四川省邛崃市人民法院（2018）川0183民初2540号民事判决，向本院提起上诉。本院于2019年4月8日受理后，依法组成合议庭进行了审理。本案现已审理终结。

汤义黄上诉请求：撤销原审判决，改判何莉返还代扣税款24万元。事实与理由：根据《四川蓝筹建材有限公司关于股权及相关权益转让的协议》（以下简称《股权转让协议》）的约定，何莉扣减汤义黄的个人所得税金额为24万元。该款并非汤义黄对何莉的让利，而是针对溢价部分的个人所得税，由何莉代扣后暂时保管。一审法院认定事实错误。案涉《股权转让协议》签订时，蓝筹公司没有分配利润，汤义黄不存在"利息、股息、红利所得"的纳税义务。一审判决认为双方没有明确约定何莉或蓝筹公司扣减的个人所得税应当支付给汤义黄，系法律适用错误。本案法律关系的性质为不当得利纠纷，并非股权转让纠纷。何莉代扣股权转让个人所得税24万元并未向税务机关缴纳，因汤义黄已经自行履行了纳税义务，何莉继续占有该税款没有法律依据。综上，请求二审法院依法改判。

何莉辩称，本案为股权转让纠纷，汤义黄提起诉讼依据的核心证据即《股权转让协议》，诉讼标的也是基于《股权转让协议》，本案并不存在适用不当得利的事实和法律基础。税务局对汤义黄的课税事由是"对你欠缴的股权转让个税进行限缴"，股权转让个人所得税以股权转让方为纳税人，即本案的纳税义务主体为汤义黄。何莉受让公司股权后，如对相关未分配利润进行分红，则应当由何莉按照个人所得税法规定缴纳股息分红所得税，因此本案并不存在不当得利的事实。股权转让后，蓝筹公司是否进行分红与汤义黄无关，相关权益属于何莉。综上，一审认定事实清楚，适用法律正确，应当维持。

蓝筹公司未陈述意见。

汤义黄向一审法院起诉请求：1. 何莉和蓝筹公司共同退还汤义黄24万元；2. 何莉和蓝筹公司共同支付资金利息，计算方式为：以24万元为基数，按照年利率6%计算，自2018年3月27日起至实际付清为止；3. 何莉支付汤义黄违约金14.10万元。

一审法院认定事实：2012年10月11日，汤义黄（甲方）和何莉（乙方）签订《股权转让协议》，约定汤义黄将其持有的蓝筹公司5%的股权及相关权益转让给何莉。协议关于公司的概况及金额构成阐述载明："蓝筹公司原始总股本金为500万元，溢价后作价1 360万元（含500万元）；公司的未分配利润为1 920万元（减个人所得税后可分配红利作价1 440万元），合计总价为2 800万元。"协议关于转让标的及价格约定：甲方将其持有蓝筹公司5%的股权及其相关权益作价141万元全部转让给乙方。协议第五条第一项约定，任一方违约，应赔付本转让总款的10%，并且对方有权解除合同。双方还约定了付款方式、工商变更登记等各自的其他权利、义务。此后，何莉支付了汤义黄转让款141万元并完成了股权工商变更登记。2018年3月26日，汤义黄根据四川省邛崃市地方税务局的通知为案涉股权转让交易缴纳了财产转让所得个人所得税23.20万元。

一审法院认为，汤义黄和何莉于2012年10月11日签订的《股权转让协议》合法有效。何莉已经按约支付了转让款141万元，双方办理了股权工商变更登记手续。根据法律规定，转让方汤义黄是案涉股权转让所得个人所得税的纳税义务人。在《股权转让协议》中，当事人没有明确约定股权转让所得的个人所得税由何莉或者蓝筹公司负担。协议中关于公司的概况及金额构成阐述记载的："公司未分配利润为1920万元（减个人所得税后可分配红利作价1440万元）"，这部分计价减扣的个人所得税针对的是公司未分配利润，涉及的是"利息、股息、红利所得"应当缴纳的个人所得税，与汤义黄在本案中缴纳的"财产转让所得"个人所得税属于不同的应税行为。这部分记载内容反映了汤义黄和何莉就转让标的价值、转让价款数额的协商确定过程，体现协议当事人的意思自治，但双方没有约定何莉或者蓝筹公司有义务将扣减的个人所得税支付给汤义黄。从协议的文字内容上也不能让人得出这样的判断。综上所述，汤义黄的诉讼请求没有合同依据，不符合法律规定，一审法院不予支持。依照《中华人民共和国合同法》第八条、第五十二条，《中华人民共和国个人所得税法》第二条、第八条的规定，判决：驳回汤义黄的诉讼请求。案件受理费7 104元，由汤义黄负担。

二审中，双方当事人均未提交新证据。

本院对一审查明的案件事实予以确认。

本院认为，汤义黄基于《股权转让协议》相关约定，主张何莉支付款项并承担违约金，故本案是股权转让合同纠纷。一审确定的案由无误。

案涉《股权转让协议》约定何莉应付股权转让价款为141万元，并载明了确定价款金额的方法，即：公司原始总股本500万元溢价后作价1 360万元，公司未分配利润1 920万元减去个人所得税后作价1 440万元，合计总价2 800万元，故何莉受让的5%股权价款为141万元。从上述约定可知，关于在未分配利润中扣减个人所得税的约定，仅是确定股权转让对价的考量因素，即考虑到受让人将来作为股东参加分红应缴纳个人所得税，故根据减去个税后的实际分红金额确定转让对价。上述约定是双方当事人真实意思表示，合法有效。何莉已经按约向汤义黄支付了转让款141万元，双方办理了股权转让变更登记手续，合同已实际履行。汤义黄主张何莉在约定的股权转让价款外另行支付24万元，缺乏合同依据。

汤义黄上诉主张，汤义黄已自行履行了纳税义务，何莉继续占有代扣税款没有法律依据，属于不当得利，应予返还。对此本院认为，汤义黄收取股权转让价款后缴纳的个人所得税，本应由其个人缴纳，该税款与《股权转让协议》中提及的未分配利润个人所得税，并非同一税款，故不能从协议相关约定中得出双方有关于汤义黄收取股权转让价款后缴纳的个人所得税应由何莉负担的意思。从另一角度讲，股权转让后，原股东汤义黄享有的分红权转移给新股东何莉，何莉也应承担分红的相关纳税义务，该纳税义务不因汤义黄缴纳了股权转让的个人所得税而免除。何莉并没有额外获益。汤义黄的该上诉主张难以成立。

在这个案例中，我们似乎感觉到转让人想要表达价格中因自己的个税已对转让价格做了折让，认为受让人进行了"包税"处理，而当税务机关通知自己纳税后，转让人认为应向受让人追偿不当得利。笔者发现，对于转让价格的税款约定不清，对于未分配利润进行了所谓的扣减个税后来定价，结果造成了受让人认为这是自己未来的税款，与转让人无关，不得不说，这其中的误解有商业的考虑因素，但缺乏法律的明确与支持，这是一个很值得借鉴的股权转让争议事项。

5.3.6 法拍房产要求"包二次交易税"的案例情形

最近笔者遇到一个真实的案例，其以80万元左右拍得了一个房产（公示的评估价是70万元），此处房产是银行抵债的房产，尚未过户至银行名下，现在银行进行直接拍卖，公告的约定是：

标的物尚未办理过户至银行名下，资产所需缴交的所有费用由买受人承担（包括但不限于过户至银行及客户名下的税费，拖欠的物业管理费、水电费等）。

这相当于是转让了二次，如果这样测算，预计会有30万元的税费要其缴纳，承担不了，甚至做打官司的准备了。在法院已裁定抵债资产属于银行的情形下，如果银行提出，我们不想过户，直接拍卖变现，由原房屋持有人进行纳税，我们仅仅是取得了债的变现，不涉及税费，这种理解是不是可以？对此，笔者并不认同，因为从物权法的角度，房产已判定属于银行，银行在处置时，应从自己的名下进行转让，而不是由法院直接拍卖债务人的房产予以抵债，所以应有两次的销售行为。

若是拍卖公告中约定由买受人承担上两次的所有税费，在商务上是可以得到认同的，目前买受人要去处理的就是找到有利的判决案例，能够让法院认可从拍卖价中扣减相关的税费，这样银行所得的税后所得自然受到影响，估计会产生争议。

5.3.7 各地法院协调机制与法院判例的参照

在上面我们或多或少地列举了一些涉及包税行为产生争议的案例，最后再结合另外一些法院判例作一个归集，方便一并进行关注。正如上海市高级人民法院发布的意见，各地有一些自己的处理口径与协调规范，特别需要关注地方的操作执行意见。同时由于营改增之后，涉及增值税发票的开具，有的地方法院与税务机关也建立了协商处理方式，我们也可以借鉴。

如衢州市中级人民法院等四部门《关于营改增后司法处置不动产过户问题的会议纪要》中有提到：

一、适用范围：本纪要仅适用于人民法院（庭）在司法处置被执行人不动产过程中，因债务人无法联系或拒不配合，导致无法开具增值税发票的情形。

本纪要所称不动产，包括司法处置前以直接购买、接受捐赠、接受投资入股、自建以及抵债等各种形式取得的不动产、土地使用权，以及房地产开发企业销售自行开发的房地产项目。

二、无法开具增值税发票情形下，不影响已拍卖不动产的实际过户，衢州市国家税务局、衢州市地方税务局、衢州市国土资源局应在买受人办理过户时予以协助配合。

1. 执行法院在拍卖成交后，应发函国、地税主管税务机关（函件应注明无法开具增值税发票的具体情形），并依据主管税务机关出具的司法处置不动产税款计算结果，将出卖方应纳税（费）金额从拍卖款中支付。法院在拍卖公告中依法对税费缴纳另有约定的情形除外。

2. 财产所在地行政服务中心国、地税窗口负责受理司法处置不动产完税证明的相关咨询、解释、办理等事项，并将司法处置不动产的受理登记情况传递给国、地税主管税务机关。

3. 经财产所在地的国、地税主管税务机关审核资料齐全的，在确认出卖方应纳税（费）到账后五个工作日内，以出卖方的名义开具完税凭证，视实际交付情形交给执行法院或买受人，并将完税情况传回行政服务中心国、地税窗口。国税窗口应及时向地税窗口提供司法处置不动产的完税情况，地税部门据以计算征收相关地方税费。

4. 财产所在地的行政服务中心国、地税窗口在司法处置不动产已按税收规定或拍卖公告约定完税后，在五个工作日内向不动产登记中心出具《不动产产权登记完税证明》（含免税和不征税业务无须缴纳税款的情形），协助买受人过户。

5. 不动产登记中心凭执行法院出具的拍卖成交执行裁定书、协助执行通知书、国地税部门出具的完税证明等，按不动产登记的程序、条件进行登记。

三、税款计算缴纳。

房开企业销售自行开发的房地产项目，以及一般纳税人转让土地使用权，由财产所在地的主管国税机关凭法院来函暂按5%征收增值税；其他一般纳税人转让不动产由财产所在地的主管地税机关凭法院来函按5%预征增值税。房开项目企业所得税按管辖权限由国、地税主管税务机关按2.5%预征。对无法计算土地增值税的情形（房开项目除外），由主管地税机关按5%预征土地增值税。其他税（费）的征收由主管地税机关按规定执行。预缴税款的出卖方应按现行规定的适用税率或征收率计算应纳税款，并向机构所在地主管国税机关申报纳税。

转让不动产、土地使用权符合差额征税、免税、不征税规定的，可按现行规定办理相关事项。

四、不动产买受人取得司法处置的不动产，根据国家税务总局公告2016年第14号第八条精神，可凭法院《拍卖成交裁定书》所载拍卖成交价作为不动产购置原价入账。

对于法院判例有如下几个供参考①：

表5-17

法院	案件	摘录内容	说明
最高人民法院	阿克苏万佳和房地产开发有限责任公司与阿克苏地区金泰商贸有限责任公司建设用地使用权转让合同纠纷申请再审民事裁定书	（二）关于万佳和公司是否应承担1 124 075.51元税费问题。案涉《土地转让协议》约定，过户过程中发生的相关任何行政收费均由万佳和公司承担。二审判决依照合同约定，判令在案涉土地使用权转让过程中，金泰公司向阿克苏市地方税务局缴纳的土地增值税、滞纳金、罚款共计1 124 075.51元，由万佳和公司承担，适用法律正确。万佳和公司认为，金泰公司有关上述费用不属于行政收费，其不应承担，缺乏依据，其该项申请再审理由不成立。	要特别注意行政收费在本案中被最高院解读为包括土地增值税、滞纳金及罚款，在包税合同中，关于滞纳金与罚款的认定，如果是转让方导致的，建议进行明确责任。
最高人民法院	东营瑞康房地产开发有限公司、胜利油田泰恒实业总公司与东营瑞康房地产开发有限公司、胜利油田泰恒实业总公司建设用地使用权转让合同纠纷申请再审民事裁定书	（三）关于二审法院认定50万元案涉土地转让营业税的负担是否正确问题，案涉《合作开发协议书》第四条第4项约定，在土地具备过户条件时，过户至瑞康公司名下（并将相关文件原件交给乙方），过户费用由瑞康公司承担。从案涉建用地使用权流转费用的分担构成看，50万元营业税属于过户费用的范畴，故根据上述约定，应由瑞康公司负担。一、二审法院对此认定，事实清楚，适用法律正确，本院予以确认。至于瑞康公司主张，根据《中华人民共和国营业税暂行条例》第一条规定，上述50万元营业税应由泰恒公司负担。对此，《中华人民共和国营业税暂行条例》第一条规定："在中华人民共和国境内提供本条例规定的劳务、转让无形资产或者销售不动产的单位和个人，为营业税的纳税人，应当依照本条例缴纳营业税。"该条规定系从国家税收征缴角度对营业税缴纳人的规定，其目的是为了确保国家税收得到足额的缴纳，维护国家税收安全。对该规范所确定的纳税主体，该规范的意为提供劳务、转让无形资产或者销售不动产的单位和个人，而非最终确定该部分费用即由"缴纳"人负担。通过签订劳务合同、转让合同的当事人当然可以通过合意方式变更该部分费用的最终负担，其当事人之间的该种变更最终负担主体的意思表示，并不违反法律、行政法规的强制性规定，属于合法约定。在本案当事人瑞康公司与泰恒公司已经对过户费用有明确约定的情况下，根据《中华人民共和国合同法》第八条的规定，该约定对瑞康公司与泰恒公司具有法律约束力，合同当事人均应依约履行。故瑞康公司关于二审法院认定50万元案涉土地转让营业税的负担错误的主张，无事实及法律依据，本院不予支持。	提出过户费用应包括营业税的判断。

---

① 此处参考了赵森老师一篇文章中收集的案例，在此表示感谢。

续表

法院	案件	摘录内容	说明
山东省高级人民法院	李义昌、青岛三鑫房地产评估有限公司与青岛三鑫房地产评估有限公司建设用地使用权转让合同纠纷再审民事判决书	本院再审认为，双方当事人再审争议的焦点问题是：李义昌应否承担本案建设用地使用权转让中涉及的营业税 11 800 元、城建税 826 元、教育费附加 354 元、地方教育费附加 236 元、土地增值税 9 197.16 元、印花税 70.8 元。 2011 年 6 月 16 日，三鑫公司与李义昌签订土地转让协议一份，该转让协议不违反法律法规的禁止性规定，为有效合同。依据税务法律法规的有关规定，双方当事人争议的税费应当由纳税人三鑫公司在土地使用权转让环节申报并交纳。但是根据双方当事人签订的土地转让协议中土地过户费用由李义昌承担的约定，土地过户费用应当由李义昌承担。过户费一般指资产交易成交后买卖双方为变更权属登记所支付的包括各种税、费等费用，并非仅指权属变更的登记费。本案中，转让涉案土地使用权的物权转移应当在办理权属变更登记后才发生法律效力。在办理权属变更登记的过程中，必然涉及到双方当事人在转让涉案土地使用权的过程中，根据税务法律法规的有关规定，由双方当事人应当交纳的各种税、费等相关费用。依法纳税是每一个纳税人的应尽义务，但对于自愿以纳税人的名义进行纳税的行为并不违反法律法规的有关规定。李义昌主张土地过户费不包含土地交易税等税款，仅指基于办理土地过户登记的一种行政事业性收费，且该费用在土地转让协议中作了约定，与常理相悖。因此，原审判决以土地过户费用应当包括基于土地交易而产生的各种税费以及土地过户登记费用等为理由判决李义昌承担本案建设用地使用权转让中涉及的营业税 11 800 元、城建税 826 元、教育费附加 354 元、地方教育费附加 236 元、土地增值税 9 197.16 元、印花税 70.8 元并无不当。	认为过户费包括税费在内。
甘肃省高级人民法院	上诉人兰州海洋石化公司与被上诉人甘肃建投建材公司建设用地使用权转让合同纠纷一案二审民事判决书	本院认为，本案二审争议的焦点：1. 案涉土地增值税是否包含在双方签订的《土地使用权转让合同》约定的"所用费用"中？该土地增值税应由谁缴纳？2. 被上诉人的诉请是否超过诉讼时效。 关于土地增值税是否包含在双方约定的"所用费用"中的问题。上诉人认为，费用与税金是两个概念。上诉人已交纳了案涉的全部费用，还代被上诉人交纳了契税，根据《中华人民共和国增值税暂行条例》，被上诉人系销售者，应当交纳案涉增值税。经查，双方签订的《土地使用权转让合同》约定：土地转让金为甲方净收益 570 000 元/亩，……转让过程中上缴给政府和其他主管部门及发生的所有费用，均由兰州海洋石化销售有限公司承担。净收益是指在利润总额中按规定交纳了所得税以后公司的利润留存，一般也称为"税后利润的净收入"。在本案中，根据双方签订的《土地使用权转让合同》，首先，出让土地每亩净收益为 57 万元，既然被上诉人获得的是"净收益"，那么涉案税费就包括在"所有费用"中。其次，《土地使用权转让合同》中还约定："经甲乙双方协商约定，无论本合同约定的转让物以何种方式进行转让交易，转让过程中上缴给政府和其他主管部门及发生的所有费用，均由乙方承担。"此条款明确了上缴给政府及发生的所有费用均由上诉人承担，和土地转让金为甲方净收益 570 000 元/亩的约定能相互印证。第三，在履行《土地使用权转让合同》过程中，按国家规定应由被上诉人缴纳的税费，都是由上诉人缴纳的。综上可以看出，双方在此次土地转让过程中，被上诉人获得是 570 000 元/亩的净收益，也就是说，是税后利润的净收入。因此，原审认为该土地增值税应该包括在双方约定的"所有费用"中，并无不当。	所有费用包括了税。

续表

法院	案件	摘录内容	说明
四川省高级人民法院	赵万英、宋素华、宋斌、宋刚与绵阳市佳福特莱斯豪汽车贸易有限公司）、谢小平、杨勇建设用地使用权转让合同纠纷二审民事判决书	关于税金由谁承担的问题。 按照双方合同第四条"甲方的权利和义务：（一）甲方有权收取土地转让费及资金利息，不承担转让过户期间产生的其他费用。（二）甲方负责提供相关资料，协助乙方办理相关过户手续。（三）在转让未过户期间，如遇政府行为和不可抗拒因素，该土地发生变化，甲方应协助乙方解决相关事宜。（四）签订协议前的一切经济、法律责任由甲方负责"、第五条"乙方的权利和义务：（一）合同签订后，乙方享有土地的使用权，新发生与土地相关的一切经济、法律责任及其他纠纷全部由乙方负责，甲方概不承担。（二）必须按约定期限向甲方支付相关转让费用。（三）负责在半年内办理完成相关过户手续，并承担转让过户期间产生的一切费用"约定，双方明确对转让过户期间产生的一切费用由莱斯豪公司承担，但是没有明确约定过户税金的承担。对"一切费用"是否包含税金双方产生了争议，税金由哪方承担双方在合同中没有明确约定。依据《中华人民共和国合同法》第六十一条"合同生效后，当事人就质量、价款或者报酬、履行地点等内容没有约定或者约定不明确的，可以协议补充；不能达成补充协议的，按照合同有关条款或者交易习惯确定"的规定，可以按照合同有关条款或者交易习惯确定税金的承担问题，但是双方均没有提供证据证明合同有关条款或者交易习惯可以确定税金由哪方承担。依据《中华人民共和国合同法》第六十二条第（六）项"当事人就有关合同内容约定不明确，依照本法第六十一条的规定仍不能确定的，适用下列规定：（六）履行费用的负担不明确的，由履行义务一方负担"的规定，结合出卖人谢小平明确表示应由出卖人缴纳出让土地的税金，和出卖人**认为个人应缴纳的税金，由莱斯豪公司代为缴纳的事实，应当由履行义务方各自负担。原判认为双方合同中约定的"一切费用"不包含税金，税金应由双方按照税务机关确定的纳税人各自缴纳，并无不当，予以维持。上诉人认为按照合同的约定及文字理解应由莱斯豪公司缴纳所有税金的主张，事实和法律依据不足，不予支持。	认为"一切费用"中是不是包括税属于约定不明。
最高人民法院	刘红波与恒大地产集团有限公司追偿权纠纷案二审民事判决书	1. 关于《股权转让协议》中转让所得"包干费"的理解。 本院认为，协议明确约定，"包干费"是指根据协议约定，恒大公司取得雄震公司100%股权应向刘红波支付的全部款项，包括该地块全部的土地出让合同价款、征地补偿费、刘红波及有关单位在该地块上已发生的全部工程费投入、协议约定的相关款项、协议履行过程中刘红波的收益。协议对包干费的列举解释，未明确该费用为扣除应缴个人所得税后刘红波所能获得的纯收益，因此，刘红波所持"包干费"应理解为其根据协议获得的股权转让款为税后价格的主张，缺乏合同依据，本院不予采信。	"包干费"未明确包括个人所得税。

683

续表

法院	案件	摘录内容	说明
最高人民法院	新疆京中房地产开发有限责任公司、巴州银盛房地产开发有限公司与新疆京中房地产开发有限责任公司、巴州银盛房地产开发有限公司建设用地使用权转让合同纠纷申请再审民事裁定书	二、关于税款的数额和承担问题。（一）关于税款的数额问题。一审时，银盛公司就已经提交了缴纳营业税、土地增值税、企业所得税的付款凭证，税款系按照税务机关的要求缴纳，不存在逃税、避税的情形，京中公司主张税款认定数额错误，却不能提交证据推翻税务机关的认定，故其该项主张不能成立。（二）关于税款负担条款的效力问题。从一、二审以及申请再审的情况看，京中公司不否认双方协议中关于税款负担条款的真实性，只是主张该行为违反了法律强制性规定，应认定无效，故双方关于税款负担条款的意思表示是真实的，同时，该约定不违反法律的强制性规定，只要国家的税款不流失，约定由谁来负担是当事人意思自治的范畴，与合同的效力无关。故京中公司关于税款负担条款应认定无效的主张不能成立。	对于法院理解税款的约定并不造成税款流失。

通过上述案例样本，我们可以发现，由于相关交易方对于税费承担事项约定不清，以致上诉到最高人民法院的判例时有发生。在签订合同之前，如果我们的老板、法务人员、咨询服务人员能够对此进一步规范清楚，想必也会节约大量的精力与成本进行诉讼，而且不会伤及良好的合作。

5.4　商业模式与财税价值

对于个人投资者来讲，运营的模式与财税的价值，存在一些可以有效安排的地方，这将间接影响到个人的利益。在这儿，我们并不是详细地去为大家介绍企业所得税、增值税等方面的规划与解释，而是从一个框架下，让我们的企业老板，有一个框架性的了解。特别是今年的疫情，大大影响了一些行业的生存、发展，在后疫情时期，笔者认为，除了商业上的奋力追赶，更需要在财税利益方面多一些安排，生意好的时候，可能不大在乎税费的多少，老板认为会计算的也不会有错，但可能并不知道，其实还是有利益创新的价值的。从笔者接触的案例看，几乎每个企业都有自己的财税价值创造空间，至于如何去得到，或者是通过架构，或者是改变交易方式，或者是调整用工方式，在税收优惠政策的享受、不纳不必要纳的税，从绝对值的减少，到时间性的节约、技术性的处理，可以合规地享受到。

5.4.1　当前税收筹划的误区及可能点燃的风险

从笔者的理解来看，财税价值在特定情形下，可能会倒逼企业搭配适当的架构去适应，但是成熟的商业绝不是靠税负的降低、税款的节约就能实现的，比如房地产行业、互联网行业、制造行业、出口贸易、人力资源行业等，财税价值只是让其锦上添花。

不过近几年，大家可能发现很多的网站、微信公号或文章，在大力地宣传地区招商，以灵活用工、经营所得核定等方式，积极地在市场上推销其节税、节约社保开支的成本，形成了一定的规模，据闻有的年流水规模达到数百亿之巨。这跟地区招商有很大的关系，中国这么大，有很多产业不发达的地区，相当于抢得一杯羹过来，也似乎情有可原之处。不过它对于税收征管秩序的影响却是巨大的，一"核"省百事。当然据笔者观察，有的地方的税务人员对此持谨慎的态度，这种招商的管理一般是由当地政府发起，税务机关配合完成的。目前来看，正是由于个人所得税对于个人劳务、经营的区分不甚清晰，对于核定的上限也未设置标准，对于个人纳税地的规定也存在模糊之处，助长了这种筹划大行其道。除了核定的方式外，还有财政"返还"的政策来吸引，不过有一些地区在引起关注之后，往往就有其他的热门地区出来，笔者也听说的地区发生过追税的案例。既然政策没有规定清楚，如果是合规地来操作，也是有可行性的，就怕有的操作是虚假的业务加上虚开发票，以及税务系统内部程序违规操作出现问题，作为企业老板不能只看宣传的"诱惑"，还要看过程当中的真实场景来支持。

商业竞争导致一些行业出现利润不佳、亏损等情形，财政奖励提供了一个改善的机会，比如因为财政奖励的支持，在商业上就可以掌握更大的主动，用好、用足一些地区差异的政策，在当前也并不是问题。税务机关或税收政策对于地方政府财政奖励的安排尚无法进行干涉。

身为企业的负责人，在面临这些宣传诱惑的时候，笔者的建议是，不要只看结果，而是要看过程，更不能不顾事实，编造形式上的虚假业务，比如本来是员工，却通过发票报销支付费用，或者本身没有发生业务，却大量地开具发票，这其中的"红线"在于一是虚开发票的问题，二是洗钱的风险。而这不单单是税务的问题，还是法律的问题。近期税务机关对于一些大型互联网平台进行关注，对于涉及是否存在虚开发票等情形进行调查，建议大家关注。

5.4.2　企业架构如何选择没有最好只有更好

企业不同的发展阶段，可以有不同的架构，比如刚开始可能就是一个个体工商户，这就是最好的经营主体，而不是一开始就照着上市公司的成功模型进行搭建某些专家介绍的架构。从笔者的观察来看，没有最优的方案，而只有适合的方案，这其中我们可以进行借鉴,但一定会有自己的独特之处。比如有的人非常推崇美国苹果公司的"避税方案",问题是,我们的业务需要这么做吗?到了那个需求的阶段了吗?

表 5-18

考虑因素	说明	注意事项
控制权	一是考虑一致行动人;二是考虑通过有限合伙的方式设置控制权,同时方便进行资金"以小搏大"的安排	对于一致行动人,比如员工平台的设置,需要考虑上市后不同的减持股票的诉求
个人变现与投资的双重的需要	直接控股公司的方式税负成本高,通过搭建多层架构作资金储备池就有必要了	主要解决从运营主体到个人名下资金的税负考虑
持续发展的需要	此时鉴于风险分离,及统筹资金之需,并不需要将利润转到个人手中再进行投资,减少通过个人环节的计税成本	一般搭建集团公司或各个功能单位进行考虑
扩大规模	收购股权、增资,收购资产安排	考虑占股比的大小
核心竞争力	如建立自己的研发中心等技术平台	充分利用自己的技术优势,利于品牌建立与宣传
配套功能	如运输、人力等,人力方面有不同的用工方式	不同的需求影响到不同的通道安排
优惠功能	主要是指可以享受到某些专项税收优惠、财政扶持的地方	借助外部利益的创造力来保进价值增长

从笔者接触的一些上市公司的架构来看,有个人直接控股的,有多层控股的,在海外上市的架构中,更为复杂,当然也基本上都是流程式的。近年来,通过避税地架构上市的税收风险越来越高,比如某电商在美国的上市招股书,其自己认为有可能被认为属于中国的居民企业,只是这些涉及跨国规则的影响,我们的税收主体行使起来也是非常谨慎的。

一般来看,搭建个人与公司共同持股的方式,会比较灵活地进行利益分配,员工股权激励方面,多是以合伙企业持股平台进行搭建。只是笔者建议,在企业的发展过程中,要考虑税收架构的安排与利益安排,在内部转让定价的合理利用上,创新出来可能想象不到的价值。比如满足高新技术企业实现的安排,享受增值税即征即退的安排及享受特定减免税项目的安排等。

5.4.3 企业的商业流程与财税价值

笔者常听到财税专家提到自己的一句话:"可以让企业少交多少亿元的税。"在一些偶然的情形下,这是有可能的,但肯定也不是说可以随手就能实现。节税的金额与比例要全方面地考虑。下面我们结合几个案例来探讨一下。

某发包企业与建筑企业签订了一份包工包料的合同，合同金额是 1 000 万元，实际情形是发包企业提供了一些原材料，价值是 300 万元，结果跟对方结算的时候，税务机关的人员要求其将 300 万元作销售处理，企业解释是我们是甲供材料，营改增之后不涉及甲供的计税了[①]。税务机关认为，你们的合同约定得很清楚包工包料，你们公司还抵了账，这是你们自己的合同没有定好！

笔者曾与此案例的伙伴进行过沟通，并不是说因为合同签订了包工包料，就一定要包工包料，完全可以有个补充协议来约定由甲方提供什么物料的调整情形。同时因为双方结算时，是用 300 万元抵了 1 000 万元的建筑服务费用，那么既然发包方愿意给人家 1 000 万元，又用物料进行了抵价，此时往往让自己陷入很被动的情形，按照此理解，建筑服务方开具的发票金额应是 1 000 万元，发包单位给对方开具销售货物的发票。如果站在发包企业的角度，可以直接调整合同金额为 700 万元，双方进行补充约定，300 万元就属于甲供材料。在这种时候，可能会给发包方带来不利影响，比如销售材料税率是 13%，但是建筑服务税率是 9%。

顺此案例延伸，目前营改增的政策对于甲供材的业务情形，允许建筑服务方选择简易 3% 计缴增值税，此时有的专家提出甲供"一根钉子"节约了多少税？如果在进项税额不足的时候，可以考虑，不过此时也需要考虑发包方的意愿，在有利润可挣的前提下，业务与利润的机会是最重要的。

某互联网企业在行业当中处于前几名，由于互联网企业需要大量的导流业务，投入的渠道费用非常大，财务人员日常将其归集到广告费及业务宣传费项下，这个费用受到收入 15% 税前扣除的限制，尽管可以向以后年度无限期结转，但往往每年都有大额发生，结转扣除的利益也无法保障，这成了企业的一个难点。

笔者认为，要先分析业务的应用方式，互联网公司的广告，多数也是跟互联网的平台相关，我们国家对于广告业的管理，是分经营主体或产品等作登记或审查的，对于互联网公司做的哪些业务是属于广告，2016 年《互联网广告管理暂行办法》（国家工商行政管理总局令第 87 号）进行了明确：

第三条　本办法所称互联网广告，是指通过网站、网页、互联网应用程序等互联网媒介，以文字、图片、音频、视频或者其他形式，直接或者间接地推销商品或者服务的商业广告。

---

① 甲供材其实是对于建筑服务方来讲的，即原来在营业税下要求作为营业额计缴营业税，营改增之后，这一不合理的处理意见被废止了，真正地减轻了纳税人的"税负"。

前款所称互联网广告包括：

（一）推销商品或者服务的含有链接的文字、图片或者视频等形式的广告；

（二）推销商品或者服务的电子邮件广告；

（三）推销商品或者服务的付费搜索广告；

（四）推销商品或者服务的商业性展示中的广告，法律、法规和规章规定经营者应当向消费者提供的信息的展示依照其规定；

（五）其他通过互联网媒介推销商品或者服务的商业广告。

第五条　法律、行政法规规定禁止生产、销售的商品或者提供的服务，以及禁止发布广告的商品或者服务，任何单位或者个人不得在互联网上设计、制作、代理、发布广告。

禁止利用互联网发布处方药和烟草的广告。

第六条　医疗、药品、特殊医学用途配方食品、医疗器械、农药、兽药、保健食品广告等法律、行政法规规定须经广告审查机关进行审查的特殊商品或者服务的广告，未经审查，不得发布。

第七条　互联网广告应当具有可识别性，显著标明"广告"，使消费者能够辨明其为广告。

付费搜索广告应当与自然搜索结果明显区分。

第八条　利用互联网发布、发送广告，不得影响用户正常使用网络。在互联网页面以弹出等形式发布的广告，应当显著标明关闭标志，确保一键关闭。

不得以欺骗方式诱使用户点击广告内容。

未经允许，不得在用户发送的电子邮件中附加广告或者广告链接。

之前，由于政策不明确，比如对于百度搜索的排名费用，有的时候可能大家收到的是技术服务费的发票，上述文件发布之后，明确了付费搜索属于广告范围，而且大家也可以发现，互联网广告的范围描述得也很宽泛，是不是就没有办法进行优化了呢？再加上业务宣传费的范围实在无法描述，是不是贴点儿边的都要并进来呢？

比如某打车平台给予司机的补贴，这是不是业务宣传费呢？我们理解，这就是他们鼓励使用打车平台的一种成本，是一种有偿的付出，收入是来源于乘客的收入分成，但是通过司机完成的。还有的互联网公司对外支付的红包，这也并不是广告与业务宣传费，而是一种对方参与的劳务，也可以认为是一种销售费用，因为对方是直接的业务提供方，并不是对方单纯地协助宣传了什么。但对于上述支出，无论是计入什么类型的支出，都会涉及个税的扣缴。

对于关联到某些平台的链接广告，结合互联网广告管理办法的描述，通常是需要并入广告费的。如某些伙伴所操作的情形,细化支出费用的明细,比如广告性质的有哪些,属于技术服务的有哪些,有的平台收取的是会员费,是一个综合性的费用。再比如有的公司利用个体工商户、合伙企业等进行操作,本身这类平台没有支出调整的限制,如委托其进行咨询服务,很有可能"隐藏"起来费用的具体支出事项,还有的公司进行的商务咨询服务,一并将个税扣缴的风险也给"隐藏处理"了。

对于很多餐饮企业,其在全国各地可能设立的是子公司,或者是分公司,甚至还有通过很多个体户的形式进行运营的。近年来,由于国家大规模地进行减税降费的活动,特别是给小微企业提供了很多税收优惠政策。企业需要结合自己的发展阶段,进行一些规划,比如对于技术窍门的管理、人员的培训、享受小微企业优惠的条件搭配,笔者认为空间很大,需要规划好组合方式,不要光等政策从天上掉下来,而是要去积极地适应。

对于餐饮企业,其实还有一个采购的链条设计可以考虑,因为如果是从流通行业购入的话,多因对方免税而不得抵扣,但是对于自产初级农产品,规定可以享受免税的待遇同时又允许购买方进行抵扣,此时如何组合也是很有空间的。

理解上,每个行业,都会有或多或少的空间等着去发现,而且随着政策变化,相应的环节也需要随时进行调整。比如无车物流平台的成本支出管理,快递行业中同城快递与运输费用的组合优化,特定情形下支出无发票入账的对接处理;还有智能化企业的技术载体,如何与供应商和客户建立起来利益体,如何能够站在合作者的角度考虑方案,如何利用应税与免税,如何根据不同的客户进行不同的方案与合同签订等。

整体来看,表5-19中的因素可以进行适当考虑:

表5-19

税种	考虑因素	个人的影响
增值税	考虑税率差搭配,考虑一般与简易的选择,考虑一般纳税人与小规模纳税人身份的应用	考虑个人老板设立企业的安排
企业所得税	考虑税率优惠、税额优惠、扣除优惠等,主要考虑从25%的税负如何降低	主要考虑满足的条件与利润的组合
增值税、企业所得税	考虑一定的财政利益	个人的投资地选择与行业选择
商业方式	销售方案,比如促销方式、定价方式、结算方式,减少不必要的税费承担	主要是方案的财税风险规避
用工管理	薪酬支付方式、社保与公积金成本,与用工人员达成双赢的沟通	减少股东的经营压力与合规成本

商业模式与财税价值如何相得益彰，在现实的交易中，笔者认为改善的空间比比皆是，只是有的时候，老板习惯了商业上的成功与努力，对于财税价值，并不一定全信任、害怕有风险，对于风险的喜好也不尽相同。基于真实，在盘活资产、流程优化与配合、价值创造方面，最终对于个人利益的影响也会有所改观的。

5.4.4　财税、法律人理解的风险与老板理解的风险不应一致化

笔者记得曾经在某外企工作时，负责一些合同的税务合规审核工作，对于税收的风险敏感度当时也特别高，甚至也借鉴了当时我们的服务机构给的意见，很多时候就是提有风险，要谨慎。比如老板们很熟悉的一句话：股市有风险，入市需谨慎。而且当时认为我们的专业意见表述得很完美，能够给公司管理层提供很有价值的参考。后来，在一次与法务负责人的交流中，他这么说："请问，你认为在国内从事的哪种经营业务没有风险呢？对于有风险的，有没有测算量化与定性呢？"经营必然有风险，问题是，对于风险的接受程度、喜好程度如何。比如企业很快面临生死存亡的地步，此时你还在意纳税零申报是不是报过了吗？税收政策不明确有争议，生意就不做了吗？如何适当合法地降低风险、化解风险，或许这突破了我们咨询行业很多伙伴的习惯。在此之后，遇到很多事情的时候，无论是大是小，多考虑一下风险，这也是大力税手法税团队成立的一个影响因素。

【案例】当下，有很多网红平台，比较受大家关注。前几年有过一次报道，原北京市朝阳区地方税务局检查了一次网红平台的个税缴纳情形，检查结果是按照劳务报酬补了数千万元的税款。这给各大直播平台带来了很大的影响，于是他们纷纷采取服务转移的方式。比如对于这些网红们，相当于是他们给平台提供劳务服务（其实笔者理解是他们自营活动，平台提供了结算与工具、技术维护），于是找到某地的一个互联网灵活用工的平台公司，其帮这些网红们代征税款（一般按照经营所得），同时给直播平台开具增值税专用发票（税率6%），而网红们相当于个人给代征平台开具普通发票扣减（多人开具一张普通发票，不需要每个人代开），一般情形下，并没有让每个网红设立一个个体工商户的方式进行操作①。在这种情形下，你认为有没有虚开发票的风险，我们且认为所有的业务都是真实的。

分析：从笔者的理解看，在这个案例中，有三个因素大家可以探讨。第一，是否存在虚开发票问题。笔者理解，如果都是据实发生的业务，资金没有回流，而业务是真实的，认为是虚开有一些牵强；至于说是不是让别人给网红们虚开，在这个点上，需要考虑业务链条。比如这些网红跟代征平台是什么关系都不知道，只是象征性地在

---

① 由于不设立个体工商户，进行经营所得的核定存在风险，毕竟原来认定为劳务报酬，换个地方成了经营所得，目前一些平台从风险防范的角度，鼓励网红们成立个体户来操作，主要是简化成立的程序与方式，平台在此方面投入了很多的创新，更多的是协调。

其网站或小程序中登记了一个信息，做的是什么平台也不清楚，平台就是结算与开发票，这很可能认为属于让别人为自己代开专用发票或普通发票了。当然，如果是真实的业务还好，有一些涉及"套现"的情形难免是"浑水摸鱼"。第二，个人的纳税地与代征地的问题，从当前的规定来看，对于劳务或经营所得的纳税地并无相应的明确规定，给了当前异地操作的空间。第三，个人的经营所得。在新个税法中已明确其他个人从事经营所得的情形，如何区别于劳务报酬，目前有空间被混淆。据此来看，这里面的业务模式有些创新，但也存在风险。

有风险就不做了吗？那么按照劳务报酬预扣预缴网红们的个税，此时我们可以让网红来承担，不过因为别的平台不承担，商业竞争力是不是没有了呢？所以有风险也是要面对解决，平台与网红是一体化的，并不是淘宝平台那样，开店运营与平台运营之间的独立性很强，税务机关不会要求淘宝平台去缴纳或扣缴这些店的税款，淘宝平台也没有征税的权利与进行计算的方式，尽管我们说网店存在很多偷漏税行为，曾经也发生过电商税务稽查的个案，但是目前来看，税务机关对于这些个体网店的征管力度还不充分。本身收入数据肯定是最全的了，支付宝的流水淘宝完全掌握，如果要查是不是很简单？不过有人也提出来意见，平台上网店自己刷单的流水难道也要做收入吗？关键这谁说得清呢！也曾有专家或竞争伙伴提出要用电子发票来管理这些网店的纳税行为，但这最终可能要看国家对于这一行业整体发展的过程来定了。

上面提到网红平台查补税款的案例，是按照劳务报酬定性的，对于网红与平台之间是不是存在劳务的业务关系，其实并不明确，因为网红是在平台上开了一个虚拟地址，传输演示的信号进行放映，并不是平台采购过来再销售给观看者，有人打赏也是给网红的，只是因为有说不清的利益问题，平台分了网红的收入后，再提现给网红，前端还是用平台的"道具"来折算的打赏，所以定性为劳务报酬，说明本身平台与网红的角色在利益上是重合的、不清楚的。淘宝网店中，淘宝提供的是结算工具，并不是其虚拟货币，淘宝也不参与分成，而是单独收网店的服务费用（有一些可能也有免费的情形）。网红们按照劳务报酬被预扣预缴个税后，我们知道，其个人可以在汇算清缴时多退少补，形成综合所得的个税额，有影响的只是预扣预缴时按照收入额的20%计算有一些过高，体验起来也不好，收入高的，综合所得的税负也高，所以就想到了"曲线解决方式"，通过第三方平台解决。尽管我们分析了，有相应的风险，但是正如一位行业内的税务专家所说："我们与其承担扣缴个税的风险，不如承担第三方开具发票的风险！"显然，他们在这个商业环境中，做出了自己的利益选择与风险选择。

5.5 老板进行股权激励的方式与涉税处理

进行股权激励，是当前老板希望与员工利益绑在一起将企业发展壮大的手段之一，相较于直接发放奖金，有很多的优势，一是不用动用企业的很多资金，二是税收上有相应的独立计税规则，三是企业所得税税前还可以扣除，员工对于未来还充满了期待，比如有了上市的目标等。

老板进行期权的股权激励，设置了相应的实现目标或相应的折扣购买价，奖励一般是达到条件就直接给了。老板给予奖励的情形，有时是直接由老板掏腰包，比如老板直接将个人持有的股票赠送给员工，每个人1 000股，注意，由于是公众公司，审计的时候可不认为是私人之间的赠送，而是为了"采购"员工的工作给予的薪酬，仍视为是上市公司或挂牌公司的行为，下面我们来聊几个笔者接触或了解到的案例。

5.5.1 老板直接发钱、送股票视为员工的工薪所得处理

在上市公司中，北京大北农科技集团股份有限公司（以下简称"大北农"）就是一家代表性的公司，当初其在发布员工持股计划草案时，曾提出来：

本员工持股计划的股票来源为本公司控股股东邵根伙博士无偿赠与的大北农股票。邵根伙博士计划向本员工持股计划无偿赠与9 848万股大北农股票，约占本公司总股本的6%。但如果股权过户时相关税收政策仍不明朗或不利于持有人的个人利益，则经持股人会议表决通过，董事会审议批准后，邵根伙博士可以其他合法方式将上述股份过户至本员工持股计划。

笔者查阅信息发现，当时的媒体报道非常多，主要聚焦于如税收成本巨大阻碍持股计划的推进，当然还有会计处理的影响。当时的分析主要认为，邵根伙赠送股票涉及自己本身缴纳的限售股的个税，员工取得时的工资薪金计税，以及未来员工转让股票是不是还要按财产转让所得计税，这三个环节的税负下来，估计实施就很难了。

为此大北农经过与原北京市地方税务局沟通进行了解决，从原北京市地方税务局的网站信息中我们看到了相应的信息，摘录供参照：

2014年中国证监会发布《上市公司实施员工持股计划指导意见》，我公司在全国范围内率先响应国家政策，完善公司的股权共享机制、促进大众创业、万众创新的新

局面，于 2015 年 8 月 29 日推出《大北农员工持股计划草案》，草案规定，大北农控股股东邵根伙拟向不超过 3 000 名员工分次赠与 9 848 万股大北农股票，约占大北农总股本的 6%。

在我公司实施该计划的过程中，税收问题摆在了最前面。由于现行税收政策与证监会《上市公司实施员工持股计划指导意见》不配套，因此，采取"股东自愿赠与"方式，可能会涉及三道个人所得税：

一是大股东邵根伙需按照限售股转让缴纳个人所得税；

二是获赠股票的员工在获得公司股权奖励时需按照"工资薪金所得"计算个人所得税；

三是员工由于不是从二级市场取得的股票，在股票转让环节还要按"财产转让所得"缴纳 20% 的税款。

"两头征税"综合税负较高，影响了股东和员工的积极性，加之国家发生大面积股灾，公司员工持股计划遇到难以想象的困难。

就是在这样困惑的时刻，市地税局主管部门和海淀区地税局税政部门及时为我公司排忧解难，与中关村管委会创新处联合邀请总局所得税司个人所得税二处，共同调研、分次组织专题会议讨论我公司员工持股计划涉及的个人所得税问题，就员工持股纳税方式、计征金额、征收率等情况进行了充分的了解、沟通。

经各方多次讨论，最终帮助我公司解决了税务难题，即：按照证监会有关出售股票确认价格的原则，同时考虑未来 3 至 4 年的股票锁定期存在较大价格不确定性，参考《员工持股计划草案》公布之日前 120 天内二级市场交易均价确定大股东股权转让的合理市场价格，对员工按照上述价格取得的股权，可适用现行对二级市场买卖股票暂不征收个人所得税的政策，仅对大股东邵根伙征收限售股转让的个人所得税。

笔者理解，这是借鉴了个人之间股权转让的思路进行的意见表述，转让方因为是限售股需要计缴个税，但由于赠送在中登公司过户时不能直接操作，很有可能采取大宗交易等方式处理①。在计税上，这个环节按限售股计缴没有问题，员工属于个人的"不花钱"取得的所得，对于股票，税法上没有受赠税一说，因此不需要计缴个税，未

---

① 经查阅，《北京大北农科技集团股份有限公司员工持股计划管理办法》有这样的说明：
第四条 股票和资金来源
1. 员工持股计划的股票来源
通过大宗交易或协议转让方式受让公司实际控制人邵根伙先生出让的公司股票、二级市场购买（包括集中竞价以及大宗交易等法律法规许可的方式）等法律法规允许的方式取得并持有标的股票。
2. 员工持股计划的资金来源
本员工持股计划资金来源于员工合法薪酬、自筹资金以及法律法规允许的其他方式。公司不得向持有人提供垫资、担保、借贷等财务资助。
员工持股计划执行员工自愿参加原则，因此，员工持股计划的设立出资总额以最终实际向参与员工持股计划的员工募集的资金总额为准。

来转让笔者认为倒是没有问题的,属于免税的股票转让所得的范围。但是在上述的处理中,我们忽略了一点,即这些员工为什么能够取得上述股票,因为他们是作为大北农的员工为前提的,加之这是公司发布的员工持股计划的安排,只是股票来源于股东的贡献,并不是股东与员工之间的私下交易或赠送安排。基于此,认为还是宜定性为工资薪金所得形式。但在最近,笔者却发现《北京大北农科技集团股份有限公司关于终止员工持股计划的公告》,而且查阅相关的年报,也未发现上述的股份支付得以实施。

我们进一步分析,老板直接赠送股票、股权的行为,依据当前的会计准则要求,按照股份支付的理解进行处理。如《上市公司执行企业会计准则监管问题解答》(2009年第1期)对此有过规定:

问题7. 上市公司大股东将其持有的其他公司的股份按照合同约定价格(低于市价)转让给上市公司的高级管理人员,上市公司如何进行会计处理?

解答:该项行为的实质是股权激励,应该按照股份支付的相关要求进行会计处理。根据《企业会计准则第11号——股份支付》及应用指南,对于权益结算的涉及职工的股份支付,应当按照授予日权益工具的公允价值记入成本费用和资本公积,不确认其后续公允价值变动。

比如《精伦电子股份有限公司因"股份支付"对2015年半年度业绩产生重大影响的公告》中提到:

一、"股份支付"事项的基本情况

2015年2月16日,公司召开第一次临时股东大会,审议通过了《精伦电子股份有限公司员工持股计划(草案)及摘要的议案》。2015年4月24日,张学阳先生将代持的股改承诺的682万股股票无偿赠与员工持股计划并办理完过户登记手续。

根据相关规定,实际控制人(第一大股东)张学阳先生将代持的股改承诺的682万股股票无偿转让给员工持股计划的行为属于股份支付,授权日为2015年2月16日,当日收盘价为9.15元,应于本期按照授予日权益工具的公允价值记入管理费用和资本公积6 240.3万元。[①]

二、"股份支付"事项对财务报表的影响

2015年上半年度,公司因适用股份支付发生管理费用6 240.3万元,该"股份支付"事项不属于公司的日常经营事项,不是经营性损失,也不会对现金流产生影响。

---

① 682×9.15 = 6 240.30(万元),形成管理费用,为何无偿转让的股票还要记入公司的费用呢?这是因为相当于授予日的公允价值减去未来的支付对价,由于支付对价为0元,所以全额计提入了管理费用,同时增加资本公积。这是一个对常规会计处理不同的情形,特别是首发股票要求比较严格的地方,是审核的重要关注点。

扣除"股份支付"事项的影响,公司 2015 年上半年度归属于上市公司股东的净利润为 8 740 008.96 元,较一季度环比增长 488.05%,较去年同期增长 384.14%。

5.5.2 关于股份支付企业所得税纳税调整的特殊之处及空间

这可以作为一个技术点由财务人员多了解一下。本身我们知道,股份支付的会计处理,是一个很"神奇"的税前扣除事项。在股份支付计提年度,由于未实际发生,相应计提的成本费用不得税前扣除,但是在员工行权等方式取得之时,相当于是实际发生了,则允许其作为工资薪金税前扣除。为何要让其税前扣除呢?因为相当于公司购买了员工的服务,需要支付相应的酬劳。

《国家税务总局关于我国居民企业实行股权激励计划有关企业所得税处理问题的公告》(国家税务总局公告 2012 年第 18 号)的解读当中有一个有趣的案例,大家可以看看,可能会对纳税调整有了一个新的认识。

八、请举例说明上市公司建立职工股权激励计划的企业所得税处理?

答:以权益结算的股份支付为例,假设 A 公司为一上市公司,20×2 年 1 月 1 日,公司向其 200 名管理人员每人授予 100 股股票期权,这些职员从 20×2 年 1 月 1 日起在该公司连续服务 3 年,即可以 4 元每股的价格购买 100 股 A 公司股票。公司估计该期权在授予日的公允价格为 15 元。从授予日起的三年时间内,共有 45 名职员离开 A 公司。假设全部 155 名职员都在 20×5 年 12 月 31 日行权,A 公司股份面值为 1 元,行权日的公允价值为 10 元。

(一)按照会计准则相关规定,企业会计账务处理:

1. A 公司在三年间共确认管理费用 232 500 元(155×15×100),在授予日,不做账务处理;

2. 在等待期三年内,每年 A 公司的账务处理如下:

借:管理费用　　　　　　　　　　　　　　　　　77 500
　　贷:资本公积——其他资本公积　　　　　　　　77 500

第三只眼注:此处纳税调增 77 500 元,三年共计纳税调增 232 500 元。

3. 职工行权时,A 公司的账务处理如下:

借:银行存款　　　　　　　　　　　62 000 (155×4×100)
　　资本公积——其他资本公积　　　232 500
　　贷:股本　　　　　　　　　　　　　　　　　　15 500
　　　　资本公积——股本溢价　　　　　　　　　279 000

(二)企业所得税处理

企业所得税税前扣除金额=(职工实际行权时该股票的公允价格-职工实际支付价

格）×行权数量

即：(10-4)×155×100=93 000

A公司可以在职工实际行权时，允许当年在企业所得税税前扣除93 000元。

相当于原来纳税调增金额是232 500元，最终股票公允价格从授予日的15元降到10元，所以只能以10元计算最终的税前扣除费用。行权时对应的股票公允价值，就是税前的金额，这一点跟之前计提费用的金额并不等同。如果是股价降低，那么税前扣除费用较计提时也会降低，个人计税所得的金额也会变小。

5.5.3 股权激励、股权奖励等计税方式明确了一致化的处理

在个人所得税的政策上，2005年起提出了股票期权的个税处理规则，后面陆续就限制性股票、股票增值权及股权奖励进行了计税明确，通常我们称之谓股权激励，在计税方式上，不与工资薪金合并计入综合所得计税，但性质上仍属于薪酬所得，只是单独进行计税，在2019年新个税法实施之后，延续了这一政策。财税〔2018〕164号①文件规定：

二、关于上市公司股权激励的政策

（一）居民个人取得股票期权、股票增值权、限制性股票、股权奖励等股权激励（以下简称股权激励），符合《财政部 国家税务总局关于个人股票期权所得征收个人所得税问题的通知》（财税〔2005〕35号）、《财政部 国家税务总局关于股票增值权所得和限制性股票所得征收个人所得税有关问题的通知》（财税〔2009〕5号）、《财政部 国家税务总局关于将国家自主创新示范区有关税收试点政策推广到全国范围实施的通知》（财税〔2015〕116号）第四条、《财政部国家税务总局关于完善股权激励和技术入股有关所得税政策的通知》（财税〔2016〕101号）第四条第（一）项规定的相关条件的，在2021年12月31日前，不并入当年综合所得，全额单独适用综合所得税率表，计算纳税。计算公式为：

应纳税额=股权激励收入×适用税率-速算扣除数

（二）居民个人一个纳税年度内取得两次以上（含两次）股权激励的，应合并按本通知第二条第（一）项规定计算纳税。

（三）2022年1月1日之后的股权激励政策另行明确。

大家可以看到，相应的定义中提到了四种方式，《财政部 国家税务总局关于将国家自主创新示范区有关税收试点政策推广到全国范围实施的通知》（财税〔2015〕116

---

① 财税〔2018〕164号，即《财政部 税务总局关于个人所得税法修改后有关优惠政策衔接问题的通知》。

号）提出了股权奖励的个税的优惠政策：

四、关于股权奖励个人所得税政策

1. 自 2016 年 1 月 1 日起，全国范围内的高新技术企业转化科技成果，给予本企业相关技术人员的股权奖励，个人一次缴纳税款有困难的，可根据实际情况自行制定分期缴税计划，在不超过 5 个公历年度内（含）分期缴纳，并将有关资料报主管税务机关备案。

2. 个人获得股权奖励时，按照"工资薪金所得"项目，参照《财政部 国家税务总局关于个人股票期权所得征收个人所得税问题的通知》（财税〔2005〕35 号）有关规定计算确定应纳税额。股权奖励的计税价格参照获得股权时的公平市场价格确定。

之所以提这个是因为之前笔者也遇到相应的案例，比如某企业实施股权激励政策，直接给员工赠送的股票，由于无法套 2016 年前的计税场景，即不是股票期权、股票增值权，也不是限制性股票，结果在实践当中税务机关让其按一般工资薪金的计税方法，最多给予按一次性奖金的方法计税，这样就影响到了传统全年一次性奖金的计税。股权奖励其实是员工不需掏钱的 0 元成本股权激励，为此，财税〔2018〕164 号文件明确了股权奖励的计税规则也一样按照传统股权激励的方式进行，这样减少了并入综合所得纳税的情形。

5.6 海外上市搭建及拆除 VIE 架构中的个税问题及检查风险

最近十多年来，很多互联网创业企业，通过 VIE 架构进行了海外上市，其中主要是在香港交易所或美国纳斯达克交易所，海外上市更成为了很多年轻人追求的梦想。海外上市并不限于 VIE 架构，VIE 架构主要是避免一些境外投资的领域所限而创新出来的一种业务模型，达到合并报表与海外上市规则认可的目的，比如海底捞在香港的上市，就不是 VIE 架构。新个税法修订前即 2018 年及以前，很多征税环节囿于没有政策的支持，个人计税的漏洞比较明显，因此给了之前一批老板自由调配组合资产的空间，但是 2019 年起，这些规则发生了很大变化，带来了很大风险。

5.6.1 新个税法实施前各地对于源于国内所得征税的尝试

应该说，各地税务机关在新个税法实施之前，做了很多尝试，即对于间接转让中国境内财产进行计征财产转让所得个税的努力。尽管引起了很大争议，但作为有样本的案例，依然引起了很人的震动。由于税收法规层面没有明确的支持基础，让这种征税的案例无法进行有效地、大规模地进行复制。在企业所得税层面，从 2009 年开始，中国开始强化反避税措施，对于特定情形下间接转让中国居民企业股权等财产时，进行穿透视为直接来源于境内的转让所得，进行纳税义务的判断，当然这种追税的成本也是非常高的，不过形成了我们鲜明的税收主体意识。在这种情形下，虽然个人所得税层面未对此推出明确的文件进行同类要求，但是借鉴企业所得税的规则，各地的样本也就产生了。

《中国税务报》的一篇文章《深圳地税跨境追缴1 368万元税款》对此进行了案例报道：

对非居民个人间接转让中国境内企业股权征税取得突破

2011年6月8日　作者：卢勋

本报讯　近日，全国首例对非居民个人间接转让中国境内企业股权追征个人所得税1 368万元在深圳市地税局入库，从而结束了长达半年跨境税款追踪，实现了非居民个人在境外直接转让母公司股权，间接转让境内子公司股权征税个案突破，为拓宽反避税视角作出了有益探索。

据悉，某香港商人在港注册一家典型"壳公司"，注册资本仅有1万港币。2000年该公司作为投资方在深圳注册一家法人企业，专门从事物流运输，同时置办大量仓储设施。经过近10年的经营，子公司已经形成品牌企业，经营前景看好，而且由于房地产市场一直处于上升趋势，公司存量物业市场溢价很大。2010年，该港商在境外将香港公司转让给新加坡某公司，深圳公司作为子公司一并转让，转让价格2亿多元。

对于港商个人取得的转让收益是否征税，税企之间存在很大分歧。经过反复调查和多次取证，深圳市地税局认为本案转让标的为香港公司和深圳公司，标的物业为深圳公司的资产，转让价格基础是深圳公司资产市场估价。鉴于香港公司在港无实质性经营业务，其转让溢价应大部分归属深圳公司资产增值。这种形式上直接转让香港公司股权，实质上是间接转让深圳公司股权，存在重大避税嫌疑。经请示税务总局，决定对其追征税款。

据了解，深圳毗邻香港，非居民个人身份在港注册公司获得法人企业身份转投内地企业的现象很多。这些在港公司本身并无经营业务，实质经营活动基本由境内公司承担，在港公司基本属于"壳公司"或"导管公司"。对于这种直接转让在港公司股权而间接转让境内公司股权行为，如果在港公司股东是法人企业，税务机关可以依据税务总局相关文件，认定其滥用组织形式，不具有合理商业目的，穿透其中间公司直接界定为转让境内公司股权进行征税。而如果是非法人企业，属于自然人股权转让，对其转让所得进行征税目前存在法律适用问题。因此，本案在实践上的率先突破，将有利于推动国家税收立法，完善相关法律法规，打通反避税理念和手段在相关税种之间的瓶颈，对公平税负和捍卫国家税收主权具有重要意义。

这个案例讲述的是对非居民个人取得的来源于中国境内所得的追税。据了解，在个人所得税法未引进间接股权转让征税的反避税措施之前，该案例的成功追税，主要是认为纳税人签订的协议中明确，该股权转让包括对应的境内建筑物及相关物业设施，而转让境内建筑物和相关设施，属于境内所得，中国税务机关有权征税。在此基础之上，《中国税务报》的另一篇报道，也是对于类似案件的处理意见。

海淀地税局追征境外企业股权交易税款

2015年9月22日　作者：田艳春　宋春辉

纳税人申报个税时，其股权交易合同引起了税务人员的注意。境外企业股权交易，为何约定事项大都与境内企业有关？被交易的外企究竟什么情况？该项交易是否涉嫌避税？经过调查，税务人员找到了答案。

近日，北京市海淀区地税局在为纳税人办理股权转让个税缴纳业务时，发现该项股权交易业务涉嫌借助境外空壳公司交易我国境内资产并逃避纳税。在对该项业务进行周密调查后，海淀区国税、地税局人员多次约谈相关人员及境外机构代理人，依法要求其补缴应纳税款。最终，参与该项股权交易的非居民个人和境外非居民企业补缴税款6 853万元。

蹊跷的股权转让合同

2014年10月，两名中国居民到北京市海淀区地税局第五税务所，办理境外企业股权转让个人所得税缴纳业务。按照相关规程，该业务需要办理待解缴入库手续。为确保税款计算准确，谨慎起见，海淀区地税局国际税务管理科要求纳税人提供股权转让合同。但两名纳税人以各种理由推诿，仅提供了两页合同摘要。

这份摘要中的"土地出让金"一词引起了税务人员注意：转让的是境外企业股权，但从合同内容看，交易定价约定的事项为何却属于境内事项？

税务人员马上要求两名纳税人提供全套交易合同。合同显示：2014年8月，加拿大籍华人L与H公司（注册于英属维尔京群岛）以及中国居民李某、王某等四方共同签署《Z公司整体股权转让协议》，将共同持有的Z公司（注册于开曼群岛）100%股权转让给注册于开曼群岛的M公司。加籍华人L、H公司、李某和王某在Z公司中所占股权分别为58%、30%、10%、2%，该项交易最终转让价格为4.1亿元人民币。

从表面上看，这是外国企业、外国居民个人和中国居民个人共同转让境外企业股权的行为。根据我国税法规定，合计占股12%的两名中国居民在我国负有纳税义务，而对加拿大籍华人L、境外注册H公司我国税务机关没有征税权。

出于维护国家税收权益的高度责任感，税务人员对转让协议进行了仔细分析，发现此项交易存在诸多疑点。交易中被转让的Z公司唯一的子公司是其100%控股的境内企业F公司，而F公司拥有的位于北京市海淀区的一座写字楼A大厦，是此次交易的核心资产，合同中将近90%的篇幅都是关于F公司和A大厦相关事项的约定。

交易内容疑为境内资产

税务人员分析该项交易的情况，结合征管经验初步判断：此项股权交易中被转让的Z公司很可能是一家空壳公司，股权转让的实质是通过转让避税地空壳公司股权达到间接转让我国境内实体公司F公司，进而实现A大厦易主，而境外H公司和加拿大籍华人L借此达到避税目的。从交易内容看，加拿大籍华人L此次股权转让收入，实质上很可能是来源于中国境内的所得，应该在我国负有纳税义务。

税务人员仔细查阅了相关税收法规和政策。根据企业所得税法第四十七条，企业所得税法实施条例第一百二十条以及国税函〔2009〕698号文第六条的规定："境外投资方（实际控制方）通过滥用组织形式等安排间接转让中国居民企业股权，且不具有合理的商业目的，规避企业所得税纳税义务的，主管税务机关层报税务总局审核后可以按照经济实质对该股权转让交易重新定性，否定被用作税收安排的境外控股公司的存在。"

如果认定Z公司是空壳公司，根据以上规定，境外注册H公司的股权转让实质即为转让中国居民企业股权，同样应负有在我国纳税的义务。

多轮约谈追征税款

在对已掌握信息进行综合分析的基础上，海淀区地税局人员针对不同的交易方分别确定了工作方案。其一，确保两个中国籍居民应缴纳的个人所得税全额入库。其二，交易方之一的境外H公司存在明显避税问题，根据管辖权将其相关信息移交海淀区国税局。其三，加拿大籍华人L持有Z公司58%股权，是该项交易最大获益方，并且具有重大避税嫌疑，对其实施调查。

两名中国籍居民李某、王某在税务人员为其宣讲税收政策和税款的计算方法后，依法缴纳了987万元税款。考虑到目前我国自然人反避税法规仍不完善，税务人员对加拿大籍个人L的约谈工作十分谨慎，在约谈前做了大量准备工作。

税务人员查阅了大量关于L本人、境外Z公司、境内F公司及A大厦的相关信息。发现A大厦面积1.9万平方米，按市值保守估算价值在4亿元~5亿元人民币。也就是说，此次股权交易总金额4.1亿元，全部为A大厦的价值。调查结果验证了税务人员对该项股权交易核心内容的判断，L的股权转让所得来源于我国境内。

L的所得来自我国境内，但是，对其所得征税需有明确的法规依据方能让其心服口服。

L是加拿大籍自然人，国税函〔2009〕698号文第一条明确规定，该项法规适用主体是"非居民企业转让中国居民企业股权所取得的所得"，无法适用本案，并且我国个人所得税法及其实施细则对此均无具体规定。

虽然遇到了政策法规依据不足的问题，但海淀区地税局人员没有气馁，通过该局案例档案平台、国家税务总局网站等多个途径查找类似案例，以及相关税收法规政策依据。

功夫不负有心人。税务人员发现，2011年国家税务总局曾根据深圳市地税局的业务请示，专门下发了国税函〔2011〕14号《关于非居民个人股权转让相关政策的批复》①文件。其中明确，此类非居民个人间接转让境内企业股权所得属于来源于中国境内所得。通过对该文件的出台背景、适用范围、具体内容等深入研究，调查人员认为，在个人反避税法规体系尚未完善的情况下，国家税务总局出台此文件就是为了堵塞征管漏洞。同时，海淀区地税局这次遇到的案件非常典型，完全符合该文件规定的情形。至此，困扰该案调查的政策依据不足的问题得到初步解决。

海淀区地税局及时将案件进展情况，以及调查遇到的困难向北京市地税局国际税务管理处进行了汇报，在市局国际处和个人所得税处的协调帮助下，该案在政策适用、案件性质判定等方面的做法得到了国家税务总局的支持。

做足准备工作后，在获知加拿大籍人员L入境后，海淀区地税局向L送达了《税务事项告知书》。随后，税务人员与L委托的某著名执业机构人员进行了多轮约谈。经过近9个月的交涉，加拿大籍人员L最终同意就其来源于我国境内的所得补缴税款4 651万元。

北京市海淀区国税局接到地税机关传送的注册于英属维尔京群岛的H公司信息，以及此次股权交易的相关资料后，迅速与该企业取得联系，调查核实相关情况。H公司表示积极配合税务机关，并提供了相关资料。依据国税函〔2009〕698号文件，海淀国税局确定境外注册的H公司需补缴税款1 215万元，经过约谈，该公司也补缴了税款。至此，该项股权交易应纳税款6 853万元全部缴纳入库。

通过这两个案例，大家发现，对于"穿透"之后发现"来源于中国境内所得"的征税权行使，尽管它是一种时间性的征税，即后面的承接人的投资成本可以增加，但这个逻辑在跨境情形下，并不具有充分的保障，跟我们前面讨论过的国内转让股权的征税规则有所不同。因为这些公司设立在避税地，如果不采取穿透方式，那么他们的转让就在这个层级上操作，结果一直就征不到税，尽管现在全球在打击反避税，对于双重不征税也要进行协调，但是避税地的存在，打破了国与国或地区间的税收征管衔接，进而形成了税的"真空"，实现了某些人的税收利益最大化。从上面的案例来看，能够征到税，如果我们国家认可的话，其后面的转让也延续视为来源于中国境内的所得，其成本是可以得到延续认可的。至于在中间层的企业当中，有的可能确实有经营活动，此时的穿透就面临着困难，或者说在这个环节中存在征纳双方的"较量"，也存在一些安排。

---

① 据网络资料查询，仅供参照，《国家税务总局关于非居民个人股权转让相关政策的批复》（国税函〔2011〕14号）：

深圳市地方税务局：

C公司控股方为香港居民个人，其股权转让行为不适用《中华人民共和国企业所得税法》一般反避税的规定。根据《中华人民共和国个人所得税法实施条例》，该案件股权转让协议中的转让标的包括C公司和A公司的资产，该股权转让所得中涉及转让A公司部分的所得为来源于中国境内的所得，应对其进行征税。

但对于第二个报道的案例,对于中国居民个人在境外的所得征税,即使是在之前的税法框架下,征税也是没有问题的。中国个税的征税规则是属人原则与属地原则同时适用的方式确定,如果是中国的居民个人,负有全球的纳税义务,但现实当中,估计存在很多有海外所得的个人未合规地履行在中国的纳税义务,对于此部分的法律责任如何界定,恐怕是新个税法实施之后存在的一个很重要的问题,比如对于之前已发生有所得但未纳税的情形如何处理,对于新发生的如何细化规则与征管手段。前几年开始的 CRS[①] 在全球一些国家或地区间的税务信息交换,对于一些在海外有大额存款等金融资产的情形,已进行了相应的交换,这也让一些中国的高净值人士不安,以一个什么样的合理方式来推进实施,也需要拭目以待。比如我们可以再看看另外一个报道的案例,是中国居民个人通过境外公司在境外减持上市公司的股票,税务机关发现后评估其应履行全球纳税义务,这就是《全国首例居民个人境外间接股权转让案》,作者是原南京市地方税务局的人士,据文章介绍的内容,我们摘录部分如下供参照:

2009－2010 年,南京市某境外上市公司 14 名大股东通过其注册在英属维尔金群岛(BVI)的离岸公司——FA 公司,两次减持其境外上市主体 Y 公司 6 500 万股和 5 700 万股股份,累计实现转让收入逾 18 亿港元。对这两笔境外减持分配收益,江苏省南京地方税务局依据居民纳税人须负全面纳税义务的原则,成功追补税款 24 760 万元。该案是我国个人所得税境外间接股权转让案例,也是我国首个通过界定境外特殊目的公司背后居民个人股东纳税义务成功进行反避税的案例。

基于此,南京市地方税务局决定采取居民管辖权原则——虽然 FA 公司对 Y 公司是非居民间转让,但 FA 公司的管理层股东为中国居民纳税人,如果 FA 公司就减持收益向其分配,中国税务机关应行使税收管辖权。

(一)证据搜集

由于问题被转化为对"大股东被分配股息进行征税",调查重点及证据收集转向"FA 公司是否向管理层股东进行分配? 如果分配,分配了多少?"经过查找,税务机关在证券公司公布 Y 公司境内子公司两期短期融资券募集说明书中发现重要信息:2010 年末 FA 公司资产已不足 2 000 万元,公告还披露"FA 公司为投资公司,收益主要来源于投资收益,因此营业收入为零。"

如该公告披露,该公司为特殊目的公司,除持股外一般不进行其他经营,故可以推理得出:净资产的减少是基于对股东的分配。调查组同时调取了近几年这 14 个股东

---

① 共同申报准则(Common Reporting Standard,简称 CRS),又称"统一报告标准"。
CRS 的提出者是经济合作与发展组织,也就是 OECD(经合组织)。而概念是来自美国的美国海外账户税收遵从法(FATCA)。CRS 旨在推动国与国之间税务信息自动交换,目前正循序渐进地在各国实施,有望在 2018 年完全覆盖所有的成员国。虽然不是具有法律效力的范本,但发起 CRS 的组织 OECD 提倡各成员国应按照要求,签署公民信息交换的协议。

个人所得税申报和纳税情况,没有包括这部分收入的个人所得税,于是锁定了涉税风险点。

(二)约谈与核查

税务机关围绕"FA公司减持的钱去哪里了"这一关键疑点信息,同企业相关人员进行约谈。企业相关人员承认有通过境外FA公司减持的事实,但解释称:FA公司为管理层私人公司,不在上市公司信息披露范围之列,上述披露是财务人员误填所致。税务机关认为企业陈述可能并不真实,上市公司信息披露需经企业内部层层审核,以上市公司严格的内控体系发生错误概率不高。

另一名企业主管人员约谈时称:这两次减持所得款项皆留存在FA公司账上,未对股东做分配。并且在2012年,已用留存在公司账上的这笔减持所得资金直接增持。对此,调查组提出能否提供FA公司资金流以证明其说法,企业表示无法提供,案情一度陷入困境。

为了厘清事实真相,围绕境外上市公司的股权结构与变化,税务机关对企业相关财务资料进行实地核查,从中发现了2009年、2010年FA公司减持收益分回的内部报表,表中显示:2009年有7人、2010年有10人的减持收益部分已汇回国内。并且当时根据外管局的要求,只有提供完税凭证,方能取得这部分境外汇入款项。因此,已汇回的这部分收益已经按规定缴纳了个人所得税。这证明FA公司已经对股东做了分配,但有部分减持收益没有汇回国内而是留在了股东境外账户上——调查有了突破性进展。

(三)税务处理

经过多轮的交涉,在证据与事实面前,纳税人承认了FA公司减持收益分配的事实,愿意依法就境外减持收益申报纳税。经计算,应纳税额为32 110万元,扣除汇回境内部分已缴税7 350万元,应补缴税款为24 760万元。

从这个案例中,我们可以发现,中国税收居民个人在境外设立的公司进行减持股票,如果这个公司进行了利润分配,从中国行使税收居民管理权的角度,是要求就分红所得进行纳税的。但是如果这家公司未作分配,那就没有办法,因为之前没有反避税的规定,新个税法对此完善了,在境外公司不合理的不作分配一样视为个人所得要求计税。还有一个是税务人员提出来的处理意见,直接认定境外的壳公司作为中国的居民企业,当然我们不否认,依据中国的企业所得税法,是没有障碍的,但这得考虑国际上的协调机制与可能发生的争议问题。目前我们国家的税务机关对此方面的操作还是比较谨慎的,多是依企业申请才予以办理认定。另外我们还要面对信息不对称的问题,税务机关无法掌握海外公司或个人账户等方面的信息,多是从一些公告当中发现线索,这给税收工作的开展带来了很大的困难,真得需要税务人员个人的努力与系统的支持,才有这样的"火眼金睛",随着CRS交换的信息,可能会带来极大的便利,更能带来威慑影响。

5.6.2 新个税法反避税条款对于家族财富安排的影响

新个人所得税法规定：

第八条 有下列情形之一的，税务机关有权按照合理方法进行纳税调整：
（一）个人与其关联方之间的业务往来不符合独立交易原则而减少本人或者其关联方应纳税额，且无正当理由；
（二）居民个人控制的，或者居民个人和居民企业共同控制的设立在实际税负明显偏低的国家（地区）的企业，无合理经营需要，对应当归属于居民个人的利润不作分配或者减少分配；
（三）个人实施其他不具有合理商业目的的安排而获取不当税收利益。
税务机关依照前款规定作出纳税调整，需要补征税款的，应当补征税款，并依法加收利息。

从上面的规定可以看出来，对我们提到的中国居民个人通过境外低税率或避税地的公司减持，无合理经营需要不作分配的，也可以直接视为个人所得，避免利用壳公司进行滞留利润，税务机关无法实施有效的征管。对于第（一）条，更是影响范围很大，下面我们可以结合几个案例说一下。

【案例】某中国投资人在境外搭建了 VIE 的控股架构，后来境外上市环境变化，因此进行拆解 VIE 架构拟在国内上市。在拆 VIE 架构时，境外企业股东的退出，一般对其进行扣缴税款处理，或者是自行申报，这个问题不大。但是对于这些个人投资者，其在海外的公司滞留了一部分收入，之前年度也没有计缴过个税，新个税法出来之后，想对此作一些处理，方便律师在境内提供法律意见书时能够不产生问题，比如想一并在 2020 年将之前的账清理后交税，会不会涉及滞纳金或罚款的问题。我们来分析，由于其在海外公司的利润还没有分配，在 2018 年及之前是没有征税规定的，2019 年新个税法明确了反避税的规定，不过对此尚无清楚的细则规定，如果主动进行补缴税款，认为此时实现所得，没有罚款应是确定的，应该也不存在滞纳金，毕竟没有分配，反避税并不是追缴之前已达到纳税义务的个税，而是对于不作分配进行确认是不是应属于个人所得，最多有加收利息的要求。由于国内新个税法对此的操作层面还不明确，因此需要提前与要纳税地的税务机关进行沟通，建议在国内的主要机构所在地缴纳即可。

【案例】我们经常看到报道或专家、机构宣传，国内的富豪们在海外搭建了多么好的信托架构，看看大家是不是也来做一些家族信托。我们理解，在之前属于中国税法无法企及的地方；但是现在，我们有了一些手段。对于以"无偿"方式向信托转股份的时候，可以套用反避税的条款进行计税所得，但不会去否定此信托的无效，这不是税务机关可以确定与管理的事项。在国内，当前的税收规则并不支持投资人向其要设立的信托无偿赠送股份情形下个税的豁免，对于慈善基金会或多或少地提供了一些支持性的税收便利政策。

未来对于家族财富的规划管理，在境内、境外是不同的操作方式，比如大家可以看看海底捞的架构，其中在避税地设立了相应的信托架构，在开曼与新加坡搭建了投资控股公司，以直接投资境内的方式进行运营，由于在新个税法修改之前，有了自由的搭配手段。境内资产做海外信托，还是有一些难度的，多会考虑交易的方式进行。据笔者观察，近期税务机关对于一些通过海外架构上市的主体或投资人，进行了相应的税务检查，或某些情形下，在某个环节处理不当，极可能形成大额的补税。跨境业务比较复杂，我们在本节只是提及一下，毕竟很多的创业人还是在国内从事经营活动，对于跨境的事项我们不过多地进行展开了。

5.6.3 被宣传为很神秘的"离境清税"知道了就不会被误导

新个人所得税法规定，因移居境外注销中国户籍需要进行纳税申报，《国家税务总局关于个人所得税自行纳税申报有关问题的公告》（国家税务总局公告 2018 年第 62 号）进一步对此明确：

五、因移居境外注销中国户籍的纳税申报
纳税人因移居境外注销中国户籍的，应当在申请注销中国户籍前，向户籍所在地主管税务机关办理纳税申报，进行税款清算。
（一）纳税人在注销户籍年度取得综合所得的，应当在注销户籍前，办理当年综合所得的汇算清缴，并报送《个人所得税年度自行纳税申报表》。尚未办理上一年度综合所得汇算清缴的，应当在办理注销户籍纳税申报时一并办理。
（二）纳税人在注销户籍年度取得经营所得的，应当在注销户籍前，办理当年经营所得的汇算清缴，并报送《个人所得税经营所得纳税申报表（B表）》。从两处以上取得经营所得的，还应当一并报送《个人所得税经营所得纳税申报表（C表）》。尚未办理上一年度经营所得汇算清缴的，应当在办理注销户籍纳税申报时一并办理。
（三）纳税人在注销户籍当年取得利息、股息、红利所得，财产租赁所得，财产转让所得和偶然所得的，应当在注销户籍前，申报当年上述所得的完税情况，并报送《个人所得税自行纳税申报表（A表）》。
（四）纳税人有未缴或者少缴税款的，应当在注销户籍前，结清欠缴或未缴的税款。纳税人存在分期缴税且未缴纳完毕的，应当在注销户籍前，结清尚未缴纳的税款。

（五）纳税人办理注销户籍纳税申报时，需要办理专项附加扣除、依法确定的其他扣除的，应当向税务机关报送《个人所得税专项附加扣除信息表》《商业健康保险税前扣除情况明细表》《个人税收递延型商业养老保险税前扣除情况明细表》等。

其实这个一点也不为过，在注销中国户籍前，对于已实现的符合中国税法规定的个税应税所得，应该计税不是很正常吗？只是综合所得不需要等到次年汇算清缴时或其他所得在次年6月30日前进行办理，其实就是时间提前了。所谓的离境清税，我们并没有采取像美国一样对于资产进行清查确认公允价值进行计税，如果资产没有转让情形，自然没有实现所得，我们还没有推进到美国税法对此类情形处理的阶段。而且，我国只对放弃中国户籍的个人启动离境清税申报制度，对于未放弃中国户籍，只取拿了国外绿卡的个人，只要其仍然持有中国的居民身份证和中国的护照，就不需进行离境清税。

《阻止欠税人出境实施办法》有这样的要求：

第三条 经税务机关调查核实，欠税人未按规定结清应纳税款又未提供纳税担保且准备出境的，税务机关可依法向欠税人申明不准出境。对已取得出境证件执意出境的，税务机关可按本办法第四条规定的程序函请公安机关办理边控手续，阻止其出境。

欠税人为自然人的，阻止出境的对象为当事人本人。

欠税人为法人的，阻止出境对象为其法定代表人。

欠税人为其他经济组织的，阻止出境对象为其负责人。

上述法定代表人或负责人变更时，以变更后的法定代表人或负责人为阻止出境对象；法定代表人不在中国境内的，以其在华的主要负责人为阻止出境对象。

第四条 阻止欠税人出境由县级以上（含县级下同）税务机关申请，报省、自治区、直辖市税务机关审核批准，由审批机关填写《边控对象通知书》，函请同级公安厅、局办理边控手续。

已移送法院审理的欠税人由法院依照法律规定处理。

第五条 各省、自治区、直辖市公安厅、局接到税务机关《边控对象通知书》后，应立即通知本省、自治区、直辖市有关边防口岸，依法阻止有关人员出境、欠税人跨省、自治区、直辖市出境的，由本省、自治区、直辖市公安厅、局通知对方有关省、自治区、直辖市公安厅、局通知对方有关省、自治区、直辖市公安厅、局实施边控。有关边防检查站在接到边控通知后应依法阻止欠税人出境。必要时，边防检查站可以依法扣留或者收缴欠缴税款的中国大陆居民的出境证件。

第六条 在对欠税人进行控制期间，税务机关应采取措施，尽快使欠税人完税。

第七条 边防检查站阻止欠税人出境的期限一般为一个月。对控制期限逾期的，边防检查站可自动撤控。需要延长控制期限的，税务机关按照第四条、第五条规定办理续控手续。

第八条 被阻止出境的欠税人有下列情形之一者，有关省、自治区、直辖市税务机关应立即依照布控程序通知同级公安厅、局撤控：

1. 已结清阻止出境时欠缴的全部税款（包括滞纳金和罚款，下同）。
2. 已向税务机关提供相当全部欠缴税款的担保。
3. 欠税企业已依法宣告破产，并依《破产法》程序清偿终结者。

请注意，新个税法对此规定的适用情形是注销户籍前，其实很多情形下可以理解为是注销中国国籍，两者有时是等同发生的，或许后者掌握起来更为易理解。这其实是从习惯性居住的角度来考虑的，即这也是税收居民主要因素的判断理解。所以，在这种情形下，对于一些投资人为了境外上市之需，可能进行了移民的安排，也考虑了避税的因素，未见到税务机关对此进行过大规模的征税核查处理。但是移民前或后，进行架构调整之时，笔者认为在变换股东之时，是存在征税实现的因素的。比如某些老板移民新加坡等地，财富与传承，隔离与安全，类似情形在征纳双方中，或许都在紧密地关注与前行，新个税法实施之后，这张网收得越来越紧了，案例随时可能发生。

5.7 无偿赠送征纳双方的涉税规定与处理

礼尚往来，是中国数千年来的传统，那么对于赠送、受赠，是否存在需要计税的规定呢？毕竟有了"所得"，但是不是"应税所得"，这中间的差距还是很大的。

5.7.1 税法明确的属于个税应税的事项

《财政部 税务总局关于个人取得有关收入适用个人所得税应税所得项目的公告》（财政部 税务总局公告2019年第74号）在新个税法下对于原个税法下其他所得进行了清理，并明确了新的应税所得项目适用情形判断：

为贯彻落实修改后的《中华人民共和国个人所得税法》，做好政策衔接工作，现将个人取得的有关收入适用个人所得税应税所得项目的事项公告如下：

一、个人为单位或他人提供担保获得收入，按照"偶然所得"项目计算缴纳个人所得税。

二、房屋产权所有人将房屋产权无偿赠与他人的，受赠人因无偿受赠房屋取得的受赠收入，按照"偶然所得"项目计算缴纳个人所得税。按照《财政部 国家税务总局关于个人无偿受赠房屋有关个人所得税问题的通知》（财税〔2009〕78号）第一条规定，符合以下情形的，对当事双方不征收个人所得税：

（一）房屋产权所有人将房屋产权无偿赠与配偶、父母、子女、祖父母、外祖父母、孙子女、外孙子女、兄弟姐妹；

（二）房屋产权所有人将房屋产权无偿赠与对其承担直接抚养或者赡养义务的抚养人或者赡养人；

（三）房屋产权所有人死亡，依法取得房屋产权的法定继承人、遗嘱继承人或者受遗赠人。

前款所称受赠收入的应纳税所得额按照《财政部 国家税务总局关于个人无偿受赠房屋有关个人所得税问题的通知》（财税〔2009〕78号）第四条规定计算。

三、企业在业务宣传、广告等活动中，随机向本单位以外的个人赠送礼品（包括网络红包，下同），以及企业在年会、座谈会、庆典以及其他活动中向本单位以外的个人赠送礼品，个人取得的礼品收入，按照"偶然所得"项目计算缴纳个人所得税，但企业赠送的具有价格折扣或折让性质的消费券、代金券、抵用券、优惠券等礼品除外。

前款所称礼品收入的应纳税所得额按照《财政部 国家税务总局关于企业促销展业赠送礼品有关个人所得税问题的通知》（财税〔2011〕50号）第三条规定计算。

由于新个税法在修改之时，废除了原来"其他所得"的类型，这也是考虑了税收法定的原则，那么对于一些确有相关利益性所得的事项，难道就不需要征税了吗？财政部、国家税务总局对此进行了一些变通，即将特定情形下个人有相关所得事项的，规定按照"偶然所得"依20%计税，但这里的范围是有相应的规定为前提的，并不宜扩大范围理解。

对此有人士认为与偶然所得的定义不相符，依《个人所得税法实施条例》规定，偶然所得，是指个人得奖、中奖、中彩以及其他偶然性质的所得。或许在逻辑上是存在一些争议之处，不过从个人取得所得的利益实现来看，作为应税所得判断有其必要性。但仅仅是上述公告规定的情形，不宜扩大化地理解。笔者也遇到有的人士质疑，为何个人赠送其他的物品，比如个人之间赠送了一辆汽车不征税，这不是跟赠送房产一样的性质吗？比如对于股权赠送，有的人士提出来，这个金额这么大，利益这么大，是不是也要按照偶然所得征税，笔者认为这个理解就不对了。之前我们讨论67号公告的时候，提到特定情形近亲属之间的赠送或低价转让，是正常的，不属于定价不合理之列。对于陌生人之间的转让，对于受赠人不征税。笔者发现，之前河北省地方税务局①与广州市地方税

---

① 河北省地方税务局转发《国家税务总局关于加强股权转让所得征收个人所得税管理的通知》的通知（冀地税函〔2009〕119号）已失效，曾对于非近亲属等情形下的处理提出：

对于其他情形的自然人股东将股权无偿赠与他人的，受赠人因无偿受赠股权取得的受赠所得，按照"财产转让所得"项目缴纳个人所得税，税率为20%。

务局①对于个人受赠股权要求征税，这一问题需要与 67 号公告相互衔接处理。67 号公告对于征税使用的是"反向方式"，即对于个人转让方如果定价不合理，税务机关对此进行调整，即比如赠送，在税收规则上却往往被视为 0 元转让，进而认为定价不合理，需要调整转让收入，于是就进入了 67 号的核定规则，赠送人来缴纳转让所得的税，受赠人不需要纳税，同时赠送人核定的计税收入也会延续到受赠人身上，作为其取得的原值，这相当于由赠送人做了两个好事，赠送了股权还赠送了缴纳个税换来的原值延续。但这限于对于个人赠送人的规定，对于非个人赠送个人，比如公司向个人赠送，并没有这样明确的调整规则及延续支持性规定，此时多有利益关系发生。

对于单位在业务活动中的赠送，也视为属于偶然所得计税，比如 2020 年在抗击疫情之时，字节跳动（头条）公司称向特定的医务人员赠送现金，此时算不算公告中的应税所得事项呢？笔者认为，文件规定得还是不尽清楚，征有征的说法，不征也有不征的说法。如果从公益的角度，该单位相当于赠送，此时可以认为不需要扣缴个税；如果认为是品牌宣传之用，那么可以认为要作为应税所得。如果是前者，那么其企业所得税税前将得不到扣除，因为是直接对于个人受赠人的赠送，没有通过政府或非公益性组织的环节；如果从经营品牌公益宣传的角度，也有相关性，本着抗击疫情的困难时期，需要给予宽容与理解吧。

承财政部 税务总局公告 2019 年第 74 号文件，补充《财政部 国家税务总局关于个人无偿受赠房屋有关个人所得税问题的通知》（财税〔2009〕78 号）文件中存在的一个赠送房屋"多重征税"的问题。

四、对受赠人无偿受赠房屋计征个人所得税时，其应纳税所得额为房地产赠与合同上标明的赠与房屋价值减除赠与过程中受赠人支付的相关税费后的余额。赠与合同标明的房屋价值明显低于市场价格或房地产赠与合同未标明赠与房屋价值的，税务机关可依据受赠房屋的市场评估价格或采取其他合理方式确定受赠人的应纳税所得额。

五、受赠人转让受赠房屋的，以其转让受赠房屋的收入减除原捐赠人取得该房屋的实际购置成本以及赠与和转让过程中受赠人支付的相关税费后的余额，为受赠人的

---

① 《广东省地方税务局关于加强股权转让所得个人所得税征收管理的通知》（粤地税函〔2009〕940 号）提出：

（一）个人将股权赠与供养关系、赡养（抚养）关系、继承关系人的，赠与方与受赠方均不征收个人所得税。供养亲属包括配偶、父母、子女、祖父母、外祖父母、孙子女、外孙子女、兄弟姐妹。

（二）除上述不征收个人所得税的三种情形外，个人无偿受赠股权的，以赠与合同上标明的赠与股权价格减除赠与过程中受赠人支付的相关税费后的余额为应纳税所得额，按照"财产转让所得"项目，适用 20% 税率，计算征收个人所得税。

应纳税所得额，依法计征个人所得税。受赠人转让受赠房屋价格明显偏低且无正当理由的，税务机关可以依据该房屋的市场评估价格或其他合理方式确定的价格核定其转让收入。

受赠人计税，按照"偶然所得"计缴这是新个税法修改之后的新税目，但对于第五条的规定，我们要考虑一个问题，以下面的案例说明。

【案例】不符合近亲属的赠送达到征税条件，甲赠送一套房给乙，购置价100万元，赠与价200万元，税费忽略不计，假设为0元，受赠人偶然所得的个税为40万元（200×20%）。

乙进行转让，价格为300万元，转让税费为0元，依规定计算转让环节的个税（300-100-0）×20%＝40万元，而不是（300-200-0）×20%＝20万元。

问题：为何转让时对于受赠环节的溢价已征个税20万元的部分（溢价100万元）再征一遍个税？不是已缴过个税了吗？确实是，但是这个问题，笔者认为并不一定是刻意而为，比如不一定要以视同销售的理解来征赠送人的个税，可能是没有考虑清楚，因为在当前的逻辑下，转让环节宜计个税为20万元才是。所以，既然是赠与，双方要确定好方式。而对于不征个税的受赠房屋，则没有此方面的问题，因为在受赠环节就没有征过税。

对于规定中提到的"赠与"和"转让"中受赠人支付的相关税费，有的专家提出，第一个环节受赠中个人缴纳的偶然所得的个税，也需要在第二个环节中作为"税费"组成部分扣除，认为这也是取得的一个成本，笔者并不认同，个人所得税是基于一种所得计量后的结果计税，不是交易过程中的过程税，征税对象是对于个人，并不是交易本身，不宜作为税费扣除。即使在这个案例中，纳税人似乎有"多纳税"的情形，也不代表个税是支付交易过程中的税费，这相当于为原捐赠人的实际购置成本"买单"，结果溢价也"买单"了，不得不说这是一个小"陷阱"。

5.7.2 个人赠送资产在个税上没有视同销售的概念

这个概念其实非常重要，个税法实施条例修改之时征求意见稿曾提出有视同销售收入的条款[①]，但最终审定发布的实施条例将此条款删除。这说明对于个人所得税的视同销售，还是谨慎的，因为这里面有很多不可预期的问题，比如上面我们提到的赠送，特别是公益性捐赠的问题。

---

① 《中华人民共和国个人所得税法实施条例（修订草案征求意见稿）》第十六条 个人发生非货币性资产交换，以及将财产用于捐赠、偿债、赞助、投资等用途的，应当视同转让财产并缴纳个人所得税，但国务院财政、税务主管部门另有规定的除外。

我们来看一下捐赠涉及的相关税前扣除的政策,《财政部 税务总局关于公益慈善事业捐赠个人所得税政策的公告》(财政部 税务总局公告 2019 年第 99 号)规定:

为贯彻落实《中华人民共和国个人所得税法》及其实施条例有关规定,现将公益慈善事业捐赠有关个人所得税政策公告如下:

一、个人通过中华人民共和国境内公益性社会组织、县级以上人民政府及其部门等国家机关,向教育、扶贫、济困等公益慈善事业的捐赠(以下简称公益捐赠),发生的公益捐赠支出,可以按照个人所得税法有关规定在计算应纳税所得额时扣除。

前款所称境内公益性社会组织,包括依法设立或登记并按规定条件和程序取得公益性捐赠税前扣除资格的慈善组织、其他社会组织和群众团体。

二、个人发生的公益捐赠支出金额,按照以下规定确定:

(一)捐赠货币性资产的,按照实际捐赠金额确定;

(二)捐赠股权、房产的,按照个人持有股权、房产的财产原值确定;

(三)捐赠除股权、房产以外的其他非货币性资产的,按照非货币性资产的市场价格确定。

三、居民个人按照以下规定扣除公益捐赠支出:

(一)居民个人发生的公益捐赠支出可以在财产租赁所得、财产转让所得、利息股息红利所得、偶然所得(以下统称分类所得)、综合所得或者经营所得中扣除。在当期一个所得项目扣除不完的公益捐赠支出,可以按规定在其他所得项目中继续扣除;

(二)居民个人发生的公益捐赠支出,在综合所得、经营所得中扣除的,扣除限额分别为当年综合所得、当年经营所得应纳税所得额的百分之三十;在分类所得中扣除的,扣除限额为当月分类所得应纳税所得额的百分之三十;

(三)居民个人根据各项所得的收入、公益捐赠支出、适用税率等情况,自行决定在综合所得、分类所得、经营所得中扣除的公益捐赠支出的顺序。

在上面的规定当中,对于公益性捐赠设置了限制条件,对于捐赠的扣除,有全额扣除及限额扣除,个人通过中华人民共和国境内公益性社会组织、县级以上人民政府及其部门等国家机关,向教育、扶贫、济困等公益慈善事业的捐赠,捐赠额未超过纳税人申报的应纳税所得额百分之三十的部分,可以从其应纳税所得额中扣除;国务院规定对公益慈善事业捐赠实行全额税前扣除的,从其规定。下面重点看一下,对于捐赠资产的认定金额,如表 5-20 所示。

表 5-20

捐赠资产类型	金额确定	说明
货币性资产	实际捐赠金额	金额是确定的
股权、房产	按照原值确定	不考虑公允溢价
股权、房产以外的其他非货币性资产	按照市场价格确定	考虑公允溢价，注意，公允价有多种，税法采用的是市场价格法

如果我们考虑了视同销售的问题，那么对于捐赠的积极性会产生不利的影响，也可能引起很多争议。目前来看，未明确个人所得税的视同销售政策，有其当前实际情形的考虑。

【案例】 某个人向疫情地区的公益性组织捐赠了一批口罩，我们且认为是存在差价的，比如采购价是 10 万元，但是市场参照价格如京东等商城的价格是 20 万元，依据政策，个人在税前扣除的金额是 20 万元[①]。

分析：假设认为需要进行视同销售，相当于 10（20-10）万元属于视同销售的所得，此时需要以纳税假设按 20% 计税，要缴纳 2 万元的个税，才能延续到 20 万元在其所得的项目中扣除。但现在没有视同销售的政策规定，原来的成本是 10 万元，捐赠时的市场价格是 20 万元，那就按照捐赠时的价格作为捐赠扣除额，不需要考虑个人对于溢价金额支付个税"买单"，因为对于个人来讲，这些资产的价值是捐赠额，政策认的是这个，并不是对于个人作为经营体来考虑计税基础延续性。

我们切不宜认为股权转让在 67 号公告中进行调整的方式也是视同销售的一种，是对于转让价格不合理的调整，相当于 67 号公告先行进行了"反避税"的安排，这在当时的个税法下并没有反避税的条款，现在新个税法对其有了支撑。

如果个人捐赠不是用于公益慈善事业捐赠目的，那么不允许税前扣除；但并不需

---

① 《财政部 税务总局关于支持新型冠状病毒感染的肺炎疫情防控有关捐赠税收政策的公告》（财政部税务总局公告 2020 年第 9 号）规定：

一、企业和个人通过公益性社会组织或者县级以上人民政府及其部门等国家机关，捐赠用于应对新型冠状病毒感染的肺炎疫情的现金和物品，允许在计算应纳税所得额时全额扣除。

二、企业和个人直接向承担疫情防治任务的医院捐赠用于应对新型冠状病毒感染的肺炎疫情的物品，允许在计算应纳税所得额时全额扣除。

捐赠人凭承担疫情防治任务的医院开具的捐赠接收函办理税前扣除事宜。

三、单位和个体工商户将自产、委托加工或购买的货物，通过公益性社会组织和县级以上人民政府及其部门等国家机关，或者直接向承担疫情防治任务的医院，无偿捐赠用于应对新型冠状病毒感染的肺炎疫情的，免征增值税、消费税、城市维护建设税、教育费附加、地方教育附加。

四、国家机关、公益性社会组织和承担疫情防治任务的医院接受的捐赠，应专项用于应对新型冠状病毒感染的肺炎疫情工作，不得挪作他用。

五、本公告自 2020 年 1 月 1 日起施行，截止日期视疫情情况另行公告。

要视同销售处理。相较于反避税条款的调整，则是另外一个问题，如规定"个人与其关联方之间的业务往来不符合独立交易原则而减少本人或者其关联方应纳税额，且无正当理由"的情形，这是在关联方之间发生交易情形下的处理要求，不宜进行混淆处理。目前对于受赠情形下的应税所得判定，是有限规定的列举情形。对于捐赠人，需要分清与股权转让的核定收入价格、反避税条款适用情形的不同。

对于个人的捐赠，还有一个问题，捐赠人可能是用自己已有的资产进行捐赠，比如用自己存折中的存款进行捐赠，并不是通过取得工资后用工资的钱进行捐赠，用劳务取得的报酬进行捐赠，这才是可以扣除的，并不需要绑定，甚至是用之前未纳税的收入来进行的捐赠，一样可以在满足条件时予以扣除。至于之前的未纳税问题，则是另一回事，需要单独进行确定处理。

5.7.3 区别日常无偿和有偿的赠送

恰如一句名言：没有无缘无故的爱，也没有无缘无故的恨。说起赠送来，除了公益性捐赠之外，日常生活、工作中，我们也会遇到一些赠与的安排，但我们不能被现象迷惑，要看到背后有没有利益交换的问题。

表 5-21

情形	分析	注意事项
老板慰问困难员工、生病员工或其家属	通常认为是代表企业进行的一项利益与公益相结合的事项	如果最终的承担方是企业进行了列支，那么可以认为属于福利费用，但因为是困难补贴，不需要计缴个税
老板给员工发红包	如果是私下未经公司层面的处理，认为属于私人之间的馈赠	如果相对固定大额，有工薪之嫌；正常的红包发放可以认为是一种馈赠，不需要考虑应税所得的问题
投资人收购别人资产或股权又给予的补贴	这是交易对价，只是进行了分拆或换成了通过另外的通道进行操作	很有可能导致未完整、合规计税结果
老板股权激励直接赠送员工股权或股票	上面讨论过，此属于股权激励的一项，会计上作为股份支付处理	此时按照工资薪金计税，视为员工从单位取得的报酬①
个人之间结婚礼金礼尚往来	属于个人往来馈赠	不属于个税应税事项
个人之间赠送手机，比如同事王刚将使用过的手机送给新同事李刚	不属于税法规定的应税所得事项	同上

---

① 《股权激励有关事项备忘录 2 号》提出：

三、股份来源问题

股东不得直接向激励对象赠与（或转让）股份。股东拟提供股份的，应当先将股份赠与（或转让）上市公司，并视为上市公司以零价格（或特定价格）向这部分股东定向回购股份。然后，按照经我会备案无异议的股权激励计划，由上市公司将股份授予激励对象。上市公司对回购股份的授予应符合《公司法》第一百四十三条规定，即必须在一年内将回购股份授予激励对象。

续表

情形	分析	注意事项
个人之间赠送汽车	同上	同上
规定的近亲属之间赠送	如房产及房产外的其他非货币性资产均不需要确认所得	同上
个人之间赠送股权	受赠人不作为应税所得	对于转让人进行价格核定认为需要按照转让合理价格确认转让收入
因质量问题销售单位赔偿给个人的赔偿款	不属于个人应税所得	个税政策没有规定此属于应税所得事项

现实当中，还有打折销售的情形或优惠销售的情形，比如财税〔2018〕164号文件中有一个有趣的规定：

六、关于单位低价向职工售房的政策

单位按低于购置或建造成本价格出售住房给职工，职工因此而少支出的差价部分，符合《财政部 国家税务总局关于单位低价向职工售房有关个人所得税问题的通知》（财税〔2007〕13号）第二条规定的，不并入当年综合所得，以差价收入除以12个月得到的数额，按照月度税率表确定适用税率和速算扣除数，单独计算纳税。计算公式为：

应纳税额=职工实际支付的购房价款低于该房屋的购置或建造成本价格的差额×适用税率－速算扣除数

要注意一下，这不是一项新政策，是原有政策在个人所得税改革之后的平移。这个所得额的计算，是以购置或建造成本作为计算基准的，并不是公允价格。有人认为是一个漏洞，其实不然，如果按照公允价值为标准计税，一方面，房屋价格在过去10年内变化较快；另一方面，这个公允价格不好找，会有很多征纳争议。在该政策下，比如因为员工享受公司内部销售价按8折优惠2折的情形下，2折对应的金额要不要算作员工的个人所得呢？通常情形下，并不这样认为，就认为属于优惠销售、折扣销售的正常体现。企业通过低于市场价或无偿授予员工股权，对员工此前的工作业绩予以奖励，并进一步激发其工作热情，与企业共同发展。股权激励中，员工往往低价或无偿取得企业股权。对于该部分折价，实质上是企业给员工发放的非现金形式的补贴或奖金，应在员工取得时计算纳税，这也是国际上的通行做法，但在国内税法中并没有引入普遍性的适用规则。目前来看，由于股份支付会计核算的日益完善，与监管层的要求强化，对于此部分的计税缴纳，无形当中提供了良好的计税基础。

5.8 基金会在财产配置中的作用与涉及问题

或许很多人经常看到国内一些媒介宣传的境外发达国家个人利用基金会来避税的安排，比如比尔·盖茨，还有 Facebook 的扎克伯格，描述得很神秘，同时我们的普通民众认为，那是很遥远的国家发生的事，与我们离得很远。但是，我们不得不说，随着近些年来，中国第一代创业者经过多年打拼之后，也慢慢到了传承接班的时候了，对于其已实现财富的安排，或许基金会是一个可以考虑的选择，它可能会实现个人的一些预期想做的事情，得到相应的法律或税务的支持与优惠空间。

5.8.1 关于个人基金会的成立与捐赠政策的变化

依照《基金会管理条例》：

第二条　本条例所称基金会，是指利用自然人、法人或者其他组织捐赠的财产，以从事公益事业为目的，按照本条例的规定成立的非营利性法人。

第六条　国务院民政部门和省、自治区、直辖市人民政府民政部门是基金会的登记管理机关。

国务院民政部门负责下列基金会、基金会代表机构的登记管理工作：

（一）全国性公募基金会；

（二）拟由非内地居民担任法定代表人的基金会；

（三）原始基金超过 2 000 万元，发起人向国务院民政部门提出设立申请的非公募基金会；

（四）境外基金会在中国内地设立的代表机构。

省、自治区、直辖市人民政府民政部门负责本行政区域内地方性公募基金会和不属于前款规定情况的非公募基金会的登记管理工作。

第二十六条　基金会及其捐赠人、受益人依照法律、行政法规的规定享受税收优惠。

中国的一些基金会，除了我们知道的为国、为民共益的目的外，真有如媒介宣传的那样：

西方税制下，西方富豪成立基金会或者信托是为了完美避开较高额度的遗产税。中国税法没有遗产税，但是将钱"慷慨地捐赠给慈善"却是一个完美的避税行动——个人利益最大化。

中国业界比较知名的如马云、马化腾均参与了比较多的公益基金项目，另外如美的集团创始人何享健发起的"和的慈善基金会"，福耀玻璃曹德旺发起的"河仁慈善基金会"，其发起资金多是通过捐赠实现。比如据相关官网的内容：2011年5月5日，在河仁慈善基金会成立大会上，曹德旺先生与其妻子陈凤英女士，正式宣布向河仁慈善基金会捐赠个人所持福耀玻璃股份有限公司3亿股股票，过户当日市值35.49亿元人民币。据笔者查询，河仁慈善基金会确实成为了真正的上市公司的持股法律股东。福耀玻璃2011年4月13日发布公告：

第三节　权益变动方式
一、股份变动的方式
河仁基金通过赠与方式受让福耀玻璃股份。
二、信息披露义务人持股情况
本次权益变动前，信息披露义务人未持有福耀玻璃股份；本次权益变动后，信息披露义务人总计持有300 000 000股福耀玻璃股份，占总股本的14.98%，其中限售流通股240 089 084股，占总股本的11.99%；非限售流通股59 910 916股，占总股本的2.99%。

三、本次权益变动情况
2011年4月11日，信息披露义务人与福建省耀华工业村开发有限公司和三益发展有限公司签署《捐赠协议书》，约定信息披露义务人以赠与方式获赠福建省耀华工业村开发有限公司和三益发展有限公司所持有的300 000 000股福耀玻璃股份，占福耀玻璃总股本的14.98%。其中：福建省耀华工业村开发有限公司赠与240 089 084股福耀玻璃股份，均为限售流通股，占福耀玻璃总股本的11.99%；三益发展有限公司赠与59 910 916股福耀玻璃股份，均为非限售流通股，占福耀玻璃总股本的2.99%。

本次权益变动后，河仁基金持有福耀玻璃300 000 000股，占福耀玻璃总股本的14.98%；三益发展有限公司持有福耀玻璃390 578 816股，占福耀玻璃总股本的19.50%；福建省耀华工业村开发有限公司不再持有福耀玻璃股份。

要知道，其捐赠人是中国的企业所得税纳税人，如果站在企业捐赠视同销售的角度，在公允价值计量下，此捐赠巨额的税负就无法跨越，无法实现其目的。2016年《财政部 国家税务总局关于公益股权捐赠企业所得税政策问题的通知》（财税〔2016〕45号）发布，时年的公益时报对此事项进行了报道，其中部分内容摘录如下：

如果告诉你，捐出自己的财产，没有获得一分钱收入，却要按照销售财产，缴纳巨额税金，你相信吗？

不要不相信，这是多年来发生在我国股权捐赠领域活生生的事实。而今，财政部、国家税务总局的一纸通知将在一定程度上终结这一扭曲的怪状。

曾经被巨额股捐税金折腾的曹德旺估计会长叹一声，而刚刚宣布将捐出一亿股腾讯股票的马化腾则可以少些烦恼，多些笑容了。

尴尬：

捐价值30多亿元股票交5亿税

2009年2月，曹德旺准备捐出家族持有的福耀玻璃股份中的60%，即35.49亿元等值股票来成立河仁慈善基金会。

然而没多久，他就碰到了税收尴尬，国家税务总局认为，虽然他捐股是非营利行为，但按照现行法律，在计算了各种免税抵扣后，这笔股权的受让仍将产生超过5亿元的企业所得税。

明明是捐赠，却要另外缴纳巨额税金，让人无法理解，但却是不折不扣的事实。

原因就在于当时关于税收的相关规定将股权捐赠视同销售收入。

简单说，如果你把自己所持的股份卖给别人，你将获得收入，除去成本，剩下的就是收入，而这收入就是所得，就要缴纳所得税，企业所得税的税率为25%。收入越高，缴税越多。

按照国家税务总局《关于企业处置资产所得税处理问题的通知》规定：

企业将资产移送他人的下列情形，因资产所有权属已发生改变而不属于内部处置资产，应按规定视同销售确定收入。……（五）用于对外捐赠；……。

股权捐赠尽管实际上没有任何收入，但因为所有权属发生改变，必须"视同销售确定收入"，确定了收入所以就需要缴纳税金。

这一尴尬的状况，在很大程度上阻止了企业及企业家的股权捐赠。

曹德旺的股捐尽管特事特办，但最终也只是允许曹德旺不必立即缴纳税款，而是在基金会设立后5年内缴齐。

改变：

允许在所得税前予以扣除

4月20日，财政部、国家税务总局联合下发了《关于公益股权捐赠企业所得税政策问题的通知》。按照通知的规定，股权捐赠产生的巨额所得税终于可以在一定程度上予以税前扣除了。

通知第一条规定：

企业向公益性社会团体实施的股权捐赠，应按规定视同转让股权，股权转让收入额以企业所捐赠股权取得时的历史成本确定。

通知第二条规定：

企业实施股权捐赠后，以其股权历史成本为依据确定捐赠额，并依此按照企业所得税法有关规定在所得税前予以扣除。

根据这两条规定，首先，因股权捐赠可以税前抵扣了。

《企业所得税法》第9条规定：企业发生的公益性捐赠支出，在年度利润总额12%以内的部分，准予在计算应纳税所得额时扣除。

如果企业的股权捐赠金额未超过企业年度利润总额的12%，就意味着可以税前全额扣除。

《慈善法》规定，企业捐赠额超过当年所得税扣除限额部分可以结转以后3年内扣除。《慈善法》9月1日实施以后，意味着就是超出了，也可以在3年内逐步扣除。

在这种情况下，如何计算股权捐赠额便十分重要了。而《通知》以股权取得时的历史成本确定的规定在某种程度上是就低不就高的。

一般来说，股权捐赠都是发生在企业发展势头较好的时候，这时候企业股权一般较高，至少是高于取得股权时的成本，对企业的创始人（机构）来说，其取得成本和捐赠时的股价之间的差距就更大了。也就是说，数额低被全部抵扣的可能性就更高了。

除此之外，这种待遇还有一个前提条件，必须是向我国境内具有接受捐赠税前扣除资格的基金会、慈善组织等公益性社会团体实施的股权捐赠行为。

当然，享受了实际的好处，就再难享受虚名了——对外公布的捐赠额也随之下降。《通知》规定：公益性社会团体接受股权捐赠后，应按照捐赠企业提供的股权历史成本开具捐赠票据。

马化腾们笑了

另外，特别值得称道的是，通知在结尾处还明确提出："本通知发布前企业尚未进行税收处理的股权捐赠行为，符合本通知规定条件的可比照本通知执行，已经进行相关税收处理的不再进行税收调整。"

这一规定打破了法不及溯往的惯例，其意义不言自明。

尚未实施的股权捐赠也有望加速实施。这其中就包括腾讯马化腾的。

4月18日，腾讯董事会主席兼首席执行官马化腾宣布，将捐出一亿股腾讯股票注入公益慈善基金。按照当天腾讯股票的收盘价165.7港元估算，马化腾此次捐出的股票价格超过160亿港币，约140亿元人民币。

如果没有4月20日《通知》的规定，意味着马化腾一旦实际实施股权捐赠，需要缴纳的所得税更加巨大。而现在，有了《通知》的利好政策，其捐赠的财务压力要大大减小，为加速完成捐赠提供了条件。

从这一角度来说，如果2014年就有了这一通知，马云、蔡崇信联合捐出阿里巴巴集团2%的期权成立个人公益基金，或许就不用落子新加坡了。

而承诺捐赠个人持有的7 630万股东方园林公司股票（价值29.27亿元），至今仍未实施的何巧女也不用为难了。因为2015年，她提出的捐赠方式，是以个人减持股票后的现金,捐赠给北京巧女公益基金会,根据项目进展逐年拨付。通知解除了股权捐赠的障碍以后,何巧女可以多一种选择——不用减持获取现金,而是尝试直接捐赠股权。

下面我们看一下对于股权捐赠,当时财政部与国家税务总局对此进行的政策明确与支持。《财政部 国家税务总局关于公益股权捐赠企业所得税政策问题的通知》(财税〔2016〕45号):

为支持和鼓励公益事业发展,根据《中华人民共和国企业所得税法》及其实施条例有关规定,经国务院批准,现将股权捐赠企业所得税政策问题通知如下:

一、企业向公益性社会团体实施的股权捐赠,应按规定视同转让股权,股权转让收入额以企业所捐赠股权取得时的历史成本确定。

前款所称的股权,是指企业持有的其他企业的股权、上市公司股票等。

二、企业实施股权捐赠后,以其股权历史成本为依据确定捐赠额,并依此按照企业所得税法有关规定在所得税前予以扣除。公益性社会团体接受股权捐赠后,应按照捐赠企业提供的股权历史成本开具捐赠票据。

三、本通知所称公益性社会团体,是指注册在中华人民共和国境内,以发展公益事业为宗旨、且不以营利为目的,并经确定为具有接受捐赠税前扣除资格的基金会、慈善组织等公益性社会团体。

四、本通知所称股权捐赠行为,是指企业向中华人民共和国境内公益性社会团体实施的股权捐赠行为。企业向中华人民共和国境外的社会组织或团体实施的股权捐赠行为不适用本通知规定。

五、本通知自2016年1月1日起执行。

本通知发布前企业尚未进行税收处理的股权捐赠行为,符合本通知规定条件的可比照本通知执行,已经进行相关税收处理的不再进行税收调整。

财政部对于财务核算的规定,《关于企业公益性捐赠股权有关财务问题的通知》(财企〔2009〕213号)规定:

《财政部关于加强企业对外捐赠财务管理的通知》(财企〔2003〕95号)印发后,为规范境内企业的对外捐赠行为,维护所有者权益,促进社会公益事业的发展,发挥了积极作用。随着我国资本市场的不断完善和社会公益意识的增强,企业对外捐赠出现了新的情况。为了进一步推进社会公益事业的发展,引导企业规范开展公益性捐赠,现就企业以持有的股权(含企业产权、公司股份,下同)进行公益性捐赠有关财务问题通知如下:

一、由自然人、非国有的法人及其他经济组织投资控股的企业，依法履行内部决策程序，由投资者审议决定后，其持有的股权可以用于公益性捐赠。

二、企业以持有的股权进行公益性捐赠，应当以不影响企业债务清偿能力为前提，且受赠对象应当是依法设立的公益性社会团体和公益性非营利的事业单位。企业捐赠后，必须办理股权变更手续，不再对已捐赠股权行使股东权利，并不得要求受赠单位予以经济回报。

三、公益性捐赠涉及上市公司股权的，捐赠方和受赠方应当遵照《证券法》及有关证券监管的其他规定，履行相关承诺和信息披露义务。

四、本通知自印发之日起执行。财政部原有关财务规定与本通知不符的，以本通知规定为准。

对于个人以房产或股权形式对外进行公益性捐赠，财政部 国家税务总局公告2019年第99号文件已统一明确为按原值确认捐赠额，并且个税政策中并没有企业所得税上的视同销售概念。

5.8.2 基金会的税收政策

从我们国家的税收政策来看，对于基金会，如果有相应的公益性捐赠税前扣除资格，则会有助于捐赠人的捐赠。对于基金会本身，如果有经营活动，增值税等税种并没有优惠，优惠的是企业所得税政策。

《中华人民共和国慈善法》规定：

第七十九条 慈善组织及其取得的收入依法享受税收优惠。

第八十条 自然人、法人和其他组织捐赠财产用于慈善活动的，依法享受税收优惠。企业慈善捐赠支出超过法律规定的准予在计算企业所得税应纳税所得额时当年扣除的部分，允许结转以后三年内在计算应纳税所得额时扣除。

境外捐赠用于慈善活动的物资，依法减征或者免征进口关税和进口环节增值税。

第八十一条 受益人接受慈善捐赠，依法享受税收优惠。

第八十二条 慈善组织、捐赠人、受益人依法享受税收优惠的，有关部门应当及时办理相关手续。

第八十三条 捐赠人向慈善组织捐赠实物、有价证券、股权和知识产权的，依法免征权利转让的相关行政事业性费用。

第八十四条 国家对开展扶贫济困的慈善活动，实行特殊的优惠政策。

财税部门的细化政策：

关于非营利组织企业所得税免税收入问题的通知

财税〔2009〕122号

各省、自治区、直辖市、计划单列市财政厅（局）、国家税务局、地方税务局，新疆生产建设兵团财务局：

根据《中华人民共和国企业所得税法》第二十六条及《中华人民共和国企业所得税法实施条例》（国务院令第512号）第八十五条的规定，现将符合条件的非营利组织企业所得税免税收入范围明确如下：

一、非营利组织的下列收入为免税收入：

（一）接受其他单位或者个人捐赠的收入；

（二）除《中华人民共和国企业所得税法》第七条规定的财政拨款以外的其他政府补助收入，但不包括因政府购买服务取得的收入；

（三）按照省级以上民政、财政部门规定收取的会费；

（四）不征税收入和免税收入孳生的银行存款利息收入；

（五）财政部、国家税务总局规定的其他收入。

对于非营利组织的认定条件，《财政部 国家税务总局关于非营利组织免税资格认定管理有关问题的通知》（财税〔2018〕13号）规定：

一、依据本通知认定的符合条件的非营利组织，必须同时满足以下条件：

（一）依照国家有关法律法规设立或登记的事业单位、社会团体、基金会、社会服务机构、宗教活动场所、宗教院校以及财政部、税务总局认定的其他非营利组织；

（二）从事公益性或者非营利性活动；

（三）取得的收入除用于与该组织有关的、合理的支出外，全部用于登记核定或者章程规定的公益性或者非营利性事业；

（四）财产及其孳息不用于分配，但不包括合理的工资薪金支出；

（五）按照登记核定或者章程规定，该组织注销后的剩余财产用于公益性或者非营利性目的，或者由登记管理机关采取转赠给与该组织性质、宗旨相同的组织等处置方式，并向社会公告；

（六）投入人对投入该组织的财产不保留或者享有任何财产权利，本款所称投入人是指除各级人民政府及其部门外的法人、自然人和其他组织；

（七）工作人员工资福利开支控制在规定的比例内，不变相分配该组织的财产，其中：工作人员平均工资薪金水平不得超过税务登记所在地的地市级（含地市级）以上地区的同行业同类组织平均工资水平的两倍，工作人员福利按照国家有关规定执行；

（八）对取得的应纳税收入及其有关的成本、费用、损失应与免税收入及其有关的成本、费用、损失分别核算。

当前的基金会也是数量多，获得公益性捐赠税前扣除资格的相对较少，对于利用基金会进行避税的情形，当然我们不能给予完全否定，有的操作确实不规范，民众对于基金会的信任度不强，不过我们可以看出来，做出公益性活动的非公募的慈善基金会，仍需要企业家自身的探索与政策持续的完善。比如笔者发现，在淘宝等一些网站上有基金会代办的商家，我们如何看待与引导，也是需要关注的。

在税收上，对于基金会的非营利性组织认定，以及后续的检查等，或许存在漏洞，有不健全的地方，如果通过自己的基金会进行避税，比如符合条件的公益性捐赠，有一定的空间，对于隐藏在基金会后面的涉税不合规的处理，或成为某些安排的通道，税收风险指标的预警也是有必要进行专业化地考虑。比如非营利组织的免税收入就是列举的几项，但是如果其有投资经营活动，如股息红利、利息等不同的投资收益，则需要就应税所得与免税所得分清类型。实际上，民政部门对基金会以及基金财产的管理还是比较严格的，对于获得税收扣除资格，以及被认定为非营利的基金会，还是有些条件要遵守的，在筹划时还是不要突破要求的底线。

最后补充一下，向基金会进行股票的捐赠，在中登公司的过户方面，也是有明确的办理方式。证券非交易过户业务实施细则（适用于继承、捐赠等情形）现行规定：

第三条 本细则规定的证券非交易过户业务包括以下情形：
（一）继承所涉证券过户；
（二）捐赠所涉证券过户，指向基金会捐赠所涉证券过户，且基金会是在民政部门登记并被认定为慈善组织的基金会（不含境外基金会代表机构）；
（三）依法进行的财产分割所涉证券过户，暂仅指离婚情形；
（四）法人资格丧失所涉证券过户；
（五）私募资产管理所涉证券过户；
（六）中国证监会认定的其他情形。
第六条 捐赠所涉证券过户的，申请办理过户业务时需提交以下材料：
（一）过户业务申请；
（二）捐赠协议；
（三）已在民政部提供的统一信息平台——全国慈善信息公开平台完成公示的证明材料；

（四）过出方、过入方有效身份证明文件；

（五）本公司要求的其他材料。

不过笔者看到，上述修订的实施细则在征求意见时，对于赠与的适用条款进行了解释：

> 三、调整捐赠所涉证券过户情形
> 为做好放管结合，简化了证券捐赠业务流程，取消了省级（含）以上民政部门或作为受赠方基金会的业务主管单位对捐赠出具的确认文件，改为在民政部门提供的统一信息平台"慈善中国"上完成证券捐赠公示。另外，鉴于本实施细则所规定的捐赠情形进一步明确为向基金会捐赠，将"赠与"改为"捐赠"，见第三条、第六条。

5.8.3 慈善信托计划

《慈善法》专章对于慈善信托进行了规定：

> 第五章　慈善信托
> 第四十四条　本法所称慈善信托属于公益信托，是指委托人基于慈善目的，依法将其财产委托给受托人，由受托人按照委托人意愿以受托人名义进行管理和处分，开展慈善活动的行为。
> 第四十五条　设立慈善信托、确定受托人和监察人，应当采取书面形式。受托人应当在慈善信托文件签订之日起七日内，将相关文件向受托人所在地县级以上人民政府民政部门备案。
> 未按照前款规定将相关文件报民政部门备案的，不享受税收优惠。
> 第四十六条　慈善信托的受托人，可以由委托人确定其信赖的慈善组织或者信托公司担任。
> 第四十七条　慈善信托的受托人违反信托义务或者难以履行职责的，委托人可以变更受托人。变更后的受托人应当自变更之日起七日内，将变更情况报原备案的民政部门重新备案。
> 第四十八条　慈善信托的受托人管理和处分信托财产，应当按照信托目的，恪尽职守，履行诚信、谨慎管理的义务。
> 慈善信托的受托人应当根据信托文件和委托人的要求，及时向委托人报告信托事务处理情况、信托财产管理使用情况。慈善信托的受托人应当每年至少一次将信托事务处理情况及财务状况向其备案的民政部门报告，并向社会公开。
> 第四十九条　慈善信托的委托人根据需要，可以确定信托监察人。
> 信托监察人对受托人的行为进行监督，依法维护委托人和受益人的权益。信托监

察人发现受托人违反信托义务或者难以履行职责的，应当向委托人报告，并有权以自己的名义向人民法院提起诉讼。

第五十条 慈善信托的设立、信托财产的管理、信托当事人、信托的终止和清算等事项，本章未规定的，适用本法其他有关规定；本法未规定的，适用《中华人民共和国信托法》的有关规定。

随后，银监会、民政部联合印发《慈善信托管理办法》，那么慈善信托与慈善基金有什么不同的呢？浙江新闻有一篇文章《有一种慈善事业叫——慈善信托》对此进行了说明，我们可以借鉴：

慈善信托不同于慈善基金

慈善信托和慈善捐赠（基金）一样，是开展慈善事业的两种不同方式。它们都是为了慈善的目的而将财产所有权转移出去，都是用于开展慈善事业，并且慈善捐赠财产、慈善信托财产都只能用于慈善目的。

但两者之间有很多不同。比如，慈善基金本质属于赠与合同，是一种法律合同关系。慈善信托则首先是信托，依据的是《信托法》，法律关系是由委托人、受托人和受益人三方当事人构成的信托法律关系。

慈善捐赠中，将资产捐赠出去后，资产所有权就将完全转移给受赠人，成为受赠人的固有资产，无法与受赠人的其他资产隔离。在慈善信托中，信托一旦设立，财产就独立于受托人的资产，也独立于委托人的资产，成为被隔离的资产。

慈善基金会属于社会组织，由各级民政部门监管。慈善信托的备案、设立、登记、运行、终止等在各级民政部门和信托主管机关（银保监）的共同监管之下。

慈善基金会的税收优惠比较明确，《公益事业捐赠法》《慈善法》和国务院及其各部门的规定，赋予了基金会自身和向基金会的捐赠人有多种形式的税收优惠。而慈善信托的税收优惠措施目前法律还没有明确规定，有待于税收法律的进一步明确和完善。

慈善信托不是富人的专属

按照国务院2004年颁布的《基金会管理条例》第八条，个人慈善基金会成立的条件第二条所述，非公募基金会的原始基金不低于200万元人民币；原始基金必须为到账货币资金。这对于普通老百姓来说，或许有些为难。

与基金会相比，慈善信托没有起始资金的限制，只要求有确定的信托财产和符合法律规定信托目的，在设立程序、运行成本、资产保值增值方面都有优势；还具有慈善目的自由选择、期限确定多样，资金使用灵活，委托人类型更加丰富的特点；信托公司，慈善组织都可以成为受托人，是富人和普通人都可以利用的慈善服务。据中诚信托发布的《2018年慈善信托研究报告》显示，40%的慈善信托规模不足100万元。

当下，国内以货币信托居多，而对于财富的体现，房产与股权的信托是一种刚需。对于慈善信托，由于监管要求的规定，不能做成家族信托，只能做成家族慈善信托，在慈善中国的官方网站上，我们可以查询出当前存在的慈善信托。

同时我们也要关注一下，对于国内的高净值人士来讲，设立家族信托传承财富或许才是最为关切的。比如笔者看到建信信托官方微信公众号的一篇文章《建信信托成功设立首单股票家族信托》，其中提到如下一些供我们探讨的内容：

近日，建信信托操作首单将上市公司控股股东存量股票置入"全权委托型"家族信托，并实现与控股股东即委托人的权属分离，实现非一致行动关系。

……

操作层面，根据中证登的规定，除继承、赠与、依法进行的财产分割、法人资格丧失等情形，目前向信托计划过户股票（股权）无法适用非交易过户。因此多数情形中，委托人需将股票（股权）以交易形式过户到家族信托。

虽然交易过程对委托人而言面临缴纳股票（股权）增值部分个人所得税的义务，但建信信托结合信托法、证券法及相关减持规定与政策，可为委托人提供一揽子合理税收筹划方案，合规降低额外税费。

股票（股权）家族信托的创新意义就在于其兼具家族信托资产隔离保护、财富传承、资产多元化配置和节税等多种功能，同时家族信托架构助力股东实现长远的治理机制。

……

本业务中，通过将存量股票资产产权信托化，实现了控股股东子孙后代通过信托受益权合理继承（流转）对应股票的权益，避免由于后代的离世、婚姻变化、血亲关系向下分化等原因导致家族财产外流。此外，目前相关政策对上市公司大股东的减持要求严格，存量市场流动性愈发弱化。

探索将股票（股权）置入家族信托，形成与大股东的非一致行动关系，可实现合规减持，有利于资本市场良性发展。

由于横跨数个监管环境，该业务受托机构应全面理解银保监系统及证监系统的相关政策，在信托架构设计、交易方案、权益安排、税务规划、信息披露上体现专业能力及服务，否则可能触碰甚至逾越红线，造成不能挽回的损失。

5.9 企业注销清算中的涉税风险与安排

企业注销清算，大力税手的"注销宝"业务网络接触了较多的客户情形，这里有几种情形："关门大吉"不准备经营了，被合并需要注销的；还有一种特殊的但并不是注销的情形，即迁移到其他地区的时候，原所在地的登记机关也需要进行清税，并转移其相应的凭据或信息，这并不是注销，其主体仍是延续的。之前各地对于税源的保护，往往"不愿意"允许企业迁移，鉴于营商环境改善之需，对于一个城市中的跨区转移，相对比较自由了，对于跨城市、跨地区的，对于一些大企业，仍需要沟通，特别是在某个地区拿到了大额的财政补贴之后就进行转移的情形。

对于很多民营企业，往往因为经营上的不规范，比如发票不规范、账务支出不规范，还有的是税务合规执行得比较松，经不起在注销环节的审核检查，以致存在的问题比较多，带来的影响就是注销时反而可能需要补缴大额税款。若不注销置之不管，行不行？这对于投资人的信用可能会带来影响，能够清理干净注销的尽量还是履行完此环节的法律程序。

5.9.1 因注销困难就一直不进行打理的"僵尸企业"

最近几年来，大家可以发现，国资委下的央企在持续地压缩企业层级，处理僵尸企业，对于央企，主要是投资环节过多，在某些人员的管理下，发展思路又不同，有时是自己设立的企业过多，有时是与外部企业联合投资的企业存在，处理难度比较大。但是政府部门也给了相应的便利操作方式，如《国务院国有资产监督管理委员会 财政部 自然资源部 国家税务总局 国家市场监督管理总局关于中央企业公司制改制土地权属变更、企业清理注销等有关事项的通知》（国资发改革〔2019〕61号）的进一步简化程序类的文件。对于民营企业，倒没有行政性的要求，但在很多时候想关却关不掉的时候，有的人就想不管了。笔者接触到几个案例，比如某企业老板想新成立企业，结果系统当中操作不了，因为其很多年前在西安成立的一家企业有了风险提示，该老板都快忘记此事了。

一般而言，税收上的非正常户与工商行政登记的非正常户，都是可以恢复正常的，但是一旦工商登记标识为吊销，则只能是吊销转为注销，无法再恢复正常状态。《国家税务总局关于税收征管若干事项的公告》（国家税务总局公告2019年第48号）规定：

> 三、关于非正常户的认定与解除
> （一）已办理税务登记的纳税人未按照规定的期限进行纳税申报，税务机关依法责令其限期改正。纳税人逾期不改正的，税务机关可以按照《中华人民共和国税收征收管理法》（以下简称税收征管法）第七十二条规定处理。
> 纳税人负有纳税申报义务，但连续三个月所有税种均未进行纳税申报的，税收征管系统自动将其认定为非正常户，并停止其发票领用簿和发票的使用。
> （二）对欠税的非正常户，税务机关依照税收征管法及其实施细则的规定追征税款及滞纳金。

（三）已认定为非正常户的纳税人，就其逾期未申报行为接受处罚、缴纳罚款，并补办纳税申报的，税收征管系统自动解除非正常状态，无须纳税人专门申请解除。

之前《国家税务总局关于进一步完善税务登记管理有关问题的公告》（国家税务总局公告2011年第21号）对于非正常户管理有这样的要求，注意依据第48号公告，下面第二条中的第一款废止：

二、非正常户管理

严格非正常户认定管理。对经税务机关派员实地核查，查无下落的纳税人，如有欠税且有可以强制执行的财物的，税务机关应按照《税收征收管理法》第四十条的规定采取强制执行措施；纳税人无可以强制执行的财物或虽有可以强制执行的财物但经采取强制执行措施仍无法使其履行纳税义务的，方可认定为非正常户。

开展非正常户公告。税务机关应在非正常户认定的次月，在办税场所或者广播、电视、报纸、期刊、网络等媒体上公告非正常户。纳税人为企业或单位的，公告企业或单位的名称、纳税人识别号、法定代表人或负责人姓名、居民身份证或其他有效身份证件号码、经营地点；纳税人为个体工商户的，公告业户名称、业主姓名、纳税人识别号、居民身份证或其他有效身份证件号码、经营地点。

实施非正常户追踪管理。税务机关发现非正常户纳税人恢复正常生产经营的，应及时处理，并督促其到税务机关办理相关手续。对没有欠税且没有未缴销发票的纳税人，认定为非正常户超过两年的，税务机关可以注销其税务登记证件。

加强非正常户异地协作管理。税务机关要加强非正常户信息交换，形成对非正常户管理的工作合力。对非正常户纳税人的法定代表人或经营者申报办理新的税务登记的，税务机关核发临时税务登记证及副本，限量供应发票。税务机关发现纳税人的法定代表人或经营者在异地为非正常户的法定代表人或经营者的，应通知其回原税务机关办理相关涉税事宜。纳税人的法定代表人或经营者在原税务机关办结相关涉税事宜后，方可申报转办正式的税务登记。

可能有的老板提出来，这不是会计或代理机构要帮做的工作吗，与我们有什么关系呢？且看下面的规定。《国家税务总局关于发布〈纳税信用管理办法（试行）〉的公告》（国家税务总局公告2014年第40号）规定：

第二十条 有下列情形之一的纳税人，本评价年度直接判为D级：

（一）存在逃避缴纳税款、逃避追缴欠税、骗取出口退税、虚开增值税专用发票等行为，经判决构成涉税犯罪的；

（二）存在前项所列行为，未构成犯罪，但偷税（逃避缴纳税款）金额10万元以上且占各税种应纳税总额10%以上，或者存在逃避追缴欠税、骗取出口退税、虚开增值税专用发票等税收违法行为，已缴纳税款、滞纳金、罚款的；

（三）在规定期限内未按税务机关处理结论缴纳或者足额缴纳税款、滞纳金和罚款的；

（四）以暴力、威胁方法拒不缴纳税款或者拒绝、阻挠税务机关依法实施税务稽查执法行为的；

（五）存在违反增值税发票管理规定或者违反其他发票管理规定的行为，导致其他单位或者个人未缴、少缴或者骗取税款的；

（六）提供虚假申报材料享受税收优惠政策的；

（七）骗取国家出口退税款，被停止出口退（免）税资格未到期的；

（八）有非正常户记录或者由非正常户直接责任人员注册登记或者负责经营的；

（九）由D级纳税人的直接责任人员注册登记或者负责经营的；

（十）存在税务机关依法认定的其他严重失信情形的。

第二十一条　纳税人有下列情形的，不影响其纳税信用评价：

（一）由于税务机关原因或者不可抗力，造成纳税人未能及时履行纳税义务的；

（二）非主观故意的计算公式运用错误以及明显的笔误造成未缴或者少缴税款的；

（三）国家税务总局认定的其他不影响纳税信用评价的情形。

第三十二条　对纳税信用评价为D级的纳税人，税务机关应采取以下措施：

（一）按照本办法第二十七条的规定，公开D级纳税人及其直接责任人员名单，对直接责任人员注册登记或者负责经营的其他纳税人纳税信用直接判为D级；

（二）增值税专用发票领用按辅导期一般纳税人政策办理，普通发票的领用实行交（验）旧供新、严格限量供应；

（三）加强出口退税审核；

（四）加强纳税评估，严格审核其报送的各种资料；

（五）列入重点监控对象，提高监督检查频次，发现税收违法违规行为的，不得适用规定处罚幅度内的最低标准；

（六）将纳税信用评价结果通报相关部门，建议在经营、投融资、取得政府供应土地、进出口、出入境、注册新公司、工程招投标、政府采购、获得荣誉、安全许可、生产许可、从业任职资格、资质审核等方面予以限制或禁止；

（七）D级评价保留2年，第三年纳税信用不得评价为A级；

（八）税务机关与相关部门实施的联合惩戒措施，以及结合实际情况依法采取的其他严格管理措施。

纳税信用的评级还是很管用的，涉及很多的征管业务情形。笔者有认识作为财务总监的伙伴，往往有时没有注意，纳税申报出现遗漏未申报等事项，影响到了打分，结果后续再沟通处理,压力比较大。这往往是财务部门人员在对接过程中不重视、未充分作为风控管理导致的。

除了上面的影响之外,我们还要关注一下国家对于信用管理可能影响的其他事项。如果一个能挣钱的老板,不能坐飞机、不能坐高铁,会是什么样呢?"信用中国"网站发布了《限制乘坐火车、民用航空器严重失信人公示》名单,那么有哪些事项会引起这些情形的发生呢?

《关于在一定期限内适当限制特定严重失信人乘坐民用航空器 推动社会信用体系建设的意见》(发改财金〔2018〕385号):

严重违法失信行为有关责任人

1. 有履行能力但拒不履行的重大税收违法案件当事人;
2. 在财政性资金管理使用领域中存在弄虚作假、虚报冒领、骗取套取、截留挪用、拖欠国际金融组织和外国政府到期债务的严重失信行为责任人;
3. 在社会保险领域中存在以下情形的严重失信行为责任人:用人单位未按相关规定参加社会保险且拒不整改的;用人单位未如实申报社会保险缴费基数且拒不整改的;应缴纳社会保险费且具备缴纳能力但拒不缴纳的;隐匿、转移、侵占、挪用社会保险基金或者违规投资运营的;以欺诈、伪造证明材料或者其他手段骗取社会保险待遇的;社会保险服务机构违反服务协议或相关规定的;拒绝协助社会保险行政部门对事故和问题进行调查核实的;
4. 证券、期货违法被处以罚没款,逾期未缴纳的;上市公司相关责任主体逾期不履行公开承诺的;
5. 被人民法院按照有关规定依法采取限制消费措施,或依法纳入失信被执行人名单的;
6. 相关部门认定的其他限制乘坐民用航空器的严重失信行为责任人,相关部门加入本文件的,应当通过修改本文件的方式予以明确。

《关于在一定期限内适当限制特定严重失信人乘坐火车推动社会信用体系建设的意见》(发改财金〔2018〕384号)提出了如下情形:

(二)其他领域的严重违法失信行为有关责任人

1. 有履行能力但拒不履行的重大税收违法案件当事人;
2. 在财政性资金管理使用领域中存在弄虚作假、虚报冒领、骗取套取、截留挪用、拖欠国际金融组织和外国政府到期债务的严重失信行为责任人;

3. 在社会保险领域中存在以下情形的严重失信行为责任人：用人单位未按相关规定参加社会保险且拒不整改的；用人单位未如实申报社会保险缴费基数且拒不整改的；应缴纳社会保险费且具备缴纳能力但拒不缴纳的；隐匿、转移、侵占、挪用社会保险基金或者违规投资运营的；以欺诈、伪造证明材料或者其他手段骗取社会保险待遇的；社会保险服务机构违反服务协议或相关规定的；拒绝协助社会保险行政部门对事故和问题进行调查核实的；

4. 证券、期货违法被处以罚没款，逾期未缴纳的；上市公司相关责任主体逾期不履行公开承诺的；

5. 被人民法院按照有关规定依法采取限制消费措施，或依法纳入失信被执行名单的；

6. 相关部门认定的其他限制乘坐火车高级别席位的严重失信行为责任人，相关部门加入本文件的，应当通过修改本文件的方式予以明确。

对上述行为责任人限制乘坐火车高级别席位，包括列车软卧、G字头动车组列车全部座位、其他动车组列车一等座以上座位。

如上是对于交通方面的一些信息，当然也有限制出境的措施，《国家税务总局 公安部关于印发〈阻止欠税人出境实施办法〉的通知》（国税发〔1996〕215号）提出这样的规定：

第三条 经税务机关调查核实，欠税人未按规定结清应纳税款又未提供纳税担保且准备出境的，税务机关可依法向欠税人申明不准出境。对已取得出境证件执意出境的，税务机关可按本办法第四条规定的程序函请公安机关办理边控手续，阻止其出境。

欠税人为自然人的，阻止出境的对象为当事人本人。

欠税人为法人的，阻止出境对象为其法定代表人。

欠税人为其他经济组织的，阻止出境对象为其负责人。

上述法定代表人或负责人变更时，以变更后的法定代表人或负责人为阻止出境对象；法定代表人不在中国境内的，以其在华的主要负责人为阻止出境对象。

第五条 各省、自治区、直辖市公安厅、局接到税务机关《边控对象通知书》后，应立即通知本省、自治区、直辖市有关边防口岸，依法阻止有关人员出境、欠税人跨省、自治区、直辖市出境的，由本省、自治区、直辖市公安厅、局通知对方有关省、自治区、直辖市公安厅、局通知对方有关省、自治区、直辖市公安厅、局实施边控。有关边防检查站在接到边控通知后应依法阻止欠税人出境。必要时，边防检查站可以依法扣留或者收缴欠缴税款的中国大陆居民的出境证件。

大家可以注意，这里更多的是对于法人代表人，有时企业的法定代表人并不是企业的核心人员，不是实际控制人，是由实际控制人的亲戚或家属担当，同时大家可以发现，上述的限制出境是由本省，再到全国，想想我们国家这么大，恐怕一时也难以控制到这么大的范围。

在信用中国网站，我们可以发现很多知名人士出现过，如禁乘飞机、高铁等交通工具，禁止在星级以上宾馆、酒店、夜总会、高尔夫球场等场所进行高消费等。

5.9.2 注销中的资产处理及技术调整事项

企业注销其实是一个很复杂的过程，当然核心还是税务注销，其他方面如果存在问题，也是比较明显的，大家会提前了解，但对于税务注销，却不知会遇到什么样的事情。有的老板认为请客吃饭就能解决问题，让自己不合规的事项别被查出来问题，还有的以拖着不管来解决。特别要注意，现在的注销适用简易程序并不一定能用上，多是仍需要按正常的注销程序，虽然强调简化流程，不过站在税务人员的角度，面临着责任的问题，加之所有的程序都是在系统当中体现，也没有办法进行所谓的靠"走后门"轻易地解决。企业注销，有一些经常出现问题的地方，我们下面一起来看看。

（1）清算后归属于个人的所得如何考虑公允价及债权债务的影响。

目前企业清算最多的是有限责任公司，还有合伙企业、个人独资企业、个体工商户等，当前税收政策中对于个人投资者的清算政策及规定比较缺少，也有很多的误解，由此就带来了很多风险。从我们常规的理解来看，公司制的企业是缴纳企业所得税，若存在个人股东，随后就清算所得计算缴纳个人所得税，合伙企业、个人独资企业和个体工商户不涉及企业所得税，一直按照个人经营所得计税。现在业界有两种误解，一是对于清算的企业，要求全部将资产处置完，最后就是要分配现金，这才是清算，这个观点是错误的，清算是清算，分配的是什么就要看最后余下的是什么；二是清算后转给个人与税无关，就是自己"左手倒右手"，不涉及转让所得，不存在销售行为，这也是不对的。

笔者遇到过一个案例，在实践操作当中，由于快速办理了注销，结果相应的房产未及时办理过户，成了"黑户"，以致无法按照正常的程序办理过户手续。同样，如果有的公司持有股权，一般也需要先行转让进行变更，这跟有股票是不同的，中登公司是凭已注销的工商证明等办理非交易过户给股东名下，这时虽没有公司了，但由清算组办理即可。

下面我们看看关于不同主体涉及清算时个人所得的比较，如表5-22所示。

表 5-22

清算类型	被清算企业所得税	个人股东	规定
公司	被清算的公司需要按照公允计价来计算其清算所得，结清税款后计算可供分配的剩余财产	一、个人因各种原因终止投资、联营、经营合作等行为，从被投资企业或合作项目、被投资企业的其他投资者以及合作项目的经营合作人取得股权转让收入、违约金、补偿金、赔偿金以及其他名目收回的款项等，均属于个人所得税应税收入，应按照"财产转让所得"项目适用的规定计算缴纳个人所得税。 应纳税所得额的计算公式如下： 应纳税所得额＝个人取得的股权转让收入、违约金、补偿金、赔偿金以及其他名目收回款项合计数－原实际出资额（投入额）及相关税费	财税〔2009〕60号① 国家税务总局公告2011年第41号②
合伙企业	无	第十六条 企业进行清算时，投资者应当在注销工商登记之前，向主管税务机关结清有关税务事宜。企业的清算所得应当视为年度生产经营所得，由投资者依法缴纳个人所得税。 前款所称清算所得，是指企业清算时的全部资产或者财产的公允价值扣除各项清算费用、损失、负债、以前年度留存的利润后，超过实缴资本的部分。	财税〔2000〕91号③
个人独资企业	无	同上	同上
个体工商户	无	笔者认为原理同上，按照经营所得计税，后续因为有资产进行取得，取得的也是公允价值，不是原始价值。不宜直接认为个人穿透个体工商户直接持有资产。按公允值计算完经营所得的个税后，即终结算事项，无须按照国家税务总局公告2011年第41号规定计税。	同上参照

至于涉及动产、不动产等过户时，对于增值税、契税或土地增值税的处理，比如从个体工商户办理不动产过户，有认为不存在增值税，因为不是交易行为，是一个人的重叠身份。对于货物，单位或个体工商户将自产、委托加工或者购进的货物分配给股东或者投资者时在增值税上需要视同销售，如果是一般纳税人按照适用的税率或简易征收率，如果是小规模纳税人按照简易征收率，当前存在简易计税按3%或5%的货物或不动产的适用情形。公司将房产分配给个人股东，面临着土地增值税的计缴，有时候如果通过合并到股东其他的企业，可以避免应税的处理。关于契税的规定，可以

---

① 财税〔2009〕60号，即《财政部 国家税务总局关于企业清算业务企业所得税处理若干问题的通知》。
② 国家税务总局公告2011年第41号，即《国家税务总局关于个人终止投资经营收回款项征收个人所得税问题的公告》。
③ 财税〔2000〕91号，即《财政部 国家税务总局关于印发〈关于个人独资企业和合伙企业投资者征收个人所得税的规定〉的通知》

参照一下《财政部 国家税务总局关于继续支持企业、事业单位改制重组有关契税政策的通知》(财税〔2018〕17号)的规定来选择有利的适用。

【案例】丰达有限公司拟进行清算,该公司有不动产一处,如涉及分配,有企业所得税、土地增值税,还有个人的财产转让所得的投资收回的个税,分配下来付出的税负成本比较高。于是某律师给其提供了两个筹划方案:一是在注销前低价转让给个人;二是先让个人成立一家公司,进行投资,投资后再作股权的分配。

分析:行为往往决定了计税规则的适用,有时存在多条路,而税收规则又不可能非常完美地提供出来,比如上面我们提到,个人并无意持有该房产,还想收回来再给别的公司使用,此时在第二种方案中就有可能实现,在这个方案中,主要是避免土地增值税的缴纳,而增值税由于可以抵扣,所以也不是利益的损失。余下企业所得税与个税,若处理不好,有时候真是因为税负的问题注销不起!至于低价转让,只是一个"投机取巧"的操作,就算在注销阶段也是可以考虑价格评估的问题。还有一些可以考虑的方式,比如直接进行吸收合并等,这个需要结合老板下一步的安排统筹考虑,切忌筹划其一忽视了其二。

(2) 有一种无法支付的款项不属于"不需要支付的所得"。

通常,无法支付的款项需要并入注销企业的所得,很多民营企业因为彼此拆借资金频繁,存在无法支付的款项,在注销时,被要求转入所得计所得税,对于企业所得税或合伙企业、个人独资企业的经营所得计算时都是有所影响的事项,特别是有限责任公司,注销时往往存在这种情形。现实中,我们遇到了很多"破解"处理的方式,比如有的公司将债务与债权打包处理给别人,或者直接三方或多方抵账,极端一些的,就是债权与债务胡乱抵消完不管了,过了三年后再到税务机关办理正式的注销,这是因为,一般税务注销的检查是追查三年,当然这不是绝对的,在现实当中,笔者也遇到过某些偏远地区的税务机关追查企业歇业前的三年,中间未发生业务的不算。

但有一种看似无法支付的款项,却并不是所得。下面我们结合一个案例进行分析,这也是笔者遇到的一个案例,且进行了后续跟进的处理。

【案例】某公司拟进行注销,其财务经理头疼了,账面上有200万元的应付款项,付不完要转收入产生很多的企业所得税,同时之前年度公司也没有亏损可弥补,这如何办是好?经笔者了解,这笔应付款项是之前年度计提的奖金及职工教育经费,企业不经营了,也不会再支出了,所以现在转回产生了很大的利润。

分析：要理解这个事项，我们可以结合下面的表格进行详细分析，方便我们遇到此类似事项时不要给客户带来多缴税款的风险。我们假设这笔款项是2019年发生的计提，当年度收入2 000万元，成本500万元（含案例中计提的200万元），利润是1 500万元，没有其他纳税调整的事项，2020年注销，未发生其他事项，请查看表5-23中的数据。

表5-23
单位：万元

事项	2019年度	2020年度	说明
收入（a）	2 000	0	收入金额据实列示
成本（b）	500	-200	2020年如注销需冲减回来200万元成本，与注销转收入是一样的结果
利润（a-b）	1 500	200	会计利润
纳税调整（c）	+200	-200	2019年度200万元未实际发生作纳税调增处理，2020年因为冲减计提，相当于虚增利润，对应于之前年度的调增作纳税调减处理
应纳税所得额（a-b+c）	1 700	0	计税所得额

我们发现，即使我们2020年度冲减费用，也并不产生所得额，其实主要是被冲减预提费用与无法支付的款项所产生的理解偏差。因为200万元在2019年度未税前扣除，作了纳税调增，相当于这笔费用本身在所得税扣除上就不存在，2020年冲减也视为不存在，两个年度的实际税收收入与成本加在一起就是1 700万元，等于两年的应纳税所得额。所以，这200万元并不属于需要作为清算所得处理。类似情形需要关注。

如果200万元在2020年支付出去了，那么2020年的利润表成本-200万元就是0，不存在冲减了，其结果如表5-24所示。

表5-24

事项	2019年度	2020年度
收入（a）	2 000	0
成本（b）	500	0
利润（a-b）	1 500	0
纳税调整（c）	+200	-200
应纳税所得额（a-b+c，且不小于0）	1 700	0

2020年的利润是0，但由于支付了2019年度计提的费用，达到了税前扣除的条件，则作纳税调减200万元，形成亏损200万元，当年度的应纳税所得额是0元，参照申报表说明及常规理解，应纳税所得额不存在小于0的数据，此时跟冲减费用的结果并不一致，若有其他清算所得，是可以冲减的。在计算清算所得时，需要统筹计算所有资

产的公允值,看看最终的清算所得是多少。在上面的案例中,2020年度我们并没有对于清算所得进行整体计算,只是对应于2019年度的计提费用事项进行了分析。

(3) 注销前作为一般纳税人留抵税额的处理。

在当前的增值税政策中,留抵税额退税是对于特定行业或情形下鼓励企业发展的一种财税政策,旨在给企业提供相应的现金流支持,但是企业注销却并不给予退回账上存在的留抵税额。尽管这看似是国家"欠"纳税人的税款,但当前却只能用自己未来的应税销项来抵减,还没有给予退税的政策。虽然有的地方税务局,比如原北京国税的意见是可以转到计算清算所得的扣减项中,但这也需要有清算所得的可能为前提。《国家税务总局关于纳税人资产重组增值税留抵税额处理有关问题的公告》(国家税务总局公告2012年第55号)规定:

现将纳税人资产重组中增值税留抵税额处理有关问题公告如下:
一、增值税一般纳税人(以下称"原纳税人")在资产重组过程中,将全部资产、负债和劳动力一并转让给其他增值税一般纳税人(以下称"新纳税人"),并按程序办理注销税务登记的,其在办理注销登记前尚未抵扣的进项税额可结转至新纳税人处继续抵扣。
二、原纳税人主管税务机关应认真核查纳税人资产重组相关资料,核实原纳税人在办理注销税务登记前尚未抵扣的进项税额,填写《增值税一般纳税人资产重组进项留抵税额转移单》。

目前这是在技术上实现利益转移的一种方法,对于留抵税额的转移,笔者了解到有的财务总监提出来做一笔相应的收入,产生销项抵减,并把销项转移给关联方进行抵扣。笔者认为,要特别注意货物销售的真实性,切勿导致虚开增值税专用发票的情形出现,服务收入在对接的真实性上可能还有一些空间,在此基础之上,进行相关的技术转移等处理,是可以起到转移的效果的。

(4) 注销过程当中是不是存在个税的扣缴义务人。

一般而言,个人所得的取得,无论是单位还是个人,通常都是有扣缴义务人的。个人所得税法中确实提到了"取得应税所得没有扣缴义务人"的情形,不过这种情形在国内一般很少见,比如在国外取得的所得,境外的单位不执行中国的税收政策,无法扣缴税款,这倒是很正常的一种情形。

对于合伙企业、个人独资企业及个体工商户，由于在清算时计算的所得是个人的经营所得，计算缴纳个人所得税，再分配给个人时不存在个税，也就没有扣缴义务。但是在公司注销时，其在向个人股东支付分配的剩余财产时，是需要考虑个税的扣缴情形的，但这个扣缴义务如何确定，目前政策似乎没有特别明确。

笔者曾查阅了各地关于自然人涉税管理的文件，还有一些各地原地方税务局发布的一些注销管理文件，对此的明确也有差异，有的明确规定需要进行扣缴个税。国家税务总局公告2011年第41号对于个人收回投资所得的计算规定按照财产转让所得计缴，之前各地的口径多倾向于按照"股息红利"所得进行计缴。从分析来看，适用财产转让所得这一征税类型比较合适，我们可以作如下分析，在个人股东将其持有公司的股权"退回"给被投资公司时，被投资公司进行了注销，"换回"了对价，即相应的资产（含特定情形下的债权或债务），在扣除其投资成本、相应的税费之后，计算其财产转让所得，这个理论倒是可以理解。提示一点，对于收回投资时扣减的投资成本，有一些是从原股东手中溢价购买的，并不是只能扣减原来的账面实际出资额，而是要扣减真实的收购金额。

企业清算时一般按照《公司法》规定需要设立清算组，此时清算组成了被注销公司的管理机构，但是相应的涉税事项仍是以被投资公司的名义来实施的，清算组并不需要办理税务登记，不是一个纳税主体，如果从支付所得的角度，被清算的企业向个人股东支付所得时，就有必要对个人所得进行扣缴个税。上面我们提到，有的企业是在注销后办理的资产交付，而《公司法》明确规定，在注销前要进行资产的分配，只有分配完毕了才能办理注销，此时就产生了一个所谓的矛盾，财产转让所得的实现时点，因为注销前是有扣缴义务人的，即被注销企业，而注销之后，没有支付主体了，此时宜应清算组办理完成相应的事项。但是笔者认为，由于所有的财产分配方案在注销前已明确且发生了法律意义上的分配过程，注销后再交付的行为，仅仅是一个转移的环节，不是一个个人股东又取得所得的环节，实践当中，有的情形下，某些专家或税务人员简单地理解"取得"所得，难道没有分配就"天上掉下来馅饼"所得了？我们还是要结合清算的流程来理解，因为注销前，清算分配财产的决议等事项是需要确定下来的。

新个税法下，取得应税所得，扣缴义务人未扣缴税款时，纳税人取得利息、股息、红利所得，财产租赁所得，财产转让所得和偶然所得的，应当在取得所得的次年6月30日前，按相关规定向主管税务机关办理纳税申报，并报送《个人所得税自行纳税申报表（A表）》。税务机关通知限期缴纳的，纳税人应当按照期限缴纳税款。

(5) 注销中的流程管理。

依据《税收征管操作规范》,其对注销税务登记有这样的规范要求,大家可以借鉴。

【办理规范】
1. 受理
税务人员按照以下情况分别办理:
(1) 纳税人提交资料齐全、符合法定形式的,受理纳税人注销登记申请。
(2) 纳税人提交资料不齐全或不符合法定形式的,制作《税务事项通知书》(补正通知),一次性告知纳税人需补正的内容。
(3) 依法不属于本机关职权或本业务受理范围的,制作《税务事项通知书》(不予受理通知),告知纳税人不予受理的原因。
(4) 未按照规定的期限申报办理注销登记的,由税务机关责令限期改正,可以处二千元以下的罚款;情节严重的,处二千元以上一万元以下的罚款。

2. 调查巡查
税务机关根据是否存在疑点决定是否进行调查巡查,需要进行调查巡查的,核实纳税人的纳税申报、税款缴纳情况等。

3. 注销
根据调查巡查反馈情况,决定是否注销税务登记。
(1) 纳税人已办结所有未结事项的,注销税务登记;
(2) 经调查发现纳税人有以下未尽事宜的,应制发《税务事项通知书》(注销税务登记未尽事宜通知),通知纳税人及时办理。
①纳税人存在未申报、欠税信息;
②纳税人存在未验旧的发票;
③土地增值税纳税人未完成土地增值税清算;
④企业所得税纳税人未完成企业所得税清算;
⑤纳税人存在多缴(包括预缴、应退未退)税款;
⑥纳税人存在未结报的税收票证;
⑦纳税人存在其他应结未结事项。
(3) 增值税一般纳税人因住所、经营地点变动,涉及改变税务登记机关的,不再通过该业务办理。
(4) 若涉嫌偷逃骗抗税、虚开发票等税收违法行为需要立案查处的,移送稽查部门处理。
(5) 注销通过后收缴并核销相关税务证件及按规定应收缴的设备。

4. 发放

注销税务登记的，制作并发放《税务事项通知书》（注销税务登记通知）。

5. 归档

除报送资料清单中列明需要归档的资料外，还需要对下列资料进行归档。

5.9.3 注销后的恢复及案例分析

注销中的故事非常多，各地的操作又很多样，征纳双方的矛盾比较集中。由于注销之后企业的"身份"就不存在了，再对此进行税款的征缴很困难，在这种情形下，税务机关有时也是"引进先进经验"，其审核的环节交给中介服务机构进行把关，此时更容易产生一些所谓的"技术矛盾"，即理解不一致产生的矛盾，还有一些利益矛盾，比如有的地方税务机关通过政府采购事务所的服务，按照"成果"给予相应的奖励，这时对于某些问题的理解与看法很容易产生"争议"。

（1）企业注销后能否再恢复登记。

如人去世后，身份证明被注销后"一了百了"，但是企业注销却并不完全是这样。从税务机关的工作流程上看，企业注销是一种行政审批行为，各部门有相应的人员签字。那么，如果办理完毕税务注销，是不是可以再恢复？办理完成工商登记注销，是不是可以再恢复？

【案例】笔者听闻一个有趣的案例。某本部招商地区，提供一体化办公，在一次办理注销的业务过程当中，企业顺利办理完了工商注销登记，结果跟税务机关对于一些事项又发生了争议，即当地还想再追税处理，结果办税人员拿着工商注销登记的原件去给税务人员看时，直接被"扣留"了下来，所以办事还是须谨慎，现实当中的事项，有很多非正常的事发生。

那么，企业注销后，特别是税务机关的注销，能不能再恢复呢？有的专家认为，企业注销之后就"安全"了，那么税务机关是不是内部就可以恢复起来，并不需要通知相关人员？是否需要以查阅工商注销的情形为前提？笔者看到在知乎之类的网站上，各种说法都有，一般人估计会看晕了。

如之前《青岛市国家税务局关于进一步规范恢复注销税务登记程序的通知》（青国税征〔2000〕11号）提出：

各市国家税务局、市内各国家税务局：

近期市局接到部分基层局关于对办理注销税务登记的业户需恢复原登记的有关问题的请示，对此市局进行了认真研究，认为在实际工作中确实存在已注销业户恢复原税务登记的特殊情况。为了规范执法，加强监督，市局特作如下规定，请认真遵照执行。

一、符合以下情形的，可办理恢复原税务登记手续：

（一）应办理变更税务登记，误办为注销税务登记的；

（二）税务部门已注销，但工商、技术监督部门未办注销，而纳税人又继续经营的；

（三）因属地管理交接工作中，迁出时已办理注销税务登记，但该纳税人又迁回原登记机关所在地的；

（四）非正常户按规定程序公告注销后，又发现其继续经营的；

（五）其他需恢复原税务登记的特殊情形。

二、办理恢复原税务登记的程序

各基层局发生需恢复原税务登记行为时，应以正式文件报告市局，并提供有关单位的正式证明材料，详细说明原因。经市局审批同意后，进行统一调整。

三、对需办理恢复原税务登记的纳税人，要严格稽查，对发现的税收违法违规问题，要按照相应的规定严肃处理，防止纳税人借注销、恢复登记之机逃避监管和处罚、偷税骗税问题的出现。对因税务机关工作人员工作失误造成的，要按岗位责任制及《青岛市国家税务局计算机应用违规处理意见》有关规定认真分清责任、严肃处理。

四、各基层局要严格按照《税务登记管理办法》的规定，加强对纳税人的税务登记管理工作。程序要合法，手续要完备，资料要齐全。凡发现未经市局批准擅自恢复注销税务登记或在恢复注销税务登记中弄虚作假的，市局将严肃处理。

大家可以发现，对于这种情形，肯定不是鼓励大家去做的，而是可能存在一些内部或外部的因素时进行的恢复，且相应的管理权限也是在市局，如果有恢复的，还要检查有无税务人员的职责问题，即所谓"一案双查"。目前来看，如果已办理了税务注销登记，但是未办理工商登记的，是可以重新办理税务登记的，征管规范中提到过因经营地址变更等原因，注销后恢复开业的情形。

但是工商注销登记之后，能否也一样恢复呢？

公司莫名被注销　商户起诉工商局

2008 - 03 - 26

中国法院网讯近日，山东省齐河县人民法院未经开庭协调处理了一起工商行政登记案件，通过法官主持的协调工作，被告主动改变行政行为，当事人双方达成和解协议并及时履行，使一起长达半年的行政争议案件仅用半天时间就得到了妥善解决。

2004年4月，原告张某与齐河县黄河河务局共同出资成立了齐河县某饲料有限公司，并在齐河县工商行政管理局进行了工商登记。2007年9月，齐河县黄河河务局在张某不知的情况下向工商局申请注销了该公司，期间，张某也未收到工商局的注销通知，原告张某以不服齐河县工商行政管理局注销决定为由诉至法院，要求撤回注销通知并给予行政赔偿。

法官们在认真分析了双方提供的证据和陈述意见后，明确了争议的焦点，在双方当事人同意的情况下，由法官进行协调和解工作。通过法官们耐心细致地分析案情，齐河县黄河河务局认识到了其提供不实材料的错误，工商局也认识到了其依据不实材料作出注销公司是违法行为，基于此，再对原告做工作，并提出建议，使双方达成了和解协议。齐河县工商行政管理局主动撤销注销该公司的决定并恢复其工商营业登记，原告张某主动提出撤诉，放弃赔偿要求并自愿承担本案诉讼费用。

依据最高人民法院新公布的《关于行政诉讼撤诉若干问题的规定》第五条规定：被告改变具体行政行为，原告申请撤诉有履行内容且履行完毕的，人民法院可以裁定准予撤诉的规定，准许原告撤回诉讼。至此，这起长达半年之久的行政争议，在法官们的协调下，得到了圆满的解决。

从上面的报道可以看出来，涉及违规进行操作注销的情形，比如股东造假进行注销等，此时市场监督管理部门是可以恢复的，但若无此方面的违规情形，注销之后是无法恢复的。但是这个权利并不是无限期的，湖南省高级人民法院《南通通达房地产开发有限公司、岳阳市市场监督管理局质量监督检验检疫行政管理：其他（质量监督）再审审查与审判监督行政裁定书》[（2019）湘行申896号]中有这样一段描述：

《中华人民共和国行政诉讼法》第四十六条第二款规定，因不动产提起诉讼的案件自行政行为作出之日起超过二十年，其他案件自行政行为作出之日起超过五年提起诉讼的，人民法院不予受理。该规定明确了行政诉讼中不知道行政行为内容情形下的最长起诉期限，目的在于确定保障起诉利益的最终期限。本案中，申请人通达公司认为被申请人岳阳市工商局于2003年4月18日对通达公司岳阳分公司作出《注销核准通知书》的行政行为违法，向一审法院起诉，请求确认违法并予以恢复通达公司岳阳分公司。申请人起诉的行政行为属于注销登记行政行为，应适用其他案件不得超过五年的最长起诉期限，被诉行政行为于2003年作出，其于2015年起诉该行政行为，已经超过法律规定的最长起诉期限。一审法院裁定驳回申请人的起诉，二审法院裁定驳回上诉、维持一审裁定，处理正确。申请人提出应以2015年8月起计算起诉期限，以及本案没有超过最长保护期的理由，系对法律的误解，不能成立。

（2）税务稽查规范中对于已注销企业的处理规定。

对于稽查过程当中发现的纳税人已注销的情形，有交办案件、检举案件等不同的处理情形。在终结检查章节提到：

1. 检查案件有下列情形之一，致使检查确实无法进行的，检查部门可以填制《税收违法案件终结检查审批表》，附相关证据材料，移交审理部门审核，报经税务局稽查局局长批准后，终结检查：
（1）被查对象死亡或者被依法宣告死亡或者依法注销，且无财产可抵缴税款或者无法定税收义务承担主体的；
（2）被查对象税收违法行为均已超过法定追究期限的；
（3）法律、行政法规或者国家税务总局规定的其他可以终结检查的。

对于依法注销的情形，笔者认为稽查部门，甚至税务机关都无权自行进行恢复，如此，则认为注销程序当中存在自我的违规操作，对于相关责任的认定恐怕内审部门也难以处理。但是如果税务机关认为注销过程违规的话，则可以据此与市场监督部门对接，以促使让纳税人的身份恢复。据了解，在全国层面，可能真有个别案例是通过部门协调进行的身份恢复，至于省级、市级的操作，恐怕并非自己可以自由操作的。

对于一个合法注销的企业，相当于"人死不能复生"的逻辑，注销之后其法人的权利能力与义务能力已消失。比如对于一些实施了核定征税的合伙企业、个体工商户，在按照正常程序办理注销之后，税务机关能否再恢复其登记补缴税款，甚至是不需要恢复登记补缴税款呢？笔者认为，虽然作为经营所得的纳税主体的个人仍存续，但不代表计税所得的"经营所得"存在补税中的偷逃税款的情形，在已注销的情形下，稽查部门对此正式下文立案的风险是不小的。

（3）涉及注销企业法院判例的处理参照。

下面我们结合几个案例，从中看看有哪些是企业、投资人与税务机关可以借鉴之处。

案例一：举报已办理注销的纳税人税收违法行为被驳回。

北京市东城区人民法院在《王颖与北京市东城区地方税务局等一审行政判决书》[（2018）京0101行初41号]中有如下的描述：

2017年7月12日，地税稽查局向王颖作出《税收违法检举案件检查情况书面告知书》（以下简称暂存待查处理告知），告知内容为：经我局调查核实，北京科羽翎化妆品有限公司已于2016年4月7日在我局办理注销税务登记，于2016年4月25日在东城区国家税务局第五税务所办理注销税务登记，于2016年7月25日在北京市工商行政管理局东城分局办理营业执照注销登记，现该纳税人实际为注销状态。

根据税总发〔2016〕71号《税务稽查案源管理办法（试行）》第二十一条第一款第一项、第二项的规定，对该检举案件做暂存待查处理。

王颖不服，向东城地税局提出行政复议申请，东城地税局于2017年11月24日作出东地税复字〔2017〕7号《行政复议决定书》（以下简称7号复议决定），维持了地税稽查局对王颖检举北京科羽翎化妆品有限公司的事项作出的暂存待查的行政行为。

……

国家税务总局税总发〔2016〕71号《税务稽查案源管理办法（试行）》第十七条规定，案源处理是指案源部门对收集的案源信息进行识别和判断，根据案源类型、纳税人状态、线索清晰程度、税收风险等级等因素，进行退回或者补正、移交税务局相关部门、暂存待查、调查核实（包括协查）、立案检查等分类处理的过程。

第二十一条第（二）项规定，符合下列情形之一的，作暂存待查处理：纳税人状态为非正常、注销或者税收违法线索不清晰的检举案源信息可以作暂存待查处理。

本案中，被告地税稽查局接到原告王颖的检举线索后，经交办相关部门调查核实后，发现原告王颖所检举的北京科羽翎化妆品有限公司已早于原告王颖检举之前办理了税务和工商注销登记，故被告地税稽查局对原告王颖所检举的事项根据上述规定作出暂存待查处理决定，认定事实清楚、适用法律正确，并无不当。

被告东城地税局针对原告王颖的行政复议申请，履行了受理、审查、召开听证会、延期，并在法定期限内作出7号复议决定，复议决定合法。

原告王颖所主张的被告地税稽查局在北京科羽翎化妆品有限公司未注销前未尽到税务稽查责任致该公司在存在税务违法行为的情形下仍得以顺利注销的问题，属于税务机关是否依法办理公司税务注销登记手续的问题，不属于本案应当审查的范围。

综上，原告王颖关于撤销被告地税稽查局作出的暂存待查决定及被告东城地税局作出的7号复议决定的诉讼请求，缺乏事实和法律依据，本院依法应予驳回。

案例二：对于已注销企业进行行政处罚被驳回。

北京市西城区人民法院根据北京市高级人民法院指令重审后作出《丁海峰与国家税务总局北京市税务局稽查局其他一审行政判决书》〔（2018）京0102行初881号〕在最后判决中提出：

通过对当事人的当庭陈述及举证、质证情况的综合分析，本院确认如下事实：

2015年3月24日，原北京市国家税务局稽查局决定对十三维公司2009年1月1日至2011年12月31日期间（如检查发现此期间以外明显的税收违法嫌疑或线索不受此限）涉税情况进行检查。2015年3月25日，原北京市国家税务局稽查局向十三维公司作出税务检查通知书、询问通知书，丁海峰签收上述通知书。同日，原北京市国家税务局稽查局对丁海峰进行询问，并制作询问（调查）笔录。2015年4月8日，原北京市国家税务局稽查局向十三维公司作出询问通知书，丁海峰签收上述通知书。同日，原北京市国家税务局稽查局对丁海峰进行询问，并制作询问（调查）笔录。2015年4月17日，原北京市国家税务局稽查局向十三维公司作出税务事项通知书，丁海峰签收上述通知书。2015年4月22日，原北京市国家税务局稽查局向十三维公司作出税务行政处罚事项告知书，丁海峰签收上述告知书并提出听证申请。原北京市国家税务局稽查局向十三维公司作出税务行政处罚听证通知书，2015年4月28日丁海峰签收上述通知书。2015年5月5日，原北京市国家税务局稽查局组织听证，并制作听证笔录。原北京市国家税务局稽查局作出被诉处罚决定，并于2015年11月27日向丁海峰送达。

另查，2007年11月9日，丁海峰出资设立十三维公司。该公司类型属于自然人独资有限责任公司，丁海峰为法定代表人。2012年5月16日，原北京市工商行政管理局朝阳分局准予十三维公司注销。

2015年12月28日，原北京市国家税务局作出4号《不予受理复议申请决定》，该决定书载明："申请人：丁海峰……被申请人：北京市国家税务局稽查局……申请人认为被申请人对十三维顾问咨询（北京）有限公司作出的JW2号《处罚决定书》侵犯其合法权益，于2015年12月21日向本机关提出了行政复议申请。经审查，本机关认为：北京市国家税务局稽查局作出税务行政处罚决定的行政相对人是十三维顾问咨询（北京）有限公司，并未对丁海峰个人作出具体行政行为，并未侵犯其合法权益。故申请人提起的复议申请不符合《税务行政复议规则》第四十四条第四项所规定应当受理的条件。根据《中华人民共和国行政复议法》第十七条、《税务行政复议规则》第四十五条第一款的规定，决定不予受理……"

本院认为，本案争议的焦点有以下几点：一、丁海峰是否具备行政诉讼原告主体资格；二、丁海峰是否存在向行政复议机关提起行政复议后，又向人民法院提起行政诉讼，不符合行政诉讼受理条件的情形；三、被诉处罚决定是否合法。

针对丁海峰是否具备行政诉讼原告主体资格的问题。本院认为，根据《行政诉讼法》第二十五条的规定，行政行为的相对人以及其他与行政行为有利害关系的公民、法人或者其他组织，有权提起诉讼。本案中，十三维公司已经于2012年注销，其作为责任承担主体的法律地位已不存在，丁海峰作为十三维公司唯一的股东是该行政行为的利害关系人，具有对被诉处罚决定提起诉讼的权利，故丁海峰具备本案原告主体资格。

针对丁海峰是否存在向行政复议机关提起行政复议后，又向人民法院提起行政诉讼，不符合行政诉讼受理条件的问题。《税收征收管理法》第八十八条第二款规定，当事人对税务机关的处罚决定、强制执行措施或者税收保全措施不服的，可以依法申请行政复议，也可以依法向人民法院起诉。根据上述规定，行政复议并非针对税务机关的处罚决定提起行政诉讼的必经程序。《最高人民法院关于适用〈中华人民共和国行政诉讼法〉的解释》第一百三十三条规定，行政诉讼法第二十六条第二款规定的"复议机关决定维持原行政行为"，包括复议机关驳回复议申请或者复议请求的情形，但以复议申请不符合受理条件为由驳回的除外。本案中，原北京市国家税务局作出的4号《不予受理复议申请决定》，并非对被诉处罚决定的维持。丁海峰如果对被诉处罚决定和4号《不予受理复议申请决定》有异议，可以按照《行政诉讼法》的规定，分别向人民法院提起行政诉讼。故丁海峰不存在市国税局稽查局所主张的向行政复议机关提起行政复议后，又向人民法院提起行政诉讼，不符合行政诉讼受理条件的情形。

针对被诉处罚决定是否合法的问题。本院认为，《民法通则》第三十六条第二款规定，法人的民事权利能力和民事行为能力，从法人成立时产生，到法人终止时消灭。《中华人民共和国公司登记管理条例》第三条第一款规定，公司经公司登记机关依法登记，领取《企业法人营业执照》，方取得企业法人资格。第四十四条规定，经公司登记机关注销登记，公司终止。《行政处罚法》第三条规定，公民、法人或者其他组织违反行政管理秩序的行为，应当给予行政处罚的，依照本法由法律、法规或者规章规定，并由行政机关依照本法规定的程序实施。没有法定依据或者不遵守法定程序的，行政处罚无效。本案中，十三维公司已于2012年5月16日经公司登记机关注销登记，其企业法人资格彻底消灭，作为责任承担主体的法律地位已不存在，其不应再作为行政处罚的被处罚对象。故被诉处罚决定将十三维公司列为被处罚对象，属于缺乏相应的事实和证据支持，应当予以撤销。

在上面的案例中，北京市第二中级人民法院《丁海峰与国家税务总局北京市税务局稽查局税务行政处罚再审行政裁定书》[（2018）京02行再3号]中曾有税务机关认为有理由的说法：

市国税局稽查局辩称：一、丁海峰不具有行政诉讼法规定的原告主体资格，其以自己名义提起的行政诉讼主体不适格。

依据《中华人民共和国行政诉讼法》第二十五条的规定，丁海峰不是行政行为的相对人。丁海峰据以提出行政诉讼的JW2号《处罚决定书》，是市国税局稽查局对十三维公司作出的具体行政行为，该具体行政行为并未对丁海峰设定任何义务，不存在市国税局稽查局对丁海峰作出任何具体行政行为的事实。

丁海峰也不是与上述行政行为有利害关系的公民。行政诉讼法规定的与行政行为有利害关系,是指该行政行为直接剥夺、限制了第三人的权利或者直接赋予其义务,本案中,市国税局稽查局查处的纳税人是十三维公司,被诉的 JW2 号《处罚决定书》对该公司设定了缴纳罚款的义务,这一义务并不溯及丁海峰,即使十三维公司不履行此项义务,税务机关也不能向丁海峰追缴罚款。

根据《中华人民共和国税收征收管理法》第五十七条"税务机关依法进行税务检查时,有权向有关单位和个人调查纳税人、扣缴义务人和其他当事人与纳税或者代扣代缴、代收代缴税款有关的情况,有关单位和个人有义务向税务机关如实提供有关资料及证明材料"的规定,丁海峰仅是作为该公司的原法定代表人履行配合税务机关对该公司查处的义务,市国税局稽查局从未对丁海峰设定任何实质性的义务。至于丁海峰诉称其实际缴纳了罚款,这一行为不能也没有改变处罚决定的相对人,这一行为也不属于法律意义上的利害关系。需要看到的是,丁海峰以十三维公司的名义缴纳罚款的动机,系十三维公司的行为已经涉嫌构成逃税罪,丁海峰作为犯罪嫌疑人,为满足刑法修正案(七)"免于追究刑事责任"的条件而为,并非市国税局稽查局作出的行政行为直接导致的结果。该情形不符合最高人民法院关于适用《中华人民共和国行政诉讼法》的解释第十二条规定的任何一种情形,不属于行政诉讼法第二十五条第一款规定的"与行政行为有利害关系"的情形。

二、关于丁海峰所诉"主体已经灭失的情况下,市国税局稽查局作出的处罚决定自始无效"问题。

根据我国宪法规定,依法纳税是所有单位和个人的法定义务;根据国家税收"强制性、无偿性、固定性"的性质,企业不能以办理注销手续的手段逃避缴纳税款,因此不能由于企业办理了注销手续而免除纳税义务;根据《中华人民共和国税收征收管理法》第五十二条第三款"对偷税、抗税、骗税的,税务机关追征其未缴或者少缴的税款、滞纳金或者所骗取的税款,不受前款规定期限的限制"的规定,对偷税造成的未缴、少缴税款无期限追征;根据最高人民法院《关于审理偷税抗税刑事案件具体应用法律若干问题的解释》对"经税务机关通知申报"的解释是,具有下列情形之一的,应当认定为刑法第二百零一条第一款规定的"经税务机关通知申报":(一)纳税人、扣缴义务人已经依法办理税务登记或者扣缴税款登记的;(二)依法不需要办理税务登记的纳税人,经税务机关依法书面通知其申报的;(三)尚未依法办理税务登记、扣缴税款登记的纳税人、扣缴义务人,经税务机关依法书面通知其申报的。据此,没有办理税务登记的纳税人产生纳税义务,税务机关同样有权对其征收税款。

本案中,十三维公司取得应税收入,应当依法申报纳税,但其采取在在账簿上不列、少列收入,进行虚假纳税申报的手段,不缴、少缴税款已经构成偷税,税务机关有权追缴其不缴、少缴的税款,对其作出行政处罚,并依法向公安机关移送。

综上所述,不同意丁海峰再审请求,请法院依法作出裁决。

本院再审认为,根据本案查明的事实,根据《中华人民共和国行政诉讼法》第二十五条规定，行政行为的相对人以及其他与行政行为有利害关系的公民、法人或者其他组织，有权提起诉讼。本案中，十三维公司已经于2012年注销，其作为责任承担主体的法律地位已不存在，丁海峰作为原公司唯一的股东是该行政行为的利害关系人，具有对JW2号《处罚决定书》提起诉讼的权利。依照最高人民法院关于适用《中华人民共和国行政诉讼法》的解释第一百一十九条、第一百二十三条第（三）项之规定，裁定如下：

一、撤销本院（2016）京02行终1298号行政裁定及北京市西城区人民法院（2016）京0102行初154号行政裁定；

二、指令北京市西城区人民法院对本案进行审理。

从我们的观察看，各地类似的判例，也有认为属于偷税情形补交税款的。不过我们要知道，如果是公司，则股东承担有限责任，其补税金额以分得的财产为限，但是如果是合伙企业、个人独资企业、个体工商户，则相关出资个人要承担无限责任（有限合伙人承担有限责任）。对于投资人来讲，并不宜拿着上面的样本案例来认为没有责任、没有风险了，对于在注销前运营期间产生的税收违法行为，仍很有可能向其股东追缴税款的。如内蒙古自治区土默特右旗人民法院《王静逃税罪一审刑事判决书》[（2018）内0221刑初40号]① 中有这样的判断：

本院认为，2011年至2013年雷中分公司在被告人王静作为实际控制人经营期间，对销售的无烟煤采取不申报或少申报的方式偷逃应纳税款的事实清楚，证据确实、充分，该行为符合《中华人民共和国刑法》第二百零一条第一款逃税罪的构成要件。虽庭审中被告人王静及辩护人以本案属单位犯罪，雷中分公司已于2012年12月13日注销，依法注销可认定雷中分公司已进行清算纳税不存在逃税的事实，被告人王静不构成犯罪进行抗辩，但庭审查明雷中分公司偷逃税款后至今未足额补缴税款的事实被告人王静本人也是自认的。虽2012年12月13日分公司办理了注销手续，但税务机关缴税系统仍显示分公司为正常户，税务机关在此情况下向被告人王静送达了税务处罚决定书和税务处理决定书程序合法，然被告人王静并没有在规定期限内将应纳税款予以补缴。不能仅因分公司已注销的状态就否定分公司负责人应履行缴纳税款的法定义务。根据《最高人民检察院关于涉嫌犯罪单位被撤销、注销、吊销营业执照或者宣告破产的应如何进行追诉问题的批复》可知，对注销的分公司虽不再追究刑事责任，但对直接负责的主管人员和直接责任人员仍应追究刑事责任。被告人王静在经营期间逃避缴纳税款数额巨大且占应纳税额百分之三十以上，现公诉机关指控犯罪事实清楚，证据确实、充分，本院对公诉机关指控被告人王静构成逃税罪的犯罪罪名及事实予以认定。

---

① 包头市中级人民法院在《王静逃税罪二审刑事裁定书》[（2018）内02刑终235号]对此维持原判。

如之前地方性的文件有《浙江省国家税务局关于对已注销纳税主体被发现注销前有偷税行为处理意见的批复》（浙国税法〔1999〕75号）[①] 曾提出这样的批复意见：

萧山市国家税务局：

你局《关于已注销的纳税主体被发现注销前有偷税行为如何处理的请示》（萧国税法〔1999〕154号）悉。经研究，批复如下：

偷税是纳税主体采用各种非法手段违反国家税收法律法规的规定，不缴或少缴应纳税款的一种违法行为。依照国家法律法规的规定，实施偷税行为的纳税主体应承担偷税的法律责任，包括补缴税款、行政处罚直至刑事责任。

纳税主体的注销是指纳税主体已终止，在社会中消失而不再存在。现实经济生活中，纳税主体会因各种原因而终止，如破产、被撤销等。税收是国家财政收入的主要来源和国家机器正常运转的物质保障，不允许任何人侵占，所有纳税主体均应依照国家税法的规定缴纳税款，对于纳税主体在终止前偷逃的国家税款，税务机关有依法追缴入库的义务。对纳税主体终止前可能存在的偷税行为应考虑纳税主体本身的多样性及终止原因的复杂性，区分不同情况予以处理。

一、补缴税款（经济责任）

1. 原纳税主体为个人的，个人死亡后有遗产的，以其遗产承担补缴税款的经济责任。

2. 原纳税主体为个体工商户、合伙企业、个人独资企业的，依照民法通则、合伙企业法、私营企业法的规定，从事经营的个体工商户个人、合伙企业的合伙人、独资企业的投资者对其偷税行为承担无限经济责任。

3. 原纳税主体为企业法人的，原则上以企业法人自有资产承担其偷税的经济责任。但企业的终止有下列情况的，开办该企业的单位与终止的企业共同承担补税的经济责任：

（1）终止的企业是由党政机关、事业单位开办的，该企业因偷税而应补缴税款的经济责任由企业与直接批准的业务主管部门共同承担；

（2）终止的企业是由企业开办的公司（无论该公司是否具有独立的法人资格）或者是不具备独立法人资格的分支机构，其因偷税而应补缴税款的经济责任由开办该公司或分支机构的企业共同承担。

4. 企业如果发生合并、分立，其因偷税而应补缴的税款由变更后的企业承担。

二、行政处罚（行政责任）

行政责任是指因违反税收行政法律法规定应承担的行政法律责任，主要指行政处罚。根据谁违法谁负责任的原则，原纳税主体的违法行为，只能由其自己承担行政处罚的责任，其他任何单位或个人都无义务承担。

[①] 本批复意见供参照，当前是否有效需要进一步确认。

三、刑事责任

纳税主体在其终止前的偷税行为已构成犯罪,且仍在刑法规定的追诉期内的,对其直接负责的主管人员和其他直接责任人员应移送司法机关追究刑事责任。

还有一个比较知名的案例,也是涉及注销企业追税的情形,山西省高级人民法院《长治市国家税务局稽查局与李珍花、长治市国家税务局行政复议再审审查与审判监督行政裁定书》〔(2017)晋行申379号〕,我们进行摘录,供大家参照:

再审申请人(一审被告、二审上诉人)长治市国家税务局稽查局,地址长治市城西北路39号。

法定代表人宋满堂,局长。

委托代理人肖文奇,该局副局长,特别授权。

再审被申请人(一审原告、二审被上诉人)李珍花,女,回族,1954年1月2日出生,住山西省壶关县。

一审被告、二审被上诉人长治市国家税务局,地址长治市城西北路39号。

法定代表人李军,局长。

委托代理人肖文奇,该局第一稽查局副局长,特别授权。

再审申请人长治市国家税务局稽查局因李珍花诉长治市国家税务局稽查局(下称市稽查局)和长治市国家税务局(市国税局)税务行政处理及行政复议一案,不服山西省长治市中级人民法院(2016)晋04行终163号行政判决,市国税局不服向本院申请再审。本院受理后依法进行了审理。现已审理终结。

一、二审查明,2015年5月11日,市稽查局决定对壶关县帮运加油二站涉嫌偷税问题进行立案调查,并于次日向壶关县帮运加油二站送达税务检查通知书。后经调查取证,市稽查局认为壶关县帮运加油二站在2013年1月至2014年11月采用购销不入账的手段,销售柴油761 490升,按照2014年11月销售价格,确定该加油站少申报销售额4 166 340.24元,应补缴增值税708 277.84元,于2015年12月29日作出长国税稽处〔2015〕66号税务处理决定,决定追缴增值税708 277.84元;作出长国税稽罚〔2015〕62号税务行政处罚决定,决定对所偷税款708 277.84元处百分之五十罚款,计354 138.92元,并于同日进行送达。在履行了上述决定确定的义务后,壶关县帮运加油二站向市国税局提出行政复议。市国税局经复议审查,于2016年4月21日作出长国税复决字〔2016〕1号行政复议决定,维持了市稽查局作出的上述税务处理决定及税务行政处罚决定。李珍花不服,遂提起行政诉讼。

另查明,壶关县帮运加油二站系个人独资企业,投资人是李珍花,该加油站成立于2007年12月13日,于2015年8月13日注销。

一审认为,《中华人民共和国个人独资企业法》第二条规定,个人独资企业,是指依照本法在中国境内设立，由一个自然人投资，财产为投资人所有，投资人以其个人财产对企业债务承担无限责任的经营实体。第二十九条规定，企业债务包括所欠职工工资和社会保险费用、税款及其他债务。具体到本案，李珍花作为壶关县帮运加油二站的投资人，应当以其个人所有财产对企业存续期间所欠税款承担无限连带责任。《个人独资企业登记管理办法》第二十一条规定，经登记机关注销登记，个人独资企业终止。本案中，市稽查局于2015年12月29日针对壶关县帮运加油二站作出税务行政处理决定，但该加油站已于2015年8月13日被工商登记机关注销登记，依据上述法律规定，李珍花应当对壶关县帮运加油二站存续期间的税务问题承担法律责任。在壶关县帮运加油二站注销登记后，市稽查局仍认定该站为处理对象，系认定责任主体错误，依法应予撤销；市国税局在行政复议程序中未予纠正亦属错误，复议决定依法也应予以撤销。依据《中华人民共和国行政诉讼法》第七十条第（一）项之规定，判决：一、撤销长治市国家税务局稽查局于2015年12月29日作出的长国税稽处〔2015〕66号税务处理决定；二、撤销长治市国家税务局于2016年4月21日作出的长国税复决字〔2016〕1号行政复议决定中维持上述税务处理决定的部分；三、长治市国家税务局稽查局于判决生效后重新作出处理决定。

二审认为，市稽查局对壶关县帮运加油二站作出行政处理决定的时间为2015年12月29日，该加油站注销时间为2015年8月13日。根据相关法律规定，企业成立于颁发营业执照之日，消灭于注销营业执照之日，从注销之日起，该站已失去权利和行为能力，在该站已注销的情况下，市稽查局仍以被注销企业为主体作出行政处理决定，于法无据。李珍花系该站的投资人，其应以其个人财产对该站的有关债务承担清偿责任。至于注销行为合法与否不属本案审查范围。一审法院认定市稽查局认定责任主体错误，符合法律规定。市国税局维持市稽查局错误的行政处理决定，亦应予撤销。一审判决认定事实清楚，适用法律正确。故判决：驳回上诉，维持原判。

市稽查局申请再审称，（一）壶关县帮运加油二站在办理工商注销登记之前未办理税务注销登记，违反了《中华人民共和国税收征收管理法》十六条及《中华人民共和国税收征收管理法实施细则》第十五条的相关规定，工商注销登记行为违法。（二）壶关县帮运加油二站在办理工商注销登记之前因涉嫌偷税行为，申请人已对其立案调查。其在办理工商注销登记时提交的清算报告内容不实，存在骗取工商注销登记的问题。既然工商注销登记属违法行为，那么申请人以注销登记之前的主体作出处罚决定并无不妥。（三）根据《税务登记管理办法》第十条规定，未办理工商营业执照，也应办理税务登记。税务登记未注销，税务机关仍应行使管理权。故申请人对壶关县帮运加油二站作出处罚，主体正确，应予维持。综上，原判认定事实错误，结果不当，请求依法对本案提起再审，撤销原判，维持申请人作出的税务行政处罚决定。

本院另查明，二审判决作出后，市稽查局已经以与被诉行政行为相同的事实、理由，对李珍花作出处理决定。李珍花不服该处理决定，向市国税局申请复议，市国税局尚未作出复议决定。

本院认为，本案的核心争议是被诉处理决定是否存在处理主体错误的问题。市稽查局于2015年5月11日决定对壶关县帮运加油二站涉嫌偷税问题进行立案调查，于2015年12月29日作出税务行政处理决定。在此期间，该加油站于2015年8月13日被工商登记机关注销登记。注销登记后企业法人资格彻底消灭，不能再以企业名义从事任何生产经营活动或承担任何债权债务。故市稽查局对已注销登记的壶关县帮运加油二站作出处理决定缺乏事实依据和法律依据，原判据此撤销被诉行政处理决定并无不妥。再审申请人认为，工商注销登记前没有依法先行注销税务登记，且办理工商注销登记时提交的清算报告内容不实，存在骗取工商注销登记的问题。本院认为，工商注销登记不属于本案审查范围，再审申请人以工商注销登记行为违法为由要求对本案提起再审，理由不能成立。

需要说明的是，从现有证据看，市稽查局在作出处罚决定之前，并不知道壶关县帮运加油二站已被工商行政机关注销登记，在此情况下，市稽查局针对壶关县帮运加油二站作出处理决定并无过错。虽然人民法院根据有错必纠的原则，判决撤销被诉行政行为，但该结果并非市稽查局过错造成，本院对此予以说明。

综上，长治市国家税务局稽查局的再审申请不符合《中华人民共和国行政诉讼法》第九十一条规定的情形。依照《中华人民共和国行政诉讼法》第一百零一条、《中华人民共和国民事诉讼法》第二百零四条第一款之规定，裁定如下：

驳回再审申请人长治市国家税务局稽查局的再审申请。

审判长　魏佩芬
审判员　程彦斌
审判员　郑　宏
二〇一七年十二月二十日
书记员　武　蕾

5.9.4　有限责任公司变更为合伙企业的处理

在最近几年的地区招商政策中，时有这样的宣传政策——将有限公司进行迁移落地后直接变更为有限合伙企业的方式。这种行为我们该如何理解，及如何判断其中的风险呢？

我们先看看某地工商部门前几年发布的一个指导意见：

一、变更登记遵循的原则和条件。变更登记应当遵循依法登记的原则和保护债权人利益的原则。有限责任公司（不含自然人一人公司或国有独资公司）变更为合伙企业应当具备以下条件：

（一）公司债权人对公司变更为合伙企业未提出异议；

（二）公司设立2年以上，公司全体股东已按照章程规定或股东会议决定足额缴纳全部出资；

（三）国有股东成为合伙企业合伙人已获得国有资产监管部门的批准；外商投资公司变更为外商投资合伙企业已获得商务部门的批准；

（四）合伙人在2人以上、50人以下，必须有一个以上普通合伙人；

（五）符合合伙企业设立登记的其他条件。

二、申请变更登记的有关文件材料。有限责任公司申请变更为合伙企业时，应向合伙企业登记机关提交以下文件材料：

（一）全体合伙人签署的设立登记申请书；

（二）公司股东会或中外合资、中外合作公司董事会关于公司变更为合伙企业的决议（国有控股公司或者国有股权持有人变更为合伙人的，还应提交国有资产监督管理部门的批准文件）；

（三）全体合伙人签署的关于承继原公司债权债务的承诺书；

（四）公司变更企业类型的公告；

（五）全体合伙人的身份证明及合伙企业设立登记应当提交的其他申请材料；

（六）商务部门批准外商投资公司变更为外商投资合伙企业的批复文件（内资企业无须提交）；

（七）公司营业执照正副本。

变更企业类型公告应当载明变更企业类型的决议日期、国有资产监督管理部门的批准文件、关于合伙企业承继原公司债权债务的承诺以及其他事项。

三、变更登记的程序。公司债权人对变更企业类型无异议的，公司自变更企业类型公告发布之日起45日后，向住所所在地的登记机关申请变更登记。

登记机关审查认为提交的申请材料和程序符合本意见的有关规定和合伙企业登记条件的，予以受理并依法核准变更登记，换发营业执照。

合伙企业变更登记涉及登记机关迁移变更的，原公司登记机关应当自合伙企业登记机关同意公司迁移之日起15日内，向合伙企业登记机关移交公司登记档案。

四、企业提交虚假证明材料或者采取其他欺诈手段隐瞒重要事实取得登记的，登记机关依照有关法律法规予以查处；情节严重的，撤销变更登记或者吊销营业执照。

笔者理解，从有限责任公司到合伙企业，其间变化的是投资人的身份，还有投资人的资产投入认定，这并非是变更的一种常规方式，而是一种"视为注销"再"成立"合伙企业的过程。从有限公司消失的角度，在税收上只能是按照清算处理，再进行投资，其实中间少了一个股东计税的环节。对于这种情形如何进行规范，建议相关部门进行关注。

5.10　个人创业投资加计抵扣优惠政策的适用

在分析了个人各种所得的计量规则之后，我们来看看最近几年国家为鼓励特定行业的投资，给予了个人投资者以投资额可以抵减投资收益后来计税的优惠政策。关于此项政策，个人投资者关注一下，现实当中说一定可以使用上。

依照《财政部 国家税务总局关于创业投资企业和天使投资个人有关税收政策的通知》（财税〔2018〕55号）规定：

表 5-25

政策	规　　定
有限合伙制创业投资企业	采取股权投资方式直接投资于初创科技型企业满2年的，该合伙创投企业的合伙人分别按以下方式处理： 1. 法人合伙人可以按照对初创科技型企业投资额的70%抵扣法人合伙人从合伙创投企业分得的所得；当年不足抵扣的，可以在以后纳税年度结转抵扣。 2. 个人合伙人可以按照对初创科技型企业投资额的70%抵扣个人合伙人从合伙创投企业分得的经营所得；当年不足抵扣的，可以在以后纳税年度结转抵扣。
天使投资个人	采取股权投资方式直接投资于初创科技型企业满2年的，可以按照投资额的70%抵扣转让该初创科技型企业股权取得的应纳税所得额；当期不足抵扣的，可以在以后取得转让该初创科技型企业股权的应纳税所得额时结转抵扣。 天使投资个人投资多个初创科技型企业的，对其中办理注销清算的初创科技型企业，天使投资个人对其投资额的70%尚未抵扣完的，可自注销清算之日起36个月内抵扣天使投资个人转让其他初创科技型企业股权取得的应纳税所得额。
初创科技型企业	同时符合以下条件： 1. 在中国境内（不包括港、澳、台地区）注册成立、实行查账征收的居民企业； 2. 接受投资时，从业人数不超过200人，其中具有大学本科以上学历的从业人数不低于30%；资产总额和年销售收入均不超过3 000万元； 3. 接受投资时设立时间不超过5年（60个月）； 4. 接受投资时以及接受投资后2年内未在境内外证券交易所上市； 5. 接受投资当年及下一纳税年度，研发费用总额占成本费用支出的比例不低于20%。
创业投资企业	同时符合以下条件： 1. 在中国境内（不含港、澳、台地区）注册成立、实行查账征收的居民企业或合伙创投企业，且不属于被投资初创科技型企业的发起人； 2. 符合《创业投资企业管理暂行办法》（发展改革委等10部门令第39号）规定或者《私募投资基金监督管理暂行办法》（证监会令第105号）关于创业投资基金的特别规定，按照上述规定完成备案且规范运作； 3. 投资后2年内，创业投资企业及其关联方持有被投资初创科技型企业的股权比例合计应低于50%。

续表

政策	规定
天使投资个人的限制条件	同时符合以下条件： 1. 不属于被投资初创科技型企业的发起人、雇员或其亲属（包括配偶、父母、子女、祖父母、外祖父母、孙子女、外孙子女、兄弟姐妹，下同），且与被投资初创科技型企业不存在劳务派遣等关系； 2. 投资后2年内，本人及其亲属持有被投资初创科技型企业股权比例合计应低于50%。
投资方式	享受本通知规定的税收政策的投资，仅限于通过向被投资初创科技型企业直接支付现金方式取得的股权投资，不包括受让其他股东的存量股权。

在执行上面的政策时，比如天使投资个人，说明要"不属于被投资初创科技型企业的发起人"，所以在此方面的投资时，需要关注有所规避才行。

5.11　本章小结

本章主要结合了日常业务当中发生的一些资本方面的事项，对于这些事项，在如何适用税收规则上进行了分析。对于笔者接触的一些案例、地方税务机关的一些执行口径、一些法院的判例等，其中既有我们引以为戒的前车之鉴，同时也给了我们利用的空间及相应的技术处理参照。在既定的目标下，对于税负利益的考虑，有时会决定一个交易是否成行，有时会涉及与税务机关产生的争议，也会影响到与交易对手的合作是否能达到预期。

在有的时候，如果我们提前考虑得不够充分，比如合同约定不清引起的利益之争，这方面的判例会有较大的帮助。再如我们在交易方式上，什么时候交割、什么时候付款、是转让股权还是非货币性出资后减资等，在资产交易与股权交易之间的转换上，都给予了市场充分可选择的条件。笔者最近接触到山东某地一家企业，拟将不动产转让给某个人，转让价拟定1 000万元，当初取得的成本约100万元。大家可以看一下，对于土地增值税的计缴，就算有发票加成或者是建筑物的重置成本评估，算下来税负也是很高的，有数百万元的额度时，估计这个交易就很难达成了；而如果采取分立后股权转让的方式，则存在着分立中公司法律责任的延续存在及税务机关认可度方面的问题，需要结合业务充分地进行安排才行，并不是税收规则下书面资料的准备就能"万事大吉"。

最近几年来，中国家族企业对丁信托的需求越来越大，在不断地认识与接受中，"一代"创业者基本上到了快交班的时候了，不过由于"二代"们的价值观与爱好可能并不是子承父业，对于早些年通过海外架构境外上市的企业家们，往往开始就搭建了信托架构，进行了财富的风险隔离与传承安排，而相较于国外对于信托的理解与规则的普遍操作，我们国家的信托法及相应的配套规则还不完善，在传统税收规则的视角下，转移即视为转让，实施中的税负成本阻碍了信托资产的多元化实施。对于中国税收居民将游离于境外的资产进行信托交付管理，随着新个税法的实施，也将面临着一系列的风险。据笔者观察，对于一些"小岛国家或地区"的移民似乎挺流行，或许是基于某种目的或利益驱动下的安排，这极可能也会引起外汇、财税部门的关注。至于某些信托机构宣传的成功进行了国内的房产或股票（权）税收筹划的安排，完成了信托的托管，这种突破的间隙，有一定属地性解决协调因素，毕竟在正常的规则下，很难找到明确的支持，或许存在一些变通的路径或者"不能说出来"的操作方式。比如笔者了解对于股权收益权的信托，虽然看似不完整，也是一个解决信托业务"半成品"的尝试吧。未来资本的业务，很多将会涉及家族财产的安排，其转移、分配的问题，对于高净值人士的税务监控，或许已开始布局。

当下，海南自由贸易港开启了中国地区经济的新试验，其企业所得税，个人所得税，海外投资等均出现了较大的政策优惠，真实有效地利用好这一投资机会，可能很多企业家非常感兴趣，不过凡事切忌跟风，需要研究与布局相结合，利益与风险同步考虑来实施。

笔者发现，企业的掌门人，对于家族财富的管理，对于职业经理人的引入与管理架构的尝试与打造，一方面是"小家"的事，另一方面还涉及国家的宏观环境，对于经营业务风险的接受度。最后，放眼全球，中国企业家的视野与投资方向，已在世界格局中占有一席之地，但是相较于日本、韩国的家族企业，中国企业家的"走出去"，还面临着艰难的环境，需要不断地尝试，更需要持续地努力。

6 资本个税处理中的法律风险

前面的章节分析了各种各样的个人可能涉及的税项问题,其中以个人所得税为主,辅之其他税种,还有零星涉及《公司法》《刑法》等相关的规定与案例。在本章中,笔者进一步结合自己关注的案例与理解,从税务的角度来看看一些案例可能涉及的税务风险,及一些其他的法律违规风险。当然,现实当中,如果需要专业的支持,还需要更为专业的律师伙伴进一步探讨。

下面提到的案例,仅作为一种参照,不代表所有的案例都会是一样的结果,在实践当中,涉税案例的争议,存在着很大的不确定性,法官对于涉税事项的理解、判断,随着接触案例的增多和对于最高人民法院相关判例的借鉴,正在慢慢成熟。但是对于某些类似事项却出现不同结果的判决,很容易引起一些争议,我们的期待是:一方面,通过法的检验,促进税法和税务执法不断完善;另一方面,给予纳税人更多的正当权利维护,也给予偷税行为更精确的打击,这需要法官、税务机关与纳税人,在不断的磨合中,让规则更清晰,让行为更合规。

6.1 偷税认定被驳回的判例让我们进一步理解未申报与虚假申报的差异

《税收征收管理法》中仍称为偷税,《刑法》中称为逃避缴纳税款罪,这是纳税人与税务稽查部门经常遇到的涉税违规的重大事情。下面这个案例,从未申报的角度来解读了"未进行虚假申报"的适用条款,避开了偷税的认定。

江苏省无锡市中级人民法院《周诚超与国家税务总局宜兴市税务局二审行政判决书》[(2019)苏02行终18号]中提到:

原审法院认定的事实：2018年3月，周诚超向宜兴税务局署名举报了宜兴市青龙水泥有限责任公司原股东卢某某于2008年4月将公司股权转让给李某某、周某、卢某等，认为股权转让价格偏低，有涉税违法嫌疑，请求宜兴税务局依法查处。2018年4月28日，宜兴税务局作出《告知书》书面告知周诚超，周诚超举报所称宜兴市青龙水泥有限责任公司原股东卢某某于2008年4月将个人股权转让给李某某、周某、卢某未申报个人所得税的行为不属于偷税。根据《税收征收管理法》第五十二条以及《国税总局批复》规定，因卢某某股权转让涉及的个人所得税已超过法定税款追征期而不予追征。周诚超不服宜兴税务局作出《告知书》的行政行为，遂提起行政诉讼。

……

本院认为：《中华人民共和国税收征收管理法》第五十二条规定，因税务机关的责任，致使纳税人、扣缴义务人未缴或者少缴税款的，税务机关在三年内可以要求纳税人、扣缴义务人补缴税款，但是不得加收滞纳金。因纳税人、扣缴义务人计算错误等失误，未缴或者少缴税款的，税务机关在三年内可以追征税款、滞纳金；有特殊情况的，追征期可以延长到五年。对偷税、抗税、骗税的，税务机关追征其未缴或者少缴的税款、滞纳金或者所骗取的税款，不受前款规定期限的限制。《国家税务总局关于未申报税款追缴期限问题的批复》（国税函〔2009〕326号）规定，纳税人不进行纳税申报造成不缴或少缴应纳税款的情形不属于偷税、抗税、骗税，其追征期一般为三年，特殊情况可以延长至五年。本案中，相关证据证明周诚超所举报卢某某于2008年4月将个人股权转让的行为属于卢某未申报个人所得税的行为但不属于偷税。宜兴税务局认为卢某的行为已经超过"不进行纳税申报"涉税行为的最长追征期限有相关依据支持。

因此，原审法院判决驳回周诚超的诉讼请求，结论正确。周诚超的上诉理由不能成立，对其上诉请求，本院不予支持。据此，依照《中华人民共和国行政诉讼法》第八十九条第一款第（一）项的规定，判决如下：

驳回上诉，维持原判。

尽管在这个判例当中，我们从普通人的角度认为，这是纳税人"得了不该得的便宜"，是不道德的行为。首先法院这么判定，有其分析逻辑，即纳税人没有进行纳税申报，如果认为其偷税行为发生，就要依据征管法的规定说明其进行了虚假申报，而在国税函〔2009〕326号文件①当中，认为不进行纳税申报不属于偷税行为。笔者接触到有的稽查人士认为，国家税务总局的意见不利于其稽查执法，似乎缩小解释了偷税的认定范围。但从另一个角度来看，由于这个文件不仅仅是批复，而是抄送了各地税务机关，有普遍的适用性。也有的律师认为，偷税是结论判断，至于是不是主观故意不重要，就要是不是形成了少交税的结果。笔者认为，这是对于纳税人权利的剥夺，一定程度上，在偷税认定上，纳税人处于弱势的一方，希望征管法修订之时，既能与《刑法》做好衔接，又能在执法规则的判断上，不要产生过多的主观因素影响决定。注意，这是之前的税法现状及案例适用，不代表新个税法下的适用，我们并不是支持投资者不去申报以获得"税收利益"，毕竟是个案，而且在结果上似乎也是比较侥幸的。无论是税务机关还是纳税人，站在极端的角度上看待偷税的认定，都是不合适的，比如若认为纳税人在不懂税的情形下少缴了税，判定为偷税是不是有一些不尽合理。

下面的这个文件比较重要，《最高人民法院关于审理偷税抗税刑事案件具体应用法律若干问题的解释》（法释〔2002〕33号）：

（2002年11月4日最高人民法院审判委员会第1254次会议通过 2002年11月7日最高人民法院文件法释〔2002〕33号发布 自2002年11月7日起施行）

为依法惩处偷税、抗税犯罪活动，根据刑法的有关规定，现就审理偷税、抗税刑事案件具体应用法律的若干问题解释如下：

第一条 纳税人实施下列行为之一，不缴或者少缴应纳税款，偷税数额占应纳税额的百分之十以上且偷税数额在一万元以上的，依照刑法第二百零一条第一款的规定定罪处罚：

（一）伪造、变造、隐匿、擅自销毁账簿、记账凭证；

（二）在账簿上多列支出或者不列、少列收入；

（三）经税务机关通知申报而拒不申报纳税；

---

① **国家税务总局关于未申报税款追缴期限问题的批复**
国税函〔2009〕326号

新疆维吾尔自治区地方税务局：

你局《关于明确未申报税款追缴期限的请示》（新地税发〔2009〕156号）收悉。经研究，批复如下：

税收征管法第五十二条规定：对偷税、抗税、骗税的，税务机关可以无限期追征其未缴或者少缴的税款、滞纳金或者所骗取的税款。税收征管法第六十四条第二款规定的纳税人不进行纳税申报造成不缴或少缴应纳税款的情形不属于偷税、抗税、骗税，其追征期按照税收征管法第五十二条规定的精神，一般为三年，特殊情况可以延长至五年。

国家税务总局
二〇〇九年六月十五日

抄送：各省、自治区、直辖市和计划单列市国家税务局、地方税务局。

（四）进行虚假纳税申报；

（五）缴纳税款后，以假报出口或者其他欺骗手段，骗取所缴纳的税款。

扣缴义务人实施前款行为之一，不缴或者少缴已扣、已收税款，数额在一万元以上且占应缴税额百分之十以上的，依照刑法第二百零一条第一款的规定定罪处罚。扣缴义务人书面承诺代纳税人支付税款的，应当认定扣缴义务人"已扣、已收税款"。

实施本条第一款、第二款规定的行为，偷税数额在五万元以下，纳税人或者扣缴义务人在公安机关立案侦查以前已经足额补缴应纳税款和滞纳金，犯罪情节轻微，不需要判处刑罚的，可以免予刑事处罚。

第二条　纳税人伪造、变造、隐匿、擅自销毁用于记账的发票等原始凭证的行为，应当认定为刑法第二百零一条第一款规定的伪造、变造、隐匿、擅自销毁记账凭证的行为。

具有下列情形之一的，应当认定为刑法第二百零一条第一款规定的"经税务机关通知申报"：

（一）纳税人、扣缴义务人已经依法办理税务登记或者扣缴税款登记的；

（二）依法不需要办理税务登记的纳税人，经税务机关依法书面通知其申报的；

（三）尚未依法办理税务登记、扣缴税款登记的纳税人、扣缴义务人，经税务机关依法书面通知其申报的。

刑法第二百零一条第一款规定的"虚假的纳税申报"，是指纳税人或者扣缴义务人向税务机关报送虚假的纳税申报表、财务报表、代扣代缴、代收代缴税款报告表或者其他纳税申报资料，如提供虚假申请，编造减税、免税、抵税、先征收后退还税款等虚假资料等。

刑法第二百零一条第三款规定的"未经处理"，是指纳税人或者扣缴义务人在五年内多次实施偷税行为，但每次偷税数额均未达到刑法第二百零一条规定的构成犯罪的数额标准，且未受行政处罚的情形。

纳税人、扣缴义务人因同一偷税犯罪行为受到行政处罚，又被移送起诉的，人民法院应当依法受理。依法定罪并判处罚金的，行政罚款折抵罚金。

第三条　偷税数额，是指在确定的纳税期间，不缴或者少缴各税种税款的总额。

偷税数额占应纳税额的百分比，是指一个纳税年度中的各税种偷税总额与该纳税年度应纳税总额的比例。不按纳税年度确定纳税期的其他纳税人，偷税数额占应纳税额的百分比，按照行为人最后一次偷税行为发生之日前一年中各税种偷税总额与该年纳税总额的比例确定。纳税义务存续期间不足一个纳税年度的，偷税数额占应纳税额的百分比，按照各税种偷税总额与实际发生纳税义务期间应当缴纳税款总额的比例确定。

偷税行为跨越若干个纳税年度，只要其中一个纳税年度的偷税数额及百分比达到刑法第二百零一条第一款规定的标准，即构成偷税罪。各纳税年度的偷税数额应当累计计算，偷税百分比应当按照最高的百分比确定。

第四条 两年内因偷税受过二次行政处罚，又偷税且数额在一万元以上的，应当以偷税罪定罪处罚。

第五条 实施抗税行为具有下列情形之一的，属于刑法第二百零二条规定的"情节严重"：

（一）聚众抗税的首要分子；

（二）抗税数额在十万元以上的；

（三）多次抗税的；

（四）故意伤害致人轻伤的；

（五）具有其他严重情节。

第六条 实施抗税行为致人重伤、死亡，构成故意伤害罪、故意杀人罪的，分别依照刑法第二百三十四条第二款、第二百三十二条的规定定罪处罚。

与纳税人或者扣缴义务人共同实施抗税行为的，以抗税罪的共犯依法处罚。

6.2 涉税筹划中可能发生的"非法倒卖土地罪"

《刑法》规定：

第二百二十八条【非法转让、倒卖土地使用权罪】以牟利为目的，违反土地管理法规，非法转让、倒卖土地使用权，情节严重的，处三年以下有期徒刑或者拘役，并处或者单处非法转让、倒卖土地使用权价额百分之五以上百分之二十以下罚金；情节特别严重的，处三年以上七年以下有期徒刑，并处非法转让、倒卖土地使用权价额百分之五以上百分之二十以下罚金。

比如在安徽省淮北市中级人民法院《刘龙博、孙燕诈骗、非法转让、倒卖土地使用权、虚假出资、抽逃出资、高利转贷、挪用资金二审刑事判决书》[（2016）皖06刑终195号]中摘录：

对刘龙博及其辩护人关于刘龙博转让股权的行为不构成犯罪的上诉理由及辩护意见，经查，刘龙博独资成立的龙某置业公司竞得国有土地使用权后，在未全部缴纳土地出让金及办理土地使用权证、未进行实质性投资开发的情形下，先后将全部股权转让给他人，而股权形式之下的主要资产就是涉案土地使用权，刘龙博以转让股权的形式，实施倒卖土地使用权的行为，而从中获利，其主观上具有牟利的目的，且情节严重，其行为符合非法倒卖土地使用权罪的犯罪构成要件，故对刘龙博及其辩护人关于刘龙博转让股权的行为不构成犯罪的上诉理由及辩护意见，本院不予采纳，原判对此认定罪名错误，本院予以纠正。

该案安徽省高级人民法院驳回申诉通知书中进一步明确：

经审查：关于非法倒卖土地使用权罪，刘龙博独资成立的龙威置业公司竞得国有土地使用权后，在未全部缴纳土地出让金及办理土地使用权证、未进行实质性投资开发的情形下，先后将全部股权转让给他人，该股权形式之下的主要资产就是涉案土地使用权，刘龙博以转让股权的形式，实施倒卖土地使用权的行为，从中获利，其主观上具有牟利的目的，且情节严重，其行为符合非法倒卖土地使用权罪的犯罪构成要件；关于挪用资金罪，经查，书证借条、易坤置业公司出具的刘龙博借款一览表及证明、银行交易记录及相关证人证言、刘龙博的供述，证明刘龙博作为易坤置业公司实际控股人，利用其在该公司管理日常事务的职务便利，多次挪用公司的钱款归个人使用的事实清楚，证据确实、充分。

那么对于现实当中存在的一些通过股权转让方式以达到间接转让不动产的行为，最为专业人士所关重，比如对于土地增值税的规避筹划。现实当中我们观察到有几个税务案例，穿透股权视为转让不动产要求计征土地增值税，特别是对于100%股权转让的情形，在财政收入不理想的地区，这种认定的想法可能更为突出，有时真遇到了，转让企业会特别难受。

最高人民法院《泉州紫星房地产开发有限公司与厦门京鼎体育文化发展有限公司股权转让纠纷二审民事判决书》[（2015）民二终字第433号]中对于合同效力有这样的判断：

关于案涉《浮华世家转让合同》的法律效力问题。从《浮华世家转让合同》第一条关于转让标的的约定内容看，包括了京鼎公司将其拟设立的全资子公司浮华世家100%股权转让给紫星公司，以及京鼎公司将其名下的案涉奥网城商业楼（三期）四层楼房与相应的土地使用权及其他权益一并转让给紫星公司两大部分内容。合同的其余条款包括转让价格、付款方式与时间、违约责任、保证、特别约定等等，均是围绕转让标的展开约定的。该合同内容确定了双方当事人的交易方式，即京鼎公司率先成立浮华世家，而后将奥网城商业楼（三期）的土地使用权和房屋所有权办理至浮华世家名下，最后再将浮华世家的全部股权转让给紫星公司。故《浮华世家转让合同》性质为股权转让，该合同内容及所确定的交易方式并不违反国家法律、行政法规的禁止性规定，不存在《合同法》第五十二条有关合同无效的规定情形，因此，原审判决认定

《浮华世家转让合同》属于股权转让合同性质且合法有效正确，本院予以维持。针对京鼎公司的上诉理由，本院认为，首先，2008年10月22日双方当事人签订《浮华世家转让合同》时，合同约定的浮华世家的确并未成立，但是早在同年6月6日，浮华世家已通过厦门市工商局的企业名称预先核准，之后只需双方当事人继续按法律法规要求进入设立程序、办理工商手续而已，在依约履行合同的前提下，浮华世家是能够依法成立并成为转让标的，而并非自始不存在或者客观不能履行。京鼎公司有关《浮华世家转让合同》的标的不存在因而合同无效的理由，缺乏法律依据，不能成立。

另外最高人民法院还有一个判例是认为尽管相关人员有刑事责任，但并不必然导致合同无效，《付学玲、沙沫迪等与周盈岐、营口恒岐房地产开发有限公司等股权转让纠纷二审民事判决书》[（2016）最高法民终222号]中有这样的说明：

此外，本院已经注意到，该《公司股权转让合同书》存在以股权转让为名收购公司土地的性质，且周盈岐因此合同的签订及履行而被另案刑事裁定【（2015）营刑二终字第00219号刑事裁定书】认定构成非法倒卖土地使用权罪，但对此本院认为，无论是否构成刑事犯罪，该合同效力亦不必然归于无效。本案中业已查明，沙建武欲通过控制恒岐公司的方式开发使用涉案土地，此行为属于商事交易中投资者对目标公司的投资行为，是基于股权转让而就相应的权利义务以及履行的方法进行的约定，既不改变目标公司本身亦未变动涉案土地使用权之主体，故不应纳入土地管理法律法规的审查范畴，而应依据《中华人民共和国公司法》中有关股权转让的规定对该协议进行审查。本院认为，在无效力性强制性规范对上述条款中的合同义务予以禁止的前提下，上述有关条款合法有效。

【案例】某房地产开发企业取得了一宗土地，投入到一半时，资金链断裂了，无法再投资下去，此时某房地产企业集团相中此土地，于是双方达成以收购股权方式达到取得土地的目的。当时取得的土地使用权出让金为3亿元，双方经评估后该土地使用权的价值为8亿元，于是作价8亿元收购股权。在这种情形下，被某地税务机关认为要征收土地增值税，按照5（8-3）亿元作为增值计缴。

分析：当前的税收征管若认定为征收土地增值税，那么购买方未来的土地成本亦应认为按8亿元确定，但由于这是转让方税务机关的认定处理，无法有效地传递，只能作为收购方的股权投资成本，在按照3亿元继续进行完最后的土地增值税清算后，作为投资收回可以冲减该投资成本。这种处理导致了土地增值税重复缴纳，存在逻辑上的问题，因为如果税务机关认为以股权方式转让土地要计缴土地增值税，就应解决土地成本的传递，加之土地增值税的缴纳往往远大于投资收益收回的25%的比例时，吃亏的往往是交易双方。笔者建议我们的税务机关不能只想着征税，而不考虑维护纳税人的"买单"权利。

除了被穿透征土地增值税之外，筹划的案例当中，我们切忌给企业老板带来非法转让、倒卖土地使用权的刑事责任，这比节约经济利益更为重要。笔者曾就此问题与律师一起探讨，认为可以在转让股份比例时，不转到100%，避免上述刑责的产生。其实我们可以想象一下，比如万达转让酒店的股权，会不会有税务人员认为是转让不动产要计征土地增值税呢？估计基本上不会这样认为，因为其有相应的业务在经营，有经营的品牌与经营的商业价值，这不是赤裸裸地转让不动产，征收土地增值税的基础并不充分，其合同效力也不存在障碍。笔者也发现有的律师伙伴整理了关于涉刑责的一些判例，标准理解不尽相同，因此具有不确定性的风险，这也是风险，万一有人举报，是不是很难受？不过笔者也发现，涉及此刑责的情形多为进行土地开发的房地产企业，或者是对于工业用地的变相转让行为，对于很多非房地产开发企业就其出让的土地进行开发形成的不动产，如果进行处置，可能是通过股权的方式进行转让，宜认为不足以形成上面的刑事违法。

最近几年涉及大型房地产企业兼并小型房地产企业股权的业务非常多，我们的财税人士要特别关注原来的出让金交纳、开发情形，和对转让的合理性、合规性的充分评估。

6.3 公司实际控制人犯虚开增值税专用发票罪

作为一个公司老板，为了公司的业务做好做大，估计都是操碎了心，但有时需要在合规与不合规之间做出平衡，有时做的越过了红线，就得不偿失了。当然，谁也不愿意虚开发票，有时是利益使然，有时可能是不懂法下的操作失误，如有的老板为了从挂靠单位取钱，就极可能虚开发票给自己的公司或直接给挂靠单位，此多属于知法犯法，有的企业是为了抵扣销项，利益驱动他"买"发票，还有的纯是为了少交企业所得税、个人所得税或土地增值税而进行虚开发票。

【案例】某建安公司投资人，因为自己的公司较小，有时不得不挂靠第三方公司进行承接业务，发票与收款、合同等均由其完成。虽然现在的增值税还是认为挂靠的业务且给出了纳税人的界定，但是对于个人如何从挂靠单位将所得的款项取出来（对方扣掉管理费）这才是大问题，涉及被挂靠企业的税前扣除以及个人所得税的问题。

分析：笔者观察，这种情形可能还挺多的，特别是在建筑、运输行业较为多见。

这种虚开其实真不值得,没有好好研究可以操作的方式。笔者听说比如有的地方有招商的政策,对于这种挂靠的建筑企业,默认其按照倒挤成本的方式进行解决,即成本是虚假的数据进行申报,这明显是违规的操作,对于纳税人也是有风险的。

比如《002176 江特电机关于深圳证券交易所关注函的回复》中提到:

因与宜春雷恒供应链合作,截至 2019 年 12 月 31 日,应收宜春雷恒款项 0.78 亿元。2018 年末,根据宜春雷恒出现经营困难、股东深圳雷恒宣告破产清算及实际控制人被刑拘等情况,江特电动判断应收宜春雷恒款项出现收回风险,结合向供应商追讨诉讼情况和对宜春雷恒采取的财产保全措施,并依据律师的意见综合判断,于 2018 年度对应收宜春雷恒的债权采取个别认定法按 50% 计提减值准备 0.39 亿元。本年度,宜春雷恒实际控制人因虚开增值税专用发票被判处十年有期徒刑,目前处于服刑期间,江特电动车公司根据 2019 年追偿情况判断对应收宜春雷恒的款项余额 0.78 亿元按 100% 单项计提减值准备,本期确认计提信用减损失 0.39 亿元。

笔者发现,上市公司中董事长或财务负责人涉嫌虚开发票被刑拘的案例屡有发生,在此,我们要特别提醒老板们,远离虚开发票之事。有时可能本身并不大懂财税相关的规则,听信其他老板传授的经验,或者公司的财务负责人进行了操作自己签了字的,都是说不清的事。当然了,建议我们的财务负责人也要懂得独善其身。

虚开发票可能是为了报销费用转款,也可能是因为业务交易中因为缺少发票而找发票"填补",对于很好的商业模式、创业梦想,如果处理不好钱、发票、合同,恐怕就难成为一个好的商业模式,不能以牺牲合规来达到商业利益的最大化。当然,这种合规并不是听天由命,也可以积极推进去争取,比如之前对于网约车平台、无车承运平台,这种创新业务的发票问题,最终在政府部门的关注与支持下,都得到了相应的财税政策支持,突破了常规与传统政策的限制,说明我们国家的财税政策也在不断地适应创新经济模式的发展。

6.4 股东矛盾所引发的税务举报问题

在老板的日常经营活动中,或许会经常遇到与员工、供应商或客户之间的矛盾,而如果没有处理好,有的员工就会进行举报,给经营带来不利的影响。对于与员工之间的争议,多数情形下,以适当的利益补偿等方式一般会得到解决。但是,随着这几年大众创业的开展,创业环境也不断宽松,铁哥们儿、好兄弟、亲同学、归国科技人士等，这些充满创业梦想的伙伴们，一拍即合，大干起来。结果往往是梦想很遥远，在人员地不断变化、流失中，伙伴变少了，引来更为现实的新伙伴，于是就可能有了不同的发展方向，也可能发生控制权多与少的争执。通过董事会改组、借助经营违法行为特别是税的问题进行举报等方式，实现个人不同目的的情形时有发生。

【案例】 某海归科学家归国创业，与当地某企业老板一拍即合，一方出地、出钱，一方出技术，渠道有了，加上技术，这企业一下子就发展了起来。后来就出现矛盾，国内的老板举报海归科学家虚开增值税专用发票，历经一审、二审，终于获无罪。但是折腾几年下来，也无心经营了。

后来笔者了解到，这个案例当中的虚开举报，是因为海归科学家提前在货物未生产出来之时，向客户开具增值税专用发票。在《国家税务总局关于纳税人对外开具增值税专用发票有关问题的公告》（国家税务总局公告2014年第39号）中，进行了这样的明确：

纳税人通过虚增增值税进项税额偷逃税款，但对外开具增值税专用发票同时符合以下情形的，不属于对外虚开增值税专用发票：

一、纳税人向受票方纳税人销售了货物，或者提供了增值税应税劳务、应税服务；

二、纳税人向受票方纳税人收取了所销售货物、所提供应税劳务或者应税服务的款项，或者取得了索取销售款项的凭据；

三、纳税人按规定向受票方纳税人开具的增值税专用发票相关内容，与所销售货物、所提供应税劳务或者应税服务相符，且该增值税专用发票是纳税人合法取得、并以自己名义开具的。

受票方纳税人取得的符合上述情形的增值税专用发票，可以作为增值税扣税凭证抵扣进项税额。

根据其官方解读，我们可以更深理解公告的内容：

理解本公告，需要把握以下几点：

一、纳税人对外开具的销售货物的增值税专用发票，纳税人应当拥有货物的所有权，包括以直接购买方式取得货物的所有权，也包括"先卖后买"方式取得货物的所有权。所谓"先卖后买"，是指纳税人将货物销售给下家在前，从上家购买货物在后。

二、以挂靠方式开展经营活动在社会经济生活中普遍存在，挂靠行为如何适用本公告，需要视不同情况分别确定。第一，如果挂靠方以被挂靠方名义，向受票方纳税人销售货物、提供增值税应税劳务或者应税服务,应以被挂靠方为纳税人。被挂靠方作为货物的销售方或者应税劳务、应税服务的提供方,按照相关规定向受票方开具增值税专用发票,属于本公告规定的情形。第二,如果挂靠方以自己名义向受票方纳税人销售货物、提供增值税应税劳务或者应税服务,被挂靠方与此项业务无关,则应以挂靠方为纳税人。这种情况下,被挂靠方向受票方纳税人就该项业务开具增值税专用发票,不在本公告规定之列。

三、本公告是对纳税人的某一种行为不属于虚开增值税专用发票所做的明确,目的在于既保护好国家税款安全,又维护好纳税人的合法权益。换一个角度说,本公告仅仅界定了纳税人的某一行为不属于虚开增值税专用发票,并不意味着非此即彼,从本公告并不能反推出不符合三种情形的行为就是虚开。比如,某一正常经营的研发企业,与客户签订了研发合同,收取了研发费用,开具了专用发票,但研发服务还没有发生或者还没有完成。这种情况下不能因为本公告列举了"向受票方纳税人销售了货物,或者提供了增值税应税劳务、应税服务",就判定研发企业虚开增值税专用发票。

"先卖后买"的方式进行销售并不代表就是虚开。在上述案例中,如果你遇到了这样的情形,会如何应对呢?所谓风险无时不有,商业风险中包含着很多的违法风险,人身安全恐怕是老板更为关注的。笔者曾与刑诉的律师专家探讨业务,对于虚开增值税专用发票的案子,在看守所待的时间有的也达数年之久,迟迟未能判决的也时有发生。

《中国税务报》也登载过一个案例,《股东泄愤"自曝家丑" 税务机警"照单全收"》有这样的描述:

2018年1月,南京市税务稽查部门收到上级转来的实名举报线索:南京M起重机械有限公司的股东之一刘某,举报该公司股东兼财务负责人黄某采用支付手续费的方式,从第三方购买增值税专用发票虚抵进项,偷逃税款,并且数额巨大。

检查人员了解到,M起重机械公司是由陈某、黄某、刘某三人共同出资,成立于2009年1月。注册资本300万元,主要从事起重设备经销业务。其中,陈某为法定代表人,黄某为财务负责人。2009年9月,该公司被认定为增值税一般纳税人,企业所得税实行查账征收。起重设备经销行业一般毛利率在30%左右,举报人称该公司其他股东为了快速套利,采用购买增值税专用发票虚增成本的手段非法牟利。

审阅刘某提供的信息和举报信中列出的有关开票单位,并结合江苏税务数据信息平台的涉税数据分析后,检查人员认为刘某举报的内容可信度较高,随即决定对M起重机械公司立案调查,并确定了先期从举报线索入手核查取证。

但检查工作刚刚开始,刘某就向税务机关提出了撤销举报的请求。刘某给出的理由是:自己是公司股东之一,想从公司撤股,与其他股东在股权转让价格上产生严重分歧，之前为了泄一时之愤，才向税务机关举报，所提供的举报内容并不真实。

……

检查组先后到南京银行、农业银行等金融机构调取了涉案企业及相关人员的大量银行账户往来数据，结合举报线索和企业接受并已认证抵扣的增值税专用发票信息，进行综合分析。

经核查，发现检查期内企业财务负责人黄某和出纳员黄某某的个人银行卡账户存在大量向个人账户支付资金行为，而这些资金的支付日期，与 M 起重机械公司上游企业的开票日期基本为同一天，涉及金额逾千万元。并且，检查人员发现，两人每次支付的数额均与企业同期接受的发票的金额呈一定比例。经调查，黄某与黄某某个人银行卡付款的收款人，均为上游开票企业的负责人或股东。

检查组第一时间将案情向上级作了汇报，因案情重大，南京市税务机关迅速联系公安经侦部门通报了案情。双方成立税警联合专案组，共同开展案件调查工作。由于前期税务机关做了大量细致的核查工作，警方介入后，案件调查如虎添翼，进展迅速。

办案人员根据举报人刘某提供的线索，找到了 M 起重机械公司藏匿的记账所用的笔记本电脑，并在电脑中发现了企业出纳员黄某某记录的自 2012 年 4 月至 2016 年 10 月期间，企业用于购买发票支付"特殊费用"的统计表格。至此，案件查办取得了进一步突破。

……

此外，办案人员还在 M 起重机械公司一份商议"从外部购买发票充账"的股东会议记录上，发现了股东刘某的签字——这一证据表明股东刘某参与了企业虚开违法活动。

经查，M 起重机械公司通过中间人高某、石某、韦某，在没有真实业务的情况下，以支付开票费的方式，接受佛山市某起重机械有限公司、河南新乡某起重机械有限公司等 5 家企业虚开的增值税专用发票 221 份，涉及开票金额 1 954.83 万元，涉及增值税税额 332.32 万元。针对企业的违法行为，税务机关依法作出补缴增值税 332.32 万元、企业所得税 488.7 万元，加收滞纳金，并处罚款 821.02 万元的处理决定。

案件移交司法机关审理后，2019 年 4 月 3 日，南京市秦淮区人民法院作出判决，黄某、陈某、刘某，以及中间人韦某、石某、高某等 6 人因犯虚开增值税专用发票罪，被判处有期徒刑 3 年、缓刑 4 年，并没收非法所得，分别处 15 万元~50 万元不等罚金。

6.5　股东个人作为税款的法定扣缴义务人情形下的法律责任

长期以来，个人购买股权、房产等情形下，基本上对于税款法定扣缴的义务履行不到位，加之税务机关、司法案例当中对此的实施成本也比较高，管理上也并不到位，引起的警示程度不够，以致很多个人忽略此问题。

《税收征收管理法》规定：

第六十九条 扣缴义务人应扣未扣、应收而不收税款的，由税务机关向纳税人追缴税款，对扣缴义务人处应扣未扣、应收未收税款百分之五十以上三倍以下的罚款。

这是多数情形下可能面临的行政罚款责任，我们建议个人在对外签订相应的经济合同时，除了经济利益之下约定税款由谁承担之外，更需要对于扣缴的法定义务进行风险规避，比如在支付股权转让款项时，若转让方承诺自己去完成缴纳税款，此时就要引起警惕，一方面转让方可能不想让购买方知道其原始的成本价格，涉及商业秘密的考虑；另一方面，对方可能有晚交或不交的想法。此时如何进行防范呢？比如有的老板曾问："我在合同当中约定不扣缴个税，由对方自行缴纳，是不是就不存在我的法律责任了？"这是避免不了的，因为这是法定义务。此时可以考虑扣留部分保证金，待对方提供了相应的税款凭据之后，再进行支付尾款。如果担心涉及造假情形，也可以一并到税务机关进行办理。

请特别注意，《税收征收管理法》同时规定：

第八十六条 违反税收法律、行政法规应当给予行政处罚的行为，在五年内未被发现的，不再给予行政处罚。

如果扣缴义务下在五年内未被发现的，则不再给予行政处罚，这是对于扣缴义务人的保护。当然对于即使存在问题的情形下，依征管法的规定超过五年的，不存在行政罚款的情形了。

6.6 个人股东减持股票税务机关进行追税的案例提供了税务机关追税的路径

从笔者接触到的几个不同地区的案例来看，始于2006年度的个人12万元年所得的申报，到2018年度，将是悬在存在偷漏税行为的老板们头上的一把利剑，税务机关在特定情形下，以12万元虚假申报进行追税，你将如何面对？这其中有很多的实践经验与财税部门的认识口径，值得我们好好地评估应对，当然这也是对税务机关执法的风险的考验。

2019年3月《中国税务报》刊登了一篇文章，《减持大笔股份，却未申报收入大

股东收入申报信息为何"缺失"》,我们可以好好看看其中的亮点:

上市公司公告信息显示,股东吴某大手笔减持F公司股份,总金额逾亿元。但税务人员发现,吴某的年度个人综合所得申报数据中却并无该项资产转让信息。该项交易有无异常?吴某是否依法履行了纳税义务?税务人员启动了核查程序……

交易信息分析——

大股东"减持"疑点浮现

近期,广东省肇庆市税务机关以当地上市企业F公司大股东减持企业限售股为线索,追踪核查,最终确认该公司大股东吴某在出售限售股后,未足额缴纳个人所得税。税务人员最终向吴某成功追缴限售股转让个人所得税款1 700多万元。

肇庆市税务机关在日常管理中,将加强限售股股权转让活动监控,作为强化高净值自然人税收征管的重要措施,税务人员应用网络爬虫技术采集上市公司公告数据和信息,并借助个人限售股选案模型,分析互联网信息及征管数据,以及时发现个人转让限售股的线索。

不久前,肇庆市税务人员从巨潮资讯网、东方财富网等多家行业网站中采集公告信息数据实施风险分析。税务人员发现,本地上市企业F公司大股东吴某近期分批在外地证券公司减持其持有的解禁限售股,总金额逾亿元。但比对吴某减持年度在肇庆市税务机关的年度个税综合收入申报信息,却发现吴某并未在"财产转让所得"一栏中申报该项股份转让事项。

税务人员认为,F上市公司大股东吴某存在转让限售股后未足额申报个人财产转让所得疑点,于是决定跟进调查。

税务人员了解到,F公司是高新技术企业,2010年上市向社会公开发行股票,并在深圳证券交易所挂牌交易。根据有关规定,F公司上市时大股东吴某手中持有的股份限售期为3年。

税务人员发现,吴某在限售股解禁期满后,分别在广东某市、福建某市等地分批次通过股票交易市场转让其所持有的股份合计3 000多万股,涉及金额逾亿元。对于企业限售股转让所形成收入的税收问题,《财政部 国家税务总局 证监会关于个人转让上市公司限售股所得征收个人所得税有关问题的通知》(财税〔2009〕167号)明确规定,限售股转让所得个人所得税,以限售股持有者为纳税义务人,以个人股东开户的证券机构为扣缴义务人,在证券机构所在地缴纳限售股个人所得税。

税务人员认为,由于吴某通过异地证券公司减持其持有的企业股份时,全国个人所得税缴纳信息数据尚未联网,加上吴某未在当年个人年所得12万元以上收入申报中反映这一信息,因此,肇庆市税务机关没能及时掌握吴某转让股份这一情况。

因涉及金额较大,为进一步摸清吴某减持股份的交易情况,核实其个人所得税缴纳状况,肇庆市税务机关决定对该项交易实施深入调查,派出税务人员先期赴深圳证券交易所了解吴某减持限售股的具体情况，再根据调查获取的信息，进一步核实吴某是否存在缴税问题。

辗转多地外调——

解禁股涉税问题出水面

税务人员从深圳证券交易所了解到，吴某持有的限售股最初托管的证券公司为广东省某市的X证券公司，但其在X证券公司减持400多万股后，就将其持有的剩余股份改由福建省某市的Y证券公司托管。

由于吴某先后选择不同地区的证券机构管理和减持股份，按照财税〔2009〕167号文件规定，个人股东开户的证券机构为扣缴义务人，在证券机构所在地缴纳限售股个人所得税。如果要核实吴某税款情况，税务人员需到股份减持地进行实地核查。

税务人员首先到吴某最初托管股份的位于广东省某市的X证券公司了解情况。在核查吴某的实际申报纳税情况后，发现X证券公司在扣缴时，并未以限售股原值为基础计算吴某的应纳税所得。

吴某在其他地区的股份减持活动，是否也存在这种情况？

税务人员随即又马不停蹄地赴福建某市——吴某另外一处股份减持地调查，调查结果显示与广东情况相同。

财税〔2009〕167号文件明确："自2010年1月1日起，对个人转让限售股取得的所得，按照'财产转让所得'，适用20%的比例税率征收个人所得税。"而且法规还规定："根据证券机构技术和制度准备情况，对不同阶段形成的限售股，采取不同的征收管理办法。在证券机构技术和制度准备完成前形成的限售股，证券机构按照股改限售股股改后复牌日收盘价，或新股限售股上市首日收盘价计算转让收入，按照计算出的转让收入的15%确定限售股原值和合理税费，以转让收入减去原值和合理税费后的余额，适用20%税率，计算预扣预缴个人所得税额。纳税人应按照实际转让收入与实际成本计算出的应纳税额，办理清算事宜。"

最终汇总的调查结果显示，吴某转让其所持有的股份后，异地证券机构文件只是简单地根据文件中"以转让收入的15%核定限售股原值及合理税费"这一规定，对应纳税所得额进行计算，并预扣预缴了税款。吴某随后在办理清算事宜时，没有按照规定，以股份实际成本计算应纳税所得额，足额缴纳相关税款。

至此，交易情况已明朗。税务人员认为，下一步需核实吴某减持获取的应税转让收入的具体数额，而准确确认吴某收入的前提是核算出其所持有的限售股原值。

核成本定收入——

转让人补缴千万元税款

税务人员随即仔细分析了外调核查取得的与F公司有关的，以及吴某股权交易相关的数千页资料，发现F公司上市前虽经过一次改制，但股权架构相对稳定。

F公司上市招股说明书、工商登记信息等资料显示，该公司于2006年由有限责任公司变更为股份有限公司。企业发起股东按各自的出资比例对应的净资产作为出资认购企业股份。F公司在企业性质整体变更前后，其注册资本与实收资本均未发生变化，股东人员和股权在上市前未发生转让变更，股权的原始成本较为清晰。

该企业上市后，在原始股限售期间，企业实施了10股转增5股的权益分派方案，股东吴某持有的限售股股份因此由3 500万股转增为5 250万股。按照《财政部 国家税务总局 证监会关于个人转让上市公司限售股所得征收个人所得税有关问题的补充通知》（财税〔2010〕70号）规定："限售股自股票上市首日至解禁日期间发生送、转、缩股的，应依据送、转、缩股比例对限售股成本原值进行调整。"

税务人员认为，在限售股总成本未发生变化的情况下，吴某所持股份数量增加，意味着每股单位成本进一步摊薄减少。根据已掌握的信息，以上述法规为依据，按照企业相关资料计算，单位成本摊薄后吴某所持有股份的原始成本不足1元，与之前证券公司"按照转让收入的15%核定限售股原值及合理税费"的方式核定转让成本的方法相比较，吴某持有股份的单位成本每股相差2.7元，以减持3 000万股计算，应纳税所得额两者相比差额约有8 000多万元，按照20%税率计算，涉及的个人所得税数额相差将逾千万元。

根据调查结果，税务人员认为需要马上联系F公司股东吴某，进行税法宣传，在与其确认减持的限售股原值和所得收入实际情况的基础上，依法追征相关税款。

肇庆市税务局税务人员随即约谈了吴某，向其宣讲了个人所得税法、限售股转让相关税收政策，以及年所得12万元以上申报规定等税收法律法规。

吴某向税务人员表示，由于长年在外从事商务经营活动，无暇分身，其限售股转让和相关个税申报等业务均委托他人办理，他对相关的税收法规并不熟悉，此次限售股转让存在什么涉税问题他也不清楚。吴某表示，一定配合税务机关依法足额缴纳应缴税款。

约谈结束后，肇庆市税务局依法向吴某发送《税务事项通知书》，要求其根据限售股股权转让后实际取得收入情况，依法进行纳税事项申报，并补缴相关税款。

接到《税务事项通知书》后，吴某主动联系税务人员，表示认可税务机关的补税意见，并表示愿意尽快补缴税款。由于吴某补缴税款金额较大，为方便吴某缴税，提高税款入库效率，肇庆市税务机关与代理金库业务的中国银行肇庆市分行联系，为吴某开立了专门缴款通道。最终，吴某补缴的1 700多万元税款顺利入库。

据相关资料，这一案例是在追溯期五年内发生的，且可能并没有滞纳金，也没有罚款。大家知道，对于减持限售股，是在证券开户机构所在地进行缴纳清算，而此税务机关是在其持有股票对应的公司所在地进行补缴的，也可以理解为这是个人的常住地。最后大家可以发现，在利用12万元申报时，恐怕这是当时进行追缴的技术处理方式。

6.7 故意销毁会计凭证、会计账簿、财务会计报告

《刑法》规定：

第一百六十二条之一【隐匿、故意销毁会计凭证、会计账簿、财务会计报告罪】隐匿或者故意销毁依法应当保存的会计凭证、会计账簿、财务会计报告，情节严重的，处五年以下有期徒刑或者拘役，并处或者单处二万元以上二十万元以下罚金。

单位犯前款罪的，对单位判处罚金，并对其直接负责的主管人员和其他直接责任人员，依照前款的规定处罚。

关于此条的刑事案件，发生的概率比较高，如最高人民法院（2019）最高法刑申110号中有提出：

5. 关于故意销毁会计凭证、会计账簿犯罪

原审认定2010年1月份，你因害怕罪行暴露，指使廖某将九佛电器公司2000年至2005年的会计凭证、账簿资料烧毁。廖某找来钟力辉、杨绍仪一同将相关会计凭证、账簿资料共计二十余箱进行焚烧。上述事实有书证、证人证言等证据证实，足以认定。

有个别老板或财务负责人会在企业面临税务检查等事项时，故意销毁会计资料，不过现在由于是电子化做账，有的公司还是利用云平台在计账，电子数据往往有备份，所以税务机关在检查时，会查找企业电脑或服务器中的数据库资料进行查验。

《中华人民共和国会计法》规定：

第二十三条 各单位对会计凭证、会计账簿、财务会计报告和其他会计资料应当建立档案，妥善保管。会计档案的保管期限和销毁办法，由国务院财政部会同有关部门制定。

《会计档案管理办法》规定：

第六条 下列会计资料应当进行归档：
（一）会计凭证，包括原始凭证、记账凭证；
（二）会计账簿，包括总账、明细账、日记账、固定资产卡片及其他辅助性账簿；

（三）财务会计报告，包括月度、季度、半年度、年度财务会计报告；

（四）其他会计资料，包括银行存款余额调节表、银行对账单、纳税申报表、会计档案移交清册、会计档案保管清册、会计档案销毁清册、会计档案鉴定意见书及其他具有保存价值的会计资料。

第七条 单位可以利用计算机、网络通信等信息技术手段管理会计档案。

第八条 同时满足下列条件的，单位内部形成的属于归档范围的电子会计资料可仅以电子形式保存，形成电子会计档案：

（一）形成的电子会计资料来源真实有效，由计算机等电子设备形成和传输；

（二）使用的会计核算系统能够准确、完整、有效接收和读取电子会计资料，能够输出符合国家标准归档格式的会计凭证、会计账簿、财务会计报表等会计资料，设定了经办、审核、审批等必要的审签程序；

（三）使用的电子档案管理系统能够有效接收、管理、利用电子会计档案，符合电子档案的长期保管要求，并建立了电子会计档案与相关联的其他纸质会计档案的检索关系；

（四）采取有效措施，防止电子会计档案被篡改；

（五）建立电子会计档案备份制度，能够有效防范自然灾害、意外事故和人为破坏的影响；

（六）形成的电子会计资料不属于具有永久保存价值或者其他重要保存价值的会计档案。

第十四条 会计档案的保管期限分为永久、定期两类。定期保管期限一般分为10年和30年。

会计档案的保管期限，从会计年度终了后的第一天算起。

第十五条 各类会计档案的保管期限原则上应当按照本办法附表执行，本办法规定的会计档案保管期限为最低保管期限。

单位会计档案的具体名称如有同本办法附表所列档案名称不相符的，应当比照类似档案的保管期限办理。

第十六条 单位应当定期对已到保管期限的会计档案进行鉴定，并形成会计档案鉴定意见书。经鉴定，仍需继续保存的会计档案，应当重新划定保管期限；对保管期满，确无保存价值的会计档案，可以销毁。

第十七条 会计档案鉴定工作应当由单位档案管理机构牵头，组织单位会计、审计、纪检监察等机构或人员共同进行。

第十八条 经鉴定可以销毁的会计档案，应当按照以下程序销毁：

（一）单位档案管理机构编制会计档案销毁清册，列明拟销毁会计档案的名称、卷号、册数、起止年度、档案编号、应保管期限、已保管期限和销毁时间等内容。

（二）单位负责人、档案管理机构负责人、会计管理机构负责人、档案管理机构经办人、会计管理机构经办人在会计档案销毁清册上签署意见。

(三)单位档案管理机构负责组织会计档案销毁工作,并与会计管理机构共同派员监销。监销人在会计档案销毁前,应当按照会计档案销毁清册所列内容进行清点核对;在会计档案销毁后,应当在会计档案销毁清册上签名或盖章。

电子会计档案的销毁还应当符合国家有关电子档案的规定,并由单位档案管理机构、会计管理机构和信息系统管理机构共同派员监销。

第十九条 保管期满但未结清的债权债务会计凭证和涉及其他未了事项的会计凭证不得销毁,纸质会计档案应当单独抽出立卷,电子会计档案单独转存,保管到未了事项完结时为止。

单独抽出立卷或转存的会计档案,应当在会计档案鉴定意见书、会计档案销毁清册和会计档案保管清册中列明。

第二十条 单位因撤销、解散、破产或其他原因而终止的,在终止或办理注销登记手续之前形成的会计档案,按照国家档案管理的有关规定处置。

表6-1是企业和其他组织会计档案保管期限表。

表6-1

序号	档案名称	保管期限	备注
一	会计凭证		
1	原始凭证	30年	
2	记账凭证	30年	
二	会计账簿		
3	总账	30年	
4	明细账	30年	
5	日记账	30年	
6	固定资产卡片		固定资产报废清理后保管5年
7	其他辅助性账簿	30年	
三	财务会计报告		
8	月度、季度、半年度财务会计报告	10年	
9	年度财务会计报告	永久	
四	其他会计资料		
10	银行存款余额调节表	10年	
11	银行对账单	10年	
12	纳税申报表	10年	
13	会计档案移交清册	30年	
14	会计档案保管清册	永久	
15	会计档案销毁清册	永久	
16	会计档案鉴定意见书	永久	

建议不要做隐匿、故意销毁会计材料的情形，不论是企业财务人员还是企业管理人员，对于在保存期限内的企业会计材料，都应妥善保管，切忌为达到某种目的故意销毁会计材料的情形。

如因灾祸等非主观不可抗力，导致企业会计材料损毁，我们建议第一时间通知所属税务机关；如因被盗、火灾造成企业会计材料损毁，要及时报警，并且辅以准确的情况说明，同时积极准备重新建账。

工作交接过程中，应当编制全面系统的交接清单，做到完整清晰地交接，交接过程最好有第三方见证人在场，由交接双方和第三人同时在交接清单上签字。

会计资料作为反映和监督一个单位经济业务活动情况的重要材料，必须要妥善保管，稍有不慎就有可能违反法律规定，导致严重后果。

6.8　本章小结

资本交易当中的法律风险远非上面所说的这么少，现实当中，比如虚开增值税专用发票、非法经营、非法转让或倒卖土地、逃税、欠税、骗贷、侵占公司财产等行为非常多见，一个民营企业家面临的经营压力、法律规则风险可以说是随时随地都有可能发生。有人说："中国的企业家不是在监狱，就是在通往监狱的路上。"虽然有些夸张，但却反映出企业家面临复杂的法律环境。其对于合规性的尊重与商业利益的权衡得失，需要取之有道。

如河北省唐山市中级人民法院《薛秋生与唐山润德水泥有限公司、焦希志骗取贷款、票据承兑、金融票证罪二审刑事判决书》[（2019）冀02刑终803号] 中提到：

本院认为，原审被告单位唐山润德水泥有限公司以欺骗手段取得银行贷款，给银行造成特别重大损失，其行为已构成骗取贷款罪；上诉人（原审被告人）薛秋生作为润德公司的实际经营控制人，原审被告人焦希志作为润德公司的财务主管，系被告单位直接负责的主管人员和其他直接责任人员，其行为亦构成骗取贷款罪。河北省唐山市丰润区人民法院认定原审被告单位唐山润德水泥有限公司、原审被告人薛秋生、焦希志犯骗取贷款罪的事实清楚，证据确实、充分，定罪、量刑及适用法律均无不当，审判程序合法。

试想一下，有多少企业存在编造虚假报表用于取得银行贷款，这要是跟税务申报的报表做一比对，是不是问题就出来了，只是这种案例，上升到骗贷诉讼的未完全暴露出来。再比如某些企业老板通过第三方办理票据贴现不入账的情形多有发生。有的人发现了其中的商机，专门做这种票据贴现的"生意"，由某企业办理银行票据保证金，通过非真实的交易完成票据贴现，再通过资金回流，给该企业使用。可能这种企业确有经营所需求的资金，但由于不能取得正常贷款，以某种包装的形式进行资金的取得，进行贴现的人取得比如5%的手续费。能挣钱的生意，不一定是合法的。

《全国法院民商事审判工作会议纪要》提出：票据贴现属于国家特许经营业务，合法持票人向不具有法定贴现资质的当事人进行"贴现"的，该行为应当认定无效，贴现款和票据应当相互返还。当事人不能返还票据的，原合法持票人可以拒绝返还贴现款。人民法院在民商事案件审理过程中，发现不具有法定资质的当事人以"贴现"为业的，因该行为涉嫌犯罪，应当将有关材料移送公安机关。民商事案件的审理必须以相关刑事案件的审理结果为依据的，应当中止诉讼，待刑事案件审结后，再恢复案件的审理。案件的基本事实无须以相关刑事案件的审理结果为依据的，人民法院应当继续审理。

根据票据行为无因性原理，在合法持票人向不具有贴现资质的主体进行"贴现"，该"贴现"人给付贴现款后直接将票据交付其后手，其后手支付对价并记载自己为被背书人后，又基于真实的交易关系和债权债务关系将票据进行背书转让的情形下，应当认定最后持票人为合法持票人。

某企业老板以虚假报表向银行贷款，就有骗贷的问题。纵观一些企业家入刑的案例，涉税违规的判定及处理，往往是衡量罪责的一个重要入口，比如环开发票形成骗贷的行为，虚开发票做业绩的行为，股东之间矛盾形成的举报等。最近在《最高人民检察院关于充分发挥检察职能服务保障"六稳""六保"的意见》中提出，对于有实际生产经营活动的企业为虚增业绩、融资、贷款等非骗税目的且没有造成税款损失的虚开增值税专用发票行为，不以虚开增值税专用发票罪定性处理。资本交易当中，风险非常多，但是突破口往往就是税的问题。税收问题的存在，一是经济利益方面的，二是刑责方面的，在不同的阶段，需要权衡不同的风险。对于企业老板、与税务机关、公安机关、法院、检察院等部门接触中，合规为底线，爱财且取之有道，成为新时代企业家必须掌握的，也是专业服务所保障的安全守护与发展之需。

附　件

1. 工资薪金个人所得税预扣预缴与综合所得年度汇算清缴税率表

级数	全年应纳税所得额	税率（%）	速算扣除数
1	不超过 36 000 元的	3	0
2	超过 36 000 元至 144 000 元的部分	10	2 520
3	超过 144 000 元至 300 000 元的部分	20	16 920
4	超过 300 000 元至 420 000 元的部分	25	31 920
5	超过 420 000 元至 660 000 元的部分	30	52 920
6	超过 660 000 元至 960 000 元的部分	35	85 920
7	超过 960 000 元的部分	45	181 920

注1：本表所称全年应纳税所得额是指依照个税法第六条的规定，居民个人取得综合所得以每一纳税年度收入额减除费用六万元以及专项扣除、专项附加扣除和依法确定的其他扣除后的余额。

注2：非居民个人取得工资、薪金所得，劳务报酬所得，稿酬所得和特许权使用费所得，依照本表按月换算后计算应纳税额。如下：

级数	全月应纳税所得额	税率（%）	速算扣除数
1	不超过 3 000 元的	3	0
2	超过 3 000 元至 12 000 元的部分	10	210
3	超过 12 000 元至 25 000 元的部分	20	1 410
4	超过 25 000 元至 35 000 元的部分	25	2 660
5	超过 35 000 元至 55 000 元的部分	30	4 410
6	超过 55 000 元至 80 000 元的部分	35	7 160
7	超过 80 000 元的部分	45	15 160

2. 经营所得税率表

级数	全年应纳税所得额	税率（%）	速算扣除数
1	不超过30 000元的	5	0
2	超过30 000元至90 000元的部分	10	1 500
3	超过90 000元至300 000元的部分	20	10 500
4	超过300 000元至500 000元的部分	30	40 500
5	超过500 000元的部分	35	65 500

注：本表所称全年应纳税所得额是指依照个税法第六条的规定，以每一纳税年度的收入总额减除成本、费用以及损失后的余额。

3. 中华人民共和国个人所得税法

生效日期：2019年1月1日

（1980年9月10日第五届全国人民代表大会第三次会议通过 根据1993年10月31日第八届全国人民代表大会常务委员会第四次会议《关于修改〈中华人民共和国个人所得税法〉的决定》第一次修正 根据1999年8月30日第九届全国人民代表大会常务委员会第十一次会议《关于修改〈中华人民共和国个人所得税法〉的决定》第二次修正 根据2005年10月27日第十届全国人民代表大会常务委员会第十八次会议《关于修改〈中华人民共和国个人所得税法〉的决定》第三次修正 根据2007年6月29日第十届全国人民代表大会常务委员会第二十八次会议《关于修改〈中华人民共和国个人所得税法〉的决定》第四次修正 根据2007年12月29日第十届全国人民代表大会常务委员会第三十一次会议《关于修改〈中华人民共和国个人所得税法〉的决定》第五次修正 根据2011年6月30日第十一届全国人民代表大会常务委员会第二十一次会议《关于修改〈中华人民共和国个人所得税法〉的决定》第六次修正 根据2018年8月31日第十三届全国人民代表大会常务委员会第五次会议《关于修改〈中华人民共和国个人所得税法〉的决定》第七次修正）

第一条 在中国境内有住所，或者无住所而一个纳税年度内在中国境内居住累计满一百八十三天的个人，为居民个人。居民个人从中国境内和境外取得的所得，依照本法规定缴纳个人所得税。

在中国境内无住所又不居住，或者无住所而一个纳税年度内在中国境内居住累计不满一百八十三天的个人，为非居民个人。非居民个人从中国境内取得的所得，依照本法规定缴纳个人所得税。

纳税年度，自公历一月一日起至十二月三十一日止。

第二条 下列各项个人所得，应当缴纳个人所得税：

（一）工资、薪金所得；

（二）劳务报酬所得；

（三）稿酬所得；

（四）特许权使用费所得；

（五）经营所得；

（六）利息、股息、红利所得；

（七）财产租赁所得；

（八）财产转让所得；

（九）偶然所得。

居民个人取得前款第一项至第四项所得（以下称综合所得），按纳税年度合并计算个人所得税；非居民个人取得前款第一项至第四项所得，按月或者按次分项计算个人所得税。纳税人取得前款第五项至第九项所得，依照本法规定分别计算个人所得税。

第三条 个人所得税的税率：

（一）综合所得，适用百分之三至百分之四十五的超额累进税率（税率表附后）；

（二）经营所得，适用百分之五至百分之三十五的超额累进税率（税率表附后）；

（三）利息、股息、红利所得，财产租赁所得，财产转让所得和偶然所得，适用比例税率，税率为百分之二十。

第四条 下列各项个人所得，免征个人所得税：

（一）省级人民政府、国务院部委和中国人民解放军军以上单位，以及外国组织、国际组织颁发的科学、教育、技术、文化、卫生、体育、环境保护等方面的奖金；

（二）国债和国家发行的金融债券利息；

（三）按照国家统一规定发给的补贴、津贴；

（四）福利费、抚恤金、救济金；

（五）保险赔款；

（六）军人的转业费、复员费、退役金；

（七）按照国家统一规定发给干部、职工的安家费、退职费、基本养老金或者退休费、离休费、离休生活补助费；

（八）依照有关法律规定应予免税的各国驻华使馆、领事馆的外交代表、领事官员和其他人员的所得；

（九）中国政府参加的国际公约、签订的协议中规定免税的所得；

（十）国务院规定的其他免税所得。

前款第十项免税规定，由国务院报全国人民代表大会常务委员会备案。

第五条 有下列情形之一的，可以减征个人所得税，具体幅度和期限，由省、自治区、直辖市人民政府规定，并报同级人民代表大会常务委员会备案：

（一）残疾、孤老人员和烈属的所得；

（二）因自然灾害遭受重大损失的。

国务院可以规定其他减税情形，报全国人民代表大会常务委员会备案。

第六条 应纳税所得额的计算：

（一）居民个人的综合所得，以每一纳税年度的收入额减除费用六万元以及专项扣除、专项附加扣除和依法确定的其他扣除后的余额，为应纳税所得额。

（二）非居民个人的工资、薪金所得，以每月收入额减除费用五千元后的余额为应纳税所得额；劳务报酬所得、稿酬所得、特许权使用费所得，以每次收入额为应纳税所得额。

（三）经营所得，以每一纳税年度的收入总额减除成本、费用以及损失后的余额，为应纳税所得额。

（四）财产租赁所得，每次收入不超过四千元的，减除费用八百元；四千元以上的，减除百分之二十的费用，其余额为应纳税所得额。

（五）财产转让所得，以转让财产的收入额减除财产原值和合理费用后的余额，为应纳税所得额。

（六）利息、股息、红利所得和偶然所得，以每次收入额为应纳税所得额。

劳务报酬所得、稿酬所得、特许权使用费所得以收入减除百分之二十的费用后的余额为收入额。稿酬所得的收入额减按百分之七十计算。

个人将其所得对教育、扶贫、济困等公益慈善事业进行捐赠，捐赠额未超过纳税人申报的应纳税所得额百分之三十的部分，可以从其应纳税所得额中扣除；国务院规定对公益慈善事业捐赠实行全额税前扣除的，从其规定。

本条第一款第一项规定的专项扣除，包括居民个人按照国家规定的范围和标准缴纳的基本养老保险、基本医疗保险、失业保险等社会保险费和住房公积金等；专项附加扣除，包括子女教育、继续教育、大病医疗、住房贷款利息或者住房租金、赡养老人等支出，具体范围、标准和实施步骤由国务院确定，并报全国人民代表大会常务委员会备案。

第七条 居民个人从中国境外取得的所得，可以从其应纳税额中抵免已在境外缴纳的个人所得税税额，但抵免额不得超过该纳税人境外所得依照本法规定计算的应纳税额。

第八条 有下列情形之一的，税务机关有权按照合理方法进行纳税调整：

（一）个人与其关联方之间的业务往来不符合独立交易原则而减少本人或者其关联方应纳税额，且无正当理由；

（二）居民个人控制的，或者居民个人和居民企业共同控制的设立在实际税负明显偏低的国家（地区）的企业，无合理经营需要，对应当归属于居民个人的利润不作分配或者减少分配；

（三）个人实施其他不具有合理商业目的的安排而获取不当税收利益。

税务机关依照前款规定作出纳税调整，需要补征税款的，应当补征税款，并依法加收利息。

第九条　个人所得税以所得人为纳税人，以支付所得的单位或者个人为扣缴义务人。

纳税人有中国公民身份号码的，以中国公民身份号码为纳税人识别号；纳税人没有中国公民身份号码的，由税务机关赋予其纳税人识别号。扣缴义务人扣缴税款时，纳税人应当向扣缴义务人提供纳税人识别号。

第十条　有下列情形之一的，纳税人应当依法办理纳税申报：

（一）取得综合所得需要办理汇算清缴；

（二）取得应税所得没有扣缴义务人；

（三）取得应税所得，扣缴义务人未扣缴税款；

（四）取得境外所得；

（五）因移居境外注销中国户籍；

（六）非居民个人在中国境内从两处以上取得工资、薪金所得；

（七）国务院规定的其他情形。

扣缴义务人应当按照国家规定办理全员全额扣缴申报，并向纳税人提供其个人所得和已扣缴税款等信息。

第十一条　居民个人取得综合所得，按年计算个人所得税；有扣缴义务人的，由扣缴义务人按月或者按次预扣预缴税款；需要办理汇算清缴的，应当在取得所得的次年三月一日至六月三十日内办理汇算清缴。预扣预缴办法由国务院税务主管部门制定。

居民个人向扣缴义务人提供专项附加扣除信息的，扣缴义务人按月预扣预缴税款时应当按照规定予以扣除，不得拒绝。

非居民个人取得工资、薪金所得，劳务报酬所得，稿酬所得和特许权使用费所得，有扣缴义务人的，由扣缴义务人按月或者按次代扣代缴税款，不办理汇算清缴。

第十二条　纳税人取得经营所得，按年计算个人所得税，由纳税人在月度或者季度终了后十五日内向税务机关报送纳税申报表，并预缴税款；在取得所得的次年三月三十一日前办理汇算清缴。

纳税人取得利息、股息、红利所得，财产租赁所得，财产转让所得和偶然所得，按月或者按次计算个人所得税，有扣缴义务人的，由扣缴义务人按月或者按次代扣代缴税款。

第十三条　纳税人取得应税所得没有扣缴义务人的，应当在取得所得的次月十五日内向税务机关报送纳税申报表，并缴纳税款。

纳税人取得应税所得，扣缴义务人未扣缴税款的，纳税人应当在取得所得的次年六月三十日前,缴纳税款;税务机关通知限期缴纳的,纳税人应当按照期限缴纳税款。

居民个人从中国境外取得所得的,应当在取得所得的次年三月一日至六月三十日内申报纳税。

非居民个人在中国境内从两处以上取得工资、薪金所得的,应当在取得所得的次月十五日内申报纳税。

纳税人因移居境外注销中国户籍的,应当在注销中国户籍前办理税款清算。

第十四条　扣缴义务人每月或者每次预扣、代扣的税款,应当在次月十五日内缴入国库,并向税务机关报送扣缴个人所得税申报表。

纳税人办理汇算清缴退税或者扣缴义务人为纳税人办理汇算清缴退税的,税务机关审核后,按照国库管理的有关规定办理退税。

第十五条　公安、人民银行、金融监督管理等相关部门应当协助税务机关确认纳税人的身份、金融账户信息。教育、卫生、医疗保障、民政、人力资源社会保障、住房城乡建设、公安、人民银行、金融监督管理等相关部门应当向税务机关提供纳税人子女教育、继续教育、大病医疗、住房贷款利息、住房租金、赡养老人等专项附加扣除信息。

个人转让不动产的,税务机关应当根据不动产登记等相关信息核验应缴的个人所得税,登记机构办理转移登记时,应当查验与该不动产转让相关的个人所得税的完税凭证。个人转让股权办理变更登记的,市场主体登记机关应当查验与该股权交易相关的个人所得税的完税凭证。

有关部门依法将纳税人、扣缴义务人遵守本法的情况纳入信用信息系统,并实施联合激励或者惩戒。

第十六条　各项所得的计算,以人民币为单位。所得为人民币以外的货币的,按照人民币汇率中间价折合成人民币缴纳税款。

第十七条　对扣缴义务人按照所扣缴的税款,付给百分之二的手续费。

第十八条　对储蓄存款利息所得开征、减征、停征个人所得税及其具体办法,由国务院规定,并报全国人民代表大会常务委员会备案。

第十九条　纳税人、扣缴义务人和税务机关及其工作人员违反本法规定的,依照《中华人民共和国税收征收管理法》和有关法律法规的规定追究法律责任。

第二十条　个人所得税的征收管理,依照本法和《中华人民共和国税收征收管理法》的规定执行。

第二十一条　国务院根据本法制定实施条例。

第二十二条　本法自公布之日起施行。

个人所得税税率表一

（综合所得适用）

级数	全年应纳税所得额	税率（%）
1	不超过36 000元的	3
2	超过36 000元至144 000元的部分	10
3	超过144 000元至300 000元的部分	20
4	超过300 000元至420 000元的部分	25
5	超过420 000元至660 000元的部分	30
6	超过660 000元至960 000元的部分	35
7	超过960 000元的部分	45

注1：本表所称全年应纳税所得额是指依照本法第六条的规定，居民个人取得综合所得以每一纳税年度收入额减除费用六万元以及专项扣除、专项附加扣除和依法确定的其他扣除后的余额。

注2：非居民个人取得工资、薪金所得，劳务报酬所得，稿酬所得和特许权使用费所得，依照本表按月换算后计算应纳税额。

个人所得税税率表二

（经营所得适用）

级数	全年应纳税所得额	税率（%）
1	不超过30 000元的	5
2	超过30 000元至90 000元的部分	10
3	超过90 000元至300 000元的部分	20
4	超过300 000元至500 000元的部分	30
5	超过500 000元的部分	35

注：本表所称全年应纳税所得额是指依照本法第六条的规定，以每一纳税年度的收入总额减除成本、费用以及损失后的余额。

4. 中华人民共和国个人所得税法实施条例

中华人民共和国国务院令第707号

现公布修订后的《中华人民共和国个人所得税法实施条例》，自2019年1月1日起施行。

总理 李克强

2018年12月18日

中华人民共和国个人所得税法实施条例

（1994年1月28日中华人民共和国国务院令第142号发布 根据2005年12月19日《国务院关于修改〈中华人民共和国个人所得税法实施条例〉的决定》第一次修订 根据2008年2月18日《国务院关于修改〈中华人民共和国个人所得税法实施条例〉

的决定》第二次修订　根据 2011 年 7 月 19 日《国务院关于修改〈中华人民共和国个人所得税法实施条例〉的决定》第三次修订　2018 年 12 月 18 日中华人民共和国国务院令第 707 号第四次修订）

第一条　根据《中华人民共和国个人所得税法》（以下简称个人所得税法），制定本条例。

第二条　个人所得税法所称在中国境内有住所，是指因户籍、家庭、经济利益关系而在中国境内习惯性居住；所称从中国境内和境外取得的所得，分别是指来源于中国境内的所得和来源于中国境外的所得。

第三条　除国务院财政、税务主管部门另有规定外，下列所得，不论支付地点是否在中国境内，均为来源于中国境内的所得：

（一）因任职、受雇、履约等在中国境内提供劳务取得的所得；

（二）将财产出租给承租人在中国境内使用而取得的所得；

（三）许可各种特许权在中国境内使用而取得的所得；

（四）转让中国境内的不动产等财产或者在中国境内转让其他财产取得的所得；

（五）从中国境内企业、事业单位、其他组织以及居民个人取得的利息、股息、红利所得。

第四条　在中国境内无住所的个人，在中国境内居住累计满 183 天的年度连续不满六年的，经向主管税务机关备案，其来源于中国境外且由境外单位或者个人支付的所得，免予缴纳个人所得税；在中国境内居住累计满 183 天的任一年度中有一次离境超过 30 天的，其在中国境内居住累计满 183 天的年度的连续年限重新起算。

第五条　在中国境内无住所的个人，在一个纳税年度内在中国境内居住累计不超过 90 天的，其来源于中国境内的所得，由境外雇主支付并且不由该雇主在中国境内的机构、场所负担的部分，免予缴纳个人所得税。

第六条　个人所得税法规定的各项个人所得的范围：

（一）工资、薪金所得，是指个人因任职或者受雇取得的工资、薪金、奖金、年终加薪、劳动分红、津贴、补贴以及与任职或者受雇有关的其他所得。

（二）劳务报酬所得，是指个人从事劳务取得的所得，包括从事设计、装潢、安装、制图、化验、测试、医疗、法律、会计、咨询、讲学、翻译、审稿、书画、雕刻、影视、录音、录像、演出、表演、广告、展览、技术服务、介绍服务、经纪服务、代办服务以及其他劳务取得的所得。

（三）稿酬所得，是指个人因其作品以图书、报刊等形式出版、发表而取得的所得。

（四）特许权使用费所得，是指个人提供专利权、商标权、著作权、非专利技术以及其他特许权的使用权取得的所得；提供著作权的使用权取得的所得，不包括稿酬所得。

（五）经营所得，是指：

1. 个体工商户从事生产、经营活动取得的所得，个人独资企业投资人、合伙企业的个人合伙人来源于境内注册的个人独资企业、合伙企业生产、经营的所得；

2. 个人依法从事办学、医疗、咨询以及其他有偿服务活动取得的所得；

3. 个人对企业、事业单位承包经营、承租经营以及转包、转租取得的所得；

4. 个人从事其他生产、经营活动取得的所得。

（六）利息、股息、红利所得，是指个人拥有债权、股权等而取得的利息、股息、红利所得。

（七）财产租赁所得，是指个人出租不动产、机器设备、车船以及其他财产取得的所得。

（八）财产转让所得，是指个人转让有价证券、股权、合伙企业中的财产份额、不动产、机器设备、车船以及其他财产取得的所得。

（九）偶然所得，是指个人得奖、中奖、中彩以及其他偶然性质的所得。

个人取得的所得，难以界定应纳税所得项目的，由国务院税务主管部门确定。

第七条　对股票转让所得征收个人所得税的办法，由国务院另行规定，并报全国人民代表大会常务委员会备案。

第八条　个人所得的形式，包括现金、实物、有价证券和其他形式的经济利益；所得为实物的，应当按照取得的凭证上所注明的价格计算应纳税所得额，无凭证的实物或者凭证上所注明的价格明显偏低的，参照市场价格核定应纳税所得额；所得为有价证券的，根据票面价格和市场价格核定应纳税所得额；所得为其他形式的经济利益的，参照市场价格核定应纳税所得额。

第九条　个人所得税法第四条第一款第二项所称国债利息，是指个人持有中华人民共和国财政部发行的债券而取得的利息；所称国家发行的金融债券利息，是指个人持有经国务院批准发行的金融债券而取得的利息。

第十条　个人所得税法第四条第一款第三项所称按照国家统一规定发给的补贴、津贴，是指按照国务院规定发给的政府特殊津贴、院士津贴，以及国务院规定免予缴纳个人所得税的其他补贴、津贴。

第十一条　个人所得税法第四条第一款第四项所称福利费，是指根据国家有关规定，从企业、事业单位、国家机关、社会组织提留的福利费或者工会经费中支付给个人的生活补助费；所称救济金，是指各级人民政府民政部门支付给个人的生活困难补助费。

第十二条　个人所得税法第四条第一款第八项所称依照有关法律规定应予免税的各国驻华使馆、领事馆的外交代表、领事官员和其他人员的所得，是指依照《中华人民共和国外交特权与豁免条例》和《中华人民共和国领事特权与豁免条例》规定免税的所得。

第十三条　个人所得税法第六条第一款第一项所称依法确定的其他扣除,包括个人缴付符合国家规定的企业年金、职业年金,个人购买符合国家规定的商业健康保险、税收递延型商业养老保险的支出,以及国务院规定可以扣除的其他项目。

专项扣除、专项附加扣除和依法确定的其他扣除,以居民个人一个纳税年度的应纳税所得额为限额;一个纳税年度扣除不完的,不结转以后年度扣除。

第十四条　个人所得税法第六条第一款第二项、第四项、第六项所称每次,分别按照下列方法确定:

(一) 劳务报酬所得、稿酬所得、特许权使用费所得,属于一次性收入的,以取得该项收入为一次;属于同一项目连续性收入的,以一个月内取得的收入为一次。

(二) 财产租赁所得,以一个月内取得的收入为一次。

(三) 利息、股息、红利所得,以支付利息、股息、红利时取得的收入为一次。

(四) 偶然所得,以每次取得该项收入为一次。

第十五条　个人所得税法第六条第一款第三项所称成本、费用,是指生产、经营活动中发生的各项直接支出和分配计入成本的间接费用以及销售费用、管理费用、财务费用;所称损失,是指生产、经营活动中发生的固定资产和存货的盘亏、毁损、报废损失、转让财产损失、坏账损失、自然灾害等不可抗力因素造成的损失以及其他损失。

取得经营所得的个人,没有综合所得的,计算其每一纳税年度的应纳税所得额时,应当减除费用6万元、专项扣除、专项附加扣除以及依法确定的其他扣除。专项附加扣除在办理汇算清缴时减除。

从事生产、经营活动,未提供完整、准确的纳税资料,不能正确计算应纳税所得额的,由主管税务机关核定应纳税所得额或者应纳税额。

第十六条　个人所得税法第六条第一款第五项规定的财产原值,按照下列方法确定:

(一) 有价证券,为买入价以及买入时按照规定交纳的有关费用;

(二) 建筑物,为建造费或者购进价格以及其他有关费用;

(三) 土地使用权,为取得土地使用权所支付的金额、开发土地的费用以及其他有关费用;

(四) 机器设备、车船,为购进价格、运输费、安装费以及其他有关费用。

其他财产,参照前款规定的方法确定财产原值。

纳税人未提供完整、准确的财产原值凭证,不能按照本条第一款规定的方法确定财产原值的,由主管税务机关核定财产原值。

个人所得税法第六条第一款第五项所称合理费用,是指卖出财产时按照规定支付的有关税费。

第十七条　财产转让所得,按照一次转让财产的收入额减除财产原值和合理费用后的余额计算纳税。

第十八条 两个以上的个人共同取得同一项目收入的，应当对每个人取得的收入分别按照个人所得税法的规定计算纳税。

第十九条 个人所得税法第六条第三款所称个人将其所得对教育、扶贫、济困等公益慈善事业进行捐赠，是指个人将其所得通过中国境内的公益性社会组织、国家机关向教育、扶贫、济困等公益慈善事业的捐赠；所称应纳税所得额，是指计算扣除捐赠额之前的应纳税所得额。

第二十条 居民个人从中国境内和境外取得的综合所得、经营所得，应当分别合并计算应纳税额；从中国境内和境外取得的其他所得，应当分别单独计算应纳税额。

第二十一条 个人所得税法第七条所称已在境外缴纳的个人所得税税额，是指居民个人来源于中国境外的所得，依照该所得来源国家（地区）的法律应当缴纳并且实际已经缴纳的所得税税额。

个人所得税法第七条所称纳税人境外所得依照本法规定计算的应纳税额，是居民个人抵免已在境外缴纳的综合所得、经营所得以及其他所得的所得税税额的限额（以下简称抵免限额）。除国务院财政、税务主管部门另有规定外，来源于中国境外一个国家（地区）的综合所得抵免限额、经营所得抵免限额以及其他所得抵免限额之和，为来源于该国家（地区）所得的抵免限额。

居民个人在中国境外一个国家（地区）实际已经缴纳的个人所得税税额，低于依照前款规定计算出的来源于该国家（地区）所得的抵免限额的，应当在中国缴纳差额部分的税款；超过来源于该国家（地区）所得的抵免限额的，其超过部分不得在本纳税年度的应纳税额中抵免，但是可以在以后纳税年度来源于该国家（地区）所得的抵免限额的余额中补扣。补扣期限最长不得超过五年。

第二十二条 居民个人申请抵免已在境外缴纳的个人所得税税额，应当提供境外税务机关出具的税款所属年度的有关纳税凭证。

第二十三条 个人所得税法第八条第二款规定的利息，应当按照税款所属纳税申报期最后一日中国人民银行公布的与补税期间同期的人民币贷款基准利率计算，自税款纳税申报期满次日起至补缴税款期限届满之日止按日加收。纳税人在补缴税款期限届满前补缴税款的，利息加收至补缴税款之日。

第二十四条 扣缴义务人向个人支付应税款项时，应当依照个人所得税法规定预扣或者代扣税款，按时缴库，并专项记载备查。

前款所称支付，包括现金支付、汇拨支付、转账支付和以有价证券、实物以及其他形式的支付。

第二十五条 取得综合所得需要办理汇算清缴的情形包括：

（一）从两处以上取得综合所得，且综合所得年收入额减除专项扣除的余额超过6万元；

（二）取得劳务报酬所得、稿酬所得、特许权使用费所得中一项或者多项所得，且综合所得年收入额减除专项扣除的余额超过6万元；

（三）纳税年度内预缴税额低于应纳税额；

（四）纳税人申请退税。

纳税人申请退税，应当提供其在中国境内开设的银行账户，并在汇算清缴地就地办理税款退库。

汇算清缴的具体办法由国务院税务主管部门制定。

第二十六条　个人所得税法第十条第二款所称全员全额扣缴申报，是指扣缴义务人在代扣税款的次月十五日内，向主管税务机关报送其支付所得的所有个人的有关信息、支付所得数额、扣除事项和数额、扣缴税款的具体数额和总额以及其他相关涉税信息资料。

第二十七条　纳税人办理纳税申报的地点以及其他有关事项的具体办法，由国务院税务主管部门制定。

第二十八条　居民个人取得工资、薪金所得时，可以向扣缴义务人提供专项附加扣除有关信息，由扣缴义务人扣缴税款时减除专项附加扣除。纳税人同时从两处以上取得工资、薪金所得，并由扣缴义务人减除专项附加扣除的，对同一专项附加扣除项目，在一个纳税年度内只能选择从一处取得的所得中减除。

居民个人取得劳务报酬所得、稿酬所得、特许权使用费所得，应当在汇算清缴时向税务机关提供有关信息，减除专项附加扣除。

第二十九条　纳税人可以委托扣缴义务人或者其他单位和个人办理汇算清缴。

第三十条　扣缴义务人应当按照纳税人提供的信息计算办理扣缴申报，不得擅自更改纳税人提供的信息。

纳税人发现扣缴义务人提供或者扣缴申报的个人信息、所得、扣缴税款等与实际情况不符的，有权要求扣缴义务人修改。扣缴义务人拒绝修改的，纳税人应当报告税务机关，税务机关应当及时处理。

纳税人、扣缴义务人应当按照规定保存与专项附加扣除相关的资料。税务机关可以对纳税人提供的专项附加扣除信息进行抽查，具体办法由国务院税务主管部门另行规定。税务机关发现纳税人提供虚假信息的，应当责令改正并通知扣缴义务人；情节严重的，有关部门应当依法予以处理，纳入信用信息系统并实施联合惩戒。

第三十一条　纳税人申请退税时提供的汇算清缴信息有错误的，税务机关应当告知其更正；纳税人更正的，税务机关应当及时办理退税。

扣缴义务人未将扣缴的税款解缴入库的，不影响纳税人按照规定申请退税，税务机关应当凭纳税人提供的有关资料办理退税。

第三十二条　所得为人民币以外货币的，按照办理纳税申报或者扣缴申报的上一月最后一日人民币汇率中间价，折合成人民币计算应纳税所得额。年度终了后办理汇算清缴的,对已经按月、按季或者按次预缴税款的人民币以外货币所得,不再重新折算;对应当补缴税款的所得部分,按照上一纳税年度最后一日人民币汇率中间价,折合成人民币计算应纳税所得额。

第三十三条 税务机关按照个人所得税法第十七条的规定付给扣缴义务人手续费,应当填开退还书;扣缴义务人凭退还书,按照国库管理有关规定办理退库手续。

第三十四条 个人所得税纳税申报表、扣缴个人所得税报告表和个人所得税完税凭证式样,由国务院税务主管部门统一制定。

第三十五条 军队人员个人所得税征收事宜,按照有关规定执行。

第三十六条 本条例自2019年1月1日起施行。